咱们的领袖

毛泽东

上卷

张铁网　潘和永　主编

中共中央党校出版社
The Central Party School Publishing House

图书在版编目（CIP）数据

咱们的领袖毛泽东/张铁网，潘和永主编 . --北京：
中共中央党校出版社，2019.9
ISBN 978-7-5035-5831-3

Ⅰ.①咱…　Ⅱ.①张…　②潘…　Ⅲ.①毛泽东
（1893～1976）-生平事迹　Ⅳ.①A752

中国版本图书馆 CIP 数据核字（2016）第 060810 号

咱们的领袖毛泽东

策划统筹	李瑞琪
责任编辑	任　典
版式设计	苏彩红
责任印制	陈梦楠
责任校对	马　晶　魏学静
出版发行	中共中央党校出版社
地　　址	北京市海淀区长春桥路 6 号
电　　话	（010）68929580（办公室）　　（010）68929899（发行部）
	（010）68922815（总编室）　　（010）68929342（网络销售）
传　　真	（010）68922814
经　　销	全国新华书店
印　　刷	北京盛通印刷股份有限公司
开　　本	787 毫米×1092 毫米　1/16
字　　数	900 千字
印　　张	45.75
版　　次	2019 年 9 月第 1 版　　2019 年 9 月第 1 次印刷
定　　价	145.00 元（上、下卷）

网　　址：www.dxcbs.net		**邮　　箱**：zydxcbs2018@163.com	
微 信 ID：中共中央党校出版社		**新浪微博**：@党校出版社	

编 委 会

序

在毛泽东同志诞辰 120 周年的时候,看到《咱们的领袖毛泽东》编委会送来的书稿,洋洋 90 余万言,虽未顾及通篇阅读,但从其立意、纲目及编辑风格看,实属一部好书。它全面介绍了毛泽东为中华民族的解放、国家的富强、人民的幸福而不懈奋斗的业绩,从政治、经济、文化、军事、党建等各个方面阐述了毛泽东思想的丰富内涵,相信能受到读者的欢迎,相信所有读者都会大受裨益。

史海钩沉,千秋功过,任人评说!历史需要历史来证明,今天的历史需要明天的历史来评判。社会历史的发展已经证明,毛泽东是跨世纪的巨人,毛泽东思想是万古长青的丰碑。毛泽东改变了中国,影响了世界。他不仅属于中国人民,而且属于世界人民。

"东方红,太阳升,中国出了个毛泽东。""毛泽东"三个字深深镌刻在中国人民的心中,成为中华民族自立于世界民族之林自豪、自强、自信的精神力量,成为中国精神的象征,成为中华民族永不泯灭的记忆、情不自禁的追怀和时代理性的追随。金无足赤,人无完人。我们评价历史人物必须坚持马克思主义的辩证唯物主义和历史唯物主义的观点,从其所处的历史环境和对社会发展的作用来观察、来评判。毛泽东领导全党和全国各族人民结束了旧中国半殖民地半封建的社会,创立了新中国,建立了社会主义制度,走上了社会主义道路。他为世界被剥削被压迫的人民指出了翻身解放、民族独立的道路,受到了世界人民的爱戴。

一个民族的历史是一个民族集体的恒久的记忆。毛泽东和他所留下的精神财富,应该成为马克思主义在东方的再造、胜利和发展的精神原点。回望历史,"覆屋之下、漏舟之中、薪火之上,如笼中鸟、釜底鱼、牢中囚,四万万民众为奴隶、为牛马、为犬羊,听人驱使、任人宰割。"中华民族近代以来的复兴历史,就是从这深重的苦难中拉开帷幕的。毛泽东高举马克思主义的旗帜,引领中华民族穿越了"千年未有之变局",战胜了"千年未有之强敌",创建了中华人民共和国并开启了建设社会主义国家的伟大征程。新中国成立之初,积贫积弱,内忧外患,西方又包围封锁我们,何等困难!正是毛泽东领导我们党坚持独立自主、自力更生,以上九天揽月、下五洋捉鳖的大无畏气概,全面开创了社会主义经济、政治、军事、文化、外交建设的崭新天地。新中国每前进一步

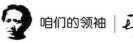

都是彻底的改革。经过30年的艰苦奋斗，留给我们的是卫星上天、潜艇下海、"核武"在手，让亿万军民众志成城，试看天下谁能敌！正是这30年我们建立了社会主义价值体系，建立了有利于和平发展的外交环境，奠定了工业化基础，解决了7亿人的吃饭问题，为后30年的改革开放创造了条件。毛泽东的伟大风范和他的精神财富，已化为中华民族不朽的文化符号，放射出最璀璨的光芒，将永远载入中华民族的伟大史册。

在《咱们的领袖毛泽东》这部书里，我们之所以能深切地感悟到毛泽东的伟大，更在于他的思想已升华到政治哲学、历史哲学以及整个人类命运关怀的高度。编者以严谨的治学态度、尊崇敬仰的心情、详实可靠的史料、独到多维的视角、清新流畅的文笔、全景式的客观描述，引领读者感悟真实的、精神的毛泽东，为我们在新形势下研究毛泽东及毛泽东思想提供了素材。本书对于克服"历史虚无主义""历史唯心主义"，教育广大党员干部、全体人民坚定理想信念，坚定中国特色社会主义道路自信、理论自信、制度自信、文化自信，具有重要意义。

当前，世情、国情、党情已发生并继续发生着深刻的变化，实现中国梦——中华民族的伟大复兴，需要全党、全国各族人民坚定地凝聚在以习近平同志为核心的党中央周围，树立坚定的共同信念，而这些需要有一个共同的坚定的思想信仰和理论基础，这就是马列主义、毛泽东思想。

受《咱们的领袖毛泽东》编委会之托，怀着对伟大领袖毛泽东和毛泽东思想的无限敬仰，写了一些话，权且为序。

张全景

2013 年 12 月

前　言

　　"东方红、太阳升，中国出了个毛泽东，他为人民谋幸福，他是人民的大救星。"这首全中国人民几乎都会唱的赞歌，从陕北唱响的那一天起，就成为中国共产党人和全中国广大人民形成共同信仰的一个重要标志，这个共同的信仰，就是中国化的马克思主义——毛泽东思想。因为，人们追随这个思想实现了中华民族的翻身解放，实现了新中国的繁荣富强。人们在追随这个思想的过程中，深深感受到它阳光般的温暖，感受到它救星般的光明。他恰似漫漫黑夜的北斗，指引着中国人民奋力前行，不断达到胜利的彼岸。

　　新中国成立以来，特别是经过40多年的改革开放，我国的社会主义建设取得了举世瞩目的伟大成就。综合国力大幅增强，国际地位日益提高，人民生活水平显著改善，已成为不争的事实。但同时也暴露出不少关系国计民生的如道德滑坡、贪污腐败、贫富差距、环境污染、食品安全等重大焦点、难点问题。这些问题关乎社会稳定、关乎国家发展、更关乎中华民族伟大复兴——中国梦的实现。

　　问题触发思考。特别是在当今社会已进入大数据及自媒体时代，各种思想文化碰撞凸显，信息交流纷杂空前，人们思想的独立性、选择性、多变性和差异性日益突出。意识形态领域的争论与斗争日渐尖锐复杂，信仰迷惘、缺失、动摇已成为我国社会的最根本、最主要的问题。

　　习近平总书记指出："坚定理想信念，坚守共产党人精神追求，始终是共产党人安身立命的根本。对马克思主义的信仰，对社会主义和共产主义的信念，是共产党人的政治灵魂，是共产党人经受住任何考验的精神支柱。"宣传、教育、引导广大党员干部和人民群众形成共同的坚定信仰，下大力气解决我国当前日益趋重的信仰危机问题，是中华民族利益所在，是党和最广大人民共同的根本利益所在，已成为全社会有识之士的共识。

　　纵观世界历史，特别是中华民族的历史，中国共产党人坚定地选择了马克思主义，用这个主义指导党领导中国人民进行了伟大的实践，以中华民族的彻底解放、自立于民族之林的伟大胜利，证明了马克思主义的真理性光辉。中华民族自1921年至今的历史，以其无可争辩的事实，证明了马克思主义一旦成为我们坚定不移的信仰，就会产生无与伦比的力量！历史可以以事实证明，把马克思主义的基本理论与中国的具体实践相结合的中国化的马克思主义一旦成为

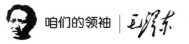

我们坚定不移的信仰时，就会产生无与伦比的力量！

面对中国当前发展的关键时期，面对实现中华民族伟大复兴的重大机遇和挑战，中国共产党及其所领导的中华民族，应该义无反顾地选择、追求和坚守什么样的信仰，难道还不应该十分清楚吗？我们最需要的是：不要再迷惘、不要再动摇，要更加坚定历史已经证明了其真理性光辉的信仰——毛泽东思想，坚定中国特色社会主义的道路自信、理论自信、制度自信、文化自信，这是中华民族最伟大的希望之所在。

张铁网

2019 年 9 月 20 日

目　　录

上　卷

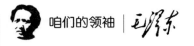

一、政 治 篇

　　毛泽东既是夺取政权和治国安邦实践中的英明政治领袖，也是享誉中外的政治家。政治作为社会的上层建筑，体现的是阶级、民族和国家的总建构。毛泽东指出：政治是统帅，是灵魂。"没有正确的政治观点，就等于没有灵魂。"[①] "政治工作是一切经济工作的生命线。"[②] 不从属于政治的经济、军事、文化等，实际上是不存在的。面对旧中国政治上的衰败与凋敝，毛泽东既是新政治的总设计师，又是新政治的总建筑师。[③] 他以高超的政治谋略建立起新的政治大厦——中华人民共和国，努力提升着新中国的国际地位。

[①] 毛泽东：《关于正确处理人民内部矛盾的问题》，人民出版社 1957 年版，第 23 页。
[②] 中共中央办公厅编：《中国农村的社会主义高潮》上册，人民出版社 1956 年版，第 123 页。
[③] 参见姚有志、陈宇：《毛泽东大战略》，解放军出版社 2009 年版，第 3 页。

第一章 政治理想

"主义譬如一面旗子，旗子立起了，大家才有所指望，才知所趋赴。"①

——毛泽东

毛泽东诞生在 19、20 世纪之交的旧中国。那是一个灾难深重，民族危机的年代。从 1840 年鸦片战争到 1901 年《辛丑条约》的签订，世界上几乎大大小小的帝国主义国家都染指、侵略过中国，签订的不平等条约多达 1100 多个。中国从一个独立自主的国家一步步地变成了一个半殖民地半封建的社会。

"如何反对外国侵略以争取民族独立？如何改变国家贫穷落后的面貌使之臻于富强？这是半殖民地半封建社会的中国面临的主要问题，也是中国的先进分子反复思考并且迫切想要解决的问题。"在这样的一个年代，"一切爱国的文人士子都曾左冲右突，欲寻登八面来风的层楼，要找放四海皆准的真理。毛泽东就是其中杰出的一员。"②

君 主 立 宪

家庭启蒙

"一八九三年十二月二十六日（清光绪十九年十一月十九日），韶山冲农民毛贻昌家出生了一个男孩，取名泽东，字咏芝（后改润之）。他们家的头两胎婴儿都在襁褓中夭折了。母亲生怕他也不能长大成人，便抱他到娘家那边的一座石观音小庙，叩拜一块巨石，认做干娘，还取了个小名，叫石三伢子。"③ 毛泽东的母亲"文氏是个虔诚的佛教徒。她敬仰佛祖，经常烧香拜佛，这在毛泽东的身上也潜移默化地起着作用"④。"她为人慷慨厚道，认为人一生只有多做善事，积德行善，真诚互助才能获得好报。每遇荒年，邻近四乡逃难的人便增多了，不管是谁，只要是走到毛泽东家的门口，文氏总是背着丈夫，把平时节衣缩食、精打细算省下来的粮食接济这些受苦的乡亲们。她不仅自己这样去做，而且也鼓励自己的儿女这样去做。"⑤ "母亲常对三兄弟讲，救人一命胜造七级浮屠，这是救命粮，我们少吃一口不就有了。"⑥ "这位操劳一生、俭省一生的仁

---

① 中共中央文献研究室编：《毛泽东传（1893—1949）》，中央文献出版社 1996 年版，第 66 页。
② 朱建亮：《毛泽东寻找思想武器所走过的"之"字路》，《湘潭大学学报》1993 年第 4 期。
③ 中共中央文献研究室编：《毛泽东传（1893—1949）》，中央文献出版社 1996 年版，第 1 页。
④ 傅德岷、邓洪平：《毛泽东诗词鉴赏》，四川人民出版社 2001 年版，第 21 页。
⑤ 毛新宇：《爷爷毛泽东》，国防大学出版社 2003 年版，第 7 页。
⑥ 陈廷一：《毛氏三兄弟》，东方出版社 2004 年版，第 14 页。

慈、怜悯、善良、贤良的母亲的一言一行，一一影响到年少的毛泽东。少年毛泽东从家庭生活环境中汲取的最重要的精神养分正是这样一种普济众生的道德襟怀。作为他的道德启蒙老师，母亲慈悲为怀的高风亮节给毛泽东留下了至为深刻的印象。"①

维新改良

"毛泽东童年时代的大部分时间是在湘乡唐家坨的外婆家度过的。外祖父家虽是务农的，但有一个舅舅在开馆教读，毛泽东有时也在那里听听。直到一九〇二年八岁时，父母把他接回韶山入私塾开始读书。十六岁前，中间曾停学两年在家务农，其余时间内他先后在韶山一带的南岸、关公桥、桥头湾、钟家湾、井湾里、乌龟井、东茅塘六处私塾读书。毛泽东后来把自己的私塾生活概括为'六年孔夫子'。"②

在"六年孔夫子"时期，毛泽东"先后读过《论语》、《孟子》、《公羊春秋》、《左传》、《汉书》、《史记》、《通鉴纲览》等书。这种传统的旧式教育，不但使毛泽东对中国古代社会的历史和文化传统有了初步的了解，而且由此而崇信孔孟之道"③。用他自己的话说，"很相信孔夫子。"④ "毛泽东读书很用功，领悟能力很强，记忆力也很好。6 年私塾生活使他接受了一定的文化知识，打下了经学的基础。但当他有了一定的文化知识之后，对枯燥无味的经书越来越不感兴趣；而喜欢阅读歌颂劳动人民智慧、反抗专制和强暴的《水浒传》、《西游记》和揭露封建制度腐朽没落的《红楼梦》以及《三国演义》等古典小说。这些小说中的历史故事，特别是其中打抱不平、除暴安民的英雄斗争故事，对他产生了深刻的影响，13 岁时毛泽东开始考虑社会问题。"⑤ 他说："我继续读中国小说和故事。有一天我忽然想到，这些小说有一件事情很特别，就是里面没有种田的农民。所有的人物都是武将、文官、书生，从来没有一个农民做主人公。对于这件事，我纳闷了两年之久。"⑥ "后来，他从分析小说的内容，发现了小说歌颂的全部是武将、人民的统治者，而这些人是不必种田的，因为土地归他们所有和控制，显然是让农民替他们种田。他开始发现历史和现实一样，是一个不平等的社会，存在着剥削和压迫。他憎恨这种不平等，开始有了朴素的平

① 何显明：《超越与回归——毛泽东的心路历程》，学林出版社 2002 年版，第 39 页。
② 中共中央文献研究室编：《毛泽东传（1893—1949）》，中央文献出版社 1996 年版，第 5 页。
③ 郭圣福：《青年毛泽东政治思想的嬗变》，《社会主义研究》1993 年第 2 期。
④ 高菊村等：《青年毛泽东》，中共党史资料出版社 1990 年版，第 12 页。
⑤ 尹成：《从革命民主主义者到马克思主义者的转变——毛泽东早期政治思想初探》，《昆明师专学报》1993年第 3 期。
⑥ 〔美〕埃德加·斯诺著，董乐山译：《西行漫记》，生活·读书·新知三联书店 1979 年版，第 109 页。

等观。"①

"一个叫李漱清的维新派教师从外地回到韶山，毛泽东很钦佩他，常去听他讲各地见闻，特别是维新变法的故事。这期间，读到一本十几年前出版的叫《盛世危言》的书，作者是郑观应，书里讲社会要改良，毛泽东非常喜欢。"② 他说："我当时非常喜欢这本书。作者是老的改良主义学者，认为中国之所以弱，在于缺乏西洋的装备——铁路、电话、电报、轮船，所以想把这些东西引进中国。"③

毛泽东开始意识到，国家兴亡，匹夫有责，开始有了一定的政治觉悟，感到中国不能守着老样子不变了。

"1910年，毛泽东在其一个表兄文咏昌的帮助下，进入湘乡县立东山高等学堂读书。在校期间，他的表兄曾送他两种书刊：一个讲的是康有为的维新运动；一个是梁启超主编的《新民丛报》。"④ 毛泽东对这两种书刊爱不释手，"读了又读，直到可以背出来"，⑤ 对在中国思想界独树一帜的康有为、梁启超更是佩服得五体投地。通过对《新民丛报》的反复研读，毛泽东接受了梁启超对封建君主专制政体的批判，在《新民丛报》的批注中他写道：中国数千年来盗窃得国之历朝，都是专制之国家，法令为君主所制定，君主非人民所心悦诚服者。"前者如现今之英、日诸国，后者如中国数千年来盗窃得国之列朝也。"⑥

此时，毛泽东赞成君主立宪制，希望由康梁那样的维新派进行改革。这是毛泽东政治思想的第一次明确表述。

"当时的中国，资产阶级民主政治思想已经有了比较广泛的传播，孙中山领导的资产阶级民主革命已经兴起，湖南亦早在1904年2月就建立了以黄兴为会长的革命团体华兴会，而戊戌变法失败后的康有为、梁启超早已远赴异国，并成为这个革命运动的反对派。毛泽东何以仍对康梁充满崇拜之情？究其原因，完全是环境闭塞造成的。到离家50里以外的湘乡读书，对16岁的毛泽东是第一次；虽然溥仪已在朝两年了，可毛泽东才在这里'第一次听说光绪皇帝和慈禧太后都已死去'。这种环境局限了毛泽东，使他不可能了解中国思想界的动向。所以他仍然不是一个反对帝制派，只是认为皇帝像大多数官吏一样都是诚实、善良和聪明的人。他们不过需要康有为帮助他们变法罢了。正如此，在变法维

① 尹成：《从革命民主主义者到马克思主义者的转变——毛泽东早期政治思想初探》，《昆明师专学报》1993年第3期。

② 中共中央文献研究室编：《毛泽东传（1893—1949）》，中央文献出版社1996年版，第7页。

③ 《毛泽东自述》，人民出版社2008年版，第18页。

④ 马建华、朱晓丽：《中国共产党建立前毛泽东政治思想的三次转变》，《殷都学刊》2010年第3期。

⑤ 〔美〕埃德加·斯诺著，董乐山译：《西行漫记》，生活·读书·新知三联书店1979年版，第110页。

⑥ 中共中央文献研究室编：《毛泽东年谱（1893—1949）》上卷，人民出版社、中央文献出版社1993年版，第9页。

新运动早已失败，资产阶级革命已经兴起之后，毛泽东才建立了对康梁及其维新事业的政治信仰。"①

"还须指出，由于中国经济政治发展的极不平衡性，整个国家即使在政治运动的高潮时期也会有很多被这种运动遗忘的角落。那么，作为一种曾起过进步作用的政治思潮，即使在全社会已成为落后或反动的东西，却并不排除他会在这个社会的某些落后部分继续发生进步作用。因此，毛泽东在民主革命已现高潮时接受了'过时'的维新思想，而这本身确又表明了他政治思想的一大进步。"②

"康梁的思想启蒙，对毛泽东早期思想的发展，形成了一个不可或缺的过渡环节。它开辟了一条使毛泽东由初步接受思想启蒙教育而走向五四思想解放运动的通道。"③

在不同思潮间思考与徘徊

1919年前后的中国思想界，真可谓思潮纷纭，百家争鸣。马克思主义与自由主义之间的论战，西化思潮与文化保守主义之间的激荡，无政府主义、新村主义、改良主义的风行一时。还有杜威来华访问，到处进行学术讲演，宣传他的实用主义哲学。而对当时中国思想界的各种思潮，毛泽东的确有点应接不暇，一时不能做出明晰的区分，更不能做出明确的选择。这期间，他始终在不同思潮间思考着、徘徊着。

上下求索

辛亥革命前夕，毛泽东来到长沙。在这里，"毛泽东第一次读到了《民立报》，这是由资产阶级革命党人于右任创办并任社长、宋教仁任主笔的宣传反清革命的报纸。他十分喜欢这家'充满了激动人心的材料'的报纸。读了报上刊载的黄兴领导的黄花岗起义失败的报道后，毛泽东很受感动。同时，他'也听说了孙中山这个人和同盟会的纲领'。全国的革命形势使年轻的毛泽东心潮澎湃，他写了一篇表明自己政见的文章贴在学校的墙上，公开提出'把孙中山从日本请回来当新政府的总统，康有为当国务总理，梁启超当外交部长'。"④

"1911年4月，清政府为了讨好帝国主义，颁布所谓'铁路国有'的卖国政策，遭到了全国人民的强烈反对，毛泽东积极参加了湖南学生界的反清活动，

---

① 郭圣福：《青年毛泽东政治思想的嬗变》，《社会主义研究》1993年第2期。
② 郭圣福：《青年毛泽东政治思想的嬗变》，《社会主义研究》1993年第2期。
③ 《新民学会资料》，人民出版社1980年版，第11页。
④ 郭圣福：《青年毛泽东政治思想的嬗变》，《社会主义研究》1993年第2期。

为了表示与清政府彻底的决裂，毛泽东倡议并带头剪掉了辫子。1911 年 10 月 10 日，武昌起义爆发，湖南是第一个起来响应的省份，毛泽东以为反清时机已到，于是毅然参加了湖南新军，拥护孙中山，对康、梁的信仰开始动摇。"①

"毛泽东虽然直接参加了辛亥革命，但是他对作为这场革命指导思想的三民主义并未真正了解。这场革命对毛泽东来说，来潮退潮都很快，与其说他是受了孙中山、黄兴思想的影响而自觉投身革命，倒不如说他只是直觉到这场革命是必要的，而以参军表示了对革命的拥戴。"② 辛亥革命迅速失败使他非常失望，毅然决定脱离部队，继续读书以探求救国救民的真理。

"1912 年 2 月，毛泽东以第一名的成绩考入湖南全省高等中学校（后改名湖南省立第一中学）。由于学校课程有限，毛泽东认为在校学习不如自学，遂在秋季从省立一中退学寄居于湘乡会馆，进行自修。在自修的半年中，毛泽东到湖南省立图书馆先后读了亚当·斯密的《原富》、孟德斯鸠的《法意》、达尔文的《物种起源》、约翰·穆勒的《穆勒名学》、卢梭的《民约论》、斯宾塞的《逻辑》等欧洲资产阶级社会科学书籍。通过这些书籍，毛泽东对西方资产阶级民主思想有了初步了解。"③

"1914 年，毛泽东考入湖南省立第一师范，直到 1918 年暑假毕业，学习达 4 年半之久。第一师范的学习生活和良师益友如杨昌济、徐特立、黎锦熙、王季范等，为毛泽东早期思想的形成与转变发挥了很大的作用。"④ 他甚至说过，"我的政治思想在这个时期开始形成。我最早的社会经验也是在这里取得的"。⑤

这期间，毛泽东怀着对祖国无限热爱的感情，积极探求人生和救国的道路，专心致志地打下了学问的坚实基础，做了进行革命斗争的各种准备。他主张读书必须有崇高的目的，应该是为了报效祖国，改造社会，应该多关心国家大事，要把自己的学习与国家命运、民族前途和人民苦乐联系起来。他说现在"时局危急，求知的需要迫切"⑥，必须集中时间、精力刻苦学习。他和朋友们约定"三不谈"，即不谈金钱，不谈男女问题，不谈家庭琐事，"只愿意谈论大事——人的天性，人类社会，中国，世界，宇宙！"⑦ 毛泽东在求学期间，密切注视着国内外形势的发展变化，因此照例是天天读报，天天带着三件宝——笔记本、地图和英汉字典，以便查阅有关生字和地点，对重要新闻、文章作摘记、写心得。由此，他成了学校著名的"时事通"，对当时国际国内重大事件能进行透辟

① 毕晓敏：《试论毛泽东早期政治思想》，《人物天地》2012 年第 14 期。
② 郭圣福：《青年毛泽东政治思想的嬗变》，《社会主义研究》1993 年第 2 期。
③ 马建华、朱晓丽：《中国共产党建立前毛泽东政治思想的三次转变》，《殷都学刊》2010 年第 3 期。
④ 王建新：《论毛泽东早期思想的转型》，《理论学刊》2005 年第 5 期。
⑤〔美〕埃德加·斯诺著，董乐山译：《西行漫记》，生活·读书·新知三联书店 1979 年版，第 121 页。
⑥ 杨吉兴：《毛泽东人生价值思想及对当代青年的启示》，《北京青年政治学院学报》2002 年第 1 期。
⑦〔美〕埃德加·斯诺著，董乐山译：《西行漫记》，生活·读书·新知三联书店 1979 年版，第 123 页。

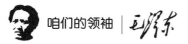
分析，使同学们钦佩不已。为了养成能在任何环境中专心致志的读书习惯，毛泽东到一师后山妙高峰上找一僻静处看书，叫"静中读书"；有时故意蹲在人们往来嘈杂的城门口旁边看书，叫做"闹中求静"。他常说，"学问"二字连成一词，很有意思，就是好学好问。为了探求人生和救国的道路，毛泽东决定把学习重点放在哲学、史地等社会科学上。为了实现其救国救民的宏伟志向，毛泽东不仅刻苦勤奋学习，还很注意锻炼身体，主张"文明其精神，野蛮其体魄"[①]。除了学校的体育课之外，他尤其注重日常的体育锻炼，锻炼的方式也是多种多样的，如爬山、游泳、冷水浴等等，而且能坚持不懈，持之以恒。在延安他接见斯诺时就深有感触地说：坚持体育锻炼"这对于增强我的体格大概很有帮助，我后来在华南多次往返行军中，从江西到西北的长征中，特别需要这样的体格"[②]。

　　1915年陈独秀主编的《新青年》创刊后，倡导民主与科学的新文化运动迅速兴起了，这场声势浩大的反封建启蒙运动向正在追求真理的毛泽东展示了一个新天地。毛泽东很快成了《新青年》的热心读者。他钦佩胡适和陈独秀的文章，深受陈独秀等人的激进民主主义思想的影响。毛泽东说，他们代替了已经被我抛弃的梁启超和康有为，一时成了我的楷模。随着新文化运动的蓬勃开展，国外各派思想蜂拥而入。作为新思想，它们或多或少地起到了反封启蒙的作用。致力于拯救中国追求真理的毛泽东不可避免地要受到各种思潮的影响。毛泽东自己总结这段时期的思想状况时说："在这个时候，我的思想是自由主义、民主改良主义、空想社会主义等思想的大杂烩。我憧憬'十九世纪的民主'、乌托邦主义和旧式的自由主义，但是我反对军阀和反对帝国主义是明确无疑的。"[③]

新村试验

　　"1918年，毛泽东来到北京，与蔡和森等人从事赴法勤工俭学的组织工作，不久到北京大学图书馆当助理员。北京是新文化运动的中心，北京大学又是新文化运动代表人物的荟萃之地。毛泽东在这里广泛涉猎了各种新思潮，并认识了陈独秀、李大钊、胡适、蔡元培等社会名士和新文化运动的代表人物，思想越来越激进。但是，展现在毛泽东眼前的是一个五光十色的思想新天地，他似乎对这里一切新鲜的'主义'都有兴趣，因而难以精选细择而决定弃取。一方面，在陈独秀和李大钊这两位中国最有才华的知识界领袖的影响下，毛泽东迅速地朝着马克思主义的方向发展；另一方面，他对无政府主义也产生了浓厚的

　　① 《毛泽东早期文稿》（1912.6—1920.11），湖南出版社1990年版，第70页。
　　② 尹成：《从革命民主主义者到马克思主义者的转变——毛泽东早期政治思想初探》，《昆明师专学报》1993年第3期。
　　③ 李锐：《青年毛泽东的心路历程》，《炎黄春秋》1991年第1期。

兴趣。他读了一些无政府主义的小册子，很受影响，并常常与北大学生朱谦之一起讨论无政府主义和它在中国的前途问题。毛泽东后来回忆说，在那个时候，我赞同许多无政府主义的主张，我的思想还是混乱的，我正在找寻出路。"①

创造一种新生活，是毛泽东在湖南第一师范读书后期便有的一种"梦想"。"1915 年，毛泽东从他的老师杨昌济那里开始接受新村主义的一些观点。"②他在 1919 年《湖南教育月刊》第一卷第二号上发表的《学生之工作》序言中说："我数年来梦想新社会新生活，而没有办法。民国七年（即 1918 年）春季，想邀数朋友在省城对岸岳麓山设工读同志会，从事半耕半读，因他们多不能久在湖南，我亦有北京之游，事无成议。今春（指 1919 年）回湘，再发生这种想象，乃有在岳麓山建设新村的计议。"③

新村主义发源于法国，由日本的武者小路实笃创建了新村主义的思想体系，并进行过实验活动。武者小路实笃从 1910 年开始宣传新村主义，主张通过"和平的社会改造的办法"，进行"共产村"试验，实现"理想的社会——新村"。他宣扬以财产公有、人人平等、个个自由、共同劳动、共同生活为基本原则，实行各尽所能、各取所需，以建立新村作为新社会的细胞，去除阶级和政治界限，通过和平的手段，把国家变成一个理想的大新村，以至扩大到全世界，从而建立平等平均、人人安享太平的社会。

在接受了新村主义之后，毛泽东决定进行自己的试验。从 1918 年 6 月毛泽东从一师毕业，到 8 月中旬去北京的时间里，毛泽东主要活动就是倡导新村运动。"1918 年 6 月，毛泽东曾偕同蔡和森、张昆弟等人，寄居岳麓书院半学斋湖南大学筹备处，踏遍岳麓山的各个乡村，想建立一个半工半读、平等友爱的新村。他们在这里自学，相互讨论改造社会的问题，自己挑水拾柴，用蚕豆瓣和大米煮着吃。这一实验，很快因组织赴法勤工俭学的事情而中断。1919 年 3 月，周作人在《新青年》上发表《日本的新村》，说新村'实在是一种切实可行的理想'。北京大学的王光祈等又组成三个类似新村的'工读互助团'，试图用这种和平的、以典型示范的方式来创建新生活和新社会。"④

毛泽东是这样设计他的理想社会蓝图的：

（一）"创造新学校，实行新教育，必与创造新家庭新社会相联。新教育中，以创造新生活为主体。"所谓"新生活"就是让学生们在农村半工半读。关于学生们每天的工读时间，毛泽东作出以下较为详细的划分：睡眠八小时；游息四

① 郭圣福：《青年毛泽东政治思想的嬗变》，《社会主义研究》1993 年第 2 期。

② 姚桂荣：《从毛泽东早年的新村主义信仰看他发动人民公社化运动的心理动因》，《毛泽东思想研究》2012 年第 4 期。

③ 毛泽东：《学生之工作》，《湖南教育月刊》1919 年第 1 卷第 2 号。

④ 谢昌余：《毛泽东心目中的理想社会》，《安徽行政学院学报》2011 年第 6 期。

小时；自习四小时；教授四小时；工作四小时。他认为，"工作四小时，乃实行工读主义所必具之一个要素"。关于工作的内容，毛泽东指出："全然农村的。"为此，他又做出如下设计：甲种园：花木，菜蔬；乙种田：棉，稻及他种；丙种林；丁畜牧；戊种桑；己鸡鱼。[①]

（二）然后再由这些新学生，创造新家庭，把若干个新家庭联合起来，就可创造一种新社会。毛泽东写道："新学校中学生之各个，为创造新家庭之各员，新学校之学生渐多，新家庭之创造亦渐多。合若干之新家庭，即可创造一种新社会。"[②]

（三）在这个社会里，设立"公共育儿院，公共蒙养院，公共学校，公共图书馆，公共银行，公共农场，公共工作厂，公共消费社，公共剧院，公共病院，公园，博物馆，自治会"[③] 等等。

（四）"合此等之新学校，新社会，而为一'新村'。"在他看来，把这些一个个的新社会连成一片，国家便可以逐渐地从根本上改造成一个大的理想的新村。他很自信地认为，"今不敢言'模范国''模范都''模范地方'。若'模范村'，则诚陈义不高，简而易行者矣"。他还确定"岳麓山一带，乃湘城附近最适宜建设新村之地也"[④]。

"新村计划是一种过于浪漫的构想，也是不切合中国当时实际的空想。因为，中国的新村主义倡导者们不懂得社会大生产的作用，试图在封建所有制的经济基础上嫁接一个'人人平等'的社会主义生产关系，妄图隔绝与城市和外界的关系，否认商品交换和社会分工，违背了客观的经济规律。而且新村实验在北洋军阀统治下的恶劣政治环境下，又得不到人民群众的理解和支持，因此，不可能成为改造中国的有效办法，所以它很快被中国先进的知识分子所放弃。1920 年 3 月 23 日，北京工读互助团宣告解散后，全国各地的工读互助团频遭失败，这给中国思想界震动很大。至 6 月，毛泽东认清了新村运动的空想性，说'工读团殊无把握'，只是理论上说得好听，事实上做不到。残酷的事实教育了毛泽东，加之不久接触马克思主义后，毛泽东很快清醒地认识到，用改良的方法救中国行不通，只有另辟道路，采用革命的方法，才能根本解决。"[⑤]

民众大联合

第一次去北京，毛泽东便进入了新文化运动的中心地带。他在北京大学图

① 参见《毛泽东早期文稿》（1912.6—1920.11），湖南出版社 1990 年版，第 450、454 页。
② 《毛泽东早期文稿》（1912.6—1920.11），湖南出版社 1990 年版，第 454 页。
③ 《毛泽东早期文稿》（1912.6—1920.11），湖南出版社 1990 年版，第 454 页。
④ 《毛泽东早期文稿》（1912.6—1920.11），湖南出版社 1990 年版，第 454 页。
⑤ 姚桂荣：《从毛泽东早年的新村主义信仰看他发动人民公社化运动的心理动因》，《毛泽东思想研究》2012 年第 4 期。

书馆从事助理员工作期间，"参加了北京大学的哲学研究会、新闻学研究会，旁听北京大学的课程，直接接触了新文化运动的许多核心人物，如陈独秀、李大钊、蔡元培、胡适等。更为重要的是，他在这时通过李大钊开始接触到马克思主义"。①

"1919 年 4 月，毛泽东带着他在北京获得的新思想回到湖南。不久，他运用、发挥这些新思想的时机就到来了。"② "五四运动爆发后，毛泽东立即与新民学会会员一起，鼓动长沙各校学生响应北京学生的爱国行动。"③ "邓中夏受北京学生联合会的委派回湘联络，向毛泽东等介绍北京学生运动的情况。毛泽东立即予以响应，以极大的热情发动湖南的运动。在他的领导下，以新民学会会员为骨干，重建了湖南学生联合会，促成了长沙学生统一罢课，向北京政府提出拒绝巴黎和约、废除一切不平等条约等要求。"④ "5 月下旬，湖南学生联合会成立，并创办了'以宣传最新思潮'为主旨的《湘江评论》，毛泽东受聘任主编。五四运动为青年毛泽东提供了从事政治活动的舞台，《湘江评论》则成为他抒发政治思想的园地。"⑤ 在《湘江评论》中，毛泽东表达了他渴望变革的书生意气，对着他脚下的三湘大地发出了急切的呼声："时机到了！世界的大潮卷得更急了！洞庭湖的闸门动了，且开了！浩浩荡荡的新思潮业已奔腾澎湃于湘江两岸了！顺他的生。逆他的死。如何承受他？如何传播他？如何研究他？如何施行他？这是我们全体湘人最切最要的大问题，即是《湘江评论》出世最切最要的大任务。"对时代的大变迁，新思潮的大泛起，毛泽东充满了兴趣，充满了激情。而其中最突出的，莫过于他像李大钊一样，从中看到了广大民众变革社会的力量，也把中国的希望直接诉诸广大民众。他在《〈湘江评论〉创刊宣言》的开头，就写下了一段惊世骇俗的话："世界什么问题最大？吃饭问题最大。什么力量最强？民众联合的力量最强。什么不要怕？天不要怕，鬼不要怕，死人不要怕，官僚不要怕，军阀不要怕，资本家不要怕。"⑥

毛泽东不仅提出了"民众联合的力量最强"的观点，而且写了《民众大联合》这篇长文对此加以论证。这篇文章无疑是《湘江评论》最有分量的文章，连载于《湘江评论》第二、三、四期上。

"十月革命后，在中国最早产生的一代马克思主义者，在他们的早期思想发展和确立无产阶级世界观的过程中，一般都经过这样两个阶段，首先由激进的民主主义者转变为具有初步共产主义思想的革命知识分子，然后在此基础上进

① 李维武：《1920：毛泽东的思想足迹》，《学习与探索》2006 年第 6 期。
② 李维武：《1920：毛泽东的思想足迹》，《学习与探索》2006 年第 6 期。
③ 郭圣福：《青年毛泽东政治思想的嬗变》，《社会主义研究》1993 年第 2 期。
④ 李维武：《1920：毛泽东的思想足迹》，《学习与探索》2006 年第 6 期。
⑤ 郭圣福：《青年毛泽东政治思想的嬗变》，《社会主义研究》1993 年第 2 期。
⑥ 《毛泽东早期文稿》（1912.6—1920.11），湖南出版社 1995 年版，第 294—295 页。

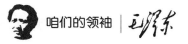

一步认真学习马克思主义，深入工农运动，通过革命实践迅速转变为马克思主义者，毛泽东就是这样。毛泽东由激进的民主主义者转变为具有初步共产主义思想的革命知识分子，虽然经历了一个曲折复杂的过程，但到一九一九年五四运动以后明显地表现了这一转变，而《民众大联合》的发表，就是这个转变的基本标志。"①

在这篇文章中，毛泽东认为，"民众的大联合"是改造社会的"根本的一个办法"，而"联合以后的行动，有一派很激烈的，就用'即以其人之道还治其人之身'的办法，同他们拼命的倒担。这一派的音（首）领，是一个生在德国的，名叫马克斯。一派是较为温和的……他们要联合地球做一国，联合人类做一家，和乐亲善……这派的首领为一个生于俄国的，叫做克鲁泡特金"。毛泽东从俄国十月革命和中国的五四运动中，看到了人民群众所显示出来的巨大力量，认识到人民群众联合起来的重要性。他指出，实现社会改造的根本的一个方法，就是民众的大联合。"历史上的运动不论是那一种，无不是出于一些人的联合。较大的运动，必有较大的联合。最大的运动，必有最大的联合。"而这种联合能否取得成功，"则看他们联合的坚脆，和为这种联合基础主义的新旧或真妄为断"。十月革命的胜利，是由于"俄罗斯以民众的大联合，和贵族的大联合资本家的大联合相对抗，收了'社会改革'的胜利"。民众大联合之所以有力量，最根本的原因是"因为一国的民众，总比一国的贵族资本家及其他强权者要多"。关于民众大联合的步骤和方法，他认为大联合要从小联合做起，以各阶层人民的切身利益作为小联合的基础，而以各革命阶级的共同利益作为大联合的基础。"我们中华民族原有伟大的能力！压迫愈深，反动愈大，蓄之既久，其发必速。""我（俄）罗斯打倒贵族，驱逐富人，劳农两界合立了委办政府，红旗军东驰西突，扫荡了多少敌人，协约国为之改容，全世界为之震动。匈牙利崛起，布达佩斯又出现了崭新的劳农政府。德人奥人截克人和之，出死力以与其国内的敌党搏战。怒涛西迈，转而东行，英法意美既演了多少的大罢工，印度朝鲜，又起了若干的大革命。"中国"异军突起，更有中华长城渤海之间，发生了'五四'运动。旌旗南向，过黄河而到长江，黄埔汉皋，屡演活剧，洞庭闽水，更起高潮。天地为之昭苏，奸邪为之辟易。咳！我们知道了！我们醒觉了！天下者我们的天下。国家者我们的国家。社会者我们的社会。我们不说，谁说？我们不干，谁干？刻不容缓的民众大联合，我们应该积极进行！"② 毛泽东在《民众大联合》中，"以生动的笔触，描述了十月革命胜利后世界的大好形势，号召中国人民学习苏俄等国人民的榜样，'起而仿效……进行我们的大联合'，以推翻这个'黑暗到了极处'的社会。他对中华民族的未来满怀希望，指出：'我们

---

① 宁教奎：《论〈民众大联合〉在毛泽东早期思想发展中的地位》，《求索》1983年第6期。

② 《毛泽东早期文稿》(1912.6—1920.11)，湖南出版社1990年版，第341、338、339、393—394、390页。

黄金的世界，光荣灿烂的世界，就在面前。'"①

"一时间，《湘江评论》不仅在湖南，而且在全国产生了很大的影响，毛泽东的声音第一次在20世纪中国思想界产生了震荡和反响。"②

"《民众的大联合》反映了青年毛泽东的马克思主义倾向，但又有几分暧昧。他在介绍了联合取'很激烈'行动的马克思派后，同时介绍了鼓吹互助论和无政府主义的克鲁泡特金的主张，并认为'这派人的意思更广，更深远'。两相比较，尽管此时毛泽东受到了马克思主义和十月革命的影响，但在思想的天平上，似更钟情于无政府主义。这并不奇怪。许多年来，毛泽东所体验和感受到的是来自家庭、学校和社会的难以接受的束缚和压迫，因而具有强烈的追求政治和生活自由的思想，这种思想又使他更容易受'反对一切束缚'的无政府主义思潮的影响。"③

工读互助

"由于《湘江评论》言辞激越，到第五期刚印出时，即被湖南军阀张敬尧查封。继而毛泽东开始进行驱张运动。1919年12月，毛泽东率一驱张代表团来到北京。毛泽东的第二次北京之行，只有近四个月。他在为驱张紧张奔走之余，与李大钊等多次接触，如饥似渴地阅读马克思主义、苏俄和社会主义的论著，对马克思主义的理解日深，兴趣日增。当然，毛泽东此时于种种主义、种种学说，还都没有得到一个比较明了的概念，无政府主义、新村主义等继续影响着他的思想。"④

"1920年3月，毛泽东设想，驱逐军阀张敬尧的斗争结束后，自己准备邀几同志，租一所房子，办一个自修大学（这个名字是胡适之先生造的）。我们在这个大学里实行共产的生活。关于生活费用取得的方法，毛泽东主张通过教课（每人每周六小时乃至十小时）、投稿（论文稿或新闻稿）、编书（编一种或数种可以卖稿的书）和劳力的工作（此项以不消费为主，如自炊自濯等）。他还设想，所得收入，完全公共。多得的人，补助少得的人，以够消费为止。5月，毛泽东和彭璜、张文亮几个人在上海哈同路民厚南里租了几间房子，开始试验他的工读互助生活。他们共同做工，共同读书，有饭同吃，有衣同穿。毛泽东担任洗衣服和送报纸的工作。经过亲身实践，毛泽东虽然觉得殊无把握，但仍不放弃，一有机会，总是努力践行。"⑤

① 郭圣福：《青年毛泽东政治思想的嬗变》，《社会主义研究》1993年第2期。
② 李维武：《1920：毛泽东的思想足迹》，《学习与探索》2006年第6期。
③ 郭圣福：《青年毛泽东政治思想的嬗变》，《社会主义研究》1993年第2期。
④ 郭圣福：《青年毛泽东政治思想的嬗变》，《社会主义研究》1993年第2期。
⑤ 谢昌余：《毛泽东心目中的理想社会——从〈学生之工作〉到〈五七指示〉》，《安徽行政学院学报》2011年第6期。

总之，此时的毛泽东，对当时中国思想界的各种思潮，还在思考、在徘徊。在1920年2月致新民学会会员陶毅的信中，毛泽东就谈了自己思想探寻的苦恼："我们几十个人，结识得很晚，结识以来，为期又浅（新民学会是七年四月才发生的），未能将这些问题彻底研究（或并未曾研究）。即我，历来很懵懂，很不成材，也很少研究。这一次出游，观察多方面情形，会晤得一些人，思索得一些事，觉得这几种问题，很有研究的价值。外边各处的人，好多也和我一样未曾研究，一样的睡在鼓里，很是可叹。"①

这种思想探寻的苦恼，在毛泽东的思想中留下深深的印痕。10多年后，他在同斯诺的谈话中，又坦然地谈到了他当时的思想状况。他说："就在这时候，我的思想还是混乱的，用我们的话来说，我正在找寻出路。"②

走向马克思主义

"毛泽东的思想探寻的转折点，是在1920年夏季。而这个转折的机缘，得自他第二次赴北京。"从这时起"毛泽东的政治激情与政治才干一发不可收拾，开始了职业政治家的生涯"。而这期间的更大的收获，则在于"他在李大钊的帮助和指导下，开始成为一个马克思主义者"③。毛泽东在1936年与斯诺谈话时回忆说："我第二次到北京期间，读了许多关于俄国情况的书。我热心地搜寻那时候能找到的为数不多的用中文写的共产主义书籍。有三本书特别深地铭刻在我的心中，建立起我对马克思主义的信仰。我一旦接受了马克思主义是对历史的正确解释以后，我对马克思主义的信仰就没有动摇过。这三本书是：《共产党宣言》陈望道译，这是用中文出版的第一本马克思主义的书；《阶级斗争》考茨基著；《社会主义史》柯卡普著。到了一九二○年夏天，在理论上，而且在某种程度的行动上，我已成为一个马克思主义者了，而且从此我也认为自己是一个马克思主义者了。"④

湖南自治

"毛泽东虽在1920年夏季走向了马克思主义，但他最终放弃'温和的'方式而选择'急烈的'方式，由主张社会改良到坚持社会革命，成为一个严格意义上的马克思主义者，还是在经历了1920年的湖南自治运动的曲折与思考

① 李维武：《1920：毛泽东的思想足迹》，《学习与探索》2006年第6期。
② 〔美〕埃德加·斯诺著，董乐山译：《西行漫记》，生活·读书·新知三联书店1979年版，第128页。
③ 李维武：《1920：毛泽东的思想足迹》，《学习与探索》2006年第6期。
④ 〔美〕埃德加·斯诺著，董乐山译：《西行漫记》，生活·读书·新知三联书店1979年版，第131页。

之后。"①

1920 年 6 月，毛泽东在上海写了《湖南人再进一步》《湖南人民的自决》二文，发表在上海的《时事新报》上，提出了"废去督军，建设民治""湖南的事，应由全体湖南人民自决之"的新的奋斗目标。

"毛泽东与新民学会诸同仁适时提出了一个争取湖南独立的纲领，所谓独立，实际上是自治。毛泽东后来对斯诺说，我们认为湖南如果和北京脱离关系，就可以迅速地实行现代化。所以鼓动同北京分离。当时我是美国门罗主义和门户开放的坚决拥护者。我们的团体曾经要求实行男女平等和建立代议制政府，并且一般地赞成一个资产阶级民主的政纲。这里毛泽东所谓的'资产阶级民主'已非昔日的个人主义，而是侧重于社会、集体，强调公共领域层面的现代自由主义。"②

"9 月 26 日，毛泽东在长沙《大公报》发表《湖南自治运动应该发起了》一文，文章说：湖南自治运动，固然要从理论上加以鼓吹，但不继之以实际的运动，终究不能实现出来。针对湖南督军谭延闿的官办自治，毛泽东提出湖南自治运动是应该由'民'来发起的。假如这一回湖南自治真个办成了，而成的原因不在于'民'，乃在于'民'以外，我敢断言这种自治是不能长久的。虽则具了外形，其内容是打开看不得，打开看时，一定是腐败的，虚伪的，空的，或者是干的。次日，针对当时湖南思想界针对不懂得政治法律便不敢对湖南自治问题发言的疑虑，毛泽东又在长沙《大公报》发表《释疑》一文。认为这种疑虑，还是认政治是一个特殊阶级的事，还是认政治是脑子里装满了政治学法律学身上穿了长褂子一类人的专门职业，这大错而特错了。他举例说，俄国的政治全是俄国的工人农人在那里办理。俄国的工人农人果都是学过政治法律的吗？大战而后，政治易位，法律改观。从前的政治法律，现在一点都不中用。以后的政治法律，不装在穿长衣的先生们的脑子里，而装在工人们农人们的脑子里。他们对于政治，要怎么办就怎么办。他们对于法律，要怎么定就怎么定。毛泽东在 28 日《再说促进的运动》一文中，认为湖南自治不是少数做官的或做绅的发了心要办便可以实现的，没有许多人做促进的运动，是办不成的。两天之后，在《湘人治湘》与《湘人自治》时评中，毛泽东批评谭延闿提出的湘人治湘论仍是一种官治，不是民治。它把少数特殊人做治者，把一般平民做被治者，把治者作主人，把被治者做奴隶。毛泽东所主张的是，湘人自治，即乡、县、省完全自治，乡长、县长、省长实行民选。到了 10 月 5 日、6 日，长沙《大公报》发表由毛泽东、彭璜、龙兼公三人提出三百多人签名的由湖南革命政府召集湖南人民宪法会议制定湖南宪法以建设新湖南之建议，建议谭政府迅速召开人民

① 李维武：《1920：毛泽东的思想足迹》，《学习与探索》2006 年第 6 期。
② 马建华、朱晓丽：《中国共产党建立前毛泽东政治思想的三次转变》，《殷都学刊》2010 年第 3 期。

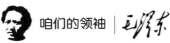

宪法会议，会议代表必须实行直接的平等的普通的选举。由人民宪法会议制定宪法，根据宪法产生正式的湖南议会、湖南政府，以及县、区、乡自治机关，至此新的湖南乃告建成。10月10日，毛泽东参加长沙各界约两万人的市民游街大会。同日，在上海《时事新报》副刊《学灯》的双十节增刊，发表《反对统一》一文，坚持《大中国》没有基础必须促成各省自治的论点，反对南北军阀的和议与统一。次日，同毛泽东、龙兼公起草的湖南省城全体市民致谭延闿的请愿书在《大公报》发表。请愿书认为人民宪法会议应采革命精神，打断从前一切葛藤，以湖南一省完全自决自主，不仰赖中央，不依傍各省，铲除旧习，创建新邦。至此后制治精神，宜采取民治主义及社会主义，以解决政治上及经济上之特别难点，而免日后再有流血革命之惨。21日，代表制宪请愿团参加由自治期成会等召开的各公团联席会议。自治期成会等六团体提出仍由省议会起草宪法，要求表决。毛泽东等代表制宪请愿团和报界联合会，声明不加入表决。至此，湖南自治运动宣告失败。"①

"参与发动湖南自治运动，对毛泽东来说，固然有利用驱张运动的胜利进一步改造湖南的现实动机，但从思想根源上看，实是他采用'温和的'方式革新中国的一次尝试，是他所主张的'忠告运动'和'呼声革命'的具体实践。"②

"在毛泽东看来，当时在中国进行列宁领导的俄国式革命是行不通的，眼下'唯一的办法'只能以和平的方式实行各省自治，逐渐改良中国。他把中国革命看做是十年二十年以后的事情。由此可以看出，毛泽东尽管在1920年夏季接受了马克思主义，但在夏秋之间又有了一段思想上的曲折。"③

马克思主义

"自治运动失败后，毛泽东放弃了'湖南共和国'的政治主张，认识到'政治改良一涂（途），可谓绝无希望，吾人惟有不理一切，另辟道路，另造环境一法'。"④ "现在，毛泽东深深感到他所采用的'温和的'方式革新中国行不通，他所主张的'忠告运动'和'呼声革命'对统治者来说是多么的软弱无力。" "毛泽东进行了认真的反省与检讨，对于改造中国和世界的问题作了新的思考。"⑤

"1920年10月26—27日，英国哲学家罗素在长沙待了一昼夜，接连发表4次演讲，其中一讲是《布尔什维克与世界政治》，而台下作记录的人正是毛泽

① 马建华、朱晓丽：《中国共产党建立前毛泽东政治思想的三次转变》，《殷都学刊》2010年第3期。
② 李维武：《1920：毛泽东的思想足迹》，《学习与探索》2006年第6期。
③ 李维武：《1920：毛泽东的思想足迹》，《学习与探索》2006年第6期。
④ 马玉卿、张万禄：《毛泽东成长的道路》，陕西人民教育出版社1986年版，第98页。
⑤ 李维武：《1920：毛泽东的思想足迹》，《学习与探索》2006年第6期。

东。毛泽东对这位西方大哲的每句话都详细记了下来，并作了深入的思考。"①
罗素在讲演中说："我觉得资本主义已到末路，世界的将来，布尔什维克正好发
展，推倒资本主义。"但"现在世界上反对布尔什维克的人很多，而布党又用极
强硬极厉害的手段压制世界；两者冲突，难免不发生战争；战争发生，一国的
文化也因此遭到打击，如罗马的文化被战争消灭的一样；我们必须想出良善的
方法，使这冲突力消灭，然后不致有战争发生"。因此，"除布尔什维克以外，
我们应该想出别的方法来救济资本主义"。②"对于罗素的讲演，毛泽东与在长沙
的新民学会会员进行了'极详之辩论'，最后他得出的结论是两句话：'理论上
说得通，事实上做不到'。这表明，湖南自治运动的失败，使毛泽东认识到采用
'温和的'方式革新中国，在现实中是行不通的。"③

　　1920 年 11 月 25 日，毛泽东在致留法学习的向警予的信中指出："弟和荫柏
等主张湖南自立为国，务与不进化之北方各省及情势不同之南方各省离异，打
破空洞无组织的大中国，直接与世界有觉悟之民族携手，而知者绝少。自治问
题发生，空气至为黯淡。自'由湖南革命政府召集湖南人民宪法会议制定湖南
宪法以建设新湖南'之说出，声势稍振。而多数人莫名其妙，甚或大惊小怪，
诧为奇离。湖南人脑筋不清晰，无理想，无远计，几个月来，已看透了。政治
界暮气已深，腐败已甚，政治改良一途，可谓绝无希望。吾人惟有不理一切，
另辟道路，另造环境一法。"④ 他在致罗章龙的信中指出："中国坏空气太深太
厚，吾们诚哉要造成一种有势力的新空气，才可以将他换过来。我想这种空气，
固然要有一班刻苦励志的'人'，尤其要有一种为人家共同信守的'主义'，没
有主义，是造不成空气的。我想我们学会，不可徒然做人的聚集，感情的结合，
要变为主义的结合才好。主义譬如一面旗子，旗子立起了，大家才有所指望，
才知所趋赴。"⑤

　　1920 年 12 月 1 日，毛泽东写信给蔡和森，在信上说：我对于绝对的自由主
义，无政府的主义，以及德谟克拉西主义，依我现在的看法，都只认为于理论
上说得好听，事实上是做不到的。次年初，在新民学会长沙会员大会上毛泽东
发言说：现在国中对于社会问题的解决，显然有两派主张：一派主张改造，一
派主张改良。前者如陈独秀诸人，后者如梁启超、张东荪诸人。改良是补缀办
法，应主张大规模改造。当时，中国思想界关于解决社会问题的方法大约有以
下几种：（1）社会政策；（2）社会民主主义；（3）无政府主义；（4）温和方法

　① 马建华、朱晓丽：《中国共产党建立前毛泽东政治思想的三次转变》，《殷都学刊》2010 年第 3 期。
　② 罗素：《中国到自由之路——罗素在华讲演集》，北京大学出版社 2004 年版，第 13 页。
　③ 李维武：《1920：毛泽东的思想足迹》，《学习与探索》2006 年第 6 期。
　④ 李维武：《1920：毛泽东的思想足迹》，《学习与探索》2006 年第 6 期。
　⑤ 《毛泽东早期文稿》（1912.6—1920.11），湖南出版社 1995 年版，第 554 页。

的共产主义（罗素的主义）；（5）激烈方法的共产主义（列宁的主义）。毛泽东认为：社会政策，是补苴罅漏的政策，不成办法。社会民主主义，借议会为改造工具，但事实上议会的立法总是保护有产阶级的。无政府主义否认权力，这种主义恐怕永世都做不到。温和方法的共产主义，如罗素所主张极端的自由，放任资本家，亦是永世做不到的。激烈方法的共产主义，即所谓劳农主义，用阶级专政的方法，是可以预计效果的，故最宜采用。[①]

在这些思考中，毛泽东认为政治改良一途，可谓绝无希望，反复强调要另辟道路，表明他决心告别和平改良社会的尝试，最终选择了马克思主义的革命道路。1920 年夏天，在理论上，而且在某种程度的行动上，毛泽东已成为一个马克思主义者了。

"1920 年 11 月与 12 月之间，毛泽东收到陈独秀、李达的来信，来信告知中国共产党已经在上海建立，并约请毛泽东在湖南开展建党活动。这使毛泽东的政治热情再度燃烧起来，立即积极行动，与何叔衡等一起创建了湖南共产主义组织，同时开始创建湖南的社会主义青年团组织。"这样，"毛泽东在 1920 年底迅速而坚定地走上了马克思主义的革命道路"，"开始了以一个坚定的马克思主义者出现在 20 世纪中国的政治舞台和思想舞台上"。半年之后，1921 年 7 月，毛泽东由湖南来到上海，出席中共一大，成为统一的全国性的中国共产党的创建者之一。[②]

---

① 参见马建华、朱晓丽：《中国共产党建立前毛泽东政治思想的三次转变》，《殷都学刊》2010 年第 3 期。
② 参见李维武：《1920：毛泽东的思想足迹》，《学习与探索》2006 年第 6 期。

第二章　政治权威

　　英雄是一定社会关系的产物。一旦社会有了需要，且具备一定条件时，就会有英雄、伟人或杰出人物的出现。这就是通常所说的"时势造英雄"。伟人毛泽东的出现便是近现代中国历史发展的必然，也许这个人的名字不叫毛泽东，但必然会产生某个毛泽东来作为同时代那批杰出人物的核心。时势呼唤、造就了毛泽东，同时毛泽东也以他自身的坚定信仰、远见卓识和高超的驾驭艺术与他的同志们一道领导中国革命取得了一个又一个胜利。

正确方向的代表

农民运动领袖

　　当处于幼年时期的中国共产党对于如何领导中国革命还亦步亦趋的时候，毛泽东就体现出了其异于常人的见识。一大后，党把发展工人运动作为自己工作的重点所在。1921 年 8 月中旬，在上海成立了"中国劳动组合书记部"，作为公开领导工人运动的机关。10 月，在长沙成立了劳动组合书记部湖南分部，毛泽东任主任。自 1917 年 4 月陈独秀主编的《新青年》上刊发毛泽东的《体育之研究》，6 年过去了。从五四、建党到工人运动，陈独秀越来越赏识毛泽东的才干。1923 年 1 月他着手筹备党的三大，决定调毛泽东到中共中央工作，派李维汉回湖南接替中共湘区执行委员会书记一职。①

　　1922—1927 年，毛泽东分别领导了工人运动和农民运动，并出席了中共三大，成为中共中央局五位成员之一，并任中央局秘书，毛泽东第一次进入中国共产党的领导核心，这时他刚好是而立之年。

　　他还出席了八七会议，在工人中间，特别是在农民中间已经有了一定威信。他在领导农民运动中，发表了《国民革命与农民运动》《湖南农民运动考察报告》等著作，在党的领导人中间，第一个认识到"农民问题乃国民革命的中心问题"，认识到农民阶级是工人阶级最广泛、最值得信赖的天然同盟，认识到"枪杆子里出政权，即武装斗争的重要性，并在实践中发动了秋收起义，创建了工农红军"。②

　　1924 年 1 月 20 日国民党第一次全国代表大会召开了。毛泽东以湖南地方组织代表的身份出席。随后，毛泽东在国民党上海执行部工作。作为组织部的秘

---

① 参见中共中央文献研究室编：《毛泽东传（1949—1976）》，中央文献出版社 2003 年版，第 82 页。
② 张玉亮：《对毛泽东政治权威的思考与启示》，《宁波党校学报》2006 年第 3 期。

书，他负责党员重新登记，发放党证。据罗章龙回忆："一天，一个人冲到楼上，胡汉民、汪精卫都起来打招呼，他们三人交谈，我和润之不认识此人。那人说，我从同盟会开始，革命几十年还要填表？可不可以免填？"一打听，才知是辛亥革命后当过四川省长的谢持，现在是国民党中央监察委员，实际上是个反对改组的右派。"他到我们这里说了一遍，大家都不以为然地说，党员人人都要填。"因为未得允许，谢持便"一怒而去。润之说，派人送张表去，要秘书好好解释一下，可以放宽点"①。给了这个台阶，谢持还是填了表。那些以老党员自居的人也都按规矩办了。

他在中共三大上指出……任何革命，农民问题是最重要的。他还证以中国历代的造反和革命，每次都是以农民暴动为主力……如果中共也注重农民运动，把农民发动起来，也不难形成像广东这类局面。② 不过，当时三大的主要议题，是如何推进国共合作，认为农民运动还不是眼前最要紧的任务。③ 但中国农民作为一种巨大的现实力量，越来越引起人们的注意。

1924 年 12 月，毛泽东离开上海回湖南养病，以毛福轩等为骨干秘密组织农民协会，发展会员。夜校的学员大多成了农协骨干，夜校场所一般也是秘密农协的会址。不久，这种秘密农协发展到二十多个。在这个基础上，毛泽东亲自发展了韶山第一批中共党员。④

毛泽东在韶山从事农民运动的时间虽不长，却很有章法，在偏僻的山村搞起了各种组织。农民运动开展得有声有色，在当时颇具影响。⑤

国民党二大后，毛泽东参加了新成立的国民党中央农民运动委员会。3 月 19 日，他被任命为国民党中央农民部主办的农民运动讲习所所长。农讲所创办于 1924 年 7 月，目的是"养成农民运动人材，使之担负各处地方实际的农民运动工作"⑥。根据《整理党务案》，1926 年 5 月 25 日，毛泽东离开代理国民党中央宣传部长的位置。此后，他的主要精力转向农民运动。⑦

只有依靠占中国人口绝大多数的深受压迫的农民群众，只有把农民最关心的土地问题放在革命的中心问题的地位上，才有可能领导中国革命取得胜利。这就为他以后创造性地提出"农村包围城市，武装夺取政权"这条符合中国实际情况的胜利之路奠定了最初的基础。⑧

① 罗章龙：《椿园载记》，生活·读书·新知三联书店 1984 年版，第 302 页。
② 参见张国焘：《我的回忆》第 1 册，东方出版社 1998 年版，第 294 页。
③ 参见中共中央文献研究室编：《毛泽东传（1949—1976）》，中央文献出版社 2003 年版，第 112 页。
④ 参见中共中央文献研究室编：《毛泽东传（1949—1976）》，中央文献出版社 2003 年版，第 113 页。
⑤ 参见湖南省博物馆：《湖南全省第一次工农代表大会日刊》，湖南人民出版社 1979 年版，第 172 页。
⑥ 绮园：《第一届至第五届农民运动讲习所介绍》，《中国农民》1926 年第 2 期。
⑦ 参见中共中央文献研究室编：《毛泽东传（1949—1976）》，中央文献出版社 2003 年版，第 109 页。
⑧ 参见中共中央文献研究室编：《毛泽东传（1949—1976）》，中央文献出版社 2003 年版，第 118 页。

在农民运动蓬勃高涨的事实面前，认为农民革命是国民革命成败的关键，逐渐为国民革命队伍中不少人承认。这时，毛泽东最富特色的贡献是：从分析农村、农民在中国社会结构中的特殊地位来说明农民革命的重要性，从分析农民中各阶层的经济、政治地位来说明农民革命的动力和目标。这就比较具体地说明了中国革命同盟军这个问题，大大深化了人们的认识。毛泽东并不是最早从事农民运动的人，但他对这个问题认识的深度已走在前列。《国民革命与农民运动》发表后，很快引起各方面的注意。这时，毛泽东无疑已成为在全国有影响的农民运动权威。①

1927 年 1 月 4 日开始，毛泽东在戴述人等陪同下，身着蓝布长衫，脚穿草鞋，手拿雨伞，考察了湘潭、湘乡、衡山、醴陵、长沙五县。②

2 月 5 日，他回到长沙后，立刻向中共湖南区委作了几次报告，纠正他们在农运工作中的错误。紧接着，中共湖南区委和省农协，在实践中纠正了右倾偏向，从而为几个月后大规模的秋收起义和湘南暴动打下了很好的群众基础。③

武汉国民政府是国共合作的政府。要解决农民问题，仍需要在国民党内尽可能地统一认识。3 月 10—17 日，毛泽东以中央候补执行委员身份出席在武汉召开的国民党二届三中全会。他和邓演达、陈克文向全会提交了《土地问题案》和《对农民宣言案》。16 日，全会正式通过《对农民的宣言》和《关于农民问题的决议案》。《对农民的宣言》明确表示：革命需要一个农村的大变动，"使农村政权从土豪劣绅不法地主及一切反革命派手中，转移到农民的手中"；"农民应有自卫的武装组织"；农民问题主要是贫农问题，"贫农问题的中心问题，就是一个土地问题"。因此，"本党决计拥护农民获得土地之争斗，致使土地问题完全解决为止"。这些提法，基本上体现了毛泽东的思想。④

革命的实干家

在 1927 年 7 月 4 日的中央政治局扩大会议上，毛泽东还说过一句话："不保存武力，则将来一到事变，我们即无办法。"这句话是针对当时以陈独秀为首的中共中央说的。果然，只过了 11 天，标志着大革命失败的全局性事变发生了——汪精卫控制下的武汉国民政府公开宣布"分共"。中国共产党从合法变成非法，由地上被迫转入地下。历史的进程，陡然发生逆转。许多共产党员根本没有精神准备。到处在搜捕，到处在屠杀。党内思想相当混乱……⑤

①　参见中共中央文献研究室编：《毛泽东传（1949—1976）》，中央文献出版社 2003 年版，第 120 页。
②　参见中共中央文献研究室编：《毛泽东传（1949—1976）》，中央文献出版社 2003 年版，第 126 页。
③　参见中共中央文献研究室编：《毛泽东传（1949—1976）》，中央文献出版社 2003 年版，第 127 页。
④　参见中共中央文献研究室编：《毛泽东传（1949—1976）》，中央文献出版社 2003 年版，第 127 页。
⑤　参见中共中央文献研究室编：《毛泽东传（1949—1976）》，中央文献出版社 2003 年版，第 138 页。

刚刚经过改组的临时政治局常委，在这个关头断然决定了三件事：将中国共产党掌握或影响的部队向南昌集中，准备起义；在秋收季节，组织湘鄂粤赣四省农民暴动；召集中央会议，讨论决定新时期的新政策。①

独立领导武装斗争这个重大课题，提到了中国共产党议事日程上来。在国民党已经实行极端残酷的屠杀政策时，不这样做，就等于坐以待毙。②

1927年8月1日，以周恩来为书记的中共中央前敌委员会，在南昌率领国民革命军贺龙、叶挺部两万多人起义，打响了武装反抗国民党反动派的第一枪。李立三在两年多后说："南昌暴动在革命历史上有他的伟大意义。在广大群众没有出路的时候，全国树出新的革命旗帜，使革命有新的中心。"③但也有深刻的教训：没有直接到当地农村中去发动和武装农民，实行土地革命，建立农村根据地，而是按照中共中央原定计划南下广东，夺取海口，准备在取得外援后攻打大城市，结果失败了。

毛泽东这时仍隐蔽在环境极其险恶的武汉。中共中央实行紧急疏散时曾准备派他到四川，他要求仍回自己更熟悉且武装起义条件正趋成熟的湖南。中央就把他暂时留在武汉，指导湖南省委的工作，并受中央委托研究湖南军事形势和农民运动状况，筹划湖南秋收起义。④8月3日，中共中央发布《关于湘鄂粤赣四省农民秋收暴动大纲》，这个大纲对湖南秋收暴动的部署，依照毛泽东起草的《关于湘南运动的大纲》中的意见，规定："准备于不久时期内在湘南计划一湘南政府，建设革命政权及一切革命团体，在广东革命委员会指挥之下。现即须组织湘南特别委员会，受省委指挥，于交通不灵通时得有独立指挥此委员会所能活动的地方工作。特委：夏曦、郭亮、泽东、卓宣（书记泽东）。"⑤

8月7日，毛泽东出席在汉口秘密举行的中央紧急会议，即八七会议。会议在共产国际代表帮助下，总结大革命失败的经验教训，坚决批判以陈独秀为代表的右倾投降主义错误，确定了实行土地革命和武装反抗国民党反动派的总方针。毛泽东当选为中共中央临时政治局候补委员。⑥

在八七会议上，毛泽东以亲身经历，从国共合作时不坚持政治上独立性、党中央不倾听下级和群众意见、抑制农民革命、放弃军事领导权等四个方面批评陈独秀的右倾错误，并对会议确定的总方针军事问题和农民土地问题两个方

①　参见李维汉：《回忆与研究》（上），中共党史资料出版社1986年版，第121页。
②　参见中共中央文献研究室编：《毛泽东传（1949—1976）》，中央文献出版社2003年版，第139页。
③　李立三：《党史报告》（1930年2月1日），《中共党史报告选编》，中共中央党校出版社1982年版，第267页。
④　参见中共中央文献研究室编：《毛泽东传（1949—1976）》，中央文献出版社2003年版，第139页。
⑤　中央档案馆编：《中共中央关于湘鄂粤赣四省农民秋收暴动大纲》，《秋收起义》（资料选辑），中共中央党校出版社1982年版，第3页。
⑥　参见中共中央文献研究室编：《毛泽东传（1949—1976）》，中央文献出版社2003年版，第140页。

面提出有独到见解的看法。①

关于军事工作，毛泽东指出："从前我们骂孙中山专做军事运动，我们则恰恰相反，不做军事运动专做民众运动。蒋介石、唐生智都是拿枪杆子起家的，我们独不管。"他着重强调："以后要非常注意军事，须知政权是由枪杆子中取得的。"这是一个对中国革命有着极其重要意义的论断。②

关于农民土地问题，他认为：一、应当规定大中地主的标准，建议以五十亩为限，五十亩以上的地主土地通通没收。二、小地主问题是土地问题的中心问题，困难在于《最近农民斗争的议决案》规定不没收小地主土地。三、对自耕农中的富农、中农的地权应有不同的规定，要确定方向。③

恩格斯说过："要明确地懂得理论，最好的道路是从本身的错误中、'从痛苦经验中'学习。"④ 毛泽东之所以能在八七会议上提出"政权是由枪杆子中取得的"这个重要论断，正是从大革命失败的血的教训中取得的。他比其他人高明的地方在于：在事实的教育下，能够迅速看清问题的实质，作出合乎实际的新的理论概括，用来改正自己原有的思想，指导今后的行动。

会议后，主持中共中央工作的瞿秋白，向毛泽东征求意见，要他到上海中央机关去工作。毛泽东回答：我不愿跟你们去住高楼大厦，我要上山结交绿林朋友。⑤ 在此之前，中共湖南省委也有信给中央，要求毛泽东回湖南领导武装斗争。8月9日，毛泽东出席中共中央临时政治局第一次会议，批评湖南省委和共产国际赴长沙巡视员提出的"由湘南组织一师与南昌军力共同取粤"的计划。指出："组织一师往广东是很错误的，大家不应只看到一个广东，湖南也是很重要的，湖南民众组织比广东还要广大，所缺的是武装，现已适值暴动时期，更需要武装。"⑥ 会议决定毛泽东以中央特派员的身份回湖南传达八七会议精神，改组省委，领导秋收起义。

1927年9月9日，震动全国的湘赣边界秋收起义爆发了。在工农革命军起义的同时，湘东各县的劳动人民纷纷响应。湖北、江西、广东、江苏、河南各省也纷纷举行了武装暴动。⑦

后来，工农革命军主力在各地群众起义受挫以后，9月14日，毛泽东在上

① 参见李维汉：《回忆与研究》（上），中共党史资料出版社1986年版，第121页。
② 参见中央档案馆编：《中共中央关于湘鄂粤赣四省农民秋收暴动大纲》，《秋收起义（资料选辑）》，中共中央党校出版社1982年版，第3页。
③ 参见中央档案馆编：《中共中央关于湘鄂粤赣四省农民秋收暴动大纲》，《秋收起义（资料选辑）》，中共中央党校出版社1982年版，第3页。
④ 《马克思恩格斯选集》第4卷，人民出版社1972年版，第458页。
⑤ 参见中共中央文献研究室编撰：《毛泽东年谱（1893—1949）》上卷，人民出版社、中央文献出版社1993年版，第209页。
⑥ 谭震林：《回顾井冈山斗争历史》，《井冈山革命根据地》（下），中共党史资料出版社1987年版，第10页。
⑦ 参见贾章旺：《毛泽东从韶山到中南海》（上），中国文史出版社2012年版，第173页。

坪召开了紧急会议。他当机立断决定改变攻打长沙计划，并以前委书记的名义通知各部队到浏阳县文家市集合，讨论进军方向。最后，决定到敌人统治薄弱的农村去，在农村建立革命根据地，站稳脚跟，养精蓄锐，发展武装力量。[①]

到达永新县的三湾村时，部队已不足千人，且仍是起义前的编制，决定对部队整编。通过整编部队精干了，战斗力大为提高。在军队中实行民主制度是毛泽东的伟大创举。反动统治阶级的军队内部，存在着尖锐的阶级矛盾，他们的军官都是以皮鞭、军棍甚至枪杀等野蛮手段来维持对于士兵的统治，因此官兵对立是普遍现象。军队内的民主主义制度体现了人民军队的本质，从根本上改变了旧军队官兵对立的关系，有利于官兵团结，提高战斗力。[②]

1927年10月3日，部队到达宁冈县，总结了秋收起义的经验教训，着重讨论在井冈山建立革命根据地的问题。

井冈山，在大革命时期，周围几个县都建立了党的组织和农民自卫军，群众基础比较好；周围各县农业经济可供部队筹措给养；离中心城市较远，交通不便，国民党统治力量薄弱；崇山峻岭，地势险要，只有几条狭窄的小路通往山内，进可攻，退可守。[③] 在敌我力量悬殊的条件下，这里确实是一个理想的落脚点。

这里过去长期有"山大王"，现有袁文才、王佐两支绿林式的农民武装。王佐部驻在山上的茨坪和大小五井等处，袁文才部驻在井冈山北麓的宁冈茅坪，互相配合，互相呼应。[④]

毛泽东向前委提议，准备送他们一百支枪，将袁文才的全部人员都武装起来。这个大胆的设想，有的人表示怀疑，余洒度坚决反对。经过毛泽东反复说明，才以多数通过。[⑤]

袁文才向毛泽东表示，一定要竭尽全力帮助工农革命军解决各种困难，随即回赠给工农革命军六百块银元，并同意革命军在茅坪（这是一个有六十多户人家的村子）建立后方医院和留守处，答应上山做王佐的工作。在井冈山革命根据地的创建上，袁文才、王佐是有很大功劳的。[⑥]

毛泽东到井冈山后的第一件事，就是抓军队和地方的建党工作。没有一个坚强有力的党组织形成核心，军队也好，根据地也好，都会松散无力，难以巩固和发展。同时，毛泽东也抓紧地方党组织的恢复和发展。[⑦]

---

① 参见贾章旺：《毛泽东从韶山到中南海》（上），中国文史出版社2012年版，第175页。
② 参见贾章旺：《毛泽东从韶山到中南海》（上），中国文史出版社2012年版，第178页。
③ 参见陈伯钧：《井冈山革命根据地》（下），中共党史资料出版社1987年版，第52页。
④ 参见中共中央文献研究室编：《毛泽东传（1949—1976）》，中央文献出版社2003年版，第161页。
⑤ 参见中共中央文献研究室编：《毛泽东传（1949—1976）》，中央文献出版社2003年版，第163页。
⑥ 参见中共中央文献研究室编：《毛泽东传（1949—1976）》，中央文献出版社2003年版，第165页。
⑦ 参见中共中央文献研究室编：《毛泽东传（1949—1976）》，中央文献出版社2003年版，第166页。

1927 年 10 月中旬起，国内的政治局势发生重要变动，国民党的李宗仁和唐生智两集团之间的战争爆发。井冈山周围各县，国民党兵力空虚，只留下一些地主武装靖卫团和挨户团。这是井冈山工农革命军向外发展的大好机会。

工农革命军从茶陵撤到宁冈前，同遂川相邻的赣西南万安县农民武装再次进攻县城。为了声援万安的起义，毛泽东率领工农革命军第一团掉头南下，在 1928 年 1 月 4 日攻占遂川县城，并在这里分兵做发动群众的工作，建立中共遂川县委和县工农兵政府。工农革命军的"三大纪律，六项注意"就是在遂川形成的。①

到 1928 年 2 月，工农革命军由不足一个团发展为一师两个团，并且同当地农民运动紧密结合，摧毁了茶陵、遂川、宁冈三县的旧政权，建立起新的工农政权以及赤卫队、游击队。土地改革开始了试点，取得初步经验，但尚未普遍展开。一个巩固的农村革命根据地在井冈山初步矗立起来，打开了实现工农武装割据的新局面。②

5—7 月，湘赣边界割据进入全盛时期时，在边界各县掀起了轰轰烈烈的分田高潮。5 月 20 日，毛泽东主持召开的湘赣边界党的第一次代表大会确定了"深入割据地区的土地革命"的政策，把它看作在罗霄山脉中段建立巩固的革命根据地的基本条件之一。毛泽东领导井冈山地区的土地革命，带来了一场轰轰烈烈的农村社会大变动。它推翻了几千年来的封建土地所有制，广大贫苦农民分得了祖祖辈辈梦寐以求的土地。这是井冈山革命根据地存在和发展的社会基础。③

不久，国民党军队发动猛攻，侵占边界各县城和平原地区，焚烧房屋，屠杀人民，湘赣边界遭受严重摧残。杨克敏在不久后写的一个综合报告中说："这个时期要算是边界极倒霉的时期，割据的区域，只有井冈一块地方，宁冈也丧失了，山上是我们的势力，山下则为敌人的势力。土豪劣绅乘机报复，残杀焚烧，逼债收租，一时闹得乌烟瘴气。恰恰那时割禾了，我们分了田的地方，到此时农民要收获的时候，忽然失败了，分了的田都不能算数，真是无可奈何。当时有一句口号：'农民分田，地主割谷'，真是太不值得。我们别的军事上政治上的失败都不算事。只有分了田而农民收不到谷，才是真真的大失败呢！"④
这次惨痛的教训，史称"八月失败"，但朱毛红军返回后，红四军主力第二十八团和第三十一团损失不大。

井冈山斗争，是毛泽东和他的战友们，在极端复杂的环境中，坚持在实践中顽强探索的结果。有成功的经验，也有失败的教训，它们都是宝贵的财富，是中

① 参见中共中央文献研究室编：《毛泽东传（1949—1976）》，中央文献出版社 2003 年版，第 166 页。
② 参见中共中央文献研究室编：《毛泽东传（1949—1976）》，中央文献出版社 2003 年版，第 172 页。
③ 参见中共中央文献研究室编：《毛泽东传（1949—1976）》，中央文献出版社 2003 年版，第 180 页。
④ 《杨克敏关于湘赣边苏区情况的综合报告》（1929 年 2 月 25 日），载江西省档案馆编：《井冈山革命根据地史料选编》，江西人民出版社 1986 年版，第 138 页。

国共产党人继续前进的新起点。他在 1928 年 10 月、11 月先后写成《中国的红色政权为什么能够存在？》和《井冈山的斗争》两篇重要著作。毛泽东阐述了"工农武装割据"是党领导下武装斗争、土地革命和根据地建设的密切结合。[①]

1930 年，在中原大战中取得巨大胜利的蒋介石兴高采烈，他调集了 10 万大军投入第一次"围剿"，"围剿"的重点是毛泽东、朱德指挥的红一方面军和以后发展成中央革命根据地的赣西南地区。蒋介石部队以"长驱直入，分进合击"的战术，向赣西南革命根据地大举进攻，企图在这里同红一方面军决战。但在此时，中共一部分干部受到"左"倾冒险主义的"进攻路线"的影响，不肯承认敌强我弱的现实，一味只讲进攻，把退却看作"保守路线"。

为了动员根据地广大军民充满信心地迎接即将到来的战斗，12 月 25 日的誓师大会上，毛泽东为大会写了一副对联："敌进我退，敌驻我扰，敌疲我打，敌退我追，游击战里操胜算；大步进退，诱敌深入，集中兵力，各个击破，运动战中歼敌人。"[②] 由于红军集中了兵力，在五天内，红一方面军连续打了龙冈、东韶两个大胜仗，共歼"围剿"军一个半师一万五千多人，缴枪一万二千余支，胜利地打破了国民党军队的第一次"围剿"。[③]

2 月初，国民党军队发起第二次"围剿"，投入的兵力比第一次增加了一倍。"以厚集兵力、严密包围及取缓进为要旨"，以"稳扎稳打、步步为营"为作战方针，毛泽东继续坚持依托根据地的有利条件，就地诱敌深入，依靠根据地内的军民来击破敌军的"围剿"，并力主集中兵力，指出分兵不但不能退敌，反而会给红军带来更大的困难。[④] 经过五场胜仗，痛快淋漓地打破了国民党军队的第二次"围剿"。

国民党军队的第三次"围剿"，集中的总兵力达二十三个师又三个旅，共三十万人。红一方面军坚持贯彻毛泽东提出的"避敌主力，打其虚弱"的方针，在地方武装和根据地民众的配合下，灵活机动地穿插于敌军重兵集团之间……歼灭国民党军队十七个团，共三万余人。蒋介石提出的"三个月消灭共军"的誓言，又一次破了产。

到这个时候，毛泽东关于以"农村为中心"实行"工农武装割据"的各方面的具体路线大体形成，从而把中央八七会议确定的实行土地革命和武装反抗国民党反动派的总方针具体化。从红军的建军思想和作战原则，土地改革的政策，根据地建设的方针，到实事求是、群众路线、独立自主的思想路线，毛泽东都已提出明确而系统的、切合中国实际的主张。这是他以马克思列宁主义为

---

① 参见中共中央文献研究室编：《毛泽东传（1949—1976）》，中央文献出版社 2003 年版，第 187 页。
② 《郭化若回忆录》，军事科学出版社 1995 年版，第 48 页。
③ 参见中共中央文献研究室编：《毛泽东传（1949—1976）》，中央文献出版社 2003 年版，第 187 页。
④ 参见中共中央文献研究室编：《毛泽东传（1949—1976）》，中央文献出版社 2003 年版，第 188 页。

指导，在中国社会的复杂环境中，严格遵循从实际出发的原则，坚持在实践中顽强探索的成果。终于开辟了"农村包围城市，武装夺取政权"这条中国革命的成功之路。[①]

在打破国民党军队三次大规模"围剿"后，日本突然发动了震惊世界的九一八事变，使中日之间的民族矛盾逐步上升到主要地位，使国内的阶级关系发生重大变动。毛泽东、朱德等联名发表文告指出：现在日本帝国主义的军队已经占据了满洲最重要的一切城市，用枪炮炸弹屠杀着满洲劳苦的工农群众与兵士，把满洲已经完全看做是他们的殖民地了。坚决主张抗日。

中共六届四中全会后，以王明为代表的"左"倾教条主义已在中共中央取得统治地位。他们根本不能正确地估量全国局势中出现的这种重大变动，及时调整自己的政策，而把日本侵占我国东北看作主要是"反苏战争的导火线"，脱离实际地提出"武装保卫苏联"的口号；也看不到中国社会各阶层中日益高涨的抗日要求，看不到中间派的积极变化和国民党内部的分化，而把中间派视为"最危险的敌人"，要以主要力量对它进行打击。这样，就使革命根据地内的状况大大复杂化了，也使毛泽东的处境越来越艰难。

1931 年 11 月初，全国苏维埃代表大会召开的前夜，中共中央代表团在瑞金主持召开中央苏区党组织第一次代表大会，毛泽东以苏区中央局代理书记身份出席会议。会议在"国际路线"的旗号下，通过了中央代表团起草的五个决议案。在思想理论上，他们把毛泽东坚持的从实际出发、反对本本主义指责为"狭隘经验论"：红军中狭义的经验论，在实际工作中产生了不小影响，根本否认马克思列宁主义的理论，单凭自己的狭小经验和短小眼光来分析各种问题，这完全是农民的落后思想，事实上会要走到错乱的非阶级路线的前途上。

这是一个明确的信号。随着红军和革命根据地在中国革命中的重要性日益突出，"左"倾教条主义支配下的中共中央对它内部事务的直接干预也正在步步加强，同时把毛泽东排除在中央苏区红军中的领导地位之外。

1931 年 11 月 7 日，中华苏维埃第一次全国代表大会上，毛泽东代表中共苏区中央局向大会作《政治问题报告》。大会主席团于 11 日决定由任弼时、王稼祥、毛泽东等组成宪法起草委员会，制定《宪法大纲》，规定："中国苏维埃政权所建设的是工人和农民的民主专政的国家。苏维埃政权是属于工人、农民、红军兵士及一切劳苦民众的。"

不久，蒋介石开始了第四次"围剿"。他们先集中兵力进攻鄂豫皖、湘鄂西两个苏区，企图得手后再大举进攻中央苏区。6 月初，在中央苏区的周围，国民党集中了四十个师以上的兵力，粤军已向北进攻赣南。毛泽东率东路军撤离漳

① 参见中共中央文献研究室编：《毛泽东传（1949—1976）》，中央文献出版社 2003 年版，第 188 页。

州、龙岩地区，回师赣南。

在赣南前线，由于兵力不够集中，没有能大量地歼灭敌人，红军自身的伤亡也相当大，只打成一个击溃战。在第四次反"围剿"艰难取得胜利之后召开的宁都会议解除了毛泽东在红军中的领导职务，迫使他暂时离开红军。而此时毛泽东也看出了博古等人的"高慢的宗派主义"。

进入1933年，毛泽东接到召他回瑞金主持临时中央政府工作的命令。毛泽东在苏区开展了查田运动，分析农村阶级，颁布了《关于土地斗争中一些问题的决定》。就在1933年下半年，蒋介石经过半年准备，发动对中央苏区的第五次大规模军事"围剿"。但此时中共临时中央准备以冒险主义的进攻路线来打破这次"围剿"。5月20日，临时中央决定增补博古、项英为中革军委委员，规定中革军委主席朱德在前方时由项英代理主席职务，实际上由临时中央总负责人博古控制军事指挥权。由于国民党军队在数量上占着绝对优势，并且包括了蒋介石许多装备精良的嫡系主力部队，同他们硬拼显然是十分不利的。红军主力在硝石、资溪桥和浒湾连续多次强攻失利，陷于被动地位。

博古、李德在失利面前，不但没有从战略决策上进行检查，反而归罪于战场上的指挥员，可见，矛头其实是对着毛泽东。这就使许多人有了顾忌，不敢接近毛泽东。为了不牵连或少牵连别人，毛泽东也很少再和别人谈话。这时，他的亲属都因受株连而遭到打击。在这种逆境中，毛泽东抓紧时间，认真阅读马列主义著作，总结革命经验。

经过第五次反"围剿"的失利和长征初期的惨重损失，毛泽东取得了反击"左"倾路线的发言权，并且已经争取不少反对过他的人。到开遵义会议时，他已经由少数变成了多数，有了充分的主动权，完全可以用血的事实把对手们彻底击倒。但在会上他只谈军事，只字不提政治问题，有意绕开两条政治路线的对立，点名批评了李德和博古。毛泽东把这条错误的路线概括为：防御中的保守主义，进攻中的冒险主义，退却中的逃跑主义。

政治局常委只增加了一个毛泽东，其他人仍都在岗位上，包括博古在内。两人的分歧依旧很大，只是毛泽东认为当时还不到挑明这个问题的时候。当时不提政治问题，只提军事问题，受到批评的人就不多，这样有利于团结大多数，以共同对付当时的危局。

群 龙 得 首

在20世纪30年代前期，共产国际及其代表对中国革命瞎指挥造成了特别严重的危害。如果不是1935年1月的遵义会议以毛泽东为首的中国共产党人纠正了"左"倾路线，更换了党的领导，扭转了局势，那么长征的胜利是不可能的，中国革命显然将处于极端危险的局面。①

遵义会议上毛泽东被选为政治局常委，而周恩来"是党内委托的对于指挥军事上下最后决心的负责者"②。在其召开的整个过程中，毛泽东始终起了领导和决定的作用，表现出为革命事业披肝沥胆、呕心沥血的博大胸怀及卓越的领导才能和艺术。当然，一个篱笆三个桩，一个好汉三个帮，毛泽东的杰出作用，离不开他的亲密战友的合作，离不开党的高级干部的觉悟，离不开广大群众的觉醒。

从 1942 年春天开始，毛泽东在领导抗日根据地军民开展大生产运动的同时，为了肃清王明"左"倾教条主义在党内的影响，在全党范围内发动了一场长达 3 年的整风运动，批判主观主义、宗派主义和党八股，使全体党员受到了一次马克思列宁主义、毛泽东思想的教育。

接着，中共中央为了加强党的一元化领导，对组织机构进行了调整。1943年 3 月 20 日，中共中央召开政治局会议，推定毛泽东为政治局主席，并决定他为书记处书记，书记处"会议中所讨论的问题，主席有最后决定之权"③。

1945 年，毛泽东成功地从思想路线和组织路线上确立起其政治权威，标志就是中共七大上把毛泽东思想与马克思列宁主义并列确立为党的指导思想和选举产生的新一届中央政治局核心成员。在这一时期，毛泽东在思想上也获得了丰收。他不仅创作了指导抗日战争、走新民主主义道路、建立联合政府的军事政治纲领性文献《论持久战》《新民主主义论》和《论联合政府》，还创作了旨在改造人们思想的著名的"老三篇"，即《纪念白求恩》《为人民服务》和《愚公移山》。此外，毛泽东在职务上取代了张闻天出任党的主席。同时，毛泽东在延安，还开创了个人与集体、领袖与群众和谐相处的被世人称道的"延安时代"和"延安风气"④。

自从有了毛泽东思想的指引，中国共产党相继取得抗日战争和解放战争的胜利，迎来了新中国的成立。作为这一思想的主要创立者和倡导者，毛泽东无疑是功勋卓著的。

---

① 参见胡绳：《毛泽东一生所做的两件大事》，《中共党史研究》1994 年第 1 期。
② 中共中央文献研究室编：《毛泽东传（1893—1949）》，中央文献出版社 1996 年版，第 342—343 页。
③ 参见中共中央文献研究室编：《毛泽东年谱（1983—1949）》中卷，中央文献出版社 2002 年版，第 431 页。
④ 张玉亮：《对毛泽东政治权威的思考与启示》，《宁波党校学报》2006 年第 3 期。

第三章 政 治 哲 学

政治哲学是"对政治现实进行价值性判断、评价和说明所形成的思想体系。"① 作为举世公认的 20 世纪最为重要的哲学家、政治家和革命家，毛泽东的政治哲学因其时代的烙印而极具特殊性。毛泽东政治哲学的理论基础是马克思主义哲学，即辩证唯物主义和历史唯物主义。毛泽东熟练地掌握、成功地运用了马克思主义的世界观和方法论，使之与中国革命实践相结合，并在中国革命实践中加以发展，形成了影响中国政治发展的毛泽东政治哲学。

毛泽东是中外历史上罕见的哲学大师，伦理学和哲学，构成他从事革命事业的起点与终点；离开了毛泽东哲学理解的政治概念，对他的政治思想不可能获得正确深刻的理解。政治哲学是毛泽东思想中最重要的内容，毛泽东政治哲学具有在理论上博大精深，在实践上又便于掌握、便于运用的特点。它的每一基本观念一经为中国共产党人和广大革命人民群众所掌握，就立刻能够在现实政治生活中发挥作用，能够转变为当代中国政治的现实。我们业已看到，毛泽东政治哲学的每一基本观念都在当代中国政治中发挥了极为重要的作用和影响。当代中国政治现实中所发生的一切，都可以在毛泽东的政治哲学中找到它的观念的根源。毛泽东政治哲学是当代中国政治的思想理论基础，是当代中国政治的政治哲学的背景和内涵，是当代中国政治的观念的原型。

实 事 求 是

实事求是观念最典型、最生动地体现着毛泽东的辩证唯物主义的世界观和方法论。辩证唯物主义最基本的原理就是，世界的本质是物质的，物质决定意识，意识是客观存在于人脑中的反映，这就要求我们在认识世界和改造世界的活动中，做到一切从实际出发，主观符合客观。毛泽东用实事求是概括了马克思主义的基本观点，并发展为党的思想路线。

"实事求是"这个成语，最早出自《汉书·河间献王传》，是东汉著名史学家班固赞誉汉景帝的儿子刘德严谨治学态度的话。1938 年 10 月，毛泽东在党的六届六中全会的政治报告中，第一次使用了"实事求是"这个概念，并向全党提出了"使马克思列宁主义在中国具体化"的伟大任务。毛泽东的"实事求是"观念，可以说是最精辟地把握住了哲学唯物主义的实质和要害。毛泽东指出"共产党应是实事求是的模范，又是具有远见卓识的模范。因为只有实事求是，

---

① 王浦劬：《政治学基础》，北京大学出版社 1995 年版，第 347—349 页。

才能完成确定的任务；只有远见卓识，才能不失前进的方向"①。1941 年 5 月，毛泽东对"实事求是"作了科学的解释。他说："'实事'就是客观存在着的一切事物，'是'就是客观事物的内部联系，即规律性，'求'就是我们去研究。我们要从国内外、省内外、县内外、区内外的实际情况出发，从其中引出其固有的而不是臆造的规律性，即找出周围事变的内部联系，作为我们行动的向导。"② 毛泽东认为，这是一个共产党员应该具备的对待马克思主义的正确态度。在这种态度下，就是要有目的地去研究马克思列宁主义的理论，要使马克思列宁主义理论同中国革命的实际运动结合起来，是为着解决中国革命的实际问题，从它那里找立场、找观点、找方法。毛泽东将马克思、恩格斯创立的辩证唯物主义和历史唯物主义的思想路线运用于中国的实际，并赋予本民族的特色，这是将马克思主义中国化的生动体现。要做到实事求是，一切从实际出发，就必须对实际情况有全面深入的了解；调查研究就是获得真实全面情况的基础性环节。从这个意义上说，调查研究是实现马克思主义基本原理同中国具体实际相结合的基本途径和方法。毛泽东是中国共产党内大兴调查研究之风的开创者。在 20 世纪 20 年代末 30 年代初那段中国革命最艰难的日子里，毛泽东亲自从根据地农村中收集第一手材料，形成了大量的调查研究报告。其中收录在《毛泽东农村调查文集》中的就有 10 多篇。从这些调查报告中我们可以发现，当年毛泽东社会调查的对象十分广泛，除了工农基本群众外，还有社会其他各阶层的人们；调查的内容涉及社会生活的各个方面；调查的方法、手段也是多种多样。1930 年 5 月，毛泽东写了《反对本本主义》一文，他开门见山地指出："你对于某个问题没有调查，就停止你对于某个问题的发言权。"他还指出："许多的同志都成天地闭着眼睛在那里瞎说，这是共产党员的耻辱，岂有共产党而可以闭着眼睛说一顿的吗？""要不得，要不得，注重调查！反对瞎说！""没有调查，没有发言权。"毛泽东在这里表达了他对不注重调查研究、闭着眼睛说瞎话的教条主义做法的痛恨，告诫党员干部必须做到对遇到的每个问题的现实情况和历史情况进行深入的调查研究，才能找到解决问题的正确途径和办法。他说："你对那个问题不能解决吗？那末，你就去调查那个问题的现状和它的历史吧！你完完全全调查明白了，你对那个问题就有了解决的办法了。一切结论产生于调查情况的末尾，而不是在它的先头。""只有蠢人，才是他一个人，或者邀集一堆人，不作调查，而只是冥思苦索地'想办法'，'打主意'。须知这是一定不能想出什么好办法，打出什么好主意的。"③ 1931 年，毛泽东在为红军总政治部起草的《关于调查人口和土地状况的通知》中，又提出"不做正确的调查研究同

① 《毛泽东选集》第 2 卷，人民出版社 1991 年版，第 522—523 页。
② 《毛泽东选集》第 3 卷，人民出版社 1991 年版，第 801 页。
③ 《毛泽东选集》第 1 卷，人民出版社 1991 年版，第 109—110 页。

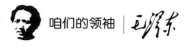

样没有发言权"，对"没有调查，没有发言权"的命题作了补充和发展，使之更加严谨、科学。

群 众 路 线

人民群众是历史的创造者。这是马克思列宁主义的一个基本原理。以毛泽东为代表的中国共产党人，把这一基本原理运用于中国革命的实际，提出了"星火燎原"的战略思想，创立了统一战线的政治形式，形成并坚持了人民战争的战略战术，建立了人民民主制度，形成了从群众中来，到群众中去的党的群众路线，以及从认识论高度上，正确解决了功在人民，同时肯定个人作用的问题。

在无产阶级革命政党和人民群众的基本关系问题上，毛泽东提出了群众路线的观念。这一观念的基本内容是：无产阶级政党和人民群众的关系是血肉不可分割的，无产阶级政党必须密切联系群众，一刻也不能脱离群众。一方面，群众不能没有无产阶级政党的领导，只有在无产阶级政党的领导之下，群众才能成为一种自觉的、有组织的力量，才能发挥其创造一切的伟大力量；另一方面，无产阶级政党又必须始终坚持人民群众是历史的创造者的历史唯物主义基本原理，必须从这样一个基本前提出发来处理党同人民群众的关系。无产阶级代表人民群众的根本利益，真心实意地为人民群众谋利益，全心全意地为人民服务。无产阶级政党为了领导好人民群众，还必须虚心地向人民群众学习，要当群众的先生，必须先当群众的学生。这就要求无产阶级政党要以"从群众中来，到群众中去"作为根本的认识路线和根本的工作方法。

从1840年鸦片战争到1921年中国共产党的成立，无数仁人志士为了拯救民族于水火奋起、呐喊、抗争，但总是遭到失败。青年时代的毛泽东，在十月革命的影响下，运用马克思主义，总结了历史的经验教训，认定"民众的大联合"是改造社会的根本方法。从那以后，相信和依靠人民群众，就成为毛泽东领导中国革命的一个根本指导思想。在他看来，"革命战争是群众的战争，只有动员群众才能进行战争，只有依靠群众才能进行战争"。"真正的铜墙铁壁是什么？是群众，是千百万真心实意地拥护革命的群众。这是真正的铜墙铁壁，什么力量也打不破的，完全打不破的。"① "只有坚决地广泛地发动全体的民众，方能在战争的一切需要上给以无穷无尽的供给。"② "共产党基本的一条，就是直接依靠广大革命人民群众。"③ "依靠民众则一切困难能够克服，任何强敌能够战胜，离

---

① 《毛泽东选集》第1卷，人民出版社1991年版，第136、139页。
② 《毛泽东选集》第2卷，人民出版社1991年版，第492页。
③ 《建国以来毛泽东文稿》第12册，中央文献出版社1998年版，第581页。

开民众则将一事无成。"①

  毛泽东以历史唯物主义的基本观点作指导，系统地总结了党领导群众进行革命斗争的经验教训，科学地阐明党和群众的正确关系。他指出，党只是人民在特定历史时期完成特定任务的工具，"我们的权力是谁给的？是工人阶级给的，是贫下中农给的，是占人口百分之九十以上的广大劳动群众给的。我们代表了无产阶级，代表了人民群众，打倒了人民的敌人，人民就拥护我们"②。所以我们只能代表人民的利益，全心全意地为人民服务。"共产党员决不可脱离群众的多数，置多数人的情况于不顾，而率领少数先进队伍单独冒进；必须注意组织先进分子和广大群众之间的密切联系。这就是照顾多数的观点。"③"群众是真正的英雄，而我们自己则往往是幼稚可笑的，不了解这一点，就不能得到起码的知识。"④"共产党的路线，就是人民的路线。"⑤"有无群众观点是我们同国民党的根本区别，群众观点是共产党员革命的出发点与归宿。从群众中来，到群众中去，想问题从群众出发就好办。"⑥"三个臭皮匠，合成一个诸葛亮"，这就是说，群众有伟大的创造力。中国人民中间，实在有成千成万的"诸葛亮"，每个乡村，每个市镇，都有那里的"诸葛亮"。"全心全意地为人民服务，一刻也不脱离群众；一切从人民的利益出发，而不是从个人或小集团的利益出发；向人民负责和向党的领导机关负责的一致性；这些就是我们的出发点。"⑦

  党要密切联系群众，就必须坚持群众路线。认识来源于实践。群众是实践的主体。他们对客观实际最了解，对变革现状的要求反映最强烈，他们又具有无穷的智慧和创造力。所以，从工作方法的角度说，认识从实践中来的过程，也就是从群众中来的过程，是领导者获得认识，形成理论观点，制定路线和政策的过程。认识指导实践的过程，也就是到群众中去的过程，是领导者将形成的理论、路线和政策，宣传群众，武装群众，变为群众自觉行动的过程。毛泽东指出"在我党的一切实际工作中，凡属正确的领导，必须是从群众中来，到群众中去。这就是说，将群众的意见（分散的无系统的意见）集中起来（经过研究，化为集中的系统的意见），又到群众中去作宣传解释，化为群众的意见，使群众坚持下去，见之于行动，并在群众行动中考验这些意见是否正确。然后再从群众中集中起来，再到群众中坚持下去。如此无限循环，一次比一次地更

①《毛泽东军事文集》第2卷，军事科学出版社、中央文献出版社1993年版，第381页。
②《建国以来毛泽东文稿》第12册，中央文献出版社1998年版，第581页。
③《毛泽东选集》第2卷，人民出版社1991年版，第525—526页。
④《毛泽东选集》第3卷，人民出版社1991年版，第790页。
⑤《毛泽东文集》第2卷，人民出版社1993年版，第409页。
⑥《毛泽东文集》第3卷，人民出版社1996年版，第71页。
⑦《毛泽东选集》第3卷，人民出版社1991年版，第933、1094—1095页。

正确、更生动、更丰富。这就是马克思主义的认识论"。为了坚持群众路线，毛泽东号召全党坚决防止和克服教条主义、经验主义、命令主义等不正之风。"在一切工作中，命令主义是错误的，因为它超过群众的觉悟程度，违反了群众的自愿原则，害了急性病。我们的同志不要以为自己了解了的东西，广大群众也和自己一样都了解了。群众是否已经了解并且是否愿意行动起来，要到群众中去考察才会知道。如果我们这样做，就可以避免命令主义。在一切工作中，尾巴主义也是错误的，因为它落后于群众的觉悟程度，违反了领导群众前进一步的原则，害了慢性病。"[1]"我们的干部中，自以为是的很不少。其原因之一，是不懂马克思主义的认识论。因此，不厌其烦地宣传这种认识论，是非常必要的。简单地说，就是从群众中来，到群众中去。"[2]"我们应该走到群众中间去，向群众学习，把他们的经验综合起来，成为更好的有条理的道理和办法，然后再告诉群众（宣传），并号召群众实行起来，解决群众的问题，使群众得到解放和幸福。""要联系群众，就要按照群众的需要和自愿。一切为群众的工作都要从群众的需要出发，而不是从任何良好的个人愿望出发。……这里是两条原则：一条是群众的实际上的需要，而不是我们脑子里头幻想出来的需要；一条是群众的自愿，由群众自己下决心，而不是由我们代替群众下决心。"[3]

　　"党和群众的关系的问题，应当是：凡属人民群众的正确的意见，党必须依据情况，领导群众，加以实现；而对于人民群众中发生的不正确的意见，则必须教育群众，加以改正。"[4]"我们是革命战争的领导者、组织者，我们又是群众生活的领导者、组织者。组织革命战争，改良群众生活，这是我们的两大任务。……我们不但要提出任务，而且要解决完成任务的方法问题。我们的任务是过河，但是没有桥或没有船就不能过。不解决桥或船的问题，过河就是一句空话。不解决方法问题，任务也只是瞎说一顿。"[5]"我们十分注意倾听人民的意见。我们通过村、乡镇、区、县的群众大会，也就是我们区域内任何地方的群众大会，通过党员同各阶层人士的交谈，通过各种会议、报纸和群众的来电来信等等一切能听到人民呼声的渠道，总是能发现群众的真正的意见。"[6]"善于把党的政策变为群众的行动，善于使我们的每一个运动，每一个斗争，不但领导干部懂得，而且广大的群众都能懂得，都能掌握，这是一项马克思列宁主义的领导艺术。我们的工作犯不犯错误，其界限也在这里。"[7]

————————

①《毛泽东选集》第 3 卷，人民出版社 1991 年版，第 899、1095 页。
②《毛泽东文集》第 8 卷，人民出版社 1999 年版，第 324 页。
③《毛泽东选集》第 3 卷，人民出版社 1991 年版，第 933、1012—1013 页。
④《毛泽东选集》第 4 卷，人民出版社 1991 年版，第 1310 页。
⑤《毛泽东选集》第 1 卷，人民出版社 1991 年版，第 139 页。
⑥《毛泽东文集》第 3 卷，人民出版社 1996 年版，第 189 页。
⑦《毛泽东选集》第 4 卷，人民出版社 1991 年版，第 1319—1320 页。

毛泽东的群众路线观念对于当代中国政治的重要意义在于，它不仅使我党有一条正确的认识路线和工作路线，使我党在一切实际工作中都能够切实地遵循马克思主义认识论的基本原则，而且使我党有一条正确的、马克思主义的政治路线和组织路线，有一条正确地处理党同人民群众的关系的基本原则，使我党数十年来形成了一种密切联系群众，与群众血肉相连的优良传统和优良作风。这是我党深得人民群众拥护，在人民群众中有着崇高的威望，有着坚如磐石的基础的根本原因，也是我党能够领导中国革命事业由胜利走向胜利的根本保证。

独　立　自　主

　　毛泽东独立自主思想是最具中国特色的马克思主义哲学世界观和方法论。应当说，把"独立自主"作为一个明确的哲学命题提出，并把它确定为中国共产党人的一条总的和根本的政治原则的，是毛泽东。这一思想博大精深，贯穿于毛泽东思想的各个组成部分。"独立自主，自力更生，是从中国实际出发、依靠群众进行革命和建设的必然结论。"[1]

　　毛泽东提出独立自主原则是以唯物辩证法的内因与外因关系的原理为其哲学依据的。独立自主就是以我为主，自力更生，坚持从实际情况出发，依靠自己的力量，拿定自己的主意，维护自己的主权，主宰自己的命运，选择自己的道路，谋求自己的生存，克服自己的困难，规范自己的活动，推进自己的发展，实现自己的目的。

　　在革命实践中，毛泽东特别看重独立自主原则。早在土地革命战争时期，毛泽东就吸收了俄国和欧洲的一些国家无产阶级革命以武装夺取政权的理论，但又不照搬他们"以城市为中心"，先夺取城市后占领农村的经验，而是从中国的实际情况出发，开辟了"以农村包围城市，武装夺取政权"的革命道路。1930 年 5 月，毛泽东在《反对本本主义》中指出："中国革命斗争的胜利要靠中国同志了解中国情况。"这是中国共产党人独立自主思想的最初表述。1936 年12 月他在《中国革命战争的战略问题》中明确使用了"独立自主"的概念。他指出："无论处于怎样复杂、严重、惨苦的环境，军事指挥员首要的是独立自主地组织和使用自己的力量。"[2]

　　在抗日战争中期，为了克服困难，坚持抗日战争，毛泽东在《目前形势和我们的任务》中说："我们自己的命运应当由我们自己来掌握。我们应当在自己内部肃清一切软弱无能的思想。一切过高地估计敌人的力量和过低估计人民力

　　① 《毛泽东思想基本著作选读》，人民出版社 2001 年版，第 13 页。
　　② 《毛泽东选集》第 1 卷，人民出版社 1991 年版，第 115、222—223 页。

量的观点，都是错误的。"① 1942 年底，党中央号召解放区军民自力更生、发展生产，开展了大生产运动。到 1943 年时，部队和机关学校的粮食已经能够部分自给，副食品、办公费和军队装备经费达到了大部分自给；晋冀鲁豫根据地军民合力战胜了水、旱、蝗灾，自己挖煤、炼钢、造枪弹；太行抗日根据地还建起兵工厂……终于战胜了日寇及国民党的破坏和封锁，改善了根据地人民的生活，支援了前线，为抗日战争的胜利奠定了物质基础。

新中国成立时，毛泽东既不照搬苏联的一党制，也不采用欧美国家的多党制，独辟蹊径，实行中国共产党领导的多党合作制。新中国成立以后，在对资本主义工商业实行社会主义改造时，毛泽东认真研究了苏联的经验教训，对资本家没有采取没收、驱逐、镇压的政策，而是实行"和平赎买"的方针。1958年 6 月，毛泽东明确提出，"自力更生为主，争取外援为辅，破除迷信，独立自主地干工业、干农业、干技术革命和文化革命，打倒奴隶思想，埋葬教条主义，认真学习外国的好经验，也一定研究外国的坏经验——引以为戒，这就是我们的路线。"② 毛泽东说："我们是主张自力更生的，我们希望有外援，但是我们不能依赖它，我们依靠自己的努力，依靠全体军民的创造力。"③ 特别是在 20 世纪 60 年代初苏联背信弃义撤走专家、威胁逼债又天灾横行之际，以毛泽东为领袖的中国共产党人带领全国人民万众一心迎难而上，决不向帝国强权让步半分，决不向大难大灾低头一寸，始终不渝地坚持独立自主、自力更生的正确方针，党和人民团结一致，同甘共苦，勒紧裤带，发愤图强，勇往直前。"为有牺牲多壮志，敢教日月换新天"。不过几年工夫，困难重重的国民经济就走出低谷，社会主义建设重新出现欣欣向荣的景象。不仅全部还清外债，并且大力支援了许多国家人民的革命斗争和建设事业。从 1965 年起实现了石油全部自给，电子工业、石油化工等一批新兴的工业部门也建设了起来。更大长中国人民志气的是我们完全依靠自己的力量造出了原子弹，打破了美苏的核垄断，从而使新中国的国际地位大大提升。

独立自主是中国革命和建设的根本指导原则。毛泽东在 1949 年 6 月总结中国革命的历史经验和指引中国未来的发展前途时，明确强调："中国必须独立，中国必须解放，中国的事情必须由中国人民自己作主张，自己来处理，不容许任何帝国主义国家再有一丝一毫的干涉。……中国的命运一经操在人民自己的手里，中国就将如太阳升起在东方那样，以自己的辉煌的光焰普照大地。"④ 毛泽东独立自主观不仅是政治原则，而且是适用于各个领域的一条哲学原则，是

① 《毛泽东选集》第 4 卷，人民出版社 1991 年版，第 1260 页。
② 《毛泽东文集》第 7 卷，人民出版社 1999 年版，第 380 页。
③ 《毛泽东选集》第 3 卷，人民出版社 1991 年版，第 1015 页。
④ 《毛泽东选集》第 4 卷，人民出版社 1991 年版，第 1354 页。

一种具有普遍指导作用的科学的世界观、方法论。这一原则指导着中国共产党坚持以马克思主义为指导，从中国的实际情况出发，独立自主地解决中国革命和建设问题，走自己的道路，建设有中国特色的社会主义，从而找到了适合中国特点的正确道路，保证了革命和建设的胜利。

阶 级 斗 争

所谓人的本质就是人区别于其他动物的根本性质，是人之所以成其为人的原因和根据。人作为自然界的一种最高存在物，必然和自然界中的其他动物一样具有某种共同的自然属性，但人之所以和自然界的其他动物不同，就在于人具有特殊的社会属性，这种特殊的属性就是人的社会本质。人的社会本质是多方面的、多层次的。马克思对人的本质的论述有一个深化的过程，在《1844年经济学哲学手稿》中提出劳动是人的本质，在《关于费尔巴哈的提纲》中提出"人的本质，在其现实性上，是一切关系的总和"，在《德意志意识形态》中提出"人的需要是人的本性"。毛泽东从社会实践、社会关系、阶级关系角度论述人的本质，对马克思主义的人本思想进行了发展。毛泽东指出：人和动物"最基本区别是人的社会性，人是制造工具的动物，人是从事社会生产的动物"[1]。毛泽东进一步指出："思想等等是主观的东西，做或行动是主观见之于客观的东西，都是人类特殊的能动性。这种能动性，我们名之曰'自觉的能动性'，是人之所以区别于物的特点。"[2] 人总是和一定的社会关系内在联系着的，并且存在于和活动于一定的社会关系之中，因而具有社会性。社会关系包括经济关系、政治关系和思想关系，它们相互联系、相互作用构成人们赖以存在并活动于其中的社会关系总体。正是这种社会关系总体规定着个人、社会集团、阶级的特殊本质。毛泽东坚持和发挥了这个观点，指出："当作人的特点、特性、特征，只是一个人的社会性——人是社会的动物，自然性、动物性等等不是人的特性。人是动物，不是植物、矿物，这是无疑的、无问题的。"[3] 因此毛泽东要求我们不能"离开人的社会性，离开人的历史发展"去观察认识问题[4]。从社会实践角度，毛泽东认为"人的社会实践，不限于生产活动一种形式，还有多种其他的形式，阶级斗争，政治生活，科学和艺术的活动"[5]。相应地，人就是"制造工具的动物""从事社会生产的动物""阶级斗争的动物"。[6] 社会关系角度，毛泽

---

① 《毛泽东文集》第3卷，人民出版社1996年版，第81页。
② 《毛泽东选集》第2卷，人民出版社1991年版，第477页。
③ 《毛泽东文集》第3卷，人民出版社1996年版，第83页。
④ 参见《毛泽东选集》第1卷，人民出版社1991年版，第282页。
⑤ 《毛泽东选集》第1卷，人民出版社1991年版，第283页。
⑥ 《毛泽东文集》第3卷，人民出版社1996年版，第81页。

38

东在《实践论》中指出，"马克思以前的唯物论，离开人的社会性，离开人的历史发展，去观察认识问题，因此不能了解认识对社会实践的依赖关系，即认识对生产和阶级斗争的依赖关系"。① 在这里，毛泽东明确提出了人的本质在于人的社会性和人的历史发展。因此，当人的历史发展到出现了阶级的时候，人的社会性就相当程度上表现为阶级性。从阶级关系角度，毛泽东《在延安文艺座谈会上的讲话》中指出，"有没有人性这种东西？当然有的。但是只有具体的人性，没有抽象的人性。在阶级社会里就是只有带阶级性的人性，而没有什么超阶级的人性"。②

毛泽东对人的阶级本质的分析具有十分强烈的政治目的，即为革命斗争服务。人的本质是与阶级相匹配的，不同的阶级有不同的本质；而不同本质的人，有着不同的政治态度。革命斗争的首要问题是区分敌我，然后才是革命的任务、动力、性质与前途等问题。解决所有这些问题的基本逻辑起点，就是对人的本质的追问。既然不同的阶级有着不同的本质、不同的政治态度与政治行为，那么阶级间的冲突（斗争）与联合将不可避免。这正是革命的动力与机遇所在。毛泽东从人的本质出发，形成了关于阶级和阶级斗争的基本观点。在阶级社会中，社会是划分为阶级的。阶级是一些在经济上处于不同乃至根本对立的地位的社会集团。阶级的经济利益是他们最根本的阶级利益。阶级的根本的经济利益的区别，又决定了他们的根本的政治利益与政治态度的不同。阶级分析方法是毛泽东准确把握中国社会结构，划清革命敌我阵线，定位革命性质、任务与前途的有效工具。1941 年 9 月，毛泽东在回忆他接受马克思主义的经过时说："记得我在一九二〇年，第一次看了考茨基的《阶级斗争》，陈望道翻译的《共产党宣言》和一个英国人作的《社会主义史》，我才知道人类自有史以来就有阶级斗争，阶级斗争是社会发展的原动力，初步地得到认识问题的方法论。可是这些书上，并没有中国的湖南、湖北，也没有中国的蒋介石和陈独秀。我只取了它四个字：阶级斗争，老老实实地来开始研究实际的阶级斗争。"③ 要领导革命，指导现实的政治斗争，就必须进行阶级分析，即要分析社会各阶级的经济地位，以及它们可能采取的基本政治态度。"我们要分辨真正的敌友，不可不将中国社会各阶级的经济地位及其对于革命的态度，作一个大概的分析。"④ 由于社会阶级之间根本的经济利益与根本的政治利益的分裂与对立，阶级斗争也就是必然的、不可避免的。在阶级社会中，阶级斗争为社会的发展所必需，是

① 《毛泽东选集》第 1 卷，人民出版社 1991 年版，第 282 页。
② 《毛泽东选集》第 3 卷，人民出版社 1991 年版，第 828 页。
③ 《毛泽东文集》第 2 卷，人民出版社 1993 年版，第 378—379 页。
④ 《毛泽东选集》第 1 卷，人民出版社 1991 年版，第 3 页。

"历史发展的真正动力"①。因此，自有阶级社会以来的全部人类历史，都是阶级斗争的历史，都必须用阶级斗争的观点来解释。"阶级斗争，一些阶级胜利了，一些阶级消灭了。这就是历史，这就是几千年的文明史。拿这个观点解释历史的就叫做历史的唯物主义，站在这个观点的反面的是历史的唯心主义。"② 在这里，毛泽东运用阶级斗争理论强调人类社会政治的阶级本质，强调人类社会的发展是通过先进阶级与落后阶级之间的斗争，最后由战胜的先进阶级推动的结果。

共产主义思想

人类的生存发展过程以及人们创造历史的过程就是争取人的自由和人的解放，提高人的价值的过程。自由的含义不是单一的，而是多层次的复杂的。自由既有哲学含义，又是一个政治历史范畴。自由首先是人类历史活动的产物，是劳动的产物。人类从自然界分化出来后其生存和发展面临着同整个世界（包括社会）的关系问题。在自然界、社会的客观规律面前，人能不能达到自己改造世界的目的，这就是所谓自由问题。因此，自由首先是劳动的产物，并随着人类物质生产劳动的发展而发展。人类为了生存和发展，不能不从事物质生产劳动，把"外在的必然"转化为"为我的必然"，从而获得自由。所以，自由不是认识活动和改造活动本身，而是人们认识必然性和利用必然性为自己服务的那种能力，是人在活动中表现出来的一种自觉、自为、自主的状态。毛泽东毕生所从事的纷繁复杂的光辉事业，从政治哲学凝思不过是"自由"二字。自由是毛泽东政治思想和实践的永恒主题，从新民主主义革命到社会主义建设，毛泽东都是在为国家和人民谋求自由的幸福生活。毛泽东从井冈山时期开始，就对中华民族殖民地半殖民地的不自由状态有着清醒深刻的认识，独立、自由、民主、统一、富强成为毛泽东新民主主义国家的理想形态。毛泽东在独立领导中国革命斗争的进程中，总是在自由之根本目的的统领下，首先通过新民主主义革命求得国家的独立，其次是通过建立民主制度实现人的自由目标。人类从自然界分化出来的过程，是同人类劳动的形成和发展过程分不开的。

毛泽东在指导中国革命战争和社会主义建设过程中对自由的含义从认识论上作了进一步的规定。他说："自由是必然的认识和世界的改造。"③ "所谓必然，就是客观存在的规律性，在没有认识它以前，我们的行动总是不自觉的，带着

---

① 《毛泽东选集》第 2 卷，人民出版社 1991 年版，第 625 页。
② 《毛泽东选集》第 4 卷，人民出版社 1991 年版，第 1424 页。
③ 《毛泽东著作选读》下册，人民出版社 1986 年版，第 485 页。

盲目性的，这时候我们是一些蠢人。"经过反复的实践，有了成功和失败的比较，认识了必然性。"到那个时候，我们就比较主动了、比较自由了。"① 在谈到人的自觉能动性在战争中表现为主动性、灵活性、计划性时，他说："这里说的主动性，说的是军队行动的自由权，是用以区别于被迫处于不自由状态的。"② 可见他是把自由看作是主动性的表现，不自由是被动性地位的表现。灵活性是说明指挥员审时度势而采取及时和恰当的处置方法的一种才能。不仅如此，毛泽东还阐明了政治自由的具体性、相对性和阶级性，以及政治自由对于无产阶级革命事业的重要意义。毛泽东指出："世界上只有具体的自由，具体的民主，没有抽象的自由，抽象的民主。""在阶级斗争的社会里，有了剥削阶级剥削劳动人民的自由，就没有劳动人民不受剥削的自由。有了资产阶级的民主，就没有无产阶级和劳动人民的民主。"③ 民主和自由都是相对的，不是绝对的，都是在历史上发生和发展的。民主要受到集中的制约，自由要受到纪律的制约。他强调民主革命时期，争取民主自由既是实现革命胜利的必要手段和条件，也是革命的基本内容和所要达到的目的；社会主义时期，人民的国家要采取措施，切实保障宪法所赋予公民的民主自由权利得以实现。

毛泽东指明了人们从必然达到自由的诸多条件。条件之一是，要学习社会科学和自然科学，认识和把握客观规律。他说："人们为了在社会上得到自由，就要用社会科学来了解社会，改造社会，进行社会革命。人们为着要在自然界里得到自由，就要用自然科学来了解自然，克服自然和改造自然，从自然里得到自由。"④ 条件之二是，不断消除错误和盲目的必然性。毛泽东认为，在认识过程中，当人们还没有认识客观必然性，处于盲目状态时，总是要犯错误的。只有不断消除错误和盲目性，人们才能逐步获得自由。条件之三是，主体必须自觉地改造自己的主观世界。"改造自己的认识能力，改造主观世界同客观世界的关系。"⑤ 正确的立场、观点、方法，主体认识能力的提高，是获得自由必不可少的条件。条件之四是，必须不断创造和改进"认识工具"，人是制造工具以从事生产劳动的动物。人要在实践中获得自由，就必须不断地创造和改进自己的生产工具，这种生产工具在一定意义上就是认识工具。毛泽东说："认识工具"这个概念有点道理，在"认识工具"这个概念中还要包括镢头、机器等等。人的认识来源于实践。我们用镢头、机器等改造世界，我们的认识就逐渐深入了。工具是人的器官的延长，望远镜是人的眼睛的延长，身体五官都可以延长。

---

① 《毛泽东文集》第 8 卷，人民出版社 1999 年版，第 306 页。
② 《毛泽东选集》第 2 卷，人民出版社 1991 年版，第 487 页。
③ 《毛泽东著作选读》下册，人民出版社 1986 年版，第 761 页。
④ 《毛泽东文集》第 2 卷，人民出版社 1993 年版，第 269 页。
⑤ 《毛泽东选集》第 1 卷，人民出版社 1991 年版，第 296 页。

这就是说，人们变革环境，改造世界，获得自由不能不使用工具，而改造世界的工具就是认识世界的工具。认识工具的创造和改进大大提高了人的认识能力，不断扩展着人们认识的广度和深度。认识工具是人类认识水平的尺度，它凝结着人类的集体智慧，是认识的社会性和能动性的集中表现。

毛泽东从历史观、认识论上阐明了由必然王国向自由王国的转化是一个无限发展的过程，阐明了社会主义和共产主义观念。"必然王国"和"自由王国"本来是马克思、恩格斯揭示不同社会状态的本质的范畴。"必然王国"是指人被物化的社会关系所支配的社会状态，"自由王国"则是指人支配自己的社会关系即人支配物的社会状态。所谓"人类从必然王国向自由王国的飞跃"，就是从一种社会状态向另一种全新的、合理的社会状态过渡，即由人受历史必然性统治状态向人支配历史必然性的状态过渡，由人受社会关系支配状态向人支配社会关系状态过渡，即由资本主义向社会主义（共产主义）过渡。毛泽东认为，新的社会主义制度的建立，人们从必然王国向自由王国飞跃的历史并没有完结。他从历史观和认识论的高度对从必然王国向自由王国飞跃的含义作了进一步的引申和扩展。他说："人类的历史，就是一个不断地从必然王国向自由王国发展的历史。这个历史永远不会完结。在有阶级存在的社会内，阶级斗争不会完结。在无阶级存在的社会内，新与旧、正确与错误之间的斗争永远不会完结。在生产斗争和科学实验范围内，人类总是不断发展的，自然界也总是不断发展的，永远不会停止在一个水平上。因此，人类总得不断地总结经验，有所发现，有所发明，有所创造，有所前进。停止的论点，悲观的论点，无所作为和骄傲自满的论点，都是错误的。"①

从"必然王国"和"自由王国"的关系转换中，毛泽东阐述了他的核心政治理念。因为在任何一种政治哲学中，都有一个体现该政治哲学的政治理想，一个体现它的终极政治目的的核心政治价值观念。毛泽东政治哲学中这样一个观念就是他的"社会主义和共产主义"观念。"共产主义是无产阶级的整个思想体系，同时又是一种新的社会制度。这种思想体系和社会制度是区别于任何别的思想体系和社会制度的，是自有人类历史以来，最完全最进步最革命最合理的。封建主义的思想体系和社会制度，是进了历史博物馆的东西。资本主义的思想体系和社会制度，已有一部分进了博物馆（在苏联）；其余部分，也已'日薄西山，气息奄奄，人命危浅，朝不虑夕'，快进博物馆了。惟独共产主义的思想体系和社会制度，正以排山倒海之势，雷霆万钧之力，磅礴于全世界，而葆其美妙之青春。"② 毛泽东的这段话，清楚地表明了他作为一个马克思主义者对共产主义的坚定信念，清楚地表明了毛泽东政治哲学所追求的政治理想是

① 《毛泽东著作选读》下册，人民出版社 1986 年版，第 845 页。
② 《毛泽东选集》第 1 卷，人民出版社 1991 年版，第 646—647 页。

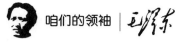

什么。

　　总之，毛泽东的政治哲学正是这样一种必须用来解释当代中国政治现实背景的理论。只有通过这一理论，我们才能够对当代中国政治现实中各种错综复杂的政治斗争，有一个清楚的认识。

第四章　政　治　策　略

　　毛泽东根据中国长期革命斗争中所积累的正反两方面的丰富经验，高度评价了战略和策略在无产阶级解放事业中的重要地位和作用。毛泽东指出："无产阶级要取得胜利，就完全要靠他的政党——共产党的斗争策略的正确与坚决。""政策和策略是党的生命，各级领导同志务必充分注意，万万不可粗心大意。""政策是革命政党一切实际行动的出发点，并且表现于行动的过程和归宿。"作为一位伟大的战略家和卓越的策略家，毛泽东在领导中国革命和建设中始终把谋划战略和策略置于首位，高瞻远瞩，审时度势，创造出一整套独创性的战略策略思想，从而指导中国革命和建设不断走向胜利。

宏　观　战　略

经由新民主主义走向社会主义

　　中国特殊的国情决定了中国革命必须分两步走，毛泽东在《新民主主义论》中说："这个中国革命的第一阶段（其中又分为许多小阶段），其社会性质是新式的资产阶级民主主义的革命，还不是最新式的无产阶级社会主义的革命，但早已成了无产阶级社会主义的世界革命的一部分……这个革命的第一步，第一阶段，决不是也不能，建立中国资产阶级专政的资本主义社会，而是要建立中国各个革命阶级联合专政的新民主主义的社会，以完结其第一阶段。然后，再使之发展到第二阶段，以建立中国社会主义的社会。"①

　　1840 年鸦片战争失败后，中国这个东方古老的泱泱大国便从一个完全的封建社会逐步沦为半殖民地半封建社会，"国家坏到了极处，人类苦到了极处，社会黑暗到了极处"。面对中国日益恶化的时局，毛泽东在上海的《时事新报》上发表署名文章强调指出：中国"社会的腐朽，民族的颓败，非有绝大努力，给他个连根拔起，不足以言摧陷廓清。这样的责任，乃全国人民的责任"②。正是这种强烈的救国救民的爱国主义思想，加上十月革命的影响，使他逐步产生了改造中国与世界为己任的伟大抱负。

　　毛泽东在积极投身于反帝反封建的斗争中，联系了一大批"指点江山，激扬文字"的爱国的热血青年。毛泽东在给罗章龙的信中强调："我虽然不反对零碎解决，但我不赞成没有主义头痛医头脚痛医脚的解决。""中国坏空气太深太

---

　　① 《毛泽东选集》第 1 卷，人民出版社 1991 年版，第 119 页。
　　② 《毛泽东早期文稿》，湖南出版社 1990 年版，第 338、390、486 页。

厚，吾们诚哉要造成一种有势力的新空气，才可以将他转换过来。我想这种空气，固然要有一班刻苦励志的'人'，尤其要有一种为大家共同信守的'主义'，没有主义，是造不成空气的。……主义譬如一面旗子，旗子立起来了，大家才有所指望，才知所趋赴。"① 1920 年 12 月 1 日，他在给蔡和森等人的复信中说："和森又说：'……所以我对于中国将来的改造，以为完全适用社会主义的原理与方法。'据和森的意见，以为应用俄国式的方法去达到改造中国与世界，是赞成马克斯（思）的方法的。于和森的主张，表示深切的赞成。"毛泽东在长沙新民学会会友新年大会上，指出："至于方法，启民（指与会会友陈启民）主（张）用俄式，我极赞成，因俄式系诸路皆走不通了发明的一条路，只此方法较之别的改造方法所含可能的性质为多。"蔡和森给毛泽东的信中写道："……世界革命运动自俄革命成功以来已经转了一个大方向，这方向就是'无产阶级获得政权来改造社会'。""我以为一定要经俄国现在所用的方法，无产阶级专政乃是一个惟一无二的方法，舍此无方法。"② 毛泽东在给蔡和森的复信中说："你这一封信见地极当，我没有一个字不赞成。"③ 表明毛泽东实现了由激进民主主义者向马克思主义者的转变，从此把社会主义作为改造中国的目标。

建党初期两年的工人运动实践及其挫折的经历，给早年毛泽东实现国家改造目标的探索提供了深沉的反思。毛泽东逐渐清醒地认识到在半殖民地半封建的中国，无产阶级专政国家目标的直接追求还有漫长的道路要走。这实际上验证了他最早在 1920 年下半年初步研究十月革命经验得出的认识，即"中国当前还不具备举行全国性社会主义革命的条件"，因为，在毛泽东看来，俄国革命成功的"这些条件中国都还没有具备"，所以"中国目前应先做打基础的工作，各地革命力量应努力推动当地一般的民主运动和工农群众运动，以壮大革命力量"④。所以，我们看到，在 1923 年中共三大之后提议的第一次国共合作主张中，毛泽东极力赞成并努力为国共合作的实现而投入热诚。即刻投入了国共合作的斗争洪流，全力以赴地贯彻执行统一战线的政策。⑤

大革命失败后，在井冈山上，毛泽东初步表述了中国革命"两步走"战略，指出，中国的共产主义运动必须分两步走：第一步，进行民权主义革命，第二步，进行社会主义革命；其中，民权主义革命是社会主义革命的必要准备，社会主义革命是民权主义革命的必然趋势，二者紧密衔接，不允许中间横插一个资产阶级专政的时期。⑥

① 《毛泽东早期文稿》，湖南出版社 1990 年版，第 553—554 页。
② 《新民学会资料》，人民出版社 1980 年版，第 147—150、17—18、159—163 页。
③ 韩泰华：《青年毛泽东"改造中国与世界"的伟大抱负》，《中共党史研究》1996 年第 1 期。
④ 李锐：《毛泽东的早期革命活动》，湖南人民出版社 1980 年版，第 265 页。
⑤ 参见《毛泽东书信选集》，人民出版社 1983 年版，第 21—24 页。
⑥ 参见王占阳：《毛泽东的建国方略与当代中国的改革开放》，吉林人民出版社 1994 年版，第 139 页。

1934年1月在《中华苏维埃共和国中央执行委员会与人民委员会对第二次全国苏维埃代表大会的报告》中毛泽东说："打倒帝国主义与国民党的目的，为的是要统一中国，实现资产阶级性质的民主革命，并且要使这个革命在将来能够转变到社会主义的革命去。"① 这一时期，关于民权革命与社会主义革命的直接衔接即民主革命后不间断地进行社会主义革命的论述在毛泽东原版的著作中亦比比皆是，以下择一管窥，如1930年5月毛泽东在《关于调查工作》（即现在的《反对本本主义》）一文中谈道："我们的斗争目的是要从民权主义转变到社会主义。我们的任务第一步是，争取工人阶级的大多数，发动农民群众和城市贫民，打倒地主阶级，打倒帝国主义，打倒国民党政权，完成民权主义革命，由这种斗争的发展，跟着就要执行社会主义革命的任务。"②

经过抗日战争时期的锻炼，党对中国革命认识逐步成熟。毛泽东指出："在民主革命时期，经过胜利、失败、再胜利、再失败、两次比较，我们才认识了中国这个客观世界。"③ 1939年毛泽东在《中国革命和中国共产党》一文中，第一次提出了新民主主义革命的科学概念和总路线的内容。1948年他在《在晋绥干部会议上的讲话》中完整地表述了总路线的内容，即无产阶级领导的，人民大众的，反对帝国主义、封建主义和官僚资本主义的革命。毛泽东在区分旧民主主义、社会主义和三民主义的基础上阐释了新民主主义的内涵。毛泽东把新旧革命阶段所处的不同历史时代、不同的领导阶级以及造成的不同结果区分开来。其最主要的表现是剥夺了资产阶级在这个革命中的领导权，指明民主革命与社会主义革命都必须由无产阶级来领导，分阶段去完成。即如毛泽东在《新民主主义论》中所说："所谓民主主义，现在已不是旧范畴的民主主义，已不是旧民主主义，而是新范畴的民主主义，而是新民主主义。""这种殖民地半殖民地革命的第一阶段……是新的、被无产阶级参加领导或领导的、以在第一阶段上建立新民主主义的社会和建立各个革命阶级联合专政的国家为目的的革命。"④这种新民主主义共和国，一方面和旧形式的、欧美式的、资产阶级专政的、资本主义的共和国相区别，那是旧民主主义的共和国，那种共和国已经过时了；另一方面，也和苏联式的、无产阶级专政的、社会主义的共和国相区别，那种社会主义的共和国已经在苏联兴盛起来，并且还要在各资本主义国家建立起来，无疑将成为一切工业先进国家的国家构成和政权构成的统治形式；但是那种共和国，在一定的历史时期中，还不适用于殖民地半殖民地国家的革命。因此，

① 毛泽东：《中华苏维埃共和国中央执行委员会与人民委员会对第二次全国苏维埃代表大会的报告》，《江西社会科学》1981年第S1期。
② 《毛泽东农村调查文集》，人民出版社1982年版，第7页。
③ 《毛泽东文集》第8卷，人民出版社1999年版，第299页。
④ 《毛泽东选集》第2卷，人民出版社1991年版，第665、668页。

一切殖民地半殖民地国家的革命，在一定历史时期中所采取的国家形式，只能是第三种形式，这就是所谓新民主主义共和国。这是一定历史时期的形式，因而是过渡的形式，但是不可移易的必要的形式。

究竟从什么时候开始从新民主主义过渡到社会主义？这一思想，毛泽东在1935年12月瓦窑堡会议上是这样表达的：中国革命的现阶段是资产阶级民主主义性质的革命，"革命的转变，那是将来的事。在将来，民主主义的革命必然要转变为社会主义的革命。何时转变，应以是否具备了转变的条件为标准，时间会要相当地长。不到具备了政治上经济上一切应有的条件之时，不到转变对于全国最大多数人民有利而不是不利之时，不应当轻易谈转变"。[①]

在党的七届二中全会上毛泽东再次重申：新民主主义革命胜利之后，新民主主义国家将是一个"相当长的时期"，"认为简直可以很快地消灭私人资本，这也是完全错误的，这就是'左'倾机会主义或冒险主义的观点"。[②] 中国必须经过新民主主义社会的一定发展再向社会主义过渡，实现工业化是实现向社会主义转变的基础。

在中国人民政治协商会议第一届全国委员会第二次会议闭幕会中，毛泽东说："我们的国家就是这样稳步前进，经过战争，经过新民主主义的改革，而在将来，在国家经济事业和文化事业大为兴盛了以后，在各种条件具备了以后，在全国人民考虑成熟并在大家同意了以后，就可以从容地妥善地走进社会主义的新时期。"[③]

中　观　战　略

农村包围城市

"农村包围城市，武装夺取政权"的革命道路理论是毛泽东思想中最有特色的内容，它的确立奠定了中国革命胜利的基石。

1921年7月，中国共产党成立后把工作重心放在了城市的工人运动上。但党领导的第一次工人运动高潮遭到了军阀的血腥镇压，说明在中国，在反动力量集中的大城市开展工人运动，走以城市为中心的道路是行不通的。遗憾的是，我们党当时并没有认清这一点，继续在以城市为中心的道路上摸索。1922年党正式宣布加入共产国际，成为共产国际57个支部中的一个。共产国际规定：中国革命必须按照苏联"十月革命"的成功模式，走"城市中心"的革命道路。

①　《毛泽东选集》第1卷，人民出版社1991年版，第267页。

②　《毛泽东选集》第4卷，人民出版社1991年版，第1432页。

③　刘勇、费迅：《毛泽东新民主主义论再认识——兼论经济文化落后国家社会发展道路的选择》，《南通工学院学报（社会科学版）》2004年第2期。

1927年春夏之交，中国革命形势发生了巨大的变化，蒋介石和汪精卫集团相继背叛革命，使轰轰烈烈的国民革命陷于失败。毛泽东指出："因为强大的帝国主义及其在中国的反动同盟军，总是长期地占据着中国的中心城市，如果革命的队伍不愿意和帝国主义及其走狗妥协，而要坚持地奋斗下去，如果革命的队伍要准备积蓄和锻炼自己的力量，并避免在力量不够的时候和强大的敌人作决定胜负的战斗，那就必须把落后的农村造成先进的巩固的根据地，借以在长期战斗中逐步地争取革命的全部胜利。"① 毛泽东的这一论述对中国革命工作的重心应当放到农村，作了十分深刻的论述。毛泽东在八七会议上提出了"枪杆子里面出政权"的著名论断，会议批判了陈独秀的右倾投降主义错误，总结了教训，确立了土地革命和武装反抗国民党反动派的总方针。他在会上回答："我不愿意跟你们去住高楼大厦，我要上山去结交绿林朋友。"②

六大的决议把农村根据地的巩固和发展看成革命"更大发展的基础"。后来毛泽东对此作了很高的评价，他说："关于中国革命根据地和红军能否存在和发展的问题，六大'又作了一次答复，中国革命运动，从此就有了正确的理论基础'。"③ 毛泽东在《中国的红色政权为什么能够存在？》和《井冈山的斗争》两篇文章中第一次具体而系统地论证了中国红军和中国革命根据地存在和发展的问题，提出了"工农武装割据"的思想，为创立中国革命必须走农村包围城市、武装夺取政权道路的理论提出了一个根本前提。

1929年"工农武装割据"的"星星之火"发展成为"燎原之势"，同年3月7日，周恩来为中共中央起草的给贺龙及湘鄂西前委的指示信中，强调指出："目前所应注意者，还不是什么占领大的城市，而是在乡村发动群众，深入土地革命。"1929年9月18日在周恩来为中央起草的《中共中央给红军第四军前委的指示信》中，又明确指出："红军在农村进行土地革命、武装斗争、建立政权等革命的实践，其伟大意义是我们不能否认的，继续努力下去，将必然要成为全国革命高潮的动力之一，这是无疑义的。"④ 毛泽东正是在集中党内的农村斗争实践的新认识与新经验的基础上，才逐步形成了"农村包围城市"的中国革命道路的完整理论。

1930年，毛泽东先后写了《星星之火，可以燎原》和《反对本本主义》，毛泽东全面系统地阐述了"农村包围城市道路"的革命理论。归纳起来主要有三个方面：第一，对"城市中心论"进行了更彻底更深刻的批判。指出"城市中心论"即全国范围的武装起义，"是与中国革命的实情不适合的"。第二，"工农

① 《毛泽东选集》第2卷，人民出版社1991年版，第635页。
② 谭震林：《回顾井冈山斗争历史，井冈山革命根据地》（下），中共党史资料出版社1987年版，第103页。
③ 《毛泽东选集》第1卷，人民出版社1991年版，第188页。
④ 《周恩来选集》上卷，人民出版社1994年版，第17—18、32—33页。

武装割据"是半殖民地中国在无产阶级领导之下的农民斗争的最高形式，是在半殖民地国家农民斗争发展的必然结果，并且无疑义地是促进全国革命高潮的最重要因素。"而朱德毛泽东式、方志敏式之有根据地的，有计划地建设政权的，深入土地革命的，扩大人民武装的路线是经由乡赤卫队、区赤卫队、县赤卫总队、地方直至正规红军这样一套办法的，政权发展是波浪式地向前扩大的等等的政策，无疑地是正确的。""必须这样，才能给反动统治阶级以甚大的困难，动摇其基础而促进其内部的分解，也必须这样，才能真正地创造红军，成为将来大革命的主要工具。"[①]"有利于我们组织坚持的长期的广大的战争，去反对占领城市的敌人，用犬牙交错的战争，将城市包围起来，孤立城市。从长期战争中逐渐生长自己力量，变化敌我形势，再配合之以世界的变动，就能把敌人驱逐出去而恢复城市。"[②] 毛泽东通过对革命形势的正确估计，开始把各地工农武装割据的发展同争取全国革命胜利的形势联系起来考虑，毛泽东在《战争和战略问题》一文中提及中国革命必须走先占领农村后夺取城市的道路，初步形成了农村包围城市、武装夺取全国胜利的思想。

农村包围城市的革命道路理论，揭示了中国革命发展的客观规律，指明了大革命失败后夺取中国民主革命胜利的正确道路，解决了在一个农民占绝大多数的半殖民地半封建落后国家，无产阶级夺取政权的道路问题，为中国革命的胜利奠定了基础。

论持久战的思想

抗日战争开始后不久，毛泽东在其科学著作《论持久战》中，运用辩证法对抗日战争的全局和发展进行了系统的思考，具体地剖析了抗日战争的各种内在要素及其结构和层次，并提出了正确的战略和方针。

毛泽东指出："中日战争不是任何别的战争，乃是半殖民地半封建的中国和帝国主义的日本之间在二十世纪三十年代进行的一个决死的战争。"日本是一个强大的帝国主义国家，但它的侵略战争是退步的、野蛮的；中国的国力虽然比较弱，但它的反侵略战争是进步的、正义的，又有了中国共产党及其领导下的军队这种进步因素的代表。日本战争力量虽强，但它是一个小国，军力、财力都感缺乏，经不起长期的战争；而中国是一个大国，地大人多，能够支持长期的战争。日本的侵略行为损害并威胁其他国家的利益，因此得不到国际的同情与援助；而中国的反侵略战争能获得世界上广泛的支持与同情。毛泽东总结道：这些特点"规定了和规定着战争的持久性和最后胜利属于中国而不属于日本。

① 《毛泽东选集》第1卷，人民出版社1991年版，第97—98页。
② 白树霞：《抗日战争时期毛泽东农村包围城市理论的新发展》，《通化师范学院学报》1995年第1期。

战争就是这些特点的比赛。这些特点在战争过程中将各依其本性发生变化，一切东西就都从这里发生出来"。他得出结论："中国会亡吗？答复：不会亡，最后胜利是中国的。中国能够速胜吗？答复：不能速胜，抗日战争是持久战。"①

"三阶段"是胜利的必经过程

毛泽东指出：这场持久战将经过三个阶段："第一个阶段，是敌之战略进攻、我之战略防御的时期。第二个阶段，是敌之战略保守、我之准备反攻的时期。第三个阶段，是我之战略反攻、敌之战略退却的时期。"毛泽东着重指出，第二个阶段是整个战争的过渡阶段，"将是中国很痛苦的时期"，"我们要准备付给较长的时间，要熬得过这段艰难的路程"。然而，它又是敌强我弱形势"转变的枢纽"②。

毛泽东这些异常清晰而符合实际的判断，回答了人们最关心而一时又看不清楚的问题，使人们对战争的发展过程和前途有了一个清楚的了解，大大提高了坚持抗战的信念。《论持久战》的发表，使他博得愈来愈多人的钦佩与尊重。一位外国记者评论说："不管他们对于共产党的看法怎样，以及他们所代表的是谁，大部分的中国人现在承认毛泽东正确地分析了国内和国际的因素，并且无误地描绘了未来的一般轮廓。"③

《论持久战》坚持从实际出发，客观地、全面地考察了抗日战争发生的背景和近一年来的战争进程；始终着眼于战争的全局，对敌我双方存在着的相互矛盾着的各种因素以及它们的发展变化作了深入的分析，从而能科学地预见未来的前途。这部著作，不仅对八路军和新四军在抗日战争中有着重要的指导意义，而且对国民党将领也产生不小的影响。程思远回忆道："毛泽东《论持久战》刚发表，周恩来就把它的基本精神向白崇禧作了介绍。白崇禧深为赞赏，认为这是克敌制胜的最高战略方针。后来白崇禧又把它向蒋介石转述，蒋也十分赞成。在蒋介石的支持下，白崇禧把《论持久战》的精神归纳成两句话：'积小胜为大胜，以空间换时间。'并取得了周公的同意，由军事委员会通令全国，作为抗日战争中的战略指导思想。"④

周恩来从武汉寄到香港，委托宋庆龄找人翻译了《论持久战》，爱泼斯坦等参加了翻译工作。⑤毛泽东很重视这件事，为英文本写了序言。他指出："中国的抗战是世界性的抗战。孤立战争的观点，历史已指明其不正确了。""希望此

---

① 《毛泽东选集》第 2 卷，人民出版社 1991 年版，第 442、443、447 页。

② 《毛泽东选集》第 2 卷，人民出版社 1991 年版，第 447 页。

③ 中共中央文献研究室编：《周恩来传（1898—1949）》，人民出版社、中央文献出版社 1989 年版，第 371 页。

④ 程思远：《我的回忆》，华艺出版社 1994 年版，第 131 页。

⑤ 参见纪莹：《〈论持久战〉发表的前前后后》，《解放军报》2009 年 2 月 23 日。

书能在英语各国间唤起若干的同情，为了中国的利益，也为了世界的利益。"在海外，这本小册子同样得到高度评价。

　　抗战开始后还不到一年，毛泽东就能写出这样能正确地指导战争实践的著作，一方面得益于他在长期革命战争中逐步认识和掌握了战争的规律，积累了丰富的经验；另一方面也由于他从不放松读书和理论研究，注意把理论与实践密切结合，从实际经验中作出新的理论概括。毛泽东不久后说过："有了学问，好比站在山上，可以看到很远很多东西；没有学问，如在暗沟里走路，摸索不着，那会苦煞人。"①

工业化与现代化

　　"求得民族独立和人民解放""实现国家繁荣富强和人民共同富裕"是对近代中华民族面临的两大历史任务的高度概括。"求得民族独立和人民解放"是中国各族人民为获得国家的独立与人民的解放而进行的一切反帝反封建的民族民主革命。"实现国家繁荣富强和人民共同富裕"才是中国人民努力与斗争的终极目标。目标实现的唯一的途径是什么？毫无疑问的回答就是工业化与现代化。

　　对于工业化与现代化毛泽东早在革命时期就指出："五年前边区才真正开始有了一点工业，当时只有七百多人，现在有一万二千个工人，所以边区工业的进步是很快的。它的数目虽小，但它所包含的意义却非常远大。谁要不认识这个最有发展前途、最富于生命力、足以引起一切变化的力量，谁的头脑就是混沌无知。"② 在和英国记者斯坦因的谈话中，毛泽东说："未来的新民主主义社会不可能建立在这样的基础上，中国社会的进步将主要依靠工业的发展。"他在给秦邦宪的信中说："由农业基础到工业基础，正是我们革命的任务。"③ 他在陕甘宁边区文教大会上的讲话中说："我们的目的，是要把中国变成工业国家，从工业基础上发展经济、文化、新的教育。"④

　　孙中山主张发展工业化，认为工业化必须与机器工业相联系，只有工业化才能实现国家的独立和富强。以毛泽东为代表的中国共产党人在领导中国革命的过程中，就把工业化作为自己的理想和追求，致力于"使中国由农业国变为工业国"。⑤

　　1957年2月，在毛泽东《关于正确处理人民内部矛盾的问题》的讲话中，明确提出了"中国工业化的道路"这一科学概念。他指出，中国工业化的道路

　　① 龚育之、逄先知、石仲泉：《毛泽东的读书生活》，中央文献出版社2003年版，第12页。
　　② 《毛泽东文集》第3卷，人民出版社1996年版，第146页。
　　③ 《毛泽东文集》第3卷，人民出版社1996年版，第183、207页。
　　④ 于秋华：《新中国成立前后毛泽东的工业化思想述评》，《贵州财经学院学报》2009年第6期。
　　⑤ 《毛泽东选集》第2卷，人民出版社1991年版，第678页。

主要是指重工业、轻工业和农业的关系问题。他说："我国的经济建设是以重工业为中心，这一点必须肯定，但是同时必须充分注意发展农业和轻工业，发展工业必须和发展农业同时并举。"①

在1953年6月中央政治局扩大会议上，毛泽东提出了过渡时期的总路线，这个总路线的任务有两个，一是要在一个相当长的时期内，逐步实现国家的社会主义工业化，二是逐步实现国家对农业、对手工业和对资本主义工商业的社会主义改造，即"一化三改"。"一化"是新中国自立于世界东方的发展目标。毛泽东对这个总路线有一个形象的比喻，总路线好比是一只鸟，它的一双翅膀是对农业、手工业的社会主义改造和对资本主义工商业的社会主义改造，发展社会主义工业是这只鸟的主体，过渡到社会主义没有主体是不行的。②

毛泽东在《读苏联〈政治经济学教科书〉的谈话》中说："建设社会主义，原来要求是工业现代化、农业现代化、科学文化现代化，现在要加上国防现代化。在我们这样的国家，完成社会主义建设是一个艰巨任务，建成社会主义不要讲得过早了。"他曾说："中国的人口多、底子薄，经济落后，要使生产力很大地发展起来，要赶上和超过世界上最先进的资本主义国家，没有一百多年的时间，我看是不行的。"

随着过渡时期总路线的提出，周恩来于1954年在人大一次会议上做的《政府工作报告》中提出了关于新中国社会发展的宏伟目标，即，要在中国建设其强大的现代化的工业、现代化的农业、现代化的交通运输业和现代化的国防的"四化"设想。要想达到工业化与现代化我们必须着手于"四化"的建设。

至此，中共中央和毛泽东基本形成了由单纯实现工业化到基本实现"四个现代化"的发展轮廓。新中国前30年终于建立起独立的比较完整的工业体系和国民经济体系，初步实现了毛泽东心目中的"工业化"目标，进而为后来中国的持续发展提供了必要的物质基础和条件。在这一点上，我们感念毛泽东的高瞻远瞩和深谋远虑。

走自己的路

把马克思主义基本原理与中国的具体实际相结合、走自己的路，这是中国共产党领导革命和建设最基本的历史经验，也是毛泽东的伟大历史功绩。

中国人向外取经来挽救危亡经历了一个艰难曲折的过程，早期是严复向英国学习，康有为、梁启超向日本学习搞维新变法，孙中山向美国学习倡导民主共和，陈独秀发动启蒙运动向法国学习，其结果以失败告终，毛泽东总结道：

① 《建国以来毛泽东文稿》第6册，中央文献出版社1992年版，第356页。
② 参见庞松：《毛泽东时代的中国1949—1976》，中共党史出版社2003年版，第282、298页。

"一切别的东西都试过了，都失败了。"①

正在这时，十月革命的炮声震撼了中国大地，欧洲无产阶级的革命浪潮冲击着人们的心灵，先进的中国人对学习西方的"怀疑重生了、增长了、发展了"，对俄国人"另眼相看了"，开始重新考虑中国的出路，这时毛泽东已认识到："惟有步俄国和匈牙利的后尘，实行社会主义的大革命。"② 这时，毛泽东生动地说："十月革命一声炮响，给我们送来了马克思列宁主义，十月革命帮助了全世界的也帮助了中国的先进分子，用无产阶级的宇宙观作为观察国家命运的工具，重新考虑自己的问题。走俄国人的路——这就是结论。"③

"走俄国人的路"，是指社会发展的方向即指基本规律而言的，这就是说近代中国社会历史发展表明，我国不能再走西方资本主义的发展道路，而应走十月革命所开辟的社会主义的发展道路。毛泽东指出："康有为写了《大同书》，他没有也不可能找到一条到达大同的路。资产阶级的共和国，外国有过的，中国不可能有。"④

以毛泽东为代表的中国共产党人，在马克思主义与中国革命具体实际相结合的过程中，首先深刻地认识和掌握了马克思主义的立场、观点、方法，正确地领会了马克思主义基本原则的精神实质。毛泽东正确地指出，"中国革命是资产阶级民主主义革命的性质，但这种资产阶级民主主义革命是由中国工人阶级及其政党领导的，因此，它又不是旧式的，而是新式的资产阶级民主主义革命。中国革命的前途无疑是社会主义，但是，中国的国情决定了不能一下子就到达社会主义，必须经过两个发展阶段，即先要完成民主主义革命的任务，然后才能到达社会主义"。⑤ 在这一过程中毛泽东提出反对"本本主义"，提出了"中国革命斗争的胜利要靠中国同志了解中国情况"⑥，在斗争实践中开辟了一条中国式的农村包围城市的革命道路，又经过了长期的斗争实践和理论思索，建立了"农村包围城市"的完整理论。在实践这条道路的征途中党成功地运用了由毛泽东总结提出的武装斗争、统一战线和党的建设"三大法宝"，领导全国人民夺取了新民主主义革命的伟大胜利。

新中国诞生后，在毛泽东领导下，根据马克思主义关于社会主义革命的基本原理，结合我国的实际，成功地完成了对个体农业、手工业和资本主义工商业的社会主义改造。新中国成立头几年所建立的高度集权的政治体制和高度集中的经济体制，都明显带有苏联模式的特征。对这种照搬，毛泽东一方面认为

---

① 《毛泽东选集》第 4 卷，人民出版社 1991 年版，第 1471 页。
② 毛泽东：《〈湘江评论〉创刊宣言》，《湘江评论创刊号》1919 年 7 月 14 日。
③ 《毛泽东选集》第 4 卷，人民出版社 1991 年版，第 1471 页。
④ 《毛泽东选集》第 4 卷，人民出版社 1991 年版，第 1471 页。
⑤ 《毛泽东选集》第 2 卷，人民出版社 1991 年版，第 651 页。
⑥ 《毛泽东选集》第 1 卷，人民出版社 1991 年版，第 115 页。

"是必要的"，另一方面"总觉得不满意，心情不舒畅"①。苏共二十大后，毛泽东在实践中较早觉察到苏联模式的弊端，明确指出："特别值得注意的是，最近苏联方面暴露了他们在建设社会主义过程中的一些缺点和错误，他们走过的弯路，你还想走？"② 毛泽东的话明白地表达了要走自己的路，探索有中国特色社会主义建设道路的意愿。

在建设社会主义问题上，毛泽东在《论十大关系》一开头就说："提出这十个问题，都是围绕一个基本方针，就是要把国内外一切积极因素调动起来，为社会主义事业服务。"③ 毛泽东还指出，在进行社会主义经济建设时，始终还是要"走自己的路"，始终坚持以自力更生为主。"自力更生为主，争取外援为辅，破除迷信，独立自主地干工业、干农业、干技术革命和文化革命，打倒奴隶思想，埋葬教条主义，认真学习外国的好经验，也一定研究外国的坏经验——引以为戒，这就是我们的路线。"④

1955年10月—1956年4月，在经过对农业和工业将近半年的调查研究之后，他在中央政治局扩大会议上，作了关于十大关系的报告，这个报告开始提出中国自己的建设路线。联系党的历史，我们可以清楚地看到：毛泽东是带领我们坚定地走社会主义道路的指路人；是成功地率领我们开拓中国式的民主革命道路和社会主义改造道路的开路人；也是最早领导我们探索中国式的社会主义建设道路的先驱。"走自己的路"始终是毛泽东最光华的风采，他一生都是"走自己的路"的伟大开拓者。

确保社会主义的方向

在封建社会，如果说知识分子仅仅是在笔头上营造着"大同"社会，那么，历代农民起义则是挥舞着戈矛来实现其"均贫富""等贵贱"的理想。熟读古代典籍的毛泽东也深受这一境界的感染。虽然他青年时期曾对"大同"圣域表示过怀疑，但在《论人民民主专政》一文中，他直接肯定了"大同"理想的合理因素，肯定了"大同"境界与共产主义理想的吻合之处，提出要"努力工作，创设条件，使阶级、国家权力和政党很自然地归于消灭，使人类进到大同境域"⑤。并认为过去的人们没有也不可能找到一条通往"大同"的道路，但今天的中国共产党人找到了，"唯一的路是经过工人阶级领导的人民共和国。"⑥

20世纪50年代，美国前国务卿约·福·杜勒斯提出对社会主义国家实行和

① 《毛泽东文集》第8卷，人民出版社1999年版，第117页。
② 《毛泽东著作选读》下册，人民出版社1986年版，第720—721、740页。
③ 《毛泽东著作选读》下册，人民出版社1986年版，第720页。
④ 《毛泽东文集》第7卷，人民出版社1999年版，第380页。
⑤ 陈晋：《毛泽东的文化性格》，中国青年出版社1991年版，第293页。
⑥ 倪大奇：《毛泽东经济思想研究》，复旦大学出版社1991年版，第105页。

平演变战略之前，就已经对共产党国家实施了"和平工作的压力"，只不过此时是以武装颠覆和实行冷战政策为主。毛泽东很敏锐地察觉到了和平演变问题，并对这个问题作了系统的研究和论述，提出了反和平演变的战略思想和策略措施。

1948 年 12 月 30 日，毛泽东在《将革命进行到底》中最早阐述了反和平演变思想，这是毛泽东反和平演变思想的萌芽。毛泽东指出，在中国人民解放战争即将取得彻底胜利时，美国政府决定"使用某些既同中国反动派和美国侵略者有联系，又同革命阵营有联系的人们"，组成革命阵营中的反对派，"向他们进行挑拨和策动，叫他们好生工作，以便保存反动势力，破坏革命势力。……英国和法国的帝国主义者则是这一政策的拥护者"。他在党的七届二中全会上所作的报告中发展了这一思想，认为，要巩固胜利的果实，必须经得住"糖衣炮弹"的攻击。① 1964 年后，毛泽东把反和平演变问题正式提上了日程，并提出了应采取的一系列反和平演变的措施方法。因此，毛泽东要求全党"要提高警惕，要进行社会主义教育。要正确处理和理解阶级矛盾和阶级斗争问题，正确区别和处理敌我矛盾和人民内部矛盾，不然的话，我们这样的社会主义国家，就会走向反面、就会变质、就会出现复辟"②。

斗 争 策 略

以斗争求团结

"以斗争求团结则团结存，以退让求团结则团结亡。斗争的目的是巩固统一，加强团结。"③ 斗争策略是毛泽东思想中极为重要的组成部分，具有鲜明的特色。毛泽东在长期领导中国革命和建设事业中，善于判断，注重调查，强调根据不断变化的实际灵活确定和变化斗争策略，取得了一个又一个伟大的胜利。

又联合又斗争——打退国民党两次反共高潮

毛泽东指出，"党的统一战线政策的根本原则，是又联合又斗争，以斗争求团结。毛泽东作为大革命和土地革命战争的亲身经历者，提醒全党不要忘记过去的血的教训。大革命时期，陈独秀主张只联合不斗争，土地革命战争时期王明等人主张只斗争不联合。这两种极端的做法都给党的事业带来了极严重的后果"。毛泽东认为，"正确的策略是既联合又斗争，以斗争求团结"。联合和斗争是对立统一的关系，"斗争是团结的手段，团结是斗争的目的"。④

---

① 参见《毛泽东选集》第 4 卷，人民出版社 1991 年版，第 1374 页。
② 毛泽东：《关于正确处理人民内部矛盾的问题》，《红旗》1967 年第 10 期。
③ 萧诗美：《毛泽东谋略》，红旗出版社 1996 年版，第 199 页。
④ 《毛泽东选集》第 2 卷，人民出版社 1991 年版，第 644、608—609 页。

1939 年初，蒋介石发动了第一次反共高潮。中共中央提出"坚持抗战，反对投降；坚持团结，反对分裂；坚持进步，反对倒退"的政治口号，号召全国人民同一切投降、分裂、倒退活动进行坚决斗争。对于国民党的无理进攻，1939 年 12 月中共中央在《对时局指示》中指出，"凡遇军事进攻应在有理有利的条件下坚持反抗之"。按中央指示，晋察冀等解放区军民给来犯之敌迎头痛击，收复了被占领的地区。为了巩固抗日民族统一战线，中共中央决定休战，派人同国民党战区长官谈判，最终达成协议。由于中国共产党进行了有理有利有节的斗争，打退了国民党的第一次反共高潮。①

为了正确地开展斗争，巩固和扩大抗日民族统一战线，纠正党内错误倾向，1940 年间，毛泽东先后写了《团结一切抗日力量，反对反共顽固派》等重要文章，系统地总结了抗战以来共产党在统一战线工作特别是反磨擦斗争中积累的丰富经验，强调要扩大和巩固抗日民族统一战线，中国共产党必须采取又联合又斗争、以斗争求团结的策略方针，并第一次比较系统地提出了以斗争求团结的战略思想。②

到了 1940 年秋冬，蒋介石自恃这时的国际国内环境对他"有利"，再次掀起反共高潮，并把反共中心转移到华中，主要对付新四军。1941 年 1 月 4 日，新四军军部和直属部队九千余人奉命北调，6 日行经安徽泾县茂林地区时，突然遭到国民党军队七个师八万多人的包围袭击。新四军经过七昼夜血战，终因弹尽粮绝，除两千人突围外，大部分壮烈牺牲和被俘，军长叶挺被扣，项英、袁国平、周子昆等遇难，这就是震惊中外的皖南事变。1 月 17 日，国民党宣布新四军为叛军，下令取消新四军番号，把反共高潮推到了顶点。这次事变，正如中共中央发言人 1 月 18 日谈话所说的："此次惨变，并非偶然，实属亲日派阴谋家及反共顽固派有计划之作品"，③ "是抗战以来国共两党间，也是抗日民族统一战线内部空前的严重事变"。④

对于国民党第二次反共高潮，我党采取的策略方针是完全正确的。正如毛泽东所说："我党在这次反共高潮开始时采取顾全大局、委曲求全的退让政策，取得了广大人民的同情。在皖南事变后转入猛烈的反攻（两个十二条，拒绝出席参政会和全国的抗议运动）也为全国人民赞同。我们这种有理、有利、有节的政策，对于打退这次反共高潮，是完全必要的，且已收得成效。""这次斗争表现了国民党地位的降低和共产党地位的提高，形成了国共力量对比发生某种

① 参见陆凌：《谈毛泽东国共合作中的战略战术》，《云梦学刊》2007 年第 12 期。
② 参见黄宇蓝：《论抗日战争中毛泽东以斗争求团结的战略思想》，《学术论坛》2005 年第 4 期。
③ 宋海儆、程舒伟：《皖南事变与国共关系主动权的变化——读皖南事变前后中共中央若干文件之再思考》，《湖北社会科学》2010 年第 2 期。
④ 刘运喜：《皖南事变后刘少奇对发展新四军的贡献》，《党史文苑》2005 年第 24 期。

变化的关键。"①

毛泽东提出的以斗争求团结的战略思想，为共产党领导抗日军民粉碎国民党的第一、二次反共高潮的胜利，奠定了全面的策略基础。因为坚持了这种正确的策略方针，既反党内的右倾倾向，又反"左"倾的危险，坚持了抗日，发展了以斗争求团结的统一战线，获得人民同情，争取了时局的好转，保证了抗日战争的胜利。

利用矛盾以打促谈——反对美国干涉的斗争策略

20世纪50年代，为了完成祖国统一大业，打击美国霸权主义，人民解放军先后发起江山岛登陆作战和炮击金门作战。毛泽东说："打炮的目的不是要侦察蒋介石的防御，而是要侦察美国人的决心，考验美国人的决心。"② 毛泽东在基本摸清美国的底牌之后，还决定倡议恢复被美国单方中断了的大使级会谈，武戏、文戏一起唱，逼美国再次回到谈判桌旁，探索解决台湾问题的新途径。③

在华沙谈判的同时，中国人民解放军对金门继续执行打而不登、断而不死的方针。此外，美蒋在金、马问题上的不同立场，引起了毛泽东的高度关注。毛泽东在1958年10月21日召开的政治局常委会议上指出：过去一个月中我们的方针是打而不登，断而不死。现在仍然是打而不登，断而不死更可以宽一些，以利于支持蒋介石抗美。毛泽东甚至指示：我们索性宣布，只是单日打炮，双日不打炮。美蒋完全被毛泽东的高明策略牵着鼻子走，打炮演变成美蒋我三方之间一种特殊的对话，一种不上谈判桌进行的谈判，是古今中外战争史上的奇观。④

1954年毛泽东指挥炮击金门是为了抗议美国政府与台湾当局签订"共同防御条约"。1958年第二次炮击金门，一是支援黎巴嫩人民的爱国斗争，二是打击美国的战争威胁。另外，从军事角度看，我军完全有能力攻占金门，但毛泽东从祖国统一、联蒋抗美的战略高度出发，认为金门留在蒋介石手中比攻下来有利，可以打破美国"划峡而治""一中一台"的阴谋，符合国家战略利益，有利于维护国家统一和主权。

中共中央、毛泽东根据斗争形势的发展变化，实施正确的指示，在美国军事介入的情况下，既不示弱，又坚持有理、有利、有节的斗争策略，从战略全局上把握整个政治外交斗争和军事斗争的主动权，使军事斗争与政治外交斗争密切配合，体现了极其高超的斗争艺术。

---

① 《毛泽东选集》第2卷，人民出版社1991年版，第778—779页。
② 余小勇：《毛泽东应对皖南事变的高超斗争艺术》，《甘肃联合大学学报》2011年第S1期。
③ 参见廖心文：《毛泽东1958年炮击金门的历史考察》，《党的文献》1994年第1期。
④ 参见姚有志、陈宇：《毛泽东大战略》，解放军出版社2004年版，第356页。

不屈的意志——促使中苏关系在斗争中发展

作为辩证法大师的毛泽东，思考问题就是循着对立统一的轨迹深入的。他认为：在社会主义时代，矛盾仍然是社会运动的发展动力。因为不一致，才有团结的任务，才需要为团结而斗争。[1] 新中国成立后，毛泽东一度把与苏结盟并保持与它的团结友好关系作为中国外交的基点，但他并不因此而放弃斗争。他认为适度的斗争不仅是维护中国独立自主的需要，而且也有利于巩固与苏联的团结，因此，他对苏联采取了既团结又斗争、以斗争促团结的策略。

为了尽力维护两国的团结，毛泽东把协调和斗争这两个方面的策略或手段并用。1949—1965年的毛泽东对苏外交，大致呈现三个阶段性的特征：1956年前是协调为主、斗争为辅的时期。这时，中国在外交政策上尽力与苏联保持一致。1956—1963年，是毛泽东对苏外交中协调和斗争的手段并重的时期。国家主权问题上的反控制、意识形态上的与苏论战，都是这时坚决斗争的表现。到1963年苏共中央发表点名攻击中共的公开信之后，毛泽东对苏联则是以斗争为主，协调为辅。总之，毛泽东对苏外交中的斗争性有逐步加强之势，这是与反对苏联不断强化的控制中国的意图相适应的，并不是他生性好斗，而且，他对苏斗争的目的不是破裂，而是加强两国的团结。[2]

他说："中苏根本利益决定这两个大国总是要团结的。某些不团结，只是暂时现象，仍然是九个指头与一个指头的关系。尽管苏联有错误，但苏联那个主流，那个主要方面，那个大多数，是正确的。因此，首先是要团结几十个共产党，团结苏联。"[3]

80年代中苏关系走上正常化及现在中俄关系的健康发展，从历史发展的角度来看，都是毛泽东的坚持独立自主、以斗争求团结的策略运用的结果。

不要四面出击

1949年，毛泽东迈着矫健的步伐登上了天安门城楼。用他自己的话说，他这是"进京赶考"。与此同时，蒋介石乘着一条海船驶向台湾岛。他要永远告别大陆。在告别之际，为了平衡一下自己失落的心理，蒋说了一句话：现在我把这个包袱甩给毛泽东。争夺了几十年的中国大陆真的变成了包袱吗？毛泽东当然不这样看。但是天下初定，毛泽东面临着一个布满战争创伤的烂摊子，还有剧烈的社会变动带来的各种困难。[4]

① 参见《毛泽东文集》第8卷，人民出版社1999年版，第133页。
② 参见刘启明：《不屈的意志理性的光辉——1949至1965年毛泽东对苏外交坚持独立自主原则的哲学思考》，《文山师范高等专科学校学报》2006年第2期。
③ 《建国以来毛泽东文稿》第8册，中央文献出版社1993年版，第599页。
④ 参见萧诗美：《毛泽东谋略》，红旗出版社1997年版。

在新解放区广大农村，还有 3.1 亿人口没有进行土地改革，只有完成土改，推翻整个地主阶级，才能解放农村生产力，发展农业生产，为农业的社会化和新中国的工业化开辟道路；另外，因为解放时间短，还有 40 余万国民党留下的土匪分散在各个偏僻地方继续与人民政府为敌，社会秩序还很不安定；解放西藏、台湾还是一个严重的斗争任务；美帝、蒋介石为了扼杀新生的人民政权，互相勾结，加紧对我实行封锁、禁运、轰炸，所有这些，继续给我国经济恢复和人民生活带来困难。① "不要四面出击"，强调了集中力量向另一方面进攻。表现在要 "肃清国民党残余、特务、土匪，推翻地主阶级……跟帝国主义斗争到底"。②

1950 年 6 月，毛泽东在中国共产党七届三中全会上作了重要讲话，他分析了中华人民共和国成立后国内各阶级的动态，提出了 "不要四面出击" 的战略策略思想。他认为："四面出击，全国紧张，很不好，我们绝不可树敌太多，必须在一个方面有所让步，有所缓和，集中力量向另一方面进攻。"③

"不要四面出击"，同时也意味着要对其他方面有所让步，有所缓和。即要孤立和打击当前的敌人，"把人民中间不满意我们的人变成拥护我们"。也就是要争取、团结非敌对势力的社会阶级、阶层，让他们各得其所，协调发展。在对待民族资产阶级的问题上，他认为 "中国必须利用一切于国计民生有利而不是有害的城乡资本主义因素，团结民族资产阶级共同奋斗"④。"我们要合理地调整工商业，使工厂开工，解决失业问题，并拿出二十亿斤粮食解决失业工人的吃饭问题，使失业工人拥护我们。我们实行减租减息、剿匪反霸、土地改革，广大农民就会拥护我们。我们也要给小手工业者找出路，维持他们的生活。对知识分子，要办各种训练班，办军政大学、革命大学，要使用他们，同时对他们进行教育和改造。"⑤

"不要四面出击" 方针虽然是适应国民经济恢复时期形势的要求制定的，但从历史上看，共产党历来是把 "不要四面出击" 的基本思想当作策略原则去运用的。在抗日战争时期，共产党就采取了 "发展进步势力、争取中间势力、反对顽固势力的策略"。后来，又进一步强调，"我们的策略原则，仍然是利用矛盾，争取多数，反对少数，各个击破"。"不要四面出击" 具有策略方针的特征，是党的一贯的策略思想的延续，在整个社会主义建设时期对团结和稳定大多数，稳妥地进行各项工作和各项改革都发挥着重要作用。⑥

① 参见谢增寿：《浅谈毛泽东的 "不要四面出击" 的战略策略思想》，《四川师范学院学报》1990 年第 1 期。
② 《建国以来毛泽东文稿》第 1 册，中央文献出版社 1987 年版，第 398 页。
③ 《毛泽东著作选读》下册，人民出版社 1986 年版，第 697 页。
④ 《毛泽东选集》第 4 卷，人民出版社 1991 年版，第 1479 页。
⑤ 《毛泽东文集》第 6 卷，人民出版社 1999 年版，第 74 页。
⑥ 参见宋连胜：《不要四面出击是个策略方针》，《中共党史研究》1990 年第 6 期。

真老虎还是纸老虎

笑谈纸老虎，迎来新中国诞生

1946年8月，暑气蒸人。6日，延安杨家岭——中共中央主席毛泽东住处的窑洞外的石桌前，毛泽东同美国记者安娜·路易斯·斯特朗正在热烈地交谈，"原子弹是美国反动派用来吓人的一只纸老虎……看起来样子可怕，实际上并没有什么可怕的"。"一切反动派都是纸老虎。"当安娜·路易斯·斯特朗提出如果美国使用原子弹的问题时，毛泽东回答了她。从此，"一切反动派都是纸老虎"这一著名论断，极大地鼓舞了中国人民的斗志，在中国人民解放战争，在中国革命和建设事业中，发挥了极其伟大的作用。①

早在抗日战争期间，1940年2月1日，毛泽东在延安讨汪大会上作了《团结一切抗日力量，反对反共顽固派》的讲演，他在讲演的最后指出："这是借统一之名，行专制之实，挂了统一这个羊头，卖他们的一党专制的狗肉，死皮赖脸，乱吹一顿，不识人间有羞耻事。我们今天开大会，就要戳穿他们的纸老虎，我们要坚决地反对反共顽固派。"②抗战胜利后，拥有430万军队的蒋介石在美帝国主义支持下，悍然发动内战。在敌强我弱的严峻形势下，许多人还看不清战争未来的前途。美国反动派又挥舞着手中的原子弹，企图吓唬中国人民和世界人民，一些人也的确对原子弹怀有恐惧心理，针对人们的种种疑虑，毛泽东清醒地分析了国际国内的形势，正确地估计了敌我力量的对比和发展趋势，以大无畏的精神和凛然正气，迎接这个斗争时代的到来。③

毛泽东最初用"纸老虎"这个词儿时，翻译将它译成"Scave-Crow"（稻草人），他很快察觉，问斯特朗这是什么，斯特朗给他解释。他笑着说，这不是他的意思。纸老虎并不是吓唬乌鸦的东西，它是用来吓唬孩子的。它看起来像可怕的老虎，但是实际上是硬纸板做成的，一受潮就会发软，一阵大雨就会把它冲掉。他自己用英语说了"Paper tigers"。他扳起指头列举了俄国沙皇、法西斯头子希特勒和墨索里尼以及日本帝国主义都是纸老虎。蒋介石及其支持者美国反动派也都是纸老虎。它们看样子很可怕，实际上并没有什么了不起的力量。从长远看，真正强大的力量属于人民。目前一个根本的问题，在于人民的觉悟；而不在于一两件新式武器，不在于原子弹，而在于掌握原子弹的人。原子弹也是纸老虎。最关键的是对人民的教育。④

毛泽东关于帝国主义和一切反动派都是纸老虎的思想武装了中国人民。他

---

①　参见吴春宝：《怕"虎"的人——纸老虎论断的来龙去脉》，《党史纵横》1993年第3期。

②　《毛泽东选集》第2卷，人民出版社1991年版，第715页。

③　参见姚有志、陈宇：《毛泽东大战略》，解放军出版社2009年版，第267页。

④　参见施大鹏：《毛主席笑谈纸老虎》，《创业者》1994年第3期。

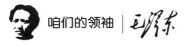

们敢于斗争，敢于克服重重困难，敢于征服敌人，敢于取得胜利，终于迎来了新中国的诞生。

一切帝国主义和反动派是不是真老虎

1958 年 12 月 1 日，在中共八届六中全会期间，毛泽东写了《关于帝国主义和一切反动派是不是真老虎的问题》一文。这篇文章运用对立统一规律，对"纸老虎论"作了进一步的论述。他指出："这里我想回答帝国主义及一切反动派是不是真老虎的问题。我的回答是，既是真的，又是纸的，这是一个由真变纸的过程的问题。变即转化，真老虎转化为纸老虎，走向反面。一切事物都是如此，不独社会现象而已。"①

在武昌会议上，毛泽东指出："同世界上一切事物无不具有两重性（即对抗规律）一样，帝国主义和一切反动派也有两重性，它们是真老虎又是纸老虎。中国人民为了消灭帝国主义、封建主义和官僚资本主义在中国的统治，花了一百多年时间，死了大概几千万人之多，才取得一九四九年的胜利。你看，这不是活老虎，铁老虎，真老虎吗？但是，它们终究转化成了纸老虎，死老虎，豆腐老虎。这是历史的事实。……所以，从本质上看，从长期上看，从战略上看，必须如实地把帝国主义和一切反动派，都看成纸老虎。从这点上，建立我们的战略思想。另一方面，它们又是活的铁的真的老虎，它们会吃人的。从这点上，建立我们的策略思想和战术思想。"②

毛泽东把反动派看成既是纸老虎，又是真老虎，这就是：在总体上藐视敌人，敢于斗争，敢于胜利；在战术上，策略上，在每一局部上，在每一具体斗争问题上，要重视敌人，采取谨慎态度，讲究斗争艺术，一步一步孤立和消灭敌人。

同顽固派斗争要有理、有利、有节

毛泽东在 1940 年 3 月所做的关于《目前抗日统一战线中的策略问题》的报告和 1940 年 12 月起草的《论政策》的指示中，明确提出了党在抗日民族统一战线中的策略总方针，即"发展进步势力，争取中间势力，孤立顽固势力"，以及"有理、有利、有节"的原则。③

"有理、有利、有节"是中国共产党同国民党顽固派进行斗争的正确原则。毛泽东指出，在国民党反共顽固派执行反共，并以此为投降日本的准备的时候，我们应强调斗争，不应强调统一，否则就会是绝大的错误。因此，对于一切顽固派的防共、限共、反共的法律、命令、宣传、批评，不论是理论上的、政治

① 毛泽东：《关于帝国主义和一切反动派是不是真老虎的问题》，《中山大学学报》1977 年第 6 期。
② 《毛泽东选集》第 4 卷，人民出版社 1991 年版，第 1190 页。
③ 《毛泽东选集》第 2 卷，人民出版社 1991 年版，第 712—713 页。

上的、军事上的、原则上的都应采取坚持斗争的态度。这种斗争，应从有理、有利、有节的原则出发。[①]

"有理"，即自卫原则。"人不犯我，我不犯人，人若犯我，我必犯人。"这就是说，决不可无故进攻人家，也决不可在被人家攻击时不予还击。这就是斗争的防御性。对于顽固派的军事进攻，必须坚决、彻底、干净、全部地消灭。"有利"，即胜利原则。"不斗则已，斗则必胜，决不可进行无计划无准备无把握的斗争。应懂得利用顽固派的矛盾，决不可同时打击许多顽固派，应择其最反动者首先打击之。这就是斗争的局部性。""有节"，即休战原则。"在一个时期内把顽固派的进攻打退以后，在他们没有举行新的进攻之前，我们应该适可而止，使这一斗争告一段落。在接着的一个时期中，双方实行休战。这时，我们应该主动地又同顽固派讲团结，在对方同意之下，和他们订立和平协定。决不可无止境地每日每时地斗下去，决不可被胜利冲昏自己的头脑。这就是每一斗争的暂时性。在他们举行新的进攻之时，我们才又用新的斗争对待之。"[②]

把社会改造与人的改造结合起来

毛泽东指出："社会主义改造有两方面：一方面是制度的改造，一方面是人的改造。"这样改造的结果不仅彻底医治了旧社会的疮疤，解决了新民主主义革命遗留的问题，而且建立和巩固了社会主义新制度。

他已经把人的改造提到一个更高的高度来看待，并强调协调社会制度改造与人的改造的关系。他认为："社会主义革命来得急促。在六七年之内，资本主义所有制和小生产者个体所有制的社会主义改造，就基本完成了。但是人的改造，虽然也改造了一些，但是还差很多。社会主义改造有两方面：一方面是制度的改造，一方面是人的改造。""从旧社会、旧轨道过来的人，总是留恋那种旧生活、旧习惯。所以，人的改造，时间就更长些。"所以，在社会主义制度确立后，毛泽东认为人的思想改造仍将是一个长期的过程。

毛泽东充分认识到经济制度的改造、企业的改造对人的改造的重大作用。他在改造工商业者的工作中，还强调把企业的改造与人的改造同时结合起来，把资本主义工商业改造为社会主义工商业，同时把资本家改造为自食其力的劳动者。"工商业者的彻底改造必须是在工作中间，他们应当在企业内同职工一起劳动，把企业作为自我改造的基地。"[③]

毛泽东说，民族资产阶级，作为阶级是要消灭的，但人都保存下来。工商业者不是国家的负担，而是一笔财富，过去和现在都起了积极作用。因此，对

① 参见姚有志、陈宇：《毛泽东大战略》，解放军出版社 2009 年版，第 237 页。
② 《毛泽东选集》第 2 卷，人民出版社 1991 年版，第 717 页。
③ 《毛泽东文集》第 7 卷，人民出版社 1999 年版，第 224 页。

他们要解决两个问题：一是物质问题，二是思想问题。物质上要使他们有职有权，有工资拿，有定息，有较好的待遇。思想问题是要资本家改造自己，要改变自己的剥削观念，改变老的经验，发展新的经验，为社会主义服务。由于把解决物质问题同改造思想问题结合起来，尽管资本家怀有复杂的矛盾心理，最后还是走上了社会主义改造的道路。①

改造中国与世界是毛泽东一以贯之的人生主旋律，毛泽东不仅谱写了中国史上，乃至世界史上社会改造的壮丽篇章，而且建立了一个完整的社会改造理论体系。

调动一切积极因素

毛泽东在 1956 年 4 月发表了《论十大关系》的著名讲话，提出了"调动一切积极因素，建设社会主义强大国家"的重要观点。这个讲话顾名思义，讲的就是社会主义建设中应当处理好的十个方面的关系，其实也是十个方面的矛盾。毛泽东强调，处理好社会主义建设各方面关系的目的，就是"努力把党内党外、国内国外的一切积极的因素，直接的、间接的积极因素，全部调动起来，把我国建设成为一个强大的社会主义国家"。②

调动一切积极因素是我党历来实行的方针。那么，什么是积极因素，什么是消极因素？抗日战争时期，毛泽东根据对当时阶级关系的分析而提出的"发展进步势力，争取中间势力，反对顽固势力"的方针，就是调动一切积极因素的方针。解放战争时期，毛泽东在《目前形势和我们的任务》的报告中重申了这个方针。进步势力就是工人阶级、农民和小资产阶级。他们是反对帝国主义、封建主义和官僚资本主义的基本力量，是基本的积极因素。社会主义时期仍然存在着阶级、阶级矛盾和阶级斗争。什么是积极因素？毛泽东指出："在国内，工人和农民是基本力量。中间势力是可争取的力量。反动势力虽是一种消极因素，但是我们仍然要做好工作，尽力争取化消极因素为积极因素。"在国际，实行调动一切积极因素的方针，也以对阶级关系的科学分析为根据的。毛泽东说："在国际上，一切可以团结的力量都要团结，不中立的可以争取为中立，反动也可以分化和利用。"③

如何调动一切积极因素，为社会主义事业服务呢？毛泽东总结我国社会主义建设的经验并借鉴苏联社会主义建设的经验，提出了统筹兼顾，协调各方利益化解矛盾的可贵思想。

1957 年 1 月毛泽东在讲话中指出："要统筹兼顾，各得其所，这是我们历来

① 参见萧诗美：《毛泽东谋略》，红旗出版社 1997 年版，第 271 页。
② 《毛泽东文集》第 7 卷，人民出版社 1999 年版，第 44 页。
③ 沈笃：《社会主义强国的基本方针》，《中国经济问题》1977 年第 2 期。

的方针。在延安的时候，就采取这个方针"，并说，"现在是我们管事了，我们的方针是统筹兼顾，各得其所"。毛泽东指出，统筹兼顾的方针就是调动一切积极力量，为了建设社会主义。他称统筹兼顾"是个战略方针，实行这样一个方针比较好，乱子出得比较少，这种统筹兼顾的思想，要向人家说清楚"①。

为了调动各方面的积极性，协调各方利益，化解各种矛盾，毛泽东提出了一个被称为"四面八方"的重要政策，即"公私兼顾，劳资两利，城乡互助，内外交流"。② 其中最基本的就是"公私兼顾"和"劳资两利"。针对有人主张限制或消灭资产阶级、多给工人利益，毛泽东表示："如果劳资双方不是两利而是一利，那就是不利。为什么呢？只有劳利而资不利，工厂就要关闭，如果只有资利而劳不利，就不能发展生产。"③

毛泽东调动一切积极因素的思想，是对我们党长期领导革命和建设经验的科学总结，是党在探索社会主义建设道路过程中取得的科学成果，具有重要的现实指导意义。

自力更生为主，争取外援为辅

无论是革命还是建设，如何处理自力更生与争取外援的关系，始终是关系革命和建设事业成败的关键问题。这个问题的实质，是把强国战略的立足点放在哪里的问题。毛泽东总结了中国革命的经验和教训，明确提出了独立自主、自力更生的方针。他指出："我们中华民族有同自己的敌人血战到底的气概，有在自力更生的基础上光复旧物的决心，有自立于世界民族之林的能力。"④

自力更生思想的提出和初步运用是从 1927 年的秋收起义到 1937 年抗日战争的全面爆发。这阶段，虽然没有明确论述自力更生思想，但在实践中初步运用了自力更生原则。在井冈山革命根据地初创的过程中，毛泽东就意识到部队的生存条件的重要性。毛泽东花了很大的精力抓苏区的经济建设，"要使人民经济天天发展起来，大大改良群众生活，大大增加我们的财政收入，把革命战争和经济建设的物质基础确切地建立起来"。⑤

抗日战争时期，国际援助对于抗日战争的胜利，无疑是个重要条件。但主要还是中国人民的自力更生取得了胜利。抗战初期，毛泽东就意识到："长期抗战中最困难问题之一，将是财政经济问题，这是全国抗战的困难问题，也是八路军的困难，应该提高到认识的高度。"⑥ 困难露头，毛泽东就说："我们现在钱

① 《毛泽东文集》第 7 卷，人民出版社 1999 年版，第 186 页。
② 梁茵：《毛泽东的劳资两利思想及其当代价值》，《长春理工大学学报》2010 年第 4 期。
③ 陶鲁笳：《毛主席教我们当省委书记》，中央文献出版社 1996 年版，第 128 页。
④ 《毛泽东选集》第 1 卷，人民出版社 1991 年版，第 161 页。
⑤ 《毛泽东选集》第 1 卷，人民出版社 1991 年版，第 122 页。
⑥ 《毛泽东选集》第 3 卷，人民出版社 1991 年版，第 892 页。

虽少，但还有，饭不好，但还有小米饭。要想到有天没钱，没有饭吃，那该怎么办？无非三种办法，第一饿死，第二解散，第三不饿死也不解散，就得要生产。我们来个动员，我们几个人下个决心，自己弄饭吃，自己搞衣服穿，衣食住行统统由自己解决，我看有这种可能。"①

早在 1930 年 5 月，毛泽东就指出"中国革命斗争的胜利要靠中国同志了解中国情况"来取得。在抗日战争中，毛泽东说："我们要打击日本侵略者，取得革命胜利，依靠什么呢？我们是主张自力更生的。我们希望有外援，但是我们不依赖它，我们依靠自己的努力，依靠全体军民的创造力。"② 在这种情况下，毛泽东发出了"自己动手，丰衣足食"的伟大号召，制定了"发展经济，保障供给"的方针，提出"靠我们自己的两只手，自力更生发展生产，大家共同克服困难"③。大生产运动创造了中国历史上的奇迹，奠定了抗战胜利的物质基础。

抗日战争胜利后，毛泽东总结抗日战争的经验时又指出："我们的方针要放在什么基点上？放在自己力量的基点上，叫做自力更生。""我们强调自力更生，我们能够依靠自己组织的力量，打败一切中外反动派。"④ 这里，他把自力更生与争取外援联系起来。中国革命胜利后，毛泽东又反复强调要把经济发展放在自力更生的基点上，"不能走世界各国技术发展的老路，跟在别人后面一步一步地爬行。我们必须打破常规，采用先进技术，在一个不太长的历史时期内，把我国建设成为一个社会主义的现代化的强国"⑤。

新中国成立初期，我们面对的是个千疮百孔的烂摊子。要把个"一穷二白"的经济文化落后的农业大国建设成为社会主义的现代化强国，毛泽东强调："每个社会主义国家的建设事业主要地应依靠自力更生"⑥。1958 年 6 月，毛泽东在一个批示中指出："自力更生为主，争取外援为辅，破除迷信，独立自主地干工业、干农业、干技术革命和文化革命，打倒奴隶思想，埋葬教条主义，认真学习外国的好经验，也一定研究外国的坏经验——引以为戒，这就是我们的路线。"⑦ 这样，就将"自力更生为主，争取外援为辅"的基本要求，上升到指导社会主义经济建设的路线和方针的高度，成为社会主义国家进行经济建设的一项基本国策。在这一思想指导下，在毛泽东时代，中国人民在极其艰难困苦的历史条件下，意气风发斗志昂扬地克服了一个又一个困难，终于取得了独立自主、自力更生道路上的累累硕果。

---

① 《毛泽东选集》第 3 卷，人民出版社 1991 年版，第 892 页。
② 《毛泽东选集》第 3 卷，人民出版社 1991 年版，第 1016 页。
③ 《萧劲光回忆录》，解放军出版社 1987 年版，第 298 页。
④ 《毛泽东选集》第 4 卷，人民出版社 1991 年版，第 1132 页。
⑤ 《毛泽东选集》第 2 卷，人民出版社 1991 年版，第 1079 页。
⑥ 《毛泽东选集》第 4 卷，人民出版社 1991 年版，第 88 页。
⑦ 《毛泽东文集》第 7 卷，人民出版社 1999 年版，第 380 页。

自力更生与争取外援是相辅相成的，争取外援的目的是提高自力更生的能力。我们主张自力更生，但不是闭关自守，盲目排外。毛泽东认为："国际援助对于现代一切国家一切民族的革命斗争都是必要的。我们的抗日战争需要国际人民的援助，首先是苏联人民的援助……这是中国抗日战争和中国革命取得胜利的一个必要的条件。"①

　　在对外交流方面，毛泽东很重视向外国学习，包括美国等资本主义国家，并且提出要派留学生去。他说："一切国家的好经验我们都要学，不管是社会主义国家的，还是资本主义国家的，这一点是肯定的。"②

　　自力更生是毛泽东思想的一个重要内容，这个思想贯穿于我党革命和建设的整个过程，也体现了中华民族自强不息、不屈不挠、艰苦奋斗的民族精神，呈现出了中国作风和中国气派。我们运用这个思想原则取得了新民主主义革命的胜利、社会主义建设的巨大成就。在建设中国特色社会主义过程中，仍需继续贯彻执行这个原则，"独立自主，自力更生，无论过去、现在和将来，都是我们的立足点"。③

　　① 《毛泽东选集》第 1 卷，人民出版社 1991 年版，第 161—162 页。
　　② 《毛泽东文集》第 7 卷，人民出版社 1999 年版，第 242 页。
　　③ 《邓小平文选》第 3 卷，人民出版社 1993 年版，第 3 页。

第五章　政治武器

　　1949 年 6 月，毛泽东在《论人民民主专政》中指出："一个有纪律的，有马克思列宁主义的理论武装的，采取自我批评方法的，联系人民群众的党；一个由这样的党领导的军队；一个由这样的党领导的各革命阶级各革命派别的统一战线；这三件是我们战胜敌人的主要武器。依靠这三件，我们取得了基本的胜利。"①

既要革命，就要有一个革命党

　　毛泽东总结世界人民和中国人民革命斗争的历史经验，提出："既要革命，就要有一个革命党。"② 为什么要有革命党？"因为世界上有压迫人民的敌人存在，人民要推翻敌人的压迫，所以要有革命党。就资本主义和帝国主义时代说来，就需要一个如共产党这样的革命党。如果没有共产党这样的革命党，人民要推翻敌人的压迫，简直是不可能的。"③

　　1921 年 7 月 23 日中国共产党的成立，给因辛亥革命失败而迷茫的人民群众带来了光明和希望，为他们的斗争开拓了通向胜利的新航道。从此，领导反帝反封建的革命斗争、争取民族独立和人民解放、实现振兴中华的伟大使命，历史地落到了中国共产党的身上。自从有了中国共产党，中国革命的面貌就为之一新。初创的中国共产党，马克思主义的理论准备还很不充分，对中国革命问题的许多看法还很不成熟，在一定程度上还显得有些幼稚。但由于它掌握着马克思主义这个革命的思想武器，经过革命风暴的洗礼，它终于能够逐步地而又牢固地在中国的大地上扎下根来，使自己发展成为一支不可战胜的力量。中国共产党的成立，给灾难深重的中国人民带来了光明和希望，指明了中国人民的斗争道路。

　　中国的特殊国情决定了党始终处于农民和小资产阶级思想的包围之中，党内各种非无产阶级思想滋生起来，极大地削弱了党的战斗力。在这种情况下，如何保持党的工人阶级先锋队性质，建设一个真正马克思主义的政党，就成为中国共产党人首先要面对和解决的课题。④ 1939 年 10 月毛泽东发表《〈共产党人〉发刊词》，提出：为了中国革命的胜利，需要建设一个全国范围的，广大群

---

① 　李安增、赵付科：《中国共产党的纪念活动与马克思主义中国化》，《马克思主义研究》2009 年第 11 期。
② 　《毛泽东选集》第 4 卷，人民出版社 1991 年版，第 1357 页。
③ 　《毛泽东选集》第 3 卷，人民出版社 1991 年版，第 811 页。
④ 　参见杨凤城：《毛泽东思想研究述评》，中国人民大学出版社 2002 年版，第 127 页。

众性的，在思想上、政治上、组织上完全巩固的布尔什维克化的中国共产党。在半殖民地半封建社会的旧中国，战斗力很强的无产阶级很少，小生产十分广大，农民和其他小资产阶级占人口的绝大多数；经济文化非常落后，在长期被敌人分割的农村根据地和白色恐怖的城市，建设一个全国范围的、广大群众性的思想上政治上组织上完全巩固的马克思主义的无产阶级政党，是罕见的。所以，毛泽东豪迈地称之为"伟大的工程"。①

为了实现这个总目标，毛泽东全面总结了党的建设的经验教训，完整地制定了党的政治路线、思想路线和组织路线，创造了整风运动这一思想教育的形式。毛泽东亲自领导的整风运动，在全党真正确立了马克思列宁主义的思想路线，对于推进和实现党的建设伟大工程起了关键性的作用。② 革命洗礼与党建伟大工程的推进使中国共产党在抗日战争时期走向成熟，成为中国革命的坚强领导核心，在她的领导下，中国人民先后取得抗日战争、解放战争的巨大胜利。

新中国成立以后，在社会主义革命和建设过程中，毛泽东进一步坚持和发展了民主革命时期形成的建党思想，逐步形成了毛泽东执政党建设思想。毛泽东认为，革命需要有一个政党来领导，建设同样离不开党的领导，不论革命还是建设，没有党引领方向和汇聚力量是不会成功的。建设时期，党的领导作用最终必须体现在推动社会生产力的发展上。他在《论联合政府》的报告中指出："中国一切政党的政策及其实践在中国人民中所表现的作用的好坏、大小，归根到底，看它对于中国人民的生产力的发展是否有帮助及其帮助之大小，看它是束缚生产力的，还是解放生产力的。""在新民主主义的政治条件获得之后，中国人民及其政府必须采取切实的步骤，在若干年内逐步地建立重工业和轻工业，使中国由农业国变为工业国。"③ 这就清楚地告诉我们，中国共产党的根本任务是解放生产力、发展生产力。通过党领导的新民主主义革命，我们胜利完成了近代中华民族面临的第一个历史任务，即求得民族独立与人民解放；中华人民共和国的成立只是万里长征刚刚走完的第一步，实现近代中华民族面临的第二个历史任务，即实现国家的富强和人民的共同富裕的新征程才真正开启，任重而道远。为此，毛泽东强调要继续保持艰苦奋斗的作风，继续保持谦虚、谨慎、不骄、不躁的作风，要加强对党员、干部的思想教育，提高他们拒腐防变的意识，深刻认识腐败现象产生的社会历史根源、思想道德根源及其对党的事业的危害，牢固树立全心全意为人民服务的宗旨，与人民有福同享、有难同当，使党继续成为社会主义建设事业的坚强领导核心。

---

① 参见陈红太、卢继元、南东风：《毛泽东思想与实践》，西安出版社 2011 年版，第 134 页。
② 参见陈红太、卢继元、南东风：《毛泽东思想与实践》，西安出版社 2011 年版，第 132 页。
③ 《毛泽东选集》第 3 卷，人民出版社 1991 年版，第 1079、1081 页。

枪杆子里面出政权

毛泽东从一个民主主义者转变为共产主义者的时候，就明确表示，中国革命走政治改良一途，可谓绝无希望，必须另辟道路。主张用"激烈方式的共产主义，即所谓劳农主义，用阶级专政的方式"进行革命。即使在第一次国共合作期间，他仍然提出："革命不是请客吃饭，不是做文章，不是绘画绣花，不能那样雅致，那样从容不迫，文质彬彬，那样温良恭俭让。革命是暴动，是一个阶级推翻一个阶级的暴烈的行动。"[①]

毛泽东从党成立到 1924 年主要从事党务工作、工运工作及统战工作，但对农民和武装问题还是关心的，并有自己的独到见解。从 1924 年建黄埔军校起，我党开始对军事问题的重要性有所认识。在此之前的 1923 年 8 月，中共上海地区执行委员会第六次会议，密令杭州警备团的金佛庄，要注意作反对军阀战争的宣传，并要设法保存实力。据茅盾回忆：这是根据毛泽东的提议而做出的，由此可见，毛泽东早年就注意共产党掌握枪杆子问题。

1925 年五卅运动掀起全国反帝反封建浪潮，直接推动了广大农村农民运动的发展，毛泽东在五卅运动之后，一方面对农民问题重要性的认识迅速提高，另一方面坚持和发展了党的军事斗争与农民相结合的战略思想。北伐之前的 1926 年 3 月 30 日，毛泽东在国民党中央农民运动委员会第二次会议上提出议案，强调"目前农民运动应以全力注意将来革命军北伐时经过之区域"。就是说要将农民运动同革命战争、夺取政权结合起来。这年 3 月，毛泽东举办第六届农民运动讲习所，明确指出建立农民自己的武装的必要性。他说，搞革命就要刀对刀，枪对枪；要推翻地主武装团防局，就必须建立农民自己的武装，刀把子不掌握在自己人手里，就会出乱子。[②]

毛泽东在党的"八七"会议上批评了陈独秀在统一战线、农民问题特别是武装斗争问题上的严重右倾错误。他针对大革命时期专做民众运动而招致失败的血的教训，特别强调了武装斗争的极端重要性。他说："对军事方面，从前我们骂中山专做军事运动，我们则恰恰相反，不做军事运动专做民众运动。蒋唐都是拿枪杆子起的，我们独不管。现在虽已注意，但仍无坚决的概念。比如秋收暴动非军事不可，此次会议应重视此问题。""以后要非常注意军事。须知政权是由枪杆子中取得的。"[③] 这一科学论断，指明了中国革命的根本出路。此后，

---

① 《毛泽东选集》第 3 卷，人民出版社 1991 年版，第 1036 页。
② 参见宋时轮：《毛泽东军事思想的形成及其发展》，军事科学出版社 1984 年版，第 21 页。
③ 《毛泽东著作选读》上册，人民出版社 1986 年版，第 24 页。

中国共产党进入了独立领导武装斗争的新时期。[①] 这是由中国的国情特点决定的，即中国外无独立，内无民主，反革命力量掌控国家机器，他们拥有数百万军队，占据着坚固城池，武装到牙齿，又有帝国主义的支持，可谓异常强大，且凶残至极，他们绝不会把到手的政权和利益拱手让出来，面对革命他们唯一的选择就是镇压。所以，中国革命只能以革命武装斗争为主要形式。无产阶级只有掌握自己的武装力量才能以革命的武装反对反革命的武装，夺取全国政权。毛泽东的这个意见切中要害地指明了大革命失败的经验教训，也为中国革命的基本方式指明了正确的方向。"枪杆子里面出政权"成为党创建、领导和掌握人民武装并进行斗争的行动纲领。

八七会议后，毛泽东作为中央特派员回湖南领导秋收暴动。在改组后的湖南省委讨论秋收暴动的会议上，毛泽东又一次强调了掌握革命武装对夺取政权的极端重要性。他说，秋收暴动必须是军事的暴动，有一两个团的兵力，这个暴动就可以起来了，否则终归失败。暴动的发展是要夺取政权，要夺取政权，没有兵力的拥有或去夺取，这是自欺的话。我们党从前的错误，就是忽略了军事，现在应以 60％ 的精力，注意军事运动，实行在枪杆子上夺取政权，建设政权。[②]

1927 年以南昌起义、秋收起义和广州起义为代表的 100 多次武装起义，开启了中国共产党建军并独立领导武装斗争反抗反动派的新时期。虽然，历经两次胜利、两次失败的曲折过程，但经过 22 年艰苦卓绝的武装斗争，终于打败拥有优势装备、异常凶残的国内外敌人，最后赢得夺取全国政权的伟大胜利。

总之，武装斗争是中国革命的基本经验之一，也是中国革命的特点之一。正如毛泽东所说："在中国，离开了武装斗争，就没有无产阶级和共产党的地位，就不能完成任何革命任务。"所以，坚持武装斗争为主要革命形式，坚持以农民为主体的革命军队为主要组织形式，善于把武装斗争这个斗争形式同城市工人的斗争等其他斗争形式，在全国范围内直接或间接地配合起来，是夺取中国革命胜利的基本途径。武装斗争成为中国革命的一大法宝。

真正的铜墙铁壁

统一战线是中国革命取得胜利的三大法宝之一。因为，近代中国是一个"两头小，中间大"的社会，无产阶级战斗力虽然很强，但其人口不到总人口的百分之一，要战胜拥有数百万军队、武装到牙齿并得到帝国主义支持的异常凶残的反动统治阶级，必须团结包括农民在内的其他广大人民群众，组成浩浩荡

---

① 参见杨凤城：《毛泽东思想研究述评》，中国人民大学出版社 2002 年版，第 83 页。
② 参见彭公达：《关于湖南秋收暴动经过的报告》，《中央政治通讯》1927 年第 12 期。

荡的革命队伍，才能在对反动派的斗争中取得胜利。毛泽东统一战线思想正确反映了近代中国国情，指引我们的革命事业取得了一个又一个伟大胜利。

成在统战

毛泽东少年时代就喜读《三国演义》《东周列国传》《水浒传》等书，古代"纵横家"的动人事迹及"联吴抗曹"等故事，都给他留下深刻的印象。他熟读经史，以史为鉴，古为今用，深知联合对敌的巨大功效。这在毛泽东早期在民众联合的思想中，有着鲜明的印迹。

1919年毛泽东发表在《湘江评论》上的《民众大联合》一文中指出："什么力量最强，民众联合的力量最强"，"改造国家必须靠民众大联合的力量。纵观历史上的运动，……无不是出于一些人的联合，较大的运动，必有较大的联合，最大的运动，必有最大的联合"。先"从小联合入手"，然后"组成一个大联合"。这样才能达到推翻帝国主义和封建军阀之目的。这时毛泽东已初具革命民主主义思想，对民众联合，结成反帝反封建的同盟军的认识有了进一步的发展，已从单纯的"合纵连横""联吴抗曹"等古代联合思想上升到一个新的高度。1925年1月，已成为马克思主义者的毛泽东，发表了《中国社会各阶级的分析》一文，他在文中明确指出："谁是我们的敌人？谁是我们的朋友？这个问题是革命的首要问题。中国过去一切革命斗争成效甚少，其基本原因就是不能团结真正的朋友，以攻击真正的敌人"，"我们的革命要有不领错路和一定成功的把握，不可不注意团结我们的真正的朋友，以攻击我们的真正的敌人"[①]。文章针对当时党内两种错误倾向：一是以陈独秀为代表的只注意同国民党合作而忘记了农民的右倾机会主义错误；另一是以张国焘为代表的只注意工人运动同样忘记了农民的"左"倾机会主义错误。针对他们都感觉自己力量不足，势单力孤，但不知道向哪里去寻找同盟军的困惑情绪，毛泽东全面深刻地分析了中国社会各阶级所处的地位及他们对革命的态度。他明确指出："一切勾结帝国主义的军阀、官僚、买办阶级、大地主阶级以及附属于他们的一部分反动知识界，是我们的敌人。工业无产阶级是我们革命的领导力量。一切半无产阶级、小资产阶级，是我们最接近的朋友。那动摇不定的中产阶级，其右翼可能是我们的敌人，其左翼可能是我们的朋友。"[②] 并着重指明了与工人阶级有天然联系的广大农民是工业无产阶级最可靠的同盟军。他在科学的阶级分析基础上，第一次明确地提出了统一战线的基本任务，并明确要依靠、团结的对象，才能取得胜利，标志着毛泽东统战思想已初步形成。[③] 第一次工人运动高潮的被镇压教会了中国共

---

① 《毛泽东选集》第1卷，人民出版社1991年版，第9页。
② 《毛泽东选集》第1卷，人民出版社1991年版，第9页。
③ 参见荣亚平：《略论毛泽东统战思想的形成和发展》，《大连大学学报》1993年6月。

产党，使党深刻地懂得："他们自己虽然是一个最有觉悟性和最有组织性的阶级，但是如果单凭自己一个阶级的力量，是不能胜利的。而要胜利，他们就必须在各种不同的情形下团结一切可能的革命的阶级和阶层，组织革命的统一战线。"① 中国共产党在第三次全国代表大会上决定采取积极的步骤去联合孙中山领导的国民党，并且决定共产党员以个人身份加入国民党，同时保持党在组织上、政治上和思想上的独立性。"孙中山在绝望里遇到了十月革命和中国共产党。孙中山欢迎十月革命，欢迎俄国人对中国人的帮助，欢迎中国共产党同他合作。"② 在中国共产党的推动、帮助下，国民党第一次全国代表大会，确定了"联俄、联共、扶助农工"三大政策，重新解释了三民主义，并且改组了国民党。以国共两党合作为基础的各个革命阶级的革命统一战线正式建立。革命统一战线的建立，为我党公开组织和领导工农运动，创造了有利条件，从而推动了革命运动的恢复和发展。轰轰烈烈的北伐战争摧枯拉朽般摧毁了曾经不可一世的北洋军阀，初步显示了统一战线之深厚伟力。但是，代表地主、买办阶级和民族资产阶级右翼利益的国民党右派竭力想把革命领导权夺去，以便扭转革命的方向，革命统一战线内部的阶级斗争日趋激烈。在革命的紧急关头，毛泽东根据对于当时中国社会各阶级所作的马克思列宁主义的分析和对于农民运动的深入调查，先后发表了《中国社会各阶级的分析》和《湖南农民运动考察报告》两篇光辉著作，解决了无产阶级领导权和农民同盟军问题，奠定了新民主主义革命的基本思想。经过对中国社会各个阶级的经济地位和政治态度的深刻分析，毛泽东得出结论：一切勾结帝国主义的军阀、官僚、买办阶级、大地主阶级以及附属于他们的一部分反动知识界，是我们的敌人。工业无产阶级，是我们革命的领导力量。一切半无产阶级、小资产阶级，是我们最接近的朋友。那动摇不定的中产阶级，其右翼可能是我们的敌人，其左翼可能是我们的朋友，——但我们要提防他们，不要让他们扰乱了我们的阵线。这样，毛泽东首先明确了革命的对象、革命的队伍和革命的司令部这三个问题，只有认清这三个问题才能建立一个巩固民主主义的革命统一战线。农民问题是民主革命的中心问题，农民是无产阶级最可靠的同盟军，工农联盟是统一战线的基础。毛泽东要求党充分地估计农民在革命中的伟大作用，坚决地领导农民，武装农民，在农村建立革命政权，以壮大和巩固革命的基础。可是，当时占据党内领导地位的陈独秀右倾投降主义者，拒绝了毛泽东和其他同志的正确意见，他们在统一战线中采取"一切联合，否认斗争"的右倾机会主义政策，不但不敢坚决依靠工农运动，积极武装工农，反而压制工农运动，以迁就地主资产阶级，把革命的领导权拱手送给国民党右派。这样，以国共两党合作为基础的民族革命统

---

① 《毛泽东选集》第 2 卷，人民出版社 1991 年版，第 608 页。
② 《毛泽东选集》第 4 卷，人民出版社 1991 年版，第 1408 页。

一战线就被国民党右派的叛变破坏，轰轰烈烈的大革命遭到了惨重的失败。[1]

由于1927年国民党右派集团的叛变，民族资产阶级暂时附和了反革命，统一战线营垒中原有的四个阶级只剩下了工人、农民和小资产阶级，工农民主统一战线基本上是这三个革命阶级的联合。毛泽东在农村革命根据地规定并执行了依靠贫雇农、联合中农、限制富农，保护中小工商业者，消灭地主阶级的土地革命路线，使工农联盟获得牢固的政治基础，促进了革命武装的发展和根据地的巩固。这一时期，中国共产党同国民党反动派的阶级矛盾上升为主要矛盾，中国人民以反对封建压迫和国民党新军阀的统治为主要目标。中国共产党独立地领导武装斗争和土地革命，开辟了农村包围城市、武装夺取政权的正确道路，推动中国革命走向复兴。1931年11月，在江西瑞金成立了中华苏维埃共和国临时中央政府，这是中国共产党领导的有工人、农民、小资产阶级参加的，具有统一战线性质的革命政权。正是由于继续执行了统一战线的政策，党才能领导革命群众创建并扩大革命根据地，与国民党反动派形成对峙，使革命的星星之火逐渐成为燎原之势。

统战法宝的锻炼

1931年九一八事变后，王明"左"倾路线统治下的中共临时中央，长期实行着"左"倾教条主义路线，无视日本帝国主义要变中国为其殖民地的事实而引起的国内阶级关系的重大变化，坚持工农阶级与资产阶级、苏维埃政权与国民党政权尖锐对立的理论与观点，否认以民族资产阶级为主体的中间势力的抗日要求，否认国民党内部在抗日问题上正在发生的分化。毛泽东从中日民族矛盾上升为主要矛盾从而改变了国内阶级关系这一事实出发，论证了同民族资产阶级建立抗日民族统一战线的可能性。他认为，九一八事变就开始了变中国为日本殖民地的阶段，"这种情形，就给中国一切阶级和一切政治派别提出了'怎么办'的问题"。工人、农民及小资产阶级都是要求抗日的。"问题摆在民族资产阶级、买办阶级和地主阶级面前"，而"民族资产阶级是一个复杂的问题"。毛泽东需要向全党解释民族资产阶级在四一二政变后附和蒋介石而在新的历史条件下是否有可能重新参加革命的问题。他认为民族资产阶级与地主阶级、买办阶级是有区别的，既没有地主阶级那么多的封建性，也没有买办阶级那么多的买办性。虽然中国半殖民地的政治经济规定了民族资产阶级的软弱性，但也"正是因为这样，帝国主义敢于欺负他们，而这也就规定了他们不喜欢帝国主义的特点"。民族资产阶级的软弱性决定了这个阶级在大革命失败后附和了反革命营垒，但什么好处也没得到，"得到的不过是民族工商业的破产或半破产的境

---

[1] 参见张玉鹏：《毛泽东同志的新民主主义革命统一战线理论》，《河南师大学报》1983年第6期。

遇"。而在帝国主义大举侵华的形势下，这个阶级改变了它的政治态度，倾向抗日。① 毛泽东从九一八事变后民族资产阶级的政治代表的抗日表现，说明了这个阶级的变化及其在国民党营垒中造成的分化，从而论证了同民族资产阶级建立抗日民族统一战线的可能性。

从建立抗日民族统一战线的必要性来说，毛泽东的出发点是"日本帝国主义决定要变全中国为它的殖民地，和中国革命的现实力量还有严重的弱点"这两个基本事实。"这两种事实，都一齐跑来教训我们，要求我们适应情况，改变策略，改变我们调动队伍进行战斗的方式。"这就需要同包括民族资产阶级在内的一切愿意抗日的武装与政治力量联合起来。在这里，毛泽东着重批判了党内长期存在着的"关门主义"理论与策略。这种"关门主义"理论机械地套用马克思主义的理论与词句，不仅错误地把握了历史的主题，而且错误地过高估计了革命的力量，犯有严重的革命急性病与"左"倾幼稚病，认为"革命的力量是要纯粹又纯粹，革命的道路是笔直又笔直。《圣经》上载了的才是对的。民族资产阶级是全部永世反革命了。对于富农，是一步也退让不得。对于黄色工会，只有同它拼命。如果同蔡廷锴握手的话，那必须在握手的瞬间骂他一句反革命"。不懂得要战胜日本帝国主义与汉奸卖国贼，必须"组织千千万万的民众，调动浩浩荡荡的革命军"。"关门主义"实际上是"'为渊驱鱼，为丛驱雀'，把'千千万万'和'浩浩荡荡'都赶到敌人那一边去"。毛泽东着重向全党指出，如果不足够地估计到日本帝国主义变中国为殖民地的行动能够变动中国革命和反革命的阵线，就不能足够地估计到组织广泛的民族革命统一战线的可能性。如果不足够地估计到日本反革命势力、中国反革命势力和中国革命势力这几方面的强点和弱点，就不会足够地估计到组织广泛的民族革命统一战线的必要性；就不会组织统一战线，向日本帝国主义这个最中心的目标进攻。"而把目标分散，以致主要的敌人没有打中，次要的敌人甚至同盟军身上却吃了我们的子弹。"② 毛泽东严厉批判了极左路线的孤立妥协的政策，我们的枪锋应注射在这些政党上面的所谓"领导原则"。毛泽东从中国实际出发，不仅把握了抗日救亡这一中心主题，而且实事求是地分析了革命力量的弱点，论证了革命的长期性和建立抗日民族统一战线的必要性。

瓦窑堡会议期间所确立的抗日民族统一战线的方针，着重解决的是与民族资产阶级及国民党地方实力派的联合抗日问题，并没包括联合以蒋介石为代表的大买办资产阶级在内。毛泽东在《论反对日本帝国主义的策略》一文中说："大土豪、大劣绅、大军阀、大官僚、大买办们的主意早就打定了。他们过去是，现在仍然是在说：革命总比帝国主义坏。他们组成了一个卖国贼营垒，在

① 参见《毛泽东选集》第1卷，人民出版社1991年版，第143、147页。

② 《毛泽东选集》第1卷，人民出版社1991年版，第153、154—155、154页。

他们面前没有什么当不当亡国奴问题，他们已经撤去了民族的界限，他们的利益同帝国主义的利益是不可分离的，他们的总头子就是蒋介石。"① 因此，瓦窑堡会议期间采取的是反蒋抗日的方针。而从当时实际情况看，反蒋在事实上不能充分抗日，这就促使毛泽东把思考的焦点放在与蒋介石国民党统治集团重新建立统一战线的可能性与必要性的问题上，于是就有了后来"逼蒋抗日"方针的提出。

1936 年 5 月 5 日，毛泽东与朱德联名发表《停战议和一致抗日通电》，第一次公开放弃反蒋口号，申明"停止内战，一致抗日"的主张，并"慎重地向南京政府诸公进言，在亡国灭种紧急关头，理应幡然改悔，以'兄弟阋于墙外御其侮'的精神，在全国范围，首先在陕甘晋停止内战，双方互派代表磋商抗日救亡的具体办法"②。这一通电标志着抗日民族统一战线策略的新发展，开始由抗日反蒋转向逼蒋抗日。"逼蒋抗日"方针的确立，在抗日民族统一战线策略的发展过程中具有转折性的意义，它对实现联蒋抗日，对建立以国共合作为基础的抗日民族统一战线具有关键作用。

西安事变发生后，毛泽东等人采取了和平解决的方式，蒋介石被迫答应停止内战、共同抗日。1937 年 2 月，中国共产党发表《致国民党三中全会电》，提出五项要求与四项保证，表达了全国人民团结抗日的意志，国民党三中全会基本上接受了中共的主张，终于确定了与共产党重新合作的方针，此后，毛泽东居后筹谋，周恩来等人在外周旋，国共两党展开了多轮谈判，随着七七事变的爆发，终于通过逼蒋抗日实现了从反蒋抗日到联蒋抗日的历史性转变，以国共两党重新合作为基础的抗日民族统一战线得以形成，从此展开了中国近现代史上抗击外国侵略最为波澜壮阔的一幕。

中日民族矛盾的突出，只是在政治比重上降低了国内阶级间、政治集团间矛盾的地位，但这些矛盾"本身依然存在着，并没有减少或消灭"③。因此，统一战线的形成，同时也造成了极端复杂的中国政治。毛泽东细密地分析了国际国内各种情况，谨慎地对待各种事变，为党制定了既统一又独立、既联合又斗争的统一战线策略。既独立又统一，这是毛泽东从着手制定抗日民族统一战线的策略开始，一直到抗日战争初期特别注意的一个问题。其主旨在于坚持统一战线的独立自主原则，即保持党在政治上、思想上、组织上与军事上的独立自主权，反对在统一战线问题上的右倾机会主义。在确定逼蒋、联蒋抗日的方针之后，为了求得统一战线的形成，毛泽东在与蒋介石的谈判过程中，向蒋作了重大让步，但他同时指出：这种"让步是有限度的，在特区和红军中共产党领

---

①　《毛泽东选集》第 1 卷，人民出版社 1991 年版，第 70 页。

②　中央档案馆编：《中共中央文件选集》第 10 册，中共中央党校出版社 1983 年版，第 24 页。

③　《毛泽东选集》第 1 卷，人民出版社 1991 年版，第 258 页。

导的保持，在国共两党关系上共产党的独立性和批评自由的保持，这就是让步的限度，超过这种限度是不许可的"①。在 1938 年 10—11 月召开的六届六中全会上，毛泽东又对统一与独立的辩证关系作了深刻说明："没有问题，统一战线中的独立性，只能是相对的，而不是绝对的；如果认为它是绝对的，就会破坏团结对敌的总方针。但是绝不能抹杀这种相对的独立性，无论在思想上也好，在组织上也好，各党必须有相对的独立性，即是说有相对的自由权。如果被人抹杀或自己抛弃这种相对的自由权，那就也会破坏团结对敌的总方针。""我们的方针是统一战线中的独立自主，既统一，又独立。"②

这种统一与独立、联合与斗争的统战策略，就是为了"保持自己已经取得的阵地。这是我们的战略出发地，丧失了这个阵地就一切无从说起了"。更重要的是，毛泽东认为"'统一战线中的独立自主'这个原则的说明、实践和坚持，是把抗日民族革命战争引向胜利之途的中心一环"。针对党内一些人思想上的左右摇摆，毛泽东在《论政策》中说："现在的抗日民族统一战线，既不是一切联合否认斗争，又不是一切斗争否认联合，而是综合联合和斗争两方面的政策"，其间的辩证关系是："斗争是团结的手段，团结是斗争的目的。以斗争求团结则团结存，以退让求团结则团结亡。"对亲日派分子，应根据不同的情况进行不同的联合斗争，对友好者坚决团结之，对中立者争取之，对其中的顽固派，毛泽东提出了有理有利有节的著名原则。毛泽东指出：抗日民族统一战线时期，我党通过同反共顽固分子的斗争必须坚持"自卫原则""胜利原则"和"休战原则"，"这三个原则，换一句话来讲，就是'有理'，'有利'，'有节'"。③ 通过这种灵活策略的运用，以发展进步势力、争取中间势力、孤立顽固势力，使蒋介石既不敢公开投日，又不敢全面反共，从而维护和巩固了抗日民族统一战线，为实现抗日战争胜利创造了基本的条件。

抗日战争时期，是毛泽东统一战线理论和政策获得巨大发展的特殊岁月，在这个时期，毛泽东领导全党打退国民党发动的两次反共高潮，在政治上挽救了岌岌可危的以国共合作为基础的统一战线，维护了中华民族的抗战大业。

解放战争时期，毛泽东领导全党卓越地运用抗战时期已经成熟的统一战线的思想和政策，与国民党进行了决定中国前途和命运武装的和非武装的斗争。抗战胜利，中国人民与日本帝国主义之间的民族矛盾基本解决了。但是，美国政府支持蒋介石发动反人民的内战，国共两党的合作关系濒于破裂。新的民族矛盾和已经尖锐化的阶级矛盾更加复杂地交织在一起。为了争取国家独立，为了反对独裁统治，中国共产党领导各阶层人民结成了极其广泛的全民族的统一

① 《毛泽东选集》第 1 卷，人民出版社 1991 年版，第 258 页。
② 《毛泽东选集》第 2 卷，人民出版社 1991 年版，第 391、394 页。
③ 《毛泽东选集》第 2 卷，人民出版社 1991 年版，第 391、394、763、745、750 页。

战线，它以反帝、反封建、反官僚资本为目标，与抗日时期的统一战线相比，不但规模同样广大，而且有更加深刻的社会基础。它把各少数民族、各社会阶层的人民群众最广泛地团结在了中国共产党的周围，使蒋介石政权空前孤立，分崩离析，最后从大陆上垮台成为不可逆转之势。

在这个时期统一战线的实践中，毛泽东的统一战线思想又有了新的发展。在《目前形势和我们的任务》《关于目前党的政策中的几个重要问题》《关于民族资产阶级和开明绅士问题》《在中国共产党第七届中央委员会第二次全体会议上的报告》《在新政治协商会议筹备会上的讲话》《论人民民主专政》等论著中，毛泽东对党的新民主主义统一战线思想作了重要阐发。例如：在统一战线的领导权问题上，毛泽东进一步强调中国共产党领导的重要作用，指出：新民主主义的统一战线必须在中国共产党的坚强领导之下，"没有中国共产党的坚强领导，任何革命统一战线也是不能胜利的"。他还论述了实现党对统一战线领导，即党对被领导的阶级、阶层、政党和人民团体的领导必须具备的两个条件：（一）率领被领导者（同盟者）向着共同敌人作坚决的斗争，并取得胜利；（二）对被领导者给予物质福利，至少不损害其利益，同时对被领导者给予政治教育。"没有这两个条件或两个条件缺一，就不能实现领导。"[①]

毛泽东进一步论述了与国民党斗争的策略原则，阐发了党的谈判立场。他反复强调，在国民党经过周密布置决心发动反人民的内战之后，绝对不要对与国民党的谈判存有幻想，绝对不要指望国民党发善心，而必须"坚决依靠人民"，"依靠自己手里的力量"，针锋相对，进行有理、有利、有节的斗争；为了击破国民党的内战阴谋，教育广大人民，取得政治上的主动，有时也要作必要的让步，但是，"让步是有限度的，以不伤害人民根本利益为原则"。毛泽东还指出，对于已经达成的协议也不要迷信，"纸上的东西并不等于现实的东西"，"要把它变成现实的东西，还要经过很大的努力"。[②]

这个时期，统一战线的最重要的成就就是解决了统一战线的组织形式问题。在抗战前期，蒋介石一直不承认共产党的平等地位。我们党多次提议要成立相应的机构，国民党始终不同意。所以抗战中尽管组织起了统一战线，但没有固定的具有法律效力的组织形式。抗战胜利后，共产党力量强大了，国民党赞同召开政治协商会议，虽然没有实行民主政治的诚意，但一段时间内毕竟有了一个形式。在解放战争后期，我们党接过"政协"这面旗帜，将它作为我们党领导下的统一战线的组织机构。在中共中央 1948 年发布的《纪念五一劳动节口号》中，根据毛泽东的提议，正式提出了召开有各民主党派、各人民团体、各社会贤达参加的政治协商会议，讨论成立民主联合政府等问题的号召。1949 年

---

① 《毛泽东选集》第 4 卷，人民出版社 1991 年版，第 1257、1273 页。
② 《毛泽东选集》第 4 卷，人民出版社 1991 年版，第 1154、1156 页。

6月新政协召开了第一次筹备会。在同年9月召开的第二次筹备会上，决定将新政治协商会议改称为中国人民政治协商会议。从此，"政治协商会议"成为中国共产党领导的长期性的统战组织。

在对整个新民主主义革命经验进行总结的《论人民民主专政》一文中，毛泽东进一步强调了统一战线的伟大作用。他说："到现在为止，中国人民已经取得的主要的和基本的经验，就是这两件事：（一）在国内，唤起民众。这就是团结工人阶级、农民阶级、城市小资产阶级和民族资产阶级，在工人阶级领导之下，结成国内的统一战线，并由此发展到建立工人阶级领导的以工农联盟为基础的人民民主专政的国家；（二）在国外，联合世界上以平等待我的民族和各国人民，共同奋斗。这就是联合苏联，联合各人民民主国家，联合其他各国的无产阶级和广大人民，结成国际的统一战线。"① 这样，毛泽东对统一战线的认识又升华到了一个新的高度。②

是否要把法宝束之高阁

在由新民主主义到社会主义转变的进程中，有人提出还要不要统一战线的问题。毛泽东认为，统一战线不仅要坚持，而且还要扩大和发展。1955年10月29日，毛泽东在资本主义工商业社会主义改造问题座谈会上说："统一战线到底还要不要？现在经常发生这个问题。这不是一个政党（共产党或者它的中央委员会），一个集团，少数人或者个别的人，说要就要、说不要就不要这么一个问题。这是要看统一战线存在下去有好处还是没有好处，对劳动人民事业，对走社会主义道路，有利益还是没有利益来决定的。""现在证明，建立了统一战线对我们有帮助，不但对过去反帝反封建的资产阶级民主革命是有利的，对现在为社会主义事业奋斗也是有好处的。因此，统一战线要坚持下去，宪法上已经作了规定。"③

新中国成立以来，毛泽东不仅致力于政协组织的发展与完善，发展和扩大了统一战线，而且在他的《论十大关系》《关于正确处理人民内部矛盾的问题》等著作中，进一步发展和完善了统一战线的理论。在团结大多数，共同建设新中国的目标指导下，正确处理了中国共产党和农民阶级、民族资产阶级的矛盾，正确处理了中国共产党与各民主党派的关系。毛泽东不断总结统战工作的新经验，提出了"长期共存，互相监督"的八字方针，为发展、壮大人民民主统一战线，巩固和发展革命和建设新成果起了积极的作用。后来，党中央继承和发展了毛泽东统一战线理论，在"八字方针"的基础上，又加上了"肝胆相照，

————————

① 《毛泽东选集》第4卷，人民出版社1991年版，第1472页。
② 参见石仲泉：《毛泽东的艰辛开拓》，中共党史出版社1990年版，第129—132页。
③ 《毛泽东文集》第6卷，人民出版社1999年版，第494、495页。

荣辱与共"八个大字，形成了十六字方针，进一步丰富完善了毛泽东统一战线的理论体系，为制定"一国两制"的战略方针和建立爱国统一战线提供了新的理论依据。

在统一战线的组织形式问题上，毛泽东明确地说："政协是全国各民族、各民主阶级、各民主党派、各人民团体、国外华侨和其他爱国民主人士的统一战线组织"，"它的成员主要是党派、团体推出的代表"。① 在政协第一届全国委员会常务委员会第 62 次会议上通过的《中国人民政治协商会议章程（草案）》中指出：全国人民代表大会已经召开，人民政协不再代行全国人民代表大会的职权，但政协作为人民民主统一战线的组织仍将存在，今后要继续发挥统一战线的作用。

中国人民政治协商会议自它诞生以来，至今都是统一战线的组织。新中国成立后，由于共产党是执政党，各民主党派是参政党，中国人民政协，同时也是中国共产党领导的多党合作和政治协商的一种重要形式。它具有参政议政、民主协商、民主监督、合作共事等多方面的职能，并发展为中国共产党领导的多党合作和政治协商制度，这是具有中国特色的一个基本政治制度。在新的历史时期，我国的爱国统一战线具有更强大的生命力，仍然是中国人民团结战斗、建设祖国和统一祖国的一个重要"法宝"，它将更加巩固，更加发展。

毛泽东在新民主主义革命时期形成和发展起来的统一战线思想，不仅对于中国革命的胜利具有重要意义，而且对于新中国成立后统一战线的巩固与发展也具有重要意义。半个世纪过去了，重温毛泽东的这些具有巨大理论价值的思想，无论对于认识新的历史条件下统一战线关系，还是对于观察世界范围内的国际统一战线关系，都可以从中获得教益。我们相信，中国共产党有了包括统一战线在内的各样法宝，像夺取中国革命的胜利一样，社会主义现代化的宏伟目标一定能够实现。中华民族必将能够更早地跻身于世界先进民族之林。

国际统一战线

毛泽东关于建立国际抗日统一战线的思想，是在国内抗日民族统一战线方针确立的基础上提出来的。团结一切可以团结的力量，是毛泽东国际统一战线思想的出发点。"为了战胜帝国主义的反动统治，必须结成广泛的统一战线，必须团结不包括敌人在内的一切可以团结的力量，继续进行艰巨的斗争。"② "我们

---

① 《毛泽东文集》第 6 卷，人民出版社 1999 年版，第 385 页。

② 《毛泽东在接见伊拉克、伊朗、塞浦路斯外宾时的谈话》，《人民日报》1960 年 5 月 9 日。

的原则，就是不管你是什么人，外国的党、外国的非党人士，只要是对世界和平和人类进步事业有一点用处的，我们就应该团结。"①

为什么要建立广泛的国际统一战线？是"因为今天的世界已不是从前的世界，整个世界先进人类已成为休戚相关的一体"②。"中国不是孤立也不能孤立，中国与世界紧密联系的事实，也是我们的立脚点，而且必须成为我们的立脚点。"在20世纪上半叶，帝国主义列强先后发动了两次世界大战，给世界各国人民带来了深重的灾难。帝国主义和霸权主义力量异常强大，单靠一国的力量根本无法消除战争的根源，所以毛泽东指出："在帝国主义存在的时代，任何国家的真正的人民革命，如果没有国际革命力量在各种不同方式上的援助，要取得自己的胜利是不可能的。胜利了，要巩固，也是不可能的。"因此，毛泽东在总结了中国革命经验与教训的基础上，提出："在国外，联合世界上以平等待我的民族和各国人民，共同奋斗……结成国际的统一战线。"③

五四运动以后，毛泽东提出了建立国际统一战线的一些片段观点。1919年7月，毛泽东在《湘江评论》上撰文指出：消灭大国的政治强权，实现民族自决的根本途径是"民众的大联合"④。1920年9月，他在长沙《大公报》撰文呼吁"全世界解放的民族携手"⑤。1925年毛泽东在《中国社会各阶级的分析》中进一步指出："现在世界上的局面，是革命和反革命两大势力做最后斗争的局面。这两大势力竖起了两面大旗：一面是红色的革命的大旗，第三国际高举着，号召全世界一切被压迫阶级集合于其旗帜之下；一面是白色的反革命的大旗，国际联盟高举着，号召全世界一切反革命分子集合于其旗帜之下。那些中间阶级，必定很快地分化，或者向左跑入革命派，或者向右跑入反革命派，没有他们'独立'的余地。"⑥毛泽东的国际统一战线思想理论初步形成。

九一八事变以后，中日民族矛盾上升为主要矛盾，以凡尔赛—华盛顿体系为基础的国际政治格局正在发生变化，建立抗日国际统一战线和世界反法西斯统一战线势在必行。1935年12月下旬，中共中央政治局在瓦窑堡举行会议，正式确定了中国共产党关于建立抗日民族统一战线的方针。这次会议通过的政治决议实际上对于建立一个国际统一战线的思想作了初步的说明。决议指出："日本帝国主义单独吞并中国的行动，使帝国主义内部的矛盾，达到空前紧张的程度。"我们对待日本帝国主义以外的其他帝国主义的策略，是使他们"暂处于不积极反对反日战线的地位"；对于那些同情赞助中国抗日，或守善意中立的民族

① 《毛泽东文集》第7卷，人民出版社1999年版，第91页。
② 《毛泽东军事文选》，解放军出版社1961年版，第132页。
③ 《毛泽东外交文选》，中央文献出版社1994年版，第16、94、93页。
④ 毛泽东：《民众的大联合》（一），《湘江评论》1919年7月21日。
⑤ 毛泽东：《湖南建设问题的根本问题——湖南共和国》，《长沙大公报》1920年9月3日。
⑥ 《毛泽东选集》第1卷，人民出版社1991年版，第4页。

或国家，"建立亲密的友谊关系"。这些政策比起过去以阶级观点划分世界各种势力的做法，显然是一种转变。到了1936年，毛泽东在与斯诺的谈话中则更明确地指出："为了在尽可能短的时期内以最小的代价赢得对日本帝国主义的胜利，中国必须首先实现国内的统一战线，其次，还必须努力把这条统一战线推广到包括所有与太平洋地区和平有利害关系的国家。"① 同时他把"国际抗日统一战线的完成"作为战胜日本帝国主义的条件之一。他不仅为中国共产党确定了建立国际抗日统一战线的方针，而且利用各种机会宣传中国的抗战，争取外援。他在与合众社记者的谈话和与世界学联代表团的谈话中都强调了中国抗日的必要性、正义性，提出了中国人民需要各民主国家支持的迫切愿望。在1939年1月发表的《论持久战》英译本序言中，他进一步提出希望他的这本小书能够在英语各国间唤起若干的同情，以支持中国的抗战。

　　第二次世界大战和中国抗日战争结束之后，是毛泽东国际统一战线思想在成熟基础上的继续发展时期，1946年8月，毛泽东在和美国记者安娜·路易斯·斯特朗的谈话中首次提出中间地带思想："美国和苏联中间隔着极其辽阔的地带，这里有欧、亚、非三洲的许多资本主义国家和殖民地、半殖民地国家。美国反动派在没有压服这些国家之前，是谈不到进攻苏联的。""美国人民和一切受到美国侵略威胁的国家的人民，应当团结起来，反对美国反动派及其在各国的走狗的进攻。"② 20世纪50年代中后期，面对变化了的国际形势，毛泽东提出"两个中间地带"理论，建立"反帝""反修"两条统一战线，这一理论是对原中间地带理论的调整与发展，弥补了原先中间地带国家范围过于宽泛、界定比较笼统的不足。在外交和统一战线策略上，中国放弃了"一边倒"的政策，调整为既反美又反苏的"两条线"战略和两条统一战线——"反帝统一战线"和"反修统一战线"，被概括为"两个拳头打人"。20世纪60年代是世界政治力量大动荡时代，毛泽东在1974年2月提出划分"三个世界"的理论，建立"反霸统一战线"，极大地丰富了统一战线理论。三个世界划分的战略思想，"对于团结世界人民反对霸权主义，改变世界政治力量对比，对于打破苏联霸权主义企图在国际上孤立我们的狂妄计划，改善我们的国际环境，提高我国的国际威望，起了不可估量的作用"。③

　　在国际统一战线政策中，毛泽东采取既斗争又联合的态度，既对绥靖主义作了极为深刻的批判，又在抗日与保持国内统一战线等问题上成功地发挥了国际统一战线的积极作用。在国际统一战线的主导思想下，中国共产党成功地对日本侵略军实施瓦解政策，取得了引人注目的成绩。在外援问题上，毛泽东始

---

　　① 《毛泽东一九三六年同斯诺的谈话》，人民出版社1979年版，第110页。
　　② 《毛泽东选集》第4卷，人民出版社1991年版，第1193—1194页。
　　③ 《邓小平文选》第2卷，人民出版社1994年版，第160页。

终坚持了积极争取外援而不依赖外援的基本立场。所有这些原则，不仅对抗日战争时期中国共产党的各项方针政策产生了正确的指导作用，而且，它所包含的基本原则已在毛泽东的对外关系思维中产生了久远的影响。[①]

①　参见谭一青：《毛泽东决胜之道》，中国青年出版社 2007 年版，第 138 页。

第六章　政 治 民 主

列宁指出："一切革命的根本问题是国家政权问题。"[①] 在中国革命过程中，以毛泽东为代表的中国共产党人对于应建立一种什么样的国家政权进行了不懈思考与探索。作为中国新民主主义革命的主要领导人和中华人民共和国的缔造者，毛泽东在正确把握时代特征和洞悉国情的基础上，实现了马克思主义无产阶级专政理论与中国实际的具体结合，创立了人民民主专政的国家政权，为中国的发展进步奠定了根本政治基础。毛泽东在《论人民民主专政》中指出："总结我们的经验，集中到一点，就是工人阶级（经过共产党）领导的以工农联盟为基础的人民民主专政"，[②] "这就是我们的公式，这就是我们的主要经验，这就是我们的主要纲领"。[③] 中国革命的历史证明：资产阶级共和国方案在中国行不通，资产阶级共和国让位于人民民主专政的共和国，是中国历史发展的必然结果。

民主是个好东西

找到跳出"历史周期律"的新路

被称为 20 世纪延安"窑洞对"[④] 的毛泽东与黄炎培关于"历史周期律"的谈话，构成了人们解读中国历史之谜的一个经典文本。大半个世纪过去了，我们今天仔细品味其中的道理，依然为它的深刻含义折服。

68 岁的黄炎培直言相问：我生六十余年，耳闻的不说，所亲眼见到的，真所谓"其兴也勃焉，其亡也忽焉"。一人，一家，一团体，一地方，乃至一国，不少单位都没有能跳出这周期律的支配力。大凡初时聚精会神，没有一事不用心，没有一人不卖力，也许那时艰难困苦，只有从万死中觅取一生。继而环境渐渐好转了，精神也就渐渐放下了。有的因为历时长久，自然地惰性发作，由少数演为多数，到风气养成，虽有大力，无法扭转，并且无法补救。也有为了区域一步步扩大了，它的扩大，有的出于自然发展，有的为功业欲所驱使，强于发展，到干部人才渐见竭蹶，艰于应付的时候，环境倒越加复杂起来了，控制力不免趋于薄弱了。一部历史，"政怠宦成"的也有，"人亡政息"的

---

① 邢广程：《革命的根本问题就是政权问题——十月革命前后布尔什维克党在政权问题上的实践和思考》，《俄罗斯中亚东欧研究》2007 年第 6 期。

② 《毛泽东选集》第 4 卷，人民出版社 1991 年版，第 1472 页。

③ 《毛泽东文集》第 6 卷，人民出版社 1999 年版，第 326 页。

④ 杨忠虎：《"黄炎培历史难题"的解读》，《党史博采（理论）》2005 年第 1 期。

也有，"求荣取辱"的也有，总之没有能跳出这周期律。53 岁的毛泽东肃然相答道：我们已经找到了新路，我们能跳出这周期律。这条新路，就是民主。只有让人民起来监督政府，政府才不敢松懈。只有人人起来负责，才不会人亡政息。

毛泽东的这个回答是中国共产党人关于民主执政的警世名言。而这样的民主言论，在延安时期毛泽东的谈话和文章中随处可见。1944 年 6 月，他在会见中外记者西北参观团时指出："中国是有缺点的，而且是很大的缺点，这种缺点，一言以蔽之，就是缺乏民主。中国人民非常需要民主"，"民主必须是各方面的，是政治上的、军事上的、经济上的、文化上的、党务上的以及国际关系上的，一切这些，都需要民主"。①

1949 年前后，人民议论"共产党打天下容易，治天下难"。傅作义先生提出：国民党取得政权后 20 年就腐化了，结果被人打倒了。共产党执政后，30 年、40 年以后是不是也会腐化？毛泽东的回答是：打天下也并不容易，治天下也不是难得没有办法。那么办法是什么？当然还是"民主"。②

旧中国缺少两样东西——独立和民主

"民主"一词早在 19 世纪 80 年代便被介绍到中国了，那么，什么是民主呢？最基本的含义就是，民主是一种政治制度，是"多数人的统治"的形式，并以人的自由为基础，以保护少数为原则。近代中国追求民主的历程，其实质也就是反对封建专制追求民主政体的发展过程。毛泽东在考察旧中国的社会问题时就指出："中国缺少的东西固然很多，但主要的就是少了两件东西：一件是独立，一件是民主。"③ 回顾近代百年屈辱历史，我们发现无数仁人志士都怀着崇高的社会理想，他们看透了封建社会的流氓暴力世代相传的野蛮性质而高举反封建大旗，为了实现民主和自由的文明社会而抛头颅洒热血打江山。可以说，反抗帝国主义与封建势力的专制统治，推进政治的民主化，这是鸦片战争后近代中国历史发展的重要内容。

争取民主的斗争

中国人民争取民主的斗争经历了一个新旧交替、曲折发展的过程。自 1840 年鸦片战争以来，中国先进的知识分子面对外侮纷至、国势日衰的险恶形势，在爱国拯民的情怀的激励下，开始自觉不自觉地摆脱封建传统思想的强力束缚，

① 褚永红、郑艳：《抗日战略时期中国共产党政权建设述评》，《河北师范大学学报（哲学社会科学版）》2007 年第 4 期。
② 参见蒋同明：《陈毅接管上海的前前后后》，《党史纵览》2008 年第 4 期。
③ 《毛泽东选集》第 2 卷，人民出版社 1991 年版，第 731 页。

窥探西方富国强兵的奥秘。在《论人民民主专政》一文中，毛泽东就回顾了近代中国人民争取民族独立和解放、为实现民主政治而奋斗的这段历史。他回顾道："自从 1840 年鸦片战争失败那时起，先进的中国人，经过千辛万苦，向西方国家寻找真理。洪秀全、康有为、严复和孙中山，代表了在中国共产党出世以前向西方寻找真理的一派人物。那时，求进步的中国人，只要是西方的新道理，什么书也看。向日本、英国、美国、法国、德国派遣留学生之多，达到了惊人的程度。国内废科举、兴学校，好像雨后春笋，努力学习西方。"①

在这样绵延不断的时代潮流的冲击下，先进的中国人逐渐达成共识，即必须结束封建的专制统治，在中国实现政治民主化的目标。于是，在近代中国的政治思想舞台上，出现了康有为的君主立宪方案，孙中山的旧三民主义方案，胡适的英美式民主方案，江亢虎、张东荪的民主社会主义方案，抗战胜利前夕部分中间势力的第三条道路方案。这种以资产阶级民主目标为取向的方案由于脱离国情，在中国人民的心目中一齐破了产。由此而来，对于我国的民主进程来说，"唯一的路是经过工人阶级领导的人民共和国"。②

在中国政治民主化的进程中，无产阶级占据指导地位，这一进程便历史地选择了社会主义民主的方向，最终导致社会主义民主制度的建立。为什么民族资产阶级及其政党在政治民主化进程中不能发挥主导作用呢？毛泽东深刻地分析了民族资产阶级是在帝国主义和封建主义夹缝中成长起来的先天不足特征。他指出："由于他们是殖民地、半殖民地的资产阶级，他们在经济上政治上是异常软弱的，他们又保存了另一种性质，即对于革命敌人的妥协性。"③ 作为历史上最革命的阶级，无产阶级以解放全人类为己任，胜利地领导了中国革命进程，当然不会走回头路，去选择资本主义的民主政治目标，给自己套上新的政治枷锁。按照毛泽东的严密逻辑，中国革命的前途是社会主义，而不是资本主义，因而必将建立以社会主义导向的民主政治体制。1948 年，毛泽东在《将革命进行到底》一文中指明，中国革命的主要目的是要"使中华民族来一个大翻身，由半殖民地变为真正的独立国，使中国人民来一个大解放，将自己头上的封建的压迫和官僚资本（即中国的垄断资本）的压迫一起掀掉，并由此造成统一的民主的和平局面，造成由农业国变为工业国的先决条件，造成由人剥削人的社会向着社会主义社会发展的可能性"④。不断争取政治民主与自由、实现社会主义民主政治，是毛泽东为代表的中国共产党人矢志不渝的政治理想，也是贯穿中国革命和建设实践过程的一条主线。

① 《毛泽东选集》第 4 卷，人民出版社 1991 年版，第 1469 页。
② 《毛泽东选集》第 4 卷，人民出版社 1991 年版，第 1471 页。
③ 《毛泽东选集》第 2 卷，人民出版社 1991 年版，第 673 页。
④ 《毛泽东选集》第 4 卷，人民出版社 1991 年版，第 1375 页。

以毛泽东为代表的中国共产党人，认定"历史给予我们的革命任务，中心的本质的东西是争取民主，自觉地为实现人民民主而奋斗"①。在这期间，毛泽东始终不渝地把马克思列宁主义的基本原理同中国革命实践相结合，创造性地解决了适合中国革命实际的"争得民主"的新道路。早在民主革命时期，毛泽东运用马克思主义关于国家的学说，考察了中国革命应当建立的国家政权问题，明确提出要"建立一个以全国绝大多数人民为基础而在工人阶级领导之下的统一战线的民主联盟的国家制度"，并且认为"这是一个真正适合中国人口中最大多数的要求的国家制度"②。

人民民主专政是革命经验的总结

什么是人民民主专政

"民主的国家是有组织的社会主义的唯一的可能的形式，未来将属于以民主为基础的社会主义和以社会主义为基础的民主。"③ 新中国的成立，为实现社会主义民主提供了保障与可能。新中国要实现社会主义民主政治这个目标，首要的是建立一整套民主的国家制度。作为我国社会主义民主政治建设的重要里程碑——1954年我国第一部社会主义宪法制定的时候，毛泽东明确指出这部宪法贯穿两个基本原则：民主原则和社会主义原则。他特别强调："人民民主原则贯穿在我们整个宪法中"，"我们的民主不是资产阶级的民主，而是人民民主，这就是无产阶级领导的、以工农联盟为基础的人民民主专政。"④ 在《论人民民主专政》一文中，毛泽东指出："中国人民在几十年中积累起来的一切经验，都叫我们实行人民民主专政。"⑤ 离开它，"革命就要失败，人民就要遭殃，国家就要灭亡"。⑥

"对人民内部的民主方面和对反动派的专政方面结合起来，就是人民民主专政。""革命的专政和反革命的专政，性质是相反的，而前者是从后者学来的。这个学习很要紧。革命的人民如果不学会这一项对待反革命阶级的统治方法，他们就不能维持政权，他们的政权就会被内外反动派推翻，内外反动派就会在中国复辟，革命的人民就会遭殃。"⑦ 他在稍后发表的《为什么要讨论白皮书?》中又反复阐述了这个问题，他说，人民民主专政，"对于胜利了的人民，这是如

① 《毛泽东选集》第1卷，人民出版社1991年版，第274页。
② 《毛泽东选集》第3卷，人民出版社1991年版，第1056页。
③ 〔德〕威廉·李卜克内西著，姜其煌、张兴、毛韵泽译：《不要任何妥协，不要任何选举协议》，生活·读书·新知三联书店1964年版，第11页。
④ 《毛泽东选集》第4卷，人民出版社1991年版，第1480页。
⑤ 《毛泽东选集》第4卷，人民出版社1991年版，1468—1481页。
⑥ 《毛泽东选集》第1卷，人民出版社1991年版，第1364页。
⑦ 《毛泽东思想基本著作选读》，人民出版社2001年版，第233、235页。

同布帛菽粟一样地不可须臾离开的东西。这是一个很好的东西，是一个护身的法宝，是一个传家的法宝，直到国外的帝国主义和国内的阶级被彻底地干净地消灭之日，这个法宝是万万不可以弃置不用的"。①

从理论到现实的探索

人民民主专政是近代中国历史和近代中国革命发展的必然产物，从其理论形成来看有一个历史发展的过程。1921 年，中国共产党成立之初，就在党纲上明确写上"采用无产阶级专政，以达到阶级斗争的目的——消灭阶级"，"废除私有制"。这表明我党一成立，就是坚持马列主义的革命政党，以建立无产阶级专政、消灭阶级和实现共产主义作为自己的奋斗目标。但是半殖民地半封建社会的国情，决定中国革命必须分两步走。在民主革命阶段和社会主义阶段，政权的性质是不同的，政权的形式更有特点。首先在民主革命阶段，党的二大提出了建立"真正民主共和国"的民主革命纲领。但这个共和国的阶级内涵究竟是什么并不清楚。1925 年，毛泽东明确写道："主张用无产阶级小资产阶级及中产阶级左翼合作的国民革命"，"以打倒帝国主义，打倒军阀，打倒买办地主阶级"，"实现无产阶级小资产阶级及中产阶级左翼的联合统治，即革命民众的统治"。② 这种"革命民众的统治"，他又称为"革命民众合作统治的国家"，其中"进步的工人阶级尤其是一切革命阶级的领导"③。这是一种崭新的思路，使我党对中国革命与国家问题的认识上升到一个新的层次。它包含了新民主主义共和国的基本设想，是毛泽东人民民主专政思想形成的雏形。

1927 年国民革命失败后，进入土地革命阶段。1928 年 7 月，党的六大通过的《政治决议案》提出："力争建立工农兵代表会议（苏维埃）的政权"，"建立工农兵代表会议（苏维埃）政府"。④ 毛泽东在井冈山斗争时期，注重根据地的政权建设，"政权机关称为工农兵政府"。⑤ 中共六大提出在各革命根据地"建立工农民主专政"的主张。1931 年，在中央苏区成立了中华苏维埃共和国，毛泽东当选中华苏维埃共和国临时中央政府主席。中华苏维埃共和国是工农民主专政的国家政权，《中华苏维埃共和国宪法大纲》规定："苏维埃全部政权是属于工人、农民、红军兵士及一切劳苦民众的。"它是新型的人民政权，是新的人民共和国的雏形。

九一八事变后，中日之间的民族矛盾成为中国社会的主要矛盾。

---

① 《毛泽东选集》第 4 卷，人民出版社 1991 年版，1502—1503 页。

② 《毛泽东年谱》，中央文献出版社 1993 年版，第 141 页。

③ 《毛泽东文集》第 1 卷，人民出版社 1993 年版，第 25、39 页。

④ 《学习〈中国共产党的七十年〉阅读文件选编》，中共党史出版社 1993 年版，第 192—193 页。

⑤ 《毛泽东选集》第 1 卷，人民出版社 1991 年版，第 59 页。

1935 年 12 月，中共中央在陕西安定县瓦窑堡召开政治局会议，通过了《关于目前政治形势与党的任务决议》。毛泽东根据党中央的决议，在瓦窑堡党的活动分子会议上所作的《论反对日本帝国主义的策略》的报告中，提出了将工农民主共和国的口号改变为人民共和国，并对人民共和国的性质作了充分的说明。毛泽东指出："我们的政府不但是代表工农的，而且是代表民族的。这个意义，是在工农民主共和国的口号里原来就包括了的，因为工人、农民占了全民族人口的百分之八十至九十。"但是现在使得我们将工农民主共和国的口号改变为人民共和国，"这是因为日本侵略的情况变动了中国的阶级关系，不但小资产阶级，而且民族资产阶级，有了参加抗日斗争的可能性"。毛泽东还强调指出："人民共和国在资产阶级民主革命的时代并不废除非帝国主义的、非封建主义的私有财产，并不没收民族资产阶级的工商业，而且还鼓励这些工商业的发展。任何民族资本家，只要他不赞助帝国主义和中国卖国贼，我们就要保护他。""人民共和国的政府以工农为主体，同时容纳其他反帝国主义反封建势力的阶级。"① 此时，毛泽东已经初步形成了人民民主专政的理论。

　　抗日战争时期，陕甘宁边区和各抗日根据地根据毛泽东初步提出的人民民主专政的理论进行政权建设。它是民族统一战线的民主政权，服务于抗日战争，服务于反对帝国主义和反对封建势力的斗争。毛泽东依据各根据地政权建设的实践经验，于 1940 年 3 月为中共中央起草了《抗日根据地的政权问题》的党内指示。他指出："在抗日时期，我们所建立的政权的性质，是民族统一战线的。这种政权，是一切赞成抗日又赞成民主的人们的政权，是几个革命阶级联合起来对于汉奸和反动派的民主专政。它是和地主资产阶级的反革命专政区别的，也和土地革命时期的工农民主专政有区别。"这种抗日民主政权，在成员分配上，实行"三三制"，即"规定为共产党员占三分之一，非党的左派进步分子占三分之一，不左不右的中间派占三分之一"。毛泽东强调指出："必须保证共产党员在政权中占领导地位，因此，必须使占三分之一的共产党员在质量上具有优越的条件。只要有了这个条件，就可以保证党的领导权。"在这一指示中，毛泽东还规定了抗日民族统一战线政权的选举政策、组织形式和施政方针。毛泽东指出："凡满十八岁的赞成抗日和民主的中国人，不分阶级、民族、男女、信仰、党派、文化程度，均有选举权和被选举权。抗日民族统一战线政权的产生，应经过人民选举。其组织形式，应是民主集中制。""抗日民族统一战线政权的施政方针，应以反对日本帝国主义，保护抗日的人民，调节各抗日阶层的利益，改良工农的生活和镇压汉奸、反动派为基本出发点。"② 从上述可以看出，抗日战争时期，各抗日根据地建立的民主政权，是共产党领导的反帝、反封建的人

---

① 《毛泽东选集》第 1 卷，人民出版社 1991 年版，第 158、159 页。
② 《毛泽东选集》第 2 卷，人民出版社 1991 年版，第 741 页。

民民主专政的政权。这标志着毛泽东的人民民主专政理论基本成熟。

抗日战争结束后，中国共产党从全国广大人民群众要求和平的愿望出发，为争取使用和平的手段建立人民大众的新民主主义的国家进行了不懈的努力。中共中央发表《对目前时局的宣言》，提出了"和平、民主、团结"的口号，毛泽东亲自去重庆谈判，表明中国共产党对于和平建国的诚意。然而，以蒋介石为代表的国民党毫无和平建国的诚意，于 1946 年 6 月悍然撕毁停战协定和政协决议，发动了全面反革命内战。中国共产党不得不被迫应战。为了夺取新民主主义革命的彻底胜利，1947 年 10 月在人民解放军转入战略反攻的时候，毛泽东提出了"联合工农兵学商各被压迫阶级、各人民团体、各民主党派、各少数民族、各地华侨和其他爱国分子，组成民族统一战线，打倒蒋介石独裁政府，成立联合政府"的主张。① 1948 年，解放战争胜利向前发展，特别是辽沈、淮海、平津三大战役的胜利，将建立全国政权的任务提到了毛泽东的面前。毛泽东根据马克思列宁主义的无产阶级专政理论，结合中国革命的实际，明确提出了人民民主专政的理论，从理论上解决了建立全国政权的任务。

1948 年 12 月 31 日，毛泽东针对美蒋反动派新的和谈阴谋，发表了《将革命进行到底》的新年献词，第一次明确提出了"人民民主专政"的概念。在新年献词中，毛泽东明确指出："一九四九年将要召集没有反动分子参加的以完成人民革命任务为目标的政治协商会议，宣告中华人民共和国的成立，并组成共和国的中央政府。这个政府将是一个在中国共产党领导之下的、有各民主党派各人民团体的适当的代表人物参加的民主联合政府。"② 毛泽东在这里虽然仍沿用他以前提出的"民主联合政府"的称谓，但这个"民主联合政府"是人民民主专政的联合政府，与他以前即抗战后期和解放战争初期提出的民主联合政府并非完全一致，而有所区别。在以前提出的民主联合政府中，共产党是争取领导权；在这里，是在共产党的领导之下，共产党已经实现了领导权。人民民主专政的提出否定了中国历史上几千年人剥削人的社会制度，实现了多数人对少数人的专政，使人民真正成为国家的主人。

1949 年 3 月，毛泽东在七届二中全会上的报告中，对人民民主专政的领导力量、阶级基础及任务都作了比较详细的阐述。毛泽东指出："无产阶级领导的以工农联盟为基础的人民民主专政，要求我们党去认真地团结全体工人阶级、全体农民阶级和广大的革命知识分子，这些是这个专政的领导力量和基础力量。没有这种团结，这个专政就不能巩固。同时也要求我们党去团结尽可能多的能够同我们合作的城市小资产阶级和民族资产阶级的代表人物、它们的知识分子和政治派别，以便在革命时期使反革命势力陷于孤立，彻底地打倒国内的反革

① 参见《毛泽东选集》第 2 卷，人民出版社 1991 年版，第 743 页。
② 《毛泽东选集》第 4 卷，人民出版社 1991 年版，第 1379 页。

命势力和帝国主义势力；在革命胜利以后，迅速地恢复和发展生产，对付国外的帝国主义，使中国稳步地由农业国转变为工业国，把中国建设成一个伟大的社会主义国家。"① 毛泽东的这些话，都被写进中共七届二中全会的决议，成为中共的主要政治纲领。毛泽东关于人民民主专政的理论又向前发展了一大步。

1949 年 6 月 30 日，为纪念中国共产党诞生 28 周年，毛泽东发表了《论人民民主专政》的专题论文，系统地、完整地阐发了人民民主专政的理论。

毛泽东《论人民民主专政》一文的发表，标志着毛泽东的人民民主专政理论已经系统化。毛泽东关于人民民主专政的理论，以国体的形式确认了人民享有广泛的权利，是对马克思主义国家学说的丰富和发展，为新中国政权的建立和建设奠定了理论基础和政策基础。

中国式民主之路

民主和集中之间并没有不可越过的深沟

马克思主义认为，国体和政体是内容和形式的关系，一定阶级本质的国家必然要求某种政权组织形式与之相适应。新中国成立后，毛泽东把民主集中制原则扩大运用于国家政治制度建设，确立了我国的人民代表大会制度。人民代表大会制度是和我国人民民主专政的国体相适应的，便于我国各族人民共同行使国家权力的制度。它实行的原则是民主集中制。毛泽东关于民主集中制的认识，形成于抗战时期他对政体的思考，并且随着革命和建设而愈益清晰。从抗战初期的国防政府，到新中国的政体形态，无不主张民主集中制政体，而对其的解释无不强调它既是民主的又是集中的。

1937 年 10 月，毛泽东回答英国记者关于民主集中制的提问时指出：民主集中制，"它是民主的，又是集中的，将民主和集中两个似乎相冲突的东西，在一定形式上统一起来"，"应当不但看名词，而且看实际。民主和集中之间，并没有不可越过的深沟"。② 1941 年 1 月，毛泽东在《新民主主义论》这篇讲演中，第一次明确把中国人民所要建立的新民主主义国家政体概括为民主集中制。毛泽东指出："中国现在可以采取全国人民代表大会、省人民代表大会、县人民代表大会、区人民代表大会直到乡人民代表大会的系统，并由各级代表大会选举政府。但必须实行无男女、信仰、财产、教育等差别的真正普遍平等的选举制，才能适合于各革命阶级在国家中的地位，适合于表现民意和指挥革命斗争，适

① 《毛泽东选集》第 4 卷，人民出版社 1991 年版，第 1436—1437 页。
② 《毛泽东选集》第 2 卷，人民出版社 1991 年版，第 383 页。

合于新民主主义的精神，这种制度即是民主集中制。只有民主集中制的政府，才能充分发挥一切革命人民的意志，也才能最有力量地去反对革命的敌人。非少数人所得而私的精神，必须表现在政府和军队组成中，如果没有真正的民主制度，就不能达到这个目的，就叫做国体和政体不相适应。"① 这里，毛泽东提出了实行民主集中制原则的人民代表大会制的完全构想。毛泽东强调说："国体——各革命阶级的联合专政，政体——民主集中制。"1945 年 4 月，毛泽东在党的七大上又对新民主主义国家政权组织形式做了表述："新民主主义的政权组织，应当采取民主集中制，由各级人民代表大会决定大政方针，选举政府。它是民主的，又是集中的，就是说，在民主基础上的集中，在集中指导下的民主。只有这个制度，才既能表现广泛的民主，使各级人民代表大会有高度的权力；又能集中处理国事，使各级政府能集中地处理被各级人民代表大会所委托的一切事务，并保障人民的一切必要的民主活动。"②

1948 年 9 月，毛泽东在中央政治局会议报告中指出："我们政权的制度是采取议会制呢，还是采取民主集中制？过去我们叫苏维埃代表大会制……现在我们就用'人民代表会议'这一名称。我们采用民主集中制，而不采用资产阶级议会制。议会制，袁世凯、曹锟都搞过，已臭啦。在中国采取民主集中制是很适合的。我们提出开人民代表大会……我看我们可以这样决定，不搞资产阶级国会制和三足鼎立等。"③ 从 1949 年 10 月到 1950 年 12 月，毛泽东以中央或个人名义多次发出文电，要求全党把组织召开各界人民代表会议，"当做一件大事来办"。"利用城市的各界代表会议及各县的全县代表会议，将一切施政中的重大问题，逐一提出自己有了准备的、想过了的、有了办法的问题向会议作报告，并交付讨论，征求他们的意见。"④ 毛泽东对如何开好各界人民代表大会提出一些要求，其中有一条特别重要，这就是："既能保证会议由我党领导，又能养成民主精神为原则。"⑤ "人民政府的一切重要工作都应交人民代表会议讨论，并作出决定。必须使出席人民代表会议的代表们有充分的发言权，任何压制人民代表发言的行动都是错误的。"⑥ 总之，我国人民代表大会制度是体现人民当家作主，行使管理国家权力的制度。这种制度符合我国的实际情况和人民民主专政的政权性质，是行之有效的。

① 《毛泽东选集》第 2 卷，人民出版社 1991 年版，第 383 页。
② 《毛泽东选集》第 3 卷，人民出版社 1991 年版，第 1057 页。
③ 毛泽东：《在中央政治局会议上的报告和结论》，《共和国走过的路（1949—1952）》，中央文献出版社 1991 年版，第 14 页。
④ 毛泽东：《必须维持上海、统筹全局》，《共和国走过的路（1949—1952）》，中央文献出版社 1991 年版，第 99—100 页。
⑤ 毛泽东：《召开各界代表会议必须反对形式主义》，《共和国走过的路（1949—1952）》，中央文献出版社 1991 年版，第 101 页。
⑥ 《毛泽东文集》第 6 卷，人民出版社 1999 年版，第 71 页。

民主的制度化和法律化

社会主义民主政治的发展和完善，其基本标志就是民主的制度化和法律化，这是社会主义民主建设的重要课题。毛泽东早在青年时期思考社会改造问题时，就开始重视法律的作用。1912年他在湖南省立高等中学读书时曾做《商鞅徙木立信论》一文，纵论"法令者，代谋幸福之具也"的见解。他写道："法令而善，其幸福吾民也必多，吾民方恐其不布此法令，或布而恐其不生效力，必竭全力以保障之，维持之，务使达到完善之目的而止。政府国民互相倚系，安有不信之理？法令而不善，则不惟无幸福之可言，且有危害之足惧，吾民又必竭全力以阻止此法令。虽欲吾信，又安有信之之理？"① 后来，毛泽东确立了马克思主义信仰，并运用这一新的世界观分析法学问题，积极为劳动人民立法。

中国共产党从建立革命根据地伊始，就开始了立法的工作，颁布了各种法律、法令和条例。特别是1931年全国苏维埃代表大会通过了《中华苏维埃共和国宪法大纲》明确规定了工农劳苦民众享有的广泛的民主权利。当时的临时中央政府在毛泽东的领导下，还陆续制定了土地法、劳动法、婚姻法、地方苏维埃组织法、选举法、诉讼法等法规。这些法规对保卫人民民主权利和巩固根据地政权起了积极作用，积累了法制建设的经验。抗日战争时期，实现全民族的抗战是我们面临的根本任务。毛泽东指出："对于抗日任务，民主也是新阶段中最本质的东西，为民主即是为抗日。"为此，他提出：中国必须立即开始实行下列两方面的民主改革。一是将政治制度上国民党一党派一阶级的反动独裁政体改变为各党派各阶级合作的民主政体。二是保证人民的言论、集会、结社的自由。毛泽东特别强调："政治制度的民主改革和人民的自由权利，是抗日民族统一战线纲领上的重要部分，同时也是建立真正的坚实的抗日民族统一战线的必要条件。"② 1941年11月通过的《陕甘宁边区施政纲领》是一部宪法性的重要文献，它规定了中国共产党在各抗日根据地内实行的基本政策。此外，各抗日根据地政权还制定了诸如法院组织条例、惩治汉奸及盗匪条例、选举条例、土地租佃条例、劳动保护条例、婚约条例和人权保障条例等一些重要的法令条文。这些为新中国的法制建设起了借鉴作用。新中国成立后，中国共产党彻底废除了反动的法制体系，开始了人民立法的新时期。1949年9月召开的中国人民政治协商会议，制定了《中国人民政治协商会议共同纲领》《中国人民政治协商会议组织法》和《中华人民共和国中央人民政府组织法》，成为开国最重要的三个法制文献。1954年9月召开的第一届全国人民代表大会，制定了我国第一部社

---

① 《毛泽东早期文稿》，湖南出版社1990年版，第1页。
② 《毛泽东选集》第1卷，人民出版社1991年版，第274、257页。

会主义类型的宪法。从此，我国社会主义民主与法制建设进入一个新阶段。

毛泽东重视国家的法制建设，并为我国法制建设提出了一些很好的见解。他指出："一个团体要有一个章程，一个国家也要有一个章程，宪法就是一个总章程，是根本大法。"①"通过以后，全国人民每一个人都要实行，特别是国家机关工作人员要带头实行"，"不实行就是违反宪法。""用宪法这样一个根本大法的形式，把人民民主和社会主义原则固定下来，使全国人民有一条清楚的轨道，使全国人民有一条清楚的明确的正确的道路可走，就可以提高全国人民的积极性。"这就在实际上指明了法制建设的必要性。同时，他还指出立法要采取领导机关的意见与广大群众的意见相结合的方法。"这就是领导和群众相结合，领导和广大积极分子相结合的方法。过去我们采用了这个方法，今后也要如此。一切重要的立法都要采用这个方法。"②

为了克服苏联政治体制忽视民主和法制建设这一弊端，毛泽东进一步指出："我们要是不愿意陷到这样的泥坑里去的话"就"需要建立一定的制度来保证群众路线和集体领导的贯彻实施"。③ 1956 年 11 月，毛泽东在主持修改《再论无产阶级专政的历史经验》时又指出："斯大林过分强调专政，破坏了一部分法制"，而且"民主不够"，"有官僚主义"。④ 毛泽东教育干部"一定要守法，不要破坏革命的法制"。"我们要求所有的人都遵守革命法制，并不是只要你民主人士守法。"⑤ 他指出：凡典型的违法乱纪实例，"应在报纸上广为揭发"，严重者给予法律制裁，"最严重者应处以极刑，以平民愤"。⑥ 直到 60 年代初期，他还提出"没有法律不行，刑法、民法一定要搞。不仅要制定法律，还要编案例"。

共产党应该受到人民的监督

无产阶级取得国家政权以后，如何保证国家机关同人民群众的密切联系，真正维护广大人民的主人翁地位，成为社会主义国家面临的一个重大历史课题。新中国成立后，对于如何建立有效的监督体制，维护人民政权的纯洁性，防止国家政权的蜕变，是毛泽东经常萦系脑际并进行艰辛探索的一个重要问题。他在这方面提出的一些思想和实践，对我们今天仍然是富有启迪和指导意义的。

早在民主革命时期，毛泽东在领导革命根据地建设中，就十分重视党内的监督和监察工作。1929 年 12 月，毛泽东写了《关于纠正党内的错误思想》，提出党内监督的途径"发动地方党对红军党的批评和群众政权机关对红军的批评，

① 《毛泽东文集》第 6 卷，人民出版社 1999 年版，第 328 页。
② 《毛泽东文集》第 6 卷，人民出版社 1999 年版，第 328、325 页。
③ 《建国以来毛泽东文稿》第 6 册，中央文献出版社 1992 年版，第 63 页。
④ 吴冷西：《十年论战：1956—1966 中苏关系回忆录》（上），中央文献出版社 1999 年版，第 67 页。
⑤ 《毛泽东文集》第 7 卷，人民出版社 1999 年版，第 197、198 页。
⑥ 《毛泽东文集》第 6 卷，人民出版社 1999 年版，第 255 页。

以影响红军的党和红军的官兵"。"从教育上提高党内的政治水平。"① 在党和军队的建设工作中，毛泽东坚持把党的思想教育放在首位，并辅之以纪律等监督手段，保证了党和军队的纯洁性。后来，毛泽东在担任苏维埃主席期间，亲自负责查处党政军领导干部贪污腐化等违法乱纪行为。对于保障群众行使民主监督的权利，毛泽东1934年1月在第二次全国苏维埃代表大会上的报告中就提出："苏维埃必须吸引广大民众对于自己工作的监督与批评。每个革命的民众都有揭发苏维埃工作人员的错误缺点之权……苏维埃工作人员中如果发现了贪污腐化消极怠工以及官僚主义的分子，民众可以立即揭发这些人员的错误，而苏维埃则立即惩办他们决不姑息。"抗日战争时期，毛泽东更加注意发挥人民群众和民主人士对政府的监督作用。1941年11月，毛泽东在陕甘宁边区参议会上的演说中指出："共产党是为民族、为人民谋利益的政党，它本身决无私利可图。它应该受人民的监督，而决不应该违背人民的意志。它的党员应该站在民众之中，而决不应该站在民众之上。"② 新中国成立后他进一步指出：县委以上的干部有几十万，国家的命运就掌握在他们手里……我们一定要警惕，不要滋长官僚主义作风，不要形成一个脱离人民的贵族阶层。谁犯了官僚主义，不去解决群众的问题，骂群众，压群众，总是不改，群众就有理由把他革掉。

对于共产党的监督主要来自三个方面：一是人民群众的监督，二是党内的监督，三是民主党派和无党派民主人士的监督。毛泽东强调，要广开言路，让人讲话，接受群众批评，反对压制民主。他要求大家必须容许提出同领导机关、领导者意见不同的意见。他说：党内民主的实际，就是容许任何不同意见的提出与讨论。"有些同志，很怕群众开展讨论，怕他们提出同领导机关、领导者意见不同的意见。一讨论问题，就压抑群众的积极性，不许人家讲话。这种态度非常恶劣。"③ "必需容许少数持有不同意见的同志有充分发表意见和保留意见的权利。"④ 1964年1月，毛泽东在同一位外宾的谈话中说："人是会变化的，革命者也会发生变化。没有群众监督和揭露，他们可能进行贪污、盗窃，做投机生意，脱离群众。"为此，他还指出，国事是国家的公事，"不是一党一派的私事"，因此，"我们还要经过和党外人士实行民主合作来清除这些毛病。这样的内外夹攻，才能把我们的毛病治好，才能把国事真正办好起来。"⑤ 1949年10月，他在《同绥远负责人的谈话》中指出，共产党永远与非党人士合作，就不容易做坏事和发生官僚主义。1957年2月，他在《关于正确处理人民内部矛盾

① 《毛泽东选集》第1卷，人民出版社1991年版，第87、88页。
② 中共中央文献研究室编：《毛泽东著作专题摘编》（下），中央文献出版社2003年版，第2161页。
③ 《毛泽东著作选读》下册，人民出版社1986年版，第818页。
④ 《建国以来毛泽东文稿》(10)，中央文献出版社1996年版，第125页。
⑤ 《毛泽东选集》第3卷，人民出版社1991年版，第810页。

的问题》中谈到，为什么要让民主党派监督共产党呢？就是因为一个党同一个人一样，耳边很需要听到不同的声音。主要监督共产党的是劳动人民和党员群众。但是有了民主党派，对我们更为有益。"究竟是一个党好，还是几个党好？现在看来，恐怕是几个党好。不但过去如此，而且将来也可以如此，就是长期共存，互相监督。""所谓互相监督，当然不是单方面的，共产党可以监督民主党派，民主党派也可以监督共产党。"①

反对和克服官僚主义

为保证人民当家作主的权利，防止国家政权由社会公仆向"社会主人"蜕变的危险，毛泽东提出了许多反对和克服官僚主义的重要思想，阐明了反对官僚主义对发展社会主义民主政治的重要意义，并指明反对官僚主义的斗争是一项长期任务。

在革命战争时期那种特殊的情况下，毛泽东就敏锐地注意到了在各种工作中克服官僚主义问题。新中国成立后，共产党领导的人民政府以其为人民服务的宗旨，以其工作人员无私忘我的工作和廉洁勤俭的作风赢得了人民的信任。但是执掌政权的地位也使一些工作人员容易产生官僚主义现象，旧社会留下的衙门作风也会侵袭工作人员。特别是一些机关干部滋长了以功臣自居的骄傲自满情绪和官僚主义、命令作风，出现了脱离群众、高高在上、做官当老爷的意识。在这种情况下，1950 年 2 月 27 日毛泽东在为中共松江省委题词时强调："不要沾染官僚主义作风"，并在 1951 年底至 1952 年上半年在党和国家工作人员中开展了"三反"运动，其中一项重要内容就是反对官僚主义。毛泽东指出："应把反贪污、反浪费、反官僚主义的斗争看作如同镇压反革命的斗争一样的重要，一样的发动广大群众包括民主党派及社会各界人士去进行，一样的大张旗鼓去进行，一样的首长负责，亲自动手，号召坦白和检举，轻者批评教育，重者撤职、惩办、判处徒刑（劳动改造），直至枪毙一批最严重的贪污犯，才能解决问题。"②

在此基础上，1953 年又进行了以反对官僚主义为核心内容的"新三反"运动。为此，1953 年 1 月毛泽东起草了《反对官僚主义、命令主义和违法乱纪》的指示，对于"无领导、无政治，也不认真管业务的部门——专门吃饭、做官、当老爷的官僚衙门"，要"在此次反官僚主义斗争中，撕破面皮，将这些彻底整垮，改换面目，建立真正能工作的机关"，特别要"着重在大区一级、省市一级和专区一级共三级，检查领导机关和各业务机关中的官僚主义"。到 1956 年三

---

① 《毛泽东文集》第 6 卷，人民出版社 1999 年版，第 191 页。
② 《毛泽东文集》第 6 卷，人民出版社 1999 年版，第 208、209 页。

大改造完成后，中国开始了全面社会主义建设时期。面对经济建设新形势，更迫切需要改进行政管理部门的工作作风。在这种情况下，党的八大决定开展整风运动，反对工作上的官僚主义是其中一项重要内容。毛泽东号召："全体国家工作人员、经济工作人员首先是各方面的负责工作人员……同主观主义、宗派主义、官僚主义的倾向作斗争。"就反对官僚主义而言，毛泽东强调："我们有些干部是老子天下第一，看不起人，靠资格吃饭，做了官，特别是做了大官，就不愿意以普通劳动者的姿态出现。这是一种很恶劣的现象。……靠做大官吃饭，靠资格吃饭，妨碍了创造性的发挥。因此，要破除官气，要扫掉官气，要在干部当中扫掉这种官气。"①

在 1958 年"大跃进""人民公社化"运动中，毛泽东看到"贪污、浪费、官僚主义，又大发作，危害人民"。为改变这种状况，在 1960 年整顿中毛泽东又重提"三反"斗争，要求各级部门"反贪污、反浪费、反官僚主义的三反运动必须完成"。在 1960 年 3 月，毛泽东还专门起草了《中央关于反对官僚主义的指示》。在 1964 年社会主义教育运动中，毛泽东强调：要"使全党全民获得社会主义教育，首先是各级干部获得这种教育，免除官僚主义、修正主义和教条主义危害"。由此可见，新中国成立后在各种政治运动中毛泽东始终关注着反对官僚主义这一永恒主题。

对于如何反对官僚主义，毛泽东指出："官僚主义这种旧社会遗留下来的坏作风，一年不用扫帚扫一次，就会春风吹又生了。""对那些摧残人民积极性的官僚主义就是要整一下。"② "我们一定要把领导上的老爷式作风、官僚主义作风、命令主义作风，完全消灭得干干净净。要达到这个目的，不是短时间内所能完成的，需要一个长期过程，需要每一年整风一次，彻底批判那些老爷式的和官僚主义、命令主义的人们，把他们的缺点改变过来。"③

首先，要有群众观点。"无论在地方工作中，在军队工作中，无论是官僚主义倾向或军阀主义倾向，其毛病的性质都是一样，就是脱离群众。我们的同志，绝对大多数都是好同志。对于有了毛病的人，一经展开批评，揭发错误，也就可以改正。但是必须开展自我批评，正视错误倾向，认真实行改正。如果在地方工作中不批评官僚主义倾向，在军队工作中不批评军阀主义倾向，那就是愿意保存国民党作风，愿意保存官僚主义灰尘和军阀主义灰尘在自己清洁的脸上，那就不是一个好党员。如果我们在地方工作中去掉官僚主义倾向，在军队工作中去掉军阀主义倾向，那就一切工作都会顺利地开展，生产运动当然也是这样。""如果我们做地方工作的同志脱离了群众，不了解群众的情绪，不能够帮

① 《毛泽东选集》第 2 卷，人民出版社 1991 年版，第 522 页。
② 《毛泽东文集》第 8 卷，人民出版社 1999 年版，第 79、166—167 页。
③ 《建国以来毛泽东文稿》第 9 册，中央文献出版社 1996 年版，第 109 页。

助群众组织生产，改善生活，只知道向他们要救国公粮，而不知道首先用百分之九十的精力去帮助群众解决他们救民私粮的问题，然后仅仅用百分之十的精力就可以解决救国公粮的问题，那末，这就是沾染了国民党的作风，沾染了官僚主义的灰尘。国民党就是只问老百姓要东西，而不给老百姓以任何一点什么东西的。如果我们共产党员也是这样，那末，这种党员的作风就是国民党的作风，这种党员的脸上就堆上了一层官僚主义的灰尘，就得用一盆热水好好洗干净。我觉得，在无论哪一个抗日根据地的地方工作中，都存在有这种官僚主义的作风，都有一部分缺乏群众观点因而脱离群众的工作同志。我们必须坚决地克服这种作风，才能和群众亲密地结合起来。"①

其次，要注意工作方法。"当干部的首先要放下架子，打破个人英雄主义，忘记自己是什么'长'，忘记自己是中央委员，而到群众中去学习。"② "我们的同志应当注意，不要靠官，不要靠职位高，不要靠老资格吃饭。说资格老，多少年革命，这个资格也是可靠的，但同时我们不要靠它。你资格老，几十年，那是真的。可是，你有一天办了一些糊涂事，讲了一篇混账话，人民还是不谅解你。尽管你过去做过多少好事，职位有多么高，你今天的事情办得不好，解决得不对，对人民有损害，这一点人民就不能原谅。因此，我们的同志不要靠老资格吃饭，要靠解决问题正确吃饭。靠正确，不靠资格。靠资格吃不了饭，索性不靠它，等于还是什么官都没有做，就是不摆老爷架子，不摆官僚架子，把架子收起来，跟人民见面，跟下级见面。这一条，我们的干部要注意，特别是老干部要注意。一般来说，新干部没有这种包袱，比较自由。老干部对新干部要处在平等的地位。有很多东西，老干部不如新干部，要向他们学习。"③ "必须在反官僚主义的斗争中学得做领导工作的能力和方法。"④ "凡典型的官僚主义、命令主义和违法乱纪的事例，应在报纸上广为揭发。其违法情形严重者必须给以法律的制裁，如是党员必须执行党纪。各级党委应有决心将为群众所痛恨的违法乱纪分子加以惩处和清除出党政组织，最严重者应处极刑，以平民愤，并借以教育干部和人民群众。"⑤

最后，要与民主党派合作。"共产党要永远与非党人士合作，这样就不容易做坏事和发生官僚主义。"⑥

---

① 《毛泽东选集》第 3 卷，人民出版社 1991 年版，第 934 页。
② 《毛泽东文集》第 3 卷，人民出版社 1996 年版，第 98 页。
③ 《毛泽东文集》第 7 卷，人民出版社 1999 年版，第 287 页。
④ 《毛泽东选集》第 1 卷，人民出版社 1991 年版，第 140 页。
⑤ 《毛泽东文集》第 6 卷，人民出版社 1999 年版，第 255 页。
⑥ 《毛泽东文集》第 6 卷，人民出版社 1999 年版，第 14 页。

二、军事篇

　　毛泽东军事思想是我军的建军之魂、立军之本、制胜之道，是我国国防和军队建设的根本指导思想，是毛泽东关于中国革命战争、人民军队和国防建设以及军事领域一般规律问题的科学理论体系，是毛泽东思想的重要组成部分。它是马克思主义普遍原理与中国革命战争和国防建设实际相结合的产物，是中国革命战争和国防建设历史经验的升华，是中国共产党领导中国人民及其军队长期军事实践经验的科学总结和集体智慧的结晶，同时也多方面汲取了古今中外军事思想的精华，是中国共产党领导中国革命战争、军队建设、国防建设和反侵略战争的指导思想。

第一章　秋收起义

毛泽东说过："我们的战争是从 1927 年秋天开始的。"从南昌起义的第一声枪响到抗美援朝战争，中国共产党领导中国人民英勇地进行了长达 20 多年的革命战争实践。这正是毛泽东军事思想最深厚的实践基础。

南昌起义打响了武装反抗国民党反动统治的第一枪，宣告了中国共产党把中国革命进行到底的坚定立场，标志着中国共产党独立地创造革命军队和领导革命战争的开始，是创建人民军队的开始。其后的秋收起义、广州起义作为这段时间百余次大小起义中最为重要的三次起义，极大地扩大了我党的影响力，奠定了良好的群众基础，掀起了一波反抗国民党独裁统治的革命浪潮。正如毛泽东在诗词中所说的：军叫工农革命，旗号镰刀斧头。秋收起义标志着共产党独立领导武装斗争的开始，具有里程碑式的意义。

举 义 准 备

1927 年大革命失败以后，中国共产党独立地领导人民，向反革命进行了武装斗争。南昌起义就是党在这危急关头，以武装起义来挽救革命失败的尝试。这个起义向全国人民树立了一面鲜明的武装斗争的旗帜。接着"八七"会议，坚决地纠正了陈独秀的右倾投降主义，决定进行土地革命和武装斗争，号召各地农民进行秋收起义。

当时，南方的湖南、湖北、广东、江西等省，在大革命的高潮中，农民运动蓬勃发展，农民普遍要求进行土地革命，有些地区甚至发生了农民自动没收地主土地的斗争。这种声势浩大的农民运动，不仅吓坏了国民党反动派，也使陈独秀机会主义分子们感到害怕。继蒋介石在上海一手制造的"四一二"反革命政变以后，长沙的"马日事变"，是反动派向湖南工农群众杀来的第一刀。接着，7 月 15 日，武汉的国民党也与共产党决裂而叛变革命。党为了挽救革命，粉碎反革命的进攻，决定首先在这些有着雄厚、广大的农民运动基础的省份，发动秋收起义，并且派毛泽东到湖南去领导当地的起义。

党一开始就是起义的领导者和组织者。它不但向人民指出了继续革命斗争的必要，而且积极地领导人民行动起来。这是秋收起义能够迅速发动的根本原因。同时，未赶上南昌起义行动的一部分部队，退入了农村，与各地农民武装起义结合起来，成为起义中的军事骨干，并使秋收起义的武装迅速地形成了具有一定战斗能力的军队。应该特别提到秋收起义中主要的一支部队，即毛泽东在湘、鄂、赣三省边境收集起来的部队。原武昌国民政府警卫团是这支部队的

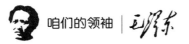

骨干，其余的就是平江、浏阳的农民义勇军，萍乡的工人自卫队，通城、崇阳的农民自卫军，以及醴陵的起义农民。警卫团开始以江西省防军暂编第一师的名义，驻扎在修水县城。这支部队中，虽然有不少党员，但并没有形成坚强的组织领导，也没有明确的行动纲领。军事指挥员大部分是黄埔军校的学生，他们都是知识分子，没有经过更多实际战争的锻炼，指挥能力较弱，旧的一套带兵方法，妨碍着上下一致，官兵一致。由于上述原因，这支部队的战斗力并不强。

进军井冈山

秋收起义开始于 1927 年 9 月 9 日，在"第三次攻打长沙"的口号下，一团从修水出发，取道长寿街，进攻平江；三团由铜鼓取道东门市，企图在浏阳与北上的二团会合，围攻长沙。起义发动后，收编的第四团丘国轩突然叛变。毫无防范的一团二营，在长寿街受到该部的袭击，全被打垮。三团在东门市受到优势敌人的伏击，伤亡较大。二团占领浏阳城后，也被敌人包围，在突围战斗中损失殆尽。在当时敌强我弱的形势下，进攻长沙，显然是一种军事上的冒险行动，加之没有广泛地争取群众的配合，和战术上的分兵，致使起义的部队遭受严重挫折。

毛泽东在文家市收集了余部，决定向罗霄山脉中段的井冈山进军，建立农村革命根据地。这是一个伟大的战略进军，部队从此踏上了毛泽东所指出的正确的道路。南进途中，在泸溪又受到敌人的伏击，部队一共剩下不到 1000 人，到达江西永新县境的三湾，便立刻进行整顿。

南进到达宁冈古城后，毛泽东召集了"古城会议"，总结了秋收起义的经验教训，派人与中央及省委联系，并继续整顿部队内部。这时，由于地方党组织的帮助，还建立了一个后方。

三湾改编，实际上是我军的新生，正是从这时开始，确立了党对军队的领导。当时，如果不是毛泽东英明地解决了这个根本性的问题，那么，这支部队便不会有政治灵魂，不会有明确的行动纲领，旧式军队的习气，农民的自由散漫作风，都不可能得到改造，其结果即使不被强大的敌人消灭，也只能变成流寇。当然，三湾改编也只是开始奠定了新型的革命军队的基础，政治上、思想上的彻底改造，是一个长期斗争的过程。

当年 10 月初，毛泽东带领部队向遂川方向展开游击活动。

部队开到井冈山，立即遵照毛泽东的指示，开始进行土地改革，争取创造罗霄山脉中段政权。那时候，部队一方面实行武装割据，进则主动打击敌人，退则周旋隐蔽，避免打无把握的仗，等待时机，准备下一次打击反革命。每到达一地，每打完一仗，都要以班、组为单位，分散到各村去发动群众，打土豪，分田地，建立农会。宁冈、永新、遂川、茶陵、泰和一带，逐步建立了红色政权，成了革命根据地。这样，不但把革命的红旗牢固地插在湘赣边界，成了蒋介石反革命统治的最大威胁、全国人民的最大希望，同时进一步密切了军民关系，教育、锻炼了部队。

创立武装斗争战略和建军原则

秋收起义是中国革命历史中的一个转折点，它开辟了中国革命前进的道路，这就是向农村进军，依靠农村建立革命根据地，借此积蓄和发展革命力量，逐渐包围城市并最后夺取城市的唯一正确的道路。

毛泽东最先从行动中正确地解决了依靠农村，坚持长期游击战争的革命战略问题。毛泽东主张：把武装斗争、土地革命、建立根据地三者紧密结合起来。在武装的支持下，进行土地革命，这就使广大农民群众更容易发动；没有武装，便不能进行有效的土地革命。但是，假如武装不和土地革命结合，不是以土地革命为武装斗争的内容，那么有了武装也会陷于失败。同时，武装斗争、土地革命，如果不和建设根据地结合起来，土地革命的成果便不能巩固，武装便不能在群众中生根立足，容易受到敌人的打击而失败。革命武装、土地革命、革命根据地，这三者的结合，就是当时毛泽东革命战略思想的中心。

在革命军队的建设方面，秋收起义的部队，在毛泽东的亲自培育下，也创立了无数宝贵的经验。例如，武装起义，一方面必须依靠广大的农民群众，另一方面又必须有一部分有革命觉悟的正规军队作为骨干，这样才易于形成战斗力。但是，如果没有党的领导，即使有了大量的起义农民，有了军事骨干，部队还是没有灵魂。不经过政治改造，起义的农民缺乏组织性纪律性，一触即溃；不经过政治改造，军事骨干不能同时是政治上的骨干，其军事骨干的作用就不能发挥。

党始终是军队的领导者、组织者和鼓舞者，没有党的领导，就没有革命的军队。离开了党，一切都要失败。我军的整个历史充分证明了这个真理。历史上对于党的集体领导制，曾经发生过多次动摇。每一次动摇，都使部队在政治上受到重大的损失。这些教训都是极为深刻的。三湾改编的重要历史意义，就在于正是从这时开始，确定了党对军队的绝对领导，奠定了新型的革命军队的基础。后来，就是在这个基础上，继续从政治、思想方面肃清旧式军队的残余习气，更加完整地建立和形成了革命军队的组织、制度和作风。毛泽东的系统的建军思想，也正是在这个时期通过实践逐步完成的。到红四军九次党代表大会在古田召开，毛泽东建军的一套经验，便基本总结起来，这就成了人民军队的建军原则和光荣传统。几十年来，它一直对革命战争和军队的建设起着极其深远的影响。

第二章　三次反"围剿"

1930 年至 1931 年底，红一方面军连续取得第一、二、三次反"围剿"的重大胜利。湘赣、湘鄂赣、赣东北、闽等苏区的红军，分别在当地党组织领导和人民群众的支援下，开展反"围剿"、反"清剿"斗争，挫败了敌人消灭红军、摧毁苏区的企图，在战略上配合了中央苏区和其他苏区的反"围剿"斗争。经过这一阶段的反"围剿"斗争，全国红军发展到 15 万人，形成了中央苏区、鄂豫皖苏区、鄂豫西苏区、湘鄂赣苏区、赣东北苏区和湘赣苏区等 6 个战略区。革命的星星之火，已形成燎原之势。

第一次反"围剿"

工农武装割据之所以能在中国存在和发展，一个重要的原因是国民党各派军阀之间不断发生的分裂和战争，严重地削弱了他们的统治力量。1930 年初，蒋介石的南京政府同控制华北和西北的阎锡山、冯玉祥以及盘踞广西的李宗仁、张发奎等部的紧张关系已发展到剑拔弩张的地步。经过近 4 个月的酝酿，终于爆发了规模空前的中原大战，双方投入的兵力达 100 万人。南方各省原来用以"进剿"红军的军队纷纷调离原地。国民党江西省政府主席鲁涤平的嫡系部队是张辉瓒、谭道源两个师，其中的谭师以及张师一个旅就先后调往广东、河南作战，到中原大战结束后才返回江西。国民党统治集团内部的这种严重分裂和战争，使红军和革命根据地得到了迅猛发展的有利时机。

红军和革命根据地的发展，包括对长沙等中心城市的攻打，使国民党统治集团感到极大震惊。到 10 月间，中原大战以蒋介石取得胜利而结束。他刚腾出手来，立刻掉头调集兵力向红军和革命根据地发动大规模的"围剿"，中间几乎没有留下间隔。

这种"围剿"和以往有着明显的不同：过去一省的"进剿"和几省的"会剿"还只是局部性的行动；这时的大规模"围剿"已成为南京政府统一指挥下的全局性行动。"围剿"的重点是毛泽东、朱德指挥的红一方面军和以后发展成中央革命根据地的赣西南地区。

刚刚在中原大战中取得巨大胜利的蒋介石调集了 10 万大军投入第一次"围剿"，以为可以很快把红军荡平。10 月 28 日，鲁涤平被任命兼任第九路军总指挥。11 月 2 日，鲁涤平将江西境内的 7 个师又 1 个旅编成三路纵队，限 5 天内集中，推进到袁水流域，以"长驱直入，分进合击"的战术，向赣西南革命根据地大举进攻，企图在这里同红一方面军决战。

赣西南革命根据地在 34 个县内建立了县苏维埃政府，拥有 9 座县城。根据地内人口达 200 多万，并已开展分田运动。分得土地的贫苦农民积极支持红军和苏维埃政府，许多县、区、乡、村分别建立起赤卫军、赤卫纵队、赤卫大队和赤卫队。这就为红军提供了得到民众全力支持的广阔战场和充分的回旋余地，是以往红军同国民党军队作战时还不曾有过的。红一方面军主力当时所在的袁水流域处于根据地的前沿地区。

　　罗坊会议确定的"诱敌深入"的方针，就是当优势强敌扑来时，红军先向根据地内退却，避开不利于红军的决战，以保存实力，然后依靠根据地内的民众支持和有利地形，在运动中发现和造成敌军的弱点，集中兵力，待机破敌。这是在敌强我弱的现实状况下的正确作战方针。但要使这个正确方针为大家接受却并不容易。一部分干部受到"左"倾冒险主义的"进攻路线"的影响，不肯承认敌强我弱的现实，一味只讲进攻，把退却看作"保守路线"。一些地方干部更担心退却会使民众的"坛坛罐罐"被打烂。这是罗坊会议期间在这个问题上发生严重争论的原因所在。

　　当时在红四军担任团政治委员的刘亚楼回忆说："为了向红军指战员和地方干部、群众讲清这个道理，毛泽东同志作了深入艰苦的教育、说服工作，大会讲、小会说，条分缕析，晓以利害，着重说明'弱军要战胜强军，是不能不讲求阵地这个条件的'。毛泽东同志用许多通俗易懂的比喻，生动地解释了'将欲取之必先与之'的道理。他指出：'只有丧失才能不丧失'；'不在一部分人民家中一时地打烂些坛坛罐罐，就要使全体人民长期地打烂坛坛罐罐'。最后，这个正确的作战方针终于被大家认识和接受了，这就保证我们掌握了反'围剿'战争的胜算。"

　　"诱敌深入"的方针确定后，毛泽东、朱德指挥已转移到赣江以东的红一方面军主力渐次向根据地中部的东固、龙冈一带山区退却，12 月 1 日，到达宁都西北部的黄陂、小布地区，积极进行反攻的准备。同月 12 日，由于肃反中的错误而发生富田事变，红二十军部分领导人脱离红一方面军总前委的领导，将该军开往赣江以西。15 日，红一方面军主力又转移到平田、安福、砍柴岗地区隐蔽集中。

　　鲁涤平指挥的三路纵队到达袁水流域后，才知道红一方面军主力已经转移，扑了个空，立刻把张辉瓒、谭道源两个纵队调到赣江以东进攻，仍不知道红军主力所在而接连扑空。12 月上旬，蒋介石到南昌，任命鲁涤平兼任陆海空军总司令南昌行营主任，指挥各路兵力继续向根据地中部地区推进。但国民党军队一进入根据地内，就陷入困境，在这一带人烟稀少、交通不便的山区中，既找不到向导，又找不到粮食，不得不等待后方补给接上后再前进，处处耳目闭塞，对红军的行动一无所知。

　　红军却以逸待劳，消息灵便，对国民党军队的一举一动了如指掌。毛泽东随红一方面军总部到达黄陂后，在 12 月上旬主持召开总前委扩大会议，讨论反

"围剿"的作战方案。大家认为，"进剿"敌军虽有 10 万，但都不是蒋介石的嫡系部队。其中，张辉瓒第十八师和谭道源第五十师是鲁涤平的嫡系，也是这次"围剿"的主力军，如果消灭这两个师，这次"围剿"便可基本打破。张、谭两师各约 1.4 万人，而红一方面军有 4 万余人，如果一次打对方一个师可占绝对优势，取得胜利是有把握的。

为了动员根据地广大军民充满信心地迎接即将到来的战斗，总前委和方面军总部将毛泽东在黄陂会上的发言《八个大胜利的条件》作为反"围剿"的宣传材料印发。12 月 25 日，又在小布召开盛大的誓师大会。毛泽东为大会写了一副对联："敌进我退，敌驻我扰，敌疲我打，敌退我追，游击战里操胜算；大步进退，诱敌深入，集中兵力，各个击破，运动中歼敌人。"① 会上，他以这副对联为题，具体生动地解释了"诱敌深入"的必要和好处。他还分析了敌必败、我必胜的六个条件：一、苏区军民一致，人民积极援助红军，这是最重要的条件；二、红军可以主动选择最有利的作战阵地，设下陷阱，把敌人关在里面打；三、红军集中了优势兵力，可以一部分一部分地歼灭敌人，一口一口地把敌人吃掉；四、可以发现敌人的薄弱部分，拣弱的打；五、可以把敌人拖得精疲力尽，然后再打；六、可以造成敌人的过失，乘敌之隙，加以打击。这些分析，大大增强了苏区军民反"围剿"的决心和取胜的信心。

毛泽东十分重视"慎重初战"的问题，一定要在有充分把握的情况下才打。打击的目标，最初选定的是离红军隐蔽处最近的谭道源师。12 月 27 日和 28 日，红一方面军主力接连两次冒着严寒在谭师将要开到的小布地区设伏，准备出其不意地将该师歼灭于运动之中，但因谭道源不敢孤军深入而没有打成。红军立刻撤出阵地，继续忍耐待机。夜里，毛泽东和朱德一起商议作战行动时说："机会总是要来的，我们还得耐心地等一等。"②

就在 28 日那天，鲁涤平命令所属各师向红军发动总攻击。一向骄横的第一纵队司令兼第十八师师长张辉瓒得知红军内部发生"富田事变"，以为正是大举进攻的好时机，立即出动，把第五十四旅留守东固后方，亲率师部和第五十二旅、第五十三旅，在第二十八师一个旅的配合下，向龙冈推进。

龙冈接近红军主力集中的地方，群山环抱，中间是狭长的盆地，当地群众又能帮助封锁消息，是红军设伏的好场所。张师出动的当晚，毛泽东、朱德向全军下达命令："张辉瓒部经善和、藤田到达潭头，现向上固、龙冈推进中。""方面军决定改换目标，横扫在我左翼当前之敌。"③ 第二天晚 8 时，毛泽东、朱德乘张师刚刚进占龙冈、孤军深入、立足未稳的机会，下达攻击命令。

---

① 《郭化若回忆录》，军事科学出版社 1995 年版，第 48 页。

② 吴吉清：《在毛主席身边的日子里》，江西人民出版社 1983 年版，第 38、41 页。

③ 中共中央文献研究室编：《毛泽东传》一，中央文献出版社 2011 年版，第 246 页。

12月30日凌晨，细雨浓雾。毛泽东、朱德步上龙冈、君埠之间的黄竹岭临时指挥所。毛泽东对朱德说："总司令，你看，真是'天助我也！'三国时，诸葛亮借东风大破敌兵；今天，我们乘晨雾全歼顽敌啊！"①

张辉瓒率部由龙冈向五门岭推进，刚进入狭窄山路时，突然遭到预先在这里设伏的红军居高临下的猛烈袭击，退路又被切断。战斗从上午10时开始，激战到下午6时。由于红军集中了兵力，四面包围，以主力从敌军侧后攻击，全歼了第十八师师部和两个旅近1万人，活捉张辉瓒。

这是一次巨大的胜利。毛泽东以十分兴奋的心情，写下了脍炙人口的《渔家傲》。它的前半阕是：

> 万木霜天红烂漫，天兵怒气冲霄汉。雾满龙冈千嶂暗，齐声唤，前头捉了张辉瓒。

红一方面军乘胜挥师向东，抄近路，翻过一座高山，直取谭道源部第五十师。1931年1月3日晨，红军进抵东韶附近，向第五十师发起攻击，经过激烈战斗，共歼该师3000多人。其他各路国民党军队仓皇退走。

在5天内，红一方面军连续打了龙冈、东韶两个大胜仗，共歼"围剿"军一个半师1.5万多人，缴枪1.2万余支，胜利地打破了国民党军队的第一次"围剿"。

龙冈战斗结束后，鲁涤平立刻向蒋介石报告战况，其中有"龙冈一役，十八师片甲不还"之语。蒋介石回电说："十八师失败，是乃事之当然，不足为怪。我兄每闻共党，便张皇失措，何胆小乃尔！使为共党闻之，岂不为之所窃笑乎？吉安为赣中重镇，望严督固守，只许前进，不许后退。"②

毛泽东、朱德在返回小布途中，接见了这次战斗中解放过来的原国民党军队的无线电台人员王铮、刘寅等人，欢迎他们参加红军，建立了红一方面军无线电队，由王铮任队长、冯文彬任政治委员，为开展无线电侦察，准确掌握敌军动向提供了条件，对以后多次反"围剿"作战胜利做出了重要贡献。

第一次反"围剿"战争取得的胜利，是中国红军建立3年以来对国民党军队取得的最巨大的胜利，在全国引起强烈震动。2月间，中共中央政治局通过的《给中国红军及各级党部训令》中说："红军一、三集团军与江西劳动群众，在苏维埃政权之下的一致行动，得到了出人意外的结果，他们在伟大的中国革命发展史上，已经写上了新的光荣的一页。"③

---

① 吴吉清：《在毛主席身边的日子里》，江西人民出版社1983年版，第38、41页。
② 谢慕韩：《蒋介石对中央苏区的第一次"围剿"》，《文史资料选辑》第45辑，中华书局1964年版，第45页。
③ 中央档案馆编：《中共中央文件选集》第7册，中共中央党校出版社1991年版，第143页。

第二次反"围剿"

毛泽东清醒地估计到，蒋介石遭到这次打击后决不会就此罢手，一定会发动新的大规模进攻，因此，立刻抓紧战备，特别是发动根据地广大军民进行迎击新的"围剿"的准备。红一方面军经过两个多月的攻势作战，先后占领广昌、石城、瑞金等县城；在几县交界处摧毁了不少地主豪绅武装的土围子，巩固和扩大了根据地，健全区、乡苏维埃政权和党团组织；恢复并发展了地方武装；并在根据地各县境内大力发动群众，打土豪，分田地，筹集给养和经费。红一方面军还总结第一次反"围剿"的作战经验，开展有针对性的军事训练和政治教育。这些部署，为打破新的"围剿"奠定了可靠的基础。

第一次大规模"围剿"的失败，使蒋介石感到震惊。2月初，他派军政部长何应钦兼任南昌行营主任，统一指挥湘、鄂、赣、闽四省"围剿"部队。4月初，调集18个师另3个旅共20万人，投入的兵力比第一次增加了一倍。同时，鉴于第一次惨败的教训，在作战方式上也有很大变化，"以厚集兵力、严密包围及取缓进为要旨"，以"稳扎稳打、步步为营"为作战方针，从江西吉安到福建建宁构成东西八百里的弧形战线，分四路向中央革命根据地步步推进。"他们在这一大包围的布置之下，行动上是非常稳重的，步步为营，稳扎稳打，特别的防备冒进深入，被我们各个击破，他们每日进展只5里、10里或20里。并且在大队前进的先一日必用几营或一团去游击一次，侦察详细后才进，并且到达了一个地方，即马上建筑强固的工事，并召回地主豪绅组织善后委员会组织民团，这是敌人对二次战争的策略与布置。"[1]

依据"围剿"军的前进态势，3月下旬，毛泽东、朱德发布红一方面军脱离同敌军接触、南移整训和筹款的命令，率领红一方面军主力3万多人从根据地北部边缘后撤到广昌、宁都、瑞金一带。毛泽东随方面军总部移驻宁都县的青塘。

这时，苏区的领导机构已有了变化。1月15日，根据中共中央的决定，在宁都小布成立中共苏区中央局，项英任代理书记，毛泽东、朱德、曾山为委员；并成立以项英为主席的中央革命军事委员会，朱德、毛泽东担任副主席（毛兼任政治部主任）；同时撤销中共红一方面军总前委和中国工农革命委员会。"项英当时虽然是苏区中央局代理书记，但由于他刚从上海来此不久，又不大懂得军事指挥，缺乏对敌作战经验，所以，在当时作战指挥上，毛泽东仍然能够起主要作用。"[2]

---

① 中共中央文献研究室编：《毛泽东传》一，中央文献出版社2011年版，第249页。
② 《黄克诚回忆录》（上），解放军出版社1989年版，第143页。

3月18日，项英主持召开中共苏区中央局第一次扩大会议。会上，有人认为敌军有20万人，红军只有3万多人，双方力量悬殊，主张红一方面军撤离根据地，另寻出路；毛泽东坚决反对这种主张，认为凭借根据地内的有利条件，一定能打破国民党军队的"围剿"。这次讨论没有取得结果，未能就第二次反"围剿"的战略方针作出决定。

　　4月上旬，任弼时、王稼祥、顾作霖组成的中央代表团到达中央革命根据地，随后转到宁都青塘，参加苏区中央局的领导工作。17日，苏区中央局第一次扩大会议继续在青塘举行。会议听取了中央代表团传达中共六届四中全会精神，在所作的决议中基本肯定了毛泽东为书记的红四军前委的工作，认为：在汀州会议以前，红四军前委"路线是一般正确的，是执行中国党六次大会的正确路线的"，"坚决的执行土地革命来争取群众"，"贡献了土地问题许多宝贵的经验"；对红军建设有了正确的了解，"建立了红军的整个制度，如建立党的领导，建立政治委员制度，建立士兵委员会，建立军需制度和筹款路线，特别是建立做群众工作的路线等"。同时又认为，前委"采取了冒险路线，去向大城市冒进"等。①

　　在国民党军队重兵压境的情况下，最紧迫的问题还是要确定第二次反"围剿"的战略方针。会上存在严重的意见分歧。苏区中央局代书记项英等许多人仍认为，敌我力量悬殊，敌军的严密包围难以打破，并抓住中央3月2日指示信中"为着保全红军实力（基本力量），遇必要时可以抛弃旧的与组织新的苏维埃区域"那句话，主张将红军主力转移到根据地以外去。还有些人主张"分兵退敌"，认为这样做"一则可以使敌人包围落空，一则目标转移，可以退敌"。毛泽东反对这两种主张，继续坚持依托根据地的有利条件，就地诱敌深入，依靠根据地内的军民来击破敌军的"围剿"，并力主集中兵力，指出分兵不但不能退敌，反而会给红军带来更大的困难。他的意见只得到朱德、谭震林等人支持，在会上处于少数地位。因此，他便提议扩大会议范围，来讨论这个至关重要的战略方针问题。这个提议被接受了。第一方面军参谋长朱云卿走出会场时担心地说："大敌当前，中央局这样不统一，可不是件好事啊。"②

　　扩大会议的参加者，除中央局成员外，包括各军的军长、政委，有时还有参谋长和政治部主任。毛泽东在发言中分析了敌我形势，指出红军打破国民党军队这次"围剿"的条件比第一次反"围剿"还要好，胜利的可能性更大。会上，许多红军高级干部发言，坚决主张在根据地内打破敌军的第二次"围剿"。周以栗依据创建苏区的实际经验，批判了"山沟沟里没有马克思主义"的错误看法，提出毛泽东等从实际出发，对具体情况作具体分析，创立革命根据地，

---

① 参见《中央革命根据地史料选编》中册，江西人民出版社1982年版，第300页。
② 《郭化若回忆录》，军事科学出版社1995年版，第63页。

指挥红军打胜仗，就是实践的马克思主义！赣西南和闽西特委负责人也坚决不同意主力红军退出根据地。这样，毛泽东等的意见由少数变成了多数。

打不打的问题解决后，紧接着就是反攻从哪里开始的问题，会上又发生了争论。有些人主张先打在兴国的蒋光鼐、蔡廷锴的第十九路军，认为打垮十九路军便于红军的发展，可以伸开两手到湘南到赣南。苏区中央局秘书欧阳钦不久后给中央的报告中写道："这时泽东同志意见认为在进攻我们的人中，蒋蔡比较是强有力的，在历史上未曾打过败仗，曾经在湘南把张发奎打得落花流水，我们现在主要的是择敌人弱点打破，打蒋蔡没有绝对胜利的把握，我们应打王金钰这路，因为这路敌人既弱且地势群众都好。"① 他还指出，从富田地区的王金钰部打起，向东横扫，可以在闽赣交界的建宁一带扩大根据地，征集资财，便于打破下一次"围剿"。如果由东向西打去，则限于赣江，战局结束后没有发展余地。若打完再东转，又劳师费时。会议经过讨论，采纳了毛泽东提出的作战方针。"关于先打弱敌还是先打强敌的问题，毛泽东同志在会后闲谈时曾说：他们不懂得在战略上也先打弱敌的道理，是古已有之的。《管子》中说：'故凡用兵者，攻坚则韧，乘瑕则神。攻坚则瑕者坚，乘瑕则坚者瑕。'（《管子·制分》）。不是古人早已讲过了的吗？""但他在争论中不用这些，而是从实际情况出发，说服了大家。"② 这个正确决策，对整个战役的胜利发展具有决定性的意义。

会议一结束，毛泽东、朱德立刻在4月19日签发命令："目前敌军的行动似以宁都为目标，步步为营地向我军前进"；本方面军"决心以极迅速行动首先消灭王金钰敌军，转向敌军围攻线后方与敌军作战，务期各个消灭敌军，完成本军任务"。③ 部队在龙冈一带集中完毕后，又向西推进20公里，在群众条件和地形都十分良好的东固地区逼敌而居，沉着地埋伏了25天，隐蔽待机。

毛泽东在龙冈时，同中央代表团的王稼祥进行深谈，详细叙述了红一方面军的斗争历史和当时争论的问题，并向他提供了便于了解这些历史状况的许多文件。王稼祥理解了毛泽东的主张，并在不少问题上给予支持。4月30日，苏区中央局在东固又一次讨论反"围剿"问题。参加这次会议的欧阳钦给中央的报告中写道：

"对策略的问题又提出来讨论，由泽东同志先报告。这一次讨论的精神则完全转变了，认为目前全国革命是高涨的，我们应取积极进攻策略。敌人包围我们的军事力量虽多，但有许多弱点，如在包围的军阀与军阀不一致，指挥不统一；他们军官与兵士中间不一致，兵士不愿打红军；没有群众条件，地势不熟，

① 中共中央文献研究室编：《毛泽东传》一，中央文献出版社2011年版，第251页。
② 《郭化若回忆录》，军事科学出版社1995年版，第64页。
③ 中共中央文献研究室编：《毛泽东传》一，中央文献出版社2011年版，第253页。

给养运输非常困难。我们在军事力量的对比上，虽然很小，但我们有几个优点：第一红军好，此时士兵群众斗争情绪非常之高，干部非常热烈，红军上下一致的团结力非常坚强，大家都是摩拳擦掌的要打。第二群众好，群众得到了土地革命的利益，又被敌人的摧残，斗争情绪当然好，对红军是极端拥护。第三是地势好，我们对于这带地势都非常熟悉，我们可以占领优越的地势以进攻敌人。现在敌人有这多弱点，我们有这多优点，我们是可以以少胜众的。在历史上以少胜众的事实很多，革命的军队要能以少胜众。所以当时最后决定的策略是：'坚决的进攻，艰苦的奋斗，长期的作战，以消灭敌人'。并且承认过去的'分兵'的策略是机会主义。"①

这一策略决定后，根据地军民一齐动员。红军中各军都召开誓师大会，并利用五一节的群众大会进行宣传鼓动。中革军委总政治部按照毛泽东几次讲话的精神，向全体军民印发了《第二次大战的八大胜利的条件》的文件。

3万多红军在20多天内隐蔽在东固这个山区，毕竟会带来一些困难。一些指战员求战心切。有些人还认为：要进攻从富田出动的王金钰部必须先穿过蔡廷锴、郭华宗两师之间25公里的空隙，说这是钻"牛角尖"，过于冒险。毛泽东又耐心地做了工作，说明诱敌就我、待敌脱离阵地后将它歼灭于运动中的作战方法并不是钻"牛角尖"，即便真是"牛角尖"，也要钻通它，而且能够钻通它。在隐蔽待机过程中，传来过几次不确实的情况，很影响人心。毛泽东始终岿然不动，拒绝一切性急快打的建议，坚持预定计划，不受干扰。

等了20多天，王金钰部公秉藩第二十八师和第四十七师一个旅终于脱离富田阵地，分两路向东固地区进犯。5月13日晚，毛泽东、朱德果断地下达消灭进攻东固之敌的命令。为了准备应付可能意料不到的情况，命令中还提出，要作出敌军14日向我军进攻或者不向我军进攻的两种作战计划。②

命令发出后，毛泽东在第二天同彭德怀到白云山考察地形，对彭德怀说：红一军团的四军、三军打正面，你的红三军团全部打包抄，敌人一定会垮下来。傍晚，红一方面军总部电台，截获公秉藩师部电台用明码同该师驻吉安留守电台通报说："我们现驻富田，明晨出发。"吉安台问："到哪里去？"富田台答："东固。"③这就证实了白天获得的情报。毛泽东、朱德决定：全军主力立刻从郭华宗师和蔡廷锴师之间的空隙中隐蔽西进，钻过这个"牛角尖"，突然以两翼包抄的方式攻击王金钰部的后背。

各路红军奉命于清晨出发，快速行进。毛泽东又赶到准备正面进击公秉藩师的红三军军部，同军长黄公略一起进行实地调查，发现在东固通向中洞的大

① 中共中央文献研究室编：《毛泽东传》一，中央文献出版社2011年版，第253—254页。
② 参见中共中央文献研究室编：《毛泽东传》一，中央文献出版社2011年版，第255页。
③ 中共中央文献研究室编：《毛泽东传》一，中央文献出版社2011年版，第255页。

路南侧，还有一条小路。毛泽东立刻改令红三军沿这条小路秘密前进。这一西进路线的改变，使红三军缩短行程，争取了时间，对消灭公秉藩师起了重要作用。

5月16日拂晓前，毛泽东带着电台和警卫排登上白云山。接着，朱德带着总部少数人，在同行进中的公秉藩师先头部队发生遭遇性的接触后，也登上白云山。他们一起在白云山指挥所指挥全线战斗。

这时，由小道悄悄前进的中路的红三军主力已进到中洞南侧，处在居高临下的有利地形，待公秉藩师尾部离开中洞时，突然从山上猛攻下来，使毫无应战准备的公秉藩师顿时陷入一片混乱，仿佛遇到飞将军从天而降。激战到下午5时许，将该师大部歼灭。公秉藩被俘后，装作一般俘虏而获释。右路的红四军在追击中歼灭王金钰部第四十七师一个旅大部。红三军团当夜进占富田。第二次反"围剿"中的第一个战斗首战告捷，给以后的连续作战创造了十分有利的条件。

5月19日，毛泽东、朱德指挥红军猛烈地向东横扫，截住正在撤退中的国民党军队，在吉水县白沙歼灭郭华宗第四十三师一个旅和第四十七师第一旅残部。在藤田的郝梦龄的第五十四师，闻讯星夜撤往永丰。这是第二次反"围剿"中的第二个胜仗。

白沙战斗后，红军继续向东横扫，扩大战果。这时，高树勋的第二十七师正奉命取道中村向藤田前进，准备增援郝梦龄师，它的先头部队1个旅于5月21日抵达中村。第二天上午，红军向中村发起攻击，歼灭该旅大部。这是第二次反"围剿"中的第三个胜仗。

毛泽东、朱德率领红一方面军到达宁都县南团。苏区中央局因不便长期随军行动，留在永丰县龙冈。为了统一领导红一方面军作战和战区的地方工作，重新组成中共红军第一方面军临时总前委，以毛泽东为书记，朱德、彭德怀、林彪、黄公略、谭震林、周以栗为委员。

中村战斗结束后，已进入苏区的国民党军朱绍良第六路军的毛炳文、许克祥、胡祖玉3个师慌忙经广昌向南丰撤退。毛泽东、朱德于24日晚11时下达"方面军决取捷道先敌占领南丰城"的命令。25日晚，毛泽东在宁都和广昌交界处的洛口圩严坊村召开临时总前委第一次会议，决定方面军主力在第二天开到广昌县城西北的古竹集中，准备全力攻击朱绍良部的毛、许、胡三个师。①

26日，毛泽东随总部进驻古竹，召开临时总前委第二次会议。据当地农民报告，朱绍良部三师已全部集中广昌。会议认为："在敌人还在广昌城的形势之下，如果我们照原计划到南丰城，则敌人在我们侧背，使我们行动不便。"② 决

---

① 参见中共中央文献研究室编：《毛泽东传》一，中央文献出版社2011年版，第257页。
② 中共中央文献研究室编：《毛泽东传》一，中央文献出版社2011年版，第257页。

定改变原有的全力攻取南丰的部署，而先集中主力进攻广昌。5月27日，经过一天激烈战斗，夺取广昌县城，歼灭国民党军第五师一部，师长胡祖玉受重伤后死去。这是第二次反"围剿"中的第四个胜仗。

在广昌，毛泽东主持召开临时总前委第三次会议。鉴于国民党军朱绍良部的3个师向南丰退却，桥梁又遭破坏，已追赶不上，同时从整个战略形势考虑，会议决定再次调整作战部署，不攻南丰城，改为向东打国民党军刘和鼎的第五十六师，夺取福建的建宁县城。①

建宁，地处闽赣边界，山峦起伏，地势险要。但刘和鼎没有料到红军主力会那样快地运动到这里。5月31日，红军出其不意地突袭建宁县城，歼灭刘和鼎师3个团，缴获大量武器和物资，缴到的西药就可供全方面军半年之用。这是第二次反"围剿"中的第五个胜仗，也是这次反"围剿"的最后一次战斗。

从5月16日起的半个月中，毛泽东、朱德指挥红一方面军从赣江东岸打到闽西北山区，横扫700余里，连续打了富田、白沙、中村、广昌、建宁5个胜仗，歼敌3万余人，缴获各种武器2万余件和大量的军用物资，痛快淋漓地打破了国民党军队的第二次"围剿"。

毛泽东在取得第二次反"围剿"的重大胜利后，又兴奋地填词《渔家傲》：

> 白云山头云欲立，白云山下呼声急，枯木朽株齐努力。
> 枪林逼，飞将军自重霄入。
> 七百里驱十五日，赣水苍茫闽山碧，横扫千军如卷席。
> 有人泣，为营步步嗟何及！

第三次反"围剿"

在第二次反"围剿"期间，国民党统治集团内部再次发生重大分裂：在蒋介石软禁国民党元老、立法院院长胡汉民后，反蒋各派于5月28日在广州另行成立以汪精卫为主席的"国民政府"，积极部署向湖南进攻。红军进驻建宁县城的第三天晚上，毛泽东召开临时总前委第六次会议。当时的估计："两广反蒋军队正想急进湖南，蒋有先对付两广的必要，对我们有改守势之可能。"② 会后，红军主力分散在闽北一带攻占宁化、将乐、归化、顺昌、永安等县，并在当地筹集给养和款项，准备对付国民党军队的第三次"围剿"。

国民党军队的第三次"围剿"，比红军的预计来得早得多，规模也比第二次"围剿"大得多。

---

① 参见中共中央文献研究室编：《毛泽东传》一，中央文献出版社2011年版，第257页。
② 中共中央文献研究室编：《毛泽东传》一，中央文献出版社2011年版，第258页。

　　6月6日，蒋介石发表《为"剿匪"告全国将士书》，声称要"戒除内乱"，"剿灭赤匪"，并宣布他即日将亲赴江西指挥作战。22日下午，他乘军舰从南京到达南昌。24日，任命何应钦为"围剿"军前敌总司令兼左翼集团军总司令，陈铭枢为右翼集团军总司令。何应钦直接指挥的左翼集团军包括7个师，其中大多是从中原战场调来的蒋介石嫡系精锐部队，从左翼南城方面向根据地腹地实施"进剿"，寻求同红一方面军主力决战。陈铭枢指挥的右翼集团军包括7个师，从右翼吉安方面深入根据地"进剿"。此外，还有预备军、守备军、防堵军、航空处等。集中的总兵力达23个师又3个旅，共30万人。

　　7月1日，蒋介石在南昌行营下总攻击令。他们的战略意图是："分路围剿，务期先将匪军主力击破，捣其匪巢，然后逐渐清剿，再图根本肃清。"[1] 作战方法，因为他自恃这次进攻的兵力雄厚，也改变第二次"围剿"时的"步步为营，稳扎稳打"，采取"厚集兵力，分路围攻，长驱直入"，在根据地东西两侧实行严密封锁，而以重兵由北向南猛烈推进，企图在赣南歼灭红一方面军主力，再乘势直捣广东，解决国民党内部的反对派势力。

　　从第二次反"围剿"结束到第三次"围剿"开始，中间只相隔一个月，比以前短促得多。总前委虽然预计到国民党军将发动第三次"围剿"，但没有料到它在第二次"围剿"刚遭受失败后会来得这么快。当国民党军队开始进攻时，红军的准备还很不充分：指战员在苦战之后尚未休整，人员也没有得到补充，仍是3万多人；部队远离原有根据地，正分散在闽北和闽西一带做群众工作和筹款，一时没有集中起来。

　　在这样严峻的局势面前，毛泽东、朱德十分沉着冷静，有条不紊地指挥部队收缩集中。他们最初曾设想在闽赣边界布置战场，消灭进犯军一路，再及其他。但他们很快就发现这次"围剿"规模之大和来势之猛，立刻放弃了原来的打算，下决心集中主力，绕道千里，回师赣南，在具有良好群众条件的根据地内部，"避敌主力，打其虚弱"，打破这次大规模"围剿"。

　　7月10日前后，毛泽东、朱德将红一方面军主力在闽赣边收拢后，急行军回师赣南。由于国民党军队前进的速度很快，左翼军的陈诚部主力在13日占领建宁以西的广昌，"我主力向赣南红区前部或腹部退却集中都已来不及，毛泽东同志毅然决定红军向赣南后部集中"。[2] 这就需要实行千里大迂回，绕过"进剿"军进攻的锋芒，沿闽赣边界的武夷山脉南下，到根据地南部的瑞金再折向西北，插入敌军背后。当时正值7月酷暑，红军在崇山峻岭中千里跋涉，十分艰苦，但情绪十分饱满。毛泽东和部队一起步行前进。7月24日，红一方面军主力抵达于都县北部的银坑，同由广西突围后转战到江西的红七军以及原在赣南的红

① 中共中央文献研究室编：《毛泽东传》一，中央文献出版社2011年版，第259页。
② 中共中央文献研究室编：《毛泽东传》一，中央文献出版社2011年版，第260页。

三军等会合。接着，又继续向西北隐蔽转移，于 28 日到达兴国西北的高兴圩，完成绕道千里、回师赣南的战略任务，为转入反攻创造了条件。

国民党军队进入根据地后，东奔西走，寻找红军主力决战，却到处扑空。7 月底，蒋介石、何应钦发现红一方面军主力已集中在它侧背的兴国地区后，立刻集中 9 个师的兵力，分几路向兴国猛扑过来，企图消灭红军主力于赣江东岸。

这时，双方主力云集兴国附近，形势十分严峻。红军应当从什么地方突破敌军的围攻？毛泽东、朱德召开军事会议进行研究。会议决定："由兴国经万安突破富田一点，然后由西而东，向敌之后方联络线上横扫过去，让敌主力深入赣南根据地置于无用之地，定此为作战之第一阶段。及敌回头北向，必甚疲劳，乘隙打其可打者，为第二阶段。此方针之中心是避敌主力，打其虚弱。"①

为什么选择北出富田作为反攻的突破口？因为当时得到的情报：国民党军队的主力向兴国急进，其右侧的富田一带只有 3 个团防守。但当红军主力开始北上时，忽然发现陈诚、罗卓英两师已先于红军赶到富田，这是国民党"进剿"军中最精锐的部队，红军准备夺取富田的计划已难以实现。毛泽东、朱德断然改变计划，率部忍耐折回，重新返回高兴圩，另寻战机。

8 月上旬，国民党各路军队纷纷向高兴圩地区逼近，重兵密集，把红一方面军主力压缩在以高兴圩为中心的方圆数十里狭小范围内。红一方面军已处在北、东、南三面受敌和西临赣江的危险境地。能不能突破敌军的严密包围圈，关系到红一方面军主力的生死存亡，成为放在毛泽东、朱德面前的严重课题。

毛泽东、朱德对面前的敌情作了冷静的分析，认为陈诚、蔡廷锴、赵观涛和蒋鼎文等部战斗力强，不易突破，而东面由龙冈向良村、莲塘进犯的上官云相的第三路进击军（由第二次"围剿"时的王金钰部改编而成）不是蒋介石的嫡系部队，战斗力较弱。他们决定将原定迂回敌军侧后的计划改为实行中间突破，向东面的莲塘、良村方向突进。这是一个险招：南北都有强大的敌军，中间只有 20 公里的空隙可以穿过。为了造成对方错觉，红军以少量部队伪装主力，向赣江方向佯动。红一方面军主力却在 8 月 5 日晚出其不意地连续急行军一夜又半天，翻越崇山峻岭悄悄东进，穿过国民党左翼集团军和右翼集团军之间 20 公里的空隙，于 6 日中午到达莲塘，跳出了敌军主力的包围圈。

国民党军对于红军主力的东进毫无察觉。红军一到莲塘，就发现上官云相的第三路进击军第四十七师一个旅正毫无戒备地开向莲塘，决定集中兵力迅速歼灭该敌。7 日拂晓，朱德、毛泽东指挥方面军主力突然发起猛攻，经过 2 小时的战斗，全歼该旅和上官云相听到枪声后派来侦察的 1 个多营，击毙旅长谭子钧，取得第三次反"围剿"的初战胜利。

① 《毛泽东选集》第 1 卷，人民出版社 1991 年版，第 219 页。

　　莲塘战斗后，朱德、毛泽东挥师乘胜北进，包围驻在良村的国民党军第五十四师。当天下午1时，攻占良村，歼灭该师大部，击毙副师长魏我威、参谋长刘家祺。守军残部逃向龙冈。

　　这两次战斗胜利后，毛泽东"估计敌在我莲塘、良村战后，必将调兵东向，找我主力决战。善战者自然应该利用这一有利形势，把敌军大部调往东边，以便我向西打敌人的后方薄弱之处。于是，我们就选择了更靠东边的敌军毛炳文部为歼灭对象"。① 红一方面军主力以3天行程奔袭毛炳文师所在的宁都黄陂，8月11日，冒大雨进攻，一举突入黄陂，歼灭毛炳文师2个团；乘胜追击，又歼其一部。第二天，红一方面军总政治部发的《黄陂战斗捷报》中说："三次战争，我红军于8月7日在良村、莲塘消灭敌人之第三路进击军两师，取得第一步胜利后，接着于8月11日在黄陂击溃敌之毛炳文师全部，缴得步枪3500余支，手花机枪、水旱机关百余挺，无线电机一架，其他军用品无数，俘虏官兵6000余人。黄陂战斗，我军开始猛攻，只一个钟头即将敌师全部打败。"②

　　从8月7日至11日，毛泽东、朱德指挥红一方面军主力在莲塘、良村、黄陂取得三战三捷的胜利，歼敌8个团1个营共1万余人，缴枪逾万，从原来的被动局面中夺回了主动权。

　　红一方面军主力突然进攻黄陂时，毛炳文和他的参谋人员慌忙撤走，连机密文件也来不及带走或烧毁。方面军参谋处从毛炳文师部缴获战斗前2小时才收到的一份紧急电报，是第六师师长赵观涛和第十师师长卫立煌发出的，内称这两个师正向黄陂开来，已进到离黄陂10公里的砍柴岗，中间只有一座大山之隔。毛泽东、朱德研究后，断定国民党已将主力掉头东来，企图围歼红军主力于黄陂地区。他们立刻下达紧急命令：红军停止追击，迅速打扫战场，当夜撤出黄陂，向君埠以东君岭脑地区隐蔽集中待机。红军主力撤出黄陂的第二天，国民党军队4个师赶到黄陂。由于红军已经转移，他们又扑了空。接着，国民党其他军队也对黄陂、君埠地区形成东、南、北三面密集的包围圈。

　　这样，红军又处在被国民党军队重兵合围的十分危险的境地。正如中共苏区中央局给中共中央的电报所说：第三次反"围剿"以来，红一方面军指战员"两个月奔驰，全无休息，疲困已极，疾病甚多"，"在约三个星期中，出入敌军重围之中，争取良村、黄陂两役胜利，至八月十六日二次被敌包围，是为一年来三次战争中最艰苦的时节"。③ 8月13日，毛泽东、朱德在君埠召开军事会议，讨论如何跳出敌人的包围圈。会议一致同意毛泽东的意见，认为应该避免同超过红军数倍的敌军决战，而要采取"声东击西"的战术，用一部分兵力继续向

　　① 郭化若：《远谋自有深韬略》，人民出版社1980年版，第65页。
　　② 中央文献研究室科研部图书馆编：《毛泽东人生纪实》上，凤凰出版社2011年版，第409—410页。
　　③ 何明编：《伟人毛泽东》上，中央文献出版社2003年版，第286页。

东牵开敌军，掩护红军主力秘密西进，回到兴国隐蔽待机。

会后，毛泽东、朱德针对蒋介石、何应钦"深恐我军东出抚州（即临川）"的考虑，命令红十二军装作红军主力，大张旗鼓地向乐安佯动，使国民党军队产生错觉，以为红军主力要北攻临川，吸引他们向东北方向调动。毛泽东、朱德却率领红一方面军主力，迎着正向东大举开来的国民党军精锐部队，寻找空隙，悄悄地向西疾进。疾进时，严格规定不准点灯，不准抽烟，不准发出大的声音，从蒋光鼐的第一军团和陈诚的第二路进击军两部之间只有10公里的狭窄缝隙中穿越过去。经过一整夜的急行军，再次突破重围，安全转移到兴国东北部的白石、枫边地区，在深山密林里休整。红一方面军主力采取这样大的行动，从这样小的夹缝中穿插过来，丝毫没有被敌军察觉，充分体现了指挥员的高超指挥艺术和部队的良好素质，也反映了根据地人民对红军的支援和对敌军封锁的高度政治觉悟。

这时，国民党军队仍以为红一方面军主力还在东线，全力猛追。当方面军主力已在国民党军队主力背后的白石、枫边地区得到休整的时候，红十二军继续牵着"进剿"军的鼻子往东北走，翻山越岭，忽东忽西，疲惫敌军。正如当时缴获国民党军官的家信中所说：这1月来，无论官兵差不多没有不病的。肥的拖瘦，瘦的拖死。至于山高路险，跌死的人马以及病后被土匪杀死的官兵，总和起来比出发时候的人数差不多要少三分之一。到8月底，蒋介石、何应钦才猛然发现红一方面军主力早已西去，急忙命令"进剿"军主力又掉头向西，再到兴国北部地区寻找红军主力决战。

这时，红一方面军主力已在白石、枫边地区从容休整了半个月。9月初，毛泽东、朱德率领红一方面军主力3万多人继续西移，转到兴国、万安、泰和三县之间的均村、茶园冈山区隐蔽集结。

国民党"进剿"军主力一再扑空，使他们精疲力竭，士气低落，已无力再在根据地同红军作战。这时，国民党统治集团内部宁粤两派的矛盾进一步激化，两广方面的联军趁蒋介石主力陷入江西苏区之际大举北进，进入湖南。鉴于上述种种情况，蒋介石决定一面牵制江西境内的红军，一面移师赣粤边区阻止"叛军"扩张。9月4日，何应钦按照蒋介石的决定，命令左、右翼两集团军实行退却。

国民党军队的撤退，正是红军反击的大好机会。在毛泽东、朱德指挥下，9月7日，红军一部在泰和县老营盘歼灭北撤的国民党军队第九师一个旅。红一方面军主力在兴国县高兴圩向蔡廷锴指挥的两个师发起攻击。但这一仗打得很艰苦，经过两天激战，双方死伤都近3000人，打成一个对峙。打成对峙的原因是：蔡部战斗力强又占据有利地形，而红军兵力不够集中。这是一个教训。15日凌晨，方面军主力转移到东固以南的方石岭一带，抢先控制有利地形，截住

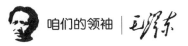

韩德勤师和蒋鼎文师一部，激战到 9 时，全歼该部，师长韩德勤被俘后伪装成伙夫潜逃。其他各路进击军纷纷撤出根据地。至此，国民党军队的第三次"围剿"被打破。

第三次反"围剿"，是在国民党 30 万大军突然发动进攻而红军正分散在远离原根据地的闽西而又准备不足的情况下开始的。国民党参加"围剿"的军队，人数比红一方面军多 9 倍，而且包括了陈诚等蒋介石嫡系精锐部队。红一方面军打破第一次"围剿"只用了 1 个星期，打破第二次"围剿"用了半个月，而打破第三次"围剿"用了 3 个月。情况最严重时，根据地几乎全部丧失。但红一方面军坚持贯彻毛泽东提出的"避敌主力，打其虚弱"的方针，在地方武装和根据地民众的配合下，灵活机动地穿插于敌军重兵集团之间，先后进行了莲塘、良村、黄陂、老营盘、高兴圩、方石岭 6 次战斗，除高兴圩打成平手外，都取得很大胜利，歼灭国民党军队 17 个团，共 3 万余人，其中俘敌 1.8 万余人，缴获各种武器 2 万余件。蒋介石提出的"3 个月消灭共军"的誓言，又一次破了产。

打破敌军第一、第二、第三次"围剿"后，红一方面军都乘胜解放一些新的地区，扩大了革命根据地。第三次反"围剿"战争胜利后，毛泽东到瑞金叶坪同中共苏区中央局会合，并在 10 月 11 日担任中共苏区中央局代理书记。在毛泽东、朱德指挥下，红一方面军主力在赣西南、闽西继续扩大战果。10 月 14 日，他们下达训令指出，"土围子炮楼是土豪劣绅的最后营垒，不消灭这一最后营垒，许多的农民群众还是不敢起来。为要肃清赤白对立，夺取广大群众，并捉得土豪筹得款子，必定要完全消灭土围子炮楼"。① 经过几个月的努力，红军先后解放会昌、寻乌、广昌、上杭等县城，并在长汀、于都、武平等县普遍开展了工作；相继共拔掉几百个地主武装长期盘踞的土围子炮楼，巩固了后方。

这样，长期被分割的赣南和闽西两块革命根据地连成了一片，形成了以瑞金为中心的巩固的中央革命根据地（也就是中央苏区）。它的范围扩展到 28 个县境，拥有瑞金、兴国、于都、长汀、上杭等 15 座县城，总面积 5 万多平方公里，人口达 250 多万。在根据地内，发动群众，建立或恢复党、团组织和苏维埃政权，分配土地，动员了 1.2 万名群众参加红军，为建立中华苏维埃共和国奠定了坚实的基础。

在第一、二、三次反"围剿"战争中，红一方面军受到了前所未有的大规模战争的锻炼，积累了丰富的作战经验，创造出一整套具有中国红军特色的战略战术。这些战略战术的基本原则包括：在敌强我弱的现实状况下，"诱敌深入"是红军反"围剿"的基本战略方针；运动战是反"围剿"的基本作战形式；

① 中共中央文献研究室编：《毛泽东传》一，中央文献出版社 2011 年版，第 268 页。

歼灭战是反"围剿"的基本要求，它的要点是集中优势兵力，各个歼灭敌人，避强击弱，慎重初战，采取包围迂回、穿插分割的战术，制造并抓住敌军在运动中暴露出来的弱点，出其不意地发动攻击，实行战斗中的速决战。毛泽东在《中国革命战争的战略问题》中，系统地总结了红军在这三次反"围剿"中的丰富经验，作出重要的理论概括。他写道："等到战胜敌人的第三次'围剿'，于是全部红军作战的原则就形成了。"①

到这个时候，毛泽东关于以"农村为中心"实行"工农武装割据"的各方面的具体路线都已大体形成，从而把中央"八七"会议确定的实行土地革命和武装反抗国民党反动派的总方针具体化。从红军的建军思想和作战原则，土地改革的政策，根据地建设的方针，到实事求是、群众路线、独立自主的思想路线，毛泽东都已提出明确而系统的、切合中国实际的主张。这是他以马克思列宁主义为指导，在中国社会的复杂环境中，严格遵循从实际出发的原则，坚持在实践中顽强探索的成果。终于开辟了"农村包围城市，武装夺取政权"这条中国革命的成功之路。

---

① 《毛泽东选集》第 1 卷，人民出版社 1991 年版，第 204 页。

第三章　万里长征

红军长征的胜利，首先宣告了国民党围追堵截红军的破产，宣传了中国共产党和红军的主张，并在沿途播下了革命的种子，鼓舞了广大的革命人民。

毛泽东在谈到红一方面军长征的意义时曾形象地说："长征是历史纪录上的第一次，长征是宣言书，长征是宣传队，长征是播种机。自从盘古开天地，三皇五帝到于今，历史上曾经有过我们这样的长征吗？12 个月光阴中间，天上每日几十架飞机侦察轰炸，地下几十万大军围追堵截，路上遇着了说不尽的艰难险阻，我们却开动了每人的两只脚，长驱 2 万余里，纵横 11 个省。请问历史上曾有过我们这样的长征吗？没有，从来没有的。长征又是宣言书。它向全世界宣告，红军是英雄好汉，帝国主义者和他们的走狗蒋介石等辈则是完全无用的。长征宣告了帝国主义和蒋介石围追堵截的破产。长征又是宣传队。它向 11 个省内大约 2 万万人民宣布，只有红军的道路，才是解放他们的道路。不因此一举，那么广大的民众怎会如此迅速地知道世界上还有红军这样一篇大道理呢？长征又是播种机。它散布了许多种子在 11 个省内，发芽、长叶、开花、结果，将来是会有收获的。总而言之，长征是以我们胜利、敌人失败的结果而告结束。"

突破四道封锁线

中央红军战略大转移是严格保密的。国民党军队虽然布置了几道封锁线，却不知道红军往哪个方向突围，在中央苏区西南方向的第一道封锁线上部署的兵力并不强。1934 年 10 月 21 日夜间，红一军团在赣县王母渡、信丰县新田之间突围。到 25 日，中央红军经过战斗，全部通过国民党军设置的第一道封锁线。毛泽东深有感慨地说："从现在起，我们就要走出中央苏区啦！"

长征开始后，毛泽东就同王稼祥、张闻天一起行军，开始议论第五次反"围剿"为什么不能取胜的问题。到信丰县古陂杨坊宿营，贺子珍从休养连前来看望他，讲起瑞金县男女老少相送时紧紧拉着红军的手，不停地说："你们千万要回来啊！"毛泽东听了说："我们欠根据地人民实在太多了。"

1934 年 11 月上旬，中央红军顺利地在湘南通过第二道封锁线。这时，毛泽东的警卫员吴吉清因患疟疾发高烧。毛泽东把自己的担架让给他，安慰他说："同志们抬你走是要累一些，但这不要紧，因为我们都是同志。"[①] 11 月中旬，他们在湘南越过第三道封锁线，进入潇水、湘水地区。

---

① 吴吉清：《在毛主席身边工作的日子里》，江西人民出版社 1983 年版，第 177 页。

蒋介石判明红军西进的意图后，立刻部署"追剿"和堵截，企图将红军"歼灭于湘江、漓水以东地区"。

面对越来越严重的局势，毛泽东认为湘南地区党和群众基础比较好，有利于红军的机动作战，提议乘国民党各路军队正在调动，"追剿"军主力薛岳、周浑元两部还没有靠拢时，组织力量进行反击，寻歼国民党军一部，以扭转战局，变被动为主动。红三军团军团长彭德怀也向中央建议："在灵活机动中抓住战机消灭敌军小股，迫使蒋军改变部署，阻击、牵制敌人"；"否则，将被迫经过湘桂边之西延山脉，同桂军作战，其后果是不利的"。①

博古、李德拒绝了这些建议，消极避战，丧失了一次较好的战机。1934年11月25日，中革军委决定红军从广西全州、兴安间抢渡湘江，这是国民党军队的第四道封锁线。27日，红军先头部队顺利控制了渡口。但因队伍携带的辎重过多，行动过缓，大部队还未过江，就遭受刚刚赶来的优势敌军的夹击。毛泽东在激战中随军委纵队从花村渡过湘江。

挥 戈 西 指

中央红军主力突破湘江封锁线，跳出了包围圈，使蒋介石消灭红军于湘江东岸的计划失败，但红军自身却付出沉重的代价，由出发时的8.6万余人，锐减为3万多人。这时，博古感到自己责任重大，一筹莫展。李德一面唉声叹气，一面却诿过于人。他先拿红二十二师师长周子昆开刀。这个师在湘江岸边进行阻击，被打垮了，只有负伤的周子昆等10多人突围出来。李德指责周子昆临阵脱逃，粗暴地训斥道：你的部队呢？没有兵还有什么脸逃回来！命令警卫班将他捆起来，送军事法庭处置。警卫班战士一个也不肯动手，在场的博古默不作声。毛泽东便直接出来干预，说："周子昆交给我处理。"他同周子昆谈了话，鼓励他好好干，继续带兵打仗。李德知道后，气得暴跳如雷，攻击毛泽东"收容败将，笼络人心"。

过湘江遭到惨重损失后，指战员们开始思考，这一切究竟是怎么发生的？刘伯承回忆道："广大干部眼看反五次'围剿'以来，迭次失利，现在又几乎濒于绝境，与反四次'围剿'以前的情况对比之下，逐渐觉悟到这是排斥了以毛泽东同志为代表的正确路线，贯彻执行了错误的路线所致，部队中明显地增长了怀疑、不满和积极要求改变领导的情绪。这种情绪，随着我军的失利日益显著，湘江战役达到了顶点。"②

毛泽东在行军途中，又和同行的王稼祥、张闻天一起分析第五次反"围剿"

---

① 《彭德怀自述》，人民出版社1981年版，第193页。
② 《刘伯承回忆录》，上海文艺出版社1981年版，第4页。

的军事指挥错误，认为红军已经不能按原计划行动去同红二、六军团会合了。张闻天在延安整风时写道：

"长征出发后，我同毛泽东、王稼祥两同志住一起。毛泽东同志开始对我们解释反五次'围剿'中中央过去在军事领导上的错误，我很快地接受了他的意见，并且在政治局内开始了反对李德、博古的斗争，一直到遵义会议。"①

这时，蒋介石已觉察到中央红军主力要和红二、六军团会合的意图，集结近20万军队，设置四道防堵线，阻止红军主力从湘黔边境北上。博古、李德却仍坚持原定计划，准备率领红军继续往蒋介石布置好的包围圈里钻。

"在这危急关头，毛泽东向中央政治局提出，部队应该放弃原定计划，改变战略方向，立即转向西到敌人力量薄弱的贵州去，一定不能再往北走了。"② 这时，博古、李德已因湘江失败而垂头丧气，红军的指挥任务已转移到周恩来肩上。周恩来赞同毛泽东的主张。

1934年12月12日，中共中央负责人在通道城（今县溪镇）恭城书院举行临时紧急会议，参加人有博古、周恩来、张闻天、毛泽东、王稼祥和李德等。会议由周恩来召集，讨论战略行动方针问题。李德、博古不顾已经变化了的客观情况，仍坚持去湘西同红二、六军团会合的计划。李德后来曾写道："我提请大家考虑：是否可以让那些在平行路线上追击我们的或向西面战略要地急赶的周（浑元）部和其他敌军超过我们，我们自己在他们背后转向北方，与二军团建立联系。"③

毛泽东不同意李德的意见。他认为红军主力现时北上湘西，将会陷入敌军重围，后果不堪设想。他又根据破译敌台的电报材料指出：国民党军队正以五六倍于红军的兵力构筑起4道防御碉堡线，张网以待，"请君入瓮"！他建议改向敌军力量薄弱的贵州西进。王稼祥、张闻天在发言中支持毛泽东的主张，周恩来等也赞同这个主张。博古不再固执己见，李德因为自己的意见被否定而提早退出会场。会议根据大多数人的意见，通过了西进贵州的主张。

当天下午7时半，中革军委发出"万万火急"电令，规定："我军明13日继续西进"，"第一师如今天已抵洪洲司，则应相机进占黎平"。④

红军主力西进，在12月15日攻占贵州黎平，但北上还是西进的争论并没有结束。18日，毛泽东在黎平城出席中共中央政治局会议。这次会议仍由周恩来主持，继续讨论红军战略行动方向问题。博古又提出由黔东北上湘西，同红二、六军团会合；李德因病没有出席，但托人把他坚持同红二、六军团会合的意见

① 中共中央文献研究室编：《毛泽东传》一，中央文献出版社2011年版，第340页。
② 中共中央文献研究室编：《毛泽东传》一，中央文献出版社2011年版，第340页。
③ 〔德〕奥托·布劳恩著，李逵六等译：《中国纪事》，现代史料编刊社1980年版，第124页。
④ 中共中央文献研究室编：《毛泽东传》一，中央文献出版社2011年版，第341页。

带到会上。毛泽东主张继续向贵州西北进军，在川黔边敌军力量薄弱的地区建立新根据地。王稼祥、张闻天支持毛泽东的主张。会议经过激烈争论，接受毛泽东的意见，并通过根据他的发言写成的《中央政治局关于战略方针之决定》，明确指出："鉴于目前所形成之情况，政治局认为过去在湘西创立新的苏维埃根据地的决定在目前已经是不可能的，并且是不适宜的。""政治局认为新的根据地区应该是川黔边区地区，在最初应以遵义为中心之地区，在不利的条件下应该转移至遵义西北地区。"①

会后，周恩来把黎平会议决定的译文送给李德看。李德大发雷霆，向周恩来提出质问。周恩来的警卫员范金标回忆说：两人用英语对话，"吵得很厉害。总理批评了李德。总理把桌子一拍，搁在桌子上的马灯都跳起来，熄灭了，我们又马上把灯点上"。博古尽管自己意见被会议所否定，还是服从会议决定。当他知道周恩来和李德吵起来时，对周恩来说："不要理他（指李德）。"②

黎平会议的《决定》有着重大的战略意义，中央红军赢得了主动，挥戈西指，不仅完全打乱了国民党军队的原有部署，而且连战连捷，部队的面貌为之一新。军委纵队政委陈云后来以廉臣的笔名发表的《随军西行见闻录》中写道：

"赤军由湖南转入贵州，此时确缴获不少。侯之担部至少一师人被缴械，并连失黎平、黄平、镇远三府城，尤其镇远为通湘西之商业重镇，赤军将各城市所存布匹购买一空。连战连进，此时赤军士气极旺，服装整洁。部队中都穿上了新军装。在湘南之疲劳状态，已一扫而空矣。"

"当我等行经剑河县附近之某村落时，见路边有一老妇与一童子，身穿单衣，倒于路边，气息尚存。""正询问间，赤军领袖毛泽东至，告以老妇所言。当时毛即时从身上脱下毛线衣一件及行李中取出被单一条，授予老妇，并命人给以白米一斗。老妇则连连道谢含笑而去。"③

1935年元旦，毛泽东出席中共中央在猴场召开的政治局会议，重申红军应在川黔边地区先以遵义地区为中心建立新的根据地的主张。多数与会者赞同这个意见，再次否定李德、博古提出的"完全可以在乌江南岸建立一个临时根据地，再徐图进军湘西，与红二、六军团会合"的错误主张，决定红军立刻抢渡乌江、攻占遵义。会议通过的《中央政治局关于渡江后新的行动方针的决定》指出：主力红军渡过乌江后，"主要的是和蒋介石主力部队（如薛岳的第二兵团或其他部队）作战，首先消灭他的一部，来彻底粉碎五次'围剿'，建立川黔边新苏区根据地。首先以遵义为中心的黔北地区，然后向川南发展，是目前最中心的任务"。并规定："关于作战方针，以及作战时间与地点的选择，军委必须

① 中央档案馆编：《中共中央文件选集》第10册，中共中央党校出版社1991年版，第441—442页。
② 中共中央文献研究室编：《毛泽东传》一，中央文献出版社2011年版，第342页。
③ 《陈云文选》第1卷，人民出版社1995年版，第55—56页。

在政治局会议上做报告。"① 这在实际上取消了以往李德独断专行的军事指挥权。同时，在黎平会议后，已重新任命被李德、博古派到红五军团当参谋长的刘伯承为总参谋长。

但争论仍没有结束。正如周恩来所说："从黎平往西北，经过黄平，然后渡乌江到达遵义，沿途争论更烈，在争论的中间，毛主席又说服了中央许多同志。"② 王稼祥回忆道："一路上毛主席同我谈论了一些国家和党的问题，以马列主义的普遍真理和中国革命实践相结合的道理来教导我，从而促使我能够向毛主席商谈召开遵义会议的意见，也更加坚定了我拥护毛主席的决心。"③

此时，王稼祥向毛泽东提出了召开中央政治局扩大会议的意见，毛泽东认为这是一个好主意，建议他先同张闻天通通气。张闻天也同意王稼祥把李德、博古轰下来的意见，并且说：毛泽东同志打仗有办法，比我们有办法，我们是领导不了啦，还是要毛泽东同志出来。④

遵 义 会 议

1935 年 1 月 2 日至 6 日，中央红军全部渡过乌江，向以遵义为中心的黔北地区挺进。

遵义，北倚娄山，南临乌江，是黔北政治、经济、文化的中心。中央红军突破乌江后，在 1 月 7 日解放了这个黔北重镇。毛泽东同周恩来、朱德等随军委纵队于 9 日下午进入遵义城。

这时，蒋介石得到空军的侦察报告说红军进驻遵义地区后方向不明，批准"追剿军总指挥"薛岳的请求，令第一纵队吴奇伟部集结贵阳、清镇一带整训待命；第二纵队周浑元部在乌江南岸对遵义方向警戒。这在客观上给中央红军的休整提供了条件。

毛泽东、王稼祥等向中共中央提出，立即准备召开政治局扩大会议。伍修权回忆说："这时王稼祥、张闻天同志就通知博古同志，要他在会议上作关于第五次反'围剿'的总结报告，通知周恩来同志准备一个关于军事问题的副报告。"⑤

毛泽东、张闻天、王稼祥也认真准备发言。经过共同讨论，由张闻天执笔写出一个反对"左"倾教条主义军事路线的报告提纲。毛泽东过去在开会时一

① 中央档案馆编：《中共中央文件选集》第 10 册，中共中央党校出版社 1991 年版，第 445—446 页。
② 中共中央党史资料征集委员会、中央档案馆编：《遵义会议文献》，人民出版社 1985 年版，第 66 页。
③ 王稼祥：《回忆毛泽东同志革命路线与王明机会主义路线的斗争》，人民网领袖人物资料库，http://www.people.com.cn/GB/shizheng/8198/30446/30451/2210576.html.
④ 参见耿飚：《张闻天对遵义会议的特殊贡献》，《人民日报》1994 年 12 月 18 日。
⑤ 中共中央党史资料征集委员会、中共中央档案馆编：《遵义会议文献》，人民出版社 1985 年版，第 114 页。

般都是即席发言，这次也写出一个详细的发言提纲。

博古意识到这次会上必有一场争论，事前进行活动。支持博古的政治局候补委员凯丰曾几次找聂荣臻谈话，要聂在会上发言支持博古。聂荣臻没有答应。凯丰向博古汇报说："聂荣臻这个人真顽固！"

1935年1月15日至17日，在遵义城红军总司令部召开中共中央政治局扩大会议。出席会议的政治局委员有博古、周恩来、张闻天、毛泽东、朱德、陈云，政治局候补委员有王稼祥、邓发、刘少奇、凯丰，红军总部和各军团负责人有刘伯承、李富春、林彪、聂荣臻、彭德怀、杨尚昆、李卓然，还有中央秘书长邓小平，军事顾问李德及翻译伍修权也列席会议，共20人。

会议由博古主持，并作了关于第五次反"围剿"的总结报告。他对军事指挥上的错误作了一些检讨，但主要还是强调种种客观原因。周恩来作副报告，提出第五次反"围剿"失利主要原因是军事领导的错误，并主动承担了责任。随后，由张闻天代表他和毛泽东、王稼祥作联合发言，尖锐地批评"左"倾军事路线。接着，毛泽东作了长篇发言，指出：导致第五次反"围剿"失败和大转移严重损失的原因，主要是军事上的单纯防御路线，表现为进攻时的冒险主义，防御时的保守主义，突围时的逃跑主义。① 他还以前几次反"围剿"在敌强我弱情况下取得胜利的事实，批驳了博古用敌强我弱等客观原因来为第五次反"围剿"失败作辩护的借口。同时，比较系统地阐述了适合中国革命战争特点的战略战术和今后军事行动的方向。会后陈云在传达提纲中说："扩大会中恩来同志及其他同志完全同意洛甫及毛王的提纲和意见，博古同志没有完全彻底地承认自己的错误，凯丰同志不同意毛、张、王的意见。"②

毛泽东在20世纪60年代初曾多次讲到凯丰当时用反批评的方式来维护博古、李德。他说："遵义会议时，凯丰说我打仗的方法不高明，是照着两本书去打的，一本是《三国演义》，另一本是《孙子兵法》。其实，打仗的事，怎么照书本去打？那时，这两本书，我只看过一本——《三国演义》。另一本《孙子兵法》，当时我并没有看过。那个同志硬说我看过。我问他《孙子兵法》共有几篇？第一篇的题目叫什么？他答不上来。其实他也没有看过。从那以后，倒是逼使我翻了翻《孙子兵法》。"③

会议采纳刘伯承、聂荣臻的建议，决定红军准备北渡长江，在成都西南或西北建立根据地。经过三天热烈讨论，会议还作出下列决定："（一）毛泽东同志选为常委。（二）指定洛甫同志起草决议，委托常委审查后，发到支部讨论。（三）常委中再进行适当的分工。（四）取消三人团，仍由最高军事首长朱、周

---

① 参见周恩来：《党的历史教训》，《遵义会议文献》，人民出版社1985年版，第67页。
② 陈云：《遵义政治局扩大会议传达提纲》，《遵义会议文献》，人民出版社1985年版，第42页。
③ 中共中央文献研究室编：《毛泽东传》一，中央文献出版社2011年版，第346—347页。

为军事指挥者，而恩来同志是党内委托的对于指挥军事上下最后决心的负责者。"①

洛甫根据毛泽东的发言内容起草了《中央关于反对敌人五次"围剿"的总结的决议》，经政治局通过后印发各支部。决议指出，"军事上的单纯防御路线，是我们不能粉碎敌人五次'围剿'的主要原因"，同时充分肯定了毛泽东在历次反"围剿"战役中总结的符合中国革命战争规律的积极防御的战略、战术原则。

遵义会议后不久，在常委中重新进行分工，由张闻天替代博古负总责；以毛泽东为周恩来在军事指挥上的帮助者。

遵义会议在中国革命最危急的关头，依据民主集中制的原则，独立自主地解决了党中央的组织问题，结束了王明"左"倾教条主义在中央长达4年之久的统治，确立了毛泽东在党中央和红军中的领导地位，"走自己的路"，从而挽救了党，挽救了红军。

毛泽东在身处逆境的情况下，经历了长时间被孤立的痛苦磨炼，他深切地领悟到团结大多数的极端重要性。长征路上，他在中央领导层中一个一个地做工作，让正确的意见为大多数人所接受，这才实现了遵义会议的巨大转折。贺子珍说：遵义会议后，毛泽东对我感叹地讲："办什么事都要有个大多数啊！"她比别人更清楚地察觉到："毛泽东在遵义会议以后，有很大的变化，他更加沉着、练达，思想更加缜密、周到，特别是更善于团结人了。"②

遵义会议后的新的中央，改变"左"倾宗派主义的干部政策，对犯了错误的人既严肃批评，又热情团结。同时，对以前受到错误打击的人进行平反。江华回忆说，"毛主席有发言权了，我们这些受错误路线打击的人，也逐渐得了'赦免'。"罗明回忆道："遵义会议后，毛泽东同志指示要起用受王明路线打击的干部。总政治部地方工作部通知刘晓任红一军团政治部地方工作部长，我任红三军团政治部地方工作部长。"③

被诬陷为江西"罗明路线"代表的邓小平，在遵义会议前已被任命为中共中央秘书长。对被诬陷为"罗明路线"在军队中的代表而被开除党籍判刑五年的萧劲光，遵义会议刚开完，周恩来就向他宣布："会议认为，你的问题过去搞错了，取消了对你的处分，决定恢复你的党籍、军籍，中央还考虑要重新安排你的工作。"④

① 陈云：《遵义政治局扩大会议传达提纲》，《遵义会议文献》，人民出版社1985年版，第42页。
② 王行娟：《贺子珍的路》，作家出版社1985年版，第214页。
③ 罗明：《罗明回忆录》，福建人民出版社1991年版，第170页。
④ 《萧劲光回忆录》，解放军出版社1987年版，第161页。

四 渡 赤 水

遵义会议期间，蒋介石对红军的围追堵截又作了新的部署，调集 40 万兵力，企图将中央红军 3.5 万多人围歼于乌江西北地区。红军周围的局势变得更加严峻了。

在这种情况下，中央军委决定，部队从 1 月 19 日开始逐次向北转移，在川黔交界处的赤水、土城地区集中。20 日，中革军委下达《渡江作战计划》，决定在宜宾、泸州之间北渡长江，进入川西北，同红四方面军会合，创立新的根据地。

红军分三路在 27 日全部推进到赤水河以东地区。毛泽东在向土城镇行军途中，同朱德、周恩来、刘伯承等商议，认为道路两边是山谷地带，如果追兵孤军深入，红军可以在土城以东的青杠坡利用有利地形，集中优势兵力，围歼川军郭勋祺师。

这场战斗是由毛泽东提议而经红军总部决定的，以红三、五军团为作战主力。它在 28 日凌晨打响，川军遭到重大打击，红军也付出不少代价。经过连续几个小时激战，没有取得较大战果。后来从抓获俘虏的番号中发现，原来的情报有误，敌军不是 4 个团 6000 多人，而是 6 个团 1 万多人，对川军的战斗力也估计不足，它的增援部队又即将开到，战局逐渐对红军不利。红军立刻由陈赓、宋任穷率领军委纵队干部团上前增援。在朱德亲临前沿阵地指挥下，干部团猛打猛冲，终于打退了川军的进攻，稳住了阵地。毛泽东在山头上看到这种情景，称赞道："陈赓行，可以当军长。"接着，原已北上进攻赤水县城的红一军团赶回参战，把阵地巩固了下来。这就是土城战斗。

当晚，毛泽东提议召集中央政治局几个领导人开会。会议根据各路国民党军队正奔集而来进行围堵的新情况，判明原定在这里北渡长江的计划已不能实现，决定迅速撤出战斗，渡赤水河西进。这次战斗打得并不好。博古那时曾说：看起来，狭隘经验论者指挥也不成。

1 月 29 日，红军一渡赤水，进入川南古蔺、叙永地区。这时，川军潘文华部 36 个团已部署在长江南岸的赤水、古蔺、叙永一带，防止红军从这里北渡长江。毛泽东和军委领导人认为在这种情况下，不应恋战，立刻指挥各军团避实就虚，摆脱川军，进入云南省威信县扎西地区。

毛泽东随中央军委纵队于 2 月 8 日进驻扎西镇，出席在这里举行的中央政治局扩大会议。毛泽东在会上总结了土城战斗失利的三条教训："一、敌情没有摸准，原来以为 4 个团，实际是 6 个团，而且还有后续部队；二、轻敌，对刘湘的模范师的战斗力估计太低了；三、分散了兵力，不该让一军团北上。我们要吸取这一仗的教训，今后力戒之！"① 他提出回师东进、再渡赤水，重占遵义的主张。他的理由是：应该利用敌人错觉，寻找有利战机，集中优势兵力，发扬红军运动战的特长，主动地消灭敌人。为此必须整编部队，实行轻装，精简机构，充实连队。

当川军潘文华部和滇军孙渡部从南北两个方向进逼扎西时，中央红军突然掉头东进，再渡赤水河。中央发布《告全体红色指战员书》，指出：为了有把握求得胜利，"红军必须经常地转移作战地区，有时向东，有时向西，有时走大路，有时走小路，有时走老路，有时走新路，而唯一的目的是为了在有利条件下求得作战的胜利"。

红军在 2 月 20 日前后第二次渡过赤水河，回师黔北。中革军委决定集中主力进攻桐梓和娄山关以南的黔军，乘胜夺取遵义。这次战役，先后击溃和歼灭国民党军队 2 个师又 8 个团，俘敌约 3000 人，取得长征以来最大的一次胜利。毛泽东随中革军委纵队登上娄山关，极目四望，吟成《忆秦娥·娄山关》：

> 西风烈，长空雁叫霜晨月。霜晨月，马蹄声碎，喇叭声咽。
>
> 雄关漫道真如铁，而今迈步从头越。从头越，苍山如海，残阳如血。

接着，当蒋介石重新调整部署、指挥军队向遵义一带合围时，中央红军又由遵义向西开进。3 月 10 日，毛泽东在苟坝出席中央政治局扩大会议，讨论林彪、聂荣臻提出的进攻打鼓新场（现金沙县）的建议。周恩来回忆说：

"从遵义一出发，遇到敌人 1 个师守在打鼓新场那个地方，大家开会都说要打，硬要去攻那个堡垒。只毛主席一个人说不能打，打又是啃硬的，损失了更不应该，我们应该在运动战中去消灭敌人嘛。但别人一致通过要打，毛主席那样高的威信还是不听，他也只好服从。但毛主席回去一想，还是不放心，觉得这样不对，半夜里提马灯又到我那里来，叫我把命令暂时晚一点发，还是想一想。我接受了毛主席的意见，一早再开会议，把大家说服了。"②

会后，中央军委给各军团发出《关于我军不进攻新场的指令》的电报，避免了一次将要发生的重大损失。毛泽东从这件事中得到一条教训：作战不能再像过去那么多人来集体讨论，还是成立一个几个人的小组。经他提议，中央决定成立毛泽东、周恩来、王稼祥组成的新三人团，全权指挥作战，以周恩来为团长。③

这时，由于红军的行动忽东忽西，飘忽不定，迂回曲折，穿插于国民党重

---

① 吕黎平：《青春的步履》，解放军出版社 1984 年版，第 181 页。
② 周恩来：《党的历史教训》，《遵义会议文献》，人民出版社 1985 年版，第 69 页。
③ 参见中共中央文献研究室编：《毛泽东传》一，中央文献出版社 2011 年版，第 353 页。

兵之间，使蒋介石无法摸清红军的战略意图，只得分散兵力，四面防堵。为了进一步迷惑对方，调动国民党军队西移，红军在3月16日下午至17日中午分别从茅台附近3个渡口第三次渡过赤水河，向西进入川南古蔺地区，并派1个团伪装主力继续向西北挺进，主力却在附近山沟丛林里隐蔽集结。

蒋介石得到飞机侦察的情报，果然误以为红军又要北渡长江，急忙调集各军迅速奔集川南古蔺地区。20日，蒋介石还得意地声称，"剿匪成功，在此一举"。

在达到调动国民党各路军队大举西向的目的后，红军决定立刻掉头再次东渡赤水河，返回贵州。20日下午，党中央和总政治部向各军团发出指示："这次东渡，事前不得下达，以保秘密。"①

这时，贵州境内的国民党兵力已十分空虚。红军主力在3月21日晚至22日晨神速地第四次渡过赤水河。"四渡赤水"，充分显示出中央红军在遵义会议后一反以前的情况，好像忽然获得了新的生命和活力。它是毛泽东在军事指挥中的"得意之笔"。红军第四次渡过赤水河，完全出乎蒋介石的意料之外。他们随即挥师南下，大踏步越过遵义仁怀大道。31日南渡乌江，跳出国民党军队的合围圈。前锋直逼贵阳。红军总参谋长刘伯承回忆道："这时候，蒋介石正亲自在贵阳督战，慌忙调云南军阀部队来'保驾'，又令薛岳和湖南部队东往余庆、石阡等地布防，防止我军东进与二、六军团会师。在部署这次行动时，毛主席就曾说：'只要能将滇军调出来，就是胜利。'果然，敌人完全按照毛主席的指挥行动了。于是，我军以一军团包围贵阳东南的龙里城，虚张声势，迷惑敌人。其余主力穿过湘黔公路，直插云南，与驰援贵阳的滇军背道而行。这次，毛主席又成功地运用了声东击西的灵活的战术，'示形'于贵阳之东，造成敌人的过失，我军得以争取时机突然西去。一过公路，甩开了敌人，部队就像插上了翅膀，放开大步，一天就走了120里。途中，连克定番（今惠水）、广顺、兴义等县城，并渡过了北盘江。4月下旬，我军分三路进军云南：一路就是留在乌江北牵制敌人的别动支队九军团，他们打败了敌人5个团的围追，入滇时，占领宣威，后来经过会泽，渡金沙江；另两路是红军主力，攻克霑益、马龙、寻甸、嵩明等地，直逼昆明。这时，滇军主力全部东调，云南后方空虚，我军入滇，吓得龙云胆颤心惊，忙将各地民团集中昆明守城，我军却虚晃一枪，即向西北方向金沙江边挺进。"②

① 中共中央文献研究室编：《毛泽东传》—，中央文献出版社2011年版，第354页。
② 《刘伯承回忆录》，上海文艺出版社1981年版，第7—8页。

抢渡金沙江

进入云南后，红军的主要任务是：抓紧"滇军主力全部东调，云南后方空虚"的机会，以最快的速度抢渡天险金沙江，把一直紧紧围追堵截的国民党军队远远抛在后面。

在奔袭云南途中，贺子珍所在的干部休养连突然遭到国民党飞机的袭击。她因掩护伤员而被炸得遍体鳞伤，鲜血直流，昏迷过去。经检查，发现挂花 17 处。她苏醒后对赶来的毛泽民夫妇说："我负伤的事情，请你们暂时不要告诉主席。他在前线指挥作战很忙，不要再分他的心。请你们把我寄放在附近老百姓家里，将来革命胜利了，再见面。"毛泽东赶到，她又说："润之，把我留下，你们前进吧！"毛泽东对她说："子珍，你不要那样想。我和同志们，绝不会把你一个人留在这里！"①

红军进入云南东部平原后，有一个很大的困难："由于没有地图，对云南的地形道路很陌生，靠一份全省略图，地点路线都很不准确。全军都不知道金沙江渡口的位置在哪里，仅靠询问向导探索前进。用这种侦察方法，至多只能查明两三天的行程，往往要走不少弯路。"4 月 28 日，先遣分队在通往昆明的公路上，截获 1 辆汽车，车上有龙云送给薛岳的云南省十万分之一的地图。毛泽东知道后十分高兴。他说："我们正为没有云南详图而犯愁的时候，敌人就送上门来了，真是解了燃眉之急！""从一定意义上说，这一战绩比在战场上缴获的武器还重要，可谓巧获吗！"②

当晚，毛泽东同中共中央、中革军委负责人立刻开会，研究抢渡金沙江的行动部署。他说：遵义会议后，我军大胆穿插，机动作战，把蒋介石的尾追部队甩在侧后，获得了北渡金沙江的有利时机。云南境内的地形条件，不像湖南、贵州有良好的山区可以利用，我军不宜在昆明东北平川地带同敌人进行大的战斗。我军应该趁沿江敌军空虚，尾追国民党军距我们还有三四天行程，迅速争取渡金沙江的先机。

中革军委一面派先锋团直逼昆明，迫使云南当局调兵固守昆明，削弱金沙江的防务，一面率主力迅速北上到金沙江南岸，准备过江。

金沙江，是长江的上游，两岸崇山峻岭，水流湍急，吼声如雷，素称天险。毛泽东和中革军委决定：在洪门渡、龙街渡、皎平渡三个渡口抢渡金沙江。毛泽东等随中央纵队从皎平渡渡江。从 5 月 3 日至 9 日，中央红军主力全部渡过金沙江。国民党追兵在薛岳率领下赶到金沙江边时，已在红军过江后的第 7 天，

---

① 吴吉清：《在毛主席身边的日子里》，江西人民出版社 1983 年版，第 217—219 页。
② 吕黎平：《青春的步履》，解放军出版社 1984 年版，第 183、186 页。

船只已经烧毁，只能隔江兴叹。这样，红军就摆脱了几十万国民党军队的紧追堵截，取得了战略转移中的决定性胜利。

渡过金沙江后，红军得到几天的休整时间。5月12日，毛泽东在四川会理城郊出席中共中央政治局扩大会议。那时，林彪给中革军委写了一封信。"林信大意是：毛、朱、周随军主持大计，请彭德怀任前敌指挥，迅速北进与四方面军会合。"① 毛泽东批评了林彪，"你是娃娃，你懂得什么？"周恩来、朱德等发言支持毛泽东，称赞他在危急的情况下，采取兜大圈子、机动作战的方针，四渡赤水，佯攻贵阳，威逼昆明，北渡金沙江，才摆脱了敌人的重兵包围。会议统一了认识，维护了团结，并决定立即北上同红四方面军会合。

渡过大渡河

红军继续北上，先要通过彝族聚居地区，才能到达大渡河畔。毛泽东嘱咐先遣队司令员刘伯承：先遣队的任务不是打仗，而是宣传党的民族政策，用政策的感召力与彝民达到友好。只要我们全军模范地执行纪律和党的民族政策，取得彝族人民的信任和同情，彝民不会打我们，还会帮助我们通过彝族区，抢渡大渡河。刘伯承坚定地执行了党的民族政策，与沽基族首领结盟修好，并对其他部族做了工作，顺利地通过彝族地区，赶到大渡河的安顺场渡口。

蒋介石立刻又命令在大渡河以北地区加紧布防，致电各路将领："大渡河是太平天国石达开大军覆灭之地"，"希各军师长鼓励所部建立'殊勋'"。安顺场在大渡河南岸，是一个河谷地带，两侧四五十里是高山。部队在这样的深沟中没有回旋余地，兵力也无法展开，极易被敌人伏击消灭。刘伯承率先遣队到达后，找到两只小船，由17名勇士坐着过河，占领了渡口。先遣队各部陆续过江。但此处架桥不易，全军难以在短时间内从这里过江。5月26日，毛泽东、周恩来、朱德抵达安顺场，听取刘伯承、聂荣臻详细汇报过河和架桥的情况后，立刻决定红军沿大渡河两岸赶向安顺场以北170公里的泸定桥，限两天赶到。红军克服重重困难，按时赶到，战胜守军，占领了泸定桥和泸定县城。红军主力在6月2日全部渡过大渡河。毛泽东对指战员们说："我们的行动已经证明，中国共产党领导的红军不是太平军，我和朱德也不是'石达开第二'，蒋介石的如意算盘又打错了。"

两 军 会 合

过了泸定桥，红军继续北上。6月8日，中共中央和中革军委发出《为达到

---

① 《彭德怀自述》，人民出版社1981年版，第198页。

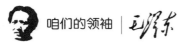

一、四方面军会合的战略指示》，指出："我军基本任务，是用一切努力，不顾一切困难，取得与四方面军直接会合。""我军必须以迅雷之势突破芦山、宝兴之线守敌，奇取懋功，控制小金川流域于我手中，以为前进之枢纽。"

实现这个战略目标的关键，是要翻越海拔 4000 多米的夹金山。山上终年积雪，气候变化无常，空气稀薄，人迹罕至。6 月 17 日早晨，毛泽东喝完一碗热气腾腾的辣椒汤，身穿夹衣夹裤，手持木棍，沿着前面部队走出的又陡又滑的雪路，向山顶攀登。他把马让给伤病员和体弱的女同志使用，并且说："多有一个同志爬过雪山，就为革命多保存了一份力量！"走到半山，气候骤变，冰雹劈头打来。他拉着战士的手前进，同时嘱咐大家："低着头走，不要往上看，也不要往山下看，千万不要撒开手！"一会儿，冰雹停止，但越近山顶空气就越稀薄，一些体力弱的战士一坐下去就再也没有起来。毛泽东对坐在雪地里休息的戴天福说：你坐在这里非常危险的，来，我背着你走。警卫员吴吉清抢先把戴天福背起，在毛泽东帮扶下走向山顶。越过山顶后，下山就比较容易了。当天下午，他们就到达懋功县达维镇，受到 3 月中旬退出川陕根据地来到川西的红四方面军先头部队的夹道欢迎。18 日，他们进入懋功县城，会见在这里迎候的红四方面军先头部队第三十军政委李先念。

红一、四方面军的会师，是红军长征史上的一件大事。它大大增强了红军的力量，使集结在这个地区的红军兵力达到 10 多万人，为开创新局面创造了有利条件。

反冒险、反投降、反分裂斗争

两军会合后红军的行动方向应当指向哪里？是就地发展，还是继续北上？这是关系到红军今后命运的头等重要的问题。不料，恰恰在这个大问题上发生了严重的难以调和的分歧。

还在两军会合的前夕，中共中央收到红四方面军领导人来电请速决"今后两军行动大计"。朱德、毛泽东、周恩来、张闻天在 6 月 16 日致电红四方面军领导人张国焘、徐向前、陈昌浩，明确地指出："今后我一、四两方面军总的方针应是占领川、陕、甘 3 省，建立 3 省苏维埃政权，并于适当时期以一部组织远征军占领新疆。"但张国焘、陈昌浩复电中共中央，不同意这个战略，提出红军北攻阿坝，组织远征军，占领青海、新疆，或暂时向南进攻。

到达懋功县城的当天，毛泽东、张闻天、周恩来、朱德就战略进攻方向问题再电张国焘、陈昌浩、徐向前，提出："目前形势须集大力首先突破平武，以为向北转移枢纽。""望即下决心为要"。张国焘于 20 日又致电中共中央，提出向西发展，并说"目前给养困难，除此似无良策"。中央复电张国焘，指出：

"从整个战略形势着想，如从胡宗南或田颂尧防线突破任何一点，均较西移作战为有利。请你再过细考虑！"这样重大的问题，在往来电报中自然是难以解决的，因此，中共中央在电报中请张国焘"立即赶来懋功，以便商决一切"。

25日，毛泽东和中央其他领导人到懋功县城以北的两河口，欢迎从茂县前来的红四方面军主要领导人张国焘，并举行两大主力红军会师大会。朱德致欢迎词，说明两大主力红军会师的重大意义和北上的方针。张国焘在讲话中却公然提出同中央相悖的西进方针。① 毛泽东和张国焘都是中共一大的代表。他们已经多年不见了，但一见面谈话却并不投机。

第二天，在两河口举行中共中央政治局扩大会议。周恩来在会上作了目前战略方针的报告，从地域是否便于机动、群众条件和经济条件三个方面，阐明红军应该去"川陕甘"，"我们如陷在懋、松、理，就没有前途"。提出以运动战迅速北上攻打驻松潘的胡宗南部，创造川陕甘根据地。张国焘在发言中勉强表示同意中央的北进方针，又同时提出也可"向南"，"向成都打"的问题。毛泽东发言同意周恩来的报告，提出：一、中国红军要用全力到新的地区发展根据地，在川陕甘建立新根据地，这是向前的方针，要对四方面军同志作解释，因为他们是要打成都的，而一、四方面军会合后有可能实现向北发展。二、战争性质不是决战防御，不是跑，而是进攻，因为根据地是依靠进攻发展起来的，我们应当过山战胜胡宗南，占取甘南，迅速向北发展。三、我须高度机动，这就有个走路的问题，要选好向北发展的路线，先机夺人。四、集中兵力于主攻方面，如攻松潘，胡宗南如与我打野战，我有20个团以上，是够的。今天决定，明天即须行动。五、责成常委、军委解决统一指挥问题。②

会议经过3天讨论，通过北进建立"川陕甘"根据地的战略方针。28日，政治局根据会议精神作出《关于一、四方面军会合后的战略方针》的决定。指出："我们的战略方针是集中主力向北进攻，在运动战中大量消灭敌人，首先取得甘肃南部，以创造川陕甘苏区根据地。""为了实现这一战略方针，在战役上必须首先集中主力消灭与打击胡宗南军，夺取松潘与控制松潘以北地区，使主力能够胜利地向甘南前进。"③

6月29日，毛泽东又出席中共中央政治局常委会议。会议除决定张国焘为中革军委副主席，徐向前、陈昌浩为军委委员外，主要听取博古关于华北事变的情况报告。毛泽东发言时指出：日本帝国主义想把蒋介石完全控制在自己手下。"党对时局应有表示，发表文件，在部队中宣传，反对日本"，这是"最能

① 参见莫休：《大雨滂沱中》，《党史资料》1954年第1期。
② 参见中共中央文献研究室编：《毛泽东传》一，中央文献出版社2011年版，第360页。
③ 中央档案馆编：《中共中央文件选集》第10册，中共中央党校出版社1991年版，第516页。

动员群众的"①。会议决定，以中共中央名义发表宣言或通电。

张国焘回去后，自恃他所领导的军队人数多，又策动一些人给中央写信伸手要权。他还以"统一指挥""组织问题"没有解决为借口，故意拖延执行中革军委在两河口会议后制定的《松潘战役计划》。

中央红军为了执行《松潘战役计划》继续北进，在 7 月初翻过第二座大雪山，抵达卓克基，10 日到达芦花（今黑水县）。朱德、毛泽东、周恩来致电张国焘，催促他立刻率部北上，并要张国焘、徐向前、陈昌浩迅速到芦花集中指挥。

张国焘到芦花后，中共中央在 18 日举行政治局常委会议，讨论组织问题。张国焘提出要提拔新干部，主张增补一批人"可到军委"。毛泽东说：提拔干部是需要的，但不需要这么多人集中到军委，下面需要人。会议为了团结张国焘共同北上，同意将原由周恩来担任的红军总政委改由张国焘担任，周恩来调中央常委工作。中革军委当天发出通知："仍以中革军委主席朱德同志兼总司令，并任张国焘同志任总政治委员。"21 日，组织前敌总指挥部，以徐向前兼总指挥、陈昌浩兼政治委员，叶剑英兼参谋长。

张国焘一朝权在手，便以集中统一指挥为名收缴各军团的密电本。彭德怀回忆说："我完成任务后，回到芦花军团部时，军委参谋部将各军团互通情报的密电本收缴了，连一、三军团和军委、毛主席通报密电本也收缴了。从此以后，只能与前敌指挥部通报了。与中央隔绝了，与一军团也隔绝了。"②

由于张国焘一再拖延，战机已被贻误，胡宗南部集中兵力扼守松潘，红军已难经松潘沿大道进入甘南。中共中央只得撤销原定的《松潘战役计划》，改从自然条件极端恶劣的大草地北上，这给红军北上带来极大的困难。8 月 3 日，红军总部制订《夏洮战役计划》，将红军分左、右两路北上：右路军由红一方面军的第一、第三军即原第一、三军团和红四方面军的四军、三十军组成，中共中央机关和前敌总指挥部随右路军行动；左路军由红四方面军的第九军、三十一军、三十三军和红一方面军的五军、三十二军（即原第五、九军团）组成，红军总司令朱德、总政委张国焘和总参谋长刘伯承随左路军行动。

8 月 4 日至 6 日，中共中央政治局在毛儿盖附近的沙窝召开会议。毛泽东在发言中，再次强调两河口会议确定的北上战略方针，批评了张国焘的错误主张。会议决定恢复红一方面军总部，由周恩来担任司令员兼政治委员。会议通过的《中央关于一、四方面军会合后的政治形势的决议》，重申北上方针，强调创造川陕甘根据地是当前红一、四方面军面临的历史任务。为此，必须加强党对红军的绝对领导，维护两个方面军的团结。决议指出，在红军中必须纠正对革命前途悲观失望的右倾错误。

① 中共中央文献研究室编：《毛泽东传》一，中央文献出版社 2011 年版，第 361 页。
② 《彭德怀自述》，人民出版社 1981 年版，第 201 页。

会后，周恩来发高烧病倒了，经确诊是患阿米巴肝脓肿。毛泽东常去看望。他肩头的担子更重了。

　　张国焘参加沙窝会议时，表面上再次表示同意中央的北上方针，实际上没有放弃因畏惧国民党军队而主张退却的打算。他回去不久，又提出经阿坝向青海、宁夏、新疆退却，同中央规定的北进夏河流域相左。

　　鉴于张国焘坚持向青、宁、新退却的主张，中共中央在 8 月 15 日致电张国焘："不论从敌情、地形、气候、粮食任何方面计算，均须即时以主力从班佑向夏河急进。左路及一方面军全部，应即日开始出动，万不宜再事迁延，致误大计。""班佑以北，粮、房不缺，因此一、四方面军主力，均宜走右路。左路阿坝，只出支队，掩护后方前进。""目前应专力北上，万不宜抽兵回击抚边、理番之敌。"①

　　接着，毛泽东召集徐向前、陈昌浩、叶剑英等开会，研究右路军经草地北上的具体路线，决定由叶剑英率两个团为右路军先遣队。他召见红一军二师四团团长杨成武，布置先头团过草地的任务。杨成武回忆道："毛主席一手叉腰，一手指着地图，说：'要知道草地是阴雾腾腾、水草丛生、方向莫辨的一片泽国，你们必须从茫茫的草地上走出一条北上的行军路线来。'""北上抗日的路线是正确的路线，是中央研究了当前的形势后决定的。""我们只有前进。敌人判断我们会东出四川，不敢冒险走横跨草地，北出陕、甘的这一着棋。""他又强调说：'克服困难最根本的办法，是把可能碰到的一切困难向同志们讲清楚，把中央为什么决定要过草地北上抗日的道理向同志们讲清楚。只要同志们明确了这些，我相信没有什么困难挡得住红军指战员的。'""'要尽量想办法多准备些粮食和衣服，减少草地行军的困难！'毛主席恳切地、着重地嘱咐我这两句话，然后问我是否已找到向导。""毛主席一边与我握手，一边叮咛道：'到徐总指挥那里去一下，去接受具体指示。'"②

　　8 月 19 日，中共中央政治局在沙窝召开常委会议，研究常委分工，决定由毛泽东负责军事工作。

　　第二天，中共中央政治局在毛儿盖召开扩大会议，由毛泽东作夏洮战役后的行动问题的报告。当时，中共中央所在的右路军在东侧，张国焘所在的左路军在西侧。毛泽东从军事、经济、民族、地形等条件，论证了红军主力不应向西而应向东，并且指出：目前我们的根据地应"以洮河流域为基础"，将来向东发展，后方移至甘肃东北与陕西交界地区。徐向前、陈昌浩同意毛泽东的报告，说战略方针当然是向东，左路军一定要与我们靠拢。毛泽东做会议总结说，今天讨论意见是一致的，"向东还是向西是一个关键问题"，应采取积极向东发展

　　① 中央档案馆编：《中共中央文件选集》第 10 册，中共中央党校出版社 1991 年版，第 541 页。

　　② 《杨成武回忆录》，解放军出版社 1987 年版，第 216—219 页。

的方针。夏洮战役应采取由包座至岷州的路线，可集中 3 个军，甚至全部集中走这条路线。左路军应向右路军靠拢。阿坝要迅速打一下，后续部队应坚持向东打。① 会议决定由毛泽东起草一个补充决议。这次会议调整了夏洮战役具体部署，以右路军为北进主力，有着重要的意义。

由毛泽东起草并经中央政治局通过的关于目前战略方针之补充决定指出："为实现 6 月 28 日关于目前战略方针之基本的决定，要求我们的主力，迅速占取以岷州为中心之洮河流域（主要是洮河东岸）地区，并依据这个地区，向东进攻，以便取得陕甘之广大地区，为中国苏维埃运动继进发展之有力支柱与根据地。"针对张国焘坚持西进青海、宁夏和新疆的主张，补充决定说："政治局认为目前采取这种方针是错误的，是一个危险的退却方针。这个方针之政治的来源是畏惧敌人夸大敌人力量，失去对自己力量及胜利的信心的右倾机会主义。"中共中央致电朱德、张国焘通报了毛儿盖会议的精神，指出："目前应举右路军全力，迅速夺取哈达铺，控制西固、岷州间地段，并相机夺取岷州为第一要务。左路军则迅出洮河左岸，然后并力东进，断不宜以右路先出黑错、旧城，坐失先机之利。"②

8 月下旬，毛泽东随右路军离开毛儿盖，向荒无人烟的大草地进军。毛泽东的警卫员吴吉清回忆说："一当走进草地，情况就完全变了。天空像用锅底黑刷过的一般，没有太阳；眼前是一望无边的茫茫草原，看不见一棵树木，更没有一间房屋。""如果一不留心，踏破了草皮，就会陷入如胶如漆的烂泥里，只要一陷进去，任你有天大的本事，也别想一个人拔出腿来。我因为性子急，走进草地不远就碰上了这种倒霉的事儿，幸好被主席那宽大有力的手一拉，才摆脱了危险。一上来，主席就对大家打趣地说：'别看他外表像个泥人，那泥里包着的可是钢铁！'"

"几天来，他不仅把担架和马让给伤病员乘坐，而且每天在行军八九十里途中，还要坚持工作。一路上，他不是和指挥员、战士们谈心，了解部队的思想情况，就是向伤病员询问病情，鼓舞医务工作的同志想尽一切办法，加强医疗护理工作。并且一旦了解到伤病员因缺粮而造成的危难，主席就立刻指示副官处，利用中途休息的时间，杀掉几匹马，把马肉分送给各连队的伤病员。而他自己，每天和战士们一样吃着青稞野菜汤，不要一点马肉。"③

经过 7 天 6 夜的艰苦跋涉，毛泽东同指战员一道走出荒无人烟的草地，到了班佑。右路军一部成功地进行了包座战斗，歼灭国民党军第四十九师 5000 余人，为进入甘南打开了通道。这是红一、四方面军会师后取得的第一个大胜仗。

① 参见中共中央文献研究室编：《毛泽东传》一，中央文献出版社 2011 年版，第 364 页。
② 中央档案馆编：《中共中央文件选集》第 10 册，中共中央党校出版社 1991 年版，第 548 页。
③ 吴吉清：《在毛主席身边的日子里》，江西人民出版社 1983 年版，第 268、276 页。

9月1日，毛泽东、徐向前、陈昌浩联名致电朱德、张国焘，要左路军迅速东进，同右路军靠拢。在等候期间，右路军进行了休整。毛泽东在巴西举行的中央政治局会议上又提出要重新进行"三大纪律、八项注意"的教育。

9月初，在中央一再催促下，张国焘才命令红五军进抵墨洼附近，但接着又下令红五军全部返回阿坝。他的分裂活动更加变本加厉：一面致电左路军驻马尔康地区的部队，要正在北上的军委纵队移到马尔康待命，如其不听，"则将其扣留"；一面致电陈昌浩、徐向前转中央，再次表示反对北进，坚持南下，并称"左右两路决不可分开行动"。9月9日，又背着中央另电陈昌浩率右路军南下，企图分裂和危害党中央。

这样，局势便发展到千钧一发的危急地步。右路军前敌指挥部参谋长叶剑英看到张国焘发给陈昌浩的那个电报，立刻秘密地赶往中共中央驻地巴西向毛泽东报告。毛泽东迅速抄下电文（1937年3月，毛泽东在政治局会议上讲到，电文中有：南下，彻底开展党内斗争），并同张闻天、博古等磋商，一致认为在这种情况下再想继续说服并等待张国焘率部北上，不仅没有可能，而且必将导致严重后果。

当晚，毛泽东在阿西同张闻天、博古、王稼祥和病中的周恩来等开紧急会议，当机立断地决定率红一、三军团迅速脱离险区，立即北上，并且通知已经北上俄界的林彪、聂荣臻，行动方针有变化，要他们在原地待命。同时，以中央名义致电张国焘，严肃地指出："右路军南下电令，中央认为完全不适宜的。中央现恳切地指出，目前方针只有向北是出路，向南则敌情、地形、居民、给养都对我极端不利，将要使红军受空前未有之困难环境。中央认为北上方针绝对不应改变。左路军应速即北上。"[①]

在出发北上前，发布毛泽东写的《共产党中央为执行北上方针告同志书》，指出：南下是草地、雪山、老林，人口稀少，粮食缺乏，敌人在那里的堡垒线已经完成，我们无法通过。"对于红军，南下是没有出路的。南下是绝路。""你们应该坚决拥护中央的战略方针，迅速北上，创造川陕甘新苏区去。"

北上红军凌晨2时出发，毛泽东率部在前，彭德怀率部在后掩护中央机关北上。天明时，毛泽东看到叶剑英率军委纵队一部赶了上来，十分高兴地说："哎呀！剑英同志你来了，好！好！"后来，他引用"诸葛一生唯谨慎，吕端大事不糊涂"的话，来赞扬叶剑英的这次历史功绩。当时在场的伍修权回忆道：

"正谈话时，四方面军的副参谋长李特骑马赶来了。他大喊：'原来四方面军的同志，回头，停止前进！''不要跟机会主义者北上，南下吃大米去！'毛主席劝阻他，他就同毛主席吵架。""毛主席还是规劝、开导他，说北上的方针是

---

① 中央档案馆编：《中共中央文件选集》第10册，中共中央党校出版社1991年版，第552页。

中央政治局决定的。但是李特就是不听，强拉原四方面军的同志跟他走。""当时有的同志对李特的行为很气。毛主席还说：'捆绑不成夫妻。他们要走，让他们走吧！以后他们自己会回来的。'"①

这次北上，连李德都表示同意。他对宋任穷说："我同你们中央一直有分歧，但在张国焘分裂的问题上，我拥护你们中央的主张。"②

9月12日，北上红军到达俄界的第二天，毛泽东在中央政治局扩大会议上作报告和结论。他说：我们现在背靠一个可靠的地区是对的，但不应靠前面没有出路、后面没有战略退路、没有粮食、没有群众的地方。"所以，我们应到甘肃才对，张国焘抵抗中央决议是不对的。"③ 会议同意毛泽东的意见，通过《关于张国焘同志的错误的决定》，指出张国焘反对中央北上的战略方针，坚持向川康藏边境退却方针是错误的。中央同张国焘的争论，其实质是对政治形势的分析与敌我力量估量上存在着原则的分歧。中央号召红四方面军的同志团结在中央周围，同张国焘的错误倾向作坚决的斗争。

俄界会议决定，把红一军、红三军、军委纵队合编为中国工农红军陕甘支队，彭德怀为司令员，毛泽东为政治委员；以毛泽东、周恩来、王稼祥、彭德怀、林彪成立五人团领导军事工作。

俄界会议后，中共中央率陕甘支队迅速北上。这时，红军面对的是已被国民党新编第十四师鲁大昌部控制的天险——腊子口。这个山口只有30米宽，过后就是甘南的开阔地带。如果国民党的胡宗南等增援部队赶到，把山口严密封锁起来，要进入甘南就十分困难了。在这个稍纵即逝的关键时刻，先头部队红四团勇敢机智地一举歼灭鲁大昌部两个营，在9月17日夺取腊子口，为主力红军进入甘南打开了通道。

毛泽东、周恩来、彭德怀等率领主力红军翻越岷山，在9月20日进入甘肃南部宕昌县的小镇哈达铺。这就是毛泽东诗中所写的："更喜岷山千里雪，三军过后尽开颜。"他出席在哈达铺举行的中共中央政治局常委会议，在讨论中说：我们现在的干部是精华，应该注意保护。组织部应该调查了解干部，既要了解高级干部，又要了解中下级干部。部队在这里整编为3个纵队，共8000多人。

在哈达铺，毛泽东从当地找到的报纸上了解到陕北有相当大的一片苏区和相当数量的红军。当天，毛泽东在陕甘支队团以上干部会上提出到陕北去。聂荣臻回忆他是这样说的："'我们要北上，张国焘要南下，张国焘说我们是机会主义，究竟哪个是机会主义？目前，日本帝国主义侵略中国，我们就是要北上抗日。首先要到陕北去，那里有刘志丹的红军。我们的路线是正确的，现在我

① 伍修权：《回忆与怀念》，中共中央党校出版社1991年版，第137页。
② 宋任穷：《宋任穷回忆录》，解放军出版社1994年版，第89页。
③ 中共中央文献研究室编：《毛泽东传》一，中央文献出版社2011年版，第368页。

们北上［抗日］先遣队人数是少一点，但是目标也就小一点，不张扬，大家用不着悲观，我们现在比 1929 年初红四军下井冈山时的人数还多呢！'"①

毛泽东随第一纵队向北行进，27 日到达通渭县榜罗镇，出席中共中央政治局常委会议。会议正式确定把中共中央和陕甘支队的落脚点放在陕北，"在陕北保卫和扩大苏区"。②

毛泽东在率陕甘支队北上过程中，始终悬念着被张国焘拉回去的七八万红军。9 月中旬，中共中央再次致电张国焘等，指出张国焘多次违抗中央命令，犯了逃跑主义的错误。同时提出："中央为了中国苏维埃革命的利益，再一次的要求张总政委立即取消南下的决心及命令，服从中央电令，具体部署左路军与四军、卅军之继续北进。"最后强调，"此电必须转达朱德、刘伯承。""立复。"

但是，张国焘在错误道路上越走越远，竟在四川理番县卓木碉另立"中共中央"，宣布"开除"毛泽东、周恩来、博古、张闻天中央委员及党籍，对杨尚昆、叶剑英"免职查办"，公然进行分裂党、分裂红军的活动。

长 征 胜 利

这时，蒋介石得知红军已突破腊子口，害怕红军进占天水，威胁西安，急忙调胡宗南等部集中天水一线，防止红军东进。

红军陕甘支队却继续北上，跨过西（安）兰（州）公路，攀登海拔 3000 米高的六盘山，冲破了国民党军队的最后一道封锁线，陕北苏区已经在望。毛泽东登上六盘山顶峰时，心潮澎湃，写下了《清平乐·六盘山》词：

　　天高云淡，望断南飞雁。不到长城非好汉，屈指行程二万。六盘山上高峰，红旗漫卷西风。今日长缨在手，何时缚住苍龙？

陕甘支队一越过六盘山，就遇到一个新的对手：国民党的骑兵。在青石嘴，侦察到有两连敌军骑兵正在下鞍休息，毛泽东立刻到前沿阵地指挥。聂荣臻回忆道："随后，毛泽东同志也上了我们站的这个山头。他叫把各大队的领导干部都召集来，决定要消灭这股敌人。他亲自命令一大队和五大队从两侧迂回兜击，四大队从正面突击。3 个大队像猛虎扑食似地扑下山去，把敌人解决了，缴获了100 多匹马。大家对打骑兵有信心了。我们用缴获的马匹装备了纵队的侦察连，我们也开始有自己的骑兵部队了。"③

① 《聂荣臻回忆录》上册，中国人民解放军战士出版社 1983 年版，第 282 页。
② 中共中央文献研究室编：《毛泽东传》一，中央文献出版社 2011 年版，第 369 页。
③ 《聂荣臻回忆录》上册，战士出版社 1983 年版，第 283—284 页。

　　这时，东北军和马鸿宾的 3 个骑兵团又尾追而来。毛泽东认为，让敌军骑兵一直跟着红军进陕北苏区于我们不利。他提出要"砍尾巴"。彭德怀指挥第一、二纵队，坚决果断地击溃了国民党骑兵 2000 多人，使他们在一段时间里不敢再来侵扰。毛泽东兴奋地赠诗一首：

山高路远坑深，大军纵横驰奔。

谁敢横刀立马？唯我彭大将军！

　　10 月 19 日毛泽东随部队进驻吴起镇（今吴旗县城）。红军一进吴起镇，看到一间窑洞门口挂着工农民主政府的牌子，觉得真是到了家了，长征以来一直感到苦恼的伤兵安置问题也得到了解决。22 日，中共中央在吴起镇举行政治局会议，毛泽东在会上作了关于目前行动方针的报告和结论。他在报告中指出：陕甘支队自俄界出发已走 2000 里，"到达这地区的任务已完成了，敌人对于我们追击堵截不得不告一段落"。我们的任务是保卫和扩大陕北苏区，以陕北苏区领导全国革命。陕、甘、晋三省是发展的主要区域。①

　　日本帝国主义独占华北，激起全国人民的反帝高潮，陕北群众急需革命，这是粉碎敌人"围剿"陕北苏区的有利条件。当然，粉碎敌人"围剿"还需要有好的领导。在结论中指出：结束一年长途行军，开始了新的有后方的运动战。提高战斗力，扩大红军，解决物资问题，是目前部队的中心工作。要加强白区、白军工作和游击工作的配合。要尊重地方干部和群众的意见，要依靠他们。与会者一致同意毛泽东的报告和结论。这次会议，批准了榜罗镇会议关于落脚陕甘的战略决策，宣告了中央红军长征的结束。毛泽东的《七律·长征》写道：

红军不怕远征难，万水千山只等闲。

五岭逶迤腾细浪，乌蒙磅礴走泥丸。

金沙水拍云崖暖，大渡桥横铁索寒。

更喜岷山千里雪，三军过后尽开颜。

　　中央红军长征的传奇性胜利，在国内外产生了广泛影响。在上海的鲁迅向中共中央发来贺电："英雄的红军将领和士兵们，你们的英勇斗争，你们的伟大胜利是中华民族解放史上最光荣的一页！全中国民众期待着你们更大的胜利。"②共产国际也高度评价中国工农红军的长征是"英雄斗争的模范"。

　　11 月 5 日，毛泽东率红一军团到达象鼻子湾。他向随行部队讲话，对长征

---

　　①　参见中共中央文献研究室编：《毛泽东传》一，中央文献出版社 2011 年版，第 368 页。

　　②　《〈鲁迅致红军贺信〉获重要发现》，《新华文摘》1992 年第 3 期。

作了总结。他说："我们从瑞金算起，总共走了 367 天。我们走过了赣、闽、粤、湘、黔、桂、滇、川、康、甘、陕，共 11 个省，经过了五岭山脉、湘江、乌江、金沙江、大渡河以及雪山草地等万水千山，攻下许多城镇，最多的走了 2.5 万里。这是一次真正的前所未有的长征。敌人总想消灭我们，我们并没有被消灭，现在，长征以我们的胜利和敌人的失败而告结束。长征，是宣言书，是宣传队，是播种机。我们中央红军从江西出发时，是 8 万人，现在只剩下 1 万人了，留下的是革命的精华，现在又与陕北红军胜利会师了，今后，我们红军将要与陕北人民团结在一起，共同完成中国革命的伟大任务！"①

① 《聂荣臻回忆录》上册，战士出版社 1983 年版，第 286—287 页。

第四章　抗 日 战 争

　　中国人民抗日战争具有重大的世界历史意义，这不仅仅是因为它在世界反法西斯战争中做出了不可磨灭的历史性贡献，为世界被压迫民族树立了光辉的榜样，极大地推动了世界历史的进步发展；而且还在于抗日战争是近代以来，中国人民抗击外敌入侵取得的第一次彻底胜利，为中华民族争取独立、自由、解放，实现伟大的民族复兴，开辟了现实的道路，为新中国的成立奠定了基础。

论 持 久 战

　　1937 年 7 月 7 日深夜，在北平的南大门卢沟桥附近，日本侵略军突然向驻守在这里的中国军队发动进攻，中国军队被迫奋起还击。卢沟桥反抗日本侵略军的枪声，标志着中国人民期待已久的全民族抗战终于开始。

　　第二天，消息传到延安。

　　毛泽东立刻作出判断：中华民族已处在生死存亡的关键时刻，只有全民族团结抗战，才是中国生存和发展的唯一出路，必须立刻旗帜鲜明地喊出这个口号。中共中央率先向全国发出通电，大声疾呼："平津危急！华北危急！中华民族危急！只有全民族实行抗战，才是我们的出路。"号召："全中国同胞、政府与军队团结起来，筑成民族统一战线的坚固长城，抵抗日寇的侵掠！"[①]

　　在推动国民党进行全国性抗战的同时，红军参战的实际准备工作也在加紧进行。

　　洛川会议是在 8 月 22 日至 25 日召开的。会议通过了《中央关于目前形势与党的任务的决定》《抗日救国十大纲领》和《为动员一切力量争取抗战胜利而斗争》。

　　由于大敌当前，放在中国共产党和红军面前的最紧迫的现实课题，还是红军迅速完成改编，开赴抗日战争前线，打击日本侵略者。

　　洛川会议的前一天，蒋介石正式发布朱德、彭德怀为国民革命军第八路军总指挥、副总指挥。25 日，毛泽东、朱德、周恩来以中共中央军委主席和副主席的名义发布命令，宣布红军改名为国民革命军第八路军（9 月改称第十八集团军），朱德任总指挥，彭德怀任副总指挥，任弼时为政治部主任，邓小平为副主任，叶剑英为参谋长，左权为副参谋长。第八路军下辖 3 个师：第一一五师、第一二〇师、第一二九师。命令指出各师改编为国民革命军后，必须加强党的领导，保持和发扬 10 年斗争的光荣传统，坚决执行党中央与军委会的命令，为

---

　　① 中共中央文献研究室编：《毛泽东传》二，中央文献出版社 2011 年版，第 458 页。

党的路线及政策而斗争。

9月25日，八路军一一五师利用有利的时间和地形条件，集中兵力发动平型关战斗，取得了中国军队自抗战以来的首次大捷。

10月初，华北局势进一步恶化。日军占领保定，河北正面战场的抗战基本结束。在侧翼遭受严重威胁的情况下，国民党军队放弃雁门关至平型关的内长城防线，退守太原的北方门户忻口。

为了协助友军作战，根据毛泽东的指示，八路军各主力师在忻口战役期间有力地配合了友军的行动。第一二○师一度收复雁门关，伏击日军辎重部队，截断了从大同经雁门关到忻口的交通。第一一五师主力夺回平型关，并收复涞源、定县等7座县城，切断了日军从张家口经平型关到忻口的交通线。忻口前线日军只能主要靠空运来维持给养。第一二九师陈锡联团又在10月19日乘黑夜突然袭击阳明堡日军机场，焚毁日机20余架。日军的机械化部队的行动，依赖后方供给的程度很大。八路军各部队的行动，使日军的后方补给线陷于半停顿状态，对正面防守忻口的友军是有力的配合和援助。

忻口战役是抗战初期华北战场上作战规模最大、战斗最激烈的一次战役，将南下的日军主力挡住了21天。这次战役，也是抗战初期国共两党领导的军队密切配合作战最为成功的一次。由于国共双方在这次战役中诚意合作，取得了较好的战果。

1938年6月中旬，当日军向武汉大举进攻时，骄横不可一世，而后方空虚又疏于戒备。根据中共中央的部署，这年11月下旬，八路军各部主力向河北、山东的平原地区大规模进军：第一二九师主力进入冀南，第一二○师主力进入冀中，第一一五师师部率第三四三旅进入冀鲁豫地区和山东，开辟新的根据地。这也是对正面战场上友军作战的配合和支援。到这年年底，敌后抗日游击战争获得蓬勃发展。八路军、新四军在同日军1600多次交战中共歼敌5.4万多人。八路军发展到15.6万多人，新四军发展到2.5万人，一大批敌后抗日根据地创建起来了。

到徐州失守时，抗日战争已进行了整整10个月，北平、天津、上海、南京等重要城市已相继沦陷，饱受战争之苦的中国人民天天在渴望战争的早日胜利。然而，战争的过程究竟会怎么样？中国能不能取得胜利？怎样才能取得胜利？对这些问题，许多人还没有找到正确的答案。有些人感到迷惘。"亡国论""速胜论"等错误观点仍在到处流传。

如果这些问题不能得到解决，对坚持长期抗战是十分不利的。毛泽东深感有必要对抗战10个月的经验"做个总结性的解释"，特别是"有着重地研究持久战的必要"①。

---

① 《毛泽东选集》第2卷，人民出版社1991年版，第440页。

毛泽东"一贯估计中日战争是持久战"。1936年7月，他同美国记者斯诺谈话时就已提出坚持持久抗战的各项方针。抗战初期，当中国军队连连失利时，他始终认为："最后胜负要在持久战中去解决。"① 到1938年5月，毛泽东发表了《抗日游击战争的战略问题》。从5月26日至6月3日，他又作了《论持久战》的长篇讲演。这是抗日战争期间毛泽东最重要的军事论著，回答了困扰人们思想的种种问题，在国内外产生了重大影响。

在《论持久战》中，毛泽东指出："中日战争不是任何别的战争，乃是半殖民地半封建的中国和帝国主义的日本之间在二十世纪三十年代进行的一个决死的战争。"日本是一个强大的帝国主义国家，但它的侵略战争是退步的、野蛮的；中国的国力虽然比较弱，但它的反侵略战争是进步的、正义的，又有了中国共产党及其领导下的军队这种进步因素的代表。日本战争力量虽强，但它是一个小国，军力、财力都感缺乏，经不起长期的战争；而中国是一个大国，地大人多，能够支持长期的战争。日本的侵略行为损害并威胁其他国家的利益，因此得不到国际的同情与援助；而中国的反侵略战争能获得世界上广泛的支持与同情。毛泽东总结道：这些特点"规定了和规定着战争的持久性和最后胜利属于中国而不属于日本。战争就是这些特点的比赛。这些特点在战争过程中将各依其本性发生变化，一切东西就都从这里发生出来"。他得出结论："中国会亡吗？答复：不会亡，最后胜利是中国的。中国能够速胜吗？答复：不能速胜，抗日战争是持久战。"②

毛泽东指出：这场持久战将经过三个阶段："第一个阶段，是敌之战略进攻、我之战略防御的时期。第二阶段，是敌之战略保守、我之准备反攻的时期。第三个阶段，是我之战略反攻、敌之战略退却的时期。"毛泽东着重指出，第二阶段更是整个战争的过渡阶段，"将是中国很痛苦的时期"，"我们要准备付给较长的时间，更熬得过这段艰难的路程"。然而，它又是敌强我弱形势"转变的枢纽"。毛泽东强调"此阶段中我军作战形式重要的是游击战，而以运动战辅助之"。"此阶段的战争是残酷的，地方将遇到严重的破坏。但是游击战争能胜利"。

为了实现持久战的战略总方针，毛泽东还提出一套具体的战略方针。这就是在第一和第二阶段中主动、灵活、有计划地执行防御战中的进攻战，持久战中的速决战，内线作战中的外线作战；第三阶段中，应该是战略的反攻战。毛泽东特别强调游击战争在中国抗日战争中的重大意义，他在《抗日游击战争的战略问题》一文中对它作了更全面、详尽的论述。

在《论持久战》中，毛泽东还强调了"兵民是胜利之本"。他说："武器是

① 中共中央文献研究室编：《毛泽东传》二，中央文献出版社2011年版，第499页。
② 《毛泽东选集》第2卷，人民出版社1991年版，第442—443、447页。

战争的重要的因素，但不是决定的因素，决定的因素是人不是物"。"战争的伟力之最深厚的根源，存在于民众之中。"只要动员了全国老百姓，就会造成陷敌于灭顶之灾的汪洋大海，造成弥补武器等等缺陷的补救条件，造成克服一切战争困难的前提。

毛泽东这些异常清晰而符合实际的判断，回答了人们最关心而一时又看不清楚的问题，使人们对战争的发展过程和前途有了一个清楚的了解，大大提高了坚持抗战的信念。《论持久战》的发表，使他博得愈来愈多人的钦佩与尊重。一位外国记者评论说："不管他们对于共产党的看法怎样，以及他们的代表是谁，大部分的中国人现在都承认毛泽东正确地分析了国内和国际的因素，并且无误地描绘了未来的一般轮廓。"①

《论持久战》这部著作，处处充满了辩证法，充满了唯物主义，在观察事物的方法论意义上有着普遍的价值。它始终坚持从实际出发，客观、全面地考察了抗日战争发生的背景和近一年来的战争进程；始终着眼于战争的全局，对敌我双方存在着的相互矛盾着的各种因素以及它们的发展变化作了深入的分析，从而能科学地预见未来的前途。这部著作，不反对八路军和新四军在抗日战争中有着重要的指导意义，而且对国民党将领也产生了不小的影响。程思远回忆道："毛泽东《论持久战》刚发表，周恩来就把它的基本精神向白崇禧作了介绍。白崇禧深为赞赏，认为这是克敌制胜的最新战略方针。后来白崇禧又把它向蒋介石转述，蒋也十分赞成。在蒋介石的支持下，白崇禧把《论持久战》的精神归纳成两句话：'积小胜为大胜，以空间换时间。'并取得了周公的同意，由军事委员会通会全国，作为抗日战争的战略指导思想。"②

《论持久战》还被翻译成英文向海外发行。这是周恩来从武汉寄到香港，委托宋庆龄找人翻译的。爱泼斯坦等参加了翻译工作。③ 毛泽东很重视这件事，为英文本写了序言。他指出："中国的抗战是世界性的抗战。孤立战争的观点，历史已指明其不正确了。""希望此书能在英语各国间唤起若干的同情，为了中国的利益，也为了世界的利益。"在海外，这本小册子同样得到高度评价。

百 团 大 战

1940 年 8 月 20 日夜，八路军总部发动了以破袭正太铁路（石家庄至太原）为重点的战役。战役发起第三天，参战部队已达 105 个团，故称"百团大战"。

百团大战是抗日战争相持阶段八路军在华北地区发动的一次规模最大、持

① 中共中央文献研究室编：《毛泽东传》二，中央文献出版社 2011 年版，第 499 页。
② 程思远：《我的回忆》，华艺出版社 1994 年版，第 131 页。
③ 参见霞飞：《毛泽东〈论持久战〉》，《党风文苑》2007 年第 11 期。

续时间最长的战役。百团大战历时5个多月，八路军共进行大小战斗1824次，共计毙、伤、俘和投诚日伪军达46480人。还缴获和破坏了其他大量军用物资。

百团大战粉碎了日军的"囚笼政策"，推迟了日军的南进步伐，增强了全国军民取得抗战胜利的信心，提高了中国共产党和八路军的声望。

百团大战是一次举世瞩目的大规模战役。参加这次战役的有一二九师部队、晋察冀军区部队，晋西北的一二〇师部队，以及山西新军等共105个团，约40万人的兵力。此外，还有广大民兵和群众参加。作为主力部队的一二九师在刘伯承和邓小平指挥下参加会战。举世闻名的百团大战经历了三个阶段，第一阶段（1940年8月20日至9月10日）为交通总破袭战，破坏日寇在华北的主要交通线，重点摧毁正太路；第二阶段（9月11日至10月5日）为歼灭交通线两侧之敌和摧毁深入我根据地内的敌军据点，主要进行了榆（社）辽（县）和涞（源）灵（丘）等战役；第三阶段（10月6日至12月5日）为反击敌人对我各根据地的疯狂报复"扫荡"。

这次战役给侵华日军的交通线以沉重打击，正太路中断一个月之久。

1940年8月8日，八路军总部下达《战役行动命令》，要求各部对其他有关铁路、公路线，也应分配足够兵力进行破击，并相机收复某些据点，阻击可能向正太铁路增援的日军。战役统一由八路军总部直接指挥，于8月20日20时开始总攻。

夜幕渐渐降临，天空下着毛毛细雨，日寇的交通大动脉正太铁路线渐渐地隐没在这雨夜之中，据守正太铁路的日寇依旧在饮酒作乐，他们做梦也不会想到，就在这雨夜中，八路军抗日队伍正跨山涧、走小路，向他们自吹为"钢铁封锁线"的正太铁路逼近。

20时许，正太铁路沿线突然枪炮声大作，火光冲天，八路军向日寇的"钢铁封锁线"发起了总攻，震惊中外的"百团大战"由此拉开了帷幕。

根据八路军总部的战役部署，晋察冀军区以18个步兵团、1个骑兵团又2个骑兵营、3个炮兵连、1个工兵连、5个游击支队，分别组成了左、中、右纵队、钳制部队和总预备队，在聂荣臻司令员兼政治委员的组织指挥下，向正太铁路东段日军的车站和据点发起猛烈攻击。

根据八路军总部的部署，刘伯承所部一二九师担负对正太铁路西段的破击任务。当时据守正太铁路西段的是日军片山第四混成旅团的4个步兵大队和日军山冈第九混成旅团一个大队，根据敌情，刘伯承师长和邓小平政委决定，以10个步兵团、3个独立营、4个工兵连，组成左、右翼破击队、总预备队和平（定）和（顺）支队，并确定由陈赓、陈锡联、谢富治统一负责前线指挥。

20日20时，一二九师左、右翼破击队同时向正太铁路西段发起攻击。由于攻击部队行动隐蔽，战斗动作勇猛突然，日军措手不及。经一昼夜激战，左翼队的第十六团攻占了芦家庄，歼敌 80 余人；右翼队的第三十团，攻占了桑掌和铁炉沟，全歼守敌 130 余人。在左、右翼破击队向正太铁路展开攻击时，总预备队进至平定以西的天华池、韦池村地区。为了防止日寇对破击队右侧背的攻击，根据师首长的指示，总预备队的第十四团占领了阳泉西南正太铁路上的咽喉要地狮垴山。

果然不出所料，日军遭到沉重打击后，立即组织反扑。驻阳泉的日军独立第四混成旅团长片山省太郎纠集其一切可能调动的力量，并武装了阳泉的日侨，自 8 月 21 日起，向第十四团防守的狮垴山阵地发起猛烈的进攻。日军在大批飞机轮番轰炸扫射的支援下，连续向狮垴山进攻，并不断增强兵力，由开始的数百人增至 1500 余人。守卫狮垴山的我十四团的全体指战员发扬勇敢战斗的作风，凭险阻击，打退了日寇一次又一次的疯狂进攻，给敌人以重大杀伤，仅 21 日，就毙伤敌百余人。翌日，日军数百人又向狮垴山东北高地猛攻，激战终日，仍无进展。眼见伤亡不断增加，而狮垴山阵地却久攻不下，片山旅团长恼羞成怒，于是以优势的空中和地面炮火对阵地狂轰滥炸，并大量施放毒剂，然而狮垴山阵地仍是岿然不动。就这样，狮垴山争夺战持续 6 昼夜，日军使出其全身解数猖狂进攻，不仅没有取得任何进展，反而伤亡 400 余人，使"赫赫皇军"威风扫地。

在十四团的掩护下，各路破击部队经数日连续战斗，又陆续攻克了上湖、燕子沟、坡头、狼峪、张净等日军据点及车站多处；同时，还攻克了冶西、落摩寺等外围据点数处。到 26 日，日寇又纠集了数百人向狮垴山展开猛攻，我坚守狮垴山阵地的十四团，在坚持 7 小时后，为避免同敌人决战，主动撤离了狮垴山阵地。

8 月 31 日、9 月 1 日，左翼破击队在高坪、道平、红凹、卷峪沟等地区，对由榆次、寿阳出犯的日军予以连续的打击，特别是卷峪沟进行的长达 15 小时的阻击战，打退了日军 10 余次的进攻，毙伤日军 3000 余人，粉碎了日军合击安丰、马坊的企图，争取了主动，掩护了八路军总部、一二九师直属队、右翼破击队的安全转移。9 月 6 日，我三八六旅和决死第一纵队于榆社西北的双峰地区，将由太谷出犯的日军第三十六师团永野大队包围，经一昼夜激战，歼其 400 余人，敌大队长永野命归黄泉。

担负破击正太铁路任务的晋察冀军区和一二九师的部队，经过连日激战，将正太铁路沿线日军的据点和车站一个又一个地拔除，基本控制了正太线。随后，参战部队、游击队、民兵和人民群众，在"不留一条铁轨，不留一根枕木，不留一座桥梁"的战斗口号下，冒着敌机的低空扫射，对铁路、公路及一切附属建筑物展开了大规模的破击。车站、水塔、桥梁、路基都被拆毁或炸掉。拆下的铁轨，来得及就运到后方兵工厂做原料，或抬到数十里外埋掉，来不及就

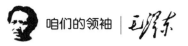

把铁轨放到枕木上烧坏。就这样，仅十几天的时间，蜿蜒 200 余公里的日军所谓的"钢铁封锁线"，被八路军、游击队、民兵和人民群众破毁三分之二以上。

在晋察冀军区和一二九师的部队对正太线展开破击的同时，八路军一二〇师在师长贺龙、政委关向应的指挥下，也以 20 个团的兵力对同蒲铁路北段和晋西北地区的主要公路展开了破击。

空前规模的大破袭，自正太线首先发起，尔后迅速扩展到除山东以外的整个华北地区和主要交通线。其中包括：冀察全境、晋绥大部和热河南部地区；正太、平古铁路全线，安阳以北的平汉铁路，德州以北的津浦铁路，临汾以北的同蒲铁路，归绥以东的平绥铁路，北宁铁路的山海关至北平段，白晋铁路的平遥至壶关段，以及正在修筑的德石铁路、沧石公路等。八路军在各线先后参战的兵力，计晋察冀军区 39 个团，一二九师 46 个团，一二〇师 20 个团。

八路军的百团大破袭，发起得迅速、突然。在八路军突然猛烈的打击下，正太铁路沿线的日军数日内联络中断，情况不明，陷入一片混乱状态。待查明情况后，华北敌酋多田骏紧急调集兵力，进行疯狂反扑。在正太铁路西段，日军从白晋铁路沿线和同蒲铁路临汾南北段，抽调第三十六、第三十七、第四十一师团各一部，配合独立混成第四、九旅团向我一二九师进行反击。在正太铁路东段，日军从冀中、冀南抽调约 5000 人，增援石家庄、娘子关及其以北地区，配合独立混成第八旅团向晋察冀军区部队进行反击。反击的日军采取东西对进，企图重新打通正太铁路，恢复其所谓的"钢铁封锁线"。在同蒲铁路北段及其他铁路、公路沿线，日军也在加紧调兵遣将，准备进行反击。

面对日寇疯狂的反扑，八路军各部一面以部分兵力开展游击活动，阻击袭扰反击的敌人，一面继续对铁路、公路展开破袭。至 9 月 10 日，正太铁路已全部陷入瘫痪，预期的作战目的已基本实现，于是，八路军总部下令结束第一阶段作战。在这一阶段，八路军各部共歼灭日伪军 7000 余人，攻克日军据点 91 座，破坏铁路 300 余公里，公路 700 公里，并缴获大批军用物资。关于这一点，用日寇自己的话来表述或许更能说明问题，当年日军《华北方面军作战记录》上曾作了如下记载："盘踞华北一带的共军，按照第十八集团军总司令朱德部署的所谓'百团大战'，于 1940 年 8 月 20 日夜，一齐向我交通线及生产地区（主要为矿山）进行奇袭，特别是在山西，其势更猛，在袭击石太路及同蒲路北段警备队的同时，炸毁和破坏铁路、桥梁及通信设施，使井陉煤矿等的设备，遭到彻底破坏。此次袭击，完全出乎我军意料之外，损失甚大，需长时期和巨款方能恢复。"

历时 20 天的百团大破袭，至 9 月 10 日胜利结束，这一阶段的作战使日寇华北地区的主要交通线基本陷入瘫痪，正太线尤为严重。这一胜利极大地鼓舞了华北军民的士气，在全国也引起了极大的反响。为了乘胜扩大战果，9 月 16 日，八路军总部又发出了《百团大战第二阶段作战命令》。《命令》提出的任务是："继续破坏敌寇交通"，"克服深入我基本根据地内之某些据点。"具体部署是：第一二〇师集结主力彻底破坏宁武至轩岗段铁路，截断同蒲铁路北段的交通；晋察冀军区集结主力破坏涞（源）灵（丘）公路，并夺取涞源、灵丘两城，以打开边区西北的局面，另以有力之一部于同蒲路东侧积极行动，配合第一二〇师作战；第一二九师集结主力进行榆辽作战，收复榆社、辽县二城。《命令》规定各部于9月20日开始第二阶段作战。

根据八路军总部的部署，由师长刘伯承、政委邓小平率领的一二九师主要担负收复榆辽公路上日军据点的任务。当时，驻榆辽地区之敌为日军独立混成第四旅团一个大队，另有两个大队驻和顺、昔阳与榆次之间地区，与榆辽地区之敌遥相呼应。日军主要守备榆辽公路，企图使这条公路经武乡向西南伸展，与白晋铁路相连，以达到分割太行北部地区的目的。榆社是榆辽公路上日军的主要据点，日寇经营多年，工事坚固，粮弹充足，并凭借东门外中学修筑核心据点，密布大小碉堡，并将周围修成绝壁，设置数道铁丝网，火力配置严密。

经过对作战地区的敌情和地形等情况进行周密的侦察和分析判断，刘伯承师长将部队作了如下部署：以三八五旅（附第32团）为右翼队，重点攻取榆辽公路东段各据点，以一部兵力阻击辽县可能西援之敌，并准备协同新编第十旅相机收复辽县；以第三八六旅、决死第一纵队两个团为左翼队，重点攻取榆辽公路西段各据点，并准备与沁北支队协同，夹击可能由武乡、故城北援之敌；以新编第十旅主力组成平（定）辽（县）支队，破击平辽公路的和顺南北地段，并钳制辽县之敌；以太岳军区第十七团、五十七团组成沁北支队，破击白晋铁路沁县至分水岭段，钳制敌人从白晋铁路抽调兵力增援榆辽地区。

9月23日23时，根据刘邓的命令，左翼队三八六旅，在陈赓旅长的率领下，向榆社城发起强攻，经彻夜激战，攻入城内，占领城西及西南角。24日下午，陈赓旅长下令发起第二次攻击。突击部队在火力掩护下，架起用数条梯子接起的云梯，用被水浸湿的棉被塞住日军碉堡的射孔，突入10余米高的母堡，经4小时激战，将日军核心阵地榆社中学的西北角及西部多数碉堡攻占。当日夜，陈赓旅长又率领部队乘胜发起第三次强攻，各突击队克服了高达10～30米的绝壁，连续攻克了日军的碉堡。在突击部队猛烈的冲击下，残余的日军龟缩在剩余的几座碉堡里，在飞机的掩护下，凭借优势火力拼死顽抗，并灭绝人性地大量施放毒气，作垂死挣扎。毒气在战场上空蔓延，我三八六旅的突击部队大部中毒，其中我七七二团三营指战员全部中毒。面对凶残的日寇，陈赓旅长冷静地分析了战场上的形势，决定采取迫近作业，实施坑道爆破。25日16时，随着"轰隆"一声巨响，日军碉堡的围墙被炸开一个大豁口，坑道爆破成功了！趁爆破后的烟雾遮住了日寇的视线，我三八六旅的突击部队又向敌发起了第四

次攻击，一举突入日寇核心阵地，经激烈的白刃格斗，将残敌全部歼灭。这一仗共毙伤日寇400余人。

在第三八六旅向榆社发起攻击的同时，右翼队和左翼队的其他部队也同时向预定目标发起进攻。至27日，辽县以西的日军据点除管头外，均被攻克。

新编第十旅根据师首长的部署积极向辽县运动，准备进攻辽县，但战斗尚未发起，和顺、武乡的日军800余人分别向辽县、管头增援。一二九师立即将情况报告给八路军总部。八路军总部首长指示一二九师先打援敌，后攻辽县，并重新集中优势兵力坚决消灭一个大队以下的援敌。根据八路军总部的指示精神，一二九师刘、邓首长决定，集中师主力在红崖头、官地垴地区设伏，歼灭由武乡东援管头的日军。这时，管头守敌经我数日围困，已经弹尽粮绝，甚至连洗澡水都喝了。29日夜，十三团一营以地雷、手榴弹猛炸猛轰，一举攻克管头，将守敌全歼。

30日，正当一二九师主力向伏击地区急进时，援敌600余人已领先我军通过红崖头、官地垴地区向东急进。其先头部队在榆树节以东与正向伏击地区开进的三八五旅遭遇，展开激战。与此同时，三八六旅和决死第一纵队赶到伏击地区，立即从日军的侧后展开攻击。日军在8架飞机轰炸扫射的掩护支援下，拼死抵抗。我攻击部队冒雨连续向日军发动10次猛攻，数度与日寇展开白刃格斗。从30日9时战至24时，歼敌大部，最后将残敌压缩包围在两三个小山头之上。残敌依托山地有利地形负隅顽抗，与攻击部队形成对峙。30日，辽县和顺的日军紧急出援，并突破我阻击阵地。在此情况下，一二九师根据八路军总部的命令撤出战斗，榆辽战役就此结束。

这一阶段，八路军各部队共作战620余次，攻克敌据点123座，毙伤俘日伪军7000余人。

八路军连续两个阶段的破击战、攻坚战，规模之大，持续时间之长，发展之迅猛，是抗战以来未曾有过的，也大大超出了日军的意料。日军在遭到八路军连续两个阶段的沉重打击后，如梦初醒，连连惊呼"对华北应有再认识"，侵华日军最高当局也因此受到极大震动，对八路军在华北发展之迅猛甚为忧虑，深感对其威胁严重。为了稳定局势，防止形势进一步恶化，巩固华北占领区，日寇从华北各地紧急拼凑了数万人，从10月6日开始对晋东南、晋察冀、晋西北等抗日根据地进行疯狂的报复"扫荡"。

为粉碎敌人的"扫荡"，10月19日，八路军总部下达了反"扫荡"作战命令，要求华北"我党政军民密切配合，深入战争动员，领导群众空室清野"，做好反"扫荡"的一切准备，要求各部队"广泛开展游击战争"，坚决歼灭敌人一路至两路，给进犯的敌人以沉重打击，粉碎敌人的"扫荡"。

举世瞩目的"百团大战"，最终以日寇对八路军华北各抗日根据地报复"扫荡"彻底失败而告结束。这是抗日战争中，八路军发动的一次规模最大的进攻战役。华北敌后战场的数十万军民，与日本侵略军进行了浴血奋战，表现了中华民族不屈不挠的英雄气概，创下了可歌可泣的战绩。

一二九师全师共进行大小战斗 529 次，毙伤日、伪军 7507 名，俘日军 70 名、伪军 412 名。伪军反正 44 名。毙伤敌骡马 349 匹，缴获骡马 159 匹。缴获敌步马枪 874 支、短枪 49 支、重机枪 10 挺、轻机枪 40 挺、山炮 6 门、迫击炮 10 门、掷弹筒 30 支、土大炮 3 门。缴获各种炮弹、枪弹、手榴弹、瓦斯弹等共计 22 万发、西药 46 箱、文件 105 箱、铁线 4.3 万公斤、枕木 26 万根、铁轨 5.8 万条、电线杆 11600 根，还缴获了电台、电话机、望远镜、军毯、电池、棉布、被服等大批军用物资。

百团大战中，一二九师曾一度收复 9 座县城，其中太行区有榆社、武乡、黎城、涉县、陵川、襄垣，太岳区有沁源、浮山、安泽。

历史事实证明，百团大战是中国人民抗日战争史上的伟大壮举，也是世界反法西斯战争中的伟大壮举。正如刘伯承所说："轰动全球的英勇的百团大战，经过整整 3 个月又 13 天的时间，从此就算结束了。它的辉煌战绩，不仅在中国是罕见的，而且在世界战争历史上也是永垂不朽的。它不但粉碎了敌人的'囚笼政策'，而且改变了国内的战局和太平洋的局势。"

第五章 三大战役

　　三大战役是指 1948 年 9 月至 1949 年 1 月,中国人民解放军同国民党军队进行的战略决战,包括辽沈、淮海、平津三个战略性战役。辽沈、淮海、平津三大战役,历时 142 天,共争取起义、投诚、接受和平改编与歼灭国民党正规军 144 个师,非正规军 29 个师,合计 154 万余人。国民党赖以维持其反动统治的主要军事力量基本上被消灭。三大战役的胜利,奠定了人民解放战争在全国胜利的巩固基础。

　　辽沈战役解放了东北全境,使全国的军事形势出现了一个新的转折点。从此,解放军不仅在质量上占了优势,而且数量上也占了优势。战役的胜利,使解放军拥有了一个稳定的战略后方,为后面两大战役的胜利创造了有利的条件。淮海战役沉重打击了国民党军队的士气,严重动摇了国民党上下的独裁梦想。同时,我军的力量大增,士气高涨,大大增强了解放全中国的信心。此次战役的胜利结束,标志着国民党在长江以北统治的瓦解,为渡江战役的胜利展开打下了基础。平津战役是具有决定意义的三大战役之一,平津战役的胜利,使华北地区基本获得解放,尤其是和平解放北平,进一步打击了国民党军队的士气,对加速解放战争的进程具有重要意义。

辽 沈 战 役

　　这场大决战,是从辽沈战役开始的。

　　为什么毛泽东要选择东北战场作为这场大决战的起点?叶剑英作过详细的分析:"毛泽东同志在紧紧地抓住决战时机的同时,又正确地选择了决战方向。当时全国各战场的形势虽在不同程度上都有利于人民解放军的作战,但敌人在战略上却企图尽量延长坚守东北几个孤点的时间,牵制我东北人民解放军,使我军不能入关作战;同时,敌人又准备把东北敌军撤至华中地区,加强华中防御。在这种情况下,如果我们把战略决战的方向,指向华北战场,则会使我军受到华北、东北敌人的两大战略集团的夹击而陷于被动;如果我们把战略决战的方向首先指向华东战场,则会使东北敌人迅速撤退,而实现他们的战略收缩企图。因此,东北战场就成为全国战局发展的关键。当时东北战场的形势对我又特别有利。在敌军方面:孤立分散,态势突出,地区狭小,补给困难;长春被围,无法解救,或撤或守,举棋未定。在我军方面:兵力优势,装备较好;广大地区,联成一片;土改完成,后方巩固;关内各区,均可支援。东北人民解放军歼灭了东北敌军,就能粉碎敌人战略收缩的企图;就能实施战略机动,有利于华北、华东战场的作战；就能以东北的工业支援全国战争，使人民解放军获得战略的总后方。根据上述情况，毛泽东同志将战略决战方向，首先指向东北战场的卫立煌集团，这就将战略决战的初战胜利放在稳妥可靠的基础上。这是毛泽东同志宏图大略全局在胸投下的一着好棋子。决战首先从局部的优势开始，进而争取全局上的更大优势。由于迅速而顺利地取得了辽沈战役的胜利，就使全国战局急转直下，使原来预计的战争进程大为缩短。"①

那时候，东北战场上的国民党军队还有 4 个兵团，14 个军，44 个师，加上地方武装共 55 万人，但已经被分割和压缩在长春、沈阳和锦州三块互不联系的据点和地区内。东北人民解放军不但在 1947 年的夏季攻势、秋季攻势、冬季攻势中歼灭了国民党军队近 30 万人，自身也迅速壮大，野战部队已发展到 53 个师，加上地方部队已超过 100 万人，经过近半年的大练兵，部队的军事素质和政治素质有很大的提高。人民解放军已占有显著优势。

对长春、沈阳、锦州这三块孤立的据点，先从哪里打起？1948 年 2 月 7 日，毛泽东还在陕北时就曾致电东北野战军提出"封闭蒋军在东北加以各个歼灭"的设想。电报说："你们应准备对付敌军由东北向华北撤退之形势。蒋介石曾经考虑过全部撤退东北兵力至华北，后来又决定不撤。这主要是因为南线我军尚未渡过长江及北线我军尚未给蒋军以更大打击的原故。"他问道："你们上次电报曾说锦州方向无仗可打，该方向情况究竟如何？如果我军能完全控制阜、义、兴、绥、榆、昌、滦地带，对于应付蒋军撤退是否更为有利？"并着重指出："对我军战略利益来说，是以封闭蒋军在东北加以各个歼灭为有利。"②

这是一个大胆的设想。但当时毛泽东还是在征求意见，并没有下最后的决断。林彪对主力从北满远道南下攻打国民党军队坚固设防、并在周围有若干据点的锦州却顾虑重重，担心如果久攻不下，敌人援兵从华北和海上增援，将会陷解放军于被动地位，再三提议先打长春，并在 4 月 18 日报告军委，强调进攻长春的有利条件，"计划在十天半月左右的时间内全部结束战斗"。4 月 22 日，毛泽东复电同意先打长春，而又指出："我们同意你们先打长春的理由是先打长春比较先打他处要有利一些，不是因为先打他处特别不利，或有不可克服之困难。"③ 5 月下旬，东北野战军以两个纵队试攻，发现攻占长春并不像预期那样容易，改用严密围困的办法。

7 月 20 日，林罗刘将东北局常委重新讨论后认为"我军仍以南下作战为好，不宜勉强和被动地攻长春""到八月中旬时，我军即以最大主力开始南下作战"的意见上报军委，22 日又致电军委："如华北敌人确实空虚，则我军南下与晋察

① 叶剑英：《伟大的战略决战》，《星火燎原》，中国人民解放军战士出版社 1982 年版，第 6—7 页。
② 中共中央文献研究室编：《毛泽东传》二，中央文献出版社 2011 年版，第 884 页。
③ 中共中央文献研究室编：《毛泽东传》二，中央文献出版社 2011 年版，第 885 页。

冀［部队］配合作战，则有全部歼灭敌人，夺取天津、北平的重大可能；同时，亦必然引起长春、沈阳敌人撤退，达到解放东北的可能。"同时，提出一个要求："如能将傅作义调动一两个军向西去，我们就可能全部歼灭北平、天津、张家口、保定、唐山、大同之敌的把握。"①

毛泽东在接到这个电报后，就在 22 日深夜复电林罗刘："攻击长春既然没有把握，当然可以和应当停止这个计划，改为提早向南作战的计划。在你们准备攻击长春期间，我们即告知你们，不要将南进作战的困难条件说得太多太死，以致在精神上将自己限制起来，失去主动性。"②并指示他们要加紧进行政治动员和粮食准备，否则 8 月间还不能打响；关于具体作战计划，望他们详加考虑，拟出全盘方案电告。

为了将傅作义主力向西引开，以配合东北野战军南下北宁线作战，毛泽东 8 月 3 日在西柏坡召见华北军区司令员聂荣臻和华北第二兵团第二政治委员杨成武，同刘少奇、周恩来、朱德、任弼时一起向他们交代"东北打，华北牵"的任务。毛泽东先让聂、杨看了由他起草的 7 月 22 日、7 月 30 日给林、罗、刘的两份电报，在聂、杨表示完全同意后，毛泽东宣布组成华北第三兵团，由杨成武任司令员兼政治委员，20 天内完成一切准备，进军绥远，开辟新的战场，把傅作义部主力拖到平绥线，配合东北作战。并问杨成武有什么困难？杨成武回答说："没有困难，保证完成中央交给的任务。"毛泽东笑了笑，说："不对，出兵绥远，困难是很多的！"他一一作了分析：绥远是傅作义的老窝，他搞坚壁清野，你们去了会吃不上饭；要华北供给支援你们，也是很困难的；还有战斗可能很不顺手。毛泽东要他们把困难想透，想出解决困难的办法，做好充分的准备。杨成武听后，很受感动："毛主席日理万机，全国各个战场都需要他呕心沥血，真所谓运筹帷幄之中，决胜千里之外。他既向部下交待任务，又为部下把执行任务的困难想透。他是那样了解情况，全国的各个战场上就如同一盘棋，全在他的指掌之中。"③

8 月 8 日和 11 日，林、罗、刘又两次致电中央军委，先是提出：东北主力行动时间，须视杨成武部行动的迟早才能确定；后来又提出："南下则因大批粮食的需要无法解决"，"目前对出动时间，仍是无法肯定。"④

毛泽东接电后，在 9 日电告林罗刘：杨成武部已确定在 21 日出动，并指出："你们应迅速决定并开始行动，目前北宁线正好打仗，你们所谓的行动取决于杨成武的行动这种提法是不正确的。"在 12 日又电告他们："关于你们大军南下必

---

① 中共中央文献研究室编：《毛泽东传》二，中央文献出版社 2011 年版，第 885 页。
② 中共中央文献研究室编：《毛泽东传》二，中央文献出版社 2011 年版，第 885 页。
③ 杨成武：《战华北》，人民出版社 1986 年版，第 131—132 页。
④ 中共中央文献研究室编：《毛泽东传》二，中央文献出版社 2011 年版，第 886 页。

须先期准备粮食一事，两个月前亦已指示你们努力准备。两个月以来，你们是否执行了我们这一指示一字不提。现据来电，则似乎此项准备工作过去两月全未进行，以致现在军队无粮不能前进。""对于你们自己，则敌情、粮食、雨具样样必须顾虑周到；对于杨成武部则似乎一切皆不成问题。"试问你们出动遥遥无期，而令杨部孤军早出，如被傅作义赶走，对于战局有何利益？至于敌人从东北撤运华中的可能，我们在你们尚未结束冬季作战时即告诉了你们，"希望你们务必抓住这批敌人，如敌人从东北大量向华中转移，则对华中作战极为不利"。毛泽东在这个电报的最后，严厉地指出："对于北宁线上敌情的判断，根据最近你们几次电报看来，亦显得甚为轻率。为使你们谨慎从事起见，特向你们指出如上。你们如果不同意这些指出，则望你们提出反驳。"①

8月13日，林罗刘致电军委和毛泽东，承认对北宁线的敌情是轻信了一些不确实的消息，作了错误的判断。关于南下问题，"目前仍尽力争取早日出动"。9月3日，林彪、罗荣桓致电军委报告了南下作战的具体部署：我军拟以靠近北宁线的各部，突然包围北宁线各城，然后待北面主力陆续到达后，进行逐一歼灭敌人；而以北线主力控制于沈阳以西及西南地区，监视沈阳敌人，并准备歼灭由沈阳向锦州增援之敌或歼灭由长春突围南下之敌。对长春之敌，以现有围城兵力，继续包围敌人，并准备乘敌突围时歼灭该敌。

9月5日，毛泽东为中央军委起草复电，同意这个部署，指出：北宁线上各处敌军互相孤立，均好歼击，你们可以在北宁线上展开大规模作战。在此线上作战补给较便利，这又是中间突破的方法，使两翼敌人（卫立煌、傅作义）互相孤立，因此你们主力不要轻易离开北宁线。电报中还谈了对敌情的估计："你们主要要对付的敌人，目前仍然是卫立煌，因此你们现以七个纵队又六个独立师位于新民及沈长线是正确的。"长春和沈阳的敌军"恐怕要在你们打锦州时，才不得不出动"②。

接着，毛泽东便提出一个极其重要的思想：要求东北野战军"确立打你们前所未有大歼灭战的决心"。9月7日，也就是中央政治局会议的第一天，毛泽东考虑到在东北工作的领导人不能抽身前来参加会议，就以军委的名义致电林罗，告诉他们中央关于全国战略任务的计划，要他们现在就应该准备使用主力于锦州、山海关、唐山一线，"而置长春、沈阳两敌于不顾，并准备在打锦州时歼灭可能由长、沈援锦之敌"。如果在你们实行锦、榆、唐战役期间，沈、长之敌倾巢来援，你们便可以争取将卫立煌全军就地歼灭，这是最理想的情况。"于此，你们应当注意：（一）确立攻占锦、榆、唐三点并全部控制该线的决心。（二）确立打你们前所未有的大歼灭战的决心，即在卫立煌全军来援的时候敢于

① 中共中央文献研究室编：《毛泽东传》二，中央文献出版社2011年版，第886、887页。
② 中共中央文献研究室编：《毛泽东传》二，中央文献出版社2011年版，第888页。

同他作战。（三）为适应上述两项决心，重新考虑作战计划并筹办全军军需（粮食、弹药、新兵等）和处理俘虏事宜。"① 这个电报，以《关于辽沈战役的作战方针》为题，被收入《毛泽东选集》。

9月10日，林彪、罗荣桓态度明朗地报告军委：完全同意军委所指示的前途与任务，认为可能和应当争取东北与华北战局的根本变化，并称：已在北宁线附近的部队于12日在锦州、义县间打响，北线主力于13日起从四平街、长春附近南下。

这时，在东北国民党军队55万人中，由卫立煌直接指挥的2个兵团共30万人驻守在沈阳地区；由东北"剿总"副总司令郑洞国率领的1个兵团及保安部队共10万人驻守在长春；由另一副总司令范汉杰指挥1个兵团及保安部队共15万人，防守义县到山海关一线，主要兵力在锦州、锦西。在坚守长、沈，还是将长、沈主力撤至锦州的问题上，蒋介石同卫立煌等东北高级将领之间的争论正日趋激烈。

东北野战军在9月12日发起强大攻势。26日，林、罗报告军委：准备在27日攻义县，得手后接着打锦西、兴城，再打山海关，如果敌军已逃，就回头打锦州。27日，毛泽东以军委的名义致电林、罗，批准他们的计划，同时指出：歼灭义县等5处之敌后，如果先打山海关然后再回头打锦州，则劳师费时，给沈阳之敌以增援时间。不如先打锦州，然后攻山海关、滦县、唐山，如有可能直逼天津城下。同一天，他为中央军委起草的战争第三年全军歼敌任务的电报中，又把原来由东北野战军和华北2个兵团共同担负歼敌35个旅的任务，改为分配东北野战军歼敌36个旅、华北2个兵团另行担负歼敌12个旅。这是对预定作战任务的重大改变。

林彪等在9月28日定下"先攻锦州，再打锦西"的决心后，第二天将具体部署报告军委，并称："锦州是敌薄弱而又要害之处，故沈敌必大举增援，长春敌亦必乘机撤退（已有密息证明）。故此次锦州战役，可能演成全东北之大决战，可能造成收复锦州、长春和大量歼灭沈阳出援之敌的结果。我们将极力争取这一胜利。"毛泽东接电后，十分高兴，在30日复电称："决心与部署均好，即照此贯彻实施，争取大胜。"②

这样，随着东北战场局势的实际演进，经过毛泽东、中央军委同东北野战军总部的反复磋商，终于将初定的北宁线秋季攻势，发展成一举全歼东北国民党军的辽沈决战。

东北的国民党军队，长时间内一直没有察觉东北野战军主力会南下奔袭北宁线，关闭它通往关内的大门。守在锦州的范汉杰，在华东野战军攻克济南、

---

① 《毛泽东选集》第4卷，人民出版社1991年版，第1335—1336页。
② 中共中央文献研究室编：《毛泽东传》二，中央文献出版社2011年版，第889页。

东北野战军包围义县的危急情况下，才连电蒋介石乞援。蒋介石命令卫立煌从沈阳出兵援锦，卫立煌拒不接受。蒋介石在 9 月 26 日派参谋总长顾祝同飞赴沈阳监督卫立煌执行援锦命令，卫立煌仍坚持拒绝执行。蒋介石得到顾祝同的报告后，在 30 日飞北平，调集第六十二、九十二军等部共 5 个师，并决定放弃烟台抽出第三十九军，经海运到葫芦岛登陆，由侯镜如指挥组成援锦东进兵团。10 月 2 日，蒋介石又飞赴沈阳召开军事会议，并命令第九兵团司令官廖耀湘："这次沈阳军队直出辽西，解锦州之围，完全交给你负责，如有贻误，也唯你一人是问。"廖耀湘表示："沈阳主力先集中于新民、彰武地区，完成一切准备，俟锦、葫两地军队会师之后，再东西对进，以夹击共产党军队，才是万全之策。"得到蒋介石的默许。

当日凌晨 5 点，毛泽东签发由周恩来起草的给东北野战军的指示：因傅作义部 9 个步骑师向绥东寻杨成武部作战，杨罗耿兵团不能不到平张段，予以配合。你们应靠自己的力量对付津榆段可能增加或山海关北援之敌，而关键则是迅速攻克锦州，望努力争取 10 天内外打下该城。

林彪在获悉葫芦岛已开到国民党援军 4 个师、华北的杨罗耿兵团又因傅作义部向绥东进攻而不能开到山海关至天津段作战这两个消息后，深恐打锦州时陷入沈阳、葫芦岛两大援敌的夹击中，攻锦决心再次动摇。10 月 2 日深夜，由林、罗、刘致电军委，提出两个方案：第一个方案，"锦州如能迅速攻下，则仍以攻锦州为好，省得部队往返拖延时间"。但认为，攻锦州需要相当时间，而葫芦岛方向的援敌可集中五六个师兵力，采取集团行动向锦州推进，"我阻援部队不一定能挡住该敌，则该敌可能与守敌会合"。第二个方案，回师打长春。估计经过几个月的围困，"目前如攻长春，则较六月间准备攻长春时的把握大为增加，但须多迟延到半月到 20 天时间"。并称："以上两个方案，我们正在考虑中，并请军委同时考虑与指示。"[1] 提的虽然是两个方案，它的基本倾向十分清楚：就是放弃北宁路作战，仍然回师打长春。电报发出后，"罗荣桓政委再三考虑，认为不妥"，"于是他说服了林彪撤回这个电报，可电报已经发出，罗荣桓政委便亲自起草撤销这个电报和再增加北宁路作战兵力的电报报军委"。[2] 这就是 10 月 3 日上午 9 点的电报，里面说："我们拟仍攻锦州。只要我军经过充分准备，然后发起总攻，仍有歼灭锦敌的可能，至少能歼灭敌之一部或大部。"[3] 并重新调整了部署。

中央军委在 10 月 3 日清晨 4 时先收到林、罗、刘前一个电报，毛泽东、周恩来看后都感到十分不安。毛泽东立刻复电，斩钉截铁地指出："你们应利用长

① 中共中央文献研究室编：《毛泽东传》二，中央文献出版社 2011 年版，第 892 页。
② 韩先楚：《东北战场与辽沈决战》，《辽沈决战》上册，人民出版社 1988 年版，第 116 页。
③ 中共中央文献研究室编：《毛泽东传》二，中央文献出版社 2011 年版，第 892 页。

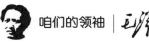

春之敌尚未出动、沈阳之敌不敢单独援锦的目前紧要时机，集中主力，迅速打下锦州，对此计划不应再改。"并称：5月和7月间长春之敌本来好打，你们不敢打；现在攻锦部署业已完毕，你们又因一项并不很大的敌情变化，又不敢打锦州，又想回去打长春，"我们认为这是很不妥当的"。同时询问道：你们指挥所现到何处？望迅速移至锦州前线，部署攻锦。① 这封电报发出后，毛泽东仍不放心。两小时后，他又再次致电林、罗、刘："我们坚持地认为你们完全不应该动摇既定方针，丢了锦州不打，去打长春。"电报中继续分析了先打长春再回头打锦州的诸多不利后，指出："只要打下锦州，你们就有了战役上的主动权，而打下长春并不能帮助你们取得主动，反而将增加你们下一步的困难。望你们深刻地计算到这一点，并望见复。"

电报发出后一个多小时，军委收到林、罗、刘第二个电报，毛泽东看后十分高兴，在4日清晨6时电复林罗刘说："你们决心攻锦州，甚好，甚慰。"电报接着说：从你们部队开始行动起到今天差不多已有1个月之久，你们才把攻击重点问题弄清楚。从这件事，你们应取得两个教训：第一个教训是你们的指挥所应先于部队移动到达所欲攻击的方向去，由于你们没有这样做，致使你们的眼光长期受到限制；第二个教训是在通常的情况下，必须集中主力攻击一点，而不要平分兵力，并且表示："在此以前我们和你们之间的一切不同意见，现在都没有了。"同时指示：蒋介石已到沈阳，不过是替丧失信心的部下打气。"他讲些什么，你们完全不要理他，坚决按照你们三日九时电部署做去。"②

按照上述部署，10月5日，林、罗、刘率领指挥所到达锦州西北20公里的牤牛屯。接着，林彪带了担任主攻的纵队领导人详细勘察锦州周围地形后，确定了攻锦步骤。10月9日至13日，扫清外围据点。10日，毛泽东为中央军委起草了致林、罗、刘电，指出：从你们开始攻击锦州之日起，一个时期内是你们战局紧张期间，望你们每两日或每三日以敌情和我情电告我们一次。毛泽东这时已在考虑战局下一步如何发展的问题。电报中说："这一时期的战局，很可能如你们曾经说过的那样，发展成为极有利的形势，即不但能歼灭锦州守敌，而且能歼灭葫、锦援敌之一部，而且能歼灭长春逃敌之一部或大部。如果沈阳援敌进至大凌河以北地区，恰当你们业已攻克锦州，使你们有可能转移兵力将该敌加以包围的话，那就也可能歼灭沈阳援敌。这一切的关键是争取在一星期内外攻克锦州。"③

10月14日，东北野战军向锦州发起总攻，只经过31小时的战斗，就攻克了锦州。在锦州东西两侧进行阻援的部队，以英勇顽强的战斗，打退了国民党

① 参见中共中央文献研究室编：《毛泽东传》二，中央文献出版社2011年版，第892页。
② 中共中央文献研究室编：《毛泽东传》二，中央文献出版社2011年版，第893页。
③ 《毛泽东选集》第4卷，人民出版社1991年版，第1337页。

军队分别从沈阳和葫芦岛增援的企图，保障了攻锦的胜利。

毛泽东充分肯定了作战的成功，致电林、罗、刘说：锦州作战"部队精神好，战术好，你们指挥得当，极为欣慰，望传令嘉奖"①。锦州的解放，对于辽沈战役的胜利具有决定性的意义。它就像关上了东北的大门，把国民党方面在东北战场和华北战场这两大战略集团分割开来。东北"剿总"副总司令兼锦州指挥所主任范汉杰被俘后说："这一着非雄才大略之人是作不出来的，锦州好比一条扁担，一头挑东北，一头挑华北，现在是中间折断了。"②

在锦州攻克后，困守长春的国民党第六十军举行起义，新七军投诚，郑洞国率领残部放下武器。10月21日，长春和平解放。从沈阳西出后徘徊于新民、彰武地区的廖耀湘兵团10万之众，在蒋介石"规复锦州"的严令下，在10月20日向黑山、大虎山攻击前进。毛泽东批准林彪、罗荣桓采取"诱敌深入"的方针予以歼灭。10月25日，当廖耀湘兵团转向营口撤退时，东北野战军从四面八方将它分割包围，经过两天激战，将廖耀湘兵团全部歼灭。紧接着，大军又乘胜挥师东进，到11月2日，解放了沈阳和营口，9日，收复锦西和葫芦岛。东北全境获得解放。

辽沈决战历时52天，东北人民解放军百万雄师在人民群众的全力支援下，歼灭了东北国民党军队47.2万人，其中包括由美国装备并训练、曾在印缅战场作战的精锐主力新一军和新六军，取得震惊中外的巨大胜利。

辽沈决战的结果，对国民党统治集团是致命的一击，引起了全国战局的急转直下。蒋介石在北平和南京两次吐血。他后来在《苏俄在中国》一书中写道："东北一经沦陷，华北乃即相继失守，而整个形势也就不可收拾了。"路透社记者评论道："国民党在满洲的军事挫败，目前已使蒋介石政府比过去20年存在期间的任何时候都更加接近崩溃的边缘。"

辽沈决战的胜利，对解放战争来说，大大加速了胜利的进程。人民解放军不仅有了巩固的有较强工业基础的战略后方，拥有一支强大的战略机动部队——70多万人的东北野战军，而且取得了在战略协同下进行大会战的丰富经验，这对于整个战略决战的进一步展开和胜利有着重要的意义。

中国共产党中央委员会在关于全东北解放的贺电中写道：

"东北是中国工业特别是重工业最大的中心，国民党反动政府在美国帝国主义积极援助下，从1945年冬季以来就曾经用极大力量来抢占东北，先后投入兵力及收编伪军胡匪共达110万人。依靠我东北前后方全体军民团结一致，英勇奋斗，并得到我关内各解放区的胜利配合，在3年的奋战中歼灭敌人100余万，终于解放了东北九省的全部土地和3700万同胞，粉碎了中美反动派奴役东北人

① 中共中央文献研究室编：《毛泽东传》二，中央文献出版社2011年版，第894页。
② 韩先楚：《东北战场与辽沈决战》，《辽沈决战》上册，人民出版社1988年版，第127页。

民并利用东北以挑拨国际战争的迷梦，奠定了在数年内解放全中国，然后将中国逐步建设为工业国家的巩固基础。"①

淮 海 战 役

辽沈战役一结束，南线的战略决战——淮海战役便开始了。

淮海战役是人民解放军在以徐州为中心、东起海州、西至商丘、北起临城、南达淮河的广大地区进行的一次规模空前的战役。集结在这个地区的国民党军队有徐州"剿总"总司令刘峙、副总司令杜聿明指挥下的4个兵团和3个绥靖区部队，加上以后从华中增援的黄维兵团等部，总兵力达80多万人。其中，邱清泉兵团的第五军和黄维兵团的第十八军是南京政府仅存的两支最精锐的主力部队。叶剑英曾这样分析："敌人重兵密集，便于机动，增援迅速。若要攻歼其任何一部，必须首先拦住敌人的援兵，才能赢得时间，保持主动。这是华东战场与其他战场截然不同的特点，也是影响战役胜败的关键。"② 人民解放军参加这次战役的，有华东野战军16个纵队、中原野战军7个纵队，还有华东、中原军区的地方部队，总共60多万人，数量少于敌军，装备和交通运输条件更远不如对方。双方的力量对比，和东北战场上不同。

当时，蒋介石的打算是：在徐州地区布下重兵，既可寻求同解放军主力决战，又可以退而作为长江一线的屏障，保住它的根本重地——南京和上海；当战局对它不利时，还可以将主力撤至江南，巩固长江防线，阻止解放军过江。因此，如果不能抓住战机，在徐州地区消灭它的主力，让刘峙集团缩回江南，就会给以后的渡江作战和解放江南广大地区带来许多困难，甚至会延长全国革命胜利的时间。作出歼灭刘峙集团于徐州地区这个决断，需要有很大的勇气和魄力。

确定淮海战役的规模和部署，有一个发展过程。最早提出发起淮海战役这个建议的，是华东野战军代司令员兼代政治委员粟裕。9月24日清晨，当人民解放军已突入济南内城进行巷战时，他致电中央军委并报华东局、中原局，提出为了更好地改善中原战局并为将来渡江创造有利条件，"建议即进行淮海战役"；如果"全军即进入休整，如此对部队有好处，但易失去适宜作战——秋凉气候和济南失守后加于敌人之精神压力"。第二天中午，刘伯承、陈毅、李达致电中央军委："济南攻克后，我们同意乘胜进行淮海战役。"当晚19时，毛泽东为中央军委起草复电："我们认为举行淮海战役甚为必要。目前不需要大休整，待淮海战役后再进行一次休整。"并且明确地指出："你们第一个作战，应以歼

---

①　中央档案馆编：《中共中央文件选集》第 17 册，中共中央党校出版社 1992 年版，第 445 页。
②　叶剑英：《伟大的战略决战》，《星火燎原》选编之十，中国人民解放军战士出版社 1982 年版，第 8 页。

灭黄兵团于新安、运河之线为目标。"① 这里说的"黄兵团",是指位于徐州东侧、由黄百韬率领的第七兵团。当时所说的"淮海战役",准备夺取两淮(淮阴、淮安)、海州,打通山东和苏北的联系,威胁长江北岸,为下一步在徐州、浦口线上的作战创造有利条件,还不是作为南线战略决战的淮海战役。

电报发出后,毛泽东继续观察和思考着。他很快觉察到,这次战役的规模和影响将比原来预想的要大得多。9月28日,他为中央军委起草电报指出:"黄兵团调回新安镇地区业已证实。你们淮海战役第一个作战,并且是最主要的作战,是钳制邱李两兵团、歼灭黄兵团。新安镇地区距离徐州甚近,邱李两兵团赴援甚快。这一战役必比济南战役规模要大,比睢杞战役的规模也可能要大。因此,你们必须有相当时间使攻济兵团获得休整补充,并对全军作战所需包括全部后勤工作在内有充分之准备,方能开始行动。"10月11日,他又再次电示:"本战役第一阶段的重心是集中兵力歼灭黄兵团,完成中央突破";并且更着重地提出:"要用一半以上兵力,牵制及阻击及歼敌一部以对付邱李两兵团,才能达成歼灭黄兵团3个师之目的。这一部署,大体如同9月间攻济打援的部署,否则不能达成歼灭黄兵团3个师之目的。"② 像这样"用一半以上兵力"来打援的巨大决心和部署,完全出乎国民党当局的意料之外。它对以后保障淮海战役的初战大捷有着巨大的意义。

由于预见到淮海战役的规模将越打越大,毛泽东立刻考虑到华东野战军和中原野战军这两支大军并肩作战的问题,在10月11日那个电报中提出:正在徐州以西的豫东地区的"孙元良三个师现将东进,望刘陈邓即速部署攻击郑徐线,牵制孙兵团"。同一天,他又致电叮嘱中原野战军:"否则,孙兵团加至徐州方面,将极大妨碍华野的新作战。"③ 根据中央军委的部署,中原野战军在22日以突然动作攻克郑州,消灭国民党军队1万多人。中原野战军参谋长李达回忆道:"从打郑州开始,淮海战役即成为华野、中野两支大军共同执行的任务了。正如邓小平政委引用毛泽东主席说过的一句话:两个野战军联合在一起,就不是增加一倍力量,而是增加了好几倍的力量。"④

就在中原野战军攻克郑州的同一天,毛泽东又对他们的下一步行动提出新的要求:"以主力于邱李两兵团大量东援之际,举行徐蚌作战,相机攻取宿县、蚌县,坚决彻底干净全部地破毁津浦路,使敌交通断绝,陷刘峙全军于孤立地位。"⑤ 可以清楚地看到,把淮海战役的战略目标扩大为力争包围并歼灭徐州

---

① 中共中央文献研究室编:《毛泽东传》二,中央文献出版社2011年版,第897页。
② 中共中央文献研究室编:《毛泽东传》二,中央文献出版社2011年版,第898页。
③ 中共中央文献研究室编:《毛泽东传》二,中央文献出版社2011年版,第898页。
④ 《李达军事文选》,解放军出版社1993年版,第283页。
⑤ 中共中央文献研究室编:《毛泽东传》二,中央文献出版社2011年版,第900页。

"剿总"刘峙全军的巨大决心，到这时已经有了一个初步的构想。

在东北辽沈战役胜利结束后，中国的军事形势进入一个新的转折点，即战争双方力量对比已经发生了根本的变化。在这样一个有利形势面前，淮海战役应该怎样打？毛泽东觉得原定的在新安镇地区歼灭黄百韬兵团后华野主力转向淮安、淮阴地区的部署已不能适应战争形势的发展。11月7日，即淮海战役发起后的第二天，他致电华东并告中原野战军的领导人，提出：第一仗估计需要10天左右时间，力争歼灭黄百韬等部廿一二个师，"如能达成此项任务，整个形势将改变，你们及陈邓即有可能向徐蚌线迫进。那时蒋介石可能将徐州及其附近兵力撤至蚌埠以南；如果敌人不撤，我们即可打第二仗，歼灭黄维、孙元良，使徐州之敌完全孤立"。这样，他对淮海战役规模的构思又推进了一步。11月9日，他在接到粟裕、张震关于"抑留敌人于徐州及其周围，尔后分别削弱与歼灭之"的建议后，立即在9日起草了一份"佳亥"电，明确提出："应极力争取在徐州附近歼灭敌人主力，勿使南窜。"至此，淮海战役的作战方针，即毛泽东在11月23日致中原、华东领导人电报中提到的"隔断徐蚌，歼灭刘峙主力的总方针"，便最终确立了。

毛泽东历来主张：要多谋善断。在淮海战役正式发动前的一个多月中，毛泽东和中央军委同华东、中原两大野战军的指挥员反复磋商，认真听取他们的意见，从多种方案中进行比较选择，根据不断变化着的形势及时地调整部署，作出战略决策。因此，当战役一开始，便能成竹在胸地将既定的作战方案一步步地付诸实施，并能从容地应付各种复杂的局面。当时担任华东野战军副参谋长的张震后来评论道："毛主席高瞻远瞩，制定了淮海战役的作战方针，又博采众长，使这个方针得到补充和进一步完善。战役第一阶段的进攻方向选定在徐州以东，歼灭对象是黄百韬兵团。中野主力直出徐蚌线，协同华野作战。在总的战略意图下，最高统帅部和前线指挥员之间经过酝酿磋商，使战役的具体部署更加缜密。"[①] 这是淮海战役这样一场波澜壮阔的南线战略决战能够如此有条不紊地胜利进行的重要原因。

基本作战方案已经确定，毛泽东仍然十分谨慎，没有因此而完全放下心来。10月27日，他致电华东和中原野战军再次叮嘱："你们在研究部署时除根据当前情况外，还要估计到情况的某些可能的变化。要设想敌可能变化的几种情况，其中应包括一种较严重的情况，要准备在这种情况下有对付的办法。"第二天，饶漱石、粟裕、谭震林向中央军委并刘、陈、邓报告围歼黄百韬兵团的作战计划。30日，毛泽东复电："计划与部署甚好，请即照此施行。"并且提议："各处一起动作，使各处之敌同时受攻，同时认为自己处于危险境地，互相不能照

① 张震：《华东野战军在淮海战役中的作战行动》，《淮海战役·回忆史料》，解放军出版社1988年版，第24页。

顾。"陈、邓方面"亦请同时动作"。次日，粟裕致电中央军委："此次战役规模很大，请陈军长、邓政委统一指挥。"这个要求立刻得到中央军委的批准。11 月 3 日，毛泽东致电陈、邓：关于钳制邱、孙兵团的"具体攻击任务，由你们按当面情况临机决定"①。

一场大仗很快就要开始了。

11 月 4 日，华东野战军下达淮海战役攻击命令。6 日傍晚，华野向徐州东侧新安镇地区的黄百韬兵团出击，淮海战役开始。第二天，毛泽东致电粟裕等，表示完全同意他们的攻击部署，并说："望你们坚决执行，非有特别重大变化，不要改变计划，愈坚决愈能胜利。在此方针下，由你们机断专行，不要事事请示，但将战况及意见每日或每两日或每三日报告一次。"② 华东野战军发动攻击后，黄百韬率领所辖 5 个军慌忙西撤，企图退往徐州。8 日下午，国民党军第三绥靖区副司令官何基沣、张克侠（都是地下党员）率第五十九军全部、七十七军大部 2.3 万余人在贾汪、台儿庄地区起义，使徐州的东北大门敞开，解放军得以迅猛地直插徐州以东，并造成国民党军上下混乱。刘峙不得不把原在徐州以东掩护黄兵团的李弥兵团撤回，并急调邱清泉、孙元良两兵团，共同守卫徐州。

11 月 11 日，解放军切断黄百韬撤往徐州的退路，将黄百韬兵团合围于以碾庄圩为中心的狭小地区内。同一天，蒋介石一面命令黄百韬固守待援，一面派杜聿明到徐州指挥邱清泉、李弥两个兵团东援。邱、李两兵团在飞机、坦克、榴弹炮掩护下，向解放军阵地发动猛攻，但没有估计到华东野战军"用一半以上兵力"来打援，攻势得不到进展。22 日，黄百韬兵团在解放军总攻下，全部被歼。

当华东野战军主力正在围歼黄百韬兵团时，中原野战军主力根据中央军委 11 月 9 日和 10 日的电令在 16 日攻占宿县。宿县是徐州至蚌埠间铁路线上的重镇，是徐州"剿总"的重要补给基地。攻克宿县，就一举切断徐蚌线，完成了对徐州的包围。这是一个大举动，不仅有力地保障了围歼黄百韬兵团的作战，并且为下一步淮海战役的全面胜利创造了极为有利的条件。

毛泽东立刻敏锐地看出：战场上的形势已发生巨大变化。他在 11 月 14 日为新华社所写的评论指出："这样，就使我们原来预计的战争进程，大为缩短。原来预计，从 1946 年 7 月起，大约需要 5 年左右时间，便可能从根本上打倒国民党反动政府。现在看来，只需从现时起，再有一年左右的时间，就可能将国民党反动政府从根本上打倒了。"③ 两天后，他为中央军委起草了关于成立中共淮

---

① 中共中央文献研究室编：《毛泽东传》二，中央文献出版社 2011 年版，第 900、901 页。
② 中共中央文献研究室编：《毛泽东传》二，中央文献出版社 2011 年版，第 901 页。
③ 《毛泽东选集》第 4 卷，人民出版社 1991 年版，第 1361 页。

海前线总前委的电报，明确地指出："此战胜利，不但长江以北局面大定，即全国局面亦可基本上解决。望从这个观点出发，统筹一切。统筹的领导，由刘、陈、邓、粟、谭5同志组成一个总前委，可能时，开5人会议讨论重要问题，经常由刘、陈、邓3人为常委，临机处置一切，小平同志为总前委书记。"①

全歼黄百韬兵团，标志着淮海战役第一阶段的胜利结束。下一步的主攻方向指向哪里？还在11月7日，毛泽东曾预计第二仗是打从河南赶来淮北的黄维兵团。但一切作战都将依战场实际情况而定。到11月16日至18日期间，战场的情况是：围歼黄百韬兵团的战斗正在紧张地进行，由徐州东援的邱、李两兵团被阻于林佟山、东贺村一线，刘汝明、李延年两兵团位于蚌埠地区，黄维兵团正由阜阳沙河以西东进。据此，毛泽东同刘、陈、邓和粟裕经过磋商预定：在歼灭黄百韬兵团后，就势转兵歼灭邱、李兵团，将它打得不能动弹；或以华野一部南下协同中野打黄维兵团。11月19日，黄百韬兵团仍未歼灭，而黄维兵团已进抵蒙城东西地区。在这种情况下，刘伯承、陈毅、邓小平于19日致电中央军委，提出："我们决心先打黄维。"当天，毛泽东复电，同意中原野战军以主力歼击黄维；华东野战军除继续围歼黄百韬兵团并阻击邱、李、孙外，抽出必要兵力对付李延年兵团，以求歼灭至少阻止李延年兵团，保障中原野战军侧翼不受威胁。23日，刘、陈、邓又向中央军委报告：李延年、刘汝明两兵团迟迟不进，黄维兵团远道疲劳，孤军冒进，态势突出，"歼击黄维时机甚好"，决心在浍河以北布置袋形阵地诱敌深入，聚歼黄维兵团。第二天，毛泽东复电："（一）完全同意先打黄维；（二）望粟陈张遵刘陈邓部署，派必要兵力参加打黄维；（三）情况紧急时机，一切由刘陈邓临机处置，不要请示。"② 这样，淮海战役第二阶段歼击黄维兵团的作战方针便确定下来了。

先打黄维兵团的决心确定下来后，毛泽东稍稍松了一口气。24日他给清华大学教授吴晗写了一封信说："两次晤谈，甚快。大著阅毕，兹奉还。此书用力甚勤，掘发甚广，给我启发不少，深为感谢。有些不成熟的意见，仅供参考，业已面告。此外尚有一点，即在方法问题上，先生似尚未完全接受历史唯物主义作为观察历史的方法论。倘若先生于这方面加力用一番功夫，将来成就不可限量。"③ 吴晗对毛泽东在指挥战略决战的紧张时刻，还读完了他所写《朱元璋传》的修改稿，并且提出使他在理论上得到启发的意见，十分感动。

黄维所率领的第十二兵团，辖有4个军和1个快速纵队，大部分为美械装备，是蒋介石的精锐兵团。其中的第十八军是陈诚的嫡系部队，有很强的战斗力。淮海战役开始时，他们被中原野战军一部牵制在豫西山区奔波不息，人马

---

① 中共中央文献研究室编：《毛泽东传》二，中央文献出版社2011年版，第904页。
② 中共中央文献研究室编：《毛泽东传》二，中央文献出版社2011年版，第905页。
③ 《毛泽东书信选集》，人民出版社1983年版，第310页。

疲惫。以后，因为淮海战场局势危急，未及休整，匆忙东调。他们带着大量重武器，闯入河流纵横的淮北，遭到解放军小部队和地方武装的不断袭击，行动迟缓，先头部队到 11 月下旬才进至蒙城地区，企图同由徐州南下的邱、孙两兵团和从蚌埠北上的李、刘两兵团，重占宿县，恢复徐州和蚌埠之间的交通，但彼此还隔有相当的距离。

围歼黄维兵团的作战，从 11 月 23 日（全歼黄百韬兵团之日）开始。25 日，中原野战军将黄维兵团合围于双堆集地区。第二天，毛泽东致电总前委："黄维被围，有歼灭希望，极好极慰。但请你们用极大注意力对付黄维的最后挣扎。"两天后，又向他们提出下一步的任务："淮海战役的第三阶段是解决徐蚌两处之敌，夺取徐、蚌。"① 中原野战军在得到华东野战军一部的加强后，经过激战，至 12 月 15 日全歼黄维兵团，胜利地结束了淮海战役的第二阶段。

正当围歼黄维兵团的战斗还在激烈地进行时，11 月 30 日，杜聿明鉴于徐州已陷于孤立无援状态，经同蒋介石磋商，慌忙放弃徐州，率领前进指挥部和邱、李、孙兵团共 30 万人向西南的永城方向撤逃。毛泽东在 28 日已要求总前委注意：须估计到徐州之敌有向两淮或向武汉逃跑可能，12 月 2 日，又致电华东野战军："敌向西逃，你们应以两个纵队，侧翼兼程西进，赶至敌人先头堵住，方能围击，不要单靠尾追。"② 4 日，华东野战军将撤退中已混乱不堪的杜聿明集团合围于徐州西南 65 公里的陈官庄地区。孙元良兵团在单独突围时被歼。解放军采取南面阻击、东西北三面攻击的方针，逐步缩小包围圈。

12 月 16 日，黄维兵团被歼的第二天，淮海战役进入第三阶段。这时平津战役已经开始，为着不使蒋介石迅速决策海运在平津地区的国民党军队南下，毛泽东指示在南线留下杜聿明集团，暂时不作最后歼灭的部署。由于歼灭杜聿明已不成问题，人民解放军在战场上就地休整，并加强政治攻势。毛泽东为中原、华东人民解放军司令部起草了《敦促杜聿明等投降书》，向被围困的国民党军队阵地反复广播，它劈头就指出："你们现在已经到了山穷水尽的地步。黄维兵团已在 15 日晚全军覆没，李延年兵团已掉头南逃，你们想和他们靠拢是没有希望了。你们想突围吗？四面八方都是解放军，怎么突得出去呢？你们这几天试着突围，有什么结果呢？"广播稿最后要求他们："立即下令全军放下武器，停止抵抗，本军可以保证你们高级将领和全体官兵的生命安全。只有这样，才是你们的唯一生路。你们想一想吧！如果你们觉得这样好，就这样办。如果你们还想打一下，那就再打一下，总归你们是要被解决的。"③

从 12 月 16 日以后的 20 天中，天气骤变，雨雪交加，国民党军队粮弹两缺，

① 中共中央文献研究室编：《毛泽东传》二，中央文献出版社 2011 年版，第 905、906 页。
② 中共中央文献研究室编：《毛泽东传》二，中央文献出版社 2011 年版，第 906 页。
③ 《毛泽东选集》第 4 卷，人民出版社 1991 年版，第 1369—1370 页。

饥寒交迫，士兵饿死冻死的越来越多。蒋介石派飞机空投的少量粮弹，根本无济于事。人民解放军就地休整。后方的几百万民工为了支援前线，源源不断地送来粮食弹药等，使解放军得到充分的物资供应。这是取得胜利的保障。陈毅多次说过："华东战场上的国民党反动派是老百姓用独轮车把他推倒的。"[①] 1949年1月6日，人民解放军发起总攻，陷入绝境的国民党军队的防御体系开始瓦解。10日，杜聿明集团全部被歼，淮海战役胜利结束。

淮海战役从1948年11月6日到1949年1月10日，历时66天，共歼灭国民党军队55.5万多人。国民党军队在南线的精锐主力已被消灭。长江中下游以北的广大地区已得到解放。国民党政府的统治中心南京、上海和长江中游的中心城市武汉已处在人民解放军的直接威胁下。整个南线战局已经根本改观。

淮海战役是三大战役中唯一的人民解放军在总兵力上少于国民党军队的情况下进行的。毛泽东称赞前线指挥员们：淮海战役打得好，好比一锅夹生饭，还没有完全煮熟，硬是被你们一口一口地吃下去了。华东野战军副参谋长张震回忆道："淮海战役既是与敌人斗力，又是与敌人斗智。""毛主席的战略思想、作战方针和作战指导原则，是克敌制胜的根本依据。前线指挥员的胆略、智慧和威望，也是不可缺少的。他们从战场实际情况出发，积极贯彻和补充作战方针，并根据情况变化，采取机断处置，适时调整部署，这个环节如稍有失误，也不可能取得战役的全胜，甚至弹打鸟飞，功亏一篑。毛主席十分重视了解下情和发扬集体智慧，善于集中下级的正确意见，充分发挥前线指挥员的主观能动性，并给他们以临机处置的权力，使中央军委的战略意图得到更好的贯彻，这更证明了毛主席的伟大英明。"[②]

当济南战役、辽沈战役相继胜利结束，淮海战役中黄百韬兵团已被全歼、黄维兵团正被围歼时，以北平、天津为中心的华北地区的国民党军队，在屡遭打击后，又失去南北两面的依托，军心动摇，已陷入十分孤立和混乱的境地。

那时，国民党华北"剿总"傅作义集团除一个军位于归绥、一个师位于大同外，其余主力4个兵团、12个军连同其他部队50多万人，沿着北宁铁路和平绥铁路，分驻在东起滦县、西迄张家口的500多公里狭长地带上，摆成一字长蛇阵。这些部队中，40%属于傅作义系统，60%属于蒋介石系统，彼此间存在矛盾。在面临东北和华北人民解放军的联合打击面前，他们在总兵力上已居于劣势，处境极为不利。在辽沈、淮海两大战役相继发动后，这是国民党方面唯一可能机动的兵力。

对如何解决华北问题，毛泽东从战略全局出发，早在1947年5月20日，在

---

① 陈士榘：《天翻地覆三年间》，中共中央党校出版社1995年版，第49页。
② 张震：《华东野战军在淮海战役中的作战行动》，《淮海战役·回忆史料》，解放军出版社1988年版，第33—34页。

给林彪、罗荣桓的一份电报中就作出大致的规划。这份电报明确地指出：为了将来解放北宁、长春两路和平、津、沈、长四城，东北和华北必须密切配合，有计划地、逐步地建立北满、南满、冀热辽强大根据地。1948 年 8 月，毛泽东在西柏坡召见聂荣臻、杨成武时，又对他们说："现在中央的战略决策是，先解放东北，然后再回过头来解放华北。因此，你们目前的战略任务就是配合东北作战，抓住华北的敌人，不让他们增援东北。"① 10 月 31 日，当东北野战军即将攻占沈阳、营口时，毛泽东部署东北主力先抽两个纵队即行南下，其他部队准备在下一步协同华北力量歼灭傅作义主力，夺取平津等地，使政治协商会议能于明年夏天在北平开会。同一天，新华社发表他所写的评论《国民党军队北线总崩溃在即》。

蒋介石和傅作义在这种局势下虽已惶惶不可终日，但仍以为：在辽沈战役这样的大仗刚结束后，东北野战军一定需要有一段时间休整，不可能立即入关，华北的生存还不会马上受到威胁。由于徐蚌会战已有一触即发之势，急需要投入更多兵力，长江防线也须加强兵力，蒋介石设想要傅作义率部南撤，并委傅为"东南军政长官"。但他的主意并没有打定，仍在犹豫之中，考虑到根据地原在绥远的傅作义可能不愿南下，所以又想仍以傅部守平津，阻挡和牵制东北、华北人民解放军的南下，以利争取时间加强江防。傅作义的考虑是：绥远是他的"老家"，但他统率下的蒋系部队带不去；而且绥远经济落后，不利于扩充实力和长期坚守；暂守平津，有利于扩充实力；如果南下，不但自己的嫡系部队很难带往江南，而且在南下后可能被蒋介石吞并。他有意把蒋系部队摆在北宁线，把傅系部队摆在平绥线，一旦东北解放军入关，蒋系部队首当其冲，而傅系部队在不利情况下可以西撤绥远。这样，蒋、傅各有各的打算，不易取得一致，一时仍采取暂守平津、控制海口、扩充实力、以观时局变化的决策。

11 月 9 日，毛泽东签发了由周恩来起草的一份电报中指出：在人民解放军胜利影响下，傅作义部正徘徊于平、张、津、保之间，"对坚守平、津或西退绥、包，似尚未下最后决心"；并提出抑留傅部在平、张、津、保地区，"以待我东北主力入关，协同华北力量，彻底歼灭该敌"。15 日，东北野战军总部致电军委，建议华北人民解放军除以一部监视太原外，"集中力量迅速包围保定或张家口"，切断它同北平的联系，以拖住敌人。"等到东北部队南下后，再同时合力发动攻势，歼灭全部敌人。"毛泽东在第二天复电说："你们提出的问题，我们曾经考虑过，认为如以杨罗耿位于绥东与杨成武集结一起，可以阻止傅作义部向绥远撤退，但不能阻止傅部及中央军向海上撤退，包围张家口不能达此目的。"接着，他提出一个独到的设想："你们主力早日入关，包围津、沽、唐山，在包围姿态下进行休整，则敌无从海上逃跑。"但他仍以商量的口气写道："请

---

① 《聂荣臻回忆录》(下)，解放军出版社 1984 年版，第 686 页。

你们考虑你们究以早日入关为好，还是在东北完成休整计划然后入关为好，并以结果电告为盼。"①

战场的局势发展得很快。就在中央军委发出上述这份电报的 11 月 16 日，华东野战军对黄百韬兵团发起了总攻，中原野战军也攻克宿县，对徐州地区形成合围。17 日，毛泽东和周恩来商议后，由周恩来为中央军委起草致林、罗、刘的电报，指出在南线战局急剧变化的情况下，蒋介石必将考虑长江防线问题，目前他"所能调动的兵力，只有华北、西北两集团，首先必是华北"，因为西北胡宗南集团还负有掩护四川和西南的任务。毛泽东在这里添写道：虽然蒋介石不调动平津一带兵力这一种可能性也是有的，"但是我们的计划应当放在他可能调动一点上"。电报接着说："从全局看来，抑留蒋系 24 个师及傅系步骑 16 个师于华北来消灭，一则便利东北野战军入关作战，二则将加速蒋匪统治的崩溃，使其江南防线无法组成，华东、中原两野战军既可继续在徐淮地区歼敌，也便于东北野战军将来沿津浦路南下，直捣长江下游。但欲抑留蒋傅两部于华北，依华北我军现有兵力是无法完成的。"因此，提出了两个方案：一个是"东北野战军提前于本月 25 日左右起向关内开动"；另一个是"仍按原计划休整到 12 月半然后南进"。对实行后一种方案的后果，毛泽东加写道："即是说蒋傅要撤就让其撤走，你们则准备于到平津后，无仗可打时，即沿平汉路南下。"② 十分明显，虽说有两个方案，毛泽东和周恩来是倾向于实行第一个方案的。

林罗刘在接到毛泽东 16 日的电报后，复电称：东北主力提早入关很困难。因为在东北解放后，部队思想发生很大波动，需要以大力解决；此外部队冬大衣、棉帽、棉鞋均尚未发下。因此，关内部队最好能在东北主力尚未动时，即能包围一股较大敌人，以拖住敌人为好。

11 月 18 日，毛泽东为中央军委起草电报，向林、罗、刘通报："傅作义经过彭泽湘及符定一和我们接洽起义。"接着，便断然作出东北主力迅速入关的决断："望你们立即令各纵队以一二天时间完成出发准备，于 21 日或 22 日，全军或至少 8 个纵队取捷径以最快速度行进，突然包围唐山、塘沽、天津三处敌人不使逃跑，并争取使中央军不战投降（此种可能很大）。""望你们在发出出发命令后先行出发，到冀东指挥。"20 日，他再次致电林、罗、刘等："先以 4 个纵队夜行晓宿秘密入关，执行隔断平津的任务。"为了使东北主力入关的行动不过早惊动对方，他特别强调："部队行动须十分隐蔽，蒋傅对我军积极性总是估计不足的，他们尚未料到你们主力会马上入关，因此除部队行动十分隐蔽外，请东北局及林罗谭令新华社及东北各广播台在今后两星期内多发沈阳、新民、营口、锦

① 中共中央文献研究室编：《毛泽东传》二，中央文献出版社 2011 年版，第 911 页。
② 中共中央文献研究室编：《毛泽东传》二，中央文献出版社 2011 年版，第 912 页。

州各地我主力部队庆功祝捷练兵开会的消息，以迷惑敌人。"① 他还决定以聂荣臻的名义，通过符定一等，要傅作义派可靠代表到石家庄，作起义谈判的初步接洽。

傅作义这时虽已通过关系开始接洽起义，但意在"保存实力"，并没有拿定主意，还有西逃和南下的可能，而以西逃的可能性较大。聂荣臻回忆道："这时候，东北我军主力尚未入关，如何在他们入关之前，将敌人抑留在华北，不使其南窜或西逃绥远，这是当时中央军委和毛泽东同志考虑的中心问题。经过一再分析，决定从二十兵团包围张家口、宣化入手。"② 毛泽东估计，一旦以迅速动作抓住并包围张家口、宣化后，傅作义将调集他的嫡系主力第三十五军等部由北平地区西援。如能在平张线上歼其一部，使傅部不能西逃或南下，便是极大的战略上的胜利。

平 津 战 役

平津战役从 11 月 29 日开始，作战先从西线打起。当夜，华北第三兵团对柴沟堡等地发起攻击。傅作义果如毛泽东所预料的那样，立刻命令第三十五军主力和第一〇四军一个师分别乘火车和汽车驰援张家口，并且调原在涿县的第十六军移至昌平、南口，以便在形势不利时保住西撤的通路。这样，傅系主力被牵制在平绥铁路一线，又掩护了东北野战军的入关行动，避免国民党在北平地区的兵力调向东去。12 月 5 日，原来秘密集结在北平以北平谷地区待命的东北先遣兵团两个纵队采取突然行动，迅速攻占密云，傅作义判断他们将直下北平，急忙调整部署：命令第三十五军和第一〇四军一个师火速撤回北平，并从天津、塘沽等调集第九十二、六十二军和第九十四军主力增防北平。根据毛泽东和中央军委的部署，华北第三兵团迅速包围了张家口，华北第二兵团将从张家口匆忙东撤的傅作义嫡系主力第三十五军包围于新保安。接着，东北先遣兵团占领了怀来、康庄、南口。东北野战军指挥所属各纵队，以神速隐蔽的行动，分别由喜峰口、冷口向关内急进，到达冀东集结。这样，解放军便将傅作义集团主力分别包围或吸引在北平和张家口地区，使天津、塘沽、唐山各只有一个军（塘沽还有一个独立师），造成东北野战军主力可以切断平津、津塘之间联系的有利形势。毛泽东欣慰地说：此种形势"对于大局极为有利"③。

战局瞬息多变，战机稍纵即逝。毛泽东对正在展开中的淮海战役和平津战役的形势进行通盘分析后，作出决策。12 月 11 日，毛泽东为中央军委起草致林彪、罗荣桓等电。这个电报，后来以《关于平津战役的作战方针》为题收入

① 中共中央文献研究室编：《毛泽东传》二，中央文献出版社 2011 年版，第 913 页。
② 《聂荣臻回忆录》（下），解放军出版社 1984 年版，第 694 页。
③ 中共中央文献研究室编：《毛泽东传》二，中央文献出版社 2011 年版，第 914 页。

《毛泽东选集》。

电报一开始就分析当前的局势："张家口、新保安、怀来和整个北平、天津、塘沽、唐山诸敌，除某几个部队例如三十五军、六十二军、九十四军中的若干个别的师，在依靠工事保守时尚有较强的战斗力外，攻击精神都是很差的，都已成惊弓之鸟，尤其你们入关后是如此。切不可过分估计敌人的战斗力。"并且明确指出："唯一的或主要的是怕敌人从海上逃跑。"

根据这个判断，电报作出具体部署："从本日起的两星期内（12月11日至12月25日）基本原则是围而不打（例如对张家口、新保安），有些则是隔而不围（即只作战略包围，隔断诸敌联系，而不作战役包围，例如对平、津、通州），以待部署完成之后各个歼敌。尤其不可将张家口、新保安、南口诸敌都打掉，这将迫使南口以东诸敌迅速决策狂跑，此点务求你们体会。"

电报说：敌人现时可能估计你们要打北平，"但我们的真正目的不是首先包围北平，而是首先包围天津、塘沽、芦台、唐山诸点"。"此种计划出敌意外，在你们最后完成部署以前，敌人是很难觉察出来的。""敌人对于我军的积极性总是估计不足的，对于自己力量总是估计过高，虽然他们同时又是惊弓之鸟。平津之敌决不料你们在12月25日以前能够完成上列部署。"

在完成上列部署后，电报规定："攻击次序大约是：第一塘芦区，第二新保安，第三唐山区，第四天津、张家口两区，最后北平区。""只要塘沽（最重要）、新保安两点攻克，就全局皆活了。"①

对这样的作战部署，叶剑英后来评论道："'兵贵神速'和'出敌不意'的军事原则，为一般军事家所熟知，但毛泽东同志运用之妙，却超乎寻常。'围而不打'和'隔而不围'的作战方针，以及延缓华东战场对杜聿明集团残部最后歼灭部署的指示，则更表现了军事指挥上的高度艺术。"②

局势的发展，正如毛泽东所预计的那样。12月中旬，傅作义将华北"剿总"司令部由北平西郊迁到城内，放弃唐山、芦台，加强塘沽的防守。12月15日，蒋介石派前军令部部长徐永昌从南京飞抵北平，劝傅作义率部南撤。按照毛泽东的部署，华北第二、第三兵团加强对张家口和新保安的包围，做好攻击的准备；东北野战军和华北第七纵队在12月21日完成了隔断平、津、塘之间的联系。到这时，傅作义集团这只"惊弓之鸟"，已被分割包围而变成笼中之鸟，欲逃无路了。

在完成对平津的包围后，12月22日和24日，人民解放军先后攻占新保安、解放张家口，将傅系主力基本消灭，使他们无法西逃。毛泽东在布置严密防止平、津国民党军南逃的同时，一再查询攻克塘沽的可能性。他从一些情报和外国通讯社的报道中获悉，大沽口没有码头，轮船不能靠岸，塘沽以西的新河是

① 《毛泽东选集》第4卷，人民出版社1991年版，第1363—1366页。
② 叶剑英：《伟大的战略决战》，《星火燎原》选编之十，中国人民解放军战士出版社1982年版，第11页。

盐滩不毛之地，而塘沽附近集结有一批国民党的军舰，是天津出海的唯一口岸。因此，他要求东北野战军迅速切断天津和塘沽之间的联系。21日，又指示："攻击塘沽的迟早，以我军由大沽或塘沽附近是否可以炮击塘沽海港和完全封锁塘沽来作决定。"① 东北野战军参谋长刘亚楼后来说："我军本拟首先攻歼塘沽之敌，但因塘沽背面靠海，地势开阔，河流、盐田很多，冬不结冰，既不能从侧后切断敌人退路，又不便从正面展开兵力，而守敌侯镜如的指挥所设在军舰上，随时准备逃跑。"② 这些原来没有估计到的实际情况是不能不加考虑的。25日，林彪将第七纵队关于塘沽地形情况的报告转报军委，提出：从地形来看很不好打。26日，林彪又向军委报告：平津敌军突围迹象甚多，塘沽、大沽目前水的阻碍太大，兵力用不上，故对两沽的攻击时间拟予推迟。第二天，毛泽东以军委名义复示林彪："既然平津敌突围迹象甚多，目前攻击两沽亦有困难，自应推迟攻击两沽时间，并请考虑将迫近两沽之我军向后撤退。敌人见我不去攻击，就不一定会逃跑，若干天后海边封冻，再考虑是否攻击。该敌只有5个师，即使从海上跑掉也不要紧。"同时，又强调："平津两敌则应严防突围逃跑。""如果平津两敌确有突围征候，即应断然放弃对两沽之攻击计划，将对两沽兵力移至平津之间。"29日，毛泽东更明确地复示林彪："放弃攻击两沽计划，集中5个纵队准备夺取天津，是完全正确的。"③ 1949年1月14日，在天津国民党守军奉命拒绝和平解决后，人民解放军发起总攻，到15日攻克天津，歼灭守军13万人。17日，塘沽守军乘船南撤，人民解放军于当日解放塘沽。这样，傅作义集团的北平守军已完全没有退路，促成了他们接受和平解决。

毛泽东为了用和平方式解放北平，对傅作义进行了耐心的工作，既考虑到他的安全（北平地区的国民党军队，属于傅系的只有4个师，其余都是蒋系的部队），又晓以大义，指明正确的出路。

傅作义是华北"剿总"的总司令，但不是蒋介石的嫡系将领。是不是接受北平的和平解放，对他说来，存在着两种可能性："一方面他曾是抗日的爱国将领，与蒋介石的独裁卖国、排除异己有较深的矛盾，在国民党政府即将覆灭时，有把他争取过来的可能性；另一方面他反共，跟我们打过仗，他自己有两个军的嫡系部队，整个华北由他统率的国民党军队有60万人，不到不得已时，他不可能轻易接受和谈。"④ 事实正是这样，在傅作义还有力可恃、有路可走时，对和谈、起义长时间处于利害权衡和犹豫动摇之中。人民解放军的节节胜利对北

① 中共中央文献研究室编：《毛泽东传》二，中央文献出版社2011年版，第914页。

② 刘亚楼：《平津战役的胜利闪耀着毛泽东思想的光辉》，《伟大的战略决战》，解放军文艺出版社1961年版，第195页。

③ 中共中央文献研究室编：《毛泽东传》二，中央文献出版社2011年版，第917页。

④ 崔月犁：《争取傅作义将军起义》，《崇高的使命》上册，军事科学出版社1990年版，第155页。

平的和平解放起了决定性作用。战场上的胜败，左右着傅作义对和谈的态度。新保安一战中歼灭了他的嫡系主力第三十五军，张家口的解放又断绝了他的西退之路，傅作义才真正接受和谈。到天津解放、解放军对北平已兵临城下时，他才最后下定决心率部接受和平改编。

1949 年 1 月 1 日，毛泽东致电林彪，要他们通过北平地下党的市委直接告诉傅作义："傅氏反共甚久，我方不能不将他和刘峙、白崇禧、阎锡山、胡宗南等一同列为战犯。我们这样一宣布，傅在蒋介石及蒋系军队面前的地位立即加强了，傅可借此做文章，表示只有坚决打下去，除此以外再无出路。但在实际上则和我们谈好，里应外合，和平地解放北平，或经过不很激烈的战斗解放北平。傅氏立此一大功劳，我们就有理由赦免其战犯罪，并保存其部属。北平城内全部傅系直属部队，均可不缴械，并可允许编为一个军。"9 日，他又表明："为避免平津遭受破坏起见，人民解放军方面可照傅方代表提议，傅作义军队调出平津两城，遵照人民解放军命令，开赴指定地点，用整编方式，根据人民解放军的制度，改编为人民解放军。"①

这以后，经过多次谈判，中共北平地下组织和民主人士的积极劝说和促进，特别是在毛泽东发表"八项和平条件"后，傅作义接受和平解决的方式，并在内部做了不少工作，将北平城内的国民党军队 20 多万人从 1 月 22 日起开到城外，进行改编。人民解放军在 1 月 31 日进驻城内。古都北平宣告和平解放。

谈判的成功，北平的和平解放，使这个文化古都得到了完整的保存，促使国民党军队日益瓦解，大大加速了全国解放的进程。

2 月 23 日，毛泽东和周恩来、朱德在西柏坡接见傅作义、邓宝珊。毛泽东对傅作义说："过去我们在战场见面，清清楚楚；今天，我们是姑舅亲戚，难舍难分。蒋介石一辈子要码头，最后还是你把他甩掉了。"傅作义内疚地说："主席，我半生戎马，除抗日外，罪恶不小。"毛泽东说："和平解放北平，宜生功劳很大！"当谈到绥远问题时，毛泽东说："有了北平的和平解放，绥远的问题就好解决了。可以先放一下嘛！等待他们起义。还是以前说的，给你们编两个军。对于你们来说，走革命的道路，要过好几个关，但主要的是要过好军事关。这一关过好了，以后土改关、民主改革关、将来还有社会主义关等就好过了。"②傅作义、邓宝珊听后都受到很大鼓励。

平津战役，历时 64 天，共歼灭和改编国民党军队 52 万余人，除归绥、太原、新乡等少数几个孤立据点外，解放了华北全境。北平国民党军队接受和平改编后，绥远国民党军 5 万多人，留待以后起义，再按照人民解放军制度改编为人民解放军。毛泽东在 3 月上半月举行的中共七届二中全会上把天津、北平、

---

①　中共中央文献研究室编：《毛泽东传》二，中央文献出版社 2011 年版，第 918 页。

②　王克俊：《北平和平解放回忆录》，《傅作义生平》，文史资料出版社 1985 年版，第 291 页。

绥远作为解决国民党军队的三种方式。他说："辽沈、淮海、平津三战役以后，国民党军队的主力已被消灭。国民党的作战部队仅仅剩下 100 多万人，分布在新疆到台湾的广大的地区内和漫长的战线上。今后解决这 100 多万国民党军队的方式，不外天津、北平、绥远三种。用战斗去解决敌人，例如解决天津的敌人那样，仍然是我们首先必须注意和必须准备的。人民解放军的全体指挥员、战斗员，绝对不可以稍微松懈自己的战斗意志，任何松懈战斗意志的思想和轻敌的思想，都是错误的。按照北平方式解决问题的可能性是增加了，这就是迫使敌军用和平方法，迅速地彻底地按照人民解放军的制度改编为人民解放军。用这种方法解决问题，对于反革命遗迹的迅速扫除和反革命政治影响的迅速肃清，比较用战争方法解决问题是要差一些的。但是，这种方法是在敌军主力被消灭以后必然地要出现的，是不可避免的；同时也是于我军于人民有利的，即是可以避免伤亡和破坏。因此，各野战军领导同志都应注意和学会这样一种斗争方式。这是一种斗争方式，是一种不流血的斗争方式，并不是不用斗争可以解决问题的。绥远方式，是有意地保存一部分国民党军队，让它原封不动，或者大体上不动，就是说向这一部分军队作暂时的让步，以利于争取这部分军队在政治上站在我们方面，或者保持中立，以便我们集中力量首先解决国民党残余力量中的主要部分，在一个相当的时间之后（例如在几个月，半年，或者一年之后），再去按照人民解放军制度将这部分军队改编为人民解放军。这是又一种斗争方式。"①

　　用这样三种方式来解决国民党的 100 多万残余军队，是在国民党军队主力被歼后的新条件下，毛泽东关于军事斗争和政治斗争互相结合的思想的运用和发展。它预示着：中国人民解放战争的全面胜利已经为期不远了。

---

　　① 《毛泽东选集》第 4 卷，人民出版社 1991 年版，第 1424—1425 页。

第六章　抗 美 援 朝

中国出兵朝鲜

1950 年 6 月 25 日朝鲜战争爆发。顷刻间，全世界人们的目光都集中到东北亚的这个半岛上来。

美国对朝鲜半岛的事态迅速作出反应。它的反应，不仅针对朝鲜，也针对中国。

6 月 27 日，美国决定派出海军和空军入侵朝鲜领海、领空，进攻朝鲜人民军，对朝鲜城市狂轰滥炸。同时命令第七舰队向台湾海峡出动，侵占中国领土台湾，阻挠中国人民解放台湾的既定部署，30 日，又命令美国陆军在朝鲜参战。

毛泽东迅速作出反应，表明中国政府的立场。他在 1950 年 6 月 28 日中央人民政府委员会第八次会议上庄严宣告："全国和全世界的人民团结起来，进行充分的准备，打败美帝国主义的任何挑衅。"他还说："杜鲁门在今年 1 月 5 日还声明说美国不干涉台湾，现在他自己证明了那是假的，并且同时撕毁了美国关于不干涉中国内政的一切国际协议。"[1]

9 月 15 日，朝鲜战局发生急剧变化。美军 7 万余人在仁川港登陆，28 日占领汉城。

在朝鲜民主主义人民共和国处境十分危急的紧要关头，毛泽东决定，由政务院总理周恩来于 9 月 30 日向全世界宣告："中国人民热爱和平，但是为了保卫和平，从不也永不害怕反抗侵略战争。中国人民决不能容忍外国的侵略，也不能听任帝国主义者对自己的邻人肆行侵略而置之不理。"[2]

这是对美国当局发出的十分有力的严正警告。

10 月 1 日，南朝鲜军越过三八线。当天的深夜，金日成紧急召见中国大使倪志亮，向中国政府提出出兵支援的请求。同时，金日成与朴宪永（当时任朝鲜政府副首相兼外务相）联名致信毛泽东，要求中国给予军事支援。

要使一个刚从战火中获得新生的人民共和国再次面临血与火的考验，同世界上头号帝国主义美国决一雌雄，下这个决心要有何等的气魄和胆略！中美两国的国力相差悬殊。这是毛泽东一生中最难作出的决策之一。

10 月 2 日下午，毛泽东主持召开中共中央书记处会议，讨论朝鲜半岛局势和中国出兵问题。派志愿军出国同美国作战，对中国来说，是一个牵动全局的

---

① 中共中央文献研究室编：《毛泽东传》三，中央文献出版社 2011 年版，第 1070 页。
② 《周恩来在政协全国委员会举行的建国一周年庆祝大会上的报告》，《人民日报》1950 年 10 月 1 日。

大事。中国共产党面临着一个新的重大的抉择：出兵，或者不出兵。从 10 月 2 日到 5 日，中央开了 3 天会议，会上充分发扬民主。

10 月 8 日，在美军已越过三八线大举北进以后，中国人民革命军事委员会主席毛泽东发布组成中国人民志愿军的命令："为了援助朝鲜人民解放战争，反对美帝国主义及其走狗们的进攻，借以保卫朝鲜人民、中国人民及东方各国人民的利益，着将东北边防军改为中国人民志愿军，迅即向朝鲜境内出动，协同朝鲜同志向侵略者作战并争取光荣的胜利。"①

同日，毛泽东将这一历史性的决定电告金日成。这一天，周恩来和林彪代表中共中央，秘密飞往苏联，同斯大林商谈抗美援朝和苏联给予军事物资支援特别是提供空军掩护问题。尽管中国共产党已经决定出兵，但周恩来还是带着两种意见，出兵或者不出兵，去同斯大林商讨的。如果中国出兵，那就要求苏联给予武器装备和提供空中支援。

双方谈得并不很顺利。10 月 11 日，斯大林和周恩来联名致电毛泽东，其中说到，苏联可以完全满足中国提出的飞机、坦克、大炮等项装备需求，但是苏联空军尚未准备好，在两个月或两个半月后才能出动空军。事实上，斯大林担心如果出动苏联空军在朝鲜境内同美国交战，将造成严重后果。

10 月 13 日，毛泽东就出兵问题，与彭德怀、高岗和其他政治局委员再一次商量。大家一致认为，即使苏联不出空军支援，在美军越过三八线大举北进的情况下，我们仍应出兵援朝不变。

当时，毛泽东关注又担心的是两点：第一，苏联提供武器装备，是用租借办法，还是用钱买。这是关系到用于国内建设和一般军费的资金能否保证，从而影响国内经济是否稳定的问题。第二，苏联能否真正做到在两个月或两个半月之内提供空军支援。为此，毛泽东要周恩来在莫斯科再留几天，与苏联就上述问题重新商定。

周恩来将毛泽东此电内容通过莫洛托夫转达斯大林。斯大林作出了这样的回答：苏联将只派空军到中国境内驻防，两个月或两个半月后也不准备进入朝鲜境内作战。

斯大林这个决定，对中国出兵作战十分不利，但没有动摇毛泽东的决心。

此时，正值平壤告急。10 月 15 日凌晨一时，毛泽东以周恩来的名义起草了一份电报，要倪志亮大使转交金日成。电报说："请即派一位熟悉道路的同志于 10 月 16 日到安东接引彭德怀同志和金日成同志会面。如倪大使找不到金日成同志，则请倪大使派人去安东接引。"② 同一天，金日成派副首相兼外务相朴宪永到沈阳，会见刚刚从北京返回的彭德怀，要求中国尽快出兵。

① 中共中央文献研究室编：《毛泽东传》三，中央文献出版社 2011 年版，第 1082 页。
② 中共中央文献研究室编：《毛泽东传》三，中央文献出版社 2011 年版，第 1085 页。

18 日，毛泽东主持召开中央会议，把志愿军渡江作战和渡江时间最后敲定下来，遂于当晚 21 时，电令第十三兵团司令员兼政治委员邓华等："四个军及三个炮师决按预定计划进入朝北作战，自明（19）日晚从安东和辑安线开始渡鸭绿江，为严格保守秘密，渡河部队每日黄昏开始至翌晨四时即停止，五时以前隐蔽完毕并须切实检查。"[①]

从 10 月 1 日晚金日成要求中国出兵，到 19 日晚中国人民志愿军渡过鸭绿江，仅仅 18 天。但对毛泽东来说，却似乎走过一个漫长的路程。在决策过程中，一个又一个的困难出现在他面前。他要对世界大势作出正确的分析和判断，对敌我友三方的情况和发展趋势进行全面的了解。在复杂多变的情况下，要能应付自如，迅速作出决断。更重要的是，要以充足的理由耐心地去说服自己的战友和同志。

从中国人民志愿军渡江那一天起，毛泽东的全部精力都集中到朝鲜战场上了。

抗美援朝战争怎么打[②]

当时的朝鲜战局十分严峻。美国和南朝鲜军队越过三八线后，分三路北进。东路占领元山，中路进逼阳德，西路美军正作围攻平壤的准备。按照麦克阿瑟的计划，在占领元山和平壤之后，先东西对进，打通联系，然后向鸭绿江边推进。

然而，志愿军渡江后，情况发生了很大变化。麦克阿瑟改变了东西对进的计划。美军和南朝鲜军分为东西两路，大举北进，速度甚快，直向中朝边境逼近。根据敌情的变化，毛泽东迅速改变作战部署。

10 月 25 日上午，南朝鲜军一个加强营由温井（距离彭德怀的指挥所所在地大榆洞仅有十几公里）向北镇进犯，被志愿军第四十军一个团以拦头、截尾、斩腰的战术，将其大部歼灭，揭开了抗美援朝战争的序幕，打响了震惊世界的中国人民志愿军抗美援朝战争的第一响。中国人民一直把这一天作为中国人民志愿军赴朝作战的纪念日。

但是，南朝鲜军仍然分兵冒进，其中一个团的一部已经到达距中朝边境只有几公里的楚山，向中国境内炮击。27 日，这个团发现处境不妙，调头南撤，途中被志愿军包围。熙川以南的南朝鲜军两个营为了接应该团南撤，与志愿军在温井以东地区交战。29 日，志愿军一个军将这两处南朝鲜军大部歼灭，取得初战胜利。

10 月底，号称"王牌军"的美军第一骑兵师一个团，冒进北渡清川江到达

---

① 中共中央文献研究室编：《毛泽东传》三，中央文献出版社 2011 年版，第 1086 页。
② 参见中共中央文献研究室编：《毛泽东传》三，中央文献出版社 2011 年版，第 1087—1114 页。

云山。11月1—3日，志愿军部队将其大部围歼于云山。同时，阻击部队又在云山以南击溃该师的另一个团，击毙该团团长。美骑一师在云山遭到重创，使美第八集团军司令沃克为之震惊。11月3日凌晨，敌人在飞机、大炮和坦克的掩护下全线撤退。

第一次战役，志愿军经过13个昼夜艰苦作战，歼敌1.5万余人，把敌人从鸭绿江边赶到清川江，初步稳定了朝鲜战局。

毛泽东预见到一场新的恶战不可避免。为加强东线力量，他在11月初决心调宋时轮率领的第九兵团入朝。

11月25日，西线敌军被志愿军诱至预定战场。志愿军立即发起第二次战役。

与此同时，东线第九兵团冒着零下30摄氏度的严寒，也于11月27日发起反攻。

在中国人民志愿军的沉重打击下，骄横一时的麦克阿瑟被迫承认："这支小小的军队，在目前情况下，事实上是在不宣而战的战争中面对着整个中国。除非积极地、迅速地采取行动，胜利的希望是渺茫的。而实力不断地损耗，以致最后全军覆没，那是可以预期的。"① 他命令东西两线军队于12月3日开始向三八线总退却。② 毛泽东立即令西线部队向平壤挺进，相机收复平壤。

12月6日，中国人民志愿军和朝鲜人民军收复平壤。16日，将西线之敌全部赶到三八线以南。在东线，人民军于9日收复元山，切断敌人陆上退路。志愿军17日占领咸兴，24日收复兴南。至此，除东部沿海的襄阳外，"联合国军"全部被赶到三八线以南。第二次战役胜利结束，共歼敌3.6万余人，其中美军2.4万余人。志愿军和人民军取得了由防御转入进攻的主动权。

中国人民志愿军连续取得两个战役的胜利，对整个国际局势产生了重要影响。

为了不给敌人喘息的时间，打过三八线，以争取政治上的主动地位，就需要及时地发起第三次战役。

这次战役是由中国人民志愿军六个军和朝鲜人民军三个军团共同进行的。1950年12月31日17时，中朝军队全线发起进攻，在约200公里的宽大正面上一举突破"联合国军"防线纵深15至20公里。"联合国军"怕中朝军队从右翼迂回包围，使其10余万兵力在汉江北岸陷入绝境，于1951年1月2日全线撤退。

中朝军队4日进占汉城，5日渡过汉江，8日收复仁川。"联合国军"退守三七线附近。第三次战役结束。

第三次战役结束以后，彭德怀和金日成在是否休整一段时间再南进的问题

---

① 《杜鲁门回忆录》第2卷，世界知识出版社1965年版，第460页。

② 参见陆战史研究普及会：《朝鲜战争》中部，国防大学出版社1990年版，第185—186页。

上，有着不同看法。毛泽东赞同彭德怀的意见，即志愿军在仁川及汉江以北先休整两到三个月。但他又认为，必须尊重朝鲜同志的意见，特别是要注意同他们搞好团结。

1月19日，毛泽东在修改彭德怀准备在中朝军队高级干部联席会议上作的报告时，特意加写了一大段话，其中说："一切在朝鲜的中国志愿军同志必须认真地向朝鲜同志学习，全心全意地拥护朝鲜人民，拥护朝鲜民主主义人民共和国政府，拥护朝鲜人民军，拥护朝鲜劳动党，拥护朝鲜人民领袖金日成同志。中朝两国同志要亲如兄弟般地团结在一起，休戚与共，生死相依，为战胜共同敌人而奋斗到底。中国同志必须将朝鲜的事情看做自己的事情一样，教育指挥员战斗员爱护朝鲜的一山一水一草一木，不拿朝鲜人民的一针一线，如同我们在国内的看法和做法一样，这就是胜利的政治基础。只要我们能够这样做，最后胜利就一定会得到。"① 他还用电报把这段话转告志愿军党委。

这段话，在抗美援朝战争发展的关键时刻，对于加强中朝两党、两国、两军团结，起了重大作用。1月20日，彭德怀立即在志愿军党委会上作了传达，并决定，在1月25日召开的两军高级干部联席会议上，要把虚心向朝鲜同志学习、团结朝鲜军民作为会议的一项重要内容。

从1月25日起，"联合国军"乘志愿军和人民军尚未得到充分休整之机，由西向东全线发起大规模进攻。中朝军队开始进行带有积极防御性质的第四次战役。

1950年11月25日，第二次战役发起的当天，三架美军B—29型轰炸机从志愿军司令部驻地上空掠过，没有投弹。做了防空准备的人们松了一口气。不料，敌机突然掉转头，向志愿军司全部驻地投下了几十个凝固汽油弹，作战室被吞没在一片火海中，正在屋内值班的毛岸英献出了年轻的生命。

经毛泽东同意，毛岸英烈士和其他千万个志愿军烈士一样，长眠在朝鲜的国土上，成为中朝人民友谊的象征。

3月1日，周恩来就朝鲜战局和志愿军采取轮番作战方针问题为毛泽东起草了一封给斯大林的电报，经毛泽东修改后发出。电报说："从目前朝鲜战场最近进行的战役（指第四次战役。——引者注）中可以看出，敌人不被大部消灭，是不会退出朝鲜的，而要大部消灭这些敌人，则需要时间，因此，朝鲜战争有长期化的可能，至少我应作两年的准备。""为粉碎敌人意图，坚持长期作战，达到逐步歼灭敌人之目的，我中国志愿军拟采取轮番作战的方针。""总之，在美国坚持继续作战，美军继续获得大量补充并准备和我军作长期消耗战的形势下，我军必须准备长期作战，以几年时间，消耗美国几十万人，使其知难而退，

① 中共中央文献研究室编：《毛泽东传》三，中央文献出版社2011年版，第1098页。

才能解决朝鲜问题。"这最后一段，是毛泽东加写的。3 日，斯大林复电，同意派苏联空军两个驱逐机师进入朝鲜境内作战，掩护中朝军队的后方。

3 月 7 日，"联合国军"集中 20 多万兵力，在几百架飞机支援下，向中朝军队阵地发起全线进攻。中朝军队节节抗击。13 日，主动撤离汉城。到 3 月底，战线逐渐推移到三八线以北。

4 月 21 日，第四次战役结束。这次战役历时 87 天，歼敌 7.8 万余人，把"联合国军"阻止在三八线附近。

经过第一、二、三次战役的战略进攻，又经历了第四次战役的积极防御，在中朝军队同以美军为主的"联合国军"的反复较量中，毛泽东对朝鲜战争规律的认识逐步深化，准备长期作战的思想更加明确。他对抗美援朝战争总的指导方针，被概括为"战争准备长期，尽量争取短期"。

在第四次战役期间，美国就在策划在朝鲜蜂腰部建立新的防线，企图在中朝军队侧后登陆，配合它的正面部队，南北夹击，将中朝军队赶到蜂腰部以北。

为了粉碎敌人这一计划，中朝军队于 4 月 22 日发起第五次战役。

第五次战役规模是很大的，双方兵力都在百万左右。但是"联合国军"在武器装备方面占有优势，它不仅有技术精良的装甲兵、炮兵，而且有制空权，机动性很强。

1951 年 5 月 26 日，毛泽东给彭德怀发了一个电报，要求，目前打美英军只实行战术的小包围，打小歼灭战，经过打小歼灭战进到打大歼灭战。5 月 27 日，毛泽东又重申了这个作战方针，把它叫做"零敲牛皮糖"，"每军一次以彻底干脆歼敌一个营为目标"。毛泽东还嘱咐说：要"将朝鲜战局的长期性、艰苦性使全体干部和战士有充分认识与思想准备"。①

以上论述，反映出毛泽东把抗美援朝战争的总结上升到规律性的认识。毛泽东对中国革命战争规律的认识，用了十年的时间。他对抗美援朝战争的特殊规律的认识，用了不到一年的时间。

第五次战役是 6 月 10 日结束的。这次战役共歼敌 8.2 万余人，是五个战役中歼敌最多的一次，把战线稳定在三八线附近地区。从此，朝鲜战争进入相持阶段。

第一次停战谈判

中国人民志愿军入朝作战，在不到一年时间里，同朝鲜人民军一起，并肩战斗，共歼灭"联合国军"23 万余人，将"联合国军"从鸭绿江边赶回三八线，

---

① 中共中央文献研究室编：《毛泽东传》三，中央文献出版社 2011 年版，第 1113 页。

并将战线稳定在三八线附近地区。这种战役相持的局面，为迫使美国同意举行停战谈判创造了条件。

在侵朝战争的头一年，美国付出了 8.8 万余人伤亡的代价，相当于它在第二次世界大战期间全部损失的近三分之一。侵朝战争给美国及其盟国带来的最大损失，还是战略上的。本来，美国全球战略的重点在欧洲，冷战的最终战略目标是对付苏联。但在侵朝战争中，它动用了陆军总兵力的三分之一、空军总兵力的五分之一、海军总兵力的二分之一，并动员了英、法等欧洲国家的部分兵力，尽管如此，仍感兵力不足。美国的战略预备队，只剩下国内的六个半师和在日本的两个师，实际上已无兵可调。就美国而言，兵力拮据是朝鲜战争进入相持阶段的重要原因。在侵朝战争中，美国的物资消耗平均每月达 85 万吨，相当于当时美国援助北大西洋公约组织一年半物资的总和。这种战略上轻重、主次的倒置，不仅损害了美国的战略利益，而且直接影响到它与同盟国的关系。在战争初期积极支持美国的英、法等国，也担心美国陷入朝鲜战争，而使以欧洲为重点的冷战政策受到损害。美国总统杜鲁门讲得很坦率，他说："美国的主要敌人正端坐在克里姆林宫里……只要这一敌人还没有卷入战场而只在幕后拉线，我们就决不能将我们再度动员起来的力量浪费掉。"①

先前不惜把战火烧过鸭绿江的骄横的美国侵略者，开始转向谋求停战谈判。

1951 年 5 月，美国国家安全委员会向杜鲁门提出争取谈判解决朝鲜问题的建议。杜鲁门很快批准了这个建议。

5 月 31 日，美国国务院顾问、前驻苏联大使凯南非正式地拜会苏联驻联合国代表马立克，表示美国政府准备与中国讨论结束朝鲜战争问题，愿意恢复战前状态。②

毛泽东敏锐地把握住这个机会，为即将来临的停战谈判做好多方面的准备。

1951 年 6 月 3 日，毛泽东会见从朝鲜前线专程到北京的金日成，同他商谈如何应对可能到来的停战谈判的方针及方案。

在取得斯大林同意后，6 月 10 日，高岗和金日成乘斯大林派来的专机飞往莫斯科。13 日，斯大林同他们举行会谈。在了解到这次会谈的情况后，毛泽东当天致电高岗、金日成，谈了他对如何提出停战谈判建议问题的一些设想。不久，斯大林采纳了毛泽东的后一个建议，由苏联出面对美国的试探作出反应。

毛泽东深深懂得，要同美国侵略者进行谈判，使和平的可能性变为现实，没有雄厚的实力作后盾是万万不行的。在战场上稍有疏忽或者示弱，必定要吃亏，必定在谈判中使自己处于不利地位。因此，如何巩固第五次战役的胜利，逐步提高中国人民志愿军攻防的持续作战的能力，成为毛泽东首先关注的问题。

---

① 《杜鲁门回忆录》第 2 卷，世界知识出版社 1965 年版，第 534 页。
② 参见裴坚章：《中华人民共和国外交史（1949—1956）》，世界知识出版社 1994 年版，第 198 页。

毛泽东提出的这个方针，使中朝军队能够在即将到来的长达两年之久的军事斗争和政治斗争相互交错、边打边谈、又谈又打的局面下，牢牢掌握主动权。

从1951年6月下旬起，朝鲜停战谈判开始前的各方接触，由非正式摸底进入公开倡议阶段。

6月23日，苏联驻联合国代表马立克提出和平解决朝鲜问题的建议，主张交战双方谈判停火与休战，把军队撤离三八线。

6月30日，"联合国军"总司令李奇微奉美国政府之命发表声明，表示愿意同朝鲜人民军和中国人民志愿军举行停战谈判。

7月1日，朝鲜人民军最高司令官金日成和中国人民志愿军司令员彭德怀联名复电李奇微，声明同意举行停战谈判，并建议以三八线以南的开城为谈判地点。

1951年7月10日上午10时，朝鲜停战谈判在开城来凤庄正式开始。

7月26日，双方通过谈判议程，共五项：（一）通过议程；（二）确定双方军事分界线，以建立非军事地区；（三）在朝鲜境内实现停火与休战的具体安排；（四）关于战俘的安排问题；（五）向双方有关各国政府建议事项。[①]

朝鲜停战谈判终于取得一个重要成果。

从1951年7月27日起，朝鲜停战谈判进入实质性谈判阶段。

朝鲜停战谈判是艰难的。一进入第二项议程，即确定军事分界线时，双方又僵住了。朝中方面提出以三八线为军事分界线，对方拒绝这一主张，以所谓"补偿"其海、空军优势为借口，无理要求将军事分界线划在志愿军和朝鲜人民军阵地后方，企图不战而攫取1.2万平方公里的土地。美方这一要求遭到拒绝后，公然以武力相要挟，说："那就让炸弹、大炮和机关枪去辩论吧。"

果然，从8月18日到10月22日，"联合国军"向中朝军队连续发起夏季攻势和秋季攻势。同时，在中立区多次制造事端。朝鲜停战谈判被迫暂时中断，双方又从谈判桌上的较量转到战场上的较量。

第二次谈判——板门店谈判

事实总是与美国当权者的愿望相反。他们想从战场上去捞取会场上捞不到的东西，结果适得其反。他们的夏季攻势和秋季攻势，都被中朝军队粉碎，反而损失了15.7万人，只向前推进了646平方公里的土地。

10月23日，美军的秋季攻势刚刚被粉碎，毛泽东在庄严的中国人民政治协商会议全体会议上，向美国政府、向全世界郑重声明："抗美援朝的伟大斗争现

① 参见中共中央文献研究室编：《毛泽东传》三，中央文献出版社2011年版，第1115页。

在还在继续进行，并且必须继续进行到美国政府愿意和平解决的时候为止。我们不要去侵犯任何国家，我们只是反对帝国主义者对于我国的侵略。大家都明白，如果不是美国军队占领我国的台湾、侵略朝鲜民主主义人民共和国和打到了我国的东北边疆，中国人民是不会和美国军队作战的。但是既然美国侵略者已经向我们进攻了，我们就不能不举起反侵略的旗帜，这是完全必要的和完全正义的，全国人民都已明白这种必要性和正义性。"

"我们很早就表示：朝鲜问题应当用和平方法予以解决，现在还是这样。只要美国政府愿意在公平合理的基础上解决问题，不再如过去那样用种种可耻的方法破坏和阻挠谈判的进行，则朝鲜的停战谈判是可能成功的，否则就不可能成功。"

"我们的敌人认为：新生的中华人民共和国面前摆着重重的困难，他们又用侵略战争来反对我们，我们没有可能克服自己的困难，没有可能反击侵略者。出于敌人的意料之外，我们居然能够克服自己的困难，居然能够反击侵略者，并获得伟大的胜利。我们的敌人眼光短浅，他们看不到我们这种国内国际伟大团结的力量，他们看不到由外国帝国主义欺负中国人民的时代，已由中华人民共和国的成立而永远宣告结束了。"[①]

10月25日，"联合国军"代表又回到谈判桌上来，同朝中代表重开谈判。谈判的会址改在位于开城东南八公里的板门店。

11月27日，双方就第二项议程达成协议，规定以双方实际接触线为军事分界线，双方各向后撤两公里，以建立非军事区。随后，进行第三项议程（在朝鲜境内停火与休战的具体安排）、第四项议程（战俘遣返问题）的谈判。

到1952年5月，朝鲜停战谈判取得重要进展。在第三和第五项议程上，双方达成了协议。

至此，朝鲜停战谈判的五项议程，只剩下第四项，即关于战俘的安排问题没有解决了。

为了配合停战谈判，使敌人不断损伤，以迫使敌人最后让步，中国人民志愿军从1952年9月18日起，发起全线性战术反击作战，至10月31日结束，历时44天，歼敌2.5万人，志愿军伤亡1.05万人，敌我伤亡为2.5：1。

在志愿军进行全线性战术反击期间，美国为了扭转它在战场上的被动局面，谋取谈判中的有利地位，从10月14日起，在上甘岭地区发动了空前激烈的"金化攻势"。金化，位于三八线中段，是从汉城地区进攻平康平原必经的铁路枢纽，因而成了这次攻势中的必争之地。志愿军凭借金化地区的上甘岭等要地顽强抗击，粉碎了美军的攻势。这就是举世闻名的上甘岭战役。

---

① 《毛泽东文集》第6卷，人民出版社1999年版，第184—185页。

1953 年 2 月，美国的军事冒险活动又有新的升级趋势。美国总统艾森豪威尔就职不久，在 1953 年 2 月 2 日发表国情咨文，宣布取消台湾海峡"中立化"，作出放蒋出笼以配合美军在朝鲜军事冒险的姿态。第二天，他又同参加"联合国军"的十六国代表会谈，说服他们支持对中国实行封锁。①

不坚决制止美国的这种冒险行动，恢复停战谈判是不可能的。毛泽东代表中国政府表明了严正立场。2 月 7 日，他在全国政协一届四次会议上说：

"我们是要和平的，但是，只要美帝国主义一天不放弃它那种蛮横无理的要求和扩大侵略的阴谋，中国人民的决心就是只有同朝鲜人民一起，一直战斗下去。这不是因为我们好战，我们愿意立即停战，剩下的问题待将来去解决。但美帝国主义不愿意这样做，那么好罢，就打下去，美帝国主义愿意打多少年，我们也就准备跟它打多少年，一直打到美帝国主义愿意罢手的时候为止，一直打到中朝人民完全胜利的时候为止。"②

毛泽东的讲话，向企图铤而走险的美国政府发出了严重警告。话讲得从容不迫，它的分量却人人都感觉得出来。

在毛泽东的具体而周密的指导下，一场大规模的反登陆作战的准备工作，争分夺秒地加紧进行。到 1953 年 4 月底，各项准备工作全部完成。从三八线附近的正面防御阵地，到东西海岸，直到中国东北境内，构成了大纵深的严密的防御体系，使敌人无隙可乘。

在朝鲜战场上，"联合国军"通过空中侦察和特务刺探，了解到中朝军队已在认真地做抗击敌军从侧后方登陆的准备。同时，艾森豪威尔扩大战争的打算，也招致西方盟国的反对。英国外交大臣艾登警告说：美国扩大朝鲜战争的举动，以及放蒋出笼的做法，"有非常不幸的政治影响，而没有补偿的军事优势"。③

在各方面的压力下，美国不得不重新回到谈判桌前寻求摆脱困境的办法。2 月 22 日，"联合国军"总司令克拉克④致函朝中方面，提议在停战前先交换伤病战俘，试图借机恢复从 1952 年 10 月 8 日起由"联合国军"单方面中断了近 5 个月的停战谈判。

3 月 28 日，金日成、彭德怀复函克拉克，同意交换伤病战俘，并建议立即恢复谈判。

3 月 30 日，周恩来代表中国政府发表《关于朝鲜停战谈判问题的声明》，提

① 参见资中筠：《战后美国外交史——从杜鲁门到里根》上册，世界知识出版社 1994 年版，第 232 页。
② 中共中央文献研究室编：《毛泽东传》三，中央文献出版社 2011 年版，第 1141 页。
③ 〔美〕詹姆斯·F. 施纳贝尔著，王琪等译：《朝鲜战争中的美国陆军》第 1 卷，国防大学出版社 1988 年版，第 456 页。
④ 1952 年 4 月 28 日，美国总统宣布命令，由克拉克接任"联合国军"总司令。李奇微接替艾森豪威尔担任北大西洋公约组织总司令。

出经中朝两国政府共同研究的建议："谈判双方应保证在停战后立即遣返其所收容的一切坚持遣返的战俘，而将其余的战俘转交中立国，以保证对他们的遣返问题的公正解决。"①

这个声明，打破了朝鲜停战谈判在战俘问题上的僵局，得到包括英、法在内许多国家的支持，迫使美国不得不同意以朝中方面的建议为基础，恢复停战谈判。

4月26日，朝鲜停战谈判在板门店继续举行。

美国人被迫坐下来谈判，但又不甘心接受朝中方面的提案。"联合国军"代表表示，反对将不直接遣返的战俘送往中立国，并且拒绝以亚洲国家作为中立国。

为了不给美国以拒绝谈判的口实，朝中方面于5月7日再次提出解决战俘问题的新方案，建议由波兰、捷克斯洛伐克、瑞典、瑞士、印度五个中立国的代表组成遣返委员会，负责看管双方不直接遣返的战俘。这一提案立即得到印度、缅甸等原先在遣返问题上支持美国的国家的赞同。

美国再也找不出任何理由拒绝朝中方面的方案了，于是又宣布休会。

朝鲜停战

从5月13日起，中国人民志愿军提前发起夏季反击作战，迫使美国在5月25日基本接受了朝中方面的提案。作为夏季反击作战的第一阶段基本结束。

就在谈判即将取得突破性进展的时刻，遇到李承晚方面的强烈反对。4月24日，李承晚转告艾森豪威尔，如果达成允许志愿军继续留在鸭绿江以南的任何协议，他就决定将军队退出"联合国军"，在必要时将继续单方面作战。

看来还得以打促谈。志愿军从5月27日起发起夏季反击作战第二阶段攻势，并及时调整部署，由原定的以打击美军为主，改为以打击李承晚军为主，取得了歼敌41000余人的战绩。歼敌数几乎是第一阶段的十倍。

6月6日，艾森豪威尔致信李承晚，敦促他接受停战协议，并提醒他，武力统一朝鲜，只是一个"梦想"。②

6月8日，拖延将近一年半的战俘问题，终于达成协议，基本实现了朝中方面关于遣返战俘的提案。

6月15日，停战谈判的各项议程全部达成协议。按照双方实际控制线划定军事分界线的工作即将完成。朝鲜停战谈判就要圆满完成历史使命。

---

① 中共中央文献研究室编：《毛泽东传》三，中央文献出版社2011年版，第1145页。
② 参见资中筠主编：《战后美国外交史——从杜鲁门到里根》上册，世界知识出版社1994年版，第233—234页。

就在这时，李承晚在 6 月 16 日复函艾森豪威尔，拒绝接受停战协议。18 日，他又组织强行将朝鲜人民军被俘人员 27000 余人劫往其军队训练中心，公然破坏协议，引起世界公愤。

毛泽东得知这个情况，果断地作出再给李承晚集团以沉重打击的决策。根据这个决策，中朝军队积极准备发起规模空前的金城战役，集中力量打击李承晚集团。

7 月 13 日 21 时，中朝军队突然发起进攻，在强大的炮火支持下，如猛虎下山，一直打到停战协定签字时为止，共歼灭敌 78000 余人，收复失地 167 平方千米。

中朝军队在三八线上迅速推进。7 月 19 日，美方发表声明，保证实施停战，并向李承晚政府施压。随后，李承晚政府被迫发表声明，接受停战协议。

1953 年 7 月 27 日，《朝鲜停战协定》在板门店签字，结束了历时 3 年的朝鲜战争。全世界人民渴望的朝鲜停战终于实现了。

毛泽东对抗美援朝的总结

1953 年 9 月 12 日，毛泽东在中央人民政府委员会第二十四次会议的讲话中，对抗美援朝作了总结：

"抗美援朝，经过三年，取得了伟大胜利，现在已经告一个段落。抗美援朝的胜利是靠什么得来的呢？刚才各位先生说，是由于领导的正确。领导是一个因素，没有正确的领导，事情是做不好的。但主要是因为我们的战争是人民战争，全国人民支援，中朝两国人民并肩战斗。

我们同美帝国主义这样的敌人作战，他们的武器比我们强许多倍，而我们能够打胜，迫使他们不能不和下来。为什么能够和下来呢？

第一，军事方面，美国侵略者处于不利状态，挨打状态。如果不和，它的整个战线就要被打破，汉城就可能落入朝鲜人民之手……

第二，政治方面，敌人内部有许多不能解决的矛盾，全世界人民要求和下来。

第三，经济方面，敌人在侵朝战争中用钱很多，它的预算收支不平衡。

这几个原因合起来，使敌人不得不和。而第一个原因是主要的原因，没有这一条，同他们讲和是不容易的。美帝国主义者很傲慢，凡是可以不讲理的地方就一定不讲理，要是讲一点理的话，那是被逼得不得已了……

我们的经验是依靠人民，再加上一个比较正确的领导，就可以用我们的劣势装备战胜优势装备的敌人。

抗美援朝战争的胜利是伟大的，是有很重要意义的。

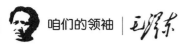

第一，和朝鲜人民一起，打回到三八线，守住了三八线。这是很重要的。如果不打回三八线，前线仍在鸭绿江和图们江，沈阳、鞍山、抚顺这些地方的人民就不能安心生产。

第二，取得了军事经验。我们中国人民志愿军的陆军、空军、海军，步兵、炮兵、工兵、坦克兵、铁道兵、防空兵、通信兵，还有卫生部队、后勤部队等等，取得了对美国侵略军队实际作战的经验。这一次，我们摸了一下美国军队的底。对美国军队，如果不接触它，就会怕它。我们跟它打了33个月，把它的底摸熟了。美帝国主义并不可怕，就是那么一回事。我们取得了这一条经验，这是一条了不起的经验。

第三，提高了全国人民的政治觉悟。

由于以上三条，就产生了第四条：推迟了帝国主义新的侵华战争，推迟了第三次世界大战。

帝国主义侵略者应当懂得：现在中国人民已经组织起来了，是惹不得的。如果惹翻了，是不好办的。"①

抗美援朝战争，是毛泽东一生最为艰难的一次决策，但同时又是毛泽东军事艺术、国际战略乃至治国方略中的绝妙之笔。

抗美援朝战争之初，中国人民志愿军能不能打败以美国为首的"联合国军"，爱好和平的人们都捏着一把汗。抗美援朝战争的胜利，打破了美国军队不可战胜的神话，使全世界的人们，包括中国的敌人和朋友，对新中国都刮目相看。一个刚刚从战争废墟中走出来的新中国，经济还那么困难，军队装备又很落后，居然能把世界一流强国、具有现代化装备的美国军队打败，这不是奇迹吗？中国人民志愿军不愧为中华民族最优秀的儿女，他们肩负着祖国人民的重托，不负朝鲜人民和世界一切爱好和平人民的期望，完成了"保卫中国，支援朝鲜"的历史使命。这是中国共产党缔造和领导的一支人民英雄军队，是毛泽东最亲爱的一支人民英雄军队。

抗美援朝战争的胜利，使中国的经济建设获得了有利的国际和平环境。这对长期处于战乱的中国人民来说，是极其宝贵的。以1953年开始的第一个五年计划建设为标志，中国开始了长时期的、大规模的工业化建设。这为新中国日后的经济腾飞打下了坚实的基础。

这不能不说是一个人间奇迹。如果说，《中苏友好同盟互助条约》的签订，为新中国创造了有利的国际环境，那么，抗美援朝战争的胜利，则大大提高了新中国的国际地位。这两件事，都是和毛泽东的名字分不开的。

---

① 《毛泽东军事文集》第6卷，军事科学出版社、中央文献出版社1993年版，第353—355页。

三、经 济 篇

　　毛泽东坚持一切从实际出发，把马列主义普遍原理同中国革命的具体实践相结合，创立了新民主主义经济理论，创造性地开辟出了一条中国式的和平赎买之路，在历史上第一次实现了马克思和列宁关于对资产阶级和平赎买的设想，丰富和发展了马克思列宁主义关于国家资本主义的学说，对探索中国社会主义建设道路的理论作出了重要贡献。毛泽东领导中国人民实现了从半殖民地半封建经济制度转变为新民主主义经济制度、从新民主主义经济制度转变为社会主义经济制度两次伟大变革。中国革命的成功，中国社会主义建设事业的顺利进行，门类齐全的国民经济体系的建立，奠定了中国社会主义建设的经济基础。

第一章　不懂经济打不了胜仗

"战争不但是军事的和政治的竞赛，还是经济的竞赛。"[1] 经济斗争是中国革命的重要组成部分，经济问题一直是建立和巩固革命根据地的基本问题。毛泽东坚持把马克思主义基本原理同中国革命的具体实际相结合，成功地解决了在半殖民地、半封建社会的中国进行革命的经济保障问题，形成了新民主主义经济理论思想。当年在井冈山、在瑞金、在延安，在那样恶劣的情况下，毛泽东很快把革命根据地的生产搞得轰轰烈烈、红红火火。

经济为战争服务

经济问题一直是建立和巩固井冈山革命根据地的基本问题。毛泽东从革命根据地的实际情况出发，考虑到革命战争的需要，提出了关于革命根据地经济建设的宝贵思想。

井冈山时期的生活相当艰苦，当时，红军中流传着这样一首民谣："红米饭，南瓜汤，秋茄子，味道香，餐餐吃得精打光。干稻草，软又黄，金丝被儿盖身上，不怕北风和大雪，暖暖和和入梦乡。"这不仅是当时红军革命乐观主义精神的写照，更反映出当时的真实生活是多么艰苦。

1927 年 10 月，毛泽东率领工农革命军来到井冈茅坪，近千人的部队给养问题，特别是吃的问题，成为一个非常棘手的问题。1928 年 4 月，朱毛会师后，这个问题就更严重了。负责后勤工作的范树德回忆说："开始，我们这支队伍只有千把人，没收地主存粮就能解决吃饭问题。……1928 年 4 月，朱德、陈毅同志率领湘南部队和我们的部队在井冈山会师，人数猛增到一万多，湘南来的部队中很多人是一家都来了。他们为革命而离开家乡，到了井冈山，但是，我们又不能把他们组织成严密的部队，又不能让他们在井冈山当'叫花子'。"[2] 从近千人到一万多人的吃饭问题，并不是容易解决的。

1928 年 10 月，毛泽东在《中国红色政权为什么能够存在？》一文中，把拥有足够的经济力作为红色政权存在的必要条件之一，提出了在白色势力四面包围的形势下，革命根据地的经济问题"值得每个党员注意"[3] 的思想。他要求每一个党员都要重视经济问题，努力地解决经济困难，为红军"储备充足的粮食和建设较好的医院"。毛泽东审时度势，敏锐地洞察到了经济建设和革命战争的

---

[1] 《毛泽东选集》第 3 卷，人民出版社 1991 年版，第 1024 页。

[2] 余伯流：《井冈山革命根据地全史》，江西人民出版社 2010 年版，第 322 页。

[3] 《毛泽东选集》第 1 卷，人民出版社 1991 年版，第 53 页。

关系，明确了当时边界党的中心任务，率领红军士兵和人民群众积极开展经济战线方面的工作，发展红色区域的经济，使革命战争得到相当的物质基础。

边界的经济是农业经济

1927年10月，毛泽东在湘赣边界的茅坪，创建了以宁冈为中心的井冈山革命根据地。井冈山革命根据地地处湘赣两省交界的罗霄山脉中段，不仅有险要的地势，而且有适宜农作物和森林发展的优越条件。这些为边界割据提供了有利的物质条件。但是，井冈山根据地的经济又是典型的农业经济。在这里，人们的生产生活资料基本来自农业的供给，即使是从白区输入的物品也要靠农产品去换取。这样，它不但能够解决粮食问题，而且它还解决了为发展工业生产和手工业生产而需要的衣服、砂糖、纸浆等日用品和原料即麻、棉、蔗、竹等供应问题。

毛泽东对发展农业的工作十分重视，毛泽东是我党最早提出"边界的经济是农业经济"①观点的领导人。因此，毛泽东采取一系列得力措施，领导根据地人民积极发展农业生产。

1928年5月20日，边界党的一大之后，根据地掀起了土地革命运动。此时，各地都进行了分田。但分了田并不等于丰收。因此，边界各级政府遵照特委指示，加强了对土地经营、发展生产的领导，普遍颁发了布告，予以督导。毛泽东带领贺子珍、贺敏学和红军司令部的同志组织红军参加农业生产。

"那时，强壮的男人都去打土豪劣绅或参加红军了，家里只剩下老弱病残。于是，犁锄、耙田、插秧都是我们妇女干的……我们三湾村的妇女，既是生产的骨干，又是参加打仗、打土豪、分田地的积极分子，我们是很辛苦的，很困难的，但在艰难困苦的环境中我们都很愉快。"②

由于青壮男子上了前线，加上贫雇农家底薄弱，当时农业第一线普遍存在着劳力、农具、耕牛不足的问题。边界党和政府便有计划地组织起耕田队，开展互助合作，调剂余缺，以不误农时。"宁冈县东源乡，原有耕牛七八十头，三月失败后只剩下4头……针对这种情况，湘赣边界各级工农兵政府积极发动妇女、组织政府工作人员参加农业生产劳动，并根据井冈山地区过去就有的农忙时换工的习惯，动员和组织群众沿行劳力换工和耕牛农具互助……在邱祖德的带领下，组织了耕田队。他们顶住困难，牛不够就用人力拉，起早贪黑，精耕细作，秋收时获得丰收。"③

当年，永新的塘边、大屋两村的耕牛放牧，时常发生耕牛上山要吃掉、踩坏禾苗的现象。毛泽东了解这一情况后，便带领红军和群众新修了两条牛路，

---

① 余伯流：《井冈山革命根据地全史》，江西人民出版社2010年版，第320页。
② 余伯流：《井冈山革命根据地全史》，江西人民出版社2010年版，第321页。
③ 余伯流：《井冈山革命根据地全史》，江西人民出版社2010年版，第321页。

发动各地农民整修了许多圳、坝，永新县一心乡还修复了一座能浇灌 300 亩面积的海内塘及大水渠。

在毛泽东的领导下，1928 年秋的井冈山革命根据地获得了农业大丰收，如宁冈县 1928 年的粮食总产量比 1927 年增长了 20%，油、茶叶获得了几十年来没有过的丰收；遂川、永新、莲花等县也出现了空前的好收成。"宁冈县的粮食比哪一年都好，大增产，为感谢红军，宁冈人民都踊跃交公粮支援革命。"① 农业生产的发展，有效地保证了红军的给养，对支援革命战争起了很大的作用。

一个红枣也不能动

湘赣边界各县都有圩场，农村圩场成为私营工商业和农民之间进行商品交换的主要场所。毛泽东在井冈山斗争初期，就明确地提出了"保护工商业"和"保护中小商人"的政策。草林圩的复活与繁荣，以及 1928 年 7 月间开辟的大陇红色圩场，都是贯彻和执行了保护工商业政策的结果。

谭冠三曾回忆说："1928 年初，我们从茶陵撤回井冈山，不到一个月的光景，部队又进到遂川城过旧历年。这期间，毛委员宣布了城市政策。在这以前，我们曾犯过些错误，把商人、小贩的货物也没收了，甚至连药铺里的戥、秤也拿上了井冈山。毛委员发觉这些情况后，即作了纠正。他指出：我们反对封建剥削，只能没收地主的财产，保护工商业利益，如地主兼商人，就只能没收封建剥削的部分，商业部分连一个红枣也不能动。"②

谭冠三还说："当打下永新后，毛泽东同志亲自在永新城召开过一次'书宣组'联席会议（即由部队党支部书记、宣传干事和组织干事——后来改称宣传委员和组织委员参加的会议），专门对政策问题进行检查。当时，在井冈山，各项政策都很明确。对大地主，没收他的浮财、粮食等（浮财和粮食，大部分分给农民群众，留一部分下来作为军粮），不杀他。对富农，一般不动他，有的也酌情筹款。对于工商业，特别是中小工商业者（在县城，大工商业不多，主要是中小工商业），采取保护的政策。筹款数字不大，采取'评议'的方法，让他们根据自己的情况，自愿拿出一部分钱来。还宣布了废除苛捐杂税这个政策。对工商业兼地主者，地上部分的财产，是加以没收的；工商业部分，不没收，采取了保护的政策……对于这些政策，工商业者都感到满意。这样一来，既筹到了款，解决了我们自己的供给问题，又不损害他们的利益，保护了他们，团结了他们，使他们拥护和支持我们。本来我们吃盐是很困难的，后来由于有了正确的工商业政策，商人就愿意和我们做生意，把盐运进来，解决了吃盐的问题。"③

---

① 余伯流：《井冈山革命根据地全史》，江西人民出版社 2010 年版，第 322 页。
② 余伯流：《井冈山革命根据地全史》，江西人民出版社 2010 年版，第 113—114 页。
③ 余伯流：《井冈山革命根据地全史》，江西人民出版社 2010 年版，第 114 页。

边界保护中小工商业的政策，从具体到"一个红枣也不能动"可见一斑。这一政策，虽然遭到"左"倾错误的干扰，但总的来说，执行情况是好的。所以，充分调动了赤白区中小商人的积极性，不仅满足了军队自身给养的需要，同时也为实行工农武装割据、布置长期的斗争，奠定了经济方面的基础。

草林圩的复活

草林圩，是遂川县四大圩场之一。

工农革命军三营九连来到草林圩时，草林圩上的中小商人受了黄礼瑞、郭朝宗等土豪劣绅、大资本家暗中作祟、欺骗和恐吓，家家店门紧闭，上贴一张"存货已空 改行务农"的告示，偶尔见到几个老表，也都远远地窥视着，用惊恐疑惑的眼光打量着革命军。当战士们走上前去欲与他们攀谈时，一个个都躲开了。

1月10日，毛泽东来到草林圩。罗荣桓等将掌握到的情况向毛泽东作了汇报。毛泽东听后，当即指示："拔掉这个钉子！"

曾士峨、罗荣桓立即带领革命军战士，以迅雷不及掩耳之势，查封了黄礼瑞、郭朝宗在草林开设的各种商号、当铺、烟馆、妓院，缴获了几万斤食盐、几千斤茶油、几百担布匹和数不清的日用百货。

毛泽东随即又指示部队：将缴获的东西一部分上交，一部分分给群众，让群众过个好年。革命军战士连夜送物上门，贫苦农民笑逐颜开。

第二天，部队又在草林万寿宫召开了群众大会。毛泽东在会上讲了话。他说："我们工农革命军的宗旨是为天下劳苦大众谋幸福的。据我们了解，你们草林圩有111家店铺，大资本的只有16家，中等资本的只有11家，小资本的84家。资本大的都是黄礼瑞、郭朝宗、刘汉青、胡海清几个人开设的，他们既是大土豪，又是大奸商，他们才是我们打击的对象。至于中小商人，我们的政策是保护的，一粒盐、一寸布也不动，不罚款，不抽税，允许自由贸易，保障合法经营，请商家放心。"[1]

到会的中小商人们听后，都觉得十分惊奇，于是纷纷开业。

1月16日，正是腊月二十四，山乡传统的小年。一大早，九连的官兵就把草林圩打扫得干干净净，在街道两旁贴满了红绿标语，令人耳目一新。在万寿宫的柱子上贴着一副醒目的对联：

为革命而牺牲死当欢笑
救工农出水火我应勤劳

---

[1] 余伯流：《井冈山革命根据地全史》，江西人民出版社2010年版，第112页。

在场的群众看了，无不交口称赞。约 10 时许，从永新、宁冈、遂川各地赶来的农民成群结队前来赶集。草林圩上万头攒动，热闹非凡，他们都欢喜地卖出自己的货物，买回自家需要的年货，整个圩场秩序井然。草林圩赶集，三天一次，有时竟达两万余人。

草林圩复活了！

对于开辟草林圩的这段历史，毛泽东在《井冈山的斗争》一文中欣喜地写道："草林圩上逢圩（日中为市，三天一次），到圩两万人，为从来所未有。这件事，证明我们的政策是正确的了。"

草林圩的复活和繁荣，对于活跃和沟通根据地的商品交换，满足根据地军民的日常生活需要，起了很大的作用。

土地回到老家

毛泽东从边界的实际出发，制定了正确的土地政策，比较科学地从政策上、实践中解决了农民的土地所有权问题。当时边界的土地状况，大体来说是 60％以上在地主手里，而 40％以下在农民手里。根据湘赣边界一年来土地革命的实际情况，边界党领导农民开展打土豪、分田地的土地斗争，把地主土地分给农民，"土地回到老家，农民笑哈哈"。

1927 年 10 月，工农革命军在宁冈茅坪"安家"以后，边界各县开展了广泛的打土豪、筹款子的游击活动，大长了贫苦农民的志气，大灭了地主豪绅的威风，从而揭开了井冈山革命根据地土地革命的序幕。

1928 年 2 月，毛泽东派毛泽覃在宁冈大陇桥林村进行土地革命试点。同年 3 月，工农革命军在桂东沙田等地进行了分田的尝试，为边界普遍开展土地革命摸索和积累了一些宝贵经验。

1928 年 5 月 20 日召开了湘赣边界党的第一次代表大会。大会历时 3 天，认真讨论了边界的土地革命深入问题。会后，在宁冈茅坪仓边村成立了湘赣边界工农兵政府。

1928 年 5—7 月，边界各县在湘赣边界工农兵政府的统一领导下，掀起了具有一定规模的轰轰烈烈的土地革命运动；成立了分田领导机构；边界特委抽调和选派了大批红军干部深入各县的乡村，发动群众、调查研究、掌握政策，以原耕为基础好坏搭配的原则分田。由此，这一年的庄稼获得了很好的收成，宁冈一带的群众也都踊跃交公粮。

1928 年 12 月，在总结经验的基础上，湘赣边界苏维埃政府制定和颁布了我党历史上第一部土地法，即《井冈山土地法》。这是我党制定的第一部比较完备、比较成熟的土地法，是毛泽东根据共产国际及党中央指示精神，领导根据地人民进行一年多土地斗争经验的创造性总结。正如毛泽东后来所说的那样：

"这是 1927 年冬天一整年内土地斗争经验的总结，在这以前，是没有任何经验的"。《井冈山土地法》规定："没收一切土地归苏维埃政府所有"，以乡为单位，按人口平均分配，1929 年 4 月制定的《兴国土地法》又规定"没收一切公共土地及地主阶级的土地"。到 1930 年春，毛泽东就确立了土地分配给农民私有并允许买卖的政策，这标志着我党土地革命路线的形成。另外，二七陂头会议也提出了"一要分，二要快"的口号。[①] 这些政策直接指导了湘赣边界的土地斗争，调动了农民群众生产的积极性，为我党的土地革命路线和政策的形成做出了创造性贡献，为后来中国革命中我党领导的土地斗争提供了宝贵经验。

反经济封锁

为了打破湘赣两省敌人对井冈山根据地的经济封锁，渡过由经济封锁而造成的严重的困难和危机，毛泽东领导根据地军民，开展了一系列艰苦卓绝的反经济封锁的斗争。

开办红色圩场。1928 年 5 月下旬，毛泽东指示宁冈县委在大陇筹办红色圩场，开辟赤白贸易线。经过一个多月的努力，终于在 7 月 15 日开圩。大陇红色圩场的开办，有力地活跃了根据地的经济输出与紧缺物资的输入，沟通了赤白贸易，缓解了经济危机。

设立公卖处。针对经济封锁影响中间阶级的情况，同时考虑到"因为这种压迫，不但中等阶级忍不住，工农阶级及红军亦恐有耐不住之时"的缘故，1928 年 5 月，新遂边陲特别区工农兵苏维埃政府成立后，毛泽东即指示在茨坪办起了公卖处，用打土豪筹得的一部分款子，买回一批东西放在公卖处出售。同时，还在大陇圩场由大陇区政府办起了自己的公营商店，直接为群众排忧解难。

成立竹木委员会。1928 年底，边界苏维埃政府在红色区域内设立了竹木委员会，有计划地组织人力，通过各种渠道向白区输出根据地盛产的竹、木、油、茶等，建立起赤白贸易线，活跃了根据地的经济。

开展群众性的熬硝盐运动。当时，盐是最为奇缺的物资，少得连红军医院里对伤员清洗伤口的盐都缺乏。为此，根据群众经验，将一些老房子的墙根土挖出来，用水浸泡，再用泡过的水熬硝盐。这样的盐，虽然又苦又涩，但比没有一点盐、长期不食盐引起浮肿好多了。

由于这些措施得当有力，有效地活跃了井冈山根据地的经济，缓解了敌人经济封锁造成的严重困难，并在一定程度上改善了人民群众的生活，从而打破了湘赣两省敌人对井冈山根据地残酷的经济封锁。

---

① 参见曾美玲、蔡晓萍：《毛泽东井冈山斗争时期经济思想探析》，《学术论坛》2007 年第 8 期、总第 199 期。

为了进一步打破湘赣两省敌军严酷的经济封锁，解决红军的给养，活跃边界的经济，毛泽东领导边界军民在井冈山上井村创办了一个造币厂——上井造币厂。

1928年5月下旬湘赣边界工农兵政府成立以后，袁文才任湘赣边界工农兵政府主席。他目睹湘赣两省敌军的经济封锁造成的严重困难，请示毛泽东同意后，办起了造币厂。

造币厂，几经沧桑，几经变迁，性质变了，规模大了，成为红军反封锁的一个重要单位。

造币厂使用的原材料，主要是来源于打土豪所得的各种银质器具。花边印模是墨西哥版的"鹰洋"。为使这种银元与历代官府生产的"鹰洋"有所区别，造币厂工人在银元上凿上了个"工"字。因此，边界军民称作"工字银元"，意为工农兵银元。

当年红四军军需处长范树德回忆说："我们曾经制造过银元，那种银元是用首饰上的银子，如银手镯、银戒指等为原料的，制造成的银元不是'袁大头'，现在很多人未见过。它不是平的，是一个凹形的，用钢印打上'工'、'人'，或者'七、八、九'等字样，我们将它等同于'袁大头'发给部队去用。但在开始时，当地人民特别是根据地外的人看到这种银元生疏得很，在市场上使用很不习惯，有点不相信。于是我们就广泛地进行宣传……慢慢地人民就相信了，后来当地人民对这种凹形银元很信得过。"[1]

毛泽东、朱德、陈毅等军政领导非常重视造币厂的工作。1928年6月上旬，毛泽东、朱德等还陪同湖南省委巡视员杜修经视察了造币厂，鼓励工人们积极生产，强调提高"花边"质量。

此后，为了解决造币厂的银质原料供应，毛泽东命令部队每打下一处城镇、一家土豪，都要注意收集银器，交军需处备用。

1928年冬，湘赣敌军对井冈山根据地发动第二次"会剿"，造币厂迁至大井的铁坑和下井的桶缸山，继续坚持生产。直至敌人占领井冈山后，工厂被破坏，才被迫停业。

上井造币厂虽然只存在半年时间，但它却有效地缓解了根据地的经济困境，对打破敌人的经济封锁，起了很大作用。井冈山时期"工"字银元的铸造和流通，成为中国新型人民货币的萌芽，充分显示了中国共产党领导下红色政权的强大经济生命力，为以后的中央苏区乃至后来的新中国货币制造提供了经验。

在井冈山斗争时期，毛泽东的经济建设思想在实践摸索中逐渐形成并指导着根据地大力发展生产，不仅支援了革命战争，改善了革命根据地人民的生活，

---

① 余伯流、陈刚：《井冈山革命根据地全史》，江西人民出版社2007年版，第352页。

也巩固了红色政权。正是在第一个农村革命根据地——井冈山根据地经济建设的影响和带动下，陕甘、湘鄂赣、鄂豫皖、海陆丰等全国根据地的人民群众在党的领导下加速了摸索和寻找革命根据地经济建设道路的进程。

新民主主义经济雏形

毛泽东在中央苏区时期的经济方针政策，逐步形成一种根本不同于半殖民地半封建社会的新民主主义经济的雏形。

1933 年 2 月中旬，毛泽东开始主持临时中央政府工作，其间他以很大的精力来领导中央苏区的经济建设。

那时候，中央苏区大体上有 300 万人口，主力红军、地方武装和机关工作人员约十万，不发展生产怎么行呢？毛泽东对这个问题极其重视。原来担任《红色中华》主编的王观澜回忆道："生产如何发展？与战争如何结合？战争第一，生产、生活如何办？毛泽东同志提出，这些问题不解决，革命战争能不能维持，就成为大问题。"[1]

为了消灭中央苏区，国民党政府在发动大规模军事"围剿"的同时，加紧经济封锁，企图使中央苏区军民"不能存一粒米、一撮盐、一勺水的补给"，造成经济枯竭，无法生存下去，1932 年起这种经济封锁更加紧了。"企图建立纵深二百六十里的封锁网，在苏区周围设立食盐公卖局，限制每人每天只买盐三四钱，每月不得超过一斤，把群众的粮食搜掠到反动的堡垒里去"[2]。严密的经济封锁给中央苏区造成的困难越来越大："农民分得了土地，生产出来的稻谷、花生、大豆等农产品卖不出去，价格一跌再跌，而苏区的食盐、洋布、煤油、西药等消费品，十分奇缺，价格越来越高。当时流行一句话：'有人拿走一粒盐，店主赶过三家店。'由于工业品的缺乏，严重地影响了群众的生产和红军的给养。"[3]

1931 年底，临时中央一些"左"的经济政策推行到中央苏区来，更是雪上加霜。到 1933 年春夏，中央根据地经济严重恶化：工商业凋零，食盐、布匹、药品等日用品极端缺乏，价格昂贵，部分地方因缺粮发生饥荒。这便是摆在毛泽东面前的严峻局面。

为了扭转这种局面，毛泽东从健全领导机构着手。1933 年 2 月 26 日，他主持人民委员会常委会决定："为发展苏区的国民经济以适应革命的发展，议决呈请中执委批准设立各级国民经济部，并委任邓子恢同志兼任中央国民经济部部

① 王观澜：《中央苏区的土地斗争和经济情况》，《回忆中央苏区》，江西人民出版社 1981 年版，第 352 页。

② 亮平：《经济建设的初步总结》，江西省档案馆、中共江西省委党校党史教研室：《中央革命根据地史料选编》（下），江西人民出版社 1981 年版，第 609 页。

③ 姚名琨：《对外贸易局江口分局》，《回忆中央苏区》，江西人民出版社 1981 年版，第 380 页。

长。"3月23日，毛泽东、项英等签发命令指出："过去苏区对于国民经济问题异常忽视，应该予以迅速的转变。"4月，国民经济人民委员部成立，下设计划局、调查统计局、粮食调剂局、合作社指导委员会、国营企业局和对外贸易处。7月20日，毛泽东、项英等签发中央政府通告，强调指出："革命战争的猛烈发展，要求苏维埃采取坚决的政策，去发展苏区的国民经济，抵制奸商的残酷剥削，打破国民党的经济封锁，使群众生活得到进一步的改良，使革命战争得到更加充实的物质上的力量。这一重大任务，是迫切摆在整个苏维埃与广大工农群众的面前。"①

为了广泛动员群众开展大规模的经济建设运动，全面部署中央苏区的经济建设工作，临时中央政府先后召开两次大会：一次是南部十七县经济建设大会，8月12—15日在瑞金举行；一次是北部十一县经济建设大会，8月20—28日在博生县（原宁都县）举行。这种经济建设大会，以前在苏区是没有开过的。

毛泽东在南部十七县经济建设大会上作了题为《关于粉碎敌人五次"围剿"与苏维埃经济建设任务》的报告。他从根据地实际情况出发，指出经济建设的目的是为着革命战争的胜利，也是为着改善群众的生活。他尖锐地批评了"战争忙没有闲工夫去做经济建设工作"、要等战争胜利了"才能进行经济建设"的错误认识。要求各级政府抓紧对经济工作的领导。在领导方式上要群众化，反对官僚主义；在工作方法上要和群众商量办事，反对命令主义。

他强调指出："我们的目的不但要发展生产，并且要使生产品出口卖得适当的价钱，又从白区用低价买得盐布进来，分配给人民群众，这样去打破敌人的封锁，抵制商人的剥削。我们要使人民经济一天一天发展起来，大大改良群众生活，大大增加我们的财政收入，把革命战争和经济建设的物质基础确切地建立起来。"②

这两次经济建设大会召开后，在各级苏维埃政府的具体指导下，中央苏区出现了蓬蓬勃勃的群众性经济建设热潮，各项建设工作逐步发展起来。

毛泽东把大力发展农业作为经济建设中头等重要任务来抓。王观澜回忆道："毛泽东同志抓政府工作时，抓得很紧。农业生产当时主要是劳力问题，雇零工平时一天要三至四毛，到割禾时，一天两三元也雇不到。红军家属虽有耕田队帮忙，但也时常发生不能及时解决耕种的问题。地方工作越先进，参军的人越多，壮劳力也就越少，生产就越困难。所以，毛泽东同志重点抓了创办劳动互助社、犁牛合作社，常亲自讲演，予以提倡、推广。换工本来在民间早有习惯，犁牛合作社是以查出多余的牛为基础发展起来的。有一个章程，对使用管理和喂养耕牛都有具体规定。但农忙时，劳力还感不足，以后就发动妇女参加劳动，

① 中共中央文献研究室编：《毛泽东传》一，中央文献出版社 2011 版，第 309 页。
② 《毛泽东选集》第 1 卷，人民出版社 1991 年版，第 122 页。

抓典型，奖励推广。江西妇女原没有下田的习惯，通过动员，妇女的生产积极性调动起来了，成了一支生力军。就这样，解决了农业生产中劳力不足的问题。1933年，全苏区农业生产平均增产一成半，红军给养有了保证，1934年那一年，农业生产也是大丰收。"[1]

打破国民党的经济封锁，也是放在中央苏区经济工作面前的一项严重任务。由于这种严密的封锁，造成中央苏区内盐、布、西药奇缺，而粮食、钨砂、烟、纸、樟脑却输出困难，直接影响了群众和红军的生活，影响了革命战争。有人回忆说："毛泽东同志很重视这项工作，号召我们有计划地组织人民，发展对外贸易，把粮食、钨砂、木头、樟脑、纸张、烟叶、夏布输出到白区去，卖得适当的价钱，从白区购买必需品，如食盐、布匹进来，分配给人民，打破敌人的封锁。当时全国总工会委员长刘少奇同志，副委员长陈云同志、朱琪同志都亲自抓这项工作。"[2] 他们采取了许多符合实际情况的灵活政策：奖励私人商业经营各种苏区必需的商品；对某些日用品和军需品实行减税；国营商业尽量利用私人资本与合作社资本，同他们实行多方面的合作；鼓励国民党统治区的商人到苏区来做生意；从苏区秘密派人到国民党统治区开设商店和采购站等。由于采取了这些措施，沟通了中央苏区和国民党统治区之间的商品流通，活跃和发展了苏区经济。正如毛泽东所指出的："打破敌人的经济封锁，发展苏区的对外贸易，以苏区多余的生产品[3]与白区的工业品[4]实行交换，是发展国民经济的枢纽。"[5]

此外，财政、金融、手工业、兵工厂、邮电、交通、医药、卫生等事业都有一定的发展。

中央苏区的经济建设，是在极端困难的战争环境中进行的，是一项开创性的事业。毛泽东在1934年1月举行的第二次全国苏维埃代表大会上的报告和结论中，总结了中央苏区经济建设的经验，明确指出：

"在目前的条件之下，农业生产是我们经济建设工作的第一位，它不但需要解决最重要的粮食问题，而且需要解决衣服、砂糖、纸张等项日常用品的原料即棉、麻、蔗、竹等的供给问题。森林的培养，畜产的增殖，也是农业的重要部分。"

"现在我们的国民经济，是由国营事业、合作社事业和私人事业这三方面组成的。""我们对于私人经济，只要不出于政府法律范围之外，不但不加阻止，

---

① 王观澜：《中央苏区的土地斗争和经济情况》，《回忆中央苏区》，江西人民出版社1981年版，第351页。

② 王贤选、何三苟：《中央苏区反经济封锁的片断回忆》，《回忆中央苏区》，江西人民出版社1981年版，第389页。

③ 谷米、钨砂、木材、烟、纸等。

④ 食盐、布匹、洋油等。

⑤ 中共中央文献研究室编：《毛泽东传》一，中央文献出版社2011年版，第312页。

而且加以提倡和奖励。""合作社经济和国营经济配合起来，经过长期的发展，将成为经济方面的巨大力量，将对私人经济逐渐占优势并取得领导的地位。"

"从发展国民经济来增加我们财政的收入"；"财政的支出，应该根据节省的方针。应该使一切政府工作人员明白，贪污和浪费是极大的犯罪"。

"我们有计划地组织人民的对外贸易，并且由国家直接经营若干项必要的商品流通，例如食盐和布匹的输入，粮食和钨砂的输出，以及粮食在内部的调剂等。"

"我们应该深刻地注意群众生活的问题"，"要使广大群众认识我们是代表他们的利益的，是和他们呼吸相通的"。"同志们，真正的铜墙铁壁是什么？是群众，是千百万真心实意地拥护革命的群众。这是真正的铜墙铁壁，什么力量也打不破的，完全打不破的。反革命打不破我们，我们却要打破反革命。"①

这些方针政策，不仅在根据地经济建设中起了重要作用，而且在实际上逐步形成一种根本不同于半殖民地半封建社会的新民主主义经济的雏形。

自己动手丰衣足食

毛泽东在延安时期领导开展了经济活动和研究了经济理论，并形成了属于党的集体智慧结晶的毛泽东延安时期的经济思想。

大生产运动

1935年10月，中央红军经过长征到达陕北与刘志丹的陕北红军会合，决定留在陕北。10月下旬，毛泽东在中共中央政治局会议上讲话称：要在陕北来领导全国的革命。从此开始了一个长达13年的震惊中外的延安时期。

抗日战争时期，条件极其艰难困苦。国民党政府派了几十万大军对边区实行严密的军事包围和经济封锁，妄图困死和饿死边区军民。日本帝国主义对我抗日根据地疯狂扫荡，实行惨无人道的、野蛮的"三光"政策。毛泽东这样写道："最大的一次困难是在1940年和1941年，国民党的两次反共磨擦，都在这一时期。我们曾经弄到几乎没有衣穿，没有油吃，没有纸，没有菜，战士没有鞋袜，工作人员在冬天没有被盖。国民党用停发经费和经济封锁来对待我们，企图把我们困死，我们的困难真是大极了。"②

对这种局面的出现，毛泽东早有思想准备。抗战刚转入相持阶段时，他就意识到："长期抗战中最困难问题之一，将是财政经济问题，这是全国抗战的困

---

① 《毛泽东选集》第1卷，人民出版社1991年版，第130—139页。
② 《毛泽东选集》第3卷，人民出版社1991年版，第892页。

难问题，也是八路军的困难，应该提到认识的高度。"

毛泽东响亮地发出了"自己动手，丰衣足食"的号召。萧劲光回忆："一天，毛泽东同志把林伯渠、高岗和我找去，对我们说：我们到陕北来是干什么的呢？是干革命的。现在日本帝国主义、国民党顽固派要困死、饿死我们，怎么办？我看有三个办法：第一是革命革不下去了，那就不革命了，大家解散回家。第二是不愿解散，又无办法，大家等着饿死。第三靠我们自己的两只手，自力更生，发展生产，大家共同克服困难。他的这段话，既风趣，又易懂，像一盏明灯，一下子把我的心照亮了。我们三人不约而同地回答说：大家都会赞成第三种办法。毛泽东同志听了，笑笑，接着说：现在看来，也只有这个办法。这是我们的唯一出路，是打破封锁、克服困难的最有效最根本的办法。"①

1939年1月，毛泽东出席了陕甘宁边区农工竞赛展览会的开幕式并作了讲演，要求大家一面战斗，一面生产。

2月2日，中共中央在延安召开生产动员大会，毛泽东出席并讲话，发出"自己动手，自力更生，艰苦奋斗，克服困难"的号召，要求部队、机关、学校开展大生产运动。

1940年年终，毛泽东、朱德命令王震率三五九旅开赴延安东南的黄龙山南泥湾地区，在保持战斗准备的情况下，屯田开荒，发展生产。

为了克服困难，坚持长期抗战，共产党中央和毛泽东先后为全党制定并实行了对敌斗争、精兵简政、统一领导、拥政爱民、发展生产、整顿三风、审查干部、时事教育、三三制政权、减租减息等十几项政策。而整风运动和大生产运动则是其中的两个中心环节。

在陕甘宁边区，广大军民积极响应中共中央和毛泽东提出的"自己动手，丰衣足食"的号召，首先掀起了热火朝天的大生产运动，毛泽东、朱德、周恩来、任弼时等中央领导同志带头参加劳动；中共中央机关、边区政府、军队和学校都开荒种地、种粮种菜，办工厂。王震率领三五九旅开垦南泥湾，边区军民组织起来开荒生产，边区工业也加紧了开创和生产。敌后根据地军民在频繁的战斗环境中，实行劳武结合，也开展了生产运动，以达到"自己动手，克服困难"的目的。

广泛开展起来的大生产运动，战胜了严重的物质困难，为争取抗战的最后胜利奠定了物质基础，同时锻炼了干部、密切了党、政、军、民之间的关系，培养了自力更生、艰苦奋斗的延安精神，积累了经济建设的经验。

10月间，毛泽东为延安拍摄的电影《生产与战斗结合起来》题词：自己动手　丰衣足食。

---

① 《萧劲光回忆录》，解放军出版社1987年版，第298—299页。

发展经济　保障供给

"艰难困苦，玉汝于成"，这是毛泽东常爱说的一句成语。到1942年底，陕甘宁边区人民经过艰苦奋斗在经济上度过了最困难的时期。在这几年的精心探索中，毛泽东对经济工作也积累起比较丰富的经验。12月，他为西北局高干会提供的《经济问题与财政问题》的长篇书面报告就是这些经验的总结。

为了写好这篇报告，毛泽东做了大量的准备工作。他请李富春、南汉宸等协助收集整理了有关粮食、税收、贸易、金融、财政、供给等方面的大量材料，并告诉他们：每个材料"要说政策、说工作，是向广大的干部说话，使他们看了懂得政策的方向，懂得工作的做法。在说政策说工作时要批评错误意见，批评工作缺点，使他们有所警惕。每样要有点历史，有点分析，又有1943年应如何做法"①。

在报告中，毛泽东着重批评了那种离开发展经济而单纯在财政收支问题上打主意的错误思想，指出："他们不知道财政政策的好坏固然足以影响经济，但是决定财政的却是经济。未有经济无基础而可以解决财政困难的，未有经济不发展而可以使财政充裕的。""忘记发展经济，忘记开辟财源，而企图从收缩必不可少的财政开支去解决财政困难的保守观点，是不能解决任何问题的。"关于人民负担问题，他批评了那种不顾战争需要、单纯地强调政府应施"仁政"的错误观点，写道："为了抗日和建国的需要，人民是应该负担的，人民很知道这种必要性。在公家极端困难时，要人民多负担一点，也是必要的，也得到人民的谅解。"同时，他还批评了另一种错误观点，就是"不顾人民困难，只顾政府和军队的需要，竭泽而渔，诛求无已"。他说："我们一方面取之于民，一方面就要使人民经济有所增长，有所补充"，"使人民有所失同时又有所得，并且使所得大于所失，才能支持长期的抗日战争"。他总结起来说："我们党的正确的口号，这就是'发展经济，保障供给'。在公私关系上，就是'公私兼顾'或叫'军民兼顾'。"②

毛泽东特别强调认真做好经济工作在全局中的极端重要性。他指出："我们不是处在'学也，禄在其中'的时代，我们不能饿着肚子去'正谊明道'，我们必须弄饭吃，我们必须注意经济工作。离开经济工作而谈教育或学习，不过是多余的空话。离开经济工作而谈'革命'，不过是革财政厅的命，革自己的命，敌人是丝毫也不会被你伤着的。"针对某些人轻视经济工作的态度，毛泽东还指出："食之者众，生之者寡，用之者疾，为之者舒，是要塌台的。因此，大批的干部必须从现在的工作或学习的岗位上转到经济工作的岗位上去。而各级党部、政府、军队、学校的主要负责同志必须同时充分地注意经济工作的领导，要调查研究经济工作的内容，负责制订经济工作的计划，配备经济工作的干部，检

---

① 《毛泽东书信选集》，人民出版社1983年版，第209页。
② 《毛泽东选集》第3卷，人民出版社1991年版，第891—894页。

查经济工作的成效，再不要将此项极端重要的工作仅仅委托于供给部门或总务部门就算完事。"①

这篇报告同毛泽东后来起草的《开展根据地的减租、生产和拥政爱民运动》《组织起来》等文章是中共中央领导陕甘宁边区和各抗日根据地的经济工作的基本纲领。

兼任西北财政经济委员会副主任的贺龙在西北局高干会上讲了这样一段话：毛泽东"真正实际解决了边区当前最重大的问题（假若没有饭吃，一切工作都无从说起），他比我们负责领导财经工作的任何同志，更懂得边区情况（因为他有正确的研究问题解决问题的方法），这是马列主义经济学在边区的具体运用，是活的马列主义经济学（不是能读《资本论》不懂边币的经济学），他不是夸夸其谈地提出一般的方针与任务，而是对于每个问题都经过周密的调查研究，总结了过去的经验教训，实事求是的确定今后能做应做的事，并详细指出如何实现的办法（开荒、移民、水利、纺织合作社、运盐、调剂劳动力均有极生动模范的例子），他解决了摸索几年的众说纷纭的许多财经问题上的原则问题，实际问题。他明确地指出了边区经济与财政的大道，提高了全体人民的信心。他真正能使我们克服困难，渡过难关去争取抗战胜利。他不仅解决了边区的经济问题财政问题，并且给各个抗日根据地和全国都提供了解决问题辉煌的模范的例子"②。

贺龙的这段讲话，恰当地说出了毛泽东领导边区建设、战胜严重经济困难的重大历史贡献，也描述出了他在工作中那种严格尊重客观实际、耐心倾听各种不同意见、在实践中细心观察、对复杂情况从多方面进行分析、经过慎重研究后果断地做出判断、使问题得到妥善解决的优良工作作风。

优先发展农业

粮食问题，当时是边区经济工作中最急迫需要解决的问题。最初，边区各部门的用粮来源于两个方面：一个是征粮，征收的对象主要是地主和富农，中农负担很轻，贫农全无负担；另一个是靠边区政府拨款采购。1940 年，外援断绝后，边区政府已没有足够的财力购粮，只能全部依靠征粮。1940 年征收的公粮，供应到 1941 年 3 月时，在部分地区已出现断粮现象。不久，各地粮食供应普遍发生恐慌。政府先后买粮一次，借粮两次，才勉强支撑下来。为了保证 1942 年的供给和归还 1941 年的借粮，中共中央与边区政府经过再三研究，决定 1941 年征粮二十万石。这当然是不得已的，但比 1940 年征收的公粮九万石增加了一倍多，是抗战以来边区征粮数字最高的一次。群众深感负担过重，普遍出现不满情绪。

---

① 《毛泽东著作选读》下册，人民出版社 1986 年版，第 565—566 页。

② 贺龙：《整财问题报告大纲》，《陕甘宁边区抗日民主根据地》文献卷（下），中共党史资料出版社 1990 年版，第 307—308 页。

1941 年 6 月 3 日，陕甘宁边区政府召开县长联席会议，讨论征粮问题。天正下着大雨，会议室突然遭到雷击，延川县代县长李彩云被电击死①。事后，一个农民便说：老天爷不睁眼，咋不打死毛泽东？保卫部门要把这件事当作反革命事件来追查，被毛泽东制止了。这个农民的话引起了毛泽东的深思：一个农民为什么会说出这样的话来，它反映我们工作中到底存在什么问题？毛泽东后来谈到这件事时说："1941 年边区要老百姓出二十万石公粮，还要运输公盐，负担很重，他们哇哇地叫。那年边区政府开会时打雷，喀嚓一声把李县长打死了，有人就说，唉呀，雷公为什么没有把毛泽东打死呢？我调查了一番，其原因只有一个，就是公粮太多，有些老百姓不高兴。那时确实公粮太多。要不要反省一下研究研究政策呢？要！"②

　　为了减轻老百姓的负担，毛泽东抓了两件事：一是号召积极开展以农业为中心的大生产运动；二是实行精兵简政。

　　党、政、军、民、学参加的大生产运动是从军队开始的。当时，朱德首先提出"屯田军垦"的建议，得到毛泽东的支持。1939 年秋从华北调回陕甘宁边区担负保卫党中央和保卫边区任务的第一二○师三五九旅，在旅长王震率领下开赴荒无人烟的南泥湾，开荒生产，很快成为生产战线上的一面旗帜。经过几年艰苦奋斗，南泥湾的面貌发生深刻变化，成为"到处是庄稼，遍地是牛羊"的"陕北江南"。1943 年 9 月，毛泽东到南泥湾视察时，看到他们取得的成就，非常兴奋，他说："困难，并不是不可征服的怪物，大家动手征服它，它就低头了。大家自力更生，吃的、穿的、用的都有了。目前我们没有外援，假定将来有了外援，也还是要以自力更生为主。"③

　　毛泽东和中央以及地方各部门负责人都带头开荒生产，交公粮。毛泽东在杨家岭窑洞对面的山沟里，开垦了一块长方形的地，种上蔬菜，一有空就去浇水、拔草。通过大生产运动，边区实现了"自己动手，丰衣足食"的目标。单单 1941 年和 1942 年两年中，军队和机关学校靠自己动手而获得解决的部分，占了整个需要的大部分。毛泽东说："这是中国历史上从来未有的奇迹，这是我们不可征服的物质基础。"④ 它不仅支持了艰苦的抗战，而且积累了经济建设的经验，培养了一批干部，这是不能拿数字来计算的无价之宝。

　　在这个时期中，毛泽东还要求边区政府全力支持农民发展生产。他认为农民富裕起来了，才能有力地支持抗战。西北局和边区政府根据毛泽东的指示，

---

　　① 参见《谢觉哉日记》（上），人民出版社 1984 年版，第 314 页。

　　② 《毛泽东在七大的报告和讲话集》，中央文献出版社 1995 年版，第 143—144 页。

　　③ 王恩茂：《南泥湾精神永远激励我们奋勇前进》，《陕甘宁边区抗日民主根据地》回忆录卷，中共党史资料出版社 1990 年版，第 209 页。

　　④ 中共中央文献研究室编：《毛泽东传》二，中央文献出版社 2011 年版，第 626 页。

采取了三项措施：第一，制定优待移民、难民的政策，鼓励他们开荒生产；第二，开展减租减息，调动广大农民的生产积极性；第三，倡导劳动竞赛，表彰劳动模范。这些措施推动了群众性的大生产运动轰轰烈烈地开展起来，涌现出大批劳动英雄。农民获得实际好处后，更加把自己的命运同共产党、八路军紧紧地连在一起。

边区只有很少的一点工业。毛泽东认为，它的数目虽小，意义却非常远大，是最有发展、最富于生命力、足以引起一切变化的力量。他在给博古的一封信中写道：新民主主义社会的基础是工厂与合作社而不是分散的个体经济，是机器而不是手工，"这是马克思主义区别于民粹主义的地方"。"现在的农村是暂时的根据地，不是也不能是整个中国民主社会的主要基础。由农业基础到工业基础，正是我们革命任务。"①

发展合作经济

1943 年 10 月 1 日，毛泽东在延安为中共中央起草了《开展根据地的减租、生产和拥政爱民运动》的党内指示。

毛泽东的这个指示，调动了全国各解放区广大群众的积极性，推动了各解放区大生产运动的发展，巩固了抗日根据地。

10 月间，毛泽东在《论合作社》一文中明确指出，合作社性质，就是为群众服务，这就是处处要想到群众，为群众打算，把群众的利益放在第一位。这是我们与国民党的根本区别，也是共产党员革命的出发点和归宿。

为了提高劳动生产率，毛泽东号召开展变工互助，把农业劳动力组织起来。毛泽东后来总结这样做的好处是："在农民群众方面，几千年来都是个体经济，一家一户就是一个生产单位，这种分散的个体生产，就是封建统治的经济基础，而使农民自己陷于永远的穷苦。克服这种状况的唯一办法，就是逐渐地集体化；而达到集体化的唯一道路，依据列宁所说，就是经过合作社。"②

11 月 29 日，毛泽东在陕甘宁边区第一届劳动英雄代表大会上作《组织起来》的报告，毛泽东强调：组织起来，"这是人民群众得到解放的必由之路，由穷苦变富裕的必由之路，也是抗战胜利的必由之路。每一个共产党员，必须学会组织群众的劳动"。③

新民主主义经济思想

1940 年 2 月 20 日，延安出版的《解放》杂志第 98、99 期合刊登载了毛泽

---

① 《毛泽东书信选集》，人民出版社 1983 年版，第 238—239 页。
② 中共中央文献研究室编：《毛泽东传》二，中央文献出版社 2011 年版，第 627 页。
③ 《毛泽东选集》第 3 卷，人民出版社 1991 年版，第 931 页。

东在陕甘宁边区文化协会第一次代表大会上所作的讲演，讲演的题目后改为《新民主主义论》。

毛泽东以他高瞻远瞩的目光，对如何发展新民主主义的国家经济作了科学的阐述：在中国建立这样的共和国，它在政治上必须是新民主主义的，在经济上也必须是新民主主义的。大银行、大工业、大商业，归这个共和国的国家所有。"凡本国人及外国人之企业，或有独占的性质，或规模过大为私人之力所不能办者，如银行、铁路、航路之属，由国家经营管理之，使私有资本制度不能操纵国民之生计，此则节制资本之要旨也。"① 这也是国共合作的国民党的第一次全国代表大会宣言中的庄严的声明，这就是新民主主义共和国的经济构成的正确的方针。在无产阶级领导下的新民主主义共和国的国营经济是社会主义的性质，是整个国民经济的领导力量，但这个共和国并不没收其他资本主义的私有财产，并不禁止"不能操纵国民生计"的资本主义生产的发展，这是因为中国经济还十分落后的缘故。

这个共和国将采取某种必要的方法，没收地主的土地，分配给无地和少地的农民，实行中山先生"耕者有其田"的口号，扫除农村中的封建关系，把土地变为农民的私产。农村的富农经济，也是容许其存在的。这就是"平均地权"的方针。这个方针的正确的口号，就是"耕者有其田"。在这个阶段上，一般地还不是建立社会主义的农业，但在"耕者有其田"的基础上所发展起来的各种合作经济，也具有社会主义的因素。

中国的经济，一定要走"节制资本"和"平均地权"的路，绝不能是"少数人所得而私"，绝不能让少数资本家少数地主"操纵国民生计"，绝不能建立欧美式的资本主义社会，也绝不能还是旧的半封建社会。谁要是敢违反这个方向，他就一定达不到目的，就自己要碰破头的。

这就是革命的中国、抗日的中国应该建立和必然要建立的内部经济关系。

这样的经济，就是新民主主义的经济。

在这里，毛泽东科学性地勾画出了独立后的新中国的经济发展蓝图，即不反对在一定条件下发展私有经济的同时，必须由国营经济和集体经济占主导地位。

在提出未来所建立的新民主主义国家的最低纲领时，毛泽东阐述了许多具体内容，其中有关经济方面的，诸如"要求发展军事工业"，"要求惩办贪官污吏，实现廉洁政治"，"要求救济难民和救济灾荒"，"要求设立大量的救济基金"，"要求取消苛捐杂税"，"要求实行农村改革，减租减息"，同时要求"对贫苦农民给予低息贷款，并使农民组织起来，以利于发展农业生产"，"要求取缔

① 邸延生编著：《历史的回眸——毛泽东与中国经济》，新华出版社 2010 年版，第 34 页。

官僚资本"，"要求制止无限制的通货膨胀和无限制的物价高涨"，"要求扶助民间工业，给予民间工业以贷款资本、购买原料和推销产品的便利"，"要求改善工人生活，救济失业工人，并使工人组织起来，以利于发展工业生产"① 等。

在谈到土地问题时，毛泽东强调指出："为了消灭日本侵略者和建设新中国，必须实行土地制度的改革，解放农民。"②

他还提出了这样的问题：为什么把目前时代的革命叫做"资产阶级民主主义性质的革命"？并解释说："这就是说，这个革命的对象不是一般的资产阶级，而是民族压迫和封建压迫；这个革命的措施，不是一般地废除私有制，而是一般地保护私有财产；这个革命的结果，将使工人阶级有可能聚集力量因而引导中国向社会主义方向发展，但在一个相当长的时期内仍将使资本主义获得适当的发展。'耕者有其田'，是把土地从封建剥削者手里转移到农民手里，把封建地主的私有财产变为农民的私有财产，使农民从封建的土地关系中获得解放，从而造成将农业国转变为工业国的可能性。因此，'耕者有其田'的主张，是一种资产阶级民主主义性质的主张，并不是无产阶级社会主义性质的主张，是一切革命民主派的主张，并不单是我们共产党人的主张。所不同的，在中国条件下，只有我们共产党人把这项主张看得特别认真，不但口讲，而且实做。"③

在谈到农民问题时，毛泽东强调指出：

农民——这是中国工人的前身，将来还要有几千万农民进入城市，进入工厂。如果中国需要建设强大的民族工业，建设很多的近代的大城市，就要有一个变农村人口为城市人口的长过程。

农民——这是中国工业市场的主体。只有他们能够供给最丰富的粮食和原料，并吸收最大量的工业品。④

由此，毛泽东得出结论：中国一切政党的政策及其实践在中国人民中所表现的作用的好坏、大小，归根到底，看它对于中国人民的生产力的发展是否有帮助及其帮助之大小，看它是束缚生产力的，还是解放生产力的。消灭日本侵略者，实行土地改革，解放农民，发展现代工业，建立独立、自由、民主、统一和富强的新中国，只有这一切，才能使中国社会生产力获得解放，才是中国人民所欢迎的。⑤

在谈到工业问题时，毛泽东指出："中国工人阶级的任务，不但是为着建立新民主主义的国家而斗争，而且是为着中国的工业化和农业近代化而斗争。"⑥

① 邸延生编著：《历史的回眸——毛泽东与中国经济》，新华出版社 2010 年版，第 45 页。
② 邸延生编著：《历史的回眸——毛泽东与中国经济》，新华出版社 2010 年版，第 45 页。
③ 邸延生编著：《历史的回眸——毛泽东与中国经济》，新华出版社 2010 年版，第 46 页。
④ 参见邸延生编著：《历史的回眸——毛泽东与中国经济》，新华出版社 2010 年版，第 46 页。
⑤ 参见邸延生编著：《历史的回眸——毛泽东与中国经济》，新华出版社 2010 年版，第 46 页。
⑥ 邸延生编著：《历史的回眸——毛泽东与中国经济》，新华出版社 2010 年版，第 46 页。

他同时指出："在新民主主义的国家制度下，将采取调节劳资间利害关系的政策。一方面，保护工人利益，根据情况的不同，实行八小时到十小时的工作制以及适当的失业救济和社会保险，保障工会的权利；另一方面，保证国家企业、私人企业和合作社企业在合理经营下的正当的赢利；使公私、劳资双方共同为发展工业生产而努力。"①

1947年12月25日，毛泽东在杨家沟主持召开中共中央工作会议，会上作了《目前的形势和我们的任务》的书面报告。在这个报告中，毛泽东特别强调指出了夺取胜利以后党在全国范围内所要执行的经济政策：

没收封建阶级的土地归农民所有，没收蒋介石、宋子文、孔祥熙、陈立夫为首的垄断资本归新民主主义的国家所有，保护民族工商业。这就是新民主主义革命的三大经济纲领。蒋宋孔陈四大家族，在他们当权的20年中，已经集中了价值达100万万至200万万美元的巨大财产，垄断了全国的经济命脉。这个垄断资本，和国家政权结合在一起，成为国家垄断资本主义。这个垄断资本主义，同外国帝国主义、本国地主阶级和旧式富农密切地结合着，成为买办的封建的国家垄断资本主义。这就是蒋介石反动政权的经济基础。这个国家垄断资本主义，不但压迫工人农民，而且压迫城市小资产阶级，损害中等资产阶级。这个国家垄断资本主义，在抗日战争期间和日本投降以后，达到了最高峰，它替新民主主义革命准备了充分的物质条件。这个资本，在中国的通俗名称，叫做官僚资本。这个资产阶级，叫做官僚资产阶级，即中国的大资产阶级。新民主主义的革命任务，除了取消帝国主义在中国的特权以外，在国内，就是要消灭地主阶级和官僚资产阶级（大资产阶级）的剥削和压迫，改变买办的封建的生产关系，解放被束缚的生产力。被这些阶级及其国家政权所压迫和损害的上层小资产阶级和中等资产阶级，虽然也是资产阶级，却是可以参加新民主主义革命，或者保守中立的。他们和帝国主义没有联系，或者联系较少。他们是真正的民族资产阶级。在新民主主义的国家权力到达的地方，对于这些阶级，必须坚决、毫不犹豫地给以保护。蒋介石统治区域的上层小资产阶级和中等资产阶级，其中有为数不多的一部分人，即这些阶级的右翼分子，存在着反动的政治倾向，他们替美帝国主义和蒋介石反动集团散布幻想，他们反对人民民主革命。当着他们的反动倾向尚能影响群众时，我们应当向着接受他们影响的群众进行揭露的工作，打击他们在群众中的政治影响，使群众从他们的影响之下解放出来。但是，政治上的打击和经济上的消灭是两件事，如果混同这两件事，我们就要犯错误。新民主主义革命所要消灭的对象，只是封建主义和垄断资本主义，只是地主阶级和官僚资产阶级（大资产阶级），而不是一般地消灭资本主义，不是

① 邸延生编著：《历史的回眸——毛泽东与中国经济》，新华出版社2010年版，第46页。

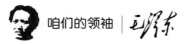

消灭上层小资产阶级和中等资产阶级。由于中国经济的落后性，广大的上层小资产阶级和中等资产阶级所代表的资本主义经济，即使革命在全国胜利以后，在一个长时期内，还是必须允许它们存在，并且按照国民经济的分工，还需要它们中一切有益于国民经济的部分有一个发展。它们在整个国民经济中，还是不可缺少的一部分。这里所说的上层小资产阶级，是指雇佣工人或店员的小规模的工商业者。此外，还有不雇佣工人或店员的广大的独立的小工商业者，对于这些小工商业者，不待说，是应当坚决地保护的。

革命在全国胜利以后，由于新民主主义国家手里有着从官僚资产阶级接收过来的控制全国经济命脉的巨大的国家企业，又有从封建制度解放出来、虽则在一个颇长时间内在基本上仍然是分散的个体的，但是在将来可以逐步地引向合作社方向发展的农业经济，在这些条件下，这种小的和中等的资本主义成分，其存在和发展，并没有什么危险。土地改革后，在农村中必然发生的新的富农经济，也是如此。对于上层小资产阶级和中等资产阶级经济成分采取过"左"的错误的政策，如像我们党在 1931 年至 1934 年期间所犯过的那样（过高的劳动条件，过高的所得税率，在土地改革中侵犯工商业者，不以发展生产、繁荣经济、公私兼顾、劳资两利为目标，而以近视的片面的所谓劳动者福利为目标），是绝对不许重复的。这些错误如果重犯，必然要损害劳动群众的利益和新民主主义国家的利益。《中国土地法大纲》上有一条规定："保护工商业者的财产及其合法的营业，不受侵犯。"这里所说的工商业者，就是指的一切独立的小工商业者和一切小的和中等的资本主义成分。总起来说，新中国的经济构成是：（1）国营经济，这是领导的成分；（2）由个体逐步地向着集体方向发展的农业经济；（3）独立小工商业者的经济和小的、中等的私人资本经济。这些，就是新民主主义的全部国民经济。而新民主主义国民经济的指导方针，必须紧紧地追随着发展生产、繁荣经济、公私兼顾、劳资两利这个总目标。一切离开这个总目标的方针、政策、办法，都是错误的。[①]

1947 年 12 月 28 日，中共中央工作会议在杨家沟胜利结束，它标志着中国新民主主义革命进行到了一个历史的伟大转折点。

在解放战争时期，我们党和毛泽东不仅根据形势的变化和发展，调整和进一步发展自己的各项基本纲领，而且根据各种不同的情况制定了一系列具体的方针和政策，及时地纠正了各种错误倾向，特别是一些"左"的倾向和偏差。这标志着毛泽东新民主主义经济思想的成熟。

---

① 参见《毛泽东选集》第 4 卷，人民出版社 1991 年版，第 1253—1256 页。

第二章　转战经济建设主战场

国民经济迅速恢复，创造性地完成生产资料社会主义公有制改造。毛泽东开始全面探索社会主义中国的现代化道路，并发出向自然界开战的伟大号召。

为恢复国民经济而斗争

新中国成立前3年，毛泽东领导了一场惊心动魄的经济战，确定了"四面八方"经济政策，国民经济得以全面恢复。

银元之战

刚刚诞生的新中国，正面临着国民经济严重衰退和全面萎缩的严峻形势。农业减产，工厂倒闭，交通梗阻，物资奇缺，物价飞涨，失业众多。1949年夏季的特大洪水，更使得经济困难局面雪上加霜。1949年的全国生产，同历史上最高生产水平相比，工业总产值下降了一半，其中重工业下降70％，轻工业下降30％，农业大约下降25％，粮食总产量仅为2250多亿斤。人均国民收入只有27美元，相当于亚洲国家平均值的2/3。

这种经济萎缩在全国最富庶的上海和江浙地区表现得尤为突出。由于国民党政府在败逃前的大规模掠夺和劫运，这些地区的资金和物资严重匮乏，大批民族资本企业到了连简单再生产都无法维持的地步。在大工业城市上海，刚解放时，全市煤的存量只够用一个星期，棉花和粮食的存量不足维持一个月的消费。全市13647家私营工厂中，开工户数只占总数的1/4。相对景气的棉纺织业每星期也只能开工3个昼夜。[①]

在新中国成立举国欢庆的日子里，却连续出现多次大的物价波动。每一次物价波动，都是由金融投机资本比较集中的上海等大城市领头带起来的。在上海物价暴涨时，出现了商店拒收人民币的情况，有些人兴高采烈，以为共产党的势力将随着人民币的消失而被挤出大上海。平抑物价的关键，在于稳住上海和其他几个大城市的物价，尤其以上海为主。只有稳住上海，才能稳住全国。在上海刚解放不久，金融投机分子掀起了一股银元涨价风，每枚银元的黑市价格，从人民币的600多元上涨到1800多元，由此带动了整个物价上涨。1949年6月10日，经毛泽东同意，上海市军管会曾采取断然措施，查封金融投机的大

---

① 参见上海社会科学院经济研究所：《上海资本主义工商业的社会主义改造》，上海人民出版社1980年版，第71页。

本营上海证券大楼，沉重地打击了破坏金融的非法活动，取得"银元之战"的胜利，使人民币得以比较顺利地进入市场流通。

"银元之战"以后，人民币的地位得到巩固，但是上海以至全国的物价并没有停止上扬的势头。在"银元之战"中受到打击的上海投机资本不甘心失败，很快转向粮食、棉纱和煤炭市场，利用物资极其匮乏的机会，大做投机生意，引发了又一次全国性涨价狂潮。从7月底到10月中旬，不到三个月的时间里，上海物价平均指数上涨了1.5倍，北京、天津等城市上涨1.8倍。[①] 有些人发出狂言，说："只要控制了两白一黑，就能置上海于死地。"

国民经济能否迅速地恢复和发展，极度严重的经济困难能否尽快渡过，这是关系新生政权能否维持和巩固的根本问题。正如毛泽东所分析的那样，"从我们接管城市的第一天起，我们的眼睛就要向着这个城市的生产事业的恢复和发展。务须避免盲目地乱抓乱碰，把中心任务忘记了。这种状态是完全不能容许的。"他把话说得很重："如果我们在生产工作上无知，不能很快地学会生产工作，不能使生产事业尽可能迅速地恢复和发展，获得确实的成绩，首先使工人生活有所改善，并使一般人民的生活有所改善，那我们就不能维持政权，我们就会站不住脚，我们就会要失败。"[②]

平抑物价

毛泽东做出果断决定，以上海为主战场，打一场平抑物价的"歼灭战"。1949年7月，以陈云为主任的中央财政经济委员会成立。就在投机资本哄抬物价、囤积居奇的时候，按照中共中央的统一部署，大批粮食、棉纱、煤炭从全国各地紧急调往上海、北京、天津等大城市。11月25日，在物价上涨最猛的那天，各大城市按照中央统一部署，一起动手，双管齐下，一方面敞开抛售紧俏物资，使暴涨的物价迅速下跌；另一方面收紧银根，征收税款。这样一来，投机商资金周转失灵，囤积物资贬值，纷纷破产。到12月10日，"米粮之战"取得决定性胜利。上海一位有影响的民族资本家在事后说："6月银元风潮，中共是用政治力量压下去的。这次仅用经济力量就能压住，是上海工商界料想不到的。"

经过"银元之战"和"米粮之战"两次交锋，民族资产阶级对中国共产党的治国理财能力有所认识，开始认真考虑要接受中国共产党和人民政府的领导。社会主义国营经济初步取得稳定市场的主动权，为争取国家财政经济状况的基本好转创造了条件。

① 参见中共中央文献研究室编：《毛泽东传》三，中央文献出版社2011年版，第1023页。

② 《毛泽东选集》第4卷，人民出版社1991年版，第1428页。

随后，中共中央又决定，采取统一全国财经工作的重大步骤，改变战争年代分散管理、各自为政的财政体制，由中央人民政府统筹全国的财政收支、物资调度和现金管理，做到统一计划，令行禁止。这一措施有效地巩固了平抑物价的成果，控制住通货膨胀的势头。到1950年3月，全国的物价就完全稳住了，国民党反动统治留下的通货膨胀的严重后遗症完全消除。在平抑物价和统一财经工作的斗争中，陈云表现出很高的领导能力和政策水平，毛泽东十分称赞。他在一次谈话中说：陈云同志有这样的能力，我在延安时期还没有看得出来，可称之为"能"。①

"四面八方"经济政策

早在1949年7月，毛泽东明确地提出为争取国民经济的恢复和发展，必须完成三项根本性质的工作。他估计，要完成这三项工作，必须准备用三年左右的时间。"为着克服困难，必须完成几项根本性质的工作，这就是：（一）消灭封建势力，使农民得到土地；（二）实行精兵简政，节省国家开支；（三）在上列两项基础之上初步地恢复和发展一切有益的工业和农业生产。要完成上述几项工作，在新解放的南方和西北各省，一般地说来，必须准备付以三年左右的时间，过于性急是没有用的。"②

七届二中全会后不久，毛泽东根据中国的实际情况，经过深思熟虑，提出一个被称为"四面八方"的重要经济政策，即"公私兼顾，劳资两利，城乡互助，内外交流"。这实际上是整个经济恢复时期的指导方针。

4月15日，毛泽东在香山双清别墅接见当时任太行区党委书记的陶鲁笳等人谈话的时候，对"四面八方"政策作了详细的说明。"我们的经济政策可以概括为一句话，叫做'四面八方'。什么叫'四面八方'？'四面'即公私、劳资、城乡、内外。其中每一面都包括两方，所以合起来就是'四面八方'。这里所说的内外，不仅包括中国与外国，在目前，解放区与上海也应包括在内。我们的经济政策就是要处理好四面八方的关系，实行公私兼顾、劳资两利、城乡互助、内外交流的政策。"③

事实上，这一政策中就其四个方面的关系来讲，公私关系、劳资关系是最基本的。而"四面八方"缺一面、缺一方，就是路线错误、原则的错误。合作社也要公私兼顾，只顾公的方面，不顾私的方面，就要垮台。同时实行"四面八方"的经济政策，还要注意到，工人阶级、农民阶级、小资产阶级和自由资产阶级的联盟应联合起来反对封建主义、帝国主义、官僚资本主义。当然，在

① 参见薄一波：《若干重大决策与事件的回顾》修订本上卷，人民出版社1997年版，第92页。
② 《毛泽东文集》第5卷，人民出版社1996年版，第315页。
③ 中共中央文献研究室编：《毛泽东传》三，中央文献出版社2011年版，第1026页。

实行"四面八方"的经济政策时，应当在政策上加以限制，但不是打击，而是要慢慢引导他们走上正当的途径。

四月危机

1950 年是恢复国民经济的第一年。但在 1950 年春夏之交，全国出现了市场萧条、工厂倒闭、工人失业增多等新的经济困难。总的情况是大城市重于小城市，工业重于商业，上海又重于其他城市。在上海，大米和棉纱批发市场交易额，4 月份比 1 月份分别下降 83％和 47％。到 4 月下旬，上海倒闭的工厂有一千多家，停业的商店两千多个，失业工人在二十万以上。全国十六个较大的城市中，半停业的商店近万个。全国失业人数超过百万人。当时的上海，人心浮动，谣言四起，不断发生吃白食、分厂、分店、打警察、请愿等现象。民主人士慨叹人心丧失，工商业者惶惶不安。这种状况，当时在上海被称作"四月危机"。

上海是全国第一大工业城市，又是民族资产阶级特别是大资本家最集中的地方，它的一举一动都牵动全国其他各大城市。而上海私人资本遇到的困难，公私之间出现的矛盾，又显得更为突出。因此，毛泽东十分注意上海的动向。

3 月中旬至 4 月初，毛泽东接连三次收到上海市市长陈毅的电报，反映上海工商业的困难和党内部分同志的错误倾向。在 3 月 12 日的第一份电报里，陈毅提出，上海工商业在"三个月尚有可能更严重的停闭"，建议中央对上海的税收"在步骤上应作详细考虑"，适当放宽期限。在 3 月 24 日的第二份电报里，详细反映了上海工商界对改进税收等的具体意见。4 月 4 日的第三份电报又反映 3 月来，由于工商业倒闭增多，又加重债税任务，不仅党外人士叫苦，亦反映到党内干部，认为社会主义实际提前。电报提出在不妨碍中财部部署的条件下，考虑一些必要松动和协助的步骤。

这样，一个两难的问题摆在毛泽东面前：既要稳定物价，又要维持生产、适当减缓税收、解决私营工商业的资金困难问题。用陈云的话来说："现在政府挑的是'两筐鸡蛋'，不要碰破一头。"① 有没有两全其美的解决办法呢？毛泽东认为有，从根本上说，就是要实行土地改革以恢复农业，调整公私关系以恢复工业，整顿干部以执行政策。

从 3 月 27 日到 4 月 6 日，中共中央召开有各大区负责人参加的政治局扩大会议，主要讨论财政经济、土地改革和军事等问题。在这次会议上，毛泽东根据各方面的意见和反映，特别是根据上海的情况，做出调整工商业的决策。

毛泽东在政治局会议上说："中央人民政府成立以后，主要是抓了一个财政

---

① 《陈云文选》第 2 卷，人民出版社 1995 年版，第 91 页。

问题。目前财政上已经打了一个胜仗，现在的问题要转到搞经济上，要调整工商业。"他针对党内一部分干部中存在的要挤垮私营工商业的错误倾向指出："和资产阶级合作是肯定了的，不然《共同纲领》就成了一纸空文，政治上不利，经济上也吃亏。'不看僧面看佛面'，维持了私营工商业，第一维持了生产；第二维持了工人；第三工人还可以得些福利。当然，中间也给资本家一定的利润。但比较而言，目前发展私营工商业，与其说对资本家有利，不如说对工人有利，对人民有利。"他还进一步提出："我们是一个大党，策略上要特别注意。尤其是我们现在胜利了，要巩固胜利，更要注意，要反对'左'的思想和'左'的做法。"①

中央政治局扩大会议以后，毛泽东又在多次会议上，继续强调要调整工商业、改善公私关系、团结民族资产阶级。

4月13日，毛泽东在中央人民政府委员会第七次会议上发表讲话，正式提出使整个国家财政经济状况根本好转所需要的三个条件，并确定当前以调整工商业为政府财经领导机关的工作重点。他再次提出必须认真执行《共同纲领》的各项规定，作为行动的准则，说："《共同纲领》的规定，'在经营范围、原料供给、销售市场、劳动条件、技术设备、财政政策、金融政策等方面，调剂各种社会经济成分在国营经济领导之下，分工合作，各得其所'，必须充分实现，方有利于整个人民经济的恢复和发展。现在已经发生的在这方面的某些混乱思想，必须澄清。"②

从1949年7月底毛泽东提出克服困难、恢复经济的三项根本性质的工作以后，经过8个多月，根据新的实践经验，作了新的调整，把调整工商业、改善公私关系，列为恢复国民经济的条件之一。这样，中国共产党关于恢复国民经济，就有了一个更为明确和完善的指导方针。

毛泽东的这个讲话公开发表后，各界人士反应热烈，起到了稳定人心的作用。当时，上海正要召开有民族资产阶级代表人物和民主人士参加的各界人民代表会议。毛泽东的讲话传来，与会代表"表示拥护，其悲观失望情绪可相对减少"。③

毛泽东对上海这次会议极为重视。他要陈毅将会议情况随时电告，他则及时复电，做出指示。

4月15日，上海各界人民代表会议开始的那一天，陈毅给中共中央和毛泽东发了一个电报。这时，上海还处在"四月危机"中。

毛泽东16日立即复电："税收问题和失业问题能照正确原则解决，取得各

① 薄一波：《若干重大决策与事件的回顾》修订本上卷，人民出版社1997年版，第103页。
② 《毛泽东文集》第6卷，人民出版社1999年版，第52页。
③ 中共中央文献研究室编：《毛泽东传》三，中央文献出版社2011版，第1036页。

方同意妥慎进行，甚好甚慰。目前处在转变的紧张时期，力争使此种转变进行得好一些，不应当破坏的事物，力争不要破坏，或破坏得少一些。你们把握了这一点，就可以减少阻力，就有了主动权。"4月23日，毛泽东再一次强调："目前几个月确实应当用大力来做调整公私关系、劳资关系，维持生产与救济失业的艰巨工作。"①

上海市按照毛泽东的指示，采取了一系列有力措施：调整公私关系，实行公私兼顾政策；改善劳资关系，照顾双方利益；适当减少税收，救济失业工人；开展自我批评，纠正工作中的缺点等等。经过艰苦的工作，上海市终于渡过了"四月危机"。毛泽东收到陈毅的有关报告后，感到十分欣慰，立即把它转发给华东以外的各中央局、分局以及北京、天津两市委的负责人，说："上海打退四月危机的经验及目前采取的各项政策，是各地大城市党委值得研究的，请将此项报告转发各主要城市党委研究。"②

七届三中全会

上海的"四月危机"是渡过了，但经济困难依然存在，商品滞销，工厂关门，商店歇业，工人失业。其他各城市也大体如此。恢复国民经济的任务仍然十分艰巨，客观形势要求全党必须集中力量抓经济工作。

早在1949年12月，毛泽东在离京赴苏联前召开的中央政治局会议上就指出："财政经济工作已成为中央和中央局的主要议程，应该认真研究财政经济问题，并进行适当的宣传，使人民了解政策和情况。"③到苏联以后，他又电示林彪："整个中南六省的工作重心，已由军事转到经济与土改，希望你们于明年一月间成立中南军政委员会，集中力量领导全区经济工作，并积极准备土改条件。"从那时起，又过了5个月，毛泽东更深刻地感到党的各级主要负责人亲自抓经济工作的重要性和紧迫性。1950年5月20日他给各中央局的主要负责人的电报中叮嘱说："各中央局主要负责同志必须亲自抓紧财政、金融、经济工作，各中央局会议必须经常讨论财经工作，不得以为只是财经业务机关的工作而稍有放松，各分局、大市委、省委、区党委亦是如此。中央政治局现在几乎每次会议都要讨论财经工作。"④

经过三个月各次中央政治局会议的充分讨论和准备，在中共高层领导中间，对于经济问题，情况明了，方针有了，认识也已基本取得一致，中共七届三中全会于1950年6月6日在北京开幕。

① 中共中央文献研究室编：《毛泽东传》三，中央文献出版社2011版，第1036页。
② 中共中央文献研究室编：《毛泽东传》三，中央文献出版社2011版，第1036页。
③ 《毛泽东文集》第6卷，人民出版社1999年版，第25页。
④ 中共中央文献研究室编：《毛泽东传》三，中央文献出版社2011版，第1037页。

这次全会的中心议题是财经问题，所以毛泽东把他的主题报告（书面报告）定名为《为争取国家财政经济状况的基本好转而斗争》。这次全会又是总结性质的会议，总结七届二中全会以来15个月的工作。把经济问题作为中央全会的中心议题，这标志着全党工作重心，已由革命战争转到经济建设，在全国范围内全面实施二中全会的各项战略决策。

在七届三中全会第一天的会议上，毛泽东发表讲话，并对提交全会的书面报告作了说明。他说：巩固财经统一，巩固财政收支平衡，巩固物价稳定，这三个"巩固"必须巩固，决不能动摇。去年骂我的信很多，现在物价稳定，这是极大的胜利。毛泽东这个话，是有针对性的。当时，有个别地方的高级领导人，因出现新的比较严重的经济困难，而对于统一财经、稳定物价有些动摇。

毛泽东的讲话，着重地阐述了三中全会的策略路线问题。非常必要提醒全党注意策略问题，防止胜而骄。必须确定进攻点在哪里，应当团结、合作的方面是哪一些，以便团结一切可以团结的方面，缓和一切可以缓和的地方，孤立和打击最主要的敌人。为此，他提出了"不要四面出击"的问题。"总之，我们不要四面出击。四面出击，全国紧张，很不好。我们绝不可树敌太多，必须在一个方面有所让步，有所缓和，集中力量向另一方面进攻。我们一定要做好工作，使工人、农民、小手工业者都拥护我们，使民族资产阶级和知识分子中的绝大多数人不反对我们。这样一来，国民党残余、特务、土匪就孤立了，地主阶级就孤立了，台湾、西藏的反动派就孤立了，帝国主义在我国人民中间就孤立了。我们的政策就是这样，我们的战略策略方针就是这样，三中全会的路线就是这样。"①

毛泽东在书面报告和口头讲话中所提出的各项方针政策为全会一致接受，成为党在国民经济恢复时期的行动纲领。三中全会以后，调整工商业的工作全面展开，取得显著效果。民族资产阶级不仅渡过了经济萧条的难关，而且获得较快的发展。1951年同1950年相比，全国私营工业户增加11％，生产总值增加39％；私营商业户增加11.9％，零售商品总额增加36.6％。这一年，私营工商业者的心情比以往任何时候都要舒畅。在人民政府的帮助下，他们从国家和国营企业的加工、订货、包销、收购中得到的利润，超过国民党统治时期的任何一年。1950年，全国私营工业产值中，加工、订货、包销、收购部分所占比重，达到27.3％，而在1949年只有11.5％。其中，棉纺织业在1950年下半年为国家加工的部分，占其生产能力的70％以上。他们开始接受中国共产党和国营经济的领导，初步消除对社会主义的畏惧心理，所谓共产党要挤垮私人资本主义，要提前实行社会主义等传言和思想疑虑，在渐渐消失。

---

① 《毛泽东文集》第6卷，人民出版社1999年版，第73—76页。

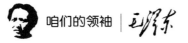

工商业的合理调整，促进了国民经济的全面恢复。1950年，工农业总产值比1949年增长23.4％。其中，工业增长36.4％，农业增长17.8％，粮食增产16.9％。国家财政入不敷出的状况也有很大改善。1949年12月毛泽东主持讨论1950年国家财政收支概算时，曾估计全年将有四亿一千六百万元赤字，后来只有二亿九千万元。从1951年起，做到了收支平衡，略有节余。这在当时又是一个了不起的成就。

边抗、边稳、边建

正当国民经济开始逐步恢复的时刻，朝鲜战争爆发，美国武装干涉朝鲜，并把侵略战争的战火烧到鸭绿江边，直接威胁到中国的国家安全与和平建设。当中共中央做出抗美援朝的决策后，局势发生重大变化，在这样的情况下，中共中央确定了"边抗、边稳、边建"的方针。在这个方针确定的过程中，陈云于1953年8月6日在全国财经会议领导小组会上发言说过："1950年3月全国统一财经工作，稳定市场，6月爆发朝鲜战争，10月志愿军出国。当时很紧张，前面要抗美援朝，后面要稳定市场，两头重担，哪一头发生问题都不行。既要能抗，又要能稳，这是高于一切的。以后毛泽东同志提出边抗、边稳、边建的任务，又加了一个'建'的担子。"[①]

根据这个方针，今后几年的财经工作要放在抗美援朝战争的基础上，一切服从战争，一切为了战争的胜利。在全力支持抗美援朝战争的情况下，就国内财经工作的部署来说，还有一个"稳"（稳定市场物价）与"建"（经济和文化建设）的先后顺序问题。毛泽东等党和国家领导人权衡利弊得失，确定在两者中把稳定市场物价放在优先地位。

为了保证抗美援朝和稳定物价的需要，有必要削减和压缩经济建设和文化建设的投资，放慢一下建设的速度。但这绝不是说不要建设，不能建设。这就要精打细算，勤俭建国，把节省下来的钱尽可能多地用到各方面的建设上去。

"边抗、边稳、边建"，其中每一个方面对新中国都是严峻的考验。在提出这个方针之初，中共中央的主要领导人包括毛泽东在内，对于能否圆满实现这个方针，心里并不十分有底。但是，经过两年的艰苦努力，证明中国人民不但能够支撑得住这场战争，而且能够赢得这场战争；不仅能够保持市场物价的稳定，而且能在最短时间里实现国民经济的恢复。

---

① 《陈云文选》第2卷，人民出版社1995年版，第194页。

社会主义改造的成功创举

社会主义改造时期，毛泽东在历史上第一次实现了马克思和列宁关于对资产阶级和平赎买的设想，是毛泽东领导新中国经济建设的成功创举。

过渡时期总路线

1952 年，人民共和国已经走过了三年光辉的历程。在中国的大地上，洒满春天的阳光，充满生机和希望。恢复国民经济的任务奇迹般地提前完成，抗美援朝、土地改革、镇压反革命三大运动取得伟大胜利，"三反""五反"运动也已结束。从 1953 年起，全国范围的大规模经济建设就要开始了。

新中国成立后毛泽东最早提出向社会主义过渡的问题，是在 1952 年 9 月 24 日中共中央书记处会议上。他说："二中全会提出限制和反限制，现在这个内容就更丰富了。工业，私营占 32.7％，国营占 67.3％，是三七开；商业零售是四六开。再发展五年比例会更小（资小我大），但绝对数字（指资）仍会有些发展，这还不是社会主义。五年以后如此，十年以后会怎么样，十五年以后会怎么样，要想一想。"资本主义的"性质也变了，是新式的资本主义：公私合营，加工订货，工人监督，资本公开，技术公开，财政公开……他们已经挂在共产党的车头上了，离不开共产党了。""他们的子女们也将接近共产党了。""农村也是向合作互助发展，前五年不准地主、富农参加，后五年可以让其参加。"①

从现在起就开始向社会主义过渡，而不是要等到 10 年或 15 年以后才向社会主义过渡，这是中国社会主义革命进程中带有转折意义的大事。对此，毛泽东采取十分谨慎的态度。尽管中共其他领导人没有异议，但他觉得仍有必要听听斯大林的意见。

1952 年 10 月，趁刘少奇率中共中央代表团去参加苏共十九大的机会，毛泽东委托刘少奇就这个问题征求斯大林的意见。刘少奇在 10 月 20 日写给斯大林的信中，根据毛泽东的意见，作了详细的阐述。斯大林看了刘少奇的信，在 10 月 24 日会见中共中央代表团时，对中共的设想，作了肯定的评价。他说：我觉得你们的想法是对的。当我们掌握政权以后，过渡到社会主义去应该采取逐步的办法。你们对中国资产阶级所采取的态度是正确的。②

毛泽东在酝酿形成一个新的思想，提出一个重大决策时，总是集中在这个问题上，不停地想，反复地讲，一方面宣传自己的观点，一方面看看别人的反

---

① 中共中央文献研究室编：《毛泽东传》三，中央文献出版社 2011 年版，第 1199 页。

② 参见中共中央文献研究室编：《毛泽东传》三，中央文献出版社 2011 版，第 1206 页。

应，使自己的想法更恰当更完善。自从 1952 年 9 月 24 日他在中央书记处会议上提出向社会主义过渡的问题后，又多次在中央书记处会议上讲这个问题。

经过几个月的酝酿，毛泽东对于向社会主义过渡问题的思考，已经比较成熟。但他感到还需要下去做些调查，听听地方和基层干部的意见，同时也向下面一定范围的干部通通气，做些宣传。另外，在财经工作方面，这一时期以来他收到下面一些反映。为了弄清情况，也需要作些调查。

1953 年 2 月 15 日，农历正月初二，毛泽东离开北京，乘专列沿京汉线南下。这一天上午，专列路过河北，他想找一位县委书记了解农村互助合作的情况。邢台县委第二书记、县长张玉美被邀请到专列上。

专列快到郑州车站，谈话就要结束了。毛泽东最后说："看来，农业不先搞机械化，也能实现合作化，中国不一定仿照苏联的作法。"张玉美请求对邢台县的工作给予指示，毛泽东说："邢台是个老区，合作化可以提前。在合作化问题上，一定要本着积极、稳妥、典型引路的方法去办。"[①]

1953 年 2 月 16 日深夜，毛泽东乘专列来到阔别 25 年之久的武汉。2 月 17 日晚，他请中南局、湖北省委、武汉市委少数领导人一起吃饭。在吃饭中间和饭后，向当时任武汉市委书记的王任重询问武汉市工业、手工业和公私合营的情况。毛泽东在谈话中着重谈了向社会主义过渡的问题。根据王任重的日记记载，毛泽东这次谈话的要点如下：

（一）有人说"要巩固新民主主义秩序"，还有人主张"四大自由"，我看都是不对的，新民主主义是向社会主义过渡的阶段。在这个过渡阶段，要对私人工商业、手工业、农业进行社会主义改造。过渡要有办法。像从汉口到武昌，要坐船一样。国家实现对农业、手工业和私营工商业的社会主义改造，从现在起大约需要三个五年计划的时间，这是和逐步实现国家工业化同时进行的。

（二）全国解放后，富农不敢雇工了，即使还没有搞完土地改革的地方，富农实际上也变成富裕中农了。斯大林建议我们在土改中要保留富农，为的是不要影响农业生产。我们发展农业生产并不依靠富农，而是依靠农民的互助合作。

（三）我们现在家底子很薄弱，钢很少，汽车不能造，飞机一架也造不出来；面粉、棉布的生产，还是私营为主。

（四）要团结民主人士，使他们的生活好一点，争取他们和我们一起搞建设。经济基础不强，政治基础也就不强。

（五）私人工商业如何转？资本家转什么？他们如何生活？其中有些人会和我们一起进到社会主义的。只要不当反革命，就要给工作，给饭吃。[②]

---

① 中共湖北省委党史资料征编委员会：《毛泽东在湖北》，中共党史出版社 1993 年版，第 2—4 页。

② 参见中共湖北省委党史资料征编委员会：《毛泽东在湖北》，中共党史出版社 1993 年版，第 2—4 页。

2 月 18 日，毛泽东向武汉市和武昌区有关负责人调查手工业状况。

2 月 19 日，毛泽东又找中南局几位负责人谈话，讲到社会主义改造时说：我爱进步的中国，不爱落后的中国。中国有三个敌人（帝国主义、封建主义、官僚资本主义）已经被打倒了，还有民族资产阶级，个体农业、手工业和文盲三个问题，当然对待这些人不能用对待前三个敌人的办法。个体农业，要用合作社和国营农场去代替，手工业要用现代工业去代替。手工业目前还要依靠，还要提倡，没有它不行。对民族资产阶级，可以采取赎买的办法。①

他 2 月 26 日回到北京，一路上向江苏省、天津市以及其他一些城市的负责人着重了解经济情况。

1953 年 6 月 15 日，在政治局会议上，毛泽东正式提出过渡时期总路线，并作了系统阐述。

毛泽东首先对总路线作了一个比较完整的表述："从中华人民共和国成立，到社会主义改造基本完成，这是一个过渡时期。党在过渡时期的总路线和总任务，是要在十年到十五年或者更多一些时间内，基本上完成国家工业化和对农业、手工业、资本主义工商业的社会主义改造。"②

这里包括了过渡时期的起点、时限和总任务。起点，是中华人民共和国的成立。③ 时限，他说："考虑来考虑去，讲十年到十五年或者更多一些时间比较合适。根据几年来的经验，大概十年到十五年是一定需要的。"④ 总任务，包括工业化和社会主义改造两个部分。

他说："党在过渡时期的总路线是照耀我们各项工作的灯塔。不要脱离这条总路线，脱离了就要发生'左'倾和右倾的错误。"

接下来，毛泽东分别对"左"的和右的错误倾向及其表现进行了批评。

他说："有人认为过渡时期太长了，发生急躁情绪。这就要犯'左'倾的错误。现在基本建设、农业、手工业、资本主义工商业方面，都有急躁情绪，比如急于要多搞合作社，'五反'后对资本家进攻没有停止，使工人阶级自己处于进退两难地位。"

这是批评"左"的，然后着重批评右的。他说："有人在民主革命成功后，仍然停留在原来的地方。他们没有懂得革命性质的转变，还在继续搞他们的'新民主主义'，不去搞社会主义改造。这就要犯右倾的错误。"⑤

毛泽东 6 月 15 日在政治局会议上的讲话，是关于过渡时期总路线的一篇极

① 参见中共湖北省委党史资料征编委员会：《毛泽东在湖北》，中共党史出版社 1993 年版，第 2—4 页。

② 中共中央文献研究室编：《毛泽东传》三，中央文献出版社 2011 年版，第 1216 页。

③ 在这以前，毛泽东提过渡的起点是 1953 年。

④ 中共中央文献研究室编：《毛泽东传》三，中央文献出版社 2011 年版，第 1216 页。

⑤ 中共中央文献研究室编：《毛泽东传》三，中央文献出版社 2011 年版，第 1216—1217 页。

为重要的文献，标志着毛泽东经过长时间的深思熟虑，对过渡时期总路线问题已经考虑成熟。

过渡时期总路线从毛泽东 1952 年 9 月 24 日首次提出（仅以现存档案为据），到正式公布，整整一年时间。总路线有一个酝酿和形成的过程，总路线的传达和宣传也有一个逐步扩大范围的过程。中间经过了中共中央的多次会议、全国财经会议、全国政协常委扩大会议、中央人民政府委员会会议等重要会议的充分讨论。由此可见，毛泽东和中共中央对总路线的制定和公布，采取了谨慎的态度和稳妥的步骤。

为了适应学习和宣传的需要，毛泽东要中央宣传部起草一个关于党在过渡时期总路线的学习和宣传提纲。提纲几易其稿，定名为《为动员一切力量把我国建设成为伟大的社会主义国家而斗争》。

经毛泽东审阅修改的提纲，对过渡时期总路线的完整表述，最后确定下来："从中华人民共和国成立，到社会主义改造基本完成，这是一个过渡时期。党在这个过渡时期的总路线和总任务，是要在一个相当长的时期内，逐步实现国家的社会主义工业化，并逐步实现国家对农业、对手工业和对资本主义工商业的社会主义改造。这条总路线是照耀我们各项工作的灯塔，各项工作离开它，就要犯右倾或'左'倾的错误。"①

"从中华人民共和国成立，到社会主义改造基本完成，这是一个过渡时期。"这就是说，中华人民共和国一成立，中国革命就转入了第二阶段即社会主义革命阶段。这是一个新的提法，毛泽东觉得有加以说明和解释的必要，因此他在提纲中加写了一段话："我们说标志着革命性质的转变、标志着新民主主义革命阶段的基本结束和社会主义革命阶段的开始的东西是政权的转变，是国民党反革命政权的灭亡和中华人民共和国的成立，并不是说社会主义改造这样一个伟大的任务，在人民共和国成立以后就可以立即在全国一切方面着手施行了。不是的，那时，我们还须在广大的农村中解决封建主义与民主主义即地主与农民之间的矛盾。那时在农村中的主要矛盾是封建主义与民主主义之间的矛盾，而不是资本主义与社会主义之间的矛盾，因此需要有两年至三年时间在农村实行土地改革。那时我们一方面在农村实行民主主义的土地改革，一方面在城市立即着手接收官僚资本主义企业使之变为社会主义的企业，建立社会主义的国家银行，同时在全国范围内着手建立社会主义的国营商业和合作社商业，并已在过去几年中对私人资本主义企业开始实行了国家资本主义的措施。所有这些显示着我国过渡时期头几年中的错综复杂的形象。"②

---

① 《建国以来重要文献选编》第 4 册，中央文献出版社 1993 年版，第 700—701 页。
② 《建国以来重要文献选编》第 4 册，中央文献出版社 1993 年版，第 694—702 页。

赎买政策

中国共产党对资本主义工商业的社会主义改造，同对农业和手工业的社会主义改造，采取不同的形式和方法。

经过全国财经会议和中央政治局会议两次会议的讨论，作为对资本主义工商业利用、限制和改造的方针，从指导思想上确定下来了。

从 1949 年 3 月七届二中全会提出的利用、限制资本主义的方针，到 1953 年 6 月政治局会议确定为利用、限制和改造。这是中国共产党对资本主义工商业社会主义改造在指导思想上的一个飞跃。1953 年 9 月 7 日，毛泽东在颐年堂约请了 10 位党外人士谈话。

关于改造资本主义工商业的方针和步骤，毛泽东说："稳步前进，不能太急。将全国私营工商业基本上（不是一切）引上国家资本主义轨道，至少需要三年至五年的时间，因此不应该发生震动和不安。""至于完成整个过渡时期，即包括基本上完成国家工业化，基本上完成对农业、对手工业和对资本主义工商业的社会主义改造，则不是三五年所能办到的，而需要几个五年计划的时间。在这个问题上，既要反对遥遥无期的思想，又要反对急躁冒进的思想。"①

毛泽东还说："实行国家资本主义，不但要根据需要和可能（《共同纲领》），而且要出于资本家自愿，因为这是合作的事业，既是合作就不能强迫，这和对地主不同。"②

关于利润分配问题，这是工商界最关心的一个问题。事先毛泽东曾向在工会工作的和在大城市工作的同志作过调查，了解了一些情况。他说："有些资本家对国家保持一个很大的距离，他们仍没有改变唯利是图的思想；有些工人前进得太快了，他们不允许资本家有利可得。我们应向这两方面的人们进行教育，使他们逐步地（争取尽可能快些）适合国家的方针政策，即使中国的私营工商业基本上是为国计民生服务的、部分地是为资本家谋利的——这样就走上国家资本主义的轨道了。"③ 他在讲话要点里，关于国家资本主义企业的利润分配，列了一个表：

所得税	福利费	公积金	资方红利	总计
34.5%	15%	30%	20.5%	100%

这就是所谓"四马分肥"的分配比例。按这个比例，资本家所得占 20% 左右。第二天，周恩来在政协常委扩大会议的报告中，作了一个补充。他说："关

---

① 中共中央文献研究室编：《毛泽东传》三，中央文献出版社 2011 年版，第 1390 页。

② 中共中央文献研究室编：《毛泽东传》三，中央文献出版社 2011 年版，第 1390—1392 页。

③ 《毛泽东文集》第 6 卷，人民出版社 1999 年版，第 291—292 页。

于资本家的所得，还可以再多一些，如能达到 25% 上下就更合适一些。"① 后来大致是按照这个比例进行分配的。

毛泽东在同党外人士的谈话中，专门讲了一下"一视同仁、有所不同"的方针。不过他这里所说的私营工商业，是指已经走上了国家资本主义轨道的私营工商业。他说："一个是领导者，一个是被领导者，一个是不谋私利者，一个是还要谋一部分私利者，等等，这些是不相同的。但私营工商业基本上是为国计民生服务的（就利润分配上说，占 3/4 左右），因此可以和应当说服工人，和国营企业一样，实行增产节约、劳动竞赛，提高劳动生产率，降低成本，提高数量质量，这样对公私、劳资都有利。"又说："现在多数公私合营厂的缺点（主要是资方无权和不发红利）必须改正，否则将阻塞国家资本主义的道路。要学民生公司的榜样。"② 民生公司是一家最早实行公私合营的航运大型企业。

毛泽东特别强调要培养先进的资本家。他说："需要继续在资本家中间进行爱国主义教育，为此需要有计划地培养一部分眼光远大的、愿意和共产党和人民政府靠近的、先进的资本家，以便经过他们去说服大部分资本家。"③

实行国家资本主义，涉及工商界的切身利益。毛泽东很想听听工商界人士的反映，同时也做做他们的工作。9 月 15 日，中央人民政府委员会第二十五次会议散会后，毛泽东就在怀仁堂约请盛丕华、荣毅仁、包达三、郭棣活、胡厥文谈话。这五位都是工商界著名的代表人物，在工商界有着重要影响。这次谈话，对毛泽东来说，既是调查，又是宣传。毛泽东带头做先进资本家的工作。谈话的气氛很融洽，从下午 7 时 45 分谈到 10 时 5 分，其间共进晚餐，算得上是一次推心置腹的谈话。

总路线和对资本主义工商业改造的方针传开以后，果然不出毛泽东所料，在广大工商业者中间引起了波动，普遍感到震动和不安。一部分人存在严重抵触心理，说"上了贼船"。有的大资本家在大势所趋下，为了保持其资本主义阵地，宁愿拿出一个企业抵债，也不愿实行公私合营，说"宁砍一指，勿伤九指。"少数人则以"三停"（停工、停伙、停薪）、抽逃资金、破坏生产等手段抗拒社会主义改造。

针对这种情况，根据中共中央的指示，1953 年 10—11 月召开了中华全国工商业联合会会员代表大会。黄炎培在大会发言中说：在过渡时期，资产阶级只要接受改造，将是"风又平，浪又静，平平安安到达黄鹤楼"，"到社会主义都有一份工作，有饭吃"。黄炎培的发言，博得许多代表的赞同。代表们开始认识到，只要遵循国家的总路线，将来可以稳步进入社会主义。许多人的情绪由原

① 《周恩来选集》下卷，人民出版社 1984 年版，第 115 页。
② 《毛泽东传》第 6 卷，人民出版社 1999 年版，第 293 页。
③ 中共中央文献研究室编：《毛泽东传》三，中央文献出版社 2011 年版，第 1393 页。

来的疑惧、怕挨整转变为比较开朗。会议闭幕时，李烛尘致闭幕词欢呼"毛主席万岁"，会场情绪很高。经过这次会议和会后的集中学习讨论，资产阶级中间涌现出一批拥护总路线的进步骨干，并在以后几年中日益增多，成为协助中国共产党顺利推进国家资本主义的一支重要力量。

会议期间，李维汉向毛泽东讲了开会的情况。毛泽东肯定会议是成功的，并说要使各级党委和统战部门有意识地懂得，半年之内是大喊大叫的半年。根据这一意见，有关部门在工商界中，有领导有准备地、大张旗鼓地进行总路线和国家资本主义方针的宣传教育，为国家资本主义的健全发展，作了必要的思想舆论准备。①

1954年，是对资本主义工商业的社会主义改造全面展开和有计划地扩展公私合营工业的第一年。3月4日，中共中央批准下发《关于有步骤地将有十个工人以上的资本主义工业基本上改造为公私合营企业的意见》。与此同时，对私营商业的改造也积累了一定的经验，有了比较完整而明确的办法。

中共中央于1954年7月13日发出《加强市场管理和改造私营商业》的指示，确定改造私营商业的方针是："充分利用市场关系变化和改组的有利条件，对私营商业积极地稳步地进行社会主义改造，采取一面前进、一面安排和前进一行、安排一行的办法，把现存的私营小批发商和私营零售商逐步改造成为各种形式的国家资本主义商业。"②

1954年，资本主义工商业改造总的说是稳中求进，但公私合营的步子迈得很大，大大超过了年初预定的发展指标。这一年，采取所谓"吃苹果"即逐个企业合营的方式，合营了793户规模较大的、有关国计民生的工业企业，当年产值达25.6亿元，超过过去几年全部合营企业产值的总和，私营工业产值的比重降到24.9%。

"吃苹果"的方式，产生了新的矛盾。大的"苹果"吃掉了，剩下大量分散落后的中小私营工业企业，生产遇到严重困难。加上国营部门在加工订货的分配上，往往只照顾国营和合营企业，没有照顾那些中小私人企业，更使这些企业生产难以为继。部分私营企业停工、停薪、停伙，甚至关门，工人失业。

1955年1月上旬，中共中央政治局讨论批准了统筹兼顾的方针。毛泽东说，这才对，不看僧面看佛面嘛。此前不久，毛泽东就曾指出：在工业中，原料和订单分配不公，给私营太少，是不对的。私营有困难，要照顾他们，要统筹兼顾，要调整公私关系。③

由于及时调整公私关系，私营工业再次渡过困难，稳住了人心，公私合营

① 参见李维汉：《回忆与研究》（下），中共党史资料出版社1986年版，第750—752页。
② 《陈云文选》第2卷，人民出版社1995年版，第249页。
③ 参见中共中央文献研究室编：《毛泽东传》三，中央文献出版社2011年版，第1400页。

又得到稳步发展。

然而，从 1955 年 7 月毛泽东作《关于农业合作化问题》的报告，特别是 10 月中共七届六中全会做出加快农业合作化的决议以后，在农业合作化高潮的巨大影响下，私营工商业改造再也不可能照以前的步伐稳中求进了。

毛泽东在七届六中全会上作的结论报告里，第一个问题就是讲农业合作化和资本主义工商业改造的关系。

他说："只有在农业彻底实行社会主义改造的过程中，工人阶级同农民的联盟在新的基础上，就是在社会主义的基础上，逐步地巩固起来，才能够彻底地割断城市资产阶级和农民的联系，才能够彻底地把资产阶级孤立起来，才便于我们彻底地改造资本主义工商业。"①

农业合作化高潮的到来，割断了城市资本主义和农民的联系，资产阶级在经济上已经失去独立存在的条件，处于孤立的地位。这对于同农村有着千丝万缕联系的私营工商业来说，自然是一个不小的震动。他们中间的一些人已经意识到，加快私营工商业改造已是大势所趋。更多的人则对前途没有信心，在惶惶不安中抱着得过且过的念头，无心继续生产。

在这重要的时刻，为了推动私营工商业的社会主义改造健康发展，也为了稳定工商界的人心，毛泽东亲自出面做工商界的工作，打通思想，消除忧虑，指明前途。

在毛泽东几次讲话的推动和鼓舞下，全国工商联执委会一届二次会议开得很成功。会议结束时，一致通过了《告全国工商界书》。

1955 年 11 月下旬，中共中央召开关于资本主义工商业改造问题的会议以后，资本主义工商业改造开始进入高潮。

搞一个工商业改造高潮，这是工商界上层代表人物在农业合作化高潮的影响下首先提出来的。一些原来没有合营的分散落后的私营中小企业，在大企业相继合营后，在生产和经营上都感到有许多困难，也纷纷要求早些实行合营。最初，毛泽东还"泼了点冷水"。他觉得，农业合作化速度问题已经解决，工商业改造的速度问题也已解决，为稳妥起见，似乎无需再来一个工商业改造高潮，或者说，现在提高潮还不是时候。但是，高潮竟然来了，而且来得那样迅速和猛烈。这是出乎毛泽东意料的，但他又十分高兴。事后，他说过："公私合营走得很快，这是没有预料到的。谁料得到？现在又没有孔明，意料不到那么快。去年李烛老②在怀仁堂讲高潮，我那个时候还泼了一点冷水。我说，你那样太厉害，你要求太急了。又对他讲，要瓜熟蒂落，水到渠成，要有秩序有步骤地来，

① 《建国以来重要文献选编》第 7 册，中央文献出版社 1993 年版，第 307 页。

② 指李烛尘。

不要搞乱了。"①

1956 年 1 月，北京工商业者首先发起实行全行业公私合营，很快波及全国，各地工商业者天天敲锣打鼓，放鞭炮，递申请书，要求批准全行业公私合营。

1 月 15 日下午，北京各界 20 多万人在天安门广场集会，冒着凛冽的寒风，热烈庆祝实现全市工商业全行业公私合营和农业、手工业实现合作化。北京市市长彭真在会上宣布："我们的首都已经进入了社会主义社会。"

毛泽东以及党和国家其他领导人刘少奇、周恩来等出席了庆祝集会。在天安门城楼上，毛泽东先后接受北京市工商界、农民、手工业者代表送来的报喜信。接着，20 多万群众举行盛大的游艺活动。喜庆的群众在东西长安街一字排开，载歌载舞，锣鼓震天，狂欢的气氛笼罩整个北京城。在随后的几天里，全国人民沉浸在欢乐、兴奋之中。

面对这突如其来的工商业社会主义改造高潮，中共中央只得改变原来制定的在 1956 年、1957 年两年内分期分批实行全行业公私合营的计划，采取"先收编，再改组"的办法，即先批准公私合营，再做行业的生产安排、企业改组、人事安排等工作。

1955 年底，毛泽东曾设想，在 1957 年争取 90％的工商业实现全行业公私合营，1962 年基本完成资本主义工商业的社会主义改造。然而，只过了一个多月，到 1956 年 1 月底，全国 50 多个资本主义工商业比较集中的大中城市，相继宣布实现全市的全行业公私合营。这年年底，全国私营工商业的公私合营基本完成。

实现全行业公私合营以后，国家对原私营工商业者采取发放固定股息的办法，一般是年息 5％（略高于当时的银行利率）。当时宣布，这种办法 7 年不变。到 1963 年，又决定延长 3 年，直到 1966 年 9 月停发。中共中央关于分两步走完成对私营工商业的社会主义改造的设想，至此全部实现。在这个过程中，国家先后以"四马分肥"和定息的方式，作为和平赎买的代价，付给私营工商业者 30 多亿元，超过了他们原有的资产总额。

一场以改造生产资料资本主义私有制为目标的、如此深刻的社会主义革命，在和平和稳定中实现了。在基本完成社会主义改造的 1956 年，工农业生产特别是工业生产，不但没有下降，反而有较大幅度的增长。1956 年工业总产值比上年增长 28.1％，超过了第一个五年计划中预定的 1957 年的水平。②

在社会主义改造过程中，中国共产党对民族资产阶级采取了正确的方针政策，把对私营工商业利用、限制和改造的方针同对民族资产阶级团结、教育和改造的方针结合起来。既让他们明白社会发展的总趋势是消灭剥削，又让他们

① 中共中央文献研究室编：《毛泽东传》三，中央文献出版社 2011 年版，第 1420 页。
② 参见房维中：《中华人民共和国经济大事记》（1949—1980 年），中国社会科学出版社 1984 年版，第 182 页。

在逐步过渡中能够比较自然地接受改造。在经济上给以出路，在政治上给以地位，在思想上给以教育，始终保持了无产阶级同民族资产阶级的联盟，并在社会主义的基础上有所发展。

中国共产党对资本主义工商业和资本家的改造，在人类历史上是一个空前的创举。马克思、恩格斯提出过赎买政策，严格地讲，还只是一种设想。列宁曾想在俄国把它付诸实践，但是没有获得实现的条件。这一政策在中国以其特有的方式成功地顺利地实现了。

1955 年底，毛泽东在解决了加速农业和资本主义工商业改造的问题以后，又着手推动手工业的社会主义改造。

毛泽东曾把广大农民和城市手工业者比做两个大海①，他认为实现农业和手工业的合作化，要比改造私营工商业困难得多。当农业改造和工商业改造相继出现高潮并在迅速发展的时候，毛泽东又把关注点转到手工业方面，提出加速进行手工业的社会主义改造。

12 月 21—28 日，中央手工业管理局和中华全国手工业合作总社在北京召开第五次全国手工业生产合作会议。会后，迅速掀起手工业改造高潮。到 1956 年 6 月，组织起来的手工业者已占手工业者总数的 90%。

手工业改造在加速发展的过程中，也出了一些问题，主要是盲目集中，一律合作，造成许多新的不便。一些传统手工艺品质量下降，有的甚至面临失传的危险。

毛泽东听到这些反映后，指出："在手工业改造高潮中，修理和服务行业集中生产，撤点过多，群众不满意。这就糟糕！现在怎么办？'天下大势，分久必合，合久必分'。"还说："提醒你们，手工业中许多好东西，不要搞掉了。王麻子、张小泉的刀剪一万年也不要搞掉。我们民族好的东西，搞掉了的，一定都要来一个恢复，而且要搞得更好一些。"②

毛泽东关于手工业改造的目标是：在生产上，从手工劳动发展成为半机械化、机械化劳动；在所有制上，从个体所有制到集体所有制，最后转变为全民所有制。这个目标，后来基本上实现了。50 年代中期成立的手工业合作社后来基本上成为地方国营企业，有不少发展成为拥有先进技术设备的大企业，形成新的生产力和行业，在国民经济中发挥着重要的作用。③

从 1955 年下半年起，作为过渡时期总路线两翼的三大改造，高潮迭起，只有一年多的时间，就基本完成了。毛泽东的心情格外舒畅。当时，他向米高扬说："现在，中国的社会主义改造的工作基本上已经完成了。从前我是睡不着觉

① 参见《周恩来经济文选》，中央文献出版社 1993 年版，第 123 页。
② 《毛泽东文集》第 7 卷，人民出版社 1999 年版，第 11—12 页。
③ 参见中共中央文献研究室编：《毛泽东传》三，中央文献出版社 2011 年版，第 1428 页。

的。一切都还不上轨道，穷得很。人总是不高兴。去年下半年以来，我开始高兴了。工作比较上轨道了，党内问题，也比较上轨道了。"

1956年1月25日，毛泽东在颐年堂召开最高国务会议，讨论《一九五六年到一九六七年全国农业发展纲要》（草案）。参加会议的，除了最高国务会议成员以外，还有各方面的负责人、部分政协委员、一些科学家和文化界、教育界、工商界人士。毛泽东在会上讲话。他说："社会主义革命的目的是为了解放生产力。农业和手工业由个体的所有制变为社会主义的集体所有制，私营工商业由资本主义所有制变为社会主义所有制，必然使生产力大大地获得解放。这样就为大大地发展工业和农业的生产创造了社会条件。

我们进行社会主义革命所用的方法是和平的方法。对于这种方法，过去在共产党内和共产党外，都有许多人表示怀疑。但是从去年夏季以来，由于农村中合作化运动的高潮和最近几个月以来城市中社会主义改造的高潮，他们的疑问已经大体解决了。在我国的条件下，用和平的方法，即用说服教育的方法，不但可以改变个体的所有制为社会主义的集体所有制，而且可以改变资本主义所有制为社会主义所有制。过去几个月来社会主义改造的速度大大超过了人们的意料。过去有些人怕社会主义这一关难过，现在看来，这一关也还是容易过的。"——这是毛泽东对中国农业、手工业和资本主义工商业社会主义改造的最基本的结论。①

工业化道路

党在过渡时期的总路线，概括起来，就是"一化三改"。它的基础，是国家的社会主义工业化。

毛泽东把国家的社会主义工业化和社会主义三大改造的关系，比作"主体和两翼"。"主体"和"两翼"是密不可分、互为前提的。实现国家工业化，即由农业国转变为工业国，同实现社会主义改造，是由新民主主义转变为社会主义这个历史过程的两个方面。在一方面，他说"总路线也可以说就是解决所有制的问题"②，另一方面，他又始终强调社会主义工业化在转变为社会主义中的主体地位和主导作用。

毛泽东关于国家工业化的思想，是从总结中国近代历史经验中产生的，是建立在马克思主义唯物史观的理论基础上的。它同"实业救国"论划清了界限，又同民粹主义划清了界限。他在1944年8月31日给秦邦宪的信中说："新民主主义社会的基础是工厂（社会生产，公营的与私营的）与合作社（变工队在

---

① 参见《毛泽东文集》第7卷，人民出版社1999年版，第1—2页。
② 《毛泽东文集》第7卷，人民出版社1999年版，第301页。

内），不是分散的个体经济。分散的个体经济——家庭农业与家庭手工业是封建社会的基础，不是民主社会（旧民主、新民主、社会主义，一概在内）的基础，这是马克思主义区别于民粹主义的地方。简单言之，新民主主义社会的基础是机器，不是手工。我们现在还没有获得机器，所以我们还没有胜利。如果我们永远不能获得机器，我们就永远不能胜利，我们就要灭亡。现在的农村是暂时的根据地，不是也不能是整个中国民主社会的主要基础。由农业基础到工业基础，正是我们革命的任务。"[①] 毛泽东写这封信的时候，中国还处在抗日战争时期，人民还没有获得政权，但他从理论上已十分明确地指出：新民主主义社会、社会主义社会必须以机器工业（也就是大工业）为基础。没有大工业，就不能胜利，就要失败，就要灭亡。

把中国建设成为一个工业化的富强的社会主义国家，是中国人民多少年来的愿望，也是毛泽东一生追求的目标。

新中国成立后，恢复国民经济的任务十分繁重，还不可能立刻着手大规模的经济建设。但毛泽东始终从国家发展战略的高度，反复思考实现国家工业化的具体步骤。他提出的"三年准备、十年计划经济建设"的构想，就是指导经济工作和工业建设的行动纲领。

为筹划国家工业化，还在国民经济恢复时期，毛泽东就指导制定我国国民经济发展的第一个五年计划。这是使国家工业化从百年梦想变为现实的第一步，也是具有重大意义的关键一步。

第一个五年计划，由周恩来、陈云、李富春主持制定。毛泽东自始至终地指导着这一工作的进行。他多次主持会议听取和讨论工作汇报，提出指导性意见，仔细审阅一个又一个计划草案。五年计划的基本方针、基本任务等重大问题，都是在他主持的中央会议上确定的。

中国的工业化和第一个五年计划的实行，是在经济非常落后的情况下起步的。既缺少资金，又没有先进的技术装备和足够的建设人才，对编制国民经济发展计划完全没有经验。当时在以美国为首的西方国家对新中国采取敌视态度并实行全面封锁的条件下，唯一可能取得的帮助来自苏联。以斯大林为首的苏联政府给了中国巨大的帮助，五年计划的编制也是在苏联直接帮助下完成的。

1952 年年底，在毛泽东主持下，中共中央负责人讨论了《五年计划轮廓草案》。12 月 22 日，中共中央发出《关于编制一九五三年计划及五年建设计划纲要的指示》。指示中说："国家大规模的经济建设业已开始。这一建设规模之大，投资之巨，在中国历史上都是空前的。为了加速国家建设，除应动员全国力量，集中全国人力和财力以外，必须加强国家建设的计划工作，使大规模建设能在

---

① 《毛泽东文集》第 3 卷，人民出版社 1996 年版，第 207 页。

正确的计划指导下进行，避免可能发生的盲目性。"①

在中国这样落后的国家实现工业化，应当采取怎样的方针，通过怎样的途径，这是摆在毛泽东和五年计划编制者们面前的首要问题，是他们很费心思索的一个问题。世界各国如何实现工业化，不外两种。一种是西方资本主义国家走过的路，从发展轻工业开始，一般花了 50 年到 100 年的时间才实现工业化。一种是社会主义国家苏联走过的路，从重工业建设开始，只用十几年就实现了工业化。经过反复比较和论证，根据中国所处的国际环境（受到以美国为首的帝国主义国家的包围和侵略威胁）和国内实际状况（几乎没有重工业，交通运输极不发达，轻工业虽有一些，开工还不足，而且得不到新装备的补充和改造），毛泽东和中国共产党选择了优先发展重工业的方针。1953 年 6 月，毛泽东在全国财经会议上听取编制五年计划情况的汇报时讲道：为了保证国家的独立，我们在编制五年计划时要把建设重点放在重工业上，以增强国防力量，向社会主义前进。② 1954 年 6 月 14 日，在中央人民政府委员会第三十次会议上，毛泽东在谈到发展重工业的必要性和重要性时，形象地说："现在我们能造什么？能造桌子椅子，能造茶碗茶壶，能种粮食，还能磨成面粉，还能造纸，但是，一辆汽车、一架飞机、一辆坦克、一辆拖拉机都不能造。"③ 优先发展重工业，以实现工业化，就是为了尽快改变经济落后面貌，维护国家独立，使我国能立于世界民族之林。

优先发展重工业，在"一五"期间，主要体现在重点建设苏联援建的 156 项骨干工程。这些项目，无论就其建设规模还是技术水平，在中国都是前所未有的，为中国建立比较完整的基础工业体系和国防工业体系，为中国的工业化，奠定了重要基础。

优先发展重工业，决不意味着忽视其他事业的发展。中共中央 1952 年 12 月 22 日发出的《关于编制一九五三年计划及长期计划纲要的指示》清楚地说明了这一点：要"集中力量保证重工业的建设"，但"决不能理解为可以忽视轻工业的发展、农业和地方工业的发展、贸易合作事业和运输事业的发展及文化教育卫生事业的发展，以至放松对这些事业的领导。如果那样，显然也是错误的"。1955 年 7 月 30 日，一届全国人大二次会议经过审议正式通过了第一个五年计划。第一个五年计划作为国家工业化的良好开端载入共和国的史册。④

农业合作化

1953 年下半年，过渡时期总路线正式提出后，农业互助合作运动有了更加

---

①《建国以来重要文献选编》第 3 册，中央文献出版社 1992 年版，第 448 页。

② 参见中共中央文献研究室编：《毛泽东传》三，中央文献出版社 2011 年版，第 1235 页。

③《毛泽东文集》第 6 卷，人民出版社 1999 年版，第 329 页。

④ 参见《建国以来重要文献选编》第 3 册，中央文献出版社 1992 年版，第 450 页。

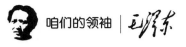

明确的指导思想。

1953 年秋季开始，毛泽东和中共中央在农业战线采取了互相联系、互为促进的两项重大举措。首先实行粮食统购统销的政策，断绝农村经济同城市资本主义经济的联系，为把农村经济纳入国家计划经济轨道，创造必要的经济环境；其次制定第二个《中共中央关于发展农业生产合作社的决定》，为提高农业合作化运动程度确定指导方针。加之过渡时期总路线的宣传，标志着农业社会主义改造运动全面展开。农业互助合作运动出现了大发展的势头，农业生产合作社由 1953 年冬季的 1400 个发展到 1954 年春的 9000 多个，增加五倍多，超过决议计划数的一倍半，参加的农户达到 170 多万户。

从 1951 年开始，毛泽东对农村中正在兴起的互助合作事业给予高度重视和积极支持。他对中国农村社会主义改造道路的探索，实际上从这时就开始了。

薄一波有一个回忆："毛主席批评了互助组不能生长为农业生产合作社的观点和现阶段不能动摇私有基础的观点。他说：既然西方资本主义在其发展过程中有一个工场手工业阶段，即尚未采用蒸汽动力机械，而依靠工场分工以形成新生产力的阶段，则中国的合作社，依靠统一经营形成的新生产力，去动摇私有基础，也是可行的。他讲的道理把我们说服了。"[①]

毛泽东提出一个全新的观点，突破了苏联的先搞机械化，后搞集体化；依靠政权力量，强制消灭富农经济，一举实现全盘集体化模式，为中国农业社会主义改造走出一个新的路子。

1953 年 10 月 15 日，毛泽东收到了杨尚昆转交的邢台县委书记张玉美递来的一份关于农村互助合作社的材料，随即同邓子恢谈话，强调了各级农村工作部要把农村互助合作社看做极为重要的事，要积极领导，稳步发展，把农民逐步组织起来，坚定不移地走共同富裕的社会主义道路。

1955 年 5 月初，河北省委在纠正建立农村合作社简单化的过程中，发现了安平县南王庄以王玉坤为首的 3 户农民自愿组织起来的小型合作社，便写了一份材料呈报毛泽东。

毛泽东见到这份材料后，很高兴，也很振奋，随即写了《5 亿农民的方向》一文，高度赞扬了农村出现的这种自愿结合的合作化现象。

5 月 9 日，李先念和邓子恢汇报说，全国农村发展互助合作的势头很好、很猛，但也有一部分先富起来的农民不愿意加入合作社的情况时，毛泽东表情严肃地说："我们共产党人是为大多数人谋福利的，办任何事情都要从大多数人的根本利益出发，为大多数人着想，替全国大多数农民考虑问题，为全国大多数的贫苦农民制定政策……"并说，"我们这么多共产党人牺牲了他们的生命，不

---

①　薄一波：《若干重大历史决策与事件的回顾》修订本上卷，人民出版社 1997 年版，第 197—198 页。

是为了少数人的利益而牺牲的，是为了中国的大多数人。我们现在面对的农村人口有 5 亿之多，富裕户有多少？如果只考虑富裕户的利益，那么多贫困户怎么办？劳动力不足、农具不足、生产资料短缺，遇到灾荒怎么办？只有互助合作的道路，这是改变中国农村落后面貌的唯一出路。我们共产党人，无论办任何事情都要从大多数人的利益出发；我们所制定的各项政策，也都是为着千千万万的穷苦的老百姓……"

他说到这里比较激动，接下去又说："譬如一家人过日子，一大群孩子都要照顾到，当家长的不能只看着老大、老二发家致富，而不替其他几个孩子着想；这就要统筹兼顾、统筹安排，不能放任自流，任其发展，要加强领导……"

最后，毛泽东表情坚毅地说："坚定不移地支持大多数，依靠大多数，这是我们的一贯方针。"①

7 月 31 日—8 月 1 日，党中央在京召开省委、市委、自治区党委书记会议，毛泽东作《关于农业合作化问题》的报告，毛泽东一开头就说："在全国农村中，新的社会主义群众运动的高潮就要到来。② 我们的某些同志却像一个小脚女人，东摇西摆地在那里走路，老是埋怨旁人说：走快了，走快了。过多的评头品足，不适当的埋怨，无穷的忧虑，数不清的清规和戒律，以为这是指导农村中社会主义群众运动的正确方针。""否，这不是正确的方针，这是错误的方针。""目前农村中合作化的社会改革的高潮，有些地方已经到来，全国也即将到来。这是五亿多农村人口的大规模的社会主义的革命运动，带有极其伟大的世界意义。我们应当积极地热情地有计划地去领导这个运动，而不是用各种办法去拉它向后退。"这就是毛泽东对当时农业合作化形势的基本估计，和对农业合作化采取的指导方针。③

毛泽东不是不了解，要把大约一亿一千万农户由个体经营改变为集体经营，并且进而完成农业的技术改革，是有很多困难的。但是，他认为这些困难是能够克服的。他说，中国的情况是，由于人多地少，时有灾荒和经营方法落后，致使占农村人口百分之六七十的贫农和下中农仍然有困难。他们为了摆脱贫困，改善生活，为了抵御自然灾害，只有联合起来，走社会主义道路。除了社会主义，再无别的出路。因此他断定，中国的大多数农民有一种走社会主义道路的积极性。而中国共产党又是能够领导农民走上社会主义道路的。

这是毛泽东关于农业合作化问题全部立论的基础，是把一亿一千万农户由个体经营改变为集体经营的主要根据。

---

① 邸延生编著：《历史的回眸——毛泽东与中国经济》，新华出版社 2010 年版，第 108—109 页。

② 这句话在毛泽东 7 月 31 日作报告时为："新的社会主义群众运动的大风暴就要到来。"8 月下旬修改这篇报告时，将"大风暴"改为"高潮"。

③ 参见中共中央文献研究室编：《毛泽东传》三，中央文献出版社 2011 年版，第 1348—1349 页。

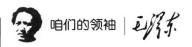

　　毛泽东的报告用了相当的篇幅从农业合作化与工业化相互关系的角度，论证加快发展农业合作化的必要性。①

　　毛泽东三番五次地提出，农业合作社必须增产，不能减产。在他的眼里，这是一个至关重要的问题，是农业合作化成败的关键。根据各地上报的情况，现有的65万个农业生产合作社80%以上是增产的，这就给毛泽东以信心和勇气，大刀阔斧地推进合作化，这也是他用来说服和批评持不同意见的同志们的主要事实依据。②

　　关于农业合作化的发展步骤，毛泽东提出，准备用18年的时间完成合作化，即从中华人民共和国成立到第三个五年计划最后一年即1967年完成，而且采取逐步前进的办法。③

　　他进一步阐明了在全国农村大力推行合作化运动的充分理由必要性、具体方针、步骤和方法，提出必须注重质量，反对盲目追求数量，重申自愿互助原则，要求合作社要全面规划，有计划地发展。

　　1955年11月1日，毛泽东离开北京，乘专列南下，5日到达杭州。他一路调查了解农业合作化和农业生产等情况。

　　毛泽东这次视察南方的主要成果，就是在杭州和天津分别同14个省、自治区党委书记共同商定了《农业十七条》。这是第一个全面规划我国农业发展远景的蓝图，内容包括农业合作化、农业生产、卫生教育、文化设施以及道路建设等。以后经过不断地修改补充，形成《一九五六年到一九六七年全国农业发展纲要（草案）》，共四十条，简称《四十条》。

　　《四十条》的产生，反映了毛泽东急切地希望改变中国农村的落后面貌，加快发展农业生产特别是粮食生产，积极改善人民的物质和文化生活条件，消灭危害人民健康的严重疾病，建设一个富庶而环境优美的国家。这个文件也可以看作是毛泽东从抓社会主义改造向抓经济建设工作开始转变的一个标志。

　　毛泽东11月下旬从杭州回到北京，自12月起，就动手重编《怎样办农业生产合作社》，主要由他的秘书田家英帮助做编辑工作。

　　据逄先知同志回忆："毛泽东在编《中国农村的社会主义高潮》时，是那样认真地精选材料，认真地修改文字，在那段时间里，几乎把主要精力集中到这部书的编辑工作上。""有些材料文字太差，毛泽东改得密密麻麻，像老师改作文一样。""毛泽东习惯于夜间工作，每天一清早，就退回来一批修改好的稿子和写好的按语，再由我们做进一步的文字加工。"毛泽东还对大部分材料重新拟定了题目。把一些冗长、累赘、使人看了头痛的标题，改得鲜明、生动、有力，

　　①　参见中共中央文献研究室编：《毛泽东传》三，中央文献出版社2011年版，第1349—1350页。
　　②　参见中共中央文献研究室编：《毛泽东传》三，中央文献出版社2011年版，第1352页。
　　③　参见中共中央文献研究室编：《毛泽东传》三，中央文献出版社2011年版，第1351页。

而又突出了文章的主题思想。例如，有一篇材料原题是《天津市东郊区詹庄子乡民生、民强农业生产合作社如何发动妇女参加田间生产》，共33个字，毛泽东改为《妇女走上了劳动战线》，只用了9个字，简单明了，又抓住了主题，读者一看就有印象。又如，有一篇材料原题为《大泉山怎样由荒凉的土山变成绿树成荫、花果满山？》，毛泽东改为《看，大泉山变了样》，多么吸引人！从保存的原稿和各次清校样中看到，有的标题和按语，毛泽东是经过多次推敲，一改再改的。例如，三楼寺农业生产合作社的那篇材料，发稿时题目为《山西省解虞县三楼寺农业生产合作社的教训》，看初校样时，他改为《解虞县三楼寺农业生产合作社几乎垮台的教训》，看二校样时，又改为《严重的教训》。在为这篇材料所写的关于政治工作是一切经济工作生命线的按语中，对"社会主义精神"有一个定义性的解释。原来排印的是"提倡以集体利益为一切言论行动的最高标准的社会主义精神"，看初校样时，毛泽东改为"提倡以集体利益和个人利益相结合的原则为一切言论行动的最高标准的社会主义精神"。①

毛泽东不辞辛劳、精心指导农业合作化运动。对材料的选择，既照顾到四面八方，使之具有代表性，又尽量出类拔萃，使之具有典型性。对文字的加工修改，则力求刮垢磨光，精益求精。②

全国农业合作化的形势发展很快，大大超出了人们的意料，这也是毛泽东始料不及的。到9月编书的时候，参加合作社的农户为3800多万户，占农户总数的32％。③ 到重编时，即12月下旬，虽然相隔只有3个多月，但入社农户已达到7500多万户，占全国农户总数的63.3％。一场有5亿农民参加的社会大变革，轰轰烈烈地在全国展开。

《中国农村的社会主义高潮》一书于1956年1月公开出版。原先毛泽东决定发一条出版消息。当田家英把拟好的消息稿送他审阅时，他咯咯地笑起来，说："这个消息没有用了，已经过时了。"他对田家英说，他很高兴，1949年全国解放时都没有这样高兴。对毛泽东来说，全国解放是早已料到的，有了长期思想准备的，而农业合作化的胜利来得这样快，这样顺利，却出乎他的意料。他一向认为，改造几亿个体经营的农民是最艰难的事业，需要花费很长的时间和做许多细致的工作才能完成。谁知道，这么困难的问题，经过三次会议，作一篇报告，在各方面的共同努力下，就如此顺利地解决了。

毛泽东为这本书共写了104篇按语，有19篇是9月写的，未作改动，其他都是12月写的或者9月所写而12月又加以修改的。

毛泽东在按语中还提出了一些著名论点。例如："政治工作是一切经济工作

---

① 薄一波：《若干重大决策与事件的回顾》修订本上卷，人民出版社1997年版，第385—386页。

② 参见薄一波：《若干重大历史决策与事件的回顾》修订本上卷，人民出版社1997年版，第385—386页。

③ 这是1955年10月的统计数字。

的生命线";"提倡以集体利益和个人利益相结合的原则为一切言论行动的标准的社会主义精神";做思想政治工作,"必须根据农民的生活经验,很具体地很细致地去做,不能采用粗暴的态度和简单的方法。它是要结合着经济工作一道去做的,不能孤立地去做"。

三大改造取得辉煌的胜利。中国经历了一场伟大的社会变革,在中国确立了崭新的社会主义经济制度,开创了中国人民全面建设社会主义的新时代。

社会主义建设的艰辛探索

在全面社会主义建设时期,毛泽东坚持把马列主义同中国实际相结合,从中国实际情况出发,对社会主义经济建设进行艰辛探索。

论十大关系

1956 年初,毛泽东从杭州回到北京不久之后的一天,任国家建委主任的薄一波去向毛泽东汇报工作。汇报中,他谈起为了准备中共八大的报告,刘少奇正在听取国务院一些部委汇报一事,引起毛泽东的极大兴趣,他对薄一波说:"这很好,我也想听听,你能不能替我也组织一些部门汇报?"薄一波欣然承担了此任。①

社会主义改造高潮涌起,成功在望,因而在新的历史时期,尽管它还会有些遗留任务,但已处于次要地位,而经济建设将长时期成为主要任务,成为中国社会发展的"主战场"。毛泽东开始意识到了这一点,他把注意力转向了建设方面。

中南海颐年堂里,毛泽东听完一个部门的汇报之后,神情疲惫地说:"我现在每天是'床上地下、地下床上',起床就听汇报,穿插着处理日常工作,听完汇报就上床休息。"从 2 月 14 日开始的这次汇报,真可谓"连续作战"。35 年后,薄一波回忆这件事时,列了一个详细的汇报日程表:2 月 14 日国务院第三办公室(主管重工业),15 日电力工业部,16 日石油工业部,17 日一机部、二机部、三机部,19 日建委,20 日建工部,21 日二机部、城建局,22 日二机部,25 日重工业部,26 日石油工业部,27 日地质部,29 日煤炭工业部;3 月 1 日国务院第四办公室(主管轻工业)、纺织工业部,2 日地方工业部,3 日轻工业部,4 日手工业管理局,5 日国务院第六办公室(主管交通、邮电),6 日铁道部,8 日交通部,9 日邮电部、民航局;13 日国务院第七办公室(主管农林水利),15 日农业部,16 日水利部,17 日林业部、气象局;19 日国务院第五办公室(主管

---

① 参见郑谦、韩钢:《毛泽东之路 晚年岁月(1956—1976)》,中国青年出版社 2001 年版,第 4 页。

财政贸易），26 日商业部，27 日外贸部，4 月 8 日农产品采购部，9 日财政部，10 日人民银行；18、19、20、21、22 日计委。

薄一波在回忆中还举以 2 月 15 日为例，说明毛泽东听汇报的辛劳：这天早晨 9 时 40 分开始，由电力工业部部长刘澜波汇报工作，13 时左右结束；17 时 20 分，毛泽东去勤政殿，会见以西哈努克为首的柬埔寨王国政府代表团；19 时 10 分会见结束，回到颐年堂继续听汇报，直到 22 时 10 分结束。

毛泽东从汇报中大量获得了来自实际工作部门的信息，概括、归纳、分析、判断，他一边听汇报，一边思索提出的问题，寻求解决问题的答案。其实，就在听汇报的过程中，毛泽东已经提出了一些重要思想。[①]

经过近两个月的"汇报工程"，4 月 25 日，中共中央政治局召开扩大会议，毛泽东在会上作《论十大关系》讲话，讲话一开头就说："提出这十个问题，都是围绕着一个基本方针，就是要把国内外一切积极因素调动起来，为社会主义事业服务……过去我们就是鉴于苏联的经验教训，少走了一些弯路，现在当然要引以为戒。"毛泽东就中国的社会主义建设问题作全面阐述。

毛泽东一共讲了 10 个问题：

（一）重工业和轻工业、农业的关系；

（二）沿海工业和内地工业的关系；

（三）经济建设和国防建设的关系；

（四）国家、生产单位和生产者个人的关系；

（五）中央和地方的关系；

（六）汉族和少数民族的关系；

（七）党和非党的关系；

（八）革命和反革命的关系；

（九）是非关系；

（十）中国和外国的关系。

毛泽东讲完之后，中央政治局扩大会议连续讨论了 3 天。与此同时，毛泽东还邀集湖北、广东省委和武汉、广州市委负责人开了 4 天汇报会。

5 月 2 日上午，毛泽东召集最高国务会议，再次作了《论十大关系》的讲话。这次讲话补充了政治局扩大会议讨论和省市委书记汇报会提出的一些意见。

20 多年之后，一位美国学者这样评论说：

1956 年 4 月，毛泽东向政治局提交了供选择的建议，即他的《论十大关系》的讲话。这篇讲话用词含义模糊但要求十分清楚，即放弃苏联式的五年计划，这篇讲话描绘了一种完全不同的发展战略……

---

① 参见郑谦、韩纲：《毛泽东之路 晚年岁月（1956—1976）》，中国青年出版社 2001 年版，第 5、6 页。

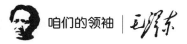

这位美国学者所言尽管并非完全准确，但有一点意思是说对了，即《论十大关系》已经开始突破苏联模式了。①

《论十大关系》首先肯定"重工业是我国建设的重点"，"但是决不可以因此忽视生活资料尤其是粮食的生产。如果没有足够的粮食和其他生活必需品，首先就不能养活工人，还谈什么发展重工业？"道理就是这么简单，毋须多作说明，可是苏联几十年为这个简单的道理付出了巨大代价。中国从一开始就比较注意这个问题，一直抓农业和轻工业，所以"一五"计划期间既保证了重工业的发展，又比较好地满足了人民生活需要。毛泽东从调查中感到，中国在农、轻、重之间关系上并非毫无问题了，相反不少人总是以为优先发展重工业就要更多地投资于重工业而挤占农业、轻工业的资金，毛泽东说："这里就发生一个问题，你对发展重工业究竟是真想还是假想，想得厉害一点，还是差一点？你如果是假想，或者想得差一点，那就打击农业轻工业，对它们少投点资。你如果是真想，或者想得厉害，那你就要注重农业轻工业，使粮食和轻工业原料更多些，积累更多些，投到重工业方面的资金将来也会更多些。"从长远的观点看，多发展一些农业轻工业，既能为重工业的发展准备原料和粮食等生活必需品，又能为重工业产品提供广阔的市场，使得重工业发展更快更好。毛泽东从优先发展重工业的传统思路中独辟蹊径，使中国的产业发展能脱出窠臼，避免苏联模式的积弊。

《论十大关系》阐述的"兼顾国家、集体、个人三方面关系"的方针，是对苏联又一个教训的总结。毛泽东说："国家和工厂、合作社的关系，工厂、合作社和生产者个人的关系，这两种关系都要处理好。为此，就不能只顾一头，必须兼顾国家、集体和个人三个方面，也就是我们过去常说的'军民兼顾、公私兼顾'。鉴于苏联和我们自己的经验，今后务必更好地解决这个问题。"斯大林时期苏联在农村强制推行农产品义务交售制，对农民的剥夺十分严重，致使农民的生产积极性受到极大损伤，加之对农业投入少，苏联的粮食产量竟达不到沙皇时代的最高水平。毛泽东甚感痛心："如果真是这样，这就是大问题了。如果真是这样，集体化机械化的优越性在哪里？社会主义制度比沙皇制度好又怎么说呢？"中国也曾经有过类似的教训。1954年部分地区遭灾减产，国家却多征购了70亿斤粮食，农民有意见，1955年国家少购了70亿斤粮食，又搞了定产定购定销，加上丰收，农民手里当年多了200亿斤粮食。毛泽东语重心长地告诫道："这个教训，全党必须记住。"这是对苏联重生产、轻生活，只强调生产者觉悟、不顾及群众物质利益政策的否定。

最令人注目的，是《论十大关系》论及了中央和地方的关系。毛泽东说：

---

① 参见郑谦、韩纲：《毛泽东之路 晚年岁月（1956—1976）》，中国青年出版社2001年版，第10、11页。

"中央和地方的关系也是一个矛盾。解决这个矛盾，目前要注意的是，应当在巩固中央统一领导的前提下，扩大一点地方的权力，给地方更多的独立性，让地方办更多的事情。这对我们建设强大的社会主义国家比较有利。我们的国家这样大，人口这样多，情况这样复杂，有中央和地方两个积极性，比只有一个积极性好得多。我们不能像苏联那样，把什么都集中到中央，把地方卡得死死的，一点机动权也没有。"这是从体制上突破苏联模式，纵向集权的管理体制发端于苏联，却遍及几乎所有社会主义国家，中国也未能例外。这种体制，看起来虽然中央的指挥颇具效力，但地方缺乏灵活性和主动性，只能被动地随中央的"指挥棒"转。毛泽东提出要有两个积极性，就是要给地方松绑，给地方一定的自主权，在产业发展的方向、布局、结构、重点方面，在资金使用、物资分配、人员调度方面，顾及地方的利益，使地方发挥出积极性来。毛泽东还提出了要在统一领导下给工厂一点权力的问题。他说，把什么都集中在中央或省市，不给工厂一点权力、一点机动的余地、一点利益，恐怕不妥。各个生产单位都要有一个与统一性相联系的独立性，才会发展得更加活泼，中央同地方的关系，中央、地方同企业的关系，其实不只是一种经济体制，它还是政治体制，因为这些关系之间既有利益牵连，也有权力分配问题。所以，毛泽东在谈到这个问题时，特别谈到要研究美国的政治制度，指出它的制度同中国的制度根本不同，但是它的发展经验还是值得我们研究，比如美国的州可以立法，而中国的立法权集中在全国人民代表大会。他提出，在不违背中央方针的条件下，地方可以搞章程、条例、办法。从某种意义上讲，这是中国行政管理体制改革的舆论先声。尽管这里所论及的只是纵向放权问题，还未涉及横向分权、权力监督，但它毕竟在开始动摇已经存在并居支配地位的观念了。

对沿海工业和内地工业的关系、经济建设和国防建设的关系的论述，《论十大关系》更多地是出自对新中国成立以来经验的总结。这两个问题彼此有种关联。新中国成立之初，战事仍然频繁，加上朝鲜战争爆发，国际形势紧张，对沿海工业估计不足，不甚注重。加上历史上形成的内地与沿海工业布局不合理的状况，70％的工业集中在沿海，更加注意倾力发展内地工业，不大积极利用基础本来就好的沿海工业，出于同样的原因，国防建设在整个"一五"计划期间占国家预算的30％，显然处在投资的重点位置上。毛泽东也提出了对发展内地工业、对进行国防建设是真想还是假想的问题。像他谈及重工业与轻工业、农业关系时一样，他指出，真想发展内地工业，真想搞好国防建设，那就要好好地利用和发展沿海工业的老底子，以支持和发展内地工业，那就要降低军政费用的比重，多搞经济建设。

毛泽东这年春天所听汇报只限于国务院的经济工作部门，但是他的《论十大关系》的讲话并不限于经济工作，政治和思想文化方面的内容占了整个讲话

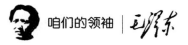

的一半还要多，尽管毛泽东后来说过"十大关系中前五条是主要的"[1]。

自力更生　艰苦奋斗

1957 年 4 月 25 日，毛泽东在接见保加利亚新任驻华大使时说：建设社会主义真不是一件容易的事。建设社会主义，丢了人民，建立了重工业，丢了人民，这是不成的。[2]

11 月下旬，中国政府公布了国家第一个五年计划实施情况的报告：

在第一个五年计划内，全国完成基本建设投资 588.4 亿元，其中用于经济和文化部门的投资为 530.8 亿元。在基本建设投资中，用于工业部门的占 52.4%，其中重工业占 88.8%，轻工业占 11.2%。在 5 年中新增的固定资产为 491.4 亿元，其中新增工业固定资产为 200.6 亿元。5 年中施工的工矿建设单位达 1 万个以上，其中在限额以上的有 921 个，比计划增加 227 个。苏联帮助我国设计建设的 156 个重大项目中，有 135 个已经施工建设，有 68 个已经全部建成或部分建成。我国过去没有的工业部门，如飞机、汽车、新式机床、发电设备、冶金设备、矿山设备、高级合金钢、有色金属冶炼等重工业企业，都建立起来了。这是我国历史上从来没有过的伟大事业。

目前我国农副业的总产值已达 604 亿元，比 1952 年的 484 亿元增长 24.7%，平均每年增长 4.5%。但与工业的发展速度相比，农副业的发展还是慢了一些……

中国第一个五年计划顺利完成的国家公报一经公布，立刻引起了国际间的一片轰动；各社会主义兄弟国家为中国取得的伟大成就由衷地赞叹亦深受鼓舞；而欧美帝国主义国家则发出了一片惊呼，认为在过去几百年来一直贫穷落后的中国能够在这么短的时间内取得这样近似"神话"的建设成就，简直是种"奇迹"、是一种不可思议的事……

1957 年 12 月 8 日下午 1 时，毛泽东乘飞机离开北京前往南京。

12 月 9 日毛泽东离开南京飞赴杭州。

12 月中旬的一天，警卫中队的一名战士探家归来后赶到杭州，不但写了调查报告，还带回来一个窝窝头，又黑又硬，交给毛泽东说："主席，我们家乡的农民生活很苦，人们就是吃这种窝头；我讲的是实话，我爹娘也吃这个。"

毛泽东接过窝头，手有些颤抖，眼圈一下子也红了起来，两颗豆粒大的泪珠顺着脸颊猝然而下；毛泽东拭去眼泪后，掰了一块放进嘴里嚼着，并对侍卫在他身边的李银桥说："你去叫几个人来。"

---

① 郑谦、韩钢：《毛泽东之路　晚年岁月（1956—1976）》，中国青年出版社 2001 年版，第 12、13、14、15 页。

② 参见邸延生编著：《历史的回眸——毛泽东与中国经济》，新华出版社 2010 年版，第 144 页。

李银桥去叫了几个人来，毛泽东给每个人分一小块窝头："吃，你们都吃一块，这就是我们农民吃的口粮，这就是种粮人吃的粮食啊。"

李银桥也分到了一块窝窝头，放进嘴里一嚼，想吐又不敢吐，嚼了很久才咽进了肚里。

当夜毛泽东失眠了。

李银桥上前劝慰毛泽东静下心来睡觉，可毛泽东喃喃地说："为什么会是这个样子呢？为什么？人民当家做主了，不再为地主种田，是人民群众自身搞生产，生产力应该获得解放么？"

好长时间，毛泽东还是睡不着，索性起身冒着冷风到院中散步；李银桥默默地跟在毛泽东的身后，听毛泽东依然自言自语地说："我们是社会主义，不该是这个样子，要想办法，一定要想办法……"①

1958年2月间，中国和苏联过去签订的一些生产合同，遭到了苏联单方面的破坏。在一次户外散步时，他对身边的李银桥说："赫鲁晓夫想当'老子党'，搞大家长作风，看来还真应了中国的一句老话，'爹有娘有不如自己有'；我们要发展中国的经济，只有一条路可走，那就是奋发图强，自力更生！"

毛泽东接着说："要快呢！要搞大跃进！"又说，"帝国主义和蒋介石想看我们的笑话，赫鲁晓夫也想骑在我们头上拉屎撒尿——做梦！"

3月初，毛泽东在成都主持召开了中共中央工作会议并6次讲话，提出了一系列颇具影响力的理论观点和"鼓足干劲，力争上游，多快好省地建设社会主义"的总路线。②

8月6—8日，毛泽东到河南省新乡县七里营人民公社，襄城县梁庄、薛元等农业社，长葛县"五四"农业社，商丘县道口乡"中华"农业社等地视察。在新乡县七里营，地方上的负责同志向毛泽东汇报了人民公社，说是一件新生事物。毛泽东很感兴趣，点头说："好么，那么好！人民公社好！"又说，"有这样一个社，就会有好多社。"

听毛泽东这样一说，距离毛泽东不远处的一位新闻记者记下了毛泽东的这句话。

第二天，《人民日报》在头版头条的位置上刊登了毛泽东的话——人民公社好。

在专列上，毛泽东醒来后看报纸，突然失口说道："糟糕，捅出去了！"

8月9日，毛泽东在山东视察中说："还是办人民公社好。它的好处是：可以把工、农、商、学、兵合在一起，便于领导。"③

---

① 邱延生编著：《历史的回眸——毛泽东与中国经济》，新华出版社2010年版，第152—153页。
② 参见邱延生编著：《历史的回眸——毛泽东与中国经济》，新华出版社2010年版，第155页。
③ 邱延生编著：《历史的回眸——毛泽东与中国经济》，新华出版社2010年版，第167页。

8月16日—9月3日，毛泽东在北戴河主持召开中央政治局扩大会议。谈到人民公社，毛泽东指出，"它的性质还是社会主义的各尽所能，按劳分配。"①

11月2—10日，毛泽东在郑州主持召开中央工作会议并多次讲话，谈了他视察河北、河南、山东、湖北、安徽等地发现的问题和人民公社问题上存在的许多混乱现象，开始对已经认识到的错误进行纠正。

之后，毛泽东在武昌主持召开中央政治局扩大会议和八届六中全会、上海会议和八届七中全会等，相应地采取了一系列措施纠正已经觉察到的错误，提出了许多重要思想。

12月12日，毛泽东在武昌同全国各协作区主任谈话时说："北戴河会议决议要改，那时是热心，没有把革命热情和实际精神结合起来，武汉会议把这两者结合起来了。"②

1959年1月，毛泽东在中南海颐年堂召集中宣部一些人座谈，在讲到农业规划的"八字宪法"时说："'八字宪法'中，首先应该是'土'，第二是'肥'，'水'要放在第三位，然后是'种'、'密'、'保'、'管'、'工'。"③

2月27日，毛泽东在郑州主持召开中央政治局扩大会议。会议期间，毛泽东为纠正各地刮起的"一平二调三收款"的"共产风"，要求各省市委主要负责人汇报他们纠正"共产风"的工作情况。

毛泽东在会议上提出了人民公社在体制上应当实行权力下放，实行三级管理、三级核算、以队为基础。④

7月3日下午，毛泽东在庐山同刘少奇、周恩来、朱德等人一起与各协作区主任谈话，毛泽东首次提出以农、轻、重为序重新安排国民经济计划。

毛泽东说："看来陈云同志原先提出的'先市场、后建设'的意见是对的。"并说，"要根据市场需求和市场变化重新制定我们的经济政策。"⑤ 谈话结束后，毛泽东在庐山主持召开中央政治局扩大会议。

7月10日，在中央政治局扩大会议组长会议上，毛泽东讲起了中国共产党搞经济建设尚没有经验，需要在实践中进行探索、学习，不断总结经验教训；同时又讲起了斯大林讲过的关于对客观规律的认识，讲了"苏联的长短腿几十年没有解决，我们要真正用两条腿走路"。

毛泽东最后说："否认缺点错误，就不能前进。"还说，"大家要注意：坚持真理，修正错误。经常分析问题，脑子不要僵化，不要要求人家硬相信我们这

---

① 邸延生编著：《历史的回眸——毛泽东与中国经济》，新华出版社2010年版，第169页。
② 邸延生编著：《历史的回眸——毛泽东与中国经济》，新华出版社2010年版，第178页。
③ 邸延生编著：《历史的回眸——毛泽东与中国经济》，新华出版社2010年版，第178页。
④ 参见邸延生编著：《历史的回眸——毛泽东与中国经济》，新华出版社2010年版，第180页。
⑤ 邸延生编著：《历史的回眸——毛泽东与中国经济》，新华出版社2010年版，第182页。

一套。党的方针正确与否，不在制定之时，而在执行之后。过去的革命路线，实践证明是正确的。现在的建设路线，要再看十年。有些得不偿失问题，要付一定学费。"①

历时一个半月的庐山会议于 8 月 16 日结束。庐山会议虽然结束了，但萦绕在毛泽东心头的有关如何更好地加快发展中国经济建设的问题，一直使他心绪不宁。

11 月中旬的一天下午，毛泽东到西湖边散步，边散步边对卫士长李银桥和卫士封耀松说："共产党要为人民谋幸福，要为人民办事情。可如今老百姓的日子不好过，虽然我们努力了，但是看来还是不甚得法，还需要我们这些人继续努力，找出一条适合中国国情的道路来。"

封耀松说："我们一定在主席的领导下，和全国人民一起奋斗。"

毛泽东深深地吸了一口气说："我也是鞠躬尽瘁，死而后已呢！"

毛泽东还说："总得说来，中国要发展，要奋发图强；只有发展了，强大了，中国人的腰杆子才能够硬起来，这是千古不变的真理！"②

1959 年 11 月 30 日—12 月 4 日，毛泽东在杭州主持召开了中央政治局常委扩大会，集中讨论有关国际问题和国内经济建设问题。

12 月中旬，毛泽东在杭州组织了一个读书小组，包括陈伯达、胡绳、邓力群和田家英，采取边读边议，逐章逐节讨论的方法，阅读苏联的《政治经济学（教科书）》社会主义部分。毛泽东联系中国社会主义革命和建设中的实际，开始了进一步探索如何建设符合中国国情的社会主义。

12 月下旬，在读书小组会上的发言中，毛泽东提出了在新的形势下要创造新理论的问题，其中包括社会主义企业管理中的一些问题：

我们的经验如果干部不放下架子，不同工人打成一片，工人就往往不把工厂看成自己的，而是看成干部的。干部的老爷态度，使工人不愿意自觉地遵守劳动纪律，而且破坏劳动的往往首先是那些老爷们。不能认为，在社会主义制度下，不用做工作，自然会出现劳动者和企业领导人员的合作。所有制问题基本解决以后，最重要的问题是管理问题。全民所有的企业，集体所有的企业都有一个如何管理的问题，这也就是人与人的关系问题。在这方面，我们做了很多文章。对企业的管理采取工人群众、领导干部和技术人员"三结合"，干部参加劳动，工人参加管理，不断改革不合理的规章制度，等等。这些方面都是属于劳动生产中人与人的关系。这种关系是改变还是不变，对于推进还是阻碍生产力的发展，都有直接的影响。社会主义要提高劳动生产率，需靠技术加

① 邸延生编著：《历史的回眸——毛泽东与中国经济》，新华出版社 2010 年版，第 184 页。
② 邸延生编著：《历史的回眸——毛泽东与中国经济》，新华出版社 2010 年版，第 193—194 页。

政治。①

1960 年 1 月 27 日晚，毛泽东抵达广州。

在小岛宾馆，毛泽东在读书小组会上，分析了事物成功与失败的原因；从马克思主义哲学的基本原理出发，讲了很多内容，其中包括社会主义的经济问题：在社会主义时代，矛盾仍然是社会发展的动力；生产力和生产关系的矛盾，经济基础和上层建筑的矛盾仍然是社会主义社会的基本矛盾。要以生产力和生产关系的平衡和不平衡，生产关系和上层建筑的平衡和不平衡，作为纲，来研究社会主义的经济问题。②

2 月中旬的一天，毛泽东在读书小组会上，第一次用批判的态度讲起了苏联的《政治经济学（教科书）》这本书：这本书很多地方一有机会就讲个人物质利益，好像总想用这个东西来引人入胜，似乎离开了它，就什么事也办不成；这样强调个人物质利益原则，反映了他们不重视政治思想工作，政治太弱。教科书中不强调政治挂帅，只是反复强调物质刺激，引导人们走向个人主义，等等。③

1959—1962 年，是共和国历史上被称为三年困难的时期。面临着工农业生产跌入谷底、生活资料匮乏和饥饿的严酷现实。中央人民政府将每个国民的口粮定量降到最低限度。"低标准，瓜菜代。"中共中央紧急号召全体共产党员带头，国家干部带头。领袖们首先带头勒紧裤腰带，渡过难关。④

1960 年 3 月 26 日，毛泽东离京视察返回中南海的当天晚上，对身边的工作人员郑重宣布两条：

要自力更生；要艰苦奋斗。

毛泽东对大家说："全国人民都在吃定量粮，我也应该定量，是不是肉不吃了？你们愿不愿意和我一起带这个头啊？"

工作人员齐声回答："愿意！"

"那好！"毛泽东庄严宣布："我们就实行'三不'：不吃肉、不吃蛋，吃粮不超定量！"⑤

毛泽东当年在延安的一句口号"忙时吃干，闲时吃稀"再度被写到了墙上。

大家都知道，毛泽东历来是"交代了的事情就要照办"；从这天起，毛泽东真的开始不吃肉了。⑥ 从那儿以后，他半年多不肯吃一口肉。青黄不接的季节，他老人家常常是一盘马齿苋，便充下饭菜，几个烤山芋，也能顶一天……此情

① 参见邸延生编著：《历史的回眸——毛泽东与中国经济》，新华出版社 2010 年版，第 195—196 页。
② 参见邸延生编著：《历史的回眸——毛泽东与中国经济》，新华出版社 2010 年版，第 197 页。
③ 参见邸延生编著：《历史的回眸——毛泽东与中国经济》，新华出版社 2010 年版，第 198 页。
④ 参见王凡、刘东平：《三年困难时期的中南海》，《党史博览》2000 年第 8 期。
⑤ 邸延生编著：《历史的回眸——毛泽东与中国经济》，新华出版社 2010 年版，第 201—202 页。
⑥ 参见李银桥：《在毛泽东身边十五年》，河北人民出版社 1991 年版，第 267 页。

此景，常常令身边工作人员热泪盈眶、感动不已。

1960 年 6 月 18 日，在中央政治局扩大会议上，毛泽东进行了新中国成立 10 年来的工作总结：

"前 8 年照抄外国经验，但从 1956 年提出十大关系起，开始找到自己的一条适合中国的路线……"

他说："高指标要下决心改，改过来就完全主动了，主动权是一个极端重要的事情。主动权就是高屋建瓴、势如破竹。这件事来自实事求是，来自客观情况对于人们头脑中的真实的反映，即人们对于客观外界的辩证法的认识过程。"

接着，毛泽东结合中国经济建设的实际谈到对于错误和真理认识的辩证法："真理不是一次完成的，而是逐步完成的。……我们已经有了 10 年的经验了，已经懂得不少的东西了。但是我们对于社会主义时期的革命和建设，还有一个很大的盲目性，还有一个很大的未被认识的必然王国。我们还不深刻地认识它。我们要以第二个 10 年的时间去调查它，去研究它，从中找出它的固有的规律，以便利用这些规律为社会主义革命和建设服务。对于中国如此，对整个世界也应当如此。"①

1960 年 6 月下旬的一天，毛泽东对来上海参加中央政治局扩大会议的部分同志谈起了在发展中国经济的过程中，必须注重产品质量的问题："把质量提到第一位，恐怕是时候了。五八、五九年讲数量，今年要讲质量、规格、品种，要把品种、质量放在第一位，数量放在第二位。各省、市、自治区在公布数字的时候，总是要少一点。要做得多一点，说得少一点。"② 毛泽东曾在资本主义工商业进行社会主义改造时，就指出：搞社会主义羊肉不好吃了，这个社会主义就值得考虑了。还有北京的烤鸭，南京的板鸭，云南的火腿，看来是退化了，还有各种布匹等等，花样少了，质量坏了。搞社会主义应该更好些。

7 月 5 日毛泽东在北戴河主持召开中央工作会议。

在具体谈到有关人民公社的所有制问题时，毛泽东还明确指出：农村以生产队为基本核算单位的三级所有制，至少 5 年不变，死死地规定下来，再不要讲 3 年 5 年从基本队有制过渡到社基本所有制。要有部分的个人所有制，总要给每个社员留点自留地，使社员能够种菜、喂猪喂鸡喂鸭。③

8 月 10 日北戴河中央工作会议结束。

当天，经毛泽东批阅发出了中共中央关于全党动手大办农业大办粮食的指示：当前的中心任务是：鼓足革命干劲，掀起一个群众性的增产节约运动的高

① 邸延生编著：《历史的回眸——毛泽东与中国经济》，新华出版社 2010 年版，第 204—205 页。
② 邸延生编著：《历史的回眸——毛泽东与中国经济》，新华出版社 2010 年版，第 205 页。
③ 参见邸延生编著：《历史的回眸——毛泽东与中国经济》，新华出版社 2010 年版，第 206 页。

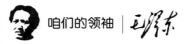

潮，缩短基本建设战线，保证生产，保粮，保钢。农业是国民经济的基础，粮食是基础的基础。粮食生产是比工业生产还要费力的事情，粮食问题的解决，不仅关系到人民的生活，而且直接影响到工业的发展。因此，加强农业战线是全党的长期的首要任务。①

调整巩固充实提高

1960年底，由于苏联方面的背信弃义撕毁援助合同、撤走援助专家，致使中国的受援项目大部分报废或停工、停产，造成了中国经济发展的严重受挫，再加上各种严重的自然灾害，愈发阻碍了中国经济向前发展的速度和脚步——更主要的是，中央政策和国家经济建设指导方针的脱离实际与失误：农业连续大幅度减产，粮食总产量降到2870亿斤，比1959年减少530亿斤；棉花比上年减少1292万担，油料减少52%，生猪减少32%，轻工业产值也下降了近10%。唯独重工业比上年增长了26%，其中钢铁产量增产近500万吨，总产达到1860万吨。

1961年1月3日，毛泽东在李富春汇报国家经济计划问题的会议上作了重要插话，谈及1961年国内的基本形势，毛泽东说："今年可能是就地踏步，休养生息。"

1961年1月14—18日，毛泽东在人民大会堂主持召开了八届九中全会。会议正式批准对全国经济实行"调整、巩固、充实、提高"的八字方针。

会上，毛泽东就发展国民经济问题多次讲话。他说："搞社会主义建设不能那么急，十分急搞不成，要波浪式前进。明后年，搞几年慢腾腾，搞扎实一些，然后再上去，指标不要搞那么高，把质量搞上去……"

"要提高管理水平。提高劳动生产率，要缩短工业战线，重工业战线，特别是基本建设战线。要延长农业战线，轻工业要发展。重工业除煤炭、矿山、木材、运输之外，不搞新的基本建设。"②

在这次会议上，毛泽东强调了端正思想路线、开展调查研究的问题。他指出：解放以来，特别是最近几年，我们调查做得少了，不大摸底了，大概是官做大了。我这个人就是官做大了，从前在江西那样的调查研究，现在就做得少了。他提议，大兴调查研究之风，一切从实际出发，1961年要搞个实事求是年。在随后3月的广州会议上，他再次指出：我们大部分人，包括我自己在内，都是调查研究不够。民主革命阶段，要进行调查研究，在社会主义革命、社会主义建设阶段，还是要进行调查研究。一万年以后还是要进行调查研究工作。这

---

① 参见邸延生编著：《历史的回眸——毛泽东与中国经济》，新华出版社2010年版，第207页。
② 邸延生编著：《历史的回眸——毛泽东与中国经济》，新华出版社2010年版，第211—212页。

个方法是可取的。[1]

这年春天，毛泽东亲自组织和领导三个调查组在浙江、湖南、广东三省农村进行调查。他还要求中央和地方各级领导都深入基层，恭谨勤劳地开展调查研究，向群众寻求真理，使党的领导作风来一个根本转变。在毛泽东对农业深入开展调查研究、制定和修改农村人民公社"六十条"的推动下，其他各条战线也进行了系统的调查研究工作，由党中央主持，分别制定了"工业七十条""商业四十条""高教六十条""中教五十条""小教四十条""科研十四条""文艺八条"等一系列工作条例草案。这些工作条例草案，尽管存在这样和那样的缺点，但在当时历史条件下，比较系统地总结了我国社会主义建设的经验，规定了适合当时情况的各项具体政策，把党的工作重新纳入了较为正确的轨道，使国民经济形势的好转有了重要保证。这些工作条例草案，实际上是我们党探索到的上述各方面社会主义建设工作的第一批工作"法典"。

在这年 6 月的中央工作会议上，毛泽东还说：这个社会主义谁也没有干过，未有先学会社会主义的具体政策而后搞社会主义的。苏联的经验是苏联的经验，他们碰了钉子是他们碰了钉子，我们自己还要碰，他提出，我们搞了 11 年，现在要总结经验。

1962 年 1 月的七千人大会，是全党全面总结经验的干部大会。毛泽东进一步强调了认识社会主义建设客观规律的问题。他指出：对于建设社会主义的规律的认识必须有一个过程。必须从实践出发，从没经验到有经验，从有较少的经验，到有较多的经验，从建设社会主义这个未被认识的必然王国，到逐步地克服盲目性，认识客观规律，从而获得自由，在认识上出现一个飞跃，到达自由王国。在讲话中，他还明确提出，必须把马克思列宁主义的普遍真理同中国社会主义建设的具体实际相结合。这是经过艰难曲折的探索之后得到的最基本的经验。

1963 年国民经济开始全面好转之后，有的同志认为调整时期已经结束，提出进行大发展时，他同意陈云等领导人的意见，决定调整时期从 1963 年起再延长 3 年，作为今后发展的过渡阶段。这些正确的决策，保证了国民经济调整任务的圆满完成，为我国社会主义建设的复苏和走向繁荣创造了条件。

1964 年 2 月，毛泽东接见钱学森等科学家时说，要搞少数人专门研究防弹道式导弹，5 年不行，10 年；10 年不行，15 年，总要搞出来的。这年 10 月，他听取计划工作汇报时指出：有可能再有 10 年，不仅原子弹，氢弹，导弹，我们都搞出来了。这年 12 月，在修改周恩来总理在三届人大一次会议上的政府工作报告时，他还明确指出："我们不能走世界各国技术发展的老路，跟在别人后

① 参见邸延生编著：《历史的回眸——毛泽东与中国经济》，新华出版社 2010 年版，第 218 页。

面一步一步地爬行。我们必须打破常规，尽量采用先进技术，在一个不太长的历史时期内，把我国建设成为一个社会主义现代化的强国。"

　　同时，毛泽东也认为，中国搞社会主义经济建设，除了学习先进技术以外，还要加强政治思想工作，调动人们建设社会主义的积极性，创造性。还在读苏联《政治经济学（教科书）》时，他就提出：社会主义提高劳动生产率，靠技术加政治。① 这是一个很有特色的思想。

四个现代化

　　用 100 年左右的时间，逐步地把我国建设成为强大的社会主义国家。这是毛泽东和中国共产党人艰辛求索的目标。

　　1954 年 9 月，周恩来在一届人大一次会议的《政府工作报告》中，提出要"建设起强大的现代化的工业、现代化的农业、现代化的交通运输业和现代化的国防"。这是四个现代化②最早的提法。

　　1957 年《关于正确处理人民内部矛盾的问题》和《在中国共产党全国宣传工作会议上的讲话》中，毛泽东又提出："我们一定会建设一个具有现代工业、现代农业和现代科学文化的社会主义国家……"

　　在 1959 年底 1960 年初读《政治经济学（教科书）》时，毛泽东边学习、边思考。之后，他明确指出："建设社会主义，原来要求是工业现代化、农业现代化、科学文化现代化，现在加上国防现代化。"第一次完整表述了关于四个现代化的思想。

　　1963 年 9 月的中央工作会议，在制定国民经济的长远规划时，毛泽东提出了一个国民经济计划的宏伟设想：把 1963—1965 年这 3 年作为一个过渡阶段，仍然以"调整、巩固、充实、提高"③的八字方针为这一时期国民经济计划的方针。3 年过渡之后，搞一个 15 年的设想，就是基本上搞一个初步的独立的国民经济体系，或者说工业体系；然后再有 15 年左右，建成现代化农业、现代化工业、现代化国防和现代化科学技术的社会主义强国。

　　从 1964 年底 1965 年初的三届人大会议开始，"四个现代化"被明确地规定为我国在 20 世纪奋斗的战略目标。实现四个现代化就成了我国人民为之奋斗的根本任务。

　　1975 年 1 月 13—17 日，周恩来在第四届全国人民代表大会上作报告，报告中，着力讲了被毛泽东用红蓝铅笔勾画的发展国民经济的宏伟设想：第一步，

---

　　① 参见《毛泽东著作选读》下册，人民出版社 1996 年版，第 849 页。
　　② 参见韩亚光：《"四个现代化"目标的三种表述及其最早提出》，《党史文汇》2005 年第 10 期。
　　③ 石仲泉：《艰辛的开拓——毛泽东在"文化大革命"以前对中国社会主义建设道路的探索》，《党史研究》1987 年第 1 期。

在 1980 年以前，要努力建成一个独立的比较完整的国家工业体系和国民经济体系；第二步，在本世纪内实现工业、农业、国防和科学技术的现代化，使我国的经济进入世界的前列。

在周恩来作《政府工作报告》的过程中，会场上多次爆发出热烈而经久不息的掌声。这一次次的掌声，鼓舞着人心，振奋着人心。

工业学大庆

1949 年，全国原油产量仅 12 万吨，总共只有 8 台浅井钻机，40 多名石油技术工人。外国石油公司垄断了中国的石油市场。

1952 年 2 月，毛泽东亲自发布命令，决定中国人民解放军十九军五十七师转为石油工程第一师，支援石油建设。

1958 年，地质部和石油部在李四光的地理理论指导下，把石油勘探重点转移到被外国专家判定为"无原油"的东部地区，在东北、华北等几个大盆地展开了区域勘探。

1959 年 9 月 6 日，在东北松辽盆地陆相沉积岩中发现工业性油流。这是中国石油地质工作的一个重大成就，时值国庆 10 周年，这块油田被命名为"大庆"。

1960 年 2 月 13 日，石油部根据松辽盆地探井接连出油的新发现，在《石油工业部党组关于东北松辽地区石油勘探情况和今后工作部署问题的报告》中，向中央提出集中石油系统一切可以集中的力量，用打歼灭战的办法，来一个声势浩大的大会战，一鼓作气，以最快的速度拿下大庆油田。党中央、毛主席热情地支持社会主义建设中的这一创举。

1960 年 5 月，在余秋里、康世恩等的领导下，石油工业集中全国 30 多个石油厂矿、院校的 4 万名职工，调集 7 万多吨器材设备，来到了茫茫大草原。当时的艰苦状况实在令人难以想象。几万人包括几千名工程技术人员，其中大学教授、博士，一无房屋，二无床铺，连锅灶等生活用具也很不够。人们支起帐篷、搭起活动板房，有的在不知道什么时候被废弃的牛棚、马厩里办公、住宿。有的人什么都找不到，劳动了一天，夜晚干脆往野外一躺，几十人扯一张篷布盖在身上。雨季，在帐篷、活动板房、牛棚马厩，外面大下，里面小下，外面雨住了，里面还在滴答。夜里，有些人索性挤成一堆，合顶一块雨布，坐着挨过一宿，第二天照样干。

在东北地区，国庆节前后就下雪，没有房子，就发动群众，在搞勘探、搞建设、搞生产的同时，挤出时间自己动手修土房子。大家不分地位高低、职务大小，男女老少一起上阵，挖土打夯，没有工具的用脚踩，建成了 30 多万平方米的"干打垒"，就这样度过了严冬。粮食蔬菜供应不上，就打草籽、挖野菜充

饥；发动职工、家属集体开荒种地、养猪等，解决生活困难。生产方面同样困难重重，几十台大钻机在草原上一下子摆开，设备不齐全、不配套，汽车、吊车数量不足，没有公路，道路泥泞，供水供电设备缺乏，大庆人采用人拉肩扛加滚杠的办法，把几万吨的设备器材从火车上卸下来，连五六十吨重的大钻机也用这种方法拖到几公里外的井场上安装起来。钻机安装好后，水供不上来，大家就排成长队，用水桶脸盆从几百米以外的水池打水传递过来，一打就是几十吨，保证了钻井需要。

石油大会战，拿下了一个探明储量为 26.7 亿吨的世界级特大油田，年产原油几百万吨，自己设计、自己施工建成大型炼油厂一期工程，各生产、生活管理等环节建立了基层岗位责任制，解决了油田开发上的对多层油田分层开采，对含蜡多、凝固点高、黏度大的原油的集中和输送等世界上的几大技术难题，三年收回国家全部投资外，还为国家积累资金 3.5 亿元，锻炼了一支有阶级觉悟、有技术素养、干劲大、作风好、有组织有纪律、能吃苦耐劳、能打硬仗的石油队伍。

石油大会战，至 1963 年底，经过三年多的艰苦奋斗建起了大庆油田，结束了中国人靠"洋油"过日子的时代，标志着帝国主义在经济上封锁我们的企图遭到了失败，打了一个漂亮的政治仗、志气仗、经济仗和科学技术仗。到 1976 年，中国原油产量比 1965 年增长了 6.7 倍，平均每年递增达 20.4%，建成了具有世界先进水平的大油田。

1964 年 4 月 20 日，《人民日报》发表了记者袁木、范荣康合写的通讯《大庆精神大庆人》，报道了大庆人吃大苦、耐大劳，为让祖国抛掉贫油帽子而忘我拼搏的感人事迹。同时，还发表了《编后话》，指出："大庆精神，就是无产阶级的革命精神。大庆人，是特种材料制成的人，就是用无产阶级革命精神武装起来的人。这种精神、这种人，正是我们学习的崇高榜样。"此后，《人民日报》又陆续发表了不少有关大庆油田的报道。

同年 12 月 21 日至 1965 年 1 月 4 日，第三届全国人民代表大会第一次会议在北京举行。

周恩来总理作《政府工作报告》，报告中总结了大庆油田的典型经验，并向全国人民发出了"工业学大庆、农业学大寨、全国学解放军"的号召。

大庆人坚持把毛泽东思想与具体实践相结合，靠"两论起家"（《实践论》和《矛盾论》），用辩证唯物主义的观点去分析、研究、解决工作中的一系列问题。技术干部搞不清油田的情况，在科技上遇到难题就深入实际，大搞调查研究，狠抓第一手材料，反复实践，勇于创造。生产管理千头万绪、问题繁多，大庆人懂得通过分析矛盾去抓住主要矛盾，狠抓岗位责任制，把生产上千千万万件具体工作落实到成千上万人身上，建立正常的生产秩序。

坚持集中领导同群众运动相结合的原则，坚持高度革命精神和严格科学态度相结合的原则，坚持技术革命和勤俭建国的原则，创造了许多好经验。油田任务重、时间紧，人力、物力、财力不足，集中领导、集中优势兵力打歼灭战，胜利完成一次又一次任务。在集中领导的同时大搞群众运动，使先进的更先进，后进的赶先进。在生产建设中发扬革命加拼命、干劲加科学的精神，创造出种种奇迹。大庆油田进行技术攻关，创造了许多科学、简单、经济、安全的办法，比国外通常采用的一些技术方法节省很多物资和资金。整个油田建设真正做到了又多、又快、又好、又省。

培养了"三老""四严""四个一样"的良好作风，即当老实人、说老实话、做老实事；严格的要求、严密的组织、严肃的态度、严明的纪律；黑夜和白天干工作一个样、坏天气和好天气干工作一个样、领导不在场和领导在场干工作一个样、没有人检查和有人检查干工作一个样。所以，大庆石油队伍一呼百应，指向哪里打向哪里，干的事情靠得住，遇到困难顶得住。

大搞技术练兵；大搞增产节约；充分发扬政治、生产技术和经济民主；领导干部亲临生产一线；积极培养和大胆提拔年轻干部等。

大庆是我国自行勘探开发出的一个特大型石油工业企业，是中国民族工业在速度、效益、质量、管理等方面的经典文本。

1963 年 12 月，毛泽东在中南海对他的子女和身边的工作人员说："中国出了个大庆，大庆出了个王进喜，这就是社会主义优越性的最好体现，就是中国工人阶级大干社会主义的典范和榜样啊！"①

1966 年 1 月 27 日全国工交工作会议和全国工交政治工作会议通过了《1966年工业交通工作纲要》，正式提出"大庆式企业"概念，并明确六项具体方针，即：学大庆，在第三个五年计划期间，争取有 20% 或者更多一些企业成为大庆式企业。多快好省地发展生产，力争有更多的产品在质量和品种方面赶上和超过世界先进水平。开展技术革新和技术革命，抓好产品设计革命，建立和加强科学和实验工作。加强工业对农业的支援，特别是地方工业应把为农业服务放在第一位，积极发展地方的钢铁厂、煤厂、电站、机械厂、化肥厂等"五小企业"，试行以厂带社、厂社结合；发展科技服务社，定期下乡，为农服务。积极支援国防，保证国家重点建设。

学大庆与"鞍钢宪法"的"结合"，是毛泽东企业管理思想的精要，"抓革命、促生产"就是要推广这个"结合"。

1960 年 3 月，毛泽东在中共中央批转《鞍山市委关于工业战线上的技术革新和技术革命运动开展情况的报告》的批示中，对我国的社会主义企业的管理

---

① 邸延生编著：《历史的回眸——毛泽东与中国经济》，新华出版社 2010 年版，第 273 页。

工作做了科学的总结，强调要实行民主管理，实行干部参加劳动，工人参加管理，改革不合理的规章制度，工人群众、领导干部和技术员三结合，即"两参一改三结合"的制度。指示要求大中企业，一切大城市都要把它当作一个学习文件，有领导地"实行伟大的马克思列宁主义的城乡经济技术革命运动"。①

1961年制定的"工业七十条"，正式确认这个管理制度，并建立党委领导下的职工代表大会制度，使之成为扩大企业民主，吸引广大职工参加管理、监督行政，克服官僚主义的良好形式。当时，毛泽东把"两参一改三结合"的管理制度称为"鞍钢宪法"。

毛泽东批示的鞍钢宪法，后来被美国麻省理工学院一个叫罗伯特·托马斯的管理学教授评价说：毛的主义是"全面质量管理"和"团队合作"理论的精髓。而到了70年代，日本的丰田管理方式，日本的全面的质量管理和团队精神实际上就是毛泽东所倡导充分发挥劳动者个人主观能动性、创造性的"鞍钢宪法"精神。

学大庆中，中国工交战线取得了一系列重大科技突破，不仅缩短了与世界先进水平的差距，而且，有些项目还达到了世界先进水平。

如：1966年1月29日 《人民日报》报道：长春第一汽车制造厂和本溪等钢厂合作采用新型合金钢和合金铸铁生产解放牌载重汽车试验成功。

1966年4月15日 中国自行设计、全部用国产材料建造的第一艘万吨级远洋货轮"东风"号，在江南造船厂下水。

1966年5月3日 第一批国产新型"红旗"高级轿车在长春第一汽车制造厂下线。

1966年12月23日 我国在世界上第一次成功地制成人工结晶合成胰岛素。

1967年10月5日 新华社报道：我国研制成功最新型的晶体管大型通用数字计算机。

1968年1月8日 我国第一艘自行研制的远洋货轮"东风号"建成。

1968年10月3日 南京长江大桥胜利建成通车。

1968年11月29日 我国自行设计、自行制造的第一台具有世界先进水平的深井石油钻机试钻成功。

1969年9月19日 中国第一台32吨自卸载重汽车制成。

1969年10月1日 中国第一条地下铁道建成。

1970年12月29日 一台40万倍一级大型电子显微镜在上海试制成功。

1971年6月27日 上海江南造船厂制造的中国第一艘2万吨级货轮"长风"号下水。

① 《建国以来毛泽东文稿》第9册，人民出版社1996年版，第89页。

1973 年 8 月 26 日　新华社报道：中国第一台每秒运算百万次的集成电路电子计算机试制成功。

1974 年 5 月 5 日　由中国自己设计、制造和施工安装的大型现代化炼油装置在南京石油化工厂建成投产。

1974 年 5 月 15 日　我国在华北东部建成大港油田。

1974 年 7 月 5 日　新华社报道：天津新河船厂建成中国第一艘大型起重船。

1974 年 6 月 7 日　新华社报道：一种高级台式电子计算机研制成功。

1974 年 7 月 29 日　新华社报道：河北省邯郸市汉光机械厂自行设计、试制成功硒静电复印机。

1974 年 8 月 15 日　新华社报道：中国自行设计的单机 4000 马力交直流电动内燃机车成批生产。

1974 年 8 月 31 日　新华社报道：大连红旗造船厂建成 2.48 万吨油轮"大庆 61 号"。

1974 年 9 月 2 日　新华社报道：中国自行设计、研制成功 DJS—130 小型多用电子计算机。

1974 年 9 月 13 日　新华社报道：中国第一座 5 万吨级油码头在湛江港建成并交付使用。

1974 年 9 月 29 日　我国建成又一大油田——胜利油田。

1973 年 12 月 30 日　新华社报道：中国自力更生加速海港建设。1972 年与 1962 年相比，沿海主要港口的吞吐量约增加了 30%，有的增加了近 1 倍。

农业学大寨

大寨，地处太行山腹地、虎头山下的一个小山村。新中国成立前，大寨的贫穷可用过去的一个民谣加以说明："打长工，没铺盖，卖儿女，当乞丐，有女不嫁穷大寨。"全村 700 多亩土地，分布在"七沟八梁一面坡"上，七零八散、高低不平共 4700 多块。土地十年九旱，一下大雨就涝，亩产不到 200 斤。

1953 年，大寨响应中央号召，开始实行农业集体化，在毛泽东思想的指引下，党支部书记陈永贵决心带领大寨人改变落后的面貌。

大寨人凭借一双双布满茧的手，依靠扁担、锄头、铁锤等最基本的劳动工具，战天斗地，治沟平地、改良土壤、修渠储水，一干就是十年，在七沟八梁一面坡上建设了层层梯田，粮食亩产猛增至 700 多斤，改变了靠天吃饭的状况。

1963 年夏天，大寨漫山遍野的作物长势喜人，根据往常的经验，等待村民们的将是一场大丰收。谁知，8 月初一场百年不遇的特大暴雨不期而至，"稀里哗啦"狂泄了 7 天 7 夜。虎头山的 7 条山沟浊浪滔滔，村民们眼睁睁地看着洪水摧垮道路和堤坝，马上就可收割的作物一片片地倒下了。

全村的 800 多亩土地中，有 139 亩梯田被冲为平地，41 亩庄稼被沙土掩埋，其余 620 亩也几近绝收。洪水还毁掉了村民们的家。全村 270 间窑洞和房屋，塌了 190 间，63 间成了危房，能住人的只剩下 17 间。80 户人家，78 户无家可归。

在灾后重建过程中，陈永贵三番四次鼓励村民："在这世间，人是最宝贵的。遭了这么大的灾，我们村没有死人，是大喜。留得青山在，不怕没柴烧，只要我们拿出大干苦干的精神，天塌下来也顶得住！"

重建家园需要大量的石料，村民们四处寻找适合取石的山体。贾进才带领的分队找到了大寨与金石坡村交界处的"石窝"。

石匠们都说这个石窝是"老虎吃天，没法下口"，"要打开起码要半年"。起初，贾进才和 3 个助手在石面上找到了一个绝佳的击破点，若能打开这个缺口，便能取出大量上好的石材。他们找来炸药，整整 9 天过去了，那块石壁上的石头还是无动于衷。

大伙儿并没有气馁，他们开始寻思"四两拨千斤"的巧法子。在 10 天的寻石过程中，贾进才们砸碎了两把大锤，3 根一米多长的钢钎被磨得只剩下一尺左右，10 多个七八寸见长的铁楔被打得只剩三四寸。这，就是大寨人的精神！

1964 年 3 月 28 日，时任山西省委书记的陶鲁笳向毛泽东汇报大寨事迹。毛泽东高兴地说："穷山沟里出好文章。"[1] 同年 8 月，毛泽东对国家计委领导小组的同志说："要自力更生，要像大寨那样，它不借国家的钱，也不向国家要东西。"[2] 同年，在毛泽东的倡导下党中央做出了"农业学大寨"的决议。这一年，轰轰烈烈的"农业学大寨"运动迅速在全国铺开。

各地在人民公社的统一领导和规划下，展开了一场大规模的治山改土、修"大寨田"、大打农业翻身仗的群众运动。那真是一个艰苦卓绝、惊天动地的年代！人民公社社员千军万马齐上阵，县、社干部和群众一起奋战在田野，他们吃的是窝窝头、玉米粥，使用的是镢、锨、独轮车，硬是以手掘、肩抬、愚公移山的方式将土地搬了家，将每一片土地整平、修成整齐划一的畦田，并结合修水渠、打机井、治理盐碱、翻淤压沙等，使大部分土地达到了能够排涝和灌溉的标准，成为旱涝保收的稳产高产田。经过 10 年多的时间，使大地变了模样，变成了畦田纵横、渠水成网、绿树成行的图画！

早在 50 年代初，毛泽东就发出"一定要把淮河修好""要把黄河的事情办好"[3] 等号召，全国各地开始结合兴修水利，对一些水患严重的江河进行治理。

1973 年完成的海河治理工程用了 10 多年的时间，共修筑防洪大堤 4300 多公里，开挖、疏浚河道 270 多条，新建涵洞、桥、闸 6 万多座，同时还建了许多

① 宋连生：《农业学大寨始末》，九州岛出版社 2011 年版。
② 肖东连：《一个时代的终结：对农业学大寨运动的总结》，《党史博览》2004 年第 11 期。
③ 中共中央文献研究室编：《毛泽东传》三，中央文献出版社 2011 年版，第 1057、1062 页。

水库，对洪、旱、涝、碱等灾害进行了全面治理，使海河的排洪能力比历史上提高了十倍多，使海河流域实现了每人一亩水浇地。1973年粮食总产量比1963年增长了一倍。

1972年竣工的辽河治理工程，共修筑堤防4500公里，修建水库220座，流域共建电力排灌站920处，可灌溉农田1100多万亩。

1969年竣工的江都水利枢纽工程，由3座大型抽水机站、5座中型节制水闸、3座船闸和疏浚河道等十多项工程组成，它把长江、淮河、大运河和里下河联结起来，利用这些河流的不同水位，通过自流和机动引水相结合进行排涝和抗旱，可灌溉农田250多万亩。

对黄河下游的治理，共修建和加固堤防3000多公里，沿岸建成涵闸60多座、引水虹吸等灌溉工程80多处，灌溉面积800多万亩，由此变害为利。

在水利建设中，河南省林县人民学大寨，凭着一股"大寨精神"在险峻的山上开凿出了一条"惊天地、泣鬼神"的人工天河——红旗渠，1969年全部建成，总干渠长104里，灌溉面积扩大了60万亩。

1969年7月8日，新华社报道了河南省林县红旗渠工程全部建成。当日晚，毛泽东让汪东兴打电话给河南省革命委员会的同志，对林县红旗渠的全部建成表示称赞和祝贺，并说："中国人就是要有这种奋发图强的拼搏精神！"[1]

湖北省汉北河也是一条人工河，1970年竣工，全长110多公里，建成后扩大灌溉面积100多万亩。

到1977年全国各地共开掘、兴建人工河道近百条，建水库7万多座。彻底改变了农田缺水的困境，创造出了高产稳产的农田，农民生活得到极大改善。

全国一些大型发电站如刘家峡水电站、丹江口水电站、龚咀水电站、黄龙滩水电站、碧口水电站、八盘峡水电站、唐山陡河发电厂、山东莱芜发电厂等都是这个时期建立的。同时各地兴建了许多中小型发电站。从1966年至1976年仅全国农村就新建了中小型电站56000多座。到1978年，全国农村90%的公社、60%以上的生产大队通了电，农业用电比1965年增长了470%，机电排灌动力达到6500万马力，机电排灌面积增长了4倍以上。

70年代农机制造业发展很快。1976年又一新的大型拖拉机制造厂——山东拖拉机厂建成。到1979年，全国有拖拉机56万台、手扶拖拉机140万台；全国大部分公社有了拖拉机，有相当多的大队有手扶拖拉机。柴油机、播种机、粉碎机等一些农业机械也逐渐投入使用。农业机械总动力1978年比1962年增加了14.5倍。

在60年代中期以后，中国工业开始迅速发展，对农业生产力发展提供了重

---

① 邸延生编著：《历史的回眸——毛泽东与中国经济》，新华出版社2010年版，第304页。

要支持。大庆以及胜利、大港等许多新油田的相继建成，逐渐使我国石油达到基本自给，加上大批新煤矿的投产，大大促进了与此相关的化工、化肥、化纤等工业的发展，直接促进了农业生产资料的生产。尤其是在70年代初，经毛泽东、周恩来批准，中国引进了一大批国外先进技术和设备，其中包括13套大化肥、4套大化纤、3套石油化工、10个烷基苯工厂等。通过这些引进，在70年代先后建成了北京石油化工总厂、上海石油化工总厂、山东胜利油田化工总厂、辽阳石油化纤厂、北京石油化纤厂、黑龙江石化纤维联合企业、福建维尼纶厂、四川维尼纶厂以及大庆化肥厂、南京栖霞山化肥厂、辽河化肥厂、洞庭氮肥厂、四川泸州和贵州赤水天然气化肥厂等国内一大批大企业。这些企业的建立都取得了很好的经济效益，使中国化肥、化纤、人造棉等产量在70年代末期有了迅速增长。如：化肥产量1978年比1977年以66%的速度增长，到1979年达1065.4万吨，化肥施用量比1962年增加了12.4倍；化纤产量1979年达32.6万吨，比1965年增长550.7%；棉布产量1979年达121.5亿米，比1965年增长93.5%。这些都为80年代的农业发展和人民生活改善提供了充分条件。

到70年代末，农业发展日益朝水利化、机械化和电气化驰进。1978年全国灌溉面积达8亿亩，与1965年相比增长了60%。农业达到每人有一亩以上稳产高产田。农业生产条件发生重大变化。

农业科学技术显威力。早在1957年就成立了中国农业科学院，制订了农业科学研究的规划和任务。进入60年代，有关科研部门培养的小麦、水稻新品种以及杂交玉米、高粱等就开始在生产中推广。这些新品种还不断更新换代，使农业产量逐渐提高。著名水稻专家袁隆平研究杂交水稻从60年代就开始了，70年代其成果就开始推广，新品种使水稻产量提高了20%，亩产达千斤以上。在防止病虫害方面，1968年有关科研部门就解决了马铃薯退化等问题，尤其是消灭了数千年来危害中国农业安全的蝗灾，取得了重大成果。从70年代初开始，科研部门就把放射性同位素与射线新技术应用于农作物育种，培养成水稻、小麦、棉花、玉米、谷子、大豆、油菜等几十个新品种，不仅使农作物产量提高、生长期缩短，而且具有抗病虫害等特点。中国在改良品种、消除病虫害等方面取得巨大成就，促进中国农业产量大幅度增长，对东南亚以及全世界农业发展产生很大影响。

辉煌的成就

毛泽东在七届二中全会上提出："要使中国稳步地由农业国变为工业国，把中国建设成一个伟大的社会主义国家。"新中国成立后的近30年间，中国的经济建设取得了巨大的成就。

最艰苦的原始积累

新中国成立初，新中国千疮百孔，一穷二白，一无设备，二无资金，万事开头难。中国人民在毛泽东和共产党的领导下，个人不计酬劳，勒紧腰带，省吃俭用，自力更生，艰苦奋斗，完成了最艰苦的原始积累，为经济建设打下了基础。对于中国这样一个一穷二白同时又遭到帝国主义的军事、经济封锁的大国来讲，这个过程的艰难是可想而知的。

实现国家工业化

从"一五"计划时期开始，国家以苏联援建的 156 项重点工程、694 个大中型建设项目为中心，进行了大规模投资，逐步地建成了一批门类比较齐全的基础工业项目，涉及冶金、汽车、机械、煤炭、石油、电力、通讯、化学、国防等领域。

从无到有，建立起规模庞大的航空、航天、原子能及门类齐全的军工体系，成功地爆炸了原子弹、氢弹，试制并成功发射了中远程导弹和人造卫星。这些进展，全世界为之震惊，奠定了中国大国地位。

1952 年，工业占国民生产总值的 36%，农业占 64%；到 1975 年，这个比例颠倒过来了，工业占国家经济的 72%，农业则仅占 28%。工业总产值增长了 30 倍。

1976 年，中国的工业门类齐全程度、技术水平和开发能力在发展中国家中是首屈一指的，在部分领域接近甚至达到发达国家水平。

至毛泽东逝世时，中国已由一个农业国发展成为从喷气式飞机、运载火箭、核潜艇到工业成套设备和所有农业机械无所不能造的工业大国。

据《中国统计年鉴（1994）》提供的资料，从 1952 年到 1978 年，工农业总产值平均年增长率为 8.2%，其中工业总产值平均年增长率为 11.4%。主要工业产品的产量：钢铁从 140 万吨增长到了 3180 万吨，煤炭从 6600 万吨增长到 61700 万吨，水泥从 300 万吨增长到了 6500 万吨，木材从 1100 万立方米增长到了 5100 万立方米，电力从 70 亿度（千瓦小时）增长到了 2560 亿度，原油从根本的空白发展到了 10400 万吨，化肥从 39000 吨上升到了 869.3 万吨，农药从 2000 吨增加到 53 万吨。汽车产量从 1955 年年产 100 辆发展到 1976 年的 13.52 万辆。从 1952 年到 1978 年的 26 年时间里中国国民生产总值平均每年增长达 6.5%；而同期世界的增长速度是 3%，美国是 4.3%，日本是 6.7%，英、法、意还低于美国。这就是说中国的发展速度是世界同期的 2 倍多，远远高于美、英、法、意等，与处于高增长期的日本差不多。从主要产品的产量看，50 年代初中国都排在世界工业国家的后面，而到了 1978 年钢产量就超过了英、法、意，成为继美、苏、日之后的第四个国家；石油由过去有名的"贫油大国"一跃成为基本上自给的世界第八产油大国。其他如：原煤产量跃居第三位；棉纱产量跃居第一位，发电量跃居第七位，粮食产量跃居第二位，棉花产量跃居第三位等。

中国的经济实力在全球排名从 1949 年的第十三位上升到 1976 年第六位。

在基础设施建设方面，共建成 80 多万公里的公路（不包括遍布乡村的非油面道路建设）、2 万多公里的铁路，其中绝大部分是穿越于崇山峻岭和戈壁沙漠，使云南（除了早期的一条窄轨）、广西、四川、贵州、青海、福建、新疆、宁夏、河套平原等结束了没有铁路的历史（甘肃省在新中国成立初期的铁路只有陇海铁路到天水段，新中国成立后延伸到兰州，并建设兰新线）。在水利建设方面，完成了大江、大河的治理工作，兴建了 5 万多座水库，库容在 20 亿立方米以上的 31 座超大型水库中，30 座为 1949 年后所建。仅淮河治理就修建了 3400 座水库。

粮食产量持续增长

1965 年，全国粮食产量达到 19452 万吨，比 1960 年增加了 5000 多万吨，接近了 1957 年的历史最高水平。其他农产品如棉花、油菜、甘蔗、烤烟等产量都有大幅度增长，大大超过了 1957 年。其中棉花总产量达 4195 万担，比 1957 年增长了 22%；猪肉、羊肉、蔬菜等副食供应增长 30% 以上。从 1965 年至 1978 年，粮食产量就由 19452 万吨增至 30475 万吨，十多年间增长了 56.7%，年均增长率 3.9%。

1957 年《全国农业发展纲要》规定，到 1967 年，粮食亩产量在黄河，秦岭、白龙江、黄河（青海境内）以北地区，由 1955 年的 150 多斤增加到 400 斤；黄河以南、淮河以北地区，由 1955 年的 208 斤增加到 500 斤；淮河、秦岭、白龙江以南地区，由 1955 年的 400 斤增加到 800 斤。在"全国学大寨"号召下，人们把这三个目标加以形象化，说成是"过黄河，跨长江"，确定为粮食增产的目标。

全国各地通过兴修水利、开展农田基本建设、培育推广良种、提倡科学种田，较大幅度地提高了粮食生产水平和抵御自然灾害的能力，努力实现"过黄河，跨长江"的粮食增产目标。

1949—1976 年，全国总人口从 5.4167 亿增长到 9.3717 亿。同期粮食的人均占有量从 418 市斤增加到 615 市斤。全国总人口增加了近 4 亿人，增产的粮食不仅多养活了 4 亿人，而且还使人均粮食占有量增加了近 200 斤。

在全国人民节衣缩食支持国家工业化基础建设的情况下，尽管人民群众生活逐年改善的增幅不大，但初步满足了占世界 1/4 人口的基本生活需求，这在当时被世界公认是一个奇迹。

三线建设

三线建设是中共中央和毛泽东主席于 20 世纪 60 年代中期做出的一项重大战略决策，它是在当时国际局势日趋紧张的情况下，为加强战备，逐步改变我国生产力布局的一次由东向西转移的战略大调整，建设的重点在西南、西北。

1964 年 8 月，美国轰炸北越，使毛泽东不得不把计划的重点转到战备问题上来，提出搞三线建设。同时，三线建设也是做两手准备的，即战备和改变内地落后工业交通布局。

从 1965 年到 1980 年，我国在 13 个省、自治区开展的三线建设，历经三个五年计划，共投入 2050 余亿元资金，几百万人力，安排几千个建设项目。规模之大，时间之长，动员之广，行动之快，在我国建设史上是空前的。

三线建设取得了重大成就。初步改变了我国内地基础工业薄弱，交通落后，资源开发水平低下的工业布局不合理状况。初步建成了以能源交通为基础、国防科技为重点、原材料工业与加工工业相配套、科研与生产相结合的战略后方基地。到 70 年代末，三线地区的工业固定资产由 292 亿元增加到 1543 亿元，增长 4.28 倍，约占当时全国的 1/3。职工人数由 325.65 万增加到 1129.5 万，增长 2.46 倍。工业总产值由 258 亿元增加到 1270 亿元，增长 3.92 倍。不仅增强了国防力量，而且改善了工业布局，很好地平衡了地区发展。

顶压力反封锁谋开放

新中国成立后，帝国主义为了消灭共产主义势力，对新中国实行了侵略、颠覆、敌视、包围以及经济封锁的政策，妄图扼杀新中国在摇篮里，朝鲜战争中朝两国实际上是面对以美国为首的西方几十个资本主义国家的侵略。邓小平说："毛泽东同志在世时，我们也想扩大中外经济交流，包括同一些资本主义国家发展经济贸易关系，甚至引进外资、合资经营等等。但是那个时候没有条件，人家封锁我们。"[①]

70 年代初，在毛泽东领导下中国人民战胜了帝国主义的侵略、颠覆，自力更生、艰苦奋斗实现了国家工业化，搞出了"两弹一星"，奠定中国的大国地位，从而打开了外交局面，打破了经济封锁。1971 年中国恢复了联合国席位，1972 年打开中美、中日关系，尼克松来华访问，在此前后在世界上掀起同中国建交高潮，主要的发达的资本主义国家都同中国建交。与此同时也开展了广泛的经贸来往。到 1973 年 12 月我国已同世界上 150 多个国家和地区建立经贸关系。

---

① 《邓小平文选》第 2 卷，人民出版社 1994 年版，第 127 页。

如果不粉碎帝国主义的军事、经济封锁，就实现不了改革开放和经济快速的发展。

教育卫生

在毛泽东时代，基本实现了义务教育，教育经费的投入最高曾达国民生产总值的 5％，建立了近千所大专院校、数千所的各类中专及完善的基础教育体系。那时，学龄儿童根本不存在上不起学的问题。中国教育大事典 1949—1990 及新中国五十年统计资料汇编数据显示，在毛泽东晚年，中国普及基础教育取得巨大成就。小学入学率即由 1963 年的 57％，大幅提升至 1976 年的 96％。同期印度小学入学率为 1961 年 40％，上升至 1978 年 58％。毛泽东不但大增基础教育，还大幅度提升初中及高中普通中学学额，普通初中招生数从 1963 年 263.5 万大升至 1976 年 2344.3 万，增加了近 10 倍。普通高中招生数从 1963 年 43.3 万大升至 1976 年 861.1 万，增加了 20 倍。1963 年前普通教育开支约占教育总开支 45％，1963 年后大幅提升至 1969 年的 95.4％，1976 年毛泽东去世时为 67.1％。为推行现代化所必先实施的全民普及教育铺平道路，表明了毛泽东对提高中国人民的整体素质所做的贡献和中国社会的高度平民化色彩。

医疗卫生事业主要体现在三个方面：一是迅速消灭或控制了严重危害人民健康的流行病与传染病。1957 年霍乱得到了彻底控制；1960 年云南省西盟县永西寨发生最后一例天花病人，中国以此病例向世界卫生组织报告消灭了天花的时间和地点；1964 年便完全控制了鼠疫在人间流行；在流行最严重的江西省余江县，1958 年 6 月就完全消灭了血吸虫病；结核病（俗称痨病），新中国成立前无论城乡发病率、死亡率都比较高；新中国成立后，其发病率逐年下降，并基本得到了控制。二是城乡大多数人的医疗基本有了保障。新中国成立不久，在城市里的国家干部和职工中，便实行了公费医疗制，他（她）们生病不论门诊或住院，都不要个人缴费；其家属和未成年子女享受半公费医疗（也就是办个公费医疗证），生病无论门诊或住院，不再交费。1950 年，政府培训了 20 万卫生员分配到各地农村，并且在乡镇建立卫生院。农村人口基本免费住院治疗。1965 年 6 月 26 日，毛主席发觉当时我国的医疗卫生工作"重城市"和"轻农村"，便严厉批评国家卫生部是"城市卫生部""城市老爷卫生部"，号召"把医疗卫生工作的重点放到农村去"。这就是当年家喻户晓的"6·26"指示。在"6·26 指示"的号召和鼓励下，军民医务人员掀起了分批分期下农村的热潮；与此同时，农村大办合作医疗（1969 年底统计，95％的农民都参加了合作医疗），大力培训赤脚医生（几乎全国每个村庄，都有两三名边治病、边参加农业劳动的赤脚医生）。从而基本上解决了农民的医疗问题。世界联合国卫生组织，对此给予了极高的评价，成为发展中国家的典范，并在全世界范围宣传推广。三是新中国成立后，由于劳动人民翻身和当家作主，基本生活有了保障，再加上毛主席号召"发展体育运动，增强全民体质"，大多数人的体质明显增强了，不仅少生病了，而且有病能得到及时治疗。中国人的平均寿命由 1949 年的 35 岁到 1976 年达到 67.5 岁，这在发展中国家中居于最高水平。此外，还要特别提到婴儿的死亡率，新中国成立前婴儿死亡率 30％，而新中国成立后婴儿死亡率大为下降，1976 年为 5％，不少地区都降为零。

四、科技文化篇

　　毛泽东，这位新中国的缔造者，始终关注着中国科技文化事业的发展。无论是在戎马峥嵘的战争岁月，还是在经济建设的和平时期；无论是在国际政治风云变幻下，还是在国内社会主义现代化建设中，毛泽东总是高度重视科技文化工作，深知科技发展和文化繁荣在现代社会中的作用。他领导着新中国的科技事业不断地向前发展，指明了社会主义中国新文化的发展方向。

　　毛泽东对中国社会主义建设道路的探索包含了对中国科技道路的探索，随着毛泽东思想的日益完善，毛泽东的科技思想也逐渐成熟起来。他从有利于中国科技事业进步的方方面面作出了重要指示，促成了一系列跨越式的科技发展："两弹一星"的成功，中国科技事业发展长远规划的制定，独立自主科技体系的建立，门类较为齐全、资源配置较为合理的科研机构体系的构建，科学技术管理机构、管理体制的确立，大批科技人才的培养，农工、交通、医学和基础科学的发展等。

　　毛泽东深知文化的力量，毕生关注革命文化事业。他认为，革命文化"是革命总战线中的一条必要和重要的战线"。他始终把革命文化工作同中国人民夺取政权、巩固政权的斗争紧密地联系在一起，把科学文化建设列为我国社会主义四个现代化的任务之一。毛泽东文化思想引领着中国革命和中国社会的发展，不仅对中国文化事业产生深刻的影响，更为当今中国的繁荣富强作出了不可磨灭的贡献。

第一章　科学技术　国之利器

　　毛泽东对科学技术在人类历史发展中的地位和作用有着深刻的认识，为中国科技事业的发展做出了许多重要指示。新中国科技事业的发展，是在毛泽东的密切关怀和直接领导下进行的。原子弹研制成功，有效威慑了敌对势力的种种挑衅；"东方红"人造卫星升空，是中国涉足太空领域发展的开端；核潜艇下水提升了海军整体作战实力；"四化"和"八字方针"着力打造了现代农业；力排众议，维护和发展了中国医药学；科技人才的培养、基础科学研究，为我国后续科技发展提供了保障。随着共和国科技事业的大步迈进，一系列跨越式科技成果的涌现，证明了他科技发展思想的正确性，也在风云变幻的今天，为中国铸就了一把国之利剑。

科学技术这一仗一定要打好

　　毛泽东科技思想博大精深，涉及中国科技事业的方方面面，概括起来可以分为：尊重知识、重视人才；科学这一仗一定要打好；依靠技术革命，大力发展生产力；计划引领科技，制定中长期发展规划；瞄准尖端科技，实现跨越式发展；自力更生为主，争取外援为辅；集中力量，协同攻关；百家争鸣，解放科技思想；学科学用科学，避免主观主义；实际政策制定，必须依据国情等。

尊重知识　重视人才

　　在抗日战争时期和解放战争时期，毛泽东在指挥政治斗争和武装斗争的同时，对科学技术的认识也上了一个新的台阶。

　　早在抗日战争的残酷年代，虽然毛泽东的主要精力是指挥政治斗争和武装斗争，但他依然"提倡自然科学"。经毛泽东发起，成立了陕甘宁边区自然科学研究会。毛泽东出席成立大会，并讲话："自然科学是很好的东西，它能解决衣、食、住、行等生活问题，所以每一个人都要赞成它，每一个人都要研究自然科学。"[①] 当时，国民党当局不断掀起反共高潮，停发八路军薪饷，严密封锁边区，断绝外援；加之边区地广人稀，经济落后，陕甘宁边区经济形势一度十分严峻。就是在这样的形势下，1939 年 5 月，党中央和毛泽东决定创办延安自然科学研究院，发动现有的科技人员共同研究和改进生产技术，解决边区经济建设中迫切需要解决的问题。1940 年 2 月，又成立了陕甘宁边区自然科学研究

---

　　① 　路甬祥：《毛泽东与中国的科技事业》，《科学时报》2003 年 12 月 26 日。

会。在研究会的成立大会上，毛泽东作了著名讲话："人们为着要在自然界里得到自由，就要用自然科学来了解自然，克服自然和改造自然，从自然里得到自由。……马克思主义包含有自然科学，大家要来研究自然科学，否则世界上就有许多不懂的东西，那就不算一个最好的革命者。"自然科学研究会成立之后，又相继成立了机电、炼铁、土木工程、航空、数理、化学、农业、生物、医药、地矿等 10 个专门学会。研究会及各专门学会在团结全边区科技人员、为边区建设发挥了重要作用。当时的延安，成了全国爱国青年向往的抗战圣地。一批批科学技术人员和知识分子怀着抗日救国的热情，克服千难万险，来到延安。如何对待这些知识分子呢？1939 年 12 月，毛泽东为中共中央起草了《大量吸收知识分子的决定》。这个《决定》强调："在长期的和残酷的民族解放战争中，在建立新中国的伟大斗争中，共产党必须善于吸收知识分子，才能组织伟大的抗战力量。……没有知识分子的参加，革命的胜利是不可能的。"① 《决定》确立了对知识分子的"吸收、教育、使用"的方针政策。我们党把大量的知识分子团结在革命队伍中，巩固和发展了抗日民主根据地。

解放战争中，国共两党不仅在战场上较量，也对科技人才进行了激烈争夺。国民党采取威逼利诱的手段企图将科技人才挟持到台湾，但是以毛泽东为代表的中国共产党的政治主张和作风赢得了广大科技人才的真诚拥护，他们绝大部分留在大陆，成为新中国科技事业的光荣开拓者。这一时期，毛泽东虽然主要精力也在领导革命和战争方面，但科技意识已经显露出来。在科技认知上，他突出强调自然科学的认识功能，认为它"是人们争取自由的一种武装"②；在科技情感上，他表现出对知识和知识分子的敬意，认为在中国这样一个经济、文化不发达的国家，知识分子"特别宝贵"，"尊重知识分子是完全应该的，没有革命知识分子，革命就不会胜利"。③ 他也要求知识分子放下架子，与工农民众相结合；在科技意志上，他显现出发展中国科技事业的坚定决心，认为要发展科技事业，首先必须打破旧的社会制度对科技事业的束缚，并号召全党学习自然科学。

1953 年，他明确指出："今天我们迫切需要的，就是要有大批能够掌握和驾驭技术的人，并使我们的技术能够得到不断的改善和进步。"④ 1956 年 1 月，他在知识分子问题会议上说：搞技术革命，没有科技人员不行。"中国要培养大批知识分子，要有计划地在科学技术上赶超世界水平，先接近，后超过，把中国建设得更好。"为了实现这个伟大的目标，"决定一切的是要有干部，要有数量

①　方在农：《毛泽东与中国科技发展》，《唯实》1993 年第 12 期。
②　《毛泽东文集》第 2 卷，人民出版社 1993 年版，第 269 页。
③　《毛泽东选集》第 3 卷，人民出版社 1991 年版，第 815 页。
④　《毛泽东军事文集》第 6 卷，人民出版社 1993 年版，第 351 页。

足够的、优秀的科学技术专家"，"无产阶级没有自己的庞大的技术队伍和理论队伍，社会主义是不能建成的。我们要在这十年内（科学规划是十二年，还有十年），建立无产阶级知识分子的队伍"。① 这成为毛泽东人才工程的第一个规划。他进一步指出：为了建成社会主义，工人阶级必须有自己的技术干部的队伍，必须有自己的教授、教员、科学家、新闻记者、文学家、艺术家和马克思主义理论家的队伍。这是一个宏大的队伍，人少了是不成的。同时又指出，建立这样一支宏大的知识分子队伍，"是历史向我们提出的伟大任务。在这个工人阶级知识分子宏大新部队没有造成以前，工人阶级的革命事业是不会充分巩固的"。毛泽东强调革命队伍中的"每一个人都要研究自然科学"，号召从事各种工作的领导人员"要在尽可能短的时间内成为精通业务的专家"，指出"学自然科学的，要学会用辩证法"、"搞医学的，要学习唯物辩证法指导医学的发展"② 等。

为了壮大国防科技人才队伍，毛泽东建议国家实施了一系列重大举措。在发展人民教育事业方面，毛泽东主张要有步骤地、谨慎地对旧有学校和旧有社会文化进行改革，发展高等教育。1952 年，国家实行以培养工业建设人才和师资为重点的院系调整，提出发展专科学校，加强综合大学，逐步构建结构合理的工科高校专业和学科体系，培养了大批国家建设急缺的科技人才。在壮大专家队伍方面，毛泽东的策略是多种途径动员，争取动员在国外留学、工作的专家回国。从 1949 年 8 月到 1955 年 11 月，由西方国家归来的高级知识分子达 1536 人，其中从美国回来的就有 1041 人。他们中间包括许多著名的科学家，如李四光、华罗庚、钱学森、吴阶平、邓稼先等。③ 在专业人才培养方面，毛泽东要求建立专业人才培养基地。1949 年 10 月 31 日，组建了中国科学院，致力于国家科技事业的发展。此后又成立了军事工程学院，以培养国防建设的高级专业人才。到 1952 年，全国科技人员已由新中国成立时的 650 人发展到 42 万人。到 1960 年，全国科技人员达到 196 万多人。④ 大批专家和科技人员，离开大中城市，离开亲属朋友，奔赴戈壁荒原、深山峡谷，在艰苦的条件下，埋头苦干，扎实工作，为巩固人民民主政权，为新中国建设做出了卓越的贡献。

新中国的成立，使海外科学家和留学生们受到极大的鼓舞。要为新中国建设事业贡献力量的赤子之心，使他们归心似箭，从而掀起了海外学子归国的热潮。根据有关部门统计，截止到 1950 年 8 月 30 日，在国外的中国留学生有 5541 人，其中留学美国的有 3500 人，在日本有 1200 人，在英国有 443 人。他

① 《毛泽东文集》第 7 卷，人民出版社 1999 年版，第 350、2、309 页。
② 李桂花、潘丽萍：《中国崛起中的科技人才建设》，《天府新论》2010 年第 5 期。
③ 参见中共中央文献研究室编：《周恩来传》三，中央文献出版社 1998 年版，第 1192 页。
④ 参见李志红、马俊峰：《毛泽东科技思想》，湖南大学出版社 2004 年版，第 32 页。

们大部分是 1946—1948 年间出国的，许多人在各学科领域学有所成，成为有关学科的专家。

党和国家对海外科学家和留学人员非常重视，采取各种措施，争取他们早日回归祖国。1939 年毛泽东就为党中央起草了《大量吸收知识分子的决定》。周恩来、董必武领导的中央南方局也十分重视做好海外科学家和留学生的工作。进步科学团体"中国科学工作者协会"在国内成立并积极地开展相关工作。在国外则陆续成立了"留美科协""留英科协""留法科协"等。通过这些组织向海外科学家和留学生进行回归的动员工作，为以后出现的归国潮创造了良好的条件。

1949 年 12 月 13 日，政务院文化教育委员会成立了"办理留学生回国事务委"。该委员会由政务院人事局、文化教育委员会、全国学联等 17 个单位组成，统一领导留学生回国的各项事宜。委员会主任由文化教育委员会副主任、教育部部长马叙伦担任。

1950 年 1 月 27 日，中国科学工作者协会向海外各分会发出号召：新中国诞生后各种建设已逐步展开，每方面都迫切需要人才，诸学友学有专长，思想进步，政府方面亟盼能火速回国，参加工作。

当时正在美国任教的华罗庚连该拿到手的工资还没有拿全，就急匆匆地往回赶。1950 年 2 月到达香港后，他在那里发表了《致中国全体留美学生的公开信》，信中高呼："朋友们！'梁园虽好，非久居之乡'，归去来兮！"新华社于 3 月 11 日播发了华罗庚的这封公开信，在海外学子中引起了强烈的反响。当时的美、英政府对中国留学生归国采取了阻挠政策。1950 年 2 月，以麦卡锡为首的美国狂热反共分子，掀起了一股反动政治逆流，对许多要求回国的中国留学生横加阻拦和迫害。

1949 年 10 月，著名地质学家李四光从英国回国，便受到国民党当局的阻挠与恐吓，使他一路历经磨难。当年 11 月 15 日，周恩来发函给我国有关驻外机构，指示他们："李四光先生受反动政府压迫，已秘密离英赴东欧，准备回国，请你们设法与之接触。并先与捷克当局交涉，给我们入境便利，并予以保护。"在周恩来的关怀下，李四光一家辗转瑞士、意大利等国，才于 1950 年 5 月回到祖国。

当时，许多海外科学家在回国过程中历尽艰辛，其中比较著名的当属"钱学森事件"和"赵忠尧事件"。然而，采取强制性方式并不能阻止中国留学生回国的强烈愿望。在党和政府的关怀帮助下，留学生为争取回国进行了艰苦的斗争。他们联合起来通过各种渠道给国内写信，向周恩来和高教部汇报美国无理扣留中国留学生以及中国留学生与之斗争的情况；他们还争取美国友好人士的同情和支持，并设法取得第三国的帮助和支持，同时配合日内瓦会议召开，使斗争公开化；他们给电台、报社、美国总统、联合国人权委员会写信，公开揭露美国政府扣留中国留学生的不民主、不人道的伪善面目。

经过千方百计的努力，1950—1953年约有2000名海外科学家和留学生回到祖国。当时回国的路途遥远而曲折：从美国回国的，一般从旧金山乘船，途经檀香山—横滨—马尼拉—香港—天津，再到达北京；从欧洲回国的，一般乘火车绕过西欧—东欧—苏联—西伯利亚，再到达北京；乘船的则穿越地中海到印度洋—香港—天津，最后到达北京。行程一般需要两个多月。

这一时期，回到祖国的学者中还有大批一流的科学家。除上述提及者外，还有物理学家杨澄中、程开甲、黄昆、谢希德、葛庭燧、邓稼先，化学家傅鹰、唐敖庆、徐光宪、涂光炽、严东升，生物学家曹天钦、鲍文奎、邱世邦、蒲蛰龙，数学家吴文俊，化工专家侯祥麟，冶金专家李薰、叶渚沛、张沛霖、柯俊，工程热物理专家史绍熙，气象学家叶笃正，铁路电气化专家曹建猷等。

1953年以后，又陆续有近1000名科学家和留学生回国。在这批人中，有神经生理学家张香桐，力学家郭永怀、林同骥，核物理学家张文裕，林学家吴中伦，加速器专家谢家麟，半导体专家林兰英，生物学家王德宝、钮经义，材料专家师昌绪，泥沙运动与河床演变专家钱宁，爆炸力学专家郑哲敏等。

回归热潮从1949年一直持续到1957年春，人数在3000人左右，约占新中国成立前在外留学生、学者总数的50%以上。

"四个现代化"的提出

从20世纪60年代开始，从十年规划到"四个现代化"，毛泽东在为中国科技走上发展快车道的奋斗中，做出了不可磨灭的贡献。

1956年6月，毛泽东在一次谈话中说："过去干的一件事叫革命，现在干的叫建设，是新的事，没有经验。怎么搞工作，比如炼铁、炼钢，过去就不大知道。这是科学技术，是向地球开战。""如果对自然界没有认识，或者认识不清楚，就会碰钉子，自然界就会处罚我们，会抵抗。比如水坝，如修得不好，质量不好，就会被水冲垮，将房屋、土地淹没，这不是处罚吗？"1959年底至1960年初，毛泽东在《读苏联〈政治经济学教科书〉的谈话》中指出："资本主义各国，苏联，都是靠采用最先进的技术，来赶上最先进的国家，我国也要这样。拿汽车来说，我们这个大的国家，最少应该有三四个像长春汽车厂那样的制造厂。就是在搞大的、洋的方面，我们也不能只靠人家。"①

20世纪60年代初，毛泽东在《读苏联〈政治经济学教科书〉的谈话》中，第一次完整地表述了四个现代化的思想。他说：建设社会主义，原来要求工业现代化、农业现代化和科学技术现代化，现在要加上国防现代化。1963年，毛

---

① 毛新宇：《论毛泽东的科技思想》，《湖南科技大学学报（社会科学版）》2005年第8卷第6期。

泽东指出："人的正确思想，只能从社会实践中来，只能从社会的生产斗争、阶级斗争和科学实验这三项实践中来。"① 他把生产斗争、阶级斗争和科学实验并列为人类的三项实践之一。1964 年 12 月，毛泽东在修改第三届全国人民代表大会第一次会议的《政府工作报告》草稿时，再次指出现代科学技术在我国现代化建设中的重要作用："我们不能走世界各国技术发展的老路，跟在别人后面一步一步地爬行。我们必须打破常规，尽量采用先进技术，在一个不长的历史时期内，把我国建设成为一个社会主义的现代化强国。"② 周恩来在三届人大一次会议上正式提出了四个现代化的宏伟目标，并在三届人大《政府工作报告》中提出把我国建设成为现代农业、现代工业、现代国防和现代科学技术的社会主义国家，并进一步强调："建成社会主义强国，关键在于实现科学技术现代化。"③ 自此，毛泽东规划的社会主义建设的战略目标，就以四个现代化的形式清晰地展现在全国人民面前。

1963 年 12 月，他在听取中央科学小组汇报时指出："科学技术这一仗一定要打，而且必须打好。过去我们打的是上层建筑的仗，是建立人民政府、人民军队。建立这些上层建筑干什么呢？就是要搞生产。搞上层建筑与生产关系的目的就是为了解放生产力。不搞科学技术，生产力无法提高。"④ 这集中反映了毛泽东对现代科学技术地位和作用的深刻认识。他认识到自然科学是人们认识世界、改造世界的有力武器，正是由于近代以来自然科学的大发展，才使人们加深了对客观世界规律的认识和把握，并取得改造客观世界的显著效果。在这里，毛泽东十分强调马克思主义对自然科学的指导作用。其次，他认识到科学技术是发展生产力的必要条件，科学技术现代化是实现工业现代化、农业现代化和国防现代化的关键。只有实现科技现代化，才能为工业现代化和农业现代化提供先进的技术装备，为国防现代化提供先进的武器装备。

发展科学技术　提高生产力

新中国成立以后，第一个五年计划开始，毛泽东号召大家，不仅要学习马克思列宁主义理论，而且要学习苏联先进的科学技术，来建设我们的国家。1958 年初，毛泽东号召大家"学技术，学科学"。他说，"过去我们有本领，会打仗，会搞土改，现在仅仅有这些本领就不够了，要学新本领，要真正懂得业务，懂得科学和技术，不然就不可能领导好。"⑤ 他自己带头学习科学技术知识。他读过哥白尼、布鲁诺、坂田昌一、李四光、竺可桢、杨振宁等科学家的著作

① 《建国以来毛泽东文稿》第 10 册，中央文献出版社 1998 年版，第 296—299 页。
② 《毛泽东文集》第 8 卷，人民出版社 1999 年版，第 320、341 页。
③ 《周恩来选集》下卷，人民出版社 1984 年版，第 412 页。
④ 《毛泽东文集》第 8 卷，人民出版社 1999 年版，第 351 页。
⑤ 龚育之、逄先知、石仲泉：《毛泽东的读书生活》，生活·读书·新知三联书店 1986 年版，第 108、110 页。

和许多自然科学刊物。达尔文的《物种起源》、赫胥黎的《天演论》等名著读过多遍。50年代后期，他还亲自钻研农业、土壤、机械、物理、化学、水文、气候等方面的书籍。

毛泽东一向重视医疗卫生事业。新中国成立之初，他就号召团结新老中西医，开展伟大的人民卫生工作。1958年10月11日，他致信中央办公厅主任杨尚昆，希望每个省、市、自治区各办一个70~80人的西医离职中医学习班，两年为期，那么，在1960年冬或1961年春，我们就有2000名中西结合的高级医生，其中可能出几个高明的理论家。他说："中国医药学是一个伟大的宝库，应当努力发掘，加以提高。"①

1957年，毛泽东把科学文化建设列为四个现代化的任务之一。早在1945年，毛泽东在《论联合政府》的报告中，提出中国工人阶级要"为着中国工业化和农业近代化而斗争"②。1954年9月，周恩来在第一届全国人大第一次会议的《政府工作报告》中根据党中央和毛泽东的思想，提出要"建设起强大的现代化的工业、现代化的农业、现代化的交通运输业和现代化的国防。"这"四化"主要体现了对物质文明建设的要求。1957年，毛泽东在党的全国宣传工作会议上的讲话中，改变了"四化"的提法，提出要建设一个具有现代工业、现代农业、现代国防和现代科学文化的社会主义国家。用"现代科学文化"代替"现代化的交通运输业"，把"科学文化现代化"列为"四化"大业之一，表现了对文化事业的高度重视，体现了现代化对精神文明的要求。

1958年8月，苏联单方面终止与我国签订的国防新技术协定，撤走全部专家，甚至连一张纸片都没有留下。1960年7月18日，毛泽东在北戴河会议上号召："自己动手，从头做起，准备用8年时间，拿出自己的原子弹！"他说："要下决心搞尖端技术。赫鲁晓夫不给我们尖端技术，极好，如果给了，这个账是很难还的。"③

1963年12月，聂荣臻等同志向毛泽东汇报新的十年科学技术规划时，毛泽东又一次强调指出，科学技术这一仗一定要打，而且必须打好。不搞科学技术，生产力无法提高。

小心被"开除球籍"

科学技术是生产力，这是马克思的一个重要观点，"生产力的这种发展，归根到底总是来源于发挥着作用的劳动的社会性质，来源于社会的内部分工，来

① 《建国以来毛泽东文稿》第7册，中央文献出版社1998年版，第451页。
② 邓力群：《伟人毛泽东丛书——毛泽东的文化思想》，中央民族大学出版社2012年版，第18—19页。
③ 于俊道、李捷编：《毛泽东交往录》，人民出版社1991年版，第136页。

源于智力劳动特别是自然科学的发展。"① 毛泽东继承和发扬了这种观点。马克思盛赞古代中国火药、指南针、印刷术是预告资产阶级社会到来的三大发明，是科学复兴的手段，是对精神发展创造必要前提的最强大的杠杆。毛泽东深刻认识到科学技术对新中国社会主义事业举足轻重的作用。他说："夺取全国胜利，这只是万里长征走完了第一步。""我国人民应该有一个远大的规划，努力改变我国在经济上和科学文化上的落后状况，迅速达到世界上的先进水平。"② 正是基于这种认识，毛泽东始终对科学技术予以特殊的重视。

1955 年，毛泽东在《不断革命》中指出："提出技术革命，就是要大家学技术、学科学……我们一定要鼓一把劲，一定要学习并且完成这个历史所赋予我们的伟大的技术革命。这个问题要在干部中议一议，开个干部大会，议一议我们还有什么本领。过去我们有本领、会打仗、会搞土改，现在仅仅有这些本领就不够了，要学新本领，要真正懂得业务，懂得科学和技术，不然就不可能领导好。"③

1956 年 1 月，毛泽东在最高国务会议的讲话中强调指出："社会主义革命的目的是解放生产力。我国人民应该有一个远大的规划，要在几十年内，努力改变我国在经济上和科学文化上的落后状况，迅速达到世界的先进水平。"同年，他在同工商界的人士谈话中又说："革命是为建设扫清道路。革命把生产关系和上层建筑加以改变……但目的不在于建立一个新的政府，一个新的生产关系，而在于发展生产。"④ 解决当前社会的主要矛盾必须靠生产力的发展。在社会主义改造完成以后，我国的主要矛盾已经是人民对于建立先进的工业国的要求同落后的农业国的现实之间的矛盾和人民对于经济文化迅速发展的需要同当前经济文化不能满足人民需要的状况之间的矛盾，解决这一矛盾，毛泽东认为，只有"用发展生产力的方法去解决"⑤。同年 8 月，在中共八大预备会议举行的第一次全体会议上，毛泽东说："你有那么多人，你有那么一块大地方，资源那么丰富，又听说搞了社会主义，据说是有优越性"，如果不在现代化建设事业上有较快的发展，就会被"开除球籍"，"中华民族就对不起全世界各民族，我们对人类的贡献就不大。"⑥ 1958 年，毛泽东在一篇文章中写道："中国经济落后，物质基础薄弱，使我们至今还处在一种被动状态，精神上感到还是受束缚，在这方面我们还没有得到解放。""如果不在今后几十年内，争取彻底改变我国经济

① 《马克思恩格斯全集》第 25 卷，人民出版社 1974 年版，第 97 页。
② 《毛泽东文集》第 7 卷，人民出版社 1999 年版，第 1—2 页。
③ 《建国以来毛泽东文稿》第 7 册，中央文献出版社 1998 年版，第 45—65 页。
④ 《毛泽东文集》第 7 卷，人民出版社 1999 年版，第 1—2、128 页。
⑤ 《毛泽东著作选读》上册，人民出版社 1986 年版，第 150 页。
⑥ 中共中央文献研究室编：《毛泽东传（1949—1976）》，中央文献出版社 2003 年版，第 523 页。

和技术远远落后于帝国主义国家的状态，挨打是不可避免的。"[1]

制定科学技术发展规划

新中国成立初期，全国科技人员不足 5 万人，其中专门从事科研工作的只有 650 人；专门的科研机构 40 多个，学科和门类的空白点很多；科研工作缺乏起码的仪器设备，科研经费微乎其微；科技整体水平比发达国家大约落后半个多世纪。为了缩小差距，适应大规模经济建设对科学技术发展提出的迫切要求，必须适时地制定中长期科技发展规划。

1956 年 2 月，国务院成立了科学规划委员会，由周恩来等负责主持制定《1956—1967 年科学技术发展远景规划纲要》（12 年规划），成为新中国科技事业标志性的重大事件。经过 787 名科学家半年多的努力，最终选定了 12 个方面 57 个重大科技项目列入规划，其中无线电、自动化、半导体和计算技术被列为"四大紧急措施"。另外，加上当时没有公开的发展原子弹和导弹研究的两项绝密任务，共六项紧急措施，构成我国发展尖端科技的关键性措施。规划为 20 世纪后半叶的中国科技发展描绘了一幅宏伟蓝图。

为制定好科技发展规划，中央调集了 600 多名科技专家，邀请了近百名苏联专家参加规划编制的实际工作。科技发展规划的最大特点是努力瞄准当代世界的新兴科学和技术，大胆采用世界先进技术。规划执行的结果大大缩短了我国科技与世界先进科技水平的差距，使我国科技整体水平已大体赶上了 40 年代的世界科技水平。在毛泽东"向科学进军""向自然界开战"号召的鼓舞下，经过全国人民的共同努力，到 1963 年，绝大多数科研项目都已提前完成，并且已经运用到生产建设中。为了进一步缩小与世界先进水平的差距，在 12 年规划的基础上，我国又制定了第二个长远规划《1963—1972 年科技规划纲要》。安排了重点科研 374 项，其中国民经济和国防建设急需的 333 项、基础研究 41 项。

通过全国科技工作者和人民群众的共同努力，《1956—1967 年科学技术发展远景规划纲要》和《1963—1972 年科学技术规划纲要》两个规划基本得到落实，科技落后的面貌有了明显改观："两弹一星"的相继试验成功，为中国争得了国际地位；地质勘探发现并成功开发了大庆油田，使中国实现了石油自给；籼性杂交水稻培育成功并应用于生产，为解决人类面临的粮食问题做出了贡献；结晶牛胰岛素人工合成的成功，使中国生物技术走在世界前列；高能物理学界提出"层子模型"的新理论，开辟了强子内部结构理论研究的新领域；陈景润攻克了世界著名数学难题"哥德巴赫猜想"中的（1＋2），被国际数学界誉为"陈

---

[1] 《毛泽东文集》第 8 卷，人民出版社 1999 年版，第 340 页。

氏定理"等。

再穷也要有一根"打狗棒"

　　毛泽东确定了向科学进军，把科学技术的发展作为中国现代化建设的关键。但当时的中国科学技术落后，科技人员匮乏，国力有限，我国的科学技术发展不可能全面铺开，必须有所侧重。毛泽东审时度势，针对我国的实际情况，为我国科技事业的发展，尤其是国防科技事业的发展，确定了"重点发展，迎头赶上"的发展战略和实施路线。"重点发展"，就是要抓住影响全局和对科学技术发展前景有重大意义的课题，集中力量打歼灭战，不要分散精力和力量；"迎头赶上"，就是要尽量瞄准当代世界的新兴科学和技术，尽量采用世界先进科技成就，加快我国科学技术发展步伐，走捷径赶上去。发展尖端技术，我们国家就采取了"重点发展，迎头赶上"的发展战略。所谓尖端技术，当时主要是指原子弹、导弹技术。这样一来，我国在极端困难的条件下，集中人力、物力和财力，在较短的时间内攻克了"两弹一星"等尖端技术。不仅增强了我国自身的国防力量，有效地维护了世界和平，增加了制止核战争的因素，而且带动了核技术的不断开拓与深化发展，为使国防科学技术为国民经济建设服务奠定了良好的基础。

　　毛泽东在设计中国未来国家定位时，一直锁定在"大国""社会主义现代化强国"。什么叫"大国""强国"？40年后，邓小平有个解释，就是中国必须有现代化的国防，"必须在世界高科技领域占一席地位"，"你说的话人家要听"。他说："如果60年代以来中国没有原子弹、氢弹，没有发射卫星，中国就不叫有影响的大国，就没有现在这样的国际地位。这些东西反映了一个民族的能力，也是一个民族、一个国家兴旺发达的标志。"[1] 毛泽东说"还有那个原子弹，听说就这么大一个东西，没有那个东西，人家就说你不算数"[2]。"在今天的世界上，我们要不受人家欺负，就不能没有这个东西。"[3] 毛泽东把中国科学技术发展的突破口选在"两弹一星"为代表的高新科技领域，得到了许多老一辈革命家的高度认同。张爱萍将军向科技人员强调："再穷也要有一根打狗棒。"[4] 他们敏锐地抓住了第三次科技革命浪潮，并以此作为中国现代化事业跨越式发展的机遇。1955年1月，中共中央召开书记处会议，决定研制核武器发展原子能事业。1956年5月，中央军委根据聂荣臻的报告，作出发展导弹的决定。50年代末期，毛泽东就发出了"我们也要搞人造卫星"的号召。

　　① 《邓小平文选》第3卷，人民出版社1993年版，第279页。
　　② 《毛泽东军事文集》第6卷，军事科学出版社、中央文献出版社1993年版，第374页。
　　③ 《毛泽东文集》第7卷，人民出版社1999年版，第27页。
　　④ 陈建新等：《当代中国科学技术发展史》，湖北教育出版社1994年版。

"自力更生" 发展科技

1945 年 8 月，毛泽东在分析抗日战争胜利后的时局和我们的方针时明确指出："我们的方针要放在什么基点上？放在自己力量的基点上，叫做自力更生。""只有自力更生，自立自强，自己有办法，自己立于不败之地，然后国际与国内各方助我力量，方能发生作用。"① "各国应根据自己国家的特点决定方针、政策，把马克思主义同本国特点结合起来"，"照抄别国的经验是要吃亏的，照抄是一定会上当的。这是一条重要的国际经验"。②

1954 年 6 月 14 日，毛泽东在中央人民政府委员会第 30 次会议上描述："现在我们能造什么？能造桌子椅子，能造茶碗茶壶，能种粮食，还能磨成面粉，还能造纸，但是，一辆汽车、一架飞机、一辆坦克、一辆拖拉机都不能造。"③ 在如此落后的基础上，如何搞经济建设、发展科技事业呢？毛泽东认为："就自然科学技术本身来说，是没有阶级性的"④，因此能够在世界各国各地进行传播和转移。而每个国家和民族都有各自的长处和不足，应该相互学习，彼此借鉴，取长补短。历史经验表明，经济技术落后的国家，在独立自主发展科学技术的同时，学习和引进已经成熟的国外先进的科技成果，并加以消化、吸收，往往是发展科技、振兴经济的一条捷径。它花费的代价较小，而且可以逐步缩小同先进国家之间的差距。

20 世纪 50 年代中期，苏联社会主义建设中的缺点和错误暴露后，结合中国自己建设道路的探索，毛泽东开始思考科技的自立问题，提出发展中国科技还是要以自己的东西为主。因为任何国际合作都是有条件的，有保留的；靠外国，危险得很，打起仗来更加危险。毛泽东提出："我们这些国家，要以自力更生为主，争取外援为辅。对外援要争取，但哪个为主，要考虑。自力更生好办事，主动。"⑤ 毛泽东就具体学习和引进先进技术的过程，提出了一些具体的指导原则："我们提出向外国学习的口号，我想是提得对的"，"但是，必须有分析有批判地学，不能盲目地学，不能一切照抄，机械搬用。他们的短处、缺点，当然不要学"。我们要学习世界上所有国家有益的东西，只学一个国家就单调了，不利于我们的发展，不利于克服缺点。"不但在第一个五年计划期间要向人家学习，就是在几十个五年计划之后，还应当向人家学习。一万年都要学习嘛！这有什么不好呢？"要结合实际，注意消化、吸收和创新。所引进的技术设备即使

① 《毛泽东文集》第 4 卷，人民出版社 1996 年版，第 1132、153 页。
② 《毛泽东文集》第 7 卷，人民出版社 1999 年版，第 64 页。
③ 《毛泽东文集》第 6 卷，人民出版社 1999 年版，第 329 页。
④ 徐祥运：《论毛泽东关于科学技术的理论及其实践》，《青岛科技大学学报（社会科学版）》2003 年第 4 期。
⑤ 《建国以来毛泽东文稿》第 6 册，人民出版社 1992 年版，第 193 页。

是最先进的，也必须符合中国国情，能增强我们的自主创新能力。①

新中国成立初期，毛泽东等老一辈革命家就清醒地认识到，依靠引进是建不成国防体系的现代化的。首先，新中国财力有限，不可能拿出更多的钱来购买国防技术和装备。其次，即使我们有足够的财力，发达国家也不可能将国防尖端技术和装备卖给我们。中国近代洋务运动的教训是非常惨痛的。再次，如过多地依靠引进，还会造成国防科技对国外技术的过分依赖，容易受制于人，一旦国家需要应对必要的危机，就有可能陷入被动，给国防安全留下重大的隐患。毛泽东坚定地指出：我军武器装备必须立足国内研制和生产。要依靠自己的力量发展国防科技，这样才能将祖国发展与安全的命运掌握在自己手中。因此，即使在 20 世纪 50 年代有苏联援助，毛泽东也一再提醒：一定要坚持自力更生。既不要放松对先进科技的学习，也不要无限依赖苏联专家，要充分发挥我国科技人员的积极性，提高自己的设计能力和设备制造能力，自己动手制造有关设备、元件。正因为始终把依靠自己的力量作为基点，当 60 年代初苏联毁约、停援，搞突然袭击，我们才做到处乱不惊，沉着应对，及时调整部署，战胜了困难。

大兵团作战经验的运用

由于我国当时技术力量和各种条件有限，国防尖端科学技术又具有综合性、复杂性，精密程度要求高等特点，所以更需要集中力量，突破重点。聂荣臻长期追随毛泽东转战南北，深得毛泽东军事思想的精华，在领导中国的科技工作时，他巧妙地将毛泽东的军事思想运用于中国的科技发展事业，提出集中力量、协同攻关，重点突破的方针。他多次指出："科技工作中的方针大计，最重要的一条，就是根据国家的经济发展和可能条件，全面协调分工，集中使用力量。"②他提出的原子能攻关方案、首先得到了周恩来的支持，并报告了毛泽东。毛泽东亲笔批示："要大力协同，做好这件工作。"1962 年 7 月，在一次会议上，聂荣臻又具体指示："为了突破一些重要关键项目，可考虑选择广将有关这方面的技术人员集中起来"③，组成科技主力兵团，将全局的分散劣势，集中起来形成局部的相对优势。事实证明，这个举措非常正确。

毛泽东正是借鉴战争年代集中优势兵力打歼灭战的成功经验，提出把有限的人力、物力、财力集中起来，形成拳头，由全局劣势变为局部优势。由于力量集中，措施有力，我国国防尖端技术得以在较短的时间内取得了令全世界为

① 参见《毛泽东文集》第 7 卷，人民出版社 1999 年版，第 44 页。
② 《聂荣臻同志和科技工作》，光明日报出版社 1995 年版，第 123 页。
③ 冉志：《论毛泽东、聂荣臻等第一代中央领导集体的科技战略思想》，《西南民族大学学报（人文社科版）》2004 年第 25 卷第 5 期。

之惊叹的成就。20 世纪 60 年代初，苏联撤走专家时曾断言：中国 20 年也搞不出原子弹。然而事实却给了他们强有力的回击。1964 年 10 月 16 日中国就成功地爆炸了第一颗原子弹。此后，我国的氢弹、火箭、近程导弹、同步通讯设备、"长征"运载火箭，一颗接一颗直上云天。中国接连创造的奇迹，打破了美、苏等超级大国独享尖端科技、威慑世界的霸权主义格局，也让世界重新认识了中国。钱学森认为："这是把四十年代后期中国人民解放军大兵团作战的成功经验运用到现代化大科学工作上来"的成功范例。①

发展科学的必由之路

　　毛泽东在总结科技发展的历史经验和客观分析我国科技发展的现实状况的基础上，提出了发展科学技术的"百家争鸣"方针。毛泽东认为，科学技术本身是没有阶级性的，科学上的不同学派可以自由争论，反对用行政手段强制推行一种学派而压制另一种学派。因为真理是一个过程，是在同谬误的不断深入斗争中发展起来的，是从相对走向绝对的。科学中的是非问题，应当通过科学界的自由讨论去解决，通过科学实验去解决。人们"通过实践而发现真理，又通过实践而证实真理和发展真理"②。

　　毛泽东说："百家争鸣，这是两千年以前就有的事，春秋战国时代，百家争鸣。"③ 春秋战国时代社会动荡，学术方面的"百家争鸣"是自发的而没有有意识的统一领导，成为中国古代历史上学术发展的黄金时代。毛泽东把百家争鸣作为中国共产党发展科学文化的根本政策，是中国共产党有意识的政治领导。毛泽东指出，"百家争鸣是一种发展科学的方法"④，"是党领导学术研究的马克思列宁主义的方法"。⑤ 1953 年毛泽东指出，历史研究工作要坚持"百家争鸣"的方针。1956 年 4 月 28 日，毛泽东《在中共中央政治局扩大会议上的总结讲话》中提出："艺术问题上的百花齐放，学术问题上的百家争鸣，我看应该成为我们的方针。"⑥ 获得中共中央政治局扩大会议的赞同后，1956 年 5 月 2 日，毛泽东在最高国务会议第七次会议上明确宣布，中共中央把"百花齐放、百家争鸣"作为发展科学文化的方针。1956 年 5 月 26 日，中共中央宣传部部长陆定一向 2000 名自然科学家、社会科学家、医学家、文学家、艺术家作了题为《百花齐放，百家争鸣》的讲话，全面阐述了"百花齐放，百家争鸣"思想。会后，

---

　　① 参见《国防科技事业的伟大奠基者——深切缅怀聂荣臻元帅》，《人民日报》1992 年 5 月 29 日。
　　② 《毛泽东选集》第 1 卷，人民出版社 1991 年版，第 296 页。
　　③ 《毛泽东文集》第 7 卷，人民出版社 1999 年版，第 54—55 页。
　　④ 参见方志辉：《百家争鸣是一种发展科学的方法——浅谈毛泽东科技思想与农业科学发展》，《农业科技管理》1994 年第 1 期。
　　⑤ 《建国以来重要文献选编》第 14 册，中央文献出版社 1997 年版，第 561 页。
　　⑥ 《毛泽东文集》第 7 卷，人民出版社 1999 年版，第 54 页。

陆定一将讲话稿送毛泽东审阅、批准，发表于 1956 年 6 月 13 日《人民日报》，向全社会宣布百家争鸣的科学发展方针。1957 年 2 月 27 日、3 月 12 日，毛泽东在《关于正确处理人民内部矛盾的问题》和《在中国共产党全国宣传工作会议上的讲话》中，结合人民内部矛盾问题，系统地论述了"百花齐放，百家争鸣"的方针，奠定了至今仍然被作为党的科技方针的基本内容。

在百家争鸣方针的推动下，由中宣部科学处、中国科学院同高等教育部，认真研究了遗传学的有关问题及在我国遗传学界具体贯彻百家争鸣方针的步骤，决定于 1956 年 8 月，由中国科学院和高等教育部共同主持，在青岛召开遗传学座谈会，有 130 人参加，56 人发言，会议气氛热烈。当时的中宣部科学处处长于光远作了两次发言，他针对遗传学两派之间的严重不正常状态，宣传了党的百家争鸣的方针和政策，阐述了区分学术问题和政治问题的重要性，强调学术工作要尊重科学事实，学术上的不同见解要通过自由讨论和科学实践去解决。一时解决不了的问题可以等待，不要急于作结论，以及在展开自由争论时要吸取对方的长处。他的发言进一步解除了与会者的思想顾虑，活跃了会场的学术空气。大家都做到了摆事实讲道理，各抒己见，畅所欲言，第一次打破了几年来在我国遗传学界形成的"一家独鸣"的僵硬局面。青岛遗传学座谈会对我国整个学术界贯彻百家争鸣方针起了推动作用，使科学家们解除了顾虑，敢于把不同的见解发表出来。这个座谈会还向学术界表明，即使像遗传学界存在着这个如此对立的两大派，只有认真贯彻百家争鸣的方针，也可以创造出良好的自由讨论的气氛。百家争鸣方针通过青岛遗传学座谈会的典型示范，显示了巨大的威力，鼓舞着我国广大科学工作者发挥积极性和主动性，敢于追求和坚持科学真理而独立思考，从而有利于深入探讨科学问题，促进学术的繁荣和科学的进步。

这个时期，毛泽东十分注重遗传学界的情况。1957 年 4 月 29 日，《光明日报》刊登了北京大学遗传学家李汝祺教授的《从遗传学谈百家争鸣》一文，畅谈了他参加青岛遗传学座谈会后的收获和意见。毛泽东很赞赏这篇文章，4 月 30 日，他写信给胡乔木："此篇有用，请在《人民日报》上转载。"并亲自代《人民日报》拟了一个按语："本报编者按：这篇文章载在 4 月 29 日的《光明日报》，我们将原题改为副题，替作者换了一个肯定的题目，表示我们赞成这篇文章。我们欢迎对错误彻底的批判（一切真正错误的思想和措施都应批判干净），同时提出恰当的建设性意见来。"[1] 毛泽东替作者换上的题目是："发展科学的必由之路"。这个简明而精辟的论断，是对百家争鸣方针的理论阐述。

① 龚育之、逄先知、石仲泉：《毛泽东的读书生活》，中央文献出版社 2003 年版，第 80 页。

不懂科学的领导是空头政治家

新中国成立以后，毛泽东在领导生产建设的实践中，逐渐认识到了科学技术在经济建设中的关键作用，特别是感受到各级领导干部必须迅速提高自身的科技文化水平，否则很难适应形势的发展。

毛泽东亲自带头学科学、用科学。新中国成立后，繁重的经济恢复，复杂的社会改造和大规模的经济建设任务的开展，迫使毛泽东加紧学习科技知识，更好地探索经济建设规律。为了弥补自己知识结构的不足，他尽可能地了解世界科技思想的大概和当代科技的最新发展，广泛涉猎近现代自然科学和技术的许多领域，包括数、理、化、天、地、生、土壤学、农学、人类学、医学、科技史、水利、冶金、机床制造、核能、火箭、航空、航天等，"而对生命科学、天文学、物理学、土壤学最有兴趣"。① 1951 年 4 月，毛泽东曾经对旧友说："我很想请两三年假学习自然科学，可惜，可能不容许我有这样长的假期。"②

毛泽东特别重视中央高层领导科技素质的提高，曾提出建立"科学中央"的设想。1956 年 9 月，在党的八大一次预备会议上，他提出："现在的中央委员会，我看还是一个政治中央委员会，还不是科学中央委员会。"毛泽东"科学中央"设想的远期目标，就是使中央成为"科学委员会"，即组成以坚持马克思主义的科学家为主体的中央委员会。当然，社会主义国家的中央领导必须把马克思主义放在自己知识构成的主导地位，做到政治和经济的统一、政治和技术的统一，又红又专。另外，在科学技术飞速发展的时代，中央领导又必须知识渊博，文、史、哲、天、地、生、财、经、法等领域的基本知识和一般规律，都要有所涉猎，有所了解，具有一定的知识厚度。"政治家要懂些业务。懂得太多有困难，懂得太少也不行，一定要懂得一些。不懂得实际的是假红，是空头政治家。要把政治和技术结合起来。"③

毛泽东倡导各级领导干部都要学科学、学技术。进行经济建设，推进科技进步，党的领导是关键。1958 年初，毛泽东要求全党工作重点转移到技术革命上来时说："提出技术革命，就是要大家学技术，学科学。""过去我们有本领，会打仗，会搞土改，现在仅仅有这些本领就不够了，要学新本领，要真正懂得业务，懂得科学和技术，不然就不可能领导好。"④ 毛泽东确信，学习科学技术，坚持科学实验，是共产党人破除迷信，解放思想，推动社会进步的巨大精神力量。

① 龚育之、逄先知、石仲泉：《毛泽东的读书生活》，中央文献出版社 2003 年版，第 4 页。
② 龚育之、逄先知、石仲泉：《毛泽东的读书生活》，中央文献出版社 2003 年版，第 4 页。
③《毛泽东文集》第 7 卷，人民出版社 1999 年版，第 102、352 页。
④《毛泽东文集》第 7 卷，人民出版社 1999 年版，第 350 页。

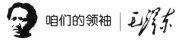

制定政策要符合国情

政策是客观实际的反映。制定政策必须以客观实际作为根本依据。只有从实际出发，实事求是制定出来的政策，才能落到实处，产生良好的效果。毛泽东对此深有体会，他强调："实际政策的决定，一定要根据具体情况。"① 这就决定了我国科技政策的制定和规划必须充分考虑国际国内的时代背景和各种条件，必须符合中国的国情。

从国际方面来看，第二次世界大战后，以原子能技术、空间技术等为代表的第三次科技革命开始兴起，为新中国的科技发展提供了难得的机遇。毛泽东审时度势，下决心抓住机遇，制定科学政策，加快发展我国的科技事业。从国内情况来看，新中国继承的是一个千疮百孔的烂摊子。用毛泽东的话来说就是一穷二白，"'穷'就是没有多少工业，农业也不发达。'白'，就是一张白纸，文化水平、科学水平都不高"。但是，毛泽东从未因此而气馁，而是以辩证的眼光看待这一现状，认为这何尝就不是优点呢？他说："我们是一张白纸，正好写字。"② 问题的关键是我们如何才能在这张白纸上写出大手笔呢？我们如何在极其薄弱的基础上实现科技赶超战略呢？毛泽东指出："我们不能走世界各国技术发展的老路，跟在别人后面一步一步地爬行，我们必须打破常规，尽量采用先进技术，在一个不太长的历史时期内，把我国建设成为一个社会主义的现代化的强国。"③

正是基于对国际国内情况的科学判断，毛泽东、党中央制定了一系列比较符合当时我国国情的科技政策，并在实践中发挥了重要作用，取得了重大成就。

集中优势兵力打好科学攻坚战

毛泽东时期我国在科技领域成果累累。原子弹研制成功，有效威慑了敌对势力的种种挑衅；"东方红"升空是中国涉足太空领域发展的开端；核潜艇下水提升了海军整体作战实力。民生方面毛泽东也格外重视，"八字宪法"着力打造现代农业；维护和发展中国医药学等。社会主义建设时期，中国科学技术事业发展迅速，取得了一系列的重大成果。

我们国家也要发展原子能

对于千千万万的普通人来说，对原子能的认识，是从二战结束之际的广岛开始的。1945 年 8 月 6 日，美国在日本广岛投下了一颗原子弹。8 月 9 日，又在

① 《毛泽东文集》第 1 卷，人民出版社 1993 年版，第 254 页。
② 《毛泽东文集》第 7 卷，人民出版社 1999 年版，第 44 页。
③ 《毛泽东著作选读》下册，人民出版社 1986 年版，第 849 页。

日本长崎投下了第二颗原子弹。原子弹使两座城市化为废墟，成千上万的生灵瞬间丧命。遮天盖地的蘑菇状烟云加速了第二次世界大战的结束，但同时也使原子弹成为帝国主义对爱好和平人民进行讹诈的"王牌"，世界从此拉开了核军备竞赛的序幕。

1945年7月24日，在波茨坦会议休息时，美国新上任的总统杜鲁门对斯大林说："我们有一种新型的炸弹，破坏力不同一般。"斯大林听到后似乎漫不经心，而且好像还有点高兴。其实，美国人哪里知道，就在那个晚上，这个苏联的统帅已经给莫斯科发了电报，下令加快原子弹研制的速度。时隔4年之后的1949年8月29日，苏联爆炸了第一颗原子弹。紧随其后，英国于1952年10月3日进行了第一次核爆炸，美国于1952年10月31日进行了第一次氢弹试验，苏联于1953年8月12日爆炸了第一颗氢弹。

刚刚从战争废墟中站起来的新中国，需要的是一个和平的建设环境，然而，帝国主义不甘心其侵略政策在中国的彻底失败，他们一方面在经济技术上对新中国实行全面封锁，企图从经济基础上挤垮中国；另一方面依仗手中的核武器，横行霸道，企图在军事上吓倒中国。1950年6月，美国发动了侵略朝鲜的战争，并且不顾中国政府的严重警告，把战火烧到中朝边境的鸭绿江边。同年6月27日，美国又悍然宣布派第七舰队侵入台湾海峡，武装侵略中国领土台湾。美国有的好战分子甚至叫嚣要对中国发动核战争，进行核恐吓。

面对美帝国主义的侵略嘴脸，中国人民从来都是不畏强暴，敢于斗争，敢于胜利。中国人民深深懂得，要反对核战争，粉碎核讹诈，保卫祖国安全，维护世界和平，中国就一定要有强大的国防，一定要有自己的核武器。1950年5月，中科院近代物理研究所组建，钱三强担任副所长并于第二年接任所长。1953年底，近代物理研究所改名为物理研究所。从此，新中国的核科学家们有了自己专门从事原子核物理和放射化学研究的机构。就在我国领导人和科学家筹划研究建设我国核工业研制核武器之际，我国地质部门首次发现了铀矿资源，引起毛泽东和周恩来等中央领导人的高度重视。铀是实现核裂变反应的主要物质。有没有铀资源，是能不能自力更生发展核工业的一个重要前提。

1954年，地质部在综合找矿中，第一次在广西发现了铀矿资源的苗头。国务院第三办公室副主任、地质部副部长刘杰等，向毛泽东、周恩来作了汇报。毛泽东详细地询问了勘探情况，并一定要亲自看一看铀矿石。刘杰等选配了铀矿石标本送到毛泽东的办公室。毛泽东看了显得很兴奋，一边用探测器测量着矿石，一边对汇报的人说："我们的矿石还有很多没被发现嘛！我们很有希望，要找！一定会发现大量铀矿。""我们有丰富的矿物资源，我们国家也要发展原子能。"①

---

① 聂文婷：《中国创建和发展原子能事业的历史考察》，《军事史林》2012年第2期。

1955 年 1 月 15 日，毛泽东在中南海主持召开中共中央书记处扩大会议，听取李四光、钱三强、刘杰等关于核反应堆和原子弹的原理，以及我国核科学研究情况的汇报，专门讨论中国发展原子能事业问题。出席会议的有刘少奇、周恩来、朱德、陈云、彭真、邓小平、彭德怀、李富春、薄一波等。

毛泽东微笑着对钱三强和李四光说："今天，我们这些人当小学生，就原子能的有关问题，请你们来上一课。"

钱三强把带来的像沥青一样发着暗光的铀矿石和仪器摆在会议桌上，他指着铀矿石说："这是一块天然的石头，里边含有放射性很强的物质，这是发展原子能必不可少的。但是，这里边需要的东西含量极少，而且提纯它，要有很复杂的技术和设备，要经过熔解、蒸发、分离等复杂程序。当年，居里夫人花了近四年时间，从几十吨这样的铀矿废渣中，才提炼出十分之一克的纯铀。也就是从这个时候起，铀这种物质，就正式存在了。居里夫人因此获得了诺贝尔奖。"

对铀矿作了简要说明之后，钱三强开始进行现场演示。他用一个自制的盖革计数器，接通电源，慢慢靠近桌上的黑石头，扬声器里开始发出"咯啦，咯啦"的响声，表示收到了由黑石头放射出的射线；当把计数器移远了以后，响声就停止了。这时，钱三强在自己口袋里藏了一小点放射源，慢慢地朝着盖革计数器走过去，突然间，又响起了"咯啦，咯啦"的声音。大家觉得奇妙！钱三强从口袋里掏出放射源说："就是这玩意儿。这点放射源，是我回国时，约里奥·居里夫人送的。"会场又是一片笑声。

接着，钱三强又简要地介绍了世界原子能发展状况和我国的发展现状。他说："中国的原子能科研工作，是新中国成立后白手起家开始的，几年的努力，只能说是打下了一点基础，最可贵的是集中了一批人，水平并不弱于别的国家，还有些人正在争取回来。他们对发展中国的原子能事业，有极大的积极性，充满信心。"

毛泽东听完汇报后很高兴，他点燃了一支香烟后开始作总结说："关于原子弹，我过去讲过一些话，在延安的时候就讲过，全世界都知道我的观点——原子弹是纸老虎。外国记者把它翻译成拍拍—太根儿（PaparTiger）。我第一次讲这话是 1946 年 8 月 6 日，美国记者斯特朗在延安杨家岭窑洞前采访我，马海德大夫和陆定一陪同。那时候，美国大搞原子弹试验，搞心理战，报纸上把原子弹吹嘘得神乎其神。与此同时，蒋介石依着美国撑腰，以围攻中原解放区为起点，向各个解放区发动全面进攻，口出狂言，要在三个月内消灭共产党军队。气焰嚣张得狠嘞！就在这个情况下，斯特朗问我：如果美国使用原子弹呢？我说：原子弹是美国反动派用来吓唬人的一只纸老虎，看样子可怕，实际上并不可怕。当然，原子弹是一种大规模屠杀的武器。但是决定战争胜败的是人民，而不是一两件新式武器。我的话是一种形象的比喻，是从战略上考虑的，是针对把原子弹吹得神乎其神，用它来吓唬善良的人们而说的。从主观愿望说，我们不愿意有原子弹。我们反对使用原子弹。但是，我们今天讨论的问题，是反对原子弹的另一个方面。正如一位外国朋友提示我们的：要反对原子弹，必须掌握原子弹。掌握了它，就能打掉嚣张气焰。"

毛泽东吸了口烟接着说："今天听了好多情况。我们的国家，现在已经知道有铀矿，进一步勘探，一定会找出更多的铀矿来。解放以来，我们也训练了一些人，科学研究也有了一定的基础，创造了一定的条件。过去几年，其他事情很多，还来不及抓这件事。"说到这，毛泽东又停了下来，吸了一口烟，稍作思考，语气坚定地说："这件事总是要抓的。现在到时候了，该抓了。只要排上日程，认真抓一下，一定可以搞起来。"

大家屏息听着，认真地做着记录。"你们看怎么样？"毛泽东看看在座的各位，接着说："现在苏联对我们援助，我们一定要搞好。我们自己干，也一定能干好！我们只要有人，又有资源，什么奇迹都可以创造出来的。"大家热烈鼓掌，一致赞成毛泽东的意见。这次会议，党中央正式做出了发展原子能事业的战略决策。这是一次对核工业具有重大历史意义的会议。它标志着中国核工业建设的开始。①

1955 年 7 月，中共中央决定由陈云、聂荣臻、薄一波组成三人领导小组。1956 年 7 月 28 日，周恩来向中共中央提出报告，建议国务院成立原子能工业部，并对我国原子能事业如何解决建设速度、投资、技术干部等问题提出了具体的意见。同年 11 月，原子能工业部——第三机械工业部（1958 年以后改名为第二机械工业部）正式成立，由宋任穷任部长，刘杰、袁成隆、刘伟、钱三强、雷荣天任副部长，具体负责我国原子能事业的建设和发展工作。同时，在中国科学院系统，为加快发展核技术，还成立了分别以李四光和吴有训为主任的原子能科学委员会和原子科学委员会同位素应用委员会。根据中央关于要"迅速地建立和加强必要的研究机构"的指示，到 1958 年夏，原子能研究所需的反应堆和回旋加速器等设备建成，原物理研究所改名为中国科学院原子能研究所。9月，原子能研究所建立了我国第一个比较完整的综合性核科学技术研究基地。随后，又相继建立了铀矿地址、铀矿选址、核武器等专业性研究机构。

正当我国科技工作者信心十足地创建中国的原子能事业时，1959 年 6 月，苏联政府单方面撕毁了关于援助中国和平利用原子能的协定；1960 年 8 月，苏方撤走全部专家，并带走了重要的图纸资料，停止供应设备材料，给正在建设的中国核工业造成了巨大的损失和严重的困难。有些外国人认为这是一个"毁

---

① 参见张树德：《毛泽东与共和国重大决策纪实》，湖北人民出版社 2009 年版，第 127—131 页。

灭性的打击"，断言中国"20 年也搞不出原子弹来"。在困难面前，毛泽东和党中央果断作出国防尖端不是下马而是继续上马的决策。我国尖端科技界更加发奋、努力地工作。到 1962 年上半年，我国的核工业建设和核武器的研制取得了很大的进展。

1962 年 8 月，第二机械工业部党组提出了争取 1964 年，最迟 1965 年进行第一颗原子弹试验的规划。10 月 30 日，中国人民解放军总参谋长罗瑞卿专门就这一规划向毛泽东、中共中央呈送了一份报告，建议中共中央成立专门委员会，以便从更高的层次加强对尖端事业的领导。11 月 3 日，毛泽东批示：很好，照办。要大力协同做好这件工作。11 月 17 日，在中共中央的直接领导下中央专门委员会正式成立，由 15 人组成。主任周恩来，成员有贺龙、李富春、李先念、薄一波、陆定一、聂荣臻、罗瑞卿、赵尔陆、张爱萍、王鹤寿、刘杰、孙志远、段君毅、高扬。由 1 位总理、7 位副总理、7 位部长，组成了中国原子能事业的领导核心。

第一颗原子弹爆炸成功

1963 年 12 月 5 日，当我国第一颗原子弹的研制工作接近过关时，周恩来主持召开了第七次专委会议，讨论第一颗原子弹试验的工作安排。1963 年 12 月 24 日，在西北的核武器研制基地成功地进行了聚合爆炸出中子试验。不久，铀浓缩厂在攻克了一个又一个技术难关后，也于 1964 年 1 月 14 日拿到了可以作为原子弹装料的合格的高浓铀产品。毛泽东和周恩来接到报告后，非常高兴。毛泽东充分肯定了科研、生产战线同志们的成绩。周恩来批示："请转告刘杰同志，庆贺他们提前完成关键性生产和解决了关键性的技术试验，仍望他们积极谨慎，坚持不懈地继续完成今后各项任务。"此后，核燃料的生产和核武器的研制进展更加顺利。到 9 月，除气象、爆炸时间等问题外，爆炸试验的技术问题已基本解决。

1964 年 10 月 16 日 15 时，中国西部一声巨响，光球光芒四射，随即向空中升腾翻滚，变成一片巨大的蘑菇云。原子弹爆炸的这天，周恩来、贺龙、聂荣臻等人坐镇北京，亲自守候在连接试验现场的电话机旁，听着现场的指挥口令和倒计时的声音。毛泽东和刘少奇等人也各自在办公室密切关注着这次试验。当晚 22 时，周恩来在人民大会堂向音乐舞蹈史诗《东方红》的 3000 名演职人员宣布了这个喜讯："今天正式开会前，主席让我告诉大家一个好消息……但是我要提三个要求：第一，大家不要跳，大会堂的楼板会承受不住的。第二，大家不要高呼口号，我的耳朵会受不了的。第三，注意维护会场秩序。……今天，我国西部爆炸了第一颗原子弹……"可是，总理的话音刚落，3000 多人的现场也像丢了颗大炸弹，全场发出巨大的欢呼声，有人开始蹦跳起来，接着更多的人也跳动起来，人们像起伏的浪头不断涌动，欢呼声似巨响的浪潮在大厅里发出轰鸣……总理见人们的情绪失去了控制，不由得着急起来，他两臂不停地做往下压的动作，对着话筒大声喊："同志们，不要跳，不要跳，再跳楼板就要塌了，我再说一遍，大家不要跳！"虽然原子弹爆炸场面在万里之外的大西北，但是在场所有人的心灵都感受到了它强烈的冲击波和震撼力。这是我们中国人期待了一个多世纪的"蘑菇云"！也是一代又一代中华民族侧耳凝听的惊雷！随后，中央人民广播电台正式向国内外播出了我国首次核试验成功的新闻公报和中国政府对于核武器问题的立场。当夜，人民解放军的卡车在北京到处转，散发一页纸的《人民日报》号外，它以 7.6 厘米高的红色字体宣布了这个消息。第二天，每个店铺的窗户里都有一块牌子：原子弹爆炸成功。

"东方红"响彻太空

国防科委是在党中央和中央军委领导下，组织领导我国国防科学尖端技术研究的领导机关。在毛泽东等老一辈无产阶级革命家的亲切关怀下，在聂荣臻元帅的直接领导下，国防科技事业取得了巨大的成就：近程导弹、中程导弹相继研制成功，第一颗原子弹爆炸成功，成功进行了导弹核武器试验，第一颗氢弹成功爆炸……这些举世瞩目的成就，振奋了民族精神，增强了我国的国防实力，提高了我国在国际上的地位。但国防科委还有一个门槛要迈过，那就是我们要有自己的人造卫星。

早在 50 年代末期，毛泽东就发出了"我们也要搞人造卫星"[①] 的号召。从此，我国的科学家们就为之辛勤工作。要发射卫星，首先需要发射场地。第一个导弹卫星发射场是在大西北建设的。那里是"天上无飞鸟，地上不长草，千里无人烟，风吹石头跑"的戈壁滩。冬天漫长，寒风刺骨，最低气温零下 34℃左右；夏季酷热难当，最高气温达 41℃以上。最大年温差在 50℃上下，最大日温差近 29℃。位于晋西北高原的试验基地，虽属内地，却是闻名全国的贫困地区和高寒地区之一。这里峡谷纵横，土地贫瘠，干燥少雨，有冬无夏，春秋相连；中外闻名的四川西昌卫星发射基地更是山高水险，路隘林深。"天是罗帐地是床，安宁河边扎营房，三块石头架口锅，野菜盐巴下干粮"，真实地反映了当时艰苦生活的情景。面对恶劣的环境和艰苦的生活，建设者们历尽千辛万苦，战胜重重困难，终于建成了一个个新的试验场区和测控点站，为卫星发射奠定了良好的基础。

1970 年 4 月 24 日，经毛泽东批准，我国第一颗"东方红"人造卫星发射成

---

① 罗元发：《毛泽东批准发射"东方红"卫星——加快中国第一颗人造卫星发射成功》，《福建党史月刊》2008 年 11 月。

功，试验场地欢声雷动，嘹亮的《东方红》乐曲响彻太空，全国人民和海外炎黄子孙无不为此感到光荣和自豪。《人民日报》《解放军报》联合发出喜报，举国上下一片欢腾。全国人民翘首喜观中国人自己研制的卫星，闪烁着明亮的光辉在夜空中运行。世界为之震惊！

"核潜艇一万年也要搞出来"

　　1953年2月，毛泽东在乘军舰沿长江考察时，应海军将士们的请求，挥毫为5艘舰艇写下了内容相同的题词："为了反对帝国主义的侵略，我们一定要建立强大的海军。"① 毛泽东这次视察乘坐的"长江"号和"洛阳"号军舰，一艘是江南造船厂制造的，不足400吨；另一艘是日本制造的，不足1000吨，而且仍以煤和柴油作动力。军舰航行在浩瀚的长江里，显得太渺小了。精通历史的毛泽东对舰上的官兵讲述了中国近代史上的一段惨痛历史：近代的中国有海无防，帝国主义从海上破门而入，侵略我们国家。从1840年鸦片战争起一百多年里，帝国主义列强80多次入侵，每次都从海上来。他们从旅顺、辽东湾，从塘沽、渤海湾，从烟台、青岛胶州湾，从海口，从雷州半岛，从钦州湾，由北到南的所有海口闯进中国。一部中国近代史，几乎就是列强海上入侵史。毛泽东列举了帝国主义从海上侵略我国的罪行，又怒斥封建统治阶级的腐败无能：晚清封建统治阶级，重陆轻海，畏敌如虎。先是禁海，等帝国主义打进来了，就投降。"量中华之物力，结与国之欢心。"② 在炮口威逼下，被迫签订了几百个不平等条约，割地赔款，丧权辱国。毛泽东越说越气愤，为了使自己平静一下，他沉思了片刻说：所有这一切惨痛的历史教训，都告诉我们，今后帝国主义侵略我国，也会从海上来。现在，太平洋还不太平。毛泽东看着朝气蓬勃的青年水兵们，精神振奋，满怀期望地号召，"中国人民一定要建设一支强大的海军。"③

　　1950年10月26日，毛泽东批准了关于海军建设的3年计划。在国民经济恢复时期，抗美援朝战争刚刚开始、国家财政十分困难的情况下，毛泽东同意拨出一定的经费购买部分急需的装备和器材。④ 1953年6月4日，中苏两国政府签订了《关于海军订货和在建造军舰方面给予中国以技术援助的协定》，中国向苏联购买5种型号的舰艇及其制造权。1958年6月29日，在中共中央军委扩大会议小组长座谈会上，毛泽东明确提出："海军发展值得研究……十年搞五十万

---

① 《毛泽东在"南昌"舰上为人民海军题词》，《百年潮》2009年第3期。
② 徐凤晨、赵矢元：《中国近代史》，辽宁人民出版社1982年版，第474页。
③ 《建国以来毛泽东军事文稿》中卷，军事科学出版社、中央文献出版社2010年版，第239页。
④ 参见《周恩来军事文选》第4卷，人民出版社1997年版，第80—81页。

吨位，这太少，最少搞一百万吨位。"① 到 1960 年，海军舰艇在转让制造的基础上进入全面仿制阶段，并开始了中国舰船的自主科学研究。到 70 年代初，中国先后研制成功攻击型核潜艇、导弹驱逐舰、导弹护卫舰、新型常规动力潜艇、鱼雷和导弹快艇以及布雷、排雷艇等一批新型舰艇，大大增强了海军的战斗力。

在海军舰艇研制和建设过程中，核潜艇是最引外国人注目的，当然，也是毛泽东和我国科技人员付出最多的项目。1954 年 1 月 21 日，美国"鹦鹉螺"号核潜艇下水，这是人类历史上第一艘以核燃料作为动力的潜艇。随后，苏联、法国、英国也相继拥有了自己的核潜艇。世界核潜艇发展非常迅速，美国宣布从 1955 年起每年平均建造 7 艘核潜艇，到 1971 年建成一支拥有 110 艘核潜艇的部队。我们不仅面临着来自陆地上的核威胁，而且面临着来自海洋的核威胁。中国何时能够拥有自己的核潜艇？这是以毛泽东为首的新中国领导人挂在心头的一件大事。1958 年 6 月，随着我国第一座实验型原子能反应堆开始运转，一直萦绕在主管国防科技事业的聂荣臻元帅心头的一个想法终于成熟了：中国要研制自己的导弹核潜艇！中央批准聂荣臻元帅亲自起草的《关于开展研制导弹原子核潜艇的报告》，立即成立了专门领导这项工作的班子，由罗舜初任组长，负责筹划和组织核潜艇的研制工作。当时，核潜艇的研制是和其他核武器的研制同时进行的，最大的困难是缺乏懂核技术的人才。除了少数几个科学家懂得核科学之外，大多数科学工作者对核的了解还很肤浅。我国核潜艇在研究之初，研究人员手中只有两张外国杂志上发表的有些模糊的核潜艇外形照片，至于核潜艇的内部结构和核动力装置，谁也不知道是什么样的。核潜艇总设计师黄旭华回忆当时的情况说："当时我们没有任何资料可以借鉴。偶然发现有人从境外带回一个玩具潜艇，我们也反复揣摩、研究，想从中得到某种启发。"就是在这样艰苦的研究条件下，核潜艇总体组靠集体的聪明才智和顽强的拼搏精神，于第二年就拿出了核潜艇总体方案的构思。中国核潜艇研制计划刚刚提出时，中苏关系尚处于蜜月期间，依靠苏联提供部分技术资料，是聂帅当初提出计划时考虑的措施之一。1958 年 10 月，中国海军政委苏振华率代表团访苏，达成了从苏联引进部分海军装备的协议，并于 1959 年 2 月 4 日正式签订。这就是著名的《二四协定》。苏联方面向我方提供了常规潜艇的技术资料和设备，派遣专家帮助中国制造，让中国代表团成员参观了"列宁"号原子破冰船和几种舰艇等。尽管苏方对核潜艇的技术资料十分保密，不肯吐露实质性的内容，但还是回答了一些核反应堆方面的枝节问题。

1958 年 7 月 31—8 月 3 日，赫鲁晓夫对我国进行正式访问。会谈中，赫鲁晓夫出人意料地要求中国政府同意苏方提出的"关于建立联合舰队与在中国沿

① 《建国以来毛泽东军事文稿》中卷，军事科学出版社、中央文献出版社 2010 年版，第 392—394 页。

海建立长波台的建议"。赫鲁晓夫的这一意图控制中国的要求,理所当然地遭到中国政府的拒绝。

1959 年 6 月 20 日,苏共中央致函中共中央,借口当时苏联与美国等西方国家正在日内瓦谈判关于禁止试验核武器的协议,提出中断对中国的若干重要援助项目,以施加压力。9 月 30 日,赫鲁晓夫率苏联党政代表团再次来华访问,参加中华人民共和国成立十周年庆典活动。赫鲁晓夫这次到中国来,决不单单是参加新中国成立十周年庆典,他是抱有另外一个目的,就是继续要求中国同意苏方在中国建立联合舰队与在中国沿海建立长波台。在苏联代表团到达当天的会谈中,赫鲁晓夫就提出了这个问题,遭到了毛泽东的否定。

赫鲁晓夫一再解释苏联在中国建立联合舰队和设立长波台的必要性和可行性。

毛泽东向赫鲁晓夫说出了隐藏在内心深处的想法:我们不能让你们到这儿来,过去英国和其他外国人占领我国多年,我们再也不会让任何人为了自己的利益使用我国的领土。

赫鲁晓夫威胁说,核潜艇技术复杂,你们搞不了,花钱太多,你们不要搞;苏联有了核潜艇,你们就有了,我们可以组建联合舰队。

没等赫鲁晓夫说完,毛泽东突然站了起来,挥舞着他那巨大的手掌说:"你们不支援我们,我们自己搞。"

这次谈判不欢而散。

10 月 1 日这天,赫鲁晓夫应邀登上天安门城楼,同中国领导人检阅游行队伍。他指着正在天安门前通过的民兵方队说:"这,将是核导弹下的一堆肉。"接着他阴沉着脸告诉毛泽东,苏联准备撤走所有援华专家。话说到这个份儿上,由苏联援建核潜艇之事不用再提。毛泽东愤然指出:"核潜艇,一万年也要搞出来。"① 这句掷地有声的话,成了激励广大科技工作者奋勇当先,拼命搞出中国核潜艇的源源不竭的动力。

赫鲁晓夫离开中国后,中苏关系开始全面紧张。到 1962 年,苏联从我国撤走了全部原子能专家。依靠苏联技术的原子弹研制工作遭到了致命的打击。此时,中国大地上又发生了连续 3 年的困难时期以及政策上的失误,从而使整个经济建设处于最困难时期。根据毛泽东、周恩来的指示,聂荣臻召集有关部门负责人研究了在新形势下如何发展国防尖端技术问题,依据当时国家财力、物力和人力状况,确定国防科研工作"缩短战线,任务排队,确保重点"的方针,把研制原子弹、氢弹放在第一位,其他项目都要重新进行调整以缩短战线,核潜艇工程面临下马的危险。海军领导和舰艇研究院党委根据中央的指示做了多

---

① 张树德:《毛泽东与共和国重大决策纪实》,湖北人民出版社 2009 年版,第 176 页。

次研究，舰艇研究院院长刘华清和政治委员戴润生还向聂荣臻元帅做了汇报：我国的原子能事业应由两大块组成，一是原子武器，一是原子动力，从长远考虑，核工业动力潜艇研制工作不宜全部下马，否则，不仅会造成经济上的损失，而且技术队伍也将散失，以后再重新上马，困难更多。核潜艇工程的种子要保住，只要种子还在，就不愁没有开花结果的时候！与这份报告同时上报的还有第二机械工业部的一份报告，也不希望核潜艇工程彻底下马。1963 年 3 月，中央专委决定，在国民经济困难的情况下，保留一个由 50 多人组成的核动力研究室，继续从事核动力装置和艇总体等关键项目的研究，为国民经济恢复之后完成设计试制核潜艇做技术上的准备。50 多人的队伍，承担庞大的核潜艇工程研制，显然力不从心。但是以总工程师彭士禄为首的核动力研究室已经很满足了，他们坚信核潜艇工程还会有重新上马的一天。他们边学边干，为核潜艇工程做理论上的准备。"核潜艇，一万年也要搞出来""一定要建立强大的海军"的号召，给了他们无穷的力量去战胜任何困难，他们每天忍饥挨冻通宵达旦地埋头工作。为了培养科研力量，彭总工程师和蒋滨森等几个了解核动力的专家给全研究室开了 5 门课：反应堆物理、工程热力学、自动控制、结构以及动力装置。他们唯一的愿望是尽快度过这段暂时的困难时期，努力创造条件，积蓄力量，争取早日使这一尖端项目重新上马。

功夫不负有心人，不久中央同意核潜艇项目重新上马。

1974 年 8 月 1 日，是中国人民解放军建军 47 周年纪念日，也是中国第一艘自己设计制造的鱼雷攻击型核潜艇正式交付海军服役的日子。这对中国人民解放军和中国人民来说，是一个极不寻常的日子。从此，中国人民解放军又增加了一件极具战略威慑力的"杀手锏"武器，中华人民共和国在国际上的地位又跃上了一个新的台阶。

中医药学是一个伟大的宝库

中医药学是中华民族优秀文化瑰宝，是地地道道的"国学"，所以，中医又常常被称为"国医"。今日北京的许多中医诊疗机构就美其名曰"国医堂"。"国医"是我国劳动人民在长期与自然灾害和疾病作斗争中反复实践、总结，逐步形成的一套祛病延年、保健卫生的理论体系和方法。

毛泽东历来十分重视中医这份民族文化遗产，无论是在革命战争年代还是在和平建设时期，相信和重视发展中医药，都是他的一贯主张。没有专门学过中医的毛泽东，在阅读中国历史典籍和中国古代哲学典籍的过程中，学到了许多中医药学辨证思想和中医药学思维方式。毛泽东倡导的中医药发展思想对中医药学的创新和发展发挥了巨大的作用。

早在 1913 年，在湖南长沙读书的毛泽东就曾在《讲堂录》笔记中写道：医道中西，各有所长。中言气脉，西言实验。然言气脉者，理太微妙，常人难识，故常失之虚。言实验者，求专质而气则离矣，故常失其本。则二者又各有偏矣。这是迄今为止所发现的毛泽东对中西医学方面的最早论述。

1928 年 11 月 25 日，毛泽东在《井冈山的斗争》一文中指出："作战一次，就有一批伤兵。由于营养不足、受冻和其他原因，官兵生病的很多。医院设在山上，用中西两法治疗。"①

那时，在井冈山红军医院里，有西医也有中医，许多内科病都是用中医治疗，多数是采用自制中草药。毛泽东曾经指出：鉴于根据地缺医少药，必须发挥中医中药的作用。他说："草医草药要重视起来，敌人是封锁不了我们的。"②当时，红军医院收容 200 多名参加反"围剿"的伤员，全部采用中医中药治疗病伤。

在延安时，由于环境条件恶劣，毛泽东曾患风湿性关节炎，有一次发作时痛得连胳膊都抬不起来，吃了不少西药，仍不见效。开明绅士、名中医李鼎铭先生到杨家岭来看望毛泽东。他为毛泽东切脉之后，很自信地说，吃四服中药就可以好了。那时，中西医之间矛盾尖锐，毛泽东身边的医生都是西医，他们不同意毛泽东服用中药。毛泽东则力排众议，坚持把李鼎铭开的四服中药吃了下去，吃完后，疼痛果然消失，胳膊活动自如了。这更使毛泽东认识到中医药的神奇功效。毛泽东又介绍李鼎铭为八路军的干部、战士治病。很快，中医中药成了八路军必不可少的医疗方式。不久，李鼎铭还为八路军培养了一批中医，他们活跃在各个部队中。

1949 年 9 月，毛泽东在接见全国卫生行政会议代表时，从保护和发展中医药这一祖国宝贵的文化遗产出发，提出必须很好地团结中医，提高技术，搞好中医工作，发挥中医力量。

1953 年，毛泽东在杭州刘庄宾馆小憩时说："中国对世界有三大贡献，第一是中医……"③ 此说似乎不无戏言成分，但他把中医摆在"三大贡献"之首，表明了他对中医的重视。

1954 年，毛泽东作出重要批示："中药应当很好地保护与发展。我国的中药有几千年历史，是祖国极宝贵的财产，如果任其衰落下去，将是我们的罪过；中医书籍应进行整理……如不整理，就会绝版"。同年，他又指示："即时成立中医研究院。"④ 在全国范围内调集名医，于 1955 年 12 月成立了中国中医研究院，毛泽东还接见了第一任院长鲁之俊。

---

① 《毛泽东选集》第 1 卷，人民出版社 1991 年版，第 57—81 页。
② 游和平：《毛泽东对中医药情有独钟》，《党史博览》2007 年第 11 期。
③ 游和平：《毛泽东对中医药情有独钟》，《党史博览》2007 年第 11 期。
④ 游和平：《毛泽东对中医药情有独钟》，《党史博览》2007 年第 11 期。

1956 年，毛泽东在同音乐工作者谈话时指出："应该学外国近代的东西，学了以后来研究中国的东西。就医学来说，要以西方的近代科学来研究中国的传统医学的规律，要发展中国的新医学。"①

1958 年 10 月 11 日，毛泽东在对卫生部党组《关于西医学中医离职学习班的总结报告》的批示中指出："中国医药学是一个伟大的宝库，应当努力发掘，加以提高。"②

毛泽东的一系列讲话和批示，为中医药学的发展指明了方向。

积极防治各种主要疾病，不断提高人民群众的身体健康水平，是社会主义建设的必要条件。如果医学科学不把解除亿万人民的病痛列为重点，就不能体现人民科学的方向。12 年科技规划指出："对于危害着广大人民的健康的寄生虫病、传染病、职业病、职业中毒，和随着原始森林、基地、矿山的开发可能出现的具有自然疫源性的疾病，都要动员巨大的医药科学力量，研究预防和治疗的方法。"③ 因此，中国科技必须把保护和增进人民健康、防治主要疾病等方面的重要项目作为重点，投入力量加快研究。而要发展中国医学，首先就要正确认识和妥善处理中医和西医的关系问题。

19 世纪前后，由于西方科学技术的日益进步，西方医学获得了很大的发展，特别是外科、产科、眼科等手术治疗已有明显的疗效。一些人尤其是曾经留学国外学习西医的知识分子，只看到西医以近代科学为基础的一面，把中医一概斥之为伪科学，主张废止中医。新中国成立初期，轻视中医，否定中医的情况也时有发生。1959 年 1 月 22 日毛泽东在 21 日邓小平送审的《人民日报》社论稿《认真贯彻党的中医政策》上批示："此件可用，照发。"④ 此稿载于 1959 年 1 月 25 日《人民日报》，全面阐述了党的中医政策，纠正了在中医问题上的错误做法。毛泽东在客观地分析了中医与西医的优劣后，指出："看不起中医是不对的，把中医说得都好太好，也是错误的。"⑤ 从药的角度来看，尽管西药的针对性强，但是"化学药的副作用大"⑥。1972 年 5 月，周恩来被确诊患有膀胱癌，怎么治疗，毛泽东对医务人员说："开刀容易扩散，有危险，是否可通过中医的方法，用中药来控制病情。"⑦ 根据毛泽东的意见，在著名泌尿科专家吴阶平主持下，经过多次检查，决定采取"电烧"的办法，取得了比较好的效果。毛泽东的这些思想是中

---

① 游和平：《毛泽东对中医药情有独钟》，《党史博览》2007 年第 11 期。

② 柴玉：《中国医药学是一个伟大的宝库》，《知识就是力量》2008 年第 4 期。

③ 《建国以来重要文献选编》第 9 册，中央文献出版社 1994 年版，第 507—508 页。

④ 《建国以来毛泽东文稿》第 8 册，中央文献出版社 1993 年版，第 13 页。

⑤ 游和平：《毛泽东的中医情结：称其为中国对世界贡献之首》，中国共产党新闻网 http://cpc.people.cn/GB/64162/64172/85037/85038/6814218.html，2008 年 1 月 24 日。

⑥ 《周恩来文化文选》，中央文献出版社 1998 年版，第 726 页。

⑦ 中共中央文献研究室编：《毛泽东传（1949—1976）》，中央文献出版社 2003 年版，第 1618 页。

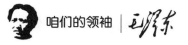

医和西医在中国结合的思想基础，对否定中医的思潮进行了有力的回击。

新中国成立后，根据毛泽东关于发掘中医宝库的思想，12 年科技规划将"总结和发扬中医的理论和经验"作为第 51 项任务提出："中医的专著在两千种以上，达数万册，但文词深奥，不易理解，须语译主要经典著作，并整理各种重要文献，使它们成为易于学习的资料。中医对于病因学说、诊断、治疗与预防均有其理论体系，而且经过数千年实践的考验，具有极其丰富的内容，应该用现代科学方法进行研究，并加以推广与发扬。中药品种根据李时珍著作的《本草纲目》有 1892 种，所载的经验良方有 11096 条，流传于民间的还有不少。应从药物的品种鉴定与培养方法、方剂的剂型与炮制方法、药物与方剂的药理作用与临床疗效等多方面进行研究，并在肯定疗效的基础上，研究药物的化学分析与提纯以提高效价。对于针灸疗法，已证明其疗效很高，须在总结临床经验的基础上研究其作用的原理，进一步发展其理论，改进其方法。中医外治法，即不用药物内服的治疗方法，种类很多，亦须加以研究。"①

如何实现中西医的结合，毛泽东认为关键是人才的结合、知识的结合，就中医的地位而言，关键是西医学习中医。1955 年，中国中医研究院建立时，从全国各地聘请了 30 位著名学有专长、造诣很深的中医专家，使中医研究院成为了中国中医研究的权威机构。中医研究院成立的同时开设了中医研究班，第一批学员共有 70 多人，包括西医主治医、高级住院医以及部分高等医学院校毕业生，脱产学习两年中医。中医研究班首开西医学习中医之先河，这种中西医结合的新途径受到了毛泽东的高度称赞，并要求大力推广。在第一期中医研究班学员毕业后，毛泽东阅过卫生部党组《关于组织西医离职学习中医班总结报告》，亲自给杨尚昆写信，对进一步发展中西医结合事业提出了具体意见。毛泽东在信中写道："此件很好。卫生部党组的建议在最后一段，即今后举办西医离职学习中医的学习班，由各省、市、自治区党委领导负责办理。我看如能在 1958 年每个省、市、自治区各办一个 70—80 人的西医离职学习班，以两年为期，则在 1960 年冬或 1961 年春，我们就有大约 2000 名这样的中西结合的高级医生，其中可能出几个高明的理论家。此事请与徐运北同志一商，替中央写一个简短的指示，将卫生部的报告转发给地方党委，请他们加以研究，遵照办理。"② 全国相继举办了若干西医离职学习中医班，培养出 4000 余名西医离职学习中医人员，即"西学中"人员。西学中人员，在中国医学史上开拓性地开展了中西医结合研究，经过长期的中西医结合临床、科研、教学等实践，不仅在中西医结合临床实践和理论研究等方面取得了很多世界瞩目的创造性成就，而且造就了一支中西医结合医药科技队伍，培养了一批中西医结合的高级医生，

---

① 《建国以来重要文献选编》第 9 册，中央文献出版社 1994 年版，第 497—498 页。
② 《毛泽东书信选集》，人民出版社 1983 年版，第 545 页。

出现了一批国内外著名的中西医结合的优秀科学家、专家、教授，为中国中西医结合事业的发展作出了杰出贡献。

社会主义建设时期的主要科技成就

新中国成立初期，我国制定了《1956—1967 年科学技术发展远景规划纲要》，确立了科学技术任务和重点领域，提出了 57 个项目、600 多个研究课题。经过科技工作者不懈努力，我国在农业、工业、医疗和基础科学等方面都取得了令世人瞩目的辉煌成就，推动了新中国社会主义现代化建设的大踏步前进。

在农业科技方面培育出了水稻、小麦等 22 种作物的 146 个优良品种，并在全国范围内进行了全面推广。特别是，1964 年我国著名水稻专家袁隆平在国内率先开展水稻雄性不育的研究，为提高我国水稻产量做出了杰出的贡献。

为支援农业生产，我国在这一时期兴建了衢州化工厂、吴泾化工厂、广州化工厂等大中型化肥厂，中型氮肥厂达到 15 个，合成氨产量达到了 130 万吨以上。

在工业发展上，第一个五年计划成功地完成了我国工业的基础布局，自力更生研制了锻轧车轮、轮毂成套设备，结束了火车车轮和轮毂依赖进口的时代。特别值得一提的是，1961 年国家科委下达的"九套大型成套设备"的设计生产任务的完成，为发展航空、导弹、原子能和电子工业所急需的新型材料提供了保障。中国科学院长春应用化学研究所和北京化工研究院的科研人员先后从 1959 年和 1960 年开始了顺丁橡胶的研究工作，成功地开辟了顺丁橡胶单体合成的新路线，在当时处于国际领先地位。

在交通运输方面，铁路工程学家在宝成铁路、兰新铁路、包兰铁路等建设中做出了贡献。桥梁专家完成了全长 1700 米的武汉长江大桥的设计，并使用新方法"管柱钻孔法"建设桥墩工程获得成功。"万里长江第一桥"横卧于武昌蛇山和汉阳龟山之间的江面上，1957 年 10 月 15 日建成通车，是中国在万里长江上修建的第一座桥梁，在中国桥梁史上具有重要意义。毛泽东在此写下"一桥飞架南北，天堑变通途"这一脍炙人口的诗句，表达了对武汉长江大桥的由衷赞美。

医学科学技术方面，不仅控制和消灭了旧社会经常蔓延的主要流行病和急性传染病，而且临床医学的若干方面也已经接近或达到世界先进水平。1963 年我国成功完成了世界上第一例断手再植手术，断臂再植也获得了成功。断手、断指再植和治疗大面积烧伤，在国际医学界得到高度评价。

各门基础科学领域的研究水平有了较大提高，初步形成了门类比较齐全的基础科学研究体系。在数学领域，首先在"哥德巴赫猜想"研究上取得重大突破。我国数学家在 20 世纪 30 年代便开始加入证明这一猜想的行列。我国在该项研究方面，从 50 年代起就一直处在世界前列。1966 年，陈景润在《科学通报》

发表了题为《大偶数表为一个素数及不超过两个素数的成绩之和》的文章，宣布他证明了"1＋2"这一重要突破，为以后的深入研究奠定了基础。

在天文学方面，1965 年 1 月，紫金山天文台发现了两颗长周期彗星——"紫金山 1 号"和"紫金山 2 号"。在世界授时的研究方面，上海天文台的叶淑华等科研人员，与有关科研单位进行协作，使我国的授时系统测定的标准时间的精确度，误差不超过千分之二秒，达到国际先进水平。

在物理学领域，我国理论工作者于 60 年代中期在粒子物理方面提出"层子模型"。我国理论物理学家朱洪元、胡宁、何祚庥、戴元本等人在不到一年的时间里，共写了 42 篇论文，发表在 1966 年出版的《原子能》杂志和《北京大学学报》（自然科学版）上，在国际物理学界产生较强的反响。

在光学领域，中国科学院长春光学精密机械研究所的王之江等科研人员研制成功了我国第一台红宝石激光器。它的出现，不仅使我国光学技术向前飞跃了一大步，而且也表明我国激光技术已步入世界的先进行列。1964 年，在王大珩（任总设计师）的技术指导下，研制成功了大型精密光学跟踪电影经纬仪，开创了我国独立自主地从事光学工程仪器研制和小批量生产的历史。

在生物化学方面，最重大的成就是牛胰岛素的人工合成，得到了人工合成牛胰岛素的结晶，它是世界上第一次人工合成的一种具有生物活性的结晶蛋白质——胰岛素。胰岛素的人工成功合成，表明中国在多肽和蛋白质合成方面的科学研究技术已在世界上居于先进地位。

社会主义建设时期，中国科学技术事业发展迅速，取得一系列重大成果，填补了许多空白，为中国科学技术事业的进一步发展打下了坚实基础。

第二章　文化事业　国之精神

　　从成立文化书社到提出双百方针，毛泽东的文化思想发展之路并不平坦。文化思想的发展，不仅要经历抗日战争和解放战争的洗礼，还要接受党内外种种反对的声音，然后冲破阻挠，在动荡的中国大地上找到填饱"脑袋饥荒"的精神食粮。这看似不可能的一切，毛泽东却做到了。年轻时成立文化书社的雄心壮志，抗战时抵抗文化侵略的坚强不屈，解放时用文化当利刃的沉着冷静，新中国成立后以实际情况决定文化走向的游刃有余，毛泽东文化思想的发展紧跟毛泽东成长为伟人的脚步，引领中国文化走向光明。

从文化建设到文化高潮

成立文化书社

　　青年时代的毛泽东受了新思潮的影响，于1918年4月与蔡和森等发起成立"新民学会"，研究世界问题和中国问题。1919年起，他积极参加组织进步青年到欧洲勤工俭学；创办《湘江评论》，提倡新文化新思想，激发民众起来同旧势力、旧习惯作斗争。同年7月，他发起成立"健学会"，提出该会的原则是"研究及传播最新学术"，"研究范围大体为哲学、教育学、心理学、伦理学、文学、美学……诸问题，会友必分认一门研究"。①

　　1920年7月，毛泽东和新民学会的会友们发起成立"文化书社"，把建设中国的以至于世界的新文化看作是"大家公负"的责任。毛泽东在他起草的《文化书社缘起》中写道："彻底些说罢，不但湖南，全中国一样尚没有新文化。全世界一样尚没有新文化。一枝新文化小花，发现在北冰洋岸的俄罗斯。几年来风驰雨骤，成长得好，与成长得不好，还依然在未知之数。诸君，我们如果晓得全世界尚没有真正的新文化，这倒是我们一种责任呵！什么责任呢？'如何可使世界发生一种新文化，而从我们住居的附近没有新文化的湖南做起。'这不是我们全体湖南人大家公负的一种责任吗？"② 这段话，显示了毛泽东要建设新文化的强烈责任感和高度热情，表现了他对俄罗斯社会主义新文化的向往。

　　为了担负起建设新文化的责任，毛泽东等人决定成立一个书社，向湖南人民尤其是广大青年介绍、推广、传播新文化的书籍和报刊。他在《缘起》中说明了这项工作的重要性：我们认定，没有新文化由于没有新思想，没有新思想

---

　　① 邓力群：《伟人毛泽东丛书——毛泽东的文化思想》，中央民族大学出版社2004年版，第7—10页。
　　② 邓力群：《伟人毛泽东丛书——毛泽东的文化思想》，中央民族大学出版社2004年版，第7—10页。

由于没有新研究，没有新研究由于没有新材料。湖南人现在脑子饥荒实在过于肚子饥荒，青年人尤其嗷嗷待哺。文化书社愿以最迅速、最简便的方法，介绍中外各种最新书报杂志，以充青年及全体湖南人新研究的材料。

毛泽东从新文化—新思想—新研究—新材料四者之间的密切联系，说明他们为什么首先创办文化书社，以及需成立研究社、编译社、印刷社的缘由。他关心的不只是几个人的文化学习，而是要"使新书报普播湖南省"，为全体湖南人，尤其是青年人提供最新鲜的精神食粮。文化书社同上海、北京著名的书局、报馆、杂志社建立业务联系。到 9 月 9 日，购得图书 164 种，杂志 45 种，日报 3 种。图书杂志门类十分广泛，包括哲学、伦理学、社会科学、政治思想史、文学艺术、自然科学等各类书籍。其中有《马克思资本论入门》《科学的社会主义》《新俄国之研究》《劳农政治与中国》等关于马克思主义和科学社会主义的读物。据"文化书社同人"散发的宣传广告中说，该社所售的书籍，都"曾经严格的选择过，尽是较有价值的新出版物"。他们的目的，就是要使读者在思想上受到好的影响，"思想得了进步，因而产生出一种新文化。"① 文化书社销售了许多进步书籍，仅 1920 年 9 月 9 日至 10 月 20 日的 1 个月零 12 天里，便售出各类新书 383 册，各类杂志 815 份。文化书社创办了 7 年（1927 年马日事变后被国民党反动派封闭），为传播新文化新思想、宣传马克思主义做出了很大贡献。

毛泽东是农家子弟，生活在农村，最了解农民没有文化的痛苦。1925 年以后，毛泽东成为农民运动的领袖。在文化方面，他最为关心的是广大农民能享有文化教育的权利和机会。1927 年 3 月，当农民运动随着北伐战争的节节胜利而蓬勃兴起、同时受到种种责难的时候，毛泽东考察了湖南农民运动状况，他高度赞扬和热烈支持农民运动，说农民在农民协会领导下做了 14 件大事，其中第 12 件是文化运动。他在考察报告中写道：中国有 90％未受文化教育的人民，这个里面，最大多数是农民。农村里地主势力一倒，农民的文化运动便开始了。试看农民一向痛恶学校，如今却在努力办夜学。"洋学堂"，农民是一向看不惯的。……如今他们却大办其夜学，名之曰农民学校。……农民运动发展的结果，农民的文化程度迅速地提高了。这段话充分地反映了广大农民对文化的渴求和毛泽东看到农村文化运动迅速兴起的由衷喜悦。要想在农村普及文化教育，必须首先发动农民进行革命，让他们自己起来办教育；如果不进行反封建的革命，农民在政治上没有得到翻身，光凭知识分子和少数"教育家"在那里叫唤，那么，"普及教育"只能是一句空话。

---

① 《毛泽东早期文稿》，湖南人民出版社 1990 年版，第 536、541—543、536—538 页。

制造抗战文化武器

抗战时期，日本帝国主义对中国进行的丧心病狂的野蛮侵略中自然包括为其政治、军事等阴谋服务的文化侵略，以"在精神上摧残中国人民的民族意识。在太阳旗下，每个中国人只能当顺民，做牛马，不许有一丝一毫的中国气"①。在这生死关头，以毛泽东为代表的中国共产党人科学文化思想对觉醒的文化工作者进行正确引导，引导他们自觉地把弘扬爱国主义精神和增强民族解放意识的时代要求贯穿于一切文化活动之中，以用文化去唤醒麻木的人们，重铸中华民族的民族精神，提升中华民族的民族自信心，增强抗日力量。毛泽东的抗战文化思想正是在满足这些需要的基础上形成和发展起来的。它既是抗日战争的产物，又推动了抗日战争的胜利前行。要打败日本帝国主义，实现中华民族的繁荣富强，必须进行文化斗争，抗战文化建设必须走在前面。

毛泽东提出："在一切为着战争的原则下，一切文化教育均应使之适合战争的需要。"他从抗战和解放区的实际出发，一方面注重干部教育，积极培训大批抗日干部；另一方面广泛发展大众的文化教育，努力提高人民群众的民族文化水平和政治觉悟。当时，大批知识分子从全国各地奔赴革命圣地延安。延安创办了抗日军政大学、中国女子大学等培养干部的学校。1939 年 1 月，毛泽东在对抗大工作的指示中指出："增强抗战力量的办法很多，然而其中最有效的办法是办学校培养抗日干部、办报纸宣传抗日主张，这个增加抗日力量的办法是与其他一切增强抗战力量的方法相关联的总方法。"② 抗大的课程由毛泽东亲自确定，一共是四科：列宁主义、政治经济学、中国革命运动史和辩证法唯物论。其中辩证法唯物论的课程，就是由毛泽东主讲。著名的《实践论》《矛盾论》就是毛泽东在抗大讲演时讲授提纲中的两部分。

在培养抗日干部的同时，毛泽东十分关心农民和工农干部的基础文化学习，他说："我们的工农干部要学理论，必须首先学文化。没有文化，马克思列宁主义的理论就学不进去。学好了文化，随时都可学习马克思列宁主义。……我们党中央现在着重要求工农干部学习文化，因为学了文化以后，政治、军事、经济哪一门都可学。否则工农干部虽有丰富经验，却没有学习理论的可能。"③ 1945 年 10 月，在毛泽东的关怀下，凯丰、徐特立、范文澜专门为工农干部编写了《文化课本》。毛泽东为该课本写了序言，阐明工农干部学习文化基础知识的重要性和出版《文化课本》的意义。他写道："一个革命干部，必须能看能写，又有丰富的社会常识与自然常识，以为从事工作的基础与学习理论的基础，工作才有做好的希望，理论也才有学好的希望。没有这个基础，就是说不识字，

---

① 张伟：《抗战时期毛泽东文化思想形成和发展的条件》，《锦阳师范学院学报》2013 年第 32 卷第 1 期。
② 邓力群：《伟人毛泽东丛书——毛泽东的文化思想》，中央民族大学出版社 2012 年版，第 15—17 页。
③ 邓力群：《伟人毛泽东丛书——毛泽东的文化思想》，中央民族大学出版社 2012 年版，第 15—17 页。

不能看，不能写，其社会常识与自然常识限于直接见闻的范围；这样的人，虽然也能做某些工作，但要做得好是不可能的；虽然也能学到某些革命道理，但要学得好也是不可能的。我们现在有大批聪明忠实但缺乏文化基础的干部，将来也必然还会有大批这类干部，他们急切需要解决文化基础问题，但课本问题远远没有解决。现在《文化课本》出版了。这是一大胜利。"①

抗战时期，大批文艺工作者来到延安，毛泽东十分重视文艺工作。他和作家交谈，阅读和评论他们的作品，给他们写信，称赞他们，鼓励他们进步和努力用文艺的武器为人民、为抗战服务。1941 年 1 月 9 日，在看了延安中央党校演出的新编京剧（当时称为平剧）《逼上梁山》之后，毛泽东写信给该剧的编导杨绍萱、齐燕铭，说："郭沫若在历史话剧方面做了很好的工作，你们在旧剧方面做了此种工作。你们这个开端将是旧剧革命的划时代的开端，我想到这一点就十分高兴，希望你们多编多演，蔚成风气，推向全国去！"②

在毛泽东文艺思想指导下，以延安为中心的抗日根据地的广大文艺工作者深入工农群众，参加火热的革命斗争，体验群众生活，改造世界观，创作出大批新文艺作品。

建设社会主义文化高潮

解放战争时期，为了夺取新民主主义革命的胜利，迎接全国解放，建设新中国，毛泽东提出创办各类干部学校，迅速地有计划地训练大批能够管理军事、政治、经济、文化教育等项工作的干部。

1949 年 6 月 15 日，新中国成立前夕，毛泽东在新政治协商会议筹备会上讲话，把恢复和发展人民的文化教育事业作为中国民主联合政府的一项重点工作。他在讲话中满怀激情地说，中国的命运一经操在人民自己的手里，中国就如太阳升起在东方那样，以自己的辉煌的光焰普照大地，迅速地荡涤旧社会留下来的污泥浊水。这里所说的"污泥浊水"，自然包括一切腐朽的、反动的旧文化、旧思想，它们都将被人民革命的洪流荡涤干净。9 月 21 日，毛泽东在人民政协第一届全体会议上致开幕词时说："随着经济建设高潮的到来，不可避免地将要出现一个文化建设的高潮。中国人被人认为不文明的时代已经过去了，我们将以一个具有高度文化的民族出现于世界。"③ 这是毛泽东对新中国光辉前景的展望和预言，曾经鼓舞着亿万人民为建设有高度文化的中华民族而努力奋斗。

1951 年 4 月 3 日，中国戏曲研究院成立，毛泽东为该院题写院名并题词：

---

① 李新民：《毛泽东一篇未公开发表过的文章》，《人民政协报》1992 年 5 月 22 日。
② 《毛泽东书信选集》，人民出版社 1983 年版，第 222 页。
③ 《毛泽东文集》第 5 卷，人民出版社 1996 年版，第 345 页。

"百花齐放，推陈出新。"这个题词不仅是戏曲改革的方针，也是发展新民主主义和社会主义文学艺术的方针。1956年4月28日，毛泽东在中共中央政治局扩大会议上提出了著名的"百花齐放、百家争鸣"方针。这个方针对我国社会主义文学艺术和文化科学的繁荣和发展产生了重大影响。同年5月17日，浙江省苏昆剧团来京演出昆剧《十五贯》，受到热烈欢迎。毛泽东、周恩来等国家领导人观看了演出。毛泽东说："《十五贯》是个好戏，全国各剧种有条件的都要演《十五贯》。"① 后来全国绝大部分剧种移植了这个戏。《十五贯》剧本还翻译成6国文字，在国外也享有盛誉。

1957年2月底，毛泽东在最高国务会议上作《关于正确处理人民内部矛盾的问题》报告。他说现在提出正确处理人民内部矛盾的问题，目的是为了更好地团结全国各族人民"进行一场新的战争——向自然界开战，发展我们的经济，发展我们的文化，巩固我们的新制度，建设我们的新国家。"他把经济建设和文化建设作为两大任务相提并论。

毛泽东十分重视部队的文化教育工作。他以军委主席的名义，在1950年8月1日发布了《关于在军队中实施文化教育的指示》②。鉴于人民解放战争已经基本结束，伟大的经济建设工作和文化建设工作已经开始，"为了要完成伟大的新任务，就必须提高全体指挥员战斗员的文化科学与技术水平，并从军队中培养大批的从工农出身的知识分子。""全军除执行规定的作战任务和生产任务外，必须在今后一个相当时期内着重学习文化，以提高文化为首要任务，使军队形成为一个巨大的学校，组织广大指挥员和战斗员，尤其是文化水平低的干部，参加文化学习。"指示规定连队的教育时间，以60％的时间进行文化教育，以30％的时间进行军事教育，以10％的时间进行政治教育。③

文艺要为工农兵服务

毛泽东对文学艺术的爱好与高深修养是众所周知的事情，《在延安文艺座谈会上的讲话》是毛泽东文艺观具有思想性的理论化表述，也是他文艺观的代表作。延安整风运动中，毛泽东继阐述"实事求是"，反对王明教条主义之后一年，把整风运动引入延安文艺界，发表了著名的《讲话》。如同"实事求是"一样，这篇《讲话》在党的历史与毛泽东思想发展的历史轨迹上，在中国文艺运动史上，留下了重重的一笔。

---

① 邓力群：《伟人毛泽东丛书——毛泽东的文化思想》，中央民族大学出版社2012年版，第15—17页。
② 参见《建国以来毛泽东文稿》第1册，中央文献出版社1998年版，第446页。
③ 参见邓力群：《伟人毛泽东丛书——毛泽东的文化思想》，中央民族大学出版社2012年版，第15—17页。

座谈会前的延安文艺界

整风运动是全党范围的运动，包括各个部门和各级干部在内，文艺界和文艺工作者当然也不例外。不过文艺界的整风有文艺界的特殊内容。按照中央领导的分工，文艺界的整风运动由毛泽东分管。

当时延安究竟有多少文化人？没有做过详细统计，1944 年春毛泽东在一次讲话中说，延安的"文学家、艺术家、文化人""成百上千"，又说"延安有六七千知识分子"。这给了我们一个大概的数字。这些文化人绝大部分是抗战爆发后一两年从全国各地甚至海外汇集到延安的。他们有的是受党组织的派遣，更多的则是出于对延安的仰慕心情投奔光明而来。毛泽东深知文学艺术是整个革命战线不可缺少的一个方面，所以自西北内战局面基本结束后，他就分出一部分精力来抓文艺工作。毛泽东又是一位文学造诣很深的人，他的诗词和散文都具有很强的文学魅力，这又为他联系文化人提供了更好的条件。延安不少重要的文艺团体和单位，如中国文艺协会、鲁迅艺术学院、抗战文工团等，都是在毛泽东的亲自关怀、大力支持下成立和开展工作的。许多知名的以至不甚知名的作家、诗人、艺术家，受到过毛泽东的接见。每当毛泽东看到一篇好的作品问世，他都会表现出一种难以抑制的兴奋之情。1939 年 5 月，他看了《黄河大合唱》的演出，据冼星海的描述："当我们唱完时，毛主席和几位中央领导同志都站起来，很感动地说了几声'好'！"这些无疑都是对文艺家们的巨大鼓舞。

1940 年 1 月，毛泽东在陕甘宁边区文化协会第一次代表大会上讲演，明确规定了民族的科学的大众的新民主主义文化方向。他说："这种新民主主义的文化是大众的，因而即是民主的。它应为全民族中百分之九十以上的工农劳苦民众服务，并逐渐成为他们的文化。"[①] 把毛泽东上述主张同他后来在延安文艺座谈会上的讲话联系起来，不难看出，为人民大众服务，为现实的革命斗争服务，作家应深入群众，深入生活，这是他一贯坚持的文艺思想。由于毛泽东和中央其他领导人的重视和提倡，同时由于全民抗战热潮的推动与成百上千文艺工作者的努力，延安和各根据地的抗日文艺运动获得蓬勃发展。正如毛泽东在延安文艺座谈会讲话中所说的："我们的整个文学工作，戏剧工作，音乐工作，美术工作，都有了很大的成绩。"[②] 文艺运动有力地推动了抗战事业，繁荣了根据地的文化生活。

但是，就当时涌进延安的大多数文艺工作者来说，他们尚没有真正完成从小资产阶级到无产阶级的转化。他们的思想感情还需要有一个改造的过程，对革命根据地的生活还需要有一个适应的过程。对于 1940 年以后延安文艺界暴露

---

① 邓力群主编：《伟人毛泽东丛书——伟人的一生》，中央民族大学出版社 2004 年版，第 382—394 页。

② 《毛泽东选集》第 3 卷，人民出版社 1991 年版，第 854 页。

出的问题，在整风后期的一份文件中曾作了这样概括：在"政治与艺术的关系问题"上，有人想把艺术放在政治之上，或者主张脱离政治。在"作家的立场观点问题"上，有人以为作家可以不要马列主义的立场、观点，或者以为有了马列主义的立场、观点就会妨碍写作。在"写光明写黑暗问题"上，有人主张对抗战与革命应"暴露黑暗"，写光明就是"公式主义（所谓歌功颂德）"，现在还是"杂文时代"。从这些思想出发，于是在"文化与党的关系问题，党员作家与党的关系问题，作家与实际生活问题，作家与工农结合问题，提高与普及问题，都发生严重的争论；作家内部的纠纷，作家与其他的方面纠纷也是层出不穷。"① 这里的概括是符合实际的，其中列举的观点，有的是在报刊上公开发表出来的，有的是作家们在同毛主席交谈时谈出来的，有的则是在文艺座谈会期间反映出来的。党中央和毛泽东看到了上述种种问题。尽管这些问题并没有构成延安文艺界的主流，但它们对抗战和革命事业是不利的，也阻碍着文艺本身的发展。为了解决这些问题，并系统地制定党的文艺工作的方针政策，党中央决定召开文艺座谈会。

为了召开文艺座谈会，毛泽东做了大量调查研究工作。他给许多作家写信，找了许多作家谈话，对有些人，信不止一封，谈话不止一次。他让作家们帮他搜集材料，提供有关文艺工作的意见。与此同时，中央组织部部长陈云、宣传部代部长凯丰等也分别找作家谈话。根据一些当事者的回忆，毛泽东约去谈话的文艺家有丁玲、艾青、萧军、舒群、刘白羽、欧阳山、草明、何其芳、严文井等多人。

座谈会的召开和讲话的发表

文艺座谈会于 1942 年 5 月 2 日下午开始举行，地点在杨家岭中央办公厅楼下会议室。请柬是以毛泽东、凯丰两人名义在座谈会前几天发出的，上面说明开会的目的是"交换对于目前文艺运动各方面问题的意见"。毛泽东、凯丰和当时在延安的中央政治局委员朱德、陈云、任弼时、王稼祥、博古、康生等也都出席了会议。被邀请参加会议的文艺工作者连同中央和一些部门负责人，共 100 多人。座谈会举行过三次全体会议，有几十位党内外作家发言，毛泽东自始至终参加了这三次会议。

5 月 2 日召开第一次全体会议。在会上毛泽东作"引言"。他说："我们有两支军队，一支是朱总司令的，一支是鲁总司令的"。② 这种风趣的说法，不但形象生动，而且表明了他对中国文化革命主将鲁迅的一种崇高的评价。当然后来

① 《陕甘宁边区抗日民主根据地文献》下卷，中共党史资料出版社 1990 年版，第 449—450 页。
② 邓力群主编：《伟人毛泽东丛书——伟人的一生》，中央民族大学出版社 2004 年版，第 382—394 页。

正式发表时，还是改成了更有概括性的语言："手里拿枪的军队"和"文化的军队"。毛泽东根据文艺工作本身的任务和延安文艺界的状况，提出立场、态度工作对象、转变思想感情、学习马列主义和学习社会五大问题，要大家讨论。座谈会上，不少作家争先恐后地发言，有的谈自己的见解，有的对其他人的发言提出不同意见。这次会后，报纸并没有报道。5 月 14 日，萧军在《解放日报》上发表《对于当前文艺诸问题的我见》，文章开头说："五月二日由毛泽东、凯丰两同志主持举行过一次文艺座谈会，作者为参加者之一"，这是第一次在出版物中报道了延安召开文艺座谈会的消息。该文于 6 月 12 日由《新华日报》转载，又把这一信息传递到了国统区。

5 月 16 日召开座谈会的第二次全体会议。整天时间，毛泽东都在认真地听取大家的发言，并不时地做着记录。有几个人的发言格外引起与会者的注意。一位作家从"什么是文学艺术"的定义出发，讲了一个多小时文学基本知识，引起大家的不满。一二〇师战斗剧社社长欧阳山根据自己几年来在前线和农村工作、学习的体会，讲了前线部队和敌后群众对于文艺工作的迫切需要，以及实际斗争给予文艺工作者的教育，认为文艺工作者应该有一分热，发一分光，甚至发两分光，这样做似乎付出很多，但实际上学到的东西更多。他呼吁延安的文艺干部到前方去。从毛泽东的表情上可以看出，他对这个发言很满意。柯仲平报告了民众剧团在农村演出《小放牛》受欢迎的情况，他说：不要瞧不起《小放牛》，我们就是演《小放牛》，群众很喜欢，老百姓慰劳的鸡蛋、花生、水果、红枣，我们都吃不完，装满了衣袋、行囊和马褡。他的发言引起大家的欢笑，毛泽东也很高兴，但他说：如果老是《小放牛》，以后就没有鸡蛋吃了。会上继续有人发表"人类之爱"和"爱是永恒的主题""不歌功颂德"之类的言论。

5 月 23 日召开第三次全体会议。会场气氛更加热烈。朱德在下午最后发言，他针对前两次会上出现的一些思想观点和情绪指出：要看得起工农兵，中国第一、世界第一，都得由工农兵群众批准。不要怕谈"转变"思想和立场，不但会有转变，而且是"投降"。他说，他自己就是看到共产党能够救中国而由旧军人"投降共产党的"。共产党、八路军有功有德，为什么不该歌不该颂呢？有人引用李白"生不用封万户侯，但愿一识韩荆州"的诗句，现在的"韩荆州"是谁呢？就是工农兵。朱德的发言深入浅出，生动有力，很受文艺家们欢迎。他发言后，由摄影家吴印咸为与会者摄影留念。

毛泽东作"结论"时，已是晚饭之后。由于人数增加，会址只好改在广场上。在煤气灯光下，人们专注地听着毛泽东的讲话。他以深刻的洞察力和高度的概括力，把全部问题归结为一个"为什么人"的问题，即文艺要为工农兵服务和如何服务的问题。在对这个根本问题给以充分的马克思主义阐述的基础上，对座谈会之前和座谈会期间延安文艺界反映出来的思想观点，一一分析、辩驳。

他希望文艺工作者积极投入整风运动，划清无产阶级和小资产阶级两种思想、革命根据地和国民党统治区两种区域的界限，毫不迟疑地同新的群众结合起来，克服"唯心论、教条主义、空想、空谈、轻视实践、脱离群众等等的缺点"①，写出为人民大众所热烈欢迎的优秀的作品。

座谈会后的一周内，毛泽东又两次发表关于文艺问题的讲话，对座谈会讲话内容作进一步申述。第一次是 5 月 28 日在整风高级学习组的会议上。他指出：召开文艺座谈会的目的，就是要解决一个"结合"问题，"文学家、艺术家、文艺工作者和我们党的结合问题，与工人农民结合、与军队结合的问题"。这是一个"长期的过程"。而为了实现这几个"结合"，又必须"解决思想上的问题"，即"要把资产阶级思想、小资产阶级思想加以破坏，转变为无产阶级思想"，这是"结合的基础"。第二次是 5 月 30 日在鲁艺。他提出著名的"小鲁艺""大鲁艺"的观点，指出现在学习的地方是小鲁艺，只在小鲁艺学习是不够的，还要到大鲁艺学习，这个大鲁艺就是工农兵群众的生活和斗争。鉴于鲁艺曾有过的片面强调提高的倾向，毛泽东说：长征经过的毛儿盖地方有许多又高又大的树，那些树也是从豆芽菜一样矮小的树苗苗长起来的。提高要以普及为基础，不要把"豆芽菜"随便踩掉了。②

座谈会召开以后

毛泽东在文艺座谈会的讲话，把延安文艺家们的思想引入一个新的境界。文艺界的整风虽然在座谈会之前就已开始，但真正开展起来，则是在座谈会之后。从这时起，文艺界出现了一种从来没有的自我反省、相互批评的风气。

6 月 11 日，丁玲在中央研究院批判王实味的大会上，对她主编《解放日报》文艺专栏时允许《野百合花》发表及她自己的《三八节有感》一文在"立场和思想方法上的问题"作了检讨，并以生动的语言讲述了自己在整顿"三风"中的收获，表明了一位有成就、身上又有着小资产阶级弱点的作家，在毛泽东的启迪下发生的思想认识上的超越。这也正是丁玲后来在文艺创作上取得卓越成绩的新起点。

6 月中下旬，"文抗"和文协先后召开四五十人参加的座谈会，许多作家都进行了严格的自我反省，表示决心彻底扫除小资产阶级的思想意识。一段时间内，作家们还只能是在整风学习中一面反省、一面探索。创作和演出大众化的作品，挖掘和运用民间已有的文艺形式，吸引更广泛的群众参加文娱活动，成为文艺家们的第一步追求。

1942 年 9 月，延安文化俱乐部建筑街头艺术台，举办"街头画报""街头

---

① 《毛泽东选集》第 3 卷，人民出版社 1991 年版，第 847—879 页。
② 参见《何其芳文集》第 3 卷，人民文学出版社 1982 年版，第 104—105 页。

诗""街头小说"三种大型墙报，分别由张仃、艾青、鲁黎等负责编辑。音乐界也提出要使音乐活动"走向街头，面向工农兵"。到1943年春节期间便出现了大规模的、为陕北人民喜闻乐见的"秧歌运动"。首先是鲁艺的秧歌队扭遍整个延安城，并演出街头秧歌剧《兄妹开荒》等，得到延安人民的欢迎。毛主席称赞他们已像个为工农兵服务的样子。之后，秧歌运动在延安普遍展开，由鲁艺而各剧团、各机关学校，又由延安而陕甘宁边区，由陕甘宁边区而各个敌后抗日根据地。扭秧歌和演秧歌剧成为广大人民群众非常喜爱和积极参加的艺术形式。

1943年2月，文化界200余人举行欢迎边区劳动英雄座谈会，与会者一致表示接受劳动英雄们要他们"到农村去，到工厂去"的意见。同月，艾青创作了长诗《吴满有》。他把诗稿首先念给吴满有听，征求吴本人的意见，直到吴满有表示没有意见为止。艾青由于写了这样一些优秀作品，后来被评为边区甲等模范工作者。3月10日，中央文委和中央组织部召开党的文艺工作者会议，动员文艺界下乡。凯丰、陈云、刘少奇、博古等领导人都在会上讲了话。其中尤以陈云关于"文化人是以什么资格做党员的"讲话，给作家们留下深刻的印象。陈云指出：绝不应抱着"基本上是文化人，附带是党员"的态度，而应树立首先是党员，"文化工作只是党内分工"的观念，一不要特殊，二不要自大。动员会后，作家们纷纷发表文章和谈话，拥护党中央的号召，并很快见诸行动。延安各剧团也几乎全部下乡巡回演出。这是延安文艺界的一个重大的举动，在中国文艺运动史上产生了深远的影响。新的广阔的生活天地，给作家们提供了取之不尽的创作源泉，使解放区的文学艺术呈现出崭新的面貌。1943年3月，延安整顿"三风"学习基本结束，文艺界很快掀起下乡运动。

延安文艺座谈会的召开和毛泽东的讲话，在国民党统治区的进步文化界也发生很大影响。1943年3月15日，《新华日报》正式刊登了延安召开文艺座谈会和毛泽东发表讲话的消息。1944年1月1日，《新华日报》用一个整版的篇幅以摘录和摘要的形式刊登了讲话的主要内容。4月，林伯渠同志作为中共代表到重庆与国民党谈判，何其芳、刘白羽同志奉命随同前往做大后方文艺调查工作，并负责向那里的进步文艺工作者介绍座谈会和整风情况。他们遵照周恩来的安排，到重庆后首先找到郭沫若同志作了详细介绍，然后由郭沫若出面召集座谈会，介绍和学习《讲话》内容。郭沫若、茅盾、夏衍等都发表文章或谈话，畅叙体会，表示共鸣。郭沫若连续以《一切为了人民》《向人民大众学习》《走向人民文艺》等为题，发表多篇文章，号召进步作家"努力接近人民大众，了解他们的生活、希望、言语、习惯，喜怒哀乐的外形和内心，用以改造自己的生活，使自己回复到人民的地位"。夏衍对延安的秧歌剧十分赞赏，他认为30年来的话剧历史，就是30年城市小市民的话剧历史，只有在延安，文化才走上了"重点放在最大多数的工农之上"的道路，"这不单是现阶段文化文艺工作的正确指标，而且也是有了 30 年历史的新文化运动划时代的转变，与最正确的解决。"①

《讲话》在世界各国受到众多进步作家、评论家的肯定和高度评价。1945 年 12 月有了《讲话》的朝鲜文本，这是最早的外文译本，几十年来已有五大洲几十个国家把它译成本国文字出版。20 世纪 80 年代，美国密歇根大学出版了《在延安文艺座谈会上的讲话》新译本。译者为该书撰写了长达 43 页的"导言"说：毛泽东作为"中国第一个把读者对象问题提到文学创作重要地位的人"以及在其他许多方面的文学论述，是高于他的西方批评者，也高于现代"西方马克思主义"理论家的。德国著名女作家安娜·西格斯说："谁要是慢慢地、彻底地读一遍这个《在延安文艺座谈会上的讲话》，一定会发现以前所不知道的、但希望知道的许多问题。谁要是把它读了两三遍，就会得到所有问题的正确的解答。"这位作家把《讲话》当成了文艺理论宝贵的"百科全书"。

百花齐放　百家争鸣

毛泽东在 1956 年提出了"百花齐放，百家争鸣"的方针，次年，又在《关于正确处理人民内部矛盾的问题》中作了充分的论述。毛泽东把马克思主义同中国的具体实际相结合，在国际共运史上第一次提出了这一方针，以及有关这一方针的完整的理论，这是一个重要的贡献。这一方针，毛泽东从延安时期开始孕育，到 1956 年提出，是经历了一个长期反复思考、验证和提炼过程的。它凝聚着毛泽东"发展——针对——遵循"的思维艺术。发展，是对马克思主义的重大发展；针对，是有的放矢，以中国的实际情况为依据；遵循，就是遵循科学和文艺的客观规律办事。

形成完整的理论

在毛泽东之前，马克思主义经典作家们，就对精神生产部门之一的文艺创作需要充分的自由以及资本主义社会文艺没有自由等问题作了论述。马克思和恩格斯说："资产阶级抹去了一切向来受人尊崇和令人敬畏的职业的灵光。它把医生、律师、教士、诗人和学者变成了它出钱招雇的雇佣劳动者。"② 只有推翻资本主义制度，艺术家和艺术创作才能有真正意义上的自由。列宁发挥了马克思和恩格斯的思想，严厉地批判了资本家统治下"绝对自由"口号的虚伪性，一针见血地指出了资产阶级作家、画家和女演员不可能离开资产阶级的钱袋而自由。③ 列宁非常重视艺术创作的自由，他在《党的组织和党的文学》一文中关

① 邓力群主编：《伟人毛泽东丛书——伟人的一生》，中央民族大学出版社 2004 年版，第 382—394 页。
② 《马克思恩格斯选集》第 1 卷，人民出版社 1995 年版，第 275 页。
③ 参见吴育频：《创作自由与党性原则》，《文艺争鸣》1990 年第 5 期。

于两个"广阔天地"的名言是众所周知的。但是，他从来不把问题抽象化。当他谈到自由时，总是把无产阶级的自由和资产阶级的自由严格区别开来，强调无产阶级的文艺自由要比资产阶级的优越得多、广泛得多，因而是真正的自由。他说："在一个以私有财产为基础的社会里，艺术家为市场而生产商品，他需要买主。我们的革命已经把艺术家们从这一最无聊的事态的压迫下解放出来。革命已使苏维埃国家成为艺术家的保护人和订购者。每一个艺术家和每一个想做艺术家的人，都有权按照他的理想独立自主来自由创作。"[①]

"百花齐放，百家争鸣"的方针，是毛泽东针对 1956 年我国的实际情况提出的。当时，阶级斗争已不是社会的主要矛盾，大规模急风暴雨式的群众性的阶级斗争已基本结束，社会上虽然仍有各种矛盾，但主要的和大量的是人民内部矛盾。正如毛泽东所说，这一方针只适应于人民内部，它是一种解决科学文化领域里人民内部矛盾问题、是非问题的方针，不同于解决敌我矛盾所采用的专政的办法和强制的办法。提出这一方针的目的，是为了调动一切积极因素，推动经济文化的发展，满足人民不断增长的物质生活和文化生活的迫切需要。所以，"百花齐放、百家争鸣"的方针，是促进艺术发展和科学进步的方针，是促进我国的社会主义文化繁荣的方针。

不难看出，马克思、恩格斯、列宁对毛泽东后来所发挥的以文艺民主和文艺自由为核心的许多观点，大部分先后涉及了。但是，他们并没有形成完整的理论体系，也没有概括为一条完整的方针。毛泽东在马克思主义文艺理论的基础上，不但明确地提出了"百花齐放，百家争鸣"的方针，而且还有论述这一方针的完整的理论，毛泽东这一重大贡献，是对马克思主义文艺理论的重大发展。

"百花齐放"的提出

"百花齐放"是在戏曲问题的争论中提出的。中国戏剧丰富多彩，如何对待中国传统戏曲，人们的认识并不一致。在五四新文化运动中，陈独秀[②]在反对封建旧文化时将中国戏曲也列在反对之列，犯了形式主义的错误。毛泽东的《新民主主义论》阐述了对待中国古代文化和外国文化的正确方针。1942 年毛泽东为延安平剧（京剧）研究院成立作了"推陈出新"的题词，更具体地指出了如何对待中国传统戏曲的态度。但全国解放后，争论又起。有人主张全部继承，不愿批判继承和改革；有人则认为京剧是封建主义，应全盘否定。在 1950 年 11 月召开的全国第一届戏曲工作会议上，有人提出戏曲应"百花齐放"。周扬认为

---

① 王永盛、张伟：《毛泽东的艺术世界丛书——毛泽东的思维艺术》，山东大学出版社 1991 年版，第 95—97 页。

② 参见陈独秀：《答张豂子（新文学及中国旧戏）》（1918 年 6 月 15 日）和《〈新青年〉罪案之答辩书》（1919 年 1 月 15 日）。

这个提法很好，向毛泽东报告了。1951 年 4 月 3 日，中国戏曲研究院成立，毛泽东题写了"百花齐放，推陈出新"八个大字。1956 年 4 月 28 日，在中共中央政治局扩大会议上，毛泽东在谈到"双百"方针时回忆说："百花齐放"是群众中间提出来的，不晓得是谁提出来的。后来有人要我写字，我就写了"百花齐放，推陈出新"①。这一题词实际成了新中国成立初期戏曲工作的指导方针。这里的"百花齐放"还只涉及各种戏曲形式的同时并存、互相争艳的问题，并没有涉及文艺界、科学界及整个学术界的问题。

"百家争鸣"的问世

"百家争鸣"是毛泽东就中国历史问题研究而提出的。1953 年，中国历史问题研究委员会成立。委员会主任陈伯达向毛泽东请示历史研究工作的方针时，毛泽东说：要百家争鸣。据历史学家黎澍回忆：在 1953 年或 1952 年，由中共中央宣传部出面约请历史学家翦伯赞、邵循正、胡华三人合作写一本《中国历史概要》的小册子，准备提供给苏联大百科全书备用。书稿出来后，请示毛泽东如何解决一些有争议的问题。他回答说："把稿子印发给全国历史学家讨论，实行百家争鸣。"② 后来又指示："中国历史很长，建议在中国科学院设立三个研究所，把中国史分作三段来研究：第一所研究古代，止于汉；第二所研究魏晋到鸦片战争前；第三所研究鸦片战争以来的近代史。三个历史研究所合办一个杂志，定名《历史研究》，方针是百家争鸣。"③

毛泽东反对用行政手段去处理学术上的是非问题，反对以个人是非为是非。1955 年底，在中国讲学的一位苏联学者在参观孙中山故居时对我陪同人员说，他不同意毛泽东在《新民主主义论》中对孙中山世界观的评论。当时，有的单位认为，这种说法影响"我党负责同志的威信"，提出是否应向苏联驻华大使尤金谈此事。1956 年 2 月 29 日，毛泽东在致刘少奇、周恩来等的信中说："我认为这种自由谈论，不应当去禁止。这是对学术思想的不同意见，什么人都可以谈论，无所谓损害威信。因此，不要向尤金谈此事。如果国内对此类学术问题和任何领导人有不同意见，也不应加以禁止。如果企图禁止，那是完全错误的。"④ 中国古代有以孔子之是非为是非的传统，五四新文化运动破除了对孔子的迷信。但在马克思主义者中间，渐渐形成了以马、恩、列、斯及毛的言论为是非之标准的教条主义学风。有关单位向上请示是否就苏联学者的意见向尤金谈这一事，就反映了教条主义学风的严重存在。毛泽东提出"双百"方针也鉴

① 龚育之、刘武生：《"百花齐放，百家争鸣"的提出》，《光明日报》1986 年 5 月 21 日。
② 文严：《"双百"方针提出和贯彻的历史考察》，《党的文献》1990 年第 3 期。
③ 萧延中：《晚年毛泽东》，春秋出版社 1989 年版，第 334 页。
④ 《毛泽东书信选集》，人民出版社 1983 年版，第 510 页。

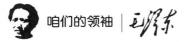
于苏联在这方面的教训。在苏联曾发生过利用行政手段干涉学术争论从而严重阻碍科学发展的事。其中最典型的是李森科用行政手段压制遗传学中的摩尔根学派。1948年，当时的苏联农业科学院院长李森科把遗传学中的摩尔根学派当作资产阶级的、唯心主义的、形而上学的、反动的伪科学加以粗暴批判。在大学中，只准讲米丘林学派，不准讲摩尔根学派。全国解放后，我国生物学界曾盲目学习苏联，称米丘林、李森科学派是社会主义的，摩尔根—孟德尔学派是资产阶级的，在生物学中大批摩尔根学派，严重阻碍了我国遗传学的研究与发展。斯大林逝世后，苏联报刊揭露和批评李森科压制学术争论的学阀作风。毛泽东注意到苏联的这一教训。1956年4月，他看到一份当时德国统一社会党中央宣传部长哈格尔3月3日的谈话纪要。哈格尔谈了在学习苏联科学上的教条主义的错误。4月18日，毛泽东给当时的中宣部副部长张际春批写道："此件值得注意，请中宣部讨论一下这个问题。讨论时，邀请科学院及其他有关机关负责同志参加。陆定一同志回来，将此件给他一阅。"① 在以后，毛泽东曾在一些讲话中将李森科用行政手段压制学术争论作为一个反面例子告诫大家。有个单位的同志向中宣部请示，要中宣部对某个学术问题先作一个结论再去进行学术批评。为此，陆定一向毛泽东请示。毛泽东说："让马克思来当中宣部长，让恩格斯当中宣部副部长，再加一个列宁当副部长，也解决不了那么多的学术问题。学术问题就是要百家争鸣。"②

"双百"方针诞生

　　1956年1月，中共中央召开了关于知识分子的会议，陆定一在会上发言中说道：学术性质的问题、艺术性质的问题、技术性质的问题，应该放手发动党内外知识分子进行讨论，放手让知识分子发表自己的意见，发挥个人的才能，采取自己的风格，应该允许不同学派的存在和新学派的树立。他们之间可以互相批评，但批评时决不要戴大帽子。2月24日，中共中央政治局会议通过了《中央关于知识分子的指示》："在讨论学术性问题的时候，应该提倡实事求是的自由辩论，反对强词夺理、少数人（不论是党员或者非党员）的垄断和滥用行政方法去解决问题。"③

　　1956年4月25日，毛泽东在中央政治局扩大会议上作《论十大关系》的报告。在会后的讨论中，陆定一又谈了对学术性质、艺术性质、技术性质的问题要让它争论，再一次讲不能同意"巴甫洛夫医是社会主义的，西医是资本主义

---

　　① 《建国以来毛泽东文稿》第6册，中央文献出版社1992年版，第74页。
　　② 于光远：《双百方针提出三十周年》，《人民日报》1986年5月16日。
　　③ 周恩来：《一九五六年知识分子会议文献选载（一九五六年一月—二月）——关于知识分子的几个问题（一九五六年一月二十日）》，《党的文献》1990年第1期。

的，中医是封建的"这样的说法，不能同意"摩尔根、孟德尔是资产阶级的，李森科、米丘林是社会主义的"这样的说法。在讨论时，有人讲到毛泽东的"百花齐放"题词所起的作用和成立历史研究委员会时毛泽东提出"百家争鸣"的情况，建议在科学文化问题上要贯彻这两个口号。4月28日，毛泽东在中央政治局扩大会议上作总结发言，其中的第五点说："'百花齐放，百家争鸣'，我看这应该成为我们的方针，这是两千年以前人民的意见。艺术问题上百花齐放，学术问题上百家争鸣。讲学术，这种学术可以，那种学术也可以，不要拿一种学术压倒一切，你如果是真理，信的人势必就会越来越多。"① 5月2日，毛泽东在最高国务会议第七次会议上又说："现在春天来了嘛，一百种花都让它开放，不要只让几种花开放，还有几种花不让它开放，这就叫做百家争鸣，就是诸子百家，春秋战国时代，两千年前那个时候，有许多学说，大家自由争论，现在我们也需要这个。"他指出："在中华人民共和国宪法范围之内，各种学术思想，正确的，错误的，让他们去说，不去干涉他们。李森科，非李森科，我们也搞不清，有那么多学说，那么多的自然科学，就是社会科学，这一派，那一派，让他们去说。在刊物上、报纸上可以说各种意见。"② 他正式宣布将"百花齐放，百家争鸣"作为科学和文化工作的指导方针。

5月26日，陆定一在中南海怀仁堂向自然科学家、社会科学家、医学家、文学家和艺术家作了题为《百花齐放，百家争鸣》的讲话，系统阐述"双百"方针。他说：我国要富强，除了必须巩固人民的政权，必须发展经济，发展教育事业，加强国防以外，还必须使文学艺术和科学工作得到繁荣和发展。缺少这一条是不行的。要使文学艺术和科学工作得到繁荣和发展，必须采取"百花齐放，百家争鸣"的政策。他以戏曲方面实行"百花齐放，推陈出新"的效果和春秋战国时代学术方面"百家争鸣"来说明这一政策的正确和必要。他解释说："我们所主张的'百花齐放，百家争鸣'是提倡在文学艺术工作和科学研究工作中有独立思考的自由，有辩论的自由，有创作和批评的自由，有发表意见、坚持自己的意见和保留自己意见的自由。""百花齐放，百家争鸣"是人民内部的自由在文艺工作和科学工作领域中的表现。他说：党中央现在着重提出"百花齐放，百家争鸣"的政策，就是要我们在文艺工作和科学工作方面，也把一切积极因素调动起来，更好地为人民服务，为繁荣我国的文学艺术而努力，为使我国的科学工作赶上世界先进水平而努力。毛泽东和党中央提出的"双百"方针，得到了知识界的热烈欢迎，极大地调动了广大知识分子的积极性，科学文化部门的思想空前活跃，出现了生机勃勃的春天景象。

---

① 毛泽东：《关于"百花齐放、百家争鸣"方针的文献第三篇（一九五六年四月—五月）》，《党的文献》1990年第3期。

② 史中：《毛泽东说："现在春天来了嘛。"——"双百"方针提出经过》，《福建党史月刊》2009年第11期。

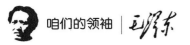

"六条政治标准"

"百花齐放，百家争鸣"这两个口号，就字面讲是没有阶级性的，无产阶级可以利用它们，资产阶级也可以利用它们，其他的人也可以利用它们。但"双百"方针决不是资产阶级自由化的方针，而是坚定的无产阶级的阶级政策。毛泽东说："统一物的两个互相对立互相斗争的侧面，总有个主，有个次，在我们无产阶级专政的国家里，当然不能让毒草到处泛滥。无论在党内，还是在思想界、文艺界，主要的和占统治地位的，必须力争是香花，是马克思主义。毒草，非马克思主义和反马克思主义的东西，只能处在被统治的地位。"而且对毒草、对错误思想必须进行批判，决不能让它们自由泛滥。他又指出，所谓香花和毒草，各个阶段、阶层和社会集团也有各自的看法。他根据我国的宪法原则，根据我国最大多数人民的意志和我国各党派历次宣布的共同的政治主张，提出了辨别香花和毒草的六条政治标准："（一）有利于团结全国各族人民，而不是分裂人民；（二）有利于社会主义改造和社会主义建设，而不是不利于社会主义改造和社会主义建设；（三）有利于巩固人民民主专政，而不是破坏或者削弱这个专政；（四）有利于巩固民主集中制，而不是破坏或者削弱这个制度；（五）有利于巩固共产党的领导，而不是摆脱或者削弱这种领导；（六）有利于社会主义的国际团结和全世界爱好和平人民的国际团结，而不是有损于这些团结。这六条标准中，最重要的是社会主义道路和党的领导两条。"① 这六条是鉴别人们的言论行动是否正确的政治标准，它们对任何科学艺术的活动也都是适用的。至于如何掌握这六条标准，这又是一个十分复杂的问题。另外，违背这六条标准的言论和行动是错误的，但并不就一定是反党反社会主义的右派言行，更不能等同于反革命言行。混淆了两者的区别，就会犯扩大化的错误，把人民内部的是非问题当成是敌我问题。

纯学术问题不干涉

1956 年，周谷城教授在《新建设》2 月号上发表了《形式逻辑与辩证法》，提出在认识活动中"辩证法是主，形式逻辑是从；主从虽有区别，却时刻不能分离"。周不同意当时流行的"辩证法是高级逻辑，形式逻辑是低级逻辑"的说法，由此引起了争论。争论中，周谷城是少数派，毛赞成周的观点。但他不公开加入这一争论。1958 年周编了一本有关形式逻辑与辩证法的论文集，写信请毛泽东作序。毛泽东在回信中说："两次热情的信，都已收到，甚谢！大著出版，可资快读。我对逻辑无多研究，不敢有所论列；问题还在争论中，由我插

---

① 《毛泽东文集》第 7 卷，人民出版社 1999 年版，第 197、234 页。

入一手，似乎也不适宜。作序的事，不拟应命，可获谅解否？"①

关于《兰亭序》的真伪问题。《兰亭序帖》自唐太宗李世民认定为东晋书法大家王羲之真迹以来，虽有人提出过异议，但似乎成了定论。郭沫若根据南京附近新出土的东晋王兴之夫妇墓志和谢鲲墓志发表了《由王谢墓志的出土论到〈兰亭序〉的真伪》（刊《文物》1965 年第 6 期），论证《兰亭序》的文章不是王羲之的原作，并从字体上否定《兰亭序》系王羲之所书。郭文发表后，南京市文史馆馆员高二适写了《〈兰亭序〉的真伪驳议》一文，不同意郭老的意见。高将自己的文章寄给报刊，但未能发表，后给了章士钊。章将高文转寄给毛泽东。毛在 1965 年 7 月 18 日复信章表示："争论是应该有的，我当劝说郭老、康生、伯达诸同志赞成高二适一文公诸于世。"郭沫若在文中提到康生、陈伯达，故毛在信中说及康、陈二人。并随即给郭老去信，提出："笔墨官司，有比无好。"②后高文在 7 月 23 日的《光明日报》上发表。"笔墨官司，有比无好。"确实，只有通过争论，学术才能繁荣，科学才能发展。

只能放，不能收

"双百"方针在实践中实施后，毛泽东进一步提出了实施的基本原则——"只能放，不能收"。在文化事业的建设过程中，肯定会发生各种不同思想之间的争论，究竟如何对待这些争论呢？办法只有两个，一个是放，一个是收。毛泽东对此解释说："放，就是放手让大家讲意见，使人们敢于说话，敢于批评，敢于争论；不怕错误的议论，不怕有毒素的东西；发展各种意见之间的相互争论和相互批评，既容许批评的自由，也容许批评批评者的自由；对于错误的意见，不是压服，而是说服，以理服人。收，就是不许人家说不同的意见，不许人家发表错误的意见，发表了就'一棍子打死'。这不是解决矛盾的办法，而是扩大矛盾的办法。两种方针，放还是收呢？二者必取其一。我们采取放的方针，因为这是有利于我们国家巩固和文化发展的方针。"③ 毛泽东进一步阐明了自己的观点：有些人认为，只能放香花，不能放毒草，这表明这些人对"双百"方针很不理解。因为，一般说来，反革命的言论当然不让放。但是它不用反革命的面貌出现，而以革命的面貌出现，那就只好让它放，这样才有利于对它的鉴别和斗争。"农民需要年年跟田里的杂草作斗争，我们党的作家、艺术家、评论家、教授，也需要年年跟思想领域的杂草作斗争。""你草长，我就锄。这个对立面是不断出现的。杂草一万年还会有，所以也要准备斗争一万年。"④ 不难设

---

① 《毛泽东书信选集》，中央文献出版社 2003 年版，第 544 页。
② 《毛泽东书信选集》，中央文献出版社 2003 年版，第 602 页。
③ 《毛泽东文集》第 7 卷，人民出版社 1999 年版，第 270、278—279 页。
④ 《毛泽东文集》第 5 卷，人民出版社 1996 年版，第 338 页。

想，在放香花的同时，必然也有毒草放出来，但"这并不可怕，在一定条件下还有益"。当然，毛泽东也有明确的态度，即统一物的两个互相对立互相斗争的侧面，总有个主，有个次。"在我们无产阶级专政的国家里，当然不能让毒草到处泛滥。无论在党内，还是在思想界、文艺界，主要的和占统治地位的，必须力争是香花，是马克思主义。毒草，非马克思主义和反马克思主义的东西，只能处在被统治的地位。"①"双百"方针在文化建设和管理中具有重要的指导意义。

古为今用　洋为中用

毛泽东文化思想涉及中国文化发展的方方面面，它指明了中国新文化的发展方向，指出中国新文化的民族的科学的大众的品格特征，确立了中国新文化的马克思主义核心和灵魂，对建设社会主义新文化作出了贡献。

民族的科学的大众的文化纲领

1940 年 2 月，《中国文化》杂志在延安创刊，毛泽东在创刊号上发表了《新民主主义的政治与新民主主义的文化》。这是他 1 月 9 日在陕甘宁边区文化协会第一次代表大会上的讲演。同年 2 月 20 日，在延安出版的《解放》第 98、99 期合刊转载了这篇讲演，改题为《新民主主义论》。毛泽东在论著中提出："我们要建立一个新中国"。他从这个大目标出发论述了文化问题。为了建立新中国，我们不仅要进行政治革命和经济革命，而且要进行文化革命。我们的目标，从政治、经济上说，要把一个受压迫、受剥削的旧中国，变为一个自由的繁荣的新中国；从文化上说，要把一个被旧文化统治因而愚昧落后的中国，变为一个被新文化统治因而文明先进的中国。他说，我们的文化革命，就是要建设民族的、科学的、大众的中华民族的新文化。

毛泽东在《新民主主义论》和其他著述中，对这种文化作了解释。

所谓"民族化"，毛泽东强调新文化在内容上就是反对帝国主义压迫和奴役，主张中华民族的尊严和独立。新文化在形式上则应强调自己的民族形式，体现本民族的特性。这就是革命的文化内容和具有特色的民族形式要结合。当然，在强调发展本民族文化的问题中，会遇到一个如何对待外国文化的问题。对此，他的态度非常明确："中国应该大量吸收外国的进步文化，作为自己文化的食粮的原料。"这不仅要吸收外国的社会主义文化和民主主义文化，还包括外国的古代文化和各资本主义国家启蒙时期的文化。只要对于我们有用，都应吸收进来。不过，在吸收中不是对其生吞活剥地毫无批判地吸收，而是对其进行

---

① 《毛泽东文集》第 7 卷，人民出版社 1999 年版，第 197 页。

消化式的分解，"排泄其糟粕，吸收其精华"。总之，既要反对"洋化"，也要反对"复古"，要切切实实地将时代特点和民族特点相结合。

所谓"科学化"，就是说新文化"反对一切封建思想和迷信思想，主张实事求是，主张客观真理，主张理论和实践一致"。他指出，"中国现时的新文化"是"从古代的旧文化发展而来"的，因此，我们必须"尊重历史"而不"割断历史"，要"给历史以一定的科学的地位"，"中国在长期封建社会中，创造了灿烂的古代文化。清理古代文化的发展过程，剔除其封建性的糟粕，吸收其民主性的精华，是发展民族新文化提高民族自信的必要条件"。但对于古代文化，我们不能无批判地一概吸收，而应一分为二，"必须将古代封建统治阶级的一切腐朽的东西和古代优秀的人民文化即多少带有民主性和革命性的东西区别开来。"

所谓"大众化"，就是说新文化是民主的文化。这种文化的民主性质决定，它应为全民族 90% 以上的工农大众服务。这种新文化要做到"大众化"，体现在它的内容上，就是要有劳动人民的思想感情。新文化要反映人民群众在新民主主义和社会主义政治经济环境中的劳动、生产和精神面貌，通过文化的形式去表达他们的愿望、意志和要求，代表他们的利益，为他们服务。新文化体现在形式上，就是要注意语言形式，"言语必须接近民众"[①]，就是要向民众学习。

民族的科学的大众的新文化及其所包含的重要原则，就是革命文化发展的根本方向，就是毛泽东的新民主主义的文化纲领。

对中西文化论争的历史总结

毛泽东提出的新民主主义文化纲领，是中国近现代关于中西文化问题长期论争的科学总结。中西文化问题的论争是从 1840 年鸦片战争以后开始的。西方资本主义列强的大炮轰开了"天朝大国"的大门，资本主义新文化传入中国，对中国本土文化产生了强烈的冲击。于是中国人考虑如何对待这种新的外来文化和如何对待本国传统文化的问题。

林则徐、魏源提出"师夷长技以制夷"的口号。虽然鄙称其为"夷"，但承认其有"长技"，我们可以"师"之，向他们学习科学技术。之后洋务派打出"中体西用"的旗帜，主张学习西方的某些"技艺"，但不改变封建的纲常礼教，不动摇中国封建文化之根本。中日甲午战争，中国惨败，维新派怀疑和否定"中体西用"。

维新派和以孙中山为首的资产阶级革命派，他们引进西学的目的在于救亡图存，他们所说的西学里，包括现代科学和现代政治。但他们有一个重大缺陷，从戊戌变法到辛亥革命，都没有从根本上动摇封建主义思想文化的基础。康有

---

① 邓力群：《伟人毛泽东丛书——毛泽东的文化思想》，中央民族大学出版社 2004 年版，第 35—37 页。

为以今文经学的"三世说"作为主要依据，并通过推行和宣扬孔子改制说，来为变法运动正名。

辛亥革命之后，随着封建军阀专制统治的加剧，文化思想界有一股强大的反对进步、反对改革的保守势力，主张保存"国粹"。对于外国文化，采取闭关主义政策。一批先进的知识分子出于对封建主义文化和国粹主义者的憎恶，提出了"打倒孔家店"的口号。这个口号的主要含义有二：一是彻底结束儒家学说在整个思想界的统治地位，结束它作为社会主导思想的地位；二是集中反对封建纲常礼教。后来他们中的一部分人接受并传播马克思主义。新文化派的历史功绩是不可磨灭的。但他们也有局限和缺陷，他们的思想武器仍然是进化论，不是辩证法。

在革命营垒方面，一部分五四新文化运动的领导人离开了文化战线，转到政治战线上来，他们从事组建共产党，领导工农运动和武装斗争，无暇顾及中西文化问题。当时一部分社会科学家如郭沫若、吕振羽、王学文等，在中国社会史问题的论战中，研究了中国古代的生产力和生产关系，但他们并没有明确提出批判继承传统文化问题。

这个时期，注重并且正确对待中外文化的是鲁迅。他对这个问题有许多论述。他打了一个比喻：假如有一个穷青年，得到了一座大宅子，怎么办呢？可能有两种态度，一种是怕被房子主人的东西污染了，不敢进去，放一把火把它烧掉，算是保持了自己的清白；另一种态度是，本来就羡慕旧主人的生活，这回得到了，欣欣然走进卧室，大吸其剩余的鸦片。鲁迅说，前一种是昏蛋，后一种是废物。鲁迅主张采取第三种态度：不管三七二十一，首先把它"拿来"，"占有"它，然后进行"挑选，看见鱼翅，只要有营养，也像白菜萝卜一样把它吃掉；看见鸦片，也不要摔在厕所里，表示彻底革命，可以把它送到药房里，给人治病；只有抽鸦片的烟枪和烟灯，送一点给博物馆，其余的统统毁掉。总之，先拿来，再挑选，或使用，或存放，或毁掉，这样主人是新主人，宅子是新宅子"[①]。

除了鲁迅，全面地科学地论述对待中外文化的正确原则的是毛泽东。早在五四时期，毛泽东就主张在研究中国国情的基础上"融合中西文化"。他成为马克思主义者之后，主张马克思主义这种外来文化要和中国传统文化相结合，坚决反对把马列主义教条化。他对中外文化问题提出了许多原则性的意见。1938年10月，他在中共六届六中全会的政治报告中，专门讲到了共产党员的学习问题。他提出共产党员要进行三个方面的研究：一要研究马克思、恩格斯、列宁、斯大林的理论，二要研究我们民族的历史，三要研究当前的运动。马列主义是

---

① 鲁迅：《拿来主义》（发表于 1934 年，后收入杂文集《且介亭杂文》），《鲁迅杂文集》，万卷出版公司 2008 年版。

一种外来文化，民族历史就是中国传统文化的一部分，当前运动就是现实的抗日民族战争。要把这三方面的研究结合起来，就是把研究马列主义这种外来文化和研究中国的传统文化同研究当前抗战运动结合起来，以指导现实斗争。毛泽东提出了总结我们民族的历史、继承珍贵的民族文化遗产和马克思主义在中国具体化、使之带有中国特性的问题。在此之后，他在《中国革命和中国共产党》《新民主主义论》《改造我们的学习》《反对党八股》《在延安文艺座谈会上的讲话》《论联合政府》等论著中，多次讲到文化问题，对近百年的中西文化论争作了科学的总结。他透彻地阐述了如何对待传统文化和外来文化的问题，既批评了抱残守缺的国粹主义和封建复古主义，又批评了一概否定传统文化的民族虚无主义；既批评了闭关锁国、拒绝一切外来文化的保守主义，又批评了全盘照抄照搬外国经验的文化教条主义和所谓"全盘西化"论。

继承珍贵的历史文化遗产

　　1938 年 10 月，毛泽东在中共六届六中全会上的报告中，首次讲到"学习我们的历史遗产，用马克思主义的方法给以批判的总结"的问题。他说："我们这个民族有数千年的历史，有它的特点，有它的许多珍贵品。对于这些，我们还是小学生。今天的中国是历史的中国的一个发展；我们是马克思主义的历史主义者，我们不应当割断历史。从孔夫子到孙中山，我们应当给以总结，继承这一份珍贵的遗产。"① 一年之后，他又在《新民主主义论》中写道："中国的长期封建社会中，创造了灿烂的古代文化。清理古代文化的发展过程，剔除其封建性的糟粕，吸收其民主性的精华，是发展民族新文化提高民族自信心的必要条件；但是决不能无批判地兼收并蓄。必须将古代封建统治阶级的一切腐朽的东西和古代优秀的人民文化即多少带有民主性和革命性的东西区别开来。中国现时的新政治新经济是从古代的旧政治旧经济发展而来的，中国现时的新文化也是从古代的旧文化发展而来，因此，我们必须尊重自己的历史，决不能割断历史。但是这种尊重，是给历史以一定的科学的地位，是尊重历史的辩证法的发展，而不是颂古非今，不是赞扬任何封建的毒素。"

　　在这两段话里，毛泽东提出了对待历史遗产——传统文化的许多重要原则。

　　首先，毛泽东肯定中华民族几千年的历史遗产中，有许多珍贵品。做出这个肯定的结论是需要求实的精神和科学的勇气的。肯定封建社会中创造了灿烂文化，这是研究传统文化必须解决的一个认识问题。不能认为封建社会里创造的文化都是封建文化，不能把传统文化与封建主义文化画等号，即使是封建主义的东西也要加以区别对待，不能借口反对封建主义而全盘否定传统文化。我

---

① 《毛泽东选集》第 2 卷，人民出版社 1991 年版，第 534 页。

国在 2000 多年的封建社会中，在学术思想（世界观、人生观、政治法律观点、伦理道德观念等）、文学艺术（音乐、绘画、戏剧、建筑、雕塑等）、科学技术（医学、天文学、农学等）诸方面所创造的灿烂文化，是永远值得自豪的。

其次，毛泽东指出传统文化不是一个整体，它至少可以分为精华和糟粕两个部分，即"封建统治阶级的一切腐朽的东西"和"带有民主性和革命性"的"优秀的人民文化"。[①] 我们要把这两个部分区别开来，吸取其精华，排泄其糟粕。对于这个问题，毛泽东在 1960 年 12 月对两个外国代表团的谈话中作过很好的说明。他说，"所谓中国几千年的文化，是封建时代的文化，但并不全是封建主义的东西，有人民的东西，有反封建的东西。要把封建主义的东西和非封建主义的东西区别开来"。同时他又说，就是封建主义的东西也不全是坏的。"当封建主义还在发生、发展的时候，它有许多东西还是不错的。"[②] 毛泽东在延安文艺座谈会上说："我们必须继承一切优秀的文学艺术遗产，批判地吸收其中一切有益的东西，作为我们从此时此地的人民生活中的文学艺术原料创造作品时候的借鉴。"[③] 至于那些剥削阶级的糟粕，那些一味张扬封建统治者的功德、充满淫邪迷信的腐朽东西，应该坚决予以抛弃。

再次，毛泽东还论述了历史的延续性和文化遗产的继承性。他一再强调，今天的中国是历史的中国的一个发展，中国现时的新政治新经济是从古代的旧政治旧经济发展而来的，所以我们不能割断历史，而要尊重历史的辩证的发展。这是非常重要的马克思主义的历史唯物主义观点。我们之所以要总结和继承历史遗产，就因为民族历史具有延续性的特点。以今非古，或民族虚无主义就是割断了历史，违背了历史唯物主义的原则。他指出中国已有"将近 4000 年的有文字可考的历史"，是一个"历史悠久而又富于革命传统和优秀遗产的国家"[④]。对于历史遗留下来的"这一份珍贵的遗产"，我们不应当轻视和抛弃，而应当给以"总结"和"承继"。抛开旧有文化的基础，新的文化就难以萌生和发展，所以我们决不能采取以今非古的形而上学的态度，也不能走否定优秀文化传统的民族虚无主义的道路。

吸收和借鉴外来文化

文化不仅具有民族的继承性和延续性，而且具有各民族、各国家之间互相交流、互相吸收和融合的特性。中国文化之所以曾经长期居于世界领先地位，是同它不断吸收外来文化分不开的。只是到了近现代，才发生了如何对待外来

① 邓力群：《伟人毛泽东丛书——毛泽东的文化思想》，中央民族大学出版社 2004 年版，第 35—53 页。
② 《毛泽东文集》第 8 卷，人民出版社 1999 年版，第 225 页。
③ 邓力群：《伟人毛泽东丛书——毛泽东的文化思想》，中央民族大学出版社 2004 年版，第 35—53 页。
④ 《毛泽东选集》第 2 卷，人民出版社 1991 年版，第 645 页。

文化的问题，发生了"中西文化"问题的长期争论。毛泽东在他的论著中多次阐述了正确对待外来文化的问题。他在《新民主主义论》中说了这样一段很著名的话："中国应该大量吸收外国的进步文化，作为自己文化食粮的原料，这种工作过去还做得很不够。这不但是当前的社会主义文化和新民主主义文化，还有外国的古代文化，凡属我们今天用得着的东西，都应该吸收。但是一切外国的东西，如同我们对于食物一样，必须经过自己的口腔咀嚼和胃肠运动，送进唾液胃液肠液，把它分解为精华和糟粕两部分，然后排泄其糟粕，吸收其精华，才能对我们的身体有益，决不能生吞活剥地毫无批判地吸收。"

毛泽东强调要"大量吸收一切有益的东西"。我们不但要吸收社会主义和新民主主义的文化，还要吸收外国的古代文化。吸收外来文化的目的，是把它作为自己食粮的原料，作为我们今天建设新文化的借鉴，对于外来文化不能无原则地全盘接受。毛泽东在强调吸收外来文化的同时，强调指出吸收外来文化要经过分析批判，这就如同吃饭吃菜一样，要经过咀嚼和消化，然后"排泄其糟粕，吸收其精华"。对于外来文化，决不能不分粗细，不辨优劣，毫无选择地盲目引进，不加批判地生吞活剥。对于西方资产阶级文化，当然不能一概排斥，但必须警惕其中腐朽、落后的东西。在引进西方的科学文化时，必须首先看一看是否对人民大众有利，对精神文明建设和发展中华民族新文化有利，然后决定对它们的弃取。对于资产阶级颓废腐朽的东西，必须坚决予以抵制和批判。外来文化必须和中国民族的特点相结合，使之具有中国的特点。"吸收外国的东西，要把它改变，变成中国的。"①

毛泽东说："剖肚子，割阑尾，吃阿司匹灵，并没有什么民族形式。当归、大黄也不算民族形式。艺术有形式问题，有民族形式问题。"② 为什么呢？因为"艺术离不了人民的习惯、感情以至语言，离不了民族的历史发展"。毛泽东说："在中国艺术中硬搬西洋的东西，中国人就不欢迎。"③ 著名的歌曲作家雷振邦说："你是中国人，你必须写有中国民族特色的音乐，群众才欢迎你，否则群众就不接受。"他创作的《五朵金花》《刘三姐》《冰山上的来客》等电影的插曲，深受广大群众喜爱，就因为它们的民族味儿很浓。离开我们民族的特点，你在中国的大地上站不住，中国人民不会欢迎你的东西。④

一个民族跻身于世界文化之林，它的前提是必须具有民族的特色。浓郁的民族特色是走向世界的通行证。京剧、国画曾对国际艺坛产生过强烈冲击。中国艺术团到外国演出芭蕾舞《天鹅湖》，很难为国际舞蹈增添色彩。中国的《丝

---

① 《毛泽东著作选读》下册，人民出版社 1986 年版，第 747 页。

② 《毛泽东文集》第 7 卷，人民出版社 1999 年版，第 76 页。

③ 《毛泽东著作选读》下册，人民出版社 1986 年版，第 746 页。

④ 参见刘志远：《把最美的歌儿献给人民——访六届政协委员雷振邦》，《光明日报》1983 年 6 月 15 日。

路花雨》誉满西欧、北美。外国的拳击，中国人不甚欣赏；中国的《少林寺》轰动了东南亚和欧美大陆。老舍的《茶馆》是话剧这种外来艺术形式民族化的典范，那浓烈的中国风土气息，在国际戏剧舞台上令人倾倒。可见，愈有民族特色的文化艺术愈有国际性。所以毛泽东强调，在艺术形式上吸收外国的经验，一定要以中国的东西为基础，"以自己的东西为主"。例如鲁迅的《狂人日记》是受了果戈理同名小说的影响，但是鲁迅的《狂人日记》，在题材、主题、形式、风格各方面却与果戈理的《狂人日记》迥异，它从内容到形式都是中国的，而不是俄国的。像鲁迅、郭沫若、茅盾等艺术大师都是勇敢的"拿来主义"者，但他们又都深深地扎根于本民族的传统文化的土壤之中。

拒绝学习外国长处的排外思想是不可取的。问题是如何学。吃牛羊肉是为了使人的身体健壮，而不是要把人变成"类乎牛羊，长出牛羊的蹄角"。一味崇尚和迎合外来的"新潮流"，把自己没有见过的艺术作风都当作代表时代精神的新艺术，以至于把人家已经舍弃的破烂当成宝贝。近些年来，有些文艺工作者，在外来文艺冲击面前，机械模仿，在诗歌创作中盲目追求某些西方迷惘的诗风，内容混乱，形式别扭，抛弃了中国诗歌以比、兴见长，以意境清新取胜的民族形式和民族风格。在小说创作上，追求时空错乱的结构方式，破坏了中国小说创作中讲求章法结构严谨、人物性格生动逼真的艺术传统。在歌舞戏曲方面，把一些低级、色情的东西搬上舞台，表演者在服饰上大做文章……不仅使艺术商品化了，也使自己商品化了。

1956年4月，毛泽东在《论十大关系》这篇讲话中说到中国和外国的关系时说："应当承认，每个民族都有它的长处，不然它为什么能存在？为什么能发展？同时，每个民族也都有它的短处。……我们的方针是，一切民族、一切国家的长处都要学，政治、经济、科学、技术、文学、艺术的一切真正好的东西都要学。但是，必须有分析有批判地学，不能盲目地学，不能一切照抄，机械搬运。他们的短处、缺点，当然不要学。"① 这就是对待外来文化的正确态度。

着眼于"今用"和"出新"

继承和吸收传统文化和外来文化的目的是为现实服务，是为了更好地创造和建设今天的新文化。关于这个问题，毛泽东有过许多明确的论述。

早在青年时期，他就提出，对于中国历史要"观往迹，制今宜"；对于西洋历史要"取于外，资于内"②。在《新民主主义论》中，他说："凡属我们今天用得着的东西，都应该吸收。"

① 《建国以来毛泽东文稿》第6册，中央文献出版社1998年版，第82—109页。
② 邓力群：《伟人毛泽东丛书——毛泽东的文化思想》，中央民族大学出版社2004年版，第50页。

在延安文艺座谈会上，他说，批判地继承一切优秀的文学艺术遗产，"作为我们从此时此地的人民生活中的文学艺术原料创造作品时的借鉴"。旧的文艺形式可以利用，但是"这些旧形式到了我们手里，给了改造，加进了新内容，也就变成革命的为人民服务的东西了"。[①]

在《论联合政府》的政治报告中，他指出，批判地接收中国古代文化，"以利于推进中国的新文化"；尽量吸收进步的外国文化，"以为发展中国新文化的借镜"。[②]

1964 年 9 月 27 日，毛泽东在关于音乐教学工作致陆定一的信中，进一步简明地把这一思想概括为"古为今用，洋为中用"。[③] 这两句话便成为我们对待中外文化和发展社会主义新文化的基本方针。

可以看出，毛泽东在论述文化的继承和借鉴问题时，着眼于"今"和"新"，立足于"实际"和"用"。以是否符合今天中国的实际需要和是否有利于发展中华民族的新文化作为标准来决定取舍，是毛泽东对待中外文化的一个基本思想原则。

"古为今用，洋为中用"的方针不仅体现了无产阶级文化明确的革命功利主义，而且也反映了人类历史和文化发展的客观规律。只有在既扬弃又传承又发展的辩证统一运动中，世界和人类才能有所创造，有所前进。物质世界如此，精神世界也是如此。一种新的思想体系的产生，一方面总是有它所继承的前人的遗产作为基础；另一方面又总是根据新的现实需要，对原有的思想体系进行革命的改造，在继承和扬弃中有所发展和创新。马克思主义思想体系的产生就是这一历史辩证法的生动说明。马克思、恩格斯在批判旧世界中发现了新世界。正如列宁所说的，马克思主义是吸收和改造了两千多年来人类思想和文化发展中一切有价值的东西。

毛泽东把批判继承旧文化与创造新文化的关系，概括为四个字——"推陈出新"。"推陈"就是要在继承和吸收中外文化遗产时，扬弃那些不适合于今天需要的东西；"出新"就是要在继承和吸收文化遗产的基础上，创造出无产阶级的社会主义的新文化。"推陈"和"出新"是文化发展辩证统一的过程。"推陈出新"同毛泽东青年时代所主张的"观往迹，制今宜"如出一辙，说明这是毛泽东一贯的思想。

只有勇于革新，勇于创造，勇于进取，新文化才有蓬勃生机。中国历史上文化发展的几个重大时代，如周秦、汉唐、近代便都是这样大革新、大创造的时代。反之，如果在旧的文化遗产面前裹足不前，或者拜倒在西洋文化面前，

① 《毛泽东选集》第 3 卷，人民出版社 1991 年版，第 847—879 页。
② 《毛泽东选集》第 3 卷，人民出版社 1991 年版，第 1083 页。
③ 《毛泽东文艺论集》，中央文献出版社 2002 年版，第 227 页。

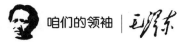

不敢创造，甚至视一切批判为"非圣无法的叛逆"，视一切革新为"离经叛道的异端"，那么，就必然要扼杀文化发展的生机，使文化在自我窒息中衰落和死亡。宋明以后，封建专制统治日益强化，文化专制主义日渐猖獗，灿烂的中国文化也就渐渐失去了它应有的光彩。

今天的任务是要建设有中国特色的社会主义新文化。这是一个艰巨的任务。毛泽东在新民主主义时期提出的建设"科学的、民族的、大众的新文化"的理念仍然是我们的主要指导思想。不过，历史从40年代发展到80年代、90年代，现代科学技术的突飞猛进，迅速地改变着人们的社会生活方式和思想观念。文化观念的内涵空前地扩大了；文化越出了国家民族的疆界，愈来愈走向世界化；大量新的科学领域的开辟，自然科学和社会科学方面都出现了许多新兴学科；而且自然科学和社会科学之间逐渐趋向互相渗透和综合，相应地出现了许多"边缘学科"和"跨学科"的科学；航天事业的发展，地球卫星和通讯卫星的发射和运转，地球"变小了"，全世界的沟通和联系大大地加强了，各国之间的文化交流日趋活跃和频繁，文化走向世界化的趋势正在加快。因此，社会主义新文化的内容也将在"民族的、科学的、大众的"基础上进一步丰富和发展。

总之，我们要以自己的民族文化遗产为基础，以宏伟的气魄、昂扬的进取精神，在革命中进行再创造；同时，要广泛地吸收和融化外来的优秀的进步的文化，建设有中国特色的社会主义新文化。

五、外交与国际战略篇

毛泽东是新中国外交的奠基人。他为我国外交战略的确立和外交政策的制定建立了不朽的功绩。他对国际形势的高瞻远瞩，对国际战略的运筹帷幄，他的外交思想和实践，永远是毛泽东思想宝库的重要组成部分。在毛泽东波澜壮阔的非凡一生中，为世界被压迫民族的解放和人类进步事业，为争取世界和平，作出了历史性的重大贡献。他始终坚持伸张正义，反对一切形式的霸权主义和强权政治，反对以强凌弱、以富压贫，对被压迫国家、民族和人民的斗争事业积极地给予同情和支持，把毕生的精力奉献给全世界无产阶级和全人类的解放事业。

第一章　毛泽东与美国

　　毛泽东与美国的关系，主要体现在与美国友人的关系和中美建交两个方面。从第一个走近毛泽东的西方记者埃德加·斯诺、安娜·路易斯·斯特朗到艾格尼丝·史沫特莱，毛泽东都腾出时间接待，使他们无一例外地对中国共产党及其军队产生了良好印象，并通过他们的笔客观地向国内外进行了报道，宣传了中国革命。乒乓外交，中美关系大门被敲开了一条缝，毛泽东抓住时机，作出决策，邀请美国乒乓球队访华，先打开了两国人民友好往来的大门。基辛格博士秘密访华，打破坚冰，尼克松与毛泽东会谈，中美联合公报发表，中美关系开始正常化。

毛泽东和他的三位美国朋友①

　　毛泽东一生结识过不少外国友人，其中埃德加·斯诺、安娜·路易斯·斯特朗以及艾格尼丝·史沫特莱这三位来自大洋彼岸的美国人和他关系尤为密切，友谊长达几十年。

第一个走近毛泽东的西方记者——斯诺

　　埃德加·斯诺，美国著名记者和作家。1928年7月来华后，斯诺就一直针对中国实际生活进行深入采访。1935年中共中央及中国工农红军到达陕北，提出抗日民族统一战线的主张，这引起了斯诺的关注，并决定到苏区一探究竟。1936年6月，在宋庆龄的引荐和精心安排下，斯诺绕过重重封锁来到了陕甘宁边区。

　　斯诺的到来有助于打破国民党对苏区的舆论封锁，因此他的访问受到了欢迎和重视。7月15日，毛泽东正式邀请斯诺到他的窑洞里谈话。毛泽东全面分析了国际形势，指出可以结成一个反侵略、反战争以及反法西斯的世界同盟。毛泽东的谈话，开宗明义、简洁有力，一下子就抓住了斯诺的心。在接下来的数天里，两人的话题深入而广泛，包括论反对日本帝国主义、论持久战、统一战线问题、战略战术问题、组织和武装民众问题、内政问题、中共同共产国际以及苏联的关系等。因为毛泽东有晚上工作的习惯，谈话常常从晚上9点开始，一直到次日凌晨两点多才结束。

　　多日的长谈中，毛泽东只谈中国的革命等问题，对斯诺所提的个人经历问

---

　　① 参见刘荣付：《毛泽东和他的三位美国朋友》，《红广角》2012年第1期。

题一直避而不谈。斯诺不肯放弃，在冥思苦想后决定用一下激将法。他对毛泽东说："因为国民党四散流言，外界对您的传言很多，有的人说您有三个老婆，那您能不能谈谈自己的真实经历好让外界了解您呢？"斯诺的话让毛泽东很意外，为了纠正此类传言，有利于抗日民族统一战线，毛泽东答应了斯诺的请求。毛泽东的配合让斯诺兴奋异常。接下来一连几个夜晚，毛泽东向斯诺详细介绍了自己的个人经历和长征问题。斯诺奋笔疾书，一直到困得倒头便睡为止。这几个夜晚同斯诺的谈话，是毛泽东唯一一次比较完整地详谈自己的经历。后来，斯诺据此撰写完成了《毛泽东自传》一书。

在对毛泽东等人进行了深入访问之后，斯诺又遵照毛泽东"到前线去看看"的意见到前线生活了一个月。在苏区期间，他不仅对红军战士坚定的革命信念、强烈的爱国主义情怀以及乐观主义精神有了切身感受，也和毛泽东结下了深厚的友谊。毛泽东质朴的作风、诙谐的谈吐、渊博的学识、宽大的胸怀和对中国及世界的未来洞见，令斯诺着迷、折服。斯诺对中国人民的同情和认真求实的精神，也让毛泽东与他的战友们深深感动。1936年10月，斯诺恋恋不舍地离开了苏区。回到北平住所后，他便开始在一些英美报刊发表系列新闻通讯报道，客观公正地报道自己在中共革命根据地的所见所闻，引起越来越多人的关注。1937年，斯诺的《红星照耀中国》（中译名《西行漫记》）一书出版后，在国际国内产生巨大反响。一时间，中共苏区成了全世界有识之士的关注热点，外国记者先后进入苏区，大批华夏热血青年也争相奔赴革命圣地延安。

新中国成立后，斯诺又对中国进行了三次访问，与毛泽东的友情更进了一层。尤其是1970年秋天，斯诺作为中美关系正常化的"信使"访问中国。期间正值中国举行21周年国庆，他被毛泽东邀请到首都北京天安门城楼参加庆典。之后，斯诺与毛泽东畅谈了五个小时，然后将毛泽东有意缓和中美关系的态度准确地传达给了外界。就在中美关系日益缓和之际，斯诺不幸于1972年2月15日在瑞士日内瓦郊区的住所与世长辞。毛泽东发去唁电："斯诺先生是中国人民的朋友，他一生为增进中美两国人民之间的相互了解和友谊进行了不懈的努力，作出了重要贡献。他将永远活在中国人民心中。"

"一切反动派都是纸老虎"

安娜·路易斯·斯特朗，美国进步作家。1925年后，她多次访问中国并积极报道中国革命情况。1946年，已经61岁的斯特朗第五次来华，并在宋庆龄的帮助下来到了革命圣地延安。8月6日，她受邀到杨家岭毛泽东的住所进行访问。第一次见到毛泽东，斯特朗印象深刻："毛泽东身材魁梧，毫无拘束。举止像美国中西部的农民，行动缓慢而从容。他那略带扁平的圆脸上，有一种平静而含蓄的表情，微笑起来变得生动而幽默。在乱蓬蓬的浓黑头发的下面，高大的前额和敏锐的眼睛表明他的思想活跃，富有洞察力，没有什么能逃过他的注意。"同时，毛泽东对世界的了解也让她十分惊讶。正式谈话开始后，斯特朗提出了许多问题，毛泽东都一一作了解答和阐述。在这次会见中，毛泽东提出了"一切反动派都是纸老虎"的著名论断。他说："一切反动派都是纸老虎。看起来，反动派的样子是可怕的，但是实际上并没有什么了不起的力量。从长远的观点看问题，真正强大的力量不是属于反动派，而是属于人民。"毛泽东的谈话富于哲理，内容丰富生动，通俗易懂，使首次聆听毛泽东谈话的斯特朗忘掉了一切。谈话结束后已是午夜，毛泽东亲自打着纸灯笼照明，把斯特朗送下山坡。

这次谈话不仅让斯特朗了解了共产党的主张，也深刻感受到了毛泽东的个人魅力，她评价道："毛直率的谈吐、渊博的知识和诗意的描述使他的这次谈话成为我所经历过的最激动人心的谈话。"

斯特朗在延安一住就是 8 个月。期间她多次见到毛泽东，或在聚餐会上，或在京戏台子前，或在舞会上。1947 年初，陕甘宁边区形势恶化，斯特朗不得不离开延安。临行前，她再次见到了毛泽东。毛泽东向斯特朗介绍了延安地区形势，并且告诉这位友人："等到我们再一次同外界有了接触的时候，你可以再来。"毛泽东分析当时的国际力量对比时指出："美国反动派背着沉重的负担。他要豢养全世界的反动派。假如他不豢养他们，他们就会像没有柱子的房子一样倒塌。然而，就像历史上一切反动派一样，美国反动派最后也会被证明不过是纸老虎。强大的是美国人民，他们是真正有力量的。"斯特朗说，毛泽东的话"就是现时代的伟大真理，毛泽东关于纸老虎的名言所阐明的就是真理"。通过在延安的采访，斯特朗认识到，中国共产党的领导人是"头脑敏锐、思想深刻和具有世界眼光的人"。她表示："中国才是我愿意度过后半生的地方。"

1958 年，经过 10 年的努力，斯特朗终于来到中国定居，于 1970 年逝世。

史沫特莱评价毛泽东"无与伦比"

艾格尼丝·史沫特莱，美国著名记者、作家和社会活动家。1937 年 1 月，史沫特莱以《法兰克福日报》记者身份，到延安作为期 7 个多月的采访。

在延安，史沫特莱与毛泽东、朱德、周恩来和彭德怀等人进行了多次交谈，她的手提式打字机一直响到深夜。她为中国共产党和中国人民抗日战争争取国际舆论支持做了大量的工作，通过《中国红军在前进》《中国人民的命运》《中国在反击》《中国的战歌》等著作，向世界宣传了中国革命。在近距离的接触后，史沫特莱给予了毛泽东高度评价：每一个其他共产党领袖都可以和另一个民族或另一个时代的某个人物相比，但是毛泽东无与伦比。他的著作已经成为中国革命思想中的里程碑。思维活跃、精力充沛的史沫特莱在延安不局限于采访和写作，她还负责扩展延安窑洞图书馆外文书籍、努力工作吸引外国记者到

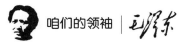

延安。

为打破延安沉闷、枯燥的业余生活，史沫特莱陆续教会了朱德、周恩来等人跳交际舞。慢慢地，交际舞逐渐出现在公开举行的晚会上。当时延安古城里的钟楼东侧有一座不大的基督教堂，被辟为中共中央大礼堂后，几乎每个周末的晚上都会举行晚会或舞会。

七七事变爆发后，八路军挺进抗日前线。史沫特莱即刻离开延安，带着打字机、照相机和简单的行李，赴八路军抗敌前线采访。之后，她凭借对中国共产党和八路军的深厚感情，以英国《曼彻斯特卫报》记者和中国红十字会工作人员的身份，一面救护伤员和难民，一面报道中国抗战，并向世界性组织呼吁救援。1941 年因病返回美国后，她继续为支援中国抗战而写作、演讲、募捐。到 1950 年与世长辞为止，史沫特莱一直献身于中国人民的革命事业。

马歇尔访问延安

1946 年 3 月 4 日，马歇尔三人小组由太原飞抵延安。当马歇尔、张治中、周恩来走出机舱时，延安机场聚集的欢迎队伍，顿时沸腾起来，人们挥舞彩旗高呼着欢迎的口号，此情此景，马歇尔看后尤为高兴和振奋。毛泽东走上前，紧紧地握着马歇尔的手说："欢迎马歇尔将军来延安！"马歇尔读过有关毛泽东很多资料，略为知晓这位"农民大王"的简历，秋收起义、井冈山、长征、延安，他一直将毛泽东当做传奇英雄，对毛泽东有着深刻的印象。他突然想到了蒋介石，这是一个倨傲、固执、自私的人，他对蒋介石没有什么好印象，认为他缺乏合作精神。正因为如此，所以，在他任美国国务卿时，总是不那么心甘情愿地给蒋介石提供援助，以致有人批评他说："将军，是您帮助共产党打败了蒋介石。"晚上，毛泽东为马歇尔等举行欢迎宴会，毛泽东致欢迎词说："我代表中共中央委员会，向军事三人小组的马歇尔将军、张治中部长、周恩来同志，向军事调停处执行部的全体同仁致敬！祝杜鲁门总统、马歇尔将军及美国人民健康！现在我提议为和平使者马歇尔将军，为中国和平、民主、团结、统一事业的伟大成就，干杯！"马歇尔对延安之行十分满意，特别对毛泽东所称之"和平使者"尤为感奋。他在致答谢词时说："我这次有机会到延安，会见和认识中共的各位领袖，深感荣幸。对你们的诚恳和友谊招待，特表衷心的感谢！"

1946 年晚春，马歇尔给蒋介石施加了决定性的压力，如果蒋介石继续追击，美国就不再帮他运军队去东北了。5 月 31 日，马歇尔甚至写信给蒋，称这事关系到他本人的荣誉："在目前政府军在东北继续推进的情况下，我不得不重申"，"事情已经到了这样一个关头，即我本人的立场是否正直成了严重问题。因此，我再次向您要求，立即下令政府军停止推进、打击、或追赶'中共'"。措辞如此强硬严厉，蒋介石不得不屈服，答应停火 15 天。在他答应停火 15 天之后，马歇尔又再施加压力，要蒋把停火期延长 4 个月。

这 4 个月使中共有了充裕的时间整编原"满洲国"的 20 万军队，整顿训练新兵和老兵。

从此，东北强弱易位，中共迅速打响辽沈战役，国民党覆灭号角由此吹响。

别了，司徒雷登[①]

1949 年 4 月 22 日，南京解放前夕，中外媒体报道了令世界震惊的消息：美国驻华大使司徒雷登拒绝了国民政府外交部长叶公超的南下请求，坚持"滞留"南京，仅让参赞刘易斯·克拉克以"代办"名义去广州，而苏联驻华大使罗申却随国民政府南下去了广州，留守南京的只是参赞史巴耶夫。

司徒雷登"滞留"南京 71 天，内中显露了美苏争夺中国的暗中"较劲"。1949 年 1 月，美国国家安全委员会研究并确定了美国当时的"当前目标"，即阻止中国成为苏联力量的"附庸"。2 月份，这一政策即由杜鲁门总统批准执行。美国政界称之为摆脱蒋政权的"脱身"政策，它坚定了司徒雷登与中共接近的信心并付诸行动。3 月 10 日，美国政府批准司徒雷登要求与中共高层接近的计划，于是司徒雷登在蒋政权垮台前就开始了一系列活动。

此前，美国政府长期支持蒋介石政权。随着美国的一些开明人士对中国国共两党的深入了解，逐渐改变了原先的看法。盟军司令史迪威将军看透了蒋介石政权贪得无厌和腐败的本质，他在日记里写道："（国民党）腐败，玩忽职守，混乱，经济、税收、言行欺骗……共产党的纲领……减税，减租，减息。提高生产和生活水平。参加管理，实践诺言。"1949 年 7 月，他提出"中国问题的药方是除掉蒋介石"。马歇尔特使推荐司徒雷登做了驻华大使后，大使向美国政府提出了"赶紧修补美国与中共关系"的建议。

司徒雷登与中国有着"故土情结"。他 1876 年出生于杭州一个美国传教士家庭，从小受到西方文化和中国文化的双重影响。1908 年，他应聘到金陵神学院任教 11 年，其富有创造性的辛勤教学受到学生称誉。他热爱这个古城，自称"半个中国人，半个美国人"。原本还打算终老此地，不料，他被任命为北京燕京大学校务长而不得不离开南京。陶行知、黄华、龚澎都是他赏识的学生。27 年后的 1946 年，司徒雷登被马歇尔将军推荐为美国驻华大使，有幸在南京又住了 3 年多。

抗战期间，司徒雷登十分敬仰毛泽东。从一些参观延安归来的美国人口中，

---

① 参见于鸿升：《毛泽东与司徒雷登》，《金陵瞭望》2003 年第 12 期。

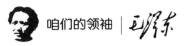

他了解并赞赏共产党的民主、廉洁和勤奋。他支持燕大教授埃德加·斯诺由黄华陪同前往陕北苏区访问、采访毛泽东等领导人和红军将领，向世界赞美毛泽东等共产党人。燕大许多学生奔赴解放区时，司徒校长在饯别学生时还说："国民党腐败无能，抗日战争的前途寄希望于中国共产党。中共实行民主，美国政府决定支持中共抗日，你们到那里后请代我问候毛泽东先生。"1940年秋，司徒雷登在重庆一次骑马时因马惊跑而坠马受伤，毛泽东闻讯即发慰问电，并由周恩来转交面呈。

1941年12月，日军将司徒雷登关入北平监狱，抗战胜利后才获释放。他飞赴重庆时适逢国共两党谈判，曾两次晤见毛泽东。

一次是日本投降后，蒋介石用飞机接当时在北平的司徒雷登到重庆参加胜利晚会，当他突然发现中共3位代表毛泽东、周恩来、董必武也在场，忙拉着记者去见毛泽东。毛泽东满脸笑容地说："噢，你就是司徒先生，久仰，久仰！你们燕大同学在我们那边（指延安）工作得很好……"

第二次是毛泽东在重庆寓所设宴招待司徒雷登校长。当时是通过周恩来属下龚澎邀请的，龚是战前燕大高才生。毛主席频频向司徒雷登敬酒，一再感谢他对中国教育的重大贡献，并历数燕大学生在抗日战争中的种种表现，备加称赞。司徒雷登听得很高兴。

1949年4月25日清晨，35军的一位营长为安排部队食宿，带着通讯员误入了南京西康路美国大使馆。当时，司徒雷登正在洗脸，突然见士兵进来，大叫起来："你们要干什么？"恰好营教导员也跟了进来，忙有礼貌地说："对不起，我们这就走。"当晚，毛泽东从美国之音获知了此消息，敏锐感觉到问题的严重性，就亲自起草了中共中央军委给粟裕并告总前委、二野的电报，批评"侵入司徒一事做得不好"，"必须立即引起注意，否则可能出大乱子。其经过情形速明电告，以凭核办"。

总前委查明经过，报告了中央，并作了自我批评。5月3日，毛泽东为中央军委起草致总前委、华东局、二野、三野电文，再次强调："请你们转告华野、中野，各军各师以资警惕。""如果各军对于像外交问题这样重大事件，可以不请示，不报告，各军各地擅自随意处理，则影响所及，至为危险。"5月16日，毛泽东为各地入城部队制定了保护外侨、处理外交事宜等的12条纪律，显示了正确的外交思想。

毛泽东知道中美关系的重要性，指令周恩来调派天津外事处处长黄华赶赴南京，任南京军管会外事处处长，一是为中央接收敌伪外交档案；二是迅速与司徒雷登谈判沟通。

黄华1932年作为流亡学生进入燕京大学经济系，与姚依林、黄敬等同为"一二·九"时代学运的三领导。5月5日下午，他来到南京中山东路原外交部，打电话给美大使馆的秘书傅泾波学友，约好次日见面。见面时，傅提出："你来了，也应该去看看你的老校长啊！"5月13日晚上8点半，黄华以私人身份拜访了老校长，交谈了近两个小时。因为中央要求黄少说多听，了解美国政府的意向，精心进行中美对话，黄华与司徒雷登有了多次见面。6月6日，黄华与司徒雷登在军管会外事处办公室正式谈判，核心是美国和新中国建交问题。

6月16日，中央安排燕大校长陆志韦写信致司徒雷登，邀请他北上访问燕大，在那里过70寿辰。6月28日又转达了毛泽东、周恩来欢迎司徒前往北平的信息。但是，司徒雷登坚持先请示国务卿艾奇逊后再北行。司徒雷登在与黄华接触的同时，还请去北平参加新政协筹备委员会的民革领导人陈铭枢和民盟领导人罗隆基，向中共领导人转达美国政府对中国问题的看法。他要罗隆基转告，如果新中国采取中间态度，不完全亲苏，美国可以一次给新政府50亿美元，接近印度15年所获得的贷款。而罗隆基听到毛泽东"一边倒"（倒向以苏联为首的社会主义阵营）的报告时，不敢把50亿美元援助之事转达给中央。不料，美国政界两派激烈争斗的结果，又拟将其在亚洲的工作中心放到日本。终于，中美错过了实质性谈判的机会。到了7月2日，艾奇逊电令司徒立即回国述职，终于关上了中美谈判的大门。这样，一次历史上难得的中美建交接触便戛然而止。

8月2日早晨，在南京军管会派人到明故宫机场监督放行下，司徒雷登登机向我方人员挥手道别，带着遗憾心情飞离南京……

8月18日，新华社播发了毛泽东撰写的《别了，司徒雷登》。

中美乒乓外交①

乒乓外交在中美关系突破过程中起过重要作用，被誉为"小球推动大球"。而邀请美国乒乓球队访华，正是毛泽东作出的英明决策。

1971年春，第三十一届世界乒乓球锦标赛在日本名古屋举行。比赛期间，中国队与美国队曾多次相遇。当中国队获得男子团体冠军之后，中美两国运动员在游览时又碰到了一起。爽朗的美国青年笑着问："听说你们已邀请我们的朋友（指加拿大队和英国队）去你们国家访问，什么时候轮到我们啊？"中国代表团团长赵正洪答道，会有机会的。此后，中国乒乓球选手庄则栋与美国选手科恩在乘车时主动交谈，并送他一块中国杭州织锦留作纪念，此事又被当地各大媒体突出报道。中国队的友好态度，深深触动了美国代表团副团长哈里森，他来到中国代表团驻地，提出访华要求，代表团立即向国内报告。

---

① 参见周溢潢：《中美外交背后的毛泽东》，《人民日报》2003年12月19日。

4月3日，外交部和国家体委就是否邀请美国乒乓球队访华问题写报告给周恩来总理，报告认为目前时机尚不成熟，其依据是，在1960年2月中美大使级第九十六次会谈和以后的几次会谈中，美方曾企图绕开中美之间的核心问题台湾问题而提出开展互派记者等民间活动。中方在第100次会谈中提出台湾问题不解决，其他问题都不谈的原则，这成为11年来一直遵循的原则。其次，当时美国还在侵略越南、老挝和柬埔寨，威胁我国安全，中美处于敌对状态。再次，不少人认为，美国人要来应首先派高级人物来，而不是乒乓球队。4日，周恩来将圈阅后的报告送毛泽东审批。

毛泽东把文件压了3天，反复考虑后还是在报告上画了圈，同意上报的意见。然而，在报告退回外交部后，毛泽东仍在反复斟酌这件事，他联系到自1969年8月起尼克松通过巴基斯坦总统叶海亚·汗和罗马尼亚总统齐奥塞斯库不断传递过来的信息和美国在对华关系上采取的松动措施，看出了美国是真的想在中美关系上取得突破，以改变在美苏争霸中苏攻美守的被动局面。苏联在中苏边境陈兵百万，对中国安全构成严重威胁，中美有共同的战略利益。这个时候的形势已不同于1969年8月以前，更不同于1960年。在邀请美国官方高层领导人访华以前，邀请美国民间人士先来中国，既可加深中美两国人民之间的友谊，又可造成中美和解的氛围，以利于官方高层交往。现在美国乒乓球队要求访华，是一个极好的时机。于是他立即要身边的工作人员吴旭君赶快通知外交部，邀请美国乒乓球队访华。此时的毛泽东已按习惯服用了安眠药，准备就寝。毛泽东曾交代身边工作人员，在他服用了安眠药后说的话不算数。这让吴旭君十分为难：现在主席说的算不算数呢？她迟疑着没有动身。毛泽东看见她没有动，就催她："你怎么还不动身呀？"吴旭君试探着反问："主席！你刚才说了什么呀？"毛泽东又复述了一遍。吴旭君还不放心，又说："主席！你以前说过，你服了安眠药以后说的话不算数，这次算不算数呀？"毛泽东把大手一挥："算数，赶快办！要不就来不及了。"吴旭君立即把毛泽东的决定通知了外交部。外交部负责同志及时把毛泽东的决定告诉周恩来，周恩来立即给中国代表团发去紧急指示。

美国代表团收到邀请后一片欢腾。美国国务院接到驻日本大使馆关于中国邀请美国乒乓球队访华的报告后，立即向白宫报告，认为这次邀请的用意"起码有一部分是作为回答美国最近采取的主动行为的一种姿态"。尼克松总统在深夜得知这一消息后，立即指示发加急电报给美国驻日大使，通知他白宫的意见是：乒乓球运动员务必去北京。接着他召开国家安全特别会议，进一步研究了对华政策。事后尼克松说："我从未料到对中国的主动行动会以乒乓球队访问北京的形式得到实现。"

美国乒乓球队于当年4月10日到中国访问，与中国队进行了友谊比赛，参观了清华大学、故宫、颐和园、天安门广场、长城。4 月 14 日周恩来总理接见了他们，用"有朋自远方来，不亦乐乎"这句话来表达对美国队的欢迎之情。4 月 17 日，美国乒乓球队带着中国人民的友好情谊离开中国。4 月 21 日，周恩来乘着"乒乓外交"的东风，通过巴基斯坦总统叶海亚·汗给美国白宫传去口信，提出中方愿在北京接待美国总统特使或总统本人，以讨论解决美国从台湾撤军这个根本问题。随后双方又进行了几次传话，终于实现了 1971 年 7 月美国总统国家安全事务助理基辛格博士的秘密访华，为尼克松总统 1972 年 2 月的中国之行打下了基础。

参与过打开中美关系局面的美国前助理国务卿霍尔德里奇在他的回忆录中写道："乒乓外交"是一项富有戏剧性的、启示性的外交举措，它体现着中国领导人的某种个性：精明老练、聪明过人、富有智慧，有"小中见大"的战略谋划意识。

尼克松访华

1969 年 3 月，中苏边防部队在中国黑龙江省珍宝岛地区发生武装冲突，一时战争阴云笼罩，两国关系降到建交以来的最低点。

就在这个时候，毛泽东提议由陈毅挂帅，徐向前、聂荣臻、叶剑英参加，"研究一下国际问题"。同年 7 月和 9 月，他们先后将《对战争形势的初步估计》《对目前局势的看法》两份研究报告送交中央。在这两份报告里，提出：在中、美、苏"大三角"关系中，中苏矛盾大于中美矛盾，美苏矛盾大于中苏矛盾；在目前美、苏两国都急于打"中国牌"的情况下，中国处于战略主动地位。[①]

对太平洋彼岸的美国方面的新动向，毛泽东早已注意。1968 年冬天，他饶有兴趣地读了有关美国总统竞选的材料，并对在中国的美籍专家柯弗兰写的文章（其中称共和党候选人理查德·尼克松将当选本届美国总统）表示"欣赏"。他还仔细阅读了不久后当选第三十七届美国总统的尼克松所写的《六大危机》，认为该文"写得不错"。[②] 1969 年 1 月，根据毛泽东的意见，《人民日报》全文刊登了尼克松在 1 月 20 日发表的就职演说。

急于对付苏联的美国政府在中苏珍宝岛冲突后，积极地作出一系列姿态，如宣布放宽对中美之间的人员往来和贸易限制、不同意苏联提出的"亚洲集体安全体系"及其他旨在孤立中国的行动、下令停止派驱逐舰到台湾海峡巡逻，等等。

1971 年春，中美关系出现了出人意料的突破：3 月下旬至 4 月上旬在日本

---

① 参见中共中央文献研究室编：《毛泽东传》六，中央文献出版社 2011 年版，第 2593 页。
② 参见中共中央文献研究室编：《毛泽东传》六，中央文献出版社 2011 年版，第 2593 页。

名古屋举行的第三十一届世界乒乓球锦标赛上，中国邀请美国乒乓球队访华。1971年7月9日，在巴基斯坦方面的配合下，美国总统国家安全事务助理基辛格从伊斯兰堡秘密启程，飞往北京。三天内，周恩来、叶剑英等同他举行了六次会谈，着重就台湾问题以及尼克松访华安排等进行磋商。16日，中美双方同时发表公告，宣布尼克松准备访华的消息。这条不足200字的公告，立刻震动了世界。3个月后，基辛格再次来到北京。10月26日，双方就联合公报草案达成初步协议。1972年2月21日中午，尼克松总统和夫人、国务卿罗杰斯和总统国家安全事务助理基辛格一行抵达北京机场。尼克松到中国的当天下午二时许，便接到毛泽东要会见他的通知。尼克松、基辛格等在周恩来陪同下，来到中南海毛泽东的住地。那天尼克松在日记中写下他初次见毛泽东的印象：

"我们被引进一个陈设简单、放满了书籍和文稿的房间。在他座椅旁边的咖啡桌上摊开着几本书。他的女秘书扶他站起来。我同他握手时，他说：'我说话不大利索了。'每一个人，包括周在内，都对他表示他所应得的尊敬。他伸出手来，我也伸过手去，他握住我的手约一分钟之久。这一动人的时刻在谈话的记录里大概没有写进去。他有一种非凡的幽默感。尽管他说话有些困难，他的思维仍然像闪电一样敏捷。这次谈话本来料想只会进行十分钟或十五分钟，却延续了将近一个小时。"①

在这将近一个小时的谈话中，毛泽东从哲学问题谈起。对中美关系，毛泽东说："来自美国方面的侵略，或者来自中国方面的侵略，这个问题比较小，也可以说不是大问题，因为现在不存在我们两个国家互相打仗的问题。你们想撤一部分兵回国，我们的兵也不出国。"尼克松说："主席先生，我知道，我多年来对人民共和国的立场是主席和总理完全不同意的。我们现在走到一起来了，是因为我们承认存在着一个新的世界形势。我们承认重要的不是一个国家的对内政策和它的哲学，重要的是它对世界上其他国家的政策以及对于我们的政策。"毛泽东说："就是啰。"当尼克松称赞"毛主席的著作感动了全国，改变了世界"时，毛泽东诙谐地回答："没有改变世界，只改变了北京附近几个地方。"在回顾了20多年中美关系的状况后，毛泽东特别谈到最近两年中美接触的过程和背景，肯定了尼克松、基辛格所起的重要作用。最后，毛泽东告诉尼克松："我跟早几天去世的记者斯诺说过，我们谈得成也行，谈不成也行，何必那么僵着呢？"②

第二天起，由周恩来同尼克松进行会谈，就国际形势和双边关系坦率而又深入地交换意见。在台湾问题上，美方认可只有一个中国、不支持台湾独立、

① 〔美〕理查德·尼克松著，裘克安译：《尼克松回忆录》，商务印书馆1979年版，第249—250页。
② 熊向晖：《1972年毛泽东与尼克松的谈话》，《我的情报与外交生涯》，中共党史出版社1999年版，第252页。

逐步从台湾撤出美军，但仍存在不同看法。中方重申，台湾是中国的一部分，解放台湾是中国的内政，外国无权干涉。直到 2 月 25 日下午，中美联合公报稿中有关措词还没有确定下来。这时，周恩来告诉基辛格：反正双方观点已经接近，我们也报告了毛主席，但还要设法用双方都能接受的最佳措词表达。

在连续几天的中美会谈期间，周恩来每天深夜或次日凌晨都要去毛泽东那里汇报情况（他陪同尼克松一行赴杭州、上海时除外），交换意见，往往一谈就是一两个钟头。① 正如周恩来后来所肯定的基辛格的说法："中国总理的每一个步骤都是向毛主席报告的，等于毛主席参加了会谈。"②

2 月 27 日，中美联合公报终于谈定。28 日，公报在上海发表。

尼克松访华和《上海公报》的发表，标志着两国关系正常化的开始。尽管不少问题还有待此后逐步解决，但重要的是，中美关系的突破为中国打开全新的外交格局创造了必要前提。毛泽东说得很透彻："中美关系正常化是一把钥匙。这个问题解决了，其他的问题就迎刃而解了。"③

---

① 参见熊向晖：《我的情报与外交生涯》，中共党史出版社 1999 年版，第 271 页。
② 中共中央文献研究室编：《毛泽东传》六，中央文献出版社 2011 年版，第 2608 页。
③ 林克、徐涛、吴旭君：《历史的真实》，中央文献出版社 1998 年版，第 255 页。

第二章　毛泽东与苏联

毛泽东是一位高瞻远瞩的战略家。中华人民共和国成立以来，如何处理同苏联的关系，是毛泽东对外战略思考中的"重中之重"。为了维护祖国的独立，他敢于针锋相对，无所畏惧。毛泽东在处理中苏关系上所采取的每一行动，有理有节，无不反映了他独立自主的外交方针。

第一次访问苏联

中华人民共和国宣告成立后，第一个承认新中国的是苏联。

1949年10月1日，中国外交部部长周恩来向各国政府发出中央人民政府公告，第二天苏联政府就发来照会，决定与中华人民共和国建立外交关系，并互派大使。3日，周恩来复电，表示热忱欢迎中苏建交，并互派大使。中苏建交，带动了一批新民主主义国家同中国建立正式外交关系。

刚刚诞生的中华人民共和国，面临着帝国主义封锁和可能的武装干涉，又面临着恢复国内经济的艰巨任务。在这种情形下，同强大的社会主义苏联建立友好与合作关系，显得格外重要。所以，毛泽东在新中国成立后两个月即出访苏联，就发展和加强两国关系，解决两国关系中的一些重要问题，同斯大林直接会商。

出访苏联，是毛泽东两年多来的一个夙愿。只是由于国内军事、政治形势发生急剧变化，访苏行程几经改变，一再推迟，直到这时这个愿望才得以实现。

在这以前，1949年6—8月，刘少奇受中共中央委托，秘密访苏。刘少奇这次秘密访苏，为毛泽东的访苏做了重要准备。

中苏一建交，毛泽东就着手进行访苏的具体准备工作。11月9日，他以中共中央名义致电中国驻苏联大使王稼祥："我们已请柯瓦略夫①通知斯大林同志请他决定毛主席去莫斯科的时间。我们认为毛主席可于12月初动身去莫斯科。至于恩来同志是否应随毛主席一道去莫斯科，或于毛主席到莫后再定恩来是否去及何时去，此点亦请斯大林酌定。"②

接到斯大林的邀请电，毛泽东立即复电："菲里波夫③同志：感谢你欢迎我到莫斯科去。我准备于12月初旬动身。同时请你允许柯瓦略夫同志与我一道同

---

① 柯瓦略夫，即柯瓦廖夫，当时是在中国帮助工作的苏联专家的总负责人。
② 中共中央文献研究室编：《毛泽东传》三，中央文献出版社2011年版，第992页。
③ 菲里波夫是斯大林的代称。

去。"① 这样，毛泽东的首次访苏，就最后定下来了。

11 月 25 日，毛泽东主持中共中央政治局会议，作出决定："毛泽东同志定于 12 月初赴苏，在毛泽东同志出国期间，中共中央委员会主席职务及中央人民政府主席职务由刘少奇同志代理，人民革命军事委员会主席由朱德同志代理，人民政协全国委员会主席由周恩来同志代理。"②

1949 年 12 月 6 日，毛泽东登上北上的专列，前往莫斯科。这是他生平第一次走出中国故土，出国访问。

毛泽东这次访苏的目的，主要是同斯大林就中苏两国间重大的政治、经济问题进行商谈，重点是处理 1945 年国民党政府同苏联政府签订的《中苏友好同盟条约》。这个条约是《雅尔塔协定》的产物，而《雅尔塔协定》是苏、美、英三国背着中国签订的，严重地损害了中国的主权和利益。为了适应中国革命胜利后国际形势的新情况和中苏关系的新变化，把中苏关系建立在平等、互利、友好、合作的基础上，及时地解决中苏友好条约问题，是一个重要而紧迫的任务。此外，毛泽东还要参加斯大林七十寿辰的庆祝活动，并对苏联进行参观访问。

毛泽东与斯大林的第一次会谈③

12 月 16 日中午，莫斯科雅罗斯拉夫车站的大钟刚敲过十二响，毛泽东乘坐的专列徐徐进站。毛泽东发表书面演说。他说："十月社会主义革命之后，苏维埃政府根据列宁斯大林的政策首先废除了帝俄时代对于中国的不平等条约。在差不多三十年的时间内，苏联人民和苏联政府又曾几次援助了中国人民的解放事业。""目前的重要任务，是巩固以苏联为首的世界和平阵线，反对战争挑拨者，巩固中苏两大国家的邦交，和发展中苏人民的友谊。"④ 随后，毛泽东前往斯大林在苏联卫国战争期间莫斯科郊外的别墅下榻。

当晚六时，毛泽东在克里姆林宫拜会斯大林。这是毛泽东第一次同斯大林见面。斯大林和毛泽东是国际共产主义运动中最有影响的人物，又各自领导着一个伟大的社会主义国家。他们的首次会面，为世界瞩目。

会见安排在斯大林办公室的小会客厅里。六时整，门厅敞开。斯大林站起身来，离开办公桌走过来。毛泽东快步走上前去，同斯大林热烈握手。两人互相问候致意。斯大林说毛泽东比他想象中的更年轻、更健壮，他对中国革命取得的伟大胜利表示祝贺。据师哲回忆，当时的气氛十分热烈、动人。

① 中共中央文献研究室编：《毛泽东传》三，中央文献出版社 2011 年版，第 993 页。
② 中共中央文献研究室编：《毛泽东传》三，中央文献出版社 2011 年版，第 993 页。
③ 参见中共中央文献研究室编：《毛泽东传》三，中央文献出版社 2011 年版，第 994—1000 页。
④ 中共中央文献研究室编：《毛泽东传》三，中央文献出版社 2011 年版，第 995 页。

然后举行会谈。苏方参加会谈的有莫洛托夫、马林科夫、布尔加宁、维辛斯基。师哲和费德林担任翻译。

毛泽东说：目前最重要的问题是保障和平问题。中国需要 3—5 年的和平时间，以便用来把经济恢复到战前水平和稳定国内局势。中国这些重要问题能否解决，取决于是否有和平的前途。因此，中共中央委托我向您了解，如何和在多大程度上能够保障国际和平。

斯大林回答说：中国目前并不存在直接的战争威胁：日本还没有站稳脚跟，它对战争没有准备好；美国尽管叫喊战争，但它最怕战争；欧洲各国被战争吓怕了；实际上谁也不会同中国打仗。和平取决于我们的努力。如果我们齐心协力，不仅能够保障 5—10 年的和平，而且能够保障 20—25 年，甚至更长时间的和平。

毛泽东紧接着提出中苏条约问题。他说，刘少奇回国后，中共中央讨论了中苏友好同盟和互助条约问题。

一触及这个敏感问题，斯大林立即接上毛泽东的话，讲述他的意见。他说：这个问题我们可以讨论并做出决定。需要讲清楚，是应当宣布保留 1945 年缔结的《中苏友好同盟条约》，还是应当声明将对它进行修改，或者现在就对它作相应的修改。他又说：大家知道，这个条约是根据《雅尔塔协定》缔结的，这个协定规定了条约的主要内容。这就意味着，这个条约的签订，可以说是取得了美国和英国的同意的。考虑到这个情况，我们在自己的小范围内已决定，对这个条约暂不作任何修改，因为即使对某一条款的修改，也会在法律上给美国和英国以口实，他们会提出也要修改有关千岛群岛、南库页岛等条款的问题。因此认为，可以在形式上保留而实际上修改这个条约，也就是说，苏联在形式上保留在旅顺口驻军的权利，但根据中国政府的建议撤退驻在那里的苏联军队。至于中长铁路，可以形式上保留，而实际上根据中国方面的愿望修改协定的有关条款。

毛泽东说：中长铁路和旅顺口的目前状况符合中国的利益，因为单独一个中国的力量不足以抵御帝国主义的侵略。

斯大林说：撤军并不意味着苏联不再援助中国。如果苏联军队根据双方同意自旅顺口撤退，那么我们在国际关系中将是赢家，也是中国共产党人在他们同民族资产阶级的相互关系中的资本。

在《雅尔塔协定》中规定，千岛群岛交给苏联，南库页岛及其邻近岛屿交还苏联，大连成为自由港，苏联恢复租用旅顺港为其海军基地，中国的中长铁路由中苏共同经营、共同管理。斯大林担心，修改中苏条约，会牵动《雅尔塔协定》，从而影响到改变千岛群岛和南库页岛的归属问题。

对于斯大林的上述说明，毛泽东婉转地表示了自己的态度。他说：我们在国内讨论条约的时候，没有考虑到美、英在《雅尔塔协定》问题上的立场。我们所采取的行动，必须符合公众最大的利益。这个问题需要好好考虑一下。现在已经很清楚，目前不应当修改条约，正像不应急于从旅顺口撤军那样。他用试探的口气问斯大林：为了解决条约问题，是否需要周恩来到莫斯科来？斯大林说：这个问题应由你们自己决定。或许，其他事情需要周恩来。这样，条约问题就无法继续讨论下去。

毛泽东把话题转到贷款问题，他希望就苏联向中国贷款 3 亿美元问题达成协议。

斯大林回答得很痛快：这可以做到。如果你们想现在完成协定手续，我们也同意。

贷款问题，在刘少奇访苏时就已经说定，所以谈得很顺利。3 亿美元这个数字并不大，这是根据毛泽东关于在目前数年内多借不如少借的意见确定的。[①]

毛泽东又从建立中国海军谈到解放台湾。他说，中国缺少海军和空军，希望在解放台湾时得到苏联的援助。这一要求被斯大林婉拒了。斯大林说：提供援助是不成问题的，但援助的形式必须考虑。这里主要的问题是不给美国提供进行干涉的口实。

毛泽东与斯大林第一次会谈情况，以及中苏双方所持立场，概如以上所述。这次会谈，已经涉及若干实质性的内容，双方对于对方的观点有了初步的了解。但在最主要的问题上，即要不要签订新的中苏条约、废除旧的中苏条约的问题上，会谈没有取得预期的效果。

毛泽东与斯大林的第二次会谈[②]

12 月 21 日，毛泽东应邀出席莫斯科庆祝斯大林七十寿辰大会。大会气氛十分热烈。苏联方面特意安排中国代表团在十三个外国代表团中首先致词。毛泽东的祝词受到热烈欢迎，三次全场起立，长时间鼓掌。

毛泽东在形式上受到高规格的接待，但对实质问题苏方避而不谈。毛泽东有些着急，祝寿大会的第二天，便找柯瓦廖夫来住处谈话，并要他把这次谈话的记录转交斯大林。其中提到：希望在 12 月 23 日或 24 日举行预定的会见；打算下一步谈判解决以下问题：中苏条约、贷款协定、贸易协定、航空协定等；拟请周恩来前来莫斯科完成协定签字手续。[③]

① 毛泽东在 1950 年 1 月 3 日致中共中央的电报中说：贷款协定，"我们提出的要求是三万万美元，分几年付支，我们所以不提较多的要求是因为在目前数年内多借不如少借为有利"，《建国以来毛泽东文稿》第 1 册，中央文献出版社 1987 年版，第 213 页。

② 参见中共中央文献研究室编：《毛泽东传》三，中央文献出版社 2011 年版，第 1000—1001 页。

③ 参见中共中央文献研究室编：《毛泽东传》三，中央文献出版社 2011 年版，第 1001 页。

这是毛泽东又一次向斯大林正式提出谈判中苏条约问题。

柯瓦廖夫将毛泽东的谈话记录很快交给斯大林。12月24日，毛泽东与斯大林举行第二次会谈。关于这次会谈的情况，毛泽东在12月25日给中共中央的电报中作了比较详细的通报。其中写道："昨（二十四）日晚上十一时半第二次会见斯大林同志于他的别墅（我们住的是他的另一个别墅），长谈五小时半，到今晨五时才毕。一面吃饭，一面谈话，极为酣畅。有莫洛托夫、马林科夫、贝利亚、米高扬、陈伯达、王稼祥、师哲等七位同志参加，谈了很多问题。"

这次会谈的主要内容是国际共产主义运动的有关问题，包括越南问题、日本问题、印度问题、西欧问题等等。斯大林只字不提中苏条约。当毛泽东问起周恩来是否应来莫斯科时，斯大林却用了一个不成为理由的借口，说"政府主席现已来此，内阁总理又来，在对外观感上可能有不利影响"，"研究结果还是认为周恩来以不来莫斯科为宜"。① 这表明，斯大林仍然不愿另订新约。

毛泽东与斯大林的第三次会谈②

毛泽东来到莫斯科已经10多天了。参加庆祝斯大林70寿辰的各国代表团纷纷离开莫斯科回国，唯独毛泽东留下来，住在斯大林的别墅里。斯大林几乎每天让人打电话来询问毛泽东的生活是否安适，却始终不提签约之事，也不再会见毛泽东。斯大林采取了拖的办法，同时想进一步摸清毛泽东的底究竟是什么。

签订新约，恰恰是毛泽东此次访苏的主要目的。毛泽东这次访苏，本来是兴冲冲的，寄予很大希望。但来到莫斯科受到这样的冷遇，大大出乎他的意料。作为一个懂得忍耐的政治家毛泽东③再也忍耐不住了。一次，苏方联络员柯瓦廖夫和翻译费德林来看望毛泽东。毛泽东对他们发了火，说：我到莫斯科来，不是单为斯大林祝寿的。你们还要保持跟国民党的条约，你们保持好了，过几天我就走。我现在的任务是三个：吃饭、拉屎、睡觉。④ 这明白无误地是说给斯大林听的，表达了对斯大林不准备签订新约的不满。

这时，缅甸政府正要求同中国建立外交关系，印度继缅甸之后也于12月30日承认了新中国。英国也想承认新中国。印、缅是两个具有重要影响的民族主义国家，英国则是一个重要的资本主义国家。这个新的国际动向，促使斯大林认真对待毛泽东和中国政府的要求。

事也凑巧，正值此时，英国通讯社放风说，斯大林把毛泽东软禁起来了。

---

① 中共中央文献研究室编：《毛泽东传》三，中央文献出版社2011年版，第1001页。
② 参见中共中央文献研究室编：《毛泽东传》三，中央文献出版社2011年版，第1001—1018页。
③ 毛泽东在1944年4月9日给陈毅的信中曾说过："忍最难但作为一个政治家，必须练习忍耐。"
④ 参见中共中央文献研究室编：《毛泽东传》三，中央文献出版社2011年版，第1002页。

消息一传出，苏联方面有些紧张。为了戳穿谣言，经双方同意，毛泽东在 1950 年 1 月 2 日发表了一个答塔斯社记者问。其中说："我逗留苏联时间的长短，部分地决定于解决有关中华人民共和国利益的各项问题所需的时间。""在这些问题当中，首先是现有的《中苏友好同盟条约》问题、苏联对中华人民共和国贷款问题、贵我两国贸易和贸易协定问题，以及其他问题。"①

答记者问 1 月 3 日在报纸上一发表，谣言不攻自破。西方国家制造的意在挑拨中苏关系的谣言，反而成为促使斯大林下决心签订中苏新约的契机。斯大林终于同意周恩来来莫斯科，同意签订新约、废除旧约。从此，中苏谈判进入一个新的阶段。1 月 2 日晚十一时，毛泽东致电中共中央，通报了这一新的情况，并提出周恩来来莫斯科及签订条约的时间。

1 月 3 日晨四时，毛泽东又致电中央，进一步说明签订新约的意义："这一行动将使人民共和国处于更有利的地位，使资本主义各国不能不就我范围，有利于迫使各国无条件承认中国，废除旧约，重订新约，使各资本主义国家不敢妄动。"②

毛泽东的心情豁然开朗，精神特别好。他一面思考着中苏友好同盟互助条约问题，为主持下一轮的中苏会谈做准备；一面利用周恩来尚未到达的时间，到外地参观，并同苏联领导人进行一些接触。

中苏之间为签订新约问题而形成的僵局已经打开，事情正朝着顺利的方向发展着。正在这个时候，美国国务卿艾奇逊 1 月 12 日在美国全国新闻俱乐部发表长篇讲话，散布谣言说："苏联正在将中国北部地区实行合并，这种在外蒙所实行了的办法，在满洲亦几乎实行了。我相信苏联的代理人会从内蒙和新疆向莫斯科作很好的报告。这就是现在的情形，即整个中国居民的广大地区和中国脱离与苏联合并。苏联占据中国北部的四个区域，对于与亚洲有关的强国来说是重要的事实，对于我们来说是非常重要的。"③

1 月 17 日，毛泽东从列宁格勒回到莫斯科。莫洛托夫前来看望，双方就若干国际外交问题交换意见。随后，莫洛托夫将艾奇逊的讲话文本交给了毛泽东，并建议由中、蒙、苏三国各发表一个声明，对艾奇逊的造谣予以驳斥。毛泽东表示同意。第二天，毛泽东即以中央人民政府新闻总署署长胡乔木的名义，写了一篇对新华社记者的谈话稿，19 日发回北京，20 日由新华社播发，赶在 21 日见报。毛泽东以犀利的笔锋和他特有的风格，尖锐泼辣地驳斥了艾奇逊。谈话指出："美国帝国主义者们在中国人民和中国人民解放军的扫荡之下，除了造作这样的谣言之外，已经没有别的更好办法了。所谓中国共产党是苏联的走狗，

---

① 中共中央文献研究室编：《毛泽东传》三，中央文献出版社 2011 年版，第 1002 页。
② 《毛泽东文集》第 6 卷，人民出版社 1999 年版，第 38—40 页。
③ 《中央人民政府新闻总署署长胡乔木驳斥美国务卿艾奇逊的无耻造谣》，《人民日报》1950 年 1 月 21 日。

苏联已经或正在或将要吞并中国这类低能的造谣诬蔑，只能激起中苏两国人民的愤慨，加强中苏两国的友好合作，此外不会有别的结果。"①

2月21日，苏、蒙两国同时以外交部长的名义发表了声明。苏方对中国采取的方式甚为不快，认为中国没有用外交部长的名义发表声明，减弱了力量。

对于苏方的不快，毛泽东认为没有必要去作什么解释。在他看来，中国发表这份针对美国帝国主义者的辟谣文件，根本不需要用外交部长的名义，以新闻总署署长谈话的形式就可以了，这是恰当的。

1月22日，毛、周同斯大林等举行会谈，这是毛泽东与斯大林的第三次会谈。这次会谈，主要讨论中苏条约问题、中国中长铁路问题、旅顺口问题、大连问题。会谈进行了两个小时。

斯大林一开头就提出：我们必须对涉及中苏关系的现有的条约和协定进行修改，尽管我们曾经认为还是保留好。这些条约和协定之所以必须修改，是因为条约的基础是反对日本的战争。既然战争已经结束，日本已被打败，形势发生了变化，因此这个条约就成为过时的东西了。

第一次会谈时，斯大林拒绝签订新约，理由是必须顾及《雅尔塔协定》。这一次改口了，旧的条约和协定必须修改，理由是日本已经投降，情况变了，旧的已经过时。《雅尔塔协定》可以不去管它，原来所说中国的政府主席和内阁总理都来莫斯科于对外观感有不利影响，也不是问题了。这是一个根本性的变化。

毛泽东说：我们应当通过条约和协定巩固我们两国现有的友好关系。在同盟友好条约中，应当把保证我们两国繁荣昌盛的东西固定下来，而且还应当规定必须防止日本侵略的重演。他说：我提出的以上两点，是我们的新条约同现有条约的根本区别。新的条约应当包括政治、经济、文化和军事方面的合作，其中最重要的是经济合作。毛泽东还提出，在新的条约中应当规定就国际问题两国进行协商的内容。斯大林非常痛快地说：当然要写上这一条。

接着，讨论中长铁路和旅顺口问题。斯大林问，你们对中长铁路问题有哪些建议。毛泽东用委婉的口气回答：也许需要像旅顺口协定那样，把在法律上保持中长铁路协定效力的原则作为基础，而实际上允许修改。斯大林立即回答：就是说，你们同意宣布在法律上保留现有协定，但要作出相应的实际修改。斯大林坦率地说：我们认为，关于旅顺口协定是不平等的。他提出两种解决方案：一种是宣布旅顺口协定在缔结对日和约以前仍然有效，签订和约后，苏军撤出旅顺港；另一种是宣布保留现有协定，而实际上苏联从旅顺港撤出军队。

---

① 《中央人民政府新闻总署署长胡乔木驳斥美国务卿艾奇逊的无耻造谣》，《人民日报》1950年1月21日。

中方考虑到，由于新中国刚刚成立，海军尚未建立，苏军在旅顺港再留驻一个时期比较有利，但又必须规定一个废除协定和苏联撤军的时限，否则即使现在就撤军，它随时可以进驻。所以毛泽东赞成前一个方案。斯大林又复述了一遍这一方案的内容，毛泽东同意，双方达成一致。在以后的具体会谈中，根据中方的要求，这个过渡期规定为三年，即不迟于1952年末苏联从旅顺撤军。

在讨论大连问题的时候，毛泽东首先提出一个问题：大连将保持为自由港吗？

大连为自由港，是旧的大连协定根据《雅尔塔协定》确定的，这涉及大连的地位问题，自然受到中方的关注。斯大林说，罗斯福在世时，他坚持大连为一个自由港，这涉及英、美的利益。斯大林说，是否把大连变成一个自由港，由中国自己决定。

会谈又讨论中长铁路问题。毛泽东同意中长铁路继续由两国共同管理，但中国应起主要作用，还要缩短旧协议的期限，确定双方的投资比例。周恩来提出，应取消原有的管理体制，铁路局的主要负责人改由中方担任；双方投资比例由各占百分之五十，改为中方占百分之五十一，苏方占百分之四十九。但苏方坚持各占百分之五十不变。在相持不下的情况下，中方提出这个问题以后进一步研究。

关于贷款协议问题，谈得很顺利。斯大林希望把它定下来。毛泽东表示，贷款协议总的对中国是很有利的，年利率仅为百分之一。斯大林说，我们向人民民主国家贷款利率为百分之二，给中国以低的贷款利率，是因为中国经济遭到了严重的破坏。此外，还谈了贸易问题。①

从1月23日起，在毛泽东指导下，由周恩来、李富春、王稼祥同米高扬、维辛斯基、葛罗米柯、罗申开始就条约和协定的内容，进行具体会谈。

在协商新条约的时候，苏方最初按照中方的基本思想和大体内容写了一个草案。中方认为有许多重要内容没有写进去，提出修改。周恩来根据毛泽东的意见，重新写了一个草案，交给苏方。苏方对这个草案没有提出原则性的修改，双方没有任何争论，即成定案。为了在名称上区别于旧的条约，中方提出新约可在旧约名称的基础上加"互助"二字，名为《中苏友好同盟互助条约》，苏方也接受了。

关于中长路和旅顺、大连协定，会谈时争论最大的是中长铁路的归还问题。中方提出，中长路已经过六次波折，照目前情况看，苏联可以不要了，这对两国的团结更加有利。斯大林的意见是，这个问题应当在联共政治局会议上表示中长路可以归还中国，在缔结对日和约后实行。中方又提出，如果对日和约三

---

① 参见中共中央文献研究室编：《毛泽东传》三，中央文献出版社2011年版，第1009—1010页。

年还不能缔结，应当规定届时即将旅顺口和中长路归还中国。斯大林表示同意。中方还提出，大连现时为苏联代管或租用的产业，由中国政府接收。斯大林也表示同意。①

中苏会谈顺利地进行着，条约和各个协定的起草和修改工作，双方在加紧进行。

1月31日，毛泽东致电刘少奇，通报情况时说："中苏友好互助同盟条约一件，中苏关于中长路、旅顺口、大连协定一件，附议定书一件，贷款协定一件，附议定书一件，以上五件草案均经双方看过修改过，今日再谈一次即可大体定案。此五件明（一）日起可以陆续发给你们。"又说："同过去情况不同的，即是苏方已应我方要求，将中长路、旅顺口在三年内无条件交还给我们，大连则在一年内将产权交还给我们，惟自由港地位待对日和约订立后解决，系为应付美国，实际上亦完全由我处理。"②

这就是说，涉及中国主权的三个重要问题，大体上已得到符合中方意见的比较圆满的解决。

但是，谈判并不都是顺利的。在谈判的后期，突然出现一个小的波折。2月6日，上海遭到蒋介石集团飞机的轰炸，中方要求苏方提供空军保护。斯大林同意给予支援，但提出苏中要签订一个秘密协定，规定在苏联的远东边疆区和中亚地区、中国的东北和新疆，"将不向外国人提供租让权，不许第三国或其公民以直接或间接形式参与投资的工业、金融、商业和其他企业、机关、公司和组织从事活动"。③这实际上是苏方想在中国的东北和新疆搞两个势力范围。毛泽东不肯签订这个文件，但考虑到当时美、英都是敌视中国的西方国家，为照顾中苏团结这一大局，作了让步，同意把它作为条约的补充协定。这以后，斯大林表示要把东北的敌伪财产和北京的苏联财产由中方接收、苏联向中国提供空中保护。

1950年2月14日，在克里姆林宫隆重举行《中苏友好同盟互助条约》签字仪式。周恩来和维辛斯基代表本国政府在《中苏友好同盟互助条约》《关于中国中长铁路、旅顺口及大连的协定》《关于苏联贷款给中华人民共和国的协定》上签字。他们的身后，并排站着毛泽东、斯大林，以及中方李富春、陈伯达、王稼祥、赛福鼎，苏方莫洛托夫、伏罗希洛夫、马林科夫、米高扬、赫鲁晓夫等。仪式结束后，斯大林举行招待宴会，庆祝两国缔约。毛泽东又邀请斯大林出席第二天的答谢宴会。斯大林是从不到克里姆林宫以外出席宴会的，这一次破例接受邀请，表示对毛泽东的尊重。

① 参见中共中央文献研究室编：《毛泽东传》三，中央文献出版社2011年版，第1010页。
② 中共中央文献研究室编：《毛泽东传》三，中央文献出版社2011年版，第1011页。
③ 中共中央文献研究室编：《毛泽东传》三，中央文献出版社2011年版，第1011页。

毛泽东从 1949 年 12 月 16 日到达莫斯科与斯大林举行第一次会谈，到 1950 年 2 月 14 日签订《中苏友好互助同盟条约》，差不多有整整两个月的时间。在订不订新约这个主要问题上，一开始，毛泽东与斯大林之间发生根本分歧，相持近半个月。在涉及国家主权和民族利益的重大问题上，毛泽东从不让步，不论对谁，即使对在国际共运中享有至高无上的领袖地位的斯大林也不例外。毛泽东有一个强烈而鲜明的性格，凡是他认准要做的事，不达目的决不罢休，谁也阻挡不了。在毛泽东的坚持下，加上其他因素，斯大林终于改变了观点，同意签订新约和其他新的协定。

　　毛泽东在坚持原则的前提下，又善于作必要的妥协和让步。在中长路谈判中，苏方最初不愿交还，中方坚持，最后苏方同意归还中国。但在归还前的过渡时期内共同经营的股额问题上，中方作了让步，最后达成协议。

　　毛泽东对第一次访苏取得的成果是很满意的。这次访苏，维护了中国的民族尊严和国家主权，提高了中国的国际地位，用条约的形式将中苏友好合作的关系固定下来。这对于巩固新生的中华人民共和国政权，为新中国迅速恢复国民经济、迎接大规模经济建设的新时期创造了前所未有的良好外部条件。同时，在国际上，也产生重大影响，引起了有利于社会主义与和平力量的变化。毋庸讳言，苏联领导人特别是斯大林的一些大国主义作风，也给毛泽东留下终生难忘的印象。

　　毛泽东完成了一项历史性的任务，于 2 月 17 日结束访苏之行，3 月 4 日回到北京。

　　《中苏友好同盟互助条约》，是新中国成立后与外国政府签订的第一个建立在平等基础上的条约。它同一百多年来旧中国在屈辱的条件下与帝国主义列强签订的一切不平等条约，形成十分鲜明的对比。中国人真正站起来了。

　　毛泽东这次访苏的结果表明，尽管在毛泽东与斯大林之间，在双方谈判过程中间，出现过一些曲折和不愉快的事情。但这毕竟是两个社会主义国家之间的问题，它们在根本利益上和共同目标上是一致的。从总体上说，这次谈判是在友好的、互利的、互相谅解的气氛中进行的，因而取得圆满的结果。当时连西方国家的舆论也承认，中苏条约的签订，成为战争结束后国际政治中最为重要的事件；中苏条约的签订，是苏联和中国的重大外交胜利。

　　1950 年 6 月 6 日，毛泽东在中共七届三中全会上，又进一步地评价说："具有伟大历史意义的新的中苏条约，巩固了两国的友好关系，一方面使我们能够放手地和较快地进行国内的建设工作，一方面又正在推动着全世界人民争取和平和民主反对战争和压迫的伟大斗争。"[1]

------

[1]　《毛泽东文集》第 6 卷，人民出版社 1999 年版，第 67 页。

第二次访问苏联

八届三中全会结束后不到一个月，毛泽东率领中国党政代表团在 1957 年 11 月 2 日清晨离开北京，乘专机飞往莫斯科。此行是参加十月革命 40 周年庆祝活动；同时，出席在莫斯科召开的社会主义国家共产党和工人党代表会议和 64 国共产党和工人党代表会议①。代表团副团长是宋庆龄。代表团成员有邓小平、彭德怀、郭沫若、李先念、乌兰夫、陆定一、陈伯达、沈雁冰、王稼祥、杨尚昆、胡乔木、刘晓、赛福鼎等。这是毛泽东第二次出国，也是最后一次出国。

这时，社会主义阵营的形势，与 1956 年相比有了变化。国际共产主义运动和社会主义各国，在经历了苏共二十大赫鲁晓夫秘密报告引起的思想混乱，以及波兰、匈牙利事件以后，重新恢复了平静。社会主义阵营并没有出现西方国家期望的那种大混乱大分裂的局面。倒是相反，在苏伊士运河事件中，美国同英、法等国的矛盾充分暴露。而苏联又在 1957 年 10 月 4 日成功地发射了世界上第一颗人造地球卫星，标志着苏联在这方面的尖端科技和国防科技领域暂时居于领先地位。这对提高苏联的威信，增强社会主义阵营力量，显示社会主义制度优越性，都有重要意义。正是在这样的情况下，苏联提出利用各国代表团赴莫斯科参加十月革命庆祝活动的机会，召开各国共产党和工人党代表会议的建议。这是自 1956 年 4 月欧洲共产党情报局解散以来，各国共产党和工人党召开的第一次国际会议。苏联的建议一提出，立刻得到包括中国共产党在内的各国党的重视，并作出积极响应。

召开这样一次国际会议，不可避免地要涉及当时在社会主义阵营内部以及各国党之间存在的意见分歧和一些重大的理论问题。如对国际局势的基本估计，对斯大林的总体评价，如何处理好苏联同各社会主义国家和兄弟党的关系，如何认识社会主义革命和建设的共同规律问题，如何认识资本主义社会向社会主义社会和平过渡的可能性问题，等等。这些问题，许多是长期积累下来的，而在苏共二十大以后，各种分歧意见都暴露出来了。

毛泽东对预先起草的宣言草案提出三个问题

苏共中央对这次会议十分重视。他们预先起草了一份会议的宣言草案。他们先征求南斯拉夫共产主义者联盟的意见，南共不赞成，并表示不准备在这个宣言上签字。这时，苏共中央才向中共中央征求意见。中共中央接到这个草案，已经是 10 月 28 日。29 日，毛泽东约见苏联驻华大使尤金，请他将中共中央对这份宣

---

① 出席这个会议的，实际上是 68 个国家的共产党和工人党，其中有 4 个党由于所处的特殊环境没有公开。

言草案的意见转告苏共中央。一起参加会见的，有刘少奇、周恩来、邓小平。

毛泽东告诉尤金："我们讨论了一次，有些初步意见。就宣言本身来讲，对这个宣言草案，大部分意见我们是同意的，文件本身应当缩短。一些不同的看法，我们准备到莫斯科和赫鲁晓夫同志交换意见。现在就其中几个问题和你谈谈，请你转告苏共中央。"

毛泽东提出的第一个问题，是关于和平过渡问题。苏共二十大以后，苏共中央强调资本主义国家的无产阶级及其政党可以通过非暴力的途径，取得议会中的"稳定的多数"和平过渡到社会主义社会。对此，毛泽东和中共中央一直有不同意见。毛泽东并不否认客观上存在这种可能性，但问题是究竟只准备这一种可能性，还是同时准备两种可能性，对无产阶级更有利。

第二个问题，是对社会民主党的估价问题。毛泽东说：这个问题要讲得恰当。对社会民主党的工作是一定要做的，要争取社会民主党和它们影响下的工人阶级中的大多数，这样革命才会有希望。同社会民主党建立统一战线很重要，很必要。还有，是否可以笼统地提出和资产阶级各种还有民主性的党派进行工作，团结一切可以团结的力量。

再一个问题，是在宣言中是否要提到马林科夫、卡冈诺维奇和莫洛托夫的名字。1957 年 6 月，苏共中央全会做出《关于马林科夫、卡冈诺维奇和莫洛托夫反党集团的决议》，还派米高扬专程来中国，7 月 5 日在杭州向毛泽东、刘少奇、周恩来、陈云、邓小平等中共领导人通报了情况。中共中央对苏共中央的这个决定是支持的，并公开发表了致苏共中央的支持电。

11 月 2 日，毛泽东率领中国党政代表团抵达莫斯科。苏联党政主要负责人赫鲁晓夫、布尔加宁、伏罗希洛夫等，到机场迎接。

毛泽东在机场发表简短讲话，对苏联的盛情邀请表示感谢。他说："四十年前，苏联人民在伟大的列宁和伟大的苏联共产党的领导下所取得的这个胜利，创始了人类历史的新纪元。在四十年的建设过程中，苏联异常迅速地获得了辉煌的成就，许多方面都站在世界各国的最前列，为追求进步和幸福的人民树立了卓越的榜样。苏联发射第一个人造地球卫星不是一个简单的事件，人类进一步征服自然界的新纪元从此开始了。"又说："以伟大苏联为首的社会主义阵营是保证世界和平的坚强堡垒，是一切不愿意受帝国主义压迫和奴役的人民的忠实朋友。"① 作为共产主义运动中地位和影响仅次于苏共的中国共产党的领袖，他刚刚踏上苏联的土地，就旗帜鲜明地肯定苏联革命和建设的巨大成就，肯定"以苏联为首"的提法，这无疑是对苏联共产党有力的支持。

---

① 中共中央文献研究室编：《毛泽东传》四，中央文献出版社 2011 年版，第 1692 页。

毛泽东与赫鲁晓夫会谈

毛泽东到达莫斯科的第二天，11月3日晚，同赫鲁晓夫等举行会谈，就即将召开的各国兄弟党会议交换意见。

会谈一开始就谈会议文件问题。

赫鲁晓夫说：尤金已经把你们的意见转告给苏共中央，我们正在根据你们提的意见修改原来的草案。我们同意你们提出的意见，比如说，不要提马林科夫、卡冈诺维奇、莫洛托夫的名字，把文件搞短一些等。赫鲁晓夫还说，各国共产党都同意在会议上通过这样一个文件，而且哥穆尔卡已表示同意在文件上签字。

毛泽东听了赫鲁晓夫这些话，对会议文件问题，没有再提两种方案的事。他说：现在的稿子可以压缩一半。从内容上来说，原来文件中百分之九十或更多一些，我们都同意。他建议，由中国代表团的一些同志和苏联同志一起研究修改这个宣言，并指定邓小平、陆定一、陈伯达、胡乔木参加。他还建议推迟会议召开的时间，使宣言的修改时间更加充裕。赫鲁晓夫表示同意。

会谈中，赫鲁晓夫再次提出要办一个指导各国共产党和工人党的刊物，还提到要成立一个统一的组织。毛泽东表示，不赞成办一个刊物，也不赞成在近期内成立组织。他说："这样的刊物用处不大，而且也不容易办好，评论其他国家的情况很难，评价也不容易恰当，过去的经验也证明了这一点。""我们在原则上不反对成立组织。我们又考虑，暂时不搞组织，可以使一些国家安心一些。我不是指帝国主义国家，而是指亚非国家。"他建议，用定期召开会议的方式交换意见，由苏共做会议召集人。①

毛泽东在纪念大会上发表热情洋溢的讲话

11月5日，毛泽东率中国党政代表团，拜谒了坐落在莫斯科红场的列宁和斯大林墓。6日，他出席纪念俄国十月革命40周年大会。上午，赫鲁晓夫作长篇报告，下午毛泽东第一个讲话。

这是一篇热情洋溢的讲话。在这个庄重的国际讲坛上，毛泽东热烈地赞扬伟大的俄国十月革命，高度评价苏联社会主义革命和社会主义建设成就。他说："苏联的道路，十月革命的道路，从根本上说来，是全人类发展的共同的光明大道。""中国共产党所领导的人民革命，从来就是十月革命所开始的世界无产阶级社会主义革命的一个组成部分。中国革命有自己民族的特点，估计到这些特点是完全必要的。但是不论在革命事业中和社会主义建设事业中，我们都充分地利用了苏联共产党和苏联人民的丰富经验。"

---

① 参见中共中央文献研究室编：《毛泽东传》四，中央文献出版社2011年版，第1693页。

毛泽东讲话最后落到团结问题上："在我们胜利前进的时候，我们时刻也不能忘记，继续努力，保护和增强社会主义各国的团结，保护和增强全世界劳动人民和被压迫民族的团结。"① 毛泽东的讲话，受到与会者的热烈欢迎，不断报以长时间的掌声。

中国代表团成员之一的杨尚昆，在日记中记下了这一幕动人的情景："今天主席出现在纪念会上，大受欢迎。主席一出场，全体即起立致敬。下午大会时，主席第一个讲话，全场起立。讲话中不断鼓掌，讲完了全场又起立，为纪念会致最高敬意的表现。其余各兄弟党代表讲话，都是鼓掌没有起立。"②

毛泽东与各国领导人进行沟通

纪念大会的成功举行，是一个良好的开端。从这一天起，直到 20 日，毛泽东为了各国共产党和工人党会议的成功，为了达成以苏联为首的社会主义阵营的内部团结，频繁地会见一些重要的共产党的领导人，同他们交换意见，做一些说服工作。

谈话首先从波兰党开始。当时，波兰局势已趋于稳定，但波苏关系还比较紧张。由于受苏联长期干涉波兰内部事务的影响，波兰统一工人党对召开这次会议从一开始就不大赞成，对宣言内容有些不同意见，对在宣言上签字有过一些迟疑。同时，也不愿意再用"以苏联为首"的提法。

11 月 6 日中午，毛泽东利用纪念大会休息的半个小时，同波兰统一工人党中央第一书记哥穆尔卡开始第一次会谈，当晚继续进行。双方交换了对宣言草案的意见，主要涉及国际形势、社会主义阵营各国的相互关系等问题。

关于国际形势，哥穆尔卡认为宣言草案的一些措词，可能会刺激美国等西方大国，使国际形势更加尖锐化。毛泽东说：帝国主义和社会主义两方面互相都怕，但总的来说，他们怕我们怕得多一些。第二次世界大战以后，有些时候美国占上风，有时又是势均力敌，现在是我们占上风，是东风压倒西风。

关于社会主义阵营各国的相互关系问题，在这方面波兰党吃过苏共的苦头。他们担心通过这次会议和共同宣言，会使共产国际或情报局复活。毛泽东力图打消他们的顾虑，说明："这次共同宣言实际就是我们的纲领，它不涉及具体事，提的都是原则问题，并不管波兰和中国具体怎么做法。这次开会实质上就是成立一个新的国际，但是没有机构，由各党的领导人参加，一切事情都需要经过大家同意，不能强迫接受，每国的党也并不是其支部。"③ 这次会谈，很友好，很坦率，讨论问题是认真的、严肃的，气氛又是和谐的、轻松的，体现了

① 中共中央文献研究室编：《毛泽东传》四，中央文献出版社 2011 年版，第 1695 页。
② 《杨尚昆日记》（上），中央文献出版社 2001 年版，第 287 页。
③ 中共中央文献研究室编：《毛泽东传》四，中央文献出版社 2011 年版，第 1697 页。

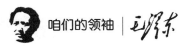

党与党之间的平等关系。

随后，毛泽东接连同意大利共产党、法国共产党和英国共产党领导人谈话，而且都不止一次。这三个党都是西欧资本主义国家中影响较大的工人阶级政党。它们所处的地位，和社会主义国家中执政的共产党和工人党有很大不同。这时，西欧资本主义国家在美国的大力扶持下，已经度过了最困难的战后恢复期，进入平稳发展的时期。在这种情况下，这些国家的工人阶级政党应当采取什么样的斗争策略和斗争方式，就成为这次莫斯科会议争论的一个重要问题，也是毛泽东同西欧几个国家共产党领导人会谈的重要内容。毛泽东还想通过这些接触，更多地了解西欧资本主义国家的情况，互相交换对国际形势的看法。

毛泽东本来就不赞成资本主义国家的党，不论两个党还是三个党，在宣言上签字。11 月 3 日同赫鲁晓夫会谈时，他就提过："对于资本主义国家的党，可否在文件的适当地方或者在末尾提这么一段话：文件中的各点，对十二个执政党（不包括南斯拉夫）来说，是必须执行的，它们对文件负有责任。而对资本主义国家的兄弟党来讲，所提到的事情只作为建议提出，因为资本主义世界的情况很复杂。这样提一句，会使这些国家的党能机动一些，更多地让它们自己去考虑自己的问题。"[①] 在这个问题上，陶里亚蒂和毛泽东的意见不谋而合。

关于和平过渡问题，是毛泽东和意大利共产党领导人陶里亚蒂会谈的主要内容。毛泽东说："关于在资本主义国家里进行革命的问题，原来的文件比较强调和平过渡。我们和苏联交换了意见，最好两个可能性并提：一个是和平过渡的可能性，一个是用战争的方法。""我很关心这个问题。"

毛泽东认为，在革命道路问题上，是否坚持俄国十月革命的普遍原则，是否坚持和平过渡与革命战争两种可能性，这是无产阶级政党同社会民主党的根本区别。他说："和平过渡包括激烈的阶级斗争。或许到一定的国内和国际条件下，可以通过群众斗争逼得资产阶级无法使用暴力。但是，我们不大相信。现在的资产阶级都是武装起来的。还是两个并提：我们要和平，被迫的时候也要使用暴力。关于后者谈上几句，不会解除我们武装，我们就有两只手。要用战争的一只手，是从防御出发的。"陶里亚蒂表示基本同意毛泽东的意见。

11 月 8 日，毛泽东和法国共产党总书记多列士举行会谈。谈的主要问题，跟同陶里亚蒂谈的差不多。会谈进行得很顺利，双方在主要问题上达成一致。毛泽东最后说："我们的心是一致的，我们和苏联、你们的心是一致的，现在和意大利也一致了。"[②] 11 月 8 日和 9 日，毛泽东同英国共产党主席波立特、总书记高兰两次会谈。

从 6 日开始，中苏双方就宣言交换意见，最后基本上采用了中方的草案。

① 中共中央文献研究室编：《毛泽东传》四，中央文献出版社 2011 年版，第 1698 页。

② 中共中央文献研究室编：《毛泽东传》四，中央文献出版社 2011 年版，第 1699 页。

10 日，双方达成对全部草案的共同意见，作为苏中两党共同提出的草案，于 11 日印发各代表团征求意见。13 日，中国代表团研究各党的意见，着重研究了波兰方面提出的意见。然后，中方会同苏方讨论修改后的稿子。

毛泽东谈"以苏联为首"的问题

11 月 14 日，社会主义国家共产党和工人党代表会议开幕。阿尔巴尼亚、保加利亚、匈牙利、越南、民主德国、中国、朝鲜、蒙古、波兰、罗马尼亚、苏联、捷克斯洛伐克十二国党的代表团出席了会议。毛泽东在会上发言，专门讲"以苏联为首"的问题。他说："我们这里这么多人，这么多党，总要有一个首。就我们阵营的内部事务说，互相调节，合作互助，召集会议，需要一个首。就我们阵营的外部情况说，更需要一个首。我们面前有相当强大的帝国主义阵营，它们是有一个首的。如果我们是散的，我们就没有力量。""我们面前摆着强大的敌人。世界范围内的谁胜谁负的问题没有解决。还有严重的斗争，还有战争的危险。要防备疯子。当然，世界上常人多，疯子少，但是有疯子。偶然出那么一个疯子，他用原子弹打来了你怎么办？所以，我们必须有那么一个国家，有那么一个党，它随时可以召集会议。为首同召集会议差不多是一件事。"

毛泽东接着说："谁为首呢？苏联不为首哪一个为首？……我们中国是为不了首的，没有这个资格。我们经验少。我们有革命的经验，没有建设的经验。我们在人口上是个大国，在经济上是个小国。我们半个卫星都也没有抛上去。这样为首就很困难，召集会议人家不听。苏联共产党是一个有四十年经验的党，它的经验最完全。""苏联共产党在几十年来，总的说来，是正确的，这甚至敌人也不能不承认。"他又说："有些同志因为苏联在斯大林时期犯了一些错误，对苏联同志的印象就不大好。我看这恐怕不妥。这些错误现在没有害处了。从前是有害处的，但现在它的性质转变了，转变得有益于我们了。它使我们引以为戒。""各国共产党过去相互关系中间有些不愉快的事，不仅别的国家有，中国也有，但是我建议我们要看大局。"

毛泽东就对宣言内容的分歧与波兰进行沟通

根据赫鲁晓夫提议成立的宣言起草委员会，主要由十二个社会主义国家代表团成员组成，同时也吸收了资本主义国家的共产党代表参加。委员会的会议与全体代表会议交叉进行。起草委员会 15 日开会，会上争论了一天，有几个问题始终未能与波兰取得协议。波兰方面认为宣言草案对美帝国主义的一些提法说得太过分，调子太高。他们不要提"美帝国主义"，不要讲它"称霸世界"，不要讲它是"反动中心"等等。下午五时半，中方代表向毛泽东汇报了讨论的情况。

事情很明显，宣言能否达成协议，关键在波兰。谁能与波方就分歧意见进行商量并取得有效结果呢？只有毛泽东。赫鲁晓夫不行，其他党的领导人也难。赫鲁晓夫早就对毛泽东说了："你们的处境好，你们的意见波兰同志能听得进去。"①毛泽东听完汇报，6时半即去哥穆尔卡住处同他会谈。这是毛泽东同哥穆尔卡举行的第二次会谈。

毛泽东有意使会谈气氛轻松一些，一开头就说："今天，天上地上随便谈，参加的人由你们定。"哥穆尔卡直截了当："今天我想谈谈关于宣言的事。"毛泽东问："起草委员会开得有成绩吗？达成协议的可能性大吗？"

哥穆尔卡告诉毛泽东，波兰党提出了四个有原则性的修正意见，有一个被采纳了，还有三个存在分歧。他说："关于修正主义问题取得了协议，因为都作了些让步，提出主要的危险在于修正主义，但也须反对教条主义，各国的主要问题由各自决定。"

接着，双方就宣言中的一些主要分歧展开讨论。双方都很坦率。毛泽东在不损害原则的情况下，能让步则让步，能妥协则妥协，最大限度地寻求共同点。毛泽东完全用商量的口气，充分说理，使对方没有一点强加于人的感觉。

分歧意见之一，是波方不同意宣言草案中"美国侵略集团依靠实力政策企图独霸世界"这一句。哥穆尔卡认为一个国家不可能独霸；侵略集团不只是美国，还有别的国家。

毛泽东说，其他国家，如英、法可以分开提，突出美国是合乎事实的。讲美国是指问题实质，因为美国是他们中最强的，其次才是英、法、葡萄牙等国。毛泽东提出一个修改意见：可以把"独霸世界"改为"独霸大部分世界"。哥穆尔卡插了一句："我们认为在起草委员会的情况是：全体反对一国。"毛泽东紧接着也说了一句："也可以说是一国反对大家。"哥穆尔卡："是这回事。"毛泽东："还是应该进行协商。"

分歧意见之二，是波方不同意宣言草案中所写的"企图在社会主义国家里复辟资本主义"这句话，认为要在社会主义国家中复辟资本主义非通过战争方式不可，波兰有部分反动分子正是想通过战争在波兰复辟资本主义。哥穆尔卡建议改为"……在社会主义国家中进行反对这些国家的敌对行为"。毛泽东说，这话不是对帝国主义及反动分子说的，而是对那些不愿使资本主义复辟的人民讲的。如果不说"复辟"，也可改为"颠覆活动"。哥穆尔卡表示同意。

分歧意见之三，是波方不同意说"美帝所采取的侵略政策使它成为世界反动之中心"。毛泽东解释说，敌人虽多，但最大的敌人是美国，这符合事实。"现在世界局势已经紧张，讲出了这点会更形成紧张，我们的意见正是这样，你

———————

① 中共中央文献研究室编：《毛泽东传》四，中央文献出版社 2011 年版，第 1703 页。

紧我也紧，结果倒有可能不紧张。"哥穆尔卡说："刚才毛泽东同志说，我们应该用强硬回答强硬，这才能促使国际局势的缓和。"毛泽东说："不是用炮弹而是用口。"哥穆尔卡说：美国统治集团对人们宣传说，共产党和苏联要消灭美国，他们不说要消灭帝国主义，而是说要消灭美国这个国家。毛泽东说：我们说不说，反正他们都会这样宣传的，还得靠打文字仗。"你来我去，决不能对英美不还枪，这叫唇枪舌战。""我们如果说出来，那会更好地争取亚洲、非洲、拉丁美洲的人民。"

会谈在坦率而友好的气氛中继续进行。

毛泽东说：都需要让些步，需要大家取得一致。我们和苏联也都互相让了步。我感到这次苏联同志有很大进步，也本着求同存异的精神，他们和我们都放弃了一些自己的观点，都接受了一些对方的观点，这才拟出了双方的共同草案。

在平等协商的气氛中，双方就三个分歧意见基本达成一致或比较接近的认识：（一）把"美国侵略集团依靠实力政策企图独霸世界"一句中的"独霸世界"，改为"独霸世界大部分地区"。（二）把"企图在社会主义国家里复辟资本主义"一句中的"复辟资本主义"，改为"进行颠覆活动"。（三）"美帝所采取的侵略政策使它成为世界反动之中心"一句中的"使它成为"，改为"企图使它成为"。这些修改，基本上都是接受了波方的意见。所以，毛泽东说："这样提对你们可能接近些，我们是退了一步，这表示我们是想妥协的。这次应创造一种有事能商量的气氛。"

毛泽东在大会上首先做表态发言

11月16日，社会主义国家共产党和工人党代表会议继续举行。赫鲁晓夫宣布开会，毛泽东第一个发言。看来这是苏共的有意安排。显然，毛泽东对宣言的表态，具有很大影响力。

毛泽东一开头就说："我认为我们的宣言是好的。我们用了一个很好的方法达到目的，这就是协商的方法。坚持了原则性，又有灵活性，是原则性、灵活性的统一。这么一种进行协商的气氛现在形成了。在斯大林的后期不可能。""我们现在用说服的方法代替了压服的方法。费的时间不算少，但是这点时间是需要的。我们采取协商的方法并不是主张无政府主义，我们不是辩论的俱乐部。我们的方法是又有中心，又有大家，中心与大家的统一。没有中心，比如没有苏联共产党，那么就会变成无政府主义；没有大家提意见，只是一家提意见，那么就总不会完全。现在是又有中心，又有我们大家；在一种意义上，也可以说又有集中，又有民主。不能说我们这一次会议没有民主。我认为有充分的民主。"

毛泽东又说：这个宣言是正确的，是一篇马克思列宁主义性质的宣言。它没有修正主义或者机会主义的因素，也没有冒险主义的倾向。"这个宣言总结了几十年的经验，尤其是最近几年的经验。有些经验是从痛苦中得来的。这些痛苦教育了我们。我们不要对于这些痛苦生气。相反，我们要感谢这些痛苦。因为它使我们开动脑筋，想一想，努力去避免那些痛苦。果然，我们就避免了那些痛苦。"① 社会主义国家共产党和工人党代表会议结束了，通过了会议宣言（又称《莫斯科宣言》）。19 日，除南斯拉夫以外，十二个社会主义国家代表团在宣言上签了字。国际共产主义运动在经历了一个困难的时期以后，所有社会主义国家的执政党汇集在莫斯科，共同讨论并签署了这个宣言，显示了社会主义阵营的团结和力量，这是自共产国际解散以来，国际共产主义运动史上的重大事件。

在中苏两党就宣言草案达成共同意见的同时，中国代表团在 11 月 10 日向苏共中央提交了《关于和平过渡问题的意见提纲》，全面阐明了中国共产党在这个问题上的原则立场。在这份备忘录性质的意见提纲里，提出了五点意见：（一）要同时提和平和非和平的两种可能性；（二）当前从策略观点出发，提出和平过渡的愿望是有益的，但不宜过多地强调和平过渡的可能；（三）取得议会的多数，不等于摧毁了旧国家机器，建立起新的国家机器；（四）社会主义的和平过渡的含义，不应该只解释成为通过议会的多数，不能利用旧的国家机器来实现和平过渡；（五）争取同社会党的左派和中间派建立统一战线，是很重要的。但是，不能模糊我们同社会党在社会主义革命问题上的原则界限。

社会主义国家共产党和工人党代表会议及其宣言，增强了社会主义阵营的团结，在一些重大问题上初步统一了社会主义各国的认识，使苏共二十大以后出现的人心波动、思想混乱的局面有所改变。

社会主义各国共产党和工人党代表会议结束的那一天，11 月 16 日，召开了各国共产党和工人党代表会议。六十四个国家的共产党和工人党代表团出席了会议。这是自第二次世界大战结束以来，国际共产主义运动的一次空前盛会。

会议一致通过了《和平宣言》。宣言针对西方国家以"遏制共产主义的威胁"为借口，奉行扩张侵略的帝国主义冷战政策，旗帜鲜明地提出："战争不是不可以避免的，战争是可以制止的，和平是可以保卫住和巩固起来的。""无论哪一个共产党或是哪一个社会主义国家，都没有发动战争和对别国进行军事攻击的动机，都没有掠夺别国土地的动机。""社会主义各国并不想用暴力把自己的社会和政治制度强加于任何一国人民。它们坚信，社会主义必然胜利，但是它们也知道，社会主义不能从外边移植，它应该首先是每个国家的工人阶级和

① 中共中央文献研究室编：《毛泽东传》四，中央文献出版社 2011 年版，第 1706 页。

一切进步力量进行国内斗争的结果。"宣言率先提出立即停止核试验、无条件禁止生产和使用核武器的建议，并提出"给世界以和平"的响亮口号。①

与会的六十四国共产党和工人党代表团，包括中国代表团在内，共同签署了这个宣言。

毛泽东在会议上谈国际形势与团结

这个会议共开了 3 天，11 月 19 日结束。在 18 日的会议上，毛泽东发表长篇讲话，集中论述国际形势和团结这两个问题。

关于国际形势，毛泽东指出：40 年前的十月革命是整个人类历史的转折点，现在国际形势又到了一个新的转折点。"中国有句成语：不是东风压倒西风，就是西风压倒东风。我认为目前形势的特点是东风压倒西风，也就是说，社会主义的力量对于帝国主义的力量占了压倒的优势。"

关于团结问题，毛泽东说："我非常高兴，非常庆幸我们的会议开得很团结。这次大会反映了全世界无产阶级和人民的上升的朝气、东风压倒西风这么一种形势。我们有很多缺点和错误，但是我们的成绩是主要的，是年年见成效的。于是乎反映在我们六十几国共产党大会上一股朝气，并且一致承认要有一个头，这个头就是苏联，就是苏共中央。"

毛泽东又讲到社会主义社会的矛盾问题。他说："有些人说社会主义社会可以'找到'矛盾，我看这个提法不对。不是什么找到或者找不到矛盾，而是充满着矛盾。""我很高兴赫鲁晓夫同志在十月革命四十周年纪念会上讲了社会主义社会存在着矛盾。我很高兴苏联哲学界产生了许多篇文章谈社会主义社会的内部矛盾问题。"

毛泽东还提出："关于对立面的统一的观念，关于辩证法，需要作广泛的宣传。我说辩证法应该从哲学家的圈子走到广大人民群众中间去。"② 毛泽东讲话的时候，整个会场特别安静，讲话一结束，立即爆发出长时间的热烈的掌声。

11 月 17 日，毛泽东同法共书记杜克洛谈话，就法国政治局势、英法等西欧国家同美国的关系等问题，深入交换意见。这是同法共代表团的第二次会谈。

18 日晚上，毛泽东又在住地与陶里亚蒂会见，举行第二次会谈。对毛泽东来说，这与其说是一次会谈，不如说是一次调查。他向陶里亚蒂详细询问了意大利的社会、政治、经济状况，意大利各阶级、各政党及其力量对比的状况。毛泽东不断地提问，一个接着一个，有时也发表他对国际形势的一些看法。

11 月 20 日，波兰代表团来看毛泽东。这是他们的第三次会见。

① 参见中共中央文献研究室编：《毛泽东传》四，中央文献出版社 2011 年版，第 1710 页。
② 中共中央文献研究室编：《毛泽东传》四，中央文献出版社 2011 年版，第 1712 页。

毛泽东看望中国留学生

　　在莫斯科期间，毛泽东看望了在苏联学习的中国留学生。11月17日下午6时，毛泽东在邓小平、彭德怀、乌兰夫、陈伯达、杨尚昆、胡乔木、刘晓等陪同下，来到莫斯科大学礼堂，受到等候在这里的3500多名中国留学生的热烈欢迎。

　　毛泽东第一句就亲切地说："同志们！我问你们好！"接着毛泽东右手轻轻一抬向前推动了一下说："世界是你们的！"接着又补充了一句说："也是我们的。但是归根结底是你们的。"又说："你们青年人朝气蓬勃，正在兴旺时期，好像早晨八九点钟的太阳。希望寄托在你们身上。"毛泽东接着又半开玩笑地说"你们有朝气，我们有暮气，这叫各有长短"。毛泽东这时像谈家常似的向大家说："最近几天在莫斯科开了个会，你们知道吗？""这次会开得很好，苏联同志很能够和各国同志商量问题，会议开得生动活泼，和八年前我那次来时很不相同，既有集中，又有民主，这就是列宁的民主集中制。""现在世界上的风向变了，去年的气候对我们很不利，今年的气候好了。社会主义阵营和资本主义阵营之间的斗争，不是西风压倒东风，就是东风压倒西风。这两句话是《红楼梦》里的一个人说的。一个社会主义阵营，一个资本主义阵营，当中还有一个中间地带。据联合国的统计，全世界共有二十七亿人口，我们社会主义阵营约有十亿，帝国主义阵营约有四亿，剩下……十三亿基本分布在三个洲：亚洲、非洲、拉丁美洲。十三亿当中已经有七亿多取得了民族独立。像印度、印尼、巴基斯坦、缅甸、埃及、苏丹、突尼斯、摩洛哥，还有个黄金海岸等等。剩下的还有六亿，像日本、伊朗、南朝鲜、南越、土耳其等。帝国主义阵营中间德、意现在不想打仗，也打不起来。英、美、法不合作。中间地带这十三亿人口，两个阵营都在争夺。现在看起来，他们大多数是倾向我们的，我们的影响比帝国主义的影响还是大一些。因为英法有老殖民主义，美国有新殖民主义，我们却什么殖民主义也没有。""同志们！这次庆祝十月革命节四十周年，一共有六十四个国家的共产党和工人党派代表来参加。这是自从马克思恩格斯以来的共产主义运动中最盛大的一次集会。""同志们！目前是世界局势的一个转折点。在人类历史上，十月革命是一个伟大的转折点，此外还有很多转折点，像斯大林格勒战役是第二次世界大战的转折点。现在，苏联有两个人造卫星上天，六十四个国家的共产党开会，又是一个大的转折点，这是世界上两个阵营力量对比的转折点。从今以后，西风压不倒东风，东风一定要压倒西风。""你们年轻人应该具备两点：一是朝气勃勃，二是谦虚谨慎。""同志们，世界上怕就怕'认真'二字，共产党就最讲'认真'。""我们的目的就是让全国六亿四千万人一起动手，人人振奋，移风易俗，改造我们的国家。再过十五年，苏联超过美国，中国超过英国，那时候世界的面貌就要大大改变了。这个责任就落在你们身上了。你们要好好地完成五年计划。""你们一定要和苏联同志结成亲密的朋友！"

"世界是你们的，也是我们的，但是归根结底是你们的。""你们青年人朝气蓬勃，正在兴旺时期，好像早晨八九点钟的太阳。希望寄托在你们身上。""一起动手，人人振奋，移风易俗，改造我们的国家。""世界上怕就怕'认真'二字，共产党就最讲'认真'。"这些话语，很快就传开来了，传遍了神州大地，一直流传到今天，还要传到永远。

11月21日，毛泽东率中国党政代表团乘专机回到北京。

毛泽东邀请赫鲁晓夫中南海游泳内情

1955年5月，华沙条约组织建立后，赫鲁晓夫有意将苏联新式武器的威力与中国的军事发展结合起来，加大中苏军事控制半径。

1958年4月，赫鲁晓夫向中方提出，由中苏两国在中国的南海岸边合作建设"长波电台"，两国共同管理和使用，遭到毛泽东的严词拒绝。恰在这时，中国海军提出由苏联帮助中国建设远洋潜艇，苏联军方由此提出两国共同建设"联合舰队"。赫鲁晓夫认为这个主意不错，因为这样一来，"长波电台"问题也迎刃而解。

7月21日，苏联驻华大使尤金向毛泽东和中共中央政治局常委传达赫鲁晓夫建立"联合舰队"的建议，毛泽东闻之震怒，怒气冲冲地对尤金说："你叫赫鲁晓夫自己来谈！"

在赫鲁晓夫看来，中苏两党两国是一家人，有什么不好谈的呢？所以，赫鲁晓夫决定亲自飞往北京，去说服毛泽东。7月31日下午4时，毛泽东乘车前往北京南苑机场，刘少奇、周恩来和邓小平等一起前往，一路上，毛泽东神情凝重，众多中央领导人没有什么言谈，气氛压抑。

没过多久，赫鲁晓夫庞大的图104专机就像巨鸟一样在上空出现了。赫鲁晓夫透过机窗看到毛泽东、刘少奇、朱德、周恩来、陈云、林彪、邓小平、彭德怀、陈毅、黄克诚、杨尚昆、胡乔木等一干人在停机坪依次排开，心中十分高兴，未能感觉到丝毫凝重的气息。

四场马拉松式的会谈，毛泽东就是不同意"联合舰队"。7月31日—8月3日，毛泽东和赫鲁晓夫连续四天会谈了四次。会谈的地点主要在中南海怀仁堂。

在这些会谈中，毛泽东提出，双方可以合作一万年，意思是既然是合作，就要允许两党两国有意见分歧，还指出中国的发展很好。但赫鲁晓夫想的是需要与中国同志共同讨论需要什么样的海军。他认为发展真正的现代海军威慑武器——潜艇，中苏互相合作，是一步好棋。

会谈中，毛泽东几次要求赫鲁晓夫解释什么叫"联合舰队"。见毛泽东怒气冲冲，赫鲁晓夫只好吞吞吐吐地说，是尤金将他的意思表达错了，并再三表示，一个舰队由两个国家来指挥是不可想象的。他还说，中国应该有一支强大的、装备导弹的潜艇部队，苏联有的东西都可以给中国。

对于长波电台，赫鲁晓夫说，我们出钱给你们建立这个电台也是可以的，这个电台属于谁并不重要，我们不过是用它同我们的潜水艇保持无线电联络。我们甚至愿意把这个电台送给你们。他希望和毛泽东协议，让他们的潜水艇在中国有个基地，以便加油、修理、短期停泊等等。毛泽东坚决地回答说："不能！"

赫鲁晓夫搞不懂毛泽东为什么不可以给苏联海军提供方便，毛泽东把两军之间的合作看得这么事态严重。

赫鲁晓夫灵机一动，说："假如你愿意，你们的潜艇可以使用摩尔曼斯克作为基地！"毛泽东立即回答："不需要，我们不想在摩尔曼斯克干什么，也不希望你们在我们这儿干什么，英国人和别的外国人已经在我们的国土待了许多年，我们再也不想把自己的土地让别人来达到自己的目的。"

正是在这样怎么谈都拧的情况下，毛泽东邀请赫鲁晓夫到中南海游泳池边的会议室会谈，这次主要谈国际形势、原子武器等问题。毛泽东原意是避开"联合舰队"的问题不谈，和赫鲁晓夫融洽一下关系。

在中南海游泳池的会议室里，争论还是不期而至。谈着谈着，不知为什么，赫鲁晓夫对中国的"大跃进"提出了自己的不同观点，他直来直去地说："你们这个大跃进，我们认为是超越社会主义发展阶段的情况，是不切实际的狂想、蛮干，是小资产阶级狂热病。"

毛泽东哪能让赫鲁晓夫在这里指手画脚，他针锋相对。赫鲁晓夫明白，毛泽东是一句话都听不进去的，自己就像是晚辈在和长辈说话，他看看苏联来的其他人，讪讪地、有点不耐烦地说："这些我们确实还搞不清楚，只有你们自己清楚，总之，你们搞的是中国式的，你们比我们更清楚。"

想到现在东欧一些人总是在看毛泽东的举动，以欣赏的眼光看他对苏联的特立独行，特别是在赫鲁晓夫否定斯大林后，他们都想让毛泽东来取而代之，赫鲁晓夫咳嗽了一下，将话题转移过来，说，"我们要求中国在亚洲事务上多负责些"。

毛泽东当然知道他的言下之意是中国别插手东欧事务，赫鲁晓夫继续说，"你们对亚洲和东南亚的情况应该比我们更熟悉一些，我们可能对欧洲的情况熟悉一些，我们是不是可以这样，你们多考虑考虑亚洲的事，我们多考虑考虑欧洲的事。"

毛泽东根本就不想再听"老大哥"的任何安排，他说："不一定，有些事情你们比我们熟悉得多么？这样分工是不恰当的，各国有各国的实际情况，各国有各国的政党和人民，各个国家的事得靠他们自己去解决，别的国家是不能去干涉的。"

再谈下去，有点顶着干、对着干的味道。毛泽东提议一起下水游泳。赫鲁晓夫并不怎么会游泳，这次来中国，毛泽东这样邀请他下水，他没办法，只得像毛泽东一样，穿着大裤衩下水，客随主便，随便在水里比划几下，表示与毛泽东是半公半私相处。

其间，毛泽东和赫鲁晓夫又因苏共二十大批判斯大林一事发生激烈争吵。这样一来，双方都抹下了脸，最后，"联合舰队"的事被毛泽东一句话终结，毛泽东说："中国人是很难同化的。过去有多少个国家想打进中国，到我们中国来。结果呢？那么多打进中国的人，最后还是都站不住。"

赫鲁晓夫听后面无表情。

此次赫鲁晓夫北京之行，满怀信心而来，败兴而归。8月3日，他走上飞机时，转身向毛泽东挥手告别，心中涌出一种凄凉的感觉。

中 苏 论 战

中苏论战导火线——中印边境冲突

中苏两党积累下来的分歧和矛盾，经过一段和缓的时期以后，进到1962年底，又发展到一触即发的地步。1962年10月，苏联在加勒比海危机中，和美国一度剑拔弩张，搞得十分紧张，但在这场危机过后，很快就迁怒于中国。12月12日，赫鲁晓夫在苏联最高苏维埃会议上发表讲话，指责中国在中印边境冲突和加勒比海危机中的原则立场。这个讲话，成了苏联指挥一些党对中共发起新一轮围攻的信号。

这里所说的中印边境冲突，是指1962年10月在中印边境的东段和西段，中印之间所发生的军事冲突。从这年8月以来，中印边境紧张局势就逐步发展。为了缓和紧张局势，避免冲突，中国政府再三提议两国尽快讨论中印边界问题，却遭到印度政府拒绝。10月17日，印军在中印边境东段和西段同时向中方进行猛烈炮击。

10月17日，毛泽东主持召集会议，决定进行中印边境自卫反击战。当天，中央军委下达歼灭入侵印军的作战命令。毛泽东后来在中央工作会议上回顾下决心进行中印边界自卫反击战的过程时说："开头你们是要打的，我是死也不要打的。西边加勒万河那一次，总理、少奇同志、小平同志、罗瑞卿同志，实在要打，说不得了，欺负得我们厉害呀，我说，就让他欺负，无论如何不要打。后头怎么搞的，我也看到不打不行了，打就打嘛。你整了我们三年嘛。你看嘛，从一九五九年开始，一九五九年，一九六〇年，一九六一年，一九六二年，四个年头了，我们才还手嘛。"①

---

① 中共中央文献研究室编：《毛泽东传》五，中央文献出版社2011年版，第2228页。

10 月 20 日晨，中国边防军在中印边境东、西两段开始进行自卫还击。从 10 月 20 日到 29 日，东段收复了克节朗河以南、达旺河以北、不丹以东的全部领土；西段清除了加勒万河谷和新疆阿克赛钦地区部分入侵印军。这是自卫反击战的第一阶段。

在反击战开始以后，中国政府仍然为和平解决争端作最大的努力。10 月 24 日，中国政府发表声明，建议双方确认中印边界问题必须通过谈判和平解决，在和平解决以前，双方尊重实际控制线，① 并将武装部队从实际控制线各自后撤二十公里；两国总理应该再一次举行会谈。当天，印度政府发表声明，拒绝了中方的建议。11 月 4 日，周恩来总理再次写信给尼赫鲁总理，呼吁重开谈判解决中印边界问题。但印度不予置理，并宣布全国进入"紧急状态"，进行军事动员，11 月 14 日至 16 日，又一次向中国军队发起猛烈进攻。

在这种情况下，中国边防军发起了第二阶段自卫反击战，从 11 月 16 日起到 21 日结束，在东段推进到非法的"麦克马洪线"以南的传统习惯线附近，西段清除了入侵阿克赛钦地区的全部印军据点。

11 月 19 日，毛泽东在中南海住处两次召集周恩来等开会。随后，周恩来和陈毅约见印度驻华临时代办班纳吉，向他表示：中印两国应该友好下去。我们应该向远处看。我们是有信心的，我们将不丧失一线希望。周恩来还表示，可以去德里谈判解决中印边界问题。

同一天下午，毛泽东从当天的《参考资料》上看到，印度总理和总统在 18 日的讲话中都说希望通过和平谈判解决中印边界冲突。他当即批示："突然大谈和平解决。送总理阅。请外交部研究一下，印度领导人过去几天，是否有过十八日这种论调。"② 他抓住这一契机，作出了一项没有先例的大胆决策：中国边防部队在自卫反击战取得胜利的情况下，主动实行全线停火，并主动后撤。

11 月 20 日，毛泽东和刘少奇、周恩来等研究决定，先走一步，主动采取积极的步骤，扭转中印边境的紧张局势。

11 月 21 日零时，中国政府发表声明，郑重宣布：（一）从本声明发表之次日，即 1962 年 11 月 22 日零时起，中国边防部队在中印边界全线停火。（二）从 1962 年 12 月 1 日起，中国边防部队将从 1959 年 11 月 7 日存在于中印双方之间的实际控制线，后撤二十公里。（三）为了保证中印边境地区人民的正常往来，防止破坏分子的活动和维护边境的秩序，中国将在实际控制线本侧的若干地点设立检查站，在每一个检查站配备一定数量的民警。还宣布：如果印军继续进攻，重新推进到实际控制线或越过实际控制线，中国保留进行自卫还击的权利，

---

① 这里所说的"实际控制线"，是指 1959 年 11 月 7 日存在于中印边界全线的实际控制线。
② 中共中央文献研究室编：《毛泽东传》五，中央文献出版社 2011 年版，第 2229 页。

由此产生的一切严重后果由印度政府承担全部责任。①

　　到第二年 2 月 28 日，中国边防部队完成了预定的后撤计划。4 月 2 日，又宣布释放和遣返全部被俘的印度军事人员，共计 3213 人。

　　在中国政府的努力下，中印边境局势得到了控制，对中印边界局势的长期稳定起了重要的作用。

　　1962 年发生的中印边界冲突，是非曲直十分清楚。赫鲁晓夫 12 月 12 日却在苏联最高苏维埃会议上，对中国进行不公正的指责。

第一轮论战

　　1962 年冬，一些欧洲的共产党相继召开代表大会。苏共领导人又利用这个机会，向中共代表团发起围攻。首先是 1962 年 11 月召开的保加利亚共产党第八次代表大会，由此拉开了在一些党的代表大会上公开指名攻击中国共产党的序幕。随后召开的匈牙利社会主义工人党第八次代表大会、捷克斯洛伐克共产党第十二次代表大会，对中国共产党的攻击调门越来越高，卷入的兄弟党也越来越多。

　　在这种情况下，毛泽东和中共中央决定发表一系列答辩文章进行反击。

　　第一篇答辩文章，是 12 月 15 日发表的《人民日报》社论《全世界无产者联合起来，反对我们的共同敌人》。这篇社论原先的标题是《坚持真理，弄清是非，团结对敌》。毛泽东看了，觉得不够响亮，便重新拟了这个标题。毛泽东是 12 月 14 日凌晨修改这篇社论的，他在给邓小平的批语中说："此文已阅，认为写得很好，有必要发表这类文章。""又，题目似宜改一下，更为概括和响亮些，请酌定。"②

　　从这篇社论起，中国共产党紧紧抓住团结的旗帜，对各种攻击进行有节制的反击。

　　12 月初，意大利共产党举行第四次代表大会，中国共产党派出代表团参加。12 月 2 日，意共总书记陶里亚蒂在总报告里点名攻击中国共产党。中国共产党决定给予还击。

　　面对苏共等兄弟党的围攻，12 月 22 日毛泽东把中共中央政治研究室整理的《列宁在第二国际反对机会主义的斗争》的材料批给柯庆施，让他印发参加华东局会议的各同志，"大家读一二遍，并讨论两天"。

　　1962 年的最后一天，12 月 31 日，《人民日报》发表社论《陶里亚蒂同志同我们的分歧》，作为第二篇答辩文章。《红旗》杂志也在 1963 年第一期刊登长篇

　　① 参见中共中央文献研究室编：《毛泽东传》五，中央文献出版社 2011 年版，第 2229 页。
　　② 中共中央文献研究室编：《毛泽东传》五，中央文献出版社 2011 年版，第 2230 页。

社论《列宁主义和现代修正主义》，作为第三篇答辩文章。

苏联共产党对中共的围攻继续升温。1月7日，苏联《真理报》发表长篇文章《为和平和社会主义的胜利加强共产主义运动的团结》。随后，在1月15日至21日召开的德国统一社会党第六次代表大会上，赫鲁晓夫第一次公开指名批评中国共产党，同时又提出停止公开论战，实际上是要阻止中共继续反驳。

在这种情况下，在北京主持中央工作的刘少奇决定，先由出席代表大会的中共代表团在会上致词，强调我们反对假团结、真分裂的阴谋；并由写作班子起草第四篇答辩文章，这就是1月27日发表的《人民日报》社论《在莫斯科宣言和莫斯科声明的基础上团结起来》。

当时毛泽东在武汉。1月25日晚，审阅了这篇社论稿，他在给邓小平的批语中说："24日送来的社论，已经看过，写得很好，可以发表。"①

这篇社论点出了一些严肃的原则问题：要什么样的团结？在什么基础上团结？是在莫斯科宣言和莫斯科声明基础上的团结，还是在别的纲领基础上的团结？社论明确指出，公开论战是从苏共二十二大开始的。

这时，双方都想缓和一下。2月21日，苏共中央致信中共中央，表示要停止论战，举行中苏两党会谈，为召开新的兄弟党国际会议作准备。毛泽东很重视这封来信，2月23日晚，召开常委会议研究苏共来信，然后约见苏联驻华大使契尔沃年科。毛泽东对契尔沃年科说，我刚刚看了你们中央给我们的信，就是昨天晚上八点钟交给我们的。我们欢迎这封信，这封信的态度好，我们赞成。虽然还有些地方我还有些意见，基本的态度是好的，是商量的、平等的态度。

他接着说："有一点不满意的，是赫鲁晓夫同志在德国第六次党代表大会上提出停止论战，同时又自己论战，公开批评中国党。最近，你们批评中国党的文章四篇，赫鲁晓夫就有两篇，还有两篇是《真理报》编辑部文章。我们从20日起登你们的这些文章，今天就登完了，使我们的人民都知道你们的观点。"

关于举行两党会谈为兄弟党国际会议做准备的问题，毛泽东建议："可以有两种方式。一种是像1960年莫斯科会议那样，两党会谈各讲各的，达不成协议再到二十六国兄弟党起草委员会和八十一国兄弟党国际会议上去争论。另一种是1957年莫斯科会议那种方式，在中苏两党会谈中达成协议，用两党名义提交大会。我看还是1957年的方法好，再用一次。总而言之，最好要达成协议。"②

2月27日，以《人民日报》社论的名义发表了第五篇答辩文章，题目是《分歧从何而来？——答多列士等同志》。这篇文章第一次公开指明中苏两党的分歧是从苏共二十大开始。文章指出，"某些兄弟党的同志，屡次企图把一个党的代表大会的决议置于各国兄弟党的共同纲领莫斯科宣言之上，这就不可避免

---

① 中共中央文献研究室编：《毛泽东传（1949—1976）》，中央文献出版社2003年版，第1265页。
② 中共中央文献研究室编：《毛泽东传》五，中央文献出版社2011年版，第2236页。

地引起了国际共产主义运动内部的分歧"。如果说，前面的四篇文章，还只是澄清或正面回答一些争论问题；那么，这篇文章的发表，则把争论的深度向前推进了一步，指出了这场争论是由谁引起的，谁应对此负主要责任。

3月1日至4日在《人民日报》上连载的《红旗》杂志编辑部文章《再论陶里亚蒂同志同我们的分歧》，作为第六篇答辩文章。

毛泽东对这篇文章极为重视，改了几遍。文章要分四天连载，就是毛泽东提议的，他认为这样可以让大家有时间仔细阅读。这篇文章，是这一时期连续发表的几篇文章中，最有分量的一篇，也是毛泽东下功夫修改最多的一篇。

文章共八个部分，十一万字。毛泽东修改的是引言部分，在"他们这次既然直接地向我们挑起了公开争论"一句之后，加写了一段话："我们有什么办法呢？难道还能如过去那样缄默不言吗？难道'只许州官放火，不许百姓点灯'吗？不行，不行，不行。我们一定要回答。他们迫得我们没有别的路走。"①

2月14日，陈伯达把毛泽东修改后的引言打出清样再送毛泽东。毛泽东又加写了一大段话，其中写道："我们共产党人之间的分歧，只能采取摆事实说道理的态度，而断断不能采取奴隶主对待奴隶的态度。全世界无产者和共产党人一定要团结起来，但是只能在莫斯科宣言和莫斯科声明的基础上，只能在摆事实说道理的基础上，只能在平等商量有来有往的基础上，只能在马克思列宁主义的基础上，才能够团结起来。"②

3月8日，发表了第7篇答辩文章：《人民日报》社论《评美国共产党声明》。

从1962年12月15日到1963年3月8日，作为第一轮论战，中国共产党先后共发表7篇答辩文章。这些文章都没有对苏共领导人进行指名道姓的批评，以留有余地。

七篇答辩文章发表以后，中苏两党之间的论战暂时平息下来。这是双方准备下一轮两党会谈的共同需要。实际上，这种暂时的宁静，又在酝酿和准备着更加激烈的一轮争论。

第二轮论战

3月30日，苏共中央又致信中共中央，详细地提出了苏共关于国际共产主义运动的总路线问题，并且建议以他们来信中关于这个问题阐述的一系列观点作为中苏两党会谈的基础。毛泽东和中共中央决定，既然苏共中央在来信中明确提出了总路线的问题，我们就要起草一封复信，全面阐明中国共产党对于国际共产主义运动总路线的基本观点。

---

① 中共中央文献研究室编：《毛泽东传》五，中央文献出版社2011年版，第2239页。
② 中共中央文献研究室编：《毛泽东传》五，中央文献出版社2011年版，第2239页。

复信先在北京起草，逐渐形成共 20 条的一个比较成熟的提纲，在这个基础上写出初稿。在 5 月 19 日的稿子上，毛泽东增写了两段内容。一处是在讲和平共处政策的地方，写道："因为在不同社会制度的国家之间实行和平共处，根本不允许也完全不可能触动共处国家的社会制度的一根毫毛，而阶级斗争，民族解放斗争，由资本主义向社会主义的过渡，那些都是为了改变社会制度的激烈的你死我活的革命斗争，这是另一回事，同和平共处是风马牛不相及的。"（这段话后来又作过补充）另一处是在讲应当有一个什么样的无产阶级政党的地方，写道："如果不是自己能够思索、能够自己动脑筋，经过认真的调查研究工作，深知本国各阶级的准确动向，善于应用马列主义的普遍真理同本国革命的具体实践结合起来，而只是人云亦云，不加分析地照抄外国经验，跟着外国某些人的指挥棒团团打转，那就是修正主义和教条主义样样都有，成为一个大杂烩，而单单没有马列主义原则性的党。"[①]

对 6 月 5 日稿，毛泽东作最后一次修改，把复信的题目正式定名为《关于国际共产主义运动总路线的建议（中国共产党中央委员会对于苏联共产党中央委员会 1963 年 3 月 30 日来信的复信）》。

复信全文共 25 条，每条着重阐明一个意思。

前三条，可以看作是整个复信的总纲。第一条，指出莫斯科宣言和莫斯科声明是国际共运的共同纲领，必须坚决捍卫。第二条，阐明中国共产党关于现阶段国际共运总路线的基本内容，即："全世界无产者联合起来，全世界无产者同被压迫人民、被压迫民族联合起来，反对帝国主义和各国反动派，争取世界和平、民族解放、人民民主和社会主义，巩固和壮大社会主义阵营，逐步实现无产阶级世界革命的完全胜利，建立一个没有帝国主义、没有资本主义、没有剥削制度的新世界。"第三，说明这条总路线是同苏共纲领中所说的"和平共处""和平竞赛""和平过渡"相对立的，指出如果把国际共运总路线片面地归结为"和平共处""和平竞赛""和平过渡"，那就是违反 1957 年宣言和 1960 年声明的革命原则。

第四条到第二十二条，是上述总纲的具体展开。第四、第五条，分析当代世界的基本矛盾和批判在这个问题上的错误观点。第六条，是关于社会主义阵营各国共产党和工人党在国内和国际的主要任务。第七条，是关于美帝国主义的侵略政策和战争政策，指出美帝国主义企图在全世界建立一个空前未有的大帝国。第八、第九条，是关于亚洲、非洲、拉丁美洲民族民主革命运动的问题。第十至十二条，是关于无产阶级革命与和平过渡的问题。第十三条，是关于社会主义国家同被压迫人民、被压迫民族的革命斗争是互相支持、互相援助。第

---

① 中共中央文献研究室编：《毛泽东传》五，中央文献出版社 2011 年版，第 2244 页。

十四至十六条，是关于战争与和平、和平共处以及全面禁止和完全销毁核武器的问题。第十七至十九条，是关于无产阶级专政条件下的阶级斗争与"全民国家""全民党"的问题。第二十条，是关于"反对个人迷信"问题。第二十一、第二十二条，是关于社会主义国家之间的关系和兄弟党关系的准则。

最后三条，第二十三至二十五条，是关于反对现代修正主义的问题，划清无产阶级革命党和资产阶级改良党的界限问题，以及国际共运的公开论战问题。

《关于国际共产主义运动总路线的建议》的复信发表以后，引起强烈震动。6月18日，苏共中央发表声明，拒绝中共中央的这封复信，并表示不能在苏报刊上发表这封复信，指责复信"包含有对苏共和其他兄弟党的毫无根据的攻击"。21日，苏共中央全会通过一项决议，表示："苏共中央断然拒绝中共中央对我们党和其他共产党，对苏共第二十次、第二十一次和第二十二次代表大会的决定，对根据马克思列宁主义理论、苏联社会主义建设和国际革命运动的实际经验制订的苏共纲领进行的攻击，认为这种攻击是没有根据的和诽谤性的。"

对于苏共中央的这个声明和决议，在毛泽东和中共中央看来，没有理由不进行回击。新的一轮"声明战"就这样在两党会谈前夕开始了。

6月19日收到苏共中央声明的当晚，毛泽东决定立即全文发表苏共的声明。《人民日报》在第二天就刊登了。

接着，毛泽东在6月25日、28日、29日，连续召开会议研究中苏两党会谈的有关问题。

7月1日，中共中央发表了声明。声明公布参加即将于7月5日开始的中苏两党会谈的中共代表团组成人员，团长邓小平，副团长彭真，成员有康生、杨尚昆、刘宁一、伍修权和潘自力。声明责成中共代表团坚持中共中央6月14日给苏共中央复信的原则立场。

7月4日，苏共中央针对7月1日中共中央声明再次发表声明，除公布苏共代表团组成人员外，摆出了坚决捍卫苏共二十大、二十一大、二十二大路线的姿态。

4日下午，毛泽东在住处召开会议，讨论对苏共声明的处理问题。会前在邓小平主持下，很快起草了一项简短但措辞强硬的声明，经毛泽东审定后在7月5日发表。

两党会谈期间，7月13日，《人民日报》发表社论《我们要团结，不要分裂》。这个题目，是毛泽东拟定的。抓住团结的旗帜，以防苏共推卸破裂的责任。

中苏两党会谈没有取得任何结果，这是预料之中的。然而，出人意料的是，7月14日，苏共中央在《真理报》上发表了给苏联各级党组织和全体共产党员的公开信，对中共中央6月14日复信作了全面的批驳。

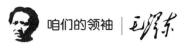

针对这种情况，毛泽东和中共中央决定再发表一个声明，同时发表 7 月 14 日苏共中央的公开信，并再一次以多种语言向全世界广播 6 月 14 日中共中央的复信。

《人民日报》7 月 20 日刊登苏共中央公开信时，有一个编者按。编者按列举苏共中央公开信中采取歪曲事实、颠倒是非的手法制造攻击中共领导人的事例。例如，关于核战争问题，说中共领导人不惜通过世界核战争，牺牲亿万人，来取得社会主义；关于对苏共二十大的评价问题，说中国领导人对它来了一个一百八十度的转弯；关于把思想意识分歧扩大到国家关系方面的问题，本来是由苏联造成的中苏经济贸易缩减，却反而责怪到中国方面。在列举了这些事例后，编者按说："类似这样的情况，通篇皆是，总共有七八十处的样子，举不胜举，我们将在以后的文章中提供材料，加以澄清。"

"我们将在以后的文章中提供材料，加以澄清"，这是毛泽东审定编者按时加写的。这就是后来以《人民日报》和《红旗》杂志编辑部的名义发表评苏共中央公开信九篇文章的由来。

1963 年 7 月 23 日，毛泽东召开会议，确定书记处的分工，写评苏共中央公开信的事由康生负责，书记处各同志转为抓工业。评苏共中央公开信的文章，以《人民日报》和《红旗》杂志编辑部的名义发表，共九篇，通称"九评"。

"九评"是全面论述无产阶级专政学说，驳斥"全民国家""全民党"的，所以原先的题目是《无产阶级专政和赫鲁晓夫的假共产主义》。毛泽东把题目改为《关于赫鲁晓夫的假共产主义及其在世界历史上的教训》。

"九评"从怎样认识社会主义社会、怎样认识社会主义社会的阶级斗争问题破题，阐述了中国共产党对无产阶级专政理论的认识，强调"社会主义社会是一个很长很长的历史阶段。在这个历史阶段中，贯穿着资产阶级和无产阶级的阶级斗争，存在着资本主义和社会主义两条道路'谁战胜谁'的问题，存在着资本主义复辟的危险性"。这是全篇立论的基础，源于中共八届十中全会公报。文章分析了苏联的社会状况，认为苏联存在着敌对阶级和阶级斗争，认为"赫鲁晓夫修正主义集团篡夺了苏联党和国家的领导，在苏联社会上出现了一个资产阶级特权阶层"，"苏联人民同他们之间的矛盾，是目前苏联国内的主要矛盾，是不可调和的对抗性的阶级矛盾"。文章批驳了"全民国家"和"全民党"的观点。

文章总结无产阶级专政的历史教训，主要是回答怎样才能防止资本主义复辟，怎样才能防止和平演变。文章把近年来毛泽东提出的关于反修防修的理论和政策加以系统整理，概括成为十五条内容。这十五条，包括了毛泽东在探索中国社会主义建设道路中的一些正确的思考，如关于正确区分和处理社会主义社会两类社会矛盾的思想，关于以农业为基础、以工业为主导的发展国民经济的总方针和逐步实现四个现代化的思想，关于"百花齐放，百家争鸣"的方针，关于人民军队必须永远置于党的领导和人民群众的监督之下，等等。

1964 年 10 月 16 日，苏共中央全会和苏联最高苏维埃主席团分别发表公报，宣布解除赫鲁晓夫苏共中央第一书记、苏共中央主席团委员和苏联部长会议主席的职务，选举勃列日涅夫为苏共中央第一书记，任命柯西金为苏联部长会议主席。消息传来，似乎为陷入僵局的中苏两党关系带来了一线转机。

也在这一天，中国第一颗原子弹试爆成功。这两件事巧合地遇在一起，整个北京、整个中国处在一片欢腾之中。

当时，毛泽东对这两件事用两句话来描述："无可奈何花落去。无可奈何花已开。"前一句是指赫鲁晓夫下台，后一句是指中国成功爆炸原子弹。这是他在 10 月 19 日召开的一次中央政治局常委会议上，大家议论美国总统约翰逊最近的一篇讲话时说的。当时还议论到是否能争取到十年和平时间。毛泽东说："有可能。再有十年，原子弹、氢弹、导弹都搞出来了，世界大战就打不成了。将来我们要把原子弹试验转入地下，不然污染空气！"①

11 月 21 日，《红旗》杂志发表社论《赫鲁晓夫是怎样下台的》，为中苏大论战画上了句号。

20 多年以后，在中苏恢复正常关系的时候，邓小平回首往事，曾经对中苏论战作过这样的评说："多年来，存在一个对马克思主义、社会主义的理解问题。从一九五七年第一次莫斯科会谈，到六十年代前半期，中苏两党展开了激烈的争论。我算是那场争论的当事人之一，扮演了不是无足轻重的角色。经过二十多年的实践，回过头来看，双方都讲了许多空话。马克思去世以后一百多年，究竟发生了什么变化，在变化的条件下，如何认识和发展马克思主义，没有搞清楚。决不能要求马克思为解决他去世之后上百年、几百年所产生的问题提供现成答案。列宁同样也不能承担为他去世以后五十年、一百年所产生的问题提供现成答案的任务。"同时他还谈道："从六十年代中期起，我们的关系恶化了，基本上隔绝了。这不是指意识形态争论的那些问题，这方面现在我们也不认为自己当时说的都是对的。真正的实质问题是不平等，中国人感到受屈辱。"②

邓小平在这里所说的实质问题是不平等，中国人感到受屈辱，就是指苏联实行的大国沙文主义和霸权主义。以毛泽东为代表的中国共产党人，以无比的勇气，敢于顶住苏联的种种压力，没有跟着赫鲁晓夫等人的指挥棒转，保持了民族尊严和国家独立自主的地位。历史证明，这对于中国的安全起了至关重要的作用。

---

① 中共中央文献研究室编：《毛泽东传》五，中央文献出版社 2011 年版，第 2272 页。
② 《邓小平文选》第 3 卷，人民出版社 1993 年版，第 291—295 页。

第三章　进入联合国

1971 年新中国重返联合国的那次外交胜利来得突然，却也着实不易。它的背后，体现了国际形势的风云变幻和不同阵营力量的此消彼长，也体现出了毛泽东和中国外交官们的智慧。

新中国重返联合国[①]

"26 届联大的两阿提案能通过，在当时的国际社会上是件惊天动地的大事。那天，联合国大会先是否决了美国提出的恢复中国席位需要 2/3 多数通过的所谓重要议题提案，后来又以 76 票赞成、35 票反对、17 票弃权的压倒多数通过了由阿尔巴尼亚和阿尔及利亚等 23 国提出的关于恢复中国在联合国合法权利的提案。表决结果一出来，许多非洲国家代表都站起来了，热烈鼓掌。"

当年在外交部欧美司工作，后任新华社香港分社社长的周南解释中国能在当时进入联合国的原因是中国国力增强，是工农业大国，又有"两弹一星"上天，加上联合国在 60 年代内部局势变化很大。刚开始，多数国家在美国控制下，60 年代后，非洲民族解放运动风起云涌，大批非洲国家独立，而且加入了联合国，他们和中国互相支持。

当时外交部的翻译，后任驻法大使、外交学院院长的吴建民分析说："两阿提案的背后也有我国的参与，这一提案肯定是与我们协商拟定的，它完全从我国的立场出发，对台湾方面的措辞很严厉，用到了'驱逐'一词。"

吴建民也肯定是"非洲兄弟把我们抬进去的"，中国恢复联合国合法席位的一大背景是全世界范围内民族解放运动的高涨。吴建民说："我们国家一直支持这些国家的民族解放运动，给予过他们很多帮助，因此一直获得亚非一些第三世界国家的支持。同时，还获得了拉美国家的一些支持。当时拉美一些国家在争取 200 海里专属经济区的权利，但是美、苏主导的第一次海洋法会议通过《领海和毗连区公约》，规定各国领海和毗连区不得超过 12 海里，拉美国家对此始终予以抵制。在这个问题上，我国支持他们获得这方面的权益，这也使得我们获得了一些拉美国家在联合国问题上的支持。"

周南总结说："关键是得道多助，我们当时就公开地说，中国在联合国安理会上的那票否决权不光属于中国，而且属于发展中国家，中国如果进入联合国，肯定能仗义执言。"也因为新中国的进入，整个 20 世纪 70 年代，被称为联合国

---

① 参见王恺、徐菁菁：《新中国重返联合国回顾：非洲兄弟把中国抬进联合国》，《三联生活周刊》2009 年第 1 期。

历史上最活跃的年代。

1971年11月2日，由外交部核心组提名，中央批准的出席26届联大的代表团全体名单公布。除代表团团长、副团长外，代表是符浩、熊向晖和陈楚，还有一些副代表，此外，还有18名秘书、11名随员和9名职员，周南、过家鼎等人当时都是一等秘书。

吴建民和他的妻子施燕华（后任驻卢森堡大使）当时还是外交部翻译室的两名普通翻译，施燕华当时在英文处，吴建民在法文处。11月2日，当时英文处的负责人冀朝铸把他们叫进他的办公室，开玩笑似的说："组织上决定把你们派到联合国常驻，你们一个英文，一个法文，正好是'英法联军'。'英法联军'要打去纽约了。"然后告诉他们，9日就要出发。

施燕华把那段准备工作称为急行军，行前要安排家务、业务学习，还要准备行装。他们听说一去至少三四年，两年才能回一次家，所以一家三口去拍了一张全家福做纪念，又把孩子托给了上海老家的亲人。

当时任外交部翻译室副处长的过家鼎同样也是11月2日才得到参加代表团的通知，因为要去联合国负责翻译工作，在那一星期里，他的任务比一般的代表团成员更繁重。他回忆说，当时也没时间安排家务，既要翻译中国去联合国的第一篇发言等重要文件，也要把翻译所需的一切东西准备就绪。"我们翻译组几个人要负责在联合国所有的笔译和口译工作，包括打字、校对、装订等，而且要一下飞机就工作，所以要做好充分的准备工作。结果我一周时间忙乱无比，要带各种工具书、字典，还要把几十年的《北京周报》带上，当时恨不得把整个北京的翻译机构全搬过去，才能放心。"当时对携带行李重量有规定，不能带太多，结果过家鼎为了多带资料，只带了两套衣服。

11月9日，过家鼎去机场检查托运的行李，发现"当时代表团有3名厨师，他们把炒菜的铁锅都带上了，团里的公务员把理发推子也带去了"。

联合国代表团出发时，"在北京的政治局委员、候补委员，党政军各部门负责人，加上几千名群众，全部去机场大张旗鼓地热烈欢送"。第二天在机场，按照礼宾司的规定，代表团的领导和总理握手告别，其余人从后面上飞机，可是周总理把上了飞机的人都叫了下来，他要和全体成员握手。吴建民和总理握手时说："请总理保重身体。"他没有想到，这是他最后一次见到总理。

作为代表团先遣的6人小组成员之一，徐熹（后任中国驻加拿大多伦多副总领事）没有经历过那样隆重的欢送场面，他当时是外交部礼宾司的工作人员，11月2日通知他和新华社的记者高梁等另外5人要先期前往联合国，安排各种事宜。

徐熹告诉我们："2日通知，6日就要出发，甚至去'红都'量衣服的时间都没有，是师傅上门帮我们量的。我妻子当时在江西干校，当天就往回赶，结

果 5 日到家时也没见到我，当晚我们被周总理叫去交代一系列工作，次日凌晨 3 点才回家，6 点就要出发，两人只聚了短短的几小时。"

不过，这种遗憾很快就被新鲜的体验冲击没了。此前，徐熹说他去过瑞士，可这次是去美国，"觉得非常不一样，在飞机上我们就被国外的记者围住了，按照纪律我们不能和他们说话，他们只能关注我们的一举一动"。

当时他们从北京飞上海，坐巴基斯坦航空公司的飞机到巴黎。在从巴黎到纽约的飞机上，徐熹他们携带的只有 100 元面值的美元，用这崭新的 100 美元去付机上的耳机使用费，被外国记者看到，第二天此事就上了报纸头条，并且用了《来自太空的外星人》的标题。

初次上阵

联合国定于 11 月 15 日举行欢迎大会并且让中国代表团致辞，那是中国代表团第一次进入联合国大楼，当时美国报刊猜测说，中国代表团大概会"手拿红宝书，身穿毛制服，列队进入联合国"。周南说："中山装是穿了，可是没有排队，也没有拿红宝书。"

代表团的发言稿早在国内就准备好了，最后是由毛泽东定稿的，过家鼎他们带去了 300 份翻译稿，结果还是不够，一下子被抢空了。抢着上台发言的国家太多了，打破了会议当天的既定程序，过家鼎说，匈牙利代表还用了中文发言。连当时投反对票的美国也以东道国的身份，发表了欢迎致辞。

吴建民记得，老布什在发言中很坦率地说："你们来我是反对的，但是你们来了，我表示欢迎。"后来，乔冠华召开招待会，既邀请了在表决中支持我们的国家，也邀请了一些态度不明朗的国家，同时还邀请了美国。老布什说："你们想得很周到，邀请我参加这个招待会。"徐熹说，那时候中美开始接触，双方来往意愿都很强烈，他去发请帖的时候，本来没有打算给美国的，"可是那时候，两国的一举一动，双方都很在意。我在大厅里发请帖，美国代表团就主动凑上来问你们在干什么，并表示希望参加"。

乔冠华当日的表现给大家留下了深刻印象，他独特的仰面大笑被称为"乔的笑"，照片发表后，拍摄的记者后来还得了普利策奖。乔冠华的发言长达 45 分钟，发言给过家鼎印象最深的，还是中国表示永远不做超级大国的承诺，"虽然我已经翻译过发言稿，甚至都可以背诵一些段落，可是听到这里，还是非常兴奋"。发言结束后，几十个国家的代表上来和乔冠华握手，表示祝贺，吴妙发说，乔老爷的手都握红了，大厅观众席上有许多华侨，大家都哭了起来。

吴妙发说，那几天，走在联合国的大厅里，经常被人拦住，要求他讲讲中国代表团的发言为什么那么精彩，"他们都很喜欢中国代表团用的成语，要求我讲一些成语的意思，什么叫'只许州官放火'、'泥菩萨打碎了，你中有我，我中有你'又是什么，许多国家的代表觉得中国代表团的发言言之有物"。

可是，刚到联合国，还是会打乱仗，尤其是议事规程不熟悉，而联合国的程序又非常重要，实质问题常常是通过程序反映出来的。周南说，当时还出了不少笑话，"出的第一个笑话是在一个委员会上，当时我们不参加所有的委员会，只参加重要的委员会，包括安理会、特别政治委员会、反殖委员会等"。大家开始意识到对程序不熟悉是个大问题，于是要求"从战争中学习战争"。

过家鼎的翻译室首当其冲，过家鼎经常去借阅各种关于程序和议事规则的文件，"秘书处里，那些文件就装满了一间屋子"。先要挑选一些要紧的，然后翻译成中文，给代表团所有成员学习，"学习后我们才知道，一些表决案还可以分段表决，我们开始的时候，因为不知道可以这样，结果一个决议案中有一段不对我们就整体否决了"。

如何管理联合国的中文翻译也是问题，当时乔冠华和陈楚表示，以往的华人翻译全部留用，"这些华人翻译全部是在美国的华人，有的年纪大了，有的来自香港和台湾地区，听到留用他们都很高兴，而且，我们的到来，使中文越来越重要了"。吴妙发还记得，乔冠华宣布完决定后，翻译们热烈鼓掌。

吴建民到联合国不久，就开始参加了安理会、中东和南部非洲以及其他一些委员会。"遇到的最大问题，同时也是当务之急，就是大量学习联合国和相关问题方面的知识。一方面利用联合国的资源，大量阅读资料，另一方面也经常向其他国家的外交官学习。中国是安理会常任理事国，在联合国的地位和权力是非常大的，因此各国的外交官也都非常乐于向我们介绍各方面的情况。中国代表团的学习能力也受到了其他国家的认可和赞赏。"

学习了联合国议事规则后，对吴建民帮助很大，"在联合国，如果你对某些代表的发言有意见，是可以打断他的，也可以和他进行答辩，但是答辩需要提前申请报名。这些规则和程序都需要熟悉"，熟悉后，才能不闹笑话。

在联合国期间，所有的重要表决都通过国内，吴妙发记得，那时候重要表决都要通过电报确定，实在着急的，则要通过美国和日本的海底电缆来通电话，那时候，国内往往已经是深夜。

吴建民说："外交就是内政的延伸。刚去的时候，我们的外交姿态并不是非常开放。我记得有一次在一个场合，需要一一和各国外交官握手，轮到以色列代表时，考虑到当时两国间的关系，我就感到很尴尬，不知道到底应不应该握。可是对方的手已经伸过来了，我不去握实在是太不礼貌。我和以色列代表握手以后，回来对乔冠华说：我和以色列代表握手了。他一笑答道：握就握了吧！"

当年的圣诞节，大家才渐渐放松下来，过家鼎还记得，足足一个月后，他才习惯旅馆外面街头喧闹的汽车声音，不再整天昏昏沉沉的头脑不清醒。那时候，乔冠华等人已经回国了，他们看见街头繁华的圣诞装饰，觉得很新鲜，突

然看见一个标语，大家哄笑起来。"距离我们旅馆10米远是家银行的办公室，圣诞节前两天，他们挂出来一个标语，上面用英文写着，'向中国代表团致敬'，落款是'美帝国主义的走狗'。他们肯定是觉得'走狗'这个词太有趣了。"

1971年11月8日晚上，毛泽东要周恩来告诉大家注意安全，还让人发电报给基辛格，"代表团要是在美国出了问题，唯美国政府是问"。可是，虽然如此叮嘱，后来代表团在美国还是出了安全问题，只是当时大家都没想到。

周南说："毛主席说的身在虎穴的感觉，很快就被我们感觉到了。"他指的就是当时的公务员王锡昌的死亡事件。当时纽约警方对中国代表团加以保护，派遣了双倍的警察在罗斯福旅馆值班，警察每班两人，坐在他们宿舍门口的一个房间里，从不间断，过家鼎说：我们失去了基本的隐私权，既不自由，也不方便。

当时为了防止偷拍，房间的镜子都用床布遮挡起来；为了防止窃听，在旅馆里从不开重要会议。由于要提防出事，所以大家的活动自由进一步减少了，除了去联合国开会，不许外出。春节前，为了让守在旅馆里的工作人员有消遣，特地借了些风光旅游电影来放映。施燕华还记得，当天放映员是平时的接待员王锡昌，虽然年轻，却是老革命，从前在匈牙利使馆工作过，性格很稳重，"可是他那天放电影的时候不断出错，片子总出问题，他还自言自语怎么回事，我后来才觉得，那就是不祥之兆"。

第二天早上，王锡昌没有起床，而且怎么叫也不开门，旅馆服务员打开门，但是里面用铁链锁上了，踹开后，才发现他已经死亡了。警察来检查了情况，发现门窗都是紧闭的，也没有暴力痕迹，于是赶紧送去进行尸体解剖。在解剖的几个小时内，徐熹一直站在医生旁边，"我也忘记了是代表团要求还是自己主动，反正当时还是对谋害我们同事的人充满了仇恨的"。

后来法医检测出来，王锡昌喝的茶叶中有浓缩尼古丁。施燕华听说，这种药品在美国是毒老鼠的，很容易就能在超级市场买到，看来杀他的人已经掌握了中国人的喝茶习惯，知道他们喜欢一天到晚喝一杯茶。但是，究竟是谁放的毒，却没有结果，迄今为止，这仍然是一起悬案。

国内把王锡昌评为烈士，并且让他的遗体进了八宝山。施燕华说她从此养成了习惯，不用暖瓶，直接喝自来水。而且，即使泡茶，离开后回来也一定重新泡过。

国内一直很着急让代表团成员买住所，出事后更着急了，周南说："财政部好像特批了500万美元，后来找到林肯中心对面的一家汽车旅馆，整个买了下来。因为怕人家安装窃听器，所以搬走一家，我们就赶紧搬进去一家。1972年2月，整个代表团住进了自己的新居，大家终于能吃到自己厨师做的中国菜了。"

不过徐熹还记得，后来在装修的时候，还是发现墙内安装有不少窃听器。

一拆墙就掉出来了，那时候窃听器都很大。

周南说，那时候为了防止泄露秘密，他从来不写记录，重要的事情都靠脑子记，从来不能靠笔。那时候严格规定很多，坐飞机去东南亚要经停香港机场，如果天气不好，有时候要停在台北或马尼拉，当时他们规定，如果碰到这种情况，随身携带的重要文件就要撕毁，冲进飞机上的马桶。如果来不及冲，就得吞下去，周南没碰到，但是一个同事就碰到了这种情况。

融入联合国

从进入联合国开始，到最后离任，周南整整在联合国待了十年零一天。有人问他，待了那么多年，把美国玩遍了吧？可是周南立刻否认，联合国工作无比繁忙，他是在后来任外交部部长助理陪吴学谦访问美国的时候，才第一次到了美国的西海岸。联合国的工作，周南熟悉得很快。吴建民说，他当时就觉得周南口才很好，反应敏捷，而吴妙发对周南和苏联驻联合国代表互相挖苦讽刺也有深刻印象。

周南说，熟悉了程序，中国确实在联合国起了很大作用。当时外交上执行"反对两霸，尤其是苏联"的"一条线"战略，积极加入不结盟运动和77国集团。苏联总是说"有三个超级大国"，黄华也总是反对说"不对，只有两个"。后来一说到这个话题，大家就笑。中国去了之后，发展中国家气势盛多了。黄华走了以后，陈楚当首席代表。他不懂外语，所以周南要经常代替他开会。在会上有时候发言很无聊，周南就在下面画漫画。

逐步熟悉了联合国的程序，周南说才慢慢地不吃亏了。"当时一有事情就召开紧急安理会，有时候开到夜晚，会议主席说，可以去吃饭了，一个小时时间，我们想自己住得远，就在那里等等算了，可是谁知道大家一散就是三四个小时，等到真正散会，往往已经是深夜了，饿得都吃不动了，吃了也不舒服，因为睡不着。后来摸到规律，我们也不把一个小时当回事了，也回驻地去吃饭了。"

参加联合国后，中国的外交局面慢慢打开了，之前拉美多数国家没有和中国建交，中国进入联合国之后，这些国家纷纷同中国发展关系。周南记得，当时代表团的一项重要工作就是和一些国家发展关系，进入联合国就是中国外交的分水岭，"什么人都能常常见到，总理也好，外长也好，来往起来都不拘谨了"。他在那阶段交了很多朋友，有什么事情，拿起电话就打，大家先交流意见，"在下面可以先说真话"。1972年，墨西哥就同中国建交了。

吴建民也经历了中国慢慢融入联合国的过程。"最初，中国重返联合国对联合国的活动只是局部参加。我们参加联合国大会、安理会和24国委员会（非殖民化委员会），而经济社会理事会和当时的托管理事会我们并没有参加。根据我们当时的外交观念，我们认为托管理事会是干涉他国内政的。出于同样原因，

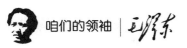

我们当时凡是涉及维和的行动都不参加，维和行动的经费是要从会员国的会费里缴纳的，因为我们不认同这种行动后来联合国只好出台了一个新的方案，允许了这样一个例外，在维和行动中，不需要中国出钱。"

吴建民说，"改革开放同样也是中国外交的转折，它带来了外交政策上的调整。以前我们的政策是求生存，改革开放以后变成了求发展。要发展就需要和世界各国搞好关系，这就使得中国的外交更开放。到80年代末，中国开始参加联合国的维和行动，而如今，中国已经是安理会常任理事国中派出维和部队人数最多的国家。中国在国际事务中参与得越广泛，所发挥的影响也就越大"。

周南和吴建民的共同感慨是，联合国是真正培养外交官的舞台，"这里是多边外交的天下，你永远可以接触到不同的看法，最复杂的局势"。周南举例，有次联合国讨论非洲国家的提案，反对南非种族主义，美国反对，英国也跟着反对，他和英国的驻联合国代表瑞彻汉德很熟悉，"很胖的一个人，一顿饭能吃三块牛排，我就问他，阁下啊，美国人否决我们都理解，他要搞霸权主义，你们怎么也跟在后面呢？他说，你不知道，我们在南非的投资很大啊，我们怎么能反对自己的利益呢？我说，你这次是讲真话了"。下来后，周南就和代表团的同事们说："他们的人权、民主，就是为达到政治目的的手段。"到现在，周南都觉得，要是年轻外交官能去联合国锻炼，"比在一个国家慢慢成长要快得多"。

与美国在联合国的较量①

基辛格于1971年7月9—11日秘密访华。周恩来总理在同他会谈中，就两国关系正常化问题全面阐明我国的原则立场。基辛格表示，中美关系正常化需要一个过程，美国明年大选，尼克松将会连选连任，在他第二届总统任期内，将同中华人民共和国建交。在此以前，美国将维持和中国台湾的现有关系，同时将采取一些有利于而不是有损于中美关系正常化的措施。基辛格告诉总理，尼克松已经决定，美国今年将支持中华人民共和国取得联合国和安全理事会的席位，但不同意从联合国驱逐中国台湾的行动。总理马上正告基辛格：你们要在联合国制造"两个中国"，中国政府坚决反对，一定公开批驳。在向毛泽东主席汇报此事时，主席说：我们绝不上"两个中国"的贼船，不进联合国，中国照样生存，照样发展。我们下定决心，不管是喜鹊叫还是乌鸦叫，今年不进联合国。

经美方提议，我方同意，基辛格一行14人定于10月20日乘专机抵达北京，为尼克松访华作具体安排。

10月20日中午，基辛格一行到达北京。当晚9时许，毛主席约见总理、叶

① 参见熊向晖：《毛泽东"没有想到"的胜利》，《我的情报与外交生涯》，中共党史出版社2007年版，第356—366页。

帅、姬鹏飞以及熊向晖、章文晋、王海容、唐闻生。

主席说：联合国大会前天开始辩论中国代表权问题。为什么尼克松让基辛格在这个时候来北京？叶帅说：大概他认为美国的两个提案稳操胜券。

主席问：大会提案过半数赞成就能成立，过半数要多少票？

章文晋答：现在联合国会员国总数是131个。如果不出现弃权票，过半数就是66票。

主席问：阿尔巴尼亚、阿尔及利亚的提案，你们叫"两阿提案"，能得多少票？

熊向晖说：今年"两阿提案"内容和去年一样。去年得到的赞成票是51个。从去年联大表决到现在，同我们新建交的联合国会员国有9个，加上很快就要建交的比利时，一共10个。他们都会赞成"两阿提案"。这样，今年"两阿提案"可能得到61张赞成票，这是满打满算。

主席问：联合国哪天表决？

章文晋说：今年的辩论，发言的人要比往年多，大概要辩论十几天。估计10月底、11月初进行表决。

主席问：基辛格哪天走？

总理说：10月25日上午。

主席说：联合国的表决不会那样晚。美国是"计算机的国家"，他们是算好了的。在基辛格回到美国的那一天或者第二天，联合国就会表决通过美国的两个提案，制造"两个中国"的局面。所以，还是那句老话：我们绝不上"两个中国"的"贼船"，今年不进联合国。

总理与基辛格的会谈到10月26日晨8时才告结束，总理向基辛格告别后离开。

叶帅与我方有关同志同基辛格一行共进早餐后，分乘汽车到首都机场。"空军一号"起飞后不久，派驻机场的同志跑来报告说：外交部值班室来电话，说联大通过了恢复中国在联合国席位的决议。叶帅说："刚才基辛格在汽车里还对我讲，美国的两个提案肯定能得到半数以上的赞成票，中国进入联合国还得再等一年。基辛格这时也一定知道了这个消息，不知他作何感想。"

不久，熊向晖收到外交部送来的特急件。其中有联合国秘书长吴丹给"北京中华人民共和国外交部长"的电报，内称："先生，我荣幸地通知你，10月25日举行的联合国大会第1976次会议上，以76票赞成，35票反对，17票弃权，通过了下述决议：（略）。"电报中引述的"决议"，与"两阿提案"的"决议草案"完全相同。

下午5时许，熊向晖接到通知，让晚上7点半到人民大会堂福建厅开会。7时15分，熊向晖到达福建厅，外交部的有关同志也先后入座。叶帅来后不久，总理和参加完伊朗使馆招待会的姬鹏飞、乔冠华、韩念龙到达。大家都喜气洋洋。总理问：现在联合国会不会出现"两个中国""一中一台"的局面？"中华民国"能不能再进联合国？"台湾地位未定论"在联合国有没有市场？回答的同志引用可靠的材料，一致认为不会发生总理提出的那些情况。总理听后表示满意，同时指出，美日反动派不会甘心失败，我们还要保持警惕。总理又提出，主席本来指示，今年不进联合国。现在怎么办？先听听大家的意见，再请示主席。发言的同志都认为，联大已经通过决议，我们必须进入联合国，但是我们毫无准备。主席经常教导，不打无准备之仗。联合国大会开了一半，去不去无所谓。主要是安理会，一年到头，随时要开会。现在要尽快选定常驻安理会的代表、副代表和工作人员，集中时间进行准备，过了年再去。

总理说：马上参加的确有困难；过两个月再参加，那也说不过去。能不能想出别的办法？这时，王海容走进来说：主席说，请总理、叶帅、姬部长、乔部长、熊向晖、章文晋，还有我和唐闻生，现在就去他那里。

到了中南海主席住处，已是晚上9点多。主席坐在沙发上，满面笑容。他指指在美国出生的唐闻生说：小唐呀，密斯南希·唐，你的国家失败了呀，看你怎么办哪？

总理说：我们刚才开过会，都认为这次联大解决得干脆、彻底，没有留下后遗症。只是我们毫无准备，我临时想了个主意，让熊向晖带几个人先去联合国，作为先遣人员，了解情况，进行准备。

主席说："那倒不必喽。联合国秘书长不是来了电报吗？我们就派代表团去。"主席指指乔冠华："让乔老爷当团长，熊向晖当代表，开完会就回来，还要接待尼克松嘛。派谁参加安理会，你们再研究。"

主席说："对联合国，我的护士长（吴旭君）是专家。她对阿尔巴尼亚那些国家的提案有研究。这些日子她常常对我说：联合国能通过。我说通不过。你们看，还是她说对了。"主席风趣地说："我对美国的那根指挥棒，还有那么多的迷信呢。"

在大家的欢笑声中，主席拿起联大对阿尔巴尼亚等国提案表决情况文本，一面看，一面说：英国、法国、荷兰、比利时、加拿大、意大利，都当了红卫兵，造美国的反，在联合国投我们的票。葡萄牙也当了红卫兵。欧洲国家当中，只有马耳他投反对票，希腊、卢森堡和佛朗哥的西班牙投弃权票。除了这4国，统统投赞成票。投赞成票的，亚洲国家19个，非洲国家26个，拉丁美洲是美国的"后院"，只有古巴和智利同我们建交，这次居然有7个国家投我们的票。美国的后院起火，这可是一件大事。131个会员国，赞成票一共76个，17票弃权，反对票只有35个。那么多国家欢迎我们，再不派代表团，那就没有道理了。

第四章　支持第三世界

毛泽东在70年代根据国际政治、经济力量的发展状况，做出了三个世界的划分。三个世界的理论对于孤立霸权主义和进一步加强中国同第三世界各国的团结和友好合作具有重要意义。

支持第三世界国家反抗外来干涉①

万隆会议为亚非人民团结反帝事业开辟了一个新纪元，有力地促进了亚非拉民族解放运动的发展。1956年7月26日埃及宣布将苏伊士运河公司收归国有和1958年7月14日伊拉克人民推翻费萨尔王朝统治使帝国主义异常震惊。它们采用经济制裁、政治压力和军事威胁，甚至发动侵略战争进行阻挠和干涉。但埃及和伊拉克依靠内部团结和阿拉伯及亚非各国人民的支持，经过英勇斗争，挫败了帝国主义军事侵略和武力干涉的阴谋，取得了胜利。

1956年9月15日，毛泽东在中共第八次全国代表大会的开幕词中郑重宣布：我们坚决支持埃及政府收回苏伊士运河公司的完全合法行动，坚决反对任何侵犯埃及主权和对埃及进行武装干涉的企图。9月17日，毛泽东在接受埃及首任驻华大使拉加卜呈递国书致答词时说：中国政府和人民将尽一切可能支持埃及人民维护苏伊士运河主权的英勇斗争，并且相信在这一斗争中，埃及人民一定会取得最后胜利。毛泽东十分关心苏伊士运河的战局，认为军事上固守西奈颇为不利，提出关于埃及反侵略战争的军事部署和战略方针的建议，由周恩来总理转告埃及政府。毛泽东对拉加卜大使说，中国的援助没有条件，可以是无偿。埃及方面有什么需要，只要我们力所能及，就一定办到。8月16日中国政府发表关于苏伊士运河问题的长篇声明，毛泽东的批语是："似应有几句劝告英、法政府不要做出违反世界人民和平意志的事，不要过于激动和走极端，致使事态扩大，不利于世界和平，也不利于英、法。"根据毛泽东的批语，声明中增加了相关内容。中国政府还发表声明，坚决反对美、英、法炮制的国际共管运河方案，谴责英、法对埃及的武装侵略。中国政府决定向埃及提供2000万瑞士法郎无偿外汇援助，还拟派领航员去运河公司协助工作。北京50万人和全国上亿人连续3天游行，支持埃及抵抗英、法侵略。各党派和群众团体成立支持埃及反侵略委员会，负责全国的声援活动。群众纷纷捐献财物、写慰问信。中国红十字会向埃及捐赠了医疗器械。

---

① 参见郁兴志：《支持第三世界国家反抗外来干涉》，《环球视野》2003年第12期。

1958年8月1日毛泽东在同外宾谈国际形势时指出，伊拉克事件第二天，美军就在黎巴嫩登陆，英军也占领了约旦，那是一种侵略，一种干涉。这次美国非常惊慌失措，认为如不尽快采取行动，中东就完了。美国出兵黎巴嫩，想先吞掉伊拉克，然后吞掉整个中东。在全世界各国人民的反对下，它们后来才被迫撤退。1958年7月16日中国政府发表声明宣布承认伊拉克革命政权，强调中国将尽一切可能支援伊拉克人民的正义斗争。陈毅副总理兼外长还约见亚非国家驻华使节，就支持伊拉克事进行磋商。全国数百万人游行示威，反对美、英军队占领黎、约，威胁伊拉克和其他阿拉伯国家。

毛泽东关于支持埃及将苏伊士运河公司收归国有，支持伊拉克反抗外来干涉，支持黎巴嫩抗击美军和约旦抗击英军入侵的决策，是新中国外交史上重要战略举措。

毛泽东强调中东两大事件具有国际意义

1956年9月17日，毛泽东对埃及大使说，埃及收复苏伊士运河，做了一件非常好的事情，埃及团结了8000万阿拉伯人民，组成了坚固的反对帝国主义的战线，埃及处在这条战线的最前哨。帝国主义攻击纳赛尔，但我们认为他是亚非地区的民族英雄。1958年8月1日，毛泽东谈到英、美出兵时指出：他们为什么这样急？是怕跟着伊拉克，许多国家要解放。美国没有料到世界舆论不在美国方面，想不到世界掀起了反美浪潮。中东事件中出现的那些人物推动了和平运动，要和平不要战争的浪潮是对帝国主义的威胁。后来毛泽东接见伊拉克一个代表团时说，伊拉克获得解放，中国人民很高兴，认为这是有世界意义的事情。

埃及收复运河和伊拉克革命胜利具有国际意义：挫败了美、英、法腐朽的炮舰政策，瓦解了巴格达条约，打击了艾森豪威尔主义，破坏了帝国主义在中东的经济战略利益，打乱了它们在中东的战略部署，从根本上动摇了英、法在西亚北非地区的殖民统治，揭穿了美帝的新殖民主义面目，推动了包括阿拉伯国家在内的亚非民族解放运动的深入发展。第二次世界大战后，亚非拉人民在相当长时间内未能摸清美帝的底细，是有复杂的历史原因的：美帝长期注重精神文化侵略，善于搞两面政策，手法比较隐蔽；战后民族独立解放运动斗争的主要矛头是指向英、法等老牌殖民主义者；不少亚非新独立国家还寄希望于美国提供经济援助。毛泽东对中东两大事件揭穿美帝新殖民主义面目一事十分重视。毛泽东指出，第一次世界大战，美国高唱自由、平等；第二次世界大战，反法西斯，别人打了两年多，它才来。这次中东事件中，美国不得不自己冲上去。美国说它自己不是侵略者，世人说是。美国的行动有利于动员人民。

埃及宣布将运河公司收归国有后，美国与英、法一起宣布不承认埃及的国有化措施，参加英、法对埃及的经济制裁，包括冻结埃及的资产，停止进口埃及的棉花，限制向埃及出口粮食和军工物资，削减对埃及的石油供应等。美还伙同英、法策划召开伦敦会议，共同压埃及接受它们抛出的"国际共管运河方案"。1956 年 10 月底，英、法发动侵略埃及的运河战争，美国声称不赞成英、法武力重占运河，但又明确拒绝苏联提出的苏、美合作使用武力阻止英、法侵略埃及的建议，实际上纵容英、法武装入侵埃及。在埃及浴血抗战迫使英、法停战后，美国在撤军问题上向英、法施加了一定压力，企图讨好埃及，捞取某些政治资本。在伊拉克革命胜利已成定局，连巴格达条约成员国都较快地予以承认后，美国于 8 月下旬也承认了伊新政权。但美国纵容英、法侵略埃及，企图通过以美国为主体的国际共管或建立运河使用者协会取代英、法控制运河。战后又提议"由美国公司以 10 亿美元租用运河 10 年"，承认伊拉克新政府的同时又保持驻黎美军的种种行动，在阿拉伯和全世界人民面前，暴露了美国的新殖民主义面目，这客观上对亚非人民团结反帝事业起到推动作用。

毛泽东的决策体现了新中国外交的基本立足点

毛泽东从全世界建立反对帝国主义统一战线的高度看待阿拉伯民族的解放斗争，把支持这一斗争看成是已获得独立国家应尽的义务，同时也是打破帝国主义势力对我封锁、扩大我外交回旋余地、提高我国际地位的战略行动。毛泽东指出，亚非拉民族解放运动是维护世界和平和人类进步事业的重要力量，中国应给予积极支持。中国和亚非拉国家有着相似的历史遭遇，独立后又都面临着建设自己国家的相同历史任务。毛泽东在接见陆续访华的一些阿拉伯代表团的谈话中先后指出，阿拉伯人民反对帝国主义的斗争给中国人民很深刻的印象。我们支持阿拉伯民族，我们也很需要阿拉伯民族的支持。阿拉伯人民是我们可靠的朋友。中国人民很感谢阿拉伯各国人民对我们的援助。阿拉伯民族很大，而且有斗志。如果阿拉伯国家团结起来，一致对付帝国主义，帝国主义的阴谋就不能得逞。1958 年 5 月 4 日毛泽东在给埃及总统的复信中说："不管帝国主义者怎样敌视贵国和整个阿拉伯人民，它们也决不能阻止贵国和整个阿拉伯人民的前进。""我的心向着阁下和贵国人民，向着整个阿拉伯民族的全体人民。"

中国支持埃及收复运河和伊拉克反对外来干涉的斗争，赢得了阿拉伯国家和人民的称赞，为中国同更多的阿拉伯国家发展友好合作关系创造了条件。埃及、伊拉克等阿拉伯国家为恢复中国在联合国的合法席位进行了不懈的努力。它们和其他亚非拉国家是 1971 年联大通过 2578 号决议的生力军。中国能够挫败帝国主义的封锁是与包括阿拉伯国家在内的亚非拉国家的支持分不开的。历史已经证明毛泽东支持埃及、伊拉克等阿拉伯国家的决策是英明的，这一决策体现了新中国外交的基本立足点："支持被压迫民族和被压迫人民的正义斗争，加强同第三世界国家的团结合作。"

中国、阿拉伯友谊是同毛泽东、周恩来的名字联系在一起的，毛泽东的战略决策和周恩来基于这一决策提出的中国处理同阿拉伯国家相互关系的五项原则，为中国发展同阿拉伯国家的友好合作关系奠定了牢固基础。近年来，中东和国际形势发生剧变，中国的中东政策也及时做出了相应调整，但指导中阿关系的基本原则决不会改变。中国人民、阿拉伯人民都不会忘记毛泽东当年的决策和他为中阿友谊作出的历史性贡献。

三个世界的划分①

20 世纪 70 年代。世界风云急剧变化，出现了大动荡、大改组的局面。在此情况下，我国应采取什么外交策略呢？

毛泽东在 1974 年 2 月 22 日会见赞比亚总统卡翁达时，提出了关于三个世界划分的理论，号召联合起来反对霸权主义。毛泽东主席说："我看美国、苏联是第一世界。中间派，日本、欧洲、加拿大，是第二世界。咱们是第三世界"，"第三世界人口很多。亚洲除了日本都是第三世界。整个非洲都是第三世界，拉丁美洲是第三世界。"这个战略思想有着丰富的内容和重大的现实指导意义。同年 4 月，邓小平率中国代表团出席联合国大会第六届特别会议，并于 10 日在大会上发言，阐述了毛泽东主席关于三个世界划分的理论，说明我国对外政策，引起了世界各国广泛的关注。

三个世界的战略思想指明：苏、美两霸是第一世界，它们互相争夺世界霸权。占世界人口大多数的第三世界国家和人民，是反帝、反殖、反霸的主力军。占世界人口五分之一的中国，已经由当年的半殖民地、半封建国家变为强大的社会主义国家，和其他坚持反帝反霸的社会主义国家一道，坚定地站在第三世界一边，成为第三世界中不可动摇的力量。在上述两者之间的发达国家，如英国、法国、西德、日本等是第二世界，它们具有两面性，是第三世界在反霸斗争中可以争取或联合的力量。

毛泽东关于划分三个世界的正确战略，为国际无产阶级、社会主义国家和被压迫民族团结一致，建立最广泛的统一战线，反对苏美两霸和它们的战争政策，提供了强大的思想武器。关于三个世界的理论，是我国当时制定对外政策的重要依据。

---

① 参见《1974 年 2 月 22 日毛泽东提出划分三个世界的理论》，人民网 http://www.people.com.cn/GB/historic/0222/7.html.

第五章 同日本北欧西欧等国的关系

毛泽东一贯认为，不论国家大小、强弱，都应一律平等，各国都有各自的长处和短处，都需要和平共处，发展友好合作。

日本人民是可以团结的①

毛泽东在对日关系上，特别强调区分"日本人民"与"垄断资本"和"军国主义军阀"不同，1961 年 10 月 7 日，毛泽东在同日中友好协会访华代表团、日本民间教育家代表团等日本外宾谈话时表示："有人不了解，为什么中国人和日本人过去打过仗，现在还这样亲密。他们不知道，日本人民同垄断资本和军国主义军阀是不同的。"建立在这种观点上，毛泽东认为"随着时间的延长，日本这一部分人中的许多人也会把骑在头上的美国赶走"。②

建立中日友好关系是毛泽东一直以来的努力，他曾多次对日本外宾表示见到"日本朋友很高兴"，希望中日可以建立正常的关系，他甚至表示想去日本走一走看一看。

对于中日之间制度的不同，毛泽东以其独到的眼光认为这并不是问题，1955 年 10 月 15 日，毛泽东在会见日本国会议员访华团时表示："我们对你们没有提出什么苛刻的条件，没有什么可紧张的。不要那么紧张，紧张了不好过日子，还是缓和国际紧张局势好。再说，我们之间的社会制度虽然并不一致，但这个不一致并不妨害我们互相的尊重和友谊。过去的老账并不妨害我们，今天制度的不同也不妨害我们。过去的事情已经过去了，主要是将来的问题。"③ 以此而言，毛泽东认为制度并不是妨碍中日建交的关键，只要能确立正式关系，别的问题都可以先行搁置。

1956 年 10 月 6 日，毛泽东来到日本商品展览会的会场，日本展览团总裁村田省藏对中日关系没有正常表示很着急，毛泽东回应他说：不要急，慢慢来。中日关系中还有与美国的关系问题，美国不和我们合作，反对我们，所以也不喜欢日本和我们合作。中国希望同日本建立正常关系，也希望同世界各国，包括美国在内，建立正常的友好关系。

20 世纪 40 年代末 50 年代初，中日关系发生很大转变，日本不再是侵略者身份，恢复中日邦交正常化成为毛泽东的既定目标，所谓远亲不如近邻，中日

---

① 参见王俊彦：《毛泽东与中日友好关系》，凤凰网 http://news.ifeng.com/history/zhongguoxiandaishi/special/jiaokeshuzhiwai1/.

② 《毛泽东外交文选》，中央文献出版社 1994 年版，第 508 页。

③ 《毛泽东外交文选》，中央文献出版社 1994 年版，第 222 页。

之间有着源远流长的历史关系，因此作为新中国主要领导人的毛泽东着手推动中日建交是十分正常的。

随之而来的，是新中国同邻国日本正式建交。1972 年 7 月，日本成立田中角荣为首的新内阁。田中在就职当天声明要为加速日中邦交而努力。周恩来表示欢迎。在中日关系出现转机的时刻，毛泽东提出：对中日恢复邦交问题应采取积极的态度。谈得成也好，谈不成也好，总之，现在到了火候，要加紧。① 在中日双方共同努力下，田中首相一行应邀于当年 9 月下旬访华，两国领导人就实现邦交正常化问题认真而坦率地交换了意见，取得重要成果。

9 月 27 日，毛泽东会见田中一行。毛泽东对田中说："中日有两千多年的来往。历史记载中，第一次见于中国历史的是后汉嘛。""你们到北京这么一来，全世界都战战兢兢，主要是一个苏联，一个美国，这两个大国。它们不大放心了，晓得你们在那里捣什么鬼啊？"② 田中说："我这次也到美国和尼克松总统进行了会谈。美国也承认日本来访中国是符合世界潮流的必然发展趋势的。"

29 日，周恩来总理和田中首相在《中日联合声明》上签字，宣布结束中日两国之间迄今为止的不正常状态，两国从即日起建立外交关系。

新中国成立之初同资本主义国家的外交关系③

新中国成立之初，我国在外交上实行"另起炉灶""打扫干净屋子再请客"的方针，不承认旧中国与外国签订的一切卖国条约及其相关权益，实行"一边倒"的方针，坚定地站在社会主义阵营一边，重点发展同社会主义国家的外交关系。与此同时，以美国为首的西方国家对中国实行政治孤立、经济封锁、军事包围的政策。

然而，这一时期，我国也并非断绝和资本主义国家的一切来往，并非拒绝和一切资本主义国家建立外交关系。从外交方针来看，"另起炉灶""打扫干净屋子再请客"并没有排斥资本主义国家。从实践来看，在建国的第一年便与几个西方国家正式建交。不过，中国政府对要与我国建交的不同类型的国家采取区别对待的做法。对社会主义国家，只是通过来往照会，迅速相互建交。对新独立的民族主义国家，虽也一般要求谈判建交，但程序简化，后来也逐渐演变为不要求谈判了。而对西方资本主义国家，与我建交则必须"通过谈判"。谈判是为了满足我两个条件：断绝与台湾的一切"外交"关系；接受平等互利和相互尊重主权的原则。建交谈判方式是一种创造。对于某些国家，这种方式的运

---

① 参见陆维钊：《新中国外交风云》第 3 辑，世界知识出版社 1994 年版，第 132 页。

② 中共中央文献研究室编：《毛泽东传》六，中央文献出版社 2011 年版，第 2610 页。

③ 参见薛伟强：《新中国成立之初同资本主义国家的外交关系》，《中学生导报（文综版）》2005 年第 25 期。

用，起着反对他们损害中国主权的作用。

同西欧、北欧的资本主义国家的关系

1950年初，一些西欧、北欧的资本主义国家——挪威、丹麦、芬兰、瑞典、瑞士相继承认中华人民共和国，并且愿意在平等、互利及互相尊重领土主权的基础上同中国建立外交关系。经过谈判，在1950年5—10月，我国先后同瑞典、丹麦、瑞士、芬兰正式建交。因挪威在台湾问题上态度暧昧，中挪建交因此搁置。直至挪威在联合国明确支持恢复中华人民共和国的合法席位后，中挪才于1954年10月正式建交。

这些资本主义国家较早地同中国建交是有原因的。西欧、北欧的一些国家的国民经济很大程度上依赖于对外贸易和海洋航运。二战后，美国在欧洲的经济扩张，使瑞士、瑞典、挪威、丹麦等国的对外贸易受到严重影响。他们渴求改善对外贸易，增加外汇收入，以摆脱经济困境，同时，如瑞士、丹麦等国在旧中国有企业投资或房地产投资。出于经济上的理由，以及鉴于中国在国际事务中具有重要地位，他们需要同中国打交道。

同英国的关系

中国在同西方国家建交问题上还有一个国际上前所未有的新创举，即同外国"半建交"或称"建立半外交关系"。这具体表现在双方同意互派代办而非大使，"代办"这个称谓和机构在国际上都没有先例。"半外交关系"也属一种正式的外交关系，只是关系尚未完全"正常化"，有待最后完成正式建交。这项创举最先用于与英国和荷兰的建交，它体现了我国外交方针的灵活性。

英国于1950年1月即较早地承认中华人民共和国中央人民政府为"中国法律上之政府"，愿同中国建交。荷兰与中国的建交谈判也早在1950年4月即已开始。但由于英、荷在台湾问题上采取了不能为我接受的错误立场，建交谈判无果而终。1954年6月日内瓦会议期间，英国在印度支那问题上采取了有别于美国的立场，保守党政府又一再向我国表示愿意改善关系，中国遂同意与英国互换代办，其任务是继续谈判两国的完全建交以及处理两国的侨务和贸易问题。同年11月，我国同荷兰也按中英模式互换代办。

新中国成立之初，我国采取原则性与灵活性相结合方针，与七八个资本主义国家建立了正式的外交关系，有助于突破以美国为首的资本主义阵营对我国的政治孤立、经济封锁和军事包围的政策。

咱们的领袖

毛泽东

下卷

张铁网　潘和永　主编

中共中央党校出版社

The Central Party School Publishing House

目　　录

下　卷

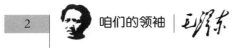

六、党建篇

毛泽东党建思想是马克思主义关于无产阶级政党的基本原理、列宁新型无产阶级政党学说同中国共产党的建设实践相结合的产物，是对马克思列宁主义关于无产阶级政党学说的继承和发展。毛泽东把马克思主义建党原理同中国共产党的实际情况相结合，提出了从思想上、政治上、组织上和作风上建设党的基本理论原则。

第一章 建党原则

毛泽东的早期党建思想，有一个先工运后农运再到武装革命的转变过程，尤其是著名的古田会议决议，通过了毛泽东提出的"党指挥枪，支部建在连上"的党建原则，标志着毛泽东党建理论体系的初步形成。

官兵一致 政治民主

1927年9月9日，毛泽东领导秋收暴动中的3支军事骨干力量，平江、浏阳工农义勇军、安源革命武装，基本成分是安源工人武装和萍乡、衡山、安福、莲花等地的农军。同时，湘东各县的劳动人民纷纷响应。毛泽东高兴地写道："军叫工农革命，旗号镰刀斧头。"部队到三湾后，已不足千人，留下的多数是各地工农运动的骨干分子，经过艰苦考验后，斗志更坚定了，这是主流。部队打出"工农革命军第一师第一团"的旗号。为了清除军阀军队旧制度的影响，毛泽东决定在工农革命军队内部实行民主，军官不许打骂士兵，废除烦琐礼节，开会士兵有说话的自由，经济公开，官兵待遇平等，吃饭穿衣都一样；士兵委员会由全体士兵民主选举产生，对军官有监督和制裁权。毛泽东这样对军队改革，是划时代的。

毛泽东率军上井冈山后，如蛟龙入海，他真正将自己融入到了工农群众之中，一生都没有改变，他的马克思主义的正确的组织路线，也没有改变。1927年11月下旬，毛泽东创建的井冈山根据地成立了第一个红色政权，名称就是茶陵县工农兵政府，工人出身的谭震林当选为工农兵政府主席。毛泽东说：成立工农兵政府是自古以来没有过的大事。1928年1月24日，毛泽东领导出席了遂川县工农兵政府成立大会，选举贫农王次淳任县政府主席。遂川人民唱道："高举红旗开大会，工农翻身掌政权。"从此，毛泽东领导工农武装建立起了井冈山红色政权、瑞金红色政权，瑞金成为中央革命根据地。党在白区的工作遭受重大破坏后，中共中央机关从上海搬到了江西。1931年11月7日，在瑞金创建了中华苏维埃临时共和国，毛泽东当选为中华苏维埃临时共和国中央执行委员会主席。中华苏维埃临时共和国中央政府对外庄严宣告：中华苏维埃临时共和国中央政府是中国工农兵以及一切劳苦大众的政权。

陈士榘亲历三湾改编，随毛泽东上了井冈山，南征北战，成为开国上将。老将军回忆时这样说："三湾改编"给工农革命军带来的最大变化是连以上建立各级士兵委员会。毛泽东对士兵委员会曾做过这样的阐述：士兵委员会就是监督院，是监督官长的。成立士兵委员会就是要士兵敢于讲话，讲了话也要有作用。

"三湾改编"[①]

1927 年 9 月 28 日，工农革命军第一师经过千里奔袭来到了江西永新县境内的三湾村。这里离井冈山没有多远了，但士兵们已经相当疲惫，粮草短缺，部队减员也很严重，虽号称一个师，实际兵员只有 700 人左右。第一师的现状已经严重影响到部队的战斗力，虽然部队官兵的士气还很高昂，且多数是经过战斗考验的党团员和工农运动的骨干分子，但也有一些带着形形色色个人目的来部队捞好处的人。这些人在长时间的行军作战及艰难的生存环境面前悲观动摇起来，说怪话，闹情绪，甚至离队逃跑。最为严重的是一直主张攻打大城市的第一师师长余洒度。他对部队开进深山野岭十分不满，对部队的前途表示出很大的悲观情绪。毛泽东痛下决心，在进军井冈山之前，先把部队整编好。在第一师到达三湾的当天，毛泽东便召开了前敌委员会扩大会议，决定第一师进行就地休整，对部队实施改编。后来，军事史家们便称这次改编为"三湾改编"。

"三湾改编"首先遭到了师长余洒度的反对。实际上，余洒度那时已经萌生了去意。果然没多久，他就和三团团长苏先骏私自离队逃跑，被岗哨发现截住。余洒度的出逃行为立即引起了第一师官兵的愤怒，士兵们将这两个人扣下，准备交给毛泽东以军法处置。毛泽东颇为大度地说：要走，就让他们走吧，强扭的瓜不甜，何苦强留呢？这件事给陈士榘以很大的震动，毛泽东的宽广胸襟确实不是一般人具备的。第一师的官兵也都没有想到毛泽东会放这两个人走，余洒度等人更是感到意外。这两个人颇受感动，尽管他们去意已决，但都表示今后不会同毛泽东为敌。余洒度他们走了以后，毛泽东召开了一次会议，宣布"去留自愿"，如果有谁不愿在部队里干了，不愿过艰苦的山区生活，可以离开这里，工农革命军发给他们回原籍的路费，但不准携带武器。开过会议以后，大约有十几个人提出了离开部队的要求，其中主要是旧军官。他们的思想和感情都和革命的队伍有不小的距离，留在部队里实际是没有什么好处的。第一师的官兵都对毛泽东的做法表示理解和赞赏。"三湾改编"随即全面开始。工农革命军第一师在建立各级党组织的同时，进行了大刀阔斧的整编。在原军事序列不变的前提下，将一个师缩编为一个团，番号为：工农革命军第一师第一团。

改编在进行当中，出现了一个问题，就是党员没有那么多。有的连队只有一两名党员，成立党支部有困难，班排设立党小组更是难以实现。毛泽东提出：要发展出身工农家庭、作战英勇的士兵入党。毛泽东说：我观察过，凡是拥有一定数量党员的连队，士气就高，作战英勇，长官也能得到有效的民主监督。

---

① 参见陈人康口述，金汕、陈义风整理：《老将军回忆"三湾改编"时的毛泽东》，《党史文苑》2007 年第 13 期。

按照毛泽东的指示，各连队都开始发展工农骨干入党。陈士榘因为参加过农运、斗争过家乡的恶霸地主，所以被列入第一批入党。陈士榘的入党介绍人是当时一连的党代表何挺颖。1927年10月的一天，党代表何挺颖找到他说："你的党员已经批了，今天要去进行入党宣誓。"于是陈士榘跟着何挺颖来到一个祠堂的阁楼上，房间里放着几个长条木板凳，上面已经坐了七八个人。他们都面对北墙，北墙上挂着两张长方形的红纸。红纸上方写着三个外文字母：CCP，下方写着两行毛笔字：牺牲个人，服从组织，严守秘密，永不叛党。当时是晚上，屋里只有一盏昏暗的煤油灯。陈士榘看到了那两行字，心想那就是入党誓词吧。毛泽东看人已经到齐，就宣布入党仪式开始。先是由各连的党代表介绍新党员的情况，这次共发展六名党员，分别来自六个不同的连队。在各连党代表依次介绍完每个新党员的简历和政治表现以后，毛泽东开始向新党员发问："你为什么要加入中国共产党？"陈士榘的回答是："为了工农翻身得解放！"其他人的回答也都差不多。毛泽东显得比较满意，他开始对那几句入党誓词进行讲解，并解释了CCP三个英文字母的含义，说那是表示中国共产党。随后，他便举起右手，握紧拳头，带领新党员宣读誓词。读完誓词后，毛泽东对六个新党员说：从现在起，你们就是光荣的中国共产党党员了，共产党员要不怕吃苦，不怕牺牲，团结群众多做工作，艰苦的地方危险的时刻要抢着上，凡事要给普通士兵做出榜样。还要有组织观念和组织纪律，组织生活无故不得请假，党员要每星期开一次小组会，党内的事情不要乱讲，尤其是党内的秘密，对自己的亲人都不能讲，党的决议一经做出就要严格遵守。

"三湾改编"给工农革命军带来的最大变化是连以上建立各级士兵委员会。士兵委员会的原则是：官兵平等，不准打骂士兵，废除繁缛礼节，实行经济公开，发扬政治民主，士兵有开会说话的权利与自由。

当时工农革命军里有一个大队长，本名叫郭天民，是黄埔军校第四期的毕业生，很有军事才能，作战英勇。但他有一个在旧军队里养成的习惯，就是喜欢体罚士兵，只要士兵犯了纪律，他抡起巴掌就打。以前打士兵，士兵是不敢反抗的，连言语都不敢。成立士兵委员会以后，士兵们将郭队长打骂士兵的情况反映到士兵委员会。士兵委员会将此事捅到了毛泽东那里，毛泽东立即对郭天民进行了批评。

毛泽东在大会上公开讲了这件事，说工农革命军里有个姓郭的"铁匠"，把革命军战士当铁来打。这是不允许且违反纪律的。当然，在毛泽东批评后，郭天民很快改正了体罚士兵的毛病，重新获得了士兵的理解和爱戴。郭天民还以此为戒，向许多喜欢体罚士兵的长官现身说法。随着教育的深入，工农革命军里打骂士兵的现象不见了，取而代之的是说服教育和细致入微的思想政治工作。郭天民大队长的思想政治工作做得尤其到位，被他打过的士兵都赞佩地说：我们大队长是"浪子回头金不换"。解放后，郭天民被授予了上将军衔。

　　在民主政治清风的吹拂下，工农革命军里官兵一致，同吃一锅南瓜饭，同住一个茅草棚，遇到难事大家一起群策群力，官兵们一个个开心得不得了。尽管条件艰苦，但部队的士气极其高昂，歌声笑声不绝于耳。民主政治生活给弱小的红军部队，带来了巨大的精神能量。从白军俘虏或反正过来的士兵感受最深，他们说：红军和白军是完全不同的两个世界，白军里死气沉沉，官兵之间相互戒备，相互提防，而红军士气高昂，官兵之间亲密无间，没想到红军里这么好。

　　当时，井冈山地区有一首人人会唱的歌谣：当兵就要当红军，处处工农来欢迎。官长士兵都一样，没有人来压迫人。

　　除了官兵一致的政治民主以外，工农革命军里还实行了广受欢迎的经济民主。当时，除了上面的歌谣以外，还有一首广为流行的歌谣：红米饭，南瓜汤，吃起来，喷喷香。在工农革命军里，从军长到伙夫，一律吃五分钱的伙食即红米饭和南瓜汤，因为这两样是当时最常见也最便宜的饭菜。南瓜汤里经常连盐都没有，红米饭也不能做得很稠，因为要节省粮食。有时候甚至连五分钱的伙食也保证不了，只能吃红糙米南瓜饭，一天还只能吃一顿或两顿。红糙米是很难下咽的，特别牙碜。南瓜汤实际就是白水煮南瓜，既没有盐也没有油。

　　士兵们为什么没有怨言呢？因为首长和战士都吃一样的饭菜，从军长到师长，从团长到党代表没有人搞特殊化。

　　部队住宿和着装的条件艰苦到了极点。井冈山的冬夜天气阴冷，潮气袭人，部队官兵都是单衣在身，晚上一个个冻得哆哆嗦嗦。由于房子很少，只能让伤病员挤进去住，其他人露宿在野外，没有被子，衣服又单薄，难以入睡。战士们后来想了个办法，就是钻到稻草里面睡。有一次，毛泽东来到部队的宿营地，能听见打鼾声，却不见人的影子。值班的哨兵告诉他：都跑到稻草里去睡了。毛泽东大笑道：这是个办法哩，既能取暖睡觉，又可以隐蔽得很好，说不定敌人来了也发现不了我们呢！

　　最困难的是部队的伤病员，他们除了要忍受寒冷与饥饿，还要受到病痛的折磨。虽然有时候他们能住到房子里，也能吃上一些病号饭，但他们的身体很差，不少人都发着烧。由于药品奇缺，他们得不到救治，只能用毅力跟病魔进行抗争。营长张子清，作战时脚底板被打进一颗子弹，由于没有药品和器械，始终无法取出来。张营长和普通负伤战士一样忍受着饥饿和伤痛，最后终于因脚底伤口发炎，离开了人世。

　　对于红军的生活和经济问题，毛泽东积极主张实行经济民主，调动大家想办法，人人出主意。毛泽东常说：众人拾柴火焰高。经济问题一定要有所突破，否则，工农武装割据就难以实现。毛泽东要求部队，一面打仗，一面筹饷，凡是党员，都必须想些办法，士兵委员会更要开动脑筋，帮助首长解决好部队的伙食和布匹问题。

按照毛泽东的指示，不少连队里的士兵委员会管起了部队的伙食。每到一地，只要是闲暇时间，士兵委员会就组织人积极筹饷。同时开源节流，采买货物时精打细算，一个铜板当两个铜板花。士兵委员会还实行账目公开，每月及时向士兵公布。一旦有了余额，就分给大家。士兵们称之为"分伙食尾子"。尽管数目很小，都是以毫厘计算的小钱，但士兵们极为高兴，每到月末，大家就翘首以待。

支部建在连上　党指挥枪[①]

1929 年 12 月 28 日，在福建省上杭县的古田，召开了我党我军历史上著名的中国共产党红军第四军第九次代表大会，即古田会议。这次会议通过了毛泽东主持制定的中国共产党红军第四军第九次代表大会决议案，即古田会议决议。这次会议对我党我军建设，尤其是政治思想建设，具有划时代的意义。这次会议的决议，已作为我们党的建设和军队建设的纲领性文献载入史册。毛泽东主持起草的《古田会议决议》提出的主要建党原则是：坚持党对军队的绝对领导，保证党的政治路线和政治任务的实现；注重从思想上建设党，保持党在思想上政治上的先进性；加强党的组织建设，实行正确的组织路线，提高党的战斗力等。

毛泽东的建党建军思想

1927 年，毛泽东在领导秋收起义后，率领部队向井冈山进军。在开辟和创建井冈山革命根据地的过程中，他先后为党的红军制定了一系列原则，如：提出在部队中建立党的各级组织，把支部建在连上，班、排建立党的小组，营、团建立党委，把军队置于党的绝对领导之下，保证了军队的无产阶级性质。在部队中实行民主制度，破除了旧军队的打骂士兵、枪毙逃兵、军官特殊待遇等不良习气和带兵方法，初步确立了新型的官兵关系。建立革命军队纪律，毛泽东向大家宣布了工农革命军的三条纪律：第一，行动听指挥；第二，不拿群众一个红薯；第三，打土豪要归公。它体现了无产阶级军队的本质，成为红军政治工作的重要内容和红军行动准则。提出红军三大任务，即打仗消灭敌人；打土豪，筹款子；宣传群众，组织群众，武装群众，帮助群众建立革命政权。从军队担负的任务上，划清了红军和其他军队的界限。

---

① 参见刘景禄、白玉武：《毛泽东同志与古田会议》，《吉林大学社会科学学报》1986 年第 6 期。

当时红军的组成成分复杂，既有大革命时期在我党影响下的一部分国民革命军，又有参加起义的工农武装，还有国民党军起义部队和俘虏。在这样的情况下，毛泽东把红军建设方向明确地提出来，这是一个伟大创见，代表了党和红军的正确发展方向，保证了红军的发展。但是，毛泽东这一正确建党建军原则，在"左"倾盲动主义错误影响下，没有得到很好的贯彻执行。1928年3月，正当毛泽东创建红军、开辟井冈山革命根据地时，党中央命令他们向湘南进军，结果边界地区被敌人占领了一个多月，造成三月失败。5月以后，红四军在毛泽东、朱德、陈毅等领导下，井冈山革命根据地又进入了全盛时期。可是湖南省委又先后三次派代表到井冈山，推行"左"倾盲动主义错误，再次命令红军远离根据地向湘南冒进。趁毛泽东同志不在永新的时候，湖南红军二十八团、二十九团攻打湘南郴州，使红军损失大约一半。二十八团想回湘南打游击，结果被敌人全部打垮。此后，在毛泽东、朱德等领导下，井冈山革命根据地又得到恢复和发展。这就证明了毛泽东的建党建军原则的正确性，离开或否定它就会遭到失败。

毛泽东的正确建党建军思想和原则，在红四军七大和八大还未被认识，经过湘赣边界党和红军的一度受挫，才使召开古田会议的条件逐渐成熟。1929年1月14日，毛泽东、朱德、陈毅等率领红军主力3600余人，下井冈山向赣南闽西进军。经过半年时间的艰苦转战，到1929年6月间，相继开创了赣南、闽西革命根据地，使赣南闽西的革命斗争出现了新的局面。随着革命根据地的迅速发展，党和红军也有了很大的发展。但是由于红军的成分比较复杂，各种非无产阶级的思想大量地反映到红军和党内来。比较突出的是单纯军事观点、流寇思想、军阀主义残余、极端民主化等等，甚至有人对党对军队的领导原则也发生了动摇。这些非无产阶级意识，极大地妨碍了党的正确路线的执行，"若不彻底纠正，则中国伟大革命斗争给予红军第四军的任务，是必然担负不起来的"①。为了纠正红四军党内存在的各种错误思想，6月22日，在福建龙岩召开了红军第四军党的第七次代表大会。会议由于各方面条件不成熟，前委领导机关又未能取得一致的意见。毛泽东在会上发言，曾想总结经验，解决红四军内部出现的争论。但事与愿违，他发言中的正确意见，未被会议多数同志接受。不但七大未能解决问题，反而发生了一场关于革命根据地前途、红军的发展方向等一些重大原则问题的争论。

关于党对军队的领导问题。毛泽东早在三湾改编时，就确立"支部建在连上"的制度。党的前敌委员会是部队的最高领导机关，从而保证了党对军队的绝对领导。"红军所以艰难奋战而不溃散，'支部建在连上'是一个重要原因"②。

---

① 《毛泽东选集》第1卷，人民出版社1991年版，第85页。
② 《毛泽东选集》第1卷，人民出版社1991年版，第65、66页。

但是，有些同志习惯于旧军队的领导方式，喜欢长官说了算，忽视政治工作的作用，认为"军事好，政治自然会好，军事不好，政治也不会好"，提出"军事领导政治"①。还有的同志则提出"党管一切，党管理一切，一切工作归支部"等等。这种争论，关系到党对红军的领导的认识，七大在这个问题上争论很激烈，未能得到解决。

关于民主制度与官兵关系问题。毛泽东早在井冈山根据地初创时期，就规定了官兵平等、在军队内部实行民主。但是有的同志认为党代表权力太大，部分同志还错误主张实行"自下而上"的民主，事无大小，先要交下级讨论，然后上级再作决议，搞极端民主。甚至个别同志错误地认为军队从来不要讲什么民主，官长说话就是命令，让士兵盲目服从。

关于反对军阀主义残余的问题。在井冈山时期，毛泽东为了建立人民军队扫除旧军队的不良影响和习气，在党的领导下，在连以上单位建立了士兵委员会。起初士兵委员会拥有很大权力，如检查一切缴获、审查账目、监督干部，署名出布告等等。当时，干部如果打骂战士，过几天士兵委员会开大会也可以打干部的手板，有的还打屁股。于是，主张"军队以服从为天职"的同志，对士兵委员会意见很大，并提出要取消士兵委员会。在会议上有相当一部分干部认为"不打不骂是带不好军队的"，甚至主张枪毙逃兵，表现出严重的军阀主义倾向。

关于红军任务和建立根据地的问题。在井冈山斗争时期，毛泽东就提出了红军的三大任务。但有的同志则认为军队只是单纯打仗，做群众工作、建立根据地是红军的负担，建立根据地是地方党组织的事，喜欢"走州过府"，主张走到哪里，吃到哪里，不要政策，不要政权，不爱护老百姓，不尊重地方，表现出极端严重的流寇思想。

这些问题的争论，有些是领导工作方式方法的争论，有些则是无产阶级思想和非无产阶级思想重大原则的争论。这是两种建党建军思想的原则分歧。当时，由于多数同志的马列主义水平不高，在建军问题上还缺乏经验，结果使错误思想在会上占了上风。毛泽东的正确建党建军原则，未能被会议承认。在会议选举时，毛泽东没有继续当选为前委书记。但是，毛泽东表现了高度的组织纪律性和原则性，服从大会决定。他对于同志们提出的一些批评意见认为可以参考，但对于在政治上、军事上的一些意见，则明确表示不能接受。

毛泽东离开红四军以后，红四军冒进闽中遭到挫败。这时，党中央指示，乘广东军阀混战粤北空虚之机，出击东江。红军到东江时，特委又要求红军去打广东梅县。经过几次攻打，结果三个纵队几乎损失三分之一。此时，前委领导削弱，部队思想混乱，干部不安心部队工作。于是，9月又在闽西上杭召开了

---

① 参见肖克：《伟大的建军纲领》，《红旗》1979年第8期。

红四军八大。由于没有清算党内的错误思想，是非没有分清，所以，八大仍然没有解决问题。当时，部队贬低思想政治工作的现象很严重，军阀主义又抬头，党内军内关系紧张，极端民主化又有所发展，结果使红四军失去领导中心。陈毅、朱德等感到，毛泽东在红四军前委的领导是正确的，毛泽东提出的建党建军原则是正确的，红四军的工作离不开毛泽东，干部和士兵也要求毛泽东回来领导。这说明召开古田会议正确解决建党建军原则的条件已经成熟了。

毛泽东的建党建军原则得到中央肯定

红四军七大以后，9月陈毅作为红四军的代表，赴上海参加党中央召开的军事工作会议。在会上他将红四军两年来的革命斗争，红四军党内，尤其是七大会上存在着不同意见的争论情况，以及毛泽东离开部队的情况，如实地向党中央作了汇报，并于9月1日向党中央写了书面报告：《关于朱、毛红军及其历史状况的报告》。周恩来和其他负责同志一起详细研究了红四军的情况，于9月28日就"军阀混战的形势与红军的任务及前途以及战略"等给红四军前委写了近万字的书面指示，即《九月来信》。信中针对红四军党的七大有关争论的问题，作了明确的回答。回答和决定的问题，体现了毛泽东正确的建党建军原则精神。

信中提到："党的一切权力集中于前委指导机关，这是正确的，绝不能动摇。不能机械地引用'家长制'这个名词来削弱指导机关的权力，来作极端民主化的掩护。"又指出："党管一切这口号，在原则上事实上都是不通，党只能经过党团作用作政治的领导。目前前委指挥军部、政治部，这是一个临时的办法。前委对日常行政事务不要去管理，应交由行政机关去办，由政治委员监督，前委应着眼在红军的政治军事经济及群众斗争的领导上。""一切工作归支部这个口号是对的，但不是与党的民主集中制相对立。""四军中兵委过去有成绩，其组织路线也很正确。"同时又指出士兵委员会的权力不宜过大，"与军事机关的关系用报告建议而不能直接管涉"，"应做到使士兵自动守纪律，以群众的力量与影响来裁制违犯纪律的人，坚决地废除肉刑"。信中严肃地提出要纠正红军中一切不正确的倾向，如右倾思想、取消观念、分家观念、离队观念、小团体倾向、极端民主化等，认为这些错误倾向"皆源于同志理论水平低，党的教育缺乏。这些观念不肃清，于红军前途有极大危险，前委应坚决以斗争的态度来肃清之"。信中肯定了以毛泽东为代表的正确领导。在信中特别强调，毛泽东、朱德及四军前委立即要以坚决的革命的态度来纠正一切不正确的倾向，纠正这些影响到工作上的严重错误，团结全体同志努力向敌人作斗争；恢复毛泽东、朱德在红军中的威信，并指示毛泽东和朱德仍留在四军前委工作，让毛泽东担任前委书记，要求四军前委领导同志，做好这方面工作，并使四军广大干部和战士了解和接受中央的上述决定，要求"各地红军，各地方党组织，都要学习和采用朱毛红军的经验，坚决执行游击战争的任务和战术原则"①。

《九月来信》的基本精神是正确的，特别是肯定毛泽东的正确的建党建军原则，更有它的特殊的重要意义，对于红四军前委和红四军全体干部和战士统一思想起着关键性的指导作用，对红四军党的九大通过的正确决议案有着极其重要的作用。后来事实证明，古田会议决议，从基本思想到主要内容，都能在《九月来信》中找到相应的根据和原则。这些根据和原则，正是毛泽东在两年来开辟井冈山革命根据地、创建红军的革命斗争实践中提出来的一些基本原则。古田会议决议就是围绕这些基本原则和精神加以论述和阐明的。《九月来信》肯定了以毛泽东为代表的正确的建党建军思想和原则，这为召开古田会议并做出正确的决议奠定了政治基础和思想基础。

1929年10月底，陈毅从上海返回赣南闽西根据地，11月18日，在福建上杭县的官庄，召开四军前委会议，传达中央的指示（《九月来信》）和周恩来的指示。在红四军占领福建长汀以后，前委立即请毛泽东回来主持工作。11月28日，毛泽东在长汀主持召开了前委扩大会议。会议决定召开红四军党的第九次代表大会。毛泽东和前委其他领导同志深入连队召开座谈会，找干部、战士谈话，仔细调查了解部队和党内存在的各种思想问题，听取各种不同意见和反映，并到地方召开群众座谈会，听取群众的批评意见。12月中旬，红四军领导机关进驻上杭古田。毛泽东又主持召开支队和纵队的党代表联席会议，充分发扬民主，大胆揭露红四军党内、军内的各种不良倾向，共同分析研究各种错误思想产生的根源、危害和克服的办法，着手准备即将召开的九大的决议草案。这样的联席会议开了十几次，基本上统一了思想，为红四军召开九大做了充分的准备。

1929年12月28日，中国共产党红军第四军第九次代表大会在福建上杭古田召开，即著名的古田会议。会上，陈毅传达了中央《九月来信》精神，毛泽东做政治报告。他在报告中，除了谈国内外形势外，主要是总结了建军两年多来的经验教训和红四军中的各种非无产阶级思想表现、来源及其纠正的办法等问题。朱德做了军事报告，从红军建军一直谈到目前红军形势。到会代表对中央《九月来信》精神及报告，进行了热烈的讨论，并逐条进行细致的争论。在讨论和争论中，毛泽东倾听着大家的意见，反复举出实例说明废除打骂、废除肉刑的重要性，致使有些代表放弃了他们的错误见解。部分坚持不打骂带不好兵的观点的人，也感到理屈了。经过讨论和争论，统一了思想认识。最后一致通过了在毛泽东主持下，在朱德、陈毅、罗荣桓等协助下制定的中共红四军第九次代表大会决议案，即古田会议决议。这个决议案包括"关于纠正党内的错

_____

①　周恩来在陈毅写给中央的《关于朱毛红军及其历史状况的报告》按语，《军事通讯》1930年1月15日。

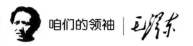

误思想""党的组织问题""党内教育问题""红军宣传工作问题""士兵政治训练问题""老年士兵的特种教育""废止肉刑问题""优待伤病兵问题""红军军事系统与政治系统关系问题"和"政治决议案""接受中央指示决议案""废止枪毙逃兵决议案"等12个问题决议案。大会选举产生了四军新的前委,毛泽东、朱德、陈毅、李任予、黄益善、罗荣桓、林彪、伍中豪、谭震林、宋裕和、田桂祥等11人为前委正式委员,杨岳彬、熊寿祺、李长寿为候补委员。毛泽东被推选为前委书记。

古田会议总结了红军诞生以来的建军经验和党的建设经验,标志着中国工农红军的马克思列宁主义建党建军路线的初步形成。古田会议决议清算了红四军党内军内各种错误思想倾向,确立了党和红军建设的基本原则,解决了我党我军发展的根本方向,成为我们党和红军建设的纲领性文件。1978年6月叶剑英曾在中国人民解放军政治工作会议上的讲话中说:"古田会议,对我军建设,对我军政治工作的建设,都具有划时代的意义。"

古田会议决议运用马克思列宁主义建党学说,创造性地解决了在农村游击战争环境中怎样建设无产阶级政党的问题。当时党的工作中心在乡村,党组织成员大多数出身于农民和小资产阶级,必然将各种非无产阶级思想带进党内来,随时随地侵袭和腐蚀党的组织,只有从思想上建党,才能在马克思列宁主义的基础上统一起来,用无产阶级思想去克服各种非无产阶级思想。古田会议为正确地开展党内斗争树立了良好的榜样。当时红四军党内非无产阶级思想和无产阶级思想的矛盾十分尖锐,但对这种矛盾的解决,采取了加强思想教育的方法,正确开展批评的方法,不是过火的斗争,使党内批评成为坚强党的组织、增强党的战斗力的武器,使古田会议获得圆满成功。

古田会议决议,是马克思列宁主义同中国革命实际相结合的范例。决议总结了党和红军建设的经验,集中了毛泽东、周恩来、朱德、陈毅、罗荣桓等老一辈无产阶级革命家的集体智慧。在以后党和红军的历史发展过程中得到了充分的体现,凝结着他们的心血,共同为毛泽东思想的建党学说和人民军队的建设,增添了新的内容。

古田会议后,红四军在九大决议指引下,迅速发展壮大,政治工作生动活泼,在保证党的领导,执行三大任务,加强思想政治教育,克服非无产阶级思想,发扬军事民主,维护革命纪律,协调军政关系、军民关系、官兵关系,协同地方党的组织扩大红军,瓦解敌军等方面,都取得了很大的成绩,取得新的经验,特别是在粉碎蒋介石的一、二、三、四次"围剿"作战中发挥了重要作用,因而,保证了反"围剿"的胜利。

第二章　确立党的指导思想

在土地革命战争后期以及抗日战争时期，毛泽东思想走向了成熟，其标志就是中共七大的召开，这同时也是中国共产党政治上走向成熟的标志。在此期间，毛泽东破除"左"倾教条主义，在全党全军确立实事求是的思想路线；明确提出"三个法宝"的思想，并把它认为是党的建设的核心，并提出推进马克思主义中国化的时代命题；在全党注重思想政治教育，进行"整风运动"，破除党内各种非马克思主义思想干扰。

六届六中全会运用马克思主义科学方法总结抗战以来的经验，确立了从实际出发，理论联系实际，实事求是的思想路线，在军事上提出必须坚持我军"基本是游击战，但不放弃有利条件下的运动战"的战略方针。延安整风是一次通过整顿党的作风、统一全党的思想的成功政治实践，标志着毛泽东党建理论的发展和成熟。七大确立了毛泽东思想的地位，是毛泽东党建思想发展史上的一个里程碑。

中共六届六中全会①

毛泽东在党的六届六中全会上将党的建设问题上升到"马克思主义中国化"的高度予以阐释，并加以深化。"不断推进马克思主义中国化，既是党的思想建设和政治建设，也是党的组织建设。"②

1938 年 9 月 29 日至 11 月 6 日，中国抗日战争即将进入战略相持阶段的重要关头，中共中央在延安召开了扩大的六届六中全会。这是六大以来开会时间最长、出席人数最多、讨论问题最深入的一次中央全会，也是毛泽东自六大当选中央委员以来第一次出席并作政治报告和会议结论的全会。

六届六中全会是在党内经历一场大争论后召开的。1937 年 8 月，洛川中央政治局会议制定全面抗战路线和独立自主游击战的战略方针，已为抗战实践证明是正确的。可是，王明在同年 12 月和翌年 3 月的政治局会议上，以传达共产国际和斯大林"新政策"为名作主导报告。他虽然也讲了要坚持抗战、坚持统一战线，重点却否定洛川会议以来中央的路线和政策，不点名地批评毛泽东关于国民党中有左、中、右派的分析，点名批评刘少奇有关抗日游击战争基本政策的正确观点，提出了一切经过统一战线等系统的右倾主张。在十二月会议上，王明进入中央书记处。会议决定成立以毛泽东为主席、王明为书记的七大筹备

---

① 参见黄允升：《毛泽东与中共六届六中全会》，《党的文献》2004 年第 1 期。
② 石仲泉：《党的历史发展与马克思主义学习型政党建设》，《毛泽东思想研究》2011 年第 1 期。

委员会，确定王明在七大上作政治报告、毛泽东作工作报告。会后王明即去武汉，把十二月会议精神写成《中国共产党对时局宣言》擅自发表，提出"六大纲领"，推翻体现党中央全面抗战路线的《抗日救国十大纲领》，"反对建立抗日根据地，不要自己有军队"。① 王明在武汉另搞一套，不执行中央指示，直至1938年夏季，不但拒绝在《新华日报》上刊登对全国抗战起指导作用的《论持久战》，反而诬蔑毛泽东"假抗日，真反苏，坐待日苏战争"。中共六届六中全会就是在这样的严峻形势下召开的。因此毛泽东在七大上指出："六中全会是决定中国之命运的。"

六届六中全会总结了抗战以来的经验和教训，分清了路线是非，基本上纠正了王明右倾机会主义错误。正如当时党内负总责的张闻天后来所说："六中全会在毛泽东同志领导下，实质上推翻了王明路线。"②

确立党的实事求是的思想路线。六届六中全会与四中、五中全会盛行马列主义教条化、共产国际决议神圣化根本不同，它运用马克思主义科学方法总结抗战以来的经验，批评王明教条主义，确立了党的从实际出发、理论联系实际、实事求是的思想路线。毛泽东在《论新阶段》的政治报告中，第一次使用"实事求是"这一概念，并且代表中央政治局向全党提出："共产党员应是实事求是的模范"，"因为只有实事求是，才能完成确定的任务"。③

以实事求是思想指导会前准备工作。从中共是共产国际一个支部的实际出发，争取共产国际正确指导对开好六届六中全会至关重要。而王明带回的"新政策"也恰恰与共产国际不了解中国抗战真实情况直接有关，因为它是根据王明的"报告"作出的。在十二月会议上，王明又不顾4个月来中国抗战进程的变化，照抄照搬"新政策"，并把它当作圣旨否定中央路线和方针。他批评洛川会议过分强调独立自主原则，指责没有力量空喊无产阶级领导权"是不行的"，把抗战希望完全寄托在国民党正规军身上，造成思想混乱。在王明仍唱右倾教条的三月会议后，中共中央、毛泽东派任弼时为代表向共产国际报告抗战实情和党内状况，争取其符合中国情况的指导。共产国际得知中国抗战的真实情况后，于6月11日正式作出《关于中共代表报告的决议》，肯定了中国共产党抗战以来的政治路线，并指出"中共在复杂环境及困难条件下真正运用了马列主义"④。这样，就为召开六届六中全会创造了极其重要的条件。当然，仅仅有共产国际指示还不能顺利开成六届六中全会，因为王明还对全会召开制造各种障碍。关于全会的"政治报告"就是一例。他以十二月政治局会议确定由他作七

① 《毛泽东文集》第7卷，人民出版社1999年版，第121页。
② 程中原：《张闻天传》，当代中国出版社1993年版，第418页。
③ 《毛泽东选集》第2卷，人民出版社1991年版，第522—523页。
④ 《王稼祥选集》，人民出版社1989年版，第138页。

大政治报告为由，提出六中全会政治报告也要由他来作，否则就不回延安；即使人已到达西安，还再次提出这个问题，否则就要返回武汉。[①] 党中央不得不再次复电王明，要他先回延安，至于谁作政治报告应由中央政治局会议讨论决定。9月中下旬，中央政治局会议在延安举行，王稼祥传达了共产国际决议和指示：中共抗战的政治路线是正确的；中央领导机关要以毛泽东为首；要有亲密团结的空气。[②] 与会同志联系抗战实际，深入讨论共产国际指示，分清了政治、思想上的路线是非。会议经过讨论认为，王明为政治报告准备的发言提纲比较空洞，不符合抗战实际；而毛泽东的发言提纲从实际出发，总结了抗战以来的经验教训，从理论与实践的结合上阐明了问题。会议决定：六中全会由张闻天致开幕词，王稼祥传达共产国际决议和指示，毛泽东代表中央政治局作政治报告。这样，王明千方百计想做六中全会政治报告的美梦破灭了。共产国际决议、指示和中央政治局会议的决定，从思想上、政治上为六届六中全会的召开做好了准备。

毛泽东在全会上阐述党的实事求是的思想路线。六中全会不仅用实事求是的思想指导了从政治报告到会议决议以及为被错整的刘少奇、邓小平等同志平反的全过程，而且还从理论上阐述了党的实事求是的思想路线。"实事求是"是毛泽东思想的活的灵魂。毛泽东在革命实践中逐渐认识到它对中国革命事业的极端重要性。在六中全会的政治报告中，他进一步对"实事求是"的内涵作了多方面的阐述。毛泽东亲身经历过十二月政治局会议，深深感到一些富有实践经验的同志之所以受王明右倾教条主义的迷惑，上当受骗，就是因为缺乏马列主义理论根底；深深感到我们党的马列主义修养不高，并且很不普遍，很不深入；深深感到这与我们党领导人民进行伟大抗日战争的任务很不相称。因此在政治报告中，毛泽东明确提出："普遍地深入地研究马克思列宁主义的理论的任务，对于我们，是一个亟待解决并须着重地致力才能解决的大问题。"[③] 鉴于党内对待马列主义存在着两种态度和两种方法，毛泽东明确指出：马克思列宁主义的理论，是放之四海而皆准的理论，不应当把他们的理论当作教条对待，而应当看作行动的指南，应当学习他们观察问题和解决问题的立场和方法，只有这个行动指南，只有这个立场和方法，才是革命的科学。至于学习方法，毛泽东强调理论联系实际，学习马克思列宁主义的理论，完全是为了认识中国革命规律，指导中国革命运动。如果我们党内有100至200个领导干部系统地而不是零碎地、实际地而不是空洞地学会了马克思主义，那么就会大大提高我们党的战斗力，加快战胜日本帝国主义。

① 参见《胡乔木回忆毛泽东》，人民出版社1994年版，第202页。
② 参见《王稼祥选集》，人民出版社1989年版，第138—142页。
③ 《毛泽东选集》第2卷，人民出版社1991年版，第533页。

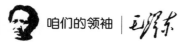

在六届六中全会的政治报告中，毛泽东还代表中共中央第一次向全党提出"马克思主义中国化"的任务。共产党员是国际主义的马克思主义者，但是马克思主义只有同本国的具体特点相结合并通过一定的民族形式才能实现。马克思主义同中国革命实践相结合是马克思主义中国化的基础和前提，而马克思主义中国化又是两者相结合的产物，同时又是推动革命事业进一步实现两者结合的条件。

马克思主义之所以具有强大的生命力，就在于它和世界各国具体的革命实践相联系。早在土地革命战争时期，毛泽东总结了大革命失败的经验教训，从中国国情出发，创造性地贯彻执行中共八七会议总方针和六大决议，抵制中央教条式的"城市中心论"，把马列主义基本原理应用于中国革命实践，实现"枪杆子运动"与民众运动的结合，建立农村革命根据地，实行"工农武装割据"，开辟了农村包围城市最后夺取全国政权的中国革命道路。与此同时，他不断总结中国革命实践经验，升华为理论，又指导了中国革命运动。仅从思想理论方面批评教条主义的，他就已写出《反对本本主义》《实践论》和《矛盾论》等一批马列主义中国化的著作。在六届六中全会的政治报告中，毛泽东进一步提出了马克思主义中国化的内涵及其极端重要性。他强调指出："使马克思主义在中国具体化，使之在其每一表现中带着必须有的中国的特性，即是说，按照中国的特点去应用它，成为全党亟待了解并亟须解决的问题。"①

同时，毛泽东尖锐地批评了王明的教条主义，在政治报告中指出：中国的共产党员，离开中国特点来谈马克思主义，只是抽象的空洞的马克思主义。他说："洋八股必须废止，空洞抽象的调头必须少唱，教条主义必须休息，而代之以新鲜活泼的、为中国老百姓所喜闻乐见的中国作风和中国气派。"② 在六届六中全会上，张闻天在关于党的组织问题的报告中，也提出要"使组织工作中国化"；张浩在职工运动报告中，也提出了"工作方法的民族化、中国化、通俗化"等观点。在全会的讨论过程中，与会者积极拥护"马克思主义中国化"，并希望有更多的马克思主义中国化的著作问世。

六届六中全会决议明确提出：应当彻底肃清马克思列宁主义的凶恶敌人，即思想上的及工作上的公式主义、教条主义与机械主义。全会号召全党：努力学习马克思列宁主义理论，学会灵活地把马克思列宁主义及国际经验应用到中国每一实际斗争中来。③ 这样，六中全会就把从实际出发、理论联系实际、实事求是的思想路线，确立为指导中国革命运动的思想原则，这对于党和人民在集体奋斗中形成毛泽东思想体系有着不可估量的作用。

---

① 中央档案馆编：《中共中央文件选集》第 11 卷，中共中央党校出版社 1991 年版，第 659 页。

② 《毛泽东选集》第 2 卷，人民出版社 1991 年版，第 534 页。

③ 参见中央档案馆编：《中共中央文件选集》第 11 卷，中共中央党校出版社 1991 年版，第 757 页。

政治上坚持全面抗战路线和独立自主原则。中共六届六中全会坚持洛川会议制定的全面抗战路线，批判国民党的片面抗战路线及其在共产党内的反映；坚持抗日民族统一战线中的独立自主原则，批评了王明一切经过统一战线的右倾机会主义。毛泽东在《论新阶段》的政治报告中，总结抗战以来正反两方面经验后指出：抗日战争是长期的，最后胜利是属于中国人民的，根本关键就在于统一团结全民族、力求进步和依靠群众。在论述这个问题时，他批判了国民党的片面抗战路线："许多人认为照老样子下去就可以了，他们不注意团结全国，不注意军事、政治、文化、党务、民运等各方面的改进，甚至还在加重磨擦、阻碍进步。"毛泽东重申了洛川会议制定的全面抗战路线："抗战时期最中心的任务，是动员一切力量，争取抗战胜利；而争取抗战胜利的中心关键，是使已经发动的抗战发展为全面的全民族的抗战，只有这种全面的全民族的抗战才能使抗战得到最后的胜利。"[1] 抗战一年多来的实践表明：在国民党军队担负的正面战场，某些国民党官兵曾经抗击了日本侵略军的猛烈进攻，但在片面抗战路线和消极防御作战方针的指导下，不能不丧师丢地，从华北、华东、华南一直退到四川，大半个中国沦于日寇；中国共产党领导八路军新四军担负的敌后战场，在全面抗战路线和基本游击战作战方针指导下，开展了广泛的游击战争及有利条件下的运动战，牵制了大量日军，收复了大片国土，有力地支援了正面战场，起到了战略上的配合作用，展现了依靠人民力量战胜日本法西斯的光明前景。毛泽东的政治报告对新阶段坚持全面抗战路线具体地提出了"当前十五项紧急任务"。全会经过讨论，取得共识，并概括地写进了决议。其要点是：高度地发扬民族自尊心与自信心，坚决抗战到底；扩大主力军，提高战斗力，保卫西南西北；广大发展敌后方的游击战争，建立更多的抗日根据地，配合主力军作战；发展国共两党及一切抗日党派，强固抗日民族统一战线，支持长期抗战；扩大民众运动和发展民众团体，动员广大民众积极参加抗日战争等。为动员广大民众积极抗战，要求各方面都更加进步，尤其要求国民党政府调整政策。比如，人民要求政府满足自己的政治经济要求，同时给政府一切可能的利于抗战的援助；工人要求厂主改良待遇，同时积极工作以利抗日；地主应该减租减息，同时农民应该交租交息等等，以便团结对外，共同抗日。这样，才有可能扩大和巩固全民族的抗日民族统一战线。要巩固与扩大全民族的抗日民族统一战线，共产党必须坚持在统一战线中的独立自主原则。因为，虽然已经建立以国共合作为基础的抗日民族统一战线，但是国民党仍然坚持一党专政，甚至不允许有统一战线的组织形式。在这种具体条件下，我们党的方针应该是："在统一战线中的独立自主，既统一，又独立。"对于这个方针的辩证关系，毛

---

① 中央档案馆编：《中共中央文件选集》第 11 卷，中共中央党校出版社 1991 年版，第 574、325 页。

泽东在结论中作了论述："在民族斗争中，阶级斗争是以民族斗争的形式出现的，这种形式表现了两者的一致性。一方面，阶级的政治经济要求在一定时期内以不破裂合作为条件；另一方面，一切阶级斗争的要求都应以民族斗争的需要为出发点。这样，便把统一战线中的统一性和独立性、民族斗争和阶级斗争，一致起来了。"六中全会深入讨论了政治报告，在坚持统一战线中独立自主方针的问题上，从思想理论和实践两个方面批评了王明的一切经过统一战线的右倾主张。毛泽东明确指出，"'一切经过统一战线'是不对的"。他在会议结论中说："刘少奇同志说很对，如果所谓'一切经过'就是经过蒋介石和阎锡山，那只是片面的服从，无所谓'经过统一战线'。"从思想理论上说，王明的一切经过统一战线，也并非是他的独创，而是教条式地照搬法国共产党的经验。这也是错误的，因为法国有了各党的共同委员会，而对于共同决定的纲领，社会党方面不愿照做，依然干他们自己的，故共产党方面有提此口号以限制社会党之必要。"中国的情形是国民党剥夺各党派的平等权利，企图指挥各党听它一党的命令。我们提这个口号，只是自己把自己的手脚束缚起来，是完全不应该的。"①后来，毛泽东在中共八大期间同外宾谈话，总结我党经验教训时还用形象生动的语言讲：王明一切服从国民党，"梳妆打扮，送上门去"，用嘴巴上课；蒋介石开始还挽留他，随后则用机关枪给他上课，"一个耳光，赶出大门"。这样，蒋介石也"帮助"我们纠正王明的右倾错误。②六中全会强调抗日民族统一战线中的独立自主原则，提出还必须实行有团结、有斗争，以斗争求团结的方针。共产党一定要在坚持民族统一战线的原则下，冲破国民党的限制，独立自主地发展革命力量。具体说来，就是在统一战线工作中，要竭力巩固与发展共产党的力量，积极发展进步力量，争取中间势力，反对顽固势力的反动行为；在八路军、新四军和抗日根据地中，要坚持共产党的绝对领导，拒绝国民党委派他们的党员来当干部，拒绝国民党提出的取消政治委员制度和人民民主制度的无理要求；在国民党统治区要冲破国民党的限制，尽可能地发动群众开展斗争；在敌占区，不管国民党允许与否，要放手发动游击战争，扩大人民武装，建立巩固的抗日民主根据地。只有坚持抗日民族统一战线中的独立自主原则，才能保持共产党已经取得的阵地，才能发展新的阵地。

全会根据毛泽东的政治报告通过决议案，强调"应该坚持保证共产党本身在政治上组织上的独立性"，又必须从实际出发，分别不同情况，采取不同的策略。有的如八路军派一支部队去河南，估计能得到国民党同意的，先征得国民党同意后再做，这叫先奏后斩；有些则既成事实再告诉国民党，这叫做先斩后奏；有些事情估计国民党不会同意的，如召集边区议会之类，我们做了，叫做

① 《毛泽东选集》第 2 卷，人民出版社 1991 年版，第 539—540 页。
② 参见《毛泽东文集》第 7 卷，人民出版社 1999 年版，第 121 页。

斩而不奏；有些事如果做了会妨碍大局的，则采取不斩不奏等等。以此四种方式来执行统一战线中的独立自主原则，才能保证抗日民族统一战线的扩大和巩固，才能保证抗日战争的胜利成为人民的胜利。

制定马克思主义的组织路线。中共六届六中全会认为，要实行共产党在抗日民族战争中的领导地位，必须加强党的自身建设，制定一条马克思主义的组织路线，以确保政治路线的贯彻和执行。毛泽东在政治报告中阐明了党在抗日民族战争中的地位，提出巩固和发展党的方针。为了克服困难，战胜敌人，建设新中国，共产党必须扩大自己的组织，向工、农、兵、学、商的积极分子开门，使党成为一个伟大的群众性的党。共产党员无论何时何地都不应把个人利益放在第一位，而应以个人利益服从于民族的和人民的利益，十分强调共产党员在抗日民族战争中的先锋模范作用。他说："共产党员在八路军和新四军中，应该成为英勇作战的模范，执行命令的模范，遵守纪律的模范，政治工作的模范和内部团结统一的模范。"① 这样，才能动员全民族的全面抗战，克服困难，战胜日本侵略军。

共产党的干部是共产党的组织者和领导者，是党的路线和政策的制定者和执行者，是实现党的领导地位的组织保证。正如毛泽东所说："路线确立之后，干部就是决定的因素。"毛泽东在政治报告中，全面地论述了干部问题，提出我们还必须善于识别干部、善于使用干部和善于爱护、关心干部。在选拔使用干部问题上，毛泽东提出了"任人唯贤"的干部路线：共产党的干部政策，应是以能否坚决地执行党的路线，服从党的纪律，和群众有密切联系，有独立工作能力、积极肯干，不谋私利为标准。针对党内张国焘叛逃、王明严重违反中央组织纪律等情况，毛泽东在《论新阶段》报告中重申了党的纪律，即："个人服从组织；少数服从多数；下级服从上级；全党服从中央。"全会经过讨论把它写入决议。

六中全会根本否定四中、五中全会"左"倾宗派主义的干部路线，纠正对持不同意见者进行"残酷斗争、无情打击"的错误做法，确立了正确的干部政策。毛泽东总结亲身经验，继续采用遵义会议以来的正确政策和做法，在政治报告中提出：对于犯错误的干部，一般采取说服教育、以理服人的方法，帮助他们认识错误，改正错误；只对犯有严重错误而又不接受指导的人，才应当采取斗争的方法，在这里，耐心是必要的；轻易地给人戴上"机会主义"的大帽子，轻易地采用"开展斗争"的方法是不对的。六中全会遵循上述指导原则，一方面对犯右倾错误的王明进行了适当的批评，另一方面，对过去被"左"倾宗派主义错批错整的同志予以平反。毛泽东汇集在讨论中提出的建议，代表中

---

① 《毛泽东选集》第2卷，人民出版社1991年版，第522页。

共中央政治局向全会作结论时正式宣布："少奇同志历来是正确的，过去的帽子、打击、批评等等是不对的"；对萧劲光公审与开除党籍，"是岂有此理"；对瞿秋白、何叔衡等同志处罚，"皆不妥当"；对邓小平的打击"亦应取消"。对于二方面军在湘鄂西之夏曦同志，根本上是为革命的，但有严重错误，一些处置"是不对的"；而贺龙同志"是对的"。"四方面军一案错误是张国焘，大部分干部是好的"；对被张国焘杀害的同志旷继勋、曾中生等"应予以平反"；"对犯过错误的同志应与张国焘有区别"。[①] 这种有错必纠的实事求是的做法，在我党历史上还是第一次，使得被冤死的同志得到了平冤昭雪；使得被错整的同志放下了包袱，轻装上阵，从而调动了各方面的积极性，更加紧密地团结起来，共同反对日本侵略者。六中全会决定王明留在延安党中央工作，继任中央书记处书记。根据政治形势发展和工作需要，在组织方面做了适当的调整：撤销以王明为书记的长江局，设立中原局和南方局，分别由刘少奇、周恩来任书记。全会还改变了十二月政治局会议的决定，将由王明作七大政治报告改为作组织报告，将毛泽东作工作报告改为作政治报告，不再作工作报告。后来，因王明继续坚持错误，改由刘少奇作七大的组织报告。[②]

鉴于王明右倾机会主义者违反组织纪律、破坏统一和张国焘由反对党中央发展到叛党投靠国民党的深刻教训，六中全会根据毛泽东、刘少奇在会前政治局会议上的提议，制定了《关于中央委员会工作规则与纪律的决定》等 3 个文件，以加强党的组织建设，健全党的民主集中制原则，巩固党的团结与统一。

中共六届六中全会运用马克思列宁主义的基本原理，科学总结了我党 17 年的经验，特别是抗战以来的经验。正确分析了抗战发展趋势和目前形势，确定了党在当前和新阶段的基本任务与路线，统一了全党的步调，从思想上、政治上和组织上保证了党中央正确路线的贯彻执行。全会根据毛泽东的政治报告通过《中共扩大的六中全会政治决议案》，批准了以毛泽东为代表的中央政治局路线。在会上，刘少奇作了关于抗战爆发前后党在华北工作的报告和《党规党法的报告》，周恩来作了关于中共代表团的工作报告，朱德作了八路军工作报告；任弼时出使共产国际如实汇报，争取到了共产国际的正确决议和指示，为六中全会召开作出了特殊的贡献。这表明，以毛泽东为核心的中共第一代领导集体的基本格局已经形成。

六中全会的文件送到共产国际，得到了共产国际的充分肯定和热情支持。在 1939 年 4 月《共产国际》（俄文版）刊登了毛泽东在六届六中全会上的政治报告《论新阶段》一文。还在同年 6 月第 6 期《共产国际》俄文版上专门刊登介绍毛泽东生平的长文。文章高度评价毛泽东，称毛泽东为"中国共产党的领导者

①　参见黄允升：《毛泽东与中共六届六中全会》，《党的文献》2004 年第 1 期。
②　参见胡乔木：《胡乔木回忆毛泽东》，人民出版社 2003 年版，第 367 页。

与组织者之一""军事战略家""中国共产党卓越领导人之一""属于人民的,不屈不挠的领袖和民族英雄"。总之,中共六届六中全会确立了毛泽东的领袖地位,这是历史性的选择,标志着中国共产党走向成熟。

延安整风[①]

延安整风运动,是一次全党范围内的马克思主义教育运动。其主要目的是清算六届四中全会以后在党内长期占统治地位的"左"倾错误路线及其表现形式主观主义、宗派主义和党八股。整风运动分高级干部的整风和全党干部的普遍整风两个层次进行。整风运动的主要对象,是党的高中两级干部,特别是高级干部。毛泽东说"犯思想病最顽固的"是高级干部中的人。"整风主要整高级干部","将他们的思想打通"。又说:"只要把他们教育好了,下级干部的进步就快了。"在不同的干部层次内,整风的内容和重点虽然有所不同,但是对这两个层次,毛泽东有一个共同的要求,即:总结党的历史经验教训,消除王明路线的影响,通过批判教条主义和经验主义两种形态的主观主义,教育全党干部学会运用马克思主义的立场、观点和方法,来研究和解决中国革命的具体问题。这次整风运动的直接结果,是以中国化的马克思主义思想——毛泽东思想统一了全党的思想,为顺利召开党的七大奠定了思想基础,同时也为打倒日本侵略者,建立新民主主义的新中国奠定了思想基础。

整风运动的准备和发动

整风运动是从党中央一级的高级干部进行马克思主义理论的整风学习和党的历史上的路线问题的研究开始的。对党的历史上的路线问题的研究,是在1941年秋毛泽东主持编辑《六大以来》的过程中进行的,但号召开展马克思主义理论的学习则可以追溯到1938年10月的六届六中全会。

从1939年开始有组织地掀起了一个学习运动。2月,中央特设干部教育部,以洛甫(张闻天)为部长,罗迈(李维汉)为副部长。5月20日,在陕北公学大礼堂召开延安在职干部教育动员大会,到会的有延安机关学校团体的代表1000多人。毛泽东出席大会发表了演讲。他说,我们要建设一个大党,一个独立的有战斗力的党,就要有大批的有学问的干部做骨干,就非学习不可。现在中央设了干部教育部,建立起学习制度,要在全国共产党力所能及的地方造成一个热烈的学习潮。他号召全党同志研究学问,把全党变成一个大学校。大家听了毛泽东的报告很受鼓舞。在延安参加学习的达到4000多人。中央组织部、

---

① 参见胡乔木:《胡乔木回忆延安整风》,《党的文献》1994年第1期、第2期。

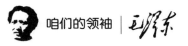

中央宣传部都带头成立了学习小组。陈云领导的组织部学哲学小组坚持了五年，影响较大。在 1940 年这一年，中央关于干部教育先后发出了七个指示性文件，初步建立和健全了一套干部理论学习的制度和方法。

1941 年 1 月的皖南事变使我新四军遭受惨重的损失，是毛泽东事先未估计到的。这使他不仅思考苏维埃运动后期的"左"倾错误，而且对抗战初期的右倾错误有了深切认识。在 1940 年 12 月 4 日的政治局会议上，他在批评苏维埃运动后期的"左"倾错误时就批评了抗战初期的右的错误。他说：在武汉失守前，国军溃退，我们可以猛烈发展，对蒋介石的办法应该是先斩后奏和斩而不奏，在日军进攻时和靠近日军的地区，我军可以大发展，这个观点现在只有项英没有了解，因此军队少，而且说没有钱用，这就是没有了解夺取政权的重要性。

在接到新四军惨遭失败的消息后，在 1941 年 1 月 15 日的中央政治局会议上，毛泽东总结新四军失败的教训时指出：项英过去的路线是错误的，不执行独立自主政策，没有反摩擦斗争的思想准备。过去我们认为是个别错误，但现在错误的东西扩大起来，便成了路线的错误。抗战以来一部分领导同志的机会主义、只知片面的联合而不要斗争。有些同志没有把普遍真理的马列主义与中国革命的具体实际联系起来。

基于这些情况，在 1941 年春天打退国民党第二次反共高潮以后，从 3 月开始，毛泽东连续地采取了一些重要措施来解决理论教育如何联系中国社会和革命实际的问题。先是把在 1937 年 10 月就已编好的《农村调查》文集，于 1941 年 3 月 17 日和 4 月 19 日分别加写了"序"和"跋"，付梓出版。毛泽东出版这些调查材料的目的，如他所说："不是要同志们去记那些具体材料及其结论，而在于指出一个如何了解下层情况的方法"，"帮助同志们找一个研究问题的方法"。这是为整风学习作舆论准备。接着，1941 年 5 月 19 日，毛泽东在中央宣传干部学习会上作《改造我们的学习》的报告。实际上，这是整风学习的动员。报告尖锐批评理论脱离实际的倾向，指出"这种反科学的反马克思列宁主义的主观主义的方法，是共产党的大敌，是工人阶级的大敌，是人民的大敌，是民族的大敌，是党性不纯的一种表现。大敌当前，我们有打倒它的必要"。[1] 这个报告在听讲的干部中引起了思想震动。《改造我们的学习》虽然没有立即发表，但是毛泽东提出要在全党改造学习方法和学习制度的精神仍在贯彻。7 月 1 日，中央作出《关于增强党性的决定》，8 月 1 日，又作出《关于调查研究的决定》。

1941 年 9 月中央政治局整风会议

在毛泽东看来，整风运动的重点既然是高级干部，通过以上准备之后，先

---

① 《毛泽东选集》第 3 卷，人民出版社 1991 年版，第 791、789、800 页。

在中央领导层开展整风是水到渠成的事情。1941年9月10日至10月2日，中央政治局召开扩大会议，讨论党的历史上特别是土地革命战争时期的路线问题，批判主观主义和宗派主义，揭开了中央领导层的整风运动的序幕。

毛泽东在第一天的会上作了主题报告。内容可概括为：指出苏维埃运动后期的"左"倾机会主义是主观主义的统治，比立三路线的危害更为严重。他说：过去我们的党很长时期为主观主义统治，立三路线与苏维埃运动后期的"左"倾机会主义都是主观主义。苏维埃运动后期的主观主义表现的形态更完备，统治时间更长久，结果更悲惨。这是因为他们自称为"国际路线"，穿上马克思主义的外衣，其实是假马克思主义。他们提出不合实际情况的任务，要求扩大百万红军，进攻中心城市等，在政治上、军事上、组织上都比立三路线更厉害。这种主观主义与实事求是的马克思主义是相对抗的，对这个时期的路线要准备在七大作总结。分析了主观主义的根源和遗毒。毛泽东说：遵义会议虽然变更了错误的政治路线，但思想上主观主义的遗毒仍然存在。这在延安的各种工作中，学校教育中和文化人中都有表现。现在的延安，学风上存在着主观主义，党风上存在着宗派主义。它们的来源是：过去党内"左"的传统，共产国际中某些思想的影响，中国广大小资产阶级的影响。他提出了克服历史和现实中的主观主义和宗派主义不正之风的十六条办法，基本精神是，首先在理论上要分清创造性的马克思主义与教条式的马克思主义，宣传前者，批判后者，要用马克思主义观点研究实际问题，使中国革命丰富的实际经验马克思主义化；要实行两条路线斗争，反对主观主义与宗派主义，反对教条主义与事务主义。要实行干部教育制度的改革，把过去的一套彻底打碎，研究马、恩、列、斯的方法论，奖励写辩证唯物论反对主观主义的文章；组织方法论的研究小组，从政治局做起，中央研究小组一方面研究马列主义的思想方法论，一方面研究六大以来的中央决议。政治局以思想、路线、政策、军事、组织五项为根本业务，掌握思想教育是我们第一等的业务。在延安开一个动员大会，中央政治局全体出马，大家都出台讲话，集中力量反对主观主义和宗派主义，但是"打倒两个主义，把人留下来"，把犯了错误的干部健全地保留下来。毛泽东在报告的最后还宣读了王稼祥拟就的从四中全会至遵义会议这段历史的16个研究题目，包括四中全会的历史估价，主观主义与中国革命的理论问题，主观主义与政治策略路线、军事路线与组织路线问题，主观主义在各个地区及各个方面工作的表现，以及遵义会议后主观主义的遗毒等问题。这些题目分别由在延安的政治局委员及有关方面负责人准备研究。毛泽东的报告和王稼祥拟的研究题目，为这次会议，也为中央领导层的整风运动奠定了基调。

在政治局的五次会议上共有28人次发言，都表示拥护毛泽东的报告，认为在中央内部开展反对主观主义和宗派主义的斗争对于党的路线的彻底转变有极

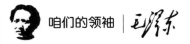

大的意义。不少同志列举了历史上的和延安工作中的主观主义和宗派主义的种种表现和危害，强调必须彻底纠正。党的高层领导人认真地并且也是很尖锐地开展了批评和自我批评。特别是一些曾经在历史上犯过错误的同志，本着对中国革命高度负责的态度，在会上进行了沉痛的检讨，一些干部两次三次发言，诚恳检讨自己的错误。

张闻天第一个检讨。他在9月10日和29日的发言中说：对土地革命后期工作估计，同意毛泽东的意见，当时路线是错误的。政治方面是"左"倾机会主义，策略是盲动的；军事方面是冒险主义，打大的中心城市等；组织上是宗派主义，不相信有实际经验的老干部；思想上是主观主义与教条主义，不研究历史与具体现实情况。这些错误在五次反"围剿"中发展到最高峰，使党受到很严重的损失。张闻天说：我是最主要的负责者之一，应当承认错误，特别在宣传错误政策上我应负更多的责任。过去国际把我们一批没有做过实际工作的干部，提到中央机关来，这对党的事业带来很大损失。过去没有做过实际工作，现在还要补课。在这次会后三个月，从1942年1月起，张闻天主动要求去农村调查，在陕北神府、绥德、米脂和晋西北的兴县等地的几十个村庄调查了将近一年半时间，直到1943年5月才回到延安。

博古也两次发言作了检讨。他说："1932—1935年的错误，我是主要负责的一人。遵义会议时，我是公开反对的。后来我自己也想到，遵义会议前不仅是军事上的错误，要揭发过去的错误必须从思想方法上、从整个路线上来检讨。我过去只学了一些理论，拿了一套公式教条来反对人家。四中全会上我与稼祥、王明等反对立三路线的教条主义，也是站在'左'的观点上反的，是洋教条反对土教条。当时我们完全没有实际经验，在苏联学的是德波林主义的哲学教条，又搬运了一些苏联社会主义建设的教条和西欧党的经验到中国来，过去许多党的决议是照抄国际的。在西安事变后开始感觉这个时期的错误是政治错误，到重庆后译校《联共党史》才对思想方法上的主观主义错误有些感觉。这次学习会检查过去错误，感到十分严重和沉痛。现在我有勇气研究自己过去的错误，希望在大家帮助下逐渐克服。"

王稼祥9月11日作检讨说："我也是实际工作经验很少，同样在莫斯科学了一些理论。我回国后便参加四中全会的反立三路线斗争，当时不过是主观主义反主观主义，教条主义反教条主义。中国党过去主观主义的传统很久，其产生根源，除由于中国社会原因外，就是经验不够。学了一些理论而没有实际工作经验的人，易做教条主义者。从莫斯科共产国际回来，没有实际工作经验的人，更易做教条主义者。实际工作经验多的人，不易做教条主义者，而容易成为狭隘经验主义者。"

这次会议还提出了两个重要问题。一是提出经验主义是主观主义的一种表现形态。任弼时在 9 月 12 日的发言中检讨了到中央苏区后毫无军事知识，却不尊重毛泽东的意见而指挥打仗的事。他说：在南雄会议上，毛主席反对本本主义即是反对教条主义，我们当时把毛泽东的思想当做狭隘经验论加以反对是错误的。从党的 20 年来的历史看，作为主观主义的思想统治，其中有些是经验的主观主义。做过许多实际工作的狭隘经验者，便是狭隘经验的主观主义。9 月 12 日会议以后休会近三个星期。在 9 月 29 日会议上，张闻天在检讨主观主义的错误时对狭隘经验主义的问题从理论上作了些分析，第一次明确指出：教条主义常与经验主义结合而互相为用，教条主义无经验主义者不能统治全党，经验主义者常作教条主义者的俘虏。经验主义者也是一种主观主义，故能与教条主义者合作，只有理论与实际一致才能克服教条主义与经验主义的错误。二是提出刘少奇是白区工作正确路线的代表。

在九月会议上，发言者对 1932—1935 年间的中央路线的认识趋于一致，都承认是路线错误。但是涉及到评价六届四中全会，中央领导层的认识差距则较大。除王明肯定四中全会的路线是正确的外，也还有个别同志认为四中全会决议基本正确。比较多的发言是没有完全否定四中全会，但持明显批评态度。只是在经过两年之后，到了 1943 年的九月会议才解决了对这个问题的认识。

在九月会议上，王明的表现使与会者普遍感到不快。尽管他发言两次，但未作丝毫的自我批评。他表示同意毛泽东的报告，承认 1932—1935 年的错误是路线错误，但是强调四中全会的路线是正确的，他对博、洛在中央苏区的政策和做法是不同意的。还说博古是苏维埃运动后期最主要的错误负责者，与他没有关系。他还抓住李维汉的一句话"在检查和认识了错误之后会感到'轻松愉快'"作文章，说"轻松愉快"就会检讨"不诚恳""不彻底"、想"马虎过去"，"这是不能改正错误的"云云。这无疑是在转移目标，把水搅浑来保护自己。

成立高级学习组

1941 年 9 月政治局扩大会议，尽管遇到了王明的干扰，但是这次会议检讨历史上和延安工作中的主观主义和宗派主义，初步统一了中央领导层的思想，为下一步整风解决了认识上的前提。同时，这次会议还确立了在高级干部中开展整风的组织形式。8 月 29 日的中央书记处工作会议就议定成立思想方法学习小组，以毛泽东为组长，准备编辑马、恩、列、斯反主观主义、形式主义的言论。9 月 10 日，毛泽东讲话建议，思想方法学习小组除研究马克思主义思想方法外，还要研究六大以来的中央文件，提议王稼祥为副组长。9 月 26 日，中央发出经毛泽东修改审定的《关于高级学习组的决定》，指出成立高级学习组是"为提高党内高级干部的理论水平"，"以理论与实践统一为方法，第一期半年，研究马恩列斯的思想方法与我党二十年历史两个题目，然后再研究马恩列斯与中国革命的其他问题，以达克服错误思想（主观主义及形式主义）发展革命理论的目的"。通知规定高级学习组的设置在军队是到师、军区或纵队一级，在地方是到区党委或省委一级，延安及各地高级学习组统归中央学习组管理和指导，中央学习组即思想方法学习研究组，以中央委员为范围，毛泽东任组长，王稼祥任副组长。由于参加高级学习组成员们的革命经历和文化水平很不一样，11月25日，中央又发出《关于高级学习组组织条例的规定》，建议各地根据高级学习组成员的实际情况，把高级学习组组员分成政治组与理论组，前者以研究实践为主，后者以研究思想方法为主。各地在接到中央通知后，即开始积极筹备。

毛泽东很重视各地高级学习组的活动。在9月政治局扩大会议后，他的很大一部分精力放在对小组进行安排和指导上。他认为，认真教育延安高级学习组的300个干部，是政治局和中宣部的责任，各地举办高级学习组是搞好整风"极重要的关键"。他以"毛、王"名义起草了许多电信指示，及时指定材料，总结经验，解答问题。他一再强调，学习要"以理论联系实际为目的"；学习的内容在实际方面首先阅读六大以来的文件，研究六大以来的政治实践，在理论方面着重研究思想方法论和列宁主义的政治理论。他还亲自开拟了这两方面的书目文件，指导编选了《马恩列斯思想方法论》和《六大以来》等学习文献。对于中央学习组，他强调重点放在中共党史的学习，要求将六大以来的83个文件通读一遍，进一步明确对过去路线的认识。

1942年3月30日，他在中央学习组作了《如何研究中共党史》的报告，不仅阐释了党的历史发展的几个阶段，而且分析了中国近百年来的历史发展状况。他提出研究历史要采用"古今中外法"，即全面的历史的方法，研究中共党史要以中国做中心，"坐在中国的身上研究世界的东西"，不要"机械地生吞活剥地把外国的东西搬到中国来，不研究中国的特点"，应当"把马、恩、列、斯的方法用到中国来，在中国创造出一些新的东西"。他还指出：研究党史上的错误，不应该拘泥于个别细节，不应该只恨几个人，重点是研究路线和政策，"找出历史事件的实质和它的客观原因"，从而使前车之覆成为后车之鉴。在毛泽东的直接领导和布置下，从1941年冬季开始，全国各地党的高级干部的整风学习普遍发动起来了。

1942年的全党整风

毛泽东领导整风运动的思路是，从号召加强马列主义理论的学习入手，联系历史和现实的实际，反对主观主义和宗派主义；整风对象是先党的高级干部，后一般干部和普通党员；整风内容由以讨论党的政治路线为主转变为以整顿思想方法和思想作风为主。

在高级班普遍建立，党的高级干部的整风学习已有半年，对一些重大的理论原则和历史问题基本取得共识，并积累了一定经验之后，毛泽东认为，在1942年开展全党的普遍整风，既是必要的，又是可能的。

就必要性说，毛泽东认为，自"百团大战"以后，日军加紧了对敌后根据地的扫荡，进一步推行杀光、烧光、抢光的"三光"政策，我根据地在1941年受到了很大损害，再加上皖南事变后，国民党顽固派断绝对我八路军的粮饷和其他供应，加紧对边区封锁，使我根据地的财政经济遇到了极大困难，并将在1942年、1943年进入抗战以来最困难的时期。怎样克服困难呢？除了实行生产自救、发展经济、精兵简政等政策外，就是开展整风，训练干部，一方面使他们振作精神，正确对待困难；另一方面，整顿不好的作风，以迎接将来的光明。因为从党的干部队伍状况看还存在不少问题。到1942年初，全国党员有80万，党领导的军队（包括游击队）有57万，大部分是抗战以后在民族浪潮高涨时加入革命的。成百上千的青年知识分子从国统区来到延安，在全党，新党员、新干部占90％。他们没有经过内战，没有参加过长征，共产主义的许多道理不熟悉，阶级斗争是怎么回事不懂得，虽然有的读了两年书，但只记得一些教条，不懂得马列主义是什么。因此，在全党，尤其在某些特殊地区特殊部门内，主观主义与宗派主义残余并没有肃清，或者还很严重地存在着，有的人自由主义思想也相当浓厚。这就需要加强内部教育，转变作风。1942年4月20日毛泽东在中央学习组关于整顿作风的发言中说，如果我们全党干部在现在这个时期，在这一两年以内，能够把作风有所改变，"把马列主义搞通，把主观主义反倒"，"扩大正风，消灭不正之风"，那么，"我们内部就能够巩固，我们的干部就能够提高"，"延安的干部教育好了，学习好了，现在可以对付黑暗，将来可以迎接光明，这个意义非常之大，我们这些学习好了的干部可以反对黑暗迎接光明，创造新世界，这都是全国性的"。

从客观条件看，毛泽东认为，无论在延安还是全国各根据地，让干部集中一段时间学习、整风，也是可能的。自打退第二次反共高潮后，国共两党的军事摩擦有所减少，两党的政治关系有所松动。特别是苏德战争和太平洋战争爆发后，国民党的政治态度不能没有某种变化，总的趋势有利于国内局势的缓和，新的反共高潮在短时间内发动不起来。在这种情况下，我们党也相应地调整了对国民党的政策。1941年12月28日中央书记处、中央军委致八路军、新四军及党的主要负责同志电文指示："在宣传上避免刺激国民党，静观变化，少作批评，极力忍耐，不要烦急"，以争取一个积蓄力量、巩固内部、训练干部、开展整风的外部环境。

广大干部的普遍性整风运动分两大阶段进行。第一阶段是整顿作风，检查思想。按毛泽东的说法，这是无产阶级思想同小资产阶级思想的斗争，整顿

"三风"就是要去掉小资产阶级思想，转变为完全的无产阶级思想。这个阶段持续了一年多。在整风检查过程中出现了王实味的"托派""特务"问题以及其他一些组织不纯的问题，引发对干部队伍成分的怀疑，于是从 1943 年 4 月开始，整风运动转入第二阶段，即全党性的审查干部、清理队伍阶段。这一段进行了半年左右，直到在 1943 年 9 月以后党的高级干部重新讨论党史路线问题才基本结束。

在思想整风阶段，毛泽东在 1942 年 2 月 1 日和 8 日先后作了《整顿学风、党风、文风》（新中国成立后编《毛选》时改为《整顿党的作风》）和《反对党八股》的整风动员报告。4 月 3 日，中宣部作出在延安讨论中央关于开展整风和毛泽东整顿"三风"报告的决定，对整风运动的目的、要求、方法、步骤和学习的文件，最初为 18 个，后增至 22 个，作了明确的具体的规定。

这以后，思想整风阶段基本上按照整顿学风反对主观主义、整顿党风反对宗派主义和整顿文风反对党八股三个内容分为三个小阶段依次进行，每个小阶段大致四个月时间。在延安参加这一段整风学习的干部有一万多人。为了加强对全延安整风学习的领导，也为了领导全党范围内的整风运动，6 月 2 日，中央成立了总学习委员会（简称总学委），由毛泽东亲自主持，日常工作由康生具体负责。总学委下按各系统设分区学委会，领导延安各系统的整风学习。总学委还承担解答各方面提出问题的工作，由凯丰负总责，陆定一、王若飞、陈伯达和胡乔木一起参加这项工作。

毛泽东对干部的思想整风抓得很紧。在整顿学风阶段主要抓了两件事：一是在 5 月 2—23 日，他多次主持召开文艺座谈会；二是从 5 月 27 日至 6 月 11 日，中央研究院对王实味错误思想的揭发转变为对其政治历史问题的审查。这在当时是轰动全延安城的一件大事，对后来整风运动发展为审干运动有直接影响。毛泽东非常关注事态的发展。

在整顿党风阶段，最重要的是长达 88 天（1942 年 10 月 19 日至 1943 年 1 月 14 日）的西北局高干会。它是在中央直接领导下召开的。毛泽东除在开幕、闭幕之日到会讲话外，还用两天时间专门讲解斯大林论党的布尔什维克化十二条。此外还为大会写了关于经济问题与财政问题的长篇报告，由贺龙在会上传达。这个会议对纠正党内闹独立性现象，反对地方工作的官僚主义倾向和军队工作的军阀主义倾向，加强党的一元化领导，确定党政军民各项工作都以生产和教育为中心起了重要作用。这次会议讨论了陕甘宁边区的历史问题，有力地推动了陕甘宁边区的整风运动和各项工作。

整顿文风阶段，主要是检查工作中的形式主义和党八股作风。由于前两段解决问题较为深透，这一段进展较为顺利。毛泽东在 1943 年 6 月致彭德怀电中对整风运动各阶段的内容及各环节的相互关系作了一个简明的概括。他说：整风前一阶段注重学风是正确的，但后一阶段便应注重党风。因学风是思想方法问题，党风是实践问题，只有在后一时期注重党风，才能将思想方法应用于党性的实践，克服党性不纯现象。在党风学习中，自我批评应更发展，应发动各人写一次反省笔记。整顿党风最后阶段还应发动各人写思想自传，可三番五次地写，以写好为度。最后则发动坦白运动，叫各人将一切对不住党的事通通讲出来。在此阶段内应着重提出反对自由主义错误，从思想上纠正党内自由主义。直待党风学完后才实行审查干部。如能真正做好整风，真正做好审查干部，就算是了不起的成绩，我党百年大计即已奠定。毛泽东的这个概括是比较客观的。尽管各地整风运动的实际进展参差不齐，但它说明了毛泽东领导整风运动的基本思路和要求，可以帮助我们了解整风运动的基本过程。

毛泽东 1942 年 11 月 21 日和 23 日两天在西北局高干会上作的关于布尔什维克化十二条的报告，不仅是党风学习阶段的重要讲话，而且对于我们党的政治建设、组织建设和思想建设都有重要意义。这是研究毛泽东在延安时期关于党的建设理论的发展的一个重要文献。毛泽东对"十二条"讲得很详细，一条一条地联系我们党的实际状况进行阐述。思想很丰富，语言也很生动，大家很受教育。毛泽东讲的这样几个思想具有重要的理论价值和实践价值。

中国共产党是以马列主义作理论基础的。中国共产党的历史，从一个方面说，是马列主义与非马列主义、反马列主义斗争的历史。有一种观点认为，中国共产党的活动是没有理论的，只有他们才有理论。毛泽东详细地论述了马列主义在中国传播的情况，指出从党的建立到第一次大革命前期都是在马列主义指导之下的，是中国共产党运用马列主义理论领导了大革命。大革命后期出现的陈独秀主义离开了马列主义，内战时期出现的立三路线、苏维埃运动后期的错误路线，都是非马列的主义甚至是反马列主义的。后来的张国焘也是如此。遵义会议以后的路线比较正确，用真正的马列主义纠正了以前的错误，当然也还有一些残余存在。这就是马列主义对非马列主义、反马列主义的斗争。为了提高党的理论水平，毛泽东提出，党的高级干部每一个人读三四十本马、恩、列、斯的书，如果读通了，那我们的党就大大地武装起来了，"我们的面貌就有进步，我们的布尔什维克就能化得更好"。这个意见，毛泽东在党内讲过多次。

党的决议、政策和理论正确与否，只有客观实践是检验真理的标准尺度。这是马克思主义认识论的一个基本观点。毛泽东在《实践论》中结合总结中国革命的经验教训，针对教条主义者脱离实际、轻视实践的"唯书、唯上"倾向，充分阐述了"只有人们的社会实践，才是人们对于外界认识的真理性的标准"这个观点，后来在延安的不少讲话中都含有这个观点。比如 1939 年 4 月下旬，在延安活动分子会议上讲我们党对三民主义的态度时，毛泽东批评国民党的宣传说：有些人散布"共产党信仰的三民主义是假的，只有他是真的"，然而到底谁信仰三民主义是真的呢？要分清就要有一个标准，布用尺量，只有在这个尺的度量下才能分清谁真谁假。马克思主义者量一切东西的尺，就是实践。只有实践，才能标出一切是非。毛泽东说，我们一查，这些人嘴上挂了很多三民主义，其实是空论，根本不实行。只有共产党真正信仰孙中山先生倡导的革命的三民主义，而且是真正实行的。一个比较深奥的哲学道理，经毛泽东这么用生动的比喻一讲，连文化水平比较低的干部都明白了，这是毛泽东讲哲学的一个长处。1940 年 1 月，毛泽东在《新民主主义论》中讲，"只有千百万人民的革命实践，才是检验真理的尺度"，大家都熟悉，就不必说了。这一次，毛泽东讲解斯大林论布尔什维克化第四条"必须使得党在群众革命斗争的烈火中检查这些口号和指示的正确性"时，又发挥了这个思想。他说：理论是从客观实际抽出来，又从客观实际得到证明的。我在这里讲话，我决不能说我的话讲出，就完全正确。要在实行以后，证明它是正确的，才算正确。今后任何领导者，任何同志，都要有这样的态度。客观实践，实践是考验真理的标准尺度，用什么尺来量真理呢？就是用实践这个尺。所以说不在他的决议案和宣言，而在他的行动。这样的话，毛泽东还讲过多次。这是毛泽东的一贯思想。

把原则性与灵活性结合起来，是马克思主义的一个重要原则。在对待群众工作上，这就是既要教育和指导群众，又要最大限度地和群众接触，并向群众学习；在处理统一战线关系上，既要以不可调和的革命性，坚持无产阶级的领导权，又要讲最大限度的机动性、妥协性，联合资产阶级甚至地主阶级共同抗日。毛泽东说，列宁作了一本书，叫《"左派"幼稚病》，告诉党员要把革命性、原则性同灵活性、机动性配合起来。我们有的同志不大注意这本书，不懂得这个道理，不是犯右的错误，就是犯"左"的错误。毛泽东举彭湃同志搞群众工作的经验说，他懂得这个道理。他出身地主，是个大学生，后来又做了共产党的中央委员，但为了做农民工作，不得不同农民一起拜观音菩萨，农民把他看成自己人，听他讲革命道理，他家乡的农民运动就发动起来了，他本人成了农民运动的大王。毛泽东说：这里有时要迁就群众的落后，听他们的呼声，但是要领导他们前进，要用革命道理教育他们。这种原则性与灵活性相结合的原则运用在统一战线上就要讲究战略战术、斗争方法和组织形式。在抗战时期，这就要一方面"革命不忘妥协"——既坚持共产党的革命奋斗目标，又联合资产阶级甚至地主阶级共同抗日；另一方面"妥协不忘革命"——在统一战线中坚持党的独立自主原则，与一切投降、倒退、分裂行为进行斗争。因此，毛泽东号召要开展两条战线的斗争，即在群众工作上既反对关门主义，又反对尾巴主义；在统一战线问题上，既反对冒险主义，又反对投降主义。

对于党内的思想错误、小错误、个别错误，要同一贯的路线错误、派别活动和反党以致反革命问题加以区别。毛泽东说，过去我们党缺乏这样的区别，在长时期对这两条是分不清楚的，把小的错误、个别的错误也给以无情的打击，共产党员犯了错误跟反革命没有区别。毛泽东强调，对党员小的错误、个别的错误包括整顿"三风"的思想斗争，这是以无产阶级思想反对小资产阶级思想，对大多数同志来说是这样的性质，这要用教育的方法、治病救人的方法；但是对于一贯的路线错误，同党对立起来组织派别反党，以至于走到反革命，则应当清洗出去，不能当党员，这是革命对反革命的斗争。毛泽东说，这两种斗争是互相联系的，在无产阶级思想和小资产阶级思想作斗争的过程中发现了反革命，展开了革命和反革命的斗争。但这是两种性质不同的斗争，不能混同。当然，对反革命分子或特务分子，也允许他们回头，给以活路，不是斗争致死。毛泽东的这些思想，总结了20年代后期到遵义会议前"左"倾宗派在党内搞残酷斗争、无情打击的历史教训。不难看出，这是新中国成立后提出的区分两类不同性质的社会矛盾理论的萌芽。有了过去沉痛的历史教训和这样明晰的思路，在群众性急风暴雨式的阶级斗争基本结束以后，毛泽东提出严格区分两类不同性质的矛盾和正确处理人民内部矛盾的思想，就有其自身的理论逻辑和历史的必然了。

延安整风运动，从指导思想上说，是按照上面四个方面进行的。整风运动至此，才只进行了一半。毛泽东的思想还在发展。1943年9月会议，是高级干部整风的又一个高潮。

1943年春中央领导机构的调整

整风运动期间，中央政治局在1943年春天调整了领导机构。当时中央领导机构的成员，基本上还是1934年1月六届五中全会时确定的，尽管这以后情况发生了很大的变化，某些成员的地位和责任也有较大变动。在1935年1月遵义会议上，毛泽东由政治局委员上升为政治局常委。随后，张闻天代替博古在党中央负总责。在1937年12月的中央政治局扩大会议上，由于王明等人回国，中央书记处又增补王明、陈云、康生为书记。1938年10月六届六中全会虽然批评了王明的错误，但中央最高层的人事并未作调整。这样，直到开展整风运动，中央的领导机构成员是，政治局委员：毛泽东、张闻天、王明、周恩来、任弼时、博古、朱德、康生、陈云、项英、彭德怀，政治局候补委员：刘少奇、王稼祥、邓发、凯丰，书记处书记：毛泽东、王明、张闻天、博古、陈云、康生，还有在重庆的周恩来。从组织上说，中央书记处由张闻天负责，但由于毛泽东的领袖地位在遵义会议，特别是六届六中全会后已得到全党公认，并且也为包括国民党在内的各界和国际舆论确认，所以，在党的工作上，张闻天有事都征求毛泽东的意见，很少独自决定问题。中央书记处会议虽然由张闻天召集，但在党内分工方面，他主要管宣传、教育工作。全党的重大方针、政策，还是由毛泽东拿主意，作决定。

　　随着整风运动的开展，特别是 1941 年 9 月会议对苏维埃运动后期路线错误进行揭发和批判以后，对这条错误路线负有较大责任的同志，很难在中央书记处继续工作。这种状况长期继续下去势必影响党的工作。因此，调整中央领导机构的问题提上了议事日程。

　　1943 年 3 月 16 日，中央政治局召开会议，毛泽东作了关于时局与方针的讲话，随即由任弼时报告中央机构调整与精简方案。任弼时自 1940 年 3 月下旬同周恩来从莫斯科回到延安后，就参与中央领导工作。任弼时等人回国，主要是准备召开七大。1940 年 5、6 月间，中央决定任弼时担任七大筹委会秘书长。以后发生皖南事变，七大就拖下来了。这以后，在政治局内，任弼时分工主管党群口和情报工作，并协助毛泽东做些事情。1941 年 9 月会议后期，中央政治局又决定任弼时兼任中央秘书长，实际上负责中央书记处的日常工作。1942 年初，张闻天到基层作长期调查，中央书记处的日常工作就完全由任弼时负责了。因此，这次政治局会议由任弼时作中央机构调整方案的报告。任弼时报告说：现在中央机构比较分散，需要实行统一和集中，拟定在中央政治局下面分设组织和宣传两个委员会作为中央的助手。在中央苏区时，书记处在政治局上，实际上等于政治局常委，不合适。前一时期多为书记处工作会议，实际上等于各部委联席会议，与政治局会议无多大区别。现在要确定书记处的性质与权力，使书记处成为政治局的办事机关，根据政治局的决议、方针处理日常工作。

　　1943 年 3 月 20 日，中央政治局继续开会。出席会议的政治局委员有毛泽东、刘少奇、任弼时、朱德、洛甫、康生、凯丰、邓发，列席会议的有杨尚昆、彭真、高岗、叶剑英。与会者表示同意中央机构调整与精简方案。康生还介绍了机构调整的酝酿过程。会议通过了《关于中央机构调整及精简的决定》，重新明确了政治局和书记处，以及下属各机构的权限。在人事方面，一致推选毛泽东为政治局主席，书记处改组，由毛泽东、刘少奇、任弼时三名同志组成，也以毛泽东为主席。书记处会议由主席召集，会议中讨论的问题，主席有最后决定之权。应当说明，这里所说的"最后决定之权"，是书记处处理日常工作的决定之权。政治局决定大政方针，并无哪一个人有最后决定之权的规定。会议还决定刘少奇参加中央军委，并为军委副主席之一，其他副主席是朱德、彭德怀、周恩来、王稼祥；设立中央宣传委员会和中央组织委员会，作为中央政治局和中央书记处的助理机关。中央宣传委员会由毛泽东、王稼祥、博古、凯丰四人组成，毛泽东任书记，王稼祥任副书记，胡乔木是秘书。每周或每两周召开例会一次，必要时召开临时会议。中央组织委员会由刘少奇、王稼祥、康生、陈云、洛甫、邓发、杨尚昆、任弼时 8 人组成，由刘少奇任书记，杨尚昆兼任秘书。中央各部、委、厅、局、社的工作均由书记处或者经过宣传委员会和组织委员会统管起来。由于毛泽东要总揽全局，负责全盘工作，宣传委员会实际上由王稼祥具体负责，胡乔木协助王稼祥做些具体工作。

整风运动进入审干阶段

还在中央领导机构调整之前，中央政治局已初步决定，延安的整风运动逐步结束以学习文件、检查思想为主要内容的第一阶段，转入以审查干部、清理队伍为主要内容的第二阶段。在3月16日的政治局会议上，毛泽东明确提出，整风既要整小资产阶级思想，同时也要整反革命。过去我们招军、招生、招党，招了很多人，难于识别。抗战以来，国民党对我党实行特务政策，在社会部和中央党校都发现了许多特务，现在我们要学会识别特务与贤才。在延安，年内要完成审查干部、清洗坏人的工作。1942年基本上是停止工作搞整风学习，是整风学习年。1943年要以工作为主，从5月1日起恢复正常工作状态，一边工作，一边审干。毛泽东进一步认为，整风是思想上清党，审干是组织上清党。

根据毛泽东的讲话精神，1943年4月3日，中央发布《关于继续开展整风运动的决定》，指出从1943年4月3日至1944年4月3日一年间深入开展整风运动的主要斗争目标是，在纠正干部中的非无产阶级思想的同时，肃清党内暗藏的反革命分子，前一种是无产阶级思想与非无产阶级思想的斗争，后一种是革命与反革命的斗争；整风运动既是纠正干部错误思想的最好方法，也是发现内奸与肃清内奸的最好方法。

延安审干从1942年冬季开展后，毛泽东密切地注视着运动的发展，要求各级干部既要提高革命警惕性，对坏人坚决斗争，又要掌握政策，重在教育。在4月28日的政治局会议上，他谈到肃清内奸问题时指出：我们一方面要肃清内奸，另一方面要培养锄奸干部，教育群众，要实行首长负责，亲自动手，今年以来拘捕的特务共有400人，审讯时不要动刑，不要轻信口供，要重证据。为了加强领导，在这次会议上决定成立中央反内奸斗争委员会，以刘少奇、康生、彭真、高岗为委员，刘少奇任主任。7月1日，毛泽东在《防奸经验》第六期上明确指出防奸工作有两条路线。正确路线是：首长负责，自己动手，领导骨干与广大群众相结合，一般号召与个别指导相结合，调查研究，分清是非轻重，争取失足者，培养干部，教育群众。错误路线是：逼、供、信。我们应执行正确路线，反对错误路线。7月30日，毛泽东将上述正确路线展开为"九条方针"，指出"必须拿这种实事求是的方针去和内战时期损害过党的主观主义方针区别开来，这种主观主义的方针就是逼供信三字"。8月8日，中央党校第二部举行开学典礼，毛泽东到会发表讲话。这是整风运动普遍开展后，毛泽东第二次到中央党校讲话（第一次是作关于整顿党风、学风、文风的报告），也是中央党校在1942年2月底改组和调整领导班子由毛泽东亲任校长，第一次到党校讲话。毛泽东强调整顿"三风"、审查干部是党校六门课中的两门主课，其他为党

的历史、马恩列斯、军事班的军事课、文化班的文化课，说：延安的整风特别有味道，不是整死人，有些特务分子讲出了问题，也不是把他们杀了，我们要争取他们为人民为党工作。你们整了风以后，眼睛就亮了，审查干部以后，眼睛更亮了，两只眼睛都亮了，还有什么革命不胜利呢？去年有整风，今年有审干，使你们把问题搞清，两年之后保证你们提高一步。

但是，审查干部的实际工作并没有像毛泽东设想的那样顺利开展。负责审干工作的同志往往把干部队伍不纯的状况作了过分严重的估计。一个时期，似乎"特务如麻，到处皆有"，把一些干部思想上工作上的缺点和错误，或者历史上未交代清楚的问题，都轻易地怀疑成政治问题，甚至反革命问题，不少单位违反政策规定，仍然采用"逼、供、信"，使审干工作出现了严重的偏差。特别是在1943年7月15日，专门负责审干工作的中央总学委副主任、中央社会部部长康生在延安干部大会上作深入进行审干的动员报告，提出开展"抢救失足者运动"以后，混淆敌我界限的错误进一步扩大，造成了大批冤、假、错案。审干运动实际上变成了"抢救运动"。在延安，仅半个月就挖出了所谓特嫌分子1400多人，许多干部惶惶不可终日。

毛泽东逐渐发现了审干工作的偏差，不断地采取措施予以纠正。"抢救运动"搞了十几天，毛泽东就指示让它停下来。8月15日，党中央作出《关于审查干部的决定》，正式发布了毛泽东提出的首长负责等九条方针，明确指出：审干不称为肃反，不采取将一切特务分子及可疑分子均交保卫机关处理的方针，实行普通机关、反省机关和保卫机关三结合的审干办法，审干要将"两条心"的人们转变为一条心，争取大部至全部特务为我们服务，不要有怕特务跑掉的恐惧心理，只有少捉不杀才可保证最后不犯错误。10月9日，毛泽东在批阅绥德反奸大会的材料上进一步指出：一个不杀、大部不抓，是此次反特务斗争中必须坚持的政策。一个不杀，则特务敢于坦白，大部不抓，则保卫机关只处理小部，各机关学校自己处理大多数。11月5日，毛泽东在致邓小平电中还对该政策的掌握问题作了明确规定，指出：为了弄清线索而逮捕的特务分子不得超过当地特务总数的5％，并且一经坦白，立即释放。凡有杀人者，立即停止杀人。目前一年内必须实行一个不杀的方针，不许任何机关杀死任何特务分子，将来何时要杀人，须得中央批准。

为了总结审干运动的经验教训，中央书记处于12月22日举行工作会议，听取康生关于反特务斗争的汇报。会议指出：延安反特务斗争的过程，是由熟视无睹到特务如麻，现在应进到甄别是非轻重的阶段。会议决定，今后延安审查干部应转入甄别是非轻重的阶段，须采用分析方法，将坦白分子分为以下六类：第一类，特务分子——包括职业特务与非职业特务，系指加入特务组织，或与特务组织有联系，或有特务行为者。第二类，变节分子——自动自首写反动文件者或被捕自首写反动文件者；叛徒即自首叛变供出组织或出卖同志者，被特务发展并接受任务，未向或曾向党报告者。第三类，党派分子——加入国民党、CC系、复兴社、三青团等党派，入党时未向党报告者；认为国民党是革命的，加入进去后未向党报告者。第四类，被特务利用的分子——在"红旗政策"下被特务利用的分子，在党内犯错误（半条心的）作了特务之义务情报员者。第五类，党内犯错误的分子——自由主义小广播，泄露秘密者，假造党龄，隐瞒历史者；心怀不满者等。第六类，完全弄错的分子——有因背景复杂被指为特务者，有被特务分子或坏人诬指为特务者。毛泽东也在会上讲了话，同意会议的分析，要教育干部用这种方法去研究问题，收集甄别工作的经验。

根据书记处会议精神，1944年1月24日，中共中央发出了经毛泽东审改的关于对坦白分子进行甄别工作的指示。指示说，根据延安初步经验，将坦白分子大致分为六类，属于职业特务的是极少数，变节分子也是少数，有党派问题的分子，被欺骗蒙蔽的分子及仅属党内错误的分子三类人占绝大多数，对这些人在分清是非后均应平反，取消特务帽子，而按其情况作出适当结论，对于被特务诬告或在审查时完全弄错了的，要完全平反，在反特斗争中要注意保护好人，防止特务诬害。

1943年中央政治局整风会议的第一阶段

在普通干部的整风转入审干阶段以后，中央领导层的整风也进入深入讨论党的历史问题的阶段。1941年9月会议本来主要是讨论苏维埃运动后期的党的路线问题，对1931年九一八事变后的中央路线的认识也基本上取得了共识。但是在10月8日的中央书记处会议上，王明声称抗战以来中央的路线错了，他要到共产国际去告状，这就使认识的分歧加剧了。1942年底刘少奇回到延安，1943年3月张闻天从农村调查归来，王明向他们宣传了中央路线有错误的观点，并要他们主持公道。1943年5月，共产国际解散，王明继续宣扬国民党是民族联盟，实行的是民主政治、是民粹派主张的观点。当时中央正在准备召开七大，为了统一高级干部的思想，中央政治局决定按照1941年9月会议的方式，继续召开政治局扩大会议，讨论党的路线问题。由于王明认为抗战以来党的路线错了，这次会议在继续深入揭发批判苏维埃运动后期的错误路线的同时，着重讨论抗战时期党中央的路线是非。

1943年9月政治局扩大会议比1941年9月政治局扩大会议开的时间长，参加的人数也多。原准备开五次会，隔一天开一次，但后来改变了计划，整风检查与党史学习穿插进行，断断续续开到年底，实际上直到六届七中全会才完全结束检查。先后参加这次会议的政治局成员有毛泽东、刘少奇、任弼时、朱德、周恩来、陈云、康生、彭德怀、洛甫、博古、邓发（王明、王稼祥、凯丰因病

未参加），共 11 人；列席者有李富春、杨尚昆、林伯渠、吴玉章、彭真、高岗、王若飞、李维汉、叶剑英、刘伯承、聂荣臻、贺龙、林彪、罗瑞卿、陆定一、孔原、陈伯达、肖向荣和胡乔木共 19 人。

　　这次政治局会议与两年前的政治局会议相比，在历史背景上有一个显著的区别。1941 年的时候，虽经历了皖南事变，但在打退第二次反共高潮后，特别在苏德战争爆发后，国共两党都对欧洲战争形势的发展甚为关注，到 1941 年秋，国共两党关系走向相对缓和。这对于政治局会议检讨苏维埃运动后期的路线提供了一个较为客观的环境，使大多数与会者认识问题有一个较为平和的心态，减少了外在因素的干扰。这次政治局会议则是在打退国民党酝酿发动的第三次反共高潮之际，国共关系再度紧张，反对对国民党的右倾投降成为主要倾向。政治局会议在 9 月召开之时，尽管已粉碎了国民党妄图进攻陕甘宁边区的阴谋，但强调对其开展坚决斗争的这一侧重点没有改变。这一历史背景反映到党内斗争上，对于错误路线的批评，在基本方向和内容上无疑是正确的，但在言词上要比 1941 年 9 月会议尖锐，涉及的人更多一些，会议的空气有时也紧张一些。这是 1943 年 9 月会议的一个特点。

　　就对王明路线的批评来说，事实上早在 7 月中旬就已开始了。例如，7 月 11 日，中共中央总学委发出《关于在延安进行反对内战保卫边区的群众教育的通知》说：要"利用这次国民党企图进攻陕甘宁边区的具体事宜，进行无产阶级和非无产阶级、革命和反革命的思想斗争，使全体干部和党员认识和拥护毛泽东同志的马克思列宁主义的思想方法和他提出的'既团结，又斗争'的正确路线，反对那些'只团结不斗争'的投降主义，反对那些认为现在国民党还是民族联盟，共产国际取消后，中国共产党可以'取消'并'合并'到国民党中去的叛徒理论"。"一切半条心的人，在大敌当前之际，应诚心地批评、纠正和克服自己的错误思想，团结在以毛泽东同志为首的中央的周围，同民族的、阶级的、公开的、暗藏的敌人坚决斗争。"这里讲的"反对那些认为现在的国民党还是民族联盟"一语，是不点名地批判王明的。

　　在 7 月 13 日的政治局会议上，毛泽东就国民党企图进攻边区、发动第三次反共高潮的事，进一步批评了王明在抗战初期的投降主义错误。他说：抗战以来，我党内部有部分同志没有阶级立场，对大地主大资产阶级的国民党对我进攻、对我大后方党员的屠杀等没有表示义愤，这是右倾机会主义思想。国民党打共、捉共、杀共、骂共、钻共，我们不表示坚决反抗，还不是投降主义？代表人物就是王明。他的思想是大地主大资产阶级在党内的应声虫。他曾认为中央路线是错误的，认为对国民党要团结不要斗争，认为他是马列主义，实际上王明是假马列主义。中国蒋介石的流氓政治，屡次我们站稳阶级立场予以坚决反抗，都被我们打垮了，这是实际的教训。我们党内要把历史问题弄清楚，同志们准备意见，要进行讨论。过去党中央的两条路线也必须弄清楚，把党内无产阶级思想与非无产阶级思想弄清楚，对党外要把革命与反革命弄清楚。机会主义者不改正思想上的错误，有走向当敌人的危险，如张国焘。过去一切犯过错误的同志，只要改正错误，都能团结一起工作。在 8 月 30 日的政治局会议上，毛泽东再次批评王明 1941 年进中央医院前在书记处会议上说中央路线是错误的意见。强调蒋介石集古今中外反革命的大成，是封建买办的法西斯主义，我党的反国民党反动派的宣传还可进行 4 个月，直到国民党向我有所表示时方可停下来。毛泽东的这些认识，对蒋介石国民党的评论来说是正确的，对王明错误的批判来说也是无可非议的，但是由于对抗战初期跟着王明犯错误的一些领导人的情况没有强调做具体的历史分析，有的批评也失之偏颇。这种状况影响了 9 月政治局扩大会议讨论抗日时期路线问题的氛围。

1943 年 9 月政治局扩大会议大致分为三个阶段。由于王明没有到会，开会的方式，除了与会同志作一般性发言，主要由犯过错误的同志进行整风检查（也有一些没犯过大错误的同志作整风检查的），并批判王明的路线错误，其他同志发言进行批评，帮助犯错误的同志深入揭发问题，提高认识。

第一阶段会议，从 9 月 7 日到 10 月 6 日。在 9 月 7 日、8 日和 9 日 3 天，博古、林伯渠、叶剑英和朱德发了言。博古说：抗战时期党的路线问题，我同意毛泽东提出有两条路线，一为毛泽东为首的党的正确路线——布尔什维克路线；一为王明在武汉时期的错误路线，这是孟什维克的新陈独秀主义。武汉时期是否有两条路线，过去有过争论。我认为有两条路线。我参加了当时长江局的领导，根据今天的认识作自我反省，认识到存在这个问题。林伯渠批评王明的路线错误，指出：王明是"洋共"，引用了许多马恩列斯的话来欺负我们许多"土共"；他是"洋钦差"，硬搬外国经验来指导中国革命，这是新陈独秀主义的手法。叶剑英谈到与国民党的关系时，指出：我们主要做一篇半文章，即进行民族民主革命的半篇文章，与社会主义的一篇文章。国民党只做半篇文章，对抗战也是想半途而废的，因此我们要同国民党进行斗争。在处理与国民党的关系上，王明是身在毛营心在蒋，不能不犯投降主义错误。朱德总结了在党领导下革命近 20 年来的经历，批评抗战以来的王明路线的错误，说：王明路线错误的实质，是不要领导权，投降大地主大资产阶级。具体来说，就是不要政权，不要枪杆子，不要游击战争，不了解中国革命的特色就是靠游击战争来发展我们的力量；在党内，是站在共产国际立场来指挥中央，党内关系也采取统一战线一打一拉手段，因此，形成对外一切服从，对内"独立自主"的特点。朱德还比较了新旧陈独秀主义的异同，指出：王明路线与陈独秀路线的相同点是：（1）都不要革命的领导权，甘愿让给资产阶级；（2）不要武装力量，又幻想革命成功，这完全是空想；（3）看不起无产阶级自己的力量，而把资产阶级的力量看得很强大；（4）忽视游击战争，陈独秀也骂红军是土匪；（5）怕统一战线破裂，打烂家当，其实无产阶级是没有家当的，有家当的是资产阶级，怕打烂就会产生投降心理。对两者的不同点，朱德认为，王明有共产国际招牌，穿上马列主义的外衣，把人吓住了，老陈独秀主义则是反对共产国际的。

9月13日，政治局会议继续举行。康生首先发言，对前三次会议情况提出了意见。他说，这样的讨论不仅问题不能彻底解决，还会延误很多应做的工作。因此，会议如何开法要研究一下。他提出，首先要用历史的方法来检讨王明的投降主义，不能孤立地看他抗战时期的问题，还要联系内战时期来找王明主义的来源。

毛泽东发言着重讲了"两个宗派"问题。还在8月8日中央党校第二部开学典礼大会上，他就提出：我们党内有两种宗派主义，一种是教条主义的宗派主义，搬洋教条，夸夸其谈；还有一种是经验主义的宗派主义、山头主义。在这次发言中，他比较展开地讲了这个问题。他说：党从四中全会后，就有两个大宗派，一是教条宗派，一是经验宗派。过去反宗派主义是抽象的，现在要把原则变成实际。教条主义的宗派，是主观主义的第一形态，经验主义宗派是主观主义的第二形态。这是反宗派主义的具体对象，反掉这两个东西，党就统一了。关于教条主义宗派，毛泽东认为，要作具体分析，有犯路线错误的，也有只犯个别错误的；有屡次犯错误的，也有后来改正了错误的。他说：教条主义宗派最主要的是王明，四中全会后是博古。这个宗派是相当有计划地派出干部到各苏区之中央局，到各地去改组，只有几十个人。他说的"钦差大臣满天飞"，就是指此而言。他们利用四中全会来夺取中央权力，打击许多老干部，拉拢一些老干部，凭着"国际"的招牌，使许多实际工作者不是盲从就是跟着他们走。他们统治中央计三年又四个月，党政军民学，东西南北中，无处不被其毒，结果白区损失十分之十，苏区损失十分之九。教条主义宗派只有罪恶无功劳，超过了李立三、陈独秀。王明有何功劳？四中全会已被揭穿，八一宣言还能考虑。洛甫在广昌战役后有转变。在长征途中，稼祥、洛甫从这个集团中分化出来了。遵义会议改变了军事路线，撤了博古，书记换为洛甫。博古在遵义会议以后还有宗派活动。

抗战以后，原来教条主义宗派的同志还有许多宗派活动，从1937年12月会议到1938年六中全会，在武汉时期形成两个中央，造成党内危机。关于经验主义宗派，毛泽东说：这些集团大多数是正派人，也有许多不正派的，少数是邪派。像张国焘，是经验主义宗派中的邪派人物，如不打碎是很危险的。在两个宗派中，教条主义宗派是主要的，经验主义宗派不是主要的。教条主义宗派穿了马列主义外衣，利用"国际"名义来称雄吓人，与经验主义宗派中的不正派的人结合起来，危害最大。反对整个宗派主义，要从破坏教条主义宗派开始，在全党揭露，对犯错误的"将一军"。整风以来就是反教条主义宗派。王明对洛甫说："整风是整你和我"，这话又对又不对。说是对的，首先要揭破教条主义宗派，要"整"王明、博古、洛甫，对这些同志要"将军"，要全党揭露，说是不对的，还要把一切宗派打坍，打破各个山头，包括其他老干部、新干部，我们只"整"思想，不把人"整死"，是治病救人，做分析工作，不是乱打一顿，对犯错误同志还是要有条件地与他们团结，打破宗派主义来建设一个统一的党。

毛泽东关于"两个宗派"的发言，实际上为 1943 年 9 月政治局会议的整风定下了基调。这以后，犯错误的同志都按照这个思路进行检讨，其他同志也按照这个思路展开批评。这成了 1943 年 9 月会议与 1941 年 9 月会议相比较，不仅在整风内容，而且在整风方式上的又一个显著特点。

为了按照康生讲的三个方法开会，毛泽东提议，先用一周到十天研究文件，允许交头接耳、交换意见；要提倡开展批评和自我批评，火力不够，不能克"敌"制胜。9 月 30 日，书记处举行会议（到会者有毛、刘、周、康、洛、任），就检讨党史问题作了如下决定：（一）在彭德怀回到延安前，暂停开中央会议，待彭到后，再继续开，并可用续开续断的方式，准备在七大时再作结论。（二）从 10 月起的五个月内，组织在延高级干部和七大代表二三百人（七大代表已审查确定有问题者不参加），讨论党史文件和联共党史，参加人员名单由刘（少奇）、康（生）、任（弼时）负责商定；讨论可用全体会议、小组会议或个别漫谈等方式，中央政治局负责领导这一讨论。（三）在讨论时期内，参加讨论者以一部或全部时间参加，一部则须以一半时间照顾日常工作或负责继续审查干部。（四）由康生负责拟定研究党史计划。五天后，即在 10 月 5 日的书记处会议上（到会者增加了朱德、彭真），听取康生提出的参加党史学习人员名单和分组计划，决定增加五六十个纯洁有前途的干部（包括吸收青年妇女干部）参加；总学委仍以毛泽东为主任，刘少奇、康生为副主任，胡乔木为秘书，并在日内召集中央会议，请各小组正副组长参加，由毛泽东报告时局和学习问题。这次会议决定，学习时间暂定三个月，学习讨论历史从抗战后开始入门，然后再回到大革命、内战及抗战时期的问题；向政治局提议，在参加学习者中间可公开宣布允许讨论党的路线问题。

10 月 6 日，政治局召开扩大会议。毛泽东首先通报了书记处会议关于整风检查暂停、高级干部先行学习的决定。在讲话中，毛泽东肯定了 9 月的收获，许多以前未注意的问题引起了注意。他回顾错误路线发展的历史，指出：过去错误路线有一个大宗派在实行篡党，至遵义会议受到打击。遵义会议后这个集团分化了，但至六中全会前仍有些同志未改变立场。六中全会在政治路线上是克服了他们的错误，但未作结论，组织问题也没有提出，目的是希望他们慢慢觉悟。但到 1941 年 5 月我作《改造我们的学习》报告，竟毫无影响。6 月后编了党书即《六大以来》。党书一出，许多同志解除武装，故可能开 1941 年的 9 月会议。这时，大家才承认路线错误。这一改变是很困难的，因为现在的中央是以王明、博古时代为基础的。六大选出的中央委员还有五个人，只有刘少奇和他是被反对的，其他是拥护王明、博古路线的。要改造中央，就得经过各种步骤，使大家觉悟成熟不可。六中全会时可以改造，但那时条件不成熟，犯错误的同志还没认识自己的错误。1941 年九月会议是改造的关键，否则他是不敢到中央党校去作整风报告的，审查干部也会很困难。另一关键是上月的会议与现在的学习。毛泽东在讲话中再次强调，斗争的性质是两条路线的斗争，错误路线以米夫、王明、博古为首。整风学习的目的是打碎两个宗派，教条主义宗派是头，经验主义宗派是脚。教条主义宗派是经验主义宗派的灵魂，故克服前者，后者再加马列，事情就差不多了。这些宗派也可以说无组织系统，但有思想方法、政治路线为纲领。我们打碎的方法，是改造思想，以马列为武器，批判自己、批判别人。书记处提议，在整风期间，凡参加学习者，人人有批评自由；对任何人、任何文件、任何问题都可以批评。我们希望各人扩大自己头脑中的马列根据地，缩小宗派的地盘，以灵魂与人相见，把一切都坦白出来，不要像《西游记》中的鲤鱼精，吃了唐僧的经，打一下，吐一字。只有内力、外力合作，整风才会有成效。

在毛泽东讲话后，康生报告学习计划。接着，刘少奇、朱德、周恩来相继发言。刘少奇主要讲了党内斗争的传统问题。朱德发言主要谈了自己的学习体会。在 9 月 9 日的发言中，朱德回顾自己的历史曾说："与毛泽东在一起时，打仗就能胜利，离开毛泽东，有时打仗就要吃亏。跟毛泽东在一起虽然也有争论，但最后还是顺从了毛泽东的领导。在长征路上，张国焘屡次逼我表示态度，我一面虚与委蛇，一面坚持中央立场，这是我离开毛泽东后利用自己一生的经验来对付张国焘，最后与中央会合了。"这次发言，朱德又继续说："毛泽东办事脚踏实地，有魄力、有能力，遇到困难总能想出办法，在人家反对他时还能坚持按实际情况办事，同时他读的书也不比别人少，但他读得通，能使理论实际合一。实践证明，有毛泽东领导，各方面都有发展；照毛泽东的方法办事，中国革命一定有把握胜利。我们这次学习，就要每人学一套本事，主要学好毛泽东办事的本事。"朱德在党内是德高望重的忠厚长者，又与毛泽东有着"朱毛不可分"的关系。他讲的这番话，对于政治局整风批判"两个宗派"，把全党认识统一到毛泽东的思想和路线上来，发挥了重要作用。

周恩来虽然是第一次参加政治局整风会议，但他做了比较充分的准备。他长期参与中央核心领导，经历过党内许多重大斗争。这次检讨党的历史，批判教条主义宗派与经验主义宗派，他感到此次会议很重要。8 月 2 日，中央办公厅举行欢迎他回延安的大会，他发表谈话，热情地赞扬了毛泽东对中国革命的正确领导。他说：我这三年在外，"没有比这三年来事变的发展再明白的了。过去一切反对过、怀疑过毛泽东同志领导或其意见的人，现在彻头彻尾地证明其为错误了。""我们党十二年的历史证明：毛泽东同志的意见，是贯串着整个党的历史时期，发展成为一条马列主义中国化、也就是中国共产主义的路线！""毛泽东同志的方向，就是中国共产党的方向！毛泽东同志的路线，就是中国布尔什维克的路线！"这些话决不仅是一种政治声明，而表示了对毛泽东心悦诚服的信赖。8月30日和9月1日，他连续两天在政治局会议上汇报南方局三年来的工作和对中央政策的认识与执行情况，并对过去工作中的错误作了初步检讨。政治局整风会议开始后，他就把主要精力投入了整风学习。从9月16日到30日的半个月内，他在阅读大量档案文件的基础上，写了4篇共5万多字的学习笔记，对过去的历史进行再认识。周恩来在发言中回顾党的历史说：中国党的教条主义宗派最早是彭述之的洋教条与陈独秀的土教条。王明的教条，马列主义的外衣更完备，还有"国际"的帽子，又有米夫作后台，这样才在中央占了统治地位。周恩来也对经验主义者的品质问题进行了分析。他认为品质有三类：一是为人的品质，有的人品质恶劣，连做一个普通的人都不够格；二是革命者的品质，如勇敢、不怕牺牲、联系群众等，作为共产党人，这些品质是需要的，但还是不够的；三是布尔什维克的品质，要开展思想斗争，既要联系群众又不做群众的尾巴，要有高度的纪律性。经验主义者或者有革命的品质，但缺乏布尔什维克的品质，我们要求有布尔什维克的品质，故要整风，有些人连革命者的品质都没有，更要反省，通过整风来提高自己。

在这次会上，毛泽东还讲了两点意见。第一，团结问题。毛泽东强调，犯路线错误或犯个别错误的同志觉悟起来，弄清路线是非，是达到真正团结的基础。他说：我们讲以斗争求团结，有这样几个范畴：一是无产阶级与地主资产阶级求团结，必须坚决与他们反共反人民的政策进行斗争；二是无产阶级与农民、小资产阶级求团结，必须与他们的落后性、狭隘性、动摇性斗争；三是无产阶级本身的团结，也要与本阶级的错误倾向作斗争才能达到；四是无产阶级先锋队内部的团结，要通过自我批评与思想斗争来实现。1941年九月会议是中央现在能够团结的关键。整风是一个大的自我批评，就是以斗争求团结。毛泽东说：我们是要把党斗好，不是斗翻，只要不把党斗翻，言论一概自由。这样做的目的就是对付国民党。第二，党内斗争的方法，赞同刘少奇的意见。他说：过去党内斗争有正确的与错误的两个传统。这次整风要避免党史上的错误斗争方法。过去党内斗争没有解决思想问题，直到前年九月会议整风才从思想方法上解决问题。这次整风继续贯彻以马列主义自我批评方法来惩前毖后，治病救人。毛泽东的这两条意见解除了一些同志的思想顾虑，使大家更加明确了中央整风的目的和要求、政策与方法。

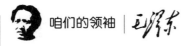

中央政治局整风会议的第二阶段

根据 10 月 5 日书记处会议精神，10 月 14 日，毛泽东在西北局高干会（将原定的有学习小组长参加的中央会议的范围扩大了）报告时局与学习问题。这是第一次在比较大的范围公开点名批评王明路线。毛泽东在过去政治局会议发言的基础上，对抗战时期王明路线的特点作了初步概括。这是一条投降主义路线。这条路线在 1938 年时曾危害过党，全党差不多都受了影响，直到六中全会才在政治上克服。自此以后，中央政治局的整风会议暂停了一个多月。

从 11 月 13 日起复会，中央领导层的整风便进入了第二个阶段。在 11 月 13 日的会上，毛泽东首先讲话。他严厉批评了王明宗派，指出：现在的中央并不是六大选的，而是四中全会、五中全会选的。王明宗派控制了中央码头。王明宗派中最主要的人物，在政治上以"左"倾为外衣，用"国际"旗号，用马列招牌，欺骗了党 10 多年，现在要揭破这个大欺骗。遵义会议为什么不能提出路线问题？就是要分化他们这个宗派。这是我打祝家庄实行内部分化的一幕。当时仅仅反对军事上的机会主义，实际上解决了政治路线问题。因为领导军队的权拿过来了便是解决政治路线。如果当时提出政治路线，三人团便会分化。在前年九月会议前没有在党内讲王明路线错误，也是大多数人还不觉悟，等待一些同志是需要的。毛泽东还进一步评论了一些中央领导同志的功过，列举了大革命后期以来党史上一系列重大事件和重要关头时各中央领导同志的基本表现，认为有的是一贯犯错误的，有的只有个别错误，有的是不断犯错误又改正错误，有的则长期坚持错误，有的功大过小，有的有功有过，有的有过无功。

在这个讲话中，毛泽东还讲了一些正确的原则意见。如他强调整风与审干要经过分析与综合才能得出正确结论。他说：马列主义原则在方法上就是分析综合。过去许多同志喜欢做结论而不会分析，其实综合是分析的结果，分析是综合的手段，对一切事物都要分析。有许多同志在工作中是老练的，但在马列主义方面是幼稚的，这是犯错误的一个认识原因。他要求犯错误的同志宁可把问题看得严重些，不要光是解释，这样才能认识错误，前途才光明。

在毛泽东讲完后，由博古作第二遍检查。在博古 13 日检查之后，罗迈在 14 日，洛甫在 21 日，还有其他同志又相继作了整风检查。他们在政治局会议上检查后，还与博古一起在高干大会上讲了四天。11 月 27 日，周恩来在会上作整风检查。自 11 月 15 日起，周恩来就在准备检查的发言提纲，光是提纲，就写了两万多字。他在政治局会议上的发言，是整个会议中讲得最细、检查时间最长的发言。周恩来的发言分"自我反省"和"历史检讨"两大部分，并以"历史检讨"为主线，从大革命后期的五大讲起，一直讲到当时。周恩来在参加会议的领导人中间，参与党中央核心领导的时间最长、资格最老、了解的情况最多。

因此，这个历史回顾实际上成了1927年以来的党史报告。周恩来严于律己，努力按照整风文件中季米特洛夫的四条干部标准并根据毛泽东讲的"两个宗派"的思想，检查了自己在六届四中全会、临时中央、中央苏区、1937年12月会议和武汉工作期间的错误。周恩来表示：今后应好好读几本马列的书，特别是要将毛泽东的全部文献好好地精读和研讨一番，提高思想方法。同时，在工作上要改变事务主义作风，深入实际，从专而精入手，宁可做一件事，不要包揽许多，宁可做完一件事，再做其他，不要浅尝即止，宁有所舍，才能有所取；宁务其大，不务其小，这才能做出一点成绩，才能从头到尾懂得实际，取得经验，总结教训，才会少犯错误。他说：这样才能真正做更多有益于党和革命的事情。

在讨论"两个宗派"问题后，中央总学委于12月初发出了关于学习《反对统一战线中的机会主义》文件的通知。这个文件摘录了季米特洛夫等共产国际负责同志的几段文字，旨在认识统一战线与投降主义的严格区别及反对统战中的右倾投降错误的必要性，提高贯彻执行毛泽东关于民族统一战线思想的自觉性。12月下旬，中央书记处进一步发出了关于研究王明、博古宗派机会主义错误的指示（这是第一次以中央文件名义发出这样的指示），要求各中央分局在所属地区组织一百到二百人的高级干部学习两条路线的有关文件和《反对统一战线中的机会主义》的辑录，把整风引向深入的高级阶段，为将来七大讨论历史决议做准备。同时，中央政治局还发出指示，对王明抗战时期的路线错误作了进一步概括，将前述毛泽东在西北局高干会上讲的四点明确化了。[①] 通知要求在一般干部中目前不要传达这些内容，但应使党员和干部明白，自遵义会议以来，以"毛泽东同志为首的中央领导路线是完全正确的，一切对于这个路线的诬蔑都是错误的，现在除了王明、博古以外一切领导同志都是团结一致的"，"全党同志均应团结在以毛泽东同志为首的中央的周围，为中央的路线而奋斗"。

这样，关于抗战时期党的路线问题的学习和讨论，以及王明投降主义路线错误的批判，实际上已在全党高级干部范围内逐渐展开了。

中央政治局整风会议的第三阶段

如果说以上算政治局整风会议的第二阶段，那么，政治局整风会议的第三阶段则转入对整风进行总结和对党的历史问题作出正确结论，同时也开始纠正前一阶段整风过程中的一些缺点。这对于整风运动取得圆满成功是一个关键性的阶段。

政治局整风会议在1943年底到1944年初暂停了一段。根据学习计划，安排

---

① 文件指出，抗战时期王明的主要错误是："一，主张速胜论，反对持久战。二，迷信国民党，反对统一战线的独立主张。三，主张运动战，反对游击战。四，在武汉形成事实上的第二中央，并提倡党内闹独立性，破坏党纪军纪。"

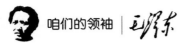

1000多名干部到1944年4月底前集中学习7本书，即《"左派"幼稚病》《两个策略》《共产党宣言》《社会主义从空想到科学》《联共（布）党史简明教程》和《两条路线》上下两册。其中1/3干部要读完7本，多数干部只读《两条路线》即可，文化理论水平低的以读党内的正面文件为主。在学习过程中，请中央领导人作辅导报告。中央要求参加学习的干部认识到，中国22年来无产阶级领导的人民大众的反帝反封建的革命运动是轰轰烈烈的，只有在某些关节，某些领导人犯了错误，使革命受到损失；要把各个时期的历史关节与轰轰烈烈的革命运动作普遍的宣传。

1944年开春后，中央的整风会议继续进行。2月24日，中央书记处会议讨论党的历史问题，统一了对五个问题的认识：（一）王明、博古错误应视为党内问题；（二）临时中央与五中全会因有"国际"承认，应承认是合法的，但必须指出合法手续不完备；（三）学习路线时，对于历史上的思想问题要弄清楚，对结论必须力求宽大，目前是应该强调团结，以便团结一切同志共同工作；（四）在学习路线时，须指出六大基本方针是正确的，六大是起了进步作用的；（五）对四中全会到遵义会议时期，也不采取一切否定的态度，凡做得对的，也应承认它。

根据书记处会议精神，3月3—4日，周恩来到延安中央党校作了《关于党的六大的研究》报告，回答干部学习中争论的一些重要问题，对六大的历史功过作出了科学评价。3月5日，毛泽东在政治局扩大会议上传达了书记处会议精神，对上述党中央的几个问题作了阐释。他说：（一）党内党外问题。在去年党的路线学习中，有部分同志对王明、博古同志发生怀疑是党外问题，现在确定是党内问题。（二）合法与非法问题。过去有的同志认为临时中央和五中全会是非法的，现在查到"国际"来电批准过，在当时上海处于严重白色恐怖下，有在上海的"国际"代表机关批准。五中全会也经过"国际"批准，根据这一点，是合法的。但应指出，其法律手续不完备，临时中央到中央苏区后应该报告，没有报告是不好的。至于四中全会，经过"国际"与中央的承认，这在形式上是合法的，但政治路线内容是不好的。（三）思想弄清与结论宽大的问题。自整风以来，我们就是"治病救人"，有人曾怀疑不是这个方针。现在重申还是这个方针，在思想上要清算彻底，作组织结论要慎重和适当。过去，未做认真研究理论和研究历史的工作，对犯错误者只是惩罚，没有使前车之覆成为后车之鉴。这一次我们要弄清思想。中央指定学习几本理论书，是要使同志们了解，犯错误不是个人的偶然现象，而是社会现象，是小资产阶级的急性病。我们要强调产生错误的社会原因，不要强调个人责任。因此，组织结论可作宽大些。现在要宣传解释这个方针。（四）关于六大方针。在讨论中，多数同志企图否认六大，说基本上是错误的。我认为六大基本上是正确的。六大指出了革命性质，分析了革命形势，反对了速胜论，提出了十大纲领，六大的基本精神是有群众观点的，这与李立三不要群众是对立的。（五）28个半的布尔什维克的派别是否还有？这是书记处会议上没提到的。经过几次分化，"现在没有这个团体了"。去掉这个包袱，才符合事实。他还说，"经验宗派，现在也没有了"。现在比较严重的是山头主义。这在党政军民的关系上，在新老干部的关系上，在本地与外来干部的关系上都有表现。主要原因是小资产阶级的扩大、长期农村分割和缺乏教育，历史上的问题现在已经不是主要的东西了。

毛泽东的这个讲话，实际上对政治局整风会议上关于党的历史问题的讨论作了明确总结。这个讲话很好，与会同志都很赞成，历史上犯过错误的同志解除思想包袱了，未犯错误的同志也对一些历史问题有了正确的看法。4月12日，毛泽东在延安高级干部会议上传达了中央政治局关于几个历史问题的结论，强调研究历史经验的正确态度是：既要使干部对于党内历史问题在思想上完全弄清楚，又要对于历史上犯过错误的同志在作结论时取宽大方针；不要着重于一些个别同志的责任方面，而应着重于当时环境的分析，当时错误的内容，当时错误的社会根源、历史根源和思想根源，对于人的处理问题取慎重态度，既不含糊敷衍，又不损害同志，对于任何问题采取分析态度，不要否定一切，尽量避免作绝对肯定或绝对否定的简单结论。这说明毛泽东开始对前一段政治局整风会议和高级干部关于历史问题的讨论在进行理论上的反思。

根据上述精神，在5月10日中央书记处会议决定成立的党内历史问题决议准备委员会成员中包括洛甫；5月19日书记处召开会议讨论六届七中全会的准备工作时，又决定增加博古为党内历史问题决议准备委员会成员。5月20日，毛泽东在中央党校讲话，指出我党历史上的几次大的骄傲是发生"左"右倾机会主义错误的一个重要的思想根源。犯错误的同志，往往是经不起胜利，自以为了不得，趾高气扬，轻视敌人，必遭失败。全党同志对于这几次骄傲、几次错误，都要引为鉴戒，不要重犯胜利时骄傲的错误。这是一个冷静的科学的分析。毛泽东的这个讲话和3月以来的一系列讲话，标志着高级干部的整风和党的历史问题的讨论已进入最后的总结阶段。

1944年5月21日，中共扩大的六届七中全会在延安杨家岭开幕。出席会议的有中央委员和各方面的负责人近30人。这次会议主要是审议七大的各项准备工作，其中包括关于党的几个历史问题的结论。毛泽东向全会作报告，汇报了政治局对上述6个问题的结论。最后表决，全体一致通过了毛泽东代表政治局提出的关于党内历史问题的六项意见，并形成了正式的决议文字。这里不妨抄录于后：

"同意毛泽东代表政治局提出的关于党内历史问题的六项意见，成立如下决议：

1. 中央某些个别同志曾被其他一些同志怀疑为有党外问题，根据所有材料研究，认为他们不是党外问题，而是党内错误问题。

2. 四中全会后一九三一年的上海临时中央及其后它召集的五中全会是合法的，因为当时得到共产国际的批准，但选举手续不完备，应作历史的教训。

3. 对过去党的历史上的错误应该在思想上弄清楚，但其结论应力求宽大，以便团结全党共同奋斗。

4. 自四中全会至遵义会议期间，党中央的领导路线是错误的，但尚有其正确的部分，应该进行适当的分析，不要否认一切。

5. 六次大会虽有其缺点与错误，但基本路线是正确的。

6. 在党的历史上曾经存在过教条宗派与经验宗派，但自遵义会议以来，经过各种变化，作为政治纲领与组织形态的这两个宗派，现在已经不存在了，现在党内严重存在的是带着盲目性的山头主义倾向，应当进行切实的教育。克服此种倾向。

上述各项全体表决通过。"

至此，从 1941 年 9 月政治局扩大会议开始，经 1943 年 9 月政治局扩大会议深入的中央领导层整风运动，历经两年八个月，圆满结束了。它也宣告从 1941 年 5 月毛泽东作《改造我们的学习》报告开始的全党整风运动历经整整三年，也最终以全党空前团结的形势结束了。这是党的历史上极为重要的一章。

延安整风运动的五大历史功绩[①]

延安整风运动是中国共产党历史上的伟大创举，在世界政党史上绝无仅有。它尽管只有 3 年时间，但对于中国共产党 90 多年的历史发展具有不可替代的伟大意义。具体来说，它至少有五大历史功绩。

空前提高了党的马克思主义理论水平。中国共产党是在一个具有非常特殊国情的国度里诞生的。近代中国成为半殖民地半封建社会后，一是经济社会发展十分落后，二是科学文化十分落后。刘少奇在中央整风学习前夕指出"中国党有一极大的弱点，这个弱点，就是党在思想上的准备、理论上的修养是不够的，是比较幼稚的。因此，中国共产党过去的屡次失败，都是指导上的失败，是在指导上的幼稚与错误而引起全党或重要部分的失败，而并不是工作上的失败。直至现在，缺乏理论这个弱点，仍未完全克服（虽然党内少数同志特别是中央的同志是有了对马列主义理论与中国社会历史发展的统一理解）。因此，现在提倡党内的理论学习就成为十分必要"[②]。毛泽东在长征到延安后即认识到这

---

① 参见石仲泉：《毛泽东与延安整风》，《毛泽东邓小平理论研究》2012 年第 6 期。

② 《刘少奇选集》，人民出版社 1981 年版，第 220 页。

个问题，一方面他个人发愤苦读，另一方面号召全党加强马克思主义学习，把党变成一个大学校。为了解决理论脱离实际的问题，为了学会运用马列主义的立场与方法来认识中国革命问题，他发动了整风运动，在全党范围进行马克思主义教育，结合研究实际和党的历史学习理论。他在准备动员时讲：学习马克思主义的普遍真理，要与中国的革命实际相结合，我们一定要借"箭"，"箭"就是马列主义，过去光读书本，孤立地学习，脱离实际，无法懂得马列主义。①当时在延安参加整风学习的干部有一万多人，以各部门主要负责人为主成立的高级学习组，最初是 100 多人，后来扩大到 250～300 人。全国各地的高级学习组由中央管理和指导，延安的高级学习组由政治局和中宣部负责。通过整风运动，许多过去没有读过马列本本的干部包括高中级干部，这次集中认真地阅读中央规定的理论书籍；过去读过马列本本的一些领导干部，这次懂得了怎样运用马列主义的立场与方法来认识中国革命问题。因此，全党的马克思主义理论水平有了很大的飞跃。毛泽东在六届六中全会上曾说"我们的任务，是领导一个几万万人口的大民族进行空前的伟大的斗争。普遍、深入地研究马克思列宁主义的理论的任务，对于我们，是一个亟待解决并须着重地致力才能解决的大问题。我希望从我们这次中央全会之后，来一个全党的学习竞赛，看谁真正地学到了一点东西，看谁学得更多点，在担负主要领导责任的观点上说，如果我们党有一百个至二百个系统地而不是零碎地、实际地而不是空洞地学会了马克思列宁主义的同志，就会大大地提高我们党的战斗力量，并加速我们战胜日本帝国主义的工作"②。延安整风运动对于实现这个目标起了决定性作用。

基本弄清了党的历史问题的路线是非，使全党对过去的发展历程有了比较正确的认识，初步达到了思想的统一。遵义会议是党的历史发展的伟大转折，但是限于当时的历史条件和认识水平，只解决了军事领导权，没有解决思想政治路线问题。抗战开始后，也顾不上解决这些问题。因此，一方面，过去路线错误的流毒一直存在，影响党的正确路线和方针的贯彻执行，在部分地区使革命事业遭受不应有的损失；另一方面，过去犯过路线错误的领导人，如王明，还自视一贯正确，不断发表文章和出版旧著宣传错误观点，造成党内思想混乱。1938 年六届六中全会已批评了他的右倾错误，但 1939 年 5 月，他撰写《抗日民族统一战线诸问题》，继续宣传一切经过统一战线的主张。6 月，又撰文宣扬1938 年他在武汉时写的《三月政治局会议的总结》等的错误方针。1940 年 3 月，他还把在六届四中全会前后为夺取党中央领导权制造舆论而出版的《为中共更加布尔什维克化而斗争》小册子重新出版，将其当作"学习党的建设和中共历史"的材料，让对党的历史发展还不十分了解的"成千累万的新干部新党

---

① 参见《任弼时传》修订本，中央文献出版社 2000 年版，第 588 页。
② 《毛泽东选集》第 2 卷，人民出版社 1991 年版，第 533 页。

员"学习。因为当时中央准备在 1941 年上半年召开七大，他又制造舆论抢占先机，夺取"制高点"。因此，怎样看待党的历史发展怎样认识遵义会议前的路线问题就成为在全党进行马克思主义理论教育中需要认真解决的重要问题。为此，毛泽东亲自主持编辑了 3 套历史文献：先是在 1941 年编辑《六大以来——党内秘密文件》（汇集了从 1928 年 6 月党的六大到 1941 年 11 月间的历史文献 519 篇，包括会议纪要、决议、通告、声明、电报、指示以及党报社论、主要领导人文章、信件等共约 280 多万字）；接着又根据整风会议上许多同志的要求，在 1942 年初编辑了《六大以前——党的历史材料》（主要汇集了从党的一大开始早期领导人的署名文章等，共收文献 184 篇）；还有一本《两条路线》，是关于党的路线问题的专题学习材料，它主要是在前两本的基础上进行选编，再增加 1942 年和 1943 年的 20 篇，共收录文献 137 篇。胡乔木到毛泽东身边工作时，开始就是编《六大以来——党内秘密文件》，他自始至终参加了 3 本书的编辑工作。这 3 本书出版后，在党内产生巨大反响：一方面，许多同志了解了党的历史的一些基本情况，对一些不清楚的历史争论恍然大悟，明白了苏维埃运动后期党的领导机关向全党发布过许多"左"的训令、决议等，认识到苏维埃运动后期党的领导机关确实存在一条错误的路线；另一方面有利于犯错误的同志回忆那段历史，改正错误，个别原先不承认犯了路线错误的同志在大量历史材料面前也放弃了自己的观点承认了错误。1943 年 10 月，毛泽东在政治局会议上说，六大党书一出，许多同志解除了武装。杨尚昆回忆说："系统地读了党书，有一个鲜明的比较，才开始认识到什么是正确路线，什么是错误路线；什么是创造性的马克思主义，什么是教条主义。党书在延安整风中确实发挥了巨大作用，是犀利的武器。"[1]

　　延安整风运动，特别是中央以两次"九月会议"为代表的整风学习，研究党的历史，检讨过去中央的路线是非，使全党特别是高级干部对于党的历史问题形成了共识。它的主要结晶就是形成了《关于若干历史问题的决议》（简称《决议》）。这个《决议》在简明概要地叙述了自党成立以来的历史发展之后，通过同毛泽东的政策主张相比较的分析，全面详尽地阐述了历次"左"倾错误在政治、军事组织、思想方面的表现和造成的严重危害，并着重说明了产生"左"倾错误的社会根源和思想根源。《决议》坚持"惩前毖后，治病救人"的方针，没有讲教条主义宗派和经验主义宗派问题，没有讲犯错误者的品质问题，没有讲"左"倾路线造成白区损失 100%、苏区损失 90% 的问题，也没有讲抗战以来的历史是非问题，目的是团结全党抗日救国。毛泽东说：这些不讲，至多是缺点；讲得过分，讲得不对，却会成为错误。遵义会议、六中全会采用了这个方

①　杨尚昆：《杨尚昆回忆录》，人民出版社 2001 年版，第 209 页。

针，这次还坚持这个态度，团结全党同志如同一个和睦的家庭一样，如同一块坚固的钢铁一样。《决议》通过后，博古很感动地说，这个《决议》是在原则上很严格，而态度对我们犯错误的人是很温和的。我了解这是给我们留有余地。治病救人，必须我们病人自己有觉悟，有决心自信心。我们要从头学起，从头做起，愿意接受这个《决议》，作为改造自己的起点。博古的感言，表达了历史上犯过错误而又愿意改正错误的同志的共同认识。

加快了马克思主义中国化、时代化、大众化的步伐。 将马克思主义中国化、时代化、大众化问题连为一体，虽然是 2009 年党的十七届四中全会提出的命题，但这"三化"思想在党创立之后实际上就已经蕴含着。因为党从创立之日起就致力于马克思主义中国化，而马克思主义中国化与时代化大众化不是孤立的三个问题，从本质上说是一个问题的三个维度。马克思主义作为外来文化在传入中国之后要生根存活，必须与中国文化和中国实际相结合，这就是马克思主义中国化。这既是马克思主义理论本身的需要，也是中国共产党人将其作为指导思想的必然要求。尽管那时没有提出这个概念，但这个思路是存在的。而"中国化"本身实质上就内含着"时代化"和"大众化"。因为马克思主义作为中国共产党的指导思想比马克思主义诞生晚了 70 多年，这个时间差无论对于马克思主义本身，还是对于中国共产党人来说都有一个与时俱进的"时代化"问题。所谓"大众化"，就是让马克思主义理论为中国人接受和信仰，存在语言系统的转化问题，不仅翻译力求"信、达、雅"，而且尽量具有中国韵味为中国人喜闻乐见。这就是马克思主义大众化。所以"三化"命题，是以中国化为本，并统领时代化和大众化的一个新表述。

毛泽东虽然不是有马克思主义中国化思想或思路的第一人，但他是最早把握马克思主义中国化思想的要义，并将其论述得最精辟、运用得最成功的。他开辟的党领导的井冈山革命根据地和主要在中央苏区探索中国革命道路的实践，使他最早明确提出并大力倡导马克思主义与中国实际相结合的思想，并且在 1938 年党的六届六中全会上首次提出"马克思主义中国化"概念。那时之所以没有同时明确提出"时代化"和"大众化"，是因为这两者还没有成为议事内容或争论对象，因而没有聚焦。那时党内最严重的危害是马克思主义教条化，马克思主义中国化是针对教条化提出的。

延安整风运动对于推进马克思主义中国化、时代化、大众化有三大贡献：一是将马克思主义的"立场、观点、方法"论转化为中国共产党特有的思想方法论。毛泽东在《整顿党的作风》中第一次将马列著作中曾经分别使用过的立场、观点和方法的提法，联系起来并用，形成中国共产党人特有的"立场、观点、方法"的传统表述。所谓"立场、观点、方法"论，实际上就是思想方法论。整风运动开展后，为了加强思想理论的领导，中央成立思想方法研究小组，毛泽东亲任组长，研究马列著作的思想方法论。1941 年 10 月 30 日，他还作了关于思想方法问题的专题报告，深入浅出地将马克思主义的一些哲学观点具体化为思想方法。经过整风运动促进干部学习、运用马克思主义思想方法去分析问题和解决问题，取得显著成效。二是确立了实事求是、理论联系实际的思想路线。这个正确的思想路线，在理论上加以明晰化是在 1938 年六届六中全会提出马克思主义中国化问题，特别是在整风运动开展之后。在《改造我们的学习》中，毛泽东对"实事求是"作了新的界定和阐释，指出"'实事'就是客观存在着的一切事物，'是'就是客观事物的内部联系，即规律性，'求'就是我们去研究"①。而要做到这一点，就必须在马列主义一般原理指导下从客观材料中引出正确的结论。在 1941 年九月会议上他指出，这种"实事求是的马克思主义"是同主观主义"相对抗的"。此后，"实事求是"成为中国共产党人奉行的马克思主义思想路线的中国化、通俗化的表述。三是提出要使中国革命丰富的实际马克思主义化，将经验升华为理论，成为创造性的马克思主义。整风运动开展后，毛泽东认为要对中国革命丰富的实际经验实行科学总结，将其上升为理论，成为创造性的马克思主义。他在 1941 年九月会议讲话中强调："要分清创造性的马克思主义和教条式的马克思主义"，大力宣传创造性的马克思主义，"要使中国革命丰富的实际马克思主义化"②。随后，他还强调了上述两种马克思主义的对立，指出"我们历史上的马克思主义有很多种，有活的马克思主义，有死的马克思主义，我们所要的是活的马克思主义不是死的马克思主义"③。以毛泽东为代表的中国共产党人不断坚持要活的马克思主义，反对死的马克思主义，从而发展了马克思主义，成为创造性的马克思主义者。

促进了毛泽东思想成为全党指导思想。毛泽东在 1935 年遵义会议上成为中共中央的实际领导核心后，在全党的影响力越来越显著。抗日战争开始后，毛泽东的领袖地位不但在党内巩固起来，而且得到共产国际的承认。1937 年 12 月，王明离开莫斯科回国时，季米特洛夫对他说："你回中国去，要与中国同志关系弄好，你与国内同志不熟悉，就是他们要推你当总书记时，你也不要担任。"④ 1938 年 9 月，在相继召开的中央政治局会议和六届六中全会上，从莫斯科回国的王稼祥又传达了共产国际和季米特洛夫肯定中共路线正确和毛泽东领袖地位的意见。这不仅对全党在毛泽东领导下进一步运用马列主义解决中国革命问题起到重大推动作用，同时也必然推进全党对毛泽东理论贡献的关注和研究。在毛泽东思想体系中具有标志意义的著作《新民主主义论》发表后，艾思

---

① 《毛泽东选集》第 3 卷，人民出版社 1991 年版，第 801 页。
② 《毛泽东文集》第 2 卷，人民出版社 1993 年版，第 373、374 页。
③ 《毛泽东文集》第 3 卷，人民出版社 1993 年版，第 331—332 页。
④ 《任弼时传》，中央文献出版社 2000 年版，第 580 页。

奇在 1940 年 2 月发表专论，指出，在实践的基础上，中国"已经产生了一些发展马克思主义的理论，因此也就有了自己的马克思主义"。这个论断对提出"中国化的马克思主义"和"毛泽东思想"概念起了先导作用。[①] 1941 年 3 月至 1942 年 2 月，张如心在相继发表的《学习和掌握毛泽东的理论和策略》等文章中，率先使用"毛泽东同志的思想""毛泽东的理论和策略的体系""毛泽东主义"等概念。整风运动开展后，在 1942 年 7 月党的 21 周年之际，延安和一些抗日根据地的报刊相继发表文章赞颂毛泽东的思想理论。在 1943 年 6 月至 8 月，党的领导人撰文和发表讲话，不仅宣传毛泽东的思想理论和路线，而且越来越趋向于定义其称谓了。先是刘少奇使用"毛泽东同志的思想体系"概念，[②] 接着王稼祥不仅第一次使用了后来一直沿用的"毛泽东思想"这个概念，而且论述了毛泽东思想"成长、发展与成熟起来"的历程，明确指出："毛泽东思想就是中国的马克思列宁主义，中国的布尔什维克主义，中国的共产主义"，"它是创造的马克思列宁主义，它是马克思列宁主义在中国的发展。"[③]

上述情况说明，整风运动开展前，毛泽东的思想理论已在全党产生广泛深刻的影响；整风运动开展后，通过对历史问题的深入讨论，党内不仅认识到毛泽东在革命实践上是党的正确路线的代表，在理论上对马列主义有创造性的发展，是中国化的马克思主义，而且找到了概括马克思主义中国化丰硕成果即中国化的马克思主义的科学概念——毛泽东思想。作为延安整风运动理论成果的《关于若干历史问题的决议》，充分肯定了毛泽东的历史地位和毛泽东思想的伟大作用，最后，党的七大终于正式确立了毛泽东思想作为中国共产党的指导思想。

对于中国共产党建设成为马克思主义政党起了决定性作用。 中国共产党建设成为马克思主义政党的任务繁重：一是由于它诞生的特殊国情决定了其特殊的党情，建设成为马克思主义政党的任务不能不异常繁重。二是由于它经历过严重挫折，全国党员数量由苏区鼎盛时期（包括白区在内）的 40 多万到各路红军抵达陕北后（包括白区在内）锐减至 4 万多人。抗战开始后党的力量又获得巨大发展，到开展整风运动时达到 80 多万，因此，教育新党员的任务也很繁重。三是党的六届六中全会虽然明确了毛泽东在全党的领袖地位，但过去"左"右倾的影响和流毒还广泛存在，妨碍将党建设成为马克思主义政党任务的实现。因此 1939 年 10 月毛泽东在《〈共产党人〉发刊词》中，基于抗战爆发后党所处的环境、担负的任务和党本身的状况，提出"建设一个全国范围的、广大群众性的、思想上政治上组织上完全巩固的布尔什维克化的中国共产党"的任务，并把这个任务称为党的建设的"伟大的工程"。开展全党性的整风运动，从党的

① 参见《中国文化》创刊号 1940 年 2 月 15 日。
② 参见刘少奇：《清算党内的孟什维克主义思想》，《解放日报》1943 年 7 月 6 日。
③ 王稼祥：《中国共产党与中国民族解放的道路》，《解放日报》1943 年 7 月 6 日。

建设角度而言，就是要进行这个"伟大的工程"建设。

开展整风运动对于建设马克思主义政党的作用

　　着重从思想上建设党的要求得到了落实。鉴于中国共产党所处的特殊环境，毛泽东早在井冈山时期就率先提出加强无产阶级的思想领导，着重从思想上建设党的要求。1929 年底古田会议决议进一步回答了在党员队伍以农民成分为主的情况下，如何着重从思想上建设党以保持无产阶级先锋队性质问题。抗战开始后，党员队伍的迅猛扩大，着重从思想上建设党的任务越来越突出。普遍性的整风运动的整顿作风、检查思想的要求，就是进行无产阶级思想同小资产阶级思想的斗争，达到去掉小资产阶级思想，努力转变为完全无产阶级思想的目的。在《在延安文艺座谈会上的讲话》等论著中，毛泽东针对党内小资产阶级成分占多数、非无产阶级思想大量存在的状况，明确提出共产党人不仅要在组织上入党，而且要在思想上入党。整风运动就是按照这样的指导思想进行的。据此可以说，整风运动是着重思想上建设党的伟大实践，从内容到形式都为从思想上将中国共产党建设成为马克思主义政党开辟了新路。党的历史证明，着重思想建党是落后国家马克思主义政党永葆先进性的重要保证。

　　党的指导思想排除了错误倾向的干扰，正确的政治路线更加明确、坚定。党的政治路线正确与否，决定着党的命运。整风运动反对教条主义、主观主义，就是要使全党始终坚定不移地贯彻执行党在抗日战争和整个民主革命时期的正确的政治路线。毛泽东在《新民主主义论》中初步提出了新民主主义革命的总路线对中国革命的领导者、动力、对象、任务、基本性质和革命前途等一系列基本问题作了明确规定。经过整风运动总结党的历史问题的经验教训，进一步分清路线是非后，在七大的《论联合政府》报告中，不仅对党的新民主主义革命总路线及其政治、经济、文化纲领作了更加明确的论述和更为全面具体的规定，而且首次提出党在那时的政治路线，即放手发动群众，壮大人民力量，在我党的领导下，打败日本侵略者，建立一个新民主主义的中国。这为夺取抗日战争的最后胜利和新民主主义革命在全国的胜利指明了方向。

　　提出了共产党区别于其他政党的三大作风。建设马克思主义政党的伟大工程，除有思想建设、政治建设、组织建设外还有作风建设。党的作风是党的性质、宗旨、纲领、路线的重要体现和完成党的任务的重要保证。党的作风建设，是关系到党能否保持先进性能否得到人民群众拥护、能否领导革命取得胜利的重大问题。在长期异常艰苦的革命斗争中党形成了许多为人民群众所称赞的优良作风。整风运动的"三反三整"，即反对主观主义以整顿学风、反对宗派主义以整顿党风、反对党八股以整顿文风，就是要在全党树立一切从实际出发、理论联系实际的马克思主义作风。而一切从实际出发，就必须要依靠人民群众。

这是中国最根本的实际，脱离了人民群众，党的革命斗争非失败不可。毛泽东批评王明为代表的教条主义时指出："其理论的理论，脱离群众四字尽之矣。"①整风运动的方法就是从团结的愿望出发，经过批评和自我批评，在新的基础上达到新的团结。整风运动空前地推进了党的作风建设。毛泽东在七大报告中对党应该具有并已形成的作风作出新的精辟概括："以马克思列宁主义的理论思想武装起来的中国共产党，在中国人民中产生了新的工作作风，这主要的就是理论和实践相结合的作风，和人民群众紧密地联系在一起的作风以及自我批评的作风。"②他强调，这三大作风中的每一项，都是中国共产党人区别于其他任何政党的显著标志。通过整风运动概括的三大作风，是马克思主义政党立于不败之地的根基。

党 的 七 大③

毛泽东在1945年召开的中国共产党第七次全国代表大会上作了《论联合政府》的报告，他在这篇报告中确立了党的政治路线，即"放手发动群众，壮大人民力量，在我党的领导下，打败日本侵略者，建立一个新民主主义的中国"④。他的这条政治路线阐明了加强党的领导是革命取得胜利的关键，"没有中国共产党的努力，没有中国共产党人做中国人民的中流砥柱，中国的独立和解放是不可能的，中国的工业化和农业近代化也是不可能的"。⑤这次会议标志着毛泽东关于党的建设思想的成熟，也标志着中国共产党在政治上的成熟。

正式确立了毛泽东思想作为中国共产党的指导思想

中国共产党第七次全国代表大会，系统总结了我国民主革命20多年曲折发展的历史经验，多方面丰富了毛泽东思想的内容，阐释了毛泽东思想的真谛，确立了毛泽东思想的地位，并提出了全党学习宣传毛泽东思想的任务，对毛泽东党建思想的进一步发展成熟作出了重大贡献，是毛泽东党建思想发展史上的一个里程碑。

党的七大，精辟阐述了中国共产党的总路线，丰富了毛泽东新民主主义的理论。毛泽东在七大召开的第二天向大会所作的口头报告中，对党的总路线作了生动的阐述。他说，我们的路线，我们的纲领，拿一句话来概括，就是"无

---

① 胡乔木：《胡乔木回忆毛泽东》，人民出版社2003年版，第215—216页。
② 《毛泽东选集》第3卷，人民出版社1991年版，第1093—1094页。
③ 参见秦益珍：《党的七大是毛泽东思想发展史上的里程碑》，《理论导刊》1995年第8期。
④ 《毛泽东著作选读》下册，人民出版社1986年版，第596页。
⑤ 《毛泽东选集》第3卷，人民出版社1991年版，第1098页。

产阶级领导的人民大众的反帝反封建的革命"，这条路线里面有一个队伍，有一个敌人，还有一个队伍的领导者、指挥官，这个队伍就是人民大众，这个敌人就是帝国主义和封建势力，这个领导者、指挥官就是无产阶级。他指出，所谓领导权，你总要去领导一个东西，有被领导才有领导者。有被领导者才发生领导的问题。无产阶级及其政党共产党，要打倒敌人，就要善于组织队伍，否则就会变成"无军司令""空军司令"。党的历史上的"左"右倾机会主义者，都在这个问题上犯了错误，忘记了无产阶级的领导，忘记了人民大众，忘记了农民。他特别强调人民大众最主要的部分是农民，忘记了农民，就没有中国的民主革命，也就没有中国的社会主义革命，也就没有一切革命。没有中国的社会主义革命，也就没有一切革命。如果忘掉农民，就是读一万册马克思主义的书也是没有用处的，因为你没有力量。靠几个小资产阶级、自由资产阶级分子，虽然也可以抵一抵，但是没有农民，谁来给饭吃呢？饭没有吃，兵也没有，就抵不过两三天。对此，周恩来在七大《论统一战线》的重要发言中也指出，在领导权问题上"左"的倾向是把自己孤立起来，成了无兵司令、"空军司令"，右倾是把整个队伍退出去。他强调对敌人、队伍、司令官这三方面，不管在哪一点上存在着不自觉或者盲目性，都会犯错误。

新民主主义思想路线，是新民主主义革命理论的核心内容，虽然从党的二大以来就逐步探索，到毛泽东撰写《中国革命和中国共产党》《新民主主义论》等已经形成论断，但毛泽东没有像在七大报告中这样具体、生动形象地阐发过，七大对总路线的司令官、队伍之间的关系，队伍中农民问题的极端重要性以及"左"右倾机会主义者在这个问题上的错误的具体阐发，丰富了作为毛泽东思想重要内容的新民主主义革命理论。

阐明了建立联合政府的方针、政策、步骤和核心，丰富了毛泽东新民主主义共和国的思想。毛泽东在《新民主主义论》等著作中，对新民主主义共和国性质、特点等已作过精辟阐述。而在七大《论联合政府》的书面报告中，又进一步阐明了建立民主联合政府的必要性和建立联合政府的方针、政策和步骤，阐明了建立联合政府的核心是废止国民党的一党专政。他指出：国民党的一党专政，实际上是国民党内反人民集团的专政，它是中国民族团结的破坏者，是国民党战场抗日失败的负责者，是动员和统一中国人民抗日力量的根本障碍物。这个反人民的专政，又是内战的祸胎，如不立即废止，内战惨祸又将降临。毛泽东还提出了结束国民党一党专政的步骤：先经过各党各派和无党无派人物的协议，成立临时的联合政府，再经过自由的无拘无束的选举，召开国民大会，成立正式的联合政府。以团结一切愿意参加的阶级和政党的代表在一起，在一个民主的共同纲领下，为现在的抗日和将来的建国而奋斗。毛泽东强调中国只能走这条路。这是一个历史法则，是一个必然的、不可避免的趋势，任何力量都是扭转不过来的。毛泽东关于建立联合政府和废止国民党一党专政的思想，进一步丰富了新民主主义人民共和国的思想。

确立了党的三大作风，丰富了毛泽东党的建设的理论，在党的作风建设方面，党的七大作出了重要贡献。毛泽东在《论联合政府》的报告中对党在长期革命斗争中形成的优良作风，作出了科学概括。他说，以马克思列宁主义的理论武装起来的中国共产党，在中国人民中产生了新的工作作风，"这主要的就是理论和实践相结合的作风，和人民群众紧密地联系在一起的作风以及自我批评的作风"，毛泽东对党的作风所作的系统概括，揭示了马克思主义无产阶级政党与其他任何政党相区别的显著标志，阐明了作风建设是党的建设的一项重要内容，对加强党的作风建设和团结全国人民有重大意义："我们要完成打倒敌人的任务，必须完成这个整顿党内作风的任务。……只要我们党的作风完全正派了，全国人民就会跟我们学。"党外有不良风气的人，只要他们是善良的，就会跟我们学，改正他们的错误，这样就会影响全民族。毛泽东还告诫全党党员，既要看到成绩，也要看到缺点。要汲取三个革命时期的经验，坚持三大作风，采取谦虚谨慎、不骄不躁的态度，说真话，不装懂，不吹牛，全党团结起来，与全国人民团结起来，为打败日本帝国主义建设新中国而奋斗。

关于修改党章的报告中，进一步阐述了党的群众路线是党的根本的政治路线和组织路线，重申党的民主集中制原则并系统地阐述了党的干部政策及选拔干部的标准、方法等一系列问题。上述思想丰富了毛泽东党的建设理论。

关于毛泽东思想的科学概念，在延安整风前后已经有理论工作者和党的领导人开始论及。刘少奇在修改党章的报告中，首次对毛泽东思想作了科学的概括，提出了毛泽东思想的本质特征和真谛。"毛泽东思想，就是马克思列宁主义的理论与中国革命的实践之统一的思想，就是中国的共产主义，中国的马克思主义。""毛泽东思想，就是马克思主义在目前时代的殖民地、半殖民地、半封建国家民族革命中的继续发展，就是马克思主义民族化的优秀典型。"这个概括，清楚地说明了毛泽东思想同马列主义、同中国革命之间的关系，揭示了毛泽东思想的本质特征即马列主义同中国革命实践相结合，这在理论上是个重大突破，至今仍然适用。同时七大也提出了毛泽东思想是党的集体智慧的观点。修改党章的报告指出：关于中国革命的系统的科学理论，"只能由中国无产阶级的代表人创造出来，而其中最杰出最伟大的代表人，便是毛泽东同志"。毛泽东思想，"表现在毛泽东同志的各种著作及党的许多文献上"。

七大的报告还从毛泽东思想的产生和内容方面阐明了毛泽东思想的基本特征。报告指出，毛泽东思想是在中国半殖民地半封建的特殊的社会历史条件下产生的，是从中国民族与中国人民长期革命斗争中，在中国伟大的北伐战争、土地革命战争和抗日战争中生长和发展起来的，同时又是在和党内各种错误的机会主义思想进行斗争中生长和发展起来的。它的内容有以下九个方面：关于现代世界情况及中国国情的分析；关于新民主主义的理论与政策；关于解放农民的理论与政策；关于革命统一战线的理论与政策；关于革命战争的理论与政策；关于革命根据地的理论与政策；关于建设新民主主义共和国的理论与政策；关于建设党的理论与政策；关于文化的理论与政策。正如报告指出的："这些理论与政策，完全是马克思主义的，又完全是中国的。这是中国民族智慧的最高表现和理论上的最高概括。"这些内容是毛泽东思想在延安时期得到系统总结和多方面展开而达到成熟的表现，它基本上包括了毛泽东思想发展到这个阶段的各个领域体系。这个体系的内容也说明了毛泽东思想是马列主义与中国国情和革命斗争实践相结合的产物，"相结合"是它的真谛或本质特征。由于党的七大阐明了毛泽东思想的真谛是"相结合"，就为全党更好地认识和掌握毛泽东思想的精髓奠定了基础。

党的七大确立了毛泽东思想在全党的指导地位，并提出了在全党学习、宣传毛泽东思想的任务。

党的七大在深刻阐明了毛泽东思想的真谛和科学体系的同时，也深刻地阐明了它对中国革命的巨大意义。党的七大关于修改党章的报告指出：毛泽东思想的生长、发展与成熟，已经有了 24 年的历史，经过无数次的千百万人民的剧烈斗争的反复考验，证明"它是客观的真理，是唯一正确的救中国的理论与政策"，"它是我们党的唯一正确的指导思想，唯一正确的总路线"。当革命受到毛泽东和毛泽东思想指导时，革命就胜利，就发展；当革命脱离毛泽东和毛泽东思想的指导时，革命就失败，就后退。正是全党，特别是党中央的领导人通过七大总结经验，形成了这种共识，所以一致通过把毛泽东思想写在了党的旗帜上，七大党章总纲确定："以马克思列宁主义的理论与中国革命实践之统一的思想——毛泽东思想，作为我们党一切工作的指针。"党的七大，把毛泽东思想确立为党的指导思想，是毛泽东思想发展成熟和中国共产党发展成熟的必然结果，是中国革命经验的科学总结。正如党的七大党章的报告中所指出的：我们党和许多党员，曾经因为理论上的准备不够，在工作中吃了不少徘徊摸索的苦头，走了不少不必要的弯路。但现在已经由于毛泽东同志的艰巨工作和天才创造，为我们党和中国人民在理论上做了充分准备，这就要极大地增强我们党和中国人民的信心和战斗力量，极大地加速中国革命胜利的进程。因此，七大提出：现在的重要任务，"就是动员全党来学习毛泽东思想，宣传毛泽东思想，用毛泽东思想来武装我们的党员和革命的人民，使毛泽东思想变为实际的不可抗御的力量"，并强调学习毛泽东思想，宣传毛泽东思想，遵循毛泽东思想的指示去进行工作，"即是每一个党员的职责"。

第三章　党建理论与实践

　　解放战争的胜利结束为我国社会主义革命的进行奠定了基础，中国共产党也由革命党变成了执政党。在这历史转折关头，党如何继续完成革命任务、如何在掌握国家政权的情况下加强自身建设等问题摆在了党的面前。

"两个务必"①

　　1949 年 3 月 5—13 日，中共中央在河北省平山县西柏坡召开了具有历史意义的七届二中全会，这次会议作出的各项政策规定，不仅对迎接全国胜利，而且对革命胜利后如何建设新中国，从政治上、思想上和理论上做了充分准备。

　　在西柏坡期间，毛泽东尤其注意拒腐问题，他处处以身作则，从一点一滴的小事做起。当时毛泽东穿的衣裤没有一件是不带补丁的，即使在接见苏共中央政治局委员米高扬和傅作义、章士钊等重要宾客时，也照穿不误。他的毛衣毛裤穿出了大洞，公务员将其拿去后，觉得难以再补。但他坚持不做新的，要将破旧的补补再穿。在革命战争的艰苦岁月里，毛泽东长期以来，洗脸洗脚只用一条毛巾，到西柏坡后，仍然如此。卫士眼看革命即将胜利，条件也比过去好了，于是建议再买一条新的毛巾，用新毛巾洗脸，旧毛巾洗脚。对此，毛泽东幽默地说："现在整天行军打仗，脚比脸辛苦，分开就不平等了，脚会有意见了。"然后，他又语重心长地说："账不能那么算，我多用一条毛巾可能贵不到哪里，可是全军如果每人节约一条毛巾，省下来的钱我看就能打一次沙家店战役了。"

　　1949 年 3 月 23 日，在中共中央机关离开西柏坡进驻北平之际，毛泽东与周恩来有一段意味深长的对话。毛泽东兴高采烈地对周恩来讲："今天是进京日子，不睡觉也高兴啊。今天是进京'赶考'嘛。进京'赶考'去，精神不好怎么行？"面带微笑的周恩来充满信心地讲："我们应当都能考试及格，不要退回来。"

　　毛泽东沉思片刻后，脸部表情由兴奋变为严肃，此刻，他又提及了李自成，"退回去就失败了。我们决不当李自成，我们都希望考个好成绩"。

　　进驻北平之后，毛泽东对反腐倡廉问题依然念念不忘，即使在看戏时，也会联想到这个问题。有一次，他看梅兰芳和刘连荣主演的《霸王别姬》。当演到项羽与虞姬生离死别时，他感慨不已，潸然泪下。当项羽那"力拔山兮气盖世，时不利兮骓不逝。骓不逝兮可奈何，虞姬虞姬奈若何？"凄楚之声传入耳际时，

---

①　参见徐国梁：《毛泽东在七届二中全会前后对反腐倡廉的思考》，《龙江党史》1999 年第 2 期。

他再度被深深触动，他对身边工作人员说："不要学西楚霸王。我不要学，你不要学，大家都不要学。"毛泽东说完这番话后，觉得意犹未尽。之后，他又号召领导干部去看这部戏，他希望所有领导干部都不要学楚霸王。"务必继续保持谦虚、谨慎、不骄、不躁的作风，务必继续保持艰苦奋斗的作风。"

时至今日，毛泽东提出的这两个"务必"，依然掷地有声诚之又诚。

西柏坡与中共七届二中全会①

西柏坡，位于太行山东麓、滹沱河北岸的柏坡岭下，是河北省平山县中部的一个小村庄。

1947年5月，以刘少奇为书记、朱德为副书记的中共中央工作委员会进驻西柏坡村。7月12日，中央工委在西柏坡正式成立。1948年5月，毛泽东、周恩来、任弼时率领中央前委和以叶剑英为书记、杨尚昆为副书记的中央后委，分别自陕北和山西省临县三交镇经晋绥解放区来到这里。5月1日，中共中央和中国人民解放军总部正式在这里办公，西柏坡成为中国革命的领导中心。抗日战争和解放战争中，西柏坡全村计有8人参军，支前民工达700多人次，做军鞋500多双，军衣600多套（件），碾压军粮200多万斤。中央工委、中共中央进驻后，更是腾房让房，再立新功。

在革命形势发展的历史转折关头，为了适应革命战争形势的发展，确立新的战略任务和战略决战方针，1948年9月8—13日，中共中央在西柏坡召开了政治局扩大会议，史称九月会议。

会议上毛泽东作了主题报告和结论，刘少奇、朱德、周恩来、任弼时等作了重要讲话。会议全面总结检查了过去的工作，制定了全党的战略目标。会后，毛泽东向全党全军发出了著名的"军队向前进，生产长一寸，加强纪律性，革命无不胜"的伟大号召。会上对建立人民政权、成立临时中央人民政府和发展新民主主义经济等问题进行了讨论。这次会议为组织进行战略决战，召开党的七届二中全会做了准备。

三大战役的胜利，标志着中国人民解放战争在全国的胜利已成定局，制定建立新中国的各项方针政策已迫在眉睫。1949年1月政治局会议提出："北平解放后，必须召集第七届第二次中央全体会议。"此后，中共中央为召开七届二中全会进行了积极的准备。

1949年3月5日下午3时30分，中国共产党第七届中央委员会第二次全体会议在西柏坡胜利开幕。在开幕会上，毛泽东做了题为《在中国共产党第七届中央委员会第二次全体会议上的报告》。会议根据毛泽东的报告，提出了促进革

① 参见西柏坡纪念馆：《西柏坡与中共七届二中全会》，《党建》2013年第8期。

命迅速取得全国胜利和组织这个胜利的各项方针。说明了在全国胜利的局面下，党的工作重心必须由乡村转移到城市；规定党在全国胜利以后，在政治、经济、外交方面应当采取的基本政策，以及使中国由农业国转变为工业国，由新民主主义社会转变为社会主义社会的总的任务和主要途径。

鉴于中国共产党即将在全国胜利后转变为执政党，毛泽东在报告中预见到革命胜利后可能出现的问题，告诫全党"夺取全国胜利，这只是万里长征走完了第一步……中国的革命是伟大的，但革命以后的路程更长，工作更伟大，更艰苦，这一点现在就必须向党内讲明白，务必使同志们继续地保持谦虚、谨慎、不骄、不躁的作风，务必使同志们继续地保持艰苦奋斗的作风"。并说："我们有批评和自我批评这个马克思主义的武器。我们能够去掉不良作风，保持优良作风。"

毛泽东在会议上所作的结论中强调指出要力戒骄傲。为了防止"糖衣炮弹"的腐蚀，防止为个人歌功颂德，会议根据毛泽东的提议，通过了几条没有写进决议的重要规定：不做寿，不送礼，少敬酒，少拍掌，不以人名作地名，不要把中国同志同马、恩、列、斯并列。

七届二中全会描绘了新中国的宏伟蓝图，确定了新中国的大政方针。它为促进中国革命的进一步发展，迎接全国胜利的迅速到来，实现党的工作重心转移，保证中国由新民主主义社会向社会主义社会的转变，从政治上、思想上和理论上做了充分的准备。

整 党 建 党

"三反"运动中的整党建党①

1951年初至1954年春，中国共产党开展了一次整党建党运动。而在此期间，中央又在干部队伍中发动了一场"三反"运动。"三反"运动开始之初，在中央要求"停止整党全力转入'三反'"的指示下，各地整党运动暂时告一段落。随着"三反"运动的展开，中央又发出"'三反'运动是一场最深刻的整党运动"，从而整党建党运动得以在"三反"运动的基础上继续开展。从时间上说，二者有重叠之处；从对象上看，二者也具有相同性；从内容而言，"三反"运动与整党建党关系密切；从结果看，"三反"运动实质上起到了整党建党运动的效用。

新中国成立后，中国共产党成为执政党，同时也面临着一些问题。其中之一是新党员人数较多和新党员的审查问题。据统计，"1949年底全国党员总数为

---

① 参见刘德军：《"三反"运动中的整党建党》，《学术论坛》2013年第5期。

450 万人以上，在解放前后的两年中，中国共产党增加了 200 多万新党员，仅在 1949 年一年内，就发展新党员 145 万人左右"。① 由于革命形势的迅速发展，中国共产党对这些新发展的党员还来不及进行有计划的考验和审查，而且在发展党员的过程中，有不少地区在条件不成熟或不完全成熟的情况下，就开始大量发展。

问题之二是随着革命的逐渐胜利，一些党员干部的工作和生活作风发生了变化。1950 年 5 月 1 日，中央发出《关于在全党全军开展整风运动的指示》，清醒地认识到，"由于我党已取得全国胜利，由于两年多以来党的发展已增加了党员约二百万人，其中很多人的思想作风极为不纯，还没有来得及给以有计划的教育训练；由于老党员老干部中亦有很多人骄傲自满，发展了严重的命令主义作风，任意违反党与人民政府的政策，采取蛮横态度去完成工作任务，破坏党与人民政府的威信，引起人民不满，甚至有贪污腐化、政治上堕落颓废、犯法乱纪等极端严重现象发生"。②

中央对这一情况极为关注。为了改变这种状况以巩固新生的人民政权，中央决定开展整党建党运动。1951 年 2 月，中央召开了政治局扩大会议，讨论整党及建党问题。认为，"整党应以三年时间实现之。其步骤，应是以一年时间（一九五一年）普遍进行关于怎样做一个共产党员的教育，使所有党员明白做一个共产党员的标准，并训练组织工作人员。同时，进行典型试验。然后，根据经验进行整党，但城市可以在一九五一年进行整党"。整党时，首先将 "'第四部分人'③ 清洗出去。然后对 '第二部分人'、'第三部分人' 加以区别，对其中经过教育而仍确实不合党员条件者劝其退党，务使这些退党者自愿地退出"④。

1951 年 3 月 28 日至 4 月 9 日，中共召开了第一次全国组织工作会议，通过了《关于整顿党的基层组织的决议》和《关于发展新党员的决议》，对整党和建党工作进行了具体部署。以这一会议为起点，整党建党运动在全国正式展开。在这次会议之后，各地的整党建党运动陆续发动，这主要表现在各地根据中央规定纷纷制订了整党建党计划，进行了初步的整党建党准备工作。

1951 年 8 月 1 日，中共苏南区委员会发出了《苏南整党建党计划》，规定在1952 年年底以前，"基本上完成整党任务，并在还没有党的基础或基础很差的工厂、农村及专科以上学校发展与建立党的组织"。"方针上采取整理与发展相结合。总的步骤是先整理后发展。各地必须集中力量，在明年三月以前，基本上

---

① 董边：《毛泽东和他的秘书田家英》，中央文献出版社 1989 年版，第 10 页。
② 《建国以来重要文献选编》第 1 册，中央文献出版社 1992 年版，第 217 页。
③ 1951 年整党时，把党员划为四种人：一是具备党员条件的；二是不完全具备党员条件的，或有严重毛病的，必须加以改造提高的；三是不够党员条件的消极落后分子；四是混入党内的阶级异己分子、叛变分子、投机分子、蜕化变质分子等。
④ 《建国以来重要文献选编》第 2 册，中央文献出版社 1992 年版，第 41—42 页。

做好整党与发展党的各项准备工作。"①

虽然，在中央的号召之下，各地纷纷做出了整党建党计划，但运动同样面临问题，那就是运动稍一深入就会涉及到一些党员干部自身利益，而这种情况也引起部分党员干部对运动的不满和抵制。苏北区在党员干部中做传达整党建党的报告时，就引起了部分党员干部的反对和不理解：有人认为整党是老一套，抱着无所谓的态度。他们说："整也好，不整也好，反正自己没有犯过什么错误""反正我没有错误，整就整，整党是整坏分子，我不坏不要紧""还不是经常整吗？大概和去年差不多""三查三整那样大的风浪都过去了，这次没有什么了不起"。有一些消极、落后的党员说："整党也好，把我整回去，一心一意搞生产""不要我就罢，没党籍总不会没饭吃""条件这么高，我们总归不来事"，甚至时任崇明新河区问化乡农会主任与新民乡两个党员听到整党报告后，支部会议不参加了。很多党员认为八条标准太高，缺乏信心。他们反映："八大标准可望不可即，这只是努力方向。这样整，农村支部的党员起码要打八折"，"别的都做到，就是第五条办不到"。海安县一党员说："没有一个党员合这个标准，自己也学不上。"还有部分党员对整党方针不理解，怕"整掉"。有的工农干部说："我的文化水平低，不想拿党证挂党员牌子了"，"这次整党可能要把不识字的党员整回家。"②

通过各地党员对整党建党运动的认识和反映来看，不是说中央发出了整党建党的要求后，地方就会立即行动起来，由于这个运动是以党员为对象，会涉及到一些党员干部的自身利益，所以会引起部分党员干部的不满，这种不满也会引起他们对这个运动的消极抵制。因此，整党建党运动尚未真正开展，就陷入僵局。

1951年12月，中央发出"三反"运动的指示，"三反"运动正式进行。鉴于有些地方政府以整党建党为借口而忽视了"三反"运动，中央于12月26日又发出《关于停止整党学习全力转入"三反"运动的指示》，指出"中央认为西南局停止原订整党学习计划，全力转入反贪污、反浪费、反官僚主义的整风运动，是完全正确的，请各中央局也照这样做"③。至此，全国性的整党建党运动暂时告一段落，中央和地方政府的工作重心转入到"三反"运动。

1952年1月1日的《人民日报》社论《以高度的信心和坚强的意志迎接一九五二年》中指出，"从一九五一年秋季开始，中国共产党已经在着手整理自己的基层组织，这个整理组织的工作将在一九五二年内全面展开，反贪污、反浪

①　《中共苏南区委员会苏南整党建党的工作计划》，江苏省档案馆藏，全宗号 3006，永久，案卷号 61。

②　苏北党委宣传部：《党员干部对整党的思想反映》，《宣教业务通讯》，江苏省档案馆藏，第 2—126 页。

③　《建国以来重要文献选编》第 2 册，中央文献出版社 1992 年版，第 552—553 页。

费、反官僚主义的斗争，使中国共产党的整党工作得到了更丰富的内容"。① 这个社论开始将"三反"运动与整党建党结合起来。至于如何结合，社论并未触及。

2月3日，中央发出《关于"三反"运动和整党运动结合进行的指示》，关于"三反"运动与整党建党运动的联系，其中说道，"事实证明：'三反'运动是一个更加现实与深刻有力的整党运动。如果不大张旗鼓地、雷厉风行地开展'三反'运动，则党内许多严重的贪污浪费和官僚主义的现象就不能尽情的被揭发出来，贪污浪费和官僚主义分子就不能得到适当的惩处，资产阶级思想对党的侵蚀与危害，也就不能彻底克服和肃清。所以，整党工作必须与'三反'运动相结合，在'三反'运动的基础上，进行党员八项标准的教育，进行登记、审查和处理"。② 这是我们所能看到的第一份党中央要求将"三反"与整党相结合的指示，改变了之前将"三反"运动与整党建党割裂开来的做法；通过指示的内容，我们也可以看出，"三反"运动的发动促进了整党建党运动的开展，是一场深刻的整党建党运动，如果没有"三反"运动，则整党建党运动就不会那么深刻有力。

根据中央的指示，各地也提出了一些具体做法。1952年3月12日，中共苏北区委组织部发出的《关于三反与整党相结合的通知》要求：第一，地委之整党典型乡应与"三反"典型试验乡相结合，在开展"三反"运动的基础上进行八项标准的教育。如果地委的第一个整党典型试验乡工作才结束，第二个乡未开始或才开始者，则应将工作组调回地委，先进行"三反"学习，然后派下去工作。如果现在正在进行之试验乡已搞大部即将结束者，则按原定计划进行，待结束后将干部抽回进行"三反"短期学习，然后再派下去进行"三反"工作。第二，县委待区党委及地委取得经验，再进行"三反"与整党相结合的典型试验。目前各县正在进行试验乡可按照原定计划结束，然后抽回干部进行"三反"学习。第三，区党委组织部已部署直接掌握之试验乡，进行"三反"与整党试验，约在3月底可结束，拟在4月初召开地、县两级典型工作组干部会议，进一步研究和部署"三反"整党的试验工作。

在中央的指示和号召之下，各地也纷纷就"三反"如何与整党建党运动相结合提出了措施和意见。至此，"三反"与整党建党逐渐有了实质性的结合。

"三反"运动历经发动、"打虎"、追赃定案和思想建设等四个阶段。综观运动的全过程，我们可知其对整党建党运动的影响主要表现在以下几方面。

"三反"运动成为整党建党运动中了解党员和积极分子的主要途径。各地在"三反"运动中要求：第一，在"三反"运动中，要特别注意搜集有关干部党员

---

① 《以高度的信心和坚强的意志迎接一九五二年》，《人民日报》1952年1月1日。
② 《建国以来重要文献选编》第3册，中央文献出版社1992年版，第64页。

和一般党员所表现的具体材料，包括本人自己坦白暴露及别人检举揭发的贪污、浪费、受贿、包庇勾结奸商、丧失立场及严重的官僚主义作风等材料；应指定专人与各人事部门搜集整理，于"三反"运动告一段落后，即逐步整理归入档案，这是初步整党和了解党员的最好材料。第二，通过运动，审查作为发展对象的积极分子。因此，各组织部门亦应专人负责搜集积极分子在运动中的表现、态度等并要继续发现和登记有觉悟、历史清白、思想意识较好的积极分子，这是建党准备工作的重要环节。[①] "三反"运动成了搜集党员材料的重要途径，为审查党员做准备；而积极分子在"三反"中的表现也成为其是否能够入党的重要标准。

在"三反"运动中，由于各级党员干部是"三反"运动的对象，有一批党员受到了相应的处分，这本身就实现了整党的目的。对中国共产党而言，"三反"运动起到了整党运动的效果。如在苏南一级机关 109 个支部中，经过"三反"的有 90 个支部，占支部总数的 82.5%，参加"三反"党员 2757 人，占党员总数 3388 人的 81%。"三反"运动中，在党内揭发和暴露出犯各种不同程度的贪污浪费和官僚主义等错误行为的有 899 人，占参加"三反"党员总数的 33%，其中受到各种党纪处分的 224 人，劝告的 23 人，警告的 91 人，撤销工作的 10 人，留党察看的 45 人，开除党籍的 55 人，占参加"三反"党员总数的 8.1%，占犯错误党员总数的 24.9%。[②] 总而言之，通过"三反"运动实现了早期整党建党运动未能实现的目标，这是较为现实和深刻的整党运动。

"三反"运动中涌现的积极分子成为建党的主要来源。整党之后就要建党，而对于建党的来源，中央明确规定，"'三反'运动使各级机关中原有的非党积极分子受到了锻炼，同时涌现出大批新的积极分子。党对这些积极分子的思想情况与历史情况，也有了进一步的了解。因此，应在各级机关中积极地进行建党的准备工作和接收新党员的工作。要求今后一年内（1952 年 6 月至 1953 年 6 月）在机关六十万青年团员和其他优秀分子中，按接收新党员的手续，吸收百分之二十的人入党"。[③] 由此看来，"三反"运动中的积极分子成为建党的主要来源。

"三反"运动本身对党员而言亦是一场思想教育运动。1952 年 5 月 30 日，中央发出《关于在"三反"运动的基础上进行整党建党工作的指示》，指出"'三反'运动对全国人民来说是一次最深刻、最生动的教育，对共产党员来说，

① 参见《中共南京市委组织部关于整党建党工作与"三反"运动相结合的通知》，《整党建党参考文件》，江苏省档案馆藏，第 4—13 页。

② 参见《中共苏南区一级机关委员会整党工作报告》江苏省档案馆藏，全宗号 3006，永久，卷宗号 159。

③ 《建国以来重要文献选编》第 3 册，中央文献出版社 1992 年版，第 198 页。

是一次严格的考验",要求"在'三反'运动的建设阶段中,结合党员的八项标准①进行一次教育,是能够更好地提高所有党员的觉悟程度与改正某些党员的缺点和错误的"②。

各地更是将"三反"运动的思想建设阶段与党员八项标准的宣传教育相结合,进行整党工作。1952年6月15日,中央发出《关于争取胜利结束"三反"运动中的若干问题的指示》,指出"'三反'运动本身对共产党来说就是一次很深刻的整党运动。党员干部特别是居于领导地位的党员干部,在群众运动的烈火中已受到了一次严格的锻炼。'三反'以前已按党员标准的八项条件整党的单位,'三反'运动对于他们事实上是进一步的整党运动。'三反'以前未按党员标准的八项条件进行整党的地区,可以在'三反'建设阶段同时或在'三反'结束以后,划出一定时间,进行对于党员标准的八项条件的学习,其目的在于普遍提高党员的认识"③。

各地对如何在"三反"运动的思想建设上贯彻党员八项标准的教育问题提出了许多可行的办法。苏南区党委认为主要通过两种形式:"一是通过总结'三反',把前阶段暴露出来的各种错误,结合或重点结合党员标准的八条来批判,这样较生动;二是通过重点关系、个别'回炉补课',通过重点人、重点事联系结合本机关产生的偏向来教育检查。"④

通过这次全国性的整党建党运动,"到1953年6月,全国共清除出党32.8万人,其中开除党籍者23.8万人,发展新党员107万人,新建支部8.2万个。"整党运动于1954年春基本结束。在这一运动中,"共计有41万人被开除党籍或被劝告退党,占全体党员人数6.4%"⑤。

关于"三反"运动和整党建党运动之关系,就像松江地委所总结的,"我们体会'三反'的过程就是整党过程,而通过'三反'是进行整党最有力的办法。'三反'的前三阶段特别是交代关系时可以暴露出党内存在问题之全貌,在第四阶段中再把这些暴露出来的问题提高到党员标准去分析批判,以划清与资产阶级的思想界限。至于一些蜕化变质、阶级异己分子、党内的个别坏分子,则应通过处理加以清洗,这样做既可以从实际出发批判错误,提高党员思想,把一些过去不具备党员条件的同志提高到党员标准上去,达到教育的目的,又可以

---

①   参见《建国以来重要文献选编》第2册,中央文献出版社1992年版,第206—208页。

②   《建国以来重要文献选编》第3册,中央文献出版社1992年版,第197页。

③   《建国以来重要文献选编》第3册,中央文献出版社1992年版,第226—227页。

④   《陈光同志在苏南区党委1952年第一次组织工作会议上的总结报告》江苏省档案馆藏,全宗号3006,短期,档案号144。

⑤   本书编写组:《中共党史导读》下册,中国广播电视出版社1991年版,第1109页。

把党内个别坏分子清除出党，纯洁了党的组织"。[1]

具体而言，"三反"运动对整党建党的影响是：第一，随着各地"三反"运动的展开，打破了之前整党建党运动的僵局，使整党建党运动切实开展。第二，通过"三反"运动，中国共产党对党员队伍进行了初步的清理，有一部分党员被清除出党或受到各种处分，是一场最为实际的整党建党运动。以"三反"运动为契机，完成了"三反"运动之前的整党建党运动难以完成的工作，而正是通过"三反"运动，使得整党建党运动的内容和深度都大大增加了。第三，"三反"运动对广大党员来讲也是一场思想教育运动。在"三反"运动的建设阶段，通过对党员进行八项标准的教育，通过划清与资产阶级的政治、经济和思想界限，也初步达到了提高教育党员的要求。第四，"三反"运动中涌现了大量积极分子。根据中央"要积极吸收'三反'、'五反'运动中的积极分子入党"的指示，这些积极分子也就成为建党的主要来源。因此，我们可以说，"三反"运动本身就是一场整党建党运动，并且是一场比较实际和有效的整党建党运动。

新中国成立初期执政党建设[2]

中华人民共和国成立之后，中国共产党从领导中国人民夺取全国政权的党转变为在全国执政的党。如何经受在全国执政的考验，进一步搞好党的建设，成为新中国成立初期党面临的一个重大历史课题。毛泽东在这一时期，即从新中国成立到党的第八次全国代表大会召开，领导我们党对这一重大历史课题从理论和实践上进行了不懈的探索。这是一个波澜壮阔的历史过程。回顾这个过程，我们可以根据这个时期党的建设所要解决的重点问题的变化，把这种探索分为三个阶段。

第一个阶段，是从 1949 年到 1953 年，主要是贯彻党的七届二中全会精神，在新的历史条件下按照"两个务必"的要求，狠抓党的作风建设，反对党内的不良作风，抵制资产阶级腐蚀，保持党同人民群众的血肉联系。

1949 年 3 月，毛泽东在七届二中全会的报告中，对中国革命在全国胜利之后党的建设面临的形势和任务有清醒的估计和认识。他指出，从党内来看，"因为胜利，党内的骄傲情绪，以功臣自居的情绪，停顿起来不求进步的情绪，贪图享乐不愿再过艰苦生活的情绪，可能生长"。从社会环境来看，"因为胜利，人民感谢我们，资产阶级也会出来捧场。敌人的武力是不能征服我们的，这点已经得到证明了。资产阶级的捧场则可能征服我们队伍中的意志薄弱者"。因此，毛泽东谆谆告诫全党："中国的革命是伟大的，但革命以后的路程更长，工作更伟大，更艰苦。这一点现在就必须向党内讲明白，务必使同志们继续地保

---

① 松江地委组织部：《松江专区一级机关三反运动建设阶段工作的情况报告》江苏省档案馆藏，全宗号 3065，永久，卷宗号 46。

② 参见李怡心：《毛泽东建国初期执政党建设理论与实践探析》，《思想理论教育导刊》2004 年第 9 期。

持谦虚、谨慎、不骄、不躁的作风，务必使同志们继续地保持艰苦奋斗的作风。"① 而要做到这"两个务必"，就必须运用批评和自我批评这个马克思列宁主义的武器，去掉不良作风，保持优良作风。

新中国成立初期，我们党内确实发生了七届二中全会报告估计到的情况，特别是在干部中滋生了居功自傲的情绪，在工作中表现出命令主义、官僚主义的恶劣作风。针对这种情况，毛泽东 1950 年 4 月 28 日给中共中央华东局、中南局、西南局、西北局领导同志的指示中即已指出："整训干部已经成了极端迫切的任务，各阶层人民相当普遍地不满意我们许多干部的强迫命令主义的恶劣作风，尤其是表现于征粮、收税和催缴公债等项工作中的上述作风，如不及时加以整顿，即将脱离群众。"1950 年 6 月 6 日他在七届三中全会上的书面报告中又指出："全党应在一九五〇年的夏秋冬三季，在和各项工作任务密切地相结合而不是相分离的条件之下，进行一次大规模的整风运动，用阅读若干指定文件，总结工作，分析情况，展开批评和自我批评等项方法，提高干部和一般党员的思想水平和政治水平，克服工作中所犯的错误，克服以功臣自居的骄傲自满情绪，克服官僚主义和命令主义，改善党和人民的关系。"② 据此，党中央发出一系列关于党的建设的指示，在全党进行了一次着重整顿党的干部的整风学习。1951 年春天，中共中央召开第一次全国组织工作会议，决定对全党的基层组织进行一次普遍的整顿。

1951 年下半年，针对陆续揭露出来的党内严重的贪污案件，毛泽东进一步指出，"自从我们占领城市两年至三年以来，严重的贪污案件不断发生"，很多党员，甚至负责干部"陷入了贪污、浪费和官僚主义的泥坑"，这"证明一九四九年春季党的二中全会严重地指出资产阶级对党的侵蚀的必然性和为防止及克服此种巨大危险的必要性，是完全正确的，现在是全党动员切实执行这项决议的紧要时机了。再不切实执行这项决议，我们就会犯大错误"。他指出，"三反"即反贪污、反浪费、反官僚主义"实是全党一件大事"，要将其"看作如同镇压反革命的斗争一样的重要"，"须当作一场大斗争来处理"，以"停止很多党员被资产阶级所腐蚀的极大危险现象"，"克服二中全会所早已料到的这种情况，并实现二中全会防止腐蚀的方针"。③ 根据毛泽东的指示精神，中共中央 1951 年 12 月 1 日发出《关于实行精兵简政，增产节约，反对贪污、反对浪费和反对官僚主义的决定》，12 月 8 日又发出《关于反贪污斗争必须大张旗鼓地去进行的指示》，在全党开展了"三反"运动。为了保证"三反"运动健康发展和取得更大成效，1952 年 2 月 3 日，中共中央发出《关于"三反"运动应和整党运动结合

① 《毛泽东选集》第 4 卷，人民出版社 1991 年版，第 1438、1438—1439 页。
② 《毛泽东文集》第 6 卷，人民出版社 1999 年版，第 56、72 页。
③ 《毛泽东文集》第 6 卷，人民出版社 1999 年版，第 208、191、208、190—191 页。

进行的指示》，要求在"三反"运动的基础上，按照党员标准，对党员进行登记、审查和处理，并对所属干部作一次深刻的考察和了解，坚决清除贪污蜕化分子，撤换那些严重的官僚主义分子和居功自傲、不求上进、消极疲沓、毫不称职的分子的领导职务，大胆地提拔一批德才兼备的优秀分子到各级工作的领导岗位上来。这场斗争进行了半年多的时间，直到 1952 年 10 月 25 日中共中央批准关于结束"三反"的报告后告一段落。[①]

1953 年，毛泽东又领导我们党开展了反对官僚主义、命令主义和违法乱纪的斗争。他说，我们党在"三反"中基本上解决了中央、大行政区、省市和专区四级许多工作人员中的贪污和浪费两个问题，也基本上解决了许多领导者和被领导的机关人员相脱离的这一部分官僚主义的问题，"但对于不了解人民群众的痛苦，不了解离开自己工作机关稍为远一点的下情，不了解县、区、乡三级干部中存在着许多命令主义和违法乱纪的坏人坏事，或者虽然对于这些坏人坏事有一些了解，但是熟视无睹，不引起义愤，不感觉问题的严重，因而不采取积极办法去支持好人，惩治坏人，发扬好事，消灭坏事，这样一方面的官僚主义，则在许多地区、许多方面和许多部门，还是基本上没有解决"。[②] 毛泽东要求我们党要深刻认识官僚主义和命令主义的社会根源，加强我们的领导任务，改进我们的领导方法，逐步减少危害群众的官僚主义和命令主义，使我们的许多党政组织较早地远离国民党作风。

第二个阶段，是从 1953 年到 1955 年，主要是正确处理"高饶事件"，维护我们党的团结统一。

1953 年，我们党内发生了破坏党的团结和统一的"高饶事件"。高岗、饶漱石于 1952 年底和 1953 年初先后从东北和华东党政最高负责人的岗位调到中央工作。这时，党中央正酝酿召开第一届全国人民代表大会和党的第八次全国代表大会。高岗、饶漱石个人野心急剧膨胀，以为他们篡夺党和国家最高领导权的机会到了，进行了一系列阴谋活动。1953 年 12 月，中央政治局会议揭露了高岗、饶漱石的反党分裂活动。1954 年 2 月，党的七届四中全会进一步揭发批判高岗、饶漱石，一致通过《关于增强党的团结的决议》。1955 年 3 月，党的全国代表会议通过决议，开除高岗、饶漱石的党籍，撤销他们担任的一切职务。毛泽东在这次会议上指出，全党在中央委员会团结一致的领导下，已经把高岗、饶漱石反党联盟彻底地粉碎了，我们的党因此更加团结起来和巩固起来了。"对于我们的党说来，高岗、饶漱石事件是一个重要的教训，全党应该引为鉴戒，

① 参见中共中央文献研究室：《关于建国以来党的若干历史问题决议注释本》，人民出版社 1985 年版，第 219—222 页。

② 《毛泽东文集》第 6 卷，人民出版社 1999 年版，第 253—254 页。

务必使党内不要重复出现这样的事件。"①

第三个阶段，是 1956 年围绕召开党的第八次全国代表大会，提出反对主观主义、宗派主义、官僚主义，其中突出的是反对社会主义革命和建设中的主观主义，以正确总结历史经验，走中国自己的社会主义道路，为建设伟大的社会主义中国而奋斗。

1956 年 9 月我们党召开的第八次全国代表大会是一次具有重要历史意义的会议。为了开好这次大会，毛泽东在会前和大会上作了一系列重要讲话。他指出，这次大会的目的和宗旨，"总的说来，就是总结七大以来的经验，团结全党，团结国内外一切可以团结的力量，为建设伟大的社会主义中国而奋斗"。毛泽东指出，我们搞民主革命，走过许多曲折的道路；现在是搞建设，"我们希望建设中所犯的错误，不要像革命中所犯的错误那么多、时间那么长"。② 为此，毛泽东提出了要继续发扬我们党在思想方面和作风方面的优良传统，反对思想上的主观主义、工作上的官僚主义和组织上的宗派主义。

毛泽东在领导中国革命的过程中以及新中国成立以来，一直反对主观主义，坚持把马克思主义理论与中国具体实际相结合。他指出："把马克思列宁主义的理论和中国革命的实践密切地联系起来，这是我们党的一贯的思想原则。"而在八大前后，这个问题事关能否正确总结历史经验，能否走出中国自己的社会主义道路，因而成为毛泽东在这一时期着重论述的问题之一。他指出："主观主义就是不从客观实际出发，不从现实可能性出发，而是从主观愿望出发。我们这次大会的文件所规定的东西，所讲的东西，要尽可能符合和接近中国的实际。""现在，我们反对的是社会主义革命和社会主义建设中的主观主义。"③ 毛泽东身体力行，在深入调查研究的基础上，1956 年 4 月 25 日在中共中央政治局扩大会议上作了《论十大关系》的重要讲话，这篇讲话以苏联的经验为鉴戒，正确总结中国的经验，对适合中国情况的社会主义建设道路进行了初步探索，是一篇将马克思主义理论与中国具体实际相结合、反对主观主义的重要文献。

毛泽东在新中国成立初期关于执政党建设的探索，无论在理论上还是实践上都具有深远的历史意义。1952 年 5 月 10 日，毛泽东在关于"三反"运动的指示中讲了一句话，指出"三反"运动"是共产党人统治国家的一次很好的学习"④。这句话实际上可以适用于新中国成立初期党的建设的整个实践。应该说，新中国成立初期，正是在毛泽东的领导下，我们党进行了"统治国家的一次很好的学习"，经受住了在全国执政的考验，保持了党同人民群众的血肉联系，保证了党的团结

① 《毛泽东文集》第 6 卷，人民出版社 1999 年版，第 391 页。
② 《毛泽东文集》第 7 卷，人民出版社 1999 年版，第 86、101 页。
③ 《毛泽东文集》第 7 卷，人民出版社 1999 年版，第 116、90 页。
④ 《毛泽东文集》第 6 卷，人民出版社 1999 年版，第 204 页。

统一，坚持了正确的思想路线，领导全国人民巩固了新生的人民共和国，并在中国建立起社会主义制度，使我们党成为团结全国人民进行社会主义建设的核心力量。

尤为可贵的是，毛泽东在新中国成立初期的探索中即已指出了执政党建设的长期性和艰巨性。例如反对官僚主义和命令主义的问题，1953年，毛泽东就指出："官僚主义和命令主义在我们的党和政府，不但在目前是一个大问题，就是在一个很长的时期内还将是一个大问题。"这是因为，第一，官僚主义和命令主义有其深刻的社会根源，它"是反动统治阶级对待人民的反动作风的残余在我们党和政府内的反映的问题"。第二，"就我们党政组织的领导任务和领导方法来说，这是交代工作任务与交代政策界限、交代工作作风没有联系在一起的问题，即没有和工作任务一道，同时将政策界限和工作作风反复地指示给中下级干部的问题。这是对各级干部特别是对县、区、乡三级干部没有审查，或者审查工作做得不好的问题。这是对县、区、乡三级尚未开展整党工作，尚未在整党中开展反命令主义和清除违法乱纪分子的斗争的问题。这是在我们专区以上的高级机关工作人员中至今还存在着不了解和不关心人民群众的痛苦，不了解和不关心基层组织情况这样一种官僚主义，尚未向它开展斗争和加以肃清的问题。如果我们的领导任务有所加强，我们的领导方法有所改进，则危害群众的官僚主义和命令主义就可以逐步减少，就可以使我们的许多党政组织较早地远离国民党作风。而混在我们党政组织中的许多坏人就可以早日清除，目前存在的许多坏事就可以早日消灭"[①]。也就是说，官僚主义和命令主义现象的存在有其深刻的社会根源和复杂的成因，需要我们从各个方面做长期的艰苦的努力，才能逐步予以克服。

再如反对主观主义的问题，更不是一朝一夕即能彻底解决的，毛泽东1956年8月30日在《增强党的团结，继承党的传统》的讲话中指出："按照辩证唯物论，思想必须反映客观实际，并且在客观实践中得到检验，证明是真理，这才算是真理，不然就不算。我们这几年的工作是有成绩的，但是主观主义的毛病到处都有。不仅现在有，将来还会有。主观主义永远都会有，一万年，一万万年，只要人类不毁灭，总是有的。有主观主义，总要犯错误。"[②]（也就是说，主观主义将长期存在，反对主观主义将是党的思想建设的长期任务。）

这就明确地告诉我们，执政党的思想、组织、作风建设是一个长期的历史任务，我们党在新的历史条件下将始终面临如何保持自身的先进性，保持同人民群众的密切关系，保持党的团结统一，保持正确的思想路线，坚持真理，修正错误，以巩固执政地位，始终成为中国人民革命和建设事业的领导核心这个根本问题。这是对党的七届二中全会精神的丰富与发展，对马克思主义党建理

---

① 《毛泽东文集》第7卷，人民出版社1999年版，第254、254—255页。

② 《毛泽东文集》第7卷，人民出版社1999年版，第90页。

论的丰富与发展。

毛泽东 1950 年 6 月 6 日在七届三中全会上的书面报告中要求全党应在 1950 年的夏秋冬三季，"在和各项工作任务密切地相结合而不是相分离的条件之下，进行一次大规模的整风运动，用阅读若干指定文件，总结工作，分析情况，展开批评和自我批评等项方法，提高干部和一般党员的思想水平和政治水平，克服工作中所犯的错误，克服以功臣自居的骄傲自满情绪，克服官僚主义和命令主义，改善党和人民的关系"。这里有两点是特别应予肯定的：一是整风运动要"和各项工作任务密切地相结合而不是相分离"；二是要运用"阅读若干指定文件，总结工作，分析情况，展开批评和自我批评等项方法"来达到整风的目的。在第一个问题上，毛泽东在新中国成立初期一直是把握得比较好的，他一直要求党的建设要和党的各项工作任务密切地相结合，从而保证了各项工作任务、特别是中心工作的胜利进展。1953 年他要求对党政组织在农村工作中严重地脱离农民群众、损害农民及其积极分子利益的"五多"（即任务多、会议集训多、公文报告表册多、组织多、积极分子兼职多）的问题予以重视和解决，特别强调"农业生产是农村中压倒一切的工作，农村中的其他工作都是围绕着农业生产而为它服务的。凡足以妨碍农民进行生产的所谓工作任务和工作方法，都必须避免"①。而在第二个问题上，他则往往越出了"阅读若干指定文件，总结工作，分析情况，展开批评和自我批评等项方法"的范围，而运用大张旗鼓搞群众运动的方式来解决问题。1957 年 3 月 10 日他在《同新闻出版界代表的谈话》中讲了这样一段话："在报纸上开展批评的时候要为人家准备楼梯。否则群众包围起来，他就下不了楼。反对官僚主义也是这样。'三反'的时候，有许多部长就是中央给他们端了梯子接下楼来的。过去搞运动是必要的，不搞不行，但是一搞又伤人太多，我们应该接受教训。现在搞大民主不适合大多数人民的利益。"②毛泽东在这里对"大民主"方式的反思说明他已经觉察到这种方式的弊端，认识到这样搞"伤人太多"，认识到在我们党执政的条件下"搞大民主不适合大多数人民的利益"；毛泽东仍然认为"过去搞运动是必要的，不搞不行"，因而并没有坚决地停止运用这种方式来解决党内问题。

再如党内民主生活的健全问题。毛泽东 1956 年 4 月 28 日在中共中央政治局扩大会议上的总结讲话中曾经指出："七届四中全会以来，我们的党内生活有些呆板，不活泼。四中全会是应该召开的，反对了高岗那一种破坏性的煽动，增强了党的团结……可是在高岗问题被揭露出来以后，我们党内又产生了另外一种现象：谨小慎微，莫谈国事。这也是可以理解的，因为大家都生怕犯那个错误。现在我们就讲清楚，国事有两种：一种是破坏性的，一种是建设性的。像

① 《毛泽东文集》第 6 卷，人民出版社 1999 年版，第 72、273 页。
② 《毛泽东文集》第 7 卷，人民出版社 1999 年版，第 264 页。

高岗那种破坏性的国事就不要去谈，但建设性的国事就要大谈特谈，因为它是建设性的。"1956 年 9 月 24 日他在同参加中国共产党第八次全国代表大会的南斯拉夫共产主义者联盟代表团的谈话中又指出："我们社会主义国家必须想些办法。当然，没有集中和统一是不行的，要保持一致。人民意志统一对我们有利，使我们在短期内能实现工业化，能对付帝国主义。但这也有缺点，就在于使人不敢讲话，因此要使人有讲话的机会。我们政治局的同志都在考虑这些问题。""我国很少有人公开批评我，我的缺点和错误人们都原谅。因为我们总是为人民服务的，为人民做了一些好事。我们虽然也有命令主义、官僚主义，但是人民觉得我们做的好事总比坏事多，因此人民就多予歌颂，少予批评。这样就造成偶像，有人批评我，大家就反对他，说是不尊重领袖。"这些谈话，说明毛泽东对新中国成立以来党内民主生活不健全的问题是有所觉察的。他也曾考虑通过建立一定的制度来解决这个问题。例如 1956 年 4 月他审阅《人民日报》编辑部文章《关于无产阶级专政的历史经验》，文章中有这样一段话："当革命胜利之后，在工人阶级和共产党已经成为领导全国政权的阶级和政党的时候，我们党和国家的领导工作人员，由于受到官僚主义的多方面的袭击，就面临有可能利用国家机关独断独行、脱离群众、脱离集体领导、实行命令主义、破坏党和国家的民主制度的这样一个很大的危险性。"毛泽东在这段话后面加写了："我们要是不愿意陷到这样的泥坑里去的话，也就更加要充分地注意执行这样一种群众路线的领导方法，而不应当稍为疏忽。为此，我们需要建立一定的制度来保证群众路线和集体领导的贯彻实施，而避免脱离群众的个人突出和个人英雄主义，减少我们工作中的脱离客观实际情况的主观主义和片面性。"[1]

毛泽东的党建思想指导中国共产党由革命党发展成为执政党，成功解决了中国共产党革命和建设中出现的一系列特殊矛盾和复杂问题，一直是加强党的建设的重要思想武器。随着时代的变化和社会的发展，尽管历史条件和党的状况都发生了变化，但毛泽东党建思想始终是我党加强自身建设的宝贵精神财富和强大思想武器，我们必须一如既往地继承和发扬毛泽东关于执政党建设的正确思想，在新的实践中加以坚持和运用，使党的事业始终立于不败之地。

---

① 《毛泽东文集》第 7 卷，人民出版社 1999 年版，第 50、127、19 页。

七、民族　宗教　祖国统一篇

民族问题和宗教问题，关乎国家的统一、社会的稳定、领土的完整，是治国方略的重要组成部分。

毛泽东创造性地运用马克思主义民族平等和民族团结的基本理论，解决我国的民族问题，消除了民族压迫和民族不平等根源，实现了中华民族的独立和解放，在世界上树立了多民族国家圆满解决民族问题的光辉典范。

毛泽东提出的保障人民群众的信仰自由，与宗教界建立爱国统一战线，革除宗教内部的帝国主义、封建主义因素等一系列思想，成功地指导了中国共产党处理宗教问题的实践，创建了中国共产党独特的科学宗教政策。

毛泽东为了实现祖国统一，解决台湾问题进行了深入的战略思考和积极的实践。在思考解决台湾问题时，他坚持原则性和灵活性的统一，坚定地维护了国家的主权统一，不仅遏制了蒋介石的反攻大陆，将其控制区域限于台、澎、金、马地区，而且遏制了美国逼迫台湾"划峡而治"、制造"两个中国"的分裂企图。

第一章　民族理论与政策

毛泽东在领导中国新民主主义革命和社会主义建设的过程中，把马克思主义普遍原理同中国的实际相结合，提出了解决中国民族问题的理论和政策，丰富和发展了马克思主义民族理论，使中国各民族得到解放和发展，民族关系得到不断协调，民族团结不断加强和巩固。

民族主体和民族利益

民族是一个历史范畴。自从人类进入阶级社会以后，民族就是一个普遍存在的社会现象。伴随着民族存在和发展，民族问题也成了重要的社会现象之一。随着历史的发展，人们对民族、民族问题的观察和认识也逐渐深入。毛泽东在半个多世纪的革命活动中，提出了很多关于民族、民族问题的独特观点，对马克思主义民族问题基本理论的应用和发展，作出了十分重要的贡献。

毛泽东指出："民族包括两部分人。一部分是上层、剥削阶级、少数，这部分人可以讲话，组织政府，但是不能打仗、耕田、在工厂做工。百分之九十以上是工人、农民、小资产阶级，没有这些人就不能组成民族。"[1] 工农等人民群众是民族的主体，他们代表民族，他们的利益，也就是民族的利益。世界上的任何一个民族，只有在主体名副其实地在政治上占统治（或主导）地位时，民族才能实现自主、自立、自治，才能获得健康、迅速的发展，民族间才能建立和发展平等友爱、团结合作的关系。

苏联有一种理论，把一些落后的、没有经过资本主义阶段的非俄罗斯民族称为部族，只把那些比较发展的民族如俄罗斯、白俄罗斯等称为民族。1953年，中共中央在讨论《关于过去几年内党在少数民族中进行工作的主要经验总结》中，当有人提出"部族"问题时，毛泽东指出：科学的分析是可以的，但政治上不要去区分哪个是民族，哪个是部族或部落。[2] 在中国不论人口多少，分布地域大小和社会发展阶段高低，只要是历史上形成的一个有共同语言、共同地域、共同经济生活以及表现于共同文化上的共同心理素质等具有明显特征的稳定的共同体，一律都称之为"民族"。中国的这一做法保证了各少数民族，特别是人口很少、发展落后的少数民族享有和行使民族平等的各项权利。

1958年3月，毛泽东在成都召开的中共中央政治局扩大会议上，阐述了对民族消亡的认识，他认为社会进步到一定程度，"首先是阶级消亡，而后是国家

① 李士玉：《试析毛泽东关于民族消亡的论断》，《广西大学学报》（哲学社会科学版）1993年第5期。
② 参见程苹：《略论毛泽东民族理论及其实践》，《中南民族大学学报》2003年第6期。

消亡，而后是民族消亡，全世界都如此"。① 他对民族消亡的论述，丰富和发展了马克思主义民族理论，告诉人们：社会主义阶段是民族发展繁荣的时期，随着社会生产力的充分发展和阶级区分的逐步消失，国家和民族将依次自行消亡。任何想在社会主义阶段人为地使民族消亡的言行都是不正确的、错误的。

对于消除民族压迫，1934年1月他指出："民族的压迫基于民族的剥削，推翻了这个民族剥削制度，民族的自由联合就代替民族的压迫。"② 为中国各少数民族的解放事业指明了道路。

在抗日战争时期毛泽东指出："阶级投降主义实际上是民族投降主义的后备军"，"在民族斗争中，阶级斗争是以民族斗争的形式出现的，这种形式，表现了两者的一致性"。③ 他揭示了民族斗争的实质，即"民族斗争，说到底，是一个阶级斗争问题"④，不仅对正确制定抗日战争的方针、策略，制定抗日统一战线中的独立自主原则，起了理论指导作用，也对一切被压迫民族反对国内外民族压迫的斗争指明了方向。

在新民主主义革命时期，毛泽东始终非常重视国内少数民族问题和少数民族的革命斗争，对他们在中国民族民主革命中的地位和作用，给予充分的肯定，认为"争取少数民族在中国共产党与中国苏维埃政权领导之下，对于中国革命胜利前途有决定的意义"⑤。在谈到中华民族反对日本帝国主义侵略的斗争时指出："少数民族，特别是内蒙民族，在日本帝国主义的直接威胁之下，正在起来斗争。其前途，将和华北人民的斗争和红军在西北的活动，汇合在一起。"⑥ 在解放战争时期，毛泽东高度评价新疆伊犁、阿尔泰、塔城地区的维吾尔等少数民族人民的革命斗争，指出三区革命是中国民主革命的一部分。新中国成立后，在我国社会主义革命和社会主义建设中，毛泽东也非常重视民族问题，所有有关民族问题的重大决策，几乎都由他亲自作出，许多重大的民族问题如西藏的和平解放和社会改革，他都亲自处理。正是在他的关怀下，我们党采取了各种有效措施，妥善地解决了我国社会主义革命和建设过程中的民族问题，使各民族间的平等、团结、互助的关系得以建立和发展。

① 刘永义：《毛泽东运用与发展马克思主义民族问题理论的历史功绩》，《内蒙古社会科学（汉文版）》1993年第6期。
② 中共中央统战部编：《民族问题文献汇编》，中共中央党校出版社1991年版，第211页。
③ 《毛泽东选集》第2卷，人民出版社1991年版，第396、539页。
④ 《呼吁世界人民联合起来反对美帝国主义的种族歧视、支持美国黑人反对美帝国主义种族歧视的正义斗争的声明》，《人民日报》1963年8月9日。
⑤ 中共中央统战部编：《民族问题文献汇编》，中共中央党校出版社1991年版，第306页。
⑥ 《毛泽东选集》第1卷，人民出版社1991年版，第151页。

民族平等、团结、自治、发展

中国是一个有着 56 个民族的多民族国家。毛泽东在 1939 年 12 月曾指出："我们中国现在拥有四亿五千万人口，差不多占了全世界人口的四分之一。在这四亿五千万人口中，十分之九以上为汉人。此外，还有蒙人、回人、藏人、维吾尔人、苗人、彝人、壮人、仲家人、朝鲜人等，共有数十种少数民族，虽然文化发展的程度不同，但是都已有长久的历史。中国是一个由多数民族结合而成的拥有广大人口的国家。"① 他提出了解决中国民族问题的一系列理论和政策，其核心内容，可以概括为民族平等、团结、自治、发展。民族平等团结是解决中国民族问题的根本原则和总政策；民族区域自治是解决中国民族问题的基本形式和基本政策；各民族共同发展是解决中国民族问题的根本宗旨和现实目标。

各民族一律平等

民族平等问题，是古今中外民族关系中的根本问题，也是民族问题中的核心问题。民族压迫、统治、剥削、掠夺、歧视、限制、奴役、同化等，都是民族不平等的表现或其结果。如何实现中国境内各民族一律平等？毛泽东认为，最根本的就是允许各少数民族有民族自治的权利，在中国共产党领导下有权决定自己的命运和前途。毛泽东根据中国"少数民族过去与现在生活的实质"②，提出了民族平等理论和政策：一是"对内求国内各民族之间的平等"③，"允许蒙、回、藏、苗、夷、番各民族与汉族有平等权利"④；二是"承认中国境内各少数民族有平等自治的权利"⑤；三是各民族在语言文字、风俗习惯、宗教信仰等方面都有平等权利⑥；四是在一切工作中要坚持民族政策⑦。

毛泽东在中共六届六中全会《论新阶段》的工作报告中就党的民族工作任务和民族政策做了详细阐述。他指出："我们的抗日民族统一战线，不但是国内各个党派各个阶级的，而且是各个民族的。针对着敌人已经进行并还将加强进行分裂我国各少数民族的诡计，当前的任务，就在于团结各民族为一体，共同对付日寇。为此目的，必须注意下述各点：第一，允许蒙回藏苗瑶彝番各民族

---

① 《毛泽东选集》第 2 卷，人民出版社 1991 年版，第 622 页。
② 中共中央统战部编：《民族问题文献汇编》，中共中央党校出版社 1991 年版，第 210 页。
③ 《毛泽东选集》第 2 卷，人民出版社 1991 年版，第 752 页。
④ 中共中央统战部编：《民族问题文献汇编》，中共中央党校出版社 1991 年版，第 595 页。
⑤ 《毛泽东选集》第 4 卷，人民出版社 1991 年版，第 1238 页。
⑥ 参见中共中央统战部编：《民族问题文献汇编》，中共中央党校出版社 1991 年版，第 323、595 页。
⑦ 参见《毛泽东书信选集》，人民出版社 2003 年版，第 349 页。

与汉族有平等权利，在共同的对日原则之下，有自己管理自己事务之权，同时与汉族联合建立统一的国家。第二，各少数民族与汉族杂居的地方，当地政府须设置由当地少数民族人员组成的委员会，当为省政府的一个部门，管理和他们有关的事务，调节各族间的关系，在省县政府委员中应有他们的位置。第三，尊重各少数民族的文化、宗教、习惯，不但不应强迫他们学习汉文汉语，而且应赞助他们发展用各族自己语言文字的文化教育。第四，纠正存在着的大汉族主义，提出汉人用平等态度和各族接触，使日益亲善密切起来，同时禁止任何对他们带侮辱性与轻视性的言语、文字和行动。上述政策，一方面，各少数民族应自己团结起来争取实现，一方面应由政府自动实施，才能彻底改善国内各族的相互关系，真正达到团结对外之目的，怀柔羁縻的老办法是行不通的。"①根据毛泽东的报告和扩大的六届六中全会决议精神，中共中央西北工作委员会于 1940 年 4 月、7 月分别拟定了《关于回回民族问题的提纲》和《关于抗战中蒙古民族问题的提纲》，得到了毛泽东的亲笔批示和以毛泽东为首的中央书记处基本批准。这两个提纲都指出，在政治上各民族平等和共同抗日的原则下，允许回族和蒙古民族有管理自己事务的权利。抗战胜利前夕，毛泽东在具有伟大历史意义的中共第七次全国代表大会上所作的政治报告中重申：要"改善国内少数民族的待遇，允许各少数民族有民族自治的权利"②。此后，毛泽东在为中国人民解放军起草的《中国人民解放军宣言》中，在他主持制定的《中国人民政治协商会议共同纲领》和《中华人民共和国宪法》以及他所作的《关于中华人民共和国宪法草案》的报告中，都反复申明这一主张。

毛泽东认为，中国的民族问题是中国革命发展总问题的一部分，中国少数民族要自求解放就必须把它同全中国的革命斗争结合起来，推翻帝国主义、封建主义和官僚资本主义的反动统治，才能争取到民族平等的权利。中国无产阶级和共产党有责任帮助他们实现这个愿望。1934 年，毛泽东在代表中华苏维埃共和国中央执行委员会与人民委员会向第二次全国苏维埃代表大会所作的报告中说，民族的压迫基于民族的剥削，推翻这个民族剥削制度，民族的自由联合就会代替民族剥削制度。苏维埃政权要争取一切被压迫的少数民族环绕于苏维埃周围，增加反帝国主义与反国民党的革命力量，使一切被压迫民族得到自由与解放。1935 年 12 月，他在签署的《中华苏维埃共和国中央政府对内蒙古人民宣言》中又指出：中国红军战斗的目的，不仅是把全中华民族从帝国主义的压迫下解放出来，同样的要为解放其他弱小民族而斗争，首先就是要帮助解决内蒙古人民的问题。我们认为只有我们同内蒙古民族共同奋斗，才能很快地打倒

① 中央档案馆编：《中共中央文件选集》第 11 册（1936—1938），中共中央党校出版社 1991 年版，第 619—620 页。
② 中共中央统战部编：《民族问题文献汇编》，中共中央党校出版社 1991 年版，第 595 页。

我们共同的敌人，日本帝国主义及蒋介石。他热情洋溢地说："蒙古民族素以骁勇善战见称于世，我们相信你们一旦自觉组织起来，进行民族革命战争，驱逐日本帝国主义与军阀于内蒙古领域之外，则谁敢谓成吉思汗之子孙为可欺也。"①对此，蒙古族爱国民主人士那素滴勒盖先蔓感动地说：中华民族的解放与蒙古族解放，今天已有了方向，这个方向就是毛泽东提出的抗日民族统一战线。②

毛泽东在领导全中华民族反帝反封建斗争中，特别关注和指导各少数民族人民自求解放的斗争。在抗日战争爆发的第二年，毛泽东曾电召蒙旗独立旅领导人、蒙古族干部乌兰夫到延安，询问蒙古族人民的生活和武装斗争情况，告诉他蒙古族只有同全中国各族人民一道，驱逐日寇，解放全中华民族，才能取得本民族的统一和解放。要利用国共合作的大好形势，争取国民党的供给，设法扩大队伍。要以抗日的模范行为，影响带动蒙汉群众，团结争取蒙古族上层和宗教上层一道抗日。他接见了宁夏回族农民起义领导人马思义，向他解释了党的政策，表示支持他们的斗争，并保证不编散他们的部队。他高度评价新疆"三区革命"，支持他们反抗国民党反动派，争取民族平等和自由的英勇斗争，邀请他们的领导人参加中国人民政治协商会议，参与管理国家大事。1947年，内蒙古人民在党的领导下获得解放，成立内蒙古自治区的时候，他与朱德联名复电内蒙古人民代表会议，电文说："曾经饱受苦难的内蒙同胞在你们领导之下，正在开始创造自由光明的新历史。我们相信：蒙古民族将与汉族和国内其他民族亲密团结，为着扫除民族压迫与封建压迫，建设新蒙古与新中国而奋斗。"③毛泽东一直把少数民族的革命斗争看作是中国新民主主义革命的一个组成部分，支持和帮助他们通过自求解放，推翻反动统治阶级，争取民族平等的原则立场。

要搞好民族团结

毛泽东在领导中国革命和建设过程中，极大地丰富和发展了马克思主义民族团结的理论，提出了民族团结的重要性，民族团结的基础、条件、实质、目标和民族内部团结与民族之间团结的关系，民族团结与反对民族主义的关系的完整的思想、理论体系。

坚持和发展各民族的团结，是近代中国许多革命者的共同思想。毛泽东在党内外多次阐述民族团结的思想。他说："我们要和各民族讲团结，不论大的民族小的民族都要团结。""只要是中国人，不分民族，凡是反对帝国主义、主张

① 中共中央统战部、中央档案馆编：《中共中央抗日民族统一战线文件选编》中，档案出版社1984年版，第42、44页。

② 参见朱企泰、阎充英：《毛泽东统战思想研究》，工人出版社1993年版，第192—193页。

③ 朱企泰、阎充英：《毛泽东统战思想研究》，工人出版社1993年版，第193页。

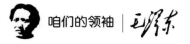

爱国和团结的，我们都要和他们团结。"①

毛泽东提出了各民族人民"平等的联合"② 理论。它包括三个层次内容：中华民族整体的即"全民族团结"③；中华各民族之间的团结，即"国内各民族的团结"；中华民族"联合世界上一切以平等待我之民族"④。

毛泽东指出，"几百年来，中国各民族之间是不团结的"，"这是反动的清朝政府和蒋介石政府统治的结果，也是帝国主义挑拨离间的结果"，⑤ 也就是说，这是帝国主义和国内统治阶级的民族压迫、民族不平等的政策造成的。民族团结是使我们伟大祖国"走上独立、自由、和平、统一和强盛的道路"⑥ 的前提条件和政治基础。中国各民族的团结是"兄弟般的团结"⑦，"不论大的民族小的民族都要团结"，"只要是中国人，不分民族，凡是反对帝国主义、主张爱国和团结的，我们都要和他们团结"，⑧ "在这一团结基础之上，我们各民族之间，将在各方面，将在政治、经济、文化等一切方面，得到发展和进步"，⑨ "进一步加强和巩固我国各民族间的团结，……共同建设我们伟大的祖国"。⑩

毛泽东指出党是民族团结的核心力量，"只有经过共产党的团结，才能达到全阶级和全民族的团结"，⑪ 强调既要"进一步加强和巩固我国各民族间的团结"⑫，也要进一步加强和巩固各民族"内部的团结"。毛泽东认为中华民族是一个由55个少数民族和汉族共同组成的伟大民族。中华民族的祖先从很早的古代起，就劳动、生息、繁殖在中国这块广大的土地之上。在长期的历史发展中，各民族虽然大小不同，文化发展程度、历史地位和作用不同，但各民族劳动人民亲密友好，互助合作，共同开拓了祖国辽阔的疆域，发展了祖国的经济，创造了灿烂的文化，对祖国的历史和今天作出了伟大贡献。各民族在历史的演变过程中，除汉族外，有的建立了地方性政权，有的建立了全国统一的中央政权。蒙古族建立的元王朝和满族建立的清王朝，初步确定了今天中国的版图，彪炳青史。近代以来，共同命运和反对外国侵略者及本国统治者的共同斗争，使各族人民进一步聚集在祖国大家庭中。标志着中国各族人民觉醒的太平天国运动，就是有汉、壮、瑶、回、苗、彝等许多民族人民参加的伟大的联合的革命斗争。

① 《毛泽东西藏工作文选》，中央文献出版社、中国藏学出版社2001年版，第101页。
② 《毛泽东选集》第2卷，人民出版社1991年版，第623页。
③ 《毛泽东著作选读》下册，人民出版社1986年版，第757页。
④ 《毛泽东选集》第4卷，人民出版社1991年版，第1238页。
⑤ 《在庆祝和平解放西藏办法达成协议的宴会上致词》，《人民日报》1951年5月24日。
⑥ 《毛泽东选集》第4卷，人民出版社1991年版，第1464页。
⑦ 《在庆祝和平解放西藏办法达成协议的宴会上致词》，《人民日报》1951年5月24日。
⑧ 《毛泽东西藏工作文选》，中央文献出版社、中国藏学出版社2001年版，第101页。
⑨ 《在庆祝和平解放西藏办法达成协议的宴会上致词》，《人民日报》1951年5月24日。
⑩ 《在庆祝藏历本羊年新年宴会上的致词》，《人民日报》1955年2月25日。
⑪ 《毛泽东选集》第1卷，人民出版社1991年版，第278页。
⑫ 《在庆祝藏历本羊年新年宴会上的致词》，《人民日报》1955年2月25日。

五四运动和中国共产党成立以后，一批少数民族的先进分子像汉族的先进分子一样，投身于新的革命斗争。水族的无产阶级革命者邓恩铭参加了创建中国共产党的工作，成为第一次全国党代会的代表。回族马骏、郭隆真、刘清扬，满族王俊，白族张伯简，朝鲜族韩乐然，蒙古族荣耀先等人都是最早的共产党员，他们与后来成为无产阶级革命家的土家族向警予，满族关向应，壮族韦拔群，侗族龙大道，蒙古族多松年、李裕智、乌兰夫等一大批优秀的共产党人，艰苦奋斗、流血牺牲，为中国民主革命的胜利和马克思主义同中国各民族实际相结合，献出了毕生的精力，充分显示了中华民族的觉醒和各民族团结的伟大力量。① 因此毛泽东断定，在中国的历史创造中，不仅汉族作过贡献，而且"各个少数民族对中国的历史都作过贡献"②。这是坚持各民族团结的基础。

他又指出，在中国，要搞好民族团结，中心是搞好汉族和少数民族的团结，"汉族和少数民族的关系一定要搞好。这个问题的关键是克服大汉族主义。在存在有地方民族主义的少数民族中间，则应当同时克服地方民族主义"。③ 毛泽东把大汉族主义和地方民族主义作为一种人民内部矛盾来处理，在无产阶级民族工作中开创了一个极为光辉的先例，并积累了丰富经验，正确处理人民内部矛盾已成为社会主义的民族工作的主题。

毛泽东特别重视和强调搞好对少数民族的统一战线工作，把它作为加强各民族团结的一个重要途径，始终注意和重视发挥少数民族上层在民族团结方面的作用。

毛泽东把民族团结看作是中国革命和建设成败攸关的大事，他指出："只有经过全阶级全民族的团结，才能战胜敌人，完成民族民主革命的任务"，④ "国家的统一，人民的团结，国内各民族的团结，这是我们的事业必定要胜利的基本保证"。⑤ 毛泽东不论在民主革命时期还是在社会主义革命和建设时期，都特别重视各民族之间的团结，并把它作为党处理民族问题的一项基本方针。比如，在抗日战争时期，他就把"蒙汉两民族团结一致抗日"作为建立内蒙古抗日民族统一战线的基本原则，以各民族人民团结战斗去争取胜利。⑥

中国共产党领导的民主革命的胜利，从根本上消除了民族间不团结的隔阂。毛泽东明确地指出了这一点。他说："从中华人民共和国成立的那一天起，中国各民族就开始团结成为友爱合作的大家庭，足以战胜任何帝国主义的侵略，并

①　参见朱企泰、阎充英：《毛泽东统战思想研究》，工人出版社 1993 年版，第 197 页。
②　《毛泽东文集》第 7 卷，人民出版社 1999 年版，第 33 页。
③　《毛泽东著作选读》下册，人民出版社 1986 年版，第 781 页。
④　《毛泽东选集》第 1 卷，人民出版社 1991 年版，第 278 页。
⑤　《毛泽东著作选读》下册，人民出版社 1986 年版，第 757 页。
⑥　参见朱企泰、阎充英：《毛泽东统战思想研究》，工人出版社 1993 年版，第 198 页。

且把我们的祖国建设成为繁荣强盛的国家。"[1] 在这样一个基本条件下，各民族要认真对待自己的优势和劣势，实行互补，团结起来，才能保证社会主义建设事业的胜利。

毛泽东指出，中国是世界上最大的国家之一，它的领土和整个欧洲的面积差不多相等。它的人口是由多民族组成的，差不多占了全世界人口的四分之一。这种地大物博、人口众多的综合国力的优势正是由汉族和少数民族结合而成的。

毛泽东在许多讲话中都阐述了中国民族间这种地理的、人文的、历史的特点，教育各族人民要互相承认和正确认识对方的优势，把二者结合起来，共同建设社会主义。而这里，最关键的是汉族要承认少数民族的优势，承认少数民族"帮助了汉族"。他教育全党一方面要看到"天上的空气，地上的森林，地下的宝藏都是建设社会主义所需要的重要因素"，另一方面也要看到"一切物质因素只有通过人的因素，才能加以开发利用"。"我们必须搞好汉族和少数民族的关系，巩固各民族的团结，来共同努力建设伟大的社会主义祖国。"[2] "少数民族和汉族团结在一起了，全国人民都高兴。"[3] 在毛泽东不断教导下，全国各族人民深刻地认识到在我国这样一个统一的多民族国家，"各民族间的团结合作是一个关系到国家前途和命运的重大问题"。[4] 各民族间不断巩固和发展民族团结，形成了"谁也离不开谁"的关系，即汉族离不开少数民族，少数民族离不开汉族，少数民族之间也互相离不开的坚如磐石般的团结友爱关系，成为社会主义现代化建设的可靠保证。

毛泽东十分重视尊重民族风俗习惯。1934 年 11 月，红军突破了湘江——长征以来敌人的第四道封锁线，到达了广西、湖南两省的交界处。

毛泽东和大家说："突破湘江是一个很大的胜利！咱们要继续前进，就要进入苗族区啦！苗族和我们汉人一样，也要闹革命，反抗白军的压迫，所以也是我们的好兄弟。"接着，毛泽东就更具体地给干部、战士讲述苗族怎样遭受白军的压迫及他们的风俗习惯和宗教信仰等。毛泽东嘱咐警卫战士，到了苗区要更好地遵守群众纪律，一不许乱跑乱窜，二不许随便动人家的东西。又说，他们的妇女也和苏区不同，苏区的妇女见了红军喊着"红军哥哥回来了"，苗区的姐妹可不兴这样称呼，她们还很封建呢。进入苗族区后，有人提议"咱们搞几条鱼给毛主席吃吃吧？"这时，有人提议去问问毛主席再说吧！"哪里来的鱼？"毛泽东问。随从人员指了指窗外的池塘。毛泽东又耐心地给他讲了一番少数民族

① 《毛泽东文集》第 6 卷，人民出版社 1999 年版，第 211 页。
② 《毛泽东文集》第 7 卷，人民出版社 1999 年版，第 34 页。
③ 朱企泰、阎充英：《毛泽东统战思想研究》，工人出版社 1993 年版，第 199 页。
④ 中共中央统战部、中共中央文献研究室：《新时期统一战线文献选编（续编）》，中共中央党校出版社 1997 年版，第 236 页。

的特点和我们的政策。他说："不管他们养的大羊或者大鱼都不要动。说不定人家是留着敬神的!"毛泽东说："告诉大家，不要动老百姓的东西，有什么吃什么!"①

1935年5月20日，毛泽东召集冕宁地下党员廖志高、黄映龙、陈荣檀等了解彝族的情况，他指出：形势是前后都有敌人，前面是川军拦阻，后面是薛岳追兵，我们要在这里同敌人周旋是不容易的。但还是有办法，那就是通过彝族区，所以最要紧的是团结好彝族。②毛泽东要求先遣队对彝族风俗习惯进行调查，并对红军全体指战员进行党的民族政策教育。朱总司令发布《中国工农红军布告》，详细说明了党对彝族同胞的政策。刘伯承、聂荣臻、左权、刘亚楼亲自对部队进行党的民族政策教育，然后率两支先遣队分路前进。

部队在行进中不时受到彝民的袭击，有的同志负了伤。第一先遣队工兵连进入彝族区后，全部武器、工具均被彝民抢走，衣服全被扒光。消息传来，各部队普遍产生了急躁情绪，都来向毛泽东和红军总部请示怎么办。毛泽东指示说："一定要尊重彝族同胞，不准打枪，不准伤害彝族群众。"又说："早晨，刘伯承总参谋长带领的先遣队已进入彝族区。他是四川人，又带了通司（翻译）。先遣队的任务，不是去打仗，而是去宣传党的民族政策，用政策的感召力与彝民达成友好。"他告诫说："目前只要我们全军模范地执行纪律和党的民族政策，就一定会取得彝族人民的信任和同情。这样，彝民不但不打我们，还会帮助我们顺利通过彝族区争取时间，赶在敌人增援部队的前面，抢先渡过大渡河。"

毛泽东又亲自对战士们进行教育，他说："四川的彝族人和广西的苗族人都一样，他们都是受白军压迫最厉害的民族，所以他们也最痛恨白军。可是他们对我们就不同了，我们尊重他们，把他们看成是我们的弟兄，要和他们团结起来，共同反对白军的压迫。"又说："我们朱总司令和刘参谋长都是四川人，他们最了解彝族人。彝族人听说朱总司令的队伍来了会高兴的。"③

毛泽东要求部队准备一些酒、绸缎、衣服、枪支等，准备作为礼物送给彝族同胞，还要求每个指战员也给彝族同胞准备一件礼物。

在冕宁，毛泽东、朱德、刘伯承与总部请来的一位彝族通司进行了亲切的谈话。这位彝族同胞30多岁，头缠厚厚的灰布，上披一件披肩，下穿宽大的裤子，打着赤脚，长得非常剽悍，会说一口流利的四川话。朱德、刘伯承与他亲切握手，并叫他"老根"（即"老乡"）时，他放声开怀大笑。毛泽东了解彝民酷爱喝酒，就让拿酒来给他喝，他毫不推辞，把大碗白酒一饮而尽。一边喝酒，毛、朱、刘一边对他讲红军的政策，讲红军反对军阀，北上抗日，借彝民区通

① 石仲泉、陈登才：《毛泽东的故事》，红旗出版社2011年版，第208—210页。
② 参见蒋建农、郑广瑾：《长征途中的毛泽东》，红旗出版社2006年版，第174—175页。
③ 蒋建农、郑广瑾：《长征途中的毛泽东》，红旗出版社2006年版，第176页。

过的道理。这位彝族同胞认真听讲，频频点头，豪爽地说："皮娃子的事格老子去说通，大军不要放在心上，你们会很快过去的。"这样，这位彝族同胞成为红军通过彝族区的得力通司。

在冕宁，毛泽东亲自对彝族上层人士进行争取说服工作，请来当地彝族头人沽基达涅，与他进行亲切交谈，详细询问彝族区各方面的情况。沽基达涅详细地说明这一带的地理民情，从冕宁到大渡河各个彝族家支及其头人沽基小叶丹、沽基洛莫子、罗洪作一、罗洪点都等人情况。毛泽东对他具体阐述了党的民族政策和北上抗日的主张，沽基达涅很快理解红军的主张并表示同情。毛泽东赠送给他一份礼品，并委托他与彝族家支四位头人联系，把红军的礼品分别转送给这四个彝族首领。

刘伯承、聂荣臻率领先遣队进入彝族区后，经过肖华、冯文彬等的努力和通司的协助，刘伯承与彝族头人沽基小叶丹，在一个名叫袁居海子的地方，按照彝族习惯，杀公鸡饮血，结拜金兰之盟。当晚，刘伯承设宴款待小叶丹等人，刘伯承把一面写有"中国夷（彝）民红军沽鸡（基）支队"的红旗赠给小叶丹，并任命小叶丹为支队长，其弟沽基尔拉为副队长。第二天，刘伯承送了 10 支步枪给小叶丹，小叶丹把他的坐骑大黑骡子送给刘伯承。刘伯承对小叶丹说："后面红军大队还多，拜托你一定把全部红军安全送过彝区。红军走后你要打起红旗坚持斗争，将来我们会回来的。"①

对于彝族其他家支，红军也同样严格地执行党的民族政策，得到了他们的理解。通过彝族区的道路畅通了。在小叶丹的四叔的陪同下，刘、聂率先遣队顺利通过彝族区，红军主力也安全地全部通过彝族区，来到了大渡河畔。

红军在翻越六盘山的途中，毛泽东亲自向战士们讲解回族的风俗习惯和宗教信仰。他说："回民有回民的规矩，比如他们不吃猪肉，不说'猪'字，这不奇怪。一个国家，一个地区，直到一个家庭，都有自己的规矩，你尊重那些规矩，他们就欢迎你，搞得不好，就要打架闹事。我们到了这些地区，买羊肉、牛肉可以，对于猪肉，提都不要提。我们一定要注意处理好和回族群众的关系，尤其是路过清真寺和回民的家，不能冒冒失失地进去。"② 红军到达宁夏西吉单家集等回族聚居地区，部队对战士们进行了民族政策教育。毛泽东在进入西吉县回民区第一天就叫陈昌奉把他的一口袋用猪油炸的干粮全部送给了当地汉族老乡。毛泽东、周恩来、彭德怀等和阿訇亲切地交谈，红军不仅没有进驻清真寺，就是经阿訇同意住进回民的房子，也到郊外去煮饭，根本不用回民任何餐具，宰鸡宰羊也请回民帮忙，在回民面前连"猪"字都不提。

---

① 蒋建农、郑广瑾：《长征途中的毛泽东》，红旗出版社 2006 年版，第 177 页。
② 周瑞海：《中国共产党早期尊重清真饮食习俗的政策及其实施》，《第十四次全国回族学术研讨会论文汇编》，2003 年，第 372 页。

实行民族区域自治

　　各个国家的民族情况不同，历史发展不同，解决民族问题的方式也不同。但是，都以实现民族平等、联合、自主、自治、发展繁荣为主要内容。毛泽东和我们党从 30 年代起就明确提出让少数民族建立自己的自治区域的主张，1937 年 8 月，毛泽东在为中共中央宣传部起草的《关于形势与任务的宣传鼓动提纲》中提出了十大救国纲领，在全国人民总动员一项中，他提出："动员蒙民、回民及其他少数民族，在民族自决和自治的原则下，共同抗日。"① 1938 年毛泽东提出：我国各少数民族与汉族有平等权利，"在共同对日原则之下，有自己管理自己事务之权，同时与汉族联合建立统一的国家"。② 在六届六中全会上，毛泽东进一步明确地提出了民族区域自治的主张，比较全面地论述了民族区域自治的内容。它包括少数民族要与汉族联合起来建立统一的国家，并在这样的国家内实行区域自治。要尊重各少数民族的文化、宗教、习惯，不但不强迫他们学习汉文汉语，而且应赞助他们发展用各族自己语言文字的文化教育。纠正存在着的大汉族主义，提倡汉人用平等态度同各族接触，使日益亲善密切起来，同时禁止任何对他们带侮辱性与轻视性的言语、文字与行动。1945 年 10 月 23 日，以毛泽东为首的中共中央在关于内蒙古工作的意见给晋察冀中央局和晋绥分局电中指示说：对内蒙古的基本方针，在目前是实行区域自治，建立自治政府。③ 随着解放战争的全面进行，1949 年在中华人民共和国即将成立前夕，中国共产党采取何种途径解决国内民族问题，并作为一种制度长期保持下来，这一问题一直是毛泽东思考的问题。他亲自找到当时主管统一战线工作的李维汉，征询他的意见。李维汉遵照毛泽东的指示，认真研究了国际国内的经验，并考察了中国民主革命时期解决民族问题的实际情况，在听取了各方面，尤其是少数民族代表人物的意见之后，认为中国只有实行民族区域自治制度，建立集中统一的共和国，并提出民族独立和联邦制都不适合中国的国情。④

　　毛泽东认真思考了李维汉的意见，并结合中国特殊的国情，亲自确定民族区域自治政策为中国解决民族问题的基本国策。1949 年 9 月，毛泽东这一思想作为中国共产党的主张，通过法律程序，写进了他亲自领导制定的《中国人民政治协商会议共同纲领》。《共同纲领》第 51 条规定："各少数民族聚居的地区，应实行民族的区域自治，按照民族聚居的人口多少和区域大小，分别建立各种民族自治机关。凡各民族杂居的地方及自治区内，各民族在当地政权机关中均

---

①　《毛泽东选集》第 2 卷，人民出版社 1991 年版，第 355 页。

②　中共中央统战部编：《民族问题文献汇编》，中共中央党校出版社 1991 年版，第 595 页。

③　参见朱企泰、阎充英：《毛泽东统战思想研究》，工人出版社 1993 年版，第 194 页。

④　参见何明：《伟人毛泽东》，中央文献出版社 2003 年版，第 807 页。

应有相当名额的代表。"1949年10月5日，中共中央根据毛泽东的正确决策，在关于少数民族问题给二野前委的指示中指出："关于各少数民族的自决权"问题，今后不应再去强调，同时，新华社正式发出通知：根据《共同纲领》有关民族政策的规定，在今后宣传工作中，不再使用"民族自决权"。①

中华人民共和国成立后，除内蒙古已成立自治区外，在全国范围内掀起了一个全面推行区域自治的浪潮，在毛泽东和党中央的正确领导下，50年代，中国全面实施了民族区域自治，1950年5—9月，甘肃省率先建立了天祝藏族自治县、肃北蒙古族自治县和东乡族自治县；同年11月24日，四川省建立了中国第一个自治州——甘孜藏族自治州；1951年5月12日，云南省建立了中国第一个彝族自治县——峨山彝族自治县。尤其值得一提的是，中国人口最少的民族之一鄂伦春族，于1951年10月1日，在内蒙古呼伦贝尔盟建立了鄂伦春自治旗，当时全旗只有778人，其中鄂伦春族为724人，是中国人口最少的县（旗）。处在原始社会末期的游猎民族，破天荒地第一次享有了平等自治的权利，这一创举，就世界范围来说也是罕见的。②

到1952年底，仅西南地区就建立了各级民族民主联合政府163个，其行政地位相当于专区级、县级、区级和乡级。在西北新、青、甘、陕各省民族杂居区也普遍建立了民族民主联合政府，新疆、青海、甘肃、宁夏四省建立了民族民主联合政府。经过毛泽东、党中央和各族人民的共同努力和奋斗，少数民族地区先后建立了民族自治区，其中五大区与蒙、疆、壮、回、藏，中国的民族区域自治制度也逐渐建立起来。少数民族的民主权利得到了保障，巩固了国家的统一，各民族走向共同繁荣。1951年，毛泽东在为中共中央撰写的党内通报中指示全党，在少数民族工作中，"推行区域自治和训练少数民族自己的干部是两项中心工作"。③1952年8月8日，毛泽东以中央人民政府主席的名义命令，公布实行了《中华人民共和国区域自治实施纲要》，1954年，这一制度又载入我国第一部社会主义宪法。

推行民族区域自治，让少数民族人民当家作主，关键在于培养造就大批少数民族干部。这是民族问题本身的特点、民族干部的特点和特殊作用所决定的。毛泽东一贯重视培养少数民族干部的工作，新中国成立初期一再强调："要彻底解决民族问题，完全孤立民族反动派，没有大批从少数民族出身的共产主义干部，是不可能的"，④"我们一定要帮助少数民族训练他们自己的干部"，⑤并把训

① 参见何明：《伟人毛泽东》，中央文献出版社2003年版，第808页。
② 参见何明：《伟人毛泽东》，中央文献出版社2003年版，第811页。
③ 《毛泽东文集》第6卷，人民出版社1999年版，第146页。
④ 《对西北少数民族工作的指示》，《人民日报》1973年3月15日。
⑤ 《毛泽东著作选读》下册，人民出版社1986年版，第697页。

练少数民族干部作为新中国成立初期两项少数民族中心工作之一，而且要求各"自治区要有自己的马克思主义理论家，自己的科学家和技术人才，自己的文学家、艺术家和文艺理论家，要有自己的出色的报纸和刊物的编辑和记者"。在毛泽东的战略指导下，少数民族地区培养了大批具有共产主义觉悟的少数民族干部。这些干部走上了自治区各级领导岗位，成为各少数民族地区建设的骨干力量，实现了少数民族当家作主的权利，保障了党的民族区域自治政策的贯彻执行。①

让少数民族得到发展和进步

发展，是历史和社会永恒的主题，也是民族和社会追求的目标。民族问题是民族发展中出现的矛盾，也只能在民族发展和社会发展过程中得到解决。毛泽东提出少数民族发展是"让各少数民族得到发展和进步，是整个国家的利益"，而"方针是团结进步，更加发展"②。他认为，少数民族的发展，一是这些地区社会改革必须进行，二是国家和汉族人民要诚心诚意地积极帮助少数民族发展，三是少数民族的政治、经济、文化等要全面发展，特别是经济要发展。③

毛泽东根据我国少数民族地区解放前还存在原始公社所有制、奴隶主所有制、封建主所有制等情况，指出"少数民族地区的社会改革，是一件重大的事情"，强调少数民族地区"社会制度的改革必须实行"④，并根据不同条件逐步完成少数民族地区的民主改革和社会主义改造。社会改革，也同社会革命一样，是解放和发展社会生产力、促进社会和民族各方面发展的动力。所以，社会改革是少数民族发展的前提和基础。当然少数民族的社会改革本身也是少数民族的一种发展，必须慎重稳进。他说："少数民族地区的社会改革，是一件重大的事情，必须谨慎对待。我们无论如何不能急躁，急了会出毛病。条件不成熟，不能进行改革。一个条件成熟了，其他条件不成熟，也不要进行重大的改革。"⑤这些条件是：第一，群众条件，改革必须由少数民族自己来解决。第二，军事条件，改革必须有人民武装做后盾。第三，干部条件，改革必须有少数民族自己的干部。"要彻底解决民族问题，完全孤立反动派，没有大批少数民族出身的共产主义干部，是不可能的。"在这些条件具备的情况下，一切工作也要"慎重稳进"。在改革方针上，毛泽东主张在有些民族地区要采取法令形式，不是自下而上发动群众进行阶级斗争，而是由政府发布法令，采取自上而下的和

① 参见何明：《伟人毛泽东》，中央文献出版社 2003 年版，第 812 页。

② 《毛泽东西藏工作文选》，中央文献出版社、中国藏学出版社 2001 年版，第 102 页。

③ 参见金炳镐：《毛泽东对马克思主义民族理论的伟大贡献》，《毛泽东百周年纪念》，中央文献出版社 1994 年版，第 59 页。

④ 《毛泽东著作选读》下册，人民出版社 1986 年版，第 696、782 页。

⑤ 《毛泽东文集》第 6 卷，人民出版社 1999 年版，第 75 页。

平方法逐步进行改革。毛泽东在解释这一做法时说，这仍然是阶级斗争，并不是恩赐，并不是取消阶级斗争。这是一种比较巧妙、比较温和的特殊形式的阶级斗争。[①]

在毛泽东的理论策略指导下，党和国家针对不同民族不同地区，采取了不同的方针、方法、步骤。到 1960 年，在全国各少数民族中先后完成了民主改革，除西藏外，其他地区在民主改革后又进行了社会主义改造，使各族劳动人民进一步获得了民主权利、政治地位，和汉族共同走上社会主义道路。这就大大地解放了生产力，为消灭事实上的不平等提供了可靠的政治基础。

少数民族的经济文化的发展是他们获得平等权利的重要内容。在民主改革和社会主义改造完成后，迅速发展少数民族的经济文化事业成为刻不容缓的事情。但是，从中国现实看，少数民族地区社会发展一般相对落后，资源没有开发，劳动力少，技术力量不够。要想发展经济、文化事业，逐步赶上先进民族，没有各民族特别是汉族的帮助，是不可能的。毛泽东根据苏联俄罗斯民族同少数民族关系很不正常的情况，提出我们应当接受这个教训，"我们要诚心诚意地积极帮助少数民族发展经济建设和文化建设"[②]，强调少数民族地区的物质因素是建设社会主义的重要因素，而且一切物质因素只有通过人的因素，才能开发利用。毛泽东从中国历史发展，少数民族的贡献，少数民族和少数民族地区在我国现实社会中的地位以及国际上的教训等角度，提出和阐述了"诚心诚意地积极帮助少数民族发展的必要性、重要性"。但他又指出："不要以为只是汉族帮助了少数民族，而少数民族也很大地帮助了汉族"，"少数民族在政治上、经济上、国防上，都对整个国家整个中华民族有很大的帮助"，中国"没有少数民族是不行的"[③]。

毛泽东十分强调少数民族发展的全面性。他指出，少数民族的发展既包括政治、经济、文化、教育等的发展，也包括人口的发展。他特别强调要搞好民族地区的经济工作，强调"我们国民经济没有少数民族的经济是不行的"，号召民族地区"努力生产，改善自己的物质生活；并在这个基础之上，一步一步地提高自己的文化水平"[④]。1963 年，毛泽东对新疆工作的指示中曾说，在新疆农业、畜牧业、工业要一年比一年繁荣，人民生活要一年比一年改善，我们经济的发展和人民生活的改善，不仅要比国民党时期好，而且要比苏联好。要使各民族逐步消灭事实上的不平等，达到共同繁荣的目的。[⑤]

---

① 参见朱企泰、阎充英：《毛泽东统战思想研究》，工人出版社 1993 年版，第 203 页。
② 《毛泽东著作选读》下册，人民出版社 1986 年版，第 733 页。
③ 《毛泽东文集》第 6 卷，人民出版社 1999 年版，第 405 页。
④ 《复新疆喀什疏附县帕哈太克里乡全体农民的信》，《人民日报》1952 年 12 月 8 日。
⑤ 参见朱企泰、阎充英：《毛泽东统战思想研究》，工人出版社 1993 年版，第 204 页。

他这个思想，不仅对党内同志讲，对汉族干部讲，同时也多次对党外朋友们讲，对少数民族各方面人士讲。1951 年 10 月，他接见西藏致敬团时说：西藏地方大、人口少，人口需要发展，从现在二三百万发展到五六百万，再增至几千几百万就好。还有经济和文化也需要发展。文化包括学校、报纸、电影等等，宗教也在内。过去的反动统治，清朝皇帝、蒋介石都是压迫你们的，帝国主义也是一样，使你们人口不得发展，经济削弱了，文化也没有发展。共产党实行民族平等，不要压迫、剥削你们，而是要帮助你们，帮助你们发展人口、发展经济文化。[①]

———————

① 参见朱企泰、阎充英：《毛泽东统战思想研究》，工人出版社 1993 年版，第 204 页。

第二章　民族理论在内蒙古的实践

内蒙古民族问题不仅是近代内蒙古的重大社会问题，是内蒙古革命的重要内容，而且是中国民族问题中最突出最典型的问题。内蒙古民族问题是毛泽东研究中国民族问题的主要对象之一，并在这里进行了长期卓有成效的实践。

《对内蒙古人民宣言》

在土地革命时期，毛泽东和中国共产党对国内民族问题进行了深入的探讨。1931 年 11 月中华苏维埃第一次全国代表大会通过的《关于中国境内少数民族问题的决议案》①，分析了中国民族问题的阶级根源、历史根源和少数民族遭受民族压迫的现状，庄严声明"反对一切对少数民族的压迫，而主张他们的彻底解放"；指出少数民族人民与汉族人民同受帝国主义、封建主义的压迫、剥削，有着共同的命运，他们应当联合起来打倒帝国主义、封建主义，共求解放；重申各民族一律平等的原则，消灭一切民族间的仇视与成见，反对大汉族主义的倾向。这个《决议案》宣布了关于民族问题的五点政纲，并将其主要精神写入了这次大会通过的《中华苏维埃共和国宪法大纲》②，规定各民族"在苏维埃法律前一律平等，蒙、回、藏、苗、黎、高丽人等，凡是居住中国地域内的，他们有完全自决权。中国苏维埃政权在现在要努力帮助这些弱小民族脱离帝国主义、国民党军阀、王公、喇嘛、土司等等的压迫统治，而得到完全的自由自主。苏维埃政权更要在这些民族中发展他们自己的民族文化和民族语言"。这次大会的决定使中国共产党的民族政策更加具体化、法律化。

1934 年 1 月，在中华苏维埃第二次全国代表大会上，毛泽东又专门阐述了"苏维埃的民族政策"③。他列举了少数民族被压迫的事实后指出，蒙古等少数民族"都受着帝国主义和中国历来封建皇帝与封建军阀的剥削和统治"，少数民族内部的统治阶级也与帝国主义、国民党军阀相勾结，压迫、剥削少数民族人民，甚至直接投靠帝国主义，把少数民族地区变为殖民地，"这是少数民族过去与现在生活的实质"。1935 年 8 月 5 日，中共中央政治局在毛儿盖会议上通过的《中央关于一、四方面军会合后的政治形势与任务的决议》④ 中专门制定了"关于少

---

① 参见《苏维埃中国》，中国现代史资料编辑委员会翻印 1957 年版，第 11 页。
② 参见《苏维埃中国》，中国现代史资料编辑委员会翻印 1957 年版，第 17 页。
③ 《苏维埃中国》，中国现代史资料编辑委员会翻印 1957 年版，第 286—289 页。
④ 参见中共中央书记处：《六大以来》，人民出版社 1981 年版，第 687 页。

数民族中党的基本方针",指出:"争取少数民族在中国共产党与中国苏维埃政府领导之下,对于中国革命胜利前途有决定的意义",并重申了党和中国苏维埃政府的民族政策,特别强调"红军主力到甘陕青宁等区域后,对回、蒙民族须作更大的努力"。①

1935年10月,中共中央和工农红军经过长征到达陕北以后,立即着手开展内蒙古的蒙古民族工作和西北回族工作。12月20日,毛泽东以中华苏维埃共和国中央人民政府主席的名义发表了《对内蒙古人民宣言》②;1936年5月25日又发表了《对回族人民的宣言》③。这是毛泽东和中国共产党以蒙、回两个民族为对象,对国内民族问题和党的民族政策发表的纲领性文件,在少数民族中,特别是在蒙、回民族中产生了巨大影响,对于党的民族工作和蒙、回民族的抗日救亡斗争起了重大的推动作用。

《对内蒙古人民宣言》首先揭露日本帝国主义"欲占领全中国,必先占领满蒙,欲称霸于全世界,必先占领全中国"的侵略计划;指出内蒙古民族是首受其害者,日本侵略者"正在用各种欺骗手段,假借'大蒙古主义',来达到占领蒙古的整个土地财富,奴役整个内蒙古人民","最后消灭蒙古民族的目的"。同时揭露蒋介石为首的中国军阀在内蒙古设置行省,抢占土地牧场,"企图逐渐消灭蒙古民族"的罪行。上述《宣言》声明"中国红军战斗的目的,不仅是把全中华民族从帝国主义与军阀的压迫之下解放出来,同样的要为解放其他的弱小民族而斗争,首先就是要帮助解决内蒙古民族的问题。我们认为只有我们同内蒙古民族共同奋斗,才能很快的打倒我们共同的敌人、日本帝国主义及蒋介石;同时相信,内蒙古民族只有与我们共同战斗,才能保存成吉思汗时代的光荣,避免民族的灭亡,走上民族复兴的道路"。上述《宣言》庄严宣布:原内蒙古6盟、24部、49旗、察哈尔和土默特二部,及宁夏三特旗之全域,均应归还内蒙古人民,作为内蒙古民族之领土,取消热、察、绥三行省;内蒙古人民有权解决自己内部的一切问题,"民族是自尊的,同时,一切民族都是平等的"。

《对内蒙古人民宣言》的发表,对于内蒙古革命运动的发展,有着非常重大的意义。从1936年初开始,党从伊克昭盟入手,大力开展内蒙古的革命工作,使内蒙古革命运动进入一个新的发展阶段。伊克昭盟南部革命根据地的创建,百灵庙军事暴动,以归绥为中心的进步思想文化运动的兴起和抗日救亡斗争的发展,等等,标志着中国共产党领导的内蒙古革命运动的新高潮。

---

① 中共中央书记处:《六大以来》,人民出版社1981年版,第687页。
② 参见中共中央书记处:《六大以来》,人民出版社1981年版,第732页。
③ 参见中共中央书记处:《六大以来》,人民出版社1981年版,第764页。

反对民族分裂

1931年九一八事变后，日本侵略者在内蒙古东部地区设置了隶属于伪满洲国的兴安四省，进而向内蒙古西部侵犯，并扶植起一个伪蒙古军政府。1937年七七事变后不久，内蒙古除了伊克昭盟、河套地区和阿拉善、额济纳两旗之外，都沦为日本帝国主义的殖民地。日本侵略者在归绥策划成立了伪蒙古联盟自治政府，建立起企图进军大西北，成立伪回回国的桥头堡。日本帝国主义以所谓满、蒙、回三个傀儡政府为旗号，煽动民族分裂，企图肢解我国东北、北部、西北边疆，吞并全中国。

在这国难当头，民族危机空前严重的时刻，1938年10月，毛泽东在中共六届六中全会上作了《论新阶段》的政治报告。他在《全中华民族的当前紧急任务》中提出："我们的抗日民族统一战线，不但是国内各个党派各个阶级的，而且是国内各民族的。针对着敌人已经进行并还将加紧进行分裂我国内各少数民族的诡计，当前的第十三个任务，就在于团结中华各民族（汉、满、蒙、回、藏、瑶、夷、番等）为统一的力量，共同抗日图存。"① 这实际上是抗日战争时期党的民族工作的总方针。

毛泽东在深入研究国内民族问题的基础上，针对日本帝国主义利用民族问题制造民族对立，煽动民族分裂，进而吞并全中国，最后灭亡中华民族的阴谋，针对国民党政府对国内少数民族实行大汉族主义民族压迫政策，除了重申保障少数民族的平等权利，尊重少数民族的文化、宗教、习惯，禁止对少数民族的歧视，反对大汉族主义等政策外，特别提出各民族在统一力量、共同抗日的原则之下，少数民族与汉族联合建立统一的国家。这是中国共产党解决国内民族问题方针的重大转变，为以后党的民族政策的完善奠定了基础。

1945年4月，毛泽东在中共七大《论联合政府》的报告中提出："要求改善国内少数民族的待遇，允许各少数民族有民族自治的权利。"他指出："国民党反人民集团否认中国有多民族存在，而把汉族以外的各少数民族称为'宗族'。他们对于各少数民族，完全继承清朝政府和北洋军阀政府的反动政策，压迫剥削，无所不至。……这是大汉族主义的错误的民族思想和错误的民族政策。"要求共产党人"必须帮助少数民族的广大人民群众，包括一切联系群众的领袖人物在内，争取他们在政治上、经济上、文化上的解放和发展并成立维护群众利益的少数民族自己的军队。他们的言语、文字、风俗、习惯和宗教信仰，应被尊重"②。以毛泽东为领袖的中国共产党，在中国革命的实践中，逐步形成了在

① 中共中央书记处：《六大以来》，人民出版社1981年版，第1004页。
② 《毛泽东选集》第3卷，人民出版社1991年版，第1064、1083—1084页。

统一的多民族国家中，以民族区域自治解决民族问题的基本方针和基本政策。①

第一个自治区政府②

日本侵略者投降后，内蒙古地区兴起了规模空前的蒙古民族运动。在内蒙古东部地区，1945 年 8 月 18 日由部分蒙古族革命者、开明人士、大批蒙古族青年知识分子和在伪兴安省任职的一些官吏，在兴安盟王爷庙召开会议，宣布成立内蒙古人民革命党及东蒙党部，发表《内蒙古人民解放宣言》。1945 年 10 月 8 日，在海拉尔成立了呼伦贝尔自治省。在锡林郭勒盟苏尼特右旗，一部分伪蒙疆政府的高级官员利用蒙古族青年知识分子要求民族解放的热情，成立了内蒙古临时人民委员会，向当地苏蒙联军提出内外蒙合并的要求，并派代表团前往蒙古人民共和国，洽商合并事宜，结果被拒绝。于是他们在 1945 年 9 月 9 日，在苏尼特右旗召开所谓内蒙古人民代表会议。成立了"内蒙古人民共和国临时政府"，由伪蒙疆政府最高法院院长补英达赉任主席。

中国共产党历来关心蒙古民族的解放事业，密切注视着内蒙古民族运动的发展。1945 年 10 月初，乌兰夫带领奎璧、克力更、陈炳宇、田户、黄静涛等奉中共中央的指示，到达苏尼特右旗德王府，与"内蒙古人民共和国临时政府"的各方面人士广泛交换意见，介绍中国共产党的民族政策和以民族区域自治实现民族解放的主张，争取了蒙古族青年知识分子和开明人士，并通过重新选举政府成员改组了"临时政府"，乌兰夫当选为临时政府主席，奎璧等五名中共党员当选为政府成员。不久，临时政府迁往张北。1945 年 10 月 23 日，中共中央发出了《内蒙工作的意见》，指出内蒙古对于实现我党控制热察，发展东北，取得华北优势的方针，具有极其重要的战略地位，它不仅关系蒙古民族本身的解放，而且关系到我党我军能否有一个巩固的后方。中共晋察冀中央局根据中央对内蒙古工作的方针，提出了成立内蒙古自治运动联合会，统一领导自治运动。准备将来成立内蒙古自治政府的任务。在中共晋察冀中央局的直接领导下，1945 年 11 月 6 日在张家口成立了内蒙古自治运动联合会筹委会，乌兰夫任主席。21 日，出席内蒙古自治运动联合会成立大会的代表分组研究提案，讨论自治运动联合会会章。1945 年 11 月 26 日，内蒙古自治运动联合会成立大会在张家口隆重开幕。当时的伊克昭、乌兰察布、巴音塔拉、锡林郭勒、察哈尔、昭乌达、卓索图、哲里木等 8 个盟及阿拉善、额济纳、郭尔罗斯后旗、东西布特哈、索伦等 36 个旗的代表及其他各方面的代表共计 79 人参加了大会。乌兰夫主

---

① 参见郝维民：《民主革命时期毛泽东思想民族理论在内蒙古的实践》，《毛泽东百周年纪念》，中央文献出版社 1994 年版，第 78 页。

② 参见王有星：《民族区域自治法概论》，远方出版社 2008 年版，第 163—167 页。

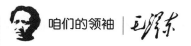

持了开幕大会，并致开幕词。大会于 11 月 28 日胜利闭幕。

内蒙古自治运动联合会成立后，派出了一大批干部深入锡林郭勒盟、察哈尔盟、巴音塔拉盟和乌兰察布盟进行宣传，发动群众，开展自治运动。

内蒙古人民革命党发动的"内外蒙合并"活动被蒙古人民共和国拒绝后，一方面与中国共产党、八路军以及内蒙古自治运动联合会进行联络，一方面准备成立东蒙地区的自治政府。在 1946 年 1 月 16 日，在兴安盟葛根庙召开了东蒙古人民代表会议，决定成立东蒙古人民自治政府，发布《东蒙古人民自治政府成立宣言》，通过了《东蒙古人民自治政府施政纲领》和《东蒙古人民自治法》。1946 年 2 月 15 日，东蒙古人民自治政府在王爷庙正式成立，博彦满都任主席，哈丰阿任秘书长，并组织了东蒙古人民自治军。

东蒙古人民自治政府的成立，在稳定东蒙动乱局势，扫除日伪残余势力，打击土匪和所谓光复军的破坏，抵制国民党进入东蒙等方面都起了积极作用，并且为中国共产党和八路军开展东蒙古工作创造了条件。但是东蒙古自治运动中进步与反动、正确与错误的主张错综复杂地交织在一起，因此东蒙古自治运动当时处在一个非常重要的历史关头。针对这些情况，在 1945 年冬，八路军西满军区不断派人到王爷庙联络进步势力，开展宣传工作。内蒙古自治运动联合会也派出东蒙古工作团，前往东蒙古开展工作，部分成员还在东蒙古人民代表会议期间赶到王爷庙，与东蒙古人民自治政府领导人进行了有效的接触。1946 年 3 月 28 日，八路军西满军区驻王爷庙办事处成立，4 月 5 日，中共东蒙古工作委员会在王爷庙成立。3 月间，内蒙古人民革命党改组为新内蒙古人民革命党，修改了党纲和党章，由部分蒙古族革命者，青年知识分子和进步上层人士掌握了该党的领导权，提出与蒙古人民革命党，苏联共产党、中国共产党建立关系。

内蒙古自治运动联合会与东蒙古人民自治政府经过反复协商，决定双方各派 7 名代表，于 1946 年 3 月底在承德举行内蒙古自治运动统一会议。3 月 30 日至 4 月 2 日举行预备会议，代表们在会上会下自由交谈，各自介绍了自治运动开展以来的基本情况和对内蒙古自治运动的主张。对于统一自治运动的实质性问题——方向道路和领导权问题，双方进行了反复的协商、激烈的争论。

1946 年 4 月 3 日，内蒙古自治运动统一会议，即著名的四三会议正式举行。与会代表一致通过了《内蒙古自治运动统一会议主要决议》。至此，内蒙古东西蒙自治运动统一起来，为进一步发展内蒙古的自治运动，成立内蒙古自治政府创造了重要的前提条件。

1946 年 12 月 26 日，中共中央指示各有关中央局和分局为成立内蒙古自治政府进行准备。内蒙古自治运动联合会于 1947 年 4 月 3—21 日在王爷庙召开执委扩大会议，联合会执委、候补执委 53 人，东蒙古总分会执委、候补执委 22 人及各盟旗代表 200 余人出席。这次会议为内蒙古自治区成立从思想上以及方针、政策上奠定了良好的基础，创造了必要的条件。4 月 23 日，内蒙古人民代表会议在兴安盟王爷庙隆重开幕。来自内蒙古各界代表共计 392 人出席。《内蒙古人民代表会议宣言》庄严宣告："此次大会根据孙中山先生主张及政治协商会议的精神，接受了内蒙古全体人民的公意和要求，决定于今年五月一日成立内蒙古自治政府，这是我们内蒙古民族数百年来一件最大的喜事。这说明我们已经获得了数十年来奋斗的初步胜利。"4 月 29 日召开内蒙古临时参议会议，选举乌兰夫为内蒙古自治政府主席、哈丰阿为副主席。1947 年 5 月 1 日宣告内蒙古自治政府正式成立。这是中国民族区域自治制度开始建立的重要标志。毛主席、朱总司令为内蒙古自治政府成立发来贺电："曾经饱受困难的内蒙同胞，在你们领导之下，正在开始创造自由光明的新历史。我们相信：蒙古民族将与汉族和国内其他民族亲密团结，为着扫除民族压迫和封建压迫，建设新蒙古与新中国而奋斗。"

内蒙古自治政府在兴安盟王爷庙成立，管辖的行政区域有呼伦贝尔、纳文慕仁、兴安、锡林郭勒、察哈尔五个盟。毛泽东和党中央为了实现内蒙古统一的民族区域自治，1948 年决定将哲里木盟和昭乌达盟从辽北、热河两省划归内蒙古自治政府管辖。1950 年 9 月，中央曾批准将察哈尔省所辖多伦、宝昌、化德三县划归内蒙古自治区；1952 年 9 月撤销了察哈尔省建制。1952 年 6 月，内蒙古自治区人民政府迁到归绥市。1954 年 3 月将绥远划归内蒙古自治区，撤销绥远省建制。1955 年 7 月，又撤销热河省建制，将原属热河省的翁牛特、喀喇沁、乌丹、赤峰、宁城、敖汉等 6 个旗县划归内蒙古自治区。1956 年 4 月，国务院决定将甘肃省巴彦浩特蒙古族自治州和额济纳蒙古族自治旗划归内蒙古自治区。至此，全部撤销了国民党政府于 1928 年在内蒙古设置的热、察、绥三行省。内蒙古自治政府的成立，是中国共产党把马列主义基本原理同我国民族实际相结合的一个创举，是我们党解决民族问题的成功实践，为新中国解决民族问题开辟了一条正确的道路，为国内各少数民族实行区域自治提供了范例。

第三章　宗 教 政 策

宗教是一种复杂的社会现象，它涉及到千百万信教群众的切身利益。为了团结一切可以团结的力量，调动一切积极因素，毛泽东从中国社会实际出发，在坚持马克思主义关于宗教问题的原则下，提出了共产党人可以和宗教徒建立行动上的统一战线的主张，制定了一系列无产阶级的宗教政策和策略，正确地解决了中国的宗教问题。

多宗教国家[①]

恩格斯在《反杜林论》中曾说："一切宗教都不过是支配着人们日常生活的外部力量在人们头脑中的幻想的反映，在这种反映中，人间的力量采取了超人间的力量的形式。"[②] 但是，宗教又不仅是一种信仰超自然、超人间力量的社会意识形态，而且也是一种以教会组织为基础的社会力量。宗教作为社会文化形态对广大人民的精神生活有着广泛、深刻而持久的影响，是构成民族文化、民族心理特征的重要内容；作为社会力量，它在许多国家和地区的社会结构中，占有重要的地位。

中国社会生活中的宗教地位

中国是一个有多种宗教的国家。佛教、道教、伊斯兰教、天主教和基督教等几个主要宗教，在我国都有源远流长的历史和广泛的群众影响。毛泽东早在1927年就指出，束缚中国人民的有四条极大的绳索。其中的一条绳索就是神权——由阎罗天子、城隍庙王以至土地菩萨的阴间系统以及由玉皇大帝以至各种神怪的神仙系统。在旧中国，各种宗教都曾被统治阶级控制和利用，有很大的消极作用。国内的封建地主阶级、领主阶级、官僚资产阶级及其政治上的代表反动的军阀，主要是控制佛教、道教、伊斯兰教。而像西藏等地区，政教本来就是合一的。外国殖民主义、帝国主义势力，则主要是控制天主教和基督教的教会，并通过津贴文化、教育、卫生、救济机关，来扩大它们的影响，培植它们的势力，支持它们的"代理人"。就此，毛泽东曾揭露说，美帝国主义比较其他帝国主义国家，更加注重精神方面的侵略活动，由"传教"而推广到"慈善"事业和文化教育事业。据统计，美国教会、"慈善"机构当时在中国的投资

---

① 参见朱企泰、阎充英：《毛泽东统战思想研究》，工人出版社1993年版，第211—215页。
② 《马克思恩格斯选集》第3卷，人民出版社1972年版，第354页。

总额达 4190 万元；在教会财产中，医药费占 14.7％，教育费占 38.2％，宗教活动费占 47.1％。全国解放后，帝国主义、封建地主阶级、官僚资产阶级虽然已经被打倒，但它们在宗教中的势力并没有完全肃清，很想利用宗教这个阵地和无产阶级较量一番。而一些宗教势力很大的少数民族地区，由于多方面原因，民主改革尚未进行或尚未彻底进行，封建领主继续控制宗教大权，继续影响着人民群众生活。潜藏在宗教内的帝国主义分子和其他反动分子，则对新中国采取敌视态度。他们披着宗教的合法外衣，从事危害和颠覆中华人民共和国的反革命活动。广大的信教群众和爱国的职业宗教人员，尽管对解放了的中国表示欢迎，但他们并没有完全从反动统治阶级制造的阴影中走出来。

中国宗教有其独特的特点

在长期的历史嬗变中，我国的宗教形成了自己的特点，即群众性、民族性、长期性、复杂性、国际性。

群众性。中国几个主要宗教都各自有大量的信教群众。据统计，在新中国成立初期，伊斯兰教约有 800 多万人，天主教约有 270 万人，基督教约有 70 万人。佛教（包括喇嘛教）在藏族、蒙古族、傣族、门巴族、裕固族等少数民族中，几乎是全民族信仰的宗教，在汉族中也有相当多的群众信仰。道教在汉族中有一部分群众信仰。就总体看，在全国总人口中信教群众虽然所占的比例不大，但绝对数字不小。

民族性。我国少数民族中有近 20 个民族几乎全民族信仰一种宗教，其中伊斯兰教和佛教有较深的影响。藏、蒙古、傣、裕固等民族广泛信仰佛教（包括喇嘛教）；回、维吾尔、哈萨克、塔吉克、塔塔尔、保安、柯尔克孜、乌孜别克、东乡、撒拉等 10 个民族广泛信仰伊斯兰教；鄂伦春、鄂温克、达斡尔、赫哲等民族多数信仰萨满教。这种宗教与民族交织在一起的现象，形成了宗教的民族性。

长期性。在中国，佛教已有 2000 年左右的历史，道教有 1700 多年的历史，伊斯兰教有 1300 多年的历史。天主教 16 世纪传入中国，已达 400 余年，基督教虽然在 19 世纪初才进入中国，但这两种宗教随着鸦片战争、帝国主义的入侵，获得了较大的发展。新中国成立后，特别是社会主义改造完成后，我国宗教存在的阶级根源已经基本消失。然而，由于旧社会遗留下来的旧思想、旧习惯不可能在短期内彻底消除；由于社会生产力的提高，物质文明和精神文明的建设还需要长久的奋斗过程；由于某些严重的天灾人祸带来的种种困苦，还不可能在短期内彻底摆脱；由于还存在着一定范围的阶级斗争和复杂的国际环境，所以宗教在社会主义社会一部分人中的影响，也就不可避免地长期存在。

复杂性。宗教是一种意识形态，是信仰问题。各种宗教除了体系、教派、教义、教规等自身的复杂性外，还往往同政治问题、社会经济制度等问题联系在一起，涉及到群众关系、阶级关系、民族关系、国际关系等一系列复杂问题。比如西藏，在旧中国是政教合一的，新中国成立后相当长时间内这种体制也没有改变。这种宗教、政权、民族交织在一起的状况，自然增加了复杂性。

国际性。宗教是一种国际现象。在我国占有重要地位的佛教、伊斯兰教、天主教和基督教都是世界性宗教。佛教在日本、印度、蒙古、斯里兰卡、缅甸、泰国、尼泊尔、柬埔寨、老挝等国家传播，有广泛的影响。伊斯兰教主要分布在西亚、北非、中亚、南亚、西南亚等地区，在一些国家被定为国教。天主教、基督教主要在欧洲、北美洲、拉丁美洲、大洋洲传播。因此，宗教问题具有突出的国际性。

佛 教 文 化[①]

深受中国传统文化影响的马克思主义哲学家毛泽东高度重视佛教文化。他对佛教历史文化遗产的认识与见解及对宗教政策的制定发挥了极其重要的作用。

毛泽东曾同斯诺说过："因为我母亲虔诚地信奉佛教，她向孩子们灌输宗教信仰。"

1917年7月中旬暑假期间，24岁的毛泽东邀好友萧子升徒步从长沙出发，进行了一次游学。在游历湖南五县时，他曾在寺院住了一个晚上并受到方丈及百余僧人的热情款待，愉快而又充实的体验使他难以忘怀。毛泽东曾经游历过香山寺、回龙山，还远至仰山慧寂的得法处——沩山密印寺参观，他们特意拜访了老方丈，翻阅了寺藏的各种佛经，与方丈讨论了佛理。据萧子升后来在《毛泽东和我曾是"乞丐"》一书里记述，他们从沩山下来后，兴致勃勃地议论起佛教与人生哲学问题。毛泽东说，自古以来，中国宗教信仰是自由的，对宗教也不过于执着，不像西方那样发生长期的宗教战争。

在延安时，有一次和李银桥出去散步，毛泽东说："我们去看寺庙，好吗？"李银桥说："有什么看头，都是一些迷信。"毛泽东对李银桥说："片面，片面，那是文化，懂吗？那是名胜古迹，是历史文化遗产。"

1947年，毛泽东和警卫人员一起去驻地附近看白云寺，他舍弃骑马而选择走路，认为如此到寺庙才算恭敬。可是当他看到当地县长对白云寺显得一脸茫然，并不重视时，毛泽东毫不客气地批评他："你是守着元宝当石头啊！"进庙后，毛泽东观看了各种不同形式的建筑，特别注意到墙上的1500多幅壁画，便向带领他们参观的老和尚询问壁画描绘的佛教经传故事，并感慨地对老和尚说：

---

① 参见常家树：《毛泽东与佛教文化》，《党史纵横》2008年第3期。

"这些东西要好好保护，不要毁坏。"参观完，毛泽东又指示县长："县里要拨点经费，把庙修一修，一定要保护好我们的宝贵文化遗产。"

1948年3月23日，毛泽东率中央机关告别陕北，挺进河北省平山县西柏坡。4月9日晚因大雪路阻，毛泽东、周恩来、任弼时一行登上五台山巅峰鸿门岩，当夜就宿于台怀镇塔院寺方丈院。

五台山是中国四大佛教名山之一，举世闻名。毛泽东深谙历史，早就想一睹为快。毛泽东说："寺庙是中华民族文化遗产，我们应当引以自豪。我们去年转战陕北时，还到过佳县的白云寺，这次来五台山，大可一饱眼福。"4月的五台山，入夜很冷，毛泽东一边用饭，一边烤火，还捎带翻阅着一本经书。老方丈来到毛泽东居住的院子，毛泽东急忙走出屋子笑迎方丈。方丈双手合十行礼道："打搅贵人了，贫僧不安得很。"毛泽东回答："哪里哪里，是我们打搅贵寺了，请多原谅。"方丈忽然发现毛泽东桌上有一本翻开的经书，吃惊地问："怎么，贵人也读经书？"毛泽东笑着将佛经送给方丈道："随便看看。"毛泽东同方丈亲切地交谈，并详细询问了五台山寺庙的建筑史，而且还颇有兴味地向方丈打听鲁智深和杨五郎在哪座禅院里修行。方丈笑而作答，并邀请毛泽东翌日观赏五台山胜境，自愿担当向导。次日吃过早饭，毛泽东、周恩来、任弼时和警卫员阎长林等在晋察冀军区保卫部长许建国、晋察冀边区政府秘书长周荣鑫陪同下，由老方丈作向导，游览参观宏大壮观的诸寺院。这天瑞雪初霁，旭日东升，五台山群峰银装素裹，香火缭绕，钟鸣鼓钹参差交响，和着抑扬有致的梵唱声，好一派佛教胜境庄严肃穆的气氛。毛泽东高兴至极，一边急匆匆地从里院走出，一边对任弼时感叹道："古人灿烂的文化，都是和宗教紧密相连的。"由塔院寺进十方堂，来到大殿时，毛泽东看见几个喇嘛正在整理残缺不全的藏经，其中有个叫罗真呢嘛的喇嘛与陪同参观的老方丈搭话，毛泽东微笑着问他："你是青海人吧？""是的。"罗真呢嘛答。毛泽东又温和地问："你来五台山多久了，为啥子出家？"罗真呢嘛并没有马上回答，而是反问道："你去过青海？你知道青海有几座出名的寺庙？""有两座。西宁东广大寺和塔尔寺，对吗？"毛泽东当即答道。罗真呢嘛佩服地点了点头。毛泽东指了指地上堆放的有些残损的经书，又问罗真呢嘛："这些经书毁坏了，可惜不可惜？"罗真呢嘛又没有正面回答，而是一本正经地道："有生之物，有生就有灭，有形之物，有成就有坏。"时正值人民解放军进行战略反攻，蒋家王朝已危在旦夕，毛泽东便故意问罗真呢嘛："那么，打倒蒋介石可惜不可惜？"罗真呢嘛被问得不知所措。毛泽东又无意间看到"四大天王"背后被掏了个大洞，再一细瞅有几尊塑像缺少了脑袋。他不禁愕然，忙问身边的方丈："此为何由？"方丈痛心地说："五台山数僧为掩护抗日军民，曾遭日寇屠戮，寺庙亦被破坏。"毛泽东说："等全国解放了，我们一定要保护好寺庙和文物，绝不能让祖国的文化遗产受到破坏。"接着，毛泽

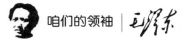

东又详细询问了寺院的修缮工作和寺僧生活情况，并指示陪同的几位地方干部一定要保护好文物，要忠实地执行党的宗教政策，团结爱国僧人，把五台山建设好。

毛泽东一边观赏一边兴致勃勃地踏上了通往灵鹫峰菩萨顶的 108 级石阶。方丈气喘吁吁赶到毛泽东身边："老衲老矣，跟不上贵人龙骧虎步了。"毛泽东回首作答："慢走，不急，我们这几年转战陕北，成天与国民党几十万军队周旋于崇山峻岭之中，早已习惯了。"方丈仰视毛泽东，目露崇敬之情，对搀扶自己的小沙弥道："徒儿，此人雍容富贵，体拥佛云，目蕴睿智，行止大度，有拔众生脱苦海之力，苍生有福了。"此时，早已进殿的毛泽东，正端详着弥勒佛慈笑憨态，打趣道："胖师父，久违了……"引得众人哈哈大笑。刚从殿外进来的任弼时，见众人大笑，说道："笑么子哟，莫非要和弥勒佛比个高低！"毛泽东面对方丈道："讲得好，等革命成功那一天，老师父可给我们作证，看谁笑得最好，笑得最响。"方丈垂头念佛："阿弥陀佛……出家人不敢嬉笑佛爷，罪过罪过。"毛泽东赶忙表示道歉："噢，是我们的不是了。方丈若能明白我们说革命成功是什么意思，恐怕就不见怪了。"毛泽东不无感慨地说："所谓革命成功之日，便是消灭剥削，消灭压迫，天下老百姓耕者有其田，万民乐业安居时。"任弼时插话："用佛教话说，就是人无贵贱，众生平等，行善慈悲福极无涯的境界。"毛泽东反问方丈："弥勒佛的像义不就是如此吗？"方丈点头："贵人所言极是，但愿此话弥勒佛爷知晓，谢罪。"毛泽东笑道："信仰自由嘛。你们可以信佛教，我们信马列主义；你们修行，我们讲革命，讲造反，用枪杆子推翻旧世界，创造一个新世界。"毛泽东边说边走上钟楼，细细品读着巨钟上铸刻的经文，时而抬头对周恩来说："佛教文化传入中国近两千年，它和儒、道学说相融，成为中华民族灿烂的文化，我们要加以保护和研究。"周恩来点头说："是啊，历史是不断向前发展的，今人成就是在历史的基础上取得的。我们信仰马列主义，也是在历史发展的过程中逐渐形成的。"毛泽东又说："几千年来，佛教在哲学、建筑、美术、音乐上取得的成就是不可忽视的，这是全人类也是中华民族文明和灿烂文化的重要部分。"

毛泽东以手引指任弼时，请其发表高见。任弼时笑道："佛学的教义从根本上讲，也是一种献身于拯救民众的精神。佛教的创始人释迦牟尼就是看到人世间百姓遭受生离死别、病患贫困、自然灾害的痛苦，才下决心抛弃荣华富贵、儿女情长献身于佛教事业，舍生取义嘛。"任弼时的话引得毛泽东一阵情绪激昂，随口而出："对呀，共产党就是信仰马列主义这个'佛'，高举无产阶级革命的旗帜，拯救天下穷人脱离苦海，团结起来闹革命，求解放，当家作主。"毛泽东谈兴很浓，转身对方丈说道："长老意下如何？请赐教。"方丈正和小沙弥听几位讲佛论禅，深感精深博大，一时难以找到适当的词句对答，慌忙说道：

"岂敢，岂敢，施主真人，大义参天，老衲受教匪浅。"毛泽东在五台山路居，虽只有一宿，但五台山塔院寺方丈院中，至今还设有毛泽东路居陈列馆。

毛泽东走上了救国救民的道路，成为一位伟大的无产阶级革命家、思想家，他非常关注古今中外的各种思想文化，当然也包括宗教。他坚持"古为今用、洋为中用"的方针，始终认为，佛教是中国的传统文化，对佛教进行批判研究，提出一些很有价值的见解。

毛泽东相当重视佛教经典的学习和研究。佛教的一些重要经典如《金刚经》《华严经》《六祖坛经》等，以及研究这些经典的著述，毛泽东都读过一些。据逄先知提供的书目单，1959 年 10 月 23 日毛泽东外出前指名要带的书籍，除马克思、恩格斯、列宁、斯大林、黑格尔、费尔巴哈、诸子百家、朱熹、王夫之、《二十四史》《资治通鉴》等书外，指名要带的佛经有《六祖坛经》《般若波罗蜜多心经》《法华经》《大涅经》等。因为毛泽东常常研究佛理，所以对献身佛教的人物常怀敬意，毛泽东说过："唐代的玄奘赴印度取经，其经历的艰难险阻，不弱于中国工农红军的两万五千里长征。他带回了印度佛教的经典，对唐代文化的丰富和发展，都产生了极大的影响。"

1952 年，在中国佛教协会筹备过程中，毛泽东在审阅协会章程草案时，在协会的宗旨中增加了"发扬佛教优秀传统"八个字。此举不仅表明了毛泽东对中国佛教协会成立的支持态度，也反映出毛泽东对佛教文化在中国传统文化地位中的肯定立场。

在中国佛教几个宗派中，毛泽东最熟悉的是禅宗，对于禅宗的学说，特别是它的第六世唐朝高僧慧能的思想更注意一些。禅宗不立文字，通俗明快，使佛教在中国广为传播。毛泽东高度评价六祖慧能《六祖坛经》一书，毛泽东读过多次，有时外出还带着。该书又称《六祖大师法宝坛经》，这是一部慧能圆寂后由其弟子法海编纂的语录，其中心思想是"见性成佛"，主张"顿悟"。《六祖坛经》的传播，对禅宗的发展起了重要作用，中国佛教著作被尊称为"经"的，仅此一部。关于禅宗六祖的故事，毛泽东和担任秘书的林克说过许多次，特别赞颂慧能勇于革新的精神，不要教条、不要清规戒律，主张佛性人人皆有，创顿悟成佛说，一方面使烦琐的佛教简易化，一方面使印度传入的佛教中国化。因此，他被视为禅宗的真正创始人，亦是真正的中国佛教的始祖，后世将他的创树称之为"佛学革命"。当时毛泽东还脱口背出慧能所作的偈语："菩提本无树，明镜亦非台。本来无一物，何处惹尘埃。"这个精神，毛泽东说是和自己的性格相通的，毛泽东还给林克专门解释了这首偈的背景：慧能本来是做下等粗活的，文化不高，几乎不识字，但他的悟性好，在听人诵《金刚般若经》后，发心学佛，投禅宗第五祖弘忍门下，弘忍便将禅法秘诀传授于他，并付法衣，这也就是"继承衣钵"的出典。毛泽东还能背出《六祖坛经》里记述的另一首神秀所作的偈颂："身是菩提树，心如明镜台；时时勤拂拭，勿使惹尘埃。"毛泽东对《六祖坛经》的评价极高，尤其高度评价六祖对主观能动性的发扬。毛泽东说："他突出了主观能动性，在中国哲学史上是一个大跃进。慧能敢于否定一切。有人问他：死后是否一定升天？他说不一定，都升西天，西方的人怎么办？慧能是唐太宗时的人，他的学说盛行于武则天时期，唐朝末年乱世，人民无所寄托，所以大为流行。"毛泽东也曾对班禅大师说过：中国佛教史上能被佛教徒尊为"经"的，就仅《六祖坛经》一部。有一次，毛泽东和周谷城谈论哲学问题，说到胡适写哲学史，然后突然对中国至当时尚无一部佛教史流露出遗憾之情。

纵观慧能一生，从他自幼辛劳勤奋，在建立南宗禅过程中与北宗禅对峙，历尽磨难的经历，到他不屈尊于至高无上的偶像，敢于否定传统的规范教条，勇于创新的精神，以及把外来的宗教中国化，使之符合中国国情，为大众接受等特征来分析，在这方面与毛泽东一生追求变革，把马克思主义原理同中国革命实践相结合的性格、思想、行为中，颇多相通之处，所以为毛泽东称道。

慈悲是佛教文化的重要思想。佛教认为："与乐曰慈，拔苦曰悲。""无缘大慈，同体大悲。"意思是：给你快乐就是慈，为你解除痛苦就是悲。与自己没有一点关系的众生，也要给他们以最大的快乐，就是大慈；每一个众生都是自己身体的一部分，以最大的努力为他们解除痛苦就是大悲。

母亲去世后，毛泽东有《祭母文》曰："吾母高风，首推博爱"，并说："世界上有三种人，损人利己的人；利己而不损人的人；可以损己而利于人的人。我母亲正是最后一种人。"

受母亲的影响，毛泽东对佛教的理解有自己的发挥。毛泽东读佛经，对它的引申发挥，重在普度众生、解民痛苦这一面。为此，他很推崇释迦牟尼佛不当王子，去创立佛教的举动，认为它是"代表当时在印度受压迫人讲话"的。毛泽东还把佛经分为"上层的"和"劳动人民的"两种，提出《六祖坛经》就属于后一种。这算是他立足于一个无产阶级革命家情感立场的一家之言吧！这个观点，在毛泽东青年时代即有隐显。他当时熟读康有为的《大同书》和谭嗣同的《仁学》，这两部书吸收了佛教学说的许多思想，强调君子仁人、英雄豪杰当以慈悲为心解除现世众生的种种苦难。在1917年8月23日致黎锦熙的信中，毛泽东表达了这样的观点："若以慈悲为心，则此小人者，吾同胞也，吾宇宙之一体也"，因此"吾人存慈悲之心以救小人也"。他在1955年3月8日的谈话中，说出佛教徒与共产党人合作，"在为众生（即人民群众）解除压迫的痛苦这一点上是共同的"。"不杀生"在中国古代就甚为推崇。孟子说："见其生，不忍见其死；闻其声，不忍食其肉，是故君子远庖厨也。"不杀生更是佛教文化中极为重要的部分，历代高僧大德纷纷阐扬。母亲文氏反对暴力和杀生，毛泽东耳濡目染，他"小时候常随母亲去庙堂，而且还学会了唱佛经，那时候他深信杀生是罪大恶极的"。这种观念潜移默化地影响了毛泽东的一生，他虽然身经百战，指挥大大小小的战役，内心却总是不失慈悯。跟随他15年的卫士长李银桥说毛泽东一生有三怕：一怕泪，二怕血，三怕喊饶命。"我见他第一次落泪，是看到一名病重的孩子，那孩子母亲哭，他也跟着掉泪，命令医生尽全力去抢救。"后来，毛泽东开始住香山的双清别墅。同住在香山的卫士们都听惯了枪声，此时耐不住寂寞，几位警卫干部便打起鸟来。毛泽东开会回来看见被打得血淋淋的麻雀，显出大不忍的悲戚神色，以手遮脸，喊起来："拿走，拿开！我不要看。"并下令禁止任何人打麻雀。他说："麻雀也是有生命的么！它们活得高高兴兴你们就忍心把它们都打死？"据跟随他上井冈山的陈士榘将军回忆，毛泽东只在朱、毛红军会师庆祝大会上，被任命为红四军党代表兼任第十一师师长时挎过一次匣子枪，"从那以后，我再也没见过他身上带过枪"。有一次，毛泽东与李银桥拉家常时，李银桥说他尊敬母亲，因为母亲心地善良对人宽厚，毛泽东说："你母亲一定信佛，你说她心善么，出家人慈悲为怀。"

1948年毛泽东路经五台山塔院寺时，见一门框上贴着一副对联："劝君莫打三春鸟，子在巢中盼母归。"毛泽东默念着，颇为赏识，便问："这对联是谁写的？"老方丈忙答："是老衲所写。"毛泽东略一沉吟道："这副对联应广为宣传。"

在宗教政策上，毛泽东并未采取排斥与否定的态度，而是从广大人民群众的意愿出发，寻求其合理内核与民主性精华，进而对宗教采取保护政策。

1942年11月2日，毛泽东在西北局高干会议上讲过这样一番话："要把最高原则同群众当前的日常要求联合起来。像破除迷信、婚姻自由、社会主义、扩大城市都不要忘记，可是有一条一定要按照群众的要求，才算联系群众。"接着他又以彭湃同志的活动为例说："彭湃同志是农民运动大王，他是留学生，是中共中央委员呢！他自己去拜观音菩萨，老百姓二月十九日去拜，那天他也去，如果不去人们就会认为他这个人不大正派，连菩萨都不信。"

毛泽东意识到，新中国成立后贯彻宗教信仰自由政策，不但具有促使宗教与社会主义相协调的重要指导意义，同时尊重人们的宗教信仰，也会对社会安定产生积极的作用。50年代，一个伊斯兰国家的共产党领袖访华时，对毛泽东谈到不愿到清真寺去，毛泽东当即说："既然人民群众还去教堂，为了接近、团结群众，我们也应该进教堂。"

1959年10月1日，毛泽东同来访的苏联领导人赫鲁晓夫在中南海颐年堂谈话："佛经我读过一些"，还说，"你在美国（访问时）常常提起《圣经》，我也想读读《圣经》，但一直没有时间"。

1964年5月25日接见秘鲁等拉美国家两个共产党学习代表团时，毛泽东同

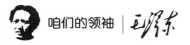

客人谈到秘鲁农民信多神教的问题说："一开始就叫群众去反对宗教，宣传什么'我们是无神论者，你们信神我们不信'，那不行，群众就会和我们闹翻了。群众觉悟是逐渐提高的，要群众丢掉宗教需要很长过程，信宗教不等于不反对帝国主义、封建主义、官僚资本主义。"

毛泽东对忽视佛教文化的倾向是非常不满的。1963年12月30日，毛泽东在一个文件上写了一个批语："对世界三大宗教（耶稣教、回教、佛教）至今影响着广大人口，我们却没有知识，国内没有一个由马克思主义者领导的研究机构，没有一个可看的这方面的刊物。"可见毛泽东对宗教问题是非常重视的。

毛泽东在1961年1月23日同班禅说："我赞同有些共产主义者研究各种教的经典，研究佛教、伊斯兰教、耶稣教等等的经典。因为这是个群众问题，群众有那样多人信教，我们要做群众工作，我们却不懂得宗教，只红不专。"这个观点，毛泽东声明过多次，绝不是因为谈话对象是宗教界人士发的议论。在会见外国一些共产党人时，他也经常谈到这个问题。

毛泽东还说："我赞成（在西藏）有几千人学经、懂经，成为佛学知识分子，同时你看是不是他们还要学些社会科学、自然科学，懂得政治、科学、文化及一般知识。……佛学不可不学，办了佛学院，两年毕业，专弄政治，我看这个办法不行。得搞四年，专门拿两年研究佛学。光政治好，佛学上没有学问，还是不行。"

接着，毛泽东颇有兴趣地同班禅进行了下面的对话：

毛泽东："西藏是大乘，还是小乘？"

班禅："我们学的是大乘，搞密宗，但小乘是基础，也懂得小乘。"

毛泽东："释迦牟尼讲的是大乘吗？"

班禅："释迦牟尼讲经分三个时期，早期和晚期讲小乘，中期讲大乘。"

毛泽东："《莲花经》和《金刚经》在藏文的经典中都有吗？释迦牟尼著的经典比孔夫子的书还多吧？"

班禅："西藏有《金刚经》，是从梵文译成藏文的，释迦牟尼的经书很多。"

毛泽东："《金刚经》很值得一看。我也想研究一下佛学，有机会你给我讲讲吧！"

毛泽东这位伟大的政治家，对宗教问题采取了极为慎重的态度，始终坚持宗教信仰自由的政策。他强调："共产党对宗教采取保护政策，信教的和不信教的，信这种教的或信别种教的，一律加以保护，尊重其信仰，今天对宗教采取保护政策，将来也仍然采取保护政策。"认真贯彻毛泽东制定的保护宗教信仰自由的政策，对于民族团结和社会稳定起到了极为重要的作用。西藏平叛改革时，虽然处理了叛乱和封建剥削与特权，禁止利用宗教进行反动活动，但对正常的宗教活动一直是保护的。

宗教信仰自由①

　　毛泽东一贯主张宗教信仰自由。1927 年 3 月，他在《湖南农民运动考察报告》中提出："菩萨是农民立起来的，到了一定时期农民会用他们自己的双手丢开这些菩萨，无须旁人过早地代庖丢菩萨。共产党对于这些东西的宣传政策应当是：'引而不发，跃如也。'菩萨要农民自己去丢，……别人代庖是不对的。"②毛泽东在这里反对别人"过早代庖丢菩萨"，实际上也就是倡导宗教信仰自由，不要强迫农民放弃宗教信仰。1931 年 11 月，毛泽东主持制定的《中华苏维埃共和国宪法大纲》明确规定："中华苏维埃政权以保证工农劳苦民众有真正的信教自由的实际为目的。"③ 这是中国共产党第一次以国家根本大法的形式强调宗教信仰自由。1945 年 4 月，毛泽东在中共七大上作的《论联合政府》报告中，把宗教信仰自由列为人民群众的基本权利之一，"人民的言论、出版、集会、结社、思想、信仰和身体这几项自由，是最重要的自由"，并强调："根据信教自由的原则，中国解放区容许各派宗教存在。……信教的和不信教的各有他们的自由，不许加以强迫或歧视。"同时要求国民党政府"取消一切镇压人民的言论、出版、集会、结社、思想、信仰和身体等项自由的反动法令，使人民获得充分的自由权利"。④ 解放战争时期，毛泽东还把"宗教自由"列为人民解放军的重要口号之一，并一再重申要实行宗教信仰自由政策。

　　新中国成立初期，宗教问题极其复杂，其中既有信徒多，人员构成复杂的问题，也有宗教本身就是一个复杂的体系的问题。1949 年 9 月，中国人民政治协商会议通过的《共同纲领》规定："中华人民共和国公民有思想、言论、出版、集会、结社、通信、人身、居住、迁徙、宗教信仰及示威游行的自由权利。"⑤ 1952 年 10 月，毛泽东在接见西藏致敬团时指出："共产党对宗教采用保护政策，信教的和不信教的，信这种教的或信别种教的，一律加以保护，尊重其信仰，今天对宗教采取保护政策，将来也仍然采取保护政策。"⑥ 1954 年 9 月，第一届全国人民代表大会通过的《中华人民共和国宪法》第八十八条明文规定："中华人民共和国公民有宗教信仰的自由。"以后通过的每一部宪法也都有此项规定。

---

　　① 参见韩洪洪：《论毛泽东对新中国宗教工作的贡献》，《毛泽东与中国社会主义建设规律的探索：第六届史学术论文集》，当代中国出版社 2007 年版，第 583—585 页。

　　② 《毛泽东选集》第 1 卷，人民出版社 1991 年版，第 33 页。

　　③ 中央档案馆编：《中共中央文献选集》第 7 册，中共中央党校出版社 1991 年版，第 775 页。

　　④ 《毛泽东选集》第 3 卷，人民出版社 1991 年版，第 1070、1092、1063 页。

　　⑤ 中共中央党校党史研究室：《中共党史参考资料》，人民出版社 1980 年版，第 18 页。

　　⑥ 《建国以来毛泽东文稿》第 3 册，中央文献出版社 1989 年版，第 583 页。

在长期的革命战争年代，由于斗争的残酷性，中国共产党对阶级的分野是十分重视的，经常出现"国民""人民"的字眼，毛泽东的《论人民民主专政》一文就明确了中国人分为人民和敌人两个不同的人群。我们讲民主实际上是对人民的民主，同时，我们讲"宗教信仰自由"主要是人民的宗教信仰自由。1954年的《中华人民共和国宪法》，就明确了宗教信仰自由的主体是公民，解决了宗教信仰自由的一个关键性问题，即群众性问题。因为我国是一个多教并存的国家，佛教、道教、伊斯兰教、基督教（基督教和天主教）四大宗教历史悠久，信徒众多。新中国成立前夕，"汉族地区佛教寺庙约4万座，僧尼约50万人，烧香拜佛的善男信女难以计数。少数民族信仰佛教的约460万人"[1]；道观约有道士、道姑2万余人，宫观一万余座，信徒众多；全国天主教信众320余万，基督教徒70余万；回族等10个少数民族几乎全民族信仰伊斯兰教。新中国成立初年，我国信教人数有一亿多，面对信教的群众，采取宗教信仰自由的政策，就团结了广大信教群众，为做好新中国的宗教工作奠定了群众基础。

旧中国的宗教存在严重的封建性和殖民性，是新民主主义革命的对象，宗教宣扬的唯心主义与共产主义是根本背离的。新中国成立在即，一些宗教界人士和信教群众对中国共产党在新中国能否允许宗教存在心存疑虑，持疑惑和观望态度。当时党内关于宗教问题的认识并不统一，有一部分领导干部甚至主张用行政手段消灭宗教。但宗教作为一种客观存在，有自身产生、发展、消亡的规律，由于历史和现实的原因，不可能在短期内消灭，更不可能随着新中国的成立而消亡。因此，毛泽东指出："我们不能强迫这些人接受马克思主义世界观。"明确了党的宗教工作是团结广大信教群众，共同致力于新中国的建设事业，为做好新中国的宗教工作打下了思想的基础。

中国共产党与宗教界的统一战线

统一战线是中国共产党战胜敌人取得胜利的三大法宝之一。1940年1月，毛泽东在《新民主主义论》中就指出："共产党员可以和某些唯心论者甚至宗教徒建立在政治行动上的反帝反封建的统一战线。"[2]后来毛泽东把统一战线与武装斗争、党的建设归结为我们党战胜敌人取得胜利的三大法宝。在艰难的新民主主义革命时期，党坚持这个统一战线的方针，一贯重视与宗教界人士的合作，争取、引导和促进了宗教界与新民主主义革命相适应。1940年，延安回民救国协会倡议在延安建立清真寺，10月7日正式落成。这是陕甘宁边区修建的第一座清真寺。毛泽东亲笔题写了"清真寺"匾额，表示对信仰伊斯兰教的群众的

① 罗竹风：《中国社会主义时期的宗教问题》，上海社会科学院出版社1987年版，第34页。
② 《毛泽东选集》第2卷，人民出版社1991年版，第707页。

尊重和关怀。

新中国成立后，毛泽东十分重视团结宗教界人士。1951 年，毛泽东在《中共中央政治局扩大会议决定要点》中指出："知识分子、工商业家、宗教家、民主党派、民主人士，必须在反帝反封建的基础上将他们团结起来，并加以教育。"① 他还指出："对于工商业家、宗教界、校长、教员、开明士绅和爱国分子，我们都应该采取积极的态度团结和教育他们，绝不能置之不理。有话应当让他们说，写万言书也好，我们可以给大家看看，好的接受，不好的解释。如果不进行教育，有事不让他们与闻，这是不对的。"② 明确在新中国对宗教界人士要团结、教育和合作，就是要与之结成统一战线。毛泽东还指出："中国现在有两种联盟，一种是工人阶级跟农民阶级的联盟，一种是工人阶级跟资本家、大学教授、高级技术人员、起义将军、宗教首领、民主党派、无党派民主人士的联盟。这两个联盟都是需要的，而且要继续下去。"③ 明确地指出了共产党人和工人阶级同宗教界建立联盟不仅是可能的、必须的，而且是长期的、不变的。

在马克思主义发展史上，毛泽东首先提出并系统地阐述了两类矛盾的学说。为了更好地团结宗教界人士，他运用两类矛盾的学说，正确地处理了宗教界的两类性质不同的矛盾。他认为，凡是利用宗教进行反共、反人民、反革命的反动势力，都属于敌我矛盾。在《不要四面出击》中，毛泽东分析哪些人是人民敌人时，便指出帝国主义在我国设立的教会学校和宗教界中的反动势力，是我们的敌人，必须采取专政的方法，予以坚决的打击。只有这样，才能很好地争取、团结和教育广大的信教群众，保证宗教活动的正常进行。④

由于宗教是具有国际性的一种现象，毛泽东在诸多论述关于处理宗教界的敌我矛盾中，特别注意和揭露帝国主义利用宗教对我国进行精神侵略。早在抗日战争期间，毛泽东在《中国革命和中国共产党》中，一方面深刻揭露了帝国主义为把中国一步一步地变成半殖民地和殖民地，采取了一切军事的、政治的和经济的压迫手段，一方面指出："帝国主义列强在所有上述这些办法之外，对于麻醉中国人民的精神的一个方面，也不放松，这就是它们的文化侵略政策。传教，办医院，办学校，办报纸和吸引留学生等，就是这个侵略政策的实施。其目的，在于造就服从它们的知识干部和愚弄广大的中国人民。"⑤ 在这里，毛泽东揭示的帝国主义文化侵略，就有利用"传教"一项。帝国主义的一些宗教组织，通过不同渠道向中国派遣大量传教士，公然在中国领土上按行政区划分

① 何虎生、黄晓霓：《毛泽东与新中国的宗教工作》，《中国民族报》2013 年 12 月 17 日。
② 李雄汉：《回忆与研究》（下），中共党史资料出版社 1986 年版，第 722—723 页。
③ 何虎生、黄晓霓：《毛泽东与新中国的宗教工作》，《中国民族报》2013 年 12 月 17 日。
④ 参见朱企泰、阎充英：《毛泽东统战思想研究》，工人出版社 1993 年版，第 221—222 页。
⑤ 《毛泽东选集》第 2 卷，人民出版社 1991 年版，第 629、630 页。

设教区，成为中国社会的一种特殊势力。这些传教士披着"上帝使者"的外衣，利用传教宣传殖民地奴化思想，麻痹中国人民反帝爱国的斗志；利用传教作掩护，搜集我国政治、经济、军事等方面的情报，教会还利用办学校、医院和慈善事业，借以扩大宗教影响，广泛发展教徒，直接为帝国主义的政治目的服务。

1949 年 8 月 30 日，毛泽东在《"友谊"，还是侵略》一文中，揭露了美帝国主义打着"友谊""事业"的幌子对中国进行精神侵略的罪行。他指出，美帝国主义在 1844 年与清政府签订的《望厦条约》中，强迫中国接受美国人传教"比较其他帝国主义国家，在很长的时期内，更加注重精神侵略方面的活动，由宗教事业而推广到'慈善'事业和文化事业"①。美国的教会在中国传教虽起步较晚于其他帝国主义国家，但进入 20 世纪以后，其利用不平等条约中的所谓传教宽容条款迅速扩张传教事业，美国传教士大量涌入中国。在传教的同时，他们开办了大量的教会学校和教会医院以及所谓慈善机构。美帝国主义借宗教外衣，麻痹毒害中国人民，破坏中国人民的民族民主革命，鼓吹"应先是教徒，而后才是各个国家的公民"，迷惑和诱使中国人民脱离反帝爱国的轨道，一些披着传教士外衣的反动分子公开叫嚣，我们必须用天国主义去对抗共产主义，企图煽动教徒加入反动行列。我国成立以后，美帝仍不甘心失败，企图在大陆利用宗教秘密安置"代理人"，并在我周边国家和地区设立一些宗教机构，继续利用宗教进行反共反华的勾当。

由于这种情势，在新中国成立初期，毛泽东要求各种宗教，主要是基督教和天主教积极参加反帝爱国运动，分清敌我，在政治上与帝国主义划清界限，在组织上与帝国主义割断联系。对于甘心为帝国主义服务的反动宗教职业人员和披着宗教外衣的帝国主义分子，要坚决打击，比较彻底地肃清了宗教界中的反革命分子，从而使我国宗教界爱国人士和广大信教群众同帝国主义和国际宗教反动势力划清了界限，巩固了中国共产党同宗教界的统一战线，使中国宗教摆脱了外国的控制，走上了独立自主、自办教会的道路。

至于宗教界爱国人士和信教群众由于宗教信仰不同而引起的同其他劳动群众的矛盾，则属于人民内部矛盾。在人民内部，既有宣传有神论的自由，也有宣传无神论的自由。"他们讲上帝造人，我们讲从猿到人。"② 对于这种矛盾，只能采取团结—批评—团结的办法，做过细的思想工作，化解矛盾，除少数反革命分子外，对所有的教徒都要团结过来。1952 年，在第二次统战工作会议期间，毛泽东谈到佛教问题时曾说，对佛教问题要研究一下，要使他们参加到运动中来。信佛教的人不少，不要不理会。③ 1956 年 12 月，毛泽东针对中央统战部的

---

① 《毛泽东选集》第 4 卷，人民出版社 1991 年版，第 1506 页。
② 胡一峰：《"从猿到人"：马克思主义经典文本传播的一个范例》，《党的文献》2012 年第 1 期。
③ 参见朱企泰、阎充英：《毛泽东统战思想研究》，工人出版社 1993 年版，第 224 页。

一个刊物上刊载的《上海市卢湾区宗教界人士的思想情况》一文，批示给有关主管部门领导，并指出，第一，上海的天主教工作值得加以研究。要对有关管理和接触天主教的干部和天主教中的进步分子加以教育，使他们善于做工作。根据毛泽东讲话的精神，周恩来特别要求做好天主教教徒的工作，因为面对几百万教徒，"首先是一个群众问题"。第二，要对天主教人士讲清，"教义是共同的，但是教友则有好有坏"，天下善良的教友才是一家，要从梵蒂冈的影响中解放出来。第三，对基督教人士也要做工作，支持他们的革新，"只要大的方面有了共同性，小的方面存在差异是允许的"。[①] 在中国共产党和人民政府的支持下，中国基督教中的爱国教徒吴耀宗等人于 1950 年提出了自治、自养、自传的主张，号召全国基督教会与团体割断与帝国主义的关系，之后，正式成立了中国基督教"三自"爱国运动委员会。同一时间，中国天主教中的王良佐神父等也提出同样的主张，成立了中国天主教爱国会。宗教界的这些爱国行动受到中国共产党和毛泽东的关注和赞赏。1950 年 10 月 20 日，《光明日报》发表了中华基督教青年会全国协会出版组主任吴耀宗写的《怎样推进基督教革新运动》一文。毛泽东于 10 月 21 日写信给中央人民政府新闻总署署长胡乔木，指示吴耀宗的文章可以广播，《人民日报》应当转载。

1950 年 8 月 6 日，毛泽东致电西北军政委员会主席彭德怀，要"十分注意保护并尊重班禅"，不久又要求："对班禅的地位，终须有适当安置，先就班禅集团内选择适当人员参加西北军政委员会工作是需要的，请物色候选人报告中央，以使在适当时候发表。"[②] 毛泽东多次接见达赖喇嘛、班禅大师，与之共同谋划西藏发展大计，并根据西藏政教合一的社会现实，确定暂缓进行对西藏的民主改革，以照顾各方面的利益。后来，国家还给予了达赖和班禅极高的荣誉，达赖任人大常委会副委员长，班禅任全国政协副主席，位居党和国家领导人之列。毛泽东得到了包括达赖和班禅在内的藏传佛教信奉者的普遍尊敬。即使以达赖为首的一小撮分裂分子在西藏境内叛乱后，毛泽东也没有放弃团结藏传佛教上层的工作，他任命班禅代替达赖主持西藏自治区筹委会的工作，迅速稳定了西藏以及整个藏区信众。毛泽东对其他宗教领袖，如包尔汉、赛福鼎·艾则孜、赵朴初等都关怀备至，推心置腹，交往不少。宗教界的上层领袖人物在广大信教群众中有一定的威望和影响，他们是党团结信教群众的桥梁，争取、团结他们对做好党的宗教工作有示范作用。

1964 年 5 月 25 日，毛泽东在会见秘鲁等拉美国家两个共产党学习代表团时，谈到秘鲁农民信多神教的问题，他说："一开始就叫群众去反对宗教，宣传

---

① 中共中央统战部研究室编：《历次全国统战工作会议概况和文献》，档案出版社 1988 年版，第 53 页。

② 韩洪洪：《论毛泽东对新中国宗教工作的贡献》，《毛泽东与中国社会主义建设规律的探索：第六届史学术论文集》，当代中国出版社 2007 年版，第 586 页。

什么'我们是无神论者,你们信神我们不信',那不行,群众就会和我们闹翻了。群众觉悟是逐渐提高的,要群众丢掉宗教需要很长过程,信宗教不等于不反对帝国主义、封建主义和官僚资本主义。"共产党人结成政治联盟的基础是反帝反封建;在社会主义时期,就是要拥护社会主义制度。毛泽东指出:"一部分唯心主义者,他们可以赞成社会主义的政治制度和经济制度,但是不赞成马克思主义的世界观,宗教界的爱国人士也是这样。"① 又说:"我不信佛教,但也不反对组织佛教联合会,联合起来划清敌我界限。统一战线是否到了有一天要取消?我是不主张取消的。"② 我们的统一战线是政治上的统一战线,而非思想上的统一战线。中国宗教走向联合之路的原则,也是为社会主义服务,为人民服务。③

处理宗教问题的探索④

毛泽东对当时党内宗教研究的状况不满意,他认为一些马克思主义者或共产党人对宗教研究重视不够,宗教知识贫乏,并对这种现象提出了严厉的批评:"对世界三大宗教(耶稣教、回教、佛教)至今影响着广大人口,我们却没有知识,国内没有一个由马克思主义者领导的研究机构,没有一本可看的这方面的刊物。用历史唯物主义观点写的文章也很少,例如任继愈发表的几篇谈佛学的文章,已如凤毛麟角,谈耶稣教、回教的没有看过。不批判神学就写不好哲学史,也不能写好文学史或世界史。"⑤ 在毛泽东的推动下,中共组织党员干部学习马克思、恩格斯、列宁关于宗教问题的精辟论述和文章,加深了全党对宗教的发展规律、社会作用及其本质的认识,提高了全党的马克思主义宗教理论水平,增强了处理宗教问题的能力。

1961 年 1 月 23 日,毛泽东同十世班禅谈话时明确表示:"我赞成有共产主义者研究各种经典,因为这是个群众问题,群众有那样多人信教,我们要做群众工作,我们却不懂宗教,只红不专。"⑥ 毛泽东身体力行,对儒教、佛教、基督教和伊斯兰教都有所涉猎。诸教之中,毛泽东尤重佛教,他读过代表中国几个佛教学派的经典如《华严经》《金刚经》《六祖坛经》等,对哲学史刊物上发

① 《建国以来毛泽东文稿》第 6 册,中央文献出版社 1992 年版,第 380—381 页。
② 《建国以来重要文献选编》第 3 册,中央文献出版社 1992 年版,第 299 页。
③ 参见韩洪洪:《论毛泽东对新中国宗教工作的贡献》,《毛泽东与中国社会主义建设规律的探索:第六届史学术论文集》,当代中国出版社 2007 年版,第 587 页。
④ 参见韩洪洪:《论毛泽东对新中国宗教工作的贡献》,《毛泽东与中国社会主义建设规律的探索:第六届史学术论文集》,当代中国出版社 2007 年版,第 587—588 页。
⑤ 龚育之、逄先知、石仲泉:《毛泽东的读书生活》,中央文献出版社 1996 年版,第 5 页。
⑥ 龚育之、逄先知、石仲泉:《毛泽东的读书生活》,中央文献出版社 1996 年版,第 4 页。

表的谈禅宗哲学思想的文章几乎都看。毛泽东熟知与佛教有关的历史人物、故事、文学作品等，在讲话或著述时常常信手拈来。毛泽东在 1957 年 2 月最高国务会议上讲话，谈到"双百"方针时，指出许多东西在开始出现的时候，在旧社会几乎都是被打击的。接着他举了许多例子，其中不仅有马克思主义的学说、哥白尼的学说和达尔文的进化论，而且谈到了孔子、耶稣和释迦牟尼。他说，佛教怎么样？释迦牟尼怎么样？也是经过那么一个过程，受压迫，社会不承认。孙行者为什么被封为"弼马温"？把孙悟空封为弼马温就是不承认他。他自己封号、自己对自己评价、自己的鉴定是叫"齐天大圣"。玉皇大帝给他鉴定搞他一个弼马温，就是说是毒草。这些引用不仅增添了文采，更使说理简单易懂。

　　1956 年社会主义改造完成后，我国社会存在阶级矛盾和人民内部矛盾两类不同性质的矛盾。在新的历史条件下，毛泽东开始探索用两类不同性质矛盾的学说来认识和处理宗教问题。1957 年 2 月，毛泽东在最高国务会议上作了《关于正确处理人民内部矛盾的问题》的讲话。讲话首次提出宗教领域也要"正确处理两类不同性质的矛盾"，讲话指出："企图用行政命令的方法，用强制的方法解决思想问题，是非问题，不但没有效力，而且是有害的。我们不能用行政命令去消灭宗教，不能强制人们不信教。不能强制人们放弃唯心主义，也不能强制人们相信马克思主义。凡属于思想性质的问题，凡属于人民内部的争论问题，只能用民主的方法去解决，只能用讨论的方法、批评的方法、说服教育的方法去解决，而不能用强制的、压服的方法去解决。"讲话告诫人们："对待人民内部的思想问题，对待精神世界的问题，用简单的方法去处理，不但不会收效，而且非常有害。"[1] 毛泽东把宗教问题定位为"人民内部的思想问题"，并把宗教界人士划入"人民"之列，由此确定了这一时期制定正确的宗教政策和纠正错误政策的出发点，对党做好宗教工作具有长期的指导意义。[2]

　　① 《建国以来毛泽东文稿》第 6 册，人民出版社 1992 年版，第 321—322、346 页。
　　② 参见韩洪洪：《论毛泽东对新中国宗教工作的贡献》，《毛泽东与中国社会主义建设规律的探索：第六届国史学术论文集》，当代中国出版社 2006 年版，第 583—589 页。

第四章　民族宗教理论在治藏中的运用

位于世界屋脊的西藏，是我国的西南边疆。汉藏民族友好相处的历史源远流长。公元 13 世纪元朝以后，西藏正式归入中国版图，成为祖国大家庭的重要成员。其后，我国历代中央政府为了行使国家主权，都在西藏委任当地官员或派驻藏大臣，有效地管辖着西藏的事务；为加强防务，还派部队驻藏或组建藏军；清乾隆皇帝，应八世达赖请求，派兵入藏击退异族侵略。这些举措，对抵御外侮、平定西藏内乱起到了重要作用。中国共产党人作为中华民族的历史继承者，理所当然地要把解放西藏、经营西藏作为自己义不容辞的神圣使命。为此，毛泽东从战略上作出了"进军西藏宜早不宜迟"[①] 的决策，并提出了一系列的工作方针。

治　藏　方　针

毛泽东关于解放西藏的具体部署，随着战争情况的变化和发展，也有变化和调整。1949 年 10 月 13 日，解放战争正向华南等地发展之际，他明确了经营西藏的任务由西南局、第二野战军担负。11 月 23 日，鉴于西北地区解放战争结束较西南为早等原因，他又曾考虑由西北局担负主要责任，西南局则担负第二位的责任。后来他又根据彭德怀的建议，以及成都战役结束，消灭了国民党军胡宗南、宋希濂两大集团等情况，于 1950 年 1 月 2 日将进藏任务重新进行了调整。他从莫斯科致电党中央，提出："向西藏进军及经营西藏的任务，应确定由西南局担负。"[②] 解放西藏、经营西藏的任务，就是从这以后光荣地落到了以二野十八军为主和青海、新疆、云南几支兄弟部队的肩上。

党中央、毛泽东下达解放西藏的任务后，用什么方式解决西藏问题就成为人们普遍关心的问题。毛泽东明确指出，"利用一切可能以加强政治争取工作"，即立足于和平解放西藏的方针，并用和平的方式解决整个西藏的问题。

毛泽东指出，"在西藏考虑任何问题，首先要想到民族和宗教问题这两件事，一切工作必须慎重稳进"。[③] 早在 1950 年党的七届三中全会上，毛泽东就指出，少数民族地区的社会改革，我们无论如何不能急躁，急了会出毛病；1951年 5 月在接见进军西藏的十八军军长张国华时他明确提出了"慎重稳进"的西藏工作方针。

---

① 阴法唐：《缅怀毛泽东》（下），中央文献出版社 2013 年版，第 284 页。
② 阴法唐：《缅怀毛泽东》（下），中央文献出版社 2013 年版，第 285 页。
③ 张国华：《西藏回到了祖国的怀抱》，《人民日报》1962 年 10 月 25 日。

中华人民共和国宣告成立后，中央人民政府决定对西藏采取和平解放的方针，并于 1950 年 1 月正式通知西藏地方当局"派出代表到北京谈判西藏和平解放"。1951 年 5 月 23 日，中央人民政府和西藏地方政府的代表签订了关于和平解放西藏办法的"十七条协议"，西藏实现和平解放。毛泽东强调"慎重稳进"，还表现在极其重视贵族、大喇嘛等原上层人士对变革的主体自觉、主观自愿和自决上，而不是外力强迫推动。1952 年 10 月 8 日，毛泽东在接见西藏致敬团时指出，"西藏地区现在谈不上分地，将来分不分，由你们自己决定，并且由你们自己去分，我们不代你们分"。1953 年 10 月 18 日，毛泽东在接见西藏国庆观礼团、参观团代表时指出，"西藏政治、经济、文化、宗教的发展，主要靠西藏的领袖和人民自己商量去做"。1954 年 3 月 23 日，在宪法起草委员会第一次会议上，毛泽东这样讲，"我对西藏代表团说过，我们不强迫你们，你们搞不搞土地改革，搞不搞选举，由你们决定"。① 1954 年 10 月 9 日，毛泽东在与达赖谈及西藏民主改革时再次强调不能性急，性急反倒慢，不性急反倒会快。毛泽东指出，"西藏的改革，有一个重要条件，就是要西藏地方政府的官员们和寺庙负责人赞成，至少是他们的多数人赞成，才能进行"。② 1955 年 10 月 23 日，毛泽东在接见西藏地区参观团时谈，"改革要你们下决心，你们不干，我们是不干的。贵族、喇嘛赞成了才干，我们不能替你们下决心"。③

　　鉴于西藏邻近省藏区开始或准备改革，西藏工委也迫切在昌都和日喀则试点民主改革，毛泽东和中央考虑到西藏当时的社会形势，于 1956 年作出"六年不改"的决定，即西藏地方至少在六年内不实行民主改革。1957 年 1 月，周恩来在访问印度时再次强调"六年不改"的决定，六年之后是否改革，仍然由西藏根据那时的情况和条件决定。1957 年 2 月 27 日，毛泽东在《关于正确处理人民内部矛盾的问题》中指出："按照中央和西藏地方政府的十七条协议，社会制度的改革必须实行，但是何时实行，要待西藏大多数人民群众和领袖人物认为可行的时候，才能做出决定，不能性急。现在已决定在第二个五年计划（1958—1962 年）期间不进行改革。在第三个五年计划（1963—1967 年）期内是否进行改革，要到那时看情况才能决定。"④ 中央的"六年不改"决定，是贯彻"慎重稳进"方针的体现，及时消除了在西藏民主改革问题上的急躁倾向。

　　毛泽东在西藏工作初期阶段，一方面，汲取历代治藏者的失败教训。比如，清末，凤全赴任川西藏区，在未摸准藏区情况下便（在康区）"雷厉风行"，最终导致"凤全事件"惨剧，赵尔丰虽熟悉川西藏区情况，但从速从快地以"武

　　① 《毛泽东西藏工作文选》，中央文献出版社、中国藏学出版社 2001 年版，第 88、102、104 页。
　　② 范召全：《毛泽东治藏思想理论研究》，《西藏研究》2011 年第 3 期。
　　③ 《毛泽东西藏工作文选》，中央文献出版社、中国藏学出版社 2001 年版，第 127 页。
　　④ 范召开：《毛泽东治藏思想理论研究》，《西藏研究》2011 年第 3 期。

力治康",最终落得人亡政息的悲剧。在西藏工作初期阶段采取"慎重稳进"方针,是明智的,先求安定团结,在平稳中求发展,不能性急,大凡西藏变革之事,如"十七条协议"所说"采取与西藏领导人员协商的方法解决"。当然,协商并非绝对放弃武力。进军西藏初期,毛泽东就明确指出:"解决西藏问题不出兵是不可能的","必须准备打几个硬仗"。[1] 另一方面,充分考虑到民族与宗教问题。西藏情况复杂,民族宗教问题比较突出。[2] 究其原因,西藏不仅长期遭受外国帝国主义侵略,而且历史上曾遭受国内反动政府的压迫,不仅存在汉藏民族间的不团结,也存在藏民族内部的不团结,民族关系矛盾交织。同时,西藏有许多一般内地汉族地区少有的宗教信仰传统问题,藏传佛教在藏民族中历史悠久,深入影响人们文化传统,达赖、班禅在各阶层中享有很高的宗教信仰地位。正是考虑到旧西藏错综复杂的民族与宗教传统关系,毛泽东要求参与西藏工作的同志,"必须认识藏族问题的极端严重性,必须应付恰当,不能和处理寻常关系一例看待"。[3]

尽管毛泽东反复强调"慎重稳进"方针,但西藏上层统治集团中的一些人,为了维护农奴主阶级既得利益,根本反对变革,企图永远保持封建农奴制,错误地把中央的耐心等待和忍让看作是软弱可欺。1959年3月10日,在国外反华势力支持下,西藏上层反动集团公开撕毁"十七条协议",在拉萨发动全面武装叛乱,妄图"西藏独立"。鉴于西藏上层反动统治集团已经完全走上叛国道路,1959年3月28日,中央发布命令,决定解散西藏地方政府,由西藏自治区筹备委员会行使地方政府职权,由十世班禅额尔德尼代理主任委员职务。中央提出"边平叛边改革"方针,带领西藏人民掀起波澜壮阔的民主改革运动,改造政教合一的封建农奴制度。

西藏平叛后,民主改革取得了重大成绩,赢得了西藏僧俗各界人民的热烈拥护。但在改革后期发生了"左"的偏差,主要是扩大了打击面,甚至提出了"有寺无僧"的口号,强迫喇嘛还俗。对此,班禅大师提出坦率、中肯的批评和建议,对寺庙改革提出一些建设性意见,得到中央有关部门的赞许,中央专门派人到西藏进行调查,帮助纠正偏差。1961年6月23日,毛泽东接见了班禅,对他提出的一些意见给予了肯定,并鼓励说,你们是爱国进步人士,我们从香日德起就合作。我们一起搞了这样久,从1959年以来,在平叛、改革等大政方针上,我们都是一致的,始终一致合作。毛泽东鼓励他有什么不满,有什么意见和问题就提出来。对此,班禅深受鼓舞。遵照毛泽东的指示,他在内地居住了半年多时间,并到青海等地视察。而后,他根据视察所闻所见,联系西藏情

① 《毛泽东西藏工作文选》,中央文献出版社、中国藏学出版社2001年版,第4、22页。
② 参见原思明:《第一代中央领导集体的治藏思想及其历史地位》,《中国藏学》2007年第1期。
③ 国务院新闻办公室:《西藏民主改革50年》白皮书,《人民日报》2009年3月3日。

况，于 1962 年 5 月给国务院写了一份题为《关于西藏总的情况和具体情况以及西藏为主的藏族各地区的甘苦和今后希望要求的汇报》（后称为《七万言书》），系统地、直言不讳地提出了他对西藏及其他藏区工作的批评和建议。中共中央和国务院对他的报告非常重视，周恩来专门召集有关领导进行研究，并形成了文件。7 月 20 日，周恩来接见班禅及在北京的西藏领导人。周恩来说，相隔两个月，产生了 4 个文件，你们做了件大的工作。我们把阶级、民族、爱国和人民的立场统一起来。我的方针是有反必肃，有错必纠，有叛必平。我们完全相信，班禅、阿沛、帕巴拉、计晋美同志都是反帝爱国，接受党的领导，走社会主义道路的。你们也要相信工委的同志是要把西藏搞好，不是消灭民族，消灭宗教的。①

平等团结关系

毛泽东在解决西藏问题时，把加强汉藏民族团结和西藏内部团结作为最根本的一个原则。"十七条协议"签订的第二天，毛泽东就十分高兴地说："现在，达赖喇嘛所领导的力量与班禅额尔德尼所领导的力量与中央人民政府之间，都团结起来了。"接着他又指出："今后，在这一团结基础之上，我们各民族之间，将在各方面，将在政治、经济、文化等一切方面，得到发展和进步。"②

毛泽东要求进藏部队和地方工作人员恪守民族政策和宗教政策，严格执行"十七条协议"，以实际行动"来消除这个历史上留下来的很大的民族隔阂，取得西藏地方政府和西藏人民的衷心信任"。并指出，"不能只说汉人帮少数民族的忙，少数民族同样是帮忙汉人的"。③他还要求西藏地方政府和西藏人民加强监督，进藏人员如果犯了原则错误，他们有批评和向上反映的权利。他还坦诚地表示，共产党是帮助西藏的，如果不能帮助，那共产党就没有什么用处。毛泽东坚持党的宗旨，有尊重西藏民族和全心全意为西藏人民服务的诚意。共产党的政策既不是羁縻政策，也不是压迫政策，而是完全新型的民族平等、团结政策。

根据当时西藏的实际情况，加强团结首先要加强对上层的团结。西藏上层特别是上层中的主要人物，有剥削压迫群众的一面，还有代表群众，维护西藏民族利益的一面，搞好和他们的团结，对团结整个西藏民族至关重要。这是在西藏加强民族团结的一个重要特点。毛泽东对此曾作了许多重要指示，在"十七条协议"中也有明确的体现。协议签订后，以协议促团结，以团结上层来保

---

① 参见朱企泰、阎充英：《毛泽东统战思想研究》，中国工人出版社 1993 年版，第 229 页。
② 阴法唐：《缅怀毛泽东》（下），中央文献出版社 2013 年版，第 287 页。
③ 阴法唐：《缅怀毛泽东》（下），中央文献出版社 2013 年版，第 287 页。

证协议的实现。实现协议，包括一系列的工作，如上层统战、影响群众、培养民族干部、筹备和成立西藏自治区以及经济、文化建设等工作，其中又以上层统战工作为主。开展影响群众工作和其他工作，都要首先搞好上层统战工作，通过上层接近下层。搞好上层统战工作，不仅有利于民族团结，也有利于进行群众工作和政治、经济、文化事业的发展。为解决西藏问题，毛泽东将统战工作定为西藏的主要工作。当时西藏尚未进行民主改革，开展的统战工作是反帝爱国统一战线，统战对象主要是上层人士，劳动人民还处在被剥削压迫的地位。但从性质上说又比较宽，凡是愿意和我们合作反帝爱国的人都要争取、团结。当时上层统一战线的首要任务是争取团结达赖集团，同时坚定地团结班禅集团。

　　毛泽东重视团结西藏上层，始于和平解放西藏之前。1949 年 10 月，他以他和朱德的名义给班禅回信；1950 年 12 月，他又直接给西藏边远地区阿里地方的西藏政府代表才旦朋措和扎西才让写回信，耐心而有针对性地给他们做解释工作，要他们发挥促进和平谈判的作用。

　　西藏和平解放后，毛泽东更是直接对西藏地方官员、贵族、上层喇嘛等进行工作，亲自接见西藏来京的致敬团、参观团、观礼团等，诲人不倦地进行谆谆教导。中央人民政府对达赖、班禅的固有地位和职权不但没有变更，还给他们安排了国家领导职务。毛泽东对他们极其关心、爱护和尊重，几次接见都同他们耐心地进行长时间谈话。1951 年 5 月 23 日，《关于和平解放西藏办法的协议》在北京签字后，班禅额尔德尼率领班禅堪布会议厅主要负责官员向毛泽东致敬、献礼，向毛泽东献上用汉藏两种文字写着的"中国各族人民的大救星"的锦旗。24 日晚，毛泽东设宴庆祝协议签订，在致辞中说："现在，达赖喇嘛所领导的力量与班禅额尔德尼所领导的力量与中央人民政府之间，都团结起来了。这是中国人民打倒了帝国主义和国内反动统治之后才达到的。这种团结是兄弟般的团结，不是一方面压迫另一方面。这种团结是各方面共同努力的结果。今后，在这一团结基础之上，我们各民族之间，将在各方面，将在政治、经济、文化等一切方面，得到发展和进步。"同一天，毛泽东还给西藏另一个宗教领袖达赖喇嘛写信，指出中央人民政府和西藏地方政府签订的《关于和平解放西藏办法的协议》，"是符合西藏民族和西藏人民的利益，同时也符合全中国各民族人民的利益。从此，西藏地方政府和西藏人民在伟大祖国大家庭中，在中央人民政府统一领导下，得以永远摆脱帝国主义的羁绊和异民族的压迫，站起来，为西藏人民自己的事业而努力"。毛泽东希望达赖和他领导的西藏地方政府认真地实行《关于和平解放西藏办法的协议》，尽力协助人民解放军和平开进西藏地区。5 月 26 日，《人民日报》发表社论《拥护〈关于和平解放西藏办法的协议〉》，毛泽东在审阅社论草稿时加了一段应尊重达赖和班禅的话："在西藏人民中，佛教有很高的威信，人民对达赖喇嘛和班禅额尔德尼的信仰是很高的。因此，协议中不但规定对宗教应予尊重，对寺庙应予保护，而且对上述两位藏族人民的领袖的地位和职权也应予以尊重。这不但是为和解藏族内部过去不和睦的双方，也为使国内各民族对藏族领袖引起必要的尊重。"1951 年 12 月，班禅额尔德尼准备由青海玉树返回西藏日喀则地区时，毛泽东给班禅复电："我完全同意你的这种志愿，即在中国共产党和中央人民政府领导下，与达赖喇嘛紧密团结，为彻底实行和平解放西藏办法的协议，驱除帝国主义在西藏的影响，巩固国防和建设新西藏而奋斗。"①

1954 年 9 月，达赖和班禅到达北京，毛泽东在中南海勤政殿亲切会见了两位西藏宗教领袖。两位活佛都把这一天当作吉祥喜庆的日子。毛泽东勉励他们要加强学习，大胆工作，要坚定不移地站稳反帝爱国的立场，为祖国、为西藏人民多做有益的事情。这次会见，给两位西藏宗教界上层人物留下了难忘的印象。

1954 年 9 月 27 日，在第一届全国人民代表大会第一次会议上，达赖当选为副委员长，班禅当选为常务委员。同年 12 月 25 日，班禅又当选为全国政协副主席，达赖当选为全国政协常委。这时达赖 19 岁，班禅 16 岁。毛泽东多次勉励他们：你们是最年轻的国家领导人，担负着很重要的责任。你们两位都很年轻，前途远大，要好好团结，谦虚谨慎，戒骄戒躁，努力学习，大胆工作。我们共同努力，把西藏的事情办好，把全国的事情办好。这样，西藏人民就会高兴，全国各族人民也会感到高兴。毛泽东在同达赖和班禅的谈话中，反复强调团结的重要性，说，你们两位不仅是西藏的领袖人物，而且是国家领导人，搞好你们两位活佛之间的团结非常重要。还要搞好噶厦方面和堪厅方面的团结，搞好藏族同志和汉族同志之间的团结。毛泽东还说，要搞好团结，就要互相学习。在西藏工作的汉族同志要学习藏语文，不懂藏语文，怎么和藏族同胞接触？怎么能为藏族同胞服务？他还建议两位活佛在可能的条件下学点汉语文。从那以后，班禅大师开始学习汉语文。②

1955 年，达赖喇嘛准备从北京返回西藏时，毛泽东亲自赶往达赖下榻的宾馆送行，使达赖及其随行人员感动得不知所措。达赖喇嘛当即对毛泽东说："主席突然到这里来，我像在做梦，经过和主席的几次见面谈话，使我的内心起了极大的变化，我回去后，一定把这些指示变成实际行动。"毛泽东不仅把他们当作西藏地方的领导人和国家领导人，还热情诚恳地把他们当成好朋友，和他们肝胆相照，促膝谈心，在谈话中苦口婆心，循循善诱。交谈的问题极为广泛深入，如对西藏社会制度的改革问题，毛泽东拿一些通俗易懂甚至涉及宗教的故事去启迪他们，跟他们讲释迦牟尼不做王子而去出家的故事。毛泽东对达赖、

---

① 《毛泽东西藏工作文选》，中央文献出版社、中国藏学出版社 2001 年版，第 43、45、50—51、58 页。

② 参见朱企泰、阎允英：《毛泽东统战思想研究》，中国工人出版社 1993 年版，第 227—229 页。

班禅说，释迦牟尼"当时主张普度众生，为了免除众生的痛苦，他不当王子，创立了佛教，为众生免除痛苦"。据可查的文献，从 1953 年至 1958 年，毛泽东谈这个故事不下 5 次。毛泽东广议中外，纵论古今，不仅谈到民主改革的总方向，而且谈到政治、经济、文化、宗教等各个领域的改革设想，对他们提出，对布施（礼）可不可以少收一点或者不收，"你们今后有些开支，国家可以帮助。"在多次面谈中，毛泽东不仅指出西藏不改革的弊端，如生产力得不到解放，人口不能繁衍等，而且指明改革的前景以及西藏上层在改革中的作用和位置，以开阔他们的眼界，提高他们的认识，打消他们的顾虑，坚定地团结他们，争取实现不流血、不出乱子地进行社会改革。毛泽东曾当面对达赖、班禅说："你们根本不前进，我们是不赞成的。我们欢迎你们进步，但是你们应根据实际情况，和大家团结一致地搞工作，不能因在内地看到了一些建设发展情况而着急。"[①]

达赖、班禅在西藏期间，毛泽东也多次亲切地和他们书信往来。对他们的进步，他都回信予以表扬，对他们思想上的迷惑，也及时指明方向。

由于毛泽东和其他中央领导亲自对西藏上层进行工作，进藏部队和地方工作人员也大力进行统战工作和开展影响群众等工作，西藏和平解放不久，国家在财政经济极其困难的情况下，修通了川藏、青藏两条大公路和当雄机场，建成一些中小型厂矿和电站，开展了内外贸易等，既保证了军供，又兼顾了民需，因而促进了各项事业的发展。党的影响不断扩大，西藏人民与我们的感情日益加深，联系越来越密切。以至以后能够在较短时间内平息西藏叛乱，进行民主改革和在"稳定发展"方针指导下，大力发展生产，改善生活，开展经济建设。

毛泽东这位彻底的唯物主义者，对宗教问题采取了极为慎重的态度，坚持宗教信仰自由的政策。他强调："共产党对宗教采取保护政策，信教的和不信教的，信这种教或信别种教的，一律加以保护，尊重其信仰，今天对宗教采取保护政策，将来也仍然采取保护政策。"[②] 认真贯彻宗教政策，对于民族团结和社会稳定都有重要作用。

废除农奴主土地所有制

1959 年民主改革前的西藏社会，毛泽东曾这样描述："就像我们春秋战国时代那个庄园制度，说奴隶不是奴隶，说自由农民不是自由农民，是介乎这两者之间的一种农奴制度。"[③] 在农奴制的西藏，三大领主占有绝大部分生产资料。西藏全部耕地、牧场、森林、山川、河流、河滩以及大部分牲畜，由占西藏人

---

① 阴法唐：《缅怀毛泽东》（下），中央文献出版社 2013 年版，第 288、289 页。
② 阴法唐：《缅怀毛泽东》（下），中央文献出版社 2013 年版，第 289 页。
③ 国务院新闻办公室：《西藏民主改革 50 年》白皮书，《人民日报》2009 年 3 月 3 日。

口5％左右的官家、贵族、寺庙上层僧侣三大领主及其代理人占有，而占西藏人口90％左右的农奴，如"差巴""堆穷"等，没有生产资料和人身自由，靠耕种份地维持生计，约占5％的"朗生"世代为奴，被当成"会说话的工具"。

西藏民主改革，摧毁了这种封建农奴主土地所有制，彻底改变了官家、贵族、寺庙上层僧侣三大领主垄断生产资料的状况。毛泽东和党中央实行区别对待政策，在农村，对叛乱的农奴主及其代理人的土地、牲畜和其他生产资料实行没收，然后分配给群众，对没有参加叛乱的农奴主及其代理人的多余土地、牲畜和其他生产资料实行赎买，由国家出钱赎买过来，然后分配给群众；在牧区，考虑到牲畜既是主要的生产资料又是生活资料，在分配中容易遭受宰杀，受到损失，决定不分配牲畜，对叛乱的农奴主及其代理人的牲畜实行"谁放牧归谁所有"政策，对没有参加叛乱的农奴主及其代理人的牲畜实行"牧工牧主两利"政策，减轻牧主对牧工的剥削，废除人身依附关系，保障牧工政治权利，适当改善牧工生活。①

稳步推进的民主改革，在工作步骤上，分两步走：第一步，以充分发动群众为主要内容，第二步，以分配土地为主要内容。在具体政策上，区分农村、牧区和寺庙的三种不同情况：在农村，首先宣布对叛乱农奴主及其代理人的土地，实行当年"谁种谁收"，争取当年不误农时，搞好农业生产，同时开展"三反双减"运动——反叛乱、反乌拉差役（乌拉差役是赋税、差役、地租等内容的统称，"乌拉"一词是无偿劳役的意思，种类繁多，包括各种劳役、捐税、地租等）、反奴役和减租减息，然后分配土地；在牧区，首先宣布对叛乱农奴主及其代理人的牲畜，实行"谁放牧归谁所有"，同时开展"三反"运动——反叛乱、反乌拉差役、反奴役，然后推行"牧工牧主两利"政策；在寺庙开展反叛乱、反封建特权、反封建剥削和算政治迫害账、算等级压迫账、算经济剥削账的"三反三算"运动，分配土地，建立寺庙民主管理委员会；在城镇，开展反叛乱、反封建制度、反封建剥削、反封建特权和减租减息的"四反双减"运动，分期分批进行民主改革，彻底废除农奴、奴隶对农奴主的人身依附关系，废除封建制度、封建剥削和封建特权，废除乌拉差役和高利贷债务。废除西藏封建农奴主土地所有制，摧毁官家、贵族、寺庙上层僧侣三大领主统治的经济基础，这是毛泽东治藏与历代治藏者之间的最大不同。②

毛泽东治藏，彻底废除藏区农奴主土地所有制，让农奴和奴隶第一次翻身成为土地和其他生产资料的主人，百万农奴和奴隶第一次有了自己的土地、牲畜等生产资料。据统计，在民主改革中，国家共支付4500多万元对1300多户未参加叛乱的农奴主和代理人的90万亩土地和82万多头牲畜进行赎买。共没收和

———————————

①　参见范召全：《毛泽东治藏思想理论研究》，《西藏研究》2011年第3期。

②　参见范召全：《毛泽东治藏思想理论研究》，《西藏研究》2011年第3期。

赎买农奴主土地 280 多万亩，分给 20 万户、80 万农奴和奴隶，农奴和奴隶人均分得土地 3.5 亩多。① 与百万农奴和奴隶形成鲜明对照的是，官家、贵族、寺庙上层僧侣三大领主在土地改革中则失去原来垄断占有的大量土地等生产资料和其他阶级特权。民主改革前的西藏社会是政教合一的政治制度，官家、贵族、寺庙上层僧侣三大领主构成了政治权力体系的核心，而支撑这个政治体系的经济基础就是封建农奴主土地所有制；随着三大领主土地垄断占有权的丧失，农奴主土地所有制寿终正寝，农奴主阶级集团便失去了赖以执政的经济基础，西藏原有政教合一的政治制度便难以为继。

宗教教权与世俗政权分开②

民主改革前，西藏是政教合一制社会，在政教合一的制度下，宗教不是单纯的信仰问题，它同封建农奴主的专政结成了一体，宗教教权与世俗政权形成政治联盟。在旧西藏各级地方政权机构的首席官员均为僧官，寺庙不仅有庄园，还设有法庭、监狱，享有司法权。

以毛泽东为代表的中国共产党人治藏，坚决地废除了政教合一制度，把宗教教权与世俗政权分开，实现政教分离，实行宗教信仰自由。在民主改革实施过程中，一方面，明令规定切实保护宗教信仰自由和爱国守法的寺庙，保护人民有当僧尼的自由和僧尼还俗的自由，保护正常的宗教活动不受干涉，保护有历史意义的寺庙和文物古迹。另一方面，实行"政治统一，信教自由，政教分离"的方针，废除寺庙在经济、政治上的一切封建特权，废除寺庙的封建占有、封建剥削、人身奴役以及寺庙内部的封建管理和等级制度，保障各教派在政治上一律平等；寺庙内的公共资金和财产实行民主管理，作为生产基金和供给寺内僧尼的生活与正常宗教活动之用；寺庙的僧尼按劳动力情况分得的土地，由寺庙民主管理委员会统一管理，组织生产；寺庙内收入不够正当开支时，由政府予以补助。③ 经过民主改革的西藏所有寺庙，均选出了民主管理委员会，实行民主管理。应该说，毛泽东领导的民主改革，去掉了宗教被封建农奴制玷污了的东西，恢复了宗教的本来面目，有效保障了西藏人民宗教信仰的自由，也为西藏实行人民民主的政治制度奠定了基础。

西藏民主改革时，基于当时西藏许多人对党的宗教政策还不了解，反动分子往往借宗教造谣挑拨党群关系、民族关系的情况，毛泽东和党中央在实践中又更多强调要保护西藏人民宗教信仰自由，对于西藏宗教制度中被封建农奴制

① 参见国务院新闻办公室：《西藏民主改革 50 年》白皮书，《人民日报》2009 年 3 月 3 日。
② 参见范召全：《毛泽东治藏思想理论研究》，《西藏研究》2011 年第 3 期。
③ 参见国务院新闻办公室：《西藏民主改革 50 年》白皮书，《人民日报》2009 年 3 月 3 日。

玷污，干预政治、教育等阻碍西藏经济及社会发展的落后东西，一方面肯定改革必要，同时又强调应采取由宗教内部人员自己用和平的方式进行改革。为确保政教分离改革顺畅、宗教信仰自由政策顺利贯彻，毛泽东要求既反对大民族主义，也反对地方民族主义，强调"着重反对大汉族主义，地方民族主义也要反对"①。

变农奴制为人民民主

西藏民主改革的对象就是黑暗落后、残酷的封建农奴制度，目的是把农奴制的西藏改变为人民民主的西藏。

民主改革后的西藏各地，普遍成立了基层平叛生产委员会和县、区、乡的农牧民协会，各寺庙成立了民主管理委员会，成千上万的农奴和奴隶出身的藏区干部涌现出来，担任农牧民协会主任、乡长、区长等职务，行使本乡、本区的行政管理权责。据《西藏民主改革50年》报道：到1960年底，西藏成立了1009个乡级政权、283个区级政权，78个县（包括县级区）和8个专区（市）建立了人民政权。藏族和其他少数民族干部达到1万多人，其中乡级干部全是藏族，区级干部90％以上是藏族，300多名藏族干部担任了县以上领导职务，4400多名翻身农奴和奴隶成长为基层干部。1961年，西藏各地开始实行普选，昔日的农奴和奴隶破天荒第一次获得当家作主的权利。1965年8月，西藏乡县选举工作完成，有1359个乡、镇进行了基层选举，有567个乡、镇召开了人民代表会议，西藏约92％的地方建立了以翻身农奴和奴隶为主的乡人民政权，54个县召开了第一届人民代表会议，选出了正副县长，建立了县人民委员会。1965年9月，西藏自治区第一届人民代表大会成功召开，西藏自治区正式宣告成立。出席大会的301名代表中，藏族和其他少数民族代表占80％以上，西藏上层爱国人士和宗教界人士占11％多，藏族代表中绝大多数是翻身农奴和奴隶。人民民主政权的建立为西藏人民行使当家作主的权利提供了有力的政治保障。②

西藏建立人民民主政权，保障西藏人民当家作主的权利，是通过民族区域自治制度来实现的。"十七条协议"第三条明确规定，"在中央人民政府统一领导之下，西藏人民有实行民族区域自治的权利"。实行民族区域自治制度，即在中国共产党领导下，在统一的社会主义大家庭中，西藏人民通过民主选举产生权力机关，建立各级政权组织，实行民族区域自治，充分享受当家作主的政治

---

① 国家民族事务委员会政策研究室：《中国共产党主要领导人论民族问题》，民族出版社1994年版，第54—55页。

② 参见国务院新闻办公室：《西藏民主改革50年》白皮书，《人民日报》2009年3月3日。

权利。民族区域自治的核心是自治权问题，关键是民族干部，因此党中央一贯高度重视西藏民族干部的培养和使用，在充分肯定外来干部必要的同时，强调要逐渐增加少数民族干部，发挥其建设和管理作用，否则，那就不是自治，而是"代治"。针对这个问题，毛泽东有过明确的指示："实行区域自治是真正的自治，主要是依靠西藏自己的干部。""各民族的事情自己管，就像新疆维吾尔族的事情由他们自己管一样，汉人只能帮助、不能代替他们管理。"[1] 以毛泽东为代表的中国共产党人，超越历代治藏者，坚持"慎重稳进"方针，紧紧抓住民族和宗教两件大事，以民主改革推进西藏变革，历史性废除西藏封建农奴主土地所有制，摧毁官家、贵族、寺庙上层僧侣三大领主统治的经济基础，废除西藏政教合一制度，把宗教教权与世俗政权分开，实现政教分离，实行民族区域自治制度，建立人民民主政权，彻底变革藏区旧有社会制度，使西藏走上社会主义现代化发展道路。毛泽东治藏的最大历史性贡献，在于领导西藏人民进行民主改革，继而社会主义改造，最终建立起社会主义制度，其进步性是历代治藏者不可比拟的。[2]

---

[1] 《毛泽东西藏工作文选》，中央文献出版社、中国藏学出版社 2001 年版，第 114、125 页。
[2] 参见范召全：《毛泽东治藏思想理论研究》，《西藏研究》2011 年第 3 期。

第五章　解决台湾问题的战略思想

自台湾问题出现以来，毛泽东始终高举祖国统一的正义旗帜，坚决维护一个中国的根本原则，在波诡云谲的国际斗争中，敢于斗争，敢于胜利，在与多年"宿敌"的较量中，胸怀天下，有理、有利、有节。他周旋游刃于美蒋"同盟"之间，有效地防止了台湾的独立活动，成功地挫败了美国制造"两个中国""一中一台"等阴谋。

情牵义绕的台湾问题①

致力于民族解放、国家独立和领土完整的毛泽东，一直以极大的精力关注着台湾问题的解决。新中国成立前，毛泽东就预见了台湾问题的复杂性和艰巨性，及时提出了"中国人民一定要解放台湾，一定要解放全中国"的战略任务。他和周恩来一再告诫全党和全国人民：不要忘记祖国的一部分神圣领土台湾还没有解放，实现祖国的完全统一，这是中国人民的神圣任务。

台湾地区作为中华民族生息繁衍的一个地方，可以追溯到远古。我国最早的历史地理文献之一——《尚书·禹贡》就曾对"岛夷"向大陆进贡橘柚留有记载。自秦、汉以来，台湾人民和大陆人民的民间经贸、文化往来已经开始。历代中国政府，曾以各种形式对台湾进行了探测和开发，对该地区予以管理并施以主权范围下的保护。即使中国大陆同台湾大规模的交往从吴王孙权算起，其时间也比哥伦布发现美洲新大陆早 1000 余年。即使把明代嘉靖年间恢复在台湾地区设置的巡检司作为历史发展的一个里程碑，那也比英国在北美洲建立弗吉尼亚殖民地早将近半个世纪。因此，远在美国独立之前，台湾就已经成为中国领土不可分的一部分。正因为台湾是中国领土不可分的一部分，世界各国从未承认过从 1895 年至 1945 年的 50 年间日本帝国主义对于台湾的占领是正当的。正因为台湾是中国领土不可分割的一部分，1943 年中美英三国政府共同签署的《开罗宣言》，才清楚规定"三国之宗旨，在使日本所窃取于中国的领土，如满洲、台湾、澎湖群岛等，归还中国"。周恩来在 1954 年会见英国工党代表团时严肃地指出：台湾从任何方面都证明是中国领土的一部分。不仅中国人民认为如此，世界公共舆论也认为如此。甚至被中国人民赶出大陆的蒋介石也这样说。

1959 年 10 月 5 日，毛泽东在与拉丁美洲 17 个国家的共产党代表团谈话时指出：台湾问题很复杂，既有国际问题，又有国内问题。就美国来说，这是一

---

① 参见姚有志、陈宇：《毛泽东大战略》，解放军出版社 2009 年版，第 307—308 页。

个国际问题；就蒋介石来说，这是一个国内问题。1949 年 2 月，毛泽东在会见受斯大林委托来华的苏共中央政治局委员米高扬时就指出，中国还有一半的领土尚未解放。大陆上的事情好办，比较麻烦的有两处：台湾和西藏。而台湾问题更复杂，解决它更需要时间。[①] 可见，在人民解放军尚未过江，蒋介石仍有 60 个师分布在江南一带准备进行战争之时，毛泽东就预见了台湾问题的复杂性以及由此而来的长期性。

毛泽东有如此高明的预见，得力于两个正确的判断。

一是对蒋介石企图把台湾作为他负隅顽抗的基地的判断。早在 1946 年 10 月，蒋介石和宋美龄首次到台湾视察时，就看到了台湾的特殊条件和重要性。在 1949 年蒋介石下野前已决定将台湾作为他反共的最后根据地，并积极为此做准备。在人事上，他于 1948 年底任命其亲信陈诚担任台湾省政府主席兼台湾省警备总司令，蒋经国任国民党台湾省党部主任委员。在经济上，蒋介石于 1949 年 1 月派蒋经国赴上海与俞鸿钧密商将国库中所有白银、黄金、美钞运到台湾。在军事上，蒋介石制订了一个"建设台湾、闽粤，控制两广，开辟川滇"的计划，并建设一个"北连青岛、长山列岛，中接舟山群岛，南到台湾、海南岛"的海上封锁线。为了保住台湾，蒋介石在秘密将海军实力以台湾为中心南移的同时，还把美援的 3 船军械运到台湾。

二是对美国干涉中国内政和侵略台湾的判断。毛泽东在与米高扬谈到台湾问题的复杂性和长期性时明确指出："那里有一个美国问题，台湾实际上就是在美国的保护之下。"事实上，远在 19 世纪中叶，美国殖民者拉毕雷就曾计划过占领中国的台湾，他说：只要组织"一支 250 人武装齐全的军队，就可以夺取和占领台湾"。[②] 他还计划在夺取和占领台湾之后，建立一个"受美国保护"的"独立政府"，也就是把台湾变为美国的殖民地，这是美国殖民者侵略台湾的阴谋的开端。拉毕雷的计划并不仅仅是个别美国商人的野心，它反映着 19 世纪 50 年代开始的美国亚洲殖民帝国迷梦，也就是美国历史上所称的太平洋帝国政策。到 1941 年 12 月"珍珠港事件"后，美国军方制定对日战略时，曾计划从海上攻占台湾，登陆后成立由美军组成的临时托管政府。美国政府成立的"远东战略小组"在给其备忘录中也建议：战后"托管"台湾，并在美国"托管"之下进行"台湾民族自决"，成立"台湾共和国"。1948 年底，国民党在大陆节节败退之时，美国驻华大使魏德迈奉总统杜鲁门之命到台湾作出了一个极具侵略性的调查结论："有迹象表明，台湾人对美国监护或联合国托管是会接受的。"美国国家安全委员会更向杜鲁门建议："必须不惜一切代价在台湾和海南岛建立防

---

① 参见师哲：《在历史巨人身边》，中央文献出版社 1991 年版，第 380—381 页。

② 参见卿汝楫：《美国侵略台湾史》，中国青年出版社 1955 年版，第 7 页。

务。"① 1949 年初，美国国务院终于提出美国基本政策的目标是"不让台、澎落入共产党手中"。可见，美国"插进多余的手"，是台湾问题复杂化和长期化的主要外部因素。

毛泽东在与米高扬谈话时，就对台湾问题的出现及其复杂性和长期性进行了科学的预见："现在估计国民党的残余力量大概全要撤到那里去，以后同我们隔海相望，不相往来。那里有一个美国问题，台湾实际上就是在美帝国主义的保护之下。这样，台湾问题比西藏问题更复杂，解决它更需要时间。"因此，台湾问题直接涉及中国的主权和领土完整。它与中国人民的民族感情联系在一起。任何一个国家试图把台湾从中国分裂出去，必将碰得头破血流，任何一个中国人，如果他把台湾从中国分离出去，就会成为民族的罪人。台湾是一个容易激动中国人民感情的问题。毛泽东作为"从人民当中生长出来的，是与中国人民血肉相连的，是同中国大地、中国的社会密切相关的"战略家，反复指出：台湾是中国神圣领土的一部分。

以武力方式解放台湾

所谓武力解放台湾，就是用战争的方式摧毁国民党在台湾的一切政治机构及军事力量，建立人民民主政权，实现全国的统一。解放战争后期，随着辽沈、淮海、平津三大战役的胜利，国民党的败局已定，毛泽东预见到蒋介石必然要率领国民党残余军政人员等溃退台湾。为了完成新民主主义革命的任务，解放全中国，毛泽东及时地作出了解放台湾的战略部署。②

1949 年 3 月 15 日，新华社发表时评《中国人民一定要解放台湾》，强调中国人民（包括台湾人民）将绝对不能容忍国民党反动派把台湾作为最后挣扎的根据地。中国人民解放斗争的任务就是解放全中国，直到解放台湾、海南岛和属于中国的最后一寸土地为止。这是首次提出"解放台湾"的口号。7 月 10 日，为尽快给解放台湾创造条件，毛泽东"写信给周恩来，根据朱德的建议，提出可考虑选派三四百人去苏联学习空军。同时购买飞机一百架左右，连同现有的空军组成一个攻击部队，掩护渡海，准备明年夏季夺取台湾"。③ 7 月 26 日，毛泽东又电告在莫斯科进行秘密访问的刘少奇，让他向斯大林提出协助中国建设空军的问题，同时提出希望购买飞机，并请代训飞行员，争取赶上在解放台湾的战役中使用。12 月 31 日，中共中央发布《告前线将士和全国同胞书》，明确指出，中国人民解放军在 1950 年的战斗任务就是解放台湾、海南岛和西藏，歼

① 资中筠：《美国对华政策的缘起和发展》，重庆出版社 1987 年版，第 285 页。
② 参见李合敏：《毛泽东关于解决台湾问题的战略思想述论》，《资料通讯》2006 年第 1 期。
③ 中共中央文献研究室编：《毛泽东传（1893—1949）》，中央文献出版社 1996 年版，第 924 页。

灭蒋介石匪帮的最后残余，完成统一中国的事业。1950年4月，中共中央再次发出指示，强调"解放台湾为全党重要的战斗任务"。6月初，毛泽东在七届三中全会上指出，党在当前的总方针就是"肃清国民党残余、特务、土匪，推翻地主阶级，解放台湾、西藏，跟帝国主义斗争到底"①。

　　然而，正当中国人民解放军做好了解放台湾的各项准备，只待7月台湾海峡风平浪静，发动越海攻势时，朝鲜战争突然于1950年6月25日爆发，形势发生急剧变化。美国一方面侵略朝鲜，把战火烧到鸭绿江边，威胁中国北部边防的安全，另一方面美国总统杜鲁门不仅于6月27日发表声明宣称"台湾地位未定"，而且命令美国海军第七舰队侵驻台湾海峡、空军第十三航空队侵驻台湾，明目张胆干涉中国内政，企图以武力阻止我军解放台湾。这不仅使解放台湾的难度加大，而且使本来属于中国内政的问题趋于复杂化。面对美国的侵略行径，毛泽东在6月28日的中央人民政府委员会第八次会议上严正指出，美国对亚洲的侵略只能引起亚洲人民广泛的和坚决的反抗。为了避免可能出现的南北两面受夹击的不利态势，毛泽东审时度势，作出"抗美援朝，保家卫国"的战略决策，人民解放军的战略重点由东南转向东北，解放台湾的任务被迫搁置。

　　1953年7月，抗美援朝战争取得胜利，毛泽东的注意力重新转向台湾海峡。与此同时，台湾当局加紧推动与美国签订"共同防御条约"。为了维护中国的独立、主权和领土完整，1954年7月，中共中央再次提出解放台湾的任务，坚决反对美国军事干涉和占领台湾。毛泽东指出，为了击破美蒋的军事和政治联合，必须向全国、全世界提出解放台湾的口号。他强调："在朝鲜战争结束之后我们没有及时（约迟了半年时间）地向全国人民提出这个任务，没有及时地根据这个任务在军事方面、外交方面和宣传方面采取必要措施和进行有效的工作，这是不妥当的，如果我们现在还不提出这个任务，还不进行工作，那我们将犯一个严重的政治错误。"② 根据毛泽东的部署，人民解放军于9月3日开始炮击金门。

　　毛泽东在经过反复考虑后，决定要在避免同美军冲突的前提下，坚决解放大陈岛和一江山岛。1955年1月18日上午人民解放军陆海空三军向一江山岛发起了猛烈攻击。岸炮、舰炮齐发，飞机轮番轰炸，一江山岛的碉堡、阵地、水际滩头防御设施全部笼罩在弹幕下，硝烟弥漫，火光闪烁，岛上的国民党军阵地、工事、通信设施遭到严重破坏。14时30分，人民解放军的登陆艇在炮舰、护卫艇的掩护下，驶向一江山岛，抢滩登陆，不到3小时就结束了一江山岛战役。

---

　　① 《毛泽东文集》第6卷，人民出版社1999年版，第74页。
　　② 裴坚章：《中华人民共和国外交史（1949—1956）》，世界知识出版社1994年版，第337页。

中国炮击金门和收复沿海诸岛的较量，既向美国表明了解放台湾的坚定信心和敢于斗争不示弱的坚定立场，也以谨慎的军事态度拔除了国民党军队在浙江沿海对大陆进行捣乱破坏的据点，由此改变了中国沿海和台湾海峡的政治军事形势，为和平解放台湾创造了条件。

毛泽东通过炮击金门为美国和台湾播下了产生争执的种子。在金门和马祖问题上，美国曾试图说服蒋介石放弃金、马，划峡而治，或把台湾交联合国解决。但蒋介石于1955年3月23日，针对英国要台湾放弃金、马的意见，明确地表示：美国不应同意英国的意见，并且说：不论美国是否加入防守金门、马祖，都不应该企图强迫国民党放弃它们。美国虽然不满意，但也不可能真的撒手不管。在这种情况下，艾森豪威尔不得不宣布："为了不损害自由中国的士气及断绝他们的希望，美国决心协防金门、马祖以巩固台澎地位。"① 美国的这一立场立即遭到其他大多数盟国的反对。加拿大外长皮尔逊明确表示，加拿大将不为这些沿海岛屿而作战。这些迹象表明，由于人民解放军对金门的炮击和对一江山岛、大陈岛的解放，在台湾问题上使美国与其盟国之间、美国和蒋介石之间的矛盾正在不断增长。

为了反击国民党对大陆的骚扰和美国的军事威胁，也为了配合中东人民的斗争，毛泽东决定抓住时机炮击金门，并指定由叶飞负责指挥。毛泽东的这一重大决策，正如叶飞所说："是同当时不可一世的美帝国主义进行较量，是一个有国际、国内重大意义的战略行动。""选择这个时机大规模炮击金门，摆出要解放台湾的姿态，一是警告蒋介石，二是同美帝国主义进行较量。"② 因此，从一开始毛泽东就把炮击金门这一军事行动同政治斗争、外交斗争紧密结合起来，放在一个战略高度加以看待。

在经过充分准备之后，人民解放军在毛泽东的亲自指挥下，于8月23日开始炮击金门、马祖。我军一个小时之内就发射了数万发炮弹，火力的猛烈和炮弹的密集程度，令人咋舌。

毛泽东在基本摸清美国的底牌之后，还决定倡议恢复被美国单方面中断了的大使级会谈，武戏、文戏一起唱，逼迫美国再次回到谈判桌旁，探索解决台湾问题的新途径。美国见武力威胁没有奏效，也于9月6日表示欢迎中国方面的建议。毛泽东对此非常重视，他指出："我们这一打，打出美国想谈了，他敞开这张门了，看样子，他现在不谈，也是不得了的，他每天紧张，他不晓得我们要怎样干。那好，就谈吧，跟美国的事就大局说，还是谈判解决，还是和平解决，我们都是爱好和平的人嘛。"③

①　宫力：《重构世界格局》，中原农民出版社1993年版，第90页。
②　《叶飞回忆录》，解放军出版社1988年版，第657页。
③　廖心文：《1958年毛泽东决策炮击金门的历史考察》，《党的文献》1994年第1期。

在华沙谈判的同时，中国人民解放军对金门继续执行打而不登，断而不死的方针，对金门保持了强大的压力。经过谈判和实战，毛泽东认为美国要保台湾，但不一定要保金、马，美国企图通过放弃金、马换取中国承认美国在台湾的存在。果然，美国为了避免因金、马与中国开战，从而把美国置于危险的境地，改变在中国沿海岛屿地区的"战争边缘"政策为"脱身"政策，准备以放弃金、马来诱使中国"停火"。其险恶用心是进一步造成隔海相望的"两个中国"的既成事实。

1958年9月30日，杜勒斯抛出了他的"停火"建议，并声称：蒋介石在金门、马祖这些岛屿上"保持这批为数不少的部队就是愚蠢的"。美国"没有保卫沿海岛屿的任何法律义务"。蒋介石立即予以反驳，其"外交部"也一再声明，表示要坚守金门、马祖，不减少外岛驻军。

美蒋在金、马问题上的不同立场，立刻引起了毛泽东的高度关注。毛泽东认为，侦察任务已经完成，问题是下一步怎么走。他说：我们在一个相当时期内不能解放台湾，蒋介石"反攻大陆"连杜勒斯也说"假设的成分很大"。剩下的问题是对金、马如何，蒋介石是不愿撤出金、马的，我们也不是非登陆金、马不可。可以设想，让金、马留在蒋介石手里如何？这样做的好处是金、马离大陆很近，我们可以通过这里同国民党保持接触。这样，毛泽东并没有命令部队去解放金门，而是命令人民解放军暂停炮击金门，并提出与国民党当局和平谈判。①

10月6日，毛泽东在亲自起草的《告台湾同胞书》中提出："台、澎、金、马是中国的一部分，不是另一个国家。世界上只有一个中国，没有两个中国。"明确指出国共两党在主张上的共同点是"一个中国"，国内战争已经30年了，"尚未结束，这是不好的，建议举行谈判，实行和平解决"。这份《告台湾同胞书》充分利用了美蒋之间的矛盾，用无可辩驳的事实向台湾当局晓以民族大义，同时也警告台湾当局说："美国总有一天肯定要抛弃你们的，你们不信吗？历史巨人会要出来作证的"，"美帝国主义是我们共同的敌人"。②

国际舆论对中国的这一举动予以高度评价，有的报刊甚至说这是海峡两岸关系乃至中美关系发生戏剧性变化的预兆。美国却把中国暂停炮击金门视为美国所说的"停火"。台湾当局还认为《告台湾同胞书》是中共的"诡计"。针对这种情况，毛泽东于10月8日指示：先要做国民党的工作，要写一篇着重对蒋介石说话，同时也给美国人出难题的《人民日报》社论；进一步阐述中国对台政策，说明并非诡计，再一次伸出手来；同时挑一下美蒋关系，说寄人篱下不好受，搭美国船不可靠；然后批杜勒斯的所谓停火，要美国"过五关"，即停止

① 参见姚有志、陈宇：《毛泽东大战略》，解放军出版社2009年版，第324页。
② 姚有志、陈宇：《毛泽东大战略》，解放军出版社2009年版，第324页。

护航，停止侵犯中国领海领空，停止军事挑衅和战争威胁，停止干涉中国内政，从台、澎撤退美国全部武装力量。这篇社论最后以《且看他们怎样动作》为题发表在 10 月 11 日的《人民日报》头版，产生了广泛的影响。10 月 13 日，《人民日报》又公开刊登了毛泽东以中华人民共和国国防部长彭德怀名义给福建前线人民解放军下达的命令，命令重申：暂停炮击金门是为了进一步反对美国制造"两个中国"的企图，并给台湾当局考虑和平解决台湾问题的时间，中国方面决定，对金门的炮击再停两个星期，以便金门军民充分补给，继续留在金门，用金、马保持两岸关系。这不是诈，这是对付美国的。这是民族大义，必须把中美界限分得清清楚楚。命令强调完成祖国统一是中国内政，外人无权过问，金门海域，美国人不得护航。如有护航，立即开炮。切切此令！[1]

经过政治和军事上的一系列攻势行动，美国已十分被动地陷入台海危机之中。1958 年 10 月 19 日，杜勒斯和美国国防部长亲自跑到台湾，向蒋介石施加压力，企图以海峡两岸事实上已"停火"为借口，要求台湾当局从金、马撤军。不料想，10 月 20 日，中国人民解放军福建前线部队因美国军舰护航，恢复了对金门海域的炮击。这样，台湾当局又有了不撤军的理由，使杜勒斯"划峡而治"的"两个中国"阴谋又一次落空。

以和平方式解放台湾[2]

20 世纪 50 年代中期，由于 1955 年初大陈列岛战役结束后，国共两党对沿海岛屿的争夺战基本结束，武力对抗有所缓和。在国际上，朝鲜停战于 1953 年 7 月达成协议，1954 年春柏林会议召开，4 月至 7 月的日内瓦会议又签订了越南停火协议；1955 年 4 月，旨在推动亚非国家在不同社会制度与意识形态下求同存异、友好合作的万隆会议召开。这些表明，国际紧张对峙局势开始趋向缓和。同时，尽管蒋介石反共立场十分顽固，但对一个中国和两岸最终要统一的立场也十分明确，因而对于美国要求其"划峡而治"的图谋表示拒绝，使美蒋之间出现矛盾。而 1954 年和 1955 年台湾岛内又相继发生了吴国桢事件和孙立人事件，特别是 1957 年发生的刘自然事件，导致台湾数万人举行反美示威大游行，反美怒潮遍布台湾岛。所有这些，使和平解决台湾问题出现了可能性。并且，我国在 1956 年以后开始进入全面的社会主义建设时期，这不仅需要一个和平安定的社会政治环境，而且要调动一切积极因素参加。顺应国际国内形势的重大变化和对美对蒋斗争的需要，毛泽东不失时机地明确提出了和平解放台湾的战略决策，中国共产党和中国政府从敦促美国政府与中国政府谈判和向台湾当局

---

① 参见姚有志、陈宇：《毛泽东大战略》，解放军出版社 2009 年版，第 325 页。

② 参见李合敏：《毛泽东关于解决台湾问题的战略思想述论》，《资料通讯》2006 年第 1 期。

提出和平解放台湾的倡议两方面开展工作，谋求以协商谈判的方式，通过第三次国共合作，和平解决台湾问题，达到海峡两岸的统一。把和平解放台湾作为解决台湾问题的主要方式提上议事日程，是我们党对台方针政策的重大转变和历史性发展。

1955 年，毛泽东开始正式提出和平解放台湾。他首先以 3 月 7 日《人民日报》社论的形式透露出信息，主张召开有关会议讨论缓和台湾地区的紧张局势问题。4 月，在周恩来率中国政府代表团赴印度尼西亚参加万隆会议前，毛泽东指示："可相机提出在美国撤退台湾和台湾海峡的武装力量的前提下和平解放台湾的可能。"① 周恩来在万隆会议期间，阐明了中国政府对台方针，即"为实现中国人民解放台湾的正义要求，中国人民有权用一切方法解放台湾，包括和平解放的方法"，并强调"只有美国从台湾和台湾海峡撤走一切武装力量后，和平解放台湾，以完成中国完全统一，才有可能"② 。5 月 13 日，周恩来在全国人大常委会第 15 次会议上明确宣布："中国人民解放台湾有两种可能的方式，即战争的方式和和平的方式。中国人民愿意在可能的条件下，争取用和平的方式解放台湾。"③ 这是中国政府第一次公开提出和平解放台湾的方针。这个讲话立刻引起全世界的强烈反响，认为这标志着中国对台湾的政策有了重大调整。5 月 26 日，毛泽东重申"台湾问题也可以用谈判解决。我们已经在万隆会议表明了这一点，可以用这一点去说服西方国家"，并提出可以与美国签订和平条约的主张。④ 1956 年以后，毛泽东关于对台工作的指导思想有了进一步的发展。他在许多场合反复强调和平解决台湾问题的同时，还明确提出与国民党再度合作。1956 年 1 月 25 日，毛泽东在第六次最高国务会议上宣布："国共已经合作了两次，我们还准备进行第三次合作。"⑤ 4 月，他又提出了"和为贵""爱国一家，爱国不分先后"的政策。⑥ 9 月 30 日，毛泽东在会见印度尼西亚总统苏加诺时指出，对于国民党，"我们要同它恢复友好和合作的关系。我们过去合作过两回，为什么不能合作三回呢？"⑦ 10 月 1 日，他在会见法国共产党代表团时又说，国民党现在霸占着台湾，我们又提出合作，合作了两次，为什么不可合作第三次！

① 杨亲华、王明鉴：《毛泽东与对台工作》，《人民日报》1994 年 2 月 27 日。
② 中共中央文献研究室编：《周恩来年谱（1949—1976）》（上卷），中央文献出版社 1997 年版，第 474—475 页。
③ 中共中央台湾工作办公室、国务院台湾事务办公室：《中国台湾问题》，九州图书出版社 1998 年版，第 63 页。
④ 参见《毛泽东外交文选》，中央文献出版社 1994 年版，第 211—212 页。
⑤ 中共中央台湾工作办公室、国务院台湾事务办公室：《中国台湾问题》，九州图书出版社 1998 年版，第 63 页。
⑥ 参见杨亲华、王明鉴：《毛泽东与对台工作》，《人民日报》1994 年 2 月 27 日。
⑦ 《毛泽东文集》第 7 卷，人民出版社 1999 年版，第 147 页。

为了调动各方面的积极因素，促成国共两党再度合作，毛泽东号召台湾军政人员为促成中国和平统一发挥作用。1956 年 1 月，他先后指出，古人有言，不究既往。只要现在爱国，国内国外一切可以团结的人都团结起来，为我们的共同目标奋斗。比如台湾，那里还有一堆人，他们如果是站在爱国主义立场，如果愿意来，不管个别的也好，部分的也好，集体的也好，我们都要欢迎他们为我们的共同目标奋斗。[1] 在对周恩来在政协二届二次会议上的政治报告稿的修改中，他重申："凡是愿意走和平解放台湾道路的，不管任何人，也不管他们过去犯过多大罪过，中国人民都将宽大对待，不究既往。"同年 8 月 21 日，他再次指出："我们不要忘记祖国的一部分神圣领土台湾还没有解放。解放台湾的问题完全是中国的内政问题。我们希望一切有爱国心的台湾军政人员，同意用和平谈判的方式，使台湾重新回到祖国的怀抱，而避免使用武力。如果不得已而使用武力，那是在和平谈判丧失了可能性，或者是在和平谈判失败以后。"并强调："不管采用什么方法，我们相信，解放台湾的正义事业是一定能够取得胜利的。美帝国主义者企图长期占领台湾并从而继续威胁我国的活动，终归是要失败的。"[2] 10 月，毛泽东在会见国民党中央通讯社原记者、《正气日报》总编、蒋经国的私人秘书曹聚仁时进一步指出，如果台湾回归祖国，一切可以照旧，台湾现在可以实行三民主义，可以同大陆通商，但是不要派特务来破坏，我们也不派"红色特务"去破坏他们。谈好了可以订个协议公布。台湾派人来大陆看看，公开不好来可以秘密来。台湾只要与美国断绝关系，可派代表回来参加人民代表大会和政协全国委员会。蒋经国等安排在人大或政协是理所当然的。周恩来在宴请曹聚仁时，就其提出的问题即如果通过谈判台湾归还祖国后中央政府对蒋介石等如何安排时表示，蒋介石将来总要在中央安排。台湾还是他们管，如果陈诚愿意做，蒋经国只好让一下做副的。其实陈诚、蒋经国都是想干些事的，陈诚愿到中央工作，职位不在傅作义之下，蒋经国也可以到中央工作。我们希望台湾整个归还祖国怀抱。他们的一切困难都可以提出，我们是诚意的，希望他们也拿出诚意来。[3] 1957 年初，毛泽东重申，台湾只要同美国断绝关系，回归祖国，其他一切都好办。1958 年 10 月 13 日，毛泽东再次会见曹聚仁，对和平解决台湾问题的方针政策作了更为具体的阐述。其要点有二：一是联蒋抵美。"只要蒋氏父子能抵制美国，我们可以同他合作。我们赞成蒋介石保住金门、马祖的方针，如蒋撤退金、马，大势已去，人心动摇，很可能垮。只要不

---

　　① 中共中央台湾工作办公室、国务院台湾事务办公室：《中国台湾问题》，九州图书出版社 1998 年版，第 63 页。

　　② 《建国以来毛泽东文稿》第 6 册，中央文献出版社 1998 年版，第 32—33、142—143 页。

　　③ 参见中共中央文献研究室编：《周恩来年谱（1949—1976）》上卷，中央文献出版社 1997 年版，第 623—624 页。

同美国搞在一起，台、澎、金、马都可由蒋管，可管多少年，但要让通航，不要来大陆搞特务活动。台、澎、金、马要整个回来。蒋介石不要怕我们同美国人一起整他。"二是台湾一切照旧。台湾如果回归祖国，"照他们自己的生活方式"。"他们同美国的连理枝解散，同大陆连起来，枝连起来，根还是你的，可以活下去，可以搞他的一套。"关于军队问题，"可以保存，我不压迫他裁兵，不要他简政，让他搞三民主义"。① 概括起来，这一时期毛泽东提出并阐明的关于和平解放台湾的具体方针政策的要点为：省亲会友，来去自由；既往不咎，立功受奖；国共合作，爱国一家；和平解放，互不破坏；国共对等商谈，台湾高度自治；外国军事力量必须撤离台湾和台湾海峡。

坚持一个中国立场②

　　然而，由于美国政府出于自身利益考虑，不愿意看到中国的统一和强大，进一步干涉中国内政，直接插手台湾事务，一方面同中国政府进行接触，寻找新的折中方案，另一方面从政治经济上压台湾当局从金门、马祖撤军，企图以这种"脱身"政策避免在军事上将自己卷入中国内战，摆脱自己进退维谷的被动局面，同时又斩断蒋介石与大陆联系的纽带，在政治上隔离台湾，以便实行其"两个中国""一中一台"的图谋。但是，此举遭到蒋介石坚决抵制，蒋不从金、马撤军，美蒋矛盾加剧。与此同时，在美国的唆使下，台湾当局在美军舰队的保护下，向金门、马祖增调大量军队，妄图"反攻大陆"，并以金、马为基地，加强对大陆沿海的骚扰。在此情况下，毛泽东重新考虑原定的立即解决金、马问题的利弊，认为为反对美国分离台湾、制造"两个中国"，将金、马留在台湾当局手中，更符合国共两党"一个中国"的共同利益，作出了暂不收复金、马的重要决策。但为了"直接对蒋，间接对美"，③ 通过有限的军事行动，与台、澎、金、马保持"联系"，维持中国内战的态势，并利用美蒋矛盾，贯彻"联蒋抵美"的策略，粉碎美国分裂中国的阴谋，维护国家和民族的根本利益，打击美蒋的嚣张气焰，毛泽东与中共中央出人意料地命令福建前线部队1958年第二次炮轰金门后，从实际出发，就和平解决台湾问题作了进一步的探索和努力。从10月3日至13日，他连续主持召开政治局常委会议，讨论台湾海峡形势。他指出："让金、马留在蒋介石手里如何？这样做的好处是金、马离大陆很近，我们可以通过这里同国民党保持接触，什么时候需要就什么时候打炮，什么时候

① 中共中央文献研究室编：《毛泽东传（1949—1976）》上册，中央文献出版社2003年版，第880—881页。
② 参见李合敏：《毛泽东关于解决台湾问题的战略思想述论》，《资料通讯》2006年第1期。
③ 《建国以来毛泽东文稿》第7册，中央文献出版社1998年版，第348页。

需要紧张一点就把绞索拉紧一点，什么时候需要缓和一下就把绞索放松一下，可以作为对付美国人的一个手段。"并决定："方针已定，还是打而不登，断而不死，让蒋军留在金、马。"①

10月6日，毛泽东起草以国防部长彭德怀名义发布的《告台湾同胞书》后，紧接着，他又连续起草了《中华人民共和国国防部命令》《再告台湾同胞书稿》《中华人民共和国国防部再告台湾同胞书》和《中华人民共和国国防部三告台湾同胞书稿》等。这些文件详尽地阐明了对台新政策，其主要内容是：坚持一个中国，反对"两个中国"；完成祖国统一，是中国人民的神圣任务；中国人的事只能由我们中国人自己解决，即使一时难以解决，也可从长商议；国共两党举行谈判，和平解决台湾问题；严格区分台湾问题上的内政与外交的两种不同性质，金门炮战是国共两党内战的继续，而美国侵占台湾与台湾海峡，是中美两国间的问题；自从美帝国主义占据台湾以来，美帝国主义成了国共两党的共同敌人，海峡两岸要"化敌为友"，"一致对外"，国民党不要害怕美帝国主义，不要屈服美国人的压力而随人仰俯，丧失主权。此后，炮击改为单日打炮，双日停止，且双方均只打到对方的海滩上。这实际上仅成为一种象征，即中国内战还在继续，国民党军队能借此长期占据金、马，以此作为对抗美国迫其撤军的理由，以抵制美国分离台湾的图谋。正如毛泽东所说："我们打金、马是为了帮助蒋介石，因为美国想把金、马让给我们，自己占据台湾。我们放弃金、马，都给蒋介石。蒋介石一困难，我们就打金、马，美国就可以让蒋介石继续做总统。"② 实际上，这是国共两党对付美国分离台湾而结成的"联合阵线"。经过1958年的金门炮战，海峡两岸领导人在"一个中国"共同利益的基础上，配合默契，台湾军队始终未从金马撤出，这就挫败了美国"划峡而治"的阴谋。同时，海峡两岸的政策都进行了调整，由过去激烈的军事对抗，转为以政治对抗为主、军事对抗为辅的冷战对峙状态。

20世纪60年代初，由于美国加紧在台湾当局内部扶植亲美势力，使美蒋矛盾进一步加深，增加了和平解决台湾问题的可能性，毛泽东又对解决台湾问题提出了许多新的重要原则。1960年5月22日，毛泽东主持中共中央政治局常委会议，研究并确定了关于台湾问题和对台工作的总方针。毛泽东认为，由于美国对台湾施加政治经济压力，试图推行"两个中国"政策的图谋，必须寻找新的折中方案。为了打破美国推行"两个中国"的政治图谋，台湾宁可放在蒋氏父子手里，不可落到美国人手中；对蒋介石我们可以等待，解放台湾的任务不一定要我们这一代完成，可以留交下一代人去办；现在要蒋过来也有困难，逐

---

①　中共中央文献研究室编：《周恩来年谱（1949—1976）》中卷，中央文献出版社1997年版，第177—178页。

②　《毛泽东外交文选》，中央文献出版社1998年版，第379页。

步地创造些条件，一旦时机成熟就好办了。1963年1月4日，周恩来进一步把毛泽东和我们党提出的对台方针政策概括为"一纲四目"，通过张治中致陈诚的信转达给台湾当局。"一纲"是："只要台湾回归祖国，其他一切问题悉尊重总裁（指蒋介石）与兄意见妥善处理。""四目"包括："台湾回归祖国后，除外交必须统一于中央外，所有军政大权、人事安排等悉由总裁与兄全权处理；所有军政及建设费用，不足之数，悉由中央拨付（当时台湾每年赤字约8亿美元）；台湾之社会改革，可以从缓，必候条件成熟，并尊重总裁与兄意见协商决定，然后进行；双方互约不派人进行破坏对方团结之事。"① 毛泽东还一再表示，台湾当局只要一天守住台湾，不使台湾从中国分裂出去，大陆就不改变目前的对台关系。"一纲四目"的对台政策在台湾产生了重要影响，台湾当局多次强调不会搞"两个中国"，并且加大了打击"台独"势力的力度。

为了促进祖国和平统一，中国共产党和中国政府做了大量具体而又极具影响的工作。比如，特赦国民党战争罪犯和武装特务人员，以缓和与台湾当局的关系；通过秘密渠道，同台湾当局保持接触，传递信息；争取寓居海外的国民党政府要员返回祖国大陆。1965年前国民党政府代总统李宗仁回到北京，并受到毛泽东、周恩来等党和国家领导人亲切接待。7月26日，毛泽东在会见李宗仁夫妇时，一边握手一边亲切地说："你们回来了，很好！欢迎你们。"交谈时，毛泽东强调："跑到海外的，凡是愿意回来的，我们都欢迎，我们都以礼相待。"当李宗仁对台湾问题久悬不决深表忧虑时，毛泽东坚定地说："不要急，台湾总有一天要和大陆统一的，这是不可逆转的历史潮流。"② 这一举措在海内外引起极大的震动。在取得联合国驱逐台湾当局在其机构中窃据的席位，恢复中华人民共和国在联合国的一切合法权利的巨大胜利，并推动中美关系、中日关系正常化的同时，毛泽东继续开展和平解放台湾的工作。国家体委主动邀请台湾运动员、教练员到京参加亚非拉乒乓球友好邀请赛、亚运会选拔赛、全运会；对应邀回国参加比赛的旅日、旅美等台籍同胞热情接待，并召开座谈会、联欢会阐述我们党的政策。有关部门恢复"二二八"纪念活动，廖承志、傅作义等著名人士发表谈话，继续强调"爱国一家，爱国不分先后"，"欢迎台湾各方面人员来大陆参观、探亲、访友，保障他们安全和来去自由"。1973年5月，92岁高龄的章士钊先生受毛泽东之托，亲赴香港搭建中断7年的海峡两岸和谈之桥。1975年，司法机关连续特赦国民党战争罪犯和武装特务人员，并妥善安排其工作和生活。

毛泽东和我们党为解决台湾问题所作的努力，对台湾当局产生了重要影响。蒋介石虽在祖国统一问题上没有迈出较大的步子，但他始终坚持一个中国，反

---

① 参见中共中央文献研究室编：《毛泽东传（1949—1976）》上册，中央文献出版社2003年版，第881页。
② 参见杨亲华、王明鉴：《毛泽东与对台工作》，《人民日报》1994年2月27日。

对制造"两个中国"。他多次声称，中国只有一个，不允许搞"两个中国"。在一个中国问题上，国共两党没有分歧。直到去世，他也没有放弃这一立场。陈诚在病逝前写下的遗言中还放弃了"反攻""反共"内容。这就粉碎了美国借口所谓台湾地位未定，企图分裂中国的阴谋。①

①　参见李正华：《论"一国两制"方针与祖国统一大业的推进》，《光明日报》2005年1月4日。

八、社会管理篇

在新中国成立之初，社会管理就成为党和国家面临的一项重大课题。能否管理好新中国，促进社会健康有序发展，保证广大人民群众物质文化生活基本需求的满足，关乎新生政权的稳定，关乎社会主义道路的发展。毛泽东高度重视社会管理问题，在领导革命和建设社会主义中对社会管理进行了积极探索，积累了宝贵的经验，提出了许多卓有建树的理论观点。他结合新中国成立伊始现代化基础薄弱、百废待兴的基本国情，通过坚持科学原则、确定科学目标、把握科学规律、制定科学方针，开创了新中国社会管理的新局面。毛泽东坚持人民群众的主体地位，维护人民群众的根本利益，主张采用民主的方式来正确处理人民内部矛盾，重视思想政治工作，通过反对官僚主义密切党群关系，提高了社会管理的整体水平。

第一章　建立人民共和国

　　建立一个新中国，是中国人民多少年来梦寐以求的理想。百余年来，为了改变我们国家任人欺侮、任人宰割的屈辱命运，为了改变广大人民当牛做马、水深火热的悲惨生活，无数志士仁人抛头颅、洒热血，前仆后继，浴血奋战。随着解放战争走向全面胜利，建立新中国成为越来越多人的共同要求，开国的领袖们心潮澎湃地筹建新中国。1949 年 10 月 1 日，中国的历史揭开了新的一页，中国人民从此站起来了。史无前例的土地改革运动，让劳苦大众真正实现了"耕者有其田"的愿望，摧毁了地主阶级的统治，巩固了人民政权，农民翻身做了主人。

筹建新中国

　　毛泽东在领导波澜壮阔的人民解放战争的同时，早已看清时局发生的深刻变化，着手筹划怎样建立一个新中国。

　　1947 年 10 月，人民解放军全面转入战略进攻，毛泽东在《中国人民解放军宣言》中提出："联合工农兵学商各被压迫阶级、各人民团体、各民主党派、各少数民族、各地华侨和其他爱国分子，组成民族统一战线，打倒蒋介石独裁政府，成立民主联合政府。"① 1948 年 4 月 30 日，毛泽东审定了中共中央纪念五一劳动节口号，发出"迅速召开政治协商会议"，讨论"成立民主联合政府"的号召。② 5 月 1 日，毛泽东又致信中国国民党革命委员会主席李济深和中国民主同盟中央常务委员沈钧儒，提议由中共中央、民革中央、民盟中央发表联合声明，倡议召开政治协商会议，"成立民主联合政府"，"拟订民主联合政府的施政纲领"。③ 这一号召，得到了中国国民党革命委员会、中国民主同盟、中国民主促进会、中国致公党、中国农工民主党、中国人民救国会、中国国民党民主促进会、三民主义同志联合会、九三学社、台湾民主自治同盟等民主党派和海外华侨的热烈响应。

　　从 1948 年 8 月开始，经过周密的安排，各民主党派、爱国民主人士和海外华侨代表，从国统区陆续进入东北和华北解放区。在北平解放前夕，毛泽东、周恩来致函在上海的宋庆龄，希望宋庆龄北上参加新的政治协商会议，并对如何建设新中国给予指导。北平解放后，已到解放区的各民主党派及爱国民主人

　　① 《毛泽东选集》第 4 卷，人民出版社 1991 年版，第 1237 页。
　　② 参见《中共中央文件选集》第 17 册，中共中央党校出版社 1992 年版，第 146 页。
　　③ 中共中央文献研究室编：《毛泽东传》二，中央文献出版社 2011 年版，第 947—948 页。

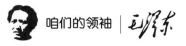

士会合到北平。

这时，各种全国性的人民团体也相继建立起来。1948年8月，全国第六次劳动大会在哈尔滨举行，恢复了中华全国总工会的组织。接着，根据毛泽东的提议，1949年3—7月，中华全国学生联合会、中华全国民主妇女联合会、中国新民主主义青年团、中华全国民主青年联合会、中华全国文学艺术界联合会成立。全国自然科学工作者联合会、社会科学工作者联合会、教育工作者联合会、新闻工作者联合会等组织的筹备会也分别成立。这些全国性群众团体的成立，把社会各界群众进一步组织起来，是召开新的政治协商会议的重要组织准备之一。

毛泽东从西柏坡来到北平后，同各界代表人物广泛接触，和他们共商建国大计。1949年春天的一个下午，毛泽东从香山乘车来到北平城内，拜访北平师范大学代校长汤璪真、文学院院长黎锦熙、地理系主任黄国璋。他们有的是毛泽东在长沙读书时的老师或同学，有的是北平九三学社的成员。毛泽东诚恳地对他们说，民主党派要积极参政，共同建设新中国。"积极参政"这句话对新中国政治生活具有深刻的政治意义。民主党派参加新政协并将担任中央人民政府各项职务，标志着民主党派地位的根本变化。他们成为新中国人民民主专政的参加者，在中国共产党的领导下，和共产党一起担负着管理国家和建设国家的历史重任。

1949年6月15—19日，新政协筹备会议第一次全体会议在北平中南海勤政殿召开。参加会议的有中国共产党和各民主党派、无党派民主人士及各人民团体等23个单位的代表，共134人。毛泽东在会议的开幕式上讲话。他说：这个筹备会的任务，就是完成各项必要的准备工作，迅速召开新的政治协商会议，成立民主联合政府，以便领导全国人民，以最快的速度肃清国民党反动派的残余力量，统一全中国，有系统地和有步骤地在全国范围内进行政治的、经济的、文化的和国防的建设工作。我们向全世界声明：我们所反对的只是帝国主义制度及其反对中国人民的阴谋计划。中国人民愿意同世界各国人民实行友好合作，恢复和发展国际间的通商事业，以利发展生产和繁荣经济。中国的命运一经操在人民自己的手里，中国就将如太阳升起在东方那样，以自己辉煌的光焰普照大地，迅速地荡涤反动政府留下来的污泥浊水，治好战争的创伤，建设起一个崭新的强盛的名副其实的人民共和国。[①]

这次会议一致通过《新政治协商会议筹备会组织条例》《关于参加新政治协商会议的单位及其代表名额的规定》，选出了以毛泽东为主任的筹备会常务委员会。

---

① 参见《毛泽东选集》第4卷，人民出版社1991年版，第1463—1467页。

会议结束后 10 多天，为了进一步阐明将要诞生的人民共和国的性质、国内各阶级的地位和相互关系等基本问题，毛泽东在 6 月 30 日发表了《论人民民主专政》。这篇文章是他用两天时间写成的。他在文章中说：在中国现阶段，人民是工人阶级、农民阶级、城市小资产阶级和民族资产阶级。对于人民内部，实行民主制度，人民有言论集会结社等项的自由权。对地主阶级和官僚资产阶级以及代表这些阶级的国民党反动派及其帮凶们实行专政。这两方面，对人民内部的民主方面和对反动派的专政方面，互相结合起来，就是人民民主专政。人民民主专政的基础是工人阶级、农民阶级和城市小资产阶级的联盟。工人阶级（经过共产党）领导的、以工农联盟为基础的人民民主专政就是我们的主要纲领。没有农业的社会化，就没有巩固的社会主义。人民民主专政的国家，必须有步骤地解决国家工业化的问题。严重的经济建设任务摆在我们面前，我们不熟悉的东西正在强迫我们去做。这就是困难。我们必须克服困难，我们必须学会自己不懂的东西。①

新政协筹备会在以毛泽东为主任的常务委员会之下，设立了六个小组，分别完成以下任务：拟定参加新政协的单位及其代表名额；起草新政协组织条例；起草共同纲领；起草宣言；拟定中央人民政府大纲；拟定国旗、国徽及国歌方案。

毛泽东就新政协所要讨论的各项问题，继续同各民主党派领导人和其他爱国民主人士进行交谈。他先后会见了张澜、李济深、沈钧儒、陈叔通、何香凝、马叙伦、柳亚子等。

他的卫士长李银桥回忆道："毛泽东对这些民主人士很尊敬，十分亲切有礼，一听说哪位老先生到了，马上出门到汽车跟前迎接，亲自搀扶下车、上台阶。一些民主人士见到毛泽东总要先竖起大拇指，连声夸耀'毛主席伟大'。对于这种情况，毛泽东十分不安。一次，毛泽东出门迎接李济深，李老先生一见面就夸毛泽东了不起，毛泽东扶他进门坐下后说：'李老先生，我们都是老朋友了，互相都了解，不要多夸奖，那样我们就不好相处了。'""有一天，毛泽东准备会见张澜先生，事前他吩咐我：'张澜先生为中国人民的解放事业作了不少贡献，在民主人士中享有很高威望，我们要尊敬老先生，你帮我找件好些的衣服换换。'我在他仅有的几件衣服里选了半天也没找到一件没有补丁的衣服。我心里很不是滋味，对他诉苦道：'主席，咱们真是穷秀才进京赶考，一件好衣服都没有。'毛泽东说：'历来纨绔子弟考不出好成绩，安贫者能成事，嚼得菜根百事可做，我们会考出好成绩！'我说：'现在做衣服也来不及了，要不先找人借一件穿？'毛泽东不同意：'不要借，有补丁不要紧，整齐干净就行。张老先生是贤达之士，不会怪我们的。'毛泽东就是穿着补丁衣服会见张澜，会见过许多民主人士。"②

---

① 参见《毛泽东选集》第 4 卷，人民出版社 1991 年版，第 1475—1481 页。

② 李银桥：《毛泽东在香山双清别墅》，《中共中央在香山》，中共党史出版社 1993 年版，第 243—244 页。

8月27日，毛泽东出席新政协筹备会常务委员会，讨论修改《中央人民政府组织法（草案）》，在关于中央集权与地方分权问题上阐述了自己的看法，指出："对于必须集中的尽量集中，必须抓紧的要抓紧，例如对司徒雷登的外交问题。有人说我们只管政策不管事务。事务是管不胜管，政策问题是关乎几十万、几百万人民的政治经济生活的。""我们是抓紧大的人事、大的政策。我们要有些集中有些不集中，才能搞好，所以有些地方要给地方以监督之权。鉴于蒋介石的集权，我们是又集中又不集中，需要集中的集中。"① 这对新中国而且几亿人口大国的意义不言而喻。

8月28日，特邀新政协代表宋庆龄在邓颖超陪同下，从上海抵达北平。"毛泽东、朱德、周恩来、刘少奇等党中央领导人早已在前门车站站台上迎候她。当晚，毛泽东设宴为宋庆龄洗尘，热烈欢迎她前来共商国家大事。"②

9月7日，特邀代表、湖南军政委员会主席程潜由湖南到达北平。曾在当时为毛泽东摄影的徐肖冰回忆道："当程潜走下火车后，毛主席快步迎上去，紧紧握住他的双手。就在握手的刹那间，程潜的泪水流了下来，激动得说不出话来。还是毛主席先开了口，风趣地说：多年未见，您历尽艰辛，还很康健，洪福不小啊！这次接你这位老上司来，请你参加政协，共商国家大事。"接着，毛泽东把程潜扶进车里，两人同乘一辆车，来到中南海的菊香书屋。晚宴时，毛泽东对程潜说："我们这个民族真是多灾多难啊！经过八年浴血抗战，打败了日本侵略者，也过不成太平日子。阴险的美帝国主义存心让蒋介石来吃掉我们。我们是被迫打了四年内战，打出一个新中国。这是人心所向啊。"③

正当新政协代表应中国共产党的邀请从四面八方奔赴而来之时，《中国人民政治协商会议共同纲领》也在紧张的起草中，《共同纲领》由周恩来亲自负责起草。毛泽东也亲自参与同周恩来等一起讨论修改草案的每个细节。譬如，他曾就纲领草案内容改写过这样一段话："各级人民代表大会闭会期间的各级政权机关为各级人民政府。国家最高政权机关为全国人民代表大会。全国人民代表大会闭会期间中央人民政府为行使国家政权的最高机关。"④

经过三个月的紧张准备，9月17日，新政协筹备会召开第二次全体会议。会议原则通过了《中国人民政治协商会议组织法（草案）》《中国人民政治协商会议共同纲领（草案）》《中华人民共和国中央人民政府组织法（草案）》，同意将起草大会宣言和拟制中华人民共和国国旗、国徽、国歌工作移交给政协第一次全体会议；还通过常委会提出的大会主席团及秘书长名单；还决定将新的政

① 中共中央文献研究室编：《毛泽东传》二，中央文献出版社2011年版，第957页。
② 李银桥：《在毛泽东身边十五年》，河北人民出版社1991年版，第133页。
③ 徐肖冰、庄唯：《历史的瞬间》，《中共中央在香山》，中共党史出版社1993年版，第266—267页。
④ 中共中央文献研究室编：《毛泽东传》二，中央文献出版社2011年版，第958页。

治协商会议正式定名为中国人民政治协商会议。这样，中国人民政协第一届全体会议已在紧张而有序的过程中准备完成。

1949年9月21日下午7时，毛泽东等来到中南海怀仁堂，出席中国人民政治协商会议第一次全体会议。大会在欢快的中国人民解放军进行曲和场外鸣放五十四响礼炮声中隆重开幕，为此全体代表起立，热烈鼓掌许久。这是一个具有历史意义而又庄严的时刻！

毛泽东在会上致开幕词。他说：诸位代表先生们，我们有一个共同的感觉，这就是我们的工作将写在人类的历史上，它将表明：占人类总数四分之一的中国人从此站立起来了。我们的民族将从此列入爱好和平自由的世界各民族的大家庭，以勇敢而勤劳的姿态工作着，创造自己的文明和幸福，同时也促进世界的和平和自由。我们的民族将再也不是一个被人侮辱的民族了，我们已经站起来了。我们的革命已经获得全世界广大人民的同情和欢呼，我们的朋友遍于全世界。毛泽东的这些话，说出了中国人民此时此刻的共同心声。他所说的"中国人民从此站立起来了"，使许多人热泪盈眶。代表们不时报以热烈的掌声。①

9月25日晚，毛泽东、周恩来在中南海丰泽园召开座谈会，就关于国旗、国徽、国歌、纪年、国都问题听取了各方意见。毛泽东首先发表了对国旗的意见。他说："过去，我们脑子老想在国旗上画上中国特点，因此画上一条以代表黄河。其实，许多国家的国旗也不一定有什么该国家的特点。苏联的斧头镰刀也不一定代表苏联特征。英、美、德国旗也没有什么该国特点。"并用手指着一个设计方案说："这个图案表现我们革命人民大团结。现在要大团结，将来也要大团结。现在也好，将来也好，又是团结又是革命。"毛泽东讲完，与会者鼓掌一致通过。

对《义勇军进行曲》的讨论非常热烈。《义勇军进行曲》由田汉作词、聂耳作曲，曾传遍祖国大江南北，成为中国人民反抗外来侵略的一首高昂的战歌。对此马叙伦就提议用《义勇军进行曲》暂代国歌。许多委员表示赞成，可一部分委员提出需要修改歌词。有的提出，"歌词在过去有历史意义，但现在应让位给新的歌词"。有的说："歌曲子是很好，但词中有'中华民族到了最危险的时候'，不妥。最好把词修改一下。"周恩来表示，就用原来的歌词，他说："这样才能鼓动情感。修改后，唱起来就不会有那种情感。"最后，毛泽东拍板，歌词不改，与会者一致赞同，在中华人民共和国的国歌正式制定前，以《义勇军进行曲》为代国歌。在座谈会结束时，毛泽东、周恩来和与会者一起合唱《义勇军进行曲》。②

9月27日，政协第一届全体会议一致通过《中华人民共和国中央人民政府组织法》《中国人民政治协商会议组织法》；决定中华人民共和国的国都定于北

① 参见中共中央文献研究室编：《毛泽东传》二，中央文献出版社2011年版，第959页。
② 参见中共中央文献研究室编：《毛泽东传》三，中央文献出版社2011年版，第965—967页。

平，自即日起改北平为北京；中华人民共和国的纪年采用公元，当年为 1949 年；中华人民共和国的国歌未正式制定前，以《义勇军进行曲》为国歌；中华人民共和国的国旗为五星红旗，象征中国革命人民的大团结。

9 月 29 日，政协第一届全体会议一致通过《中国人民政治协商会议共同纲领》，这一纲领包括序言和总纲、政协机关、军事制度、经济政策、文化教育政策、民族政策、外交政策七章。这是一部中国人民的临时宪法。

9 月 30 日，政协全体会议，选出毛泽东等为政协全国委员会委员；选举毛泽东为中央人民政府主席，朱德、刘少奇、宋庆龄、李济深、张澜、高岗为副主席，周恩来、陈毅等 56 人为中央人民政府委员。

会议发表了由毛泽东起草的《中国人民政治协商会议第一届全体会议宣言》。《宣言》说：中华人民共和国现在宣告成立。中国人民业已有了自己的中央人民政府。这个政府将遵照《共同纲领》在全中国境内实施人民民主专政。它将指挥人民解放军将革命战争进行到底，消灭残余敌军，解放全国领土，完成统一中国的伟大事业。它将领导全国人民克服一切困难，进行大规模的经济建设和文化建设，扫除旧中国留下来的贫困和愚昧，逐步地改善人民的物质生活和提高人民的文化生活。中国的历史，从此开辟了一个新的时代。[①]

中国人民从此站起来了

开国大典

10 月 1 日下午 2 时，毛泽东在中南海勤政殿主持召开中央人民政府委员会第一次会议，中央人民政府宣告成立。会议接受《中国人民政治协商会议共同纲领》为政府施政方针。随后，毛泽东和中央人民政府委员会全体委员，分别乘车驶向天安门。车队开出中南海东门，缓缓而行，直接开到天安门城楼下。毛泽东同中央人民政府委员会的全体委员，沿着城楼西侧的古砖梯道拾级而上，登上天安门城楼。当毛泽东出现在主席台时，广场上 30 万群众立即沸腾起来，欢呼雀跃，无数面鲜艳的红旗迎风招展，场景十分壮观。

下午 3 时，开国大典隆重开始，中央人民政府秘书长林伯渠宣布开会。毛泽东走到麦克风前，用洪亮的声音向全中国、向全世界庄严宣告："中华人民共和国中央人民政府今天成立了。"

顿时，广场欢声雷动，情绪激昂。

接着，毛泽东按动电钮，在国歌《义勇军进行曲》的雄壮旋律中，中华人民共和国的国旗——五星红旗冉冉升起。升旗结束后，毛泽东宣读《中华人民

---

① 参见《毛泽东文集》第 5 卷，人民出版社 1996 年版，第 348 页。

共和国中央人民政府公告》，郑重宣告："本政府为代表中华人民共和国全国人民的唯一合法政府。凡愿遵守平等、互利及互相尊重领土主权等项原则的任何外国政府，本政府均愿与之建立外交关系。"①

毛泽东宣读公告完毕，阅兵式开始。由中国人民解放军陆海空三军组成的方队通过主席台前，威武雄壮地由东向西行进。由新中国第一代飞行员驾驶的14架战斗机、轰炸机和教练机，在天安门广场凌空掠过，格外引人注目。

阅兵式持续近3个小时，结束时天色已晚。这时，长安街上华灯齐放，群众游行开始了。一队队怀着欢欣、激动心情的游行群众涌向主席台，然后分东西两路离开会场。这时，"人民共和国万岁！""毛主席万岁！"的口号声响彻云霄，扩音器里不断地传出毛泽东洪亮的声音："同志们万岁！"②

人民爱戴毛泽东，毛泽东热爱人民，这是两种真挚的感情，水乳交融地结合在一起。

晚上9时25分，游行结束。这一天，毛泽东在天安门城楼上整整站了6个多小时，他的精神始终十分饱满。回到中南海住地，他对身边卫士连续说了两遍胜利来之不易的话。

从1840年鸦片战争失败后，中国人民为反对帝国主义、封建主义进行了不屈不挠的斗争。但是，各式各样救国救民的探索、试验都失败了。只是在中国共产党领导下，团结全国各族人民，经过28年艰苦卓绝的奋斗，革命才取得胜利，人民共和国终于在中国这块古老的土地上建立起来了。这是无数革命先烈用鲜血换来的，毛泽东也有五位亲人为此献出了生命。胜利确实来之不易！

在中国分久必合的历史更替过程中，国家统一仍是主流。中国人民对于和平和安定的渴望与追求，加强和维护各民族之间的团结与交流，也是中国历史发展的总趋势。中华民族遭受到了无数次的外族入侵尤其近代以来的西方列强，经历了无数的磨难和伤楚，但中国人民始终没有放弃对美好生活追求的渴望和反抗的勇气。以毛泽东为代表的中国共产党人领导人民革命，推翻了帝国主义、封建主义、官僚资本主义及其集中代表国民党的反动统治，统一全中国，让人民当家作主人，享受到了广泛的人民民主，实现了各民族之间真正的平等。这一切，就是新中国成立后的焕然一新的国家政治生活气象。

人民当家作主

民主的最早含义是指"人民的权力""人民的政权"或"人民直接地通过分区选出的代表治理统治"。在近代，民主的主要含义是指在政治、经济以及其他

---

① 《毛泽东文集》第6卷，人民出版社1999年版，第2页。

② 参见中共中央文献研究室编：《毛泽东传》三，中央文献出版社2011年版，第968页。

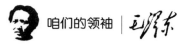

社会生活领域中由统治阶级中大多数人实行统治的一种国家制度。毛泽东 1939年 11 月 14 日在陕甘宁边区党代表大会上的政治报告中指出：民主，讲俗话就是老百姓能起来说话、活动、想办法。

让人民起来监督政府，监督官员就是民主的一项重要内容。政府官员是人民选出来的，他们的权力来源于人民。因此人民可以弹劾、撤换不称职的官员。只有这样才能体现人民是国家主人翁的地位；只有这样才能使政府及其官员对人民有所敬畏，不敢松懈，更不敢搞腐败。在群众运动中，人民群众的热情高涨，积极性得到了充分的调动和发挥，在很大程度上表现了"当家作主"的姿态。用群众运动这种方式反腐败，必然造成对腐败分子强大的震慑力，同时形成了天罗地网，使腐败分子上天无路，入地无门，插翅难逃。

在农村革命根据地时期，毛泽东对农民行使民主权利的能力抱有信心，对国民党一再拖延、拒绝还政于民，表示强烈的不满。他对到延安访问的美国人士说："我们的经验证明，中国人民是了解民主和需要民主的，并不需要什么长期的体验、教育或'训政'。中国农民不是傻瓜，他们是聪明的，像别人一样关心自己的权力和利益。你们可以在我们的地区里看到这种不同之处——人民是生气勃勃，富有兴趣和十分友好的。他们具有人类抒发情感和精力的机会，他们已经从沉重的压迫底下解放出来了。"①

由于毛泽东充分相信被解放了的人民的民主能力，因此他积极地在陕甘宁边区进行民主政治建设，把它建成全国抗日、民主的模范。边区实行的民主制度，以民主选举制度最为重要。不管工人、农民、妇女，还是知识分子、学生、商人或有产者，只要不反对抗日而年满 18 岁者，都有选举权与被选举权。

要巩固我们的人民民主专政的政权，就必须反对腐败。如果让腐败现象任意滋生蔓延，就必然会危及我们人民民主政权的肌体。因此要跳出历史的周期律，我们必须依靠民主，做到民主的制度化、法律化，通过民主和法制来预防和惩治腐败，只有这样，才能使我们的党和国家永葆生机与活力，永不改变颜色。

毛泽东一直在思考新中国的政体问题，在《新民主主义论》和《论联合政府》中已经说得很明确。他认为中国的政权组织形式既不能照搬苏联的苏维埃，也不能照搬西方国家的议会制，而是在一个短时间内在新解放地区先建立各界人民代表会议，然后通过普选实行人民代表大会制。他特别重视这种有利于加强人民政权同群众的联系，发扬人民民主的制度。1949 年 1 月，他就批示："各地新区外均应建立人民代表会议制度，首先是区、村人民代表会议，方能防止命令主义与官僚主义。"②

中华人民共和国成立后，中国人民已是国家主人。如何行使和保证人民当

---

① 张勇、刘启明、莫志斌：《毛泽东教我们学管理》，中共党史出版社 2009 年版，第 145—147 页。
② 中共中央文献研究室编：《毛泽东年谱（1893—1949）》下卷，中央文献出版社 2002 年版，第 287 页。

家作主的权利呢，那就是通过人民代表大会和它的过渡形式——人民代表会议。应当说，这是毛泽东从中国历史和长期革命斗争中总结出来的。这是一种适合中国国情又有利于表达人民意志的政权组织形式，是一种能真正保证人民当家作主的制度。

中华人民共和国成立以后，毛泽东更加注意发挥各界人民代表会议的作用，把它作为体现人民的主人翁地位、密切党和政府同人民群众联系的重要组织形式，紧紧抓住，连续转发了一批典型经验，一再要求和催促各地都把这件大事做好。

1949年10月11日，中共中央华东局第一书记饶漱石向毛泽东发来一份电报，汇报松江县召开各界人民代表会议的情况和经验。毛泽东对此十分高兴，随即将饶漱石的这份报告转发各中央局负责人，请他们通令所属一律仿照办理，特意强调指出："这是一件大事。如果一千几百个县都能开起全县代表大会来，并能开得好，那就会对于我党联系数万万人民的工作，对于使党内外广大干部获得教育，都是极重要的。"① 10月30日，毛泽东又转发了华北局第一书记薄一波关于华北各城市召开各界人民代表会议经验的报告，并要求各地认真研究，引起全党干部的注意，同时总结自己在这一重大问题上的经验教训。

为了更好地推开这种制度，毛泽东还及时加以指导，克服各种错误的倾向。在各界人民代表会议问题上，一些地方主要存在着关门主义倾向。毛泽东明确指出，在代表名额中共产党员不能太多，多则无力，不多不少则力量大。正是在毛泽东的倡导和督促下，各界人民代表会议在发扬人民民主和进行政权建设相结合的前提下得以顺利召开，为即将召开的各级人民代表大会做了充分的准备。

新中国成立后，人民向中央表达自己的建设意愿也成为当时的一种新的政治生活气象。显然，这种方式是有利于发扬人民民主，国家政权建设和密切党和人民政府同人民群众联系的。但是，有些领导机关对人民来信漠然视之，这引起了毛泽东的注意。1950年11月30日，他以中共中央的名义向各中央局和各省、市、自治区党委发出指示说："请你们对群众来信认真负责，加以处理，满足群众的要求。对此问题采取忽视态度的机关和个人，应改正此种不正确态度。"② 1951年5月16日，毛泽东再一次向各级党委和各级政府发出指示："必须重视人民的通信，要给人民来信以恰当的处理，满足群众的正当要求，要把这件事看成是共产党和人民政府加强和人民联系的一种方法，不要采取掉以轻心置之不理的官僚主义的态度。"③

在毛泽东看来，人民群众有惩治腐败、保护人民政权的责任和权利，这是任何人都不能剥夺和阻碍的。因此他严厉警告："如果有人执迷不悟，胆敢违抗

---

① 《毛泽东文集》第6卷，人民出版社1999年版，第4页。
② 中共中央文献研究室编：《毛泽东传》三，中央文献出版社2011年版，第977页。
③ 《毛泽东文集》第6卷，人民出版社1999年版，第164页。

中央指示，阻碍群众运动，无论他的地位有多高，资格有多老，他的上级都应该坚决把他撤职。"1951年12月，武汉市委公开揭露和惩处了一批压制群众批评的担负重要职务的干部。这得到了毛泽东的高度赞赏。他还电示武汉市委，责令支持和袒护压制民主、打击群众的武汉市长向人民代表会议作自我批评，后又将武汉市长撤职。[①]

毛泽东自己就是严格这样做的。他每天批阅和处理大量文件，其中就包括重要的人民来信。他还专门成立一个为他办理群众来信的机构，如果对重要的人民来信办理有所延误，不及时送阅，就会受到他的批评，这种批评有时是非常严厉的。

人民民主统一战线

中华人民共和国的成立，使人民民主统一战线进入一个新的时期，达到空前广泛的程度，开创了中国共产党与民主党派、人民团体和无党派民主人士的真诚合作、共同建设新中国的新格局。

作为中国共产党统一战线理论和政策的主要创立者和制定者，毛泽东对新中国的统一战线工作十分重视。新中国成立前后，从中央到地方各级政权机关纷纷建立，毛泽东一再指示和提醒各地党政领导人，一定要注意吸收包括起义将领在内的党外人士参加政权机关，注意发挥他们的作用，使他们有职有权，并且关心和照顾他们的实际困难。经毛泽东主持遴选和审定的中央人民政府的6位副主席中，有3名是民主党派和无党派民主人士。在56名政府委员中，有25名是民主党派和无党派民主人士，在政务院的4位副总理和22名部长中，民主党派和无党派民主人士分别占2名和10名。这充分体现了执政的共产党与各民主党派及无党派民主人士长期合作共事的精神。毛泽东还非常注意身体力行，发挥民主人士在政府工作中的作用。他亲自同他们商谈国家大事，还经常把党中央的一些文件和地方党委的一些报告送给他们阅看，供他们了解各方面的情况。对于他们反映的问题和提出的意见，总是及时批转有关方面进行认真调查研究，作出负责的处理和答复。

毛泽东还亲自做党外人士的工作，同他们亲切交谈，坦诚地说明共产党与非党人士长期合作的根本政策。1949年10月24日，毛泽东同绥远军区的负责人谈话，特别邀请了傅作义参加。毛泽东说："现在共产党成了全国性的大党，又有了政协全国委员会，我当主席有责任使各个方面都有利。共产党要永远与非党人士合作，这样就不容易做坏事和发生官僚主义。中国永远是党与非党的联盟，长期合作。双方要把干部都当成自己的干部看，打破关门主义。这次政

---

① 参见张勇、刘启明、莫志斌：《毛泽东教我们学管理》，中共党史出版社2009年版，第146页。

府的名单中，要搞五湖四海。傅先生交出了北平，解决绥远问题就要有所不同。这证明我们的政策正确，今后还将继续证明这一点。中国已归人民，一草一木都是人民的，任何事情我们都要负责并且管理好，不能像踢皮球那样送给别人去。国民党的一千万党、政、军人员我们也要包起来，包括绥远的在内，特务也要管好，使所有的人都有出路。没有这一条不行，眼睛里只看到绥东解放区八十万人民就会弄错事情。"①

毛泽东对起义将领说的这一席话，是肺腑之言，已把中国共产党要实行统一战线的道理，说得非常明白。

同样，对于民主人士的建议他也是诚恳对待。1950 年 5 月，毛泽东收到黄炎培反映苏南川沙、南汇、奉贤三个县征粮工作中存在一些偏差等问题的一个意见书，并提出补救办法的建议。照此，毛泽东立即给华东局第一书记饶漱石、苏南区党委书记陈丕显发指示，要陈丕显派专人或者自己亲自对这三个县进行调查，"将苏南征粮偏差及纠正情况，春耕中食粮、种子、肥料等如何解决的及现在苏南春耕情况，苏南灾情及救济情况等三项问题，向中央作一有具体内容的较详细的报告用电报发来，以便答复黄炎培"。并且特别嘱咐："按照实事求是精神，有则说有，无则说无，是则是，非则非，逐一查明，并加分析具报。"②毛泽东这样认真对待党外人士的意见和采取实事求是的态度，体现了统一战线内部党与非党的真诚合作关系。

在统一战线问题上，当时党内一部分同志也存在一种关门主义倾向。针对这种情况，毛泽东在同李维汉、徐冰的谈话中发表了重要意见。他说："对民主党派要给事做，尊重他们，把他们当作自己的干部一样。要团结他们，使他们进步，帮助他们解决问题，如党派经费、民主人士旅费等。要实行民主，现在有人有好多气没有机会出，要让他们出，除了泄密的、破坏性的，都让人家说。所以，政治局最近通过了一个在报纸刊物上展开批评和自我批评的决定。出的气不外是两种，有理的，应当接受；无理的，给他说理。我们要有气魄，不怕骂。只要君子动口不动手。不让讲话就会闹宗派主义，党内也一样。"③ 这个谈话，展示了毛泽东的无产阶级革命家的气魄和胸怀。

统一战线是中国革命取得胜利的"三大法宝"之一。那么在和平建设时期，要不要继续发挥统一战线的作用呢？回答是肯定的。因为国家建设任务的艰巨性一点也不亚于革命战争。我们团结一切可以团结的人，共同战斗，终于取得革命战争的胜利，建立了新中国。那么新中国成立之后，我们同样要利用统一战线凝聚人心的作用，调动一切积极因素，团结一切可以团结的人，把我国建

① 《毛泽东文集》第 6 卷，人民出版社 1999 年版，第 13—14 页。
② 《毛泽东文集》第 6 卷，人民出版社 1999 年版，第 57 页。
③ 中共中央文献研究室编：《毛泽东传》三，中央文献出版社 2011 年版，第 981—982 页。

设成为一个繁荣富强的社会主义国家。

人民政协是人民民主统一战线的组织形式。新中国成立以后，毛泽东很重视发挥各民主党派和无党派民主人士建言献策、参政议政的作用，对人民政协的工作和地位给予了高度的支持和关注。毛泽东对有损政协地位和作用的党内外言论进行了批评和教育。

50 年代的一个春天，毛泽东来到杭州。浙江省委书记江华前来见他。这时候，浙江正在筹备召开政协会议。江华被政协中各党各派的参政议政和五花八门的各种提案搅得头昏脑涨，他还不太理解政协在国家政治生活中的重要地位，于是乘机问了毛泽东。

"政协的作用可大啦。"毛泽东加重语气说，"为什么呢？这是由现阶段多种经济成分的存在决定的，比如工商联组织，就是一种很重要的势力，它要随着其经济基础的消失而消失。任何想人为取消或无视它存在的想法都是不对的。"

"可是他们总是这个理那个理，这科学那科学的。"江华很怕这些。

"说穿了，你就是怕知识分子！"毛泽东一针见血批评道。

"是。"一向直来直去的江华也毫不讳言，"我怕知识分子，不怕老头子（蒋介石）。"

在场的谭震林笑出声来，毛泽东也笑了："李鼎铭，他们不要，我要。延安时期，精兵简政就是这位老先生提出来的嘛。王明，他们不要，我要，他们不选举他，我选。总之，你要记住，兼听则明，偏听则暗，我们党和政府需要倾听来自各方面的呼声和要求；我们的国家事务中需要政治协商这一制度，需要政协组织。"江华听后，深受启发。

在新中国成立之初，党内的确有一些同志不能正确理解与党外人士长期合作的方针，认为解放以后有了民主，民主党派的任务已尽，只有"一根头发的功劳"。有的民主党派领导人，也觉得已完成了在民主革命中的历史使命，准备酝酿自行解散。毛泽东得知后，当即表示不但不能解散，而且还要继续发展。针对党内忽视民主党派存在必要性的错误倾向，毛泽东在 1950 年 4 月，对前来汇报第一次全国统战工作会议情况的中央统战部负责人指出：要向大家说清楚，从长远和整体看，必须要民主党派。民主党派是联系小资产阶级和资产阶级的，政权中要有他们的代表才行。认为民主党派是"一根头发的功劳"的说法是不对的。从他们背后联系的人们看，就不是一根头发，而是一把头发，不可藐视。要尊重他们，当作自己的干部一样，手掌手背都是肉，不能有厚薄；对他们要平等，不能莲花出水有高有低。这些指示，对于澄清党内错误认识，加强对民主党派的统一战线工作具有重要指导意义。①

---

①　参见张勇、刘启明、莫志斌：《毛泽东教我们学管理》，中共党史出版社 2009 年版，第 148—149 页。

1954年12月20日，人民政协第二届全国委员会在北京召开。这次政协会议的召开，在一部分党外人士中引起相当强烈的反响。有些人对实行人民代表大会制后人民政协的性质、地位等变化认识不清，留恋第一届全国政协开会的盛况，怀疑我党对第二届政协不重视，表现出不满、不安的情绪，说："真正的权力在人大常委，最高权力在中共中央，政协没什么权了。"有的人慨叹全国人大召开以后，政协将退处"太上皇"的地位。有些人则竭力抬高政协的政治地位，鼓吹政协是"权力机关"或"半权力机关"，是"中国人民民主统一战线的最高组织形式"。

　　毛泽东在政协开会前两天，召集了党内外几十人举行座谈，指出今后要加强统一战线工作，人大是权力机关，并不妨碍我们成立政协进行政治协商。他说人大已经包括了各方面，常委会是人大的常设机关，代表性当然很大。但它不能包括所有方面，所以政协仍有存在必要，而不是多余的。并说蒋介石也搞过参政会，但他不敢也不愿意要这些机关起作用，他要的是扼杀民主。我们是人民政府，我们一定要把一切机关都活跃起来。有人说，政协既然这样重要，是否可以把它搞成国家机关？毛泽东回答说：不能把它搞成国家机关。因为人大和国务院是国家权力机关和国家管理机关，如果把政协也搞成国家机关，岂不成"二元论"了吗？这样就重复了、分散了，民主集中制就讲不通了。要实事求是，政协不仅是人民团体，而且是各党派的协商机关，是党派性的机关。这不等于不重视它，而恰好是重视它。共产党就是党派，也不是国家权力机关，但它的价值并不因此而有所降低。毛泽东这篇重要讲话，不仅教育提高了当时持有不同意见的党外人士，消除了他们的不安情绪，而且对当前和今后的统战工作和政协工作都有着重要的指导意义。①

　　毛泽东这些言论和讲话不只是用来教育别人的，在他自己的工作和生活中，他把团结民主党派和无党派民主人士的方针落到了实处。

　　毛泽东和不少民主人士有很深的交往。特别对一些德高望重的民主人士，毛泽东更是心怀敬意，在他们面前表现出晚辈对长辈般的谦恭有礼，亲自迎来送往，主动为他们打开车门，搀扶他们上车下车。与此相比，对于党内同志，毛泽东则显得比较随便，来了，一般不亲自迎接，走时，一般也不亲自相送，待客一般也是清茶一杯。毛泽东的想法是，党内同志是自己的同志，接待随便一点，自己的同志也不会见怪；而对于民主人士来说，忽视礼节会使他们产生共产党不重视、不尊重他们的误解。由此可见，毛泽东对团结民主党派和无党派民主人士，真可谓用心良苦。

　　中国共产党领导下的多党合作和政治协商制度是我国的一项基本政治制度，是在长期的革命实践中逐步形成的。我国的民主党派，在民主革命中有过同我

―――――――――――――――

　　①　参见张勇、刘启明、莫志斌：《毛泽东教我们学管理》，中共党史出版社2009年版，第149—150页。

们党共同奋斗的光荣历史。新中国成立后，在国民经济恢复、社会主义改造和建设中，他们也作出了重要贡献。今天，我们应当借鉴毛泽东抓统一战线和政协工作的态度和方法，不但要经常强调统战工作的重要性，而且更要身体力行，具体细致地去做；要真正让民主人士感到共产党是他们的真朋友，要切实贯彻与民主党派"长期共存，互相监督，肝胆相照，荣辱与共"的十六字方针。要注意发挥人民政协的作用，在最广泛的爱国统一战线的旗帜下，团结一切可以团结的人，为实现祖国的和平统一和中华民族的伟大复兴而共同奋斗。

土地改革——中国社会的革命性变革

中国革命的根本问题是农民问题，而农民问题的实质又是土地问题。谁能解决好农民的土地问题，谁就能得到农民的拥护和爱戴。毛泽东深切地认识到农民问题的极端重要性，从新民主主义革命时期到社会主义改造与建设时期，他始终关注农民问题，重视从制度上解决农民问题，高瞻远瞩地提出了一系列解决问题的理论、路线、方针、政策，先后进行了土地改革、农业合作化运动，实施了农村制度的伟大变革，为中国人民留下了极为宝贵的精神财富。

满足农民对土地占有的要求，变革土地为农业的基本生产资料，是农民生存、发展乃至农村全部经济政治生活和社会组织的基础。实行什么样的土地制度不仅直接影响农业和农村地区的发展，而且对整个社会经济发展与稳定产生重大影响。旧中国的土地占有状况严重束缚了生产力，阻碍了农业的发展。新中国成立后，毛泽东和中国共产党人在总结解放区土地改革的经验之后认为，满足农民对土地占有的要求，进行土地制度变革，既是兑现对农民的承诺，又是解决农民问题的制度保证。因此，毛泽东不失时机地领导了中国历史上规模最大、范围最广、涉及人口最多、影响最深远的土地改革，铲除了两千多年封建制度的根基，实现了中国社会的革命性变革。

土地改革的准备

新中国成立后，我党的首要任务就是完成农村土地改革，但此刻广大农村基层政权很不稳定，社会秩序比较混乱，还未形成土地改革的有利条件。1949年3月，毛泽东在七届二中全会上指出："在乡村中，则是首先有步骤地展开清剿土匪和反对恶霸即地主阶级当权派的斗争，完成减租减息的准备工作，以便在人民解放军到达那个地区大约一年或者两年以后，就能实现减租减息的任务，造成分配土地的先决条件。"[①]《共同纲领》规定："凡尚未实行土地改革的地区，

---

① 《毛泽东选集》第 4 卷，人民出版社 1991 年版，第 1429 页。

必须发动农民群众，建立农民团体，经过清除土匪恶霸、减租减息和分配土地等项步骤，实现耕者有其田。"① 可见，清匪、反霸、减租减息已成为新中国农村土地改革顺利推进的三个先决条件。

在土地改革前，解放区有国民党残余武装和惯匪 200 多万人，中央从 1950 年开始了剿匪行动。通过这场斗争基本肃清了国民党残余武装，打击了地主阶级当权派，镇压了一批罪大恶极的恶霸地主，确立了劳动人民在广大农村的政治优势，巩固了乡村政权，这就为减租减息和土地改革创造了前提。与此同时，在整个农村开始了减租、退押运动，所谓的减租就是减少农民向地主交纳的地租数额，退押是索回农民向地主租种土地时预先交付的押金。从 1949 年冬到 1951 年 8 月，新解放区除新疆等少数民族地区外，基本完成减租退押运动，而新疆到 1952 年 5 月也完成了这一任务。事实上，减租退押运动进一步增加了农民的收入，继而团结了广大农民和巩固了农村的稳定。广大农民认识到，在共产党和政府的领导下搞土地改革，废除封建半封建剥削的土地制度，消灭地主阶级，真正实现"耕者有其田"，是让土地回家，合理合法的。

1950 年 6 月，中共中央召开七届三中全会，审议《中华人民共和国土地改革法》、刘少奇向政协一届二次会议上所作的《关于土地改革问题的报告》和《农民协会组织通则》。6 月 28 日，中央人民政府委员会第八次会议讨论通过《土地改革法（草案）》，6 月 30 日，毛泽东发布中央人民政府令，即日起公布实行。此法令成了指导新中国成立初期土地改革的法律和政策的重要依据。总则第一条规定：废除地主阶级封建剥削的土地所有制，实行农民的土地所有制，借以解放农村生产力，发展农业生产，为新中国的工业化开辟道路。

明确划分阶级成分

就这场土地改革的性质来讲，新解放区土地改革的推行，不仅是为了对农业实行社会主义改造和国家实现工业化铺平道路，还是为实现国家性质的改变从而进入社会主义社会做必要的准备。显然，土地改革不再是一场单纯的为实现农业生产大发展和全国人民的生活水平的提高而进行的经济改革运动，更是一场群众性的大规模的阶级斗争，因为只有通过这种阶级斗争的方式才能从根本上改变中国几千年的农村封建土地所有制的性质。显然，明确划定阶级成分成了土地改革的中心环节。

但鉴于 1947 年土改过程中曾发生的过火行为的经验教训，要想避免此类事情的再度发生，必须根据中国实际社会经济状况制定和划分阶级成分的合理标准。于是，在沿用了过去的政策框架的前提下，又根据新区社会状况作了若干

---

① 《建国以来重要文献选编》第 1 册，中央文献出版社 1992 年版，第 7 页。

改变。1950 年 8 月 4 日，政务院第 44 次会议通过了《中央人民政府政务院关于划分农村阶级成分的决定》，作为评定阶级成分的依据，在"怎样分析农村阶级"和"关于土地改革中一些问题的决定"中，增加了两个内容：一是对有关阶级成分的定义，如地主、富农、知识分子、革命军人以及地主、富农、资本家与工人、农民、贫民相互结婚后的阶级成分的确定，以政务院补充决定的形式增加了专门解释的内容；二是文件的最后部分增加了 11 条新决定。这些补充决定和新决定根据新解放区实际社会状况提出了一些阶级成分的新的标准和定义。它们包括：（1）二地主，即向地主租入大量土地，自己不劳动而转租于他人，生活水平超过中农者，视同地主。（2）将工商业兼地主或地主兼工商业确定为阶级成分。这类情况称为其他成分兼地主，或地主兼其他成分。其他成分兼地主者，在土改完成以后即照其他成分待遇。（3）地主家庭的成员以所有土地的主要部分出租，其数量超过自耕和雇人耕种之数量三倍以上者，虽然自己常年参加主要农业生产劳动，仍应定为地主。（4）富农出租大量土地超过自耕和雇人耕种之数量者，为半地主式富农。（5）知识分子的阶级成分分为几种情况，受雇于机关、企业、学校等为办事人员者，为职员；受雇于机关、企业、学校为工程师、教授、专家等，为高级职员；独立营业为生之医生、教师、律师、新闻记者、作家、艺术家等，为自由职业者。（6）手工业从业人员方面分为手工工人、小手工业者、手工业资本家三种。（7）商业从业人员分为小商、小贩、商业资本家或商人。（8）革命烈士家属指辛亥革命以来历次为革命阵亡和死难的烈士，以及抗日战争、人民解放战争阵亡将士的父、母、妻（或夫）、子、女及 16 岁以下的弟妹。（9）18 岁以下的少年儿童和在校学生，一般不划定阶级成分，只划定阶级出身。（10）凡依靠或组织一种反动势力，称霸一方，经常用暴力和权势欺压掠夺人民，造成其生命财产之重大损失者，为恶霸。经举告并查有实据者，由人民法庭判决处理。（11）解放前工人、农民、贫民女子嫁与富农、资本家不满三年。至解放后与其同等生活满一年后，应改为富农、资本家成分，上述出身女子解放后嫁与富农、资本家过同等生活满一年后，应改为富农、资本家。这些明细标准为准确划分阶级成分提供了依据，从而维护了社会的稳定，推动了土地改革的顺利进行。

改变对待富农的政策

在民主革命过程中，中国共产党对待富农的政策一直是变化不定的，这是由当时特定的政治经济状况决定的。随着新中国的成立，情况已发生了根本性改变，因此，在酝酿新解放区土地改革的时候，对待富农的政策也会随之发生改变。在 1949 年 11 月中共中央政治局讨论土改问题时，毛泽东提到过江南土改要慎重对待富农，但他似乎更多地将其与江南工商业资本主义联系起来考虑。

他认为此事不但关系富农而且关系民族资产阶级，所以，江南土改的法令必须和北方土改有些不同，对于 1933 年文件及 1947 年土地法等，要有所修改。与此同时，毛泽东在访苏回国后，便开始征询各地对于富农政策的意见。1950 年 3 月 12 日，毛泽东致电邓子恢等大区军政负责人，提出是否可以暂时不动富农，不但不动资本主义富农，而且不动半封建富农，待到几年之后再去解决半封建富农问题。这样做的好处是：更能孤立地主，保护中农，防止乱打乱杀；缩小打击面，政治上更主动；有利于稳定民族资产阶级等。其中，中南局邓子恢和东北局认为，富农出租的土地应该没收；华北局、华东局和西北局不仅认为富农的出租土地不应没收，而且主张以后也不要再去动它；李立三更是提出了一个佃富农的概念，即有些富农从地主手里租来土地出租给农民，如果执行没收地主土地的政策，这些佃富农的出租土地也应该没收。对富农到底实行怎样的政策，1950 年 6 月 6—9 日，中共中央召开的七届三中全会进行了相关问题的讨论，刘少奇专门作了《关于土地问题的报告》。据薄一波回忆，刘少奇认为如果大量出租土地，实际上就是半富农半地主，有些富农出租的土地可能会超过小地主。因此，不动富农的土地不能说死。[①] 最后，会议结合新区的土改文件制定了对于富农政策的四个内容。第一，在确定富农成分的标准方面有所调整。1949 年春天对土改运动纠偏时，曾经把富农与中农的界限，即剥削收入占总收入的比例，由过去的 25％ 提高到 30％。现在，政务院对 1933 年文件的补充决定规定，这个比例仍为 25％。超过 25％ 为富农，不超过为中农或富裕中农。第二，土改法规定，保护富农所有自耕和雇人耕种的土地及其他财产，不得侵犯。第三，土改法规定，富农出租的少量土地保留不动，但在某些特殊地区，经省以上人民政府批准、得征收其出租土地的一部或全部。第四，政务院对 1933 年文件的补充决定规定，向地主租入大量土地，自己不劳动，转租予他人，收取地租，其生活状况超过普通中农的人，称为二地主。二地主应与地主一例看待。其自耕土地与富农一样对待。土改法规定，半地主式的富农出租大量土地，超过其自耕和雇人耕种的土地数量者，应征收其出租的土地（扣除租入的土地数）。可见，新解放区土地改革不再执行征收富农多余财产的政策。

完善财产分配政策

在土地财产的分配政策方面，新解放区土改也有一些新的内容，表现在：（1）关于应予没收的土地。土改法明确规定，除了没收地主的土地、征收富农的出租土地外，也征收工商业家在农村中的土地及其原由农民居住的房屋。由于南方地区经济文化相对发达，有些学校、孤儿院、养老院、医院等，常常都

---

① 参见薄一波：《若干重大决策与事件的回顾》上卷，中共中央党校出版社 1991 年版，第 130 页。

以自有土地为经济来源之一。土改法规定，征收祠堂、庙宇、寺院、教堂、学校和团体在农村中的土地及其他公地，有关学校、医院、养老院、孤儿院等公益性机构的经费问题，由当地人民政府另筹办法解决。农村中的僧、尼、道士、教士、阿訇等，应与农民一样分得一份土地和其他生产资料。（2）不挖地主浮财。土改法规定，对地主是没收其土地、耕畜、农具、多余的粮食及其在农村中的多余的房屋与附带家具，但其他财产不予没收。这里所说的其他财产，包括衣服、饰品、金银、钱币等。刘少奇的土改报告解释说，由于地主的多年剥削，多数地主还是有许多其他财产的。根据过去的经验，如果没收和分配地主这些财产，就要引起地主对于这些财产的隐瞒分散和农民对于这些财产的追索。这就容易引起混乱现象，并引起很大的社会财富的浪费和破坏。这样，还不如把这些财产留给地主，使地主可以依靠这些财产维持生活，或者把这些财产投入生产。（3）对革命烈士、革命军人、公务人员及其家属的照顾。土改法规定，家住农村的革命烈士、人民解放军官兵、荣誉军人、复员军人及其家属，包括现役军人的随军家属，均应与农民一样分得一份土地和生产资料。烈士本人计算为家庭人口。人民政府公务人员和人民团体工作人员及其家属，也应与农民分得同样土地和生产资料，但可视其工薪等收入的多少酌情少分或不分。革命军人、烈士家属、工人、职员、自由职业者、小贩以及因从事其他职业或因由于缺乏劳动力而出租土地者，不得以地主论。其出租部分超过当地农民平均拥有数两倍者，可征收其超过部分。但是，如其确系以劳动收入购买者，或者系鳏、寡、孤、独、残疾人以此土地为生者，可酌情照顾。上述对烈士的安排，体现了优待；对军人的安排，既体现了优待，也适应将来裁减军队的需要；对工人、自由职业者、小贩或其他因缺乏劳动力而出租少量土地者的照顾，考虑到了南方地区城乡关系更为密切、更为复杂的特点。（4）对待其他农村社会阶层与人员的灵活性。土改法规定，农村中的手工业工人、小贩、自由职业者及其家属、本人在外从事其他职业而家在农村，其职业收入无法维持家庭经常生活者，均应酌情分给部分土地和其他生产资料；只有一口或两口人并有劳动力的贫苦农民，有条件的地方，可分得多于一人或两人的土地；回乡的城市失业工人及其家属，可分得同样土地和其他生产资料；还乡的逃亡地主与国民党党政工作人员、受惩处的家住乡村的汉奸、卖国贼、战犯、反革命分子、破坏土改的罪犯之家属，可与农民同样分得土地和其他生产资料，等等。（5）特殊土地山林的处理。南方地区经济的相对发达，不仅表现在资本主义工商业的繁荣，而且体现在农村经济的更加多样化和技术基础相对高一些。比如，更多一些茶山、桐山、桑田、果园、苗圃、鱼塘、水利设施、农业试验场等经济型园地。土地法规定，所有山林均按适当比例折合为普通耕地统一分配，原耕农民有优先分得权；原有水利设施可随田分配，不宜分配者可按原有习惯公共管理；使用机器耕种或者其他技术设备之农田、苗圃、农场、大竹园、大果园、大茶山、大桑田、大桐山等，不得分散。所有权属于地主者，经省以上人民政府批准，得收归国有；解放后开垦的荒地，归原垦者所有，不参加土改；华侨所有的土地房屋，另行处理；大森林、大水利工程、大荒地、大荒山、大盐田、矿山、湖、沼、河、港均归国有；铁路、公路、河道之护堤、护路，机场、海港、要塞等占用地，不得分配。（6）地方政策更为弹性的特点，尤以华东地区最为典型。华东地区农村，特别是江浙沪一带的苏、锡、常、沪、杭、甬地区，农村经济有五个特点：地主兼工商业或者工商业家兼出租土地者比较多；工人、职员、自由职业者出租土地者比较多；农村公地多，据1950年7月统计，一般占全部耕地的10%～15%，多的占20%以上；农村租佃关系比较复杂，农民普遍有永佃权，地主出租地也有田底权和田面权之分；华侨多。这些特点本来是城市经济等现代经济因素发展的结果，不仅具有资本主义经济附属的性质，也有带动农村发展和减轻农民贫困化程度的作用。为了适应这些社会状况，华东土改的政策掌握得更加灵活一些。比如，规定在1950年7月以前经过了反霸、减租、合理负担等民主改革的地方，1950年冬天土改以前地主对自己的土地仍有所有权，农民"减租后仍须交租"，"地主在依法减租后向农民收租仍是合法的"；没收地主多余的房屋粮食"采取先留后分的办法"；没收来的不适合农民居住和生产使用的地主别墅，收归政府所有，"充作农村文化教育场所或其他公用"；工商业家在农村的某些土地财产，如私人住宅、厂房、仓库、有利于农业生产的其他投资等，均给予保护；"一般富农的出租土地，应一律不动"；分配农村公地，尤其是宗族所有的土地，"应注意尊重本族农民的意见"，适当照顾本族农民的需要；对工人、自由职业者、职员、小贩等小量土地出租者给予充分照顾；"对于农民租入的有田面权的土地，在抽动时，应给原耕农民保留相当于田面权价格之土地"等等。[①] 上述新解放区土地改革在六个方面的政策改进，保证了土改运动中避免掠夺性的乱挖浮财，尽可能地扩大了受益面，最大限度地保护了农业经济中的商品经济和现代技术基础，缩小了土地改革的阻力，减轻了社会震动。

　　史无前例的土地改革运动从根本上铲除了中国封建制度的经济基础，变地主阶级土地所有制为农民土地所有制，真正地实现"耕者有其田"的基本目标，使古老中国的面貌发生翻天覆地的变化。这是彪炳史册的伟大事件。

---

　　① 参见中共贵州省委：《土地改革手册》，新华书店华东总分店1950年版，第150、134页。

第二章　从镇压反革命到"三反""五反"

为了巩固新政权和给人民提供一个和平稳定建设新生活的环境，毛泽东决定大张旗鼓地进行一场镇压反革命的运动。在镇反过程中，毛泽东的基本指导思想是，在严厉打击反革命分子的同时，尽可能使镇反的进行符合人民的愿望和利益，并减少不必要的社会震荡。

毛泽东向全党发出进行"三反"斗争的号令，并亲自督促与指导，使"三反"运动的各项工作得以顺利进行；采取发动群众与严格控制相结合的办法，保证了运动积极健康发展；提出严肃与宽大相结合的方针，达到了既严惩少数贪污腐化分子，又教育和挽救大多数犯错误人的目的。

毛泽东在指导"五反"运动的过程中，依靠工人阶级，团结守法的资产阶级和其他市民，雷厉风行地打击不法资本家气焰；注意掌握对民族资产阶级采取正确的政策。这对于保证"五反"运动的顺利开展并避免出现原则性错误，起了重要作用。

"镇反"和"三反""五反"运动的胜利，为国民经济的恢复和国家进行大规模经济建设创造了良好的社会环境。

镇压反革命运动

为了保卫新政权，毛泽东在指导伟大的抗美援朝战争的同时，开展并领导了另一条战线的斗争——国内的镇压反革命运动。

国民党反动派败逃台湾时，在大陆上留下一大批反革命分子继续为非作歹，以作为反攻大陆的先头部队。有的上山为匪，有的潜伏下来。他们不甘心失败，无时无刻不在利用一切可能的机会，向人民和人民政府进攻，企图推翻新生的人民政权。

朝鲜战争爆发后，反革命分子的活动明显地猖獗起来。他们破坏工厂、铁路、仓库，阴谋破坏抗美援朝的军运工作和经济建设。他们杀人放火，烧毁民房，抢劫粮食、财物，制造大规模的社会混乱。他们甚至袭击、围攻县、区、乡人民政府，残杀革命干部和积极分子。1950年这一年，在新解放区有近4万名干部和群众被反革命分子杀害，其中仅广西就有3000多名干部被杀害。美国情报机构也派遣特工人员潜入中国内地，积极发展组织，刺探情报，并企图暗杀中国领导人。

"稳、准、狠"地打击反革命

在反革命分子日益猖獗的情况下，一些领导部门和干部却存在着严重的麻痹思想和对反革命分子"宽大无边"的错误倾向。虽然 1950 年 7 月 23 日政务院和最高人民法院发布了《关于镇压反革命活动的指示》，却没有引起他们的重视。群众对此很不满意，"天不怕，地不怕，就怕共产党讲宽大"。有的工人气愤地质问干部："我们竞赛几个月，特务放一把火就完蛋了；再不镇压，说什么我们也不竞赛了。"①

1950 年 10 月 10 日，中共中央向各级党委发出了《关于镇压反革命活动的指示》，揭开了大规模镇压反革命运动的序幕。10 月 16 日，公安部召开了全国公安高级干部会议，具体部署贯彻执行中央的"镇反"指示。随即，一场以打击特务、土匪、恶霸和反动会道门头子为重点的镇压反革命运动在全国展开。

毛泽东对全国镇反运动提出了指导方针："对镇压反革命分子，请注意打得稳，打得准，打得狠。"② 在"稳、准、狠"这三个字中间，他强调最重要的是"准"。只有打得准，才能做到稳，也才能打得狠。

毛泽东认为，镇压反革命的必要性和重要性，不仅要在共产党内有清楚的认识和了解，还要向知识分子、工商界、宗教界、民主党派、民主人士作广泛的解释。黄炎培是党外人士中的重要代表人物，毛泽东亲自向他作解释工作，并且送一些"镇反"材料给他看。毛泽东在 2 月 17 日写给他的信中说：

"刚才送上广东纠正宽大无边情报一份，现又送上广西的一份，请参阅。这两处是最典型的例子，其他地方不如此两处之甚，但亦大体相去不远，引起群众不满，极为普遍。不杀匪首和惯匪，则匪剿不净，且越剿越多。不杀恶霸，则农会不能组成，农民不敢分田。不杀重要的特务，则破坏、暗杀层出不穷。总之，对匪首、恶霸、特务（重要的）必须采取坚决镇压的政策，群众才能翻身，人民政权才能巩固。当然，对可杀可不杀的那一部分人，应当判处徒刑，或交群众监视，用劳动去改造之，不要杀。如同宽大应有边，镇压也应有边，无边是不对的，已经解决了问题，群众已经满意了的地区，即不应再杀人了。"③

毛泽东在注意纠正"宽大无边"的同时，又及时地提出镇压也应当有边，无边是不对的。这样，就可以防止在纠正一种倾向的时候可能出现的另一种倾向。

外、中、内三层区别进行

1951 年 2 月中旬，毛泽东主持召开有各中央局负责人参加的中共中央政治局扩大会议，讨论决定抗美援朝、土地改革、镇压反革命等重要事项。在毛泽东起草的会议决议要点中，对"镇反"运动作了五项规定："一、判处死刑一般

① 《彭真文选》，人民出版社 1991 年版，第 206 页。
② 中共中央文献研究室编：《毛泽东传》三，中央文献出版社 2011 年版，第 1155 页。
③ 《毛泽东文集》第 6 卷，人民出版社 1999 年版，第 141 页。

须经过群众，并使民主人士与闻。二、严密控制，不要乱，不要错。三、注意'中层'，谨慎地清理旧人员及新知识分子中暗藏的反革命分子。四、注意'内层'，谨慎地清理侵入党内的反革命分子，十分加强保密工作。五、还要向干部做教育，并给干部撑腰。"① 从此，"镇反"就分为外、中、内三层区别进行。外层，指社会；中层，指军队和政府机关内部；内层，指党内。

2月21日，中央人民政府公布了经毛泽东审定的《中华人民共和国惩治反革命条例》，使"镇反"运动有了法律根据和统一的量刑标准。

"镇反"工作全面铺开以后，各地进展情况很不平衡，北京、上海、南京、广州等大城市相对滞后。毛泽东在转发北京市委"镇反"计划的批语中指出："各大城市除东北外，镇压反革命的工作，一般地说来，还未认真地严厉地大规模地实行。从现在起应当开始这样做，不能再迟了。"

毛泽东在指导镇压反革命这场重大的斗争中，十分注意研究各地方各部门的经验，及时地加以推广。他写的批语，态度鲜明，政策明确，语言尖锐，而又十分讲究分寸。对于各地各部门的"镇反"工作，凡做得好的表扬之，做得不力的催促之，做得不对的纠正之。雷厉风行，一抓到底，不抓出成效决不罢休。提出任务时，有具体要求，有时间限制，有时还指定由哪个人具体负责。拖延不办者，立即通报批评。为了准确掌握运动的发展情况，他还要求全国两千多个县委和市委的书记都向他写一个报告，与他直接通信一次。②

毛泽东极重视舆论宣传工作。他说，镇压反革命无论在城市在乡村均必须大张旗鼓，广泛宣传，使人民家喻户晓。各地都要通过召开人民代表会议或协商委员会会议等各种形式，调动各种舆论工具，揭露反革命罪行，宣传镇反政策，动员各阶层坚持镇压反革命，反对神秘主义和关门主义。他强调："各级党委的注意力，主要应放在精细审查名单和广泛进行宣传这两点上，抓住了这两点，就不会犯错误。"③

"镇反"运动很快在全国形成高潮，各阶层群众广泛发动起来，一大批匪首、恶霸、特务、反动会道门头子受到惩处。但在运动中，出现了量刑不准，有些不该杀的杀了，不该抓的抓了，以及扩大了镇压范围等"左"倾偏向。这种情况，一经发现，毛泽东就及时提出，引起各地注意。

3月30日，毛泽东在一个批语中写道："山东有些地方存在着劲头不足的偏向，有些地方存在着草率从事的偏向，这是全国各省市大体上都存在的两种偏向，都应注意纠正。特别是草率从事的偏向，危险最大。因为劲头不足，经过教育说服，劲头总会足起来的，反革命早几天杀，迟几天杀，关系并不甚大。

① 《毛泽东文集》第 6 卷，人民出版社 1999 年版，第 144 页。
② 参见中共中央文献研究室编：《毛泽东传》三，中央文献出版社 2011 年版，第 1158—1159 页。
③ 《毛泽东文集》第 6 卷，人民出版社 1999 年版，第 121 页。

惟独草率从事，错捕错杀了人，则影响很坏。请你们对镇反工作，实行严格控制，务必谨慎从事，务必纠正一切草率从事的偏向。我们一定要镇压一切反革命，但是一定不可捕错杀错。"4月2日他写的一个批语里，再次强调："镇压反革命必须严格限制在匪首、惯匪、恶霸、特务、反动会门头子等项范围之内，不能将小偷、吸毒犯、普通地主、普通国民党党团员、普通国民党军官也包括在内。判死刑者，必须是罪重者，重罪轻判是错误的，轻罪重判也是错误的。"①

谨慎收缩

从1951年5月起，毛泽东和中共中央决定实行谨慎收缩的方针，集中力量处理积案。为实行这一方针而采取的首要措施，是收回原来下放给下级的捕人批准权和杀人批准权。

5月7日，毛泽东为中共中央起草一个批语，指示全党："兹定于6月1日起全国除现行犯外捕人批准权一律收回到地专一级，杀人批准权一律收回到省级，离省远者由省级派代表前往办理。各地一律照此执行。"同时规定，清理积案时间，亦即停止捕人时间，有少数要犯须逮捕者须报请中央局批准。②

为实行谨慎收缩方针而采取的另一重大措施，是对犯有死罪的反革命分子大部采取判处死刑缓期执行的政策。

在前一阶段"镇反"工作中，逮捕并迅速处理了一大批犯有死罪、民愤极大的反革命分子。群众拍手称快，对嚣张一时的反革命破坏活动起到了震慑作用，有效地维护了社会治安，巩固了新生的人民政权。但是，杀人多了，即使都是犯有死罪的反革命分子，也总会在社会的一部分阶层中引起不安，甚至会丧失社会同情。对犯有死罪的反革命分子大部采取判处死刑缓期执行的政策，就是为解决这个矛盾而提出来的。"死缓"，在古今中外的法典里，找不出这样一种刑名。它虽然仍属于死刑，但与死刑有重要区别。这是毛泽东的一个创造。后来，"死缓"就作为一个重要的刑名，写入法律，在中国实行。

5月8日，毛泽东亲自起草了《中共中央关于对犯有死罪的反革命分子应大部采取判处死刑缓期执行政策的决定》。《决定》指出："这个政策是一个慎重的政策，可以避免犯错误。这个政策可以获得广大社会人士的同情。这个政策可以分化反革命势力，利于彻底消灭反革命。这个政策又保存了大批的劳动力，利于国家的建设事业。因此，这是一个正确的政策。"③

毛泽东估计，这个政策的实行，可以保全十分之八九的死罪分子。而对其

---

① 《毛泽东文集》第6卷，人民出版社1999年版，第120页。
② 参见中共中央文献研究室编：《毛泽东传》三，中央文献出版社2011年版，第1160页。
③ 《毛泽东文集》第6卷，人民出版社1999年版，第122页。

中应执行死刑的极少数人，采取更加谨慎的政策，"一律要报请大行政区或大军区批准。有关统一战线的重要分子，须报请中央批准"。①

毛泽东上述两项重大而有力的措施的提出，从根本上防止和纠正了"镇反"高潮中曾在一些地方发生的乱捕乱杀的"左"的偏向，从而保证"镇反"运动的健康发展。

这时，全国范围的"镇反"运动已进行了 7 个月，形成了一套明确的工作路线，这就是："党委领导，全党动员，群众动员，吸收各民主党派及各界人士参加，统一计划，统一行动，严格地审查捕人和杀人的名单，注意各个时期的斗争策略，广泛地进行宣传教育工作，打破关门主义和神秘主义，坚决地反对草率从事的偏向。"②

1951 年 9 月，第四次全国公安工作会议在北京召开。会议估计，全国及大部分地区，镇压反革命的斗争已经进行得彻底或比较彻底了。

镇反结束

到 1951 年 10 月，历时一年的镇压反革命运动基本结束。"除恶就是行善。"这是毛泽东对中国古典小说《西游记》的一条批语。镇压反革命，是一项为民除害、伸张正义的事业，因而得到千百万人民群众的热烈拥护并直接投身到这个运动中来。中国共产党的各级组织和各级人民政府正是紧紧依靠群众的力量，基本上清除了国民党反动派在大陆上的残余势力，铲除了长期危害人民和社会安定的各种恶势力，人民民主专政得到巩固，保证了抗美援朝战争的顺利进行，为国民经济的恢复和大规模国家工业化建设创造了良好的社会环境。

有着久远的历史和社会根源的匪祸，曾经使旧中国的历代政府大伤脑筋，其中尤以湘西、鄂西和广西的匪患为甚。解放初期，全国有 200 万土匪，杀人放火，残害人民。经过剿匪、"镇反"，这些盘根错节的匪患在中国历史上第一次被根除。而长期在城市中称霸一方，为非作歹，欺压百姓的黑社会势力，也在"镇反"中被摧毁，销声匿迹。社会秩序空前安定，人民群众交口称赞，说共产党和人民政府功德无量。

在"镇反"运动中，一批在民主革命时期对革命者欠有血债的重要反革命罪犯，也被捉拿归案，得到应有的惩罚。消息传来，民心大振，显示出人民民主专政天网恢恢、疏而不漏的巨大威力。

通过一年来抗美援朝和镇压反革命，同国内外敌对势力的较量，毛泽东认为："一切事实都证明：我们的人民民主专政的制度，较之资本主义国家的政治

---

① 《毛泽东文集》第 6 卷，人民出版社 1999 年版，第 122 页。
② 中共中央文献研究室编：《毛泽东传》三，中央文献出版社 2011 年版，第 1162 页。

制度具有极大的优越性。在这种制度的基础上，我国人民能够发挥其无穷无尽的力量。这种力量，是任何敌人所不能战胜的。"①

"三反"运动

"三反"运动的序幕

早在进城前夕，毛泽东就向全党发出警告："敌人的武力是不能征服我们的，这点已经得到证明了。资产阶级的捧场则可能征服我们队伍中的意志薄弱者。可能有这样一些共产党人，他们是不曾被拿枪的敌人征服过的，他们在这些敌人面前不愧英雄的称号；但是经不起人们用糖衣裹着的炮弹的攻击，他们在糖弹面前要打败仗。我们必须预防这种情况。"②

1951 年 10 月，在召开的全国政协一届三次会议上，毛泽东向全国发出"增加生产、厉行节约，以支持中国人民志愿军"的号召。一场轰轰烈烈的爱国增产节约运动由此展开。11 月 20 日，东北局书记高岗送来关于开展增产节约运动，进一步反贪污、反浪费、反官僚主义斗争的报告。报告总结了东北地区在这方面的经验，还列举了运动中揭发出来的一些丑恶现象。

东北是当时全国各方面工作开展较早较好的地区之一，在增产节约运动中竟暴露出这么多的问题，毛泽东深感事情的严重性。这里反映出来的绝不只是东北一个地区的问题，而是全国性的问题。他将东北局报告转发全国，要求党政军各级领导重视东北的经验，"在此次全国规模的增产节约运动中进行坚决的反贪污、反浪费、反官僚主义的斗争"。同时要求各地、各部门将有关情况及时向上级和中央报告。这表明，毛泽东决心通过"三反"（反贪污、反浪费、反官僚主义）斗争，惩治和克服党内已经滋生起来的腐败现象。③

1951 年 11 月 30 日这一天，毛泽东转发了两个报告。一个是西南局第一书记邓小平报来的。毛泽东在批语中说："此电第三项所提反贪污反浪费一事，实是全党一件大事，自从东北局揭露大批的贪污犯以后，我们已告诉你们严重地注意此事。我们认为需要来一次全党的大清理，彻底揭露一切大、中、小贪污事件，而着重打击大贪污犯，对中小贪污犯则取教育改造不使重犯的方针，才能停止很多党员被资产阶级所腐蚀的极大危险现象，才能克服二中全会所早已料到的这种情况，并实现二中全会防止腐蚀的方针，务请你们加以注意。"④

另一个是来自华北局第一书记薄一波、第二书记刘澜涛 11 月 29 日的报告。

---

① 《毛泽东文集》第 6 卷，人民出版社 1999 年版，第 184 页。
② 《毛泽东选集》第 4 卷，人民出版社 1991 年版，第 1438 页。
③ 参见中共中央文献研究室编：《毛泽东传》三，中央文献出版社 2011 年版，第 1167 页。
④ 中共中央文献研究室编：《毛泽东传》三，中央文献出版社 2011 年版，第 1168 页。

他们列举河北省天津地委现任书记张子善、前任书记刘青山严重贪污浪费的事实。毛泽东立即转发各中央局、分局及省市区党委，并在批语中写道："华北天津地委前书记刘青山及现书记张子善均是大贪污犯，已经华北局发现，并着手处理，我们认为华北局的方针是正确的。这件事给中央、中央局、分局、省市区党委提出了警告。必须严重地注意干部被资产阶级腐蚀发生严重贪污行为这一事实，注意发现、揭露和惩处，并须当作一场大斗争来处理。"[1]

毛泽东转发高岗的报告，是向全党发出进行"三反"斗争的第一个号令，紧接着转发这两个报告，则进一步提出，要把"三反"当作一场大斗争来进行，在全党彻底揭露和惩处一切贪污行为，以防止党被腐蚀的极大危险。

1951年12月1日，中共中央做出《关于实行精兵简政、增产节约、反对贪污、反对浪费和反对官僚主义的决定》。这个决定是经毛泽东修改审定的。他在加写的一段话中指出："自从我们占领城市两年至三年以来，严重的贪污案件不断发生，证明一九四九年春季党的二中全会严重地指出资产阶级对党的侵蚀的必然性和为防止及克服此种巨大危险的必要性，是完全正确的，现在是全党动员切实执行这项决议的紧要时机了。再不切实执行这项决议，我们就会犯大错误。"[2] 这个指示发出以后，全国范围的"三反"运动正式开始。

"三反"运动开始

从12月4日到7日，毛泽东连续转发北京市委和中央几个部的"三反"报告后，觉得问题实在严重，"三反"斗争非全民动员、大张旗鼓地进行不可，遂于8日为中共中央起草了《关于"三反"斗争必须大张旗鼓进行的指示》，指出："应把反贪污、反浪费、反官僚主义的斗争看作如同镇压反革命的斗争一样的重要，一样的发动广大群众包括民主党派及社会各界人士去进行，一样的大张旗鼓去进行，一样的首长负责，亲自动手，号召坦白和检举，轻者批评教育，重者撤职，惩办，判处徒刑（劳动改造），直至枪毙一大批最严重的贪污犯。"他甚至估计，"全国可能须要枪毙一万至几万贪污犯才能解决问题"。[3] 透过这些，我们看到了毛泽东对贪污腐败的深恶痛绝和反腐败的决心，绝不能容忍这类丑恶现象侵蚀党的肌体。同时，他又要求各级领导要查明情况，心中有数，"精密地掌握这一斗争"。

当年担任中央人民政府节约检查委员会主任的薄一波有一段回忆。他说："回忆毛主席当年抓防腐蚀的斗争，真是雷厉风行，至今历历在目。他看准的事情，一旦下决心要抓，就抓得很紧很紧，一抓到底，从不虎头蛇尾，从不走过

① 《毛泽东文集》第6卷，人民出版社1999年版，第190—191页。
② 《毛泽东文集》第6卷，人民出版社1999年版，第208页。
③ 中共中央文献研究室编：《毛泽东传》三，中央文献出版社2011年版，第1169页。

场。他不仅提出方针，而且亲自督办；不仅提出任务，而且交待办法。在'三反'运动紧张的日子里，他几乎每天晚上都要听取我的汇报，甚至经常坐镇中节委，参加办公会议，亲自指点。"①

集中力量打"老虎"

时至 1952 年 1 月中旬，毛泽东还认为，很多地方"三反"斗争还没有真正发动起来，大小贪污分子和浪费现象远远没有揭露出来。他要求"务将一切贪污分子追出而后止"。②

这些日子，毛泽东连续召集会议，研究和布置"三反"运动，以期把这一运动更加深入而广泛地开展起来。

在一系列会议之后，全国"三反"运动迅速进入一个新阶段，就是集中力量打"老虎"，一下子把运动推到高潮。这一布置，首先是在 1 月 19 日中央直属机关总党委召开约有一千人参加的高级干部会议上宣布的。"老虎"，这是当时人们对贪污犯的称呼，贪污旧币一亿元以上的大贪污犯叫"大老虎"，一亿元以下一千万元以上的叫"小老虎"。

毛泽东要求全党将注意力"引向搜寻大老虎，穷追务获"。他说，大小老虎"已经是资产阶级分子，是叛变人民的敌人，如不清出惩办，必将为患无穷"，"我全军对于贪污腐化犯法乱纪情节严重的分子，必须一律予以惩办，不得姑宽"。③

一方面，对一般的贪污分子，尽可能地从宽处理，甚至不划为贪污分子，把绝大多数的人尽快解脱出来，以利于团结和教育更多的人；另一方面，继续要求深挖"老虎"，特别是"大老虎"，这是毛泽东在"三反"运动后期的一个指导思想。

从 1952 年 3 月起，"三反"运动开始进入定案处理阶段。毛泽东特别强调的是："认真负责，实事求是。"5 月 10 日他在中央转发的一个报告的批语中写道："现当'三反'运动进至法庭审判、追赃定案的阶段，必须认真负责，实事求是，不怕麻烦，坚持到底，是者定之，错者改之，应降者降之，应升者升之，嫌疑难定者暂不处理，总之，必须做到如实地解决问题，主观主义的思想和怕麻烦的情绪，必须克服。这是共产党人统治国家的一次很好的学习，对全党和全国人民都具有很大的意义。"④

① 薄一波：《若干重大决策与事件的回顾》（修订本）上卷，人民出版社 1997 年版，第 148 页。
② 中共中央文献研究室编：《毛泽东传》三，中央文献出版社 2011 年版，第 1174 页。
③ 中共中央文献研究室编：《毛泽东传》三，中央文献出版社 2011 年版，第 1175 页。
④ 《毛泽东文集》第 6 卷，人民出版社 1999 年版，第 204 页。

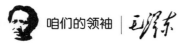

处死刘青山、张子善

刘青山、张子善事件，是"三反"运动中暴露出来的第一大案。毛泽东直接督促案件的处理，在党内外引起强烈反响。

刘青山、张子善利用职权，先后动用专区地方粮折款 25 亿元，宝坻县救济粮 4 亿元，干部家属补助粮 1.4 亿元，从修潮白河的民工供应站苛剥获利 22 亿元，贪污修飞机场节余款和发给群众房地补价款 45 亿元，以修建名义向银行骗取贷款 40 亿元。总共贪污挪用公款约 200 亿元（以上均为旧币）。他们还同私商勾结，用公款倒卖大批钢铁，中饱私囊，使国家蒙受很大的经济损失，干部群众反映强烈。事发后，华北局及时将情况及处理意见（逮捕法办）上报中央。毛泽东当即作了批示，肯定华北局的方针是正确的。

刘青山、张子善分别是 1931 年和 1933 年入党的老党员，经历过长期革命斗争的领导干部，曾在敌人的监狱中，面对严刑逼供，坚贞不屈，表现出共产党人的英雄气概。但在和平时期，他们居功自傲，贪图享乐，成了资产阶级腐朽生活方式的俘虏。毛泽东在七届二中全会上告诫全党的话，不幸言中。

1951 年 12 月 4 日，中共河北省委做出决议开除刘青山、张子善的党籍。随后，河北省人民政府成立以杨秀峰为首的调查处理委员会。12 月 14 日，河北省委向华北局报告处理意见："我们一致意见处以死刑。"12 月 20 日，华北局将处理意见上报中央，提议"将刘青山、张子善二贪污犯处以死刑（或缓期二年执行），由省人民政府请示政务院批准后执行"。

毛泽东对刘、张一案极为重视。12 月 29 日下午召开中央书记处扩大会议，研究处理意见。经过慎重考虑，并征求党外人士的意见，中共中央决定同意河北省委的建议，由河北省人民法院宣判，经最高人民法院核准，对刘青山、张子善判处死刑，立即执行。根据毛泽东的意见，《人民日报》在 12 月 30 日头版将刘青山、张子善贪污侵吞国家资财的犯罪事实公布于众，同时发表了河北省委关于开除刘、张二人党籍的决定。

公审大会召开前，有人提出是否可以向毛主席说情，不要枪毙，给他们一个改过的机会。意见反映到毛泽东那里，毛泽东说：正因为他们两人的地位高，功劳大，影响大，所以才要下决心处决他们。只有处决他们，才可能挽救 20 个，200 个，2000 个，20000 个犯有各种不同程度错误的干部。[①] 这是一个很严肃的意义深远的决定，是中国共产党人法纪严明、公正无私的鲜明体现。

1952 年 2 月 10 日，公审大会在河北省当时的省会保定举行。刘、张二人受到法律的严厉制裁。消息传开，人心大快，称颂共产党廉洁清正，大公无私。它使人们清楚地看到：中国共产党发动"三反"，惩治腐败决不容情。中国共产

---

① 参见薄一波：《若干重大决策与事件的回顾》（修订本）上卷，人民出版社 1997 年版，第 157—158 页。

党人决不做李自成，决不背离全心全意为人民服务的宗旨，决不让千千万万先烈的鲜血白流。

前事不忘，后事之师。每当人们提起毛泽东果断处理刘青山、张子善一案时，总会感慨万千。当年在毛泽东直接领导下处理此案的薄一波说："我觉得'三反'斗争经验中最可贵的一条，就是以毛主席为首的党中央对清除党的肌体上发生的腐败现象，表现了高度的自觉性和巨大的决心与魄力，真正做到了从高级干部抓起，敢于碰硬，从严治党。""后来，我们党也多次下决心惩治党内存在的腐败现象，但往往失之过宽，未能收到应有的效果。这就更加证明了，在清除腐败现象的斗争中，必须坚持这一条宝贵的经验。"①

"五反"运动

发动"五反"运动

1952 年初，在"三反"运动正走向高潮之际，毛泽东又做出一个决策：在大、中城市发动对违法的资产阶级开展反对行贿、反对偷税漏税、反对盗骗国家财产、反对偷工减料、反对盗窃经济情报的"五反"运动。

之所以发动这个运动，是因为在"三反"运动中，揭露出党和国家工作人员中的大量贪污受贿案件，同不法资本家的腐蚀拉拢有密切关系。在东北局、华北局、西南局等领导机关的报告中，都反映出这个问题。

1951 年 11 月 1 日东北局的电报中说："从两个月来所揭发的许多贪污材料中还可看出：一切重大贪污案件的共同特点是私商和蜕化分子相勾结，共同盗窃国家财产。"12 月 20 日华东局的报告提出："鉴于党政内部的贪污往往是由非法商人从外部勾结而来的，因此，必须注意调查奸商并发动群众检举控告不法商人的运动，对证据确凿的不法商人，亦应严加惩处，以便内外配合，彻底肃清贪污分子。"西南局的报告同样反映了贪污分子与奸商相勾结，给国家造成严重损失的事实。

据薄一波回忆，1951 年 12 月 31 日，他向毛泽东汇报"三反"运动情况。当说到资本家往往用给回扣的办法收买拉拢我们的采购人员时，毛泽东插话说："这件事不仅要在机关检查，而且应在商人中进行工作。过去土地改革中，我们是保护工商业的，现在应该有区别，对于不法商人要斗争。"薄一波说："看来，毛主席正在考虑这件事。"②

几天以后，1952 年 1 月 5 日，北京市委送来一个关于"三反"斗争的报告。

① 薄一波：《若干重大决策与事件的回顾》（修订本）上卷，人民出版社 1997 年版，第 152—153 页。
② 薄一波：《若干重大决策与事件的回顾》（修订本）上卷，人民出版社 1997 年版，第 167—168 页。

里面说，在工商界方面，主要是贿买和勾通工作人员，偷税漏税，偷工减料和对公家高价卖低价买，而最普遍的是用回扣、送礼等方式来勾引工作人员贪污。毛泽东当天就以中共中央名义转发了这个报告。他在批语中写道："一定要使一切与公家发生关系而有贪污、行贿、偷税、盗窃等犯法行为的私人工商业者，坦白或检举其一切犯法行为，特别注意在天津、青岛、上海、南京、广州、武汉、重庆、沈阳及各省省城用大力发动这一斗争，借此给资产阶级三年以来在此问题上对于我党的猖狂进攻（这种进攻比战争还要危险和严重）以一个坚决的反攻，给以重大的打击，争取在两个月至三个月内基本上完成此项任务。请各级党委对于此事进行严密的部署，将此项斗争当作一场大规模的阶级斗争看待。""在这个斗争中，对民主党派和各界民主人士应酌予照顾，注意组织'三反'斗争的统一战线。"①

这是大规模惩治不法资本家犯罪行为的第一个号令。

1952年1月26日，毛泽东为中共中央起草的《关于首先在大中城市开展五反斗争的指示》发出后，"五反"运动就在全国迅速展开。指示说："在全国一切城市，首先在大城市和中等城市中，依靠工人阶级，团结守法的资产阶级及其他市民，向着违法的资产阶级开展一个大规模的坚决的彻底的反对行贿、反对偷税漏税、反对盗骗国家财产、反对偷工减料和反对盗窃经济情报的斗争，以配合党政军民内部的反对贪污、反对浪费、反对官僚主义的斗争，现在是极为必要和极为适时的。在这个斗争中，各城市的党组织对于阶级和群众的力量必须作精密的部署，必须注意利用矛盾、实行分化、团结多数、孤立少数的策略，在斗争中迅速形成'五反'的统一战线。""全国各大城市（包括各省城）在2月上旬均应进入'五反'战斗，请你们速作部署。"②

这样，毛泽东同时指导着两个战线上的斗争，一个是在党政军民（群众团体）内部开展的"三反"斗争，一个是在外部开展的惩治不法资本家犯罪行为的"五反"斗争。这两个斗争互相配合，结合进行。他为什么选择这个时候开展"三反""五反"运动呢？他认为这是一个比较好的时机。他在1953年说过，"三反""五反"只能在去年上半年搞，因为那时志愿军在朝鲜战场打得很好，战线稳定，国内土改基本完成，"镇反"基本结束，而此时资产阶级的尾巴翘得很高，必须打下去。

对待民族资产阶级的政策，新中国成立前夕作过明确的规定。中国共产党在七届二中全会上指出，在革命胜利后的一个相当长的时期内，还需要尽可能地利用城乡私人资本主义的积极性，"一切不是于国民经济有害而是于国民经济有利的

---

① 《毛泽东文集》第6卷，人民出版社1999年版，第192页。
② 《毛泽东文集》第6卷，人民出版社1999年版，第192—193页。

城乡资本主义成分，都应当容许其存在和发展"。① 《共同纲领》也规定："凡有利于国计民生的私营经济事业，人民政府应鼓励其经营的积极性，并扶助其发展。"②

发动"五反"运动，是不是要改变党对资产阶级的政策，改变《共同纲领》的规定？为了回答这个问题，毛泽东从回顾进城三年来中国共产党同民族资产阶级关系的曲折历史中，说明了发动"五反"运动的必要性。他说："这不是对资产阶级的政策的改变，目前还是搞新民主主义，不是社会主义；是削弱资产阶级，不是要消灭资产阶级；是要打它几个月，打病了再拉，不是一直打下去，都打垮。"③

掌握正确的斗争方针

毛泽东决心发动"五反"运动，打击不法资本家气焰，是雷厉风行的。但他从一开始就十分注意掌握对民族资产阶级采取正确的政策。在运动的指导上，他强调要按照《共同纲领》办事，掌握好区别违法与不违法的政策界限。民族资产阶级在《共同纲领》范围内的发展，是合法的；离开了这个范围，就是不合法。在斗争策略上，他强调要争取尽可能多的大、中、小资本家，组成"五反"统一战线，孤立和打击极少数的反动资本家。在工作部署上，他强调要有准备、有步骤地进行，准备不好，就不要动手，决不能盲目进行，只许做好，不许做坏；在县、区、乡三级一般不开展"五反"斗争。

声势浩大的"五反"运动给不法资本家很大震动，不少人纷纷交代自己的违法行为，这对于方兴未艾的"三反"运动是有力的配合。但是，"五反"运动也一度造成社会上的紧张气氛，资本家惊惶不安，私营企业生产下降，市场清淡，税收减少，失业工人增多，基本建设项目纷纷推迟。

在城市中，特别是在大城市中搞"五反"，开展同资产阶级违法行为的斗争，远比在农村中搞土地改革、铲除封建土地制度要复杂得多，对社会的影响和震动也大得多，往往是"牵一发而动全身"。毛泽东审时度势，及时地采取措施，调整部署，既要查清问题，给不法资本家以沉重打击，又要维持社会经济生活的正常运转，保护民族资产阶级的合法权益，不影响国民经济的恢复和发展。

毛泽东采取的第一个措施是：对守法的工商户鼓励他们照常营业，对有些小问题的工商户尽快做出结论，归入守法户，使守法户的面扩大一些。

毛泽东采取的另一项措施，是调整运动部署，缩短"五反"运动的时间，实行更稳妥、更谨慎的工作步骤。

由于采取上述两项重要措施，社会经济生活中出现的困难和不正常状态较快地有所缓解和改善，没有引起大的社会震荡。

---

① 《毛泽东选集》第 4 卷，人民出版社 1991 年版，第 1431 页。

② 《建国以来重要文献选编》第 1 册，中央文献出版社 1992 年版，第 8 页。

③ 薄一波：《若干重大决策与事件的回顾》（修订本）上卷，人民出版社 1997 年版，第 170—171 页。

在"三反"运动结束时，有的民主党派曾计划用思想检查的办法，即针对个人思想进行整风式的检讨与批判，并令其本人表示态度。中央统战部认为这样做是不适当的，建议他们不要采用。中共统战部在准备发出的一个指示稿中讲到了这个问题。毛泽东审阅此件时，又改写和加写了一段话："在新民主主义时期，即允许资产阶级和小资产阶级存在的时期，如果要求他们合乎工人阶级的立场与思想，取消他们的资产阶级和小资产阶级的立场和思想，其结果不是造成混乱，就会逼出伪装，这是对统一战线不利的，也是不合逻辑的。在允许资产阶级和小资产阶级存在的时期内，不允许资产阶级和小资产阶级有自己的立场和思想，这种想法是脱离马克思主义的，是一种幼稚可笑的思想。在三反和五反中，我党已有些党员产生了这种错误思想，应予纠正。"①

毛泽东在指导运动的过程中，在理论上保持了清醒的头脑。这对于保证"五反"运动不出现原则性错误和大的偏差，起了重要作用。在指导实际工作中间时刻关注着思想理论动态，用正确的理论去指导实践，这是毛泽东领导工作的一个重要特点。

胜利结束"五反"运动

从1952年5月起，毛泽东开始着手部署结束"五反"的工作。早在4月初，他就提出"五反"运动时间不宜拖得太长。他说："打击要适可而止，不能走得太远；走得太远，就要发生问题。我们已经对资产阶级打了一下，现在可以在新的基础上和他们讲团结了。"② 在毛泽东的心目中，始终没有忘记新中国压倒一切的中心任务，是迅速地恢复和发展国民经济。其他一切工作，包括"五反"运动在内，都必须服从这个大局。

在"五反"进入定案处理的关键时刻，5月9日，毛泽东及时地为中共中央起草了关于"五反"定案、补退工作等问题的指示，为胜利结束"五反"运动提出一系列从宽处理的政策规定。指示中说："现当'三反'、'五反'最后定案之际，我们必须本斗争从严处理从宽，应当严者严之应当宽者宽之的原则，好好结束这场斗争。""在'五反'斗争中，工作组和工人对资本家违法所得数一般都算得很高，在定案时必须合理地降下来，使合乎经济情况的实际，必须使一般资本家在补退之后还有盈余。""这个比例即是比三分之一稍微多一点。请各市委衡量全局，大体按此比例定案，我们就能在政治上和经济上完全取得主动，而使经济迅速恢复和发展，使资本家重新靠拢我们，恢复经营积极性，使工人不致失业。""大多数资本家的补退时间一律推迟到9月或10月开始为适宜。

---

① 中共中央文献研究室编：《毛泽东传》三，中央文献出版社2011年版，第1192页。
② 薄一波：《若干重大决策与事件的回顾》（修订本）上卷，人民出版社1997年版，第182页。

数大者可分多年补退，一部分还可作为公股不要交出现金。这样于活跃市场、防止失业是完全必要的。"①

从上述各项可以看到，毛泽东对"五反"运动的定案处理，主要不在于从违法资本家那里搞到多少钱，而是有更深远考虑，着眼于国民经济的恢复和发展，着眼于工人阶级的长远利益，着眼于对民族资产阶级关系的正确处理。

根据中央的这个指示，各地的定案处理工作进行得比较顺利。

"五反"运动以打击资产阶级的"五毒"行为开始，但它的实际结果已远远超出了这个范围。它的直接结果，是工人阶级同资产阶级的力量对比起了根本性的变化。正如1956年2月中共中央政治局会议指出的那样，通过"五反"运动，资产阶级已被工人群众和工人阶级领导的国家的威力压倒了。这为以后用和平的方式逐步改造资本主义工商业创造了前所未有的条件。

1952年6月6日，在"五反"运动即将结束的时候，毛泽东提出："在打倒地主阶级和官僚资产阶级以后，中国内部的主要矛盾即是工人阶级与民族资产阶级的矛盾，故不应再将民族资产阶级称为中间阶级。"② 这预示着新中国历史发展的一个新阶段即将到来，中国共产党的政策将有一个新的变化。

从1951年12月、1952年1月相继开展的"三反""五反"运动，是继抗美援朝、土地改革和镇压反革命三大运动之后，进行的又一次社会改革运动。它们为荡涤旧社会遗留下来的贪鄙奢靡风气，树立起艰苦奋斗、勤政廉洁的优良作风，移风易俗，起了积极作用，为国家进行大规模经济建设创造了良好的社会环境。

"三反""五反"运动在当时的历史条件下，采取了群众运动这种特殊的斗争形式。在指导这场运动中，毛泽东始终注意维持社会经济生活的正常进行，力求把群众运动对经济生活的消极影响缩小到最低限度；注意健全党内民主生活，保障了各地负责人能够及时向毛泽东和党中央反映运动中出现的缺点和偏差。毛泽东作为最高决策者和指导者，倾心听取下面的意见，集中全党智慧，肯定和推广好的经验，同时实事求是地纠正运动中的偏差，改正错案。"五反"结束后，又立即调整工商业，使一度萧条的市场重新活跃起来，经济得到良好的发展。从总的方面说，"三反""五反"运动是成功的，取得的成绩是很大的。当时毛泽东是这样评价的："'三反'和'五反'的胜利是极其伟大的，毫无疑义应当进行'三反'和'五反'，不进行这一正义的斗争我们就会失败。"③

---

① 《毛泽东文集》第6卷，人民出版社1999年版，第202—203页。
② 《毛泽东文集》第6卷，人民出版社1999年版，第231页。
③ 《毛泽东文集》第6卷，人民出版社1999年版，第203页。

第三章　根治沉疴

毛泽东说："我爱进步的中国，不爱落后的中国。"① 他一心所系的就是如何能使中华民族早日强大起来，屹立于世界民族之林。对于关系国计民生的庞大而繁杂的各项社会事务，毛泽东都极为关注，甚至亲自深入实际，进行及时指导，付出了很多的心血。我们从毛泽东对各项社会事务的管理中，不难发现一代伟人赤诚的爱国爱民之心。

整治水患

由于长期战乱和帝国主义在华强取豪夺，新中国成立初期，满目疮痍，百废待兴，要开展的工作千头万绪，而其中的重中之重则是如何解决 6 亿人民的吃饭问题。以美国为首的西方资本主义国家怀着对新生社会主义中国的敌视，在世界各地大肆宣扬说中国共产党根本无力使中国人民获得足够的食物，从而引起了社会各界对中国共产党人治国能力的怀疑。面对国际上强大的舆论压力和国内薄弱的经济基础，毛泽东毫无惧色。他信心百倍地向全世界宣布："我们相信，一个人口众多、物产丰富、生活优裕、文化昌盛的新中国，不要很久就可到来，一切悲观论调是完全没有根据的。"②

为了在一片废墟的中华大地上绘制出一幅最美的图画，毛泽东从我国是一个农业大国的实际出发，首先致力于农业生产的恢复和发展。

发展农业首先要搞好农田水利建设。我国是一个自然灾害频繁的国家，历史上大大小小的旱灾、水灾、蝗灾、雹灾等连年不断，而其中水旱灾害破坏性最大。防治水旱灾害的关键是兴修水利。可以说，水利是农业的命脉。国民党统治时期，水利无人管。每逢发生水旱灾害，农田颗粒无收，地主催租逼债，农民被迫典地当房，卖妻卖子，逃荒要饭，处境异常凄惨，这使对劳动群众怀有无限热爱和同情之心的毛泽东异常心痛。新中国成立后不久，他便领导全国人民进行了一场史无前例的大规模水利建设。毛泽东深入实际，调查研究，亲自视察了淮河、黄河、长江、海河等水系，谋求根治水旱灾害的具体办法，生动地展现了一代伟人关心百姓疾苦、致力振兴华夏的赤子之情。

淮河是中华民族经济文化的发源地之一，它横跨河南、安徽、江苏、山东四省，全长 1000 多公里。1938 年，国民党为阻止日军进攻，炸毁了黄河花园口大堤，致使黄河夺淮入海，破坏了淮河水系，带来了无穷的水患。1950 年，我

① 中共中央文献研究室编：《毛泽东传》三，中央文献出版社 2011 年版，第 1210 页。
② 张勇、刘启明、莫志斌：《毛泽东教我们学管理》，中共党史出版社 2009 年版，第 306 页。

国北方长时间、大范围的降雨，造成淮河上游各支流洪水同时汇集，发生特大水灾，致使豫皖境内 4000 多万亩农田受灾，灾民达 1300 万人。当时华东军政委员会向毛泽东汇报了皖北受灾的详细情况，电文中写道：今年水势之大，受灾之惨，不仅重于去年，且为百年所未有。淮北 20 个县、淮南沿岸 7 个县均受淹，被淹田亩总计 3100 万亩，占皖北全区 1/2 强，房屋被冲倒或淹塌就已报告 80 余万间，其中不少是全村淹没，耕牛、农具损失极重。由于水势凶猛，群众来不及逃走，或攀登树上，或失足坠水，或船小浪大，翻船淹死者，统计 489 人，受灾人口共 990 余万人，约占皖北人口之半……

毛泽东看到这些，心如刀绞，泪如雨下，拍案而起："不解救人民，还叫什么共产党！"他在"不少是全村淹没""统计 489 人"等处画上了重重的横线，并批示周恩来："请水利部限日作出导淮计划，送我一阅，此计划 8 月份务须作好，由政务院通过，秋初即开始动工，如何，望酌办。"①

为了商讨治淮方案，毛泽东多次请教水利专家、民主人士，邵力子和傅作义即是其中两位。邵力子曾任国民党陕西省政府主席，他当时十分重视黄河水利，先后主持修建了泾惠和洛惠两渠，被百姓誉为"当代大禹"。而傅作义则是新中国第一任水利部长，对治理水利也颇有研究。毛泽东与这两位专家一起商讨治淮大计，虚心地听取了他们的意见，并责成两人尽早拿出治淮方案。邵力子对江淮流域作了一个月的考察，向毛泽东提交了考察报告。不久，毛泽东亲自打电话给邵力子说："先生的报告拜读了，觉得很好，也符合实际，中央已研究决定，先从淮河向水患开战。"

在毛泽东的亲自督促下，淮河治理工作以超乎寻常的速度上马了。1950 年10 月 14 日，政务院发布了关于治理淮河的决定。11 月 15 日，《人民日报》发表社论《为根治淮河而斗争》，指出："淮河水灾是一个历史性的灾害，并且即将开始长期的水利工程，豫皖苏三省的干部群众应积极动员起来，在政务院和各级治淮委员会统一领导下，为完成伟大的治淮任务而斗争。"毛泽东也亲自为治淮工程题词："一定要把淮河修好。"②

毛泽东关于根治淮河的指示传到淮河两岸，深受水患之苦的千百万群众莫不欢欣鼓舞，他们深切地感受到了党中央和毛主席的关怀，对治淮工程的热情不断高涨。11 月下旬，规模巨大的治淮工程在上中下游相继开工。

1951 年，毛泽东派以邵力子为团长的中央治淮慰问团看望和慰问了全体治淮员工，并把慰问信和毛泽东"一定要把淮河修好"的锦旗授予治淮委员会和各省治淮指挥部。慰问团转达了毛泽东对广大辛勤劳动在第一线的工作人员的亲切问候，代表党中央和人民政府向他们致以亲切的慰问和诚挚的敬意。这些

① 张勇、刘启明、莫志斌：《毛泽东教我们学管理》，中共党史出版社 2009 年版，第 307 页。
② 张勇、刘启明、莫志斌：《毛泽东教我们学管理》，中共党史出版社 2009 年版，第 308 页。

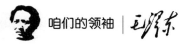

都极大地鼓舞了治淮员工。在这种精神力量的鼓舞下，治淮员工们不计生活困难与工作艰险，全身心地投入到了这场造福百姓的伟大历史洪流中。治理淮河，共修建 13 处水库，17 处控制工程，还疏浚旧河，开挖新河，修建船闸等，工程量之大，举世罕见。淮河人民在毛泽东的领导和关怀下克服重重困难，肩挑手推，完成了这一巨大工程。接着，在毛泽东的领导下，我国人民相继完成了对黄河、海河等水系的治理工程，在中华大地上绘制出了一幅幅精美的图画。

毛泽东心系新中国的河流大川，心系中国人民的安危，一心欲为中国人民造福，减去他们的千年贫困和饱受天灾人祸的困苦。中国农田水利建设在毛泽东的直接关心下，获得了巨大发展。据粗略估计，由于兴修水利，防止水患和扩大灌溉面积以百万亩计，同时还在发电、航运等方面收到了明显的效果，大大增强了农业抵御自然灾害的能力，初步改变了几千年来靠天吃饭的局面。

由于水旱灾害的严重破坏性，近代以来，历代统治者都曾对此予以一定程度的关注。曾国藩曾上书呼吁导淮。孙中山也强调："修浚淮河为中国今日刻不容缓之问题。"蒋介石也曾成立导淮委员会，但他们都未成功。因为他们没有人民的支持，没有真正动员如此巨大的人力物力，没有新中国人民翻身做主人后的精神动力。毛泽东凭借出色的管理才干，充分地相信群众、依靠群众、团结群众，在当时科学技术和经济条件都十分落后的情况下，领导全国人民发扬与天斗、与地斗的艰苦奋斗精神，万众一心，在短短几年里就完成了前无古人的壮举，在新中国水利建设史上谱写了壮丽的诗篇，在神州大地上绘下了最美的图画。

禁 绝 娼 妓

新中国成立之初，旧中国存在的许多丑恶现象依然盛行，娼妓众多便是其中之一。这些丑恶现象是旧中国腐朽社会制度下的产物，与国民党反动政权一道为害作祟，毒害着人民的身心健康。为了巩固新生的人民政权，建立良好的社会治安秩序，毛泽东和中央人民政府，指示各级党政、公安机关，紧密配合波澜壮阔的清匪反霸、镇压残余敌特运动，展开一场清除社会丑恶现象的伟大运动。

1949 年 10 月，开国礼炮的硝烟还未散尽，毛泽东便召见北京市委书记彭真，商讨清除旧式娼妓一事。彭真向毛泽东汇报了北京市娼妓盛行、妓院老鸨残酷欺压盘剥妓女的情况。毛泽东异常气愤，拍案而起，坚定地说："新中国决不允许娼妓遍地，黑道横行，我们要把房子打扫干净，必须向娼妓制度开战！"[1]

① 张勇、刘启明、莫志斌：《毛泽东教我们学管理》，中共党史出版社 2009 年版，第 309 页。

之后，毛泽东怀着解放处在社会最底层的中国妇女和彻底铲除娼妓盛行之风的丑恶现象的决心，指示公安部长罗瑞卿立即着手解决清除旧式妓院和娼妓。罗瑞卿遵照毛泽东的指示，马上部署除娼计划，并确定在全国大中城市采取两种方案：一是以北京等地为代表的，在短时间内摸清妓院的有关情况，集中力量，统一时间，一举将全部妓院予以关闭；二是以天津等大城市为代表的，采取"寓禁于限"的方针，在相对较长的时间内，逐步取缔妓院。

北京是中国的首都，代表着中国的形象，它应以崭新的精神面貌出现在世界人民面前。经毛泽东直接授意，罗瑞卿等决定先采取第一个方案，以迅雷不及掩耳之势封闭北京所有妓院。但封闭妓院也有一个形成共识的问题，因为妓院形成了一种独特的"服务行业"，除了妓女，还有一大批从业人员，妓院里的"司账""跟妈""伙计"都是底层劳动者，处理不好会伤害部分劳动群众的感情。对此毛泽东打电话告诉罗瑞卿：望向各界群众解释，并防止反革命分子的破坏，协助政府把这件事完全办好。

按照毛泽东的指示，罗瑞卿于 1949 年 11 月 12 日在北京市公安局集体办公会议上对市局和各分局的分管领导说："采取封闭妓院的行动，不是公安部门的单方面行动。这样做一定要通过人民代表会议，听听他们的意见，他们做出决定后再办。"会议起草了在北京立即封闭妓院的议案，决定在封闭之后，对妓女进行教育改造工作，对老板和领家，则视其罪行轻重依法惩办或强制改造教育。

1949 年 11 月 21 日下午，封闭北京所有妓院的方案在北京市第二届各界代表会议上讨论通过。市委书记彭真、市长聂荣臻立即专门向毛泽东报告了北京市各界人民代表会议封闭妓院的决议。毛泽东听完他们对妓院老板的惩处、对妓女教育帮助的处理意见后，高兴地说："这个决议很好，应立即执行！"

当天晚上 8 点，罗瑞卿便命令北京市 2400 余名干警，分组扑向分布有妓院的 5 个城区及东郊、西郊。干警们和随行的卫生部消毒组首先对全部 1268 名妓女进行了卫生处理，将她们集中到设置在韩家潭的 8 个妇女生产教养队。接着，对妓院的财产和老板领家的财产进行登记，并予以没收，并在各家妓院的门口贴上"北京市人民政府 1949 年封"的长封条。至次日凌晨 5 时，全市的妓院全部封闭，行动干净利落地完成了。

毛泽东很关心封闭妓院的事，他一直在等待罗瑞卿报告的消息。11 月 22 日上午，罗瑞卿在行动一结束，便在电话中向毛泽东汇报了封闭妓院行动的辉煌成果：全北京市的妓院老板 269 人、领家 189 人一网打尽，全部在各区公安分局看押着，让他们反省，交代罪行，等审查后分别处理。全市 1268 名妓女已经集中起来，在韩家潭的 8 个教养队进行教育改造，并帮助她们另谋正当的生活出路。集中工作顺利，秩序很好。

毛泽东听后十分满意，连连称赞罗瑞卿干得好，并进一步叮嘱道：要注意

做好善后工作，并且继续在全国其他城市采取适当的措施，使全中国的妇女真正当家成为自己的主人。

根据毛泽东的指示，公安部对妓院老板、领家，视其犯罪行为情节轻重，分别给予教育保释，没收财产，判处有期徒刑、无期徒刑以至死刑的惩处。对于北京的 1268 名妓女，人民政府则给予了无微不至的关怀，使她们在教养队真正感受到了在人民掌权的新中国做人的快乐，感受到了自己是不会被人民国家遗弃的亲生骨肉。教养队第二天就对她们进行教育，给她们检查身体、治病，对有家可归者发放路费遣送回家，有对象者帮助结婚，年幼者安排送进学校读书，其余人员则安排学习生产技术。她们中的许多人在党的教育下，积极要求进步，光荣入党；有的成为先进工作者；有的成长为国家干部。这真是："千年的冰河开了冻，万年的枯枝发了芽。旧社会把人变成了鬼，新社会把鬼变成了人。"

其他具备条件的城市，如青岛、秦皇岛、洛阳、长沙等地，也都在统一的时间内封闭了妓院，并对妓女实施收容、教育、改造。

根据毛泽东授意，罗瑞卿继续采取措施，令各地公安机关针对新情况，结合加强对妓院、妓女的整治管理，适时地作出部署，大张旗鼓地开展宣传运动，揭露娼妓制度的罪恶，鼓励妓女重新做人。

经过较长时间的工作，娼妓业已大为萎缩，大部分城市在 1951—1953 年，选择适当时机在规定的时间内封闭了妓院，如武汉、西安、上海等。在其他一些城市经过不同形式的反复工作和斗争，公开设立的妓院也在 1954 年前后被彻底禁绝。到 50 年代中期，在中国绵延了两千多年的妓院被彻底禁绝，禁娼斗争取得了全面胜利。

娼妓现象是几千年封建社会留下的余毒，有着浑厚的社会基础。妓女和妓院伙计都是生活在社会底层的贫苦人民，由于生计上的压力，才被迫走上了这条路。要想彻底清除这一丑恶社会现象，单靠武力是很难办到的。这样做很可能会使妓院由地上转为地下，公开与人民政府作对。同时也会伤害很多下层劳动人民的感情，造成无穷的社会治安隐患。毛泽东在清除旧式娼妓的管理工作中使用了两种策略，对妓院老板、领家和妓女、伙计分别对待：对压迫者给予严厉的处罚，对被压迫者进行教育改造。同时又对两者都给予生活出路，这样就减少了禁娼工作中的阻力。在毛泽东出色的组织管理之下，人民政府在较短的时间内就彻底根除了毒害中国人民达几千年的娼妓业，这对改良人心风俗，维护社会治安都起到了良好的作用。

铲 除 毒 品

近代以来，中国人民饱受毒品之害。由于长期吸毒，旧中国国民的身体素质和精神面貌每况愈下，被西方列强蔑称为"东亚病夫"。到国民党统治末期，毒品祸患已到了积重难返的境地。新中国成立初期，鸦片烟毒造成的祸患仍然严重地影响着国民经济的恢复和社会的安定。毛泽东对国民吸食鸦片毒品之风深恶痛绝，他下定决心斩草除根，灭绝毒患。新中国成立后不久，他便亲自领导全国人民开展了一场轰轰烈烈的禁烟禁毒斗争。

1950年秋，根据毛泽东的指示，政务院内务部发布了《关于贯彻严禁烟毒工作的指示》，要求各地严厉打击烟贩，对于查获的毒品，要全部当众销毁。各级人民政府和公安机关遵照中央指示，对毒品运用治安管理等手段加以查禁，从而使公开制造、销售、吸食毒品的情况大为改观。

禁烟禁毒的一个关键就是要堵塞机关、团体、部队对毒品管理的漏洞。毛泽东在1951年初便意识到了这个问题。他向周恩来建议，应当向各行政区的各级政府重申禁绝烟毒的命令。同时，毛泽东还建议各级人民政府："应当注意把禁毒和其他社会改革运动结合起来，以收到相互推动的功效，不能思维单一，就事论事。如在农村的剿匪、反霸和土改运动中，应当深入宣传禁绝烟毒的意义，逐步做到在内地禁绝种烟。"①

按照这个建议，到1951年3月，西南多数地区的烟田已基本铲除，改种农作物。妓院的封闭，使毒犯失去了逃避惩处的避风港，"镇反"运动中清除了大批兼有反革命身份的毒犯。但是，由于新中国鸦片流毒甚深，其影响涉及到方方面面，这场禁毒运动到1951年底还未能从根本上解决问题。

在"三反""五反"运动中，从铁路、航运、邮政、司法、税务等部门以及很多地区，暴露出为数不少的国家机关工作人员庇护或勾结奸商、毒犯、流氓，甚至反革命分子从事贩运毒品的各种罪行。于是，禁毒与反禁毒的斗争成了这次运动的主要内容之一。

在"三反"运动中，刘青山、张子善巨额贪污受贿的严重罪行被揭发出来，引起了毛泽东的异常警觉。中央经调查后发现，刘青山担任高官后，过着极端腐化堕落的生活，特别是他竟然沾染上了吸毒的恶习，借口有病，长期不工作。在他由一个共和国的高级干部堕落成为人民罪人的过程中，毒品起到了催化剂的作用。毛泽东对此深为痛心，他立即召开中共中央紧急会议，及时指出：必须严重地注意干部被资产阶级腐蚀发生严重贪污行为这一事实，注意发现、揭露和惩处，并需当作一场大斗争来处理。同时，要尽快地将烟毒斩草除根。②

在"三反"运动中，还揭发了公安政法系统内部有人参与贩运、盗卖毒品并包庇毒犯的情况。针对这一事实，时任公安部副部长的徐子荣向毛泽东呈交

---

① 张勇、刘启明、莫志斌：《毛泽东教我们学管理》，中共党史出版社2009年版，第313页。
② 参见张勇、刘启明、莫志斌：《毛泽东教我们学管理》，中共党史出版社2009年版，第313页。

了专题报告，向他反映了这一问题。看了徐子荣的报告后，毛泽东感到事关重大，必须立即采取措施。他当即召见徐子荣，让他针对这一情况谈一下自己的应对措施。徐子荣建议道："应当做好充分准备，集中力量、集中时间，在全国范围内进行群众性的禁毒运动。"毛泽东听后非常赞成，他决定立即召开中共中央政治局会议，将这项建议付诸实施。

1952年春夏之交，一场大规模的群众运动掀起了，把禁绝烟毒的斗争推向了高潮。在斗争高潮中，毛泽东高屋建瓴，及时指导，使运动按照预期的轨道顺利发展。

群众运动是毛泽东始终重视的一种方式。为了充分发动群众投入禁毒斗争，1952年4月15日，毛泽东以中共中央的名义发出《关于肃清毒品流毒的指示》，对禁毒运动的方针、政策和打击的重点，都作了明确规定。这项指示下达后，毒犯们陷入了群众运动的汪洋大海之中。在禁毒运动日益高涨的情况下，毛泽东认识到应当确定主要负责运动的部门，于是将目光投向了公安部，他指令由公安部统一部署禁毒工作，全国一致行动。公安部受命后，立即与中共中央宣传部联合发出《关于禁毒的宣传指示》，在群众中广泛宣传禁毒运动的重大意义。在公安部的统一部署下，广大群众积极行动起来，协助政府开展禁毒斗争。

在禁毒运动中，毛泽东一再强调"要充分发动群众，不要只靠政府机关，禁毒关系到民生的切身利益"。在党和政府的领导下，全国各地的群众，争先恐后地投入到检举毒犯的斗争中。在法律的威慑和群众的压力下，很多毒犯主动向政府坦白了贩毒的罪行，对继续顽抗或企图蒙混过关的毒犯，各级人民政府进行了坚决的镇压。看到禁毒运动一浪高过一浪，毛泽东感到由衷的欣慰。他高兴地说："新中国的百姓终于能够有希望摆脱烟毒这个恶魔的控制了。"[①]

1952年底，禁毒运动接近尾声。为了巩固战果，进一步消除残毒，在毛泽东的指示下，12月12日，政务院作出《关于推行戒烟、禁种鸦片和在农村收缴存毒工作的指示》，要求将肃毒工作向前推进，戒除吸食、注射，并在广大农村收缴残存的毒品，进一步禁止种植鸦片。同时，政务院内务部在国家财政相当困难的情况下，先后拨出旧币100亿元用于救济特殊困难的烟民，拨出旧币290亿元作为研究、制造戒毒用品的专用经费。

这样，经过三年的强制戒毒，在中国大地上数量众多的烟民，彻底戒除了毒瘾，成为社会主义建设事业的新生力量，社会风气得到了极大的净化。毛泽东不无感慨地说：除了中国共产党，还有谁能领导中国百姓摆脱烟毒的祸患呢？还有哪个政府能够将烟毒斩草除根呢？[②]

① 张勇、刘启明、莫志斌：《毛泽东教我们学管理》，中共党史出版社2009年版，第314页。
② 参见张勇、刘启明、莫志斌：《毛泽东教我们学管理》，中共党史出版社2009年版，第315页。

在整个禁烟禁毒运动中，毛泽东始终密切地关注着斗争的发展方向，及时地总结各地在禁毒工作中出现的新情况和新问题，不断适时地予以指示，领导禁烟禁毒运动朝着正确的方向发展。在毛泽东出色的组织下，全国人民积极地投身于禁毒斗争中，将这一运动不断地推向高潮，使得毒犯们在广袤的神州大地上无处藏身。经过短短的三年时间，毒害中国人民长达100多年的烟毒之祸在中华大地上销声匿迹，有力地保证了国民经济的恢复发展和社会的安定，净化了社会风气。毛泽东杰出的管理社会事务的才干也为后人景仰。

消灭血吸虫病

毛泽东是伟大的人民领袖，他的心中时刻装着人民的冷暖，在日理万机之余，还关注着人民的衣、食、住、行等生活的各个方面。对于和人民生命健康有关的大事，毛泽东尤为牵挂和重视。

1958年6月30日深夜，毛泽东在杭州疗养休息处的刘庄园内还亮着一盏灯。毛泽东正坐在一张藤椅上，手持一张报纸，看得入神，卫士封耀松走进来，他都没看见。封耀松和他打招呼，他才知道封耀松来接班了。

主席在看什么呢？封耀松好奇地走过去，瞄了一眼。报纸是当天的《人民日报》，那上面既没有社论，也没有大块的文章，好像全是一些"豆腐块"。毛泽东的两只手扯着整张报纸，目光却始终停留在一个地方，脸上显现出兴奋的神情，嘴里还念念有词。

封耀松又凑近些，才看清是一篇通讯，题目是《第一面红旗——记江西余江县根本消灭血吸虫病的经过》。

毛泽东一遍又一遍地读着这篇报道："江西余江县在全国血吸虫病防治工作战线上插第一面红旗——首先根除了血吸虫病，给祖国血吸虫科学史上增添了新的一页。"[①]

放下报纸，毛泽东起身走到窗前，深深地吸了口气，又踱回椅子边坐下去，再度拿起报纸看，很快又站起走到床前，躺下去，靠着枕头。由于激动，他的胸脯起伏不停。

"你把笔和纸拿来。"毛泽东吩咐封耀松，同时又把报纸拿起来看。

封耀松拿来一张白纸和一支铅笔。毛泽东将报纸两折，垫在白纸下，便自顾自哼哼两句什么，又落笔写上几个字，又哼哼，又写，有时又涂掉几个字。封耀松知道毛泽东在作诗，于是抽空劝他说："主席，你哼哼啥呀，天都快亮了，明天你还要开会呢！"

---

① 张勇、刘启明、莫志斌：《毛泽东教我们学管理》，中共党史出版社2009年版，第319页。

"睡不着呀！"毛泽东摊开纸，又拿起那张报纸说："江西余江县消灭了血吸虫病，不容易啊！如果全国农村都消灭了血吸虫病，那该多好啊！"

说完，他拿起那个诗稿，又去改改写写。过了好久，毛泽东站起来，舒展地活动了几下身体，走到窗前，拉开窗帘，向外张望，嘴里说："天亮了么？哦，天亮了！"天真的已经大亮了。

毛泽东没有一点倦意，他抓起毛笔，浓墨饱蘸，龙飞凤舞般写下了《七律二首·送瘟神》几个字，沉吟片刻，又加写道："读六月三十日《人民日报》，余江县消灭了血吸虫病。浮想联翩，夜不能寐。微风拂煦，旭日临窗。遥望南天，欣然命笔。"毛泽东在激情中挥就了两首不寻常的诗：

其一

绿水青山枉自多，华佗无奈小虫何！
千村薜荔人遗矢，万户萧疏鬼唱歌。
坐地日行八万里，巡天遥看一千河。
牛郎欲问瘟神事，一样悲欢逐逝波。

其二

春风杨柳万千条，六亿神州尽舜尧。
红雨随心翻作浪，青山着意化为桥。
天连五岭银锄落，地动三河铁臂摇。
借问瘟君欲何往，纸船明烛照天烧。

血吸虫病，在中国流行至少有两千多年了。从湖南长沙马王堆出土的女尸中就发现了血吸虫卵。得这种病的人肚胀如鼓，骨瘦如柴，身无半分力气，妇女还不能生育。在旧中国，由于统治者的忽视，或措施不力，长期不能根治这一大灾害，任其肆虐，乃至造成田园荒芜，人烟稀少，"万户萧疏鬼唱歌"的悲惨景象。新中国成立后，党和政府对血吸虫病危害人民健康的情况非常重视，在毛泽东的领导下，一场防治血吸虫病的硬仗打响了。经过几年的奋斗，就使血吸虫病得以根治，创造了历史的一个奇迹。喜讯传来，毛泽东自然"浮想联翩，夜不能寐"，喜不自胜而写诗祝贺。

毛泽东在领导防治血吸虫病的过程中，体现了英明果断的工作作风和高度认真的工作态度。首先，毛泽东对防治血吸虫病的工作高度重视，抓得紧，抓得细，不出成效不罢休，直至彻底胜利。

1953年沈钧儒在太湖疗养，发现在长江中下游各省血吸虫病流行极为严重。9月16日，他写了一封信给毛泽东，反映了这一情况。毛泽东读信之后，双眉紧锁，陷入了沉思，人民的疾苦使他深受触动，心里久久难以平静。经过思考，毛泽东铺开信纸，立即给沈钧儒写了一封回信，信中指出："血吸虫病危害甚大，必须着重防治"，并告以来信及附件已交政务院有关同志负责处理。[①]

1955年冬，毛泽东在杭州召集华东、中南地区省委书记开会研究农业问题时，把卫生部负责同志请来，一起专门研究了血吸虫病的防治工作。毛泽东在会上指出，有这么多农民患血吸虫病，流行的地区又那么大，要充分认识到血吸虫病的危害性，我们一定要消灭血吸虫病。会后，在毛泽东的主持下起草《农业十七条》和《全国农业发展纲要（草案）》40条时，都把防治和基本消灭血吸虫病作为一项重要内容写进去。1956年2月17日，毛泽东在最高国务会议上又发出"全党动员，全民动员，消灭血吸虫病"[②]的战斗号召。在毛泽东号召下，从1955年底和1956年春开始，有计划、有组织、大规模的防治血吸虫病的群众运动，在各个疫区蓬勃开展起来。

毛泽东在领导防治血吸虫病的过程中，善于把专家、群众、党政领导等几个方面的积极性都充分调动起来。大家各尽所能，相互配合，使危害极大的血吸虫病无藏身之地。

毛泽东在1955年冬的那次会议上谈到管理粪便、管理水源、消灭钉螺等艰巨任务时说，要发动群众，不依靠群众是不行的，要使科学技术和群众运动相结合。光靠卫生部门是不行的，要在党委统一领导下，全面规划，党内要成立血吸虫病防治领导小组。

1956年、1957年毛泽东分别在广东、上海接见从事血防工作的专家教授，倾听他们的意见，指示研究的方向，给科技工作者以很大的鼓舞。毛泽东对当时广大农民和疾病作斗争的豪情壮举非常重视。1955年12月27日，毛泽东在《中国农村的社会主义高潮》一书的序言中写道："许多危害人民最严重的疾病例如血吸虫病等等，过去人们认为没有办法对付的，现在也有办法对付了。总之，群众已经看见了自己的伟大的前途。"[③]

毛泽东在领导防治血吸虫病的过程中，计划周密，并善于进行具体的方法指导。毛泽东计划七年根治血吸虫病，即"一年准备、四年战斗、两年扫尾"。他还说要充分发挥中医的作用，要研究更有效的防治药物和方法。1956年，他采纳一位专家的意见，建议卫生部重视用火烧消灭钉螺的办法。

几年的奋斗，终于有了结果。在党中央、毛泽东的关怀下，作为重点疫区的江西省余江县，经过两年多的艰苦努力，到1958年就消灭了血吸虫病，从而在全国树起了"血防"的"第一面红旗"，这怎能不令毛泽东感到高兴呢？长期作恶的"瘟神"终于被送走了，毛泽东写诗为人民的胜利而高兴，而祝贺。

---

① 参见张勇、刘启明、莫志斌：《毛泽东教我们学管理》，中共党史出版社2009年版，第321页。

② 张勇、刘启明、莫志斌：《毛泽东教我们学管理》，中共党史出版社2009年版，第321页。

③ 张勇、刘启明、莫志斌：《毛泽东教我们学管理》，中共党史出版社2009年版，第322页。

第四章　治国方略

　　毛泽东经历的社会主义革命和社会主义建设因为发生在东方大国的中国，国情不同，社会情形有很大的差别。基于此，毛泽东只能从本国国情出发，根据马克思主义的基本原理，对本国的社会事务管理问题作理论探讨。他是在边实践边探索的基础上，对新中国成立后的社会管理提出了自己的一些思想观点，这些观点确有新意，这些观点也进一步丰富和发展了马克思主义的社会管理思想。

建设法治国家

第一部宪法

　　新中国成立以后，在毛泽东的领导之下，1954 年召开的第一届全国人民代表大会通过了新中国第一部宪法——《中华人民共和国宪法》。

　　毛泽东开始着手制定宪法是受斯大林建议的启发。1952 年 10 月刘少奇率中共代表团抵达莫斯科，出席苏共第十九次代表大会。在访苏期间，刘少奇和斯大林进行了会谈，斯大林建议中国立即制定宪法，并且认为这是很有必要的。他说，你们不制定宪法，不进行选举。敌人可以用两种方法向工农群众进行宣传反对你们：一是说你们的政府不是人民选举的；二是说你们国家没有宪法。他还说：你们现在的政府是联合政府，因此，政府就不能只对一党负责，而应向多党负责，你们很难保密。如果人民选举的结果当选者共产党员占大多数，你们就可以组织一党政府。各党派在选举中如落选了，你们不应当使统一战线破裂，你们应继续在经济上和他们合作。斯大林建议中共可以在 1954 年搞选举和宪法。

　　斯大林的建议，由刘少奇向中共中央和毛泽东作了汇报。毛泽东也认为召开全国人民代表大会制定宪法的时机已经成熟了。1953 年 1 月 13 日，中央人民政府委员会举行第二十次会议，会议通过的《关于召开全国人民代表大会及地方各级人民代表大会的决议》规定："于 1953 年召开由人民用普选方法产生的乡、县、省（市）各级人民代表大会，并在此基础上接着召开全国人民代表大会。在这次全国人民代表大会上，将制定宪法，批准国家五年建设计划纲要和选举新的中央人民政府。"[①]

　　这次会议决定成立以毛泽东为主席的中华人民共和国宪法起草委员会，以

[①] 《建国以来重要文献选编》第 4 册，中央文献出版社 1993 年版，第 16—17 页。

周恩来为主席的中华人民共和国选举法起草委员会。

选举法起草委员会一成立，就投入紧张的工作，很快拿出了《中华人民共和国选举法（草案）》。1月25日周恩来将选举法草案的修改本送毛泽东审阅。26日毛泽东批复赞同，并同意将选举法定名为《中华人民共和国全国人民代表大会及地方各级人民代表大会选举法》。2月21日，中央人民政府委员会第二十二次会议通过了这部选举法，3月1日公布施行。

为了切实搞好各级普选，中国进行了有史以来第一次全国人口普查。据统计，1953年6月30日24时全国人口为601912371人。在人口普查的基础上，进行了选民登记工作，有323809684名选民进行了登记，占进行选举地区18周岁以上人口总数的97.18%。各地公开张贴选民榜。领到选民证的公民普遍感到兴奋和自豪。随后，在全国基层单位进行选举，参加投票的选民共278093100人，占登记选民总数的85.88%。①

近3亿人口的选民参加选举，这不仅在中国，而且在全世界也是一个空前规模的民主运动。

1953年12月8日，毛泽东和中共中央其他领导人以普通公民的身份，参加北京市西单区中南海选区的基层选举，投了自己庄严的一票。

1953年12月24日，毛泽东带着宪法起草小组的几个成员陈伯达、胡乔木、田家英乘专列离开北京，于27日夜来到风景如画的杭州，开始做一项为新中国法制建设奠定千秋基业的大事，起草中华人民共和国宪法。

关于这部宪法的起草经过，毛泽东在1954年6月作过这样的回顾："宪法的起草，前后差不多七个月。最初第一个稿子是在去年十一、十二月间，那是陈伯达同志一个人写的。第二稿，是在西湖两个月，那是一个小组起草的。第三稿是在北京，就是中共中央提出的宪法草案初稿，到现在又修改了许多。每一稿本身都有许多修改。在西湖那一稿，就有七八次稿子。前后总算起来，恐怕有一二十个稿子了。大家尽了很多力量，全国有八千多人讨论，提出了五千几百条意见，采纳了百把十条，最后到今天还依靠在座各位讨论修改。总之是反复研究，不厌其详。将来公布以后，还要征求全国人民的意见。宪法是采取征求广大人民的意见这样一个办法起草的。这个宪法草案，大体上是适合我们国家的情况的。"②

陈伯达起草的宪法草稿，没有被采纳。从1954年1月9日起，毛泽东领导的宪法起草小组又重新起草。

当时负责安排毛泽东一行住所的浙江省委书记谭启龙回忆说："毛主席住在刘庄一号楼。每天午后3点，他便带领起草小组驱车绕道西山路，穿过岳王庙，

① 参见中共中央文献研究室编：《毛泽东传》三，中央文献出版社2011年版，第1274页。
② 中共中央文献研究室编：《毛泽东传》三，中央文献出版社2011年版，第1278—1279页。

来到北山路 84 号的办公地点。当时北山路 84 号大院 30 号是由主楼和平房两部分组成。毛主席就在平房里办公，宪法起草小组在主楼办公，往往一干就是一个通宵。"①

1 月 15 日，毛泽东致电刘少奇等，通报宪法起草小组的工作计划："宪法小组的宪法起草工作已于一月九日开始，计划如下：（一）争取在一月三十一日完成宪法草案初稿，并随将此项初稿送中央各同志阅看。（二）准备在二月上半月将初稿复议一次，请邓小平、李维汉两同志参加。然后提交政治局（及在京各中央委员）讨论作初步通过。（三）三月初提交宪法起草委员会讨论，在三月份内讨论完毕并初步通过。（四）四月内再由宪法小组审议修正，再提政治局讨论，再交宪法起草委员会通过。（五）五月一日由宪法起草委员会将宪法草案公布，交全国人民讨论四个月，以便九月间根据人民意见作必要修正后提交全国人民代表大会作最后通过。"②

毛泽东在电报里，还开列了一个关于中外各类宪法的书目，共十种，要中央政治局委员和在京的中央委员抽时间阅读："（一）一九三六年苏联宪法及斯大林报告（有单行本）；（二）一九一八年苏俄宪法（见政府办公厅编宪法及选举法资料汇编一）；（三）罗马尼亚、波兰、德国、捷克等国宪法（见人民出版社《人民民主国家宪法汇编》，该书所辑各国宪法大同小异，罗、波取其较新，德、捷取其较详并有特异之点，其余有时间亦可多看）；（四）一九一三年天坛宪法草案，一九二三年曹锟宪法，一九四六年蒋介石宪法（见宪法选举法资料汇编三，可代表内阁制、联省自治制、总统独裁制三型）；（五）法国一九四六年宪法（见宪法选举法资料汇编四，可代表较进步较完整的资产阶级内阁制宪法）。"③

为了起草宪法，毛泽东广泛阅读和研究了世界各类宪法，有中国的，有外国的；有社会主义国家的，有资本主义国家的；有进步的，有反动的。他认为制定本国宪法，参照别国宪法和中国历史上有过的宪法，是完全必要的。人家好的东西，结合中国国情，加以吸收；不好的甚至是反动的东西，也可以引为鉴戒。他同样要求参加讨论宪法稿的中央政治局成员也这样做，所以特地列出上面那个书目，并作出画龙点睛式的评论。

这是中共最高层领导第一次如此系统地学习法律，这对新中国的法制建设是很有意义的。

毛泽东多次讲，我们的这部宪法，是属于社会主义类型的宪法。因此，他特别注意研究和借鉴 1918 年颁布的《俄罗斯社会主义联邦苏维埃共和国宪法

---

① 浙江省毛泽东思想研究中心、中共浙江省委党史研究室：《毛泽东与浙江》，中共党史出版社 1993 年版，第 5 页。

② 《毛泽东文集》第 6 卷，人民出版社 1999 年版，第 320 页。

③ 《毛泽东文集》第 6 卷，人民出版社 1999 年版，第 320—321 页。

（根本法）》、1936年颁布的苏联宪法以及斯大林《关于苏联宪法草案的报告》。此外，还注意参考东欧一些人民民主国家的宪法。

据当时为宪法起草小组做资料工作的史敬棠回忆："社会主义类型的宪法，毛主席看了一九一八年苏俄宪法、一九三六年苏联宪法、东欧国家的宪法。一九一八年苏俄宪法，把列宁写的《被剥削劳动人民权利宣言》放在前面，作为第一篇。毛主席从中受到启发，决定在宪法总纲的前面写一段序言。"①"序言"这个形式，是中华人民共和国宪法的一个特点，一直保持到现在。

对于资本主义国家的宪法，毛泽东也作了比较研究。毛泽东比较看重1946年《法兰西共和国宪法》，认为它代表了比较进步、比较完整的资产阶级内阁制宪法。

清朝宣统三年九月十三（公元1911年11月3日）发布的《十九信条》和孙中山任临时大总统时期颁布的《中华民国临时约法》，有一个共同特点就是条文不多，文字简明。毛泽东很欣赏这一点，他提出我们的宪法以一百条左右为宜，而且文字要简单明确，不能有多种解释。②

外国的宪法也好，中国过去的历次宪法也好，都只能作为制定新中国宪法的参考。制定新中国的宪法必须从现时中国的实际出发。毛泽东为起草宪法确定的根本指导方针是："以事实为根据，不能凭空臆造。"③

关于宪法要不要有纲领性的内容，即将来要完成的任务，曾经有过不同的意见。后来毛泽东谈起这个问题时说："一般地说，法律是在事实之后，但在事实之前也有纲领性的。一九一八年苏维埃俄罗斯宪法就有纲领性的。后头一九三六年斯大林说，宪法只能承认事实，而不能搞纲领。我们起草宪法那个时候，乔木称赞斯大林，我就不赞成，我就赞成列宁。我们这个宪法有两部分，就是纲领性的。国家机构那些部分是事实，有些东西是将来的，比如三大改造之类。"④

宪法起草工作进展得比较顺利。1月9日开始，2月17日左右草案初稿出来了，虽然比原计划推迟了半来月，但是也只用了不到四十天的时间。随后，在毛泽东主持下，起草小组通读通改。2月24日完成"二读稿"，26日完成"三读稿"，3月9日拿出"四读稿"。至此，宪法起草小组完成了第一阶段的任务，为中共中央政治局会议进一步讨论修改宪法草案，提供了一个比较成熟的稿本。

3月初，毛泽东修改审定了《宪法草案初稿说明》，并署上"中华人民共和国宪法草案初稿起草小组”的落款。这是一篇重要文献，比较集中地反映了毛泽东和他领导的小组起草宪法的指导思想。

3月12日、13日和15日，刘少奇再次主持召开中央政治局扩大会议，讨论杭州宪法起草小组提交的“四读稿”。这样，宪法草案初稿的起草工作告一段落，准备扩大范围讨论修改后，提交宪法起草委员会。

3月17日，毛泽东一行回到北京，立即着手召集宪法起草委员会会议，讨论宪法草案。

1954年3月23日下午3时，中华人民共和国宪法起草委员会第一次会议在中南海勤政殿举行。毛泽东主持会议。刘少奇、周恩来、陈云、董必武、邓小平等和宋庆龄、李济深、何香凝、沈钧儒、马寅初、马叙伦、陈叔通、张澜、黄炎培、程潜等，共26名宪法起草委员会委员出席了会议。

首先，毛泽东代表中国共产党，向会议正式提出中共中央起草的《中华人民共和国宪法草案（初稿）》。随后，陈伯达受毛泽东委托，在会上作关于宪法草案（初稿）起草工作的说明。

会议决定，在最近两个月内完成对宪法草案初稿的讨论修改，以便提请中央人民政府委员会批准作为草案公布。会议还决定，除在宪法起草委员会全体会议上进行讨论外，还要会同全国政协进行分组讨论，同时分发给各大行政区、各省区市的领导机关和各民主党派、各人民团体的地方组织展开讨论。

在这段时间里，毛泽东一直关注着对宪法草案的讨论情况，随时由田家英向他汇报。宪法起草委员会办公室的工作也特别忙碌。他们要随时收集、整理和研究从各个方面报来的大量修改意见、建议以及提出的种种疑问，为宪法起草委员会做准备。

6月11日下午，宪法起草委员会举行第七次全体会议，讨论通过了宪法草案（修正稿），准备提交中央人民政府委员会第三十次会议通过并公布。

这次会议对宪法草案（修正稿）的全部条文作了最后的审查，全部条文定为一百零六条。

经过3月23日至6月11日历时81天的广泛讨论和反复修改，宪法草案提交全国人民公开讨论的条件已经成熟。6月14日，毛泽东主持召开中央人民政府委员会第三十次会议，一致通过了《中华人民共和国宪法草案》和《关于公布中华人民共和国宪法草案的决议》。

最后，毛泽东作了《关于中华人民共和国宪法草案》的讲话。在讲到宪法的意义时，他说：“一个团体要有一个章程，一个国家也要有一个章程，宪法就是一个总章程，是根本大法。用宪法这样一个根本大法的形式，把人民民主和社会主义原则固定下来，使全国人民有一条清楚的轨道，使全国人民感到有一条清楚的明确的和正确的道路可走，就可以提高全国人民的积极性。”

在讲话的最后，毛泽东解释了一个问题。他说："有人说，宪法草案中删掉个别条文是由于有些人特别谦虚。不能这样解释。这不是谦虚，而是因为那样写不适当，不合理，不科学。在我们这样的人民民主国家里，不应当写那样不适当的条文。不是本来应当写而因为谦虚才不写。科学没有什么谦虚不谦虚的问题。搞宪法是搞科学。"①

毛泽东在这里说的删掉的条文是指哪一条？在宪法较早的稿子上有一条："中华人民共和国主席为国家之元首。"毛泽东所指的就是这一条。所谓谦虚不谦虚的问题，也是就傅作义发言中关于这个条文的意见而作的说明。傅作义在发言中说："最后，我愿意提到，在召集人会议上，大家一致同意写上一条：中华人民共和国主席是国家元首。可是被毛主席抹去了。但是这并不能抹去亿万人民衷心的爱戴。愈谦逊愈伟大，愈伟大愈谦逊。"②

会议结束的当天，《中华人民共和国宪法草案》正式公布，郑重地交付全国人民讨论并征求意见。深受数千年封建专制统治的中国人民，有史以来第一次享受到如此充分的民主权利，享受到经过长期的人民民主革命得来的胜利果实。

1954 年 9 月 15 日下午 3 时，中华人民共和国第一届全国人民代表大会第一次会议，在北京中南海怀仁堂隆重开幕。代表总人数 1226 人。

在到会的 1141 位代表的热烈掌声中，中央人民政府主席毛泽东宣布大会开幕。

9 月 20 日，第一届全国人民代表大会第一次会议通过了《中华人民共和国宪法》。出席会议代表 1197 人，投票 1197 张，同意票 1197 张。

中国各族人民经过长期的艰难的斗争，终于有了一部代表自己利益的、体现民主原则和社会主义原则的宪法。中国的民主法制建设有了一个重要的良好开端。

新《婚姻法》

从一般意义上讲，为了实行有效制度化管理，法律制度和行为准则的制定和修改是一项经常性的组织管理工作。但是，在一个组织的发展历程中，有些时期是特别重要的要害时候，这种组织发展的要害时候当然也是管理的要害时候，而在这种时候制定出必要的法律制度和行为准则，对于加大制度化管理的力度，往往具有十分重要的作用。毛泽东对这个道理似乎有比别人更深的理解。

新中国成立初期，封建主义的旧式婚姻制度作为封建余毒，在全国很多地方盛行。包办买卖婚姻、干涉婚姻自由、一夫多妻、虐待妇女等事件时有发生。

① 《毛泽东文集》第 6 卷，人民出版社 1999 年版，第 328—330 页。
② 中共中央文献研究室编：《毛泽东传》三，中央文献出版社 2011 年版，第 1298 页。

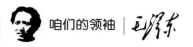

旧的封建婚姻制度，不仅是家庭痛苦的一种根源，把占人口半数的妇女投入被奴役的深渊，而且也严重阻碍了社会进步。如果不从根本上对旧的婚姻制度进行改革，必将严重地影响新中国的革命和建设事业。

毛泽东认识到了目前建立新型的婚姻制度是迫切需要完成的任务，这是新社会的需要，也是广大劳动群众特别是劳动妇女的强烈愿望。虽然 1949 年 9 月制定的《中国人民政治协商会议共同纲领》中规定了婚姻自由和保护妇女权利的条款，但这些条款还不够具体，缺乏明确系统的法律规定。因此，毛泽东建议和支持有关部门通力合作，着手《婚姻法》的起草以及讨论工作。

到 1950 年 3 月，新《婚姻法》的起草基本完成。为使这一法律充分体现民意，切实有效可行，毛泽东亲自主持召开了包括中央人民政府委员会主席、委员、政务院总理、副总理和委员以及政协全国委员会委员等人员在内的联席座谈会，广泛征求对草案的修改意见。毛泽东在会上首先肯定了《婚姻法》起草工作取得的成绩，说它"体现了群策群力"，"体现了集体智慧"。接着，他又诚恳地鼓励与会者"将自己的建议提出来，不要有所保留"。在毛泽东的鼓励下，与会者围绕着以下几个问题展开了热烈的讨论。

关于婚姻自由问题。有人认为，一切的离婚都是人间悲剧，所以最好不要有任何离婚的现象发生。经过讨论，多数人认为，事实证明，并不是一切的离婚都是悲剧。有正当原因迫不得已而要求离婚的男女，尤其是深受旧婚姻制度之害而坚决要求离婚的妇女，如果不能达到离婚的目的，只能使男女双方或一方忍受无限痛苦。离婚自由已经成为一部分感受婚姻痛苦的男女，尤其是妇女的迫切要求。因此，新《婚姻法》第十七条规定："男女双方自愿离婚的，准予离婚。男女一方坚决要求离婚的，经区人民政府和司法机关调解无效的，亦准予离婚。"

关于结婚登记问题。有人认为，这只是一种形式，如果一切条件均符合婚姻法，就是没有登记，也应算合法。这个问题讨论了很久，结果大多数人认为，登记不是形式，而是审查、认可的必要手续。审查的意义，主要在于反对封建包办、强迫婚姻制度的存在。不登记的婚姻，原则上是不予承认的。新《婚姻法》第十七条第二款对登记作了规定。

关于夫妻双方对家庭财产有平等的所有权与处理权的问题。有人提出，丈夫是一家之主，理应享有财产的处理权。讨论后，大家一致认为，夫妻双方是平等的，只有按照《婚姻法》中第七条、第八条的精神过共同生活时，对财产的所有权与处理权才是真正平等的。

关于非婚生子女享受与婚生子女同等权利的问题。有人认为，这样会产生偏差，会鼓励"打游击"的非婚男女。经过讨论，大家认为，新民主主义社会是执行一夫一妻的婚姻制度，坚决反对对婚姻采取不正确、不负责任的态度。

八、社会管理篇 567

《婚姻法》第十五条中已经规定，非婚生子女的生父应负担子女必需的生活费和教育费的全部或一部，直至子女18岁为止。这一方面保护了儿童的权利，同时加重了生父的负担，实际上是对不合法婚姻的一个很好的警告与限制。因此，《婚姻法》中规定了非婚生子女与婚生子女有同样的权利。

在上述讨论的基础上，1950年4月13日，中央人民政府委员会第七次会议讨论和通过了《中华人民共和国婚姻法》。4月30日，毛泽东签发主席令，宣布《中华人民共和国婚姻法》于1950年5月1日起公布实施。

新中国《婚姻法》诞生之后，毛泽东十分重视它的贯彻和执行情况。他考虑到中国是一个封建传统很深的国家，婚姻家庭领域里的旧制度、旧思想还存有很强的社会影响力，在一段时间内，在贯彻执行《婚姻法》的问题上，各地的发展肯定是会不平衡的，特别是农村地区，必然还存在大量包办、强迫与买卖婚姻的现象。因此，在《婚姻法》通过的当天，毛泽东就以党中央的名义发出了《中共中央关于保证执行〈婚姻法〉给全党的通知》，号召全体共产党员在执行新《婚姻法》时要起到先锋模范作用。

然而，由于封建传统思想影响根深蒂固，《婚姻法》的执行并不完全尽如人意，干涉婚姻自由与侵害妇女权益的事件时有发生。这些情况引起了毛泽东的高度重视。他下定决心在全国范围内开展一场贯彻执行《婚姻法》的运动。

1952年11月26日，党中央发出了《中共中央关于贯彻婚姻法的指示》，中央人民政府政务院也于1953年2月1日发出了《关于贯彻婚姻法的指示》，规定以1953年3月为贯彻《婚姻法》运动月。同年2月18日党中央再次发出了《中共中央关于贯彻婚姻法运动月工作的补充》。这样，在全国范围内，一场贯彻执行《婚姻法》的运动展开了。

这次运动取得了很好的效果。全国各农村、工矿、街道进行了广泛的《婚姻法》的宣传。1953年3、4月陆续在全国75%左右的地区开展了学习《婚姻法》的运动，《婚姻法》基本上做到了家喻户晓。中国人民婚姻家庭关系发生了深刻的变化，旧的婚姻制度已经崩溃，新的婚姻制度得到了健康发展。毛泽东曾高度评价新《婚姻法》是"摧毁封建主义婚姻家庭制度的有力武器，也是建立新民主主义新型家庭关系的法律准绳"[1]。

社会基本矛盾论

20世纪50年代初期，国内外一度出现过社会主义社会"无矛盾论"的错误观点。针对此观点，毛泽东运用马克思主义的矛盾学说与方法论，分析了我国

---

[1] 张勇、刘启明、莫志斌：《毛泽东教我们学管理》，中共党史出版社2009年版，第318页。

社会主义社会的矛盾，指出社会主义社会仍充满矛盾，即矛盾是普遍存在的。"马克思主义的哲学认为，对立统一规律是宇宙的根本规律。这个规律，不论在自然界、人类社会和人们的思想中，都是普遍存在的。"① 因此，社会主义社会也是对立统一的，同样存在矛盾。"有一些天真烂漫的想法，仿佛在社会主义社会中是不会有矛盾了。否认矛盾存在，就是否认辩证法。"② "无论什么世界，当然特别是阶级社会，都是充满矛盾的。有些人说社会主义社会可以'找到'矛盾，我看这个提法不对。不是什么找到或者找不到矛盾，而是充满着矛盾。"③ 他具体说到，社会主义从生产力到生产关系，从经济基础到上层建筑，从党内到党外，从国内到国际，处处都充满矛盾，这是不可否认的事实。

当然，我们首先要抓住社会的基本矛盾，并认清楚这一矛盾的运动规律。1957 年初，毛泽东在《关于正确处理人民内部矛盾的问题》一文中着重指出，社会主义社会同其他社会一样，"基本的矛盾仍然是生产关系与生产力之间的矛盾，上层建筑和经济基础之间的矛盾"，"正是这些矛盾推动着我们的社会向前发展"。毛泽东看来，社会主义制度是最新的一种社会历史现象，将来也要被更新的共产主义制度代替，即使在未来的共产主义社会中，也仍然还会存在社会的基本矛盾。毛泽东的这一思想观点，反映了人们对社会主义社会的认识更加深化。

那么，社会主义社会基本矛盾的性质是什么？我们如何把握其特点呢？毛泽东指出，我们先要区分清楚的是，社会主义社会基本矛盾的性质与旧社会的基本矛盾性质是不同的。奴隶社会、封建社会、资本主义社会的基本矛盾表现为剧烈的对抗和冲突，表现为剧烈的阶级斗争，那种矛盾是不可能通过旧社会本身来解决的。社会主义社会基本矛盾是另一回事，恰恰相反，它不是对抗性的矛盾，而是非对抗性的。之所以如此，是因为社会主义生产关系是以生产资料公有制为基础的生产关系，而这种生产关系和社会生产力发展是相适应的。至于社会主义的上层建筑，它是建立在社会主义经济基础之上的，是同以公有制为基础的社会主义生产关系相适应的，它是可以促进社会生产力不断发展的。

毛泽东接着分析社会主义社会基本矛盾的特点，这一特点表现为：社会主义社会的生产关系与生产力之间、上层建筑与经济基础之间是基本适应的，但又有矛盾。具体来说，社会主义生产关系已经建立起来，它是和生产力的发展相适应的，但是，它又很不完善，这些不完善的方面和生产力的发展又是相矛盾的。再者，以人民民主专政的国家制度和法律，以马克思列宁主义为指导的社会主义意识形态为主要特征的社会主义上层建筑，它和社会主义经济相适应，对于我国社会主义革命和社会主义建设的伟大胜利起了积极的推动作用。当然，

---

① 《毛泽东文集》第 7 卷，人民出版社 1999 年版，第 213 页。
② 《人民日报》编辑部：《关于无产阶级专政的历史经验》，《人民日报》1956 年 4 月 5 日。
③ 《毛泽东文集》第 7 卷，人民出版社 1999 年版，第 332 页。

在上层建筑方面，我国的民主和法制建设还不够健全，党和国家的机构设置、干部结构、管理体制等方面还有较多缺陷。此外，资产阶级意识形态存在，以及以权谋私、贪污腐败、官僚主义现象还存在，这同我国经济基础的巩固和发展是不相适应的。

如何正确解决社会主义社会的基本矛盾呢？毛泽东主张社会主义社会的基本矛盾可以通过社会主义制度本身不断得到解决。具体而言，一是把开展经济建设、发展生产力作为社会主义社会的中心任务，作为解决社会主义社会基本矛盾的主要方式。这是巩固、发展社会主义制度的必要条件。因为"如果不优胜，旧制度就不会被推翻，新制度就不可能被建立"。二是要不断进行体制改革，以完善和发展社会主义制度。从1956年开始，毛泽东总结经验，尤其是总结苏联社会主义建设的经验教训，又进行了大量的调查研究，对当时我国建立的高度集中统一的体制，如何使之完善，他从理论和实践两方面都作了较为深入的探讨。1956年4月，《论十大关系》的发表，可以说就是他探索的重大理论成果。实践上的探讨，则从20世纪60年代初对国民经济的大调整，对国家政治生活政策的调整，可以看出，尽管探讨是初步的，但它仍不失其重要意义。它为创建我国关于社会主义经济体制和政治体制改革的科学理论奠定了一定的基础。

社会主义社会基本矛盾在社会上则主要表现为人民内部矛盾，毛泽东指出人民内部矛盾是社会主义社会发展的直接动力。要加强社会管理，不正确处理人民内部矛盾，只能成为一句空话。毛泽东批评一些同志却看不到这一点。他说："许多人不敢公开承认我国人民内部还存在着矛盾，正是这些矛盾推动着我们的社会向前发展。许多人不承认社会主义社会还有矛盾，因而使得他们在社会矛盾面前缩手缩脚，处于被动地位；不懂得在不断地正确处理和解决矛盾的过程中，将会使社会主义社会内部的统一和团结日益巩固。"①

毛泽东根据社会主义改造完成后国内的政治思想状况，分析目前国内主要存在两类不同性质的矛盾：一部分是敌我矛盾，另一部分大量地表现为人民内部矛盾。其具体表现在：工人阶级内部的矛盾，农民阶级内部的矛盾，知识分子内部的矛盾，工农两个阶级之间的矛盾，工人、农民同知识分子之间的矛盾，工人阶级和其他劳动人民同民族资产阶级之间的矛盾，民族资产阶级内部的矛盾，等等。我们的人民政府是真正代表人民利益的政府，是为人民服务的政府，但是它同人民群众之间也有一定的矛盾。这种矛盾包括国家利益、集体利益同个人利益之间的矛盾，民主同集中的矛盾，领导同被领导之间的矛盾。这种矛盾也是人民内部的一个矛盾。一般来说，人民内部的矛盾，是在人民利益根本一致的基础上的矛盾。②

① 《毛泽东著作选读》下册，人民出版社1986年版，第766页。
② 参见《毛泽东著作选读》下册，人民出版社1986年版，第758页。

毛泽东对人民内部矛盾的表现及其性质的分析是非常透彻的。显而易见，社会管理涉及到对社会诸多事务的管理，哪种事务的管理都存在矛盾，而且，这些矛盾多表现为人民内部矛盾，又有哪种矛盾不属于人民利益根本一致的基础上的矛盾呢？既然弄清楚了人民内部矛盾的种种表现及其性质，究竟如何处理人民内部矛盾呢？毛泽东的态度很明确，在人民民主专政的条件下，用专政的办法解决敌我矛盾，用民主的办法解决人民内部的矛盾。

所谓用民主的方法来解决人民内部矛盾问题，毛泽东指出，有几点必须注意，因为人民内部矛盾经常地、大量地表现为正确与错误、是与非的矛盾。对这类矛盾，就只能用讨论的方法、批评的方法，以及说服教育的方法去解决。解决人民内部矛盾，我们在坚持民主集中制的原则下，针对各种具体矛盾，如物质利益上的得失矛盾，文教、科学领域中不同学派的意见分歧与争论，以及许多实际工作中的方法上的差异，等等，毛泽东主张，要根据不同的矛盾，用民主的方法解决。如共产党与民主党派的关系，我们实行"长期共存，互相监督"的方针；在文化、科学领域中，贯彻"百花齐放，百家争鸣"的方针。还有运用经济杠杆的方法去协调人民内部的物质利益上的矛盾，还有通过发布行政命令的方法，加强思想政治教育的方法来解决生产和生活中的各类矛盾，等等。总之，人民内部的矛盾不是对抗性的，我们完全可以通过民主协商的办法去协调解决。

毛泽东对社会主义社会基本矛盾的分析，以及对人民内部矛盾分析与处理的论断，都闪烁着真理的光辉。

思想和政治是统帅，是灵魂

社会管理涉及到各行各业、千家万户的具体事务。毛泽东指出，要处理好、管理好社会事务，全社会都要加强思想政治工作。

意义和方法

早在民主革命时期，毛泽东就高度重视思想政治工作，他称此工作为"我们第一等的业务"。他还指出："现在教育工作的意义很大，为了对付目前的时局也好，为了迎接将来的时局也好，都必须加强教育。对付黑暗需要加强教育，迎接光明也需要加强教育，无论怎样讲，我们都需要加强教育。"[1] 新中国成立后，毛泽东从实际工作中体会到：政治工作是一切经济工作的生命线。在社会经济制度发生根本变革的时期，尤其是这样。他还感觉到："思想工作和政治工

① 《毛泽东文集》第2卷，人民出版社1993年版，第411—412页。

作，是完成经济工作和技术工作的保证，它们是为经济基础服务的。思想和政治又是统帅，是灵魂。只要我们的思想工作和政治工作稍为一放松，经济工作和技术工作就一定会走到邪路上去。"① 在毛泽东看来，通过思想工作，树立了正确的政治观点，从政治上想通了，政治统率了业务，迷信也破除了，个人心情舒畅，干劲就足了。因此，毛泽东提出"要加强政治工作。不论文武，不论工厂、农村、商店、学校、军队、党政机关、群众团体，各方面都要极大地加强政治工作，提高干部和群众的政治水平"②。

对加强全社会的思想工作，毛泽东认为相关部门都要加强责任心。他尤其提出共产党应该管，青年团应该管，政府主管部门应该管，学校的校长教师更应该管。他特别责成省委、地委、县委书记管思想工作，管报纸、学校、文学艺术和广播。

社会管理中的思想政治工作因涉及的面广、人多、情况复杂，毛泽东提出要特别注意工作方法。他指出："对人民的教育是一个长期的过程。解决思想问题，不能用专制、武断、压制的方法，要人服，就要说服，而不能压服。"③ 他还提出"解决思想问题不能雷厉风行，一定要摆事实、讲道理"。用摆事实、讲道理的方法，"见效甚快"。为什么只能说服，而不能采取压服的办法呢？他分析说，在人民有了自己的政权以后，这个政权同人民的关系，就基本上是人民内部的关系了。这是一种新的政治关系。这个政权只能对人民中破坏正常社会秩序的犯法分子采取暂时的程度不同的压服手段，作为说服的辅助手段。

正面引导

毛泽东认为，做思想工作不是单纯地训斥人、批评人，要注意加强正面的思想引导和精神鼓励。在正面的思想引导与精神鼓励中，他特别强调要提倡爱国主义，弘扬民族精神。他提出"要动员报纸、刊物、学校、宣传团体、文化艺术团体、军队政治机关、民众团体及其他一切可能力量，以提高民族觉悟，发扬民族自信心与自尊心"。要教育人民群众"爱祖国、爱人民、爱劳动、爱护公共财产"，以此作为自己的社会公德。在思想教育中，还要教育群众正确处理当前的、局部的、个人的利益同长远的、全局性的、集体的利益之间的关系。他指出："我们要教育人民，不是为了个人，而是为了集体，为了社会前途而努力奋斗。要使人民有这样的觉悟。"④ 他还提出要对人民进行社会主义和共产主义的宣传教育，并处理好远大理想和现行政策的关系。与此同时，还要加强阶

---

① 《毛泽东文集》第 7 卷，人民出版社 1999 年版，第 351 页。

② 《毛泽东著作专题摘编》，中央文献出版社 2003 年版，第 1480 页。

③ 《毛泽东文集》第 7 卷，人民出版社 1999 年版，第 252 页。

④ 《毛泽东文集》第 8 卷，人民出版社 1999 年版，第 134 页。

级教育，提高人民群众的阶级觉悟和思想觉悟。"青年们没有见过地主剥削、资本家的剥削，也没有打过仗，没有看见过什么是帝国主义。就是现在二十几岁的人，当时也只有十岁左右，对旧社会什么也不知道。所以由他们的父母、老年人讲一讲过去，很有必要，不然不知道过去那段历史。"① 此外，也要对人民群众加强唯物主义教育，崇尚科学，用无神论代替有神论。他提出要用无产阶级的世界观教育全体人民，首先是劳动人民，改变各种非无产阶级的世界观。

加强全社会的思想政治工作，这项工作抓紧抓好，无疑对搞好社会管理将起极大的促进作用。

抓典型

毛泽东说过：典型是一种政治力量。树典型等于插旗子，其秘诀就是把一种需要加以提倡的精神，加以推崇的价值观，加以实现的原则，加以推广的经验，具体化在一个或几个看得见摸得着的具体人物或事件上，使之成为一面鲜艳的旗帜，成为指示大众前进的榜样、标兵。毛泽东知道中国的普通老百姓是容易影响、善于模仿的，并且知道他们接受社会规范的方式。学习一个具体的典型比接受一种抽象的原则要方便得多，因为它看得见、摸得着，使一般群众学有目标，赶有方向，比有榜样。由于榜样就在你身边，即使你不去有意仿效，他的光环也会影响着你，使你不知不觉地受到感染同化。这样，由一到十，由点到面，相互感染，竞相仿效，逐渐形成一种气候，最后自然是典型的普及化，人人都成为好样的。因此，凡需要提倡一种什么精神或原则，就需要找到一个或几个相应的典型来体现这种精神或原则，可以大大增强教育力、感召力。通过典型的示范和带动可以迅速把党的政策、方针变为群众的实际行动。

毛泽东很重视典型的教育作用。他树立的正面典型很多。有全心全意为人民服务的张思德；"生的伟大，死的光荣"的刘胡兰；毫不利己，专门利人的白求恩等。在社会主义建设时期他又树立了三位光辉的典型：雷锋、王进喜、焦裕禄。

由于某些原因，从 1960 年开始，我国国民经济出现了持续三年的困难局面。面对严重的经济困难，毛泽东号召向雷锋等英雄模范学习，以激发人民革命和建设的热情，提高人民的思想政治觉悟，使之紧密团结在党中央的周围，同心同德，齐心协力，为顺利完成调整国民经济的任务而艰苦奋斗。

雷锋，湖南望城人，1939 年 12 月 30 日生，1960 年参军，并在同年入党。穷苦的家庭出身，解放后党和政府给予的关怀和温暖，使雷锋坚定了无产阶级政治立场，确立了为共产主义事业而奋斗的崇高理想。他从小事做起，甘做革

---

① 《毛泽东文集》第 8 卷，人民出版社 1999 年版，第 407 页。

命的螺丝钉，决心把有限的生命投入到无限的为人民服务当中去。雷锋要求自己："对待同志要像春天般的温暖，对待工作要像夏天一样火热，对待个人主义要像秋风扫落叶一样，对待敌人要像严冬一样残酷无情。"

1962 年 8 月 15 日，雷锋因公殉职。1963 年 3 月 5 日，毛泽东发出"向雷锋同志学习"的号召。接着《人民日报》发表了刘少奇、周恩来、朱德、邓小平等领导同志的题词，号召向雷锋学习。此后，全国人民响应毛泽东和党中央的号召，学习雷锋的活动蓬勃开展起来，好人好事蔚然成风，全社会的共产主义思想道德面貌呈现出一派崭新的气象，对于激发人们与严重的经济困难作斗争的意志，起了重要作用。

好的典型是真、善、美的化身，吸引着人们去追求；好的典型是力量的源泉，增添了人们战胜困难的勇气；好的典型是旗帜，指引着人们前进的方向；好的典型是灯塔，照耀着人们前进的道路。毛泽东善于运用好的典型的精神感召力来领导人民、治理国家。

在"三反""五反"运动中，毛泽东抓出了刘青山、张子善、王康年等反面典型，也注意树立好的标兵。

荣毅仁先生是当时上海最大的民族工商户。中央委派到上海领导"五反"的薄一波和上海市长陈毅根据党的有关政策，经考虑讨论，认为把他定为基本守法户好，并将这个意见报告周恩来总理，周恩来转报毛泽东。毛泽东说，何必那么小气！再大方一点，划为完全守法户。这个"标兵"一树，在上海以至全国各大城市都产生了积极影响。

毛泽东不但重视树立正面典型，也善于发挥不好的人和事的教育作用，用他的话来说，叫作找反面教员。他甚至风趣地把蒋介石也称作"反面教员"。1958 年 10 月 2 日，毛泽东同苏联东欧六国代表团谈话，当谈到炮击金门时，又一次说到了"老朋友"蒋介石。他说："我们只是跟我们的蒋委员长、蒋总统打。我们这个国家有一个'总统'叫蒋介石，也是我们的老朋友，我们同他这个仗打得久了……没有蒋介石，中国人民就不会进步，就不能团结起来，也不能武装起来。"①

---

① 张勇、刘启明、莫志斌：《毛泽东教我们学管理》，中共党史出版社 2009 年版，第 144 页。

第五章 提高全民族的文化素养

为适应国家经济建设发展的需要，提供强有力的人才资源、智力资源保障和精神支撑，需要对教育事业进行科学管理。毛泽东是新中国教育事业的主要奠基人。为了加速我国社会主义教育事业的发展，毛泽东从中国国情出发，在理论与实践结合的基础上，对新中国教育事业的问题作了有益的探讨，提出了一些直至今天仍有指导意义的思想观点，探索出一条适合我国国情的教育发展道路。

开展扫盲运动

毛泽东认为，我们办教育的首要任务就是提高全民族的文化知识水平，加快社会主义建设的进程。无产阶级建立新政权后，就要将教育变为自己发展社会主义的一个工具。"几千年来的教育，确是剥削阶级手中的工具，而社会主义乃是工人阶级手中的工具。"[①] 发展教育事业，重在提高全民族的文化素养。

早在 1945 年，毛泽东就明确地指出，在 80％的人口中扫除文盲，是新中国的一项重要工作。要让人民在政治上翻身的基础上实现在文化上的翻身。他在新中国成立后，四次部署掀起扫盲高潮，并取得了巨大成效。

曾有过这么一个令人哭笑不得的真实故事。

1949 年初秋，一封紧急密信送到黑龙江省宁安县某村长手上。

村长不识字，连夜挨家敲门找人来读，可村里识字的人太少了，更别说是读信了。终于，村长找到了一个号称"秀才"的村民，"秀才"看完信，很快就逃跑了。

原来，这是一封"追凶密信"，信中让村长监控的疑犯正是"秀才"本人。

这个真实故事，折射出这样一个严峻的现实：第一，新中国成立时，文盲占 80％，学龄儿童入学率仅占 20％。第二，中国人民在政治上翻了身，但如果不识字，做睁眼瞎，不能在文化上翻身，就不能彻底翻身。

为此，从来不畏任何险阻的毛泽东下定决心要迅速改变这一严重落后的面貌，要让人民在文化上也真正"站起来"。

识字教育

1949 年底，在毛泽东直接关怀下召开的第一次全国教育工作会议决定：新

---

① 《毛泽东著作专题摘编》，中央文献出版社 2003 年版，第 1633 页。

中国的教育是新民主主义的教育，主要任务是提高人民文化水平，培养国家建设人才，肃清封建的、买办的、法西斯主义的思想，发展为人民服务的思想。

1950年6月，毛泽东又在中共七届三中全会上提出："要有步骤地谨慎地进行旧有学校教育和旧有社会文化的改革工作。"①

遵照毛泽东的指示，新中国很快对旧的教育制度和教学组织进行了改革。人民政府收回了教育主权，改造了全国30余万所大中小学，使之纳入社会主义的办学轨道。之后，有了基本生活保障的人民，终于可以把自己的孩子送去上小学了。旨在改变6亿人口中有4亿多文盲的现状的扫盲工作也同时展开了。

"推行识字教育，逐步减少文盲。"这是1950年9月召开第一次全国工农教育会议的基本精神。为了鼓励和推动学习，毛泽东在9月27日接见了与会的全体代表，并与学习劳模亲切握手、合影。于是，一场"政府领导、依靠群众组织"的识字扫盲运动从政府机关开始，向全国各地迅速展开。

毛泽东非常关注扫盲的方法。早在1949年8月25日，华北大学校长、中国文字改革的坚决倡导者吴玉章就给毛泽东写信，提出为了有效地扫除文盲，需要迅速进行文字改革。对吴玉章的建议，毛泽东极为重视，把信批转给郭沫若、茅盾等人研究。在毛泽东的关心下，1949年10月，中国文字改革协会成立，其中一项任务就是研究汉语拼音方案。

典型的力量是无穷的。此时，军队中出了一个扫盲的典型人物，其方法切实可行。1951年，中国人民解放军西南军区文化教员祁建华创造了速成识字法。这是一种借助注音字母的辅助作用，利用汉字字形、字义、字音相同与相异的不同特点，来提高识字速度的方法。1951年，西南军区在1.26万名干部、战士中试行速成识字法，一般只要15天时间，能识字1500个以上，能读部队小学课本3册，能写短稿。某野战军采用这一方法，于1952年3月底彻底扫除了文盲。

祁建华的创造很快引起了高度的重视。1951年11月29日，重庆《新华日报》介绍了祁建华的速成识字法。1952年1月11日，新华社发表了祁建华写的《速成识字法的创造经过》。4月23日，政务院文化教育委员会举行颁奖典礼，奖励发明者祁建华的杰出贡献。4月26日，《人民日报》发表社论，号召各地"普遍推行速成识字法"。扫盲运动的第一次高潮迅速形成。

1952年5月15日，教育部发出《关于各地开展速成识字法的教学实验工作的通知》，指出："在全国范围内，在广大的工人农民中间普遍地推行速成识字法，有计划地有步骤地扫除文盲，已是当前刻不容缓的重大任务。"9月6日，全国总工会发出《关于在工人群众中推行速成识字法开展扫除文盲运动的指示》。9月23—27日，教育部和全国总工会在北京联合召开了全国扫除文盲工作

① 《毛泽东文集》第6卷，人民出版社1999年版，第71页。

座谈会。会议一致认为，在广大劳动人民及工农干部中扫除文盲，是我们国家实行经济建设和民主建设的必要条件，同时是一项迫切和重大的政治任务。各级领导应以历次革命运动的精神来领导这一具有重大历史意义的运动，并须定出计划，以期在今后五至十年内基本上扫除全国文盲。会议还指出，扫除文盲的标准，就是使文盲半文盲认识 2000 字左右，能够阅读通俗书报和写三五百字的短文。

1952 年 11 月 5 日，中央人民政府委员会第 19 次会议通过决议，成立中央扫除文盲工作委员会，任命楚图南为主任委员，李昌任党组书记，以速成识字法闻名全国的祁建华被任命为副主任委员，另一名副主任委员是林汉达。

扫盲运动有如星火燎原，在全国轰轰烈烈地开展起来了。为了把更多的迫切要求学文化的人组织起来，多种多样的学习方式被创造出来：工厂的"车间学校"、煤矿的"坑口学习小组"、农村的"地头学习小组"、妇女的"炕头学习小组"等。

"以民教民，能者为师。""教师条件很平常，识字就能教文盲。""扫除文盲人人有责，教人识字是一项光荣的任务。""亲教亲，邻教邻，夫妻识字，爱人教爱人，儿子教父亲"等口号迅速响彻全国，使神州大地到处呈现出一片"读书声声响，处处是课堂，互教又互学，师生大家当"的热烈场面。到 1953 年止，全国扫除职工文盲近 100 万人，扫除农民文盲 308 万人。许多从"扫盲班"毕业的学员升入了业余学校，得到了进一步的深造。

扫盲目标

光阴荏苒，新中国步入了社会主义改造的新时期。随着对农业、手工业和资本主义工商业社会主义改造的深入，对人民的文化和技术水平提出了更高的要求。毛泽东看到了这一点，他希望借社会主义改造的春风来扫除文盲。于是，1955 年，扫盲教育工作再次成为全国工作的重点。

1955 年 9 月，毛泽东看到了《山东莒南县高家柳沟村青年团支部创办记工学习班的经验》，十分欣喜地表示："这个经验应当普遍推行。"毛泽东在这份报告的按语中，提出了消灭文盲的问题。他说："列宁说过：'在一个文盲充斥的国家内，是建成不了共产主义社会的。'我国现在文盲这样多，而社会主义的建设又不能等到消灭了文盲以后才去开始进行，这就产生了一个尖锐的矛盾。现在我国不仅有许多到了学习年龄的儿童没有学校可进，而且还有一大批超过学龄的少年和青年也没有学校可进，成年人更不待说了。这个严重的问题必须在农业合作化的过程中加以解决，也只有在农业合作化的过程中才能解决。"他认为在这方面，"山东莒南县高家柳沟村青年团支部做了一个创造性的工作"，很赞赏高家柳沟村青年团支部以本乡高小毕业生为教员，以合作社为单位办记工学习班的扫盲经验。他号召说："这种学习班，各地应当普遍地仿办。各级青年团组织应当领导这一工作，一切党政机关应当予以支持。"并就教学内容和教材作了详尽的指示："第一步，为了记工的需要，学习本村本乡的人名、地名、工具名、农活名和一些必要的语汇，大约两三百字。第二步，再学进一步的文字和语汇。要编这样两种课本。第一种课本应当由从事指导合作化工作的同志，帮助当地的知识分子，各就自己那里的合作社的需要去编，每处自编一本，不能用统一的课本。这种课本不要审查。第二种课本也应由从事指导合作化工作的同志，帮助当地的知识分子，根据一个较小范围的地方（例如一个县，或者一个专区）的事物和语汇，加上一部分全省（市、区）的和全国性的事物和语汇编出来，也只要几百字。这种课本，各地也不要统一，由县级、专区级或者省（市、区）级的教育机关迅速地加以审查。做了这样两步之后再做第三步，由各省（市、区）教育机关编第三种通常应用的课本。以后还要有继续提高的课本。中央的文化教育机关应当给这件事以适当的指导。"①

在中国共产党七届六中全会上，毛泽东又谈到了扫盲运动：扫盲运动，我看要扫起来才好。有些地方把扫盲运动扫掉了，这不好。要在合作化中间把文盲扫掉，不是把扫盲运动扫掉，不是扫扫盲，而是扫盲。之后，毛泽东还亲自制定了"每人必须认识 1500 到 2000 个字"的扫盲标准。② 就在这种背景下，扫盲运动又再次发动起来，在全国范围内迅速掀起了第二次扫盲高潮。

12 月 1 日，共青团中央发布《关于在七年内基本扫除全国青年文盲的决定》，指出"扫除旧社会遗留下来的大量文盲，提高人民的文化水平，是有战略意义的任务，为了适应农业合作化运动的发展，必须加快扫盲的速度"。

12 月 6 日，《人民日报》发表了《要在七年内基本上扫除全国青壮年文盲》的社论。

1956 年 1 月 30 日，教育部发布《关于评奖扫除文盲优秀教师、优秀工作者、优秀学员、先进单位的暂行办法》《颁发识字证书及业余小学、业余中学毕业证书暂行办法》。

2 月 9 日，《光明日报》发表《把扫除文盲运动推向高潮》的社论，提出：广泛动员一切社会力量，大规模地开展扫除文盲运动。于是，扫盲运动的第二次高潮轰轰烈烈地掀起来了。

为了推动扫盲运动的深入，3 月 15 日，全国扫除文盲协会成立。会长由陈毅元帅担任。

3 月 29 日，中共中央和国务院发布《扫除文盲的决定》，将扫盲提高到了空前

---

① 《毛泽东文集》第 6 卷，人民出版社 1999 年版，第 455—456 页。
② 参见《建国以来毛泽东文稿》第 5 册，中央文献出版社 1991 年版，第 481 页。

的高度，第一次把扫盲作为国家发展大计。《决定》指出：在全国范围内积极地有计划地有步骤地扫除文盲，使广大劳动人民摆脱文盲状态，具有现代的文化，这是我国文化上的一个大革命，也是新民主主义社会建设中的一项极为重大的政治任务，要大张旗鼓地开展。《决定》还制定了扫盲的原则、对象、标准和目标。

在扫盲运动高潮中，人民群众创造出很多很好的教学形式。当时，工矿企业采取了"长班短班结合、集中分散结合、脱产业余结合、自学辅导结合"等形式，农村采取了"农闲多学、农忙少学、大忙放学、忙后复学"等形式，做到了"学习方法大家找，怎么方便怎么好。安排活茬挤时间，能学多少学多少"，"见物识字"，"见字问字，见人问人，处处是课堂，一片读书声"。

春耕夏种不言苦，喜看秋后果累累。到 1957 年上半年，全国原有文盲中已有 2200 万人脱盲，并已有 160 万人达到高小和初中毕业文化程度。

广大的工人和农民学习文化后，生活和生产方面都起了很大的变化。许多学员在扫盲的基础上，进一步学习文化技术，成为社会主义建设的中坚力量。

扫盲规划

1958 年春，我国的工农业生产都出现了"大跃进"的做法，文教卫生事业当然也要"跃进"。毛泽东非常希望能够加快扫盲的步伐，要求尽快制定出新的扫盲规划来。1958 年 2 月底至 3 月初，教育部、团中央、全国总工会、全国妇联、全国扫除文盲协会召开扫盲先进单位代表会。全国扫除文盲协会会长陈毅在讲话中说：扫盲工作是使六万万人民"睁开眼睛"的工作，要建设现代化的社会主义强国，一开步走，就要识字。从扫识字盲，扫文化盲，到扫科学盲。他号召来一个文化上的"原子爆炸"。会议向全国发出 5 年内基本上扫除全国青壮年文盲的倡议。

陈毅关于扫盲工作气吞山河的号召显然是得到毛泽东支持的。3 月 7 日、5 月 20 日，《人民日报》先后发表社论《掀起规模壮阔的扫盲大跃进》《用革命精神扫除文盲》。一个群众性的第三次扫盲高潮很快形成。

但是，当时全国 14 岁到 40 岁的青壮年文盲，单在农村中就还有 1.5 亿，如果照以往 8 年的平均速度来扫，即使一年扫 300 万，也得 50 年才能扫完。所以，如果要在第二个五年计划期间扫除文盲，那就必须每年扫掉 3000 万到 4000 万，要在往年扫盲速度的基础上加快 10 倍以上才行。于是，一场你追我赶的扫盲"大跃进"轰轰烈烈地开展起来了。

群众中蕴含着无穷的创造力，一些扫盲口号应运而生："社会主义是天堂，没有文化不能上""工业化、农业化，没有文化不能化""技术是个宝，没有文化学不了""文化跟着生产走""生产到哪里，学习到哪里""雪地是块大石板，文盲写字写得欢""千人教万人学，万人教全民学""一切识字的人都要动员起来教人识字，一切不识字的青壮年都要组织起来努力学习""工业大跃进！农业大跃进！扫盲也要大跃进""读百本书、写万个字""读万言书，写千封信""一年突击，两年扫尾、巩固，三年全部扫光全省（湖南）青壮年文盲"。

受当时普遍存在的浮夸风的影响，扫盲"卫星"竞相升空。1958 年 1 月，黑龙江省宁安县率先宣布成了基本无文盲县。随后，黑龙江省提出了"乘卫星，坐火箭，赶上宁安县"的口号，经过 3 个月的大干，成为全国第一个无文盲省。

在示范效应带动下，其他各省的扫盲"跃进"步伐也大大加快，参加扫盲的人数和已实现基本扫除文盲的地区数不断攀升：

4 月底，全国有 137 个县基本扫除了文盲。

6 月底，全国参加扫盲学习的 9000 余万人，444 个县基本上扫除了文盲。

7 月底，全国有 639 个县、市基本扫除文盲，占全国县、市总数的 28.1%，其中，基本扫除文盲的省有黑龙江、吉林、浙江和甘肃。全国有 4100 多万人摘掉了文盲帽子。

8 月，扫盲数字又大大上升了。据报道，从 1 月到 8 月，我国扫除了近 9000 万文盲，在全国 2257 个县、市中，有 1516 个即 67.2% 的县、市基本扫除了文盲，12 个省相继宣布为基本扫除文盲省。

10 月中旬，数字达到了顶峰。据称：全国有 1799 个县、市单位基本上扫除了青壮年文盲，即 79.7% 的县、市基本扫除了文盲；有 17 个基本无文盲省；从 1958 年 1 月到 9 月共扫除青壮年文盲 1 亿人。

历史往往令人哭笑不得，有时确实无法以理性的目光去审视。中国仿佛一夜之间就甩掉了文化落后的帽子，完全陷入一种自我陶醉的狂热幻想中。

对于这一时期扫盲运动中出现的浮夸现象，毛泽东也发现了，并对之作出过批评。在 1958 年 11 月的武昌会议上谈到"作假问题"时，他说："世界上的人有的就不那么老实……比如扫盲，说什么半年、一年扫光，我就不太相信，第二个五年计划期间扫除了就不错。"①

事物都有其两面性。现在回头再来解读 1958 年扫盲的这些数字时，我们必须辩证地认识。一方面，这些数字多是浮夸的，但另一方面又必须看到当时全民动员、参与的扫除文盲运动也确实取得了极为显著的成绩，这一点谁也无法否认。

扫盲成果

扫盲运动经过三次急风暴雨的高潮后，取得了辉煌的战果，新中国的文盲已经大大减少。但是，怎样加快扫盲速度、巩固扫盲成果和提高广大劳动人民文化水平，仍然是摆在毛泽东面前的一道难题。

---

① 《毛泽东文集》第 7 卷，人民出版社 1999 年版，第 446 页。

1960 年 4 月，一份来自山西省委的报告引起了毛泽东的高度重视。

报告说，山西省万荣县过去 10 年来一贯重视扫盲工作，但复盲现象严重。1958 年 10 月，万荣县决定在全县广泛地推行汉语拼音方案，采取注音识字的办法，高速度地开展扫除文盲和业余教育运动。1959 年 10 月，县委进一步总结了注音扫盲的经验，在做了充分准备之后，一鼓作气，在全县范围内掀起了万民教、万民学的注音扫盲高潮，取得了预想不到的成效，仅两个月即实现了青壮年无文盲县的目标。他们所采取的注音识字的步骤：一是学习掌握汉语拼音方案，二是借助注音字母认识汉字，三是大量阅读注音书报，不断扩大识字量。

正在为复盲现象苦恼的毛泽东看后，非常高兴，激动地提起笔来亲自为这一报告拟题：《山西省委关于在全省推广万荣县注音扫盲经验，争取在 1960 年使山西成为无盲省向中央的报告》。[①] 他指示将这一报告印发中央一级各部委、各党组，并在党报发表。他还满怀信心地希望经过 1961 年的努力，争取全国比山西迟一年完成扫盲任务。4 月 22 日，中共中央向各地下发了这一指示。

这年的 5 月 1 日，《人民日报》在重要位置发表社论，要求认真学习、大力推广万荣县的注音识字经验，争取提前扫除文盲。在毛泽东的亲自关注下，1960 年 5 月 11 日，中共中央发布了《关于推广注音识字的指示》，指出："山西省注音识字经验，是我国革命文化中一项重要的创举，应当在全国迅速推广。"

一花引得万花开。"学万荣、赶万荣"的注音识字运动很快在全国范围内如火如荼地展开了。这也是毛泽东亲自发动的第四次全民扫盲高潮。

实践证明，这个办法果然很好，注音扫盲一般经过 100 小时左右的教学，学员即可达到扫盲标准：能写书信、诗歌和阅读报纸。广大群众对注音扫盲极为欢迎，他们用朴素的语言赞颂说："注音扫盲真正好，文盲识字如飞跃，认一个来得一个，三年五载记得牢。"

这次扫盲高潮的时间并不长，随着国民经济的调整，扫盲运动也进入了调整。但扫盲工作仍然取得了一定的突破，取得了很好的效果。

1964 年，我国开始第二次人口普查，同时也对国民的文化素质进行了一次全面的调查。结果显示：15 岁以上人口的文盲率，已经由解放初期的 80％下降到了 52％；1 亿多人摘除了文盲的帽子。

现在，我国国民文化素质普遍提高了，这与毛泽东当年在扫盲方面的不懈努力无疑是分不开的。

德智体全面发展

新中国的教育究竟要培养什么样的人才，毛泽东对此是十分关注的。早在

---

① 参见《建国以来毛泽东文稿》第 9 册，中央文献出版社 1996 年版，第 150 页。

青年时期，还在湖南第一师范求学的毛泽东就对教育与培养什么规格的人才问题作了有益的探讨。他指出，我们培养的学生应在德、智、体三方面全面发展，使学生成为"身心并完"之人。他说："夫知识则诚可贵矣，人之所以异于动物者此耳。""道德亦诚可贵矣，所以立群道平人己者此耳。""体者，载知识之车而寓道德之舍也。"对于小学阶段，他认为三育应有所侧重，即以养护学生身体为主，以传授知识和培养道德为辅，"中学及中学以上宜三育并重"。① 青年毛泽东不仅提出了培养学生达到三育并重的思想主张，而且，他还具体论述了实施三育的内容和方法。他指出三育的并行并重，就可实现古人所说的智、仁、勇齐全的"三达德"境界。

毛泽东成为马克思主义者，并成为新中国的主要缔造者之后，继承了马克思主义关于人的全面发展学说，更加科学地阐述了社会主义教育方针。1957 年2 月，他在最高国务会议上所作的《关于正确处理人民内部矛盾的问题》的报告中提出："我们的教育方针，应该使受教育者在德育、智育、体育几个方面都得到发展，成为有社会主义觉悟的有文化的劳动者。"② 毛泽东提出这一教育方针，明确规定了对培养的建设者的全面要求，即既有社会主义觉悟，又有科学文化知识；既有为人民服务的思想，又有为人民服务的本领；既有朝气蓬勃、热情向上的道德情操，又有健康的体魄和充沛的精力；真正做到又红又专，德才兼备，德智体三方面全面发展。毛泽东提出的这个方针，符合马克思主义教育的基本原理，反映了教育的基本规律，体现了我国的教育性质，阐明了我国的教育目标及实现目标的根本原则，对我国教育事业具有极为重要的指导作用。

毛泽东一直都非常重视培养人的健全人格，已经把人的培养升华到了一种个人理想与社会进步息息相关、与中国革命的胜利与否息息相关的革命理想的高度。他倡导做"一个高尚的人，一个纯粹的人，一个有道德的人，一个脱离了低级趣味的人，一个有益于人民的人。"③ 在湖南第一师范读书时毛泽东就强调一个人要有坚强的意志。他在《讲堂录》的笔记中就写下："拿得定，见得透，事无不成。""不为浮誉所惑，则所以养其力者厚；不与流俗相竞，则所以制其气者重。"④ 以后，在他的一生中确实一直表现出那种坚忍不拔、冲破重重阻力、一往无前的惊人毅力，而这种惊人的毅力又是建立在对事情能"见得透"的基础上的。这是他能够取得巨大成功的原因之一。

毛泽东认为："我们中国人是有骨气的。许多曾经是自由主义者或民主个人主义者的人们，在美国帝国主义者及其走狗国民党反动派面前站起来了。闻一

① 《毛泽东早期文稿》(1912.6—1920.11)，湖南出版社 1990 年版，第 67 页。
② 《毛泽东文集》第 7 卷，人民出版社 1999 年版，第 226 页。
③ 《毛泽东选集》第 2 卷，人民出版社 1991 年版，第 660 页。
④ 《毛泽东早期文稿》(1912.6—1920.11)，湖南出版社 1990 年版，第 588、610 页。

多拍案而起，横眉怒对国民党的手枪，宁可倒下去，不愿屈服。朱自清一身重病，宁可饿死，不领美国的'救济粮'。唐朝的韩愈写过《伯夷颂》。颂的是一个对自己国家的人民不负责任、开小差逃跑、又反对武王领导的当时的人民解放战争、颇有些'民主个人主义'思想的伯夷，那是颂错了。我们应当写闻一多颂，写朱自清颂，他们表现了我们民族的英雄气概。"[①]

毛泽东提出在学校的教育管理中，培养学生德智体全面发展，首先要重视对学生的思想教育。在他看来，"除了学习专业之外，在思想上要有所进步，政治上也要有所进步，这就需要学习马克思主义，学习时事政治。没有正确的政治观点，就等于没有灵魂"。要培养和造就千百万无产阶级革命事业的接班人，必须加强对学生的思想政治教育，并提出："要提倡勤俭建国。要使全体青年们懂得，我们的国家还是一个很穷的国家，并且不可能在短时间内改变这种状态，全靠青年和全体人民在几十年时间内，团结奋斗，用自己的双手创造出一个富强的国家。社会主义制度的建立给我们开辟了一条到达理想境界的道路，而理想境界的实现还要靠我们的辛勤劳动。有些青年人以为到了社会主义社会就应当什么都好了，就可以不费气力享受现成的幸福生活了，这是一种不实际的想法。"[②]

1957年，他专门就这一问题讲话，他在讲话中指出："学校要大力进行思想教育，进行遵守纪律、艰苦创业的教育。学生要能耐艰苦，要能白手起家。我们不都是经历过困难的人吗？社会主义是艰苦的事业。我们以后对工人、农民、士兵、学生都应该宣传艰苦奋斗的精神。在学校中要提倡一种风气，教师与学生同甘共苦，一起办好学校。应当重视培养学生的创造精神，不要使他们像温室里的花朵一样。今后无论谁去招生都不要乱吹，不要把一切都讲得春光明媚，而要讲困难，给学生泼点冷水，使他们有思想准备……要加强学校政治思想教育，每省要有一位宣传部长、一位教育厅长亲自抓这项工作。"[③] 毛泽东除了要求各级领导重视对学生进行思想教育外，他还要求广大青年学生要加强思想改造，努力学习，不断提高自身的马克思主义理论修养，抵制其他非马克思主义思想的侵蚀。

在重视思想教育的同时，毛泽东还要求各级各类学校应按国家的规定，对学生进行智育方面的培养，开设好应开的各门功课，使学生具有较扎实的基础知识，较广博的知识面，并具有较高的专业技能，要注意培养学生的学习创新精神。

关于体育，毛泽东也非常看重。毛泽东认为，"欲文明其精神，先自野蛮其体魄；苟野蛮其体魄矣，则文明之精神随之"。一个人不仅要有高尚的道德，丰

---

① 《毛泽东选集》第 4 卷，人民出版社 1991 年版，第 1495—1496 页。
② 《毛泽东文集》第 7 卷，人民出版社 1999 年版，第 226 页。
③ 《毛泽东文集》第 7 卷，人民出版社 1999 年版，第 246—247 页。

富的知识，还要有健康的体魄，培养全面发展的人，才能担当重任。还提出了"文明其精神，野蛮其体魄""体育一道，配德与智育，而德智皆寄于体，无体是无德智也"① 等重要论点。新中国成立之初，他就针对学校对学生健康重视不够的偏向，提出"健康第一，学习第二"② 的口号。新中国成立后，毛泽东更加重视发展体育运动。1951 年秋，毛泽东在接见湖南教育界人士时，特别强调了学校中的体育教育，他说："你们办学校应该注意一个问题，就是要重视青年学生的体育锻炼。我认为有志参加革命的青年，必须锻炼身体。"1952 年 6 月中华全国体育总会成立、1955 年第一届工人体育运动会召开，毛泽东两次题词："发展体育运动，增强人民体质。"③ 1953 年他向青年学生发出了"身体好、学习好、工作好"④ 的口号，进一步阐明了德、智、体全面发展的观点。

毛泽东特别重视打通学校与社会的隔阂，使学习的过程始终能够得到社会的滋养，保持活泼的生机，而学习的成果也就能够回馈社会，不落于空谈。他在《讲堂录》里曾记有这样的话：闭门求学，其学无用。欲从天下国家万事万物而学之，则汗漫九垓，遍游四宇尚已。⑤

毛泽东从通盘的社会改进的角度，强调学生尤其要通过接触实际的生产生活以了解农村，因为学生多散布于农村，毕业后若能顺利地进入农村发挥作用，十分有利于提高地方的治理水平。在担任附小主事期间，他将这些思想付诸实践。"一师"附小设置了园艺、畜牧、印刷等实习课，学生在课堂学习之外种菜、养殖，印制信纸、信封、作业本，既增进了对社会生产的了解，又提高了生活能力。毛泽东身体力行，与学生一起参加劳动，在劳动中师生亲密无间，其乐融融。在毛泽东的大教育观中，学校与家庭、社会是一个整体："学生出学校入社会，若社会之分子无知识……则学生在学校所得之知识与之枘凿，其结果亦只有两途：或为所融化，或与之分张。从来之柔懦奸邪，皆前一种之结果。从来之隐士，皆后一种之结果。"他进而提出："但言改良学校教育，而不同时改良家庭与社会，所谓举中而遗其上下，得其一而失其二也。"在办湖南自修大学、湘江学校乃至农民运动讲习所等教育实践中，他都明确提出教育与生产劳动和革命斗争实际相结合的思想。⑥

马克思主义教育基本原理认为，教育与生产劳动相结合，脑力劳动与体力劳动相结合，是人的发展的根本途径。毛泽东一贯认为要培养新一代，必须通

① 《毛泽东早期文稿》（1912.6—1920.11），湖南出版社 1990 年版，第 70—71、70、66—67 页。

② 《毛泽东文集》第 6 卷，人民出版社 1999 年版，第 83 页。

③ 刘继兴：《毛泽东一生最爱的三项体育运动》，新华网 http://news.xinhuanet.com/book/2009-09/09/content-12019141.html，2009 年 9 月 9 日。

④ 《毛泽东文集》第 6 卷，人民出版社 1999 年版，第 278 页。

⑤ 参见《毛泽东早期文稿》（1912.6—1920.11），湖南出版社 1990 年版，第 587 页。

⑥ 参见赵永刚：《对毛泽东教育思想的认识与思考》，《中国电力教育》2010 年第 13 期。

过与生产劳动相结合这一基本途径来实现。土地革命阶段，毛泽东把"教育与劳动联系起来"作为文化教育的总方针。抗日战争阶段，他从知识的构成、知识分子与工农的关系、教育与经济的关系等方面阐述了教育与工农及生产劳动相结合的必要性以及如何结合等问题。1938年，毛泽东在抗大三大队毕业典礼上对学生们说："社会也是学校，一切要在工作中学习。……社会上的一切也是书。"1939年，他为抗大开展大生产运动题词"教育应与生产劳动相结合"，要求学生"一面学习，一面生产"，"一切机关、学校，除有特殊情形者外，一律于工作或学习之暇，从事生产自给，以配合人民和军队的生产自给，造成伟大的生产热潮，借以支持长期的抗日战争"。他还号召广大知识青年要到工农民众中去，与工人农民相结合，指明了教育与生产劳动相结合的具体实现形式。①

1958年，毛泽东进一步提出了"教育必须与生产劳动相结合"的方针，并且在《工作方法六十条（草案）》中，对教育与生产劳动相结合的办法提出了具体的意见，要求农村各级各类学校，都要根据自己的条件试办工厂、农场或与当地的工厂、农村订立劳动合同，组织教师、学生参加农副业生产劳动；大学校和城市里的中等学校，在可能条件下，可以由几个学校联合设立附属工厂或者作坊，也可以同工厂、工地或者服务行业订立参加劳动的合同。②

在毛泽东的领导下，1958年9月19日，中共中央、国务院作出了《关于教育工作的指示》，其中指出党的教育工作方针是教育必须为无产阶级政治服务，必须与生产劳动相结合。为无产阶级政治服务，是社会主义教育的必然要求，也是进行社会主义教育事业必须遵循的基本原则之一。它反映了教育的外部规律。应该看到，在不同的历史时期，毛泽东提出的"教育为无产阶级政治服务"具有不同的要求，在无产阶级夺取政权以前，其政治任务是推翻三座大山；而无产阶级取得政权以后，其政治任务则是巩固政权和进行社会主义改造；当生产资料社会主义改造完成后，特别是进入以经济建设为中心的社会主义现代化建设时期，其政治任务则是为社会主义的经济建设和精神文明建设培养大批各种类型各种层次的专门人才。

中共中央、国务院发布的《关于教育工作的指示》，总结了建国以来教育工作的"成绩是主要的，但是在一定时期内曾经犯过教育脱离生产劳动、脱离实际，并且在一定程度上忽视政治、忽视党的领导的错误"。有鉴于此，提出"党的教育工作方针，是教育为无产阶级政治服务，教育与生产劳动相结合；为了实现这个方针，教育工作必须由党来领导"。提出贯彻教育工作方针的要点，是在一切学校中，必须进行马克思主义的政治教育和思想教育，培养教师和学生

① 参见赵永刚：《对毛泽东教育思想的认识与思考》，《中国电力教育》2010年第13期。
② 参见邓力群：《毛泽东与科学教育》，中央民族大学出版社2004年版，第737—738页。

的工人阶级的阶级观点、群众观点、集体观点、劳动观点和辩证唯物主义观点。在一切学校中，必须把生产劳动列为正式课程，规定学生参加一定的生产劳动。今后的办学方向是学校办工厂和农场，工厂和农业合作社办学校；提出党委领导下的群众路线，实行党委领导下教育专门队伍和人民群众结合，学校内部教工和学生群众结合。

在毛泽东的指导下，1958年9月中央和国务院制定的《关于教育工作的指示》，肯定了当时教育改革的成就和大好形势，鼓励结合实际探索中国教育发展的道路，反对盲目照搬外国经验的教条主义；坚持社会主义教育的方向，坚持德智体全面发展，促进知识分子与工人农民的结合、脑力劳动与体力劳动的结合，加强党对学校教育的领导。它是新中国成立以来党和政府第一次对教育工作的全面总结，这也是继毛泽东提出教育方针以后，提出教育工作发展与改革的第一个纲领性的文件，对我国社会主义教育的发展有着其积极而深刻的影响。

教 育 改 革

毛泽东根据唯物主义认识论和历史上一些古人读书治学的经验以及自己曾有过的各方面的教学经历，为学校的教学改革提出了许多建议。

早在革命战争时期，毛泽东就曾多次严厉批评了干部教育和学校教育中理论与实际相分离的问题，"教哲学的不引导学生研究中国革命的逻辑，教经济学的不引导学生研究中国经济的特点，教政治学的不引导学生研究中国革命的策略……其结果，谬种流传，误人不浅"。[1] 毛泽东当年在长沙、广州、武汉等地创办或主持自修大学、工农夜校或农讲所时，也十分重视组织学员参观访问，开展社会调查。他认为，"读书是学习，使用也是学习，而且是更重要的学习"。[2]

新中国成立后，尽管毛泽东日理万机，但他仍多次倡导和强调教学要理论联系实际。他在《人的正确思想是从哪里来的？》一文中指出："人的正确思想是从哪里来的？是从天上掉下来的吗？不是。是自己头脑里固有的吗？不是。人的正确思想，只能从社会实践中来，只能从社会的生产斗争、阶级斗争和科学实验这三项实践中来。"他还指出："一个正确的认识，往往需要经过由物质到精神，由精神到物质，即由实践到认识，由认识到实践这样多次的反复，才能够完成。这就是马克思主义的认识论。"[3]

1957年3月12日，毛泽东在全国宣传工作会议上谆谆告诫大家：知识分子从书本上得来的知识在没有同实践结合的时候，他们的知识是不完全或者是很

---

① 《毛泽东选集》第3卷，人民出版社1991年版，第798页。

② 《毛泽东选集》第1卷，人民出版社1991年版，第181页。

③ 《建国以来毛泽东文稿》第10册，中央文献出版社1996年版，第299—301页。

不完全的。"知识分子接受前人的经验，主要是靠读书。书当然不可不读，但是光读书，还不能解决问题。一定要研究当前的情况，研究实际的经验和材料，要和工人农民交朋友。"① 1958 年 8 月毛泽东到天津大学和南开大学视察时说："要讲实际，科学是反映实际，是讲实际的道理。不知道实际，老讲书本上的道理怎么成？"②

1964 年 8 月 29 日，毛泽东在接见尼泊尔教育代表团时，又尖锐地批评了我国当时教育脱离实际的状况，一针见血地指出，教学不能从课本到课本，从概念到概念；理工科学生不仅要有书本知识，还要会做工，"文科学生要把整个社会作为自己的工厂"。毛泽东在这次讲话中，还以清华大学为例，指出：清华大学有工厂。它是一所理工科学校，学生如只有书本知识而不做工，那是不行的。但是，大学文科不好设工厂，不好设什么文学工厂、历史学工厂、经济学工厂，或者小说工厂。文科要把社会作为自己的工厂，师生应该接触农民和城市工人，接触农业和工业。不然，学生毕业，以后用处不大。如学法律的，不到社会中去了解犯罪的情况，法律是学不好的。不可能有什么法律工厂，要以社会为工厂。③

毛泽东对学校教育和教学必须理论联系实际这一基本原则的强调，甚至提到了对现行教育制度的怀疑和批判的高度。对此，毛泽东在 1965 年 12 月 21 日杭州会议上曾发表的长篇谈话中指出："现在这种教育制度，我很怀疑。从小学到大学，一共十六七年，二十多年看不见稻、粱、菽、麦、黍、稷，看不见工人怎样做工，看不见农民怎样种田，看不见商品是怎样交换的，身体也搞坏了，真是害死人。""大学教育应当改造，上学的时间不要那么多。文科不改造不得了。不改造能出哲学家吗？能出文学家吗？能出历史学家吗？现在的哲学家搞不了哲学，文学家写不了小说，历史学家搞不了历史，要搞就是帝王将相。"在这次会议上，毛泽东还就如何贯彻理论联系实际的教学原则，提出具体的指示："高中毕业后，就要先做点实际工作。单下农村还不行，还要下工厂，下商店，下连队。这样搞它几年，然后读两年书就行了。大学如果是五年的话，在下面搞三年。教员也要下去，一面工作，一面教。哲学、文学、历史，不可以在下面教吗？一定要在大洋楼里教吗？"④

毛泽东对加强学生能力的培养，开发学生的智力，不仅在理论上有一系列精湛独到的见解，而且在实践中也有他个人的切身经历和体会。毛泽东早年就因厌恶学校刻板的教学和规章制度而愤然改学师范，他曾在《湖南自修大学创

① 《毛泽东文集》第 7 卷，人民出版社 1999 年版，第 272—273 页。
② 《毛泽东同志论教育工作》，人民教育出版社 1958 年版，第 45 页。
③ 参见邓力群：《毛泽东与科学教育》，中央民族大学出版社 2004 年版，第 743 页。
④ 《建国以来毛泽东文稿》第 11 册，中央文献出版社 1996 年版，第 492—493、493 页。

立宣言》中淋漓尽致地痛斥了当时某些所谓的"新学校","使学生立于被动，消磨个性，灭掉灵性，庸懦的随俗沉浮，高才的相与裹足"。[①] 他强调，教学要启发、诱导学生，重在培养其分析问题和解决问题的能力，并在自身的教育生活和教学实践中身体力行。在1929年12月的《中国共产党红军第四军第九次代表大会决议案》中，毛泽东首次提出了以启发式为首位的教授法，这十大教授法为："启发式（废止注入式）；由近及远；由浅入深；说话通俗化（新名词要释俗）；说话要明白；说话要有趣味；以姿势助说话；后次复习前次的概念；要提纲；干部要用讨论式。"[②] 对自己的思想主张，毛泽东认为因为它符合实际，故坚持实事求是，改革教学方法，讲求实效。新中国成立后，毛泽东多次强调讲课不能满堂灌，反对注入式；学习要与创新结合，把精力集中在培养分析问题和解决问题的能力上。毛泽东虽然反对死记硬背，但并不反对必要的背诵。据芦荻回忆，毛泽东要求文科教师会背诵。他说："一个教师在课堂上讲课，难道老照着书本念不成？"毛泽东就喜欢用背诵来锻炼自己的记忆力，不仅背诵诗词，连小说、散文也能大段大段地背诵下来。一次，为了注释江淹的《恨赋》中的一个"溢"字，他把《西厢记》中的原文背了一大段。

毛泽东在他一生的教育理论和教育实践中，都竭力反对注入式教学，坚决主张采取启发式教学。他认为注入式教学的根本特点就是灌，即把书本上的现成的知识灌给学生。他在1964年，与毛远新的一次谈话中指出，"反对注入式教学法，连资产阶级教育家在五四时期就早已提出来了，我们为什么不反？只要不把学生当成打击对象就好了。你们的教学就是灌，天天上课，有那么多可讲的？教员应该把讲稿印发给你们。怕什么？应该让学生自己去研究讲稿。讲稿还对学生保密？到了讲堂才让学生抄，把学生束缚死了。大学生，尤其是高年级，主要是自己研究问题，讲那么多干什么？"毛泽东还十分强调"教改的问题，主要是教员问题"。他认为，教员应把讲稿发给学生，并和学生们一起研究问题。"高年级学生提出的问题，教员能回答百分之五十，其他的说不知道，和学生一起商量，这就是不错的了。"[③]

毛泽东在强调改革教学方法时，不仅重视改革教的方法，同时也很重视学生和青年掌握好科学的学习方法，对学习方法提出了许多富于启发的意见。他充分肯定自学在培养人才方面的重要作用。1964年6月8日他在中央政治局常委会上作的有关教育问题的讲话中强调，"要自学，靠自己学。萧楚女没有上过学校，不但没有上过洋学堂，私塾也没有上过。我是很喜欢他的，农民运动讲

① 邓力群：《毛泽东与科学教育》，中央民族大学出版社2004年版，第744页。
② 《毛泽东文集》第1卷，人民出版社1993年版，第104—105页。
③ 《建国以来毛泽东文稿》第11册，中央文献出版社1996年版，第96—97、97页。

习所教书主要靠他，他是武昌茶馆里跑堂的，能写得很漂亮的文章"。① 他又引证古今中外事例谈道："明朝李时珍长期自己上山采药，才写了《本草纲目》，有所发明的祖冲之，也没有上过什么中学、大学；美国的富兰克林是印刷所学徒，也卖过报，他是电的发明家；英国的瓦特是工人，是蒸汽机的大发明家；高尔基的学问完全是自学的，据说他只上过两年小学。"② 毛泽东在其公开发表的有关教育问题的讲话中，不厌其烦地举了自学成才的例子，要求教师不要只是灌输，要多给时间让学生自学。他反复告诫学生：不要把分数看重了，要把精力集中在培养分析问题和解决问题的能力上，不要只是跟在教师后面跑，自己没有主动性。

1964 年 2 月 13 日，正当全国欢度春节时，毛泽东却惦记着教学改革这件大事，邀请教育部门负责人及教育界知名人士一起讨论这个问题。就在这一天，他发表了著名的《春节座谈会的讲话》。他指出：教育工作方针对，方法不对。对现行考试方法提出尖锐的批评。他指出："现在的考试，用对付敌人的办法，搞突然袭击，出一些怪题、偏题，整学生。这是一种考八股文的方法，我不赞成，要完全改变。我主张题目公开，由学生研究，看书去做。例如，出二十个题，学生能答出十题，答得好，其中有的答得很好，有创见，可以打一百分；二十题都答了，也对，但是平平淡淡，没有创见的，给五十分、六十分。"针对当时整个学校教学工作中围绕考试做文章，师生追逐分数的弊端，毛泽东在 1964 年的一次谈话中指出，整个教育制度就是那样，公开号召去争取那个五分。就有那么一些人把分数看透了，大胆主动地去学。把那一套看透了，学习也主动了。毛泽东在这次谈话时，还举了一个例子说：据说某大学有个学生，平时不记笔记，考试时得三分半到四分，可是毕业论文在班里水平最高。在学校是全优，工作上不一定就是全优，中国历史上凡是中状元的，都没有真才实学，有些连举人都没有考取的人有点真才实学。③ 毛泽东这一观点，是对教育评价体系的伟大创新。

课程、教材的政治方向性和为经济发展服务的问题，是毛泽东历来十分注重的教育工作的重要问题。还是在战争年代，毛泽东就明确指出，我们应该改变教育的旧制度、旧课程，实行以抗日救国为目标的新制度、新课程；"废除不急需与不必要的课程"，"教授战争所必需之课程"。④ 新中国成立后，毛泽东对这一问题仍给予很大的关注。新中国成立初期，他就重视教材建设，亲自为人民教育出版社题名，并强调，宁可把别的摊子缩小点，也必须抽调大批干部编

① 陈学洵：《中国教育史研究》，华东师范大学出版社 1994 年版，第 21 页。
② 《毛泽东邓小平江泽民论教育》，中央文献出版社 2002 年版，第 23 页。
③ 参见《建国以来毛泽东文稿》第 11 册，中央文献出版社 1996 年版，第 23、96 页。
④ 《毛泽东同志论教育工作》，人民教育出版社 1958 年版，第 33 页。

教材。

1957年3月7日，毛泽东同七省、市教育厅（局）长座谈，提出"苏联的教材，应当学的就要学，不应当学的就不要学。你们要来一个改革，不要照抄外国的，一定要符合中国的情况，并且还要有地方的特点。农业课本要由省里编，地理可以编地方地理，文学也要有乡土文学，历史可以有各省自己的史料。课程要减少，分量要减轻，减少门类，为的是全面发展"①。事后不久，毛泽东又致信周恩来、陈云等，提出要恢复中学的政治课和新编思想政治课本等等。毛泽东曾多次强调要精减课程，学校要把主要精力用在教好几门主要的基本课程上，其他有些知识也可以学一点，如中学学一点逻辑、语法，知道什么是逻辑，什么是语法就可以了。毛泽东在1964年的春节座谈会上还尖锐地批评说："现在课程多，害死人，使中小学生、大学生天天处于紧张状态。课程可以砍掉一半。学生成天看书，并不好，可以参加一些生产劳动和必要的社会活动。"这次座谈会上，毛泽东还对课程设置与教材编写的原则阐述了自己的看法，他指出："课程讲的太多，是烦琐哲学。烦琐哲学总是要灭亡的。如经学，搞那多注解，现在没有用了。我看这种方法，无论中国的也好，其他国家的也好，都要走向自己的反面，都要灭亡的。书不一定读得很多。马克思主义的书要读，读了要消化。读多了，又不能消化，也可能走向反面，成为书呆子，成为教条主义者、修正主义者。"②他针对当时学生负担过重的问题，在1964年3月和1965年7月分别批示："现在学校课程太多，对学生压力太大。讲授又不甚得法。考试方法以学生为敌人，举行突然袭击。这三项都是不利于培养青年们在德、智、体诸方面生动活泼地主动得到发展的。"③"学生负担太重，影响了健康，学了也无用。建议从一切活动总量中，砍掉三分之一。"④

毛泽东在关于学校教育教学原则、教学方法、考试方法的改革，课程、教材改革等方面的多次讲话和指示，对于减轻学生负担，改革学校传统的教育制度和教学方法，使学生在德、智、体诸方面生动活泼地主动地得到发展，无疑有着积极而深刻的影响。

① 《毛泽东文集》第 7 卷，人民出版社 1999 年版，第 247—248 页。
② 《建国以来毛泽东文稿》第 11 册，中央文献出版社 1996 年版，第 22—23 页。
③ 《毛泽东文集》第 8 卷，人民出版社 1999 年版，第 376 页。
④ 《毛泽东邓小平江泽民论教育》，中央文献出版社 2002 年版，第 78 页。

九、伟人情怀篇

　　一代伟人毛泽东以他对人民深深的热爱、超凡的个人魅力以及维护民族尊严的王者气势，深深吸引着中国乃至全世界亿万人民的爱戴和追随。

　　他对中国人民，对全世界无产者的大爱超越了历史、超越了民族、超越了时空。

　　他为中国革命先后牺牲6位挚爱亲人，他的友情、亲情、爱情演绎着柔情似水的浪漫情怀和大气磅礴的革命情怀。

　　伟人也是人，也需要爱的温暖，也有爱的芬芳。他的心灵深处，有着与常人一样的情感波涛。

　　他是中国人民的精神领袖，他带领中华民族挺起脊梁以巨人般的姿态巍然屹立在世界的东方！

　　他最终赢得了人民的热爱，他是人民的领袖，人民永远爱戴他！

第一章　大爱毛泽东

*毛泽东终于遏制不住自己的激情高呼：人民万岁！*①

人民的领袖

"人民万岁！"

1949 年 10 月 1 日，当晚霞的金辉映照到天安门前的蟠龙华表时，长安街上华灯齐放，城楼上的八盏大红宫灯也渐渐放出了红光。整个广场和城楼上下一片通明。

阅兵游行指挥部向各分指挥站发出了指令，群众提灯游行开始了。刹那间，满天金花迸射，遍地火龙翻滚，广场变成了灯火的海洋。

游行队伍以工人老大哥为先导，农民兄弟跟进，随后是机关干部、青年学生……一路接一路，人人手提灯笼，高低错落，远远望去宛如一条条五彩缤纷蜿蜒蠕动的火龙，欢呼着通过天安门前，然后分东西两个方向，按着预定的路线向外行进。

一支近百人组成的大学生军乐队吹奏着《民主青年进行曲》，在红灯闪烁的"清""华""大""学"字灯的簇拥下，引导着四万名学生汇成的大军向广场中心涌来。

毛泽东指着青年学生的队伍，对旁边的林伯渠说："你看，青年大学生们过来了！"

学生们抬着一丈二尺高的红纱扎的大五角星和八根火炬造型的红灯，30 人横成一排，大纵队行进走过主席台前，年轻的声音清脆地高呼着：

中国共产党万岁！

中华人民共和国万岁！

毛主席万岁！

毛泽东一手扶在城楼女儿墙的琉璃瓦上，另一只手举在空中不停地挥动着。突然，他面对着扩音器吩咐工作人员："把水银灯全打亮！"

瞬间，城楼上下雪亮的水银灯一起打开，把天安门照耀得像白昼一样。

青年们听见领袖的声音，顿时高兴得跳跃起来。广场上的群众互相拥挤着走过天安门前，一遍又一遍地高呼着口号，一双双眼睛凝视着天安门城楼。

---

① 参见林玉华：《揭密开国盛典——毛泽东遏制不住激情高呼人民万岁》，《南方日报》2009 年 9 月 20 日。

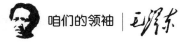

为了能够仔仔细细地多看上两眼，人们在天安门前挤成了一团，有的人鞋子都被踩掉了。这时，城楼上的指挥人员再三催促："同志们不要停留，继续前进！"

一支支游行队伍已经离开天安门很远，长安街上的左右三座门都过了，人们还不时地回过头来张望，希望能再看到毛主席和其他领导人一眼。这时，广场周围五颜六色的礼花飞向夜空，直到晚上9点20分，整个庆祝典礼的活动就要结束了。毛泽东在主席台上向停留在广场中的群众和值勤的工作人员说："同志们辛苦了！"

孰料这时广场上却出现了更热烈更感人的高潮。

广场后部的群众举着红旗、鲜花、灯笼，潮水般向前面涌去，走在游行队伍后面的华北大学和华北革命大学的14000多名学生，一齐欢呼着涌过5座白玉石桥。无数面大红旗挥舞招展，无数支火把熊熊闪耀，无数盏红灯、花灯汇成了一片灯海。"毛主席万岁！万万岁！"的欢呼声一浪高过一浪……

面对这沸腾的场面，毛泽东的脸上焕发出庄严慈祥的光辉。毛泽东和朱德、周恩来、刘少奇等人在天安门城楼上从中间走到东头，又从东头走到西头。毛泽东把身子探出栏杆外，一只手举向空中，时而招呼着群众，时而有力地鼓掌，时而挥动着向群众致意。当"万岁"声的高潮再次涌起时，毛泽东终于遏制不住自己的激情——

人民万岁！

蓦然，广播喇叭里传出了毛泽东那洪亮激昂的声音。随即这声音又从天安门广场四周的宫墙弹射回来，发出阵阵响亮的回声：

人民万岁！

人民万岁！！

人民万岁！！！

…………

正在退场的群众听见从广播喇叭里发出的领袖的声音，立即改变了向东向西分走的路线，波涛一般涌向天安门。数万名青年大学生与游行群众交互环绕，拥在5座白玉石桥上欢呼跳跃，不忍离去。青年们用力挥舞着手中的红旗，将千百只灯笼举过头顶，把无数顶帽子抛向空中。

在毛泽东的眼里，青年是早晨的太阳，新中国灿烂的美景属于他们。他俯下身子，把帽子拿在手里，挥动着向白玉石桥上的青年和群众致意。毛泽东又一次激动地脱口高呼：

人民万岁！

同志们万岁！

青年同志们万岁！

人民领袖

"东方红，太阳升，中国出了个毛泽东。他为人民谋幸福，他是人民大救星……"这首在中国人民中传唱了半个多世纪的赞歌，既是对人民领袖毛泽东一生爱人民、为人民、奉献人民的称颂，又是中国人民对自己的领袖崇敬、爱戴和深切怀念的真情表白。亘古至今，中外政治领袖无数，但称之为人民领袖者唯毛泽东一人。曾经，积贫积弱的中国，因毛泽东横空出世而挺直腰板站立起来；如今，因毛泽东时代的坚实根基牢牢屹立于世界强国之林。毛泽东，中华民族的骄傲，中国人民的福祉，老百姓永远怀念和爱戴的领袖。[1]

革命的家庭

走上革命道路

毛泽东是大情大义、爱憎分明，时刻把国家与民族利益放在第一位的一个人。在中华民族最危难的时刻，他毫不犹豫地把全家人带上了一往无前的铁血征程，从来不曾回头。[2]

1921年农历正月初八，毛泽东风尘仆仆地从长沙赶回了韶山冲上屋场。这个时候，父母已经双双去世了，只剩下大弟毛泽民和他的发妻王淑兰孤单地守着冷清的上屋场。这一天，是毛泽东的母亲文七妹的生日，毛泽东和弟弟妹妹们一起，到楠竹坨父母的合葬墓前进行了祭奠，以寄托他们兄妹的哀思。

这是一个寒冷的南方的春夜。毛泽东和他的弟弟妹妹们，围在火塘的四周，谈论着家事，也谈论着国事。

就在这个寒冷的春夜，在毛泽东的耐心开导下，毛家兄妹们懂得了"国乱民不安生"的道理，他们下定决心"舍小家为大家"，跟随大哥，走上一条充满牺牲、充满艰难而又充满希望、充满光明的道路。

那是一个特别具有纪念意义的日子——1921年农历正月初十，毛泽东身穿一件长衫，夹着一把雨伞，迎着初升的旭日，离开了韶山。他的身后，跟着两个人，一个是小弟毛泽覃，一个是堂妹毛泽建。

一个星期后，毛泽民夫妇也离开了韶山。

至此，毛泽东一家从农村来到了城市。他们从山沟沟里走出来，走上了求知、爱国和革命的道路，从思想文化落后的农民变成了有新文化、新思想的知识人，他们的爱国热情和革命觉悟越来越高。

---

① 参见李桂花、王晓平：《人民领袖毛泽东》，《党史博采（纪实）》2013年第7期。
② 参见张艾子：《毛泽东的六位亲人》，团结出版社2012年版，第420页。

在毛泽东的直接影响下，毛家兄妹完成了家与国的高度融合，他们的家与国密切地联系在了一起。在以后长期艰苦的革命斗争中，毛泽民、毛泽覃、毛泽建，都成长为中国革命的坚强战士。

在他们的人生道路上，并不缺乏安稳闲逸、升官发财的机会，但他们视平庸苟且、安富尊荣如粪土、似浮云，毅然选择了枪林弹雨的革命战场；

在他们生命的最后时刻，有的只需发表一纸声明或许下一个并不需要严格遵守的诺言，便可保全生命，却没有一个屈膝变节；

他们虽然出生在不同年代，有着各异的性格特征和人生经历，但都做到了富贵不能淫，贫贱不能移，威武不能屈；

他们所受的苦难、折磨，在常人看来是难以想象、无法忍受的，然而他们却甘之如饴，乐此不疲；

他们的一生很短暂，像历史长河中的一颗流星，然而就在这短短的一瞬间，却是从头到尾、彻里彻外熠熠闪光。

时间在悄悄地流逝，中国人民敢于斗争、勇于牺牲、敢于胜利的冲天气概深深地感染着毛泽东。追今抚昔，毛泽东诗兴勃发，满腔豪情化作了一行行壮美的诗句：

别梦依稀咒逝川，故园三十二年前。
红旗卷起农奴戟，黑手高悬霸主鞭。
为有牺牲多壮志，敢教日月换新天。
喜看稻菽千重浪，遍地英雄下夕烟。

这首《七律·到韶山》，是一百多年来全国人民前仆后继英勇奋斗历史的高度概括，是中国共产党人的正气之歌，也是满门英烈的毛泽东一家崇高精神面貌的真实写照。

几多沧桑，几多感慨。"为有牺牲多壮志，敢教日月换新天！"作为诗人的毛泽东，他歌咏的是一切革命的家庭，一切殉节的革命同志，自然也包括了他壮烈牺牲的可爱的亲人。

痛失六位亲人①

旧中国的覆灭，新中国的奋起，中华民族的站立都是中国人不可磨灭的记忆。这记忆中的每个细节都关联着一个伟大的名字。

有人说，论起毛泽东对中国革命的贡献，仅凭他为中国革命的解放事业，

① 参见张艾子：《毛泽东的六位亲人》，团结出版社2012年版，第4—9页。

他献出了弟弟毛泽民、毛泽覃，夫人杨开慧，妹妹毛泽建，侄子毛楚雄和儿子毛岸英共六位亲人的宝贵生命，就无人能敌。

毛泽东是无私爱民的，他的大爱精神深入了他的灵魂。他的大爱磅礴深入了他的骨髓。他无私、爱民、为民日月可昭，天地可鉴。他一生为中国的解放事业作出了巨大贡献。中国人民将永远衷心地爱戴他，信赖他，崇敬他。

我们怀念他，也怀念毛泽东为中国的革命和解放事业献出青春和年华的六位亲人，他把他的爱奉献给了中国。

杨开慧烈士：毛泽东的亲密战友和夫人，牺牲时 29 岁。

1920 年冬，杨开慧与毛泽东在一师附小结婚。1921 年加入中国共产党，并担任湘区执行委员会机要和交通联络工作。

1927 年 10 月，毛泽东率秋收起义部队上了井冈山，杨开慧带着三个孩子回到板仓，坚持党的地下工作。1930 年 10 月，杨开慧被捕，受尽各种酷刑。敌人要她登报声明与毛泽东脱离夫妻关系，马上可以获得自由，遭到杨开慧的严词拒绝。11 月 14 日，杨开慧英勇就义于长沙浏阳门外识字岭。

毛岸英烈士：毛泽东和杨开慧的长子，牺牲时 28 岁。

1930 年 10 月，杨开慧被捕，8 岁的岸英同母亲一起被关进监狱。母亲牺牲后，经多方营救，岸英被释放回到板仓。1931 年春，在党组织的周密安排下，岸英改名杨永福被送往上海。在上海，岸英兄弟三人首先被安排在我地下党领导的大同幼稚园抚养，继而寄居在董健吾家，后因党的组织关系中断，生活费用无着，流浪上海街头达数年之久。

1950 年 10 月，毛岸英主动请缨参加抗美援朝战争，不幸牺牲。

毛泽民烈士：毛泽东的大弟弟，牺牲时 47 岁。

毛泽民是中华苏维埃共和国临时中共政府财政委员会委员兼国家银行行长，国民经济部部长。1921 年，在毛泽东的教育和影响下，他毅然离开了朝夕劳作的韶山冲，走上了革命道路，成为职业革命家，1922 年 10 月加入中国共产党。毛泽民长期执掌财政大权，却廉洁奉公，一尘不染，他常说：不能乱花一个铜板，领导干部要带头艰苦奋斗，我们是为工农管钱，为红军理财的，一定要勤俭节约！

1938 年 2 月，毛泽民化名周彬，出任新疆省政府财政厅副厅长（后为代厅长）。使新疆的经济、文化、卫生事业发生了显著变化。1943 年 9 月 27 日，毛泽民被军阀盛世才秘密杀害。

毛泽覃烈士：毛泽东的二弟，是我军最早的一位猛将，牺牲时 29 岁。

1923 年 10 月加入中国共产党。

1925 年春，他回韶山协助大哥毛泽东开展农民运动，同年秋赴广州，相继在黄埔军校政治部、中共广东区委及农民协会、省港罢工委员会等处工作。

1934年10月，第五次反"围剿"失利，中央主力红军被迫转移。毛泽覃留在中央苏区坚持打游击，任中央苏区分局委员、红军独立师师长。1935年4月25日，他带领部队突围，在瑞金县黄缮口附近不幸中弹牺牲。

毛泽建烈士：毛泽东的妹妹，牺牲时不足24岁。

1923年春加入中国共产党，后改名为毛达湘，前往衡阳从事革命活动。

她给自己取了个名字"毛日曦"，意思是共产党员要和初升的太阳一样。1928年初，毛泽建和丈夫陈芬参加了朱德、陈毅领导的湘南暴动。是年夏，夫妻二人双双负伤被捕，24岁的陈芬被砍头示众，毛泽建因即将分娩获救，后再度被捕。1929年8月20日，党的坚强战士毛泽建在衡山县城南门外马庙坪英勇就义。

毛楚雄烈士：毛泽东的侄儿，牺牲时只有19岁。

毛楚雄从小学习刻苦，立志"改造社会"，"继父之志，报父之仇"。抗日战争爆发，他在作文《小朋友救国办法》中说，"我们小朋友也应团结起来，一致对外，驱逐鬼子兵"。1945年9月，在毛泽东的安排下，毛楚雄在湘阴（今汨罗县）白鹤洞参加了王震的八路军359旅，在教导队担任政治宣传工作。

1946年8月，他跟随部队完成中原突围，到达陕南，并受命化装随部队领导前往西安，与国民党进行和谈。8月10日，他们一行三人行至宁陕县东江口镇时，被国民党胡宗南部61师181团无理扣押。并按蒋介石的密令将他们就地处决。8月22日，毛楚雄等三人连同带路的农民被五花大绑，活埋在城隍庙后石坎下的小渠旁。

这个可敬的家庭集中表现了中国人民的智慧、义烈和降龙伏虎的无畏气概。由于这一精神，我们亲爱的祖国终于打退了侵略，摆脱了压迫，扫灭了一切害人的精怪，像巨灵一样地屹立在宇宙之中。

贪污和浪费是极大的犯罪

三张发票的来历①

毛泽东倡导艰苦奋斗，毕生保持朴素节俭的生活作风。他作为人民领袖，始终严于律己，克己奉公，从不利用自己的地位和权力谋取任何私利。在他看来，全心全意为人民服务永远是共产党人的宗旨，那种利用个人特殊身份和地位，贪图享受、营私舞弊、中饱私囊的做法是与人民的利益背道而驰的。

毛泽东的一言一行，无不体现出大公无私、廉洁自律、全心全意为人民服务的共产党人的崇高形象。

①　参见蒋益文：《毛泽东反对吃喝风》，《文史精华》2013年第8期。

毛泽东在生活中不仅讲究节俭，更强调公私分明。在一般人眼中，毛泽东外出视察工作，属于公务性质，完全可以由当地免费接待。但是，在毛泽东看来，他的每一次外出，都不能麻烦地方同志，更不能加重他们的经济负担。因此，他外出时，能带的日常生活用品他都会带着，大到毛巾被，小到牙膏、牙刷以及火柴。当然，吃饭他更是要给粮票，住宿同样付给费用。在毛泽东的生活账中，甚至还有他在武汉付洗衣费的记载。

1965 年 5 月，毛泽东重上井冈山。离开茨坪前，毛泽东的生活管理员吴连登带着钱和粮票到宾馆财务室，找会计结算伙食账。当时担任会计的雷良钊说什么也不肯收下这钱和粮票。他说："收下这钱和粮票，叫我怎能对得起毛主席，对得起井冈山的群众啊！过去毛主席在井冈山吃的是红米饭、南瓜汤，是为我们穷人打天下，如今他老人家回到井冈山，那是对我们井冈山人民最大的关心，也是我们井冈山人民的最大光荣。"

吴连登一边点头一边解释说："你的这些话都有道理，可你不知道，主席和我们工作人员外出也都是有严格规定的呀，这也是纪律，我必须遵守。在我们的约法中有这样一条规定：'凡是首长需要的一切东西，托当地人代办的，都必须将货款交清，地方不收钱，东西也就不能拿。'这钱和粮票你们就收下，不然我回去是要挨批的。首长平常都要求我们严格按照中央的指示办。"

听了吴连登的这番话，雷良钊只好拿出发票，可是，天天开惯了发票的他，这次竟不知如何提笔填写发票。吴连登提醒说："交款人就写首长吧。"雷良钊十分感动，他噙着热泪认认真真地在交款人一栏中写下"首长"二字，然后依次开出三张发票收据：发票号码为：00006482、00006483、00006484，票证为"江西省井冈山管理局交际处"，交款人："首长"。住宿时间 7 天，每天伙食费2.50 元，共计 17.50 元。交粮票 23 斤，购大米款每斤 0.12 元，计 2.76 元。发票开具时间为：1965 年 5 月 29 日。

这三张发票，现在都分别珍藏在井冈山纪念馆和西柏坡纪念馆里。

在韶山毛泽东同志纪念馆保存的 6000 多件毛泽东遗物中，有大量与毛泽东生活有关的单据、账册，如礼品清单、收支报表、饭菜账等。这些档案真实地映射出一代伟人高尚的道德情操和崇高的人格风范。

七两燕窝[①]

1964 年前后，印度尼西亚掀起了迫害我国侨胞的浪潮，政府义不容辞地出面保护。侨胞们为了表达感激之情，给毛泽东送来了重达 31.5 公斤的燕窝。那种极品燕窝，现在真是难得一见。

---

① 参见刘畅、张仪耕等：《毛泽东被流言掩盖的真实生活》，《环球人物》总期 237 期，2013 年 12 月 26 日。

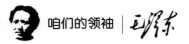

毛泽东毫不犹豫地指示："把它们全部送到人民大会堂招待外国人。"秘书试探地问："主席，是不是家里留点？"毛泽东摆摆手，打断了他的话："一点不留，全部送走。"于是，31.5 公斤燕窝一克不少地送到了人民大会堂。

1975 年，吴连登看到年迈的毛泽东咳嗽哮喘，心力渐渐衰竭，身体非常不好，他就向张耀祠提出要给毛泽东增加营养，最好能弄点燕窝炖汤。张耀祠找到人民大会堂书记刘剑，这才发现当年的燕窝尚有 7 两。经汪东兴批准，他打了收条才取回中南海。吴连登每次瞒着毛泽东在汤里加一点。直到毛泽东去世，他也不知道自己终于享用了那 31.5 公斤燕窝中的 7 两。

反对奢靡之风①

提出两个"务必"告诫全党

解放战争时期，毛泽东在 1948 年 4 月 1 日《在晋绥干部会议上的讲话》中及时指出："采取办法坚决地反对任何人对于生产资料和生活资料的破坏和浪费，反对大吃大喝，注意节约。"

1949 年 3 月 5—13 日，党的七届二中全会在河北省平山县西柏坡召开。毛泽东在会上讲话，要求全党在胜利面前保持清醒头脑，在夺取全国政权后要经受住执政的考验。"可能有这样一些共产党人，他们是不曾被拿枪的敌人征服过的，他们在这些敌人面前不愧英雄的称号；但是经不起人们用糖衣裹着的炮弹的攻击，他们在糖衣炮弹面前要打败仗。""务必使同志们继续地保持谦虚、谨慎、不骄、不躁的作风，务必使同志们继续地保持艰苦奋斗的作风。"毛泽东不仅这样要求全党，也这样要求自己，反对铺张浪费，反对腐败，反对吃喝风。

1949 年 3 月 23 日，即党的七届二中全会结束后 10 天，毛泽东率领中共中央机关从西柏坡出发前往北平。毛泽东愉快地对周恩来讲："我们今天去北平，就是进京赶考嘛！我们绝不能当李自成，希望考个好成绩。"

号召全党学习《甲申三百年祭》

1644 年 4 月 25 日（农历三月十九），李自成率军攻占北京城，崇祯皇帝吊死煤山（今景山），明王朝覆灭。大顺政权在北京只存在了 43 天，李自成功败垂成，留下千古遗恨。

1944 年 3 月 19 日，郭沫若的《甲申三百年祭》在重庆《新华日报》上发表，连载 4 天。全文大致可分 3 个部分。第一部分讲述明朝末年，政治腐败，灾荒严重，崇祯昏聩，结果引起民变，弄出亡国之祸。第二部分叙述李自成起义队伍由小到大，终至推翻明朝统治，占领北京，其中特别详细考证了知识分子李岩的经历及其重要作用。第三部分说明李自成占领北京之后，不听李岩的主

---

① 参见蒋益文：《毛泽东反对吃喝风》，《文史精华》2013 年第 8 期。

张，被胜利冲昏了头脑，轻视敌人，不讲政策，有些首领生活腐化，发生宗派斗争，最后终于失败。

《甲申三百年祭》发表后，立即引起广泛的关注。时在延安的毛泽东读到该文，非常赞赏，先后两次号召全党学习并将其作为延安整风学习的重要文件，突出强调了戒骄与防腐。

《甲申三百年祭》发表仅20多天，即1944年4月12日，毛泽东在延安高级干部会议上所作的《学习和时局》的报告中，特别指出："我党历史上曾经有过几次表现了大的骄傲，都是吃了亏的。近日我们印了郭沫若论李自成的文章，也是叫同志们引为鉴戒，不要重犯胜利时骄傲的错误。"同月18日、19日，延安《解放日报》遵照毛泽东的指示，全文转载了《甲申三百年祭》并加编者按，对以《中央日报》为首发起的对《甲申三百年祭》的"围剿"进行反击，说国民党此举如同"蚍蜉撼大树，只是增加了郭先生的文章的历史价值而已"。6月7日，中共中央宣传部和军委总政治部联合发出通知，要求全党学习郭沫若的《甲申三百年祭》。

反对国宴上的排场和浪费

中华人民共和国成立，毛泽东当选为中央人民政府主席，他以不分昼夜的工作精神和艰苦朴素的生活作风，日夜操劳，殚精竭虑，并以身作则。

当时，政务院典礼局接待外宾讲形式、重排场。欢迎外宾的国宴，丰盛异常，质量既高，数量又多，以致宾客酒足饭饱之后，满桌菜肴还没有吃掉几分。毛泽东对此很不悦。

经过几次这样的场面，毛泽东在一次接待外宾后散步时，对陪同的负责同志说：接待工作有两大浪费：一是礼仪繁多，搞一些不必要的形式主义，浪费了大家很多的时间，要知道，时间浪费了是不能挽回的，是用金钱也买不到的，这一定要改进！其二是接待宴会，大讲排场，吃掉的还没有扔掉的多，白白浪费了国家的金钱和物资。

毛泽东语重心长地说：我们刚离开广大的农民群众，不能忘本！国家正在兴建，要节约国家的资财，人力物力都不能浪费！他非常严肃地说："勤俭节约和反对浪费是我们党的一贯方针和优良传统，什么时候都不能改变！"

毛泽东深有感触，意犹未尽，又边走边说：浪费是要不得的，不管是浪费了时间还是浪费了金钱和物资，浪费就是白白地糟蹋了劳动人民生产的果实，浪费就是随便挥霍了国家的财富。广大的工人和农民，如果知道他们起五更睡半夜整年的劳动，辛辛苦苦生产出来的果实被我们给扔掉了，他们是会很痛心的！是会埋怨我们这些当家人的！

毛泽东停下脚步，神情严肃：我们消灭了地主阶级是因为他们压迫农民，专吃剥削饭，不劳而获；但我们还没有消灭掉阔少的恶习，阔少是挥霍国家资

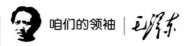
财的败家子！他们讲起话来头头是道，拿起笔来有章有节，专做文字游戏，或者只是自己号召让别人去行动，自己缺乏勤俭节约和反对浪费的实际行动，甚至与实际行动背道而驰！

访苏回国途中严厉批评大吃大喝

1950年2月，毛泽东访苏回国，计划在东北沿线作短暂停留。他要顺路考察一下东北工业基地，进行比较研究，从中找出差距，制定明确的奋斗目标。

哈尔滨是毛泽东停留的第一站。当地早就听说毛主席、周总理要来，同行的还有借道回国的越南共产党领导人胡志明。松江省和哈尔滨市领导喜出望外，精心准备了为毛泽东一行接风洗尘的宴会。随着一道道美味佳肴流水般地上席，省、市的领导同志兴奋地一一介绍，可是毛泽东的眉头却逐渐锁紧。由于有胡志明在场，毛泽东没说什么。他只在两三个盘中夹点儿菜，吃了半碗米饭，就放下了筷子。饭后，他对负责接待的市领导说："我们国家还很穷，不能浪费，不能搞大鱼大肉、山珍海味。吃米饭和蔬菜就可以嘛！"听了这番批评，当地领导才明白主席在饭桌上吃得很少的原因。

毛泽东一行的第二站是长春，打算与地方领导见见面，了解当地经济建设和群众生产、生活等情况，并一起吃顿午饭。这天，毛泽东一下火车就觉得有点儿异样。当小车驶进市区时，街道两旁冷冷清清，无人走动。毛泽东发问："为什么街上一个人也看不到？"陪同的地方领导回答："现在正在吃中午饭。""老百姓行动这么一致，比军队还整齐？"毛泽东又问了一句，显然话里有话。这位领导感到事情瞒不住，只得道出实情：为了主席的安全，沿途全部实行了戒严。毛泽东十分生气。他严厉批评了地方领导："你们搞戒严，不让老百姓出来，这样太脱离群众了。"地方领导当即表示接受批评，下令解除戒严。看到群众生活恢复了正常秩序，毛泽东才消气。

沈阳，这是毛泽东一行的第三站。刚到沈阳，他就遇上了比哈尔滨更加奢侈的招待宴席。同样因为有外宾胡志明在场，出于礼节，毛泽东同胡志明等碰了杯，喝了几口葡萄酒，吃了一点儿青菜，其余大部分时间在抽烟。其实，他是在用这种方式罢宴。之后，他来到会议室，对地方领导的做法提出批评："同志们，我们是人民的公仆，是为人民服务的，如果你们一层一层仿效下去，这么吃起来，在人民群众中将会有什么影响？"

第二天，在中央东北局、辽宁省和沈阳市领导干部会议上，毛泽东再次批评吃喝风，他说："这次我和恩来等同志路过东北，主要想了解一下东北的工作情况，了解东北地方工业生产情况，发现浪费太大。我在哈尔滨提过不要大吃大喝，到沈阳一看比哈尔滨还厉害。"接着，他引用了李自成、刘宗敏的典故。刘宗敏是李自成麾下的一员大将，进京后贪图享受，到处搜刮钱财，大顺江山的迅速覆灭，也和这人的腐败有关。毛泽东尖锐地指出："我是不学李自成的，你们要学刘宗敏，我劝你们不要学。二中全会刚开完，就忘了？我们要继续贯彻二中全会的精神!"

严惩腐败分子

1952年，在党中央领导下，开展了全国性的反贪污、反浪费、反官僚主义的"三反"运动。在运动中，各级领导带头，雷厉风行，不讲情面，群众积极响应，上下一体普遍地开展大检查，个人在会上作检查，群众进行揭发、批评帮助，连平时爱占公家小便宜的人都作了检查。群众称赞，效果良好，党风和社会风气为之一新。

在运动中，天津地委、专署负责人刘青山和张子善的严重贪污浪费和破坏国家政策法律的行为被揭发出来。他们两人都在革命战争中有过贡献，但进城之后，贪图享乐、大吃大喝并接受了资本家的贿赂，被糖衣炮弹打中了。他们的罪行，按法律应该严处。但有的同志感到可惜，到毛泽东那里说情，希望不要对刘张二人处以极刑。毛泽东说，杀了两个，可以挽救20个、200个、2000个干部。最终这两个人都依法受到了最严厉的制裁，广大群众盛赞："共产党为人民服务，铁面无私!"

随着国家大规模经济建设的开展，1956年11月，中国共产党在八届二中全会上提出厉行节约、反对浪费的方针，号召全国人民都要实行增产节约，反对铺张浪费。毛泽东说："这不但在经济上有重大意义，在政治上也有重大意义。"

勤俭节约，率先垂范

毛泽东言必信，行必果，对党纪党风的规定与要求，处处事事谨遵慎行，以身作则。作为开国领袖，党和国家的主席，他的工作精神和生活作风一如既往，不改初衷。衣服破旧了，总是经过缝补洗净之后继续穿。新中国成立之后，为了诸多礼仪，曾做了两套衣服，买了一双圆头的黄皮鞋，他一直穿到与世长辞。当时典礼局局长曾要他再买双尖头的黑皮鞋，在接见外宾时穿，他没有理睬。再问，毛泽东反问：外国人是要来见毛泽东还是要看黑皮鞋？对方无言以对。

1958年，毛泽东身边有个同志参加了干部下放劳动锻炼，到农村和农民一起同吃同住同劳动，深受教育，一回来以后，看到食堂里有的人把吃剩的饭菜全扔了，觉得很是可惜。有一次在同毛泽东散步时，他说到自己下放锻炼的收获和对食堂有人扔掉饭菜的感慨。毛泽东说：一粥一饭当思来之不易！我们的国家是一个大国，如果一个人一天浪费一粒米，一年就要浪费掉365粒米，这样全国6亿人口一年浪费掉的粮食积累起来，就能够救助一方灾民；如果6亿人民每人每天能够再节约一粒米，其数量就更可观了。实行增产节约，反对浪费，能够使我们的国家富强了再富强，使人民的生活提高了再提高，何乐而不为!

毛泽东管理着国家大事，但从其生活的细微之处可见其精神的伟大所在。毛泽东吃饭时，掉在饭桌上的一粒米、一根菜，他都要捡起来吃掉，他的饭碗里从来没有剩下过一粒米。他要求自己的孩子们不能在他的灶上吃饭，要和工作人员一起到大灶上去用餐。孩子们外出不准用他的汽车，也不准用公家的汽车，不管风里雨里都是骑自行车。

毛泽东经常到各地，特别是农村去视察工作，也同样注意节约人力物力，珍惜时间，尽量少干扰他人。他不让当地同志迎送，也不接受宴请，经常是走到哪里看到哪里，并不通知当地的领导，一路调查研究，亲自向工人、农民和战士们了解他们的生产、工作和生活情况，调查之后，便回到火车上住宿，吃自己的一份伙食，以免当地专门组织人员接待他吃饭、住宿，浪费人力、物力和财力。

作为领袖人物，毛泽东生活上的俭朴，令人敬仰。在他逝世后，人们看到他的生活遗物有：廉价的牙粉，用秃了的牙刷，为了续装火柴棍的空火柴盒，破旧不堪、多次缝补过的衣物和鞋袜，甚至毛巾都打上了补丁。其中，最为引人注目的是一件缝了74个补丁、已看不见"本色"的睡衣和一双穿了20多年的拖鞋。

睹物思人，抚今追昔，真令人感慨多多！

毛泽东是中华民族的一代伟人，在中国革命的历史进程中无人可与之比拟，他的伟大历史功绩和为中华民族所做出的巨大贡献，无可辩驳地永垂史册。

毛泽东是人，不是神。毛泽东的伟大来自平凡，毛泽东的智慧来自中华民族的传统文化和世界上先进的革命思想；他的性格、他的爱好和他的生活习惯，无不昭示了他是中国劳动人民的好儿子和中国革命的杰出领袖。[1]

---

[1] 参见邸延生：《历史的风范——茫茫的人格魅力》，新华出版社2012年版，第195、196页。

第二章　魅力毛泽东

　　如果换一种方式来表达：中华人民共和国，大概是诗人（毛泽东）最富有创造性和想象力的伟大作品！

激 扬 文 字

文章大家①

　　毛泽东说，革命夺权靠枪杆子和笔杆子，但自己却从没拿过枪杆子，笔杆子倒是须臾不离手，毛笔、钢笔、铅笔，笔走龙蛇惊风雨，墨洒沧桑写春秋。那种风格、那种语言、那种气派，是浸到骨子里，溢于字表、穿透纸背的，只有毛泽东才有。中国是个文章的国度，青史不绝，佳作迭出。向来说文章有汉司马、唐韩柳、宋东坡、清康梁，群峰逶迤，比肩竞秀。毛泽东更是其历史群山中一座巍峨的高峰。

　　毛泽东文章的特点首在磅礴凌厉的气势。

　　陆游说："汝果欲学诗，功夫在诗外。"文章之势，是文章之外的功夫，是作者的胸中之气、行事之势。势是不能强造假为的，得有大思想、真见识。古今文章家大致可分为两种，一是纯文人，一是政治家。纯文人之文情胜于理，政治家之文理胜于情。理者，思想也。写文章，说到底是在拼思想。只有政治家才能总结社会规律，借历史交替、风云际会、群雄逐鹿之势，纳雷霆于文字，排山倒海，摧枯拉朽，宣扬自己的政见。毛泽东的文章属这一类。这种文字不是用笔写出来的，而是作者全身心社会实践的结晶。劳其心，履其险，砺其志，成其业，然后发而为文。文章只是他事业的重要部分，如冰山之一角，是虎之须、凤之尾。我们可以随便举出一些段落来看毛泽东文章的气势：

　　　　我们中华民族原有伟大的能力！压迫愈深，反动愈大，蓄之既久，其发必速，我敢说一句怪话，他日中华民族的改革，将较任何民族为彻底。中华民族的社会，将较任何民族为光明。中华民族的大联合，将比任何地域任何民族而先告成功。诸君！诸君！我们总要努力！我们总要拼命的向前！我们黄金的世界，光华灿烂的世界，就在前面！

　　这还是毛泽东在五四时期的文章，真是鸿鹄一飞，便有千里之志。可以明

---

　　① 参见梁衡：《文章大家毛泽东》，《人民日报》2013 年 2 月 28 日。

显看出，这里有梁启超《少年中国说》的影子。文章的气势来源于对时代的把握。毛泽东在新中国成立前的整个民主主义革命时期都能高瞻远瞩，甚至力排众议，发出振聋发聩之声。当党内外对农民运动颇有微词时，毛泽东大声说："革命不是请客吃饭，不是做文章，不是绘画绣花，不能那样雅致，那样从容不迫，文质彬彬，那样温良恭俭让。革命是暴动，是一个阶级推翻一个阶级的暴烈的行动。"当井冈山时期革命处于低潮时，他却用诗一样的浪漫语言预言革命高潮的到来："它是站在海岸遥望海中已经看得见桅杆尖头了的一只航船，它是立于高山之巅远看东方已见光芒四射喷薄欲出的一轮朝日，它是躁动于母腹中的快要成熟了的一个婴儿。"当抗日战争处在最艰苦的相持阶段，许多人苦闷、动摇时，他发表了著名的《论持久战》，指出"武器是战争的重要的因素，但不是决定的因素，决定的因素是人不是物。力量对比不但是军力和经济力的对比，而且是人力和人心的对比。""抗日战争是持久战，最后胜利是中国的——这就是我们的结论。"

再看解放战争中毛泽东为新华社写的新闻稿：

　　英勇的人民解放军二十一日已有大约三十万人渡过长江。渡江战斗于二十日午夜开始，地点在芜湖、安庆之间，国民党反动派经营了三个半月的长江防线，遇着人民解放军好似摧枯拉朽，军无斗志，纷纷溃退。长江风平浪静，我军万船齐发，直取对岸，不到二十四小时，三十万人民解放军即已突破敌阵，占领南岸广大地区，现正向繁昌、铜陵、青阳、荻港、鲁港诸城进击中。人民解放军正以自己的英雄式的战斗，坚决地执行毛主席朱总司令的命令。

　　我军摧枯拉朽，敌军纷纷溃退，长江风平浪静。你看这气势，是不是有《过秦论》中描述秦王震四海、制六合的味道？

再看毛泽东在1949年第一届政协会议上的致辞：

　　诸位代表先生们：我们有一个共同的感觉，这就是我们的工作将写在人类的历史上，它将表明：占人类总数四分之一的中国人从此站立起来了……让那些内外反动派在我们面前发抖罢，让他们去说我们这也不行那也不行罢，中国人民的不屈不挠的努力必将稳步地达到自己的目的。

这是一个胜利者的口吻，时代巨人的口吻。美国搞核讹诈，毛泽东说："一切反动派都是纸老虎。"古今哪一个文章家有这样的气势！

为文要有丹田之气，不可装腔作势。古人论文，讲气贯长虹、力透纸背。

唐朝韩愈搞古文运动，就是要恢复汉朝文章的质朴之气。他每为文前要先读一些司马迁的文章，为的是借一口气。以后，人们又推崇韩文，再后又推崇苏东坡文，认为韩文苏文都有雄浑、汪洋之势。苏东坡说："吾文如万斛泉涌，不择地皆可出。在平地，滔滔汩汩，虽一日千里无难。及其与山石曲折，随物赋形，而不可知也。"他们的文章为什么有气势？是因为有思想，有个性化的思想。毛泽东的文章也有思想，而且是时代的思想，是一个先进的政党、一支战无不胜的队伍的思想。毛泽东也论文，但不以泉比，而是以黄河比："文章须蓄势。河出龙门，一泻至潼关。东屈，又一泻到铜瓦。再东北屈，一泻斯入海。行文亦然。"他在《讲堂录》中说："才不胜今人，不足以为才；学不胜古人，不足以为学。"无论才学，毛泽东都是立志要超过古人的，也的确超过了古人。如果说苏文如泉之涌，他的文章就是如海之波涛了。

毛泽东的文章的第二个特点是知识渊博、用典丰富。

我国传统的治学方法重在继承，小孩子从入私塾那一天起就背书，先背一车经典、宝贝入库，以后用时再一件一件拿出来。毛泽东青少年时正当五四前后、新旧之交，是受过这种训练的。他自述其学问，从孔夫子、梁启超到拿破仑，什么都读。作为党的领袖，毛泽东的使命是从外国借来马克思主义领导中国人民推翻旧中国。要让广大民众和党员干部懂得自己的思想，就需要用中国人熟悉的旧知识和人民的新实践去注解，这就是他常说的马克思主义中国化。这是一种真本事、大本事，需要革命理论、传统知识和革命实践三样皆通，缺一不可。特别需要对中国的典籍烂熟于心，还能结合当前实际翻新改造。在毛泽东的书中，几乎随处可见他恰到好处的用典。这有三种情况。

一是从典籍中找根据，证目前之理，比如在《为人民服务》中引司马迁的话：中国古时候有个文学家叫做司马迁的说过"人固有一死，或重于泰山，或轻于鸿毛。"为人民利益而死，就比泰山还重；替法西斯卖力，替剥削人民和压迫人民的人去死，就比鸿毛还轻。这是在一个战士追悼会上的讲话，作为领袖，除表示哀悼之外，还要阐明当时为民族大业牺牲的意义。毛泽东一下子拉回两千年前，解释我们这个民族怎样看待生死。你看，司马公有言，自古如此，一下子增加了文章的厚重感。司马迁的这句话也因他的引用有了新的含义，更广为流传。

忠、孝、仁、义，是中国传统的道德观。毛泽东对它们给予新的解释：

> 要特别忠于大多数人民，孝于大多数人民，而不是忠孝于少数人。对大多数人有益处的，叫做仁；对大多数人利益有关的事情处理得当，叫义。对农民的土地问题、工人的吃饭问题处理得当，就是真正的行仁义。

这就是政治领袖和文章大家的功力，能借力发力，翻新经典为己所用，既弘扬了民族文化，又普及了经典知识。

二是到经典中找方法，以之来作比喻阐述一种道理。毛泽东的文章大部分是论说文，是写给中国的老百姓或党的中基层干部看的。所以，搬出中国人熟悉的故事，以典证理，成了他常用的方法。这个典不一定客观存在，但它的故事家喻户晓，蕴含的道理颠扑不破。如七大闭幕词这样重要的文章，不但简短得只有千余字，而且讲了一个愚公移山的寓言故事，真是一典扛千斤。毛泽东将《水浒传》《西游记》《三国演义》这些文学故事当哲学、军事教材来用，深入浅出，生动活泼。在《中国革命战争的战略问题》中，他这样来阐述战争中的战略战术：

> 谁人不知，两个拳师敌对，聪明的拳师往往退让一步，而蠢人则来势汹汹，劈头就使出全副本领，结果却往往被退让者打倒。《水浒传》上的洪教头，在柴进家中要打林冲，连唤几个"来""来""来"，结果是退让的林冲看出洪教头的破绽，一脚踢翻了洪教头。

孙悟空在毛泽东笔下，一会儿比作智慧化身，钻入铁扇公主的肚子里；一会儿比作敌人，跑不出人民这个如来佛的手心。1938年4月在抗大的一次讲话中，毛泽东还从唐僧的坚定、八戒的吃苦、孙悟空的灵活概括出八路军、新四军的"三大作风"。这样重要的命题，这样大的方针，他都能从典故中顺手拈来，从容化出。所以，他的报告总是听者云集，欢声笑语，毫无枯涩感。他是真正把古典融进了现实，把实践融进了理论。

三是为了增加文章的渲染效果，随手拿来一典，妙趣横生。在《别了，司徒雷登》中，毛泽东这样来写美国对华政策的破产："总之是没有人去理他，使得他'茕茕孑立，形影相吊'，没有什么事做了，只好挟起皮包走路。"这里用了中国古典散文名篇《陈情表》里的句子。司徒雷登那个孤立、无奈、可怜的样子，永远定格在中国人的记忆中。

毛泽东的用典是出于行文之必需，绝不卖弄，不故作高深地吊书袋。他是认真研究并消化了经典的，甚至认真到了考据癖的程度。如1958年刘少奇谈到贺知章的诗《回乡偶书》"少小离家老大回，乡音无改鬓毛衰。儿童相见不相识，笑问客从何处来"，以此来说明唐人在外为官不带家眷。毛泽东为此翻了《旧唐书》《全唐诗话》，然后给刘少奇写信说：

> 唐朝未闻官吏禁带眷属事，整个历史也未闻此事。所以不可以"少小离家"一诗便作为断定古代官吏禁带眷属的充分证明。自从听了那次你谈到此事以后，总觉不甚妥当。请你再考一考，可能你是对的，我的想法不

对。睡不着觉，偶触及此事，故写了这些，以供参考。

这里引出一个问题：领袖应当首先是一个读书人，一个读了很多书的人，一个熟悉自己民族典籍的人。他应该是一个博学的杂家，只是一方面的专家不行；只读自然科学不行，要读社会科学，读历史，读哲学。因为领导一个集团、一场斗争、一个时代，靠的是战略思维、历史案例、斗争魄力和人格魅力。这些只有到历史典籍中去找，在数理化中和单一学科中是找不到的。

毛泽东的文章的第三个特点是充满辛辣的讽刺和轻松的幽默。

人一当官就易假，就爱端个架子，这是官场通病。越是大官，架子越大，越不会说话。毛泽东是在党政军都当过一把手的，却仍然嬉笑怒骂，这不容易。当然他的身份让他有权这样，但一些人就是洒脱不起来。权力不等于才华。毛泽东的文章虽然大都是严肃重要的指示、讲话、决定、社论等，又大都是在残酷的战争环境中生成的，却并不死板，并不压抑。透过硝烟，我们随处可见文章中对敌辛辣的讽刺和对自己人轻松的幽默。讽刺和幽默都是轻松的表现，是一种举重若轻的动作。比如说：我可以用十二分的力打倒你，但我不用，我只用一根银针轻刺你的穴道，你就酸痛难忍，哭笑不得，扑身倒地，这是讽刺；我可以长篇大论地阐述一个问题，但我不用，我只用一个笑话就妙解其理，让你在轻松愉快中茅塞顿开，这是幽默。总之，是四两拨千斤。这是一个领袖对自己的事业、力量和韬略有充分信心的表现。

先看毛泽东的讽刺。

对国民党不敢发动群众抗战，毛泽东说：可是国民党先生们啊，这些大好河山，并不是你们的，它是中国人民生于斯、长于斯、聚族处于斯的可爱的家乡。你们国民党人把人民手足紧紧捆住，敌人来了，不让人民自己起来保卫，而你们却总是虚晃一枪，回马便走。

辽沈战役敌军大败，毛泽东为新华社写消息：从十五日至二十五日十一天内，蒋介石三至沈阳，救锦州，救长春，救廖兵团，并且决定了所谓"总退却"，自己住在北平，每天睁起眼睛向东北看着。他看着失锦州，他看着失长春，现在他又看着廖兵团覆灭。总之一条规则，蒋介石到什么地方，就是他的可耻事业的灭亡。

毛泽东讽刺党八股像懒婆娘的裹脚，又长又臭，只有死板板的几条筋，像瘪三一样，瘦得难看，不像一个健康的人。真是个漫画高手！

再看毛泽东的幽默。

毛泽东一生担国家和军队之重任，不知经历了多少危急关头、艰难局面，但在他的笔下常常是付之一笑，用太极推手轻松化开。长征是人类史上少有的苦难历程，毛泽东却乐观地说："长征是宣言书，长征是宣传队，长征是播种

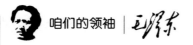

机。自从盘古开天地，三皇五帝到于今，历史上曾经有过我们这样的长征吗？"

在延安文艺座谈会上，讲到文化的重要性时他说：我们有两支军队，一支是朱（德）总司令的，一支是鲁（迅）总司令的（正式发表时改为"拿枪的军队"和"文化的军队"）。

关于社会主义经济这样大的理论问题，毛泽东说：搞社会主义不能使羊肉不好吃，也不能使南京板鸭、云南火腿不好吃，不能使物质的花样少了，布匹少了，羊肉不一定照马克思主义做，在社会主义社会里，羊肉、鸭子应该更好吃，更进步，这才体现出社会主义比资本主义进步，否则我们在羊肉面前就没有威信了。社会主义一定要比资本主义还要好，还要进步。

1939 年 7 月 7 日，毛泽东对即将上前线的华北联合大学师生讲话，以《封神演义》故事作比："当年姜子牙下昆仑山，元始天尊赠了他杏黄旗、四不像、打神鞭三样法宝。现在你们出发上前线，我也赠给你们三样法宝，这就是统一战线、武装斗争、党的建设。"这是比兴手法，只借"三样法宝"的字面同一性。1957 年他在莫斯科共产党和工人党代表会议上说："现在的世界形势是东风压倒西风"。这是借《红楼梦》里林黛玉的话，与原意无关，只借"东风、西风"这两个字意。文章有意宕开去，显得开阔、轻松，好似从远处往眼前要说的这个问题上搭了一座引桥。

尖锐的讽刺，见棱见角，说明毛泽东眼光不凡，总是能看到要害；轻松的幽默，不慌不忙，说明他有肚量和睿智。新中国成立后，全国人大拟决议给毛泽东授大元帅衔，毛泽东说："我穿上你那个元帅服怎么下基层，免了吧。"这是一种多么拿得起、放得下的潇洒和幽默！

毛泽东的文章的第四个特点是通俗与典雅完美地结合。

毛泽东是乡间成长起来的知识分子，又是战火中锻炼出来的领袖。他在学生时期就受过严格的古文训练，后来在长期的斗争生涯中，一方面和工农兵在一起，学习他们的语言；一方面又手不释卷，和各种书包括文学书籍，小说、诗词、曲赋、笔记缠裹在一起，须臾不离。他写诗、写词、写赋、作对、写新闻稿和各种报告、电稿。如果抛开他的军事、政治活动不说，他完全够得上一个文人，就像中国共产党早期领导人李大钊、陈独秀、瞿秋白一样。毛泽东与他们的不同是多了与工农更密切的接触。所以，他的文章典雅与通俗共存、朴实与浪漫互见，时常既有乡间农民的口语，又能见到唐诗、宋词里的句子；忽如老者炕头说古、娓娓道来，又如诗人江边行吟、感天动地。

请看一段毛泽东早期的文字。这是他 1916 年在游学的路上写给友人的信：

　　　　今朝九钟抵岸，行七十里，宿银田市……一路景色，弥望青碧，池水清涟，田苗秀蔚，日隐烟斜之际，清露下洒，暖气上蒸，岚采舒发，云霞掩映，极目遐迩，有如画图。今夕书此，明日发邮……欲以取一笑为快，少慰关垂也。

这封手书与王维的《山中与裴迪秀才书》、徐霞客的《三峡》相比如何？其文字清秀不分伯仲。再看毛泽东在抗日时期的《祭黄帝陵》：

赫赫始祖，吾华肇造；胄衍祀绵，岳峨河浩。聪明睿智，光被遐荒；建此伟业，雄立东方。世变沧桑，中更蹉跌；越数千年，强邻蔑德。琉台不守，三韩为墟；辽海燕冀，汉奸何多。以地事敌，敌欲岂足；人执笞绳，我为奴辱。懿维我祖，命世之英；涿鹿奋战，区宇以宁。岂其苗裔，不武如斯；泱泱大国，让其沦胥。东等不才，剑屦俱奋；万里崎岖，为国效命。频年苦斗，备历险夷；匈奴未灭，何以家为。各党各界，团结坚固；不论军民，不分贫富。民族阵线，救国良方；四万万众，坚决抵抗。民主共和，改革内政；亿兆一心，战则必胜。还我河山，卫我国权；此物此志，永矢勿谖。经武整军，昭告列祖；实鉴临之，皇天后土。尚飨！

从中可以看出毛泽东深厚的古文根底。他在延安接受斯诺采访时说，他学习韩愈文章是下过苦功的，如果需要他还可以写出一手好古文。由此可见，毛泽东早期的文字何等典雅。但是为了斗争的需要、时代的需要，他放弃了自己熟悉的文体，学会了使用最通俗的文字。毛泽东说，讲话要让人懂，反对使用"霓裳"之类的生僻词。请看这一段：

我们都是来自五湖四海，为了一个共同的革命目标，走到一起来了。我们还要和全国大多数人民走这一条路。我们今天已经领导着有九千一百万人口的根据地，但是还不够，还要更大些，才能取得全民族的解放。

再看这一段：

此间首长们指示地方各界切勿惊慌，只要大家事前有充分准备，就有办法避开其破坏，诱敌深入，聚而歼之。今春敌扰河间，因我方事前毫无准备，受到部分损失，敌部亦被其逃去。此次务须全体动员对敌，不使敢于冒险的敌人有一兵一卒跑回其老巢。

"走到一起""但是还不够""切勿惊慌""就有办法"等等，完全是老百姓的语言，是一种面对面的告诫、谈心。虽是大会讲话、新闻电稿，却通俗到明白如话。但典雅并没有丢掉，毛泽东也有许多文字端庄严谨、气贯长虹的文章。如：

夺取全国胜利，这只是万里长征走完了第一步。如果这一步也值得骄傲，那是比较渺小的，更值得骄傲的还在后头。在过了几十年之后来看中国人民民主革命的胜利，就会使人们感觉那好像只是一出长剧的一个短小的序幕。剧是必须从序幕开始的，但序幕还不是高潮。中国的革命是伟大的，但革命以后的路程更长，工作更伟大，更艰苦……我们不但善于破坏一个旧世界，我们还将善于建设一个新世界。中国人民不但可以不要向帝国主义者讨乞也能活下去，而且还将活得比帝国主义国家要好些。

而更多时候却是既上得厅堂，又下得厨房，亦庄亦谐，轻松自如。比如说：何以对付敌人的庞大机构呢？那就有孙行者对付铁扇公主为例。铁扇公主虽然是一个厉害的妖精，孙行者却化为一个小虫钻进铁扇公主的心脏里去把她战败了。柳宗元曾经描写过的"黔驴之技"，也是一个很好的教训。一个庞然大物的驴子跑进贵州去了，贵州的小老虎见了很有些害怕。但到后来，大驴子还是被小老虎吃掉了。我们八路军新四军是孙行者和小老虎，是很有办法对付这个日本妖精或日本驴子的。目前我们须得变一变，把我们的身体变得小些，但是变得更加扎实些，我们就会变成无敌的了。

"文章五诀"形、事、情、理、典，毛泽东的文章是典范。不管论文、讲话、电稿等何种文体，他都能随手抓来一个形象，借典说理或借事言情，深入浅出。毛泽东的文章开创了政论文从未有的生动局面。毛泽东是有大志的人，他永远有追求不完的目标。其中一个目标就是放下身段，当一个行吟诗人，当一个作家。毛泽东多次说过要学徐霞客，顺着长江、黄河把祖国大地丈量一遍。毛泽东又是一个好斗争的人，他有一句名言"与天奋斗，其乐无穷；与地奋斗，其乐无穷；与人奋斗，其乐无穷"。其实，除了天、地、人，毛泽东的革命生涯中还有一个斗争对象，就是文风。他对群众语言、古典语言是那样热爱，对教条主义的语言、官僚主义的语言是那样憎恨。延安"整风运动"中，毛泽东把文风与学风、党风并提，讨伐"党八股"，给它列了八大罪状，说它是对五四运动的反动，是不良党风的最后一个"防空洞"。新中国成立之初《人民日报》发表长篇社论，号召正确使用祖国语言，毛泽东在改稿时特别加了一句："我们的同志中，我们的党政军组织和人民团体的工作人员中，我们的文学家教育家和新闻记者中，有许多是精通语法、会写文章、会写报告的人。这些人既然能够做到这一步，为什么我们大家不能做到呢？当然是能够的。"后来，文章中假、大、空的语言多了。毛泽东对此极为反感，甚至是愤怒，严厉要求领导干部亲自写文章，不要秘书代劳。他批评那些空洞的官样文字："讲了一万次了依然纹风不动，灵台如花岗之岩，笔下若玄冰之冻。哪一年稍稍动一点，使读者感觉有些春意，因而免于早上天堂，略为延长一年、两年寿命呢？"毛泽东是一辈子都在与"党八股"的坏文风作斗争的。

文章是一门独立的艺术。细读毛泽东的文章，特别是他独特的语言风格，足可自立为一门一派。在大力倡导改文风的今天，大家有必要静下心来研究一下他的文章。这至少有两个用处：一是专门搞写作的人可以从中汲取营养，特别是补充一些文章外的功夫，好直起文章的腰杆；二是领导干部可以向毛泽东学一点写作，这也是工作的一部分，能增加领导的魅力。须知：打天下要靠笔杆子，治天下更要靠笔杆子。

伟大诗人①

毛泽东喜欢赋诗填词，却从不自认为诗人，而毛泽东的同代人及他的后人们却坚定地认定他是一位中国 20 世纪的伟大诗人。因为，当人们一旦置身于毛泽东——诗人——毛泽东诗词的"气势"王国，一旦领略只有毛泽东那种诗人胸怀里才可能呈现出来的无限风光，无一不被震撼得目瞪口呆！

纵览毛泽东诗词，我们首先便是一头跌进了一个令人荡气回肠的万胜王国：崇高、壮烈、苍凉、遒劲、凝重、飘逸……百感交集。这是一种什么样的直觉？——气势！在毛泽东诗词的字里行间，这种审美意义上的"气势"，把毛泽东，也把他的读者们，裹挟得一时不知身在何处……作诗的人如此，读诗的人也如此。而且，似乎只有当作诗的人如此了，读诗的人才会如此。

必须肯定的是：作为诗人的毛泽东，其形象的伟岸，一点不次于他在中国革命和建设中的地位——伟大的思想家、政治家、军事家和伟大的诗人之间，是并行的，同一的，不可分的。

毛泽东的诗词，一一都是他心路历程和革命征旅中的纪念碑；毛泽东走过的一生，也正是中国革命的一段历程。

读毛泽东诗词，我们看到的是一部诗史——史诗，整个地充沛着、激扬着中华民族的神魄，而毛泽东作为一个革命者历尽一生的追求与奋斗，也正是半个多世纪以来中华民族的魂魄脉动之所在。

古人云："江山代有才人出，各领风骚数百年。"毛泽东引导了一个时代，毛泽东诗词代表着这个时代的神韵，毛泽东是他那个时代的一位伟大诗人。

一个诗人赢得了一个新中国

1925 年，革命形势高涨，群众运动风起云涌。毛泽东意气风发，写下了著名的词《沁园春·长沙》，正是毛泽东当时要大展抱负，对未来充满信心的真实写照。

---

① 参见何以：《毛泽东的情趣》，中央文献出版社 2011 年版，第 216—217 页。

独立寒秋，湘江北去，橘子洲头。

看万山红遍，层林尽染；漫江碧透，百舸争流。

鹰击长空，鱼翔浅底，万类霜天竞自由。

怅寥廓，问苍茫大地，谁主沉浮？

携来百侣曾游，忆往昔峥嵘岁月稠。

恰同学少年，风华正茂；书生意气，挥斥方遒。

指点江山，激扬文字，粪土当年万户侯。

曾记否，到中流击水，浪遏飞舟？

　　1936 年 2 月，毛泽东亲自率领红军抗日先锋队红一军团和红十五军团，分两路渡过黄河进行东征，到华北前线对日作战。2 月 6 日，队伍行至陕北清涧县一带，只见大雪纷飞，漫山遍野一片雪白，连绵的群山银装素裹，气象万千。面对着雪中雄伟壮丽的秦晋高原，联想到古往今来多少英雄豪杰在这片土地上纵横驰骋，上演的一幕幕荡气回肠的故事，再看红军长征到达陕北后蓬勃发展的革命形势，人民革命力量的日益壮大，毛泽东激情满怀诗兴大发，挥笔写下了千古名篇《沁园春·雪》。

北国风光，千里冰封，万里雪飘。

望长城内外，惟余莽莽；大河上下，顿失滔滔。

山舞银蛇，原驰蜡象，欲与天公试比高。

须晴日，看红装素裹，分外妖娆。

江山如此多娇，引无数英雄竞折腰。

惜秦皇汉武，略输文采；唐宗宋祖，稍逊风骚。

一代天骄，成吉思汗，只识弯弓射大雕。

俱往矣，数风流人物，还看今朝。

　　词的上半阕，写尽了北国之冬壮丽的景致：大雪飘飞，辽阔的北国大地上冰雕玉琢，银装素裹。往日雄伟的长城，奔腾的黄河，以及广阔的秦晋高原，全都在冰雪覆盖之下，只余白茫茫的一片。雪后的群山蜿蜒曲折，像是银白色的蛇在舞动；秦晋高原高低起伏，犹如白蜡塑成的象群在奔跑。登高远望，只觉群山、高原与天边相接，气势雄伟，渺无际涯。待到雪霁天晴的日子，红艳艳的太阳从东方升起，照着白皑皑的雪地，那时艳阳白雪交相辉映，这是一幅多么瑰丽的图画。

　　下半阕引出了毛泽东一段豪气干云的议论抒情：祖国山河壮丽，倾倒了古往今来多少英雄豪杰。在历史上，有雄才大略、能立国安邦的杰出人物，如秦始皇、汉武帝、唐太宗、宋太祖，以及成吉思汗，他们金戈铁马，气吞万里，纵横驰骋，显赫一时，建立了卓越的功勋，可惜都在文治方面稍逊一筹。由于时代的局限和阶级的局限，他们的功业不可能与今天改天换地、救祖国和人民于水火的革命英雄媲美。正所谓"大江东去，浪淘尽，千古风流人物"。历史是前进的，人间正进行着一场无与伦比的沧桑变化。只有今天的革命英雄，才无愧于我们伟大的祖国，才无愧于这个壮阔的时代。

整首词，豪迈、大气、雄浑、奔放，写景抒情，直抒胸臆。作者把他对祖国，对革命事业的最深沉的感情，浓缩在这首词里。从风格上，这首词接近于苏、辛，但无论是苏东坡还是辛弃疾，都还没有写出这样一首大气磅礴的词。并非在技巧上不能，而是胸中缺少毛泽东这样的拯救全民族的远大志向，缺少共产党人以天下为己任的宏伟抱负。只有毛泽东，能有这样的大气魄、大胸怀、大手笔；只有毛泽东，能写出这样一首气雄千古、傲睨八方的杰作佳篇。

世人从此知道了毛泽东不仅是伟大的政治家和军事家，还是卓越的文学家和才华横溢的诗人。毛泽东的风采神俊，赢得了重庆各界人士的喝彩，也赢得了全国人民以及外国人士的敬佩。

在三大战役中，毛泽东以写诗一样的雄伟气魄和奇思妙想，运筹帷幄之中，决胜千里之外，完成了一场干净、漂亮的大决战。三大战役，从1948年9月12日开始，到1949年1月31日结束，历时142天，共歼敌154万余人，解放了东北全境、华北大部以及平、津等地，其规模之大，歼敌之多，在全国乃至世界战争史上都是罕见的。人民解放军以摧枯拉朽之势，一日千里，横扫千军，无坚不摧，势如破竹，使国民党赖以维持其反动统治的主要军事力量，在几个月中基本被摧毁。正是，"谈笑间，强虏灰飞烟灭"。

渡江战役，毛泽东以又一首气势磅礴的诗歌结束了这次战役：

> 钟山风雨起苍黄，百万雄师过大江。
> 虎踞龙盘今胜昔，天翻地覆慨而慷。
> 宜将剩勇追穷寇，不可沽名学霸王。
> 天若有情天亦老，人间正道是沧桑。

一个外国人在读过毛泽东那无与伦比的诗篇之后，由衷地称赞道："一个诗人赢得了一个新中国。"而美国总统尼克松在他的著作《领导者》里，也曾多次提到毛泽东那流光溢彩的诗篇。确实，毛泽东是一个杰出的诗人，但同时又是一个伟大的哲学家、政治家和非凡的军事统帅。在他身上，这几重身份是统一的。革命战争，既是铁与血的冷酷现实，又是充满革命激情和浪漫色彩的英雄事业。长期的战争生涯，锻炼了一位伟大的统帅，又造就了一位非凡的诗人。

正由于这几重身份的和谐统一，毛泽东的诗才有着非一般诗人所有的风采、气度、神韵和气魄，而他的战略战术也才有了史诗一样的雄浑大气和奇思妙想，才有了"毛主席用兵真如神"的种种传奇故事。

在谈到领袖的才气时，尼克松说过："伟大的领导是一种特有的艺术形式，既需要超群的力量，又需要非凡的想象力。""政治学，从其最高境界来讲，与其说是散文，毋宁说是诗。"在毛泽东身上，我们看到了这种"超群的力量"和"非凡的想象力"，看到了这种力量怎样激励了一个民族，去战胜强大的国内外敌人，摆脱半殖民地半封建社会的悲惨命运，争取一个光明灿烂的未来。①

诗人的魅力：《临江仙·赠丁玲》

壁上红旗飘落照，西风漫卷孤城。保安人物一时新。洞中开宴会，招待出牢人。

纤笔一枝谁与似？三千毛瑟精兵。阵图开向陇山东。昨日文小姐，今日武将军。

——《临江仙·赠丁玲》

1936 年 11 月初，丁玲愤然逃出南京，直奔陕北苏区——当时的党中央所在地保安县。

欢迎晚会上，在丁玲看来"高不可攀"的毛泽东微笑着向她俯身问道："丁玲，你打算做什么呀？"

"当红军！"丁玲扬起脸，毅然回答道，还是一脸的学生气。

"好，派你到陇东前线打仗去。"毛泽东爽快地应了丁玲的心愿。

不久，丁玲果真披挂上阵，跟着左权的部队去前线了。前线枕戈待旦的战地生活，既浪漫，又艰苦，丁玲决心要做一个名副其实的红军。就在这时，她收到了毛主席赠给她的一首《临江仙》词。

这首词，是对当时如丁玲一样，从白区赴陕北的文艺工作者们政治抉择的赞扬和鼓励。对一个"莎菲式"的文小姐来说，能写出《记左权同志话山城堡之战》《彭德怀速写》这样的战地文学，这之间思想与情感的转变，一首《临江仙》表现出来的挥洒风度和富于磁性的诗人魅力，恐怕是使人忘我的巨大动力。

这就是当初这么多的文人墨客义无反顾地投身于革命的原因。除当时的国民党政治黑暗以外，作为中国革命和中国共产党代表人物的毛泽东，他本人身上所焕发出来的革命的浪漫主义精神，无疑有着巨大的感召力、吸引力和凝

① 参见中共广州市委党史研究室：《一个诗人赢得了一个新中国》，广州党史 http://www.zgggzds.org.cn/dsyjrwcq/116.jhtml，2011 年 1 月 4 日。

聚力。①

在当代中国社会的生活春风里，依然弥漫着过去年代的记忆和这些记忆挟带的理想、激情，还有无数英雄们的故事。

这是人们的精神需要，也是传承文化和积累智慧的必要方式。

在人们的视野中，21 世纪的政治和文化沙滩，不会淹没特殊人物的光泽。比如，关于毛泽东。

毛泽东的人生和性格、才情和作为，以至他用兵、谋政、治国的决策，在今天依然是颇有吸引力的话题。

翻检毛泽东一生的辉煌的历史，总有些让人惊讶又兴奋的决策行为。他的果断，他的别出心裁；他的深谋，他的见近知远；他的灵活，他的预留地步，常常会在当事人以及后来者的心目中，唤起阵阵激赏和意外的涟漪。

一个行高于众的人，被一群一流的精英选择，进而被一个民族敬仰，自然靠他自身携带的卓越非凡的东西。这种东西就像一部大书，记载着一个人的历史重量和文化含量、智慧境界和人格品位。

毛泽东诗词，某种程度上可说是记载毛泽东人生经历最深刻的精神自传，是记载他对事业追求的另一种生动的叙事"版本"，更是诗人毛泽东播撒在坎坷心路上的性灵花朵。

作为诗人，毛泽东有着异乎常人的自信。

正是毛泽东那不平凡的经历，造就了别具一格的诗风，使典雅高古的旧体诗词和中国革命的历史风云高度地融合在了一起。②

书法大师

毛泽东的书法以坚实深厚的传统功力，超凡脱俗的强烈个性，创造了集崇高、雄健、豪放、险绝、飘逸于一体的美学形象，一派无往不胜的雄杰气概，彰显了令人昂扬振奋的时代精神，因此成为 20 世纪"十大杰出书法家"之一。

他在书法史上的贡献，不啻以独树一帜的艺术传世，更重要的是，他的作品体现了一种前所未有的创新精神。这使得他的书法特立卓绝，异古殊今，具有恒久的艺术生命力。也为当代书家如何在继承传统的基础上开拓创新，树立了成功的范例和堪为师表的楷模。在中国书法史上，以戛戛独造的"毛体"耸起一座巍峨的高峰，为中国书法美学研究提供了最具魅力的翰墨佐证。③

毛泽东一生都非常热爱书法艺术，他行草兼备，极富个性，笔走龙蛇，豪

---

① 参见何以：《毛泽东的情趣》，中央文献出版社 2011 年版，第 222、223 页。

② 参见陈晋：《独领风骚：毛泽东心路解读》，中国人民大学出版社 2013 年版。

③ 参见董文：《毛泽东书法的创新与发展》，《辽沈晚报》2011 年 9 月 16 日。

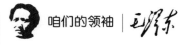

放不羁，继古创新，自成一家。①

越写越好，越写越草

秋收起义后，毛泽东率部来到江西永新县，贺子珍知道他喜欢书法，习惯用毛笔起草文件和书写文稿，就经常给他购买笔墨纸砚准备着。毛泽东喜欢用毛笔和铅笔。在江西和福建作调查和记录时他大多用铅笔，而起草文件、书写材料时则一律用毛笔。毛泽东对毛笔及墨、砚、纸"文房四宝"特别爱护珍惜。

贺子珍经常和毛泽东一起切磋书法艺术，毛泽东说："字要写得好，就得起得早；字要写得美，必须勤磨炼；刻苦自励，穷而后工，才能得心应手。学字要有帖，帖中要发挥。"毛泽东主张习字要有体，但不一定完全受一种体的限制，要兼学并蓄，广采博收，有自己的创新，自己的风格特点，要能适用，雅俗共赏，才能引人入胜。

毛泽东学习书法过程中，研究学习的范围很广。红军长征时期他在遵义县北的娄山关，见一刻石碑上刻的"娄山关"三字不仅写得苍劲挺拔，而且石工刻得也如眼前峻峰峭壁，堪称佳作。他在这块石碑前停留良久，感叹再三，他反复揣摩，不断用手比画运笔，嘴里说着："可惜这碑不知出自哪朝哪代哪位名家之手啊！"还有一次部队到武夷关，在一座庙里见到许多书法造诣很高的碑文，毛泽东也抽空研究它们。他说："中国的庙宇也是书法胜地，许多古庙都有很有价值的书法作品，称得上是书法艺术的宝库。"

毛泽东一生都没有和"文房四宝"须臾分开，他的书法造诣堪称一代大家。

毛泽东的著作甚丰，唯对书法艺术的见解没有专门论述。但他平时有谈论书法的一些言论，他说："字的结构有大小、疏密，笔划有长短、粗细、曲直、交叉，笔势上又有虚与实，动与静，布局上有行与行间的关系、黑白之间的关系。这一对对的矛盾都是对立的统一啊！既有矛盾，又有协调统一。中国的书法里充满了辩证法！"

他指出："人有相貌、筋骨、精神，字也有相貌、筋骨、神韵。"因此，临帖，"最初要照原样写，以后练多了，要仿其形，取其神。"他说，"字和人一样，也有筋骨和灵魂。练久了，就会找到筋骨，写出神韵。"所谓筋骨，是字的相貌、气势和力量；所谓灵魂，是字的内质、神韵。古人的字，一般地说，北碑尚骨，南帖尚神。毛泽东则主张骨神兼备。

毛泽东说："学字要有帖，学好后要发挥。习字要有体，但不一定受一种体的限制，要兼学并蓄，广采博取，有自己的创新，自己的风格，才能引人入胜。"

这些书法理论，是毛泽东从借鉴古人的经验和总结自己的实践中提炼出来

---

① 参见徐涛：《真实的毛泽东》，中央文献出版社 2009 年版，第 357 页。

的。看毛泽东手迹称得上是一种享受，看过后还是想看，每看一遍都受启发。毛泽东的书法深受读者们的喜爱。①

毛泽东晚年开始攻草书，并形成了自己的风格。在书法上形成自己的风格并非一件容易的事。毛泽东凭借自己的天分、勤奋、胸襟、见识、学养等诸多方面的因素，在书法艺术上达到登峰造极的境界。

纵览毛泽东20世纪50年代中期之后的草书，可以发现他既已娴熟地把握了草法规律又不墨守成规，得心应手地将草势草法随机而化，获得了自由。这当然是他刻苦钻研和临摹传世草书法帖的结晶。②

在人才辈出的中国历史上，像毛泽东这样兼数能于一身，既有政治家的气度、军事家的武略、思想家的睿智深邃，又有艺术家的才情的，却不多见。毛泽东的艺术才情，不仅表现在他的诗词中，更表现在他那惊世骇俗的书法艺术中。承继了传统中国书法的精髓，亦积聚了强烈的时代气息，在中国书法的殿堂里，毛泽东铸造了一座艺术丰碑。毛泽东书法艺术水平的高度，是其他任何一位书法家无法企及的。③

读书生活

毛泽东并非出身于书香门第，对读书的酷爱，也并非从书斋式的学问研究出发，而是基于一种朴素的社会理想、人生目标。早年的毛泽东，承继了中国知识分子读书为了齐家治国平天下的传统品德。当他真正走上了革命道路，便自然而然地将读书运用到救国、治国、治理天下的革命实践当中。读书，可以说是毛泽东一生生活的重要组成部分。

关于毛泽东的读书生活，有很多故事流传。青年时期，为了锻炼毅力，在街头读书，以求闹中取静；战争时期，生活在最艰苦、最紧张的环境中依然没有放弃读书，书籍是他最宝贵的财富，他对书籍爱护有加。因形势所迫，有时不得不放弃所有书籍，每逢此时，他都十分伤心。他的大部分藏书，特别是他有过批注的书，几经辗转，历尽艰辛，最终搬到了北京。新中国成立后，他将卧床一半的位置留给了书，为的是能够更便利地取书、读书，真正是以书为伴。

毛泽东终身酷爱读书，一生中读了很多书。据不完全统计，他的存书共有近十万册。有的是毛泽东在革命战争年代阅读过保存下来的，大部分是进城之后根据读书需要，用他自己的稿费或工资逐步购买添置的。其中有一部是1938年8月，鲁迅先生纪念委员会编辑出版的精装20卷本的《鲁迅全集》。经过艰难

---

① 参见华老：《毛泽东书法——越写越好越写越草》，中国青年网、青少年爱国主义、红色记忆2011年2月9日。

② 参见卢志丹：《毛泽东品国学》，新世界出版社2011年版，第292、294、296页。

③ 参见卢志丹：《毛泽东品国学》，新世界出版社2011年版，第292页。

辗转，在延安的毛泽东收到了一部这次出版的《鲁迅全集》。毛泽东收到《鲁迅全集》以后，十分珍惜，爱不释手。无论转移、行军、打仗，他都一直带在身边，连同其他几本马恩列斯的著作和一些哲学、历史、文学、自然科学等著作共1200多册，一直带进了中南海丰泽园。还有一部清乾隆武英殿版的木刻大字线装本《二十四史》。这部《二十四史》，是毛泽东身边的工作人员根据他阅读中国古籍的广泛需要而添置的。还有很多历史典籍、名人传记、中国古典文学包括诗词曲赋、外国文学及名家名著、政治学、经济学及自然科学等方面的著作。毛泽东每次去外地视察工作，参加会议和调查研究时，都嘱咐工作人员带上其爱读的数十种书籍，走到哪里，带到哪里，读到哪里。20世纪50年代到60年代、70年代，无论在住地的会客厅、书房、办公室、卧室，还是在外出的火车上、飞机上，不分白天、黑夜，工作人员随时都可以看到毛泽东凝神静气地读书的身影。他一边读，一边用笔在书上圈圈画画，许多书上还写满了批注文字。

毛泽东即使在病魔缠身的岁月里仍然非常勤奋刻苦地读书。进入20世纪70年代，毛泽东的体质愈来愈差，多种疾病接连不断。在病魔缠身的最后几年，他的两腿肿得不能站立，两脚肿得不能走路，眼睛患老年性白内障看不清东西，听力也下降了，甚至说话也越来越让人难以听清，但他还是日夜地看，每页地读，不停地圈画，细致地写批注。眼睛看不见了，就让身边工作人员读，手拿不动了，就让身边工作人员举着。

毛泽东这种活到老，学到老，生命不息，读书不止的精神是感人且令人难忘的，也是非常值得我们学习的！

纵观毛泽东70多年的读书实践和他关于读书学习的讲话、谈话、报告、著作、文稿、书信、笔记等言论，毛泽东在读书学习方面有以下十四大主张：[①]

一、博览群书；

二、"由浅入深""渐入佳境"；

三、要持之以恒；

四、"为学之道，先博而后约，先中而后西，先普通而后专门"；

五、先"粗读"后"精读"；

六、"趁着年纪尚轻，多向自然科学学习，少谈些政治"；

七、读书学习要"下苦功夫"；

八、要"挤"和"专"；

九、要写笔记；

十、要联系实际；

---

① 参见徐中远：《毛泽东读书十法》，中央文献出版社2013年版，第2—18页。

十一、不要盲从，要独立思考；

十二、欲从天下国家万事万物而学之；

十三、必须从不自满开始；

十四、要至死方休。

毛泽东的情趣

野蛮其体魄[①]

游泳

长江，正值汛期的长江，又刮着五级大风。73 岁高龄的毛泽东不顾左右的劝阻，毅然跃入这水急浪大的江水中。

从武昌大堤口到武汉钢铁公司附近，大约是 30 华里的游程，毛泽东劈波斩浪一往直前。大浪一个接着一个，风速越来越大。毛泽东时而侧泳，时而仰面躺在水中，又不时地奋力击水。就在这风口浪尖里，他整整游了 75 分钟。

陪同毛泽东横渡长江的武汉市 5000 游泳大军振奋不已；两岸拥挤的人群被震惊了⋯⋯全中国的 7 亿人民和全世界的有心人也震惊了。他们对毛泽东超人的体能和罕见的毅力表现出无限的惊讶和由衷的敬佩。

但这仅是毛泽东一生在中流击水中的一幕。时间是 1966 年 7 月 16 日，地点为武汉。

毛泽东喜爱的运动项目很多，但一生坚持不懈的只有游泳。他对这项运动有一种特殊的偏爱。他从小就酷爱游泳。从青少年时期开始，他就一直把游泳作为锻炼体魄、砥砺意志的一项重要手段。

橘子洲一带成了青年毛泽东心爱的游泳池。有两年暑假，毛泽东住在岳麓书院的湖南大学筹备处，每天下午四五点钟，他都和蔡和森、张昆弟等去橘子洲边游泳。畅游之后，再指古道今大声议论一番天下兴亡事。

爱好游泳的习惯，毛泽东保持了一辈子。可以说他是走到哪儿游到哪儿。但相对而言他在湘江、在橘子洲边游得最洒脱、最舒畅。这是因为他对青少年时期的那段生活有一种特别的眷恋和向往。告别学生时代后，毛泽东还曾多次畅游湘江，写下过那首著名的《沁园春》。其中"到中流击水，浪遏飞舟"等名句至今仍为人们广泛传颂。全国解放后，毛泽东又曾多次在湘江游泳。

毛泽东对游泳的特殊偏爱，不单是因为他认为游泳既能锻炼身体、又能增强勇气，是最好的一项体育运动，而且在于他把在江河湖海中游泳看作对大自然的挑战。毛泽东在他学生时代的笔记中就写到："与天奋斗，其乐无穷！与地

---

① 参见何以：《毛泽东的情趣》，中央文献出版社 2011 年版，第 3—19 页。

奋斗，其乐无穷！与人奋斗，其乐无穷！"为了练就一种勇猛向前、奋发向上的进取精神，青年毛泽东曾经选择了许多种锻炼方式，最后坚持下来的就是游泳。被征服的江河，会给毛泽东带来胜利者的喜悦，增强他战胜一切艰难险阻的信心。

新中国成立以后，毛泽东特别喜爱到从未涉足过的水域游泳，尤其是大江大河等辽阔水域，他还特别喜爱在特殊的水文气象条件下游泳。

除湘江外，毛泽东游得次数最多的要数长江。

毛泽东第一次游长江，是1956年。

在几次畅游长江之后，毛泽东反复向周围的同志提出这样的问题："全国的江河这样多，能不能都利用起来游泳呢？全国六亿人口，能不能有三亿人口都来游泳呢？"他在接见全国六大城市划船比赛的运动员时，又说："全国人民如都像你们这样健康，帝国主义看到都害怕，谁还敢喊我们'东亚病夫'呀！"

毛泽东这些话传播开来，全国各地立刻掀起了一个学习游泳，锻炼身体的高潮。是时，正值我军炮轰金门、马祖等岛屿，台湾海峡两岸的形势显得特别紧张。于是海外纷传，毛泽东要指挥大军泅渡台湾海峡，解放台湾，搞得蒋介石集团风声鹤唳。

从1956年到1966年的十年间，毛泽东先后共18次畅游长江。毛泽东认为："长江又宽、又深，是游泳的好地方。""长江水深流急，可以锻炼身体，可以锻炼意志。"

毛泽东问为他护游的青年："在七级大风里，你们游过吗？一人高的浪里，你们游过吗？游泳是同大自然作斗争的一种运动，你们应该到大江大海去锻炼。""在江河游泳，有逆流，可以锻炼意志！"

毛泽东的话，不单是对青年们的勉励和希望，而且是对游泳实践的写照。细想一下，毛泽东的政治生涯。又何尝不是在不停地闯激流，战恶浪，过险滩呢？

毛泽东，中国革命的领航人，世界舞台的弄潮儿！

"欲文明其精神，必先野蛮其体魄"，是青年毛泽东当时热衷提倡的一个口号。

在这方面，毛泽东深受他的老师杨昌济的影响。杨昌济反对封建腐朽的生活方式，提倡民主的科学的生活方式。他不但道德好、学问好，而且爱好体育运动，并竭力向学生提倡体育运动。他经常教导学生说：一个人要有健康的体魄，才会有充沛的精力，也才有坚强的意志；只有这样的人，才能搞好学习，搞好工作，将来成为社会上有用的人才。他把自己平时健身的方法介绍给同学们，并身体力行，成为体育实践的好榜样。毛泽东常年坚持的冷水浴，就是受他的影响。

冷水浴

在毛泽东第一师范读书时的浴池边，有一眼水井。每天清晨，当学生们还在酣睡的时候，习惯早起的毛泽东，便披上衣服，带着一篮洗澡毛巾，来到井台上，进行冷水浴。他脱光上身衣服，将水一桶接一桶地吊上来，先是用水擦身，擦了淋，淋了擦，这样反复做上一二十分钟，直到全身发红发热为止。由夏到秋，由秋到冬，气温虽然一天天下降，他的冷水浴却从来没有间断过。即使是在寒风凛冽的严冬，他仍照常坚持。

起初，只有毛泽东、蔡和森等几个人从事这项锻炼，后来发展到许多人。每天早晨，大家在井边聚齐，脱掉上衣，从井里吊出一桶桶冷水从头浇到脚，大家边淋、边擦、边谈笑。有时你淋我，我淋你。这样集体冷水浴，大伙儿兴趣很高，但毛泽东始终是其中坚持得最好的。

当有的同学问毛泽东冷水浴究竟有什么好处时，他回答：最显著的效力有两大项。第一，它可以促进血液循环，增强身体的抵抗力，并能强壮筋骨；第二，它可以培养勇猛无比的气魄和战胜困难的精神。试想，在北风呼啸、滴水成冰的清晨，把冰冷冰冷的水，一桶桶地向自己身上浇，没有一点勇气的人，能做得到吗？只要有决心和毅力，就会坚持到最后，重要的问题，在于坚持。

从那时起，毛泽东常年坚持冷水浴。即使在新中国成立后，毛泽东虽然因为年纪大了，不能正式做冷水浴，但每天洗澡仍然坚持不用热水，而只用微温的水。他说："一个经常注意锻炼身体的人，更不会被风雪的寒威吓倒。锻炼的确是重要的事情。"

雪浴·天雨浴·日光浴·空气浴

毛泽东锻炼身体，不仅在宗旨上与其改造中国和世界的理想相联系，而且方式也很独特。

冬天，大雪纷飞，寒风刺骨，他却偏要跑出去迎风搏雪，说是"雪浴"。夏天，遇到狂风暴雨，别人都往屋里跑，他却偏偏往外边跑。常常一个人在操场上脱去外衣，让倾盆大雨淋个痛快，说是进行"天雨浴"。1917年夏天的一个晚上，狂风暴雨，雷鸣电闪，他一个人顶狂风、冒大雨爬上岳麓山顶，然后又从岳麓山顶跑下来，浑身湿淋淋地来到山脚下蔡和森的家里。蔡和森的母亲葛健豪问他是怎么回事，他说是为了体会《书经》上写的"纳于大麓，烈风雷雨弗迷"这样的情味，并借以锻炼自己的力量。烈日当头，别人躲之不急，毛泽东却光着背在湘江边的沙滩上进行"日光浴"。

爬山、郊游和长途跋涉

湘江西岸的岳麓山，古树参天，群峰叠翠。尤其深秋季节，枫叶经霜之后，"万山红遍，层林尽染"。这时更是毛泽东和他的学友们爬山的最好时节。他们爬山这一天往往都不吃饭，只带一些"结蚕豆"（即炒熟的蚕豆）充饥。毛泽东后来说，这种蚕豆吃起来硬，不仅可以饱肚，而且可以锻炼胃肠的消化功能。

和爬山、郊游及徒步远游活动相关的一项锻炼是"露宿"。

在郊游、远游途中，在学校后面的君子亭、岳麓山的爱晚亭和湘江中的橘子洲头，当夜幕降临，游人散尽的时候，他们席地而坐，高谈阔论，直至夜深人静，大家都疲倦了，才各自找个地方，并故意彼此隔开相当远的一段距离，露宿到次日天亮。即使到深秋霜降他们还坚持这项锻炼。

毛泽东和他的学友们之所以有意识地进行这种艰苦的锻炼，是因为他们清楚地知道，在未来"改造中国与世界"的奋斗道路上，一定会遇到许多想象不到的艰难困苦，现在应该预先做好充分准备。这倒正好应了孟子"天将降大任于斯人也，必先苦其心志，劳其筋骨，饿其体肤，空乏其身，行拂乱其所为，所以动心忍性，增益其所不能"的那段古训。①

纵情山水

走遍万水千山，是毛泽东情感世界、革命生涯中的一个重要组成部分。

毛泽东，的确是一个不同寻常、非凡的人。他的胸怀之所以极其博大、感情极其丰富，是同他酷爱祖国的山山水水、劳苦大众密切相关的。

青年时代，风华正茂，毛泽东有过游历全国的梦想；及至暮年，仍壮心不已，他还想骑马走遍黄河、长江沿岸。毛泽东的一生，足迹遍于大江南北，名山大川，除了两次短暂的工作性的出访苏联，他一直痴情地留在自己的国度。无论在戎马倥偬的战争岁月里行军奔波，还是在热火朝天的建设年代外出巡视，他都不忘调查风土民情，抒怀言志，从来不作单纯的例行公事。毛泽东十分了解祖国这片古老而又神奇的土地，可谓达到了万水千山存于一心的境地。

从某种意义上说，一个政治家的伟大程度是同他热爱、熟悉和理解自己国土的程度成正比的。毛泽东无愧于一个伟大的政治家，他在这方面的阅历和水平，远远超过了中国历史上的诸贤列圣。

"江山如此多娇"是毛泽东对祖国山河最高的赞誉，而"引无数英雄竞折腰"则是他对共产党人牺牲精神的生动写照。为了这美丽无比的国土，他付出了自己的全部心血。祖国的千山万水将永远镌刻着他的事迹。②

毛泽东喜爱山水之极，从青少年时代起，一生是览不尽的山，游不尽的水。

山水是他情感的载体，或者说，是他精神世界的兴奋点。高山大河往往以其气势令人生畏，但毛泽东从不畏惧挑战。山越险峻、浪越凶猛，越能激发他的斗志，方显英雄本色。他就是要在同高手的搏斗中去征服对方，宣泄意志，抒发豪情，享受胜利的喜悦。

山水丰富了他的阅历。在中国，山是一种文化。大凡有山则有庙、有碑刻

① 参见何以：《毛泽东的情趣》，中央文献出版社2011年版，第3—7页。
② 参见何以：《毛泽东的情趣》，中央文献出版社2011年版，第21页。

和民间传说。水不仅如此，而且有的还形成一种文明体系，如黄河文化、长江文明。毛泽东由此汲取知识，广增见闻，受益匪浅。

山水陶冶了他的性情。山巍然屹立，狂风不倒；水一望无际，容纳百川。长期的熏染，对毛泽东形成和保持坚强的意志、宽广的胸怀，起着潜移默化的作用。

山水还是毛泽东成就大业的重要依托。井冈山的悬崖峭壁，保存了大革命失败后的火种；黄河天险，阻挡了敌人向延安的进攻。从某种意义上说，这山水是革命的保护神。他能不深深地爱着它们吗！

中国地大物博，山川河流众多。毛泽东究竟到过多少地方，难以统计，也无法统计。下面仅列其中有名的，而且在毛泽东经历中有重要意义的山河江海。

1927 年夏，轰轰烈烈的大革命失败了，随之，南昌起义、广州起义和秋收起义也相继失败，中国共产党已无法在城市立足，中国革命有被扼杀的危险。就在这万分紧要的关头，毛泽东毅然率领秋收起义的残余部队登上井冈山，在敌人统治比较薄弱的农村，凭借大自然的天险和较好的党群基础，进行武装割据，创立了全国第一个农村革命根据地，使党和红军的力量得以保存和发展，同时开辟了一条以农村包围城市、最后夺取城市的革命道路。

井冈山，位于湘赣两省边界、罗霄山脉中段，拔峰而起，山势雄伟险峻。由群山组成，最著名的有五井。上山后，毛泽东主要在这一带活动，考察地形，建设政权，指挥红军作战。

龙源口大捷后，井冈山进入全盛时期。

毛泽东在井冈山，不全都是金戈铁马，炮火硝烟，那里还有他一段甜蜜的恋情。爱，是不能忘记的，这段恋情，将和井冈山永存。

"三十八年过去，弹指一挥间。"1965 年 5 月，毛泽东重上井冈山，沿着当年走过的道路，视察了七溪岭（龙源口）、三湾、古城、茅坪等地，饱览了昔日烽烟四起的战场，毛泽东豪情满怀，挥笔写下了气势磅礴的诗篇《水调歌头·重上井冈山》，向人们展示了一条颠扑不破的真理："世上无难事，只要肯登攀。"

毛泽东率领中国工农红军在二万五千里长征途中爬雪山、过草地的事迹，举世闻名。

长征历经了数不清的山，比雪山高者、大者、名者有之，为何雪山居冠？因为众山中，以爬雪山最为艰难。

1935 年 5—7 月，毛泽东和红军战士一样，在缺衣少食的条件下，冒着寒风、雨雪、冰雹，忍受着令人窒息的稀薄空气，翻越了这些人烟绝迹、鸟兽不过的雪山，到达毛儿盖，迎接茫茫草地的挑战。斯诺在《西行漫记》中记载：毛泽东告诉我，刚爬第一座大雪山时，"在这个山峰上，有一个军团死掉了三分之二的驮畜。成百上千的战士倒下去就没有再起来"。这是何等艰难的行军呵！毛泽东和许多红军战士终于挺过来了，他们用自己的毅力、体魄和无畏的精神，战胜了一切困难，谱写了长征这部英雄史诗中最动人心魄的一页，创造了人类历史上的光辉奇迹。①

毛泽东生前多次同人谈起，他有三个愿望，其中之一就是准备骑马考察黄河、长江。

1952 年 10 月 25 日至 11 月 1 日，毛泽东利用中央批准他休息的时间，出京对山东、河南、平原三省境内的黄河决口泛滥最多、危害最大的河段，进行了现场视察。陪同毛泽东视察的有：中共中央办公厅主任杨尚昆、公安部部长罗瑞卿、铁道部部长滕代远、第一机械工业部部长黄敬、轻工业部部长李烛尘和汪东兴等同志。

10 月 27 日，毛泽东在当地领导的陪同下，视察了济南历史上决口频繁、灾害严重的乐口险工处。毛泽东站在抗洪大坝上，远眺滚滚的黄河水，深思后问：这里黄河底比济南城内地面高多少？有人回答：6～7 米。毛泽东深情地交代，要把大堤、大坝修牢，万万不要出事。毛泽东顺堤前进，边走边谈，怎样修好堤、修好坝，雨季大水，要发动群众上堤防守，必要时军队要上去坚决死守，不能出事。许世友说：服从命令，坚决完成任务。毛泽东在前进中，看到堤外大片盐碱地，问：这是什么原因？有人回答道：黄河高（悬河），堤外低洼，再加小清河多年未疏通，排水不畅，造成耕地盐碱化，种不保收。群众说，"春天一片霜，秋天明光光，豆子不结荚，地瓜不爬秧"。这一片上下有 15 万亩地种不成庄稼，群众生活困难。毛泽东说：我深知黄河洪水为害，黄河侧渗也会给人民造成灾害，你们引用黄河水淤地，改种水稻，疏通小清河排水，让群众吃大米，少吃地瓜不行吗？省领导说：没经验，我们一定试办。

毛泽东说：过去黄河流经这里 700 多年，泥沙淤积很多，夏秋季节常常决口泛滥成灾，给群众生产、生活造成极大灾难。乾隆皇帝四次前来视察，研究治理黄河问题，由于各种原因，他治不好黄河。现在解放了，人民当家作主，市委应当领导人民，把穿城而过、飞沙刮起的黄河故道治好。要变害为利，山上山下、城市道路两旁都要多栽树，防风固沙，改善人民生活环境，治理战争创伤，建设好社会主义国家……

1954 年冬，毛泽东回京途中，专列停在郑州北站。黄委会副主任赵明甫（主持水土保持工作）接到通知，向毛泽东汇报当时水土保持工作的开展情况以及经过专家数年调查研究，作出的不同水土流失区的不同治理规划意见。毛泽东听完汇报满意地笑着说：这套资料和治理图，给我好吗？

---

① 参见何以：《毛泽东的情趣》，中央文献出版社 2011 年版，第 61、63、64、66 页。

1955 年 6 月 22 日，河南省委通知，王化云到省委向毛泽东汇报工作。王化云向毛泽东汇报了经过苏联专家和各部委制定的"根治黄河水害和开发黄河水利综合治理规划"的意见。毛泽东听后很满意。1955 年 7 月 30 日，第一届全国人民代表大会第二次会议，通过了根治黄河的决议，将治黄事业推向新的里程。①

长江，是我国第一大河，沿途多支流，多湖泊，沿江有重庆、武汉、南京、上海等大城市，两岸景色秀丽，风光迷人。

长江，给毛泽东带来了兴奋、骄傲和无穷的乐趣。

湘江，一条很值得怀念的河流。毛泽东在这里学会了游泳，强健了体魄，体会到了意志的力量，悟出了许多人生的道理。"看万山红遍，层林尽染；漫江碧透，百舸争流。鹰击长空，鱼翔浅底，万类霜天竞自由。怅寥廓，问苍茫大地，谁主沉浮。"滚滚的湘江水，寄托着毛泽东的追求、理想和抱负，不可遏止地奔腾向前……后来，毛泽东每每至此，回首往事，都激动不已。

巧渡金沙江，完全跳出了数十万敌军围追堵截的圈子，取得了战略转移中具有决定意义的胜利。事后，毛泽东称此举是他的"得意之笔"。

越过大渡河，意志坚如钢。大渡河天险名不虚传，河水在数丈深的峡谷里汹涌澎湃，浪沫翻卷，两岸山势陡峭，泸定桥凌空而架，几根铁索随风晃动，寒光闪烁。太平天国时翼王石达开的四万人马在这里被清兵所围，全军覆没。石达开的故事，又为大渡河天险平添了几分恐惧，令人心惊胆战，望而生畏。但是，这一切完全吓不倒毛泽东。红军长征向大渡河进发时，后有敌三个纵队尾随追逼，前有敌兵把守，蒋介石又调四川军阀部队急进河岸，大有重演历史的气势。在这样严峻的关头，毛泽东下令夺取泸定桥，强渡大渡河，并且很自信地说，红军不是石达开。果然，红军 22 名勇士冒着敌人的枪林弹雨，英勇地攀过铁索桥，先锋团随后，消灭了敌人的火力据点，攻下了泸定桥，创造了历史上的奇迹。毛泽东露出了胜利的微笑，夸奖了红军战士的勇敢精神。②

多情未必不豪杰③

毛泽东喜欢看古装戏，喜欢听京剧，而且不同时期偏爱不同的戏。就戏的内容而言，它来源于生活，浓缩于生活，戏中人物的心理活动和感情寄托总是不同程度地与现代人的生活相契合，当两者达到沟通时，自然会唤起人们的无限遐思，从而产生强烈的心理和情感的共鸣。

大军过江前后及进京后，毛泽东曾经多次看《霸王别姬》，还让其他中央领导去看。

---

① 参见袁隆：《一九五二年毛泽东黄河故道行》，《党史博览》2003 年第 12 期。
② 参见何以：《毛泽东的情趣》，中央文献出版社 2011 年版，第 79—81 页。
③ 参见何以：《毛泽东的情趣》，中央文献出版社 2011 年版，第 296、298、302、304、321 页。

据李银桥回忆：一次，毛泽东看《霸王别姬》，看到楚霸王英雄气短、儿女情长，与虞姬生离死别，他的睫毛时常抖个不住，眼睛里湿漉漉的。他用一根指头按住李银桥胸前纽扣，用沙哑的声音说："不要学楚霸王。我们都不要学！"

看戏时，毛泽东是很爱动感情的，也很容易入戏，有时甚至是全身心地投入，从而达到至高的艺术享受。《白蛇传》是让毛泽东最动感情的戏。1953年到1954年，他连续看了几遍，每次看都流泪，鼻子呼呼地透不过气。最令人震惊和难忘的则是1958年毛泽东在上海看《白蛇传》时的动人情景。

晚上，毛泽东驱车来到上海干部俱乐部礼堂。观众们都已坐好，一见毛泽东走进来，都起立鼓掌。毛泽东向观众招一下手，便坐下来了。

演员早已做好准备。毛泽东一坐下，锣鼓便敲响了。毛泽东稳稳地坐在沙发里，静静地一动不动，卫士忙帮他点燃一支烟。毛泽东看戏是很容易进入角色的，一支烟还没吸完，便拧熄了，他目不转睛地盯着台上的演员。他的烟瘾那么大，却再不曾要烟抽。他在听唱片时，会用手打拍子，不时还跟着哼几嗓子。看戏则不然，手脚都不敲板眼，就那么睁大双眼，全神贯注地观看演员们的表演，全身一动不动，只有脸上的表情在随着剧情的发展不断地变化着。他的目光时而明媚照人，时而热情洋溢，时而情思悠悠。显然，毛泽东是进入了许仙和白娘子的角色，理解他们，赞赏他们。特别是对热情勇敢、聪明伶俐的小青，毛泽东怀着极大的敬意和赞誉。唱得好的地方，毛泽东就鼓掌。他鼓掌大家立刻也跟着鼓。

终于，许仙与白娘子开始了曲折痛苦的生离死别。卫士有经验，忙轻轻咳两声，想提醒毛泽东这是演戏。可是这个时候提醒已失去意义。现实不存在了，毛泽东完全进入了那个古老感人的神话故事中。随着剧情的进一步发展，毛泽东越来越难以控制自己的情绪了，他的身心整个与戏中主人公的命运相契合了。当剧情发展到法海开始将白娘子镇压到雷峰塔下时，惊人之举发生了：毛泽东突然愤怒地拍"案"而起。他的大手拍在沙发扶手上，一下子立起身："不革命行吗？不造反行吗？"一个领袖人物如此动情于这一美好的神话故事，足见毛泽东性格中至亲至爱的方面。

戏演完了之后，还有一件事颇令人回味，这就是毛泽东从不掩饰自己的好恶。据毛泽东的卫士长李银桥回忆，他是用两只手同"青蛇"握手，用一只手同"许仙"和"白蛇"握手。他没有理睬那个倒霉的老和尚"法海"。

毛泽东不仅喜欢京剧、地方戏，而且也非常喜欢相声。其实，对于中国传统的民族文艺，毛泽东都喜欢。在搞农村调查时，他曾光顾过庙会，看过大戏，听过山西梆子，用他本人的话讲，就叫作"看庙看文化，看戏看民情"。毛泽东的一生几乎涉猎了中国古老文化的各个领域。

毛泽东爱听相声，尤其爱听侯宝林的相声。

毛泽东给人的印象总是乐观、轻松、愉快，看戏、听相声都是如此。同时，他也是一个感情相当深邃的人，大喜大悲很少表现得淋漓尽致。他虽然喜欢听相声，而且听相声时常常是笑声不断，但他总是难得纵情大笑。在听相声的时候，毛泽东常常努力克制住自己，不让自己笑出声来，有时竟憋得脸都发红了。据侯宝林回忆，在20世纪50年代他给毛泽东说相声的时间里，仅有一回毛泽东忘情地大笑了，而且笑得透不过气来，一边笑，一边摆手，意思是说，他实在忍不住了。

毛泽东的个性极具魅力，周身洋溢着无法抗拒的吸引力，农民特有的质朴和直爽又使他的一切极具说服力。他经常以自己的所作所为和日常生活中的琐事去感染和影响身边的工作人员，他可以通过轻松幽默的语言和自然欢快的玩笑让人获得丰富的知识，明确做人的道理。即使是在正规的场合，他也可以通过具体的事物使周围的同志明辨事理，受到教益。

寓教于戏①

新中国成立初期，由于不少人多年处于分散状态，在对敌斗争中各自为政，经历有所不同，思想认识也有差异，难免存在一些矛盾。因此，毛泽东在一些场合中，为了调解人民内部矛盾，统一思想认识，加强朋友、同志间的团结合作，便常用《古城会》这出戏来教育大家消除误会，和好如初，团结奋斗。

在毛泽东身边工作过的同志至今还铭记着毛泽东利用古典戏剧《古城会》的内容，来向民盟的同志阐明我党的方针政策。这个故事至今仍具有极大的教育意义。

1949年12月初，一个大雪盖地的夜晚，毛泽东在中南海怀仁堂接见了出席民盟中央四中扩大会议的全体人员。会上，他精辟地阐明了具体事物要作具体分析这一马克思主义的普遍真理，教导人们对人对事，要经过分析，增加了解，互相信赖，共同一致地参加新中国的建设工作。他说："大家都是来自五湖四海，团结起来，力量大。"接着他又风趣地问在座的同志："大家都看过《古城会》吧？看看这个戏是很有益处的。"

《古城会》体现了刘备、关羽、张飞三结义兄弟间赤胆忠心、坦诚相待的风度。

毛泽东在讲《古城会》的同时，还鼓励大家用批评和自我批评的方法，来巩固和加强内部的团结和合作，真是古今并用，语重心长。这个故事长时间地使民盟在政协《共同纲领》的旗帜下，团结奋斗。

---

①　参见何以：《毛泽东的情趣》，中央文献出版社2011年版，第316、317页。

伟 人 气 概

主权神圣不可侵犯①

　　毛泽东给中国注入的是一种气节，一种坚定的姿态，不屈服于任何外力的气魄和情怀！

　　1962年国庆节过后，发生在中印边界上的麻烦事越来越多。毛泽东几次召见了外交部的人，详细了解各方面的情况，又三次叫来中央军委的人，和刘少奇、朱德、周恩来、林彪、贺龙、陈毅、罗瑞卿、杨成武等人分别商议、制定了对印度的一再侵略行径应该采取的具体措施……

　　10月中旬，中印边界的形势越来越趋于紧张。

　　10月17日，毛泽东在中南海主持召集会议，决定进行中印边界自卫反击战。毛泽东在会议上说："要晓得，中国人不是那么容易欺负的！对一切入侵者，不管它是谁，来一个打一个，来两个打一双！"并说，"捍卫国家主权，保卫领土完整，是我们每一个共产党人必须履行的神圣职责！"

　　当天，中央军委下达了歼灭入侵印军的作战命令。

　　10月20日，印度军队不顾中国政府和中国境内驻军的一再警告，悍然向中印边界东西两段、向中国的边防部队发动了全面进攻；中国军队忍无可忍，被迫自卫还击……

　　一时间，入侵中国领土的印度军队做梦也没有想到，奋起反击的中国军队竟有着不可抵御的战斗力；整个战场简直沸腾了，高山上的白雪为之融化，脚底下的大地为之颤抖，就连天上的鸟儿也惊恐万状地飞离了被炮火笼罩的战场。密集的枪炮声伴随着解放军战士们愤怒的喊杀声，一阵压过一阵；战斗中，解放军的冲锋号吹得"嗒嗒"响，入侵的印度军队被这从来没有听到过的号声吓破了胆，一排一排的士兵在枪弹的射击中倒下，一股一股的入侵者在无法逃脱的情况下心惊肉跳地举起了托着枪的双手……

　　1963年1月8日，毛泽东写了一首充满革命乐观主义精神和抱定共产主义事业必然胜利的坚定信念的《满江红》词，以和郭沫若写的同一词牌的词。词中，很是表达了他对无产阶级革命事业崇高的使命感和神圣的责任感，表露着他敢于斗争、敢于胜利的伟大胆略和宏伟气魄：

满江红·和郭沫若同志

　　小小寰球，有几个苍蝇碰壁。嗡嗡叫，几声凄厉，几声抽泣。

---

①　参见邸延生：《历史的风范——毛泽东的人格魅力》，新华出版社2012年版，第70页。

蚂蚁缘槐夸大国，蚍蜉撼树谈何易。正西风落叶下长安，飞鸣镝。

多少事，从来急；天地转，光阴迫。一万年太久，只争朝夕。

四海翻腾云水怒，五洲震荡风雷激。要扫除一切害人虫，全无敌。[1]

五次断喝美国政府[2]

第二次世界大战中，美国崛起，成为世界霸主。从此，美国当局耀武扬威，为所欲为。但是，有一位伟人对美国当局有过五次断喝，他就是中国人民的伟大领袖毛泽东。

不得越过三八线

1950 年 9 月 15 日美军在仁川登陆，围歼了朝鲜人民军主力部队，朝鲜战局急转直下。美军欲要上演追击穷寇的好戏，威胁到了中国的战略安全。毛泽东此时向美国发出不得越过三八线的警告。然而联合国军统帅麦克阿瑟却置若罔闻。这位美国著名军事家、五星上将，刚刚不久在东南亚创造了席卷日军如卷席，1∶40 消灭日军的战绩，正踌躇满志，哪里听得进断喝，于 10 月 7 日越过三八线北侵，扬言鸭绿江边过圣诞节。志愿军三次战役后，美军回到了三七线，汉城已被攻克。麦克阿瑟吃够了苦头，丢尽了颜面，被美国总统杜鲁门解除了职务，灰溜溜回老家养老去了。接替麦克阿瑟的李奇微，动用了细菌战、毒气，也没有越过三八线，在世界舆论面前落了个"细菌将军"被解职。第三任统帅克拉克重用了第八集团军司令官范佛里特，拿三八线附近的上甘岭做文章。联合国军以 320 门大口径火炮、47 辆坦克、50 余架飞机对志愿军阵地猛轰，共发射炮弹 190 余万发，投炸弹 5000 余枚，把总面积不足 4 平方公里的山头生生削掉一米多留下了"范佛里特弹药量"的典故。经过 43 天的战斗，美军在世界舆论面前承认无法攻克上甘岭，乖乖在板门店签订了《停战协定》，美军止步三八线。后任美国三位总统小布什、克林顿、奥巴马，都到三八线拿着望远镜上演过望线兴叹的戏剧。

不得越过 17 度线

1961 年，美国发动了侵越战争，南越、韩国、澳大利亚、泰国、新西兰、老挝都参加了战争，美军出动了海陆空 65 万将士，是历史上美军参战人数最多的一次战争。可毛泽东说话了：不得越过北纬 17 度线。美国严格遵守了毛泽东的教导，不仅地面部队不超过 17 度线，就连战斗机也设置了 17 度线提醒装置，生怕一不小心飞过了。从此，越南战争就成了战争泥潭。17 度线不能过，灭又灭不了，进进退退，纯粹就是拼消耗。6 万多人死亡、30 多万人受伤。这样的窝囊仗美国再也打不下去了，于是就有了尼克松、基辛格 1972 年访华，请求毛

---

① 参见邸延生：《历史的风范——毛泽东的人格魅力》，新华出版社 2012 年版，第 72 页。

② 参见本刊编辑部：《毛主席五次断喝美国政府》，《时代中国之声》2012 年第 8 期。

泽东放他一马，体面回家。1973年1月27日，美国签署了《关于在越南结束战争，恢复和平的协定》，"光荣"地撤退了。

给美国黑人人权

长期以来，美国存在种族隔离、种族歧视制度，黑人不得居住在白人区，不能上白人学校，不能担任政府公职，甚至不能和白人同乘公共汽车。60年代，美国著名黑人领袖罗伯特·威廉因领导自由乘车运动，受到联邦调查局通缉，被迫于当年9月起流亡古巴。期间，罗伯特·威廉两次致信毛泽东，要求毛泽东发表声明，支援美国黑人反种族歧视斗争。1963年8月8日，毛泽东接受罗伯特·威廉的要求，发表了《支持美国黑人反对美帝国主义种族歧视的正义斗争的声明》。从此，美国黑人民权运动掀起高潮，美国国会被迫通过了《民权法案》，从法律上给了黑人人权。1968年4月4日，美国黑人领袖马丁·路德·金被枪杀，4月16日，毛泽东第二次发表声明，支持美国发生的黑人抗暴斗争，黑人们手上拿着红彤彤的毛泽东语录，高呼："要站起来战斗，不要跪着求生！"到处袭击法西斯军警，焚烧白人种族主义者的商店，使华盛顿、芝加哥、洛杉矶、底特律、巴尔的摩等大城市，都陷入一片混乱。美国被迫允许罗伯特·威廉返回国内，给了黑人真正人权。从此，黑人在坐车、上学、工作、从政上享有了平等权利，甚至还担任了美国总统、国务卿、参谋长联席会议主席。

撤出东南亚和台湾

美国在二战期间，伤亡了40多万将士，消灭了日军，占领了东南亚菲律宾、泰国、印度尼西亚，并继续入侵越南、柬埔寨、老挝，直接威胁了新中国的战略安全。1970年5月20日毛泽东发表了"全世界人民团结起来，打败美帝国主义及其一切走狗"的声明。1971年基辛格秘密来了。1972年，尼克松访华刚下飞机，就看到了机场的大标语：打倒美帝国主义及一切反动派！接下来，尼克松全盘接受了毛泽东要求美国撤出台湾、东南亚的条件。尼克松水门事件下台后，继任者福特总统不折不扣地完成了全面撤军事宜。

一切反动派都是纸老虎

东风吹，战鼓擂，现在世界上谁怕谁，不是人民怕美帝，而是美帝怕人民。美帝国主义看起来是个庞然大物，其实是纸老虎。《上海公报》中赫然载明："哪里有压迫，哪里就有反抗。国家要独立，民族要解放，人民要革命，已成为不可抗拒的历史潮流。国家不分大小，应该一律平等，大国不应欺负小国，强国不应欺负弱国。"1973年2月17日23时30分，毛泽东会见基辛格。谈话中基辛格问："主席现在正学英文吗？"毛泽东回答："我听说外面传说我正在学英文，我不在意这些传闻，它们都是假的，我认识几个英文单词，但不懂文法。"基辛格也不放过任何一个恭维毛泽东的机会："主席发明了一个英文词。"对此毛泽东爽快地承认了："是的，我发明了一个英文词——paper tiger。"基辛格马上对号入座:"纸老虎。对了,那是指我们。"宾主大笑。

能够让美国领导人被呵斥为"纸老虎",还高高兴兴地认账,全世界唯毛泽东一人。

哪张照片威超原子弹①

基辛格描述毛泽东接见尼克松的照片场景:接见并无任何仪式,房间内的陈设和屋子的外观一样简单朴素。毛泽东就站在那里边,周围都是书,他在中国人当中身材是高大魁梧的。他微笑着注视来客,眼光锐利而略带嘲讽,他的整个神态似乎在发出警告说,他是识透人的弱点和虚伪的专家,想要欺骗他未免是徒劳的。或许除了戴高乐以外,我从来没有遇见过一个人像他具有如此高度集中的、不加掩饰的意志力。他一动不动地站在那里,身边有一个女护士协助他站稳。他成了凌驾整个房间的中心,而这不是靠大多数国家里那种用排场使领导人显出几分威严的办法,而是因为他身上发出一种几乎可以感觉得到的压倒一切的魄力。

这就是我们现在被领去晋见的巨人。他用他特有的斜视的眼光迎接了尼克松,开玩笑说:"我们共同的老朋友蒋委员长对这件事可不赞成了。"

1972年2月22日,这个被历史定格的日子,不时播放着一个至今都震撼世界的镜头,曾经是横眉冷对、誓言要打倒的两个敌对国家的最高领导人——毛泽东和尼克松的一双手,在中国被非洲兄弟欢呼着抬着进入联合国不久,历史性地"跨过海洋"握在了一起。

曾经不可一世、眼睛像鹰隼般俯瞰世界的尼克松,在毛泽东面前,显得十分谦恭——他低着头,弯着腰,像一个淘过气、犯过错的孩子站在毛泽东身前,紧张得不敢喘一口大气。毛泽东很自然、轻松、潇洒地握着尼克松的手,嘴角边还露出一丝意味深长的微笑……

这张照片经各大媒体发布后,其威力不亚于一颗原子弹的爆炸,引起了极大的震惊,让全世界真正看到了中国高山仰止的尊严和不可抗拒的崛起,真正感受到了毛泽东沧海桑田的神力和令人敬畏的魅力。于是,在世界各地,掀起了一股摧枯拉朽的中国旋风。对于这种现象,陪同尼克松一起来到中国的基辛格博士将之形容为"颤流"。

基辛格是这样描述的:"没有任何外在的装饰物可以解释毛泽东所焕发的力量感,我的孩子们谈到流行唱片艺术家身上有一种'颤流',我得承认自己对此完全感觉不到。但是毛泽东却的确发出力量、权力和意志的颤流。"

---

① 参见〔美〕亨利·基辛格著,范益世、殷汉祖译:《白宫岁月——基辛格回忆录》第4册,世界知识出版社1980年版。

第三章　毛泽东的亲情爱情友情

毛泽东不仅是人民爱戴的领袖，他还是一位有情有义的凡夫俗子。

毛泽东的亲情

吾母高风　首推博爱①

毛泽东的母亲，是一个性情温和、仁慈善良、乐于助人的旧时农家妇女。为中国革命贡献了毛泽东、毛泽民、毛泽覃三个儿子的英雄母亲，人们都习惯地称她为"文七妹"。② 她是旧中国善良女性的化身。

1867 年，她出生在距离韶山冲 20 多里的湘乡县唐家坨一个贫农家庭。对母亲，毛泽东充满了感情。母亲去世不久，他写信给同学邹蕴真说："世界上有三种人，损人利己的，利己而不损人的，可以损己利人的，自己的母亲是属于第三种人。"

30 年代他对斯诺说："我母亲是个心地善良的妇女，为人慷慨厚道，随时愿意接济别人，也可怜穷人。"

毛泽东很爱母亲。1918 年夏，他从长沙赴北京前夕，十分挂念在外婆家养病的母亲，特地请人开一药方寄给舅父。次年春返回长沙，他把母亲接到长沙医治，住在蔡和森家，"亲侍汤药，未尝废离，足纾厪念"。毛泽东和两个弟弟还搀扶着老母亲到照相馆合影留念。这是文氏的第一次照相，也是最后一次照相。1919 年 10 月，毛泽东在长沙忙于"驱张运动"时，得到母亲病危的特急家信。他匆忙赶回韶山时，母亲已经入棺两天了。

那几天，对着暗淡的灯光，毛泽东一直守在灵前，并含泪写了一篇情深意长的《祭母文》，追念自己的母亲：

> 吾母高风，首推博爱。远近亲疏，一皆覆载。恺恻慈祥，感动庶汇。爱力所及，原本真诚。不作诳言，不存欺心……

1959 年 6 月 25 日，毛泽东回到阔别 32 年的故乡。他在父母照片前凝望，伫立了好长时间。次日凌晨，他默默地爬上故居对面一座叫楠竹坨的小岗，去瞻仰父母的坟墓。毛泽东向合葬墓深深地鞠了一躬，随后又伫立良久。回到住所，他仍深深地沉浸在对母亲的怀念之中。

---

① 参见吕春：《影响毛泽东的 6 个女人》，人民网 2009 年 5 月 7 日。
② 参见张艾子：《毛泽东的六位亲人》，团结出版社 2012 年版，第 18 页。

毛泽东的舐犊之情

毛泽东给了毛岸英伟大的父爱

毛岸英幼年时和母亲杨开慧一起坐牢，童年又流浪上海滩。他短暂的一生有如燧石，愈遇敲打，愈是闪耀着灿烂的光辉。作为毛泽东的长子，他严以律己，宽以待人，从不违背原则搞特殊化。江泽民在参观韶山时，曾一字一句地朗读了毛岸英的信，并深有感触地说：假如我们所有的干部都像毛主席对待毛岸英一样对待子女，遇到问题都像毛岸英要求自己的那样，我们的党一定兴旺，我们的党一定为群众所拥护。

新中国成立之初，朝鲜半岛燃起熊熊战火。唇亡则齿寒，户破则堂危：铁骨铮铮的毛泽东毅然作出选择——抗美援朝，保家卫国！毛泽东的长子、铁血男儿毛岸英，以非军人身份主动请缨。

彭德怀说："你在工厂当副书记不是很好吗？干吗非要参加志愿军呢！""不，现在美帝国主义侵略朝鲜，把战火烧到了鸭绿江边，朝鲜要亡国，我们要挨打！"毛岸英急切地说道，"彭叔叔，我是一个共产党员，在这种情况下我怎能看着朝鲜亡国而不救呢？我还能有心思躲在办公室里工作吗？你带我去朝鲜吧！我一定服从命令听指挥，努力做一个合格的好战士！"

毛泽东说："老彭啊，我帮儿子说句话，你就收下他这个兵吧！"这时候，很多人来找毛泽东，力陈不能让毛岸英去朝鲜战场的种种理由。毛泽东斩钉截铁："我作为共产党的主席，不派自己的儿子去，又派谁的儿子去呢？"

出发前，毛泽东对毛岸英说："你是共产党员，又是我毛泽东的儿子，到了朝鲜战场上，就更要吃苦在先，牺牲在前！"令人痛惜的是，英雄的毛岸英果然在朝鲜战场上牺牲了。马革裹尸未还乡，英魂一缕飘天外！

毛岸英的不幸牺牲，强烈地震撼着毛泽东的心灵。白发人送黑发人，毛岸英走得太早了，他只有28岁，结婚才满一年。回想起来也非常凑巧，当年毛泽东去上海出席中共一大时，也是28岁，也是刚结婚一年。父子两代同样在这种状况下身临险境，父亲则死里逃生，他的儿子却壮烈牺牲了。

毛泽东是人民爱戴的领袖，同时也是一位慈祥的父亲，有着同常人一样的舐犊之情。最初得到毛岸英牺牲的消息时，他没有哭，也没有眼泪。他的嘴唇哆嗦着，眨了一下充满血丝的眼睛，目光开始慢慢移动，望着茶几上的烟盒。李银桥帮他抽出一支烟，再帮他点燃，随之便听到像陕北老农民吸烟时发出的咝咝声，他想用辛辣的烟味来压住心中的痛苦。屋里静默了很长时间，没有人说话，也没有人走动，但大家都感受到了毛泽东对长子的眷念和痛惜之情。吸完第二支烟，毛泽东把烟头使劲摁灭在烟灰缸里，沙哑地发出一声催人泪下的叹息："唉，战争嘛，总要有伤亡，没得关系，谁让他是毛泽东的儿子呢……岸英是个苦孩子，从小没了娘，后来参加战争，没过上几天好日子。"

毛岸英牺牲后，彭德怀曾十分后悔地说："毛主席把他的儿子托付给我，我可怎么向他交代哟！"得知毛岸英牺牲的消息后，周恩来无比惋惜地说："岸英的牺牲，对党，尤其对毛主席，都是一个无法挽回的损失。"

金日成说："毛泽东同志是伟大的国际主义的典范和楷模，为了中国人民的解放事业，他牺牲了包括妻子在内的至亲至爱的五位亲人；为了朝鲜人民的反侵略和保卫世界和平，他又把最疼爱的长子毛岸英送来朝鲜。岸英牺牲了，我们会永远怀念他！"

1958年12月28日，毛泽东、周恩来、朱德等中央军委领导在中南海怀仁堂后花园的草坪上接见中国人民志愿军代表团。八年前，毛泽东在这里决策出兵朝鲜，今天又在这里接见志愿军的英雄。毛泽东是高兴的，他的脸上一直浮现着笑容，这是一个胜利者的笑容，一个运筹帷幄、决胜千里之外的统帅者的笑容。他带领着他亲手缔造的人民军队曾经打败了用美国武器装备起来的国民党部队，今天又直接打败了不可一世的美国军队。

毛泽东和志愿军英雄们一一握手，他的眼光掠过每一位英雄的面孔，似乎在找寻一个人，一个第一批加入志愿军的人，那个人就是他最钟爱的大儿子毛岸英。毛泽东看到每位英雄都像他的大儿子，都像他大儿子那样英俊，那样威武和勇敢。然而，他的大儿子没有回来，他的大儿子永远也不会回来了，他将和他的战友们一起长眠于朝鲜的大地上……

入夜，中南海里静悄悄的，但见菊香书屋依然灯火明亮。卫士长李银桥走进毛泽东的卧室，看到身穿睡衣的毛泽东半躺在硬木板床上，眼里噙着泪花，凝望着毛岸英的照片发呆。李银桥怕毛泽东悲极伤身，就劝他要保重身体，不要再想了。毛泽东怆然叹道："怎能不想呢？他是我的儿子啊！"

毛岸英，一个高大的身躯永远地躺在了异国的大地上，一个高大的形象却永远立在世代中朝人民的心中！[①]

毛岸英牺牲后，曾有人提议，将他的尸骨运回北京安葬，毛泽东没有同意，他引用东汉著名将领马援的话说：青山处处埋忠骨，何须马革裹尸还。毛岸英烈士和其他千万个志愿军烈士一样，长眠在朝鲜的国土上，成为中朝人民友谊的象征。

许多人也许要问，抗美援朝毛泽东为什么一定要让自己的儿子上前线？中国那么多热血儿女，何差毛岸英一个人，可毛泽东不是这样想。1951年3月，毛泽东的老友周世钊向他问及此事，毛泽东说："当然你说如果我不派他去朝鲜战场上，他就不会牺牲，这是可能的，也是不错的。但是你想一想，我是极主张派兵出国的，因为这是一场保家卫国的战争。我的这个动议，在中央政治局

---

① 参见张灼子：《毛泽东的六位亲人》，团结出版社2012年版，第311—313页。

的会上，最后得到了党中央的赞同，做出了抗美援朝的决定……要作战，我要有人，派谁去呢？我作为党中央的主席，作为一个领导人，自己有儿子，不派他去抗美援朝，保家卫国，又派谁的儿子去呢？人心都是肉长的，不管是谁，疼爱儿子的心都是一样。如果我不派我的儿子去，而别人又人人都像我一样，自己有儿子也不派他去上战场，先派别人的儿子去上前线打仗，这还算是什么领导人呢？"

毛泽东在毛岸英身上倾注了无限的父爱。毛泽东爱他，在他身上寄托着厚望。中年丧子，毛泽东内心到底有多么悲痛，他没有向任何人倾诉过，他只是把毛岸英生前穿过的衣服叠得整整齐齐放在箱子里，悄悄地珍藏了 20 多年。他常常把儿子的衣服拿出来晾晒，工作人员往往很奇怪，问他，主席这是谁的衣服，您老人家怎么还像掏宝贝一样拿出来晒呢，毛泽东眼睛就红了，说这是我的儿子岸英生前的一些衣物，我把它保留着，作为对儿子的怀念。当一个老人面对自己儿子的遗物黯然神伤时，那种情景又是多么的让人心痛。

彭德怀说过，国难当头，挺身而出，这不是每个人都能做得到的。有些高干子弟甚至高级干部本人就没有做到，但毛岸英做到了，毛岸英是坚决请求到朝鲜抗美援朝的。毋庸置疑，毛泽东的表率作用，如同无声命令，变成巨大的凝聚力、向心力和战斗力，使抗美援朝取得了伟大的胜利。

小李讷诉陕北放歌[①]

1947 年 10 月，毛泽东察看黄河，在神泉堡为中国人民解放军总部起草了《中国人民解放军总部关于重新颁布〈三大纪律八项注意〉的训令》。自从重新颁布了解放军的军规《三大纪律八项注意》，毛泽东的心情显得格外高兴。江青见毛泽东的心情好，便趁着周恩来和任弼时都在场的机会，对毛泽东说："主席，现在形势好了，我想过河东去把女儿接过来，你看怎么样？你不是也很想她吗？"

周恩来接着江青的话说："我看可以嘛！"并说，"主席，我们可以派人陪着江青同志一起去，就在黄河东岸临县三角镇的双塔村，很近嘛！李讷来我们这里，大家都会很高兴的！"

三天后的一个上午，毛泽东对李银桥说："你叫上几个人，跟我一起去李家坪。"

李银桥知道，这是江青从河东接女儿回来了。

中午时分，毛泽东和江青同时到达了李家坪。

"爸爸、爸爸！"小李讷连声叫喊着，张开两条小胳膊像只小蝴蝶似的扑向毛泽东，"爸爸……"

---

① 参见邸延生：《历史的风范——毛泽东的生活记事》，新华出版社 2012 年版，第 222—226 页。

毛泽东高兴地笑着，迎上前双手抱起女儿并高高地举过自己的头顶，然后在女儿的小脸蛋亲着、用大手轻轻拍抚着女儿的后背，口中亲昵地连声叫着："我的娃娃，好娃娃，大娃娃，爸爸真的好想你哩！"

7岁的小李讷活泼可爱，黑亮的头发，明亮的大眼睛，圆圆的脸蛋，特别是她那同毛泽东一样宽阔的前额，透着一种聪明和颖慧；这时的毛泽东已经全身心地陶醉在与女儿重逢的喜悦之中了，完全不在意他身边的工作人员在场，与女儿互相亲昵着、爱抚着……

小李讷在她爸爸的怀里撒着娇，嘴里不停地叫着："小爸爸，乖爸爸，我天天想爸爸……"

江青穿着一身裁剪得很得体的灰布军装，满面春风地招呼女儿："乖娃娃，快从爸爸身上下来，给爸爸和叔叔们表演个小节目！"

小李讷从爸爸的怀抱中跳到地上，毫无拘束地摆好架势，像是站在舞台上一样，首先来了个云手、亮相，然后一本正经地为人们唱了一段京剧《打渔杀家》中萧桂英的唱段：

老爹爹清晨起前去出首，
倒叫我桂英儿挂在心头；
将身儿坐至在草堂等候，
等候了爹爹回细问根由。

声音是那么稚嫩、那么清脆，在场的人们禁不住一阵热情地鼓掌；虽说是清唱，但唱得有板有眼、字正腔圆，这时候，毛泽东的眼睛里已经含了泪花，极力控制着没让它流出来……

鼓励刘思齐再婚[①]

毛岸英是在1950年11月25日不幸牺牲的，毛泽东知道这个消息是在1951年1月2日。因为毛泽东感冒了，周恩来将彭德怀的电报压了一个多月才将这个噩耗告诉毛泽东。毫无疑问，这个消息对毛泽东来说无异于晴天霹雳。

中年丧妻，老年丧子。毛泽东这位叱咤风云的中共领袖，毛泽东这位感情丰富的父亲，把命运交给他的所有巨大悲痛，都默默地埋在自己的心底。令他担心的是——新婚仅一年的儿媳刘思齐将如何承受这残酷现实的打击？一个国家的最高领导人为了安慰儿媳编织一个已经破碎的梦。

三年后，1953年，朝鲜战争结束了，毛岸英还是没有回来。纸总是包不住火的。作为公公的毛泽东，他不能也不愿再扮演这个世界上最难演的角色了，

---

① 参见张丈子：《毛泽东的六位亲人》，团结出版社2012年版，第375—382页。

他的痛苦已深沉得如没有波澜的老井，现在该是告诉真相真情的时候了。为了使年轻的思齐能承受得住这生命中不能承受的痛，毛泽东把思齐找来，颇费苦心地先和她谈起自家为革命牺牲了的亲人：岸英的母亲杨开慧、岸英的叔叔毛泽民和毛泽覃、姑姑毛泽建……思齐越听越觉得父亲毛泽东似乎隐瞒着她什么，她也似乎预感到了什么，但又不敢说出来。父亲跟她说这些，是在教育她怎么做人怎么做事，作为一个合格的毛家人，她就应该继承和发扬毛家的优良传统。

为伊消得人憔悴，衣带渐宽终不悔。毛岸英之牺牲对刘思齐的刺激太大了，她寝食难安，神经衰弱。但为了不勾起父亲的悲痛之情，她只能一个人躲着流泪，独自把哀伤深深地埋在心底。但这一切又怎么能瞒得过毛泽东的眼睛呢？毛泽东不止一次地说："战争嘛，总是要死人的。不能因为岸英是我的孩子，就不应该为中朝人民而牺牲。"他跟思齐说："今后，你就是我的大女儿。"也就是从那时起，毛泽东格外疼爱刘思齐，常常亲自过问她的衣食住行，而在以后的通信中总是称她为"思齐儿"，如同己出。

1955 年 9 月至 1957 年 9 月，刘思齐在苏联莫斯科大学数力系学习。尽管远隔万里，父女间的联系却一直不断，刘思齐经常写信向父亲汇报学习和思想，毛泽东对她的成长也十分关心。

　　亲爱的思齐儿：

　　　　给我的信都收到了，很高兴。希望你注意身体，不使生病，好好学习。我们都好，勿以为念。国内社会主义高涨，你那里有国内报纸否？应当找到报纸，看些国内消息，不要和国内情况太隔绝了。

　　　　祝好！

　　　　　　　　　　　　　　　　　　　　　　　　　　得胜

　　　　　　　　　　　　　　　　　　　　　　一九五六年二月十四日

信一开头，毛泽东就亲热地说"亲爱的思齐儿"。这种热烈的称呼，毛泽东在家书中一般很少使用，仅有称呼"我亲爱的夫人杨开慧"和"亲爱的岸青儿"等少有的几次。对女儿深切的爱和期望溢于言表。

或许因为水土不服，在异国独处的刘思齐，经常生病，而其真正的"心病"并没有因为环境的改变而改变，1957 年 10 月，刘思齐从苏联回国，转学到北京大学，专攻俄罗斯语言文学，一学就是四年。在北京读书期间，毛泽东带着孩子们到任何地方旅游，都安排刘思齐一起去。暑假，毛泽东往往要秘书安排刘思齐等人到北戴河等地休养。梳着两条长辫子的刘思齐坐在海边，心潮起落，忧郁无法随云飘散。

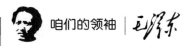

　　毛岸英深深刻在了刘思齐的心里。毛岸英的洒脱、深情依然伴随着刘思齐的日日夜夜。

　　1961年秋，刘思齐在北京大学以优异的成绩毕业，分配到解放军工程兵某科研部门从事翻译工作，改名刘松林。转眼间，毛岸英牺牲已经11年了，刘思齐也从一个18岁的少女迈入了而立之年。4000多个日日夜夜，刘思齐不知流过多少伤痛的青春泪水，不知经历过多少个午夜梦回。对此，毛泽东非常焦急，多次借题发挥和刘松林谈心："孩子，你还很年轻。不能这样过一辈子。我知道你对岸英感情很深，但守门望节是封建的东西。岸英不会赞成，我也不赞成。你这样孤苦伶仃的生活，爸爸心里不安，很难过。让爸爸给你找个对象吧！"

　　刘思齐哭了起来。毛泽东深深叹了一口气。

　　毛泽东和刘思齐这种特殊的父女关系，堪称历史佳话。尽管国务繁忙，但在他的内心依然牵挂着刘思齐，尤其是她的终身大事，毛泽东更是操心。一个公公劝自己的儿媳改嫁，并始终把这件事当作自己一个未了的心愿，这增添了毛泽东个人人格的无穷魅力。

　　刘思齐被毛泽东的真情实意深深打动了，从此她听父亲的话，下决心走出往日生活的阴影，并在父亲的进一步关心下，真正地开始了全新的生活。就像她自己怀念父亲时所说的那样："尤其是在岸英牺牲后，他关心着我的思想，我的学习，我的工作，我的健康，甚至我闲暇时阅读的书籍。到后来，他像慈母一样关心着我的婚姻……"

　　毛泽东为刘思齐的婚姻大事确实花了不少心思，并亲自托人为她介绍对象。

　　1962年2月，刘思齐和杨茂之的婚礼在北京南池子刘松林的四合院中举行。终于了却了心思的毛泽东，欣喜之余手书一幅自己刚刚创作的《卜算子·咏梅》，作为新婚的贺礼，并给了300元钱叫刘思齐自己购置礼品。

　　　　风雨送春归，飞雪迎春到。已是悬崖百丈冰，犹有花枝俏。俏也不争春，只把春来报。待到山花烂漫时，她在丛中笑。

　　毛泽东用他瑰丽浩瀚之才，把美好的人格寓于梅花之高洁完美之中，不正是诗人毛泽东自己人格和气度的真实写照吗？他把这首诗词送给新婚的女儿，可见他对刘思齐的爱是何等深厚，对刘思齐和儿子岸英之间的伟大爱情给予了高度的赞颂。

　　毛岸英牺牲后，毛泽东把儿媳刘思齐当做自己亲生的女儿，他是这么说的，也是这么做的。

毛泽东的爱情

人间知己杨开慧

> 死不足惜，但愿润之革命早日成功！[①]
>
> ——杨开慧

杨开慧和毛泽东的自由恋爱，几乎是家喻户晓，人尽皆知。杨开慧，据前辈人回忆，她外表温柔、贤惠，在书香门第中长大。杨开慧是"戊戌变法"实行新政现代教育的第一批女学生，也是长沙湘福女中唯一剪短发的学生，而且她还独具超凡脱俗的个性，才气过人，思想非常解放。

杨昌济先生，是毛泽东颇为崇拜的老师，是一个忧国忧民的先进知识分子。杨昌济视杨开慧为掌上明珠，珍爱不已，带在身边熏陶了数年。到1916年夏，杨开慧已是一个才思聪慧、活泼可爱的少女了。

毛泽东渊博的学识、潇洒的风采深深地藏在了少女杨开慧的心底；杨开慧的聪颖俊秀和开朗活泼，也深深触动了毛泽东那根情感的心弦，在他那装满整个中国和世界的胸怀中，为杨开慧腾出了一方天地。

1918年夏天，杨昌济应蔡元培校长之聘，到北京大学担任伦理学教授，杨开慧随全家迁至北京，住在鼓楼附近的豆腐池胡同9号。同年8月，毛泽东为组织湖南青年赴法勤工俭学，也来到北京。

也就在毛泽东与杨家的频繁接触中，17岁的杨开慧与25岁的毛泽东开始了真正的初恋。

闲暇时光，他们一同漫步在故宫护城河边，他们沐浴在春天北海青青的杨柳岸，他们还追逐在寒冬倒垂树枝头的冰柱间……

一个是少年英发，潇洒旷达；一个是豆蔻年华，光艳风华；一个是胸怀天下，探求救国救民真理；一个是聪明好学，钦佩倾慕他乡遇知音。在短暂而又心照不宣的思想情感交流中，两颗年轻火热的心灵碰撞出了爱的火花，他们热烈又真诚地相爱了，你把我作知己，我视你为知音。

1919年3月，因母亲病危，毛泽东不得不赶回湖南。分别时，两人相约别后互通书信。

不久，回到湖南长沙的毛泽东就收到了杨开慧的来信，抬头称呼只有一个

---

① 参见毛岸青、邵华：《想您，亲爱的妈妈！——纪念杨开慧烈士诞辰100周年》，《人民日报》2001年10月24日。

字：润。

毛泽东很快复信，抬头也只有一个字：霞（霞是杨开慧的号）。

毛泽东是早已将杨开慧铭刻在心的。但工作太多太重，远远甚过儿女私情。1919年3月，毛泽东离开北京。回到长沙后，毛泽东以长沙市修业学校主事的身份为掩护，领导了湖南的五四运动和驱张运动。

毛泽东于1919年年底心急如焚前往北京，原因是恩师杨昌济病危，正在北京德国医院住院治疗。

杨昌济的病愈发严重了。毛泽东赶到病房，探望恩师。自知不久于人世的杨昌济示意毛泽东坐到床边，用颤抖的手从身上掏出一块怀表递给毛泽东："润之，这块表跟我多年，今天我把它送给你，做个纪念吧。你和开慧的事我全知道，我就把她托付给你，……开慧年轻幼稚，你要多照顾她……"

"老师，师母，你们放心吧！"毛泽东强忍悲痛，站起身来，向恩师和师母深深地鞠了一躬。

1920年1月17日，一代学人杨昌济在北京溘然长逝。

巨大的悲痛袭击着杨开慧一家。毛泽东也沉浸在无比的悲痛之中，他以半子半婿的身份，倾全力协助杨家料理后事。

杨开慧的才华、个性日渐显露，她具备她所处时代女性的一切优秀品质：独立、善良、端庄、知书达理又任劳任怨，追求个性解放和婚姻自由。正像杨开慧所感叹所希冀的那样，在毛泽东的心灵深处，杨开慧就好像是为他特生的，一颦一笑无不牵动情思。

1920年下半年，毛泽东把主要精力放在从事创建中国共产党上。为了进一步传播马列主义，宣传新思想，为建党做好思想上理论上的准备，毛泽东决定创办文化书社，发行马列主义书籍和进步报刊。但是，在筹办过程中，毛泽东遇到了困难，首要的问题就是经费问题。为了筹集经费，毛泽东四处奔走。

杨开慧说服母亲拿出家里的救命钱帮助毛泽东成功创办了文化书社。文化书社为在湖南传播新文化、传播马列主义和初期建团、建党起到了巨大的作用。

正是在这些实际工作的接触中，毛泽东确信自己找到了志同道合的伴侣。

婚后不久，恰逢春节，两人便回板仓小住十几日，既是看望杨老太太和兄嫂，又算是度蜜月。其间，杨开慧陪同毛泽东踏遍了板仓的山山水水，探亲访友，实地考察。在杨开慧短暂的人生中，和毛泽东在板仓的这十几天，成了终生难忘的、不可磨灭的记忆。

毛泽东整日忙于工作，杨开慧成了他的得力助手，除负责交通联络工作外，她还协助他收集资料，这段时间，杨开慧还协助毛泽东抄写文稿，夫妻经常双双工作到深夜。

1922年10月4日，毛泽东和杨开慧的第一个儿子在湘雅医院出生了，也就在这一天，毛泽东领导的长沙泥木工人罢工取得了胜利。毛泽东给儿子取小名远仁，大名岸英，意为社会主义彼岸的英雄。次年，杨开慧又生下了毛岸青。她身上的担子更重了，但她忙得有意义，累得有价值，因为有革命的事业激励着她，有毛泽东的信任鼓舞着她。

然而，后来情况发生了变化。随着革命斗争的深化，毛泽东成了湖南军阀赵恒惕的眼中钉，1923年4月下令通缉毛泽东。毛泽东在长沙不能待了，党中央调他去上海机关工作。昔日聚在清水塘的那些革命青年都分开了，杨开慧不得不离开那里，带着孩子住到别处。这时，她离开了丈夫，又离开了革命集体生活，感到格外孤独和寂寞。

毛泽东的心情复杂极了，吟成了一首千古绝唱——《贺新郎》：

挥手从兹去。更那堪凄然相向，苦情重诉。眼角眉梢都似恨，热泪欲零还住。知误会前番书语。过眼滔滔云共雾，算人间知己吾和汝。人有病，天知否？

今朝霜重东门路，照横塘半天残月，凄清如许。汽笛一声肠已断，从此天涯孤旅。凭割断愁丝恨缕。要似昆仑崩绝壁，又恰像台风扫寰宇。重比翼，和云翥。

毛泽东在词中坦陈肺腑："算人间知己吾和汝"，发誓"要似昆仑崩绝壁"那样与过去决绝，像"台风扫寰宇"那样扫除两人之间的感情障碍。《贺新郎》充满了儿女情长和离愁别绪，既是对杨开慧坦荡胸怀的由衷赞美，也寄寓了毛泽东不可遏制的殷殷爱意。毛泽东那伟大刚强的个性里也不由涌现出缠绵脆弱的情愫，但他的理想和抱负同样让他全身血液沸腾。在爱情与事业之间，聪明的毛泽东选择了最完美的方式，夫妻双双比翼齐飞。

毛泽东与杨开慧共同生活了7年，在这期间，杨开慧生育了毛岸英、毛岸青、毛岸龙三个孩子，每次毛泽东都因革命工作分不开身无法在她身边照料。在恶劣的环境里，杨开慧不仅承担了繁重的家务，还要为毛泽东整理材料，做文字工作，无微不至地照顾毛泽东的生活，并协助毛泽东从事工运、学运、农运工作。

杨开慧是一位很有个性的女性，从她留下的文字可以看出，她甚至有些骄傲。但她已融入毛泽东的生活中，她把毛泽东的生活当做她全部的生活。她的自我，就体现在毛泽东的事业中。

杨开慧在党内没有任何职务，始终是毛泽东的眷属。国共合作实现后，毛泽东被选为国民党中央候补执行委员，还担任了国民党中央代理宣传部长，杨开慧和母亲带着孩子伴随，也仍然是家属身份。

为了照顾毛泽东，杨开慧作为贤妻良母，默默地奉献了一切。从 1920 年秋至 1927 年秋，整整七年，一直紧随在毛泽东身边。时而在长沙，时而在上海，时而在广州，时而在武汉，四海为家。她用一个女人的肩膀，担负着妻子、秘书、助手等几份责任。

但这些并没有压倒杨开慧。最让杨开慧伤心、无助的是关山远隔，音信不畅，思念她的丈夫毛泽东，她失眠了，辗转反侧，焦虑不安。

在领导工农武装开创革命根据地的艰苦岁月中，毛泽东同样也十分思念、牵挂着杨开慧母子。1929 年 11 月 28 日，他从红四军领导机关驻地福建长汀，写信给中共中央政治局常委李立三，信中写道：

多久不和你通信了，陈毅同志来才知道你的情形。我大病三个月，现虽好了，但精神未全复原。开慧和岸英等，我时常念及他们，想和他们通信，不知通信处。闻说泽民在上海，请兄替我通知泽民，要他把开慧的通信处告诉我，并要他写信给我。

但十分遗憾的是，直到杨开慧牺牲，毛泽东也没与她联系上。

杨开慧深爱着毛泽东，心系着他俩三个嗷嗷待哺的孩子，牵挂着年迈的亲娘。杨开慧是个女人，是个美丽善良的女人。作为三个孩子的母亲，她的纤细的心在撕扯着，作为老母唯一的女儿，她的柔弱的心在颤动着。可为了革命，为了执意追求的正义事业，一切她都能毫不犹豫地舍弃。这就是杨开慧。

1930 年 10 月 24 日拂晓，几十名敌人突然包围了板仓下屋场。听到屋外轻微的脚步声，警惕的杨开慧意识到自己已处在了敌人的包围之中，连忙翻身下床，拿出早已检点好的文件，轻步走到卧室旁的杂屋里点着了火，她沉着地拨弄着纸屑，以加速文件的燃烧。火光映着她那镇静的脸，那样的坚毅。

这个貌似柔弱的女共产党员，竟有着钢铁般的意志。敌人用尽了各种酷刑，把杨开慧折磨得遍体鳞伤，逼她交出地下党名单，交代和毛泽东的联络方法。可杨开慧始终坚贞不屈。

1930 年 11 月 14 日清晨，朔风哀号，阴霾密布，杨开慧在长沙市浏阳门外的识字岭就义，英年 29 岁。

一个人，为了信仰，牺牲个人的生命在所不惜。但如要牺牲婚姻、家庭，牺牲妻子儿女，往往就难以做到毫不犹豫了。

毛泽东和杨开慧做到了。

1930 年 12 月，即杨开慧牺牲一个月后，正在江西中央苏区领导第一次反"围剿"作战的毛泽东，从缴获敌人的报纸上，看到杨开慧殉难的消息，十分哀痛。历历往事涌上心头，他怀着沉重的负罪之感，提笔给杨开慧的哥哥杨开智写了一封信，信上说："开慧之死，百身莫赎。"深切地表达了对杨开慧的哀婉痛悼之情。一贯崇尚新风俗的毛泽东一反常规，倾其所有，越过国民党反动派的层层封锁，寄款到千里以外的板仓，让杨开智给杨开慧修墓立碑，上刻"杨母开慧墓。男岸英、岸青、岸龙刻。民国十九年冬立"等字。

毛泽东和杨开慧一起度过了七年的美好时光。杨开慧至死眷恋着毛泽东，而毛泽东也终生思念着这位夫人。

这是一首现实主义与浪漫主义的结合，一首情与爱的结晶，一曲对恋人的颂歌，堪称千古绝唱的《蝶恋花·答李淑一》：

> 我失骄杨君失柳，杨柳轻飏直上重霄九。
> 问讯吴刚何所有，吴刚捧出桂花酒。
> 寂寞嫦娥舒广袖，万里长空且为忠魂舞。
> 忽报人间曾伏虎，泪飞顿作倾盆雨。

革命伴侣贺子珍[1]

深秋十月，34岁的毛泽东率秋收起义余部辗转千里上井冈。

工农革命军攻打遂川之前，毛泽东随部队路过茨坪，王佐请他吃饭，席间提出要给他当"月老"，对象就是贺子珍。王佐赞叹道："贺姑娘要人品有人品，有才识有才识，配你毛委员蛮般配的。"毛泽东觉得王佐不是在开玩笑，但他知道，性气豪爽的王佐新近接受共产党的领导，切不可在这种时候冷了他的心，故而对这一问题没有作正面回答，只是岔开了话题。

率领工农革命军来到井冈山的毛泽东，在立足扎根的大局得以稳定之后，心中记挂着远在长沙的妻子杨开慧，曾写信给杨开慧。毛泽东在得不到杨开慧复信的情况下，自然放心不下，派人去长沙寻找妻子，探听情况。

秘密通讯员吴福寿受毛泽东之托前去长沙寻找杨开慧，吴福寿自湖南长沙回到茅坪，说杨开慧已经不在了，毛泽东痛苦地流下了眼泪。这自然与白色恐怖高压之下无法得到杨开慧的下落有关，所以这个很少外出的山里人，误以为杨开慧已被敌人杀害了。而毛泽东也相信吴福寿不会传假消息，也在思想上认为妻子已不在人世。这对毛泽东是个沉重的心理打击，但后来在确定与贺子珍的婚姻中起了作用。[2]

18岁的贺子珍随江西永新暴动队伍来到井冈山，她中等身材，皮肤洁白。她喜爱思考，两道漂亮的眉毛常常是微蹙着的，眉心上留下一道浅浅的小沟。她一身白衫、黑裙的学生装，梳着又粗又黑的长辫子，常常引来赞叹的目光。

在井冈山的战火中，毛泽东和贺子珍产生了爱的火花。从井冈山到瑞金，

① 参见刘晓农：《重说毛泽东贺子珍婚姻内情》，《文史精华》2012年第4期。
② 参见张艾子：《毛泽东的六位亲人》，团结出版社2012年版，第63—90页。

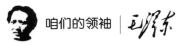

从雪山草地到陕北高原，他们颠沛流离几万里，相濡以沫，患难与共，经历了生与死的重重考验。

晚年贺子珍依然十分怀念那段时光，她曾如此回忆道："物质生活虽然贫困，但我们的精神生活是富有的。毛泽东博览群书，肚子里的墨水很多。夜深人静，他写累了，就给我讲他读过的故事，讲他的诗文。他的话，把我带入一个五光十色的书的世界。我盼望有一天，也能像他那样，在书的世界里遨游。常常是一个讲着，一个听着，不知不觉就迎来新的一天……"

几十年后，贺子珍回忆起她和毛泽东初期的这段家庭生活，说毛泽东是个很重感情的人，他的性格有豁达豪爽的一面，也有温情细致的一面。

一次，毛泽东要到下面视察工作。临行前，他看了看为他收拾好行装的妻子，柔声地向她请求："我要走了，你送送我好吗？"贺子珍点点头答应了。马夫牵着马在前面走，他们俩在后面慢慢地跟着，一面走，一面说着悄悄话。经过红军医院时，毛泽东提出两个人走在一起，怕影响不好，骑上马到前面等贺子珍。当时在那偏僻的山区，群众的思想还比较封建，即便是夫妻一起出门、一起散步的情景，也是很少见的，部队的同志也不习惯这样做。作为全军领导的毛泽东，自然十分注意周围群众的影响。

1930 年，红军攻下吉安后，贺子珍从陂头来到吉安与毛泽东会合。在吉安，贺子珍与分别两年多的父母亲和妹妹相逢了。贺子珍想到父母亲那里住几天，同毛泽东商量，毛泽东同意了。可是，贺子珍在父母亲家里待了半天，毛泽东就来了。贺子珍的母亲一看这情形，赶快给他们做了几样可口的饭菜，当晚便让他俩回去了。一离开母亲，贺子珍问毛泽东："不是说好我在妈妈那里住几天吗？你怎么来了？"毛泽东笑着回答："我一个人挺寂寞的，刚好下午没什么事，就来看你了。"

1932 年 11 月，贺子珍生下了她一生中的第一个孩子。因产后吃了不干净的蔬菜，得了中毒性痢疾，人一下子瘦下来。毛泽东赶到医院探望，见贺子珍身体这样差，很是忧虑。第二天，毛泽东就给贺子珍送来了热气腾腾的鸡汤。毛泽东把瓷罐子递给贺子珍，让她快趁热吃。在那个年月，一只鸡是很难得的滋补品。贺子珍问毛泽东从哪儿弄来的鸡。毛泽东说是警卫员到老百姓家里买的，是用组织上给他发的休养费买的。贺子珍知道毛泽东身体不好，让他吃。毛泽东哄她说，一共买了两只，自己已留下了一只。贺子珍知道毛泽东手上的钱那么少，不舍得一次买两只鸡，但她也了解毛泽东的为人，如果她不吃，他就会一直劝说下去。于是，她让他把鸡汤倒出来，端给她喝。毛泽东坐在旁边笑眯眯地看着她把鸡汤喝下去。这一幕，成为贺子珍一生最温暖的回忆。

1934 年 10 月，贺子珍跟随中央红军总卫生部休养连开始长征。到达贵州盘县时，在一个叫猪场的地方遭到敌机的袭击，贺子珍毫不犹豫地扑倒掩护伤员，结果自己的头部、背部多处受伤，生命垂危。当时医疗条件极差，不能手术，弹片自然无法取出，虽然包扎着伤口，但仍流血不止，贺子珍危在旦夕。贺子珍央求道："不要把我负伤的情况告诉毛泽东，他在前线指挥作战，不能分散他的精力……"最后，连里决定将奄奄一息的贺子珍留在当地老乡家里养伤。

当时，毛泽东正在指挥红军四渡赤水战役，与围追堵截的国民党军队迂回周转，一刻也不能离开。得知贺子珍负了伤，要不行了，毛泽东掉了泪。他不能丢下妻子，立刻给休养连打电话："不能把贺子珍放在老乡家里，无医无药，无法治疗，安全也没有保证，就是死也要把她抬走！"

贺子珍躺在担架上的两个多月里，毛泽东一有空闲就去看望她，省下自己口中的粮食，带给贺子珍。后来，贺子珍在回忆这段往事时说："是毛泽东救了我的命。我当时昏迷着，不知连里曾决定把我留下，放到老乡家里。当然，连里这样决定也是一片好心。但如果那时毛泽东同意了，我就没命了。我的伤那么重，农村又没有医疗条件，不要说碰到敌人，就是光躺着也要死的。我苏醒过来后，怕增加同志们的负担，也曾多次向连里提出把我留下的意见，他们都没有同意。我这才活过来了。"

这对革命伴侣，相濡以沫，生死与共，共同经历了残酷战争的考验，一起承受着政治上的风风雨雨，度过了极为艰难困苦的烽火岁月。在颠沛流离的战争环境中，他们不曾有过一个长久而稳定的家。但他们心心相通，患难与共，夫妻情深，又有谁能说他们不曾拥有过真正的家园？

孔东梅说，这十年，是中国革命最为艰苦的岁月，是外公政治生涯最为艰难的时候，却是外婆一生中最灿烂的年华。

贺子珍随中央红军到达陕北吴起镇，不久来到保安县。在那里，贺子珍生下了一个女儿，就是孔东梅的母亲李敏，乳名娇娇。后来又到延安。凤凰山下的吴家窑，成为贺子珍一生中与毛泽东最后的家。

这时正处在中国命运变化的关键时期，毛泽东需要考虑的大事太多了，他整日整夜地工作着。面对一心忙于工作的丈夫，贺子珍为自己的身体状况而烦恼，更为自己终日守在房中不能进行工作，不能投入延安火热的生活而痛苦。她下决心要离开延安，找个地方治好身上的伤。

面对怀着身孕执意要离自己而去的妻子，毛泽东对她说："桂圆，你听我讲，你最好不要走。我们之间有些误会，是能在宽容之下消除的。你晓得，我这个人平时不爱掉眼泪，但是我一是听不得穷苦老百姓们的哭声，看到他们受苦，我忍不住要掉泪……"

毛泽东走上前来，深情地对妻子说："二是跟过我的通讯员，我舍不得他们离开，有的通讯员、警卫员牺牲了，我难过得掉了泪；我这个人就是这样，骑过的马老了、死了，用过的钢笔旧了都舍不得。"

贺子珍听不进毛泽东的话："你现在跟我讲这些做什么？"

毛泽东接着说："三是在贵州，最艰苦的时候听说你为了救人负了伤，要不行了，我掉了泪。"

贺子珍打断毛泽东的话："我已经向组织上提出了申请，我要走！"说完，贺子珍走回她里间的窑洞休息，毛泽东随即跟过来，继续劝说她，但是，这时贺子珍仍旧拿定了主意一定要离开延安，对毛泽东的劝说根本听不进去。

毛泽东是个感情丰富的人，也极易动感情。贺子珍负气离开自己、离开延安，子然一身投奔到异国他乡很危险，毛泽东心急如焚。他在经过深思熟虑之后，想办法来阻止贺子珍使她放弃这次去苏联的念头。

结果，在西安、兰州、新疆等地，林伯渠、谢觉哉、王定国等人受毛泽东的嘱托，费尽了心机，苦口婆心地劝慰贺子珍回心转意，但都没能将贺子珍挽留下来。

1937年冬，贺子珍不顾毛泽东的挽留，离开延安，远走苏联[1]。

后来，贺子珍说："我不懂事，没有从思想上多给他安慰，反而因为一些小事常同他闹别扭，我确实有许多地方对不起他……"[2]

毛泽东的友情

与周恩来的友情

周恩来逝世时，胸前佩有毛泽东头像和"为人民服务"五个字的像章。从这枚像章可以看出毛泽东和周恩来的关系。这枚像章，周恩来从不同意用任何单纯的毛泽东头像章来替换。这无疑反映着周恩来的内心世界，反映出他心中人民、毛泽东与自己的位置和关系。

天安门广场矗立的人民英雄纪念碑，碑名由毛泽东手书，碑文由毛泽东撰文、周恩来手书。毛泽东的书法笔走龙蛇，气势恢宏，周恩来的手书藏锋守锷，井然有序。这座纪念碑是他们政治上合作的一个象征。美国前总统尼克松认为，不是由于有毛泽东一个人，而是有他和周恩来两人合作，才使他们赢得了中国……

作为20世纪中国的重要标志性人物，毛泽东、周恩来以如椽之笔改写了中国与世界的历史。他们之间的"天作之合"不仅产生了巨大的政治震撼力，而且也具有令人神往的美学境界。在中外政治史上，虽不乏两人并称的例子，但与"毛、周"相比，其逊色之处便不难立见。国外学者曾用"航海家"与"水

---

[1] 参见《毛泽东与贺子珍的浪漫往事：12年后重逢谁都没提及江青》，人民网 http://history.people.com.cn/GB/205396/16342156.html，2011年11月22日。

[2]《毛泽东与贺子珍的浪漫往事：12年后重逢谁都没提及江青》，人民网 http://history.people.com.cn/GB/205396/16342156.html，2011年11月22日。

手长""理论家"与"实行家""董事长"和"执行董事""海洋"与"海岸"等多种比喻,力求逼近两人关系的本质。

在遵义会议以前,周恩来在党内的地位高于毛泽东。遵义会议后,周恩来则成为毛泽东的主要政治助手。其后的四十余年,他们一直维持着这种合作的格局。可以说,两人政治合作的时间之长、内容之多、成效之著、境界之妙打破了世界纪录。当然也不可否认,在数十年的风雨历程中,他们之间也曾有过分歧乃至文化心理上的隔膜,然而并未从根本上影响到他们相知互信的合作关系。回首往事,毛、周心路历程的盘根错节、跌宕起伏,总能引发人们的无限兴味。首先自然是共同的政治信仰和抱负使他们走到了一起。

毛泽东、周恩来在出身、经历、性格、气质、思维方式、知识结构、爱好特长等方面有着广泛而明显的差异。这些差异就其主导性方面来说,并未成为他们之间合作和沟通的障碍,而是相反相成,产生出巨大的互补效应。毛、周的政治合作正是一种基于差别性产生的和谐,也就是和而不同。毛泽东富于激情,举重若轻,有纵横江海、气吞山河的气势;周恩来则富于理智,举轻若重,有经纬万端、各得其宜的才华。美国《时代周刊》的一篇特写还作了这样的评论:周恩来的才能"一直同毛的任性而富于幻想的才能配合得很默契。毛的天才表现在探索广泛的理论问题,不像周那样擅长管理行政大小事务"。

毛泽东、周恩来彼此有着很深的了解,对对方的为人和心理特点都心中有数。毛泽东认为周恩来"是个好人",他没有个人野心,因此也从不拉帮结派,而且他精明能干,办事极负责任。反过来,周恩来视毛泽东为"帅才",是理想的领军式人物,他善于抓主要矛盾,不喜欢在细节问题上作过多的纠缠。这种由相知产生的相互依赖,使他们之间的智能互补获得了更为坚实的基础。埃德加·斯诺说过:"他们两人的关系,最恰当的说法是,你中有我,我中有你。两人的工作作风和性格为人,相差很大,但毛同周相辅相成,共事37个年头,彼此信任,又相互依赖。"

毛泽东讲起话来,常常是海阔天空,国内国外,滔滔不绝,但综合起来,要点何在,如何贯彻,别人未必全明白,但周恩来领会得比较透彻。余下的事就由他组织去办,而且办得井井有条。周恩来有罕见的把握事务本质的能力,他能从一大堆复杂的事务中迅速分辨出哪些是主要的、需要立即解决的,而把无关紧要的东西撇置一旁。即使是一团乱麻他也能迅速理出头绪,所以毛泽东多次称赞周恩来是个"好管家"。

周恩来的外交和经济才能也有口皆碑。周恩来对世事的洞明和对人情的练达,是他成为卓越的外交家和谈判能手的重要条件。没有人能够像他那样在党内党外都有广泛的联系,甚至在敌对阵营中也拥有数量不少的朋友。拿英国作家迪克·威尔逊的话来说,即使是魔鬼他也能从其身上榨出一些好处来。蒋介石曾经感叹：周恩来"的确是一个不易应付的对手"。毛泽东向赫鲁晓夫介绍说："周恩来很有才干，在大的国际活动方面，他比我强，很善于处理各方面的关系，灵活地解决问题。"新中国成立后，周恩来主管外交工作，对打破帝国主义的封锁，拓展中国的外交空间发挥了重要的作用。他提出的"求同存异""以民促官"等外交思想不仅极大地拓展了中国的外交空间，而且在理论上也是对外交学的重要贡献。

从不同的层次来比较，毛泽东在宏观决策上比周恩来显得更有办法，而周恩来在中观微观决策上又显得比毛泽东更为在行。毛泽东的特点是"大"，他总是确定某种理论和某项计划的大轮廓，而把细节留给行政人员处理。周恩来虽然也长于战略，但他更长于战术和执行计划，他可说是毛泽东手下最出色的行政人员。

1949年3月13日，毛泽东在党的七届二中全会上作总结讲话时说，新中国中央人民政府的主要人员配备，现在尚不能确定，还要同民主人士商量，但"恩来是一定要参加的，其性质是内阁总理"。1949年12月2日，毛泽东在给柳亚子的信中写道："周公确有吐握之劳。"①

早在陕北时，周恩来就协助毛泽东指挥全国的解放战争，平时与毛泽东在一起的时间最长，但凡毛泽东出现的地方，一般都会看到周恩来的身影。毛泽东住的地方，他总要先去检查，不亲眼看一遍就不放心；连毛泽东的吃饭睡眠情况也经常询问，一听说毛泽东休息不太好，他就着急起来，要求卫士们想方设法要让毛泽东多休息一会儿。这种状况，一直持续到1975年下半年周恩来病重卧床不起。

在重大决策过程中，毛泽东起主导作用，周恩来起重要的辅助作用，并主要负责贯彻执行。对毛泽东的思想脉络，周恩来十分了解，把握准确；而对周恩来办事的细致周密，毛泽东也十分放心，很信任他。他们之间关系密切，有着高度的默契。周恩来对毛泽东心悦诚服，相信毛泽东考虑问题比自己高明，他甘愿把自己放在"配角"的位置，协助毛泽东工作。就像尼克松曾经说过的："周恩来总是小心翼翼地把聚光灯只对准毛泽东一个人。"②

与朱德的友情

历史需要巨人，历史造就巨人。毛泽东和朱德，正是现代中国历史造就的杰出的世界性伟人。他们共同指挥波澜壮阔的中国革命战争，达21年之久，是在敌我力量对比悬殊的情况下，以弱军战胜强军，以劣势装备战胜优势装备之敌，其困难之多，情况之复杂，作战时间之长，战争规模之大，取得胜利之辉

---

① 曹应旺：《周恩来经历记述》，广东人民出版社1998年版，第295—296页。
② 张素华、边彦军、吴晓梅：《金冲及谈毛泽东与周恩来》，《瞭望周刊》1993年第42期。

煌，概属中外战争历史罕见的。

"朱毛"的历史，是中国现代革命战争史、中国革命史的缩影，他们的伟大人格、杰出功绩、思想理论哺育了整整一代人，并将继续影响中国的未来。毛泽东和朱德，珠联璧合，在领导中国人民解放事业和新中国建设事业历程中，运筹帷幄，休戚与共，水乳交融，密切配合，一个是军长，一个是党代表，一个是总司令，一个是政治委员，堪称一对黄金搭档；他们的合作与友谊为后人提供了追求真理、探索真理、创造世界、改造世界、成就事业的光辉典范。

毛泽东和朱德在中国革命领袖当中在一起战斗的时间最长，从1927年到1976年，将近半个世纪。毛泽东、朱德的名字在我军历史上也威望最高、名声最大，一个是政委，一个是总司令，曾威震全国，名扬世界。两位伟人的人生历程，就是一部中国工农红军的创建史，是井冈山革命根据地、中央革命根据地的创建史。当时声名显赫的红四军，也是他们共同创造的，人们当年如雷贯耳，叫朱毛红军。他们不仅共同创造了红四军，创造了井冈山革命根据地，也创造了实行工农武装割据、建立红色政权的经验，此外还共同总结了一套为以后革命战争发挥了很大作用的战略战术原则……以上历史证明，毛泽东和朱德之间的革命情谊相当深厚，尽管新中国成立以后他们由于种种客观原因产生了一些分歧，但朱毛情结一直在毛泽东心头萦绕。①

与党外朋友的友情②

对党外人士，毛泽东是论情论礼，很讲"朋友义气"的。刚进城时，毛泽东就让周恩来陪同，登门拜访了张澜、李济深、沈钧儒、郭沫若和陈叔通等。毛泽东对党内同志，迎送不出屋门。对于张澜、李济深、沈钧儒、陈叔通、何香凝、马叙伦、柳亚子等先生，他不但迎送出门，而且亲自搀扶他们上下车，上下台阶，与他们携手并肩漫步。

毛泽东与许多党外民主人士私人友谊深厚，交往甚频。

毛泽东与章士钊书信往来不少。有次，毛泽东看罢章士钊来信，手指尖在桌上轻轻敲两下，转向李银桥吩咐："你赶紧上街，买两只鸡，给章士钊送去。"当时已是晚上七八点钟。李银桥匆匆赶到街上，跑了几家副食店，总算买到了鸡，送到章士钊家里。记得老先生是住一个四合院，房子不怎么样，很破烂。李银桥拎着两只鸡说："主席送你两只鸡。"章士钊连连点头："谢谢，谢谢。"李银桥说："主席看到你的信了。"他举举那两只鸡："知道了，这是回话。主席身体怎么样？"李银桥说："很好。"

① 参见吴殿尧：《共和国第一元帅朱德的伟大爱国情怀》，中国共产党新闻、党史频道2009年3月23日。
② 参见权延赤：《走下神坛的毛泽东》，内蒙古人民出版社2001年版，第89—90页。

李银桥有些纳闷，两只鸡怎么是回话？章士钊的信上说了什么李银桥也不知道，当然无法猜到。回来向毛泽东学舌一遍，毛泽东笑而不语，留给李银桥一个终生猜不透的谜。

1955 年，何香凝画了一只老虎，用玻璃框框着，送给了毛泽东。这是一只立虎，毛泽东将画靠墙立住，反复欣赏，像是琢磨什么。良久，对李银桥吩咐一声："是了，这只虎应该放东屋。"

黄炎培有一本王羲之的真迹，毛泽东借来看。说好借一个月。那一个月，毛泽东工作一停便翻开来看，爱不释手。李银桥去倒茶时，常见他看着字迹琢磨，有时又抓起笔来对照着练。他不是照着摹仿，而是取其所长，取其神韵，消化吸收，变成自己的东西。练到兴头上，吃饭也叫不应他。

大约是真迹太珍贵，黄炎培很不放心。借出一星期便频频打电话询问。电话打到值班室，问主席看完没看完，什么时候还。卫士尹荆山借倒茶机会，向毛泽东报告："主席，黄炎培那边又来电话了。""嗯？"毛泽东抬起眼皮，淡淡的眉毛开始收拢。"他们又催呢。""怎么也学会逼债了？不是讲好一个月吗？我是给他数着呢！"毛泽东说。"主席，他们，他们不是催要，是问问。就是问问主席还看不看。""我看！"毛泽东喝口茶，"到一个月不还，我失信。不到一个月催讨，他们失信。谁失信都不好。"可是，黄炎培又来电话了，电话一直打到毛泽东那里，先谈些别的事，末了还是问那本真迹。毛泽东问："任之先生，一个月的气你也沉不住吗？"李银桥说："跟向主席讨债似的，没深浅。"毛泽东听了，却微笑说："不够朋友够英雄。"到了一个月，毛泽东将王羲之那本真迹用木板小心翼翼夹好，交卫士小尹："送还吧，零点前必须送到。"尹荆山说："黄老那边已经说过，主席只要还在看，尽管多看几天没关系。"毛泽东摆摆手："送去吧，讲好一个月就是一个月，朋友交往要重信义。"

大军过江，向全国进军，筹备政协会议，恢复经济，发展生产。毛泽东日理万机，忙而不乱。毛泽东约柳亚子同游颐和园，泛舟昆明湖。毛泽东时刻注意拉柳亚子在身边，肩并肩甚至照顾柳亚子在前半步。上车也是照顾柳亚子上车，然后自己再上。

第四章　怀　念

岁月倥偬，百年犹如弹指一挥间……

亲人的怀念

毛岸青、邵华：一生心系人民①

时光荏苒，春去冬来。年年春华，岁岁秋实，岁月永远也冲不淡我们对您——敬爱的父亲一代伟人毛泽东深深的怀念之情。

毛岸青、邵华这样深情悼念父亲：每当我们路过天安门广场时，老远望去，有那么多人，排着长队，环绕在您老人家安息的地方，手捧鲜花，缓缓地、缓缓地向您走去……爸爸，那是他们向自己心目中的一座丰碑走去呀！他们中有工人、有农民、有学生、有军人，有白发苍苍的老人，有满脸稚气的孩子，还有黑皮肤白皮肤的外国人……他们说，看到您，就知道活着的意义所在；他们说，看到您，就知道了前进的方向……

爸爸，您知道吗？围绕纪念堂四周的大理石路面上，已经被前来瞻仰您遗容的人踩了一道深深的脚印。爸爸，您生前反对个人崇拜，可是，您离开我们以后，有那么多人把您奉若神明——我们看到许多家庭把您的画像挂在中堂上，很多出租车司机把您的画像挂在汽车的最前排……他们说，这样，您永远活在人民的心里，是他们永远不落的太阳。我们知道，这不是迷信！这是您深爱的人民在心底呼喊您！怀念您！

爸爸，我们知道，世间没有无缘无故的爱。您深爱的人民之所以那么爱戴您，是因为您是一位彻底的大公无私者！为了中国革命，您牺牲了自己的爱妻、自己的弟弟、自己的妹妹、自己的侄子，直至自己的儿子，6位亲人啊！爸爸，孩儿们知道，这是您心中永远的痛呵。

革命胜利后，您虽身居高位，但您从来不用手中的权力，为自己、为子女谋一点私利。

您总是对自己要求那么严！

1960年，国家出现经济困难，为了和全国人民一起战胜饥荒，您对身边的工作人员说："我不吃猪肉和鸡了。猪肉和鸡要出口换机器，我看有米饭、青菜，有油、盐就可以了，我们要和全国人民一起度荒还债。"可是爸爸，您的身体并不属于您自己，而是属于全国人民的。为了您的身体健康，工作人员不得

---

① 参见李敏、高枫、叶利亚：《真实的毛泽东》，中央文献出版社2009年版，第606页。

不用"上有政策、下有对策"的办法：您不是规定不吃猪肉和鸡吗？他们就琢磨给您弄点鱼和其他肉类。谁知这样一来，您干脆戒了荤菜，只吃米饭和青菜，甚至有时也吃点我们从大连海边捡回捎给您的海菜。工作人员看在眼里，痛在心里。他们合伙找到您说："主席，您这样下去会把身体搞垮的。党和国家需要您，全国人民需要您啊！"您微笑着道出自己的心思，您说："全国人民都是这样，我一个吃了不舒服啊！"

您不但在饮食上保持着节俭的习惯，在穿着上也十分俭朴。平时只有两套外衣替换着穿。内衣到了补得不能再补的程度才不得不换上件新的。一双深褐色皮鞋，只有在参加大型会议或会见外宾时才舍得穿上。在您身边工作的叔叔阿姨们后来回忆说，这双皮鞋是您开国大典时穿过的，后来鞋面上出现了几条裂纹，颜色也褪了不少，鞋后跟的外侧磨去了约一厘米厚。工作人员多次提出做双新皮鞋，您总回答说："还能穿，还能穿！"

关于您的俭朴，一位曾在您身边工作的同志若干年后十分动情地说了这样一段话："我有罪呀！我现在吃一顿饭所花的费用，相当于老人家半年的生活费……"爸爸，这样的领袖，人民怎能不爱戴您呢？怎能不怀念您呢？

您总是对子女要求很严！

也是在困难时期，在远郊上大学的李讷妹妹病了。卫士李银桥瞒着您派人去看她，才知她是饿病的。一天，李银桥派人偷偷送去一包饼干，后来，被您知道了。您严厉地责问李银桥："三令五申，为什么还要搞特殊化？"李银桥不敢大声回答，只是小声嘀咕："别人的家长也有给孩子送东西的……"谁知这话让您听见了。您火了，拍着桌子对李银桥说："别人可以送，我的孩子一块饼干也不许送！谁让她是我毛泽东的女儿！"

爸爸，我的喝韶山泉水吃湖南辣椒长大的爸爸呀！"奢侈"起来只不过要一碗红烧肉吃的要求，也被您取消了。李讷的一包饼干能值几何？却引来了您的大怒！不为别的，爸爸，孩儿们知道，您满心里装的是人民的疾苦啊，您是要和人民在一起哟！

孩儿们至今记得这样一件往事。卫士马维回家，带回一个窝窝头，又黑又硬，掺杂着大量粗糙的糠皮。后来才知道他是按照您的要求把乡亲们碗里吃的东西带给您瞧瞧。马维对您说："乡亲们就是吃这个东西。我讲的是实话。"您眉头一拧，从马维手里接过窝头，双手发抖，费了好大劲才掰开，将一块放进嘴里，才嚼几口，您的眼圈便红了。您流着眼泪对在场的工作人员说："吃，你们都吃，都要吃一吃！这就是农民的口粮，这就是种田人吃的口粮……"之后，您像是自言自语地说："要想个办法，必须想个办法，怎样才能加速实现社会主义。"

晚年，您不断思索着这个问题。您深知中国问题主要是解决农民的问题。

您知道，中国之所以贫穷，除了底子薄，更重要的原因是帝国主义和敌对势力对我们实行经济封锁。爸爸，您深爱的人民知道，不是您不想开放，不是您墨守成规，而是周围的寒流让国门无法打开呀！但您知道，国门必须打开，中国人民必须过上好日子。

为了让您深爱的人民过上好日子，您审时度势，亲手推开了冰冻长达 23 年之久的中美关系大门。要知道，正是美帝国主义者发动的朝鲜战争，夺去了千千万万的中华优秀儿女，包括您心爱的儿子年轻的生命呀！但为了中国人民的根本利益，为了日后的改革开放，您不以旧怨为念，把橄榄枝伸向了大洋彼岸……

爸爸，您一生心里都装着人民，直到晚年病魔缠身，躺在病榻上，您依然时刻想着人民，惦记着他们的疾苦。1976 年，您已病入膏肓，治疗十分痛苦，您从未皱眉头，更未呻吟过一声。遇到医护人员紧张而手忙脚乱时，您总是用诙谐幽默的言谈来缓解他们的紧张："我没什么感觉，不要紧，慢慢来……"对于自己的痛苦，再大您都可以忍受。但就在您逝世前的一个多月——1976 年 7 月 28 日唐山大地震的消息传来时，您一边听着身边的工作人员读报，一边潸然泪下。您为灾区人民的生命财产受到严重损失而悲痛呀！

爸爸，这就是您的为人，这就是中国人民伟大领袖的质朴品格！您心里装着人民，时刻关心他们的疾苦，人民又怎能忘记您呢？我们终于读懂了纪念堂四周那年复一年日复一日的长久不息的脚步声……

岁月倥偬，百年犹如弹指一挥间，关于您，神州大地上有很多美丽的传说。我们知道，那是您深爱的人民在心底里对您的深深的牵挂和寄托。无论是革命老区，还是改革开放的前沿；无论在贫困山区，还是在繁华都市，每当提起您，谈到您的高尚人格，谈到您的丰功伟绩……人民仍然像您在世那样，激动得热泪盈眶。爸爸，那是您深爱的人民从心底里流淌出来的无尽的思念呀！这思念，像江河一样在神州大地上永远流淌，奔流不息……

李敏：爸爸疼每一个人[①]

李敏回忆到：爸爸就是这样爱每一个战士，疼每一个人，无论是谁遇到困难他都会相助相帮的。

爸爸自己生活俭朴，但对他人，无论是衣服，还是钱财，只要对方需要，爸爸都会送给他的。

爸爸从小对人就有同情心。当年在老家的桥头湾、井湾里等地读私塾时，有一个名叫黑皮伢子的小同学，他家里很穷，常常不带中午饭到校，到晚上再

---

① 参见李敏：《我的父亲毛泽东》，《生活时报》2001 年 4 月 10 日。

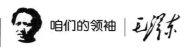

回家吃晚饭。我爸爸知道后，就把自己从家里带来的午饭分出一半给他吃，午休时还常帮助他捡柴。这事让奶奶知道了，她每天给爸爸带午饭时就特意多装上些，让他们俩都吃饱饭。

后来，爸爸到长沙第一师范上学。有一年的冬天，在去长沙的路上，遇到一个穷苦的青年，爸爸见那青年在风雪天里还只穿着单衣，冻得浑身直打战，就和他谈起来，从谈话中爸爸知道他家境贫寒，是生活所迫，才外出谋生的。爸爸很同情他，就把自己的一件上衣脱下来送给他。那青年很感激爸爸。学校放假回家后，奶奶发现爸爸的上衣少了一件，就问爸爸，爸爸把事情如实地告诉了奶奶，奶奶只是笑笑，没有责怪爸爸。

1927年的冬季，井冈山上大雪纷飞，寒风刺骨。爸爸的房东谢槐福，大冬天身上无防寒抵风的棉衣，只穿着一件破破烂烂的单衣，在寒风中冻得直抖。

爸爸看在眼里，痛在心上，就走过来，轻轻地拍拍他的肩头，亲切地说："槐福呀，天冷了，你要穿衣服哩！"谢槐福回过头来看看我爸爸，便实话实说："毛委员，我没有衣服呀！"

爸爸听了，马上把自己身上刚刚发的一件棉衣脱下来，披在谢槐福的身上，告诉他说："外面正在下雪，槐福，你穿上吧。"

"毛委员，你身上只穿两件单衣，我怎么能穿你的棉衣哩！"谢槐福说着又把衣服递给爸爸。

"你莫担心我啰，我不怕冷，我习惯了。"爸爸说着又把棉衣给他穿上，还亲自给他扣好扣子。

在长征途中有一天，正遇上阴天，天昏地暗，部队行进很困难，这时恰恰又遇上国民党的飞机。突然，敌机投下一颗炸弹，不偏不倚在警卫班长身边"轰"的一声爆炸了，班长倒在了血泊中。爸爸哭了，在场的人都哭了。爸爸慢慢地举手摘下红星帽，默默地站在警卫班长的遗体旁，不说一句话地站了很久，很久。大家含着泪水，掩埋了战友，又继续上路。突然间，爸爸又返了回去，从一个战士的手里拿过一把小小的工兵铁锹，又一次为警卫班长的坟培土。爸爸一锹又一锹地把土培在高高的坟堆上，又沉重地用铁锹拍打拍打。爸爸站起来，深情地望着这座新坟。很久他才拖着沉重的步子，一步一回头地缓缓地离开，他又带着队伍继续长征。

1934年12月下旬，爸爸和红军从黎平向黄平行军时，在一个村边见到一个农村妇女，躺倒在路边奄奄一息了。爸爸走上前问清楚了，原来她是当地的农村人。爸爸毫不犹豫地从自己身上脱下一件毛线衣，给她穿上，从自己的行李中拿出一条布被单子，又让警卫员拿了两条装满粮食的干粮袋，一起都送给她。这位老乡有了活命粮，暖身衣服，她含泪连声对爸爸道谢。

1934年4月的一天，红军与敌人作战时，爸爸和朱德爹爹在指挥所里，离前沿阵地只有两里路远。战斗开始后，爸爸看见一个战士在攻击敌人时负了伤，倒下去了，就马上出了指挥所跑了过去，随手就把自己的衣襟"嘶啦"一声扯下一片来，像个训练有素的卫生员一样，很快给战士把伤口包扎好。他又弯下腰，弓起身，背上战士就往卫生队走。

"同志，你是做什么工作的?"那战士觉得背着他的这个人看着挺面熟，就是一时想不起来是在哪里见过面，才这样试探着问爸爸。

"我们都是红军，经常见面的。"爸爸怕说实话后，战士不让自己背，会耽误治伤，就含糊地回答他。

当警卫员满头大汗地追上时，爸爸已经背着那战士走出一里多地了。

"毛委员，您快歇歇。我来背他!"警卫员边擦着额头的汗边对爸爸说。

"你先去找副担架来，我们两个抬他走。"爸爸说着还在继续大步流星地朝前走。

那个战士一听说背他的人是毛委员，也不顾自己伤痛，一下子就从爸爸的背上滑下来，说什么也不肯再让爸爸背他。警卫员要背，他也不让，非要坚持自己走。他们谁也说服不了谁。这时正好担架队来了。爸爸同警卫员一起把他轻轻抬上担架。

1935 年 6 月 2 日，红军在翻越一座大山的时候，遇上国民党的飞机轰炸，爸爸身边的警卫班长胡昌保牺牲了。爸爸悲痛万分，他双手抱着胡昌保放在地上，让他躺平后，爸爸又用自己的毛毯盖在胡昌保的遗体上，并在遗体旁站了很久很久，才依依不舍地又继续率队伍前进。

其实在漫长的革命生涯中，这样的事情是常常会遇到的。爸爸生活上，是最清苦、最俭朴的。因为爸爸心里装着的不是自己，而是中国的普通群众。

1935 年，红军翻越了梦笔和长板这两座大雪山。这一带地形非常险要，周围许多山上都是积雪，又时常下雨，真是河流错综，路滑坡陡，要是再遇到森林，有苍松古柏遮天蔽日，行军就更困难。爸爸拄着根木棍和战士一起行军，警卫人员悄悄地弄来担架，要抬着爸爸走。

"我身体蛮好，干吗要我坐担架?"爸爸说着把棍子一扔，大步朝前走。他们知道，爸爸丢掉棍子，是故意做出不疲倦的样子，可他们还是不离开爸爸身旁。爸爸被缠不过，就干脆停下脚来，让他们在前面先走自己再跟在后边走。当爸爸发现伤病员和体弱的同志时，就叫住担架队员温和而又耐心地对他们说："你们可以完成任务了，抬伤病员和抬我都是一样的，快去抬上走吧! 能让一个伤病员恢复健康，我们的革命就多一份力量! 去吧，去抬吧!"担架队员只好服从了。

同年的 7 月，红军到达黑水、芦花一带，正值青稞麦熟季节，总部就命令部队帮助藏胞下地收割。部队所有人员都投入了这一行动。爸爸和大家一起割麦、打麦，还要从几十里地外背着几十斤麦子运回来。

队伍已进入草地第七天了。那天天色已晚，部队准备就地宿营了。

爸爸却一直朝前走。原来爸爸是看见有两个战士倒在路旁了，他走上前去，弯下身子亲切地拍拍两个战士的肩头说："同志，不能倒下啊！"

他俩认出了这个人是毛泽东。

一个战士轻声无力地说："首长，我走不动了。我，我已经两天没有吃东西了……"

爸爸听了，伸手从自己的干粮袋里掏出几块青稞饼，又亲自送到战士的手中，并恳切地说："再走一天就可以出草地了，无论如何你要走出去。"

两个战士望着爸爸，激动得流出了热泪。他们知道，这几块青稞饼，在此时、此刻、此地意味着人的生命！他们怎么也不肯收下。爸爸说道："你们要吃。不吃，就出不去了。"他们含着泪，吃着饼，望着爸爸，用力撑着身子站起来，艰难地挪动着步子。爸爸就让警卫员扶他们走。

爸爸就是这样爱每一个战士，疼每一个人，无论是谁遇到困难他都会相助相帮的。

我又想起了令华的另一位同学，也是因为学习时遇到了经济困难。爸爸知道后，二话没说，以同样的方法，从自己的稿费中每月支出 40 元钱按时由我们转给他，帮助他克服了困难，使他顺利地读完了大学。

我想，爸爸这样做，是出于他对年轻一代的关心、爱护，因为在爸爸的眼里，年轻人是祖国的希望，是祖国的未来，是革命事业的接班人。他们不属于某一家，他们是国家的宝贵财富。同样，爸爸用自己的稿费来帮助他们克服困难，继续深造，这也是在为国家培养人才而尽一个共产党员的责任。

李讷：回忆父亲的家教[①]

在北京万寿路的一套普通干部住宅里，毛泽东的小女儿李讷和丈夫王景清过着平静的生活。李讷是毛泽东和江青的女儿，多年来，她一直深居简出，很少抛头露面，也不接受任何名誉头衔。作为毛泽东的女儿，一般人对她知之甚少。李讷日前深情地回忆了和父亲一起度过的岁月，表示父亲的言传身教使她终生受益。

李讷这样写到：我生下来以后，开始可能不是这个名字。后来父亲就给我起的这个"讷"。我父亲说，是根据孔子的那句话：君子讷于言，而敏于行。我们姐妹两个人，就各取了一个字。我姐姐取名"敏"，我取名"讷"。实际上就是要我们少说话、多做事。

---

① 参见李敏、高枫、叶利亚：《真实的毛泽东》，中央文献出版社 2009 年版，第 614 页。

我 1940 年 8 月出生在延安。我的哥哥姐姐都在苏联，父亲需要有一个孩子在身边，活跃家庭的气氛。所以我没有进过保育院，托儿所都没有进过。

父亲因为工作很忙，要他休息，他也放不下手中的工作。我记得很小时候起，我的任务就是让父亲休息。他太累的时候，他身边的工作人员就把我推进去，让我跟他（玩）。以后我慢慢地也懂了要让爸爸休息。他喜欢孩子，会不由自主地就跟我玩，这样他就可以转移转移注意力。我记得我最早学说话，就有一句话是"爸爸散步去"。我两三岁时拉着他去散步，只能攥着他一个手指头。以后逐渐长大，就拉着他的两个手指头，然后再拉他的三个手指头，然后再拉他的整个的手，我就是这样慢慢长大的。

父亲工作累了，出去活动活动时，我和小伙伴儿们就和他一起做做游戏。他有时候扭腰啊，有时候背着手走啊，我们就在他后边跟一串儿跑。他对孩子很慈祥，时时会露出他未泯的童心。

父亲有时候，还对小孩的事情很感兴趣。比如说，我们在盖小房子什么的时候，他会进来帮助我们一起盖。一会儿帮我们搞一个窗户，一会儿帮我们弄了一个水沟，也是玩得两手都是泥的，挺投入。他有时候带我散步，就教我念一些诗。

新中国成立后，我在北京正式开始上学。为了不造成影响，父亲不让我在家长一栏中，填写他的名字。最开始填家长是填的工作人员的名字。但这样也不成，逐渐地就改了。

刚上小学时，因为学校离中南海比较远，一个礼拜能回一次家，工作人员就用小轿车接送我。后来我父亲不同意，说这样特殊化不好。就派一辆大一点的车，就像那种面包车。能坐十几个、二十几个人的，一次把住中南海的小孩都接回来。

很小的时候，我跟着父亲一起游泳。他要求我不要用救生圈，要靠自己的技术和意志，去抗击风浪。他游泳时一游就游出去十几二十公里。他说你累了你就仰泳，可以休息。他不让用救生圈是有意识锻炼我们。有时来了台风了，白浪滔天，他让我们都跳下去。他自己第一个跳下去，那我们还有什么话可说，坚决跳下去。巨浪拍下来，人根本进不去，费好半天才能钻进浪里。他自己就是这样做。所以，我们觉得这种言传身教，主要是身教很重要。

我父亲对我们要求很严格，可以说他对我们的希望也是比较大的。他不希望我们做什么科学家，什么政治家、文学家。他只要求我们做一个自食其力的普通劳动者，他说你们只要做到这一点，他就很满意了。他对我们一贯的严格要求是通过言传身教，他自己就是很俭朴的，很严格的。我记得（20 世纪）50年代，他那个卫生间里的洗涤用品，就是一块洗衣服肥皂，别的什么都没有，不知道现在还有没有那种，就是那种固本牌的老肥皂。衣服上的补丁那么多，

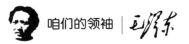

他说，你自己自然而然就可以了。我们受他的影响，要勤俭、朴素，严格要求自己，和群众打成一片；靠自己的能力学习知识，为国家做工作，自己养活自己，做一个自食其力的普通劳动者。所以我最大的感受就是：没有他对我那样的严格要求，就没有我的今天。我很想念他，他是我的好爸爸。

毛新宇：永远和爷爷在一起①

毛新宇在纪念毛泽东的文章中写到：对当今大多数中国人来说，毛泽东始终是他们心目中伟大的领袖。一个民族需要有凝聚力，而一个有凝聚力的民族需要一个能统领全民族的伟人，这个伟人就是这个民族的脊梁。在20世纪，正是毛泽东为我们中华民族撑起了腰杆，为全世界受到不公平对待的被压迫民族和人民撑起了一片蓝天。

毛泽东最赞赏硬骨头精神，而他自己的骨头就是最硬的。对内，他让大多数穷苦的中国人摆脱了苦难，做了社会的主人，他们在中国当时如此低下的生产力条件下避免沦为外来垄断资本的奴隶；在外，他维护民族尊严，从不屈服来自任何一国的压力。从太平洋彼岸那个金元帝国的历届总统，到北方强邻的各位首脑，都无不时时关注着这位纵横捭阖、声震天下并有着独特性格和惊人韧力的中国巨人。在有"世界最大艺术殿堂"之称的纽约大都会博物馆的20世纪人物肖像中，仅有的一幅巨幅领袖像就是毛泽东。这足以说明，不论是他的崇敬者，还是他的朋友，或是他的敌人，在许多时候都不能不承认他的威力和影响。

毛泽东创立的井冈山、延安精神博大精深，远不是穿草鞋、自己动手开荒生产等具体形式所能涵盖和代表的，它还包括不拘本本、一切唯实的思想解放，以及发扬民主、群众路线、统一战线和尽可能发展经济等极为丰富的内容。对于毛泽东新中国成立前的丰功伟绩，世人自然不会忘却，而对于新中国成立后领导社会主义革命，在社会主义建设道路上的探索，我们尤其不可抹煞。政治、经济、军事、外交、祖国统一、民族团结……任何事物的发展都有自己的根源，没有毛泽东对中国社会主义道路开拓性的探索，就根本不可能去想象如今有中国特色社会主义事业取得的恢宏成就。

我常常惊叹爷爷在人们心目中的非凡威望。无论我走到何处，都能感受到，我们的人民，尤其是工农群众，对他老人家的感情与崇敬并没有随着时间的推移而消失，而是越来越浓厚、强烈。他们每当见到我们，一谈起毛主席，总是热泪盈眶，激动不已。著名作家魏巍在一本书中曾经写过这样一段话："按通常情况，人一死也就烟消火灭，随着岁月的推移，世情的变迁，也就渐渐被人淡

---

① 参见毛新宇：《风流人物毛泽东》，《环球》本期特别策划，2003年12月16日。

忘了。……可是毛泽东不然。尽管前几年，国外一些势力一再掀起'非毛化'的恶浪，国内也有一些人'反毛'很起劲儿，动不动就拼命地来贬低他，否定他，辱骂他，甚至编造一些根本子虚乌有的私生活的谎言诬蔑他。可是结果怎样呢？毛泽东的形象不仅没有被踩在九地之下，而且愈来愈高大，愈鲜明。毛泽东的威望，简直就像是在中国大地上生了根似地不可动摇。"爷爷是世界人民公认的世纪伟人，享有崇高的国际威望。

在我接触的外国友人中，如阳春寒早等美国朋友都很崇敬爷爷。1994年我来到香格里拉饭店实习，发现新加坡老板办公室正中央的墙壁上高高地悬挂着毛主席像，当老板得知我就是毛主席的孙子时，对我很是尊重。

世界拳王泰森的胳膊上也针刺着毛主席像；世界著名经纪人麦克唐纳的上装左胸前曾佩戴毛主席像章。由外国人撰写的《中国文化西传欧洲史》一书中也特意提到了毛主席。这一切使我感到爷爷的光辉形象始终矗立在世界人民的心中。对于国内外持续出现的毛泽东热，我更是感慨万千。爷爷的确是一位时代和历史的巨人，尤其是他在处理国事中表现出来的民族气节和尊严更是令人荡气回肠。

我认为爷爷最可贵的是有一颗慈善仁爱之心，他无条件地、真诚地帮助弱小国家，深得世界人民的爱戴。哲人培根说过：同情在一切内在的道德和尊严中是属于最高层次的美德。爷爷不正是这种美德的忠诚实践者么？

新的世纪已经到来，道路尽管曲折，但前途无比光明。毛泽东在他刚刚点燃星星之火时，就以满腔激情描绘了胜利的前景："它是站在海岸遥望海中已经看得见桅杆尖头了的一只航船，它是立于高山之巅远看东方已见光芒四射喷薄欲出的一轮朝日，它是躁动于母腹中的快要成熟了的一个婴儿。"继承前贤，启发后人，以同样的豪情看待我们正在奋斗的事业，将会激励起我们新时代的精神，为中华民族的复兴与人类事业的进步作出更大的贡献。

身边工作人员的回忆[①]

张耀祠：毛主席对打骂士兵深恶痛绝

这些对毛泽东的日常生活、言行举止、待人接物等小事的叙述，为我们勾画的不仅是一个伟岸肃立的领袖形象，更是描绘了一幅毛泽东生动真切的"画像"。

张耀祠回忆道：毛主席双手撑在桌上对大家讲道：同志们，警卫连担负中央的安全保卫任务，你们的工作做得很好，成绩是主要的。今天我主要讲讲军

---

① 参见王震宇：《在毛泽东身边（106位毛泽东亲属和身边工作人员的回忆）》，人民出版社2009年版。

民关系、官兵关系的问题。你们连三排王排长骂战士、打战士、用脚踢战士，被打骂的战士不满意开小差回家了，造成部队减员；他还打坏了老百姓积肥的马桶，损害了群众的利益，破坏了军民关系。这是一种军阀残余作风，很不好，要坚决纠正。军民关系好比鱼和水的关系，鱼离开了水就不能活，军队离开了人民群众，就失去了依靠，得不到人民的支持，就无法打胜仗。中国工农红军是为人民谋利益求解放的。因此，红军的一切行动都要爱护人民的利益。一定要搞好军民关系，加强军民团结。

中国工农红军与国民党蒋介石的军队，是有本质区别的。两个军队代表着两个阶级的不同利益，国民党蒋介石的军队，当官的都是资产阶级、地主阶级的子弟或是他们的亲戚朋友，他们都代表着资产阶级和地主阶级的利益。这些当官的为了个人升官发财，压迫剥削士兵，克扣士兵的军饷，喝兵血，用欺骗打骂手段统治士兵，驱使士兵为资产阶级和地主阶级上前线打仗卖命。共产党领导的工农红军的干部，绝大多数是从战士中培养提拔起来的，他们都是工人、农民的子弟。干部和战士只是分工不同，都是阶级兄弟，在政治上一律平等，大家都是为工人、农民，为全中国各族人民求解放来当兵的。

共产党领导的工农红军重视军政团结、官兵团结，团结就是力量。干部要模范遵守《三大纪律八项注意》，要关心爱护战士。遇事一定要冷静，不要急躁，处理问题不要简单粗暴，要学会管理教育部队的方法。要严格禁止打骂战士、侮辱战士的人格。战士要尊重干部，服从领导，听从指挥，遵守纪律。

对王排长怎么处理呢？毛主席说，王排长违反了《三大纪律八项注意》，打骂战士破坏了官兵团结，破坏了军民关系，错误是严重的。为了严肃军纪，教育本人，撤销排长职务，调离警卫连。希望王排长改正错误，只要改正了错误就是好同志。

王明富：名誉校长毛主席

王明富回忆道：在毛主席身边有一个干部队，也称中央警卫团干部一中队。它是20世纪50年代初，毛主席为了能及时掌握、了解全国各地的经济建设和三大改造的实际情况，通过军委，从全军选调来自全国八大城市和除新疆、西藏外100多个专区的青年干部组成的。毛主席为他们规定了三大任务：警卫、调查和学文化。这些青年干部来自全军，朝气蓬勃、忠诚可靠，并有一定的工作经验。但许多同志文化水平比较低，所以毛主席很关心这些青年干部文化水平的提高。在他亲切的关怀下，成立了文化学校，学校筹办是他亲自批给罗瑞卿总参谋长办理的。毛主席虽说是名誉校长，倒也不仅是挂名，而是对学校的成立、教学内容、教学方法、教学进度等都关心。他见到一中队的同志问得最多的一是家乡情况，二是文化学习情况。他知道这些同志在旧社会是受苦受难的穷孩子，多数没上过学，或者文化水平较低。他亲切地对我们说："你们都是好同志，就是文化水平低一些，你们要好好把文化提高一下，以后能够掌握科学文化知识，多为人民做些工作，更好地为人民服务，经过三五年达到中学毕业。"

在毛主席的关怀下，1957年1月27日，中央警卫团干部一中队文化学校正式开课，学习内容包括语文、地理、历史、数学、物理、几何、化学、生物等课程。文化学习开始后，整个一中队一扫往日悠然平静的气氛，课堂、宿舍、俱乐部到处都是读书、做功课的人。从早上起床到晚上12点，同志们都埋头在课程的学习中，节假日更是学习文化的好时机，新课本要预习，旧课本要重温，有的要熟记，有的要背诵。在中南海海边散步，甚至上厕所都在背诵课文、地名、化学分子式……无论是在外地出差还是在北京，无论是住院还是随毛主席外出，都要带上学习任务。

1959年6月，我们十多名同志随毛主席去庐山等地，共一个多月。我们带着学习计划，根据教员的要求学课文、做作业，然后把做好的功课由为中央送文件的飞机带回北京，经教员批改后再给我们捎回来。当时我们十几个人除执勤外，就是紧张地学习文化。这一个多月，不但没有影响学习进度，还比原定计划要求多做了40多道作业题。这时，一中队的同志面对着丰富的文化知识，孜孜不倦，以一种兴奋、追求、攀登的精神，攻克"文化山"。

毛主席对我们的关怀和他刻苦学习的精神，是我们学习的动力。在他的书房、办公室、床铺上、卫生间堆满了书。在外出时，他乘坐的飞机、火车上都放着书。他每天要批阅大量文件，阅读报刊和国内外参考，60多岁了还要林克秘书给他讲英语课，有时散步还背单词。在长江游泳上船休息时，还拿起英语课本温习英语。他的发音带着很重的乡音，常引起身边同志悄悄发笑。可他刻苦学习的精神，却极大鼓励和鞭策着我们努力学习。

王笃恭：大事小事毛主席都能想到　唯独想不到自己

王笃恭回忆道：1947年9月25日，在陕北佳县的阎家岇，这一天我记得非常清楚，我第一次见到了中国劳苦大众的救星毛泽东。

我个子大，又是机枪手，坐在队伍的前面，离主席讲话的地方也就十几米远，看得非常清楚。主席对我们讲的第一句话：同志们辛苦了；第二句：欢迎来到陕北，与我一起工作。你们离开家乡，来到战场，很有觉悟，学习军事，准备打仗，做好本职工作，保卫好中央机关的安全。要学好文化，你们都是生活在贫苦人家的孩子，没条件念书，要抓紧时间，利用一切时间学习文化，没文化做不好工作，要把自己培养成能文善武的战士，将来成为国家的栋梁之材。

在转战陕北的日子里，主席和战士生活一个标准。战事紧急时，三天三夜

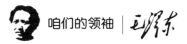

吃不上饭，水都喝不上，野菜、树叶、黑豆、糠，把这些放在一起碾扁，我们称为"钱钱饭"，一人一碗不管饱，即便是这样，我们还要拿出1/3的粮食，救济行军途中遇到的军烈属、贫困群众。

有一次，主席两天没吃上饭，我们把米袋一个个地抖，最后凑成半碗米，烧成半碗糨糊，送给主席，主席很高兴，有饭吃了。主席问："同志们都有吗?"我们不敢说假话，只好如实报告。主席没有吃，让我们送给了任弼时。任司令也问是否大家都有，我们回答不是的。最后这半碗糨糊，任司令让我们送给了病号吃。主席和战士们的这种感情，我想起来就想哭。

从国家大事到个人小事，主席没有想不到的，唯一没有想到的，就是他自己。

马武义：开国大典那天的毛主席

马武义回忆道：1949年3月25日，主席住进香山双清别墅。他自己首先保持艰苦奋斗的作风，还给我们卫士规定了一条不成文的规定：凡是主席用的东西不得随意给他换新的，要换必须经他批准。在香山时，经主席批准给他做了一双新皮鞋。参加党内活动他不穿皮鞋，只有会见外宾、民主人士或庆典活动时他才穿皮鞋。直到1958年秋我离开中南海时，他穿的还是这双皮鞋。

毛主席吸烟，用北京人的话说显得有点抠门，他吸的烟都拿不住了，还要插到烟嘴里再吸，直到剩下很小很小才熄灭。我听主席另一位警卫员说，一次主席召开会议，高岗把吸了几口的烟丢在地上，主席见了伸手拾了起来。此举深深触动了高岗，他羞愧难言，面红耳赤。

1949年10月1日，按主席睡前的吩咐，下午一时要把他叫醒，再过两个小时就是宣布新中国成立的伟大时刻。因此主席也显得有些激动，起床、洗脸、吃饭都加快了速度。我拿着一套羊毛衫，准备帮他穿衣。毛衣的两只袖子胳膊肘破了两个大窟窿，是用袜头补上的。毛裤膝盖处也破了两个大窟窿，因没有合适的袜头就没补。主席拿起毛裤两脚用力一蹬，两只脚却从大窟窿里伸了出来，我忙帮他脱下来重新穿好，心里很不是滋味。

吃完饭，主席在勤政殿开了个短会，下午2点50分，主席登上了天安门城楼，那里云集了开国时期党内外高层领导人。3时整，毛主席庄严宣布：中华人民共和国成立了！城楼下百万人欢呼如潮。此时此刻，除了毛主席身边几个人，没人能知道，就是在这普天同庆的开国大典的日子里，毛主席竟然穿的是一套破了四个大窟窿的羊毛衫裤。

柴守和：永远不当"老子"

柴守和回忆道：1953年8月，我突然接到老家的一封电报，记得电文的意思是我的老父亲得了重病，叫我回去看望，见上一面。李银桥卫士长第二天就通知我说，毛主席要找你谈话。

当我走进毛主席办公室，敬礼报告后，老人家以他那特有的湖南口音，慈祥和善地对我说："你来了，坐下说吧。"望着老人家和善的面孔，听到老人家亲切的话语，一股暖流涌上了我心头，紧张的心情立刻放松下来。毛主席接着对我说："你回家后，先要代我向老人家问好，让他安心养好病。如果可能，在家乡讨个老婆吧！不要认为在我这里工作就了不起了，你回家后可别装'老子'，要注意听听老乡们对咱们政府的意见和反映。解放这么多年了，好的反映肯定少不了，这方面的情况就不要了，主要是收集老乡们对我们工作的意见，回来后向我报告。"

从毛主席办公室出来后，我心里默默地回忆着毛主席说的话，仿佛一下子又长大了许多，成熟了许多。我心里暗暗下定了决心：我永远遵循主席的教导，永远不当"老子"，永远做人民的勤务员。

曲琪玉：主席给我们上了一堂哲学课

我在中南海工作十几年，工作中充满着团结、紧张、严肃、活泼的气氛。有两件事，现在想起来还觉得回味无穷。他形象地取我的姓"曲"字，又取周福明的"明"字，认真地说："道路是曲折的，前途是光明的。"毛主席说的这两句名言出自 1945 年 10 月 17 日毛主席撰写的《关于重庆谈判》一文中："世界是在进步的，前途是光明的……世界上没有直路，要准备走曲折的路……总之，前途是光明的，道路是曲折的。"毛主席在谈笑中给我们上了一堂生动的哲学课。

毛主席还引用南宋文天祥《过零丁洋》"人生自古谁无死，留取丹心照汗青"的诗句来勉励大家，一个封建王朝的宰相不投降元军，为后人留下了忠诚无畏的英雄气概。毛主席告诫我们这些共产党员，在任何时候，任何情况下，任何困难面前，任何生死关头，都不能背叛人民，背叛革命，背叛党。

从向往毛主席、走近毛主席到离开毛主席，我度过了一生中最宝贵的时光。

毛泽东，中国人永远也不会忘记的领袖。他的思想、他的人格的伟大、他的胸怀的宽广不仅征服了现在，也必将穿越历史，走向未来。

附录一　毛泽东简历、讣告

让我们重温毛泽东具有代表性的经历和对社会的重要贡献。真诚表达对他老人家的怀念和敬意。

毛泽东简历

毛泽东——中国人民的伟大领袖

毛泽东，汉族，1893 年 12 月 26 日生，湖南湘潭人。原字咏芝，后改润之。中国共产党的创建人之一。

1902—1906 年在家乡私塾读书。1907—1908 年停学在家务农。1909 年复学，秋，入湖南省湘乡县高等小学堂读书。1911 年入湘乡驻省中学读书。1911 年 10 月投笔从戎，参加新编陆军第二十五混成协五十标一营左队，为列兵。1912 年退出军队继续求学，考入湖南全省高等中学校（后改名省立第一中学），秋，退学自修。1913 年春考入长沙湖南省立第四师范学校预科。1914 年 2 月湖南省立第四师范学校并入湖南省立第一师范学校后入湖南省立第一师范学校学习。1915 年 11 月至 1917 年 10 月连任四届湖南省立第一师范学校学友会文牍。1917 年 10 月至 1918 年 5 月任湖南一师学友会总务（负总责）兼教育研究部部长。1918 年发起组织新民学会。1919 年主编《湘江评论》。1920 年先后筹建文化书社、俄罗斯研究会、湖南社会主义青年团，并同何叔衡等创建长沙的中国共产党早期组织。1921 年 7 月出席中共第一次全国代表大会。会后任中国劳动组合书记部湖南分部主任和湖南省工团联合会总干事。1922 年起任中共湘区（包括江西安源）委员会书记。在中共中央三届一次执委会上被推选为中共中央局成员，任中央局秘书。1924 年初参与中国共产党帮助孙中山改组中国国民党的活动。第一次国共合作期间，在国民党第一、第二次全国代表大会上被选为国民党中央候补执行委员。1924 年 5 月起任中共中央组织部部长。1925 年起任国民党中央宣传部代部长。同年 12 月起任《政治周报》主编，兼任国民党中央党部宣传员养成所所长。1926 年 2 月起任国民党中央党部政治讲习班理事，5 月起任第六届农民运动讲习所所长。同年秋任中共中央农民运动委员会书记。1927 年到湖北武汉任全国农民协会总干事，主持农民运动讲习所。1927 年 8 月至 11 月任中共中央临时政治局候补委员。1927 年 8 月汉口中共中央紧急会议（八七会议）后作为中央特派员领导湘赣边秋收起义，任中共前敌委员会书记，创建工农革命军第一师，在井冈山创立了第一个农村革命根据地。1928 年与朱德、陈毅领导的起义部队会师，组成中国工农红军第四军，任红四军党代表、军委书记。1928 年 5 月起任中共湘赣边界特委书记。1930 年 6 月起任红一军团政治委员、前敌委员会书记，8 月起任红一方面军前敌委员会书记兼总政治委员，9 月在中共六届三中全会上被补选为中共中央政治局候补委员。1931 年 1 月起任中共苏区中央局委员，10 月至 12 月任中共苏区中央局代书记。1931 年 1 月至 11 月任中华苏维埃中央革命军事委员会委员、副主席、主席。1931 年 11 月起任中华苏维埃共和国中央执行委员会主席、中央执行委员会人民委员会主席，中华苏维埃共和国中央革命军事委员会委员。1934 年 1 月在中共六届五中全会上当选为中共中央政治局委员。1934 年 2 月起任中华苏维埃共和国第二届中央执行委员会主席。同年 10 月参加长征。1935 年 1 月遵义会议确立其在红军和党中央的领导地位，增选为中共中央政治局常委。会后不久，任前敌司令部政治委员，为三人军事指挥小组成员，统一指挥红军的行动。1935 年 11 月红一方面军番号恢复，任政治委员。1935 年 11 月至 1936 年 12 月任中华苏维埃西北革命军事委员会委员、主席。1936 年 12 月起任中华苏维埃人民共和国中央革命军事委员会委员、主席、主席团成员。1937 年 8 月至 1976 年 9 月长期担任中共中央军委委员、常委、主席。1941 年 9 月起任中共中央研究组（又称中央学习组）组长。1942 年 6 月起任中共中央总学习委员会主任。1943 年 3 月起任中共中央政治局主席、中共中央书记处主席；并任中共中央宣传委员会书记，兼任中共中央党校校长。1945 年 6 月在中共七届一中全会上当选为中共中央主席，中共中央政治局委员、主席，中共中央书记处书记、主席。1949 年 6 月起任新政治协商会议筹备会常务委员会主任。同年 9 月在中国人民政治协商会议第一届全体会议上当选为政协第一届全国委员会主席。1949 年 10 月至 1954 年 9 月任中央人民政府人民革命军事委员会主席。1954 年 9 月在第一次全国人民代表大会上当选为中华人民共和国主席，同月起任第一届国防委员会主席。1954 年 12 月起任政协第二届全国委员会名誉主席。1956 年 9 月在中共八届一中全会上当选为中共中央主席，中共中央政治局委员、常委。1959 年 4 月起任政协第三届全国委员会名誉主席。1969 年 4 月在中共九届一中全会上当选为中共中央主席，中共中央政治局委员、常委。1973 年 8 月在中共十届一中全会上当选为中共中央主席，中共中央政治局委员、常委。1976 年 9 月 9 日在北京逝世。

中共第三届中央委员，第五届中央候补委员，第六届、七届、八届、九届、十届中央委员，第三届中央局委员，中央临时政治局候补委员（1927 年 8 月至 11 月任职），第六届中央政治局候补委员（六届三中全会增补）、委员（六届五中全会当选），第七届、八届、九届、十届中央政治局委员，第六届（1935 年 1 月遵义中央政治局扩大会议增选）、八届、九届、十届中央政治局常委，第六届（1943 年 3 月中央政治局会议推定任职）、七届中央政治局主席，第七届、八届、九届、十届中央委员会主席，第六届（1935 年 1 月至 1945 年 6 月任职）、七届中央书记处书记，第六届（1943 年 3 月中央政治局会议决定任职）、七届中央书记处主席。[1]

毛泽东讣告、悼词（节选）

中共中央　全国人大　国务院　中央军委告全党全军全国各族人民书[2]

中国共产党中央委员会、中华人民共和国全国人民代表大会常务委员会、中华人民共和国国务院、中国共产党中央军事委员会极其悲痛地向全党全军全国各族人民宣告：我党我军我国各族人民敬爱的伟大领袖、国际无产阶级和被压迫民族被压迫人民的伟大导师、中国共产党中央委员会主席、中国共产党中央军事委员会主席、中国人民政治协商会议全国委员会名誉主席毛泽东同志，在患病后经过多方精心治疗，终因病情恶化，医治无效，于一九七六年九月九日零时十分在北京逝世。

毛泽东主席是当代最伟大的马克思主义者。半个多世纪以来，他根据马克思列宁主义的普遍真理和革命具体实践相结合的原则，在同国内外、党内外阶级敌人的长期斗争中，继承、捍卫和发展了马克思列宁主义，在无产阶级革命运动的历史上写下了极其光辉的篇章。他把自己毕生的精力，全部贡献给了中国人民的解放事业，贡献给了全世界被压迫民族和被压迫人民的解放事业，贡献给了共产主义事业。他以无产阶级革命家的伟大毅力，同疾病进行了顽强的斗争，在病中继续领导了全党全军和全国的工作，一直战斗到生命的最后一息。他为中国人民、为国际无产阶级和全世界革命人民立下的丰功伟绩，是永存的。他赢得了中国人民和全世界革命人民衷心的热爱和无限的崇敬。

我们一定要继承毛主席的遗志，努力学习马克思主义、列宁主义、毛泽东思想，刻苦攻读马列著作和毛主席著作，为彻底推翻资产阶级和一切剥削阶级，用无产阶级专政代替资产阶级专政，用社会主义战胜资本主义，为把我国建设成为一个强大的社会主义国家，争取对人类作出较大的贡献，为最终实现共产主义而奋斗。

毛泽东逝世悼词（节选）[3]

今天，首都党政军机关、工农兵以及各界群众的代表，在天安门广场举行隆重的追悼大会，同全国各族人民一道，极其沉痛地悼念我们敬爱的伟大领袖、国际无产阶级和被压迫民族被压迫人民的伟大导师毛泽东主席。

[1]　参见徐文钦：《建设学习型党组织必读经典》，国家行政学院出版社 2010 年版，第 17—19 页。
[2]　参见《人民日报》1976 年 9 月 10 日。
[3]　参见《人民日报》1976 年 9 月 19 日。

几天来，全党全军和全国各族人民，都为毛泽东主席逝世感到无限的悲痛。伟大领袖毛主席毕生的事业，是同广大人民群众血肉相连的。长期受压迫受剥削的中国人民，是在毛主席的领导下翻身做了主人。灾难深重的中华民族，是在毛主席的领导下站立起来了。中国人民衷心地爱戴毛主席，信赖毛主席，崇敬毛主席。国际无产阶级和进步人类，都为毛主席的逝世而深切哀悼。毛泽东主席是中国共产党、中国人民解放军、中华人民共和国的缔造者和英明领袖。

　　毛泽东主席是当代最伟大的马克思主义者。毛泽东以无产阶级革命家的雄伟气魄，在国际共产主义运动中发动了批判以苏修叛徒集团为中心的现代修正主义的伟大斗争，促进了世界无产阶级革命事业和各国人民反帝反霸事业的蓬勃发展，推动了人类历史的前进。毛主席根据马克思列宁主义的普遍真理和革命具体实践相结合的原则，总结了国内国际革命斗争的经验，在各个方面继承、捍卫和发展了马克思列宁主义，丰富了马克思主义理论宝库。毛泽东思想是反对资产阶级和一切剥削阶级，反对帝国主义、社会帝国主义和各国反动派的强大思想武器。思想上政治上的路线正确与否是决定一切的。中国人民的一切胜利，都是毛泽东思想的伟大胜利。毛泽东思想的光辉，将永远照耀着中国人民前进的道路。

　　毛泽东主席是全心全意为中国人民和世界人民谋利益的光辉典范。毛主席把自己毕生的精力，直到生命的最后一息，全部贡献给了中国人民的解放事业，贡献给了全世界被压迫民族被压迫人民的解放事业，贡献给了共产主义的事业。像毛主席这样经历过种种革命风暴，战胜了种种艰难险阻，始终和工农劳动群众心连心，站在革命运动的前列，指导革命运动前进的伟大的无产阶级革命家，在无产阶级革命运动的历史上，是罕见的。毛主席在革命理论和革命实践上立下的丰功伟绩，是永存的。现在，毛主席与世长辞了。这对我党我军和我国各族人民，对国际无产阶级和各国革命人民，对国际共产主义运动都是不可估量的损失。

　　毛泽东主席永远活在我们心中！

　　战无不胜的马克思主义、列宁主义、毛泽东思想万岁！

　　伟大的、光荣的、正确的中国共产党万岁！

　　伟大的领袖和导师毛泽东主席永垂不朽！

附录二　毛泽东逝世后国际社会唁电辑录

　　1976年9月9日，中国人民的伟大领袖、伟大导师毛泽东主席在北京逝世。毛泽东逝世后，在国内、国际社会上引起巨大震动，世界各地对他的赞扬和哀悼如潮水般涌来。在他逝世后的10天里，共有123个国家的政府和首脑向中国政府发来了唁电或唁函，53个国家降半旗致哀，许多国际机构和国际会议上也开展了悼念活动。联合国总部以历史上罕见的速度在毛泽东逝世的当天就降半旗致哀。时任联合国秘书长瓦尔德海姆在联合国大会上发言时盛赞毛泽东的丰功伟绩："他实现自己理想的勇气和决心将继续鼓励今后的世世代代。"联合国大会主席高度评价毛泽东是"我们时代最英雄的人物"，"他改变了世界历史的进程"。为客观再现国际社会对毛泽东的评价，特辑录部分唁电，共同缅怀一代伟人。

马列主义政党唁电选[1]

　　毛泽东一生是无产阶级革命家的生动典范，他为争取中国人民革命事业、全世界被压迫民族和被压迫人民解放事业和国际共产主义事业的胜利贡献了自己的一切。

——朝鲜劳动党主席　金日成[2]

　　毛泽东主席在历史上的地位将不可动摇地铭记在全世界工人的心中。我们的主要任务应该是继续学习毛泽东同志的令人永志不忘的榜样。

——荷兰马列主义党主席霍赫和书记　彼得森[3]

　　毛泽东主席是全世界无产阶级和革命人民无限崇敬和衷心爱戴的伟大领袖和导师，是当代最伟大的马克思主义者。他的逝世，对中国人民，对全世界无产阶级和革命人民，对国际共产主义运动，都是不可估量的损失。

　　几十年来，毛泽东主席根据马克思列宁主义的普遍真理和革命具体实践相结合的原则，在同国内外、党内外阶级敌人的长期、艰苦、曲折、激烈的斗争中，继承、捍卫和发展了马克思列宁主义，极大地丰富了马克思主义理论的宝库，为国际共产主义运动立下了丰功伟绩。

——北加里曼丹共产党中央委员会主席　文铭权[4]

---

[1]　以下领导人职务均为时任职务。
[2]　参见《人民日报》1976年9月13日。
[3]　参见《人民日报》1976年9月13日。
[4]　参见《人民日报》1976年9月13日。

毛泽东同志是罕见的无产阶级革命家，是当代最杰出的马克思主义者，他在领导中国人民和世界人民走向共产主义这一人类历史的事业中，留下了永不磨灭的功绩。革命的日本人民特别不能忘怀的是，毛泽东同志一贯深切地关怀日本人民，支持和勉励日本人民的斗争。毛泽东同志是革命的日本人民最热爱、最尊敬的导师。

　　　　　　　　　　　　　　　　　　　　　——日本工人党中央委员会①

　　毛主席的业绩和教导是永存的。他的业绩和教导将不断丰富世界上一切革命者的斗争及其进行斗争的依据。

　　毛泽东同马克思、恩格斯、列宁和斯大林一样，是无产阶级革命的巨人，学习他们的一生和著作，全世界革命者就有了方向。

　　　　　　——比利时马克思列宁主义共产党中央委员会第一书记　费尔南·勒菲弗尔②

　　毛泽东同志是伟大的中国共产党、中国人民解放军、中华人民共和国的缔造者和英明领袖。在复杂曲折、艰难激烈的阶级斗争和两条路线斗争中，毛泽东同志同国内外、党内外的阶级敌人进行了长期的斗争，创建了一个伟大的、光荣的、正确的共产党，一支真正的人民军队和一个巩固的人民政权。

　　毛泽东同志是当代最伟大的马克思主义者。他把马克思列宁主义的普遍真理同革命的具体实践相结合，总结了国际共产主义运动和无产阶级专政的历史经验，继承了马克思列宁主义，捍卫了马克思列宁主义的纯洁性，并以毛泽东思想发展了马克思列宁主义。

　　毛泽东同志把他的毕生精力，全部贡献给了中国人民的解放事业和世界被压迫民族被压迫人民的解放事业。他为人民立下的丰功伟绩，是永存的。

　　　　　　　　　　　　　　　　　　　　　　——缅甸共产党中央委员会③

　　这位伟大的政治家毕生一直考虑的问题就是使中国人民在真正的社会正义和公正的气氛中享有幸福和繁荣。毛泽东主席一贯支持第三世界人民反对帝国主义、殖民主义和种族主义的斗争，从而在他们中间留下了永远不可磨灭的印象。

　　　　　　　——尼日尔最高军事委员会主席、国家元首　赛义尼·孔切中校④

---

　　①　参见《人民日报》1976年9月13日。
　　②　参见《人民日报》1976年9月13日。
　　③　参见《人民日报》1976年9月13日。
　　④　参见《人民日报》1976年9月13日。

任何语言确实都不足以描绘出毛泽东同志的雄伟形象。毫无疑问，毛主席是我们时代最伟大的人物，并且像马克思、恩格斯、列宁和斯大林一样，他是一切时代最伟大的人物之一。作为中国人民的领袖，他的业绩震撼了帝国主义和资本主义世界。这些业绩不仅鼓舞了中国人民走向解放和社会主义，而且鼓舞了全世界劳动人民和被压迫人民沿着为解放和社会主义而斗争的道路前进。今后也将继续是这样。

他的谈话充满着智慧、鼓舞力量、谦逊、为人民服务（的思想）、热情和洞察力。他是马克思列宁主义的大师。毛主席发自内心地对普通人民寄予无限信任。在他的著作中洋溢着这种信任。

毛主席留给我们的遗产比任何纪念物都更加珍贵。这份遗产就是献身于革命和用革命鼓舞（人民）的榜样，就是马克思列宁主义的经典著作。这些经典著作涉及马克思列宁主义的一切方面。

毛主席是中国的一个伟大的爱国主义者。同时，他又是一个杰出的国际主义者。他为所有的革命者、被压迫人民和劳动人民服务。他的一生事业鼓舞着我们大家。他是中国人民和全世界人民的伟大的无产阶级革命家。毛主席的教导深入中国和世界亿万人民的心里。在他的毕生业绩和教导——这些教导真正继承、捍卫和发展了马克思列宁主义——的指引和鼓舞下，中国人民一定会取得更大的胜利。世界革命人民一定会更加认真地努力把他们本国的情况同马克思主义、列宁主义、毛泽东思想的普遍真理结合起来。他们也一定会取得胜利。

——澳大利亚共产党（马克思列宁主义）主席　希尔[1]

全世界工人阶级和各国人民失去了英明的领袖，他是一位忘我的革命战士，他领导中国共产党揭露和反对现代修正主义，坚持无产阶级国际主义。我们相信，光荣的中国共产党一定会坚定地维护毛泽东同志的各项原则。

——厄瓜多尔马克思列宁主义共产党中央委员会[2]

毛泽东同志领导中国共产党，依靠中国人民惊人的革命力量，指导了中国人民争取自身解放的伟大斗争。

毛泽东同志从中国人民的革命经验中得出了具有普遍意义的教益，无可估量地丰富了马克思列宁主义的理论。

从新民主主义阶段直到对中国社会进行社会主义改造的时期，毛泽东同志为中国人民争取自身解放和建设社会主义社会指出了胜利的道路。

——法国革命共产党（马列）书记处[3]

---

① 参见《人民日报》1976年9月14日。
② 参见《人民日报》1976年9月14日。
③ 参见《人民日报》1976年9月14日。

毛泽东同志在推进中国革命和世界革命、同阶级敌人长期斗争的过程中，继承、捍卫和发展了马克思列宁主义，为国际共产主义运动和世界革命的发展作出了伟大的贡献。毛泽东同志是中国人民和全世界革命人民敬爱的伟大领袖，是当代最伟大的马克思主义者。

　　毛泽东同志的逝世，不仅是中国共产党和中国人民的不可估量的损失，而且也是世界无产阶级和各国革命人民以及国际共产主义运动的不可估量的损失。

　　毛泽东同志亲手创建了中国共产党，顽强地同党内的"左"、右倾机会主义进行了斗争，把中国共产党发展成为伟大的、光荣的、正确的马克思列宁主义政党。

　　毛泽东同志领导中国共产党和中国人民，经过长期的武装斗争，推翻了帝国主义、封建主义、官僚资本主义的反动统治，取得了伟大的新民主主义革命的胜利，建立了中华人民共和国，接着又进行了社会主义革命和社会主义建设。毛泽东同志领导的中国革命从胜利走向胜利，改变了东方和世界的形势，为被压迫民族和被压迫人民的解放事业开辟了新的道路。这特别是对日本的无产阶级和革命人民的解放事业的发展给了深远的、不可估量的影响。

　　毛泽东同志在同阶级敌人进行的长期斗争中，丰富了马克思列宁主义的理论宝库，把无产阶级革命运动引向一个新的阶段，有力地促进了人类历史的发展。

　　毛泽东同志伟大的一生，是不知疲倦地献身于无产阶级领导的中国人民、全世界被压迫民族被压迫人民的解放事业和共产主义事业的一生，是同阶级敌人进行不屈不挠的斗争的典范。

　　我们一定要深入学习毛泽东同志伟大的生平，以他为榜样，永远纪念他，化悲痛为力量，为革命事业的胜利而向前迈进。

——日本共产党（左派）中央委员会①

　　毛泽东同志是当代最伟大的马克思列宁主义者。他在同党内外、国内外阶级敌人的斗争中，继承、捍卫和发展了马克思主义、列宁主义。他崇高的一生，为无产阶级、全世界被压迫民族和被压迫人民的解放事业以及国际共产主义运动，作出了伟大、辉煌、不朽的贡献。他把马克思主义、列宁主义的普遍真理，同中国革命和全世界无产阶级革命的实际相结合，创造性地发展了马克思主义、列宁主义。他提出了殖民地半殖民地国家革命的一整套伟大的理论和策略，提出了以农村包围城市、武装夺取政权的道路，把新民主主义革命同社会主义革

---

　　①　参见《人民日报》1976 年 9 月 14 日。

命联系在一起，并且提出了在无产阶级专政下继续革命的理论，进一步丰富了马克思主义的宝库，是无产阶级、全世界被压迫民族和被压迫人民的光芒万丈的指路明灯。

毛泽东同志缔造了伟大、光荣、正确的中国共产党，缔造了强大的中国人民解放军，缔造了繁荣昌盛的中华人民共和国。他在激烈和长期的革命过程中，进行了两条路线斗争，战胜了各种机会主义路线，保证了中国人民的革命从胜利走向更大的胜利。他领导新民主主义革命走向胜利，使亚洲和世界的形势以及革命和反动力量的对比朝着更加有利于革命的方向发展，为全世界被压迫民族和被压迫人民解放事业的胜利，开辟了新的道路。

——泰国共产党中央委员会[1]

在毛泽东同志英明领导中国人民的半个多世纪中，他的思想和教导已经成为中国人民和世界进步人类革命生活中的一盏明灯，照耀着通向自由、进步和社会主义的道路。中国人民在自己漫长的战斗经历中，从伟大的毛泽东主席英明的革命领导和政治路线中，找到了进行人民革命、建设新中国，实现在中国建立工人阶级专政的目标和愿望的道路。我们相信，伟大的中国人民在中国共产党中央委员会的领导下，将会为全部实现毛泽东主席曾长期为之奋斗的宏伟目标而继续阔步前进。

——民主也门总书记、最高人民委员会主席　阿卜杜勒·法塔赫·伊斯梅尔[2]

中国人民的斗争产生了一个毛泽东，这一力量照亮了世界。战斗在高涨，他的丰富思想作为进军队伍前面的大旗在飘扬。

他的遗范竖立着许多丰碑，它们比花岗岩更坚实，垂久性非困难或危险所能亏损，生命力非死亡所能压倒。一切为反对剥削和压迫而斗争的人们，都能从那里找到手段和方法，找到征服困难和危险的勇气，找到坚持到工人阶级胜利的信心。对于他一生中最后一次正在进行的伟大战斗，即巩固工人阶级统治和防止苏联式倒退的战斗，我们信赖受到他的思想哺育、在他领导的战斗中经受锻炼的革命接班人，将克服一切障碍，并且以他的名义引路前进。

——美国革命共产党中央委员会[3]

毛泽东同志是当代最伟大的马克思列宁主义者。他的不朽的业绩就是继承了马克思、恩格斯、列宁和斯大林的事业。毛泽东主席的逝世，对于光荣的中

---

① 参见《人民日报》1976年9月14日。
② 参见《人民日报》1976年9月14日。
③ 参见《人民日报》1976年9月14日。

国共产党、英雄的中国人民，对于国际共产主义运动，对于各国工人阶级和全世界人民，都是不可估量的、沉痛的损失。

中国革命的胜利和中华人民共和国的成立是俄国十月革命以来最重大的事件，在世界范围内给帝国主义和反动派以沉重的打击。这是世界社会主义革命的伟大胜利。

他同马克思、恩格斯、列宁、斯大林的著作一样，毛泽东同志的学说永远是世界共产主义运动、国际工人阶级和革命人民在世界范围内推翻帝国主义，争取社会主义世界革命胜利斗争中的指南。

——德共（马列主义者）主席　奥斯特①

毛泽东主席的一生，是献身于无产阶级和中国人民的完全彻底解放的正义事业、刻苦工作、顽强斗争、高瞻远瞩、坚韧不拔、满怀激情从事革命的永不磨灭的光辉榜样，是谦虚谨慎、坚定地执行马克思主义的无产阶级国际主义原则和一贯地有效支持第三世界人民解放斗争的光辉榜样。

——贝宁人民革命党中央委员会主席　贝宁人民共和国总统　马蒂厄·克雷库②

世界各国首脑唁电选

毛泽东主席阁下为中华民族和全世界建立了丰功伟绩。他是国际革命运动中继马克思、恩格斯、列宁、斯大林之后的一位杰出的导师。毛泽东主席阁下的逝世，对民主柬埔寨革命组织、人民和政府是一个极其沉痛的损失。柬埔寨人民将永远不会忘记毛泽东主席阁下对柬埔寨革命和柬埔寨人民怀有的最特殊的感情和崇高的国际主义精神。柬埔寨人民无限敬仰和衷心敬佩毛泽东主席高贵的、典范的革命一生和崇高的革命品德。

——柬埔寨总理　波尔布特③

毛主席是一位具有崇高思想的富于同情心的人，他使他的国家统一，保持和平和团结一致。

——泰国前总理　克立·巴莫④

① 参见《人民日报》1976 年 9 月 17 日。
② 参见《人民日报》1976 年 9 月 17 日。
③ 参见新华通讯社编译：《举世悼念毛泽东》，人民出版社 1978 年版，第 26 页。
④ 参见新华通讯社编译：《举世悼念毛泽东》，人民出版社 1978 年版，第 29 页。

他已把他在中国人民斗争中所形成的伟大思想传播给所有国家，传播给各族人民，不管他们的意识形态如何，也不管他们的种族如何。我不仅哀悼他在世界历史的关键时刻与世长辞，而且认为他的思想、他的热望和卓见——特别是在维护全人类和所有亚洲人的尊严方面——将永世长存。

——菲律宾总统　马科斯①

你们知道，我不是共产党人，但是有非常伟大的共产党人。我敬仰列宁。我认为，在政治上，两千多年来，列宁和毛泽东是最伟大的革命家。

——塞内加尔总统　桑戈尔②

我相信，伟大思想家毛泽东的伟大思想将继续影响世世代代的历史。

——扎伊尔总统　蒙博托③

毛主席毫无疑问是我们时代最伟大的人物之一。

他以他的行动不仅改变了他的伟大国家的历史，而且也改变了世界舞台上的力量对比。现在还难以预言他的行动对人类的未来将产生的后果。

——希腊总理　卡拉曼利斯④

毛泽东主席是杰出的政治家，是二十世纪最伟大的人物之一。他的思想和行动对伟大的中国人民的命运起了决定性的影响。

——卢森堡大公国首相　加斯东·托恩⑤

毛泽东的逝世使世界失去了本世纪全世界最伟大和最重要的政治家之一。

——丹麦首相　安克尔·耶恩森⑥

毛主席的杰出人格将永远留在有幸结识他的人们的心中，他对现代中国的发展留下不可磨灭的印记。

——比利时首相　莱奥·廷德曼斯⑦

----

① 参见新华通讯社编译：《举世悼念毛泽东》，人民出版社 1978 年版，第 29 页。
② 参见新华通讯社编译：《举世悼念毛泽东》，人民出版社 1978 年版，第 44 页。
③ 参见新华通讯社编译：《举世悼念毛泽东》，人民出版社 1978 年版，第 64 页。
④ 参见新华通讯社编译：《举世悼念毛泽东》，人民出版社 1978 年版，第 156 页。
⑤ 参见新华通讯社编译：《举世悼念毛泽东》，人民出版社 1978 年版，第 124 页。
⑥ 参见新华通讯社编译：《举世悼念毛泽东》，人民出版社 1978 年版，第 144 页。
⑦ 参见《人民日报》1976 年 9 月 13 日。

我亲身体会过他对现代中国思想和精神的领导作用，知道他的逝世对他的人民将会有多么深刻的影响。我曾有机会在他最后的日子里会见这位传奇式的人物，对此我深为感激。

　　毛主席是一位思想家，同时又是一位实践家和政治家。他对中国的生活所起的影响是中国漫长历史中很少领导人可以相比的。他终身致力于为中国和中国人民洗清过去一百年里遭受的耻辱。这种努力并没有白费。当一九四九年十月一日毛泽东站在天安门上宣布中华人民共和国成立时，他已经在中国乃至世界的历史上留下了牢固的印记。许多领导人会把这样的成就看做自己事业的顶点。对毛泽东来说，这却是一个起点。在以后的二十七年里，他继续为中国人民努力服务，直到逝世方才停歇。

　　毛泽东在一次极其著名的讲话中，谈到在追求一个理想时的斗争和牺牲。他引了一位中国作家的话："人固有一死，或重于泰山，或轻于鸿毛。"毛泽东一生的成就决定了他的死确实是重于泰山的。

——新西兰总理　罗伯特·马尔登①

　　他的长征结束了；二十世纪世界历史上的巨人、新中国的缔造者逝世了。中华人民共和国本身就是毛主席的精神和政治哲学的永垂不朽的纪念碑。他的历史作用是，调动了中国人民的伟大精神，并带领他们摆脱贫穷、奴役、分裂和战争。新的中华民族在政治和经济发展方面赢得了全世界的尊敬。尽管我们的社会制度不同，但是加拿大人赞赏这种在毛主席指引下促进了中国现代化的平等和集体主义创新精神。

——加拿大总理　皮埃尔·埃利奥特·特鲁多②

　　在这个独特的斗争中，已故领袖把他自己深刻的思想同中国人民光辉智慧的财富结合在一起。他的宏大的但是已经实现了的目标，本质上体现了伟大中国人民各方面的才能，而且给予全世界以理想和希望。伟大的中国人民沿着人类通过自力更生而获得丰富经验的道路前进，并奠定了同世界上致力于人类解放、和平与幸福的许多国家和人民进行合作的新基础。

　　已故领袖的伟大，过去是、将来也继续是中国人民的伟大的真实反映。中国人民在智力和精神生活的表现中，在日常实践中，以及在国际关系中都忠于忘我、牺牲和谦虚的原则，这些原则的基础都是毛主席奠定的。毛主席在富裕的环境中保持的简朴精神本身就是财富的源泉，它使人类认识到人民权力的真

---

①　参见《人民日报》1976年9月13日。

②　参见新华通讯社编译：《举世悼念毛泽东》，人民出版社1978年版，第161页。

正含义。作为一个谦虚的领袖，毛主席发现了人类真正力量的源泉，这就是深刻的思想、心地纯洁以及洞察事物本质的能力。用毛主席的思想、教导和实践来塑造革命社会的经验，对于努力在智慧、自力更生和尊重人民关于这些方面的意愿的基础上建设社会的人们是一个指南。今天全人类同你们一道为失去一位最杰出、最忠诚和胸怀最博大的领袖而感到悲痛。

——苏丹民主共和国总统　加法尔·穆罕默德·尼迈里①

毛泽东是一代伟大的革命领导人中的一位出类拔萃的人。他不仅是一个完全献身的和重实际的共产党人，而且他也是一位对中国人民的历史造诣很深的富有想象的诗人。一些年以前，他写了一首诗，这首诗说："多少事，从来急；天地转，光阴迫。一万年太久，只争朝夕。"历史学家将会对他的事业和他对中国人民和世界的影响作出估价。毫无疑问，他只争朝夕地为了他所看到的前景和他那样强烈信仰的原则而努力。

——美国前总统　理查德·米尔豪斯·尼克松②

毫无疑问，毛泽东主席是巨人中的巨人。他的强大的影响铭刻在全世界千百万男男女女的心上。

毛泽东没有死。他永垂不朽。他的思想将继续指导各国人民和各民族的命运，一直到太阳永远不再升起。如果仅仅从中国的角度来衡量他的划时代的功绩，那将有损于对这位非凡的人物的纪念。当然，毛泽东为中国和中国的八亿人民创造了奇迹，但是他是一位崇高的世界领袖，他对当代形势发展的贡献是无与伦比的。

今天，全世界在哀悼毛泽东的去世，但是到明天黎明降临的时候，全世界会起来唱赞歌，永远称颂他。

我的思想和感情，同我的同胞一样，充满着悲痛和哀伤。

他的谦逊和风趣，他的光荣和伟大，毛泽东的英勇无畏和胜利是最明显不过的定论。

毛泽东的名字将永远同穷人和被压迫者的伟大而正义的事业联系在一起。他永远是人类反对压迫和剥削的斗争的光辉象征，是反对殖民主义和帝国主义的胜利的标志。

我们巴基斯坦人向不朽的毛泽东致敬。

——巴基斯坦总理　佐勒菲卡尔·阿里·布托③

---

① 参见《人民日报》1976年9月13日。
② 参见《人民日报》1976年9月14日。
③ 参见新华通讯社编译：《举世悼念毛泽东》，人民出版社1978年版，第30页。

在这位中国的伟大领袖的第三世界立场的鼓舞下，为了我们的人民——我们两国人民的利益，人民中国和墨西哥之间建立并迅速发展了关系。

——墨西哥总统 路易斯·埃切维里亚①

毛泽东同志是进步人类永远也不会忘记的坚定的革命家，因为他代表了进步人类，严格地忠于进步人类，直到他与世长辞。

——几内亚共和国总统 塞古·杜尔②

毛泽东主席不仅是中国人民的伟大领袖，也是被压迫人民的伟大领袖。他的思想将继续鼓舞为自由、独立和正义事业而战斗的革命战士。

——莫桑比克总统 萨莫拉·马谢尔③

由于过去半个世纪中毛主席在中国的发展中所起的独特作用，历史将称颂他为当代最杰出的人物之一。

——荷兰王国首相 约·登厄伊尔④

毛泽东主席将作为中国革命的领袖、中华人民共和国的缔造者、中国一切伟大成就的鼓舞者、自由事业的坚强捍卫者和各国人民反对殖民主义、帝国主义、非正义行为和剥削制度的斗争的坚决支持者而载入史册。

——叙利亚总统 阿萨德⑤

他是世界上人口最多的国家的受尊敬的领导人和精神的体现者。很少有人同一个现代国家的发展、同这个国家的人民的理想和愿望，是如此不可分割地联系在一起的。

——澳大利亚前总理、反对党领袖 惠特拉姆⑥

我悲痛地获悉伟大领袖毛泽东主席不幸逝世，这对中国人民确实是一个巨大损失。已故的毛主席把自己的一生献给了提高本国人民的地位，并以自己的智慧和远见领导他们在实现繁荣和富强的道路上从胜利走向胜利。历史将记载

---

① 参见新华通讯社编译：《举世悼念毛泽东》，人民出版社 1978 年版，第 70 页。
② 参见《人民日报》1976 年 9 月 14 日。
③ 参见《人民日报》1976 年 9 月 14 日。
④ 参见《人民日报》1976 年 9 月 14 日。
⑤ 参见《人民日报》1976 年 9 月 14 日。
⑥ 参见《人民日报》1976 年 9 月 14 日。

他是一位曾鞠躬尽瘁为祖国服务的不朽的领袖和哲学家。

正在寻求自由的世界各国人民永远不会忘记他维护世界和平与秩序事业的正义立场，特别是他坚决支持阿拉伯各国人民有权消除以色列侵略痕迹和恢复巴勒斯坦人民合法权利。

我坚信，由已故的毛泽东为我们两国间的友谊和富有成果的合作关系所奠定的牢固基础，今后将不断得到加强，以利于我们友好的两国人民和正义的和平。

——埃及总统　穆罕默德·安瓦尔·萨达特[①]

中华民族导师的逝世，不仅是中国人民，而且是整个国际社会的一个不可弥补的损失。毛主席是一位非凡的政治家。他作出了重大牺牲，领导中国人民战胜了不发达状态和国际帝国主义。

——多哥共和国总统　纳辛贝·埃亚德马上将[②]

这一杰出的世界领导人逝世是一个无法弥补的损失，我们和中国人民以及世界上一切进步力量一起感到悲痛。实践已经证明了毛泽东主席的智慧和渊博的学问。对此，人们可以滔滔不绝地加以赞扬，然而，在这万分悲痛的时刻，我们只能很快地想到那些最易于确认的领域，正是在这些领域，他的伟大贡献使中国人民的生活条件和现代世界各国的思想和政策发生了根本的变化。我们指的是他作为中国人民解放军的缔造者的革命热情。这支军队现在不仅是保卫国家、抵御外来侵略的可靠保证，而且是国家进行建设和发展的重要力量。他将作为中国共产党的创建者而为人们所怀念，他熟练地掌握了党的方向和政策，掌握了这些方向和政策同国家利益的相互作用。毛泽东主席是现代中国的缔造者，正是他于一九四九年十月一日宣告了中华人民共和国的成立并当选为主席。他是革命领袖和理论家，他的扎根于农村的勤俭和自力更生理论不仅为中国人民而且为第三世界国家提供了经济和社会发展的哲学。他的大量著作将继续激励一切正在为争取人类尊严、发展和进步而斗争的国家和人民。他是一位能洞察未来的人、学者、哲学家、军事战略家和非凡的世界政治家。毛泽东主席号召他的人民要敢于斗争，敢于胜利。他一生实践了这个教导，从而改造了中国社会，把中国变成今天的世界强国。

——加纳国家元首　阿昌庞[③]

---

① 参见《人民日报》1976年9月15日。
② 参见《人民日报》1976年9月15日。
③ 参见《人民日报》1976年9月15日。

他的名字不仅与英勇的中国人民的解放斗争永远连在一起，而且与所有被压迫和热爱自由的各国人民的解放斗争连在一起。毛泽东主席是战后和现代史上罕见的、最杰出的人物之一。他英明地、坚定地领导了中国革命，并为此而献出了自己的一生，他的逝世使中国革命失去了一位最伟大的领导人。他毕生是一位活动家和卓越的思想家，他给人类留下的大量、丰富的著作，将指导世世代代。

——上沃尔特共和国总统　哈吉·阿布巴卡尔·桑古尔·拉米扎纳中将[1]

毛泽东主席阁下是新中国主要的缔造者和建筑师，是当代最伟大的人物之一。

——马来西亚总理　达图·侯赛因·奥恩[2]

这位当代历史性的伟大人物改变了世界事件的进程，引导他的人民成为世界政治舞台上的先锋，使新中国成为一个和平的现代化的工业化强国。这位伟大的政治家是非洲各独立国家人民、尤其是赤道几内亚人民的始终不渝的朋友。

——赤道几内亚总统　马西埃·恩圭马·比约戈·涅格·恩东[3]

毛主席是中国现代史上的一位巨人。他是一位以他的行动深刻地影响到他的国家的发展的领导人。他对历史的影响将远远超出中国的国界。

美国人不会忘记，正是在毛主席的领导下，中国同美国一起采取行动结束了一代人的敌对情绪，在我们两国关系上开创了一个新的和比较积极的时代。我相信，毛主席帮助创建的中华人民共和国和美国之间的关系改善的趋势将会继续对世界和平和稳定作出贡献。

——美国总统　福特[4]

中华民族失去了像毛泽东这样的伟大领袖和政治家，但即使在他逝世后，他的著作也会使他永生。

——荷兰外交大臣　范德斯图尔[5]

毛主席是本世纪杰出的领导人之一，他全心全意地献身于中国和中国人民。

---

① 参见《人民日报》1976 年 9 月 15 日。
② 参见《人民日报》1976 年 9 月 15 日。
③ 参见《人民日报》1976 年 9 月 15 日。
④ 参见新华通讯社编译：《举世悼念毛泽东》，人民出版社 1978 年版，第 169 页。
⑤ 参见《人民日报》1976 年 9 月 15 日。

他将作为一位具有伟大远见的人和具有深刻历史意识的思想家而为人们铭记。中国今天在世界上的地位就是他的无与伦比的成就的纪念。

——英国首相　詹姆斯·卡拉汉①

毛主席以他的哲学思想和革命精神缔造和创建了现代中国；他以他的工作赢得了历史上一位伟大领导人的地位。毛主席是一位光辉的世界性人物，他的逝世不仅是中国人民的损失，而且是整个人类的损失。

——塞浦路斯共和国总统　马卡里奥斯大主教②

他建立中华人民共和国和使之得到发展的丰功伟绩，使他在中国和世界历史上享有突出的地位。

——挪威首相　奥德瓦尔·努尔利③

毛泽东主席不仅是贵国的、同时也是全世界的一位伟大人物。

——西班牙首相　阿道弗·苏亚雷斯④

我谨代表印度尼西亚人民对毛泽东主席逝世表示最诚挚的哀悼。世界将怀念他这位曾为中华人民共和国的人民和国家立下了丰功伟绩的高尚的历史性政治家。

——印度尼西亚共和国总统　苏哈托将军⑤

我一直深切地希望能有幸认识这位新中国的缔造者，他知道如何使自己的人民享有尊严和免于饥饿。

中国向人类贡献了她的一位最伟大的人——毛泽东，他的遗训将永世长存。

——巴拿马政府首脑　托里霍斯⑥

毛泽东主席把他的整个一生贡献于建立一个新中国。他实现自己理想的勇气和决心将继续激励今后的世世代代，并保证他在中国人民的历史中占有独一无二的地位。半个多世纪来他的献身的领导使他赢得了本国人民的热爱和全世界的尊敬。他为增进国际了解和促进世界和平所作的孜孜不倦的努力将永远为

---

① 参见《人民日报》1976年9月15日。
② 参见《人民日报》1976年9月16日。
③ 参见《人民日报》1976年9月16日。
④ 参见《人民日报》1976年9月16日。
⑤ 参见《人民日报》1976年9月16日。
⑥ 参见《人民日报》1976年9月16日。

人们所记忆。在联合国，中国在他的领导下同其他国家一起帮助建立一个对于大家都更美好的世界。在执行这项任务方面，世界现在失去了毛主席的伟大智慧和经验。

——联合国秘书长　瓦尔德海姆①

为结束日中两国间数十年的不幸历史，我曾作为日本方面的代表访问了北京。日中复交这个具有历史意义的大业并不是事务性地就能解决的。为揭开日中永远和平的帷幕作出决断的，是新中国和八亿人民的领袖——毛主席。这是为日本、为中国、也是为全人类作出的伟大决断。

——日本前首相　田中角荣②

他不仅是当代的一位最伟大的战略家和英雄，为了第三世界国家的解放，他孜孜不倦地长期努力奋斗，他也是一位最能始终不渝地致力于和平和正义事业的政治家。

——中非共和国总统　让·贝德尔·博卡萨元帅③

这位伟大的政治家的逝世，使国际政治舞台失去了它的最杰出和最有影响的人物，他努力给中华人民共和国和世界各国带来新的生活方式，给本世纪留下了印记。

——土耳其共和国总统　法赫里·科鲁蒂尔克④

毛主席是一位杰出的、老一辈的政治家，他以献身精神，光荣、庄严地为自己的国家服务。他的领导鼓舞了英雄、伟大的中国人民；由于他，中国才得以成为一个现代化的国家。毛主席不仅在中华人民共和国而且在全世界都受到崇敬，毛主席的逝世使中国乃至全世界失去了一位老一辈的伟大政治家。

——肯尼亚共和国总统　乔莫·肯雅塔⑤

① 参见《人民日报》1976年9月16日。
② 参见《人民日报》1976年9月16日。
③ 参见《人民日报》1976年9月18日。
④ 参见《人民日报》1976年9月18日。
⑤ 参见《人民日报》1976年9月18日。

附录三　世界政要、名人眼中的毛泽东辑录

作为 20 世纪全球最有影响力的伟人，毛泽东的影响显然超出了国度，已成为人类历史上一座永远耸立的丰碑！

共产国际和国际社会对毛泽东的评价

国际社会对毛泽东的评价

尽管"每一代人，无论是成长于战争年代还是和平年代，都会根据自己的经验独自掂量毛泽东的价值"，尽管国际社会对毛泽东的评价见仁见智，却一致认为，毛泽东对中国和世界产生了重大影响，是世界历史上"巨人中的巨人"。

毛泽东的政治传记作者美国人斯图尔特·施拉姆认为："毛泽东是一位世界性的人物。在我们这个世纪里，毛泽东已经比任何人更深刻地影响了人类的多数。毛是我们时代的巨人。"日本学者武田泰淳在翻译毛泽东诗词的时候，也不由得发出"地球上出了个巨人"的感慨。巴基斯坦前总统阿里·布托说："像毛泽东那样的人物，在一个世纪，也许一千年里只能产生一位，他们占领了舞台，以天才的灵感写下了历史的篇章。毫无疑问，毛泽东是巨人中的巨人。"①

世界上最知名最权威的《不列颠百科全书》写道："回顾中国共产党 1921 年创建以来的全部过程，可以公正地把毛泽东看作是新中国的主要缔造者""中国主要的革命思想家和中国多年来无可争议的领袖。"毛泽东"对中国民族复兴所做的深远贡献是不容置疑的"，"中国革命和毛的政治理论将作为历史上的里程碑继续存在"。

毛泽东是一位伟大的政治家，一生致力于争取民族独立和人民自由幸福的伟大事业。施拉姆说，"在其整个政治生涯中，毛泽东将彻底改造中国社会作为自己的目标，旨在将中国人民的力量解放出来"。中国"革命的方向实质上是由既是理论家又是活动家的毛泽东决定的"。在探索社会主义建设道路的伟大实践中，毛泽东同其他领导人一样，"从根本上意识到，斯大林的模式不适用于中国，意识到农业对于中国的重要性，意识到并不存在可以轻易地加以利用的'现代化'模式，中国必须找到自己的现代化道路"。毛泽东对中国社会主义现代化建设道路进行的艰辛探索，为当代中国建设中国特色社会主义提供了历史的经验和教训，是中国共产党弥足珍贵的财富。

毛泽东具有高超的军事指挥艺术，是一位伟大的战略家。在古巴革命打游

---

① 杨宪福、马祥富：《巨人中的巨人》，《中共井冈山干部学院学报》2013 年第 6 期。

击的过程中，卡斯特罗最喜欢读毛泽东的《论持久战》，还要求司令部把毛泽东关于游击战和人民战争的著作印成小册子，下发到各部队，被起义军称为"来自中国的粮食"。对毛泽东军事指挥艺术的赞扬超越了意识形态的限制，二战名将蒙哥马利是英国最著名的元帅，反共意识很浓。但是，这个极端的反共人士对中国共产党的领袖毛泽东心悦诚服。他甚至把美国的二战名将巴顿比作萤火虫，把毛泽东比作太阳。这位英国元帅发自内心地告诉世人："古往今来，最伟大的战略家是毛泽东。""毛泽东是中国两千年来战略战术理论与实践的集大成者。""毛泽东极少亲临前线，只待在延安的窑洞内和西柏坡的平房里，用一封又一封电报指挥千里之外的部队作战，总是每战必克。韩战发生以后，他也是这样待在中南海指挥着异国他乡的战争。""毛泽东麾下名将如云，天才云集，我奉劝自由世界千万不要跟他们打仗。"即使是以前敌对国家的学者也对毛泽东的军事才能表现出由衷的敬佩。①

毛泽东博览群书，学识渊博。"毛泽东还是一个精通中国旧学的有成就的学者，他博览群书，对哲学和历史有深入的研究，他有演讲和写作的才能，记忆力异乎常人，专心致志的能力不同寻常，个人习惯和外表落拓不羁，但是对于工作事无巨细一丝不苟，他精力过人，不知疲倦，是一个颇有天才的军事和政治战略家。"美籍华裔诺贝尔物理学奖获得者杨振宁评价毛泽东说，"他是一位领导人，同时又是一位高级学者。"1977年在夏威夷召开第七届粒子物理学讨论会时，另一位诺贝尔物理学奖获得者、美国科学院院士格拉肖甚至提议，"把构成物质的所有这些假设的组成部分命名为'毛粒子'（Maons），以纪念已故的毛主席，因为他一贯主张自然界有更深的统一"。

毛泽东的个性给接触到的人留下了深刻印象，他的率直更令人吃惊。斯诺观察到，"毛泽东是一个令人极感兴趣而复杂的人。他有着中国农民的质朴的性格，颇有幽默感，喜好憨笑"。"他说话平易，生活简朴，有些人可能以为他有点粗俗。然而他把天真质朴的奇怪品质同锐利的机智和老练的世故结合起来。"他在外国客人斯诺和红军大学校长林彪面前松开裤子捉微生物的细节给人留下了争论的话题，虽然这时候毛泽东"完全有条件可以打扮得同巧克力糖果匣上的将军和《中国名人录》中政治家照片一样"。直到晚年身心憔悴之时，毛泽东仍然保持着强烈的个性。1975年除夕，美国前总统尼克松的女儿朱莉和女婿戴维在中南海见到了毛泽东，令年轻人吃惊的是，82岁高龄的毛泽东说起话来，依然飞动着活跃的思维，迸发出人类灵魂的火花，出人意料，令人震惊。走出毛泽东的书房，两位年轻人禁不住吐出一句话："十里之外就能够呼吸到毛泽东的个性。"长期研究毛泽东的特里尔解释道：毛泽东的坦率来自自信，"相信他

---

①   参见杨宪福、马祥富：《巨人中的巨人》，《中共井冈山干部学院学报》2013年第6期。

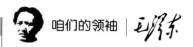

的事业（撇开人格不谈）会胜过蒋介石的事业。正是部分地出于这个原因，毛泽东是坦率的，而蒋介石则遮遮掩掩。"

　　毛泽东有着钢铁般的坚强意志。美国《时代》杂志特派记者白修德采访毛泽东时感到，"他的意志，他的个人意志，以及坚持使其意志得以贯彻的那种决心，也许是除了列宁而外，在 20 世纪最使人难以对付的个人意志"。多次会见毛泽东的美国前总统理查德·尼克松认为，毛泽东的领导才能来自他的坚强意志。毛泽东"具有能够吸引狂热追随者的领袖人物的超人魅力，以及藐视巨大困难的意志力"。"由于具有这些品质，他才有可能激励他的同志们去完成像长征这样的史诗般的业绩，使他的同志们成为一支几乎不可战胜的队伍。"①

　　毛泽东的著作丰富了世界文化宝库。毛里求斯总理认为："毛泽东的著作不仅是中国的遗产，而且是全世界的遗产。"法国前总统德斯坦评价道："由于毛泽东的逝世，人类思想的一座灯塔熄灭了。"伊拉克前总统塔拉巴尼甚至亲自动手将《毛泽东选集》翻译成库尔德文，并在巴格达开办书店出售中国书籍。美国有多位总统对《毛泽东选集》作了深入研究。据《"文革"前后的毛泽东》一书介绍，1965 年 7 月 20 日，前国民党政府代总统、国民党军队桂系实权派首领李宗仁从海外回国。7 月 27 日下午，毛泽东在周恩来的陪同下热情地接见了李宗仁夫妇和程思远先生。在交谈中，程思远说，美国总统肯尼迪生前在他的办公桌上，总摆着一部《毛泽东选集》，看来他是要他的手下人研究中国。最近，有一位国民党的朋友证实说，肯尼迪也用毛泽东思想办事，肯尼迪把毛泽东思想概括成两句话："调查不够不决策，条件不备不行动。"

　　毛泽东的诗词具有无穷的魅力。毛泽东继承了中国士大夫的文化传统，"兼具诗人和军事战略家的才干。于当今之世再现古代中国文武双全（包括统治者）的理想人格。"美国学者聂华苓和保罗·昂格尔说：毛泽东的"每首诗在它所选用的传统形式上都是完美的，每首诗都自成一篇革命的宣言。他把充满诗意的想象和注重实践（和军事）的理性思考结合起来"。毛泽东的诗歌是一部具有高度政治军事性质的自传，"像他这样一位革命的导师、一个大国的领袖，把他对祖国的一切所产生的最深沉的感受，浓缩在他那精心写成的诗歌里，或许是无与伦比的。"日本学者竹内实认为，毛泽东的诗词不是"现实的图解"，但又与现实有着广泛密切的联系，"毛泽东的一生与中国革命的发展相互重叠，因此他吐露的诗情既是他个人内心世界对革命的憧憬，同时也是中国革命在精神侧面的表现。"武田泰淳认为，毛泽东的诗词同他的政治行动紧密联系在一起，"如同厚厚的冰雪融化后萌发出来的强劲小草"，"他的诗词的优美近乎是像火与水、天与地合为一体迸发出威力无穷的奇观。"

---

　　① 杨宪福、马祥富：《巨人中的巨人》，《中共井冈山干部学院学报》2013 年第 6 期。

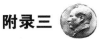

毛泽东思想继承发展了马克思列宁主义。日本议员冈田春夫说:"毛泽东的自成体系的毛泽东思想,不论是作为革命的思想,作为政治思想,还是在哲学领域,都继承、发展了马克思列宁主义。换句话说,毛泽东思想就是今天这样世界历史转变时期的马克思列宁主义。"美国学者施拉姆认为,毛泽东"应当可以算作我们时代的主要的马克思主义理论家之一。""因为他的思想中虽然包括其他成分,但大量地吸收了马克思和列宁的东西。"他发现,毛泽东在发展马克思主义方面做出了三点重要贡献:"(1)社会主义革命与产业革命不一样,它也包括改造人本身;(2)虽然具有觉悟和广阔的历史眼光的领导人是必不可少的,但如果不倾听下面的呼声,那么这种领导人就会死气沉沉和腐化;(3)农民也和工人一样,值得倾听他们的呼声,而且农民有能力参加改造新社会。"

毛泽东大力提倡马克思主义中国化。美国研究中国问题的著名学者费正清认为,"毛泽东思想发展的一个重要内容,是他一贯致力于把马克思主义(或马克思列宁主义)运用于一个落后农业国家社会经济实际,与中国的历史文化遗产相结合"。施拉姆发现,马克思主义中国化是毛泽东在理论上和实践上的最大成就。毛泽东参加"中国人努力使国家现代化和发达的事业,同时又保持中国人的本色。"毛泽东的目的非常明确,"用民族传统中的思想和财富来丰富马克思主义,使其成为进行革命转变、最终实现西化的最强有力的动力,而不是用什么披着马克思主义外衣的新教条主义去取代中国传统文化。"两位学者对毛泽东思想的定位、理论来源和贡献的认识是相当深刻的,对当前推进马克思主义中国化和理论创新具有重要意义。

毛泽东的精神鼓舞了中国人民,提高了中国的国际地位。尼克松说:"无论人们对毛泽东有怎样的看法,谁也否认不了他是一位战斗到最后一息的战士。"施拉姆说:毛泽东"充满着不妥协地献身于中国的独立和民族尊严的强烈的精神,使她从一个衰弱、分裂、任凭外国干涉的国家变成了世界大家庭的强大、受到尊敬的一员。"台湾著名人士李敖对毛泽东自强不息的精神推崇有加,他著文说:"毛泽东精神就是一种强烈的自信、自尊、自主、自立、自强的精神,就是一个人、一个民族要活得顶天立地的精神,它是自唐朝以来久失了的浩然之气和天行健、自强不息的精神,是1840年以来中华民族面对保国、保种、保教三重危机的挑战而激发出的勇敢的应战精神,它就是我们民族的精神。"①

毛泽东改变了中国。特里尔认为,尽管毛泽东有过失,但他是二十世纪魅力超群的政治家,他使中国有了一个新的开端,"在中国和世界的历史上,毛都占有重要地位。毛领导了一场摧毁旧中国的革命,与其他任何主要国家急剧的社会变迁相比,他推动中国进入改革的运动可能更加剧烈。他为世界上这一最

---

① 杨宪福、马祥富:《巨人中的巨人》,《中共井冈山干部学院学报》2013年第6期。

为古老又最为庞大的国家恢复了独立，赢得了地位。"加拿大记者马克·盖恩说："毛泽东统一了中国，给予人民一套新的道德观，提高了工农的地位，并在中国建立了一个廉洁的政府。"在毛泽东的领导下，中国发生了翻天覆地的变化。英国学者肖特说，"毛泽东时代发生的变化，需要西方用几百年的时间才能完成。毕毛之一生，中国从半殖民地跃升到一个大国地位；从经济上的自给自足到社会主义国家；从遭受帝国主义强盗劫掠的牺牲品到联合国安理会的常任理事国，并完成了氢弹、监控卫星和洲际导弹的研制。"人民地位提高，翻身做了主人。法国前总统德斯坦认为，"毛泽东体现了一种哲学思想，并且努力把它付诸行动，即给予中国人民最大的权力和最高的地位"。

毛泽东改变了整个世界。特里尔在《毛泽东传》中文版序中说："毛不仅是中国的，而且是全世界的，他的影响早已超出了他的国家。"国际共产主义战士、加拿大医生白求恩见到毛泽东后说：这是一位盖世英才，他一定会改变这个世界。日本国会议员冈田春夫认为毛泽东改变了世界历史。他说："毛主席和列宁一样，改变了世界的历史，而且正在创造着历史，是 20 世纪最伟大的人物。表面上看来，他非常温和豪放，然而其中贯穿着激烈的解放斗争中锻炼出来的不屈不挠的斗志和敏锐高深的智慧。这样的人恐怕就是举世无双的巨人吧。"1972 年 2 月，毛泽东会见来访的尼克松和基辛格时，基辛格对毛泽东说，他在哈佛大学教书时，曾指定班上的学生研究毛泽东的著作。尼克松则径直表示："主席的著作推动了一个民族，改变了整个世界。"

海外华人认为毛泽东是中国的英雄、全民族的代表。英国学者迪克·威尔逊发现，对许多海外华人来说，毛泽东是个英雄。他使中国站起来反抗外国的压迫，特别是西方和俄国的压力。

毛泽东是世界历史上最有影响力的伟人之一。1999 年美国时代生活出版公司组织了一个 24 人的小组，听取了数十名专家的意见，开出了一个列有数百个事件和人物的名单。经过几个月热烈的会议讨论，终于定出了从 1001 年到 2000 年一千年间的"100 个最具影响力的事件和人物"，编辑出版了一本名为《人类1000 年》的精美画册。十分惹人注意的是书中所列的 100 位人物中，既没有"二战英雄"罗斯福、丘吉尔和戴高乐，也没有美国的"建国之父"华盛顿，然而却给了毛泽东以双倍的称颂——他既置身于 100 位人物之中，他领导的二万五千里长征又成为 100 个事件之一。这种双入选的现象在这本画册里是不多见的。尤其耐人寻味的是，在 100 位人物中唯一选登了毛泽东的一条著名语录："哪里有压迫，哪里就有反抗。"①

---

①　杨宪福、马祥富：《巨人中的巨人》，《中共井冈山干部学院学报》2013 年第 6 期。

共产国际对毛泽东的评价

1930 年初，共产国际主办的刊物《国际新闻通讯》竟登了一个宣布毛泽东已经死亡的讣告。讣告说：据中国消息：中国共产党的奠基者，中国游击队的创立者和中国红军的缔造者之一的毛泽东同志，因长期患肺结核在福建前线逝世。毛泽东是大地主和大资产阶级最害怕的仇敌。自 1927 年起，代表大地主大资产阶级利益的国民党就以重金悬赏他的头颅。毛泽东同志因病情不断恶化去世。这是中国共产党、中国红军和中国革命事业的重大损失。

毛泽东同志被称为朱毛红军的政治领袖。他在其领导的范围内完全执行了共产国际六大和中共六大的决议。

作为国际社会的一名布尔什维克，作为中国共产党的坚强战士，毛泽东同志完成了他的历史使命。中国的工农群众将永远铭记他的业绩，并将完成他未竟的事业。

讣告报道的消息虽是不正确的，但对毛泽东作出这样高的评价却又是客观的。这也从一个侧面说明了共产国际对毛泽东的了解和重视。①

1938 年 3 月中共中央派任弼时赴莫斯科汇报工作。共产国际领导人通过听取任弼时的汇报，了解到中国抗日战争和国共关系的实际情况后，于 6 月 11 日召开专门会议，作出《关于中共代表报告的决议案》，认为中国共产党在抗日民族统一战线中的政治路线是正确的。1938 年 9 月 29 日，中共中央扩大的六届六中全会在延安召开，王稼祥传达了共产国际的有关档案和季米特洛夫的口头指示：中国共产党的领导人毛泽东同志是久经考验的马克思列宁主义者。你们应该告诉中国共产党全体党员，应该支持毛泽东同志为中国共产党的领导人，他是在实际斗争中锻炼出来的领袖，其他人，如王明，不要再争当领导人了。这次会议进一步确定了毛泽东在全党的领袖地位。②

红军长征途中，共产国际在准备第七次代表大会的文件时，开始称毛泽东为"年轻的中华苏维埃共和国中富有才干和自我牺牲精神的战士、伟大的政治家和军事家"。在共产国际第七次代表大会上，滕代远在代表中国党致辞时将毛泽东而不是王明或博古放在紧接着季米特洛夫和台尔曼之后的位置上加以颂扬。其后，共产国际和苏联《真理报》对毛泽东的介绍和颂扬不仅更多而且调子又有所提高。如《真理报》上的一篇长文不仅称赞毛泽东"是最早认识到陈独秀投降主义政策必败并公开揭露其错误立场的人之一"，说他亲手"创建了屡战屡胜、威名大振的中国红军"，"创建了江西省的第一个苏维埃地区"，作为红军的第一位党代表，参加了红军各次重大战役，培育了各级指挥骨干，具有丰富的

① 参见王玉贵：《毛泽东与陈云》，湖北人民出版社 2008 年版，第 16 页。
② 参见翟作君、吴小松：《共产国际与中国革命关系史研究荟萃》，复旦大学出版社 1990 年版，第 189 页。

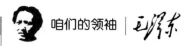
军事经验，而且称赞他作为"苏维埃国家的首脑"，来自人民，懂得百姓的心理，制定了苏维埃共和国宪法大纲和新国家的许多基本法令，"充分显示了他作为公务活动家的非凡才能"，"十分出色地贯彻了党和共产国际的各项决议"。文章在结论部分的评价充分显示了莫斯科对毛泽东的器重和期望，说："钢铁般的意志，布尔什维克的顽强，令人吃惊的大无畏精神，出色的革命统帅和国务活动家的天才——这就是中国人民的领袖毛泽东同志具有的高贵品质。"用这一基本是套用对斯大林的赞颂方式来评价毛泽东，显然说明了共产国际和苏联对毛泽东的高度重视。①

1927 年 3 月，毛泽东撰写的《湖南农民运动考察报告》先后在众多报刊刊载。5 月和 6 月，共产国际机关刊物《共产国际》的俄文版、英文版以及《革命东方》杂志，先后转载、译载了中共中央机关刊物《向导》刊印的这个考察报告。英文版的编者按说："在迄今为止的介绍中国农村状况的英文版刊物中，这篇报道最为清晰。"当时的共产国际执委会主席布哈林在执委会第八次扩大全会上谈到毛泽东的这篇报告时说，"我想有些同志大概已经读过我们的一位鼓动员记述在湖南省内旅行的报告了"，"报告写得极为出色，很有意思，而且反映了生活"，"其描写极为生动"，"提到的农村中的各种口号也令人很感兴趣"，"文字精练，耐人寻味"。在共产国际能够享此殊荣的，毛泽东算得上是中国第一人。

1929 年 7 月 2 日，苏共中央机关报《真理报》发表社论《中国统一的假象》介绍说，任何"稍微注意一点有关中国事态报道的人"，已经都很熟悉毛泽东和朱德这两位"中国游击运动"的领导人了，他们是"极为出色的领袖的名字"。而在其他相关的报道中，对毛泽东"上山"创立根据地并使中国从此也像苏联一样有了一支共产党领导的武装力量——红军，给予了高度评价。报道称：毛泽东"史诗般的英雄行动是十分引人注目和具有重大意义的"，"现在恐怕谁也否定不了朱德和毛泽东的红军已取得重大胜利，有了很大发展。这支军队无疑已成为中国游击运动中出现的最为重要的现象"。

1934 年 1 月 15—18 日，中共临时中央在瑞金召开六届五中全会，会议由博古主持。博古本想撤销毛泽东的苏维埃人民委员会主席和政治局候补委员的职务，但没有得到莫斯科的同意。毛泽东在没有参加会议的情况下，反而被提升为中央政治局委员。但是，在 2 月 3 日召开的中华苏维埃共和国第二届中央执行委员会举行的第一次会议上，毛泽东兼任的人民委员会主席一职被张闻天取代，其中央执行委员会主席的职务徒有虚名。当博古负责的临时中央在瑞金取消毛泽东人民委员会主席职务的同时，王明在莫斯科苏共第十七次全国代表大会上却宣布，在"以毛泽东同志任主席"的"中央执行委员会和苏维埃人民委员会"

---

① 参见王玉贵：《毛泽东与陈云》，湖北人民出版社 2008 年版，第 18 页。

的统一领导下，我们现在已经在几百个县建立了巩固的苏维埃政权。1934 年 8 月，王明根据共产国际领导人的意见，专门询问苏维埃政府选举结果，当得知"博古中央"擅自撤换毛泽东人民委员会主席一事后，明确表示莫斯科"很不满意"。这是毛泽东革命战争年代最为痛苦的一个时期，他后来发牢骚埋怨莫斯科说："洋房子先生"来了，我被扔到茅坑里去了。其实，莫斯科对临时中央压制毛泽东的做法不太知情，也不赞同。尽管王明后来知道了，但面对既成事实，只是睁一只眼闭一只眼地批评"博古中央"，说这"不能不是工作当中一个大的缺陷"，并没有马上报告共产国际，更没有立即纠正"博古中央"的错误。没有纠正，即是纵容。

事实上，莫斯科对毛泽东的态度是越来越看重。由于通信的障碍，毛泽东在第二次苏维埃代表大会上所作的四万字的报告，以及他所作的大会闭幕词，在几个月之后终于送到了莫斯科。无论是苏共领导人还是共产国际，对毛泽东所作的报告和结论，都给予了高度评价，并当即指示有关部门将其迅速印成各种文本的小册子广为散发。

8 月 3 日，王明、康生在给中共中央政治局写的密信中这么写道："毛泽东同志的报告和结论，除了个别地方有和五中全会决议同样的措辞的缺点外，是一个很有意义的历史文件！我们与国际的同志都一致认为，这个报告明显地反映出中国苏维埃的成绩和中国共产党的进步。同时认为，这个报告的内容也充分反映出毛泽东同志在中国苏维埃运动中丰富的经验。这个报告的中文单行本不日即将出版（其中欠妥的词句已稍加编辑上的修正），其他俄、德、英、法、日本、高丽、蒙古、西班牙、波兰、印度等十几个国家的译本也正在进行译印。中文本印刷得极漂亮。"

9 月 16 日，王明再次兴奋地致信中共中央政治局说："毛泽东同志的报告，中文已经出版，绸制封面，金字标题，道林纸，非常美观，任何中国的书局，没有这样美观的书。与这报告同时出版的，是搜集了毛泽东同志的文章（我们这里只有他三篇文章）出了一个小小的文集，题名为《经济建设与查田运动》，装潢与报告是一样的。这些书籍，对于宣传中国的苏维埃运动，有极大的作用。"

莫斯科如此高规格地为毛泽东出版著作和文集，乃中共党内第一人也。即使后来以马列主义理论权威自居的王明，也没有得到如此的待遇。从王明这两封信的字里行间看，他似乎为中国共产党有毛泽东这样的领导人受到共产国际和苏共如此的重视，发自内心地感到高兴。而事实上，莫斯科在这个时候确实不止一次地提醒中共中央：中国需要像毛泽东这样的人才，大家必须学习毛泽东和朱德的经验，把军事工作放到党的第一等重要的地位上来，甚至直接到军队中去工作。

1935 年 7 月，共产国际第七次代表大会在莫斯科召开。毛泽东在没有出席的情况下，破天荒地排在了共产国际总书记季米特洛夫、共产国际名誉主席台尔曼的后面，与王明、周恩来一起当选共产国际执行委员会委员。要知道，由于通信联络中断，共产国际没有得到中共中央政治局在 1 月 15—17 日召开了扩大会议（遵义会议）的消息。会议增选毛泽东为政治局常委，取消三人团，取消博古、李德的最高军事指挥权。会议确立了以毛泽东正确路线为代表的新的中央领导。应邀在共产国际七大第一个致贺词的来自中国苏区的代表滕代远（李光），按照中国代表团拟就并得到共产国际批准的发言稿，高呼："我们对共产国际中有像季米特洛夫、台尔曼、毛泽东、拉科西和市川正一这样的英勇旗手而感到骄傲，他们在一切情况下都高举共产主义的伟大旗帜，并且保护和捍卫它，在列宁斯大林创建的共产国际的旗帜下，领导群众走向胜利。"中国代表团团长王明在发言中，赞扬毛泽东是"出色的党内领袖和国家人才"。无论是从为共产国际七大准备的材料中，还是苏联公开出版的报刊上，莫斯科都开始把毛泽东称做"年轻的中华苏维埃共和国富有才干和自我牺牲精神的展示、伟大的政治家和军事家"。莫斯科给予毛泽东如此殊荣，在当时中共党内找不出第二人，意义非同一般。

1935 年《共产国际》（俄文版）第 33 期和第 34 期合刊上，发表了署名"赫"（亦有译为赫鲁晓夫）的文章《中国人民的传奇领袖》（亦译作《勤劳的中国人的领袖毛泽东》）。文章在开头还引用了毛泽东《湖南农民运动考察报告》中的"革命不是请客吃饭，不是做文章，不是绘画绣花，不能那样雅致，那样从容不迫，文质彬彬，那样温良恭俭让。革命是暴动，是一个阶级推翻一个阶级的暴烈的行动"。全文对毛泽东给予高度评价，认为毛是"一位不知疲倦的人，真正的布尔什维克，人民的真诚朋友"，"具有铁一般的意志、布尔什维克的顽强精神、卓越的革命统帅和国务活动家的惊人勇敢、博学和无穷的天赋"。同年 12 月 13 日，《真理报》发表了哈马丹写的文章《中国人民的领袖——毛泽东》。

进入 20 世纪 30 年代中期，莫斯科和共产国际不仅在组织上、政治上全力支持毛泽东成为中共党的领袖人物，而且还重点翻译、发表和出版了毛泽东的著作，积极宣传、赞颂毛泽东的功绩，把"中国人民的领袖"这样崇高的称呼送给了毛泽东。至此，不难发现，毛泽东在共产国际的地位和口碑越来越好。

世界名人眼里的毛泽东

毛泽东是一位民族英雄，是中国的缩影。他是中国农民（占这个国家人口的 80%）的化身。其余的 20% 人口都害怕他；但是，最后承认了他的权威。在毛泽东去世以前，也或多或少地参加了神化他的运动。毛泽东像西方人，更像亚伯拉罕·林肯，也具有高高的个头、宽大的体格、天生富有的朴实品质。他有着同样的学而不厌的欲望；他甚至在 70 年代还学习英语，为人们树立了榜样。

——美国记者　海伦·斯诺①

毛泽东生平的历史是整整一代人的一个丰富的横断面，是要了解中国国内动向的原委的一个重要指南。

——美国著名记者　埃德加·斯诺②

毛泽东的排列略高于华盛顿，因为毛给国家带来的变化，比华盛顿使国内发生的变化更为重要。毛排列的名次比拿破仑、亚历山大等人要高不少，因为他对将来的影响可能比这些人要大得多。

——美国学者　迈克尔·H. 哈特③

毛泽东统一了中国，给予人民一套新的道德观，提高了工农的地位，并在中国建立了一个廉洁的政府。

——加拿大记者　马克·盖恩④

中国共产党的其他领袖人物，每一个都可以同古今中外社会历史上的人物相提并论，但无人能够比得上毛泽东。

——美国作家　史沫特莱⑤

我很佩服《论持久战》。

日本被中国打败是当然的，这样非常好的战略著作在日本是没有的。日本物资方面和科学技术方面都优于中国，武器优越于中国，但没有这样的以哲学为基础的深远战略眼光，日本没有。日本的军队是速决战，中国的战略是持久战，结果，日本被中国的持久战打败了。

——日本东京大学教授　近藤邦康⑥

---

① 参见〔美〕海伦·斯诺著，杜夏等译：《我在中国的岁月》，中国新闻出版社 1986 年版。
② 参见〔美〕埃德加·斯诺：《第一次见到毛泽东》，丁晓平、方健康：《毛泽东印象》上篇，目录，中央文献出版社 2003 年版。
③ 参见杨宪福、马祥富：《巨人中的巨人》，《中共井冈山干部学院学报》2013 年第 6 期。
④ 参见新华通讯社编译：《举世悼念毛泽东》，人民出版社 1978 年版，第 472 页。
⑤ 参见丁小平、方健康：《毛泽东印象》，中央文献出版社 2011 年版，第 178 页。
⑥ 参见杨宪福、马祥富：《巨人中的巨人》，《中共井冈山干部学院学报》2013 年第 6 期。

没有毛主席的形象，就写不出二十世纪的历史。每个国家，乃至每个人，不论对毛泽东思想持什么观点和立场，都不能否认他的意义和重要性。

——委内瑞拉外长　科瓦尔·萨洛姆[1]

毛泽东深深地扎根于中国的丰富文化遗产中，他的思想也许比今天任何国家领导人的思想更为闻名于全球，他的思想经常反映了他以非常深远的历史眼光来看待他自己的时代。

毛泽东的最重要的贡献也许就在于他的思想深入到了全国人民之中，这样他对创造一个新的民族觉醒和团结所作的贡献，比任何人要多，他以这种方式鼓舞了世界上最大的国家，实现了不可能实现的事情，重建了中国的威望和尊严。他是我们时代最伟大的国家领导人，是世界历史上成就最伟大的领导人之一。

——丹麦外交大臣　柯比·安诺生[2]

毛泽东作为政治家、思想家和活动家，影响了人类。因为，自从耶稣基督以来，没有哪一个人像他那样地影响人类。

——毛里求斯反对派领导人　加埃唐·杜瓦尔[3]

毛泽东是一位革命家、国务活动家、哲学家和诗人，他的著作已变成了广大群众的实践，为了恰如其分地评价这样一位伟人，必须强调指出他的三大功绩。一、毛泽东成功地把一个四分五裂，为外国列强左右的中国，不仅从政治上统一起来，而且还使它摆脱了饥饿。二、按照他的设想改造中国的政策，消灭了瘟疫和流行病。三、而他的最大的功绩无疑是，他通过以他本人为象征的政策和学说，使八亿人民又获得了在独立自主思想基础上的对内对外的政治自信心。

——德国基督教社会联盟主席　弗郎茨·约瑟夫·施特劳斯[4]

毛泽东首先是彻底的革命家。"不斗争就不能进步"，"八亿人口，不斗行吗？"他在年迈高龄时还说了这样一些话，从这些语录中可以看出革命家毛泽东的本领。

毛泽东主席在整个波澜壮阔的中国现代史上，始终是一颗放射出强烈个性

① 参见新华通讯社编译：《举世悼念毛泽东》，人民出版社1978年版，第75页。
② 参见新华通讯社编译：《举世悼念毛泽东》，人民出版社1978年版，第145页。
③ 参见新华通讯社编译：《举世悼念毛泽东》，人民出版社1978年版，第69页。
④ 参见新华通讯社编译：《举世悼念毛泽东》，人民出版社1978年版，第105页。

的光芒的巨大红星。毛主席的确是中华民族新生的英雄，肯定是代表动荡的二十世纪的世界英雄之一。

毛泽东主席不仅是成功地领导了革命的政治家、战略家，而且是为绚丽多彩、灿烂辉煌的中华民族的历史增添光彩的英雄。

——日本共同社记者　福原亨一①

即使像我这样靠报道人物为生的人，要总结毛主席的一生也是感到困难的。他是一个哲学家、诗人、战士和世界上最大的国家的政治领袖。当他战胜了难以想象的困难，统一中国后，坚决抗拒了吃老本的引诱。发动了一场运动来改造中国的社会、政治和经济。中国以外的人民，特别是美国人，感到难以理解的是毛主席对世界前途抱有很大的期望。

我们很多人到了中年时，便会感到疲倦，希望平平静静度过余生。毛主席在赢得历史上一场最伟大的军事胜利并创建了中华人民共和国后，本可以停下来休息，但他仍然坚持前进，这一点感染了整个世界，并使得很多人都想了解他为什么这么不同。

毛主席在美国人的心目中占有一种特别的位置，因为他经常流露出对我国的兴趣和好感，并流露出他对我国英雄的敬佩。一个居住在远方的外国人竟会对美国革命领袖致敬，这使美国人感到惊喜交集。这是对我国历史最崇高的赞美，因为它是出自一位卓有成就的人，这个人在他领导的国家中取得的成就，等于华盛顿、佩因②、杰斐逊三人加起来的成就。

——美国《华盛顿邮报》香港分社社长　马修斯③

毛泽东，这位伟大的理想家，历史上最不屈不挠的造反者在全中国确立了他那作为唯一伟大力量的地位。他是一位真正的伟人。他目光安详而清澈，全身都焕发出谦逊之感。那是我一生最重大的时刻之一。我看见了这位二十世纪最杰出的人物，最伟大的领导人，历史上最光华四射的智慧之一。他是一位淳朴的人，举止谦逊，这反而显出他的伟大。

——秘鲁记者　塞莉亚·巴里奥斯④

---

① 参见新华通讯社编译：《举世悼念毛泽东》，人民出版社 1978 年版，第 190 页。

② 佩因，又译为潘恩，即托马斯·潘恩（Thomas Paine），英裔美国思想家、作家、政治活动家、理论家、革命家、激进民主主义者。美国独立战争期间，他撰写了铿锵有力并广为流传的小册子《常识》，极大地鼓舞了北美民众的独立情绪，也被视为美国开国元勋之一。后来受到法国大革命影响，潘恩撰写了《人的权利》，成为启蒙运动的指导作品之一。

③ 参见新华通讯社编译：《举世悼念毛泽东》，人民出版社 1978 年版，第 418—419 页。

④ 参见新华通讯社编译：《举世悼念毛泽东》，人民出版社 1978 年版，第 454 页。

　　毛主席将一盘散沙、各自为谋、忍辱待毙、任人宰割的旧中国变成艰苦卓绝、急公好义、勤朴武健、自力更生，受到全世界尊敬的新中国。毛主席对中国以外大部分的人类也作出了重要贡献。人类史上很少有像毛主席这样兼通理论实践而又高瞻远瞩的思想和政治领袖。从客观历史观点看，毛主席无疑是整个二十世纪中对人类影响最大的人物。

——美国芝加哥大学历史系教授　何炳棣①

　　对千秋万世追求进步的人来说，毛泽东思想是不落的太阳。我也看到，毛泽东思想的光辉普照到全世界每个阴暗角落中被侮辱与被损害的人们。他的光和热，正推动着整个世界永远走向进步。

——美国耶鲁大学教授　赵浩生②

　　现代中国的缔造者和国父，具有伟大的理想、行动谨慎、目标坚定的人物，历史学家、哲学家和诗人毛泽东，是本世纪的巨人中的最后一位，是不仅为他自己的人民而且为全世界人民向未来打开了门窗的世界性人物。

——联合国教科文组织执行局主席　赫克托·温特③

　　毛主席是二十世纪最伟大的领导人，是超越了主义和国家的几个世纪才出现一个的伟大的领导人。

——日中文化交流协会事务局长　白士吾夫④

　　毛主席不仅仅是中国人民的伟大领袖，他的一生和他的著作具有世界范围的重要性。他的著作，特别是《论持久战》这本书，鼓舞着所有正在为从外国统治下获得解放和为之独立而斗争的民族。

——联合国非殖民化委员会主席　萨利姆⑤

　　毛泽东的名字象征着被外国统治的民族争取自由和生存的战斗精神，他走的每一步都创造了历史。

——联合国第三海洋会议第一委员会主席　恩果⑥

---

① 参见新华通讯社编译：《举世悼念毛泽东》，人民出版社1978年版，第176页。
② 参见新华通讯社编译：《举世悼念毛泽东》，人民出版社1978年版，第519页。
③ 参见新华通讯社编译：《举世悼念毛泽东》，人民出版社1978年版，第180页。
④ 参见新华通讯社编译：《举世悼念毛泽东》，人民出版社1978年版，第19页。
⑤ 参见新华通讯社编译：《举世悼念毛泽东》，人民出版社1978年版，第182页。
⑥ 参见新华通讯社编译：《举世悼念毛泽东》，人民出版社1978年版，第183页。

毛泽东是伟大的战士，直至他生命的最后一息。即使他不在公众场合，他也总是激发中国人民的热情，直到影响中国人民的日常生活。中国人民把自己的尊严、自己的主权和自己国家在世界上占有的特殊地位都归功于他，这是完全正当的。

——突尼斯《行动报》总编辑　蒙塞夫·希利①

二十世纪初的中国社会是一个在封建主义和帝国主义层层压榨之下暗无天日的社会。是一个农村整个破产，工业被帝国主义全盘控制的社会。用鲁迅的话说，是一个吃人的社会。面对着这些压榨，中国人民作了数不尽的英勇反抗。要了解那时候的历史，让我们来读《湖南农民运动考察报告》中敏锐的预言，那是毛主席于一九二七年初写的："很短的时间内，将有几万万农民从中国中部、南部和北部各省起来，其势如暴风骤雨，迅猛异常，无论什么大的力量都将压抑不住。他们将冲决一切束缚他们的罗网，朝着解放的路上迅跑。一切帝国主义、军阀、贪官污吏、土豪劣绅，都将被他们葬入坟墓。一切革命的党派，革命的同志，都将在他们面前受他们的检验而决定弃取。站在他们的前头领导他们呢？还是站在他们的后头指手画脚地批评他们呢？还是站在他们的对面反对他们呢？"年轻的毛泽东选择了第一条道路。他挺身站在中国农民的前头做革命的带路人。

革命的道路是艰难的。一九三五年毛主席的诗这样地描述了二万五千里长征：红军不怕远征难，万水千山只等闲。五岭逶迤腾细浪，乌蒙磅礴走泥丸。金沙水拍云崖暖，大渡桥横铁索寒。更喜岷山千里雪，三军过后尽开颜。

革命的牺牲是巨大的。毛主席自己的一家就为了中国的革命事业牺牲了六个亲人：他的爱人杨开慧，弟弟毛泽民和毛泽覃，堂妹毛泽建，儿子毛岸英和侄子毛楚雄都为革命牺牲了性命。杨开慧是一九三零年被蒋介石的爪牙在长沙识字岭处死的。死的时候才二十九岁。二十七年以后毛主席写了一首词纪念她。毛主席的词是这样的：我失骄杨君失柳，杨柳轻扬，直上重霄九。问讯吴刚何所有，吴刚捧出桂花酒。寂寞嫦娥舒广袖，万里长空且为忠魂舞。忽报人间曾伏虎，泪飞顿作倾盆雨。词的第一句用"骄杨"而不用"娇杨"，这是何等的气概！"忽报人间曾伏虎，泪飞顿作倾盆雨"这又是何等的幻想！这首《蝶恋花》无疑是世界文学史上感情最丰富的爱情诗篇。

革命的成果是辉煌的，把一个山穷水尽丧失了自尊心的国家变成今日的自足自信、有理想的、前途光明的新中国，这是怎样一个天翻地覆的变化。

① 参见新华通讯社编译：《举世悼念毛泽东》，人民出版社 1978 年版，第 269 页。

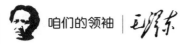

要描述这个变化，我们可以列举今天中国年产三千万吨钢、八千万吨石油的数据，可以列举卫星上天、断肢再植的科技发展，可以列举中国人民的新精神面貌，或者中国社会的种种有远见的制度，可是我想最能道出中国的巨大变化的还是诗人的描述：绿水青山枉自多，华佗无奈小虫何！千村薜荔人遗矢，万户萧疏鬼唱歌。坐地日行八万里，巡天遥看一千河。牛郎欲问瘟神事，一样悲欢逐逝波。春风杨柳万千条，六亿神州尽舜尧。红雨随心翻作浪，青山着意化为桥。天连五岭银锄落，地动三河铁臂摇。借问瘟君欲何往？纸船明烛照天烧。

这是毛主席一九五八年写的《送瘟神二首》，他在这两首诗的前面写了一个短序，说一九五八年六月三十日《人民日报》报道江西余江县消灭了历来危害农民的血吸虫病，"浮想联翩，夜不能寐"。浮想联翩所以有这样的诗句"坐地日行八万里，巡天遥看一千河"，所以有这样的描述"天连五岭银锄落，地动三河铁臂摇。"这是何等力量，何等胸怀！

在艰难的道路上，带路的是毛主席，在巨大的牺牲中，带路的是毛主席，在取得辉煌的成果的每一个过程中，带路的是毛主席，在半个世纪的时间里他是中国的明灯，是中国的舵手。

什么是毛主席领导的理论基础？是马克思主义和毛泽东思想。毛主席是中国最早的马克思主义者之一，他于一九二一年在上海参加了中国共产党第一次全国代表大会。在以后五十多年的时间中，通过他的著作，他的演讲，通过他领导的中国共产党的文件，毛主席对马克思主义的理论发展有了决定性的影响。他总结了国际共产主义运动的革命实践。他提出了在生产资料基本上公有以后，阶级仍然存在的论断。他创建了继续革命的理论，他分析了现代修正主义的本质。中华人民共和国的《告全党全军全国各族人民书》上说"毛泽东主席是当代最伟大的马克思主义者"。我想这是绝大多数的世界人民同意的评价。这是历史的事实。

毛泽东思想里面的一个基本观念是群众路线。什么是群众路线呢？据我的了解，简单地说就是要站在被压迫的群众一边，就是要坚信群众无比庞大的力量，就是要"从群众中来，到群众中去"。

我们看毛主席自己怎样讲："人民，只有人民，才是创造世界历史的动力"，"群众是真正的英雄"，"我们应该走到群众中间去，向群众学习，把他们的经验综合起来，成为更好的有条理的道理和办法，然后再告诉群众（宣传），并号召群众实行起来，解决群众的问题，使群众得到解放和幸福"。受了毛泽东思想的影响，在中国产生了新的精神面貌，在第三世界产生了新的世界观，在发达国家里产生了对人的价值观念的重新估定。

毛泽东主席对中国人民的革命建设的领导，他对世界人民的思想意识的启

示，是史无前例的伟大的贡献！他是人类历史上的一位巨人！①

——美国纽约大学物理系华裔教授　杨振宁

　　毛泽东诗集售出量完全比得上有史以来所有用英文写作的诗人的诗集的总和。毛泽东的诗歌是一部具有高度政治军事性质的自传。每首诗在它所选的传统形式上都是完美的，每首诗都自成一篇革命的宣言。他的诗歌中到处都洋溢着对于祖国大地的热爱。像他这样一位革命的导师，一个大国的领袖，把他对祖国的一切所产生的最深沉的感受，浓缩在他那精心写成的诗歌里，或许是无与伦比的。

——美国作家　保罗·昂格尔和聂华苓

　　毛泽东成为世界上赫赫有名的人物，在这方面，三千年来没有哪一个中国人曾达到过他这样的程度。他的伟大之处毫不含糊是中国式的，然而他却与整个人类的意识显著地交融在一起。"毛主席"在大多数国家已经成为家喻户晓的用语。《毛主席语录》也被翻译成多种文字，在六十年代使得《圣经》也相形见绌。

　　毛泽东给我以最为深刻的印象，就是他非凡的勇气，无疵的正直，这使他不谋求个人的功名和前途。他已使中国成了一个真正讲道德的，在一切交往关系中真正正直的国家。他的伟大之处正在于此，正在于模范的讲道德上面，这真是改天换地了，改变了世界也改变了人。

　　导师这个词是他身份最确切的说明。

　　毛泽东主席不是上帝，他自己就打破了个人迷信，不仅反对在中国讲个人迷信，而且反对在世界其他地方的个人迷信。毛泽东强调说，没有什么最高的天才，也没有什么超人。他过去和现在都是一个普通的人，不过他是一个一直同劳动人民心连心的人。他是一个对他的敌人讲宽大的人。他一贯听取别人的意见，从来不凌驾于别人之上。

　　毛泽东的幽默有时真是锋芒逼人，他虽极不喜欢杀人，可是要嘲讽起人来却是入骨三分。

　　毛主席是一个谦逊的人，对他的人民完全相信。他重友情，憎恨各种形式的残忍。所有接近他的人都被他的内心的真诚和他的和颜悦色感动。举世都肯定了毛泽东的巨人形象和他震撼历史的功绩。

　　毛泽东主席是一个完善的人，是全民族的代表，是人民和时代的化身。革命造就了毛，毛也造就了革命。毛泽东的一生不仅是他个人的一生，而且是中

---

①　参见新华通讯社编译：《举世悼念毛泽东》，人民出版社 1978 年版，第 172—175 页。

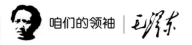

国整整一个历史时期的象征。

——英籍华人作家　韩素音①

　　毛泽东伟大的足迹深深地印在我们时代的历史上，这种历史既是他预见到的，也是他帮助人民创造的。这些足迹同他对人民的贡献一样深厚。他作出的贡献没有一个比最后的贡献——帮助我们认清今天的主要危险——更大。

——美中人民友好协会主席　韩丁②

　① 　参见新华通讯社编译：《举世悼念毛泽东》，人民出版社 1978 年版，第 471 页。
　② 　参见新华通讯社编译：《举世悼念毛泽东》，人民出版社 1978 年版，第 482 页。

参 考 文 献

1. 中华人民共和国外交部、中共中央文献研究室：《毛泽东外交文选》，中央文献出版社、世界知识出版社 1994 年版。

2. 胡乔木：《胡乔木回忆延安整风》，《党的文献》1994 年第 1 期、第 2 期。

3. 郝维民：《民主革命时期毛泽东思想民族理论在内蒙古的实践》，《毛泽东百周年纪念》，中央文献出版社 1994 年版。

4. 国家统计局国民经济综合统计司：《新中国五十年统计资料汇编》，统计出版社 1999 年版。

5. 秦益珍：《党的七大是毛泽东思想发展史上的里程碑》，《理论导刊》1995 年第 8 期。

6. 李敏：《我的父亲毛泽东》，《生活时报》2001 年 4 月 10 日。

7. 毛新宇：《风流人物毛泽东》，《环球》2003 年第 12 期。

8. 黄允升：《毛泽东与中共六届六中全会》，《党的文献》2004 年第 1 期。

9. 陈晋：《毛泽东"我很想学徐霞客"，曾经准备骑马考察黄河》，《党的文献》2006 年第 3 期。

10. 陈人康口述，金汕、陈义风整理：《老将军回忆"三湾改编"时的毛泽东》，《党史文苑》2007 年第 13 期。

11. 常家树：《毛泽东与佛教文化》，《党史纵横》2008 年第 3 期。

12. 中共中央文献研究室：《毛泽东传》，中央文献出版社 2011 年版。

13. 石仲泉：《毛泽东与延安整风》，《毛泽东邓小平理论研究》2012 年第 6 期。

14. 本刊编辑部：《毛主席五次断喝美国政府》，《时代中国之声》2012 年第 8 期。

15. 西柏坡纪念馆：《西柏坡与中共七届二中全会》，《党建》2013 年第 8 期。

16. 刘德军：《"三反"运动中的整党建党》，《学术论坛》2013 年第 5 期。

17. 〔美〕亨利·基辛格：《基辛格回忆录》（第四卷），世界知识出版社 1980 年版。

18. 郑宜、贾梅：《李银桥：论情论理，友情深厚——毛泽东礼待民主人士》，《毛泽东生活实录》，江苏文艺出版社 1989 年版。

19. 陈石平：《中国元帅刘伯承》，中共中央党校出版社 1992 年版。

20. 朱健华等：《中华人民共和国大事纪事本末》，吉林教育出版社 1992 年版。

21. 范贤超等：《毛泽东思想发展的历史轨迹》，湖南出版社 1993 年版。

22. 朱企泰：《毛泽东统战思想研究》，工人出版社 1993 年版。

23. 阴法唐：《缅怀毛泽东》，中央文献出版社 1993 年版。

24. 金炳镐：《毛泽东对马克思主义民族理论的伟大贡献》，《毛泽东百周年纪念》，中央文献出版社 1994 年版。

25. 王永盛、张伟：《毛泽东的艺术世界》，山东大学出版社 1996 年版。

26. 许全兴：《毛泽东晚年理论与实践》，中国大百科全书出版社 1996 年版。

27. 朱丽兰：《图强·改革·创新——共和国科技事业 50 年》，广西科学技术出版社 1999 年版。

28. 董玉振：《巨人的背影》，新加坡南洋出版社 2003 年版。

29. 鲁杰：《毛泽东与朱德：朱毛缘何不分》，北京出版社 2003 年版。

30. 邓力群：《伟人毛泽东丛书——毛泽东与科学教育》，中央民族大学出版社 2004 年版。

31. 邓力群：《伟人毛泽东丛书——毛泽东的文化思想》，中央民族大学出版社 2004 年版。

32. 李颖、程美东：《与毛泽东一起感受历史》，湖北人民出版社 2005 年版。

33. 胡长明：《毛泽东与周恩来》，中共党史出版社 2005 年版。

34. 余伯流、陈钢：《井冈山革命根据地全史》，江西人民出版社 2007 年版。

35. 熊向晖：《我的情报与外交生涯》，中共党史出版社 2007 年版。

36. 刘彩云：《非常任务寻常时》，人民出版社 2007 年版。

37. 王有星：《民族区域自治法概论》，远方出版社 2008 年版。

38. 莫志斌：《毛泽东管理思想与管理方法》，湖南师范大学出版社 2008 年版。

39. 徐肖冰：《毛泽东之路》第 4 部，长江文艺出版社 2009 年版。

40. 张树德：《毛泽东与共和国重大决策纪实》，湖北人民出版社 2009 年版。

41. 姚有志：《毛泽东大战略》，解放军出版社 2009 年版。

42. 张勇、刘启明、莫志斌：《毛泽东教我们学管理》，中共党史出版社 2009 年版。

43. 刘继兴：《魅力毛泽东》，新华出版社 2009 年版。

44. 徐涛：《真实的毛泽东》，中央文献出版社 2009 年版。

45. 李敏、高枫、叶利亚：《真实的毛泽东》，中央文献出版社 2009 年版。

46. 邸延生：《毛泽东与中国经济》，新华出版社 2010 年版。

47.〔美〕罗斯·特里尔著，何宇光、刘加英译：《毛泽东传（名著珍藏版）》，中国人民大学出版社 2010 年版。

48. 环球人物杂志社：《毛泽东与贺子珍的浪漫往事》，《领导人后人谈家事》，人民日报出版社 2010 年版。

49. 曾敏：《毛泽东科技思想研究》，中央文献出版社 2011 年版。

50. 何以：《毛泽东的情趣》，中央文献出版社 2011 年版。

51. 邱秋生、邱江楠：《毛泽东和他的儿女们》，人民日报出版社 2011 年版。

52. 卢志丹：《毛泽东品国学》，新世界出版社 2011 年版。

53. 李辉：《马歇尔传》，《封面中国 2：美国〈时代〉周刊讲述的故事 1946—1952》，长江文艺出版社 2012 年版。

54. 张艾子：《毛泽东的六位亲人》，团结出版社 2012 年版。

55. 邱延生：《历史的风范——毛泽东的人格魅力》，新华出版社 2012 年版。

56. 邱延生：《历史的风范——毛泽东的生活记事》，新华出版社 2012 年版。

57. 高中华、尹传政：《毛泽东与共和国非常岁月》，人民出版社 2013 年版。

58. 徐中远：《毛泽东读书十法》，中央文献出版社 2013 年版。

59. 刘景禄、白玉武：《毛泽东同志与古田会议》，《吉林大学社会科学学报》1986 年第 6 期。

60. 石仲泉：《毛泽东在"文化大革命"以前对中国社会主义建设道路的探索》，《党史研究》1987 年第 1 期。

61. 方在农：《毛泽东与中国科技发展》，《唯实》1993 年第 12 期。

62. 徐国良：《毛泽东在七届二中全会前后对反腐倡廉的思考》，《龙江党史》1999 年第 2 期。

63. 董玉山：《论毛泽东的科技思想与实践》，《河南大学学报（社会科学版）》2000 年第 3 期。

64. 路甬祥：《毛泽东与中国的科技事业》，《科学时报》2003 年 12 月 26 日。

65. 郁兴志：《支持第三世界国家反抗外来干涉》，《环球视野》2003 年第 12 期。

66. 邱琴芬：《试论毛泽东的科技意识》，《长白学刊》2004 年第 2 期。

67. 冉志：《论毛泽东、聂荣臻等第一代中央领导集体的科技战略思想》，《西南民族大学学报（人文社科版）》2004 年第 5 期。

68. 李怡心：《毛泽东建国初期执政党建设理论与实践探析》，《思想理论教育导刊》2004 年第 9 期。

69. 毛新宇：《论毛泽东的科技思想》，《湖南科技大学学报（社会科学版）》2005 年第 6 期。

70. 薛伟强：《新中国成立之初同资本主义国家的外交关系》，《中学生导报

（文综版）》2005 年第 25 期。

71. 董志凯：《毛泽东与中国科学技术的自主研发》，《毛泽东邓小平理论研究》2006 年第 9 期。

72. 邓斌、杨永纯：《毛泽东科技发展战略思想探析》，《生产力研究》2006年第 7 期。

73. 李合敏：《毛泽东关于解决台湾问题的战略思想述论》，《资料通讯》2006 年第 1 期。

74. 曾美玲：《毛泽东井冈山斗争时期经济建设思想探析》，《学术论坛》2007 年第 8 期。

75. 于金凤：《毛泽东的科技生产力观探析》，《生产力研究》2007 年第 3 期。

76. 韩洪洪：《论毛泽东对新中国宗教工作的贡献》，《毛泽东与中国社会主义建设规律的探索：第六届国史学术论文集》，当代中国出版社 2007 年版。

77. 吴太胜：《毛泽东发展国防科技思想的历史动因与战略意涵》，《江西社会科学》2008 年第 9 期。

78. 罗元发：《毛泽东批准发射"东方红"卫星——回忆中国第一颗人造卫星发射成功》，《福建党史月刊》2008 年第 11 期。

79. 刘畅：《礼品都交到礼品库》，《环球人物》2008 年 7 月。

80. 王恺、徐菁菁：《新中国重返联合国回顾：非洲兄弟把中国抬进联合国》，《三联生活周刊》2009 年第 1 期。

81. 李桂花、潘丽萍：《中国崛起中的科技人才建设》，《天府新论》2010 年第 5 期。

82. 李桂花：《论毛泽东的科技政策思想》，《天府新论》2011 年第 4 期。

83. 董文学：《毛泽东文艺思想的当代价值》，《湖南城市学院学报》2011 年第 4 期。

84. 吴跃农：《毛泽东邀请赫鲁晓夫中南海游泳内幕》，《党史纵横》2011 年第 6 期。

85. 曾敏：《毛泽东科技领导思想对新中国科技事业的重大影响》，《天府新论》2012 年第 1 期。

86. 刘荣付：《毛泽东和他的三位美国朋友》，《红广角》2012 年第 1 期。

87. 刘晓农：《重说毛泽东贺子珍婚姻内情》，《文史精华》2012 年第 4 期。

88. 张伟：《抗战时期毛泽东文化思想形成和发展的条件》，《绵阳师范学院学报》2013 年第 1 期。

89. 蒋益文：《毛泽东反对吃喝风》，《消费与质量》2013 年 8 月总第 32 期。

90. 毛岸青、邵华：《想您，亲爱的妈妈！——纪念杨开慧烈士诞辰 100 周年》,《人民日报》2001年10月24日。

91. 华老：《毛泽东一生爱与恨》,《人民政协报》2009年7月2日。

92. 林玉华：《揭秘开国盛典——毛泽东遏制不住激情高呼人民万岁》,《南方日报》2009年9月20日。

93. 董文：《毛泽东书法的创新与发展》,《辽沈晚报》2011年9月16日。

94. 梁衡：《文章大家毛泽东》,《人民日报》2013年2月28日。

95. 中共广州市委党史研究室：《一个诗人赢得了一个新中国》, 广州党史 http：//www.zggzds.org.cn/dsyjrwcq/116.jhtml.

跋

　　既有《后记》，何又题《跋》？当自有缘由。《咱们的领袖毛泽东》一书，为赶在纪念毛泽东诞辰120周年节点出版，故在报中央文献研究室审批书稿过程中，即于2013年12月非正式付梓与读者见面了。反映了编者对伟大领袖毛主席的一种虔诚和炙热的信仰与崇拜！由于种种原因，《咱们的领袖毛泽东》一书于今天才正式出版发行，作为编者，虽有些许遗憾，然毕竟如愿以偿，内心激荡着胜利的呼喊——战无不胜的毛泽东思想万岁！

　　作为本书的主编之一，北京商鲲教育控股集团董事长潘和永同志积极参与了本书后期的出版发行筹备工作，为本书的正式出版做出了重要贡献。这既充分反映了一个优秀企业家对于毛主席的无限崇敬，对毛泽东思想的崇高敬仰，又反映了他作为一名共产党员，践行"不忘初心、牢记使命"，为实现中华民族伟大复兴——中国梦甘作奉献的高尚情怀，在此特别致谢！作为中共中央党校出版社参与本书出版发行的工作人员，他们基于对伟大领袖毛主席、毛泽东思想的真挚情感，除了认真履职尽责之外，对本书的出版发行给予了其他多方面的大力支持和帮助，在此深表谢意！

　　特别要感谢的是中组部原部长张全景同志，这位无论在位还是退休都一直十分重视党的建设，为宣传马列主义毛泽东思想、宣传党的路线方针政策孜孜不倦的老领导，欣然同意为本书捉笔作序，着实令人备受鼓舞。愿《咱们的领袖毛泽东》一书能促使广大读者不断增强爱党、爱祖国、爱人民的意识，愿毛泽东思想伟大红旗永远高高飘扬！

编　者
2019年9月20日

后　记

为纪念毛泽东同志诞辰 120 周年，学习贯彻习近平总书记在全国宣传思想工作会议上的重要讲话精神，我们编写了《咱们的领袖毛泽东》一书，旨在与广大读者一起重温一代伟人毛泽东的光辉历程、科学思想、伟大风范和丰功伟绩。

本书全面反映了毛泽东同志把马克思主义基本原理同中国革命和建设具体实践相结合，坚持实事求是、群众路线和独立自主，以独创性的思想丰富和发展马克思主义理论，实现马克思主义中国化的伟大功绩；展现了毛泽东同志为了中国人民的解放事业，为了中华民族的伟大复兴，为了国家富强、人民幸福，艰苦奋斗，鞠躬尽瘁、死而后已的伟大精神。毛泽东思想的光辉永远照耀中国人民前进的正确道路，毛泽东思想永远活在人民心中。

全书分政治篇、军事篇、经济篇、科技文化篇、外交与国际战略篇、党建篇、民族宗教祖国统一篇、社会管理篇、伟人情怀篇九篇及附录，从多方面体现了毛泽东思想的伟大成就，力求全面；每篇从不同侧面进行叙述，反映了毛泽东同志在某一方面的思想精髓，力求重点突出；素材选择注重典型事例，力求增强可读性，全面展现了毛泽东同志作为真正的马克思主义者，把马克思主义同中国具体实践相结合，追求、探索、丰富和发展马克思主义，开创适合中国革命和建设正确道路的艰辛历程。

全书主线紧紧围绕毛泽东同志是当代伟大的马克思主义者这一核心，把马克思主义基本原理同中国革命具体实践相结合，创造性地、全面地继承、捍卫和发展了马克思主义，把马克思主义提高到一个崭新的阶段。这条主线存在的目的是把毛泽东同志的思想精华清晰地展现给人们，教育、激励、鼓舞全国人民。

为完整再现一代伟人毛泽东胸怀天下、心系百姓的博大情怀及他敢上九天揽月、敢下五洋捉鳖，人生无处不青山的大无畏豪迈气概和他运筹帷幄、决胜千里、经天纬地的雄才大略，本书采取由横及纵的编写方法，分上下两卷，再现了伟大领袖毛泽东的光辉思想和传奇人生。

全书始终以马克思列宁主义、毛泽东思想和中央精神为指导，采用辩证思维与历史分析方法，本着尊重史实的原则，力求真实展现在中国人民艰苦卓绝的伟大斗争历程中，一代伟人毛泽东所发挥的作用和贡献。本书注重可读性，从大量的文献资料和研究成果中尽量选取语言表述平实、说服力强、有感染力和最能精准阐述毛泽东光辉思想与传奇人生的材料。该书既是各级党政领导干部和学者学习研究毛泽东思想并可学以致用的一部参考之作，也是不同层次读者走近、了解伟大领袖毛泽东从而进一步加深对党史、国史理解的一部普及性读物。祈望本书能够引领广大读者重回那段峥嵘岁月，在历史的穿越中学习并掌握毛泽东思想攻坚克难的制胜法宝，汲取毛泽东思想丰富的精神养料与无上智慧，使更多中国人心中永驻"咱们的领袖毛泽东"，使更多中国人坚定地信仰"咱们的领袖毛泽东"。

本书的编辑工作历时一年，期间得到了中共中央党校中共党史教研部、中共中央党校出版社的大力支持。党史教研部组织专家对书稿的政治性、思想性、科学性和学术规范等问题提出了很好的指导意见；谢绍清、张立忠、马达、娜日莎、吕金华、武路希、冯晔等参与了审稿并提出了许多宝贵意见和建议，在此一并表示衷心感谢。

读书阅世需取其精华。我们愿通过呈现这些记录着毛泽东指点江山的史料，使后人能够领略到在那个恢宏的年代毛泽东带领中国人民战天斗地的精神风貌和那种催人奋进的场景及力量，进而更能够感受毛泽东思想的不朽光芒。

谨以此书献给追寻并致力于实现中华民族伟大复兴的中国梦的人们。

由于时间仓促，书中的不足之处在所难免。在阅读过程中，恳望广大读者和专家学者提出批评、指正。

编　者

2013 年 12 月 26 日